Wolfgang H. Portisch, Friedrich L. Cranshaw

Sanierung, Restrukturierung, Insolvenz aus Bankensicht

Wolfgang H. Portisch,
Friedrich L. Cranshaw

Sanierung, Restrukturierung, Insolvenz aus Bankensicht

Analyse und Handlungsstrategien

5. Auflage

DE GRUYTER

ISBN 978-3-11-161689-6
e-ISBN (PDF) 978-3-11-161720-6
e-ISBN (EPUB) 978-3-11-161793-0

Library of Congress Cataloging-in-Publication Data
A CIP catalog record for this book has been applied for at the Library of Congress.

Bibliografische Information der Deutschen Nationalbibliothek
Die Deutsche Nationalbibliothek verzeichnet diese Publikation in der Deutschen Nationalbibliografie; detaillierte bibliografische Daten sind im Internet über http://dnb.dnb.de abrufbar.

Einbandabbildung: Nuthawut Somsuk / iStock / Getty Images Plus

www.degruyterbrill.com

Questions about General Product Safety Regulation:
productsafety@degruyterbrill.com

Inhaltsverzeichnis

Abkürzungsverzeichnis

AG	Amtsgericht
BAG	Bundesarbeitsgericht
BaFin	Bundesanstalt für Finanzdienstleistungsaufsicht
BFH	Bundesfinanzhof
BGB	Bürgerliches Gesetzbuch
BGH	Bundesgerichtshof
BGHZ	Entscheidungssammlung des Bundesgerichtshofs in Zivilsachen
BMF	Bundesministerium der Finanzen
BVerfG	Bundesverfassungsgericht
DES	Debt Equity Swap
DRS	Deutscher Rechnungslegungs Standard
EWB	Einzelwertberichtigung
GWB	Gesetz gegen Wettbewerbsbeschränkungen
HGB	Handelsgesetzbuch
IDW	Institut der Wirtschaftsprüfer
IFRS	International Financial Reporting Standard
InsO	Insolvenzordnung
KPI	Key Performance Indicator
KWG	Kreditwesengesetz
LG	Landgericht
MaRisk	Mindestanforderungen an das Risikomanagement
OLG	Oberlandesgericht
PWB	Pauschalwertberichtigung
RMS	Risikomanagementsystem
SanInsFoG	Gesetz zur Fortentwicklung des Sanierungs- und Insolvenzrechts
SchVG	Schuldverschreibungsgesetz
StaRUG	Unternehmensstabilisierungs- und restrukturierungsgesetz
UStAE	Umsatzsteuer-Anwendungserlass
UStG	Umsatzsteuergesetz
VG	Verwaltungsgericht
ZPO	Zivilprozessordnung
ZVG	Zwangsversteigerungsgesetz

https://doi.org/10.1515/9783111617206-203

Autorenverzeichnis

Dr. Friedrich L. Cranshaw ist seit Jahren Rechtsanwalt bei Depré RECHTSANWALTS AG, Mannheim. Er war Jahrzehnte lang Banksyndikus und Direktor in einem großen öffentlich-rechtlichen Kreditinstitut in Baden-Württemberg.

In 2005 erfolgte die Promotion zu einem europarechtlichen Thema. Dr. Friedrich L. Cranshaw publiziert im Sanierungs- und Insolvenzrecht, im internationalen Privat- und Verfahrensrecht, im Bankrecht und auf damit verwandten Gebieten.

Er ist Autor rechtswissenschaftlicher Fachzeitschriften, Herausgeber und Autor von Büchern, Buchbeiträgen und Kommentaren in dem vorstehenden Umfeld. Er ist seit Jahren als Dozent und Mitglied bei wissenschaftlichen Einrichtungen engagiert.

Prof. Dr. Wolfgang H. Portisch leitet den Bereich Bank- und Finanzmanagement an der Hochschule Emden/Leer. Im Anschluss an seine Promotion am Bankenlehrstuhl der Universität Lüneburg war er für das Kreditmanagement einer großen Bank tätig.

Prof. Dr. Portisch ist Aufsichtsrat einer großen deutschen Genossenschaftsbank und Mitherausgeber der Zeitschrift KreditPraktiker. Des Weiteren veröffentlicht er Bücher und Fachartikel im Bereich der Sanierung und der Finanzierung.

Als Dozent hält er Vorträge zu ausgewählten Themen des Risikomanagements und er leitet seit Jahren Seminare an der Frankfurt School of Finance & Management und der Akademie Deutscher Genossenschaften.

https://doi.org/10.1515/9783111617206-204

1 Einleitung

Die wirtschaftliche Entwicklung verläuft auch aufgrund der starken Verzahnung der Sektoren sowie der Globalisierung in stark ausschlagenden Konjunkturzyklen des Auf- und Abschwungs. Firmen können innerhalb dieser volatilen Zyklen in wenigen Monaten in eine wirtschaftliche Krisenlage gelangen, selbst Unternehmen mit einer bislang starken Marktposition. Dabei sind nicht allein junge oder kleine Unternehmen durch wirtschaftliche Fehlentwicklungen belastet. Immer häufiger sind auch alteingesessene und große Traditionsfirmen in ehemals erfolgreichen Branchen von einem wirtschaftlichen Zusammenbruch bedroht. Die Schieflagen großer Firmen können aufgrund von Abhängigkeiten und logistischen Verzahnungen auch Folgekrisen bei anderen Unternehmen in einer Wertschöpfungskette nach sich ziehen. Insgesamt verursachen Insolvenzen hohe finanzielle Schäden für die Gläubiger und andere Stakeholder.

Krisen von Firmen sind jedoch heilbar und Insolvenzen durch ein rechtzeitiges Gegensteuern vermeidbar. Demnach gesunden zahlreiche Unternehmen in einer Übergangsphase der Sanierung. Über die konsequente Sanierung und Umstrukturierung von Krisenunternehmen mit Unterstützung der Kreditinstitute können die Insolvenzschäden für die deutsche Volkswirtschaft in Grenzen gehalten werden. Den beteiligten Banken kommt dabei eine wichtige Rolle zu. In der Regel werden die wirtschaftlichen Risiken der Kreditnehmer durch sie aufgedeckt und aktiv bearbeitet.

Banken setzen professionelle Risikoerkennungsinstrumente ein und besitzen umfangreiches Spezialwissen in der Sanierung sowie Restrukturierung von Firmenkunden. In einer Insolvenz lassen sich mit Unterstützung der Banken werthaltige Firmenteile mit der übertragenden Sanierung von Assets auf eine neu gegründete Firma retten. Unabhängig von Krisen führen gerade große Unternehmen ständig Umstrukturierungen in deren Einheiten durch, um mit ihren Produkten sowie Dienstleistungen marktfähig zu bleiben, beispielsweise über die Modellpolitik in der Automobilproduktion.

Ein Akteur unter den Instituten steht in der Krise einer Unternehmung besonders im Fokus, die **Hausbank**. Das Institut führt die laufenden Konten und weist in der Regel das größte Kreditvolumen auf. Meist besteht eine langjährig gewachsene und von gegenseitigem Vertrauen geprägte Geschäftsbeziehung. Zudem existiert meist eine hohe Unterstützungsbereitschaft, wenn die Hausbank von der Sanierungsfähigkeit und der Sanierungswürdigkeit des Krisenunternehmens überzeugt ist.

Die Hausbank ist meist der Kernakteur bei der Bearbeitung von Unternehmenskrisen und wird in den Vordergrund der Untersuchungen gestellt. Aber auch andere Banken und weitere Stakeholder sind regelmäßig an Firmensanierungen beteiligt und können eine Gesundung fördern oder gefährden. Dann behindern Streitigkeiten unter Kreditinstituten sowie Lieferanten über Beteiligungsquoten an Sicherheiten und vorrangige Rückführungen eine Sanierung erheblich. Aus dem Grund ist zu versuchen, möglichst alle Gläubiger zu einer Sanierungskoalition zu vereinen.

https://doi.org/10.1515/9783111617206-001

Deren Interessen sind in Einklang zu bringen, um hohe Unterstützungsbeiträge zu generieren und Sanierungsgefährdungen zu vermeiden. Auf diese Art wird ein nachhaltiger Turnaround begünstigt. Unter Banken sind Zusammenschlüsse als Bankenpools mit Interessen- und Sicherheitenbündelung verbreitet.

Erschwert wird die Sanierung oft durch einen heterogenen Gesellschafterkreis. Neben Gläubigern sowie Gesellschaftern haben auch andere Stakeholder ein Interesse an der Sanierung eines Krisenunternehmens. Die Motivationen lassen sich nutzen, um Sanierungsbeiträge zur Stützung einer Krisenfirma einzufordern. Daher erfolgt die Betrachtung des Sanierungsprozesses aus ganzheitlicher Sicht und unter Einbezug aller relevanten Anspruchsgruppen eines Unternehmens. Die Krisenbewältigung wird aus Sicht der Hausbank betrachtet über folgende Gesundungskonstrukte:

- **(Freie) Sanierungen:** außergerichtliche Krisenbewältigung mit Einigungslösung
- **(Gerichtliche) Restrukturierungen:** Restrukturierungsverfahren nach StaRUG
- **Insolvenzverfahren:** Alternativen der Krisenbewältigung gemäß der InsO

Die Frage, ob ein Unternehmen erfolgreich saniert oder restrukturiert werden kann, stellt sich unabhängig vom Rechtsträger und ist nach **ökonomischen Grundsätzen** zu beurteilen. Die Erreichung des Turnaround bedeutet das langfristige Fortbestehen des Unternehmens als selbstständige wirtschaftliche Einheit mit den entsprechenden Ressourcen in der Hand dieses Rechtsträgers. Demzufolge ist die Renditefähigkeit für die Gesellschafter, die Wettbewerbsfähigkeit im relevanten Markt und die Kapitaldienstfähigkeit für die Gläubiger wieder herzustellen.

Es bestehen in Deutschland verschiedene Verfahrenswege der Gesundung von Unternehmen, wie die folgende Abb. 1.1 zeigt. Sie lassen sich in gerichtliche und in außergerichtliche Alternativen unterscheiden. Die außergerichtliche oder freie Sanierung erfolgt oftmals kollektiv über Verhandlungen, mündet in vertraglichen Vereinbarungen zwischen Gläubigern und Schuldner und hat sich in der Praxis stark etabliert. Zu den Alternativen zählen die Restrukturierung und die Instrumente der Insolvenzordnung mit Eigenverwaltung, Insolvenzplanverfahren und übertragender Sanierung.

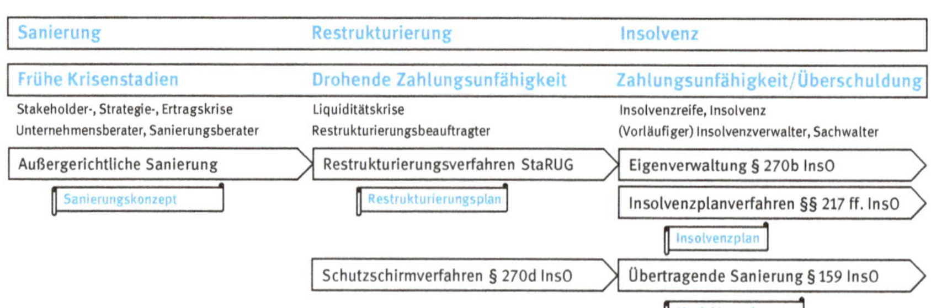

Abb. 1.1: Verfahrensweisen Sanierung, Restrukturierung und Insolvenz (Quelle: Eigene Darstellung)

2 Aufbau des Buches

Bei diesem Werk handelt es sich um ein Praktikerhandbuch für Anwender in Banken, die Sanierungsfälle, Restrukturierungen nach StaRUG und Abwicklungen im Rahmen von Insolvenzverfahren im operativen Geschäft in einem Kreditinstitut bearbeiten. Es wird primär die Sichtweise der Hausbank eingenommen. Aber auch andere Parteien im Sanierungsprozess und ihre Interessen sowie Verhaltensweisen werden betrachtet, um ein möglichst umfassendes Bild zu gewinnen. Aus Sicht der Kreditinstitute sind bei einem Gesundungsversuch alle Kräfte zu bündeln und daher die Ziele und Meinungen der übrigen Parteien im Vorfeld zu analysieren. Gelingt es die Unterstützungsbeiträge vieler am Sanierungsprozess direkt sowie indirekt beteiligter Akteure in Übereinstimmung zu bringen, steigt die Wahrscheinlichkeit diese schwierige Unternehmenssituation gemeinsam mit Sanierungsbeiträgen erfolgreich zu meistern.

Die Verläufe der Sanierung, Restrukturierung und Insolvenz werden aus Bankensicht prozessual begleitet. Die freie, außergerichtliche Sanierung orientiert sich bankintern im Wesentlichen an MaRisk BTO 1.2.5, ein Modul, das die Bearbeitung von Krisenengagements in Banken prägt. Der Restrukturierungsprozess verläuft anhand der verschiedenen gesetzlichen Varianten des StaRUG. Das Insolvenzverfahren nach der InsO wird hier mit den Verfahrensabschnitten und den Handlungsoptionen der Sanierung oder Abwicklung aus der Bankenperspektive begleitet.

Die prozessuale Sicht bietet den Vorteil, dass sich konkrete Eckpunkte im Sanierungs-, Restrukturierungs- und Abwicklungsverlauf, an denen Maßnahmen zu ergreifen sind, identifizieren lassen. Es fördert die gleichartige Vorgehensweise bei der Bearbeitung von Krisenfällen, damit zum einen effizient vorgegangen sowie zum anderen objektiv geurteilt wird. Zudem ermöglicht die prozessuale Strukturierung eine digitale Begleitung der Engagements. Zudem wird die Kommunikation mit den Anspruchsgruppen im Krisenbereinigungsverlauf betrachtet, denn diese ist ein kritischer Erfolgsfaktor.

Das Buch ist zusammenfassend wie folgt aufgebaut: Im Anschluss an die Einleitung in Kapitel 1 sowie dem Aufbau in Kapitel 2 wird in Kapitel 3 der **Sanierungsablauf** unter Einbeziehung der relevanten Stakeholder analysiert. Das Sanierungskapitel endet mit einem Praxisbeispiel und Analysemethoden sowie Checklisten.

In Kapitel 4 wird der **Restrukturierungsverlauf** gemäß StaRUG betrachtet. Es werden verschiedene Verfahrensmodelle dargestellt und beurteilt. Die Bankenperspektive steht dabei im Fokus der Untersuchungen. Das Restrukturierungskapitel endet mit einem Praxisbeispiel, Analysemethoden und Checklisten.

In Kapitel 5 wird der Verlauf des **Insolvenzverfahrens** erläutert. Begonnen wird mit dem Eröffnungsverfahren sowie den wichtigen Handlungsschritten direkt nach dem Insolvenzantrag. Es wird auf die Stellung der Kreditinstitute im Rahmen der bankinternen Entwicklung eines Abwicklungskonzepts Bezug genommen. Dabei werden die Neuerungen im Insolvenzrecht und aktuelle Gerichtsurteile beachtet.

https://doi.org/10.1515/9783111617206-002

Besonders ist, dass in diesem Werk jeweils durchgängig die wichtigen Wege beschrieben werden mit denen Unternehmen in der Krise über die gerichtlichen und außergerichtlichen Alternativen wieder erfolgreich neukonfiguriert werden können.

Es wird darauf geachtet, dass praxisnahe Gestaltungsempfehlungen gegeben werden. Unterstützt werden die Hinweise durch Beispiele, Fallkonstellationen und Checklisten. Das Buch dient sowohl zur Einarbeitung in den Bereich der Problemkreditbetreuung als auch für bereits erfahrene Betreuer in Banken, die Anregungen zur Aufbau- und Ablauforganisation und zur konkreten Fallbearbeitung erhalten möchten.

Der Aufbau wird in den Bereichen Sanierung, Restrukturierung und Insolvenz ähnlich gestaltet, damit sich jeder Leser in den einzelnen Kapiteln gut zurechtfinden kann. Es wird die Marktsicht der Unternehmen mit einer kritischen Betrachtung verschiedener Geschäftsmodelle in den Vordergrund dieser Untersuchungen gestellt. Die Gesundung von Unternehmen kann nur gelingen, wenn die Firmen am Markt wieder erfolgreich sind, als Kostenführer oder mit Alleinstellungsmerkmalen. Unternehmen können nur dann profitabel sein und Gewinne erwirtschaften, wenn Kundenbedürfnisse angemessen befriedigt werden. Die Gesundungsmaßnahmen sollten dann an den angebotenen Produkten und Dienstleistungen ansetzen.

Begleitend sind die Finanzierungspartnerschaften neu zu stabilisieren und die bereitgestellten Finanzmittel zu optimieren. Die Organisationsstrukturen und Geschäftsprozesse sind effizient aufzustellen und der Digitalisierungsgrad ist zu hinterfragen, denn viele Firmen sind heutzutage nicht angemessen digitalisiert. Dies betrifft die internen Abläufe und den externen Auftritt am Markt. Kunden haben aber häufig den Wunsch, dass über die Bezahlung von Leistungen die Probleme sowie Bedürfnisse effizient und zeitnah über die Informationstechnologie befriedigt werden.

Der **Aufbau des Buches** wird in nachfolgender Abb. 2.1 dargestellt. Die Hauptkapitel sind die Segmente Sanierung, Restrukturierung und Insolvenz aus Bankensicht.

1 Einleitung
2 Aufbau des Buches
3 Sanierung aus Bankensicht – Krise und Sanierungsablauf – Praxisfall – Checklisten
4 Restrukturierung nach StaRUG aus Bankensicht – Restrukturierungsablauf – Praxisfall – Checklisten
5 Insolvenz aus Bankensicht – Insolvenz und Abwicklungsablauf – Praxisfall – Checklisten
6 Zusammenfassung

Abb. 2.1: Aufbau des Buches (Quelle: Eigene Darstellung)

3 Sanierung aus Bankensicht

Lernziele
- Komplexe Individualsanierungsprozesse mit Ablaufschritten kennen
- Kritische Erfolgsfaktoren für den Turnaround sicher ableiten können
- Wirtschaftliche und rechtliche Kriterien für Sanierungsentscheidungen wissen

3.1 Begriffe und Stakeholder in der Sanierung

Auslösender Moment der Sanierung ist das Vorliegen einer Unternehmenskrise oder wirtschaftlichen Schieflage. Der Begriff **Krise** lässt sich betriebswirtschaftlich im Rahmen einer einzelwirtschaftlichen Betrachtung auf Unternehmen mit wirtschaftlichen Schwierigkeiten anwenden (vgl. David, 2001, S. 22). Um den Terminus Krise wirtschaftlich zu interpretieren, lässt sich die Fehlentwicklung als zeitlich oftmals über Jahre andauernden Prozess ansehen, mit:

- Umsatzeinbußen, Ertragsrückgängen und Liquiditätsproblemen
- Bedrohung der Ziele des Unternehmens und der Kapitaldienstfähigkeit
- Einschränkung der Entscheidungsfreiheit handelnder Personen

Der Begriff Krise soll, bezogen auf den zeitlichen Entstehungsprozess sowie in Anlehnung an den Untersuchungsgegenstand der Sanierung eines Rechtsträgers, verstanden werden. Die Krise ermöglicht die Wahrnehmung von Chancen der Neuorientierung.

Definition: Die **Krise** eines Unternehmens wird als Prozess angesehen, der die Marktstellung und Ertragskraft einer Firma nachhaltig schwächt. Gefährdet werden die Zahlungen an die Interessengruppen, wie die vertragsgerechte Bedienung des Kapitaldienstes in Form von Zins- und Tilgungsleistungen oder Provisionen an die Kreditinstitute beziehungsweise die Leistungen an die Lieferanten und die sonstigen Gläubiger. Die Wettbewerbsfähigkeit im relevanten Markt ist durch die schwache wirtschaftliche Schieflage nur noch eingeschränkt vorhanden und eine branchenübliche Rendite wird dauerhaft nicht erzielt. Die Ausstattung mit Eigenkapital ist im Branchenvergleich gering. Das Geschäftsmodell ist oft dauerhaft beeinträchtigt. Des Weiteren ist die Liquiditätslage aufgrund der schlechten Ertragslage gefährdet mit Insolvenzgefahr.

https://doi.org/10.1515/9783111617206-003

Kennzeichen einer Krisenlage

Bezeichnend für eine durchgreifende wirtschaftliche Krise in einem Unternehmen ist in der Regel, dass viele Krisenmerkmale gleichzeitig existieren. Dies zeigen auch empirische Studien, dass in der wirtschaftlichen Schieflage häufig eine Vielzahl interner und externer Krisenursachen bestehen. Ein weiteres Indiz ist, dass es das Unternehmen selbst nicht geschafft hat die Gefährdungsmerkmale zu erkennen und anschließend eigenständig aufzuarbeiten, um die Krise zu verhindern.

Daher erfordert die Bereinigung der Krisenlage mit einer möglichen Insolvenzgefahr, dass sämtliche relevanten Defizite im Unternehmen erkannt und anschließend aufgearbeitet werden. Dies beinhaltet auch einen Lernprozess beim Management. Werden die Probleme im Unternehmen nur teilweise erkannt, angegangen und bereinigt, dann ist eine Sanierung meist nicht möglich. Der Erfolg der Sanierung und der **Turnaround** bleiben aus. Die Firma stellt letztendlich Insolvenzantrag.

Beispiel: In einem mittelständischen Handwerksbetrieb zeigt sich die verschärfende wirtschaftliche Lage über stark verschlechterte Zahlen in der Bilanz sowie Gewinn- und Verlustrechnung. In der Bilanz besteht mittlerweile ein nicht durch Eigenkapital bedeckter Fehlbetrag durch aufgelaufene Verluste. In der Ergebnisrechnung zeigt sich bei der Einzelfirma, dass ein zu geringer Jahresüberschuss erzielt wird, um das Geschäftsführergehalt zu erwirtschaften und notwendige Investitionen zu tätigen. Der Steuerberater hat bereits im Vorjahr auf die Missverhältnisse in der Bilanz hingewiesen. Auch in diesem Jahr gibt es deutliche Kritik am Jahresabschluss und den Hinweis, dass das Geschäftsmodell so nicht tragfähig ist. Des Weiteren ist die Kapitaldienstfähigkeit derzeit nicht gegeben. Es bestehen Überkapazitäten beim Personal. Die Auftragslage zeigt, dass für mindestens 30,0 % der Mitarbeiter keine Auslastung gegeben ist. Eine Vorkalkulation und eine Nachkalkulation der Aufträge existiert nicht. Der Kostenvoranschlag wird anhand von Erfahrungswerten erarbeitet. Ein Mahnwesen besteht nicht. Die neuen Aufträge werden handschriftlich notiert. Die Personaleinsatzplanung wird morgens am jeweiligen Tag durchgeführt. Die Mitarbeiter schalten sich stark in die geplante Abarbeitung der Gewerke ein. Nicht alle Mitarbeiter sind gewillt jeden Auftrag durchzuführen. Mitarbeiter Janssen findet es unangenehm anstrengende und dreckige Arbeiten durchzuführen da dies als zu schwer empfunden wird und die Berufskleidung leidet. Die Vorbesprechung geschieht jeden Morgen beim Kaffee in der Firma, alle berichten was sie auch privat so erlebt haben. Dadurch können die Aufträge zeitlich erst 30 Minuten später begonnen werden. Es besteht keine Übersicht über sämtliche Kredite und Inanspruchnahmen bei den verschiedenen Banken. Die Hausbank hat schon mehrfach Überziehungen aus dem Kontokorrent in Darlehen mit Tilgung umgeschuldet, gegen Zahlung einer Kreditprovision. Dieses Vorgehen ist erneut geplant. Es soll 100 TEuro aus dem Kontokorrent in ein Darlehen mit einer Laufzeit von fünf Jahren umgeschuldet werden bei einer linearen Tilgung. Der Kreditzins soll 7,5 % betragen und eine Kreditprovision für eine Umstrukturierung des Kredits von 2 TEuro steht im Raume. Darüber ist die finanzielle Drucksituation erstmal bereinigt und es kann im Betrieb weitergehen.

In der Krisenlage von Unternehmen reicht es nicht aus nur die finanzwirtschaftliche Schieflage zu beseitigen. Die Probleme sind von den Verantwortlichen in der Krisenfirma mit der Unterstützung von externen Spezialisten durchgreifend zu bereinigen. Erforderlich ist neben der finanzwirtschaftlichen Stabilisierung eine Aufarbeitung aller oft in mehreren Jahren durchlaufenen Krisenstadien zudem eine vollständige leistungswirtschaftliche Sanierung.

Krisenstadien und Krisenentstehungsprozess

Zeitlich gesehen lässt sich der **Krisenprozess** in verschiedene Phasen zergliedern. In der Literatur werden häufig drei typische Krisenstadien unterschieden. Der Endpunkt ist die Insolvenz. Die Insolvenz ist zum einen als Zahlungsunfähigkeit im Sinne dauernder Liquiditätsenge des Schuldners zu begreifen, zum anderen als Überschuldung im Sinne struktureller Zahlungsunfähigkeit. Die unterschiedlichen Krisenstadien können sich überlappen und es können Interdependenzen zu den früheren Abschnitten bestehen. Der Regelkreis, der diese Verschärfung der Gefährdungslage anzeigt, ist im Rahmen der Sanierung zu durchbrechen.

Die **Strategiekrise** ist eine frühe Phase der Unternehmenskrise. Diese setzt ein, wenn eine Gefährdung der langfristigen Erfolgspotenziale eines Unternehmens möglich erscheint. Erfolgspotenziale sind die produkt- und marktspezifischen Faktoren einer Unternehmung, um dauerhaft am Markt bestehen zu können. Dazu gehört es, Kundenbedürfnisse zu befriedigen, Alleinstellungsmerkmale und Gewinne vorzuweisen.

Diese relevanten Merkmale können von der Qualität der Produkte über den Standort bis hin zu der Preispolitik oder dem Aufbau eines Markennamens reichen. Folgende Beispiele zeigen **Gefährdungen** der langfristigen Erfolgspotenziale einer Firma:

- Nichterreichen notwendiger Unternehmensgröße und Marktanteile
- Anpassungen an technologische Veränderungen erfolgen nicht
- Leistungsträger verlassen das Unternehmen, der Krankenstand steigt

---

Definition: Die **Strategiekrise** beschreibt eine frühe Phase im Krisenprozess. Diese setzt bereits ein, wenn eine Gefährdung der Erfolgspotenziale eines Unternehmens durch technische Änderungen in den Branchen möglich erscheint. Beispielsweise kann die künftige Wettbewerbsfähigkeit der angebotenen Produkte sowie Dienstleistungen beeinträchtigt sein, da Kundenbedürfnisse nicht ausreichend erfüllt werden. Das Geschäftsmodell des betrachteten Unternehmens ist durch interne oder externe Ereignisse sowie negative Entwicklungen gefährdet. Diese Rahmenbedingungen zum Führen eines erfolgreichen Unternehmens sind zudem aufgrund fehlender Managementkompetenzen dauerhaft nicht gegeben. In der strategischen Krise sind schwache, unscharfe Gefährdungssignale (Weak Signals), wahrzunehmen (vgl. Ansoff, 1976, S. 129 ff.). Die Strategiekrise setzt bereits dann ein, wenn Unternehmen sich nicht beständig fortentwickeln und wichtige Innovationen wie in der IT, im Unterschied zur immer mehr weltweiten Konkurrenz, versäumt werden.

Auf die Strategiekrise folgt oft die zweite Phase, die **Erfolgskrise**. In dieser Situation wird die wirtschaftliche Fehlentwicklung im Zahlenmaterial des Unternehmens sichtbar. Über Vergleiche mit anderen Firmen einer Branche sowie negative Veränderungen im Zeitablauf lässt sich dieses Stadium der Schieflage identifizieren. Diese Krisenphase zeigt sich mit den folgenden Eigenschaften:

- Stetiger Rückgang der Auftragslage, der Umsätze und Erträge
- Erwirtschaftung von dauerhaften operativen Verlusten
- Aufzehrung der Liquidität und des vorhandenen Eigenkapitals

Definition: Als **Erfolgskrise** wird ein Zeitraum beschrieben, in dem die Umsatz- und Ertragslage bei einem Unternehmen rückläufig ist und die Kapitaldienstfähigkeit bei den Banken oder anderen Refinanzierungsinstrumente gefährdet ist. Durch systematische Kennzahlenauswertungen aus dem internen Controlling und Analysen der Daten aus dem externen Rechnungswesen lassen sich erste Anzeichen dieser Krisenphase erkennen. Die Prognosedaten wie die Auftragslage sind zu verifizieren. Es ist für Externe wie Banken von Bedeutung zeitnah an aktuelle Informationen aus dem Jahresabschluss und betriebswirtschaftlichen Auswertungen zu gelangen, um den Unternehmer auf eine negative Entwicklung aufmerksam zu machen. Er muss diese Empfehlungen nicht befolgen, riskiert dann aber eine Verschlechterung seiner Ratingnote.

Wenn sich die Zahlungsmittel als Folge einer dauerhaften Erfolgskrise nachhaltig verknappen, droht in der dritten Phase der Eintritt der **Liquiditätskrise**. Dann liegt die akute Gefahr einer Zahlungsunfähigkeit vor. Es treten bei Banken bereits Kontoüberziehungen, außerhalb der eingeräumten Kreditlinien der Betriebsmittelfinanzierung, auf und Darlehensraten etwa von Investitionsfinanzierungen werden nicht mehr vertragsgemäß bedient. Kennzeichen für diese Krisenphase sind:
- Anstieg der Inanspruchnahmen und des Informationsbedarfs der Banken
- Auftretende Zahlungsverzögerungen bei Kunden und Lieferanten
- Überziehungen und Rückbuchungen von Darlehensraten bei Banken

Definition: Als **Liquiditätskrise** wird eine Krisenphase bezeichnet, in der die Zahlungsfähigkeit sowie die vertraglich vereinbarte Bedienung des Kapitaldienstes eines Unternehmens nachhaltig gefährdet sind. So steigt die dauerhafte Ausnutzung der Kreditlinien aufgrund der rückläufigen Erträge an. Bei nachhaltigen sowie deutlichen Überziehungen besteht eine erhöhte Insolvenzgefahr, aufgrund einer drohenden oder eingetretenen Zahlungsunfähigkeit, denn diese nur „geduldeten" Überziehungen sind täglich fällig. Hausbanken haben üblicherweise einen Einblick in die Kontoführung und verfügen über ausreichendes Datenmaterial, um eine Liquiditätskrise bei ihren Firmenkunden frühzeitig zu erkennen. Spätestens in der Phase ist von Seiten der Banken scharf gegenzulenken, um die Insolvenz bei gegebenen Sanierungschancen zu vermeiden, wobei Ziel der Bank sein muss, das Risiko von Forderungsausfällen klar zu minimieren. Die Initiative liegt jedoch beim Kreditnehmer, die Bank kann nur unterstützend sowie letztlich nur reaktiv tätig werden, will sie sich nicht als „eigentlicher" Unternehmer mit den damit verbundenen rechtlichen Risiken darstellen lassen. Die Liquiditätskrise ist oft nah verbunden mit der drohenden Zahlungsunfähigkeit.

Die Liquiditätskrise mündet fortschreitend meist in der Zahlungsunfähigkeit nach § 17 InsO und aufgrund der zeitnahen Antragspflicht gemäß § 15a InsO (für juristische Personen und rechtsfähige Personengesellschaften ohne die natürliche Person als unbeschränkt haftender Gesellschafter, für eingetragene Vereine und Stiftungen siehe § 42 Abs. 2 BGB) im Insolvenzverfahren. In der Praxis berufen sich die Schuldner nicht selten auf das Vorliegen lediglich drohender Zahlungsunfähigkeit, während schon lange die Zahlungseinstellung und damit auch die Zahlungsunfähigkeit festgestellt werden kann. Dagegen bieten sich bei der nur drohenden Zahlungsunfähigkeit (§ 18 InsO) verschiedene Alternativen der Restrukturierung nach StaRUG oder nach der Insolvenzordnung. Hier kann allein der betreffende Schuldner den Antrag stellen.

Die folgende Abb. 3.1 zeigt die verschiedenen **Krisenphasen** mit der Zuspitzung der Schieflage mit der möglichen Insolvenz und der Abwicklung.

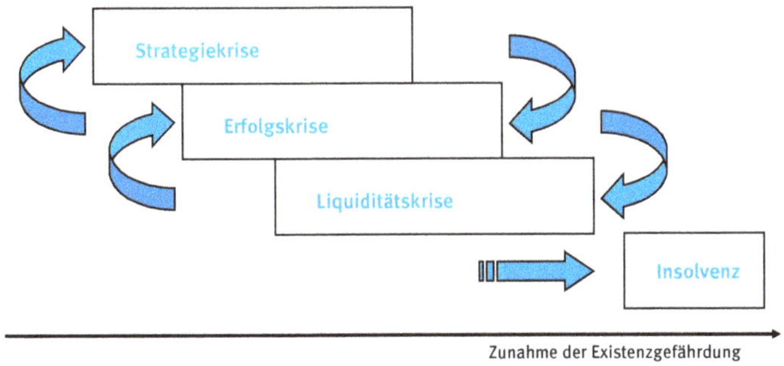

Abb. 3.1: Krisenphasen und Insolvenz mit Rückkopplungen (Quelle: Eigene Darstellung)

Eine andere Definition der Krisenentstehung sowie der daran angelehnten Forderung zur Aufarbeitung dieses zunehmenden Gefährdungsprozesses erfolgt im Standard für Sanierungskonzepte IDW S 6 (vgl. IDW, 2023a, S. 1158 ff.). In diesem Standard wird erläutert, dass sich als charakteristische Krisenarten die Stakeholder-, die Strategie-, die Produkt- und Absatzkrise, die Erfolgs- und Liquiditätskrise sowie bei einer erfolglosen Krisenbeseitigung die Insolvenz unterscheiden lassen. Dazu wird angenommen, dass die Krisenstadien typischerweise zeitlich nacheinander durchlaufen werden. Je mehr sich die Krisenlage verschärft, desto größer ist die Insolvenzgefahr. Die Ausfallwahrscheinlichkeit des Kreditengagements steigt für Banken in diesem zeitlichen Krisenverlauf linear und in Einzelfällen exponentiell an.

Des Weiteren werden in dem Standard IDW S 6 die Begriffe der Fortbestehensprognose und der Fortführungsprognose voneinander abgegrenzt. So handelt es sich bei der insolvenzrechtlichen **Fortbestehensprognose** um eine Abwendung von Liquiditätsgefährdungen zur Vermeidung der Insolvenzantragspflicht. Die inhaltlich weitergehende **Fortführungsprognose** nach § 252 Abs. 1 Nr. 2 HGB (Bewertungsgrundsatz) bezieht sich auf die Fortführung der Unternehmenstätigkeit im Sinne der Sanierungsfähigkeit und beinhaltet die Wiederherstellung der nachhaltigen Wettbewerbsfähigkeit und der branchenabhängigen Renditefähigkeit des Krisenunternehmens. Das Geschäftsmodell, der Digitalisierungsgrad sowie die Nachhaltigkeit des Geschäftsmodells sind grundlegend für die Wettbewerbsfähigkeit im relevanten Markt.

Aus Sicht der **Hausbank** ist zusätzlich die künftige Kapitaldienstfähigkeit von Bedeutung mit der Fähigkeit des Unternehmens, langfristig die vereinbarten Zinsen, Tilgungen und Provisionen vertragsgerecht leisten zu können. Dies ist Voraussetzung für die Wiedererlangung des Status eines tragbaren Ausfallrisikos nach der Ratingeinstufung, und die endgültige Übertragung in die Normalkreditbearbeitung.

Krisenstadien nach dem Standard für Sanierungskonzepte IDW S 6

Im Standard IDW S 6 wird ein frühes Krisenstadium in der **Stakeholderkrise** gesehen (vgl. IDW, 2023b, S. 688 ff.). Diese Art der Krise beschreibt mögliche Problemlagen des Unternehmens gegenüber den wichtigen Anspruchsgruppen oder innerhalb verschiedener Interessengruppen, wie dem Gesellschafterkreis. So kann ein zersplitterter oder heterogen zusammengesetzter Gesellschafterkreis Konflikte verursachen. Es sind verschiedene Familienstämme zerstritten und Beteiligungsgesellschaften mit einer hohen Renditevorstellung auf den Kapitaleinsatz an einem mittelständisch geprägten Unternehmen beteiligt. Ebenso kann ein aufgefächerter Bankenkreis mit unterschiedlicher Risikopolitik eine Sanierung unter Umständen erschweren. Diese Stakeholderkrise beschreibt bedeutende Schwierigkeiten mit externen Geschäftspartnern und äußert sich durch folgende ausgewählte Sachverhalte:

- Abnehmer, die erst stark zeitverzögert ihre Rechnungen begleichen
- Banken, die (Aval-)Linien im Kurzfristbereich zurücknehmen, Zinsen erhöhen
- Lieferanten, die sich aus Vorfinanzierungen zurückziehen, Vorkasse fordern

Definition: Als **Stakeholderkrise** wird eine Krisenphase bezeichnet, in der eine Existenzbedrohung durch das Handeln verschiedener relevanter interner und externer Anspruchsgruppen entsteht. Die Einwirkungen können durch bedeutende kurzfristig nicht ersetzbare Stakeholder in einer Wertschöpfungskette wie Lieferanten oder Abnehmer erfolgen oder durch Stakeholder im Unternehmen, die durch ihre Entscheidungen den Erfolg einer Firma negativ beeinflussen. Auch Klumpenrisiken in Form von Konzentrationen auf bestimmte Gläubiger oder Lieferanten beziehungsweise Abnehmer können besondere Gefährdungen der Geschäftstätigkeit hervorrufen, die von einzelnen Stakeholdern ausgehen.

Ein weiteres Krisenstadium, das nach dem IDW S 6 direkt auf die Strategiekrise folgt und noch vor der Erfolgskrise eintritt, ist die **Produkt- und Absatzkrise**. Diese Phase beschreibt die Gefährdung der Nachfrage nach Hauptproduktgruppen oder Dienstleistungen eines Unternehmens. Dann können die Marktanteile gegenüber Konkurrenten deutlich sinken oder das Marktvolumen in einer Branche kann stark zurückgehen mit erheblichen Auswirkungen auf die Umsätze. Die nachfolgenden Ursachen können eine Produkt- und Absatzkrise auslösen:

- Vernachlässigung der Bereiche Forschung und Entwicklung
- Qualitätsprobleme bei Produkten und Dienstleistungen, Vorratsaufbau
- Schwächen im Marketing-Mix, unter anderem bei der Vertriebspolitik

Definition: Als **Produkt- und Absatzkrise** wird eine Krisenphase beschrieben, in der die Hauptumsatzträger des Unternehmens signifikant rückläufig sind. Es führt zu Unterauslastungen in der Wertschöpfungskette, zu steigenden Warenvorräten bei Produktionsunternehmen und ist unter anderem zurückzuführen auf eine Reduzierung des Marktvolumens, den dauerhaften Verlust von Marktanteilen, mögliche technologische Defizite oder einen mangelhaften Sortimentsmix. Ein frühes Merkmal der Produkt- und Absatzkrise zeigt sich in Branchen mit einem zeitlichen Auftragsvorlauf durch ein Abschmelzen der Auftragseingänge.

Die übrigen Krisenstadien wurden bereits ausführlich beschrieben. Die nachfolgende Abb. 3.2 zeigt den sequenziellen Krisenverlauf nach dem Standard IDW S 6. Die Stadien sind nach dem Standard für Sanierungskonzepte aufzuarbeiten, um die Krisenlage und den **Krisenentstehungsprozess** dauerhaft zu durchbrechen.

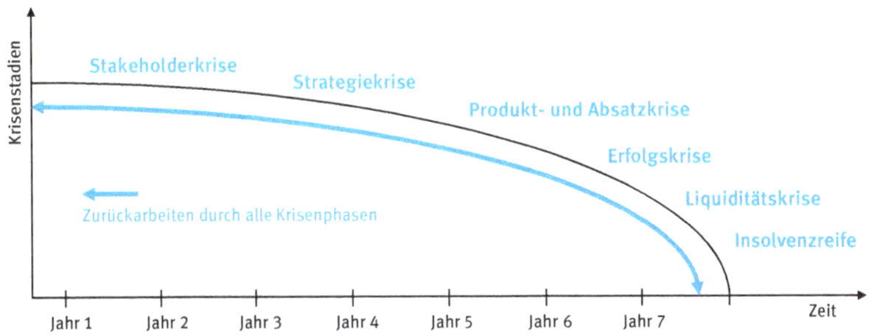

Abb. 3.2: Krisenphasen nach dem Standard IDW S 6 (Quelle: In Anlehnung an IDW, 2023a, S. 1164)

In der Fachliteratur existieren weitere Erklärungen zur Krisenentstehung. Dort werden diese Krisenphasen zum Teil zweidimensional direkt mit bestimmten typischen Merkmalen verbunden oder es werden andere Begrifflichkeiten sowie Abgrenzungen der Krisenstadien und der Zunahme einer Existenzbedrohung verwendet (vgl. Bennewitz/Kasterich, 2004, S. 3 ff.). Es können weitere Phasen, wie strukturelle Krisen, verursacht durch rechtliche oder auch regulatorische Änderungen, beschrieben werden und auf frühzeitig zu erkennende Gefahren hindeuten.

Allen Modellen ist gemeinsam, dass eine fortschreitende Krise als zeitlicher Prozess oder **Phasenmodell** beschrieben wird (vgl. David, 2001, S. 38 ff.). Dies schafft Zeit zur Krisenbehebung. Im Folgenden wird als Grundlage das dreistufige Schema der Strategie-, Erfolgs- und Liquiditätskrise verwendet. Bei besonderen Bezugspunkten wie der Erstellung des Sanierungskonzeptes wird dieser Ansatz um die weiteren Krisenphasen der Stakeholderkrise und der Produkt- und Absatzkrise ergänzt.

Oft wird die Fehlentwicklung des Krisenunternehmens von einem Kreditinstitut erst in einer späteren Phase, der Liquiditätskrise, entdeckt. In diesem Stadium ist eine Bedrohung des Bestands eines Unternehmens aber schon sehr weit fortgeschritten. Ziel sollte es daher sein, die Krisenlage bei Firmen möglichst früh zu erkennen. Dies kann durch die Einführung eines Frühwarnsystems im Unternehmen geschehen, um bereits die Strategiekrise zu identifizieren. Dazu sind in den Banken leistungsfähige digitale Risikofrüherkennungsinstrumente notwendig. So sind die Wertschöpfungsketten und die strategischen Ausrichtungen der Unternehmen laufend auf künftige Bedrohungen eines Marktes hin zu untersuchen. Nachfrageverschiebungen an Absatzmärkten sowie technologische Neuerungen sind ständig zu beobachten.

Es kann eine Branchenspezialisierung der Analysten in Kreditinstituten sinnvoll sein. Aber insbesondere der Geschäftsführer des betroffenen Kreditnehmers ist gefragt, der den Betrieb und den relevanten Markt kennen sollte. Werden negative Auswirkungen aufgrund von Marktveränderungen der Branche rechtzeitig erkannt, ist die Informationstransparenz zu Kreditinstituten zu verbessern, damit die Sanierung unverzüglich einsetzen kann. In einem frühen Stadium der Krise sind die Banken und andere Gläubiger noch am ehesten bereit, finanzielle Hilfestellungen zu leisten, so in der Form finanzieller Zugeständnisse wie Forbearance-Maßnahmen.

Wird die Krise identifiziert, sind unverzüglich Maßnahmen einzuleiten, um den Sanierungsprozess anzustoßen. In der Praxis zeigt sich, dass von der Feststellung der Krise bis zu der Durchführung von Sanierungsmaßnahmen oft viele Monate vergehen können (vgl. Blatz/Eilenberger, 2004, S. 428 ff.). In diesem Zeitraum wird die Substanz des betreffenden Unternehmens, auch in Form der finanziellen Mittel, weiter angegriffen und diese Negativsituation kann sich deutlich verschärfen. Es ist aus Bankensicht von großer Bedeutung, die Sanierungsmaßnahmen unverzüglich und professionell einzuleiten, um Wertberichtigungen, Rückstellungen und endgültige Kreditausfälle in Form von Abschreibungen, zu vermeiden.

Nicht nur die Krisenursachen und die Krisenphasen sind ausfindig zu machen, um die Fehlentwicklung zu überwinden. Der Verlauf einer Sanierung beeinflusst die Nachhaltigkeit sowie den positiven Richtungsverlauf eines Gesundungsprozesses maßgeblich. Wichtig ist es, das gefährdete Unternehmen langfristig aus der Krisenlage zu führen. Meist sind eine Überprüfung und eine Umgestaltung des Geschäftsmodells sowie eine komplette Neuausrichtung der Wertschöpfungskette zur Bereinigung einer Krisenlage notwendig. Sämtliche angebotenen Produkte und Dienstleistungen sind einschließlich des Digitalisierungsgrads auf den Prüfstand zu stellen.

Zunächst ist der Begriff der **„Sanierung“** zu definieren, um Ansatzpunkte für die dauerhafte wirtschaftliche Gesundung zu erhalten. **Sanierung** stammt vom Lateinischen (sanare) ab und bedeutet heilen oder gesund machen. Ziel der Sanierung ist es, einem problembehafteten Unternehmen dauerhaft aus einer Krise zu helfen. Dies lässt sich mit folgenden Merkmalen umschreiben:

- Beheben von Krisenursachen und Erreichen der Kapitaldienstfähigkeit
- Schaffen einer langfristigen Ertragsgrundlage mit angemessener Rentabilität
- Sicherung der nachhaltigen Erfolgspotenziale und der Wettbewerbsfähigkeit

---

Definition: Unter (freier) **Sanierung** werden alle außergerichtlichen im Rahmen von freiwilligen Verhandlungslösungen im Sinne einer Umsetzung aller rechtlichen, organisatorischen, personellen, leistungs- und finanzwirtschaftlichen Maßnahmen verstanden. Darüber ist die Wettbewerbsfähigkeit des Unternehmens und die Ertragslage und notwendige Eigenkapitalausstattung nachhaltig zu stabilisieren und langfristig die Kapitaldienstfähigkeit für alle Gläubiger und die branchenübliche Rentabilität für die Anteilseigner und die übrigen internen und externen Anspruchsgruppen wieder herzustellen beziehungsweise zu gewährleisten. Ziel ist die langfristige Sicherung eines Unternehmens beziehungsweise seines Rechtsträgers.

Dabei erfolgt die Sanierung unabhängig von Unternehmensgröße, Rechtsform, Branche oder der Inhaberstrukturen beispielsweise in Form von Familiengesellschaften. Auch die Art der Leitung mit der Einheit von Gesellschafter und Geschäftsführer oder alternativ des externen Managements beeinflusst lediglich die Herangehensweise und die rechtliche Ausgestaltung des Gesundungsprozesses. Der Sanierungserfolg ist aber immer ein Markterfolg. Die Definition der Sanierung orientiert sich vorrangig an der wirtschaftlichen Perspektive, der **Wettbewerbsfähigkeit im relevanten Markt** und soll den Turnaround in der Krisenlage eines Unternehmens herbeiführen. Es sind die Ansprüche der betroffenen Interessengruppen zu beachten.

Zu der Sanierung gehören **finanzwirtschaftliche** und **leistungswirtschaftliche** Umgestaltungen. Die zu realisierenden Maßnahmen zielen auf die Behebung der jeweiligen Defizite ab. Zudem sind im Wettbewerbsinteresse die Kriterien der CSR (Corporate Social Responsibility) und ESG (Environmental, Social, Governance) sowie der Digitalisierungsgrad zu berücksichtigen, dieses entlang der oft internationalen Lieferkette, jeweils abhängig von der Unternehmensgröße und der Branche.

Dabei wirken verschiedene **Rahmenbedingungen** in der akuten Krise und dem sich anschließenden Sanierungsprozess bedrohend auf die Zielerreichung ein, wie:

- Komplexität der Lage, angegriffene Ressourcen und erheblicher Zeitdruck
- Unvollständige Informationen bei verschiedenen Unternehmensgruppen
- Kompetenzdefizite der Geschäftsleitung und eingeengter Handlungsspielraum

Der Begriff der **Sanierung** ist, wie aus dieser vorstehenden Definition erkennbar, der Oberbegriff aller ihrer Erscheinungsformen. Sanierung findet „außergerichtlich" statt, auch „freie Sanierung" genannt. Diese erfolgt regelmäßig teilkollektiv im Verhältnis zu einer sachgerecht ausgewählten Zahl von Gläubigern des Unternehmensträgers, meist die Finanzgläubiger und Warenkreditversicherer und stets konsensual. Dies bedeutet kein außenstehender Gläubiger kann rechtlich zur Teilnahme an der außergerichtlichen Sanierung gezwungen werden.

Der **Sanierungsprozess** wird in diesem Buch in Kernphasen unterteilt, die sich überlappen oder mit Rückkopplungen verlaufen können. Dazu wird ein typischer Sanierungsablauf als Idealprozess zugrunde gelegt, um diese unterschiedlichen Stadien der Krisenbehebung aus Bankensicht übersichtlich darstellen und beurteilen zu können, mit der begleitenden Berichterstattung darüber. Die Betrachtung erfolgt aus der Sicht einer Hausbank, die einen Sanierungsprozess anstößt und die Abläufe bis zum Turnaround oder in die Insolvenz begleitet. Dabei werden die Begriffe Unternehmen, Unternehmung, Firma und Betrieb synonym verwendet, ebenso wie die Begriffe Bank, Sparkasse, Finanzinstitut und Kreditinstitut. Die rechtliche Struktur des betriebswirtschaftlichen Terminus **„Unternehmen"** in Gestalt von AG, GmbH, KG sowie anderen wird übergreifend als **„Rechtsträger"** oder **„Unternehmensträger"** bezeichnet. Dabei hat die **Hausbank** als Institut mit dem größten Kreditengagement eine Sonderrolle inne. Sie übernimmt in der Regel die Steuerung des Sanierungsprozesses.

Definition: Unter einer **Hausbank** wird ein Kreditinstitut in Form einer Bank oder Sparkasse verstanden, das in der Regel eine lange Kredithistorie zu einem Firmenengagement aufweist, umfassende Kreditvolumina und den Kontokorrent bereitstellt, gegebenenfalls als Mischlinie für verschiedene Finanzierungsformen nutzbar wie Fremdwährungskredite oder Avale. Die Kreditbeziehung ist in der Regel durch einen regionalen Bezug und eine Dauerhaftigkeit geprägt. Zudem bestehen umfangreiche Sicherheiten etwa in Form des Warenlagers und der Globalzession. In vielen Kreditbeziehungen existiert nur eine Hausbank, jedoch können bei großen Firmenkundenengagements mehrere gleichberechtigte kreditgebende Hausbanken sowie weitere Finanzgläubiger bestehen und die Sanierung gemeinsam erfolgreich vorantreiben.

Sanierungsprozess aus Bankensicht

Der Gesundungsprozess beginnt aus Bankensicht mit der **Risikoerkennung**. Je früher eine wirtschaftliche Schieflage erkannt wird, desto größer sind die Chancen einer erfolgreichen Gesundung. Dies macht den Einsatz qualitativer Analyseinstrumente neben der quantitativen Untersuchung aktueller Unternehmensdaten zur Risikofrüherkennung erforderlich. Des Weiteren sind die Stakeholder des Unternehmens mit Blick auf die Krisenlage zu eruieren, um Ansatzpunkte für die Sanierung zu erhalten.

Wurde die Krise eines Unternehmens durch das finanzierende Kreditinstitut erkannt, erfolgt im Rahmen der sich anschließenden bankinternen Prüfung der Sanierungsbedarfe des Kreditnehmers sowie der aus dem Blick der Bank notwendigen Maßnahmen im ersten Schritt die Berichterstattung an den Kompetenzträger und die Übergabe der Kreditakten an die Spezialabteilung. Zu beachten sind bei der Engagementeinstufung und der Krisenbearbeitung die jeweiligen bankinternen Vorgaben und die Mindestanforderungen an das Risikomanagement (MaRisk) zur organisatorischen Gestaltung des problembehafteten Kreditgeschäfts. Wichtig bei der Betreuung der Problemkredite ist die Federführung durch die Marktfolge (vgl. MaRisk, 2024, BTO 1.2.5 Rn. 1 und Ifftner, 2012, S. 215 ff.) oder eine außerhalb der Marktfolge dem Risikovorstand zugeordnete unabhängige Organisationseinheit. Die Bank nimmt an Sanierungen allein im eigenen Interesse teil. Diese kann Initiator des Prozesses beim Unternehmen sein und ihre vertraglichen Instrumente zum Schutz ihres Kreditinvestments einsetzen, wobei sie die Rolle des Fremdkapitalgebers niemals überschreitet.

Der Diagnostizierung des Krisenstadiums schließen sich finanzielle Sofortmaßnahmen je nach Intensität der Krisenlage an. Ziele sind die Sicherung der Liquidität und des Eigenkapitals, um die Insolvenzantragspflicht zu vermeiden. Dazu ist es notwendig, die Überschuldung über einen Status der Vermögenswerte und Schulden prüfen zu lassen und die Liquidität über einen Finanzplan zu analysieren. Es kann erforderlich sein, die Überschuldung zu bereinigen und die Zahlungsfähigkeit über die Überbrückungsfinanzierung sicherzustellen, unter dem Einsatz von Forbearance-Maßnahmen gemäß MaRisk BTO 1.3. Des Weiteren sind von Seiten der Hausbank die Krisengespräche mit der Geschäftsleitung der gefährdeten Firma aufzunehmen, um dieser die Auswahl geeigneter Unternehmensberater aufzuzeigen. Ziel ist es, mit einer extern festgestellten Sanierbarkeit den Gesundungsprozess weiter voranzutreiben.

Dazu folgt die Einleitung der leistungswirtschaftlichen Sanierung mit der Auswahl des Sanierungsberaters durch die Geschäftsleitung der Krisenfirma. Der Sanierer hat ein umfassendes und gerichtsfestes Sanierungskonzept zur Feststellung der **Sanierungsfähigkeit** zu erstellen. Bei der Mandatierung durch den Kunden ist aus Bankensicht auf die Auswahl eines qualifizierten Akteurs und den Auftragsumfang zu achten. Der Vertrag zur Sanierungsprüfung kann die reine Erstellung eines Konzepts sowie zusätzlich die Umsetzung von Maßnahmen vorsehen. Wichtig für den weiteren Sanierungsprozess ist zunächst die extern überprüfte und bestätigte Sanierungsfähigkeit.

Liegt das Sanierungskonzept den kreditgebenden Banken vor, so ist von den Kreditinstituten eine Überprüfung des Sanierungskonzeptes zur Beurteilung der **Sanierungswürdigkeit** vorzunehmen. Neben der notwendigerweise bestehenden positiven Fortführungsprognose sollte die Bank aufgrund eigener Erfahrungen von dem positiv vorhandenen Sanierungspotenzial überzeugt sein. Dabei spielen wirtschaftliche Aspekte über die Abwägung der Chancen und Risiken sowie die geforderten Unterstützungsbeiträge eine erhebliche Rolle. Auch die Qualität eines Gutachtens kann die Einschätzung der Kreditinstitute beeinflussen und die Sanierung fördern oder behindern.

Wird das Sanierungskonzept von den Kreditinstituten positiv beurteilt im Rahmen der Sanierungswürdigkeitsprüfung mit dem inhärenten Insolvenzrisiko, ist der finanzielle Rahmen zur Umsetzung der wirtschaftlichen Maßnahmen bereitzustellen. Dieses geschieht meistens über die Poolbildung der Gläubiger zur finanziellen Sanierung. Es ist ein ausreichender finanzieller Rahmen erforderlich, der im Sanierungskonzept konkretisiert wird, um mögliche Anfechtungen gemäß § 133 InsO zu vermeiden (vgl. BGH, 18.01.2024, IX ZR 6/22). Auch bei Sanierungsfähigkeit kann die Realisierung der Maßnahmen noch an finanziellen Unzulänglichkeiten scheitern, wenn einzelne Gläubiger abspringen. Dies zeigt sich insbesondere dann, wenn viele Parteien über eine Umsetzung der Sanierung zu entscheiden haben und dazu auch ihre Beiträge leisten sollen. Je mehr Interessengruppen beteiligt sind, desto komplexer wird die Situation.

Die Hausbank sollte den Abschluss eines Sicherheitenpoolvertrags sowie im Einzelfall eines Vertrages zur Sicherheitenabgrenzung der Materialeinsatzquote der Lieferanten zur Bindung der Gläubiger sowie zur Ordnung der meist komplexen Sicherheitenlage herbeiführen. Werden außenstehende Investoren benötigt und eingebunden, ist wesentliches Element der Sanierung, wieviel sie sich ihr Investment kosten lassen wollen im Rahmen ihrer Renditekalkulation. Ist diese wichtige Hürde überwunden, können die Sanierungsmaßnahmen umgesetzt werden. Von Bedeutung ist es, den Verlauf der Sanierung und insbesondere negative Abweichungen zu Planungen mittel- und langfristig zu überwachen. Die Kontrolle des Sanierungsverlaufes ist durch die beteiligten Banken effizient zu organisieren. Dazu sind geeignete Berichtssysteme zu installieren. Die Überwachung der Sanierungsumsetzung durch eine Bank folgt gemäß MaRisk BTO 1.2.5 Rn. 5 und es können Berichterstattungspflichten nach BTO 1.2.5 Rn. 6, BT 3.2 Rn. 3, 7 an die Geschäftsleitung und nach BT 3.1 Rn. 5 an den Aufsichtsrat ausgelöst werden, wenn gewisse Größenklassen an Ausfallrisiken erreicht sind.

Zum einen hat die Krisenfirma ein bankengerechtes Reporting über die quantitativen und qualitativen Ergebnisse der Sanierungsarbeit aufzubauen in dem kontinuierlich über die Sanierungserfolge und -misserfolge an die Hausbank oder den Poolführer zu berichten ist. Es dient dazu die Informationsdefizite der Externen zur Geschäftsleitung zu eliminieren. Zum anderen ist eine bankinterne Berichterstattung in Anlehnung an die eigenen Erfordernisse sowie die Mindestanforderungen an das Risikomanagement auf Basis eingereichter Firmeninformationen zu gestalten.

Verläuft die Sanierung erfolgreich, steht die Absicherung des Turnarounds im Vordergrund. Das Engagement ist dann an die Normalkreditbearbeitung zurück zu übertragen. Von großer Bedeutung für diese systematische Umklassifizierung in den Normalbereich ist die Festlegung bestimmter harter Kriterien (Gewinn), die eine dauerhafte Gesundung eines Firmenkunden verlässlich anzeigen. Zur anschließenden Weiterführung des Engagements in der Normalkreditbearbeitung ist ein Übergabeprotokoll zu erstellen, um den Analysten bei der Risikoüberwachung auf die risikorelevanten Aspekte des ehemaligen Problemkunden hinzuweisen. Dazu sollte ein Übergabegespräch stattfinden. Die Prozesse der Übergabe und des Abschlusses der Sanierung sind einheitlich festzulegen, damit ein hoher Effizienzgrad erreicht wird.

Im Nachgang der Gesundung ist ein Sanierungscontrolling aufzubauen, um die Erfolge aus der Sanierungstätigkeit aufzubereiten. Den Leitungsorganen der Kreditinstitute ist darüber zu berichten. Auf diese Weise kann der Nutzen der Sanierungsarbeit mit der Gegenüberstellung der Erträge und der Kosten ermittelt werden. So wird der Berichtspflicht nach MaRisk BT 3.2 Rn. 3 zur Erstellung eines vierteljährlichen Risikoberichts mit der zeitlichen und volumensmäßigen Entwicklung des Problemkreditportfolios zu Einzelengagements und Branchenkonzentrationen Rechnung getragen.

Des Weiteren können die Systeme zur **Risikofrüherkennung** in den Kreditinstituten auf Basis der Erfahrungen aus den Sanierungen auf neuere Merkmale eingestellt und die Prozesse in der operativen Sanierungstätigkeit bei Firmenkunden optimiert werden. Darüber können die Früherkennung von Gefährdungen sowie die Quoten erfolgreicher Sanierungen oft deutlich verbessert werden (vgl. Portisch, 2008f, S. 66 ff.). Die nachfolgende Abb. 3.3 veranschaulicht den **Sanierungsprozess** von der Risikoerkennung bis hin zum wirtschaftlichen Turnaround und den Folgearbeiten im Rahmen des Controllings und der Berichterstattung sowie dem Risikocontrolling.

Abb. 3.3: Sanierungsprozess (Quelle: Eigene Darstellung)

Risikofrüherkennung als Kernfunktion einer Bank

Der **Früherkennung** von Risiken im Kreditgeschäft kommt eine große Bedeutung zu, damit die Sanierungschancen möglichst hoch sind. Eine rechtzeitig eingeleitete Sanierung bietet einen umfassenden Entscheidungsrahmen und damit Möglichkeiten einer langfristigen Gesundung. Die dazugehörigen Unternehmenspflichten ergeben sich aus rechtsformspezifischen Normen wie gemäß § 91 Abs. 2 AktG, § 43 Abs. 1 GmbHG sowie § 34 Abs. 1 GenG und § 1 StaRUG. Es gehört zu den Sorgfaltspflichten der Geschäftsleitung, auf Unternehmenskrisen so früh wie möglich zu reagieren (siehe Andersch, 2017, S. 11). Dazu ist ein **Risikomanagementsystem (RMS)** einzurichten. Dies ist Teil des internen Kontrollsystems (IKS) beziehungsweise es füllt das RMS inhaltlich aus.

Unter **Risiko** wird in der betriebswirtschaftlichen Literatur die Unsicherheit über das Erreichen bestimmter Ziele verstanden. Es lassen sich Szenarien beschreiben, die eintreten können und zustandsbedingte Wahrscheinlichkeiten zuordnen. Nach Risikoarten wird in Instituten in Adressenausfallrisiken, Marktpreisrisiken, Liquiditätsrisiken, operationellen Risiken sowie Kreditspreadrisiken unterschieden, gegebenenfalls noch in Geschäftsrisiken, Managementrisiken, Beteiligungsrisiken, IT-Risiken und Immobilienrisiken. Kern der Untersuchung ist hier das Adressenausfallrisiko oder Bonitätsrisiko, das als Gefahr dahingehend anzusehen ist, dass ein Unternehmen die im Kreditvertrag festgelegten Bedingungen zu den vereinbarten Zahlungsverpflichtungen nicht vertragskonform erfüllt (vgl. Schiller/Tytko, 2001, S. 5).

Definition: Das **Risiko** wird verstanden als Unsicherheit künftig eintretender Ereignisse beziehungsweise als Abweichung vom Erwartungswert in Risikomodellen, bei denen eine Wahrscheinlichkeit für zukünftig eintretende Zustände ermitteln werden kann. Risiko lässt sich als ungünstige Abweichung einer Ist-Größe von einem erwarteten künftigen Wert oder einer zukünftigen Plan-Größe verstehen.

Auch eine eingetretene Bonitätsverschlechterung kann bereits als relevantes Kreditrisiko interpretiert werden. Ursachen wirtschaftlicher Gefährdungen liegen in internen und externen Krisenfaktoren bei den Firmenkunden. Auswirkungen auf die betroffenen Banken bestehen in rückständigen oder ausgefallenen Zinsen, Tilgungen, Provisionen sowie erhöhten Ausfallrisiken. Folgewirkungen betreffen bei Kreditinstituten die Bildung von Einzelwertberichtigungen, Rückstellungen sowie Abschreibungen. Unter dem **Bonitätsrisiko** wird hier folgendes verstanden.

Definition: Das **Bonitätsrisiko** oder **Adressenausfallrisiko** wird als potenzielle oder bereits akute Gefahr angesehen, dass ein Kreditnehmer die vereinbarten Bedingungen aus dem Kreditvertrag nicht mehr erfüllen kann, seine Kapitaldienstfähigkeit eingeschränkt ist und eine erhöhte Ausfallwahrscheinlichkeit für die Kredite besteht. Die Folge ist, dass das Rating unter Umständen mehrfach deutlich herabgestuft wird, Einzelwertberichtigungen oder Rückstellungen für ein Engagement gebildet und Abschreibungen notwendig werden und eine intensive und zeitaufwendige Betreuung erforderlich wird. Ziele sind die Gesundung des Kreditnehmers, die Auflösung der Wertberichtigung und die Rückstufung in den Normalkreditbereich.

Die negativen erfolgswirksamen Auswirkungen sind aus Bankensicht zu verhindern, um die eigenen Gewinnpotenziale nicht zu gefährden. Zielsetzung ist es, einen Forderungsausfall zu vermeiden oder ihn in Grenzen zu halten und die Kundenbeziehung als künftige Ertragsquelle zu erhalten. Dazu ist in den Fällen, in denen eine realistische Sanierungschance, die Sanierungsfähigkeit und zudem auch die Sanierungswürdigkeit besteht, die wirtschaftliche Gesundung des Unternehmens zu fördern, um den Turnaround zu erreichen, der auch den Gläubigern wie Banken finanziell hilft.

Zu beachten sind zudem die Sanierungsrisiken für die begleitenden Institute und die sonstigen involvierten Gläubiger. Die Risiken müssen in einem angemessenen Verhältnis zu den Chancen auf einen erfolgreichen Turnaround stehen. Gerade Gläubiger wie Kreditinstitute stellen meist umfassende Mittel bereit und tragen hohe Risiken an Kreditausfällen. Zu betrachten sind in dem Zusammenhang der Krisen- und Sanierungsbegleitung daher die folgenden **Kriterien**:

- die Vergabe weiterer Gelder oder finanzieller Zugeständnisse (Forbearance)
- die Aushöhlung von Kreditsicherheiten mit schlechten Verwertungsperspektiven
- die Zeitdauer bis zum erwarteten Turnarounds mit hohen bankinternen Kosten

Der Begriff **Turnaround** wird als wirtschaftlich vollzogene Wende verstanden und in diesem Buch wie folgt definiert und interpretiert.

Definition: Der **Turnaround** lässt sich als positiver Abschluss des Sanierungsprozesses mit dem Erreichen der wirtschaftlichen Ziele der relevanten Anspruchsgruppen beschreiben. Die Renditefähigkeit, die Wettbewerbsfähigkeit im relevanten Markt und die ausreichende Kapitalisierung sind wieder hergestellt. Bei den finanzierenden Kreditinstituten wird die Kapitaldienstfähigkeit wieder nachhaltig erreicht und das Engagement aufgrund der geringen Ausfallwahrscheinlichkeit wieder an die Normalbearbeitung zurückgegeben. Insgesamt ist das Geschäftsmodell anhand des Leitbildes erfolgreich am Markt positioniert.

Stakeholder im Sanierungsprozess

Weitere Zielsetzungen anderer Interessengruppen sind die vertragskonforme Zahlung der Löhne und Gehälter sowie die Bedienung anderer Gläubiger innerhalb der Zahlungsziele. Die Lieferanten und Kreditversicherer sollen künftig keine Forderungsausfälle bei der Krisenfirma erleiden. Auch die Lieferfähigkeit ist nachhaltig sicherzustellen. Zudem sollten die Gesellschafter eine marktübliche Rendite erhalten. Die Interessen interner und externer Gruppen sind im Sanierungsverlauf zu berücksichtigen.

Sanierungen werden in ihrem Verlauf durch verschiedene Akteure und Gruppen beeinflusst. Gerade externe Gläubiger entscheiden über das Vorgehen bei einem Kreditnehmer in einer Krisenlage auf der Basis von rationalen wirtschaftlichen Gründen. Sie werden zum Teil aber auch von irrationalen Gegebenheiten geleitet. So kann das Verhalten der Geschäftsführung deren Unterstützungsbereitschaft erhöhen oder verringern. Firmen werden mit den Erwartungen und Anforderungen verschiedener Akteuren im Unternehmen und in deren Umfeld konfrontiert, den **Stakeholdern**.

Definition: Stakeholder sind Individuen oder Gruppen mit ihren eigenen Zielen sowie Bedürfnissen, die von Handlungen einer Unternehmung beeinflusst werden oder diese selbst aktiv beeinflussen. Von diesen internen sowie externen Akteuren können intensive Unterstützungen oder auch Bedrohungen im Sanierungsprozess ausgehen (vgl. Freeman, 1984, S. 46.). Es sind Strategien, mit Unterstützung der Banken umzusetzen, um Gefährdungen zu vermeiden und Sanierungsbeiträge konsequent einzufordern.

Die Ansprüche der wirtschaftlich involvierten Parteien steigen in der Krise sowie der Sanierung eines Unternehmens erheblich, da die bedrohte Unternehmensexistenz negative Folgen für die Stakeholder bedeutet. Daher fordern insbesondere die Banken zur intensiven Überwachung und frühzeitigen Risikoerkennung aktuelle Ertragszahlen, detaillierte Liquiditätspläne und die Gesellschafter Informationen über die wirtschaftliche Lage der Krisenfirma. Werden die **Stakeholder-Interessen** vernachlässigt, kann dies in schwierigen Unternehmenssituationen wie einer Krise den Erfolg des Gesundungsprozesses stark beeinträchtigen. Dabei können Kreditversicherer sowie Banken ihre Linien auf Basis dieses gestiegenen Risikogehalts kürzen oder qualifizierte Mitarbeiter verlassen das Unternehmen aufgrund der erhöhten Insolvenzgefahr. Daher sind die in einer Krise sowie Sanierung bedeutenden Stakeholder zu identifizieren. Die Unternehmensleitung sollte ihre Entscheidungen dann im Sinne eines optimalen Sanierungserfolgs auf die wichtigen Gruppen abstimmen.

Hilfestellung dazu leistet das **Stakeholder-Modell**. Dieses schafft einen strukturierten Rahmen, um die Chancen und Bedrohungen der relevanten Interessengruppen für die Sanierung eines Unternehmens systematisch zu untersuchen und Gestaltungsempfehlungen für einen effizienten Sanierungsprozess zu geben. Dieser Management-Ansatz umfasst zum einen die Analyse von Ansprüchen sowie Beiträgen ausgewählter Unternehmensgruppen in sowie im Umfeld der betrachteten Firmen. Zum anderen schafft der Management-Ansatz ein Abbild der unternehmensrelevanten Umwelt, indem dieser die in einer Krise und Sanierung auf die Unternehmung treffenden Forderungen, Erwartungen und Ansprüche auf konkrete Akteure und Gruppen zurückführt und deren Eigenheiten strukturiert erfasst (vgl. Schuppisser, 2002, S. 7).

Der langfristige Erfolg eines Unternehmens hängt dann oftmals davon ab, wie gut es der Geschäftsführung gelingt, eine Balance zwischen den verschiedenen Interessen sowie der Befriedigung der Ansprüche der Stakeholder zu finden (siehe Freeman, 1984, S. 52 ff.). Die wesentlichen Aussagen des **Stakeholder-Modells** lassen sich wie folgt zusammenfassend beschreiben.

Definition: Das **Stakeholder-Modell** betrachtet Interaktionen zwischen Unternehmen und ihrem Umfeld. Im Stakeholder-Modell sind drei Schritte zu vollziehen. Erstens sind die für eine Problemsituation relevanten Stakeholder zu identifizieren. Zweitens sind ihre Interessen und Einflussmöglichkeiten genau zu bestimmen. Drittens sind die Entscheidungen der Geschäftsführung auf die Bedürfnisse wichtiger Unternehmens-Stakeholder abzustimmen. Oftmals sind diverse und meist komplexe Stakeholder-Beziehungen in der Krise und Sanierung zu koordinieren und moderieren. Interessenkonflikte sind zu berücksichtigen.

Der Stakeholder-Ansatz geht deutlich weiter als Shareholder-Modelle, da die Sicht umfassender ist und nicht auf die Ansprüche der Anteilseigner begrenzt wird, wenn weitere Unternehmensakteure einbezogen werden. Dieses Modell kann deskriptiv auf der beschreibenden Ebene eingesetzt werden. In diesem Fall werden die Erwartungen der Stakeholder in Bezug auf ein Unternehmen dargelegt.

Das Konzept kann instrumentell verwendet werden, indem zweckdienliche Aussagen zur Verfolgung ökonomischer Zielsetzungen in Firmen vorgegeben werden. Mit dem Stakeholder-Modell lassen sich auch normative Aussagen ableiten. Als Resultat ergibt sich dann eine Richtschnur des optimalen Handelns für diese relevanten Akteure zur Unterstützung von Gesundungsmaßnahmen in der Sanierung oder der Insolvenz (vgl. Schuppisser, 2002, S. 12 ff.). Hier wird das Stakeholder-Modell verwendet, um Beschreibungen vorzunehmen, die ein realistisches Abbild des Unternehmens in der Krise, Sanierung und Restrukturierung geben. Des Weiteren wird versucht das Modell instrumentell einzusetzen, um nützliche Gestaltungsempfehlungen für die Hauptbeteiligten an einer Sanierung oder Restrukturierung vorzuschlagen. Die normative Nutzung des Modells wird nicht als zielführend angesehen, da Umstrukturierungen in der Krise eines Unternehmens vom Handeln vieler Akteure, unter nicht gleichen Bedingungen bestimmt werden, und sich schwer ein optimales Schema ermitteln lässt.

Das **Stakeholder-Modell** ist ein strategisches Konzept. Dieses Konstrukt gewinnt seine Bedeutung daraus, dass Chancen und Bedrohungen relevanter Stakeholder eines Unternehmens erfasst und gesteuert werden können. Die Analysen können auf den Untersuchungsgegenstand der Sanierung und Restrukturierung angepasst werden. Es besteht die Möglichkeit den Gesundungsverlauf durch die Einforderung von Beiträgen interner sowie externer Gruppen zu stabilisieren. Gleichermaßen sind negative Auswirkungen der Parteien zu analysieren. Auf diese Weise lässt sich zum einen ein hoher Wirkungsgrad der Sanierung erreichen, da positive Unterstützungsbeiträge gefördert und Bedrohungen vermieden werden. Zum anderen lassen sich diese Gefährdungen frühzeitig erkennen und es kann rechtzeitig gegengesteuert werden.

Um eine **Stakeholder-Analyse** durchzuführen, sind drei Ablaufschritte zu vollziehen: Im **ersten Schritt** sind die für eine Krise sowie Sanierung relevanten Stakeholder zu identifizieren. Im **zweiten Schritt** sind die Interessen, Sanierungsbeiträge und Bedrohungspotenziale der Gruppen zu bestimmen. Im **dritten Schritt** sind die Entscheidungen der Geschäftsführung an die Bedürfnisse wichtiger Akteure anzupassen sowie die Interaktionen zwischen den Stakeholdern zu steuern und zudem zu überwachen. Bei der Identifizierung der für die Krisenbewältigung wichtigen Gruppen ist geordnet vorzugehen. Dazu sind die Stakeholder in Kategorien einzuteilen.

Ein mögliches Entscheidungsmerkmal differenziert die Stakeholder gemäß der Stärke, Bindung und Zugehörigkeit zum Krisenunternehmen in interne und externe Gruppen. Interne Stakeholder haben einen engen Bezug zu dem betrachteten Unternehmen, befinden sich im direkten Einflussbereich unternehmerischer Entscheidungen oder treffen diese selbst beispielsweise in der Geschäftsleitung.

Zu den ausgewählten **internen Stakeholdern** gehören die Geschäftsführung, die Anteilseigner, der Aufsichtsrat oder Beirat, das mittlere Management und die Mitarbeiter beziehungsweise der Betriebsrat, der insbesondere bei den infolge von Sanierungen oft erforderlichen Betriebsänderungen eine entscheidende Rolle spielt (§ 92 StaRUG). Zu diesen externen Stakeholdern zählt auch die jeweilige Gewerkschaft, insbesondere, wenn der Arbeitgeber tarifgebunden ist und die Sanierung der Anpassung des geltenden Tarifvertrags hin zu einem Sanierungstarifvertrag bedarf, der nur mit einer Gewerkschaft umzusetzen ist. Hier besteht eine mögliche enge Verflechtung mit dem Betriebsrat als internem Stakeholder.

Die **externen Stakeholder** befinden sich im Unternehmensumfeld und können meist nur indirekt auf unternehmerische Entscheidungen einwirken. **Externe Stakeholder** sind unter anderem die Kreditinstitute, Lieferanten, Kreditversicherer, Kunden, Sanierungsberater, gegebenenfalls weitere Berater sowie die Öffentliche Hand. Besondere Vorteile dieser **Zuordnung** zu internen und externen Gruppen sind:

- **Differenzierung nach Einwirkungsgrad:** Interne Stakeholder haben oft direkte Einwirkungsmöglichkeiten auf die unternehmerischen Entscheidungen bei einem Sanierungsverlauf. Die Gestaltungspotenziale sind von den externen Stakeholdern wie Kreditinstituten zu berücksichtigen.
- **Zuordnung nach Stärke der Verbundenheit zum Unternehmen:** Der persönliche und emotionale Bezug ist bei den Internen oft stärker vorhanden als bei den Externen. Zudem ist die Betroffenheit aufgrund der höheren Abhängigkeit der internen Gruppen in einer Krise meist intensiv ausgeprägt.
- **Bezug zur Informationsverteilung:** Die internen Akteure sind aufgrund der Nähe zum Wertschöpfungsprozess, der fachlichen Kenntnisse und des erleichterten Zugangs zu formellen und zu informellen Informationsquellen besser informiert über den wirtschaftlichen Zustand eines Unternehmens als externe Gruppen.

Dabei ist zu beachten, dass Akteure existieren, die gleichzeitig der internen und der externen Gruppierung angehören. Daher können Mitarbeiter auch Kunden oder Anteilseigner der Krisenfirma sein. Der Übersichtlichkeit halber wird zu Lasten der Genauigkeit davon ausgegangen, dass jeder Akteur nur einer Kernanspruchsgruppe angehört und ausschließlich diejenigen Interessen vertritt. Weiter wird unterstellt, dass die Akteure innerhalb einer Anspruchsgruppe einheitliche Ziele und Interessen verfolgen. Später wird die Homogenität in den Gruppen, unter anderem im Banken- oder im Gesellschafterkreis, aufgehoben.

Die **Entscheidungen im Rahmen einer Sanierung** werden aus Sicht der betroffenen Gruppen primär aus wirtschaftlichen Kalkülen heraus getroffen. So kann im Vordergrund die ökonomische Frage stehen, ob ein Unternehmen aus Sicht der Banken kapitaldienstfähig ist und eine marktübliche Rendite für die Anteilseigner erwirtschaftet. Das Ziel der Erreichung der Wettbewerbsfähigkeit ist im Sanierungsprozess maßgeblich von den handelnden internen Akteuren abhängig.

Interne Stakeholder in der Sanierung

Gerade die internen Stakeholder haben ein hohes ökonomisches Interesse am Fortbestand des Krisenunternehmens, da große Abhängigkeiten bestehen. Im Fokus des Sanierungsprozesses stehen die folgenden ausgewählten **internen Stakeholder:**

- **Geschäftsführung:** Das Top-Management hat die Krisenlage mit verursacht. Die Bereinigung der wirtschaftlichen Schieflage über eine Sanierung muss mit Hilfe der Manager gestaltet werden. Ist die Geschäftsführung nicht geeignet, die Sanierung umzusetzen, besteht die Möglichkeit und Notwendigkeit des Ersatzes durch ein Interimsmanagement.
- **Anteilseigner:** Von den Gesellschaftern werden in der Regel erhebliche finanzielle Beiträge eingefordert. Anteilseigner sollten möglichst zusätzliche Liquidität bereitstellen. Zu beachten ist, dass sich immer häufiger Finanzinvestoren im Gesellschafterkreis von Firmen befinden, deren Interessen sich von den Familieneigentümern erheblich unterscheiden können.
- **Aufsichtsrat/Beirat:** Das Organ hat die Aufgabe, die Geschäftsführung oder den Vorstand zu überwachen sowie in Krisenzeiten verschiedene Kontrollpflichten zu erfüllen. Auch die Abberufung der Geschäftsleitung ist im Rahmen der Krise möglich. Zudem kann das Gremium nach der erfolgreichen Sanierung installiert werden, um den Turnaround mittel- bis langfristig abzusichern.
- **Mittleres Management:** Die Gruppe hat einen wesentlichen Beitrag bei der Umsetzung von betrieblichen Maßnahmen zu leisten. Daher sollte in einer Sanierung in Erwägung gezogen werden, einen internen Lenkungsausschuss im Unternehmen zu installieren, der als Projektorganisation diese Sanierungsaktivitäten abteilungsübergreifend steuert und überwacht.
- **Mitarbeiter/Betriebsrat:** Die Mitarbeiter als Arbeiter und Angestellte ohne Führungsaufgaben sind oftmals existenziell von einer Krise und Sanierung betroffen. Der Betriebsrat ist Vermittler sowie Verhandlungspartner zur Vertretung der Interessen der Mitarbeiter, meist mit Unterstützung durch die Gewerkschaft, die bei großen Gesellschaften verbreitet im Aufsichtsrat vertreten sein wird.

Von besonderer Bedeutung im **Sanierungsprozess** sind unter den internen Stakeholdern die Anteilseigner oder Gesellschafter des Zielunternehmens. Diese lösen die Einleitung des Sanierungsprozesses aus und treffen in der Umsetzung der Umstrukturierung die wesentlichen Entscheidungen. Unterscheiden lassen sich verschiedene Arten von **Gesellschaftern** unter anderem in:

- **Familiengesellschafter:** Als Familienunternehmen, Gründung und Aufbau über Generationen, mit der Einheit von Geschäftsführung und Gesellschafterstellung.
- **Private-Equity:** Beteiligung, um kritische Zeitabschnitte zu überbrücken wie beispielsweise eine Auszahlung von aussteigenden Gesellschaftern.
- **Finanzinvestoren:** Hedge Fonds mit Investitionen, um Überrenditen zu erzielen in Form von Wertsteigerungen oder hohen Entnahmen.

Anteile und Entscheidungsrechte der Anteilseigner

Des Weiteren können unterschiedlich hohe Anteile bestehen, die rechtsformabhängig oder aus Gesellschaftervertrag Entscheidungsrechte (Mitgliedschaftsrechte) bewirken:

- **Mehrheitsgesellschafter:** 50,1 % einfache Mehrheit, 75,1 % qualifizierte Mehrheit mit Entscheidungsrechten unter anderem bei Kapitalerhöhungen, bei mindestens 95,0 % mit Squeeze-Out-Pflichten bei börsennotierten Firmen.
- **Minderheitsgesellschafter:** Maximal 10,0 % Minderheitsgesellschafter mit Sanierungsprivileg, 25,1 % Sperrminorität bei wichtigen Entscheidungen wie Kapitalerhöhungen bei börsennotierten Gesellschaftsformen (AG, SE, KGaA).
- **Zustimmungspflichtige Geschäfte:** Gesetzlich oder über Satzung definierte Entscheidungen benötigen Zustimmung (mitbestimmten) Aufsichtsrat (AG, SE, KGaA) oder Entscheidungsbefugnisse der Gesellschafterversammlung (GmbH).

Multiple Rollen und mögliche Interessenkollisionen in der Sanierung

- Mitarbeiter ist Arbeitnehmervertreter im Aufsichtsrat
- Arbeitnehmer ist beteiligt am Unternehmen und Mitgesellschafter
- Geschäftsführer ist gleichzeitig (Allein-)Gesellschafter

Auch externe Stakeholder können mehrere Rollen innehaben und gleichzeitig interne Positionen innehaben, wenn beispielsweise Banken oder Lieferanten an Unternehmen in der Lieferkette beteiligt sind und Gesellschafteranteile besitzen. Zusätzlich können dann Positionen im Aufsichtsrat von diesen Akteuren besetzt werden.

Beispiel: Mitarbeiter können im Rahmen einer variablen Entlohnung unter Umständen Anteile am Unternehmen erwerben. Dann haben sie zwei Rollen inne, zum einen als Mitarbeiter und zum anderen als Mitgesellschafter. Die Positionen können komplementäre Zielsetzungen bedeuten, aber auch Interessenkonflikte in Sanierungsprozessen erzeugen. Arbeitnehmer können auch einen Sitz im Aufsichtsrat haben, und zwar als Arbeitnehmervertreter bei mitbestimmungspflichten Unternehmen. Sie sind dann in der Regel gut informiert über die Unternehmenslage und können bestimmte Entscheidungen mit treffen.

Wenn Stakeholder oder einzelne Akteure mehreren Gruppen zugehörig sind, können Interessenkollisionen bestehen. Diese sind in einem **Sanierungsprozess** zu beachten. Des Weiteren können innerhalb einer Stakeholdergruppe unterschiedlich starke Bindungen zum Krisenunternehmen bestehen, beispielsweise bei Familiengesellschaftern mit einer engen Verbindung zum Unternehmen als Lebenswerk oder bei Finanzinvestoren vorrangigen Renditeinteressen am Beteiligungsobjekt.

In diesem Buch wird davon ausgegangen, dass Stakeholder jeweils eine hervorgehobene primäre Rolle innehaben, die den Hauptinteressen entsprechen. Beispielsweise bedeutet eine nur geringe Anteilsbeteiligung der Mitarbeiter an dem Unternehmen, dass diese weiterhin ihre hauptsächlichen Interessen in einer angemessenen Entlohnung, möglichen Aufstiegschancen, Kündigungsschutz und sozialen Aspekten sehen.

Externe Stakeholder in der Sanierung

Unter den externen Gruppen ist die Abgrenzung schwer zu ziehen, da der potenzielle Kreis dieser Teilnehmer größer ist. Zu den wichtigen externen Akteuren zählen diejenigen mit umfassenden Geschäftsbeziehungen zum Krisenunternehmen. Es existieren Abhängigkeiten und Risikokonzentrationen, die für externe Stakeholder potenziell Gefährdungen bewirken. Ausgewählt werden folgende **externe Stakeholder**:

- **Kreditinstitute:** Für die Banken und andere Finanzgläubiger wie Versicherungen oder Kautionsversicherer drohen in der wirtschaftlichen Schieflage eines Firmenkunden meist erhebliche Ausfallrisiken. Sie können in der wirtschaftlichen Krise des Kunden unterschiedliche Strategien verfolgen. Das Bestreben kann darin bestehen, das Risiko zu vermindern oder den Sanierungsprozess zu unterstützen.
- **Leasinggeber:** In bestimmten produktiven Branchen oder bei dienstleistungsorientierten Firmen spielen Leasinggeber eine bedeutende Rolle. Sie finanzieren Teile des Anlagevermögens und ersetzen damit bestimmte Leistungen der Außenfinanzierung der Kreditinstitute. Sie sind wirtschaftlich-rechtlicher Eigentümer der Wirtschaftsgüter, die für die Leistung der Firmen von hoher Bedeutung sind.
- **Lieferanten/Kreditversicherer:** Diese Akteure müssen in einer Krise mit Forderungsausfällen sowie Umsatzeinbußen rechnen. Dabei ist die Risikosituation aufgrund des möglichen Untergangs von Sicherheiten aus verlängertem Eigentumsvorbehalt hoch. Daher sichern Lieferanten ihre Linien zusätzlich über Warenkreditversicherer ab. Die Interessen beider Akteure sind ähnlich gelagert.
- **Kunden:** Diese Gruppe bestimmt den wirtschaftlichen Erfolg der unternehmerischen Aktivitäten erheblich. Daher kommt der Kommunikations- und Informationspolitik zu den Kunden in der Sanierung besondere Bedeutung zu. Zudem können Großabnehmer mit finanziellen Unterstützungen erhebliche Beiträge leisten, gerade wenn Abhängigkeiten bestehen in der Wertschöpfungskette.
- **Sanierungsberater:** Spezialisierte Berater übernehmen bei Annahme des Beratungsauftrags die Aufgabe, das Krisenunternehmen nachhaltig zu sanieren. Dabei können diese Akteure entweder der Geschäftsführung eines wirtschaftlich schwachen Unternehmens bei der Umsetzung zur Seite stehen und alternativ auch im Rahmen eines Interimsmanagements die Altgeschäftsführung ersetzen.
- **Öffentliche Hand:** Gemeint sind öffentliche Institutionen, die von einem Krisenfall wirtschaftlich betroffen sein können, wie Bund, Land und Kommunen sowie Sozialversicherungsträger. Steuerausfälle können die Akteure belasten. Mögliche Unterstützungen wie Landesbürgschaften oder Steuerbefreiungen bei Sanierungsgewinnen (§§ 3a EStG, 7b GewStG) können den Gesundungsprozess fördern.
- **Steuerberater/Wirtschaftsprüfer:** Wirtschaftsprüfer und Steuerberater sind unter anderem Hinweisgeber der Mandanten in der Krise und erkennen durch ihre Tätigkeit und den tiefen Einblick in die Zahlenwerke die drohende Zahlungsunfähigkeit. Sie haben ihre Kunden gegebenenfalls auf die Sanierungsnotwendigkeit oder auf Insolvenzantragspflichten hinzuweisen.

Wichtige externe Stakeholder in der Sanierung

Von Bedeutung im Sanierungsprozess sind unter den **externen Stakeholdern** die Beziehungen zu oft mehreren Banken. Unterscheiden lassen sich **Kreditinstitute** in:

- **Hauptbanken und Nebenbanken:** Hausbanken mit umfassenden Krediten sowie Nebenbanken, die eine geringere Bindung zum Krisenunternehmen aufweisen.
- **Regionalinstitute oder Großbanken:** Regionalinstitute mit vorwiegend regionaler Bindung zu Unternehmen und große international tätigen Kreditbanken.
- **Spezialinstitute:** Banken, die Avale und Avallinien bereitstellen oder Banken, die das Auslandsgeschäft über bestimmte Produkte begleiten.

Neben den genannten Instituten, die **„Altgläubiger“** in einer existentiellen Unternehmenskrise sind, stehen als externe neue Stakeholder, die erst in der Sanierungsphase als Stakeholder hinzutreten, Investoren in Eigen- und Fremdkapital (Neuinvestoren). Auf deren Interessen ist in der Sanierungsplanung zu achten, da sie allein marktorientiert entscheiden und die Interessen von **„Altinvestoren“** für sie oft zweitrangig und einer von vielen Aspekten in der Verhandlung sind. Die folgende Abb. 3.4 bietet eine Übersicht über die betrachteten Stakeholder-Gruppen im Sanierungsprozess.

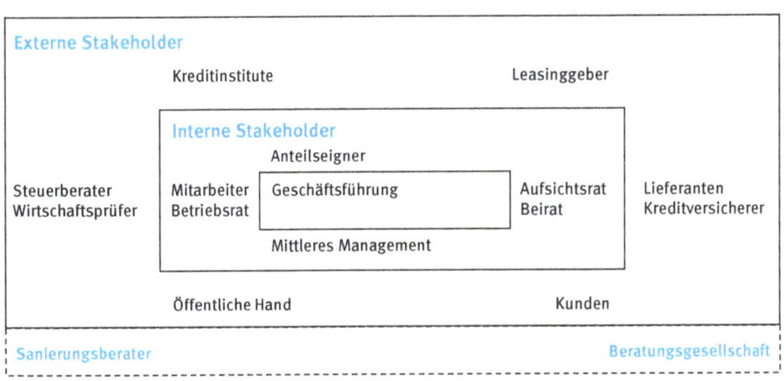

Abb. 3.4: Interne und externe Stakeholder in der Sanierung (Quelle: Eigene Darstellung)

Die Ansprüche und (finanziellen) Beiträge der Stakeholder sind im Sanierungsprozess zu beachten, aus vertraglichen Rechten der Gläubiger oder Eigentumsrechten der Gesellschafter, abhängig davon, wie weit diese Akteure „aus dem Geld“ sind.

Analyse und Handlungsempfehlung: Im Rahmen der Sanierung sind die **Interessen** und die **Bindungen** der internen sowie externen Stakeholder zum Unternehmen festzustellen. Es lassen sich unter Umständen erhebliche finanzielle Beiträge für die Unterstützung des Sanierungsprozesses generieren, wenn beispielsweise vermögende Familiengesellschafter maßgeblich am Krisenunternehmen beteiligt sind oder Banken als Hausbanken hohe Kreditsummen ausgereicht haben und die jeweiligen Sicherheiten schwach sind.

Unterstützungen und Bedrohungen interner Stakeholder

Die wirtschaftliche Lage und die Entscheidungen der Geschäftsleitung können auf die Stakeholder einwirken und es kann im Gegenzug zu einer Einflussnahme auf das Krisenunternehmen kommen. Ein erfolgreicher Sanierungsprozess setzt die Kenntnis der Entscheidungsalternativen der wichtigen **internen Stakeholder** eines Unternehmens, die eine Sanierung aktiv fördern oder stark gefährden können, voraus. In Restrukturierungsverfahren ist das ähnlich, nur das Gruppen, die einen Restrukturierungsplan behindern, überstimmt werden können. Einige dieser Maßnahmen wirken positiv und unterstützen den Gesundungsprozess, andere Schritte wirken negativ und beeinträchtigen das Erreichen des Turnarounds wie nachfolgende Tab. 3.1 zeigt. In der Summe können die Unterstützungsbeiträge erhebliche finanzielle Vorteile bedeuten.

Tab. 3.1: Einflüsse interner Stakeholder in der Krise und Sanierung (Quelle: Eigene Darstellung)

Unterstützungen	Interne Stakeholder	Bedrohungen
Gehaltsverzicht Einschuss frischer Liquidität	Geschäftsführung	Kündigung Missmanagement
Kapitalerhöhung Rangrücktritt Darlehen	Anteilseigner	Erhöhte Entnahmen Rückführung Darlehen
Sanierungsunterstützung Sanierungsüberwachung	Aufsichtsrat/Beirat	Fehlende Überwachung Passivität
Gehaltsverzicht Freiwillige Überstunden	Mittleres Management	Blockadehaltung Innere Kündigung
Gehaltsverzicht Freiwillige Überstunden	Mitarbeiter	Kündigung Demotivation

Um die Unterstützungen und Bedrohungen erklären zu können, werden die Grundinteressen der **internen Stakeholder** in der Krisenlage eines Unternehmens und der erforderlichen Sanierung analysiert. Dabei werden die folgenden Stakeholder und ihre Kerninteressen in den Vordergrund der Untersuchung gestellt:

– **Geschäftsführung:** Die Unternehmensleitung hat das Interesse, die Existenz der Firma zu erhalten. Dazu gilt es, die Insolvenz möglichst zu vermeiden und das Unternehmen über Sanierungsmaßnahmen langfristig aus einer Krisenlage herauszuführen. Gleichzeitig besteht das Ziel, den eigenen Arbeitsplatz in der Geschäftsleitung und die Reputation einer Firma zu erhalten. Weiterhin besteht Interesse, persönliche Rechtsrisiken aus Zivilrecht sowie Strafrecht zu vermeiden (interne Haftung gegenüber dem Unternehmen, etwaige Außenhaftung gegenüber Gläubigern insbesondere in einer Insolvenz, strafrechtliche Verantwortlichkeit, wie aufgrund von Insolvenzverschleppung, die zur zivilrechtlichen Haftung eines Organs führt, wenn der Rechtsträger insolvenzantragspflichtig ist, § 15a InsO).

- **Anteilseigner:** Gesellschafter haben in der Regel das Interesse, das Krisenunternehmen vor der Insolvenz zu bewahren. Dieses kann aus dem Ziel der Erhaltung des Unternehmenswertes, dem Aufrechterhalten der Einkommensquelle oder der Absicherung eines Investments von Investoren oder eines in der Familie über viele Generationen aufgebauten Geschäftsmodells resultieren.
- **Aufsichtsrat/Beirat:** Diese Organe vertreten die Interessen der Anteilseigner und haben in ihrer Funktion die Geschäftsführung intensiv zu überwachen. Zudem besteht das Ziel, einen eingeleiteten Sanierungsprozess erfolgreich zu gestalten. Dabei kann es unter Umständen notwendig werden, die bestehende Geschäftsführung durch ein neues Management zu ersetzen.
- **Mittleres Management:** Auch Führungskräfte haben das Ziel, das Unternehmen aus der Krise herauszuführen, auch wenn dieses mit einem erhöhten Arbeitseinsatz und Verzichten bei Gehältern verbunden ist. Es besteht oft eine hohe Eigenmotivation zur Krisenbewältigung. Jedoch kann es auch zur Abwanderung erfolgreicher Führungskräfte kommen.
- **Mitarbeiter/Betriebsrat:** Diese Akteure haben als Angestellte ein hohes Interesse am Fortbestand eines Unternehmens, um den Arbeitsplatz als Erwerbsquelle zu erhalten. Optionen ergeben sich bei einer Unterstützung in Form von Sanierungsbeiträgen. In der Regel ist die Bereitschaft der Arbeitnehmer und Angestellten bei einer engen Bindung hoch, Gehaltsverzichte und Mehrarbeit zu leisten.

Zu beachten ist allerdings, dass es innerhalb der betrachteten Gruppen zu erheblichen Unterschieden in den Sichtweisen und Verhaltensweisen im Rahmen einer Sanierung kommen kann. Akteure aus dem Kreis der nur gering quotal beteiligten Gesellschafter können die Erfolgschancen einer Sanierung als schwach einschätzen und dem Unternehmen Kapital entziehen oder keine Bereitschaft zeigen neues Geld einzuschießen.

Es kann Anteilseigner geben, die das Unternehmen unterstützen wie Familienunternehmer. Andere Gesellschafter wie Finanzinvestoren können ihr bestehendes Investment bereits abgeschrieben haben. Wenn die Anteilseigner vorrangig neues Geld geben und damit ein positives Zeichen setzen, können die externen Anspruchsgruppen dazu bewegt werden, eine bestehende Blockadehaltung aufzugeben.

Unterstützungen und Bedrohungen externer Stakeholder

Auch das Verhalten der **externen Stakeholder** ist in der Krise von Bedeutung. Diese können mit der Krisenfirma kooperieren, indem sie zum Beispiel Stillhalten oder das Unternehmen mit zusätzlicher Liquidität unterstützen. Sie können die Geschäftsbeziehung aber auch zu Lasten eines Unternehmens umgestalten, indem neue Konditionen vereinbart oder Verbindungen beendet werden (vgl. Buschmann, 2004, S. 203 ff.). Des Weiteren können sich einseitige Handlungen einer Partei auf die Entscheidungen anderer Akteure auswirken. Wenn ein Kreditversicherer die Linien kündigt, können die davon betroffenen und versicherten Lieferanten künftig auf Vorkasse bestehen.

Die möglichen Maßnahmen sowie Entscheidungen der **externen Gruppen** werden in folgender Tab. 3.2 aufgezeigt. Dabei werden die potenziellen Unterstützungen und Bedrohungen der Lieferanten und Kreditversicherer gemeinsam betrachtet.

Tab. 3.2: Einflüsse externer Stakeholder in der Krise und Sanierung (Quelle: Eigene Darstellung)

Unterstützungen	Externe Stakeholder	Bedrohungen
Stundungen, Forbearance Neukreditvergabe	Kreditinstitute	Kündigungen/Linienkürzungen Nachbesicherungen
Stundung Leasingraten Reduzierung Leasingraten	Leasinggeber	Keine Reduzierung Leasingrate Abzug der Wirtschaftsgüter
Weiterbelieferung Erhalt Versicherungslinien	Lieferanten/Kreditversicherer	Lieferung gegen Vorkasse Kürzung Einkaufslinien
Finanzielle Unterstützungen Fortführung Geschäfte	Kunden	Verzögerung von Zahlungen Wechsel zur Konkurrenz
Hinweisgeber in der Krise Anregung Einleitung Sanierung	Steuerberater/Wirtschaftsprüfer	Nichterkennen Krise, Insolvenzgefahr Übernahme Beratungsfunktion
Professionelle Sanierung Interimsmanagement	Sanierungsberater	Unprofessionelle Sanierung Hoher Kostenfaktor
Vergabe Landesbürgschaft Stundung Steuerzahlungen	Öffentliche Hand	Versagung öffentlicher Hilfen Einforderung Steuerzahlungen

Die Stakeholder sind in den Gruppen zu unterscheiden in Bezug auf den Umfang der Geschäftsbeziehung. Es existieren Hausbanken, die umfangreiche Kreditlinien bereitstellen und Sicherheiten halten, sowie Nebenbanken mit geringeren Kreditvolumina und Sicherheiten. Demnach kann die Hausbank eine Sanierung in jeglichen Punkten unterstützen, während eine Nebenbank eine Verwertung vorzieht, um die finanziellen Risiken einer unsicheren Sanierung zu vermeiden.

Es können Haupt- und Nebenlieferanten bestehen. Insgesamt können sich die Verhaltensweisen stark von der Intensität der geschäftlichen Beziehung unterscheiden. Umfangreiche und lange Geschäftsbeziehungen erhöhen möglicherweise die Bindung zur Krisenfirma und damit auch die Unterstützungsbereitschaft. Dabei kann sich das Entscheidungsverhalten im Zeitablauf deutlich verändern, unter anderem, wenn einzelne Stakeholder Einfluss auf andere Akteure nehmen. Dann kann der Druck der Kreditinstitute unter Umständen verhindern, dass Kreditversicherer ihre Linien kürzen oder ihre Geschäftsbeziehung vollständig beenden. Es kann sich die Geschäftspolitik eines Akteurs über die Zeit verändern und dieses einen Einfluss auf die zugehörigen Sanierungsmaßnahmen haben. Vielfach spielt der Zeitpunkt, zu dem ein relevanter Akteur einen Sanierungsbeitrag gewährt, eine bedeutende Rolle, um auch andere Stakeholder zu den erforderlichen Unterstützungen zu gewinnen.

Ebenfalls können die Ziele sowie Vorgehensweisen innerhalb unterschiedlicher Kreditinstitute stark differieren. Zum Beispiel kann ein Institut mit geringem Kreditvolumen von der Hausbank die Ablösung fordern.

Bei den **externen Gruppen** sind die Interessenlagen differenziert ausgeprägt und von der Dauer und dem Umfang der Geschäftsbeziehung abhängig:

- **Kreditinstitute:** Banken haben das Interesse an einer vertragskonformen Bedienung ihrer Kredite und einer unter Risiko- und Ertragsgesichtspunkten profitablen Geschäftsbeziehung. Zugeständnisse im Sanierungsprozess hängen häufig von der Kreditrisikostrategie, dem Kundenobligo, der Höhe und Werthaltigkeit der Sicherheiten und dem möglichen Sanierungserfolg ab. Unterstützungen reichen von Stundungen (Forbearance) bis hin zur Vergabe neuer Finanzmittel.
- **Leasinggeber:** Diese können in der Krise eines Leasingnehmers sehr unterschiedlich reagieren. Wenn die verleasten Anlagegüter gut zu vermarkten sind, kann die Reaktionsweise im Abzug der Mobilien bestehen. Leasinggeber werden aber die Kündigungssperrfrist im Falle des Insolvenzantrags des Leasingnehmers berücksichtigen (§ 112 InsO) und eventuell frühzeitig kündigen. Alternativ kann das Unternehmen über eine Reduzierung der Raten finanziell unterstützt werden.
- **Lieferanten/Kreditversicherer:** Lieferanten haben das Interesse an der Fortführung der Geschäftsbeziehung und sind grundsätzlich bereit, das Unternehmen in der Sanierung weiter zu beliefern. Dabei können sich deren Zahlungskonditionen verändern. Das Verhalten ist von der Reaktionsweise der Warenkreditversicherer abhängig. Die Kreditversicherer haben aufgrund ihrer schwachen Risikoposition und geringen Kundenbindung das Bestreben die Linien zu kürzen.
- **Kunden:** Abnehmer haben oft ein Interesse daran, dass ein Krisenunternehmen saniert wird, damit Geschäftsmöglichkeiten weitergegeben sind und künftige Garantie- und Kulanzleistungen erbracht werden können. Bestehen intensive wirtschaftliche Beziehungen aufgrund einer engen Verzahnung der Geschäftsprozesse, kann von Abnehmerseite unter Umständen eine erhebliche Unterstützungsbereitschaft in der Krise bestehen.
- **Sanierungsberater:** Die Unternehmensberater haben ein großes Interesse daran, den Turnaround eines Mandanten zu erreichen. Das Gelingen fördert zudem die Reputation und die Wahrscheinlichkeit von Folgeaufträgen. Die Handlungsoptionen bestehen in der Erstellung eines qualitativ hochwertigen Sanierungskonzepts und der erfolgreichen Umsetzung von Maßnahmen. Der zeitliche und intensitätsmäßige Einsatz variiert je nach Auftragsumfang und Krisensituation.
- **Öffentliche Hand:** Gemeint sind der Bund, die Länder, die Gemeinden sowie die Finanzbehörden. Diese haben ein Interesse am Fortbestand des Krisenunternehmens, da die öffentlichen Kassen in einer Insolvenz meist stark belastet werden. In aussichtsreichen Sanierungsfällen können Stundungen von Ertragssteuerarten oder Hilfen über Landesbürgschaften gewährt werden. Dazu wird regelmäßig eine EU-Notifizierung bei der EU-Kommission erforderlich sein.

Koordination der Handlungen der Stakeholder

Die **Interessen** sowie **Handlungsoptionen** der einzelnen Stakeholder werden in den folgenden Abschnitten in Bezug auf die fachlichen Fragestellungen bei den einzelnen Sanierungsschritten betrachtet. Insgesamt wird das Krisenunternehmen mit dem Fortschreiten der wirtschaftlichen Schwäche zunehmend abhängig von seinen Anspruchsgruppen. Somit sind die Beziehungen zwischen den einzelnen Gruppen zu analysieren und die Entscheidungen der Geschäftsführung möglicherweise auf die Forderungen und Interessen der internen und der externen Akteure abzustimmen.

Dabei sind die Einflüsse und die Bedrohungspotenziale der ausgewählten Stakeholder-Gruppen zu erfassen, damit diese in ihrer Auswirkung analysiert und bei Risiken gegengesteuert werden kann. Es ergeben sich Bedrohungspotenziale durch bestimmte Akteure aus deren Entscheidung heraus, negativ auf ihre geschäftlichen Beziehungen zum Krisenunternehmen einzuwirken. Beispielsweise besteht für Banken die Option der Kreditkündigung oder die Möglichkeit der Linienkürzung von Kreditversicherern. Meistens lässt sich Einfluss nehmen auf negative Handlungen einzelner Parteien. Dazu sind verbündete Partner wie die Hausbank zu suchen, um auf die Stakeholder, die nicht kooperieren möchten, einwirken zu können.

Zudem werden Einflusspotenziale der Krisenfirma auf die Entscheidungen bestimmter Stakeholder-Gruppen erfasst. So existiert zum Beispiel die Möglichkeit, auf ungesicherte Banken oder Lieferanten mit umfassendem Liefervolumen Einfluss zu nehmen, da die Abhängigkeiten dieser Gruppen zur Krisenfirma hoch sind. Zusätzlich lassen sich aufgrund der partnerschaftlich geprägten geschäftlichen Verbindungen in vielen Fällen erhebliche finanzielle Unterstützungsbeiträge von verschiedenen internen und externen Stakeholdern realisieren.

Gerade bei einem hohen Bedrohungspotenzial durch bestimmte Gruppen ist meist eine starke Überzeugungsarbeit zu leisten, um diese Parteien fest in den Sanierungsprozess zu integrieren (vgl. Buschmann, 2004, S. 210 ff.). Wenn sich die wichtigen Stakeholder vom Krisenunternehmen abwenden und ihre Geschäftsbeziehung beenden, ist ein Scheitern der Sanierungsbemühungen oft vorprogrammiert. Verlässt dann ein relevanter Akteur die Sanierungsgemeinschaft, folgen meist andere Stakeholder und die Erosionseffekte sind nicht weiter aufzuhalten. Daher sind die konkreten Parteien mit hohem Bedrohungspotenzial zu benennen und möglichst über schriftliche Verträge in die Sanierung einzubinden.

Ein primäres Ziel ist in diesem Analyseschritt, Transparenz in den unterschiedlichen Stakeholder-Beziehungen herzustellen, um **Gefahren** für eine Sanierung zu erkennen und frühzeitig gegenzusteuern. Dazu ist eine Differenzierung nach dem Grad der Abhängigkeit innerhalb der verschiedenen Stakeholder-Gruppen notwendig. Es ist unter anderem bei Abnehmern zwischen Großkunden oder gestreuten kleineren Kunden zu unterscheiden. Auch zu Lieferanten können umfangreiche Geschäftsbeziehungen bestehen oder auch Verträge mit kleinen und substituierbaren Akteuren.

Speziell im Bankenkreis sind die unterschiedlichen Positionen im Vorfeld zu analysieren, um Störungen rechtzeitig zu erkennen und reagieren zu können. Es spielen das Kreditvolumen, die Höhe und die Werthaltigkeit der Sicherheiten, der regionale Bezug und die individuelle Kreditrisikostrategie eine wichtige Rolle. Auch die Organisationsform der Sanierungsabteilung mit der Möglichkeit der internen Bearbeitung der Problemengagements oder dem Outsourcing von Serviceleistungen beziehungsweise dem Verkauf von Problemkreditportfolios oder Einzelengagements spielen bei den Weiterbehandlungsstrategien der Problemkreditfälle eine erhebliche Bedeutung.

Es ist daher früh in Erfahrung zu bringen, wie sich die betreffenden Kreditinstitute in vergleichbaren Sanierungsfällen positioniert haben. Gerade die betroffene Hausbank kann bei dieser Untersuchung helfen und zudem Überzeugungsarbeit den bei anderen Banken leisten, um unter anderem die abwanderungswilligen Kreditinstitute an eine Krisenfirma zu binden. Dieser Ausstieg bedeutender Stakeholder ist zu vermeiden, um den gesamten Sanierungsverlauf nicht zu gefährden (Dominoeffekt).

Dabei kann auch diese Übermittlung von krisenrelevanten Informationen vertrauensbildend wirken und die Beziehung zum Kreditinstitut nachhaltig stärken. Der Sanierungsberater hat oft die Aufgabe, neben der Konzepterstellung die Kommunikation zu den Gruppen im Umfeld des Krisenunternehmens zu übernehmen, um die Abwanderung wichtiger Akteure zu verhindern. Es ergibt sich in der nachfolgenden Abb. 3.5 die Beziehungsmatrix der Einflüsse sowie Bedrohungen in der Krise eines Unternehmens (vgl. Buschmann, 2006, S. 142).

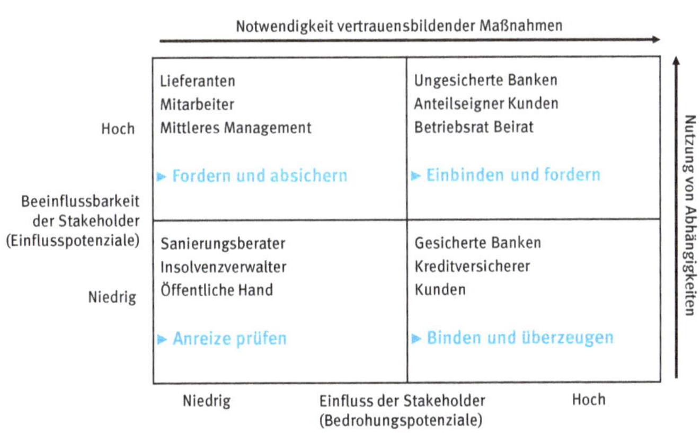

Abb. 3.5: Matrix der Einfluss- und Bedrohungspotenziale (Quelle: Eigene Darstellung)

Aus der **Systematik** lässt sich eine an den Einzelfall angepasste Stakeholder-Strategie entwickeln und die Beziehungen zu den Anspruchsgruppen werden stabilisiert. Zu beachten ist, dass sich das Verhalten der Akteure im Zeitablauf verändern kann.

Die nachfolgenden Gestaltungsmöglichkeiten werden aus Sicht der Unternehmen und der Banken betrachtet (vgl. Buschmann, 2004, S. 211):

- Im Sanierungsprozess sind **Bedrohungspotenziale** der Gruppen zu überwachen und es ist zu versuchen, die Parteien durch Maßnahmen im Sanierungsprozess zu verankern oder die Abhängigkeit zu den Gruppen zu verringern.
- Im Gesundungsprozess lassen sich Bindungen von Stakeholdern zum Krisenunternehmen nutzen, um über **Einflusspotenziale** umfassende Unterstützungsbeiträge für einen erfolgreichen Sanierungsverlauf zu realisieren.

Im Stakeholder-Modell wurde gezeigt, dass nicht allein die Kreditinstitute und andere Gläubiger für den erfolgreichen Sanierungsverlauf von Bedeutung sind, sondern weitere Stakeholder in den wirtschaftlichen Gesundungsprozess des Krisenunternehmens einzubinden sind. Verdeutlicht wird im Stakeholder-Modell, dass verschiedene Akteure im Unternehmen und im Unternehmensumfeld bestimmte Interessen verfolgen, die den Sanierungserfolg positiv oder negativ beeinflussen können.

Analyse und Handlungsempfehlung: Stakeholder und die Stärke der Beziehungen bestimmter Akteure zum Krisenunternehmen sind aus Bankensicht direkt nach der Krisenerkennung zu verdeutlichen, gegebenenfalls bei komplexen Kreditengagements zu visualisieren. Es lassen sich erste Handlungsempfehlungen ableiten, bei welchen Stakeholdern es gelingen kann, diese von einer Sanierungsbegleitung zu überzeugen und ermitteln, welche Zugeständnisse diese Stakeholder im Sanierungsprozess leisten können. Weiterhin lässt sich analysieren welche Akteure den Sanierungsprozess potenziell gefährden können. Letztere sind gegebenenfalls zu ersetzen und es sind ihnen die Konsequenzen einer Insolvenz mit möglichen Abschreibungen zu verdeutlichen oder es sind Sicherheiten abzugeben, um sie zur Unterstützung zu überzeugen.

Aus den Ansprüchen ergeben sich Bedrohungspotenziale oder Möglichkeiten, eine Sanierung aktiv zu unterstützen. Dies ist im ersten Schritt der Stakeholder-Analyse differenziert nach internen und externen Gruppen zu untersuchen. Lösungen sind zu erarbeiten und Abstimmungen durchzuführen. Im zweiten Schritt der Analyse sind die Interessen, Bedrohungen und potenziellen Sanierungsbeiträge abzuleiten. Zwischen den ausgewählten internen und externen Stakeholdern und dem Krisenunternehmen bestehen wechselseitige Beziehungen. Im dritten Schritt sind diese Verhaltensweisen der Stakeholder im Sinne der erfolgreichen Sanierung zu koordinieren. Interessenkollisionen der Stakeholder aus Mehrfachpositionen sind zu beachten.

Ein zentraler Faktor in der Sanierung einer Unternehmung ist die Informationsverteilung auf die beteiligten Akteure. Die optimale Allokation der Daten hat einen maßgeblichen Einfluss darauf, ob die Sanierungsnotwendigkeit im Rahmen der Risikofrüherkennung von den Kreditinstituten überhaupt festgestellt wird. Im Verlauf einer Sanierung ist die Kommunikationstätigkeit zum Abbau von Informationsunterschieden insbesondere zwischen der Geschäftsleitung des Unternehmens und der Hausbank wichtig, damit das Vertrauen des Hauptgläubigers aufrechterhalten bleibt.

Beispielsweise sind die aktuellen Geschäftszahlen im Gesundungsprozess zeitnah und vollständig offenzulegen. Plan-Ist-Abweichungen sind zu berichten. Nur dadurch kann das meist verloren gegangene Vertrauen der Hausbank wieder zurückerlangt werden. Werden bestimmte Informationen dagegen gezielt zurückgehalten oder negative Sachverhalte nur verspätet berichtet, kann die Verhaltensweise das gegenseitige Vertrauen zerstören und den Turnaround-Erfolg stark beeinträchtigen.

Untersuchungen der Agency-Theorie

Zielunterschiede, Interessenkonflikte und Informationsdifferenzen sowie ihre Beseitigung sind Untersuchungsgegenstand der **Agency-Theorie**. Diese bildet eine wichtige Theoriegrundlage für die Untersuchung des Sanierungs- und Insolvenzprozesses. Die an einer Sanierung und Insolvenz beteiligten Akteure weisen einen unterschiedlichen Informationsstand auf. In den einzelnen Krisenstadien sowie den sich anschließenden Sanierungsphasen treten **Informationsdifferenzen** verschiedener Art und Intensität zwischen Banken und ihren Kreditnehmern auf.

Definition: Bei einer Gleichverteilung von Daten zwischen zwei oder mehreren Wirtschaftssubjekten besteht eine Informationssymmetrie. Die Situation **asymmetrischer Informationsverteilung** liegt dann vor, wenn ein Akteur einen Informationsvorsprung gegenüber einer anderen Partei besitzt.

Die **Agency-Theorie** kann bei der Problemanalyse, der Interessenangleichung in der Sanierung sowie bei der Findung praxisnaher Lösungen Hilfestellung leisten. Kerninhalt dieser Theorie ist die Beschreibung sowie Analyse von Verhaltensweisen zweier Akteure in einer Auftragsbeziehung (vgl. Jensen/Meckling, 1976, S. 305 ff.).

Die Kapitalgeber übernehmen in diesem Theoriemodell die Funktion des **Principals**. Die Kapitalnehmer tragen die Rolle der Agents. Die **Agents** sind in diesem Fall die Entscheider in einem Unternehmen. Die **Kapitalgeber** übertragen als Principals den Entscheidungsträgern im Unternehmen die Aufgabe, eine hohe und marktgerechte Rendite zu erwirtschaften (vgl. Schiller/Tytko, 2001, S. 37 ff.).

Definition: Die **Agency-Theorie** analysiert die Verhaltensweisen zweier Akteure, dem Principal und dem Agent, in einer Auftragsbeziehung und gibt Gestaltungsempfehlungen für diese Relation. Ursächlich für die Probleme aus der Beziehung sind unterschiedliche Ziele und Interessen der Akteure, begleitet durch eine heterogene Informationsverteilung. Der Agent ist in der Regel besser informiert, als der Principal und er kann diesen Informationsvorteil zu seinen Gunsten nutzen. Werden unter diesen Annahmen Handlungsvollmachten an den Agent delegiert, können daraus Wohlfahrtsverluste in Form von Agency-Kosten für den Principal als Eigenkapitalgeber oder Fremdkapitalgeber wie die Banken resultieren. Für Kreditinstitute steigen als Gläubiger in der Krise und (spät eingeleiteten) Sanierung die Risiken von Forderungsverlusten. Auch die Einleitung der Sanierung kann von Agency-Problemen zwischen Unternehmen sowie Gläubigern begleitet werden, indem Informationen über den Gesundungsprozess nicht oder verfälscht weitergegeben werden. Daher ist es unter anderem wichtig, dass ein externer Sanierungsberater diesen Prozess begleitet.

Spezifische Probleme aus einer Agency-Beziehung können daraus entstehen, dass der Agent Entscheidungen in der Verfolgung eigener Interessen trifft und damit das Nutzenniveau des Principals beeinträchtigt. Dann kann der Kreditkunde schon frühzeitig planen, die ausbezahlten Mittel anderweitig zu verwenden. Des Weiteren hat er unter Umständen genauere Informationen über den erhöhten Risikogehalt seiner kreditfinanzierten Investitionen sowie der Unternehmenslage, der Krise.

Im Fall einer bestehenden Krise kann die wirtschaftliche Schieflage durch den Unternehmer verschleiert werden. Im Rahmen einer Sanierungsplanung können die Erfolgsaussichten besser dargestellt werden, als sie es tatsächlich sind. Des Weiteren können in einer Schieflage Entnahmen vorgenommen oder Gesellschafterdarlehen zurückgeführt werden, um eigene Gelder zu retten und Sanierungsbeiträge einseitig zu Lasten anderer Gläubiger zu verteilen. Daher kommt es im Vorfeld einer Sanierung häufig zu Rückzahlungen von Gesellschafterdarlehen die erkannt und rückgängig gemacht werden müssen. Die notwendigen Rechtsinstrumente dazu existieren.

Agency-Probleme treten auf, wenn eine heterogene Informationsverteilung vorliegt. In dieser Situation ist der Agent oftmals besser informiert als der zugehörige Principal (vgl. Swoboda, 1991, S. 162 ff. und Arrow, 1985, S. 37 ff.). Dann werden negative Charaktereigenschaften oder Handlungen für den Principal nicht sichtbar.

Nach der Art eines Informationsvorsprungs lassen sich die verschiedenen Formen ungleicher Informationsverteilung im zeitlichen Aufbau unterscheiden, wie die nachfolgende Abb. 3.6 zeigt. Differenzieren lässt sich die zeitliche Verteilung dieser Entscheidungsfelder und der auftretenden Schwierigkeiten mit den Akteuren in die Segmente „Vor Vertragsabschluss", „Bei Vertragsabschluss", „Nach Vertragsabschluss". Daneben existieren weitere Fallbeschreibungen wie **Moral Hazard** (als moralisches Wagnis), ausgelöst durch Fehlanreize und ungleiche Risikoverteilung beziehungsweise fehlende Haftung, die zeitübergreifend gelten (vgl. Perridon et al., 2022, S. 638 ff.).

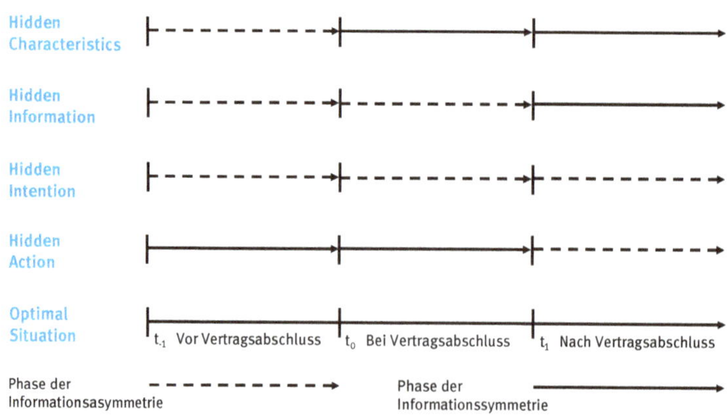

Abb. 3.6: Fallgruppen von Informationsasymmetrien (Quelle: Eigene Darstellung)

Problemfelder der Agency-Theorie

Der Fall **Hidden Characteristics** bezieht sich auf Informationsunterschiede bezüglich der Qualitäten und Eigenschaften des Agents, die dem Principal verborgen sein können. Zeitlich besteht diese Form der Unsicherheit in der Verhandlungsphase vor dem Vertragsabschluss. Der Agent kennt seine Risikoeinstellung sowie charakterlichen Eigenschaften besser als der Principal. Ebenso sind ihm seine Qualifikationen, seine Präferenzen und seine Nutzenfunktion bekannt. Daher können, von Seiten der Stakeholder, Qualitätsunterschiede unter Umständen nicht erkannt werden und es besteht Unsicherheit über die Fairness des Agents.

Das Phänomen **Hidden Information** bezieht sich auf Merkmale des Agents, die einem Principal vor dem Eingehen der Vertragsbeziehung und bei der Verhandlung verborgen geblieben sind, die auch in den Verlauf einer Vertragsbeziehung nach Vertragsabschluss hineinwirken können. So kennt der Agent seine Managementfähigkeiten und das Marktpotenzial und den Unternehmenswert oftmals besser als der Principal. Über die Einbringung von freiwilligen Signalen von Seiten des Agents kann diese Form der Unsicherheit zumindest erst einmal verringert werden. Dennoch kann sich dieses Verhalten nach dem Vertragsabschluss auch noch negativ verändern.

Des Weiteren können Probleme aus **Hidden Intention** im Sinne verdeckter oder versteckter Absichten bestehen. Hier lockt der Agent den Principal beispielsweise in eine Falle unter anderem bei irreversiblen Investitionsentscheidungen und nutzt dann die erst später vom Principal entdeckte Abhängigkeit möglicherweise mit erpresserischen Aktionen aus (Hold Up). Die Unsicherheit kann auch bezüglich eines angebotenen Gutes bestehen (Adverse Selection). Die unterschiedlichen Untersuchungsfelder, Hidden Characteristics, Hidden Information sowie Hidden Intention, können sich anhand der Informationsinhalte und der zeitlichen Positionierung überschneiden.

Probleme aus **Hidden Action** sind dadurch gekennzeichnet, dass der Agent Handlungen während einer bereits existierenden Vertragsbeziehung vornimmt, die der Principal nicht beobachten kann und die beim Principal einen Schaden bewirken. So können der Arbeitseinsatz, das Anstrengungsniveau und die Sorgfalt des Agents während der Laufzeit einer Finanzierungsbeziehung nicht komplett überwacht werden. Auch bewusste Schädigungen eines Agents lassen sich nicht immer erkennen oder werden durch bilanzpolitische Maßnahmen verschleiert. Ebenfalls kann der Principal oftmals nicht einschätzen, ob das Unternehmensergebnis auf der Leistung des Agents beruht oder auf günstige oder ungünstige Umwelteinflüsse einer boomenden beziehungsweise schleppenden Branchenkonjunktur zurückzuführen ist.

Im Rahmen der Untersuchung von **Agency-Problemen bei der Sanierung** findet eine Fokussierung auf die Felder Hidden Information und Hidden Action statt. Die folgende Abb. 3.7 verdeutlicht die Agency-Verbindung zwischen einem Principal und Agent in einer Auftragsbeziehung mit einem Kapitalgeber und einem Kapitalnehmer. Meist bestehen Verbindungen zu mehreren Principals.

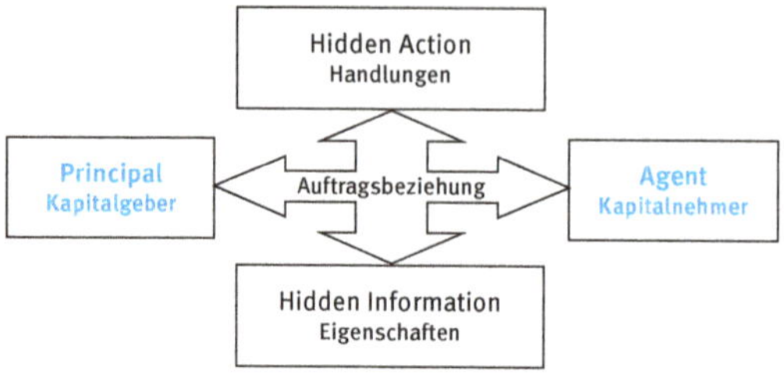

Abb. 3.7: Agency-Beziehung zwischen Kapitalgeber und Kapitalnehmer (Quelle: Eigene Darstellung)

Agency-Probleme im Krisen- und Sanierungsprozess

Stehen Agency-Probleme im Vordergrund, geht es um unterschiedliche Ziele, erforderliche Informationen sowie Transparenz in der Umsetzung eines Sanierungsprozesses. Dieses erfordert eine hohe Informationstransparenz bei der Umsetzung der Krise, um diese Prozesse aus Bankensicht auch überwachen zu können und Vertrauen zu geben. Poolführer oder Hausbank übernehmen in der Regel die Informationsverteilung.

Principal-Principal-Probleme können bestehen, wenn sich diese Akteure innerhalb einer Gruppe nicht einig sind über die Ausgestaltung des Sanierungsprozesses und die Unterstützungsleistungen stark variieren (Welge/Eulerich, 2021, S. 18 ff.):

- **Kreditinstitute:** Haupt- und Nebenbanken können im Sanierungsprozess unterschiedliche Ziele verfolgen. Während Hausbanken als Hauptkreditgeber ein hohes Risiko tragen und den Sanierungsprozess oft konsequent mit hohen finanziellen Unterstützungsbeiträgen begleiten, können nicht derart stark involvierte Institute versuchen aus dem Krisenengagement auszusteigen.
- **Anteilseigner:** Gesellschafter mit unterschiedlichen Anteilen bedeuten differenzierte Entscheidungsrechte. Gesellschafter, können sich beispielsweise nicht einig sein, dass eine Sanierung notwendig ist und sich gegenseitig behindern. Des Weiteren kann es problematisch sein eine Einigung über gleichhohe Sanierungsbeiträge zu erreichen, wenn sich einzelne Gesellschafter dagegen sperren.

Probleme aus **Hidden Action** und **Hidden Information** können einzeln oder kombiniert auftreten. Wichtig ist es, diese Schwierigkeiten zu antizipieren sowie im Vorfeld auf mögliche Problembereiche frühzeitig zu reagieren. Die Intensität beziehungsweise die Stärke von Informationsasymmetrien und damit auch von Problemen steigt in der sich verschärfenden Krise des Unternehmens regelmäßig an. Dann werden in einer wirtschaftlichen Schieflage oft Daten geschönt oder nicht an die Gläubiger weitergegeben. Im Zweifel liegen krisenrelevante Informationen einer Firma nicht vor, wenn keine Controllingsysteme bestehen. Dies behindert die rechtzeitige Einleitung der Sanierungsaktivitäten, verlängert die Dauer eines Gesundungsprozesses und beeinträchtigt die möglichen Erfolgsaussichten für den Turnaround.

In den Stadien der Krise lassen sich im Zeitablauf verschiedene Arten und Intensitäten von Informationsasymmetrien feststellen. In der **Strategiekrise** sind die wirtschaftlichen Probleme für die finanzierende Hausbank meist noch verdeckt. So wird das Management des Unternehmens oft noch als qualitativ gut eingeschätzt und die Rahmendaten der Firma gelten als gesichert. In einer akuten wirtschaftlichen Schieflage wird diese Haltung oft revidiert. Hidden-Information-Schwierigkeiten und Hidden-Action-Probleme sind in der Strategiekrise nicht offenkundig, da der Kapitaldienst bislang geleistet wird und die Schwierigkeiten verschleiert sind. Die Geschäftsführung des Krisenfalls kann bereits erste Anzeichen einer strategischen Krise durch Anspannungen der Marktlage erkennen, die Relevanz der Auswirkungen jedoch nicht wahrnehmen oder die Probleme erst gar nicht berichten.

In der **Ertragskrise** beziehungsweise der **Erfolgskrise** wirkt sich diese negative wirtschaftliche Entwicklung bereits deutlich aus und zeigt sich in Form reduzierter sowie schwacher Erfolgskennzahlen. Die Schwierigkeiten aus Hidden Action und Hidden Information werden Dritten wie Kreditinstituten erstmals sichtbar. Besonders problematisch ist es, wenn die Krisenfestigkeit der Geschäftsleitung nicht genau eingeschätzt werden kann. Die Ertragskrise erfordert ein starkes Gegensteuern mit einschneidenden Maßnahmen wie Kostensenkungen, um die drohende Liquiditätskrise und Insolvenz abzuwenden und ein aktives Problemlösungsmanagement.

In der **Liquiditätskrise** kommt der Beachtung von Agency-Problemen aus asymmetrischer Informationsverteilung eine besondere Wichtigkeit zu. Kann der Hausbank als Hauptgläubigerin nicht versichert werden, dass ein Abwenden der Krise noch möglich ist und werden Informationen nicht weitergegeben, führt ein gesteigertes Misstrauen unter Umständen zur Beendigung der Vertragsbeziehung. Oftmals ist das vorhandene Vertrauen in dieser heiklen Krisenphase mitentscheidend dafür, ob das betreffende Unternehmen überhaupt als unterstützungswürdig eingestuft wird. Eine Reduzierung der Agency-Probleme sowie der Informationsdifferenzen haben eine besondere Wichtigkeit. Es ist von Bedeutung, dass der Unternehmer beziehungsweise der Gesellschafter und die Hausbank die wirtschaftlichen Schwierigkeiten gleichermaßen feststellen und Einigkeit zur Einleitung eines Sanierungsprozesses besteht.

Im Gesundungsprozess sind Interessenunterschiede und Informationsasymmetrien zu untersuchen und gegebenenfalls abzubauen. In einer Sanierung ist es von Bedeutung, dass die wesentlichen Entscheidungsträger möglichst gleiche Ziele und Interessen verfolgen oder eine Zielangleichung angestrebt wird.

Zudem ist Datentransparenz herzustellen, damit die Gläubiger den Sanierungsverlauf effizient überwachen können und eine gleiche Informationslage besteht. Dann stehen Agency-Probleme aus Hidden Action und Hidden Information im Vordergrund der Betrachtung. Zwischen den Gläubigerbanken sowie dem Krisenunternehmen ist im Sanierungsprozess in erster Linie eine Reduzierung von Problemen aus Hidden Action relevant, da eine bereits bestehende Vertragsbeziehung untersucht wird. Dann ist von Bedeutung, wie eine Interessenangleichung in der Sanierung erreicht werden kann.

Bestreben der **Agency-Theorie** ist es, Anreiz-, Überwachungs- und Kontrollmechanismen zu gestalten. Die einzuleitenden Maßnahmen haben eine Reduzierung der ungleichen Informationsverteilung und eine Angleichung der Interessenlagen zwischen den Principals und Agents zum Ziel. Die Probleme aus der asymmetrischen Informationsverteilung zwischen Banken und Kreditnehmern lassen sich bereits vor dem Eingehen einer langen Vertragsbeziehung **(Hidden-Information-Fall)** antizipieren sowie durch konkrete Maßnahmen verringern. Diese können umfassen:

- Erstprüfung wirtschaftliche Verhältnisse und Sicherheiten des Kreditnehmers
- Persönliche Obligierung durch die Geschäftsführer oder Gesellschafter
- Festlegung von Covenants zur Vermögens-, Finanz- und Ertragslage

Bei Bestehen der **Vertragsbeziehung (Hidden-Action-Fall)** existieren weitere Instrumente zur Reduzierung von Agency-Problemen. Dabei ist zu versuchen, den Unternehmer, insbesondere in der Krise und eingeleiteten Sanierung, zu einer Weitergabe aktueller, vollständiger und richtiger Informationen anzureizen. So kann das Signalling besondere Wirkungen setzen. Es geht von einer Signalsendung des Agents aus.

- Informationstransfer über die Krisenlage und den Sanierungsprozess
- Informationen über die Einleitung der Sanierung mit Sanierungskonzept
- Berichterstattung der Erreichung oder Nichterfüllung wichtiger Meilensteine

Diese **Informationsübermittlung** von Seiten eines Unternehmens ist in der Krise von besonderer Bedeutung. Gerade wenn eine wirtschaftliche Schieflage sichtbar wird, ist es für Kreditinstitute besonders wichtig, eine optimale sowie dauerhaft transparente Datenlage zu erhalten, damit die Vertrauensgrundlage bestehen bleibt. Dazu sind vom Unternehmen richtige, vollständige sowie risikorelevante Informationen zielgruppengerecht aufbereitet zu übermitteln, die von den Risikosystemen der Kreditinstitute untersucht werden können. Banken sind unter gewissen Voraussetzungen beispielsweise der Höhe der Kreditgewährungen gesetzlich dazu verpflichtet, quantitative Informationen über Kreditnehmer laufend hereinzunehmen und auszuwerten (über 750 TEuro gemäß § 18 KWG). Diese Pflicht besteht in der Krise des Kunden weiter fort.

Die externen Stakeholder wie Gläubiger weisen meist eine hohe Risikoexposition zum Krisenunternehmen auf. In der Krise und Sanierung kann dies starke finanzielle Einbußen und die Hinnahme von Ausfallrisiken bedeuten. Stakeholder versuchen in einer wirtschaftlichen Schieflage des Geschäftspartners daher ihr Risiko vollständig abzubauen oder die wirtschaftliche Verbindung zu beenden. Dabei ist die Stärke des jeweiligen Abhängigkeitsgrads zum Unternehmen zu beachten und ob gegebenenfalls eine finanzielle Unterstützung in Betracht kommen kann.

Stakeholder mit einer geringen Abhängigkeit sind oft geneigt die Position durch Nachverhandlungen zu verbessern oder die Geschäftsbeziehung komplett zu beenden. Zum Beispiel können von Banken mit geringen Kreditvolumina neue Sicherheiten oder zusätzliche Tilgungen eingefordert werden.

Dagegen sind externe Stakeholder mit hohen Abhängigkeiten eher bereit, individuelle Interessen zurückzustellen und finanzielle Unterstützungen zu leisten. Die Verhaltensweise kann auch mit dem **Vorhandensein spezifischer Investitionen** erklärt werden (vgl. Williamson, 1985, S. 52 ff.).

Definition: Spezifische Investitionen haben einen originären Charakter und sind optimal auf das empfangende Unternehmen abgestimmt. Die Investitionen können nicht ohne Weiteres in anderen Objekten eingesetzt werden, erzeugen eine Bindung zum Unternehmen und gegebenenfalls starke Abhängigkeiten, wenn hohe Wechselkosten bestehen. Oftmals besteht ein Interesse an der Fortführung einer Geschäftsbeziehung zu einem Krisenunternehmen insbesondere bei Stakeholdern, die spezifische Investitionen eingebracht haben. Die Insolvenz stellt eine schlechte Alternative dar, da die eingebrachten spezifischen Investitionen an Wert verlieren beziehungsweise komplett untergehen. Beispielsweise können Abhängigkeiten in Form von spezifischen Investitionen aufgrund einer direkten Verzahnung in der Wertschöpfungskette bestehen. In der Praxis existieren spezifische Investitionen, wenn ein Automobilzulieferer in Spezialmaschinen investiert oder seine Produktionskapazitäten an die Auftragslage des Kunden anpasst. Aufgrund der engen Logistikbeziehungen zwischen den Parteien kann der Lieferant in der Krise seines Abnehmers von diesem zu Preiszugeständnissen gedrängt werden und umgekehrt ist der Produzent vom Lieferanten abhängig wie in der Automobilindustrie (vgl. Buschmann, 2006, S. 97 ff.).

Folgende Arten von spezifischen Investitionen können kritische Abhängigkeiten in der Wertschöpfungskette hervorrufen (vgl. Williamson, 1985, S. 52 ff.):

- **Standortspezifität:** Investitionen an transaktionsgünstigen Standorten
- **Sachkapitalspezifität:** Investitionen in transaktionsspezifische Maschinen
- **Humankapitalspezifität:** Erlangung von Spezialwissen in einer Transaktion
- **Auftragsspezifität:** Investitionen in Kapazitäten bei erwarteten Absatzmengen

Auch die Bereitstellung erheblicher finanzieller Ressourcen kann eine spezifische Investition für Finanzierungs-Stakeholder darstellen, wenn vertragliche Bindungen vorliegen oder eine zügige Mittelrückführung durch das Unternehmen nicht möglich ist. Dann existieren möglicherweise hohe spezifische Investitionen aus Sicht der Banken und anderer Gläubiger aufgrund der folgenden Faktoren:

- **Kreditvolumen:** Höhe der Kredite in Relation zum Eigenkapital der Bank
- **Sicherheitenlage:** Art, Qualität und Umfang der Kreditsicherheiten
- **Reputation:** Abhängigkeiten aufgrund einer regionalen Verbundenheit
- **Beteiligung:** Verbindungen aus einer Anteilseignerposition der Bank

Von Bedeutung ist es zunächst einen Überblick zu erhalten welche Geldgläubiger und Warengläubiger für die Weiterführung der geschäftlichen Aktivitäten und den Sanierungserfolg von großer Bedeutung sind. Ein Rückzug wichtiger Gläubiger ist zu vermeiden. Für Kreditinstitute steht das Ausfallrisiko im Fokus der Betrachtung. Es sollte die Aussicht bestehen dieses Risiko über die Sanierung zu vermindern. Die Verteilung der Sicherheiten kann für die Weiterbegleitung des Engagements relevant sein.

Ausgewählte Kreditsicherheiten im Sanierungsprozess

Die **Kreditsicherheiten** haben im Sanierungsprozess eine große Bedeutung, denn es rückt mit dem möglichen Insolvenzantrag der Verwertungszeitpunkt näher. Kreditsicherheiten verfolgen einen Absicherungszweck sowie vermindern den Blankoteil, das Risiko (Exposure) aus einer Kreditnehmereinheit. Die inhaltlich und zugleich rechtlich korrekte sowie rechtzeitige Bestellung der Sicherheiten ist wichtig, da diese in der Insolvenz Bestand haben müssen (MaRisk BTO 1.1 Rn. 7). Zudem ist die Bewertung der Kreditsicherheiten bei Kreditvergabe und Weiterbearbeitung realistisch sowie marktnah vorzunehmen (MaRisk BTO 1.2.1 Rn. 2 und BTO 1.2.2 Rn. 3). Dies betrifft insbesondere Immobilienbewertungen, für die neutrale Wertgutachten vorliegen sollten.

In der Krise sind Kreditsicherheiten oft im Wert nach unten zu korrigieren, die Going-Concern-Bewertung wandelt sich zu einer Liquidationsbewertung. Sicherheitenwerte sind gemäß MaRisk BTO 1.2.5 Rn. 2 unter Realisationsgesichtspunkten zu ermitteln, das bedeutet, es ist ausgehend vom Marktwert der voraussichtliche Verwertungserlös unter Berücksichtigung der erwarteten Verwertungsdauer zu schätzen. Dabei sind die voraussichtlichen Sicherheitenerlöse abzuzinsen, wenn die Verwertung länger andauert. Ein Verzicht auf Wertabschläge ist angemessen zu begründen. Diese Bewertungen sind mindestens einmal jährlich zu überprüfen oder wenn sich zwischenzeitlich werterhellende Erkenntnisse ergeben. In diese Überprüfung der Werthaltigkeit oder die erstmalige Wertermittlung sind Mitarbeiter oder externe Spezialisten mit besonderen Kenntnissen einzubeziehen.

Personalsicherheiten

Bei Personalsicherheiten erlangt der Sicherungsnehmer durch den Sicherstellungsvertrag einen persönlichen Anspruch, auf eine **Geldleistung** gegen den Sicherungsgeber. Zu den in der Praxis häufig vereinbarten Personalsicherheiten mit Drittsicherungsgebern bereits bei der Kreditvergabe gehören:

- Bürgschaften (auf erstes Anfordern)
- Zahlungsgarantien (nicht durch natürliche Personen)
- Harte Patronatserklärungen durch herrschende Gesellschaften

Die **Bürgschaft** gemäß §§ 765 ff. BGB entfaltet ihre Bedeutung als wichtige Kreditsicherheit durch die Erweiterung der Haftung auf das Privatvermögen von Gesellschaftern bei haftungsbeschränkten Firmen (juristische Personen wie die GmbH). Diese Art der Besicherung ist von Bedeutung, damit der Gesellschafter-Bürge auch in der Krise und Sanierung weiter für sein Unternehmen einsteht und ein hoher Sanierungswille existiert. Die Konstellation liegt insbesondere bei der Einpersonen-GmbH vor, bei der der Alleingesellschafter zudem Alleingeschäftsführer ist. Eine nicht vorhandene persönliche Haftung kann dazu führen, dass bereits frühzeitig Gelder aus der Gesellschaft in den Privatbereich transferiert werden und der Gesellschafter nicht mehr bereit ist die Krisenfirma finanziell zu unterstützen.

Das Schicksal der Firma sollte auch **Konsequenzen** für den Gesellschafter haben, der haftungsbeschränkt seine unternehmerische Tätigkeit im Rahmen einer juristischen Person oder rechtsfähigen Personengesellschaft ausübt.

Bei einer späteren Übertragung der Unternehmensbeteiligung des Gesellschafters im Rahmen einer Investorenlösung sollen gezahlte Kaufpreise die Verschuldung reduzieren und nicht im Privatbereich der Altgesellschafter zum Vermögensaufbau beitragen. Die gewünschte Freigabe einer Bürgschaft durch die Gläubigerbanken kann als Instrument eingesetzt werden, um dieses zu verhindern (Freigabe der Bürgschaft nur, wenn der „Kaufpreis" in einem bestimmten Umfang, höchstens in Höhe der Bürgschaft, dem Unternehmen zugutekommt, rechtstechnische Details unterliegen dabei regelmäßig einem komplexen Verhandlungsprozess).

Die **Bürgschaft** begründet eine eigenständige Verpflichtung des Bürgen für den Fall, dass der Schuldner seine Leistung nicht erfüllt. Der Bürge steht für diese Erfüllung der Hauptschuld ein. Das Bürgschaftsverhältnis wird durch Vertrag begründet. Dazu muss die Schuld wenigstens bestimmbar sein. Die Bürgschaft ist akzessorisch sowie vom Bestehen und Umfang der Hauptschuld abhängig. In der Praxis wird eine selbstschuldnerische Bürgschaft vereinbart. In diesem Falle verzichtet der Bürge auf das Recht der Einrede der Vorausklage gemäß § 773 Abs. 1 Satz 1 BGB und der Gläubiger kann mit Eintritt der Voraussetzungen schneller gegen den Bürgen einen Vollstreckungstitel erwirken, da er nicht erst gegen den Hauptschuldner klagen muss. Je umfangreicher der Einwendungsausschluss ist, desto stärker nähert sich die Bürgschaft der Garantie an, und zwar durch Lockerung der Akzessorietät. Dies gilt besonders für die Bürgschaft **„auf erstes Anfordern"**, deren Übernahme Kreditinstituten vorbehalten ist. Es wird eine Bürgschaft des Unternehmers bei haftungsbeschränkten Firmen gefordert, damit sich dieser vollständig einbringt.

Die **Zahlungsgarantie** ist mit dem Grundgeschäft nicht verknüpft. Im Garantievertrag verpflichtet sich der Garant einseitig gegenüber dem Gläubiger zu einer Zahlungsleistung. Demnach verspricht dieser beispielsweise zu zahlen, wenn der Erfolg nicht eintritt und damit der materielle Garantiefall gegeben ist. Dabei ist die Abgrenzung zu einer Bürgschaft gelegentlich schwierig. Einen Anhaltspunkt ob es sich um die **Garantie** handelt kann das wirtschaftliche Eigeninteresse des Garanten liefern. Die Zahlungsgarantie unterliegt in „persönlicher" Hinsicht denselben Beschränkungen wie die Bürgschaft auf erstes Anfordern.

Der **Patronatserklärung** geht meist ebenfalls ein wirtschaftliches Interesse voraus. Die Erklärungen werden in der Regel von Muttergesellschaften für Tochterunternehmen abgegeben, die einen Kreditbedarf haben, ohne die erforderlichen Sicherheiten stellen zu können. Unterschieden werden **„weiche"** und **„harte"** Patronatserklärungen. Nur die harte externe Patronatserklärung bietet dem Gläubiger eine hinreichende Sicherheit, dahingehend, dass der **„Patron"** dem Gläubiger einen Schadensersatz schuldet, wenn die beherrschte Gesellschaft zusammenbricht oder seine Finanzierung nicht mehr leisten kann.

Der Patron hat sich gegenüber der Bank verpflichtet, die (Tochter-)Gesellschaft so auszustatten, dass sie jederzeit ihren sämtlichen Verpflichtungen gegenüber ihren Gläubigern nachkommen kann (vgl. BGH, 12.01.2017, IX ZR 95/16). Die Erklärung ist gemäß § 251 HGB bilanzausweispflichtig und entfaltet daher im Gegensatz zur weichen Erklärung eine bindende rechtliche Verpflichtung.

Sachsicherheiten und Abtretungen

Ausgewählte Sachsicherheiten haben in der Praxis des Kreditgeschäfts und in der Krise, Sanierung und Abwicklung eine große Bedeutung, weil diese entweder die Haftung auf das **Privatvermögen** erweitern oder **Sachwerte** darstellen, die das Blankorisiko, das Exposure beziehungsweise die zu bildende Einzelwertberichtigung oder drohende Abschreibung bei einem Problemkreditengagement vermindern können wie:

- Grundschulden
- Sicherungsübereignungen
- Sicherungsabtretungen

Bei der **Grundschuld** wird aus §§ 1191 ff. BGB ein Grundstück zu Gunsten des Gläubigers belastet. Die Grundschuld ist nicht akzessorisch (abstrakt) und damit auch dinglich nicht vom Bestand einer Forderung abhängig. Diese wird durch Einigung gemäß § 873 Abs. 1 BGB und mit Eintragung in das Grundbuch bestellt. Bei der Briefgrundschuld ist zusätzlich die Übergabe des Grundschuldbriefes an den Gläubiger erforderlich. Zur Vermeidung dieses Aufwands werden heutzutage überwiegend Buchgrundschulden vereinbart, die aber den Nachteil in sich bergen, dass die Übertragung erst mit der kostenpflichtigen Grundbucheintragung wirksam wird.

Die Grundschuldbestellungen werden in der Praxis nicht nur notariell beglaubigt, was hinreichend wäre, sondern notariell beurkundet. Dieses hängt damit zusammen, dass sich der Eigentümer als Grundschuldbesteller zusätzlich der Zwangsvollstreckung gemäß §§ 794, 800 ZPO auch für künftige Eigentümer in den belasteten Grundbesitz unterwirft und zusätzlich in einem weiteren Schritt in sein sonstiges Vermögen (persönliche Haftung). Die Unterwerfungsklausel bezieht sich auf den Grundschuldbetrag, die Zinsen und die Nebenleistungen. Über diese gesondert auszufertigende vollstreckbare Urkunde (mit Vollstreckungsklausel) kann der Gläubiger in das Vermögen eines Verpflichteten vollstrecken, sobald die verschiedenen Voraussetzungen der Vollstreckung vorliegen. Diese Unterwerfung unter die Zwangsvollstreckung in das persönliche Vermögen verstärkt als abstraktes Schuldversprechen die weitere dingliche Haftung aus der Grundschuld und stellt keinen „verdoppelten“ Titel dar.

Eine weitere Form der Bereitstellung von Haftungsmasse zur Absicherung von Krediten stellt die **Sicherungsübereignung** dar. Die Sicherungsübereignung regelt sich gemäß §§ 929 ff. BGB nach den für die Übereignung geltenden Vorschriften. Hierzu werden bewegliche Sachen aus dem Vermögen des Kreditnehmers an das Kreditinstitut übereignet und es wird ein Besitzmittlungsverhältnis vereinbart (§ 930 BGB).

Auf diese Art und Weise wird die für die Übereignung notwendige **Übergabe** des Sicherungsgutes durch ein **Besitzkonstitut** (früher als Leih- oder Verwahrvertrag definiert, heute reicht allein der **„Sicherungsvertrag“** für ein Besitzmittlungsverhältnis aus) ersetzt. Dies ist von Bedeutung, da es sich bei den übereigneten Assets in der Regel um Gegenstände des Anlagevermögens oder des Umlaufvermögens handelt, welche für die Geschäftstätigkeit benötigt werden. Die Gegenstände gehen zwar in das Sicherungseigentum des Kreditinstitutes über, verbleiben jedoch im Besitz eines Unternehmens und können so von diesem weiter genutzt werden. Typischerweise werden Maschinen oder Fahrzeuge beziehungsweise Inventar sicherungsübereignet. Des Weiteren erfolgt eine Übereignung des Warenlagers. Wichtig ist die **„Bestimmtheit“** der übereigneten Sache. Das Sicherungsgut kann mit verlängerten Eigentumsvorbehalten der Lieferanten belastet sein (§ 449 BGB), sodass eine Werthaltigkeit für die Bank erst eintritt, wenn die Eigentumsvorbehalte erledigt sind.

Bei der **Sicherungsabtretung** (Sicherungszession) tritt das Unternehmen seine Forderungen, im Wesentlichen aus Lieferungen und Leistungen an das Kreditinstitut gemäß §§ 398 ff. BGB ab. Die Abtretung kann dabei strukturell sowohl als offene Zession, als auch als stille Zession vereinbart werden. Bei der offenen Zession wird die Abtretung den Kunden des Kreditnehmers, den „Drittschuldnern“ angezeigt, so dass diese formal mit schuldbefreiender Wirkung nur noch an das Kreditinstitut leisten können. Bei der stillen Zession wird der Kunde (Drittschuldner) nicht benachrichtigt und kann und soll daher nach wie vor an das Unternehmen zahlen. In der Praxis wird in der Regel die stille Zession vereinbart, da ansonsten möglicherweise ein Vertrauensverlust in der Geschäftsbeziehung des Unternehmens durch die offene Abtretungsanzeige zu seinen Kunden entstehen kann. Meist erfolgt eine globale Abtretung der bestehenden sowie künftigen Forderungen im Rahmen einer Globalzession.

Entscheidend aber ist jedoch, dass die Bank an dem Erhalt der zedierten Forderungen zum Zeitpunkt des Abschlusses der Sicherungszession keinerlei Interesse hat, sondern erst künftig, wenn etwa eine Krise eintritt und die zedierten Forderungen verwertet werden müssen. Die zedierte Forderung ist Element des Working Capital, ihre Leistung an den Zedenten durch den Drittschuldner ist essentiell für die Unternehmensfortführung. Daher bleibt dem Zedenten die Einziehungsbefugnis des Kreditnehmers gegen den Drittschuldner bis die Bank diese widerruft. Dies wiederum ist erst möglich, wenn ein Kündigungsgrund der Finanzierung besteht, die Bank kündigt und die Einziehungsbefugnis des Kreditnehmers ihm oder dem (vorläufigen) Insolvenzverwalter gegenüber widerruft. Von Bedeutung ist, dass diese abgetretenen Forderungen hinreichend bestimmt, das heißt individualisierbar, sind (Bestimmbarkeit). In der Insolvenz können Globalzessionen Anfechtungsrisiken unterworfen sein.

Die Verbindung der Sicherheiten zu Krediten wird über eine entsprechende Verpflichtung zur **Sicherheitenbestellung** im Kreditvertrag hergestellt, er ist der Rechtsgrund zur Bestellung der Sicherheit. Die Bestellung der Kreditsicherheiten erfolgt in gesonderten Sicherungsverträgen.

Der **Sicherungsvertrag** bildet die Grundlage für die Bestellung der dinglichen wie der persönlichen Kreditsicherheiten. Gerade die Vereinbarung über den Sicherungszweck stellt bei abstrakten Sicherheiten eine **Verbindung** zwischen der bestellten Kreditsicherheit und der zu sichernden Forderung her. Des Weiteren regelt dieser Vertrag die Rechte sowie Pflichten der Vertragsparteien bezüglich des Sicherungsmittels. Der Sicherungszweck kann dabei weit oder eng gefasst sein und bezieht sich dann entweder auf sämtliche oder nur bestimmte ausgewählte Forderungen gegenüber dem Kreditnehmer oder der Kreditnehmereinheit.

Kern des Sicherungsvertrages ist die Festlegung des **Sicherungszwecks**, der regelt, für welche Kreditforderungen der bestimmte Sicherungsvertrag haften soll und zu welchem Zeitpunkt der Verwertungsfall eintritt. Der Sicherungsfall tritt dann ein, wenn der Kreditnehmer seinen vertraglichen Verpflichtungen aus dem Kreditvertrag nicht nachkommt. Der Sicherungsnehmer ist nach Verwertungsreife (Fälligkeit und Verzug des Kreditnehmers beziehungsweise der Kündigung der jeweiligen Finanzierung) berechtigt, den Sicherungsgegenstand nach den gesetzlichen Bestimmungen zu verwerten, um aus den Verwertungserlösen seine Kreditforderung abzudecken.

Der Sicherungsfall beschreibt somit die Voraussetzungen, unter denen der Sicherungsnehmer die Kreditsicherheiten des Sicherungsgebers oder die Drittsicherheiten verwerten darf. Die Verwertungsreife muss vorliegen, meist infolge einer Kündigung des Kreditvertrags. Damit schützt der **Sicherungsvertrag** auch den Kreditnehmer vor einer ungerechtfertigten Inanspruchnahme. Durch diesen festgelegten Sicherungszweck darf der Sicherungsnehmer weniger Rechtsmacht ausüben als er im Außenverhältnis mit der Übertragung des Vollrechts an einer bestimmten oder bestimmbaren Kreditsicherheit (Sicherungsübereignung, Forderungszession) eingeräumt bekommen hat.

Ist der Sicherungszweck durch **Kreditrückzahlung** endgültig erledigt, sind die Sicherungsgegenstände an den Sicherungsgeber zurück zu übertragen beziehungsweise sie erlöschen „automatisch“. Drittsicherheiten verlangen immer einen engen Sicherungszweck und eine direkte Verbindung zwischen Kredit und Sicherheit. Akzessorische Sicherheiten sind aufgrund der **Akzessorietät** verbunden mit den gewährten Krediten, aber auch hier ist enge (Sicherung nur eines einzigen spezifischen Kredits) und weite Zweckerklärung möglich (Sicherung beispielsweise von Forderungen aus der gesamten Geschäftsverbindung). **Fiduziarische** (oder treuhänderische) abstrakte **Sicherheiten** sind meistens über eine weite Sicherheitenzweckerklärung mit dem Kreditengagement sowie verschiedenen Krediten verbunden. Die Sicherungsabrede oder Sicherheitenzweckerklärung bildet das wichtige Bindeglied zwischen den Krediten und den damit verbundenen Kreditsicherheiten.

Bewertung der Kreditsicherheiten in der Krise und Sanierung

Kreditsicherheiten sind auch nach den Regelungen der MaRisk zu bewerten. Dies betrifft die Erstbewertungen bei Vereinbarung und Einbuchung von Sicherheiten gemäß MaRisk BTO 1.2 Anforderungen an die Prozesse im Kreditgeschäft Rn. 2 und 3.

Des Weiteren kann die Folgebewertung davon betroffen sein (MaRisk BTO 1.2.2 Kreditweiterbearbeitung Rn. 3), wenn sich die Ausfallrisiken bei einer Kreditnehmereinheit erhöhen oder konkretisieren. Dann hat nach MaRisk BTO 1.2.5 Rn. 3 eine Überprüfung der Werthaltigkeit von Sicherheiten unter Realisationsgesichtspunkten stattzufinden. Bei der Bewertung sind interne oder externe Spezialisten einzusetzen. Für die Bewertung und die laufende Überprüfung der Wertansätze von Kreditsicherheiten sind zudem die Anforderungen der **EBA Leitlinien** für die Kreditvergabe und Überwachung zu beachten. Es sind Auswirkungen von ESG-Risiken bei den Bewertungsmodellen zu berücksichtigen, beispielsweise die Energieeffizienz von Gebäuden oder die Energieintensität von Produktionsprozessen (vgl. Portisch/Cranshaw, 2024b, S. 358 ff.).

Bei der Kreditweiterbearbeitung sind nach BTO 1.2.2 Rn. 3 sind die Werthaltigkeit und der rechtliche Bestand von Sicherheiten sind im Rahmen der Kreditweiterbearbeitung in Abhängigkeit von der Sicherheitenart zu überwachen und gegebenenfalls ist neu zu bewerten. Ab einer unter Risikogesichtspunkten festzulegenden Risikorelevanzgrenze sind die Sicherheiten in angemessenen Abständen zu überprüfen. Marktschwankungen können die Werthaltigkeit von Immobiliensicherheiten stark beeinflussen.

Bewertung von Immobiliensicherheiten und beweglichen Vermögenswerten

Besondere Regelungen zur Bewertung ergeben sich für Immobiliensicherheiten. Diese Bewertungen sind unter anderem mit rechtlich anerkannten Methodiken anhand der Beleihungswertverordnung (BelWertV) zu vollziehen sowie gegebenenfalls jährlich zu überprüfen. Im Rahmen von geplanten Verwertungsmaßnahmen sind barwertige Ansätze unter Berücksichtigung von Verwertungskosten und Verwertungsdauer zu wählen (Erläuterungen zu MaRisk BTO 1.2.2 Rn. 3). Dies kann gerade für Immobiliensicherheiten in der Abwicklung von Bedeutung sein. Dann sind barwertige Kalkulationsmodelle zu entwickeln die Ein- und Auszahlungen mit risikoangepassten Zinssätzen diskontieren (vgl. Cranshaw/Portisch, 2025, S. 31).

Nach BTO 1.2.2 Rn. 4 sind außerordentliche Überprüfungen der Bewertung bei Sicherheiten unverzüglich durchzuführen, wenn aus externen oder internen Quellen weitere Informationen bekannt werden, die auf eine wesentliche negative Änderung einer Einschätzung hindeuten. Dies kann bei Gewerbeimmobilien wichtig sein, denn in der Krise, Sanierung und Abwicklung leidet der Wert von Kreditsicherheiten regelmäßig und es sind in der jeweiligen Bearbeitungsstufe neue Wertabschläge vorzunehmen. In der Sanierung ist ein strenger **Sicherheitenstresstest** durchzuführen. Die Bewertung unter Going-Concern-Aspekten wandelt sich meist zu einer Liquidationsbewertung als Worst-Case-Betrachtung, wenn nicht im Rahmen und Verlauf des Sanierungsprozesses eine günstigere Bewertungslage geboten ist.

Im Rahmen der Ergreifung von Sanierungsmaßnahmen sind nicht nur die eigenen Sicherheiten in Bezug auf die rechtliche Korrektheit und die angemessene Bewertung zu beurteilen. Es ist ein **Bankenspiegel** aufzustellen, um zu erkennen, wie die eigene Bank und andere Institute und Gläubiger positioniert sind.

Zum einen ergeben sich Hinweise auf die **Verhandlungspositionen** der Akteure. Zum anderen wird unter Umständen zusätzliches Besicherungspotenzial erkennbar. Es lassen sich Kollisionen durch Mehrfachabtretungen (zunächst ist die Erstabtretung wirksam) und zu den anderen Gläubigern wie den (aufgrund branchenüblichen verlängerten Eigentumsvorbehalts) vorrangigen Lieferanten verdeutlichen. Der verlängerte Eigentumsvorbehalt wird in den Globalzessionen gemäß den Musterverträgen der Bankengruppen durch eine **„dingliche Teilverzichtsklausel"** dadurch geschützt, dass die Globalzession erst dann wirksam wird, wenn die Lieferantenrechte befriedigt sind. In Tab. 3.3 wird beispielhaft aufgezeigt, wie ein Bankenspiegel aussehen kann.

Tab. 3.3: Bankenspiegel (Quelle: Eigene Darstellung)

Kreditinstitut	Kredite in TEuro	Sicherheiten	Bewertung in TEuro
Hausbank	BMK, Darlehen, 5.000	Globalzession	3.000
Nebenbank	Baudarlehen, 1.000	Grundschulden	1.000
Spezialinstitut	Avallinie, 1.000	Sicherungsübereignung	1.000
Leasinginstitut	Leasinggüter, 2.000	Eigentümer Bagger	1.500
Hauptlieferant	Warenlieferungen, 1.000	Verlängerter EV	500

Folgende **Handlungsoptionen** sind vom Unternehmen und von Bankenseite zu überprüfen und gegebenenfalls umzusetzen:

- Im Sanierungsprozess lassen sich **Abhängigkeiten** vom Krisenunternehmen nutzen, um Unterstützungsbeiträge für einen optimalen Sanierungsablauf zu realisieren. Stakeholder, die vom Krisenunternehmen stark abhängig sind, sollten eng in den Sanierungsprozess eingebunden werden.
- Im Verlauf des Sanierungsprozesses sind die **Interessenunterschiede** der beteiligten Stakeholder zu steuern. Dazu sind die Entscheidungen der Geschäftsleitung des Krisenunternehmens auf die Bedürfnisse aller Stakeholder abzustimmen. Daher ist eine Balance der wirtschaftlichen Interessen anzustreben.
- Zudem spielt der **Abbau asymmetrischer Informationen** eine wichtige Rolle. So sind Daten über den Sanierungsverlauf gerade an die externen Stakeholder abgestuft weiterzuleiten, um die Vertrauensbildung zu stützen. Die ungleiche Informationsverteilung erzeugt Unsicherheit und gefährdet die Sanierung.

? **Checkliste und Analysen zu Stakeholdern in der Sanierung aus Bankensicht:**

1. Sind alle bedeutenden internen und externen Stakeholder bei der Krisenfirma bekannt?
2. Sind Abhängigkeiten im Produktions- und Dienstleistungsprozess bei der Firma transparent?
3. Welche Stakeholder haben Kenntnis von der Krisenlage des betroffenen Unternehmens?
4. Sind die weiteren Banken bekannt mit sämtlichen Kredit-, Avallinien und Kreditsicherheiten?
5. Nachbesicherungspotenziale, sind alle Verträge insolvenzfest, Sicherheiten vorsichtig bewertet?

3.2 Bankorganisation und Prozesse der Sanierungsbearbeitung

Das Kreditgeschäft ist gemäß MaRisk AT 4.3.1. Rn. 1 und BTO 1.1 Rn. 1 mit einer klaren Trennung der Zuständigkeiten auf die Bereiche Markt und Marktfolge zu organisieren (vgl. MaRisk, 2024). Unter dem Sektor **„Markt“** werden die Firmenkundenbetreuer, die marktverantwortlichen Leiter und Bankvorstände subsumiert, die für eine direkte Betreuung der Kunden zuständig sind. Sie sind verantwortlich für die vertriebliche Zielerreichung. Neben den MaRisk sind der NPL-Leitfaden für die von der Europäischen Zentralbank (EZB) beaufsichtigten Institute und die Anforderungen der Europäischen Bankenaufsicht (EBA) über das Management notleidender und gestundeter Risikopositionen zu beachten (vgl. EZB, 2017, S 1 ff. und EBA, 2018, S. 1 ff).

Die Finanzierungsvorbereitung wird zusammen mit der Bonitätseinschätzung im Rating des Marktes dokumentiert und stellt das Erstvotum dar. Damit es zu einer Kreditvergabe kommt, ist ein positives Zweitvotum durch die **Marktfolge** erforderlich. Die Marktfolge führt dazu eine umfassende Kreditwürdigkeitsprüfung durch. Des Weiteren werden die Finanzierungsstruktur sowie die zu stellenden Sicherheiten gemeinsam zwischen dem Firmenkunden mit dem Markt und der Marktfolge vereinbart.

Dazu werden die **Kapitaldienstdeckung** in Form der zu erbringenden Zins- und Tilgungsleistungen verifiziert, die **Sicherheitenstruktur** (Art und Umfang der Sicherheiten und Sicherheitenzweck) überprüft und das endgültige **Rating** berechnet. Des Weiteren wird die Marktfolge eine Plausibilitätsprüfung der Kundenangaben als auch des Erstvotums vornehmen (vgl. MaRisk BTO 1.1 Rn. 2). Nach dem Ergebnis dieser Untersuchungen wird dem Erstvotum entweder zugestimmt oder es werden Auflagen an den Markt übermittelt, die vor einer Vergabe eines positiven Zweitvotums erfüllt sein müssen. Wenn die Finanzierung zu risikoreich ist, wird diese abgelehnt.

Mit dem Abschluss der Kreditwürdigkeitsprüfung durch ein positives Zweitvotum der Marktfolge, werden die weiteren Schritte im Kreditprozess ausgelöst. Diese Prozesse werden von einer separaten Kreditbetreuung vorgenommen. Zu ihren Aufgaben gehören die vertragliche Gestaltung der Finanzierungsstruktur, die Prüfung der Sicherheiten sowie die Archivierung der Dokumente. Die folgende Abb. 3.8 stellt den Kreditentscheidungsprozess mit Markt und Marktfolge dar (vgl. Portisch, 2016a, S. 122 ff.).

Grundsätzlich erfordert der Abschluss des anlassbezogenen oder überwachenden Kreditprozesses zwei zustimmende Voten der Bereiche Markt und Marktfolge gemäß MaRisk BTO 1.1 Rn. 2. Bei den nicht-risikorelevanten Geschäften, beispielsweise im Mengengeschäft, kann aus Sicht der MaRisk auf diese organisatorische **Doppelvotierung** verzichtet werden. Dies ist in den internen Richtlinien der Banken detailliert darzulegen. Jedoch sind auch für die nicht risikorelevanten Geschäfte angemessene und wirksame Kreditprozesse auszugestalten. Die Abgrenzung zwischen dem risikorelevanten sowie dem nicht-risikorelevanten Geschäft ist eindeutig auszugestalten und unter Risikogesichtspunkten institutsindividuell festzulegen (vgl. DSGV, 2025, S. 195 ff. und Erläuterungen zu MaRisk, 2024, BTO 1.1 Rn. 4).

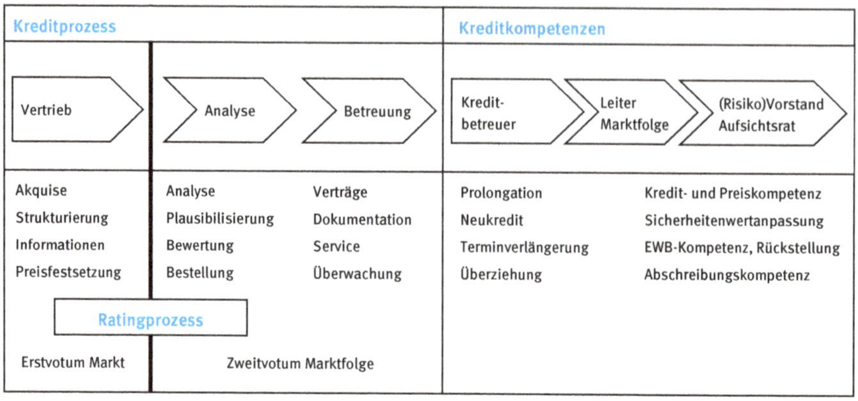

Abb. 3.8: Kreditentscheidungsprozess und Kompetenzen (Quelle: Eigene Darstellung)

Die **Risikorelevanzgrenze** gilt primär für das Normalkreditgeschäft sowie den Intensivbereich, denn in beiden Segmenten ist gegebenenfalls eine Doppelvotierung für eine Kreditentscheidung erforderlich. In der **Problemkreditbearbeitung** bedeutet das Votum des Spezialisten gegebenenfalls gleichzeitig die Kreditentscheidung oder andere Entscheidungen wie die Bildung oder Auflösung einer Einzelwertberichtigung. Ungeachtet dessen kann eine Bank in internen Richtlinien festlegen, dass in der Problemkreditbearbeitung ab einer Engagementgrenze und einem bestimmten Blankoteil eine Doppelvotierung gemäß dem Vier-Augen-Prinzip erfolgen muss.

! **Erläuterung: Entscheidungsprozesse** innerhalb und oberhalb der Risikorelevanzgrenze sind im Normalkreditbereich meist aus bankinternen Kostengründen festgelegt. Der Intensivbereich kann die Limite übernehmen. In der Problemkreditbetreuung gelten diese Vorgaben des Doppelvotums aus Markt und Marktfolge gemäß MaRisk nicht. Im Bereich der Sanierung ist eine Risikorelevanzgrenze festzulegen, erstens im Hinblick darauf, ab wann mit einer individuellen Vorgehensweise aus Sicht der Bank saniert wird (Individualsanierung) und zweitens ab welcher Grenze mit einem Doppelvotum von Akteuren aus der Spezialmarktfolge agiert wird, um sich bei Entscheidungen abzusichern und optimale Resultate zu erzielen.

Zu entscheiden sind Übergänge und Rückstufungen von der Normalkreditbetreuung in den Bereich der Intensivbetreuung bei erhöhten erkennbaren Ausfallrisiken. Diese Umgruppierung erfolgt anhand bestimmter Merkmale, oft aus dem Zahlungsverkehr beziehungsweise der Kontoführung, erkannt durch Risikofrüherkennungssysteme wie Watch List. Nach einer Beobachtungsphase in der Intensivbetreuung sind turnusmäßig beispielsweise monatlich oder bei bestimmten Anlässen Entscheidungen der Umklassifizierung zu treffen in die Kreditsegmente Normalbetreuung, Sanierung und Abwicklung oder der weiteren Intensivbeobachtung. Gegebenenfalls können im Intensivbereich bereits Sanierungsmaßnahmen eingesetzt werden.

Die folgende Abb. 3.9 stellt die **Klassifizierung** von Kreditengagements in der Normal- und Intensivbetreuung sowie der Problemkreditbetreuung mit den Bereichen Sanierung und Abwicklung dar. Befindet sich ein Kreditengagement tief in der Ertrags- oder Liquiditätskrise ist eine Problemkreditbearbeitung erforderlich in den Kategorien Sanierung oder Abwicklung. Die Zuordnung sollte eindeutig sein.

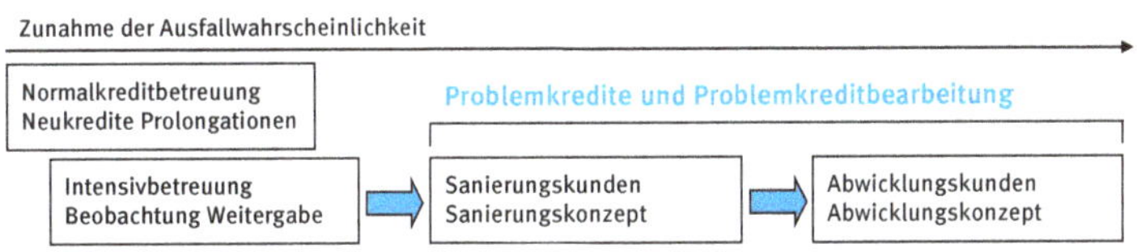

Abb. 3.9: Kategorien von erhöht risikobehafteten Kreditengagements (Quelle: Eigene Darstellung)

Dabei ist auch zu vereinbaren, welche Kriterien eine intensive Beobachtung auslösen können und auf welche Art eine Neueinstufung beziehungsweise Umkategorisierung veranlasst wird beziehungsweise welche genauen Bearbeitungsprozesse erfolgen. Des Weiteren ist die maximale Verweildauer im Intensivbereich zu entscheiden. Im Intensivbereich ist nach MaRisk BTO 1.2.4 Rn. 2 die Entscheidung zu treffen, ob der Kunde:

- weiter durch die Intensivabteilung betreut wird,
- in die Normalkreditbearbeitung zurückgeführt wird oder
- an die Sanierung oder Abwicklung abgegeben wird.

MaRisk BTO 1.2.4 Intensivbetreuung

Der Intensivbereich ist in vielen Kreditinstituten noch im Markt angesiedelt. Wenn jedoch Risikofrüherkennungssysteme wie Watch List anschlagen, kann schon das späte Gefährdungsstadium einer Liquiditätskrise bestehen. Daher ist bei einer weiteren Betreuung durch den Intensivbereich zu entscheiden, auf welcher Basis diese Betreuung erfolgen soll wie die folgende Abb. 3.10 zeigt. Problematisch ist eine Verweildauer von mehreren Monaten, ohne das konkrete Sanierungsmaßnahmen eingeleitet werden.

Es besteht die Gefahr, dass die Ausfallrisiken zunehmen und Zeit und finanzielle Ressourcen verbraucht werden. Zudem können sich neben wirtschaftliche Risiken auch rechtliche Gefährdungen für Banken ergeben. Dann steigt mit Kenntnis der Krise das insolvenzrechtliche Anfechtungsrisiko bei Banken bezüglich Umfang sowie Zeitdauer. Des Weiteren schwinden mit dem Insolvenzantrag die Alternativen einer Gesundung, da Reputationsschäden für das Krisenunternehmen am Markt zunehmen.

Mit einer zunehmenden Verknappung der finanziellen Mittel wird der Handlungsrahmen enger und das betroffene Unternehmen ist immer stärker auf die wohlwollende Unterstützung externer Stakeholder angewiesen, beispielsweise in Form von Forbearance-Maßnahmen, also finanziellen Zugeständnissen, durch die Hausbank.

Wichtige Kriterien aus MaRisk BTO 1.2.4 Intensivbetreuung

1. Institut haben Kriterien festzulegen wann Intensivbetreuung durchzuführen ist (Tz. 1)
- Kriterien aus Risikofrüherkennungssystemen wie Watch List
- Zahlungsrückstände beispielsweise unter 90 Tagen

2. Entwicklung und Überprüfung der Kriterien außerhalb des Bereiches Markt (Tz. 1)
- Überprüfung der Funktionsweise dieser Merkmale für die Risikoerkennung
- Anpassung an aktuelle Ereignisse wie beispielsweise Branchenrisiken

3. Maßnahmen Intensivbetreuung mit Ziel Rückführung in die Normalbetreuung (Tz. 2)
- Beobachtung Kontoführung und Einholung aktueller wirtschaftlicher Informationen
- Durchführung erster zeitlich begrenzter Forbearance-Maßnahmen

4. Weitere Behandlung und Zuordnung auf interne Organisationseinheiten (Tz. 3)
- Überprüfungsturnus und Festlegung Zeitraum für maximale Dauer Intensivbetreuung
- Kritische Überprüfung der Abgabe an die Sanierung oder Abwicklungsabteilung

Abb. 3.10: Bearbeitungen und Entscheidungen in der Intensivbetreuung (Quelle: Eigene Darstellung)

Die Funktionstrennung und das **Vier-Augen-Prinzip** gelten grundsätzlich für das Normalkreditgeschäft, aber auch für Engagements, die einem Intensivbereich übertragen werden. Erfolgt eine weitere Umklassifizierung in die (Funktions-)Bereiche Sanierung, Abbauportfolio oder Abwicklung, ist dagegen eine Votierung und Entscheidung allein durch die marktunabhängigen Bereiche möglich. Dies ist die auf die Bearbeitung von erhöhten Risiken behaftete Spezialmarktfolge der Problemkreditbearbeitung und gilt für risikorelevante Geschäfte (vgl. MaRisk BTO 1.2.5 Rn. 1).

In der Regel werden dort die Votierung und die Kreditentscheidung von ein- und derselben Person vorgenommen, hinsichtlich einer Entscheidung aber abhängig von der jeweiligen Kompetenzordnung der Bank. Aufgrund der erhöhten Risiken in der Sanierung sowie Abwicklung mit einer umfassenden Wirkung auf die Ertragslage der Bank kann davon abgewichen werden. Es sollte daher bankintern auch für die Problemkreditbetreuung möglichst die **Doppelvotierung** beziehungsweise die Entscheidung nach dem Vier-Augen-Prinzip umgesetzt werden.

Für abweichende Voten sind Entscheidungsregeln gemäß MaRisk BTO 1.1 Rn. 6 einzuführen, im Rahmen eines Eskalationsverfahrens. Damit entscheidet gegebenenfalls die höhere Kompetenzstufe den Einzelfall. Bei Entscheidungen über Sanierungs- und Abwicklungsengagements ist der Genehmigungsprozess oft eng mit der Kreditkompetenz verbunden. Aufgrund des hohen Risikogehaltes sind diese Problemkreditengagements oft vom Risikovorstand oder Gesamtvorstand zu entscheiden. Die folgenden Entscheidungsfallkategorien mit einhergehenden Mindestanforderungen existieren im Kreditgeschäft nach MaRisk und können intern abweichend geregelt werden:

- **Nicht-risikorelevantes Geschäft:** Votum ist Kreditentscheidung und durch eine Person umsetzbar, wenn nicht bankinterne Regelungen dagegensprechen.
- **Risikorelevantes Kreditgeschäft in der Normalkreditbetreuung:** Zwei zustimmende Voten mit Kreditkompetenz bedeuten eine Entscheidung.
- **Risikorelevantes Kreditgeschäft in Sanierung und Abwicklung:** Votum einer Spezialmarktfolge ist bei Kreditkompetenz gleich Kreditentscheidung.

Im Rahmen von Entscheidungen über Sanierungskredite ist eine **Votierung** aus dem marktunabhängigen Bereich oder dem Spezialbereich als Mindeststandard allgemein ausreichend. Dies gilt auch für Engagements in Abbauportfolien, wobei die Bestände sowie die jeweils verfolgte Intention vom Institut nachvollziehbar darzustellen sind, beispielsweise über ein erarbeitetes Abbaukonzept.

Hilfreich bei der Festlegung von Entscheidungskompetenzen ist eine Durchstrukturierung des Intensiv- und Problemkreditbereiches mit einer Differenzierung des Kreditportfolios in trennscharfe Segmente. Diese Gruppierung kann in Abstimmung mit dem institutsspezifischen Ratingsystem aufgrund einer steigenden Risikointensität und einer wachsenden Ausfallwahrscheinlichkeit erfolgen. Das **Kreditportfolio** ist nach den bankeigenen Segmentierungskriterien in verschiedene Bereiche und daran angelehnte Handlungsstrategien durchzuschichten (vgl. Ifftner, 2012, S. 222 ff.):

- **Normalkreditbetreuung:** Neukreditgeschäft und laufenden Prolongationen
- **Intensivbetreuung:** erste sich abzeichnende erhöhte Ausfallrisiken
- **Sanierung:** mit einer erhöhten Gefährdung und Klassifizierung als notleidend
- **Abbauportfolio:** konsequente Rückführung der Kredite und Risiken
- **Abwicklung:** Verwertung und mit Begleitung eines Insolvenzverfahrens

Aus der Klassifizierung und den individuell festzulegenden Engagementstrategien lassen sich die Organisationsstrukturen und die unterschiedlichen Prozesse, die Bearbeitungsrichtlinien und die Mitarbeiterprofile sowie die Mitarbeiterkapazitäten ableiten. Bei der Ausgestaltung des Organisationsmodells sollte eine Ausgewogenheit zwischen der Möglichkeit einer schnellen sowie wirkungsvollen Reaktion auf stark ansteigende Risiken und einer Effizienz der Bearbeitung gelingen.

Im Rahmen der Anwendung von Verfahren zur Früherkennung von Risiken kann ein Institut unter Risikogesichtspunkten besondere Arten von Kreditgeschäften oder Geschäfte unterhalb bestimmter Größenordnungen von der Intensivbetreuung und der Problemkreditbearbeitung ausnehmen und diese in das Abbauportfolio umgruppieren. Die Gefahr eines Ausfalls dieser Positionen ist unter Umständen höher, allerdings werden auch die Kosten einer aufwendigen Betreuung eingespart.

Da von Kreditinstituten aktiv begleitete Sanierungen bei Firmenkunden in vielen Fällen erfolgreich sind und mit der Auflösung der **Risikovorsorge** ein außerordentlicher Ertrag entsteht und eine Abschreibung vermieden wird, ist von einer zu hohen Bedeutung der reinen Kostenbetrachtung in der Sanierung abzusehen. Die Entscheidungen zur Festlegung der Mitarbeiterkapazitäten, der Ausgestaltung der Sanierungsprozesse und der Aufteilung auf verschiedene Komplexitätsgrade der Bearbeitung und die Bestimmung der Risikorelevanzgrenze sind sorgfältig abzuwägen und auf rechnerischer Basis zu treffen. Dazu sind ein Prozesskostenrechnung und ein **Controlling** in der Sanierung und Abwicklung vorzuschalten. Die **Risikorelevanzgrenze** kann anhand von Kriterien wie dem Kreditvolumen festgelegt werden und von weiteren Bestandteilen wie dem Rating oder auch dem Blankoteil abhängig gemacht werden.

Definition: Die **Risikorelevanzgrenze** beschreibt ein quantifizierbares Volumen, bei denen Kreditnehmer von den klassischen Vorgehensweisen und Abläufe nach MaRisk von einer individuellen Betreuung ausgenommen werden. Dies betrifft die geforderte Doppelvotierung im Rahmen des Vier-Augen-Prinzips sowie die Intensivbetreuung, Sanierung oder Abwicklung. Die Grenze kann in Anbetracht des Kundensegments, der Branche oder der Größenklasse der Kreditnehmer individuell in einem Institut festgelegt werden. Aus Gründen der Klarheit wird als Risikorelevanzgrenze in der Normalbetreuung oft das Kreditvolumen, in Höhe von 750 TEuro des § 18 KWG, herangezogen. Diese Grenze kann in den Bereichen Sanierung und Abwicklung bei der Entscheidung über einen individuellen Sanierungs- oder Abwicklungsprozess übernommen werden oder auch deutlich geringer ausfallen, aufgrund der Ergebnisauswirkungen für eine Bank.

Mit einem **Sanierungscontrolling** ist rechnerisch zu bestimmen, ab welcher Engagementgröße ein Krisenfall mit **individuellen Sanierungsmaßnahmen** bearbeitet wird (Sanierungskonzept, hoher zeitlicher Einsatz der Mitarbeiter). Dies ist unter anderem davon abhängig zu machen, wie kleinteilig das Gesamtkreditportfolio einer Bank aufgebaut ist. Bei kleinen Instituten bestehen oft viele Engagements im KMU-Segment mit Kreditvolumina unterhalb von 750 TEuro. In einem konjunkturellen Abschwung würden viele der Engagements in der Krise unter Umständen nicht mit einem hohen zeitlichen Einsatz von Seiten der Sanierer der Bank bearbeitet werden (keine Individualsanierung, sondern Abbauportfolio oder Standardsanierung).

Im Ergebnis kann dieses Vorgehen zu hohen Abschreibungen führen, da man fälschlicherweise der Ansicht ist, dass kleine Kreditengagements nur zu einem geringen Ausfall führen und die Kosten der bankinternen Betreuung den möglichen Erfolg einer Sanierung überwiegen. Die Sichtweise führt unter Umständen zu schlechten finanziellen Ergebnissen der Gesamtbank, denn es sind zum einen viele Engagements betroffen sowie zum anderen wären Sanierungsmaßnahmen hier äußerst erfolgreich (Nachbesicherung, Risikoabbau, Vermeidung Abschreibung). Es sind ausreichende Kapazitäten an qualifizierten Mitarbeitern in den Bereichen Intensivbetreuung, Sanierung und Abwicklung vorzuhalten. In Anlehnung an das bankindividuelle Risiko sowie die Größenklassen der Kreditengagements kann die **Aufbauorganisation** variieren (MaRisk, 2024, BTO 1.4). Daher kann die Einbindung der Marktbereiche in diesen Abteilungen **Intensiv, Sanierung** und **Abwicklung** unterschiedlich ausfallen, wie Abb. 3.11 zeigt.

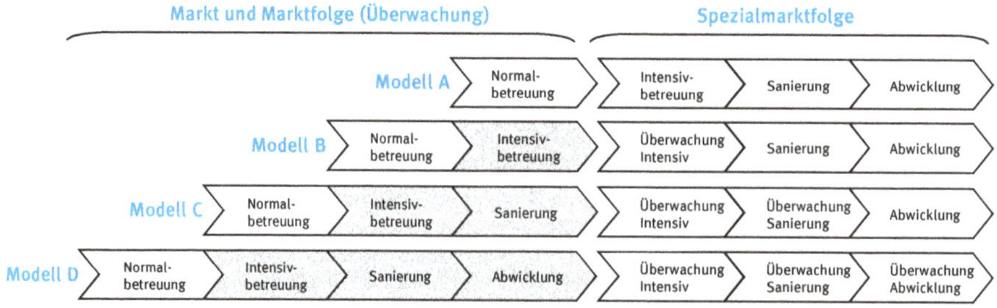

Abb. 3.11: Organisation Intensiv, Sanierung, Abwicklung nach MaRisk (Quelle: Eigene Darstellung)

Modell A zeigt die komplette Übergabe der problematischen Kreditengagements an die Marktfolge und lässt sich als **Spezialistenmodell** klassifizieren. Der Markt ist bereits bei Intensivfällen nicht mehr involviert. Dies schont Vertriebskapazitäten und ermöglicht die Steuerung von erhöht risikobehafteten Engagements auf hohem Niveau. Jedoch ist die Übertragung von Problemkunden in den Sanierungsbereich und zurück in die Normalkreditbetreuung mit einem Betreuerwechsel verbunden. Dieses vergrößert den Aufwand und kann die Kundenbeziehung belasten.

Modell B stellt mit der Spezialisierung der Marktfolge auf Sanierungs- sowie Abwicklungsfälle ein häufig praktiziertes Modell dar. Zum einen kann dort das Spezialwissen gebündelt werden und zum anderen wird berücksichtigt, dass Intensivengagements oft auch wieder in die Normalbearbeitung zurückübertragen werden. Der Bereich der Intensivbetreuung wird durch die Spezialmarktfolge überwacht. So kann die Problemkreditbearbeitung zeitnah und bedarfsgerecht eingebunden werden, beispielsweise in die Begleitung von komplexen Fällen. Die Sanierungs- und Abwicklungskunden werden durch gesonderte Einheiten betreut. Darüber werden die Ressourcen im Markt geschont und eine fachliche Bearbeitung auf betriebswirtschaftlich sowie rechtlich hohem Niveau wird sichergestellt.

In **Modell C** sowie **Modell D** erfolgt die Begleitung in den verschiedenen Risikostadien durch den Markt sowie die Normalkreditbearbeitung. Zusätzlich findet eine Überwachung durch die Spezialmarktfolge in den Bereichen Intensiv, Sanierung und Abwicklung statt. Diese Strukturen eignen sich für kleine Banken, bei denen der Aufbau einer Spezialabteilung aus Kosten-Nutzen-Überlegungen möglich lohnenswert erscheint. Die Risikoengagements werden in der Bearbeitung weitestgehend im Markt belassen.

Es ist von jeder Bank zu prüfen, welches Organisationsmodell individuell geeignet erscheint. Dies wird von verschiedenen Kriterien abhängen, wie:

- Institutsgröße: mit steigender Größe wächst die Komplexität der Problemkredite
- Anzahl und Umfang der Krisenfälle: veränderte Risikolage erhöht Risikovolumen
- Ressourcen bei Personal: eigener Personalaufbau oder Outsourcing Risikofälle

Zudem ist über den regionalen Aufbau und den Konzentrationsgrad dieser Organisationseinheiten zu entscheiden. Entschließt sich eine Bank für die feste Installierung einer Fachabteilung für Problemkreditkunden, können verstärkt zentrale spezialisierte Strukturen oder dezentrale Systeme mit Kundennähe eingerichtet werden. Es zeichnet sich eine zunehmende Zentralisierung der Problemkreditbetreuung ab.

Damit lassen sich komplexere und größere Kreditengagements professionell begleiten. Das Fachwissen über Sanierungsfälle kann gebündelt werden. Dabei spielen auch die konjunkturelle Lage sowie vermehrte Bankfusionen eine Rolle. Größere Institute und eine sich abschwächende Konjunktur sprechen für eine zunehmende Zentralisierung der Intensivbetreuung sowie Problemkreditbearbeitung. Es wird die Einrichtung von Spezialabteilungen für Sanierungen und Abwicklungen empfohlen.

In den Banken werden die **Spezialabteilungen** im Bereich der Sanierung mit vielfältigen Bezeichnungen (Consulting, Sanierungsmanagement, Intensiv, Work Out Group) belegt. Dabei können sich der Aufbau und die Tätigkeiten dieser Bereiche in verschiedenen Instituten deutlich unterscheiden. Im Folgenden werden ausgewählte Organisationsstrukturen sowie die damit zusammenhängenden Aufgaben- und Kompetenzverteilungen dargestellt und beurteilt.

Das **zentrale Organisationsmodell** hat einen stark konzentriert geprägten Charakter. Problemkreditengagements, bei denen auffällige Risiken bestehen, werden von einer Fachabteilung dann umfassend betreut. Die Leitung einer zentralen Sanierungsabteilung übernimmt vorwiegend administrative sowie steuernde Aufgaben. Die Standardsanierer betreuen kleinere Kreditengagements und werden an größere Fälle herangeführt. Zudem unterstützen diese die Individualsanierer bei der Betreuung der risikorelevanten Engagements. Die Fallbearbeitung erfolgt in Teams. Große Sanierungsfälle werden bereichsübergreifend, gegebenenfalls mit Unterstützung der Leitung und der Rechtsabteilung begleitet. Letztere kann bei den insolvenznahen Fällen beratend tätig werden. Die Betreuung von Spezialfinanzierungen kann gegebenenfalls separat erfolgen, wenn besondere Segmente von Banken finanziert werden wie unter anderen im Projektfinanzierungsgeschäft sowie in der Bauträgerfinanzierung. Das Sanierungscontrolling kann die Erfolge auswerten und die Berichterstattung an die Gremien vorbereiten, wie die nachfolgenden Abb. 3.12 zeigt.

Abb. 3.12: Sanierungsabteilung im zentralen Organisationsmodell (Quelle: Eigene Darstellung)

Oftmals arbeiten in dieser Organisationsform die Sanierer mit weiteren internen Spezialisten aus der Rechtsabteilung und unter Umständen externen Beratern zusammen in Projektteams. Diese Konstellation ist häufig bei der Bearbeitung von größeren Krisenengagements anzutreffen. Aufgrund einer hohen Komplexität der zu bearbeitenden Aufgaben ist dieses Vorgehen sinnvoll. Die Zusammenarbeit weist Komponenten einer Projektgruppe auf, der zeitlich begrenzt die Aufgabe der Sanierung eines Kunden übertragen wird. Auf diese Art lässt sich das **Fachwissen** übergreifend bündeln und die Expertenkenntnisse lassen sich optimal nutzen. Es sind für jedes Engagement Hauptverantwortliche zu benennen, damit sich keine unklaren Kompetenzregelungen und sich daraus resultierend Entscheidungskonflikte ergeben. Gerade im Rahmen der Individualsanierung ist dies aufgrund des Risikos zu praktizieren.

Die Firmenkundenbetreuung ist bei Kundensanierungen gemäß BTO 1.2.5 aus den Entscheidungs- und Betreuungsprozessen herauszuziehen. Dabei können lediglich zu Beginn der Einleitung eines Sanierungsprozesses bestimmte Überleitungen gestaltet sowie Informationsweitergaben umgesetzt werden. Ausgewählte Vorteile eines spezialisierten und **zentralen Sanierungsmodells** sind:

- Einheitliche Umsetzung Kreditrisikostrategie im Sanierungsbereich
- Aufbau und Bündelung von Spezialwissen in der Sanierungsabteilung
- Gesamtüberblick über alle Sanierungsfälle, Controlling und Reporting

Ein dezentrales Organisationsmodell kombiniert zentrale mit dezentralen Elementen. Die Leitung der Zentraleinheit übernimmt in diesem Fall vorrangig steuernde Aufgaben. Die **Krisenfälle** der Bank werden bei diesem Modell nur partiell in der Zentrale, unter anderem bei der Votierung, bearbeitet. Die Aktenführung sowie die Datenaufbereitung verbleiben für alle Engagements in den ursprünglichen regionalen Krediteinheiten. Die dezentralen Analysten erhalten limitierte Entscheidungskompetenzen für kleine Firmensanierungen. Die **Engagementsteuerung** wird beim Überschreiten von Risikolimiten von den Sanierungsbetreuern der Zentrale wahrgenommen.

Die folgende Abb. 3.13 zeigt das Organigramm bei diesem gemischten Betreuungskonzept mit regionalen Elementen. Die Sanierungsanalysten führen in einem dezentralen Modell die Untersuchungen auf Gesamtbankebene durch und entwickeln die Risikosysteme der Bank weiter. Spezialbereiche können ausgegliedert sein.

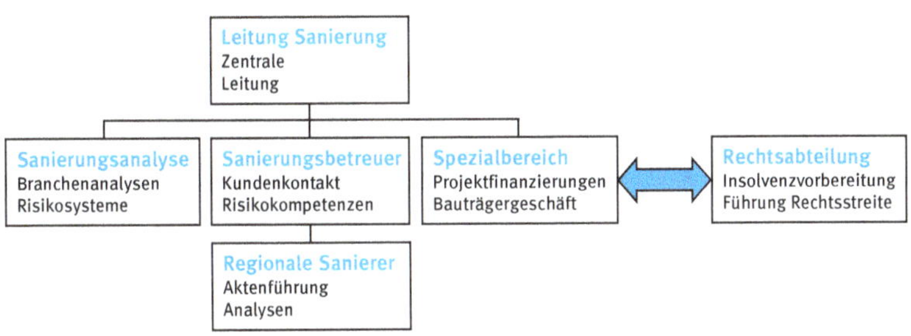

Abb. 3.13: Sanierungsabteilung im dezentralen Organisationsmodell (Quelle: Eigene Darstellung)

Im abgewandelten Organisationsmodell verbleiben Sanierungsfälle in der Betreuung der bisherigen Kreditverantwortlichen sowie die Votierung und Kompetenzen werden von der spezialisierten Marktfolge ausgeführt (siehe David, 2001, S. 196 ff.). Besondere Vorzüge der **dezentralen Organisationsform** sind:

- Starke Kundennähe der in der Region verteilten Sanierungsbetreuer
- Schnelle Bearbeitung kleiner Krisenfälle durch dezentrale Einheiten
- Aufbau von Sanierungsspezialwissen in den regionalen Gebieten

Weitere Fragestellungen betreffen die Festlegung der Mitarbeiterkapazitäten und die genaue Ausgestaltung der Stellenprofile. Dies hat institutsindividuell zu erfolgen, angelehnt an die Risikostruktur, die Ratingverteilung, die Finanzierungen in bestimmten Branchen und Größenklassen. Auch die erforderliche Ausbildung und Weiterbildung der Mitarbeiter im Hinblick auf rechtliche Änderungen ist festzulegen.

Bei den individuellen Mitarbeiterkapazitäten ist zu berücksichtigen wie umfangreich die Bearbeitung bei einem Kreditengagement einzustufen ist. Beispielsweise kann ein erfahrener Individualsanierer bis zu zehn komplexe Sanierungsfälle bearbeiten, aber nicht zeitgleich zehn komplexe Neuzugänge. Durchschnittlich können in der Praxis oft nicht mehr als 20 bis 30 mittelgroße Sanierungsfälle von einem Sanierer zeitgleich betreut werden, bei ein bis zwei Neuzugängen und Abgängen pro Monat. Geraten große Unternehmen gemäß § 267 HGB oder multinationale Konzerne in die Krise ist in der Anfangsphase unter Umständen eine ausschließliche Betreuung in Betracht zu ziehen und die Mitarbeiter sind von anderen Arbeiten freizustellen. Mitentscheidend für die Festlegung der Betreuungskapazitäten ist auch, ob die Hauptbankverbindung oder eine Nebenbankverbindung vertreten wird.

Individualsanierungsprozess nach MaRisk BTO 1.2.5 Rn. 1–6

Die Abläufe in der Problemkreditbearbeitung können gemäß den MaRisk flexibel gehandhabt werden. Es wird gefordert, dass diese Fälle an spezialisierte Mitarbeiter abzugeben sind und die Federführung für die Engagements in der Marktfolge anzusiedeln ist und dort bestimmte wesentliche Schritte zu vollziehen sind (MaRisk, 2024, BTO 1.2.5 Rn. 1). Zusätzlich ist bei Sanierungsfällen zu beachten ist, dass zum einen rechtskonform gearbeitet wird und keine Insolvenzantragspflichten bei Kreditnehmern bestehen. In Anlehnung an die Durchschichtung des Kreditportfolios, anhand der Höhe der Risikovolumina sowie der Komplexität, sind einheitliche Sanierungs- und Abwicklungswege einzurichten, um eine effiziente Bearbeitung und ein einheitliches Vorgehen zu gewährleisten. Die Mitarbeiterkapazitäten sind auf die aussichtsreichen Sanierungen oder die hohen Kreditvolumina und Blankoteile zu konzentrieren.

Hier steht die **Individualsanierung** (auf einen Kunden individuell angepasster Sanierungsprozess) gemäß MaRisk BTO 1.2.5, unter Einhaltung rechtlicher Bestimmungen, unter anderem aufgrund von BGH-Urteilen im Fokus der Betrachtung. Die Aufstellung und Begleitung eines **Abbauportfolios** wird in diesem Buch nur sekundär angesprochen im Rahmen der Risikoreduzierung auf der Basis eines Abbaukonzepts (siehe Erläuterungen zu MaRisk AT 4.2 Rn. 3 sowie BTO 1.2.5 Rn. 1). Ebenfalls wird der Bereich der Auslagerung von Sanierungsaktivitäten gemäß MaRisk AT 9 ausgeklammert. Zieht ein Institut die Begleitung einer Sanierung in Betracht, hat es sich ein Konzept zur Beurteilung der Sanierungsfähigkeit vorlegen zu lassen und auf dieser Grundlage ein eigenständiges Urteil darüber zu treffen, ob die Sanierung erreicht werden kann. Nach MaRisk BTO 1.2.5 Rn. 3 ist die Expertise eines externen Fachmanns erforderlich, der die Sanierungsfähigkeit über ein rechtskonformes Konzept einschätzt.

Die nachfolgende Abb. 3.14 gibt anhand von Auszügen des MaRisk BTO 1.2.5 Auskunft über wichtige Merkmale eines Sanierungsprozesses.

Wichtige Kriterien aus MaRisk BTO 1.2.5 Behandlung von Problemkrediten

1. Kriterien für die Abgabe eines Engagements in die Sanierung (Tz. 1)
- Zahlungsrückstände beispielsweise über 90 Tagen und Liquiditätskrise
- Federführung für Sanierungsengagements und Prozesse in der Spezialmarktfolge

2. Umgliederung des Engagements in die Sanierungsabteilung (Tz. 2)
- Überprüfung der Werthaltigkeit von Sicherheiten unter Realisationsgesichtspunkten
- Einbindung interner und externer Spezialisten in die Bewertung von Kreditsicherheiten

3. Sanierungskonzept zur Beurteilung der Sanierungsfähigkeit (Tz. 4)
- Eigenständiges Urteil der Bank über die marktbezogene Sanierungswürdigkeit
- Betrachtung der Risiken aus finanziellen Sanierungsbeiträgen und Insolvenzrisiken

4. Überwachung der Umsetzung des Sanierungskonzeptes (Tz. 5)
- Überprüfung der Umsetzungsauswirkungen der eingeleiteten Sanierungsmaßnahmen
- Überwachung der Zielerreichung und Abweichungen der Plan-Ist-Zahlen

5. Berichte an die Geschäftsleitung bei bedeutenden Sanierungsengagements (Tz. 6)
- Information der Bankvorstände über die Risikolage im Sanierungsbereich insgesamt
- Berichterstattung bei einzelnen großen Engagements an Vorstand und Aufsichtsrat

Abb. 3.14: Vorgaben der Sanierungsbearbeitung nach MaRisk BTO 1.2.5 (Quelle: Eigene Darstellung)

In MaRisk BTO 1.2.5 Rn. 3 besteht eine **Ausnahmeregelung**, dass Sanierungsfälle trotz wesentlicher Leistungsstörungen weiter in einer Intensivabteilung bearbeitet werden können, wenn das Adressenausfallrisiko des Kredits verringert oder begrenzt werden kann. Dieses Vorgehen sollte nur in Ausnahmefällen wahrgenommen werden, da sich die Kreditausfallrisiken erhöhen können sowie eventuell bei Sanierungen zu lange gewartet wird und am Ende nur noch abgewickelt werden kann. Die Ausfallrisiken und die Abschreibungen nehmen auf diesem Weg zu. Gerade aus diesem Grund ist es von Bedeutung, in Banken eigenständige Sanierungs- und Abwicklungsabteilungen einzurichten. Der **Individualsanierungsprozess** lehnt sich eng an MaRisk BTO 1.2.5 an und wird in der folgenden Abb. 3.15 dargestellt.

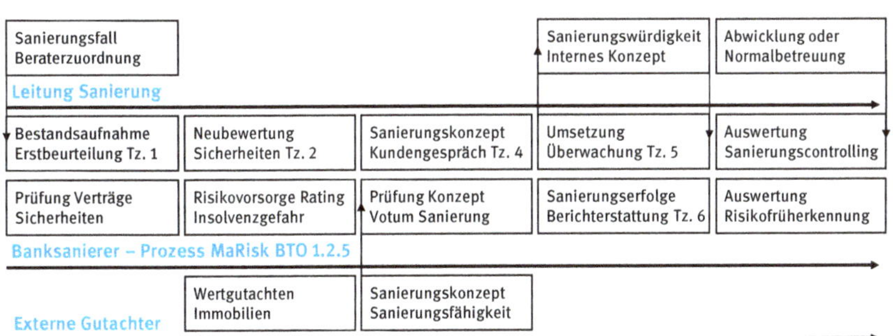

Abb. 3.15: Prozess der Individualsanierung (Quelle: Eigene Darstellung)

Im **ersten Schritt** erfolgt die Überleitung eines Krisenengagements beziehungsweise einer betroffenen Kreditnehmereinheit an die Spezialabteilungen der Sanierung oder Abwicklung (MaRisk, BTO 1.2.5 Rn. 1). Wichtig ist es, dass die eingerichteten Bearbeitungsprozesse klar strukturiert sind. Dazu sind Schnittstellen abzugrenzen, Zuständigkeiten zuzuordnen und Doppelarbeiten aus Effizienzgründen zu vermeiden. Auch die Personalressourcen sind an die individuellen Notwendigkeiten der Organisation und das Risiko eines Instituts anzupassen. Den Sanierungsspezialisten sollte es in jederzeit möglich sein zu agieren, anstatt nur zu reagieren (vgl. Ifftner, 2012, S. 238). Dies erfordert das Vorhalten entsprechender Personalressourcen.

Im **zweiten Schritt** findet eine Grobanalyse der Problemengagements mit Feststellung der Volumina und Kreditsicherheiten statt. Die institutsspezifische Risikoposition umfasst alle Konten bei inländischen und ausländischen Bankstellen und weitere aus der Geschäftsverbindung resultierende Risiken. Auf diese Weise erhält der zuständige Sanierungsbetreuer einen Überblick über die vollständige Risikolage und den Blankoteil eines Kreditengagements. Die folgenden Positionen sind als weitere Risikopositionen des Krisenkunden zu beachten und bei der Exposure-Messung mit aufzunehmen:

- Kredite, Darlehen sowie Unterbeteiligungen an Krediten anderer Institute
- Avale, aufgegliedert nach Avalarten mit verschiedenem Risikogehalt
- Cash-Management-Vereinbarungen, Verpflichtungen aus Derivaten

Ebenso ist es von Bedeutung, sich einen Überblick über Art und Qualität der Kreditsicherheiten zu verschaffen. Die **Sicherheitenverträge** sind rechtlich und materiell zu untersuchen. Bei Fehlern in diesen Vertragswerken sind die formalen und die inhaltlichen Mängel unverzüglich zu heilen. Nachbesicherungen können erfolgen. Der Wert der Sicherheiten ist zu überprüfen. Dabei ist auf externe Gutachter zurückzugreifen, wie bei der Bewertung von Immobilien. Die Wertansätze der bestimmen die Höhe der zu bildenden Einzelwertberichtigung (MaRisk, BTO 1.2.5 Rn. 2). Es ist MaRisk BTO 1.2.6 zu beachten sowie die steuerliche Sichtweise (vgl. BMF, 2024a, S. 701 ff.). Das Rating ist an die neue Einstufung als Problemkreditfall anzupassen.

Des Weiteren sind die Insolvenzantragspflichten genau zu überprüfen. Besteht erhöhte Insolvenzgefahr, stehen die Maßnahmen einer außergerichtlichen Sanierung unter einem hohen Risiko, dass diese durch die Insolvenz außer Kraft gesetzt werden. Zum einen bestehen starke Reputationsschäden für die Firma und zum anderen stehen bereits erfolgte Schritte unter dem Risiko der Insolvenzanfechtung für die Bank.

Im **dritten Schritt** ist die Erarbeitung eines **externen Sanierungskonzepts** zu erwirken. Es ist eine externe, möglichst auf die Branche des Krisenunternehmens, spezialisierte Beratungsgesellschaft vom Unternehmen zu beauftragen. Dazu ist ein Kundengespräch erforderlich, um mit der Geschäftsleitung die weiteren Schritte schriftlich zu vereinbaren. Im Sanierungskonzept ist auf die Chancen der **Sanierungsfähigkeit** einzugehen. Es ist dort eine marktbezogene Einschätzung der Wettbewerbsfähigkeit und der Renditefähigkeit abzugeben (MaRisk, BTO 1.2.5 Rn. 4).

Im **vierten Schritt** ist das Sanierungskonzept aus Bankensicht zu überprüfen im Hinblick auf die Schlüssigkeit und die bankeigene Einschätzung zu den Sanierungserfolgschancen. Im Vordergrund steht auch die Untersuchung der von den Banken und anderen Gläubigern eingebrachte finanzielle Sanierungsbeitrag. Die Bereitschaft der Gesellschafter und der Geschäftsführung, sich finanziell an der Sanierung zu beteiligen, spielt bei der Entscheidung der **Sanierungswürdigkeit** aus Bankensicht eine wesentliche Rolle. Die Sanierungsmöglichkeiten zum Turnaround sollten angemessene sowie gleichverteilte finanzielle Beiträge bedeuten und der wirtschaftliche Turnaround sollte in maximal zwei bis drei Jahren erreichbar sein. Darüber ist regelmäßig ein bankinternes Votum zu verfassen (internes Sanierungskonzept).

Gemäß dem **fünften Schritt** sind aus Bankensicht die Umsetzungen der leistungswirtschaftlichen Maßnahmen beim Krisenunternehmen zu überwachen (MaRisk, BTO 1.2.5 Rn.5). Es sind die erreichten Schritte mit den Meilensteinen aus dem Sanierungskonzept abzugleichen. Die Zahlenwerke sind regelmäßig auszuwerten und mögliche Plan-Ist-Abweichungen zu analysieren. Die Berichterstattung über die Sanierungsfälle insgesamt sowie bedeutende Einzelfälle hat bankintern an die Geschäftsleitung und gegebenenfalls an den Aufsichtsrat zu erfolgen (MaRisk, BTO 1.2.5 Rn. 6).

Abschließend ist mit Erreichen der Sanierungsziele innerhalb einer Maximaldauer beziehungsweise beim Scheitern der Sanierung das betreffende Engagement umzuklassifizieren und auf die Bereich Normalbetreuung oder Abwicklung zu übertragen. Die Erfolge oder Misserfolge der Maßnahmen sind aus Bankensicht abschließend über ein Sanierungscontrolling zu ermitteln und gegebenenfalls sind die Banksysteme der Risikofrüherkennung aus den neuen Erfahrungen des Krisenkunden anzupassen.

Bewertung von Kreditsicherheiten

Bei der Bewertung von Sicherheiten ist bei notleidenden Engagements aufgrund der Neuausrichtung, im Hinblick auf eine mögliche Verwertung, ein Sicherheitenstresstest durchzuführen. Es bedeutet, dass sich die Bewertungen an Marktwerten der Liquidation der Vermögensgegenstände orientieren sollen.

In den Erläuterungen gemäß MaRisk BTO 1.2.5 zu TZ. 2 wird von einer Wertermittlung unter Realisationsgesichtspunkten gesprochen. Ausgehend vom Marktwert, ist der voraussichtliche Verwertungserlös unter Berücksichtigung der erwarteten Verwertungskosten und der voraussichtlichen Verwertungsdauer (barwertig) zu bestimmen sowie gegebenenfalls abzuzinsen. Mindestens jährlich ist eine Überprüfung durchzuführen, und insbesondere ein Rückgang des Sicherheitenwertes zu berücksichtigen. In diesen Prozess der Wertermittlung sind externe Spezialisten einzubeziehen und bei der Bewertung ist die Leitlinie der EBA für die Kreditvergabe und Überwachung zu Rate zu ziehen (vgl. Portisch/Cranshaw, 2024b, S. 358 ff. und EBA, 2020, unter 7.3). Es erfolgt eine Worst-Case-Betrachtung. Diese Einschätzung der Werte von Spezialmaschinen oder Gewerbeobjekten, die oft schwer drittverwendungsfähig sind, sollte aus Gründen der Objektivität möglichst auf einem externen Wertgutachten beruhen.

Zur Ermittlung der Einzelwertberichtigung (EWB) kann die Begutachtung auch durch ein bankinternes und von der Sanierungsabteilung getrenntes sachlich unabhängiges Bewertungsmanagement für Kreditsicherheiten vorgenommen werden. Nachfolgend erfolgt in Tab. 3.4 eine barwertige Kalkulation der EWB.

Tab. 3.4: Barwertige Berechnung einer Einzelwertberichtigung (Quelle: Eigene Darstellung)

Beispiel	Berechnung einer barwertigen EWB in TEuro
Kreditlinien, Kreditinanspruchnahmen	1.400
Erwarteter Erlös auf die Grundschuld in 2 Jahren	1.200
Diskontierungsfaktor 5,0 %, Barwert des Erlöses	1.088
Barwertige Blankoteil und Höhe der EWB	312

Des Weiteren ist eine formale Prüfung und materielle Überwachung der Personal- und Sachsicherheiten nach MaRisk BTO 1.2.1 Rn. 2 und BTO 1.2.2 Rn. 4 vorzunehmen. Umfang und Zeitabstand dieser Prüfungen sollten sich am Risikogehalt der Engagements und der Werthaltigkeit der Kreditsicherheiten ausrichten. Denn die Bewertung ist gerade bei den variablen Sicherheiten des Umlaufvermögens, aufgrund von Preisänderungen bei Rohstoffen oder der Einschätzung von Forderungen aus Lieferungen und Leistungen, Schwankungen unterworfen, die sich auf die Risikopositionen erheblich auswirken können. Zudem ist der rechtliche Zugriff zu überprüfen.

Zusätzlich ist festzustellen, ob die **Rechte Dritter** die Werthaltigkeit der Sicherheiten beeinträchtigen können. Denkbar sind unter anderem Mehrfachabtretungen von Forderungen, vorrangige Belastungen bei Grundpfandrechten inklusive der Berücksichtigung von Zinsen und kollidierende Vorrechte von Lieferanten und Kreditversicherern im Rahmen des verlängerten Eigentumsvorbehalts (vgl. Grüneberg-Weidenkaff, 2025, § 449 Rn. 18) sowie Feststellung- und Verwertungskosten des Insolvenzverwalters im Rahmen der Abwicklung (siehe §§ 166 ff. InsO). Haben sich die Sanierungsbetreuer einen Überblick über die gesamte Sicherheitenlage verschafft, ist anschließend zu prüfen, welche Sicherheiten noch hereingenommen werden können, um den Blankoteil und das Risiko zu senken. Bedeutend ist unter anderem die Globalzession der Forderungen aus Lieferungen und Leistungen. Sind die Forderungen noch nicht abgetreten, sollte sich das Institut, das die laufenden Konten führt, die Globalzession rechtzeitig sichern, da es ansonsten anfechtungsgefährdet ist (§§ 129 ff. InsO).

Unabhängig von der **Insolvenzanfechtung** des Globalzessionsvertrages selbst sind zudem die einzelnen abgetretenen und erst künftig entstehenden Forderungen des Kreditnehmers gegen seine Schuldner, die Drittschuldner, die in den letzten drei Monaten vor dem Insolvenzantrag entstanden und auf die Bank übergegangen sind, besonders anfechtungsgefährdet (§ 130 InsO), auch wenn der Globalzessionsvertrag selbst insgesamt als insolvenzfest zu betrachten ist.

Es sind freie Guthaben der Krisenfirma bei der betreffenden Bank zu verpfänden (ungeachtet des AGB-Pfandrechtes) und weitere Ansprüche eines Kunden gegenüber der Bank zu prüfen, um gegebenenfalls aufrechnen zu können. Beispielsweise können Ansprüche des Kunden gegenüber dem Kreditinstitut bestehen, aus Sichteinlagen, Festgeldern, Spareinlagen, aus Wertpapierdepots sowie „Werte und Sachen", an denen ein AGB-Pfandrecht (Nr. 14 AGB-Banken Nr. 21 AGB-Sparkassen) besteht und die verwertet oder aufgerechnet (Forderungen) werden können.

Auf Basis der Kreditvolumina und der Sicherheiten kann die Risikohöhe in Form des Blankoteils festgestellt werden. Darauf aufbauend ist die **Engagementstrategie** bankindividuell gemäß der eigenen Risikoposition festzulegen. Dies kann unter anderem in Anlehnung an die Größe eines Einzelengagements im Verhältnis zum Eigenkapital der Bank, der Besicherung oder dem erwarteten Mehrwert aus einer Sanierung erfolgen. Bei bedeutenden Fällen wird eine individuelle Sanierung durchgeführt. Bei kleineren Engagements mit einem nur geringen Mehrwert aus einer Sanierung kann ein einfach strukturierter Bearbeitungsprozess erfolgen oder die Aufnahme in ein Abbauportfolio mit dem Treffen und Überwachen von Rückführungsvereinbarungen.

Für die Entscheidung zu einer **Sanierungsstrategie** ist der potenzielle Mehrwert aus den verschiedenen Alternativen über barwertige Zahlungsströme abzuschätzen. Dazu sind die Einzahlungen und Auszahlungen jeder Sanierungsstrategie gegenüberzustellen. Bei den alternativen Szenarien ist der Mehraufwand einer individuellen und aktiven Sanierung im Vergleich zu einer verstärkt passiven Sanierungsstrategie oder einer Abwicklung der Sicherheiten abzuwägen. Es ist die Frage zu beantworten, ob sich der **Aufwand der Sanierung** gegenüber der Abwicklung unter anderem anhand der folgenden Kriterien lohnt (vgl. Ifftner, 2012, S. 230 ff.):

- Zeitdauer der Sanierung und geforderte finanzielle Sanierungsbeiträge
- Wahrscheinlichkeit der Erzielung eines nachhaltigen Sanierungserfolgs
- Sekundärrisiken aus Krediten an Mitarbeiter, Kunden und Lieferanten

Eng angelehnt an die Auswahl einer Engagementstrategie sind die Entscheidungskompetenzen der Mitarbeiter festzulegen. Die **Kreditkompetenz** bei erhöht ausfallgefährdeten Risiken ist an das Rating, in Verbindung mit dem Brutto- und dem Nettorisiko, anzupassen. Weiter kann differenziert werden in Grundkompetenzen und Befugnisse zur Bildung und Auflösung von Einzelwertberichtigungen sowie Verantwortlichkeiten für Zins- und Forderungsverzichte. Diese Einzelkompetenzen sind an den jeweiligen Qualifizierungsgrad der Sanierungsmitarbeiter und das Stellenprofil anzupassen. Dazu sind Sanierungsbetreuern beziehungsweise den Individualsanierern meist höhere Genehmigungskompetenzen einzuräumen als den Analysten oder Sanierern von Standardfällen. Dabei kann eine Differenzierung gemäß Geschäftsfeldern in Privatkunden, Firmenkunden und Großfirmenkunden vorgenommen werden. Es ist abzuwägen zwischen niedrigen Entscheidungskompetenzen, die zu Effizienzverlusten führen können und hohen Berechtigungen, die mehr Risiko bedeuten können.

Auf Basis der gewählten Kundenstrategie erfolgt die Berichterstattung an den Kompetenzträger mit der Darstellung der wirtschaftlichen Lage und des Weiterbehandlungskonzepts. Es ist zwischen einem detaillierten **Erstbericht** (EB) und den darauf aufbauenden späteren **Folgeberichten** (FB) zu unterscheiden. Die FB sollten mindestens einmal jährlich oder bei aktuellen Ereignissen erstellt werden.

Die Darstellungen können aggregiert in den Risikobericht an die Geschäftsleitung mit aufgenommen werden (MaRisk, 2024, BT 3.2 Rn. 3). Es greifen bei der Feststellung von Gefährdungen besondere Berichtspflichten. Dabei kommt der Quantifizierung des gesamten Engagements, aufgrund der ergebnisbeeinflussenden Auswirkung mit Neubildung der Einzelwertberichtigung, eine große Bedeutung zu. Volumen sowie Blankoteil sind mitentscheidend für die Ausübung der **Entscheidungskompetenz**. Des Weiteren ist ein **internes Sanierungskonzept** zu erarbeiten.

Definition: Das **Interne Sanierungskonzept** beschreibt die beabsichtigte Vorgehensweise bei einem Sanierungsengagement (zum Beispiel Investorensuche). Die Sanierungsstrategie kann für gleichartige Kundenbeziehungen ähnlich und für individuell zu betreuende Engagements spezifisch verfasst werden. Das Konzept ist in die interne Berichtsstruktur zu verankern, die Vorlage durch den Kompetenzträger zu entscheiden und in der Umsetzung der vereinbarten Sanierungsstrategie vom Berater umzusetzen.

Neben dem Berichtskopf in Form der Rahmendaten sind die Kreditkonditionen darzustellen. So kann überprüft werden, ob das erhöhte Risiko adäquat bepreist wird. Einzugehen ist auf verbundene Risiken, wenn durch eine Insolvenz des Zielkunden weitere Kredite bei anderen Kunden der Bank von Ausfällen bedroht sind. Ebenso ist die **Engagementhistorie** zu beschreiben, um qualitative Informationen über den Kreditnehmer, die Branche und Krisenursachen zu erhalten. Wichtig ist es, das Zahlenmaterial zur **Vermögens-, Ertrags- und Finanzlage** eingehend zu analysieren und zu bewerten. Es ist auf die Interessen der übrigen beteiligten Gläubiger einzugehen.

Anschließend ist das **Weiterbehandlungskonzept** als individuelle Risikostrategie bei dem Kreditengagement auszuarbeiten. Dabei sind die intern ermittelten Szenarien bei einer Sanierung beziehungsweise im Rahmen einer Abwicklung mit den finanziellen Auswirkungen (barwertig) aufzuzeigen. Von Bedeutung ist es, dass im Votum die Entscheidung für den Kompetenzträger präzise vorbereitet wird. Der dafür erforderliche **Entscheidungsbedarf** (beziehungsweise Verhandlungsrahmen) und der Wiedervorlagetermin sind abschließend aufzuzeigen, wie in nachfolgender Abb. 3.16 dargestellt.

Wurde die Kreditnehmereinheit im **Erstbericht** (EB) dargestellt, schließt sich die laufende Überwachung des Krisenengagements mit den **Folgeberichten** (FB) an. Zudem sind Auswertungen zum Erfolg des Weiterbehandlungskonzepts für den Aufbau eines Datenpools zu empfehlen. Auf Basis dieser Auswertungen lassen sich Rückschlüsse für die zukünftige Risikofrüherkennung ziehen. Des Weiteren kann diese Dokumentation dazu verwendet werden um die Erfolge in der Sanierung zu messen und den Berichterstattungspflichten standardisiert nachzukommen.

Sanierungsberichterstattung

Rating, Linien, Inanspruchnahmen, Sicherheiten, Risiko, EWB und Kreditanträge
→ darzustellen im EB und in den FB

Konditionen, Deckungsbeiträge aus der Kundenbeziehung und Evidenzmeldung
→ darzustellen insbesondere im EB

Verbundene Kreditrisiken, operationelle Risiken und Risiken aus Beteiligungen
→ darzustellen im EB und Entwicklungen in den FB

Historie des Engagements mit Geschäftsmodell, Krisenursachen und alte Kreditberichte
→ lediglich aufzuführen im EB

Aktuelle Vermögens-, Ertrags- und Finanzlage
→ darzustellen im EB und in den FB

Gläubigerstruktur, Sicherheiten und Verhalten anderer Gläubiger, Poollösungen
→ darzustellen im EB und in den FB

Weiterbehandlungskonzept mit gewählter Sanierungsstrategie oder Abwicklungskonzept
→ darzustellen im EB und in den FB

Entscheidungsbedarf und Wiedervorlagetermin

Abb. 3.16: Inhalte eines bankinternen Sanierungsberichts (Quelle: Eigene Darstellung)

Bilanzierung und Bewertung von Forderungen in Kreditinstituten nach HGB

Die Quantifizierung der Risiken mit der Ermittlung der Einzelwertberichtigungen ist für die Bankbilanz oftmals von erheblicher Bedeutung. Das **Maßgeblichkeitsprinzip** der handelsrechtlichen **Grundsätze ordnungsgemäßer Buchführung (GoB)** für die Bilanzierung in der Steuerbilanz bedeutet, dass die Ansätze sowie Bewertungen in der Handels- und Steuerbilanz eng miteinander verknüpft sind (siehe § 5 EStG). Die handelsrechtlichen GoB finden auch in der Steuerbilanz Anwendung, es sei denn, steuerrechtliche Vorschriften sehen konkrete Abweichungen vor.

Die Rechtsgrundlagen der handelsrechtlichen Bewertung gelten ebenso für die steuerliche **Bewertung von Forderungen** (§ 5 Abs. 1 Satz 1 EStG). Allerdings ist der Bewertungsvorbehalt gemäß § 5 Abs. 6 EStG zu beachten, der den Vorrang steuerlicher Bewertungsvorschriften beinhaltet und damit den Grundsatz der Maßgeblichkeit durchbricht (vgl. Portisch/Cranshaw, 2025, S. 122 ff.). In Kreditinstituten besteht der Großteil der Aktivpositionen aus Kundenforderungen im Umlaufvermögen. Dort gilt das strenge Niederstwertprinzip (§ 253 Abs. 4 HGB). Daher sind Forderungen gegebenenfalls abweichend von den Inanspruchnahmen und vom Nennwert, saldiert mit der Absetzung von Wertberichtigungen anzusetzen. Die Abweichungen beim Wertansatz vom Nominalwert resultieren aufgrund von Adressenausfallrisiken. Wertbeeinträchtigungen bei Forderungen können bestehen in (vgl. Bieg/Waschbusch, 2017, S. 421):

- **Einzelwertberichtigungen:** Es findet eine Wertberichtigung, unter Berücksichtigung der Inanspruchnahme, der erwarteten Tilgungen sowie der stressgetesteten Kreditsicherheiten, statt. Es erfolgt ein Nettoausweis in der Bilanz.
- **Pauschalwertberichtigungen:** In diesem Fall wird das latente, noch nicht genau messbare Ausfallrisiko, gemäß dem Vorsichtsprinzip, durch pauschale Abschläge im Wert berichtigt. Hier ist IDW RS BFA 7 zu beachten (vgl. IDW, 2019, S. 107 ff.).

- **Pauschalierte Einzelwertberichtigungen:** Dabei wird zum Beispiel das Länderrisiko, unter anderem bei Forderungsgesamtheiten, mit einem angemessenen Risikoabschlag pauschaliert berücksichtigt.
- **Rückstellungen für die Eventualrisiken:** Die Bildung erfolgt für die Stellung von Avalen oder unwiderufliche Kreditzusagen und somit außerbilanzielle Geschäfte, bei denen lediglich eine drohende Inanspruchnahme besteht.
- **Abschreibungen auf Forderungen:** Steht der Ausfall vollständig oder teilweise fest, sind Forderungen abzuschreiben und endgültig auszubuchen. Dies erfolgt bei Firmenkunden beispielsweise nach Abschluss eines Insolvenzverfahrens.

Die Rückstellungen dienen zur Erfassung von dem Grunde und der Höhe nach ungewissen Verbindlichkeiten und von drohenden Verlusten aus schwebenden Geschäften. Darunter zu erfassen sind Eventualverbindlichkeiten aus der Übernahme von Bürgschaften, Garantien und anderen außerbilanziellen Geschäften.

Der Ansatz von Forderungen an Kunden ergibt sich beim Zugang nach den Anschaffungskosten beziehungsweise zum Nennwert. Die Folgebewertung erfolgt gemäß den Vorschriften des Umlaufvermögens zum Nominalwert oder bei dem Vorliegen einer Wertbeeinträchtigung zum strengen Niederstwertprinzip gemäß § 253 Abs. 4 HGB mit dem niedrigeren beizulegenden Wert (§ 340e HGB i.V.m. § 253 HGB). Auf diese Art und Weise findet eine Anpassung an die Kreditnehmerbonität statt (vgl. Bieg/Waschbusch, 2017, S. 399). Einzelwertberichtigungen auf Kredite beziehungsweise Inanspruchnahmen sind nach § 253 HGB zu bilden, wenn die Bonität eines Kunden und andere Gründe eine Aktivierung zum Nennwert nicht zulassen.

Die Forderungspositionen sind zum Abschlussstichtag grundsätzlich einzeln zu bewerten (§ 252 Abs. 1 Nr. 3 HGB). Dabei sind die grundlegenden Bilanzierungs- und Bewertungsprinzipien der Imparität, der Vorsicht und der Realisation zu beachten. Über allem stehen im HGB das Gläubigerschutzprinzip sowie der Grundsatz kaufmännischer Vorsicht, der sich im Niederstwertprinzip äußert.

Forderungen sind steuerlich gemäß § 6 Abs. 1 Nr. 2 EStG mit den Anschaffungskosten beziehungsweise den Inanspruchnahmen anzusetzen sowie mit dem niedrigeren Teilwert gemäß § 6 Abs. 1 Nr. 2 und Nr. 3 EStG zu bewerten, soweit sich eine voraussichtlich andauernde Wertminderung ergibt. Der niedrigere Teilwert und der niedrigere beizulegende Wert entsprechen sich inhaltlich. Zum Zweck der Forderungsbewertung kann die Methodik des Standards IDW PS 522 angewendet werden (vgl. IDW, 2002, S. 623 ff.). Steuerlich ist das BMF-Schreiben „Einzelwertberichtigung bei Kreditinstituten" zu beachten (vgl. BMF, 2024a, S. 701 ff., Portisch/Cranshaw, 2025, S. 122 ff.).

Das maximale Ausfallrisiko besteht in Höhe der Kapitalrückzahlung zuzüglich der erwarteten Zinsausfälle und weiterer Kosten. Die Einzelwertberichtigung (EWB) berechnet sich (barwertig) in Höhe des aktuellen nominellen Forderungsbetrages abzüglich der zu erwartenden Tilgungen sowie sonstigen Zuflüsse, unter anderen aus der Verwertung der stressgetesteten Sicherheiten.

Die Ausgangsgröße der Nominalforderung bemisst sich nach dem Gesamtengagement eines Kreditnehmers und nicht gemäß den vorhandenen Einzelforderungen. Wenn allerdings die Einbringlichkeit einzelner Engagementteile unterschiedlich ist, sind diese einzelnen Kreditteile gesondert zu bewerten (vgl. Scharpf, 2020, 4.3.5.3.6).

Wichtig ist, dass die **Inanspruchnahme einer Forderung** die Obergrenze für die Bildung einer Einzelwertberichtigung setzt. Kreditzusagen in Form von nicht ausgenutzten Linien sind zunächst noch nicht bewertungsrelevant. Auch wenn das Kreditinstitut eine unwiderrufliche Kreditzusage erteilt hat, führt diese noch nicht zur Bildung einer Wertberichtigung, da keine Aktivposition besteht, sondern eine Erfassung der Position unter dem Bilanzstrich erfolgt. Das Eventualrisiko ist durch eine Rückstellung zu berücksichtigen. Beim Wegfall der Gründe für die Wertkorrektur nach § 253 Abs. 4 HGB darf jedoch bei Vermögensgegenständen des Umlaufvermögens ein niedrigerer Wert nicht beibehalten werden, wenn sich beispielsweise die Bonität des Kreditnehmers deutlich verbessert (§ 253 Abs. 5 HGB). Dann besteht ein Zuschreibungsgebot bis zu den ursprünglichen Anschaffungskosten (siehe Bieg/Waschbusch, 2017, S. 400). Unterschieden werden können folgende Risikokategorien von Forderungen, die sich auf die Bewertung auswirken (vgl. Bieg/Waschbusch, 2017, S. 418 ff.):

- **Forderungen ohne hohe Ausfallrisiken:** Kredite im Normalkreditgeschäft
- **Gefährdete Forderungen:** mit erhöhtem Ausfallrisiko im Intensivbereich
- **Notleidende Forderungen:** hohes Forderungsausfallrisiko in der Sanierung
- **Uneinbringliche Forderungen:** Abwicklungsbereich mit erwartetem Ausfall

Bereits im Normalkreditgeschäft ist mit möglichen Ausfällen zu rechnen, dem latenten Kreditausfallrisiko. Für die Risikokategorie sind **Pauschalwertberichtigungen** zu bilden, um das latente Ausfallrisiko beziehungsweise das Adressenausfallrisiko der Forderungsgesamtheit zu berücksichtigen.

Berechnung von Pauschalwertberichtigungen nach IDW RS BFA 7

Die Bewertung von Forderungen nach dem HGB erfolgt nach dem **Vorsichtsprinzip** zum niedrigeren beizulegenden Wert. Dabei sind gemäß § 252 Abs. 1 Nr. 4 HGB alle vorhersehbaren Risiken und Verluste zu berücksichtigen, wie bei hinreichend konkret eingetretenen Risiken in Form der Einzelwertberichtigungen und der pauschalierten Einzelwertberichtigungen. Ist eine Forderung dagegen noch nicht wahrnehmbar ausfallgefährdet, ist eine Pauschalwertberichtigung für das latente Ausfallrisiko zu bilden. Pauschale Wertberichtigungen dienen zum Abschirmen von vorhandenen, aber noch nicht konkret in Erscheinung getretenen Ausfallrisiken.

Der vorsichtige Ausweis von Forderungen erfolgt in der Bilanz durch eine aktivische Absetzung des Risikobetrags von der jeweiligen Bilanzposition. Notwendige Wertkorrekturen sind ertragswirksam in der Gewinn- und Verlustrechnung zu erfassen, über die Zuführung zu den Wertberichtigungen oder zu den Rückstellungen. Daher werden immer Nettokreditpositionen auf der Aktivseite ausgewiesen.

Die Aufwands- und Ertragsbuchung in der Gewinn- und Verlustrechnung erfolgt kompensatorisch, aufgrund einer erlaubten Überkreuzkompensation gemäß § 340f Abs. 3 HGB. Da zudem die Wertveränderungen der Wertpapiere der Liquiditätsreserve über diese Position verbucht werden, lassen sich stille Reserven bilden und auflösen, ohne dass ein Externer dieses erkennt. Bei der Ermittlung der Pauschalwertberichtigungen nach HGB werden in der Praxis derzeit zwei unterschiedliche Verfahren angewendet. Zum einen die auch steuerlich anerkannte durchschnittliche Vorgehensweise gemäß BMF aufgrund von historischen Ausfalldaten als retrograde Methode (vgl. BMF, 1994, S. 98 ff.) und zum anderen das abweichende Modell des IDW RS BFA 7 mit der Ausrichtung an künftigen Ausfallprognosen (vgl. IDW, 2019, S. 107 ff., Portisch/Winkler, 2020a, S. 388 ff. und Portisch/Winkler, 2020b, S. 145 ff.).

Die steuerliche Pauschalwertberichtigung (PWB) wird nach dem BMF-Schreiben (vgl. BMF, 1994, S. 98) aus einem Quotienten ermittelt. Es wird die historische Entwicklung tatsächlicher Ausfallraten der letzten fünf Jahre berücksichtigt. Diese Methode berechnet PWB nach HGB und Steuerbilanz gemäß dem **Incurred-Loss-Modell**.

Der Standard IDW RS BFA 7 schlägt zwei unterschiedliche Modellvarianten vor, die alternativ angewendet werden können und sich am **Expected-Loss-Modell** nach IFRS 9 orientieren. Grundlage der ersten Methode die laut IDW RS BFA 7 zur Berechnung der PWB ausgewählt werden kann ist der erwartete Verlust über einen Betrachtungszeitraum von zwölf Monaten, der in der Banksteuerung bereits eine große Bedeutung hat über die Ermittlung der **Probability of Default** (PD), beispielsweise beim Rating, und bei der Berechnung der Eigenmittelunterlegung für Adressenausfallrisiken nach dem Standardansatz und den fortgeschrittenen Ansätzen.

Dieser **Einjahres-Expected-Loss** orientiert sich an Stufe 1 des IFRS 9. Alternativ kann der Lifetime-Expected-Loss bei der Kalkulation der PWB zugrunde gelegt werden, dies beruht auf Stufe 2 sowie Stufe 3 aus IFRS 9 und ist schwieriger zu ermitteln. Erwartete Verluste sind gegebenenfalls um die in den vertraglich vereinbarten Zinserträgen enthaltenen Bonitätsprämien für das erwartete Kreditrisiko zu vermindern. Auf diese Berechnung von Bonitätsprämien kann für PWB-Zwecke verzichtet werden, sofern diese Methodik nicht für die interne Risikosteuerung genutzt werden.

Sofern ein Institut bei der Ermittlung seiner Risikovorsorge die Stufenregelungen des IFRS 9 zugrunde legt, kann die Methode zur Ermittlung der Pauschalwertberichtigung angewendet werden. Dabei kann die Pauschalwertberichtigung bei keiner signifikanten Erhöhung des Kreditausfallrisikos im Vergleich zum Beginn des Kreditverhältnisses in Höhe des erwarteten Verlustes über einen Betrachtungszeitraum von zwölf Monaten angesetzt werden. Entsprechend ist in diesem Fall bei einer signifikanten Erhöhung des Kreditausfallrisikos eine nach der IFRS 9-Methodik über drei Stufen erhöhte Risikovorsorge zugrunde zu legen. Es ist die Stellungnahme der BaFin erwähnenswert, denn dort wird die pauschale Übertragbarkeit von erhöhten IFRS 9-Werten unter Umständen als nicht sachgerecht angesehen (vgl. BaFin, 2019, S. 3 ff.). Daher sind Parallelrechnungen zur Risikosimulation durchzuführen.

Bilanzierung von Wertberichtigungen in Kreditinstituten nach IFRS

Das Wertminderungsmodell aus IFRS 9 basiert auf einem **Expected-Loss-Modell** und einem dreistufigen Ansatz, in Anlehnung an die steigende Intensität der Ausfallwahrscheinlichkeit. Die Zuordnung dieser Finanzinstrumente erfolgt gemäß einem dreistufigen Modell und wird wie folgt vorgenommen:

- Die Zuordnung zu **Stufe 1** (erwarteter 12-Monats-Kreditverlust) betrifft beispielsweise die Bewertung von Krediten, die keine direkten einzelfallbezogenen Ausfallereignisse aufweisen, bei denen sich Änderungen der Ausfallerwartungen jedoch aufgrund von makroökonomischen Veränderungen ergeben können. Das Wertminderungsmodell in Stufe 1 berücksichtigt erwartete Kreditausfälle in Höhe des Barwerts, die sich innerhalb eines Jahres zeigen (12-Monats-Expected-Credit-Loss). Die zu berechnende Zinsvereinnahmung erfolgt so auf Basis des Bruttobuchwerts, unter Anwendung der Effektivzinsmethode.
- Die **Stufe 2** umfasst Kredite, mit beobachtbaren Ereignissen, die einen direkten Rückschluss auf erhöhte Ausfälle beispielsweise in einem Teilkreditportfolio zulassen wie im Stadium einer drohenden Zahlungsunfähigkeit. Es liegt eine signifikante Erhöhung des Ausfallrisikos vor. Die Risikovorsorge ist in der Stufe 2 bis zur Höhe der erwarteten Verluste für die gesamte Restlaufzeit abzubilden. Erwartete Ausfälle werden als Differenz zwischen den ursprünglich vertraglich erwarteten Barwerten der Cash Flows und der erwarteten Zahlungen berechnet. Die Zinsberechnungsart erfolgt wie auf Stufe 1 auf Basis des Bruttobuchwertes.
- Auf der höchsten **Stufe 3** liegt eine signifikante Erhöhung des Ausfallrisikos oder ein objektiver Grund für die Wertminderung vor, wie Ratenrückstände, Zahlungsschwierigkeiten oder ein eingeleiteter Sanierungsprozess. Die Forderung kann direkt von Stufe 1 zur Stufe 3 überführt werden, wenn dazu ein Anlass gegeben ist. Die Bemessung der Risikovorsorge erfolgt auf Basis des Barwerts der erwarteten Verluste für die Gesamtrestlaufzeit als Differenz zwischen fortgeführten Anschaffungskosten im Vergleich zum Barwert der mit dem ursprünglichen Effektivzins diskontierten geschätzten zukünftigen Zahlungen.

Der erstmalige Wertansatz folgt der **Stufe 1**, außer die Forderung hatte bereits beim Zugang eine stark beeinträchtigte Bonität. Diese Aufteilung beziehungsweise Abgrenzung zwischen den Stufen 1 und 2 erfolgt anhand eines Vergleichs der erwarteten Ausfallwahrscheinlichkeit zum Zugangszeitpunkt. Eine Absenkung auf **Stufe 2** erfolgt bei einer deutlichen Erhöhung der Ausfallwahrscheinlichkeit. Indikatoren dafür sind beispielsweise eine Anhebung der Zinsen, aufgrund steigender Risikokosten oder wenn vertraglich vereinbarte Zahlungen mehr als 30 bis 90 Tage überfällig sind. Die Herabstufung in **Stufe 3** wird nach einer starken Beeinträchtigung der Bonität, beispielsweise bei Sanierungsengagements vorgenommen. Es werden bereits deutliche finanzielle Schwierigkeiten bei einem Kreditnehmer vermerkt, mit erhöhten Insolvenzantragsrisiken (vgl. Bieg/Waschbusch, 2017, S. 683 ff.).

Handelsrechtliche Beurteilung von Einzelwertberichtigungen

Dabei ist die Einzelwertberichtigung auf ein Kreditengagement beziehungsweise die einzelne Forderung zu beziehen. Dies ist Ausfluss des **Einzelbewertungsgrundsatzes** nach § 252 Abs. 1 Nr. 3 HGB. Bei der Einzelwertberichtigung wird auf das Gesamtkreditengagement abgestellt unter Berücksichtigung der erwarteten Erlöse aus den Sicherheiten. **Einzelwertberichtigungen** sind nur auf die in Anspruch genommenen Kreditteile zu bilden, unabhängig von der maximalen Kreditlinie, unter anderem im Kontokorrent. Es gilt gemäß § 253 Ab. 5 Satz 1 HGB ein Wertaufholungsgebot bei einem vollständigen oder teilweisen Wegfall der Gründe für eine Wertberichtigung. Dann ist der Auflösungsbetrag erfolgserhöhend zuzuschreiben und erhöht den Gewinn des betreffenden Jahres (vgl. Bieg/Waschbusch, 2017, S. 421 ff.).

Das künftig eintretende Abschreibungsrisiko kann dagegen bankintern höher ausfallen, wenn unter anderem Kontokorrentlinien oder Avallinien zum Bewertungsstichtag nicht ausgenutzt werden oder anderweitige Kreditzusagen bestehen. Aus diesem Grund ist bei der internen Berichterstattung immer der jeweils höhere Wert zwischen den Linien und Inanspruchnahmen bei der Ermittlung des Blankorisikos anzusetzen. Bei der Einschätzung der Kreditsicherheitenwerte sind aktuelle und realistische Verwertungsmöglichkeiten in einer Situation einer wirtschaftlichen Krise zugrunde zu legen (Stresstest). Wird das Engagement komplett durch stressgetestete Sicherheiten abgedeckt, ist letztendlich keine EWB zu bilden. Nicht zu vernachlässigen ist allerdings als weitere Risikokomponente das potenzielle Zinsausfallrisiko.

Der zu erzielende **Risikoabbau** kann auch einen Anreiz für die Mitarbeiter in der Sanierungsabteilung im Rahmen einer variablen Vergütung bieten. Wenn der zuständige Sanierer durch eine geschickte Nachbesicherung zu einer Verringerung des Blankoteils beiträgt, ist diesem der Vorteil zurechenbar. Die Einzelwertberichtigung ist ein Ausdruck für das Ausfallrisiko einer Forderung. Das individuelle Ausfallrisiko eines Firmenkunden bestimmt sich nach der Bonität. Diese wird maßgeblich durch die Zahlungsfähigkeit beeinflusst. Die Zahlungsfähigkeit des Kunden ist das bestimmende Kriterium bei der EWB-Bildung. Die folgenden Einzeltatbestände führen daher regelmäßig zur Bildung einer Wertkorrektur in Form einer handelsrechtlichen EWB:

- Zahlungsverzug größer 90 Tage, rückständige Darlehensraten
- Nachhaltige Verlustsituation mit Aufzehrung des Eigenkapitals
- Schlechte wirtschaftliche Lage, Kapitaldienstunterdeckung, Insolvenzgefahr

Wichtig ist, dass die Bewertungsentscheidung einer Bank nicht subjektiv oder willkürlich zur Steuerung des Jahresüberschusses erfolgt. Der Prozess, der zur Einstellung der EWB führt, sollte transparent und einheitlich sein. Daher bietet das interne Ratingsystem der Banken die Möglichkeit, die Objektivität der EWB-Bildung anhand festgelegter Kriterien herzustellen, wenn beispielsweise ab einer Ratingklasse eine Einzelwertberichtigung (EWB) einzustellen ist. Wesentlich für die Bildung einer handelsrechtlichen EWB ist unter Umständen auch die steuerliche Anerkennung.

Einzelwertberichtigung bei Kreditinstituten nach BMF-Schreiben vom 21.03.2024

Geregelt werden im **BMF-Schreiben vom 21. März 2024** (vgl. Portisch/Cranshaw, 2025, S. 122 ff.) die steuerlichen Regelungen zu Einzelwertberichtigungen sowie pauschalierten Einzelwertberichtigungen (pEWB). Das BMF-Schreiben soll ein einheitliches Vorgehen gewährleisten. Bestehen Zweifel an der Werthaltigkeit einer Forderung, ist die Bewertung dieser Forderung in Form einer Einzelwertberichtigung auf den niedrigeren beizulegenden Wert zu korrigieren. Steht zum Bilanzstichtag noch nicht endgültig fest, inwieweit die zweifelhafte Forderung ausfallen wird, muss der Forderungsausfall anhand künftig noch zu erwartender Zahlungseingänge (Zins- und Tilgung) und vorhandener Sicherheitenwerte (vorsichtiger Wertansatz) geschätzt werden.

Für Forderungen, die im Umlaufvermögen ausgewiesen werden, ist zum Bilanzstichtag aufgrund des strengen Niederstwertprinzips ein Vergleich mit einem niedrigeren beizulegenden steuerlichen Wert nötig. Die Forderungsbewertung findet zum Bilanzstichtag statt, wertaufhellende Tatbestände im Zeitraum zwischen dem Stichtag und der Aufstellung der Bilanz sind handelsrechtlich nicht relevant. Damit sind auch die (pauschalierten) Einzelwertberichtigungen aus der Handelsbilanz aufgrund des Maßgeblichkeitsprinzips für die Steuerbilanz zu übernehmen.

Neu geregelt wird im BMF-Schreiben vom 21.03.2024 in Rn. 17 der zeitliche Rahmen, bis zu welchem Zeitpunkt wertaufhellende Tatsachen zu berücksichtigen sind (siehe BMF, 2024a, S. 701 ff.). Dann sind bis zum Tag der Bilanzerstellung erlangte Kenntnisse über den Wert von Forderungen auch nach dem Bilanzstichtag zu berücksichtigen. Als Tag der Bilanzerstellung ist der Tag maßgebend, an dem die Handelsbilanz vom Vorstand unterschrieben wurde, spätestens jedoch der letzte Tag des dritten auf den Bilanzstichtag folgenden Monats gemäß § 26 Abs. 1 KWG.

Auch der Umstand einer späteren (teilweisen) Erfüllung der Forderung kann deren Wert zum Bilanzstichtag **„aufhellen“**. Der Wertermittlung zugrunde zu legen ist er jedoch nur, wenn er spätestens am Tag der Bilanzerstellung verwirklicht worden ist. Erst nach dem Tag der Bilanzerstellung bis zum 31.03. des Folgejahres auf den Bilanzstichtag eingetretene Umstände oder erlangte Kenntnisse sind unbeachtlich. Im Fall einer zu hohen Schätzung der Einzelwertberichtigung führt dieses zu einer zeitlichen Verschiebung der Steuerlast in die Zukunft und einem Zinseffekt als Steuerstundungseffekt (der Barwert der Steuerforderung sinkt).

Kreditsicherheiten können die **Wertberichtigung** deutlich reduzieren, dies gilt handelsrechtlich wie auch steuerlich. Die Bewertung von Kreditsicherheiten, im Firmenbereich ist allerdings stets variabel sowie diskutabel. Dies gilt gerade für den Zustand der sich zuspitzenden Krise. In der Phase ist von einer Going-Concern-Bewertung auf eine Liquidationsbewertung umzustellen. Es hat eine unter Realisationsgesichtspunkten erstellte Wertermittlung zu erfolgen (siehe MaRisk BTO 1.2.5 Rn. 2 mit den dazugehörigen Erläuterungen). Damit folgen die MaRisk bei der Bewertung dem Prinzip der kaufmännischen Vorsicht, das sich durch das HGB zieht.

Steuerlich konkretisiert dieses BMF-Schreiben vom 21.03.2024 in den Rn. 18 bis 33, wie bestimmte Sicherheiten und eingehende Tilgungsanteile zu berücksichtigen sind. Gemäß Rn. 18 erlaubt die steuerliche EWB-Zuführung in der Regel keine sofortige vollständige Abschreibung einer Forderung. Nach Rn. 19 sind bei der Bildung von Wertberichtigungen generell die institutsspezifischen (ausgewerteten) Erfahrungen der Vergangenheit zu berücksichtigen, sowohl bei der Bewertung von Sicherheiten als auch beim Eingang von künftigen Tilgungen und sonstigen Zahlungen.

Bei Nichtvorlage einer dazugehörigen Dokumentation und Analyse vergangener Daten gehen die daraus folgenden Unsicherheiten zu Lasten eines Kreditinstituts. Es ist weiterhin zu berücksichtigen, dass im Fall des Insolvenzantrags beziehungsweise der Insolvenzeröffnung regelmäßig keine vollständige Abschreibung möglich ist, sondern maximal nur bis zu der Höhe der erwarteten Insolvenzquote. Diese wird allerdings in der Praxis auch bei unbesicherten Forderungen oft erst mit der viele Jahre späteren Schlussrechnung festzustellen und ausgezahlt. Auswertungen zeigen, dass nicht mehr als mit einer Quote von 3,0–5,0 % im Rahmen der Schlussverteilung gerechnet werden kann (vgl. Kranzusch/Icks, 2009, S. 7 ff.).

Bei der Bewertung der Einzelwertberichtigung sind jedoch Absonderungsrechte oder Absonderungsanwartschaften zu berücksichtigen, da sie den Banken gemäß §§ 49 ff. InsO eine abgesonderte Befriedigung sowie vorrangige Befriedigung ermöglichen. Aus Rn. 26 des betrachteten BMF-Schreibens sind alle akzessorischen und fiduziarischen Sicherheiten mit engem oder weitem Sicherheitenzweck zu berücksichtigen. Dies betrifft sowohl Eigensicherheiten der in die Krise geratenen Firma als auch Drittsicherheiten. Bei der Teilwertermittlung sind auch Sachen oder Rechte einzubeziehen, die das Kreditinstitut am Bilanzstichtag in seinem Besitz oder seiner Verfügungsmacht hat und auf die sich ein AGB-Pfandrecht des jeweiligen Kreditinstituts erstreckt.

Von Interesse ist, dass gemäß Rn. 26 gefordert wird, Sicherheiten in der Regel mit dem Verkehrswert zu bewerten. Es zeigt sich ein mögliches Konfliktpotenzial, da Verkehrswerte in der Krise, Sanierung und Abwicklung voraussichtlich nicht zu erreichen sind. Es ergibt sich ein Widerspruch zu der geforderten Liquidationsbewertung beziehungsweise Bewertung unter Realisationsgesichtspunkten der MaRisk.

Die Beweislast dieser Ansetzung geringerer Werte liegt bei Kreditinstituten: „Abzüge vom Verkehrswert können nur dann vorgenommen werden, wenn sich aus den betrieblichen Erfahrungen der Vergangenheit für die jeweilige Sicherheitenverwertung nachweisbare Kosten ergeben haben, die tatsächlich zum geringeren Verwertungserlös führten. Insoweit am Bilanzstichtag bereits ein Verwertungsverfahren eingeleitet wurde, kann der Wert der Sicherheit mit dem zu erwartenden Verwertungserlös angesetzt werden. Dabei hat das Kreditinstitut die Besonderheiten aus dem jeweiligen Verwertungsverfahren und die Marktverhältnisse bei der Verwertung der betreffenden Sicherheit am Bewertungsstichtag zu berücksichtigen. Eigene Erfahrungen aus der Vergangenheit hat das Kreditinstitut ebenfalls in seine Ermittlungen mit einzubeziehen. Dazu haben Banken eine Erlösquotensammlung aufzubauen."

Gemäß MaRisk BTR 1 Rn. 7 (Adressenausfallrisiken) hat ein Institut „eine angemessene Erfassung der Erlöse aus der Abwicklung von Kreditengagements sowie der zugehörigen historischen Werte der Kreditsicherheiten in einer Erlösquotensammlung zu gewährleisten." Hierunter fallen auch die Erlösquoten aus Rettungserwerben.

Gemäß MaRisk AT 2.2 Rn. 1 sind auch ESG-Risiken bei den Adressenausfallrisiken angemessen zu berücksichtigen, dies gilt auch für den Fall der Verwertung. In den Rn. 27 bis 33 des BMF-Schreiben vom 21. März 2024 werden ausgewählte Sicherheiten inklusive der **Bewertungsanforderungen** dargelegt (die Sicherungszessionen werden hier allerdings nicht aufgeführt):

- **Grundschulden:** Die Grundpfandrechte sind mit dem Nominalwert der „eingetragenen Grundschuld zuzüglich des im Grundbuch individuell eingetragenen dinglichen Zinssatzes für drei Jahre nach Zinslaufbeginn, höchstens in Höhe des Verkehrswerts der mit dieser Grundschuld belasteten Immobilie unter Berücksichtigung der Verwertungskosten anzusetzen" (TZ. 27). „Valutierende Vorlasten sind ebenfalls unter Berücksichtigung dinglicher Zinsen zu berücksichtigen und vom Sicherheitenwert abzuziehen. Abschläge auf den Verkehrswert im Rahmen der Beleihungswertermittlung des Kreditinstituts sind steuerlich unbeachtlich. [...]" (Rn. 27 bis 29). – Die Bewertung zum Verkehrswert orientiert sich am Marktwert. Die Zielgröße scheint in der Verwertung oftmals nicht erreichbar zu sein, da unter zeitlichem Druck, häufig mit fehlender Drittverwendungseigenschaft sowie möglichen Bodenkontaminationen gerechnet werden kann.
- **Bürgschaften:** Diese sind „unter steuerlichen Gesichtspunkten mit dem Nominalbetrag anzusetzen, solange keine Gründe vom Kreditinstitut nachgewiesen worden sind, dass sich die Werthaltigkeit einer Bürgschaft seit der Kreditvergabe bis zum Bewertungsstichtag geändert hat" (Rn. 30). – Diese Bewertung erscheint bedenklich, denn Wertansätze für Bürgschaften liegen bei Banken üblicherweise bei 0 %, zumal Bürgschaften nicht selten gegenüber mehreren Kreditinstituten und daher ist die Werthaltigkeit meist schon deshalb nicht gegeben.
- **Sicherungsübereignungen:** Zur Kreditsicherung übereignete „Wirtschaftsgüter sind mit ihrem Verkehrswert anzusetzen" und „aus Vereinfachungsgründen kann dieser Wert aus den linear fortgeführten Anschaffungs-/Herstellungskosten abgeleitet werden, soweit dies nicht offensichtlich zu einem unzutreffenden Ergebnis führt" (Rn. 31). – Die Bewertung orientiert sich an sehr optimistischen Wertmaßstäben, die für den Zeitpunkt der Krise und Verwertung keine Grundlage bieten. Oft sind Warenbestände, unter Zeitdruck verwertet, meist stark abzuwerten.
- **Bankguthaben und Wertpapierdepots:** „Bankguthaben sind mit dem Nennwert am Bilanzstichtag anzusetzen. Wertpapierdepots sind mit dem Depotwert am Bilanzstichtag anzusetzen" (Rn. 32 bis 33). – Beide Wertansätze erscheinen nachvollziehbar. Allerdings befinden sich häufig Aktien in Wertpapierdepots und die Wertentwicklung ist volatil, so dass sicher der Wert des Depots direkt nach dem Bilanzstichtag stark verändern und sinken kann.

Anwendung pauschaler Wertberichtigungsquoten BMF-Schreiben vom 21.03.2024

„Anstelle einer Einzelbewertung [...] kann das Kreditinstitut einheitlich für Forderungen [...] standardisierte EWB mit festen Wertberichtigungsquoten [...] wählen, deren Berechnung an der Dauer der Zahlungsstörung [...] ausgerichtet ist“ (Rn. 47). „Soweit bei einer Kreditforderung ein Zahlungsverzug von unter 90 Tagen besteht, ist die Forderung mit dem Nennwert anzusetzen [...]“ (Rn. 52). Diese Forderungen sind bei der Ermittlung von PWB zu erfassen. „Ab einem ununterbrochenen Zahlungsverzug am Bilanzstichtag von 90 Tagen ergibt sich die Wertberichtigungsquote durch ratierliche Verteilung der Wertberichtigung im Wertberichtigungszeitraum [...] von bis zu insgesamt 300 Tagen“ (Rn. 53). „Bei unbesicherten Forderungen beginnt die Wertberichtigung mit 30 Prozent und erhöht sich alle 30 Tage um weitere 10 Prozent bis zu einer vollständigen Abschreibung nach Ablauf von 300 Tagen Zahlungsverzug. [...]“ (Rn. 54 S. 1). „Bei besicherten Forderungen beginnt die Wertberichtigung mit 9 Prozent und erhöht sich alle 30 Tage um weitere 3 Prozent bis sich nach Ablauf von 300 Tagen Zahlungsverzug eine Abschreibung von maximal 30 Prozent des Nominalwerts der Forderung auf den pauschalen Sicherheitenwert ergibt. Die Art und Höhe des jeweiligen Sicherheitenwerts ist für die Einordnung als besicherte Forderung unerheblich“ (siehe Rn. 55). „Sind bei besicherten Forderungen alle vorhandenen Sicherheiten verwertet, ist die Forderung vollständig abzuschreiben“ (Rn. 56).

„Es wird nicht beanstandet, wenn das Kreditinstitut einen aus der erstmaligen Anwendung des Vereinfachungsverfahrens entstehenden Gewinn gleichmäßig auf das Wirtschaftsjahr der erstmaligen Anwendung des Vereinfachungsverfahrens und die vier folgenden Wirtschaftsjahre verteilt. Diese Inanspruchnahme der Nichtbeanstandungsregelung zur Gewinnverteilung hat das Kreditinstitut durch den Ausweis einer entsprechenden Rücklage in der Steuerbilanz darzustellen. Sollte das Vereinfachungsverfahren in einem der vier folgenden Wirtschaftsjahre nicht mehr angewendet werden, ist die Rücklage in dem Wirtschaftsjahr in der Abkehr vom Vereinfachungsverfahren vollständig aufzulösen“ (Rn. 58). Dann besteht ein Wertaufholungsgebot zu jedem Abschlussstichtag, die alljährliche Rückkehr der Regelbewertung zu den Anschaffungskosten aus § 6 Abs. 1 Nr. 2 Satz 2 EStG. Die steuerliche Wertaufholungspflicht mit der Rückkehr zur Bewertungsobergrenze führt im Ergebnis dazu, dass jede im Wert berichtigte Forderung zum Abschlussstichtag auf die Dauerhaftigkeit der Notwendigkeit einer Wertberichtigung zu überprüfen ist. Zu jedem Bilanzstichtag ist eine Neubewertung der Forderungen und Sicherheiten vorzunehmen.

?

Checkliste und Analysen zu Aufbau- und Ablauforganisation in der Sanierung aus Bankensicht:

1. Ist der Organisationsaufbau für Problemkredite und Sanierungen an das Bankportfolio angepasst?
2. Sind die Prozesse zur Sanierungsbearbeitung geeignet um eine hohe Rückführungsquote zu bewirken?
3. Werden die Krisenfälle in der Intensivbetreuung rechtzeitig in den Sanierungsbereich umklassifiziert?
4. Erfolgt die Ermittlung der Risikovorsorge und der Rückstellung nach Handelsrecht einwandfrei?
5. Erfolgt die Berechnung der Risikovorsorge und der Rückstellungen steuerlich richtig?

3.3 Risikoerkennung als Auslöser der Sanierung

Eine Sanierung wird durch eine Ratingverschlechterung im Intensivbereich ausgelöst. Dies ist der übliche sequentielle Ablauf aus Bankensicht. Ein Kreditengagement wird durch bestimmte Ereignisse (Trigger) zum Intensivfall und dort in den Bereich der Sanierung umgestuft. Des Weiteren leiten sich Sanierungen ab aus Fällen, bei denen finanzielle Zugeständnisse in der Form von **Forbearance** genehmigt wurden. Demnach hat eine Bank nach MaRisk BTO 1.3.2 Behandlung von Forbearance Rn. 1 von Kreditengagements von der Normalkreditbetreuung beim Übergang in die Intensivbetreuung oder in die Problemkreditbearbeitung die Engagements zu berücksichtigen, bei denen finanzielle Zugeständnisse zugunsten von Kreditnehmern gemacht wurden (Forbearance-Maßnahmen). Ziel der Maßnahmen ist ein tragfähiger, nicht notleidender Rückzahlungsstatus (Leitfaden für Banken zu notleidenden Krediten, EZB, 2017a, S. 1 ff.).

Leitfaden für Banken zu notleidenden Krediten (NPL)

Der Leitfaden für Banken zu notleidenden Krediten (NPL) richtet sich als Empfehlung für die von der EZB direkt beaufsichtigten Institute und beschreibt einen einheitlichen aufsichtlichen Ansatz für **Non Performing Loans** (NPL) oder Exposures (NPE). Dieser Rahmen stellt die Erwartungen der Aufsicht zur Bearbeitung von riskanten Forderungen dar und enthält vorwiegend qualitative Elemente (vgl. EZB, 2017a, S. 5). In diesem Ansatz wird auf die Festlegung einer NPL-Strategie zum Abbau und zur Steuerung von NPL-Beständen eingegangen (vgl. MaRisk, BTO 1.2.5 Rn. 9). Dabei sind Größe sowie die Entwicklung dieses Portfolios zu untersuchen. Dazu sind operative Kapazitäten für die Bearbeitungsprozesse bereit zu halten. Es werden vier Kernstrategien benannt:

- Hold/Forbearance-Strategie mit einer weiteren Begleitung
- Aktiver Portfolioabbau zur Reduzierung der Risikopositionen
- Änderungen der Rechtsposition, beispielsweise über Debt Equity Swap
- Rechtliche Optionen, über die Insolvenz oder außergerichtliche Lösungen

Es sollen gegebenenfalls Kombinationen dieser strategischen Optionen zur Steuerung des Portfolios eingesetzt werden. Bei hohen Beständen an NPL sind zudem quantitative Ziele bei dem Forderungsabbau zu benennen, mit Angaben zum Zeithorizont, nach Hauptportfolios und nach gewählter Strategie (vgl. EZB, 2017a, S. 14). Das Verzugstagekriterium wird als Frühwarnindikator empfohlen mit den Abstufungen bis 30 Tage, 30 bis 60 Tage, 60 bis 90 Tage und größer 90 Tage. Portfoliobewegungen beziehungsweise Migrationen sind dabei zu erfassen, beispielsweise über das Rating.

Als zentrales Instrument zur Abwendung oder Begrenzung von Kreditausfällen werden Forbearance-Maßnahmen angesehen. Ziel der Gewährung ist die Wiederherstellung der Zahlungsfähigkeit gefährdeter Engagement oder notleidender Kreditnehmer. Erreicht werden sollen tragfähige Lösungen, die den tatsächlichen Saldo verringern und endgültige Ausfälle in Form von Abschreibungen vermeiden.

Definition: Forbearance-Maßnahmen bezeichnen Zugeständnisse an den Schuldner, die bei finanziellen Schwierigkeiten zur Bedienung von Forderungen vereinbart werden. Die Zugeständnisse finden ihren Niederschlag in Modifikationen von Verträgen zum Beispiel mit der Vereinbarung von Zins- und Tilgungsstundungen und sollen dem Kreditnehmer die finanzwirtschaftliche Sanierung ermöglichen. Vorrangiges Ziel ist es, dem Kreditnehmer aus dem Status notleidend zu verhelfen. Die Maßnahmen sollen darauf ausgerichtet sein, den Schuldner in die Lage zu versetzen, seine Kredite langfristig zurückzuzahlen und den Zustand Performing Loan zu erreichen. Banken haben zu Forbearance eine interne Richtlinie zu verfassen.

Der Erfolg von **Forbearance** ist in Kreditinstituten anhand von Messgrößen wie der Gesundungsrate zu überwachen und die Art der Maßnahme ist eindeutig festzulegen und in den IT-Systemen zu hinterlegen. Unterschieden werden kurzfristige und langfristige Schritte, wie Tab. 3.5 zeigt (vgl. EZB, 2017a, S. 44 ff.). Kurzfristige Forbearance-Maßnahmen sollen dazu geeignet sein, finanzielle Schwierigkeiten zeitnah zu bereinigen und nicht länger als zwei Jahre andauern.

Bei Projektfinanzierungen und dem Bau von Gewerbeimmobilien gilt ein maximaler Zeitraum von einem Jahr. Der Kreditnehmer soll bei diesen Maßnahmen bestimmte Kriterien erfüllen. Dann ist zu unterscheiden zwischen tragfähigen und nicht tragfähigen Lösungen. In Anlehnung an die Fristigkeit der vereinbarten Schritte sind tragfähige Ansätze zu gestalten. Dazu werden Beispiele genannt, die in der Praxis häufig umgesetzt werden (vgl. EZB, 2017a, S. 46 und Cranshaw, 2017, S. 108).

Tab. 3.5: Kurz- und langfristige Forbearance-Maßnahmen (Quelle: Eigene Darstellung)

Kurzfristige Forbearance-Maßnahmen	Langfristige Forbearance-Maßnahmen
Tilgungsaussetzungen	Zinssenkungen
Tilgungsreduzierungen	Laufzeitverlängerungen
Moratorien	Zusätzliche Sicherheiten
Kapitalisierung von Rückständen und Zinsen	Verkäufe von Vermögenswerten

Forbearance-Maßnahmen sollen ihren Zielen gerecht werden und sich möglichst nicht wiederholen, weil die Grundprobleme des Schuldners nicht beseitigt wurden. Zusätzlich sind in Kreditinstituten Forbearance-Richtlinien zu implementieren, die Kreditnehmer zeitnah erfassen, deren Finanzlage nicht tragfähig ist. Voraussetzung für die Vereinbarung von soliden Forbearance-Maßnahmen ist die geprüfte und wahrscheinlich gegebene Kapitaldienstfähigkeit, damit die Schritte auch zukünftig wirksam sind und die Finanz- und Liquiditätslage dauerhaft zu restrukturieren helfen.

Herausgestellt wird, dass keine der Maßnahmen ohne Kapitaldienstfähigkeitsprüfung umgesetzt werden darf. Diese soll konservativ ermittelt und auf zukünftiger Basis aufgestellt werden. In dem Forbearance-Vertrag sind Vorgaben zu Zielen und Meilensteinen zu vereinbaren und durch das Kreditinstitut eng zu überwachen.

Bei einer Realisierung von **NPL-Strategien** oder Forbearance-Maßnahmen sind Entscheidungsbäume einzusetzen und es ist auf möglichst standardisierte Lösungen hinzuwirken. Forbearance-Lösungen sind den Abwicklungsoptionen anhand ihres Nettobarwertes, des Net Present Value (NPV), gegenüberzustellen. Diese Strategien sind zu erfassen und in das Meldewesen einzubinden.

Im Anschluss an die Veröffentlichung des NPL-Leitfadens hat die EZB eine Ergänzung formuliert, die unter anderem auf die Anforderungen an die zeitnahe Bildung der Risikovorsorge sowie Vorgehensweisen zu besonderen Abschreibungspraktiken eingeht (vgl. EZB, 2017b, S. 2 ff.). Dazu werden bestimmte Kategorien von Forderungen und Risikovorsorge-Backstops, in Anlehnung an die Besicherung, gebildet. Es sind zur Vermeidung von Unterdeckungen die höchstmöglichen Wertberichtigungen festzulegen, die allerdings nicht in Widerspruch zu den Rechnungslegungsvorschriften stehen dürfen. Von der Aufsicht werden zudem Zeitspannen zur Anwendung dieser Abdeckung im Rahmen der **Backstops** definiert, bei unbesicherten NPE von bis zu zwei Jahren und besicherten Engagements von bis zu sieben Jahren.

Definition: Risikovorsorge-Backstops legen zur Erfüllung des Mindestmaßes an eine ausreichende aufsichtliche Wertberichtigung für Non Performing Exposures bestimmte quantitative Erwartungen fest, damit sich keine überhöhten NPL-Bestände mit einer unzureichenden Risikovorsorge in Banken aufbauen.

Die Forbearance-Maßnahmen sowie Angaben zu der Kreditqualität und der Wirksamkeit sowie den Laufzeiten von diesen Schritten sind der Aufsicht zu melden und jährlich sind qualitative Informationen unter Verwendung des Musterformulars im Anhang des Leitfadens zu verwenden. Auch die aufsichtlichen Risikovorsorge-Backstops in Form der NPL-Deckungsgrade sowie der Zeitspannen sind berichtzuerstatten (vgl. EZB, 2017b, S. 2 ff.).

Die Berichterstattung der CRR-Institute zu Forbearance-Maßnahmen und Non Performing Exposures wurde in das **Finanzreporting** integriert (FINREP-Meldewesen) und bestimmte Positionen sind vierteljährlich zu melden, damit auf dieser Basis Auswertungen der Bankenaufsicht ermöglicht werden. Diese Erkenntnisse aus Forbearance-Maßnahmen sind bei den Verfahren zur Früherkennung von Risiken (BTO 1.3), beim Risikoklassifizierungsverfahren (BTO 1.4) und bei der Bildung der Risikovorsorge (BTO 1.2.6) zu berücksichtigen.

In diesem Kapitel werden unterschiedliche Verfahren der Risikofrüherkennung aus Sicht der Kreditinstitute dargestellt und beurteilt. Wird die Krise eines Firmenkunden in einer frühen Phase erkannt und die Sanierung zeitnah eingeleitet, steigen die Chancen, einen Turnaround, zu erreichen meist erheblich. Häufig sind bei einem rechtzeitigen Wahrnehmen der wirtschaftlichen Schieflage noch ausreichend finanzielle, personelle und sonstige firmeninterne Ressourcen vorhanden, um eine weitere Fehlentwicklung abzuwenden.

Dabei zeigen empirische Untersuchungen, dass die Reaktionen der Geschäftsführung auf die ersten Signale der wirtschaftlichen Schwächephase häufig verspätet erfolgen. Auch Banken bemerken Krisen häufig sehr spät oder es wird erst zeitlich verzögert auf die Krise reagiert. Daher ist die Überleitung von der Intensivbetreuung in die Sanierung von großer Bedeutung. Es verstreicht sonst ungenutzte Zeit und eine Sanierung findet unter erschwerten Bedingungen statt. Die Früherkennung von Gefährdungen ist erforderlich, um rechtzeitig handeln zu können.

Demnach bestehen nach den MaRisk in BTO 1.3 Mindestanforderungen an die Verfahren zur Früherkennung von Risiken. Diese beinhalten, dass Modelle in Banken implementiert sind, die Kreditnehmer mit erhöhten Adressenausfallrisiken erkennen. Dann sind in einem frühen Stadium der Krise bereits Gegenmaßnahmen einzuleiten, wie beispielsweise die Durchführung von Forbearance-Maßnahmen oder die Intensivbetreuung von Engagements (MaRisk BTO 1.3.1 Rn. 1).

Neuerdings sind ESG-Risiken, beispielsweise aus einer schadstoffintensiven Produktion, ebenfalls zu erfassen. Allerdings ist nicht nur das Erkennen einer Krise relevant, sondern auch die schnelle Überleitung an die Sanierungsabteilung, wenn sich Krisenmerkmale und Krisenstadien verschärfen. Auf die Krise eines Kreditnehmers ist angemessen und zeitnah zu reagieren.

Viele bankinterne Modelle verwenden bei einer Risikofrüherkennung Daten aus der Vergangenheit und versuchen Rückschlüsse auf die aktuelle Lage oder die Zukunft zu ziehen. Die Risikofrüherkennung kann aber in der Regel nur so gut sein und früh erfolgen, wie zeitnah Daten zur Verfügung gestellt werden. Aus diesem Grunde gewinnen Untersuchungen der Kontoführung sowie der Planzahlen an Bedeutung. Im Folgenden werden wichtige Modelle zur Erkennung von Risiken dargestellt und im theoretischen und praktischen Einsatz beurteilt.

Sanierung als Erfolgsfaktor für Banken

Im Vordergrund steht die Sanierung von Firmenkunden als wirtschaftlicher Erfolgsfaktor zur Erhöhung des Jahresüberschusses eines Kreditinstituts. Dies gelingt in der Regel nur, wenn ein individueller auf den Firmenkunden angepasster Sanierungsprozess eingeleitet wird. In vielen Krisenentstehungsprozessen wird deutlich, dass nicht nur die Geschäftsführer der wirtschaftlich geschwächten Unternehmen oft erst sehr spät Maßnahmen ergreifen, sondern auch, dass Kreditinstitute zeitlich stark verzögert durchgreifen. Dabei häufen sich die Krisenmerkmale und die wirtschaftlichen Zahlen in der Form von Aufträgen, Umsätzen und den Erfolgskennzahlen nehmen stetig ab. Das späte Reagieren kann aus Bankensicht zwei Hauptursachen haben. Entweder erkennen Banken die Krise ihrer Kreditnehmer nicht rechtzeitig oder es wird nur unzureichend auf eine Gefährdung reagiert. Herausgestellt werden soll, dass Banken aktiv die Krisenerkennung bei ihren Firmenkunden betreiben, die Sanierung eigenständig einfordern und eng begleiten sollten, um den Kreditnehmer als Rechtsträger und als künftigen Kunden zu erhalten.

Von großer Bedeutung ist es somit, wirtschaftliche Schieflagen bei Unternehmen frühzeitig zu erkennen, da der Sanierungserfolg beziehungsweise die Wahrscheinlichkeit einen Turnaround zu erreichen höher ist. Das Krisenunternehmen kann unter anderem mit Kosteneinsparungen reagieren und die finanziellen Ressourcen werden geschont. Dabei sprechen folgende Gründe für die Betreuung von Sanierungsfällen im Rahmen der eigenen Bankverbindung und gegen ein Outsourcing der Bearbeitung auf eine Bad Bank oder einen Verkauf der Problemengagements:

- **Erfolgsfaktor:** Reduzierung von Einzelwertberichtigungen, Abschreibungen
- **Proaktivität:** Entscheidung für individuell ausgestaltete Sanierungsprozesse
- **Wissenssicherung:** Aktualisierung des Know Hows in der Risikoerkennung
- **Aufsicht:** Entwicklung von Verfahren zur Risikofrüherkennung nach MaRisk
- **Kundenbindung:** Fürsorgepflichten bei langjährigen Firmenverbindungen

Bevor der **Sanierungsprozess** beim Firmenkunden eingeleitet werden kann, muss die Krise eines Unternehmens durch die betreffenden Kreditinstitute festgestellt werden. Die Krisenerkennung kann durch unterschiedliche Instrumente erfolgen. Diese lassen sich klassifizieren in Methoden, die eine quantitative Datenbasis haben. So wird das Zahlenmaterial von Firmen mit Kennzahlen aufbereitet, wie zum Beispiel im Rahmen der Jahresabschlussanalyse. Des Weiteren existieren qualitativ ausgerichtete Verfahren mit der Analyse von Fähigkeiten des Managements und der Firmenstrategie, unter anderem über ein Polaritätsprofil. Schließlich bestehen kombinierte Instrumente, die quantitative sowie qualitative Kriterien zusammenführen, wie beispielsweise Ratingverfahren und Scoring-Modelle.

Dabei weisen die Instrumente zur Risikoermittlung bestimmte Stärken bei der Gefährdungsfrüherkennung in den verschiedenen Krisenphasen auf. Demnach lässt sich die **Strategiekrise** besser durch qualitative Verfahren identifizieren, da die geschäftspolitischen Krisenmerkmale häufig sehr unscharf sind und sich noch nicht in quantitativen Daten widerspiegeln. Die **Erfolgskrise** ist durch eine Kennzahlenanalyse des Zahlenmaterials erkennbar. Die **Liquiditätskrise** kann über eine Untersuchung der Kontoführung nachgewiesen werden, mit einer Zeitreihenanalyse. Weiter lassen sich die Instrumente nach dem Zeitbezug der Datengrundlage klassifizieren.

Es existieren Methoden der Risikoerkennung, die eine vergangenheitsbezogene Datenbasis benutzen, wie die Jahresabschlussanalyse mit bestimmten branchenbezogenen Kennzahlen gemäß HGB oder gemäß den International Financial Reporting Standards (IFRS). Zudem bestehen Instrumente der Kennzahlen- und Kontoführungsanalyse aus zeitnahem Datenmaterial, unter anderem bei betriebswirtschaftlichen Auswertungen. Außerdem lassen sich zukunftsbezogene Planzahlen untersuchen und mit Soll-Ist-Vergleichen laufende Überwachungen vornehmen.

Verstärkt werden Informationen aus der Kontoführung untersucht, um erhöhte Risiken systematisch zu erkennen. Die Hausbank kann mit der Führung der laufenden Konten aus einer digitalen Datenanalyse einen hohen Nutzen ziehen.

Im Gegensatz zu anderen externen Stakeholdern steht der Primärbank damit ein Informationsmedium zur Verfügung, das einen aktuellen Einblick in den Erfolg des operativen Geschäfts erlaubt. In speziellen Kundensegmenten wie beispielsweise bei den Freiberuflern besteht ein hoher Grad an Transparenz, wenn neben der Finanzierung der Kanzlei oder Praxis auch die private Vermögenssphäre bekannt ist und ein umfassender Haftungsrahmen existiert. In dem Fall können Krisenursachen aus den beruflichen und privaten Bereichen frühzeitig erkannt werden (vgl. Holtkötter, 2012, S. 173). Auch bei den anderen Firmenkunden ist es nicht nur aus Ertragsgesichtspunkten, sondern auch aus der Sicht der Risikofrüherkennung von Bedeutung, wenn neben der geschäftlichen Verbindung auch die privaten Konten bei der Hausbank geführt werden. Dann lassen sich weitere Methoden zur Risikoerfassung anwenden.

Instrumente der Risikofrüherkennung

Es können zusammengefasst zahlreiche Instrumente der Risikoerkennung in Kreditinstituten eingesetzt werden, um Krisenursachen bei ihren Firmenkunden systematisch zu identifizieren. Nachfolgende Grafik stellt diesen Sachverhalt in einem Würfel dar. Jedes Element dieses Quaders steht repräsentativ für ein Instrument der Risikoerkennung, das in der Praxis angewendet werden kann. Es kann es zu Überschneidungen in der Zuordnung kommen. Daher lassen sich Kennzahlenanalysen sowohl zum Identifizieren der Erfolgskrise, als auch der Liquiditätskrise nutzen. Wichtig ist es aus Sicht der Banken, eine Kombination verschiedener Verfahren zu wählen, die optimale Eigenschaften in methodischer sowie zeitlicher Hinsicht vereinen, um eine differenzierte Risikoerkennung in den unterschiedlichen Krisenphasen effizient bei vielen Firmenkunden betreiben zu können.

Die nachfolgende Abb. 3.17 zeigt eine Systematik zur Strukturierung der Instrumente der Risikoerkennung. In Anlehnung an die vorhandene Datenbasis, den Zeitbezug der einfließenden Informationen sowie die Konzentration auf das Erkennen spezifischer Krisenphasen können jedem Element dieses Würfels bestimmte Risikoerkennungsverfahren aus der Theorie und Praxis zugeordnet werden. Beispielsweise lässt sich beim Vorhandensein einer quantitativen Datenbasis mit Vergangenheitsbezug und der Ausrichtung auf die Identifizierung der Erfolgskrise die **Jahresabschlussanalyse** zur Erkennung von Gefährdungen des Geschäftsmodells bei den Firmenkunden auf effizienter Basis einsetzen. Zur Validierung dieser oft auch im Rating relevanten Kennzahlen können diese branchenspezifisch analysiert werden.

Auf dieser Grundlage sind Kennzahlen herauszufiltern, die bestimmte Risiken für die Ertragslage eines Firmenkunden verlässlich anzeigen können. So kann mit der Ausgestaltung eines ganzheitlichen Risikoanalyseansatzes in Kreditinstituten versucht werden, sämtliche Facetten der Kriterien und zeitlichen Dimensionen von Gefährdungen über verschiedene Risikomodelle abzubilden, um eine optimale Risikofrüherkennung bei Firmenkunden in allen Kundensegmenten auf Einzelengagementbasis und im gesamten Kreditportfolio realisieren zu können.

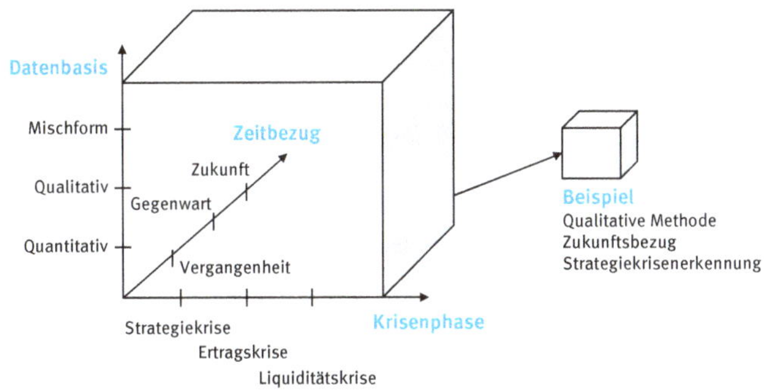

Abb. 3.17: Dimensionen und Elemente der Risikoerkennung (Quelle: Eigene Darstellung)

Bei der **Risikoerkennung** gilt es zu beachten, dass in Kreditinstituten zu Marktgegebenheiten oft Wissensnachteile im Gegensatz zu den Spezialisten in den Firmen in bestimmten Branchen bestehen können. Die Entscheidungsträger in Unternehmen kennen die Geschäftsmodelle, die Dienstleistungen, die Produkte und die Märkte. Zudem können die Unternehmensvertreter die Veränderungen an den Märkten mit Auswirkungen auf die Firmen genauer einschätzen. Nur in wenigen Banken werden gezielt Branchenspezialisten eingestellt, um sich dem Kenntnisstand anzugleichen. Dennoch besitzen Banken Vorteile bei der Risikoerkennung aufgrund folgender Umstände:

- **Erfahrungen:** Kreditfälle in der gleichen Branche oder aus einem angrenzenden Wirtschaftszweig eines Zulieferers oder eines Abnehmers liefern wichtige risikorelevante Informationen für die Risikofrüherkennung.
- **Spezialwissen:** Die Risikoanalyse von Unternehmen auf Basis von Kennzahlen aus Jahresabschlüssen sowie der Kontoführung ist ein Spezialgebiet von Banken und ermöglicht eine statistische Analyse mit quantitativen Daten.
- **Informationen:** Der Zugang zu Daten volkswirtschaftlicher Abteilungen oder zu Marktinformationen wie Risikoprämien für Kreditabsicherungen ist vorhanden und kann für die Risikoerkennung genutzt werden.

In der Praxis hat sich gezeigt, dass der **Früherkennung** von wirtschaftlichen Risiken bei Unternehmen eine erhebliche Bedeutung zukommt, damit die Sanierungschancen bei einer identifizierten Krisenfirma hoch sind. Eine rechtzeitig eingeleitete Sanierung bereits in der Strategiekrise, bietet den größtmöglichen Entscheidungsrahmen und die besten Möglichkeiten einer langfristigen Gesundung. Denn meist bestehen dann noch ausreichende finanzielle Ressourcen für die erfolgreiche Umsetzung eines Sanierungsprozesses. Erfolgt der Sanierungsbeginn erst in einer späteren Krisenphase, sind verstärkt Ressourcen externer Stakeholder zur finanziellen Unterstützung notwendig und es besteht oft Insolvenzgefahr. Ob diese Hilfen gewährt werden ist unsicher und abhängig von guten Sanierungschancen und der Höhe der Beträge.

i

Beispiel: Eine Analyse der Lageberichterstattung kann unter Umständen zur Erkennung von frühen Krisenstadien wie der Strategiekrise verwendet werden. Problematisch ist allerdings, dass die Auswertung von qualitativen Daten meist aufwendig und nicht für alle Engagements systematisch betrieben werden kann.

Somit ist ein rechtzeitiges Erkennen der wirtschaftlichen Schieflage in Form einer Risikofrüherkennung eminent wichtig, damit das Krisenunternehmen nicht zu sehr von externen Stakeholdern abhängig ist. Den Anstoß zum Einleiten einer frühzeitigen Sanierung kann die Hausbank leisten. Dieser Akteur ist Risikospezialist und setzt häufig leistungsstarke Instrumente zur Risikoerkennung ein. Diese Krisenerkennungsmodelle sollten bestimmte Merkmale aufweisen, damit eine wirkungsvolle Anwendung zur Risikoidentifikation auf breiter Fläche erfolgen kann wie unter anderem folgendes:

- **Zukunftsgerichtetheit:** Es sind Analyseinstrumente einzusetzen, die bedeutende wirtschaftliche Risiken bei Unternehmen frühzeitig und auf lange Sicht antizipieren. Dazu sind unter anderem genauere Prognosen über die wirtschaftliche Entwicklung von Unternehmen, im Branchenumfeld und über den technologischen Fortschritt anzustellen.
- **Ganzheitlichkeit:** Die Risikosicht sollte umfassend sein und die komplette Risikoposition eines Kreditinstituts erfassen, inklusive Lieferanten sowie Kunden der Krisenfirma, die ebenfalls gleichzeitig Kreditkunden der Bank sein können. Ebenso lassen sich Informationen anderer Stakeholder der Branche als Diagnosehilfe nutzen, um Warnsignale zu erkennen.
- **Informationssicherheit:** Die Höhe des Kreditrisikos wird durch die verfügbaren Informationen wesentlich beeinflusst. Es ist aus Sicht der Banken ein laufender, aktueller und effizienter Informationstransfer durch den Kreditnehmer sicherzustellen, um Informationsasymmetrien abzubauen und eine Krise in einem frühen Stadium zu erkennen und aktiv anzugehen.
- **Multipersonalität:** Entscheidungsprozesse werden oft erschwert durch die Teilnahme einer Vielzahl an Entscheidungsträgern. Die Ausgangslage kann dann dazu führen, dass Entscheidungen über viele Stufen getroffen werden. Allerdings kann die differenzierte Betrachtung die Entscheidungsqualität auch verbessern und zur optimierten Risikoeinschätzung führen.
- **Risikoeinschätzung:** Entscheidungen im Rahmen der Sanierung von Krisenfirmenkunden sind Risikoentscheidungen. Zum Zeitpunkt der Einleitung von Gesundungsmaßnahmen ist nicht gewährleistet, dass diese erfolgreich sein werden und wann sich der Erfolg voraussichtlich einstellt. Daher stehen diese Entscheidungen unter einem hohen Risiko, wenn Kredite vergeben werden.

Im Folgenden werden Risikoerkennungsmethoden im Firmenkundenkreditgeschäft in der Praxis der Kreditinstitute aufgeführt. Von Bedeutung ist, dass sich die Verfahren möglichst IT-bezogen und systematisch einsetzen lassen. Künftig ist damit zu rechnen, dass die Inanspruchnahme künstlicher Intelligenz zunimmt.

Methoden der Erkennung von Adressenausfallrisiken in Banken

Die Methoden können sich zum einen anhand der Qualität der zur Verfügung gestellten und ausgewerteten Daten unterscheiden sowie zum anderen aufgrund der Zielrichtung in Bezug auf die Analyse des Einzelgeschäftes oder des Kreditportfolios eines Institutes wie nachfolgende Tab. 3.6 zeigt. Dabei lassen sich mittlerweile auch qualitative Informationen über Künstliche Intelligenz effizient auswerten.

Tab. 3.6: Klassifizierung von Risikoerkennungsverfahren (Quelle: Eigene Darstellung)

Risikoerkennungsverfahren	Einzelgeschäftsbezogen	Kreditportfoliobezogen
Quantitativ	Jahresabschlussanalyse BWA-Analyse Planzahlenanalyse Cash-Flow-Analyse Sensitivitätsanalyse	Migrationsanalyse Korrelationsanalyse ABC-Analyse Deckungsbeitragsrechnung Kreditgrößenklassenverteilung
Qualitativ	Geschäftsfeldanalyse Managementanalyse SWOT-Analyse Stakeholder-Analyse Lageberichtsanalyse	Branchenmix Portfolio-Analyse Lebenszyklusanalyse Kundensegmentanalyse Wettbewerbsanalyse
Kombinativ	Scoringverfahren Existenzgründerrating Branchenrating Größenklassenrating Spezialfinanzierungsrating	Ratingmigrationen Ratingverteilung Risikokonzentrationen Diskriminanzanalyse Neuronale Netze

Einige dieser **Analyseverfahren**, die sich möglicherweise gut für die Risikoerkennung eignen, werden im Folgenden in Bezug auf ihre Eignung zur Risikofrüherkennung bei Einzelengagements dargestellt und beurteilt. In diesem Zusammenhang wird bewertet, ob sich auch eine hohe Anzahl an Kreditnehmern effizient durch ein digitales Analysesystem im Rahmen der oben dargestellten Methoden bearbeitet werden kann.

Zur strategischen Risikoerkennung ist es notwendig, das betrachtete Unternehmen in die Beziehung zu seiner relevanten Umwelt zu setzen. Auf der Makroebene sind dies die Branche oder die Geschäftsfelder, in denen ein Unternehmen tätig ist (vgl. Porter, 2013, S. 37 ff.). Dazu ist es von Bedeutung, den relevanten Markt eines Unternehmens mit Merkmalen zu beschreiben und zu anderen Sektoren horizontal und vertikal abzugrenzen. Des Weiteren sind das Marktvolumen als von allen Anbietern abgesetzte Menge von Marktleistungen, das Marktpotenzial als maximal mögliche Absatzmenge, der Marktsättigungsgrad, das Absatzvolumen sowie der Marktanteil des betrachteten Unternehmens in Erfahrung zu bringen. Im Ergebnis ist die Wettbewerbsfähigkeit eines Unternehmens im relevanten Markt zu beurteilen.

Zu beachten sind Neuerungen in den relevanten Märkten durch Technologiesprünge und räumliche Abgrenzungen (vgl. Meffert et al, 2012, S. 54 ff.). Wichtige Marktteilnehmer sind als potenzielle Konkurrenten in Relation zu den Marktdaten zu setzen. Auf dem Weg kann unter Umständen erkannt werden, dass ein abgegrenzter Markt durch erhebliche Überkapazitäten geprägt ist. Ein hoher Preisdruck sowie eine konsequente Bereinigung über das Ausscheiden von einzelnen Akteuren in diesem Segment könnten die Folge sein. Durch digitale Vertriebswege können sich diese Grenzen verschieben und überregionale Geschäfte ermöglicht werden.

Die **Bewertung der Marktposition** innerhalb eines abgegrenzten Marktes kann auch mittels eines Benchmarkings erfolgen. So kann die bisher verfolgte Strategie zu den besten Mitbewerbern ins Verhältnis gesetzt werden. Auch sich daran anschließende Betriebsvergleiche mit Erfolgskennzahlen oder Kostenquoten können helfen, den Erfolg aus der Geschäftskonzeption beziehungsweise aus dem Geschäftsmodell zu verifizieren (vgl. Backhaus/Voeth, 2014, S. 128 ff.). Aus struktureller Sicht ist es daher für Unternehmen und auch Kreditgeber wichtig, die Reife der angebotenen Produkte sowie Dienstleistungen im Rahmen des Produkt-Lebenszyklus zeitlich einzuordnen, um die Wettbewerbskräfte, die potenziellen Gewinnmargen und branchenüblichen Renditen sowie das Marktwachstum zu kennen. Die Erfolgssituation in den einzelnen Geschäftssegmenten kann durch eine Profit-Center-Rechnung ermittelt werden. Kritische Veränderungen in den Segmenten können durch Banken überprüft werden.

Eine ausreichende Produktdifferenzierung kann über eine Untersuchung des Produkt-Lebenszyklus oder im Rahmen einer Portfolio-Matrix geprüft werden. Die Portfolio-Analyse ermöglicht eine Gliederung der Produkte sowie Dienstleistungen im Hinblick auf Geschäftszweige, die bereits einen hohen Deckungsbeitrag liefern und vielversprechend sind in Bezug auf den Ausbau einer Marktposition sowie die rückläufigen und nicht profitablen Segmente (vgl. Porter, 2013, S. 99 ff.).

Unterschieden und differenziert betrachtet werden die angebotenen **Produkte** sowie **Dienstleistungen**, die ein hohes Marktwachstum generieren können (Stars, Question Marks) und diejenigen, bei denen das erwartete Steigerungspotenzial am Markt eher als gering eingeschätzt wird (Dogs), aber auch diejenigen, bei denen ein hoher Marktanteil bestehen kann (Cash Cows). Wichtig ist, für ein ausgewogenes Angebot zu sorgen, damit nicht die Gewinnpotenziale aller Produkte und Leistungen gleichzeitig einbrechen und sich die Risikowirkungen additiv verhalten.

Die Portfolio-Methode ist flexibel einsetzbar und kann nicht nur produktbezogen, sondern auch anhand der relativen Marktanteile durchgeführt werden. Neben der Porter-Matrix haben sich die strategische Analysemodelle der Boston Consulting Group mit der 4-Felder-Matrix, den zu bewertenden Dimensionen Marktanteil und Marktanteilswachstum und das Konzept von McKinsey mit dem 9-Felder-Aufbau und veränderbaren Achsenbezeichnungen durchgesetzt (siehe Winkelmann, 2010, S. 82 ff. und Meffert et al., 2012, 279 ff.). Die nachfolgende Abb. 3.18 zeigt die BCG-Portfolio-Struktur, mit den jeweiligen Merkmalen des **Marktanteils** und des **Marktwachstums**.

Abb. 3.18: Portfolio-Matrix mit der BCG-Struktur (Quelle: In Anlehnung an Winkelmann, 2010, S. 83)

Die **Portfolio-Analyse** und die Untersuchung der Strukturen der Lieferanten und der Abnehmer und der Konkurrenten können als inhaltliche Grundlage für eine Stärken- und Schwächen-Analyse verwendet werden, um den jeweiligen Produkt-Mix eines Unternehmens zu überprüfen. Insgesamt ist jedoch der bankinterne Aufwand, der in der Risikoerkennung für einen einzelnen Kunden eingesetzt wird, stets zu beachten, denn es besteht in der Regel eine Vielzahl an Firmenkunden.

Detaillierte Markt- und Konkurrenzanalysen lassen sich wirtschaftlich oft nur bei großen Kreditkunden oder bei Engagements, die deutlich risikoauffällig geworden sind, umsetzen. Effiziente Verfahren der Risikoanalyse sind für die Gesamtheit der Kundenengagements im Kreditportfolio in dem Bereich kaum realisierbar. In der Praxis konzentrieren sich daher viele Risikoerkennungsverfahren auf die Überprüfung von einzelnen deutlichen Risikosignalen.

In den drei Krisenstadien der **Strategie, Erfolgs- und Liquiditätskrise** können unterschiedliche Gefährdungsmerkmale auftreten. Sie können aus dem Unternehmen heraus entstehen und werden als interne Krisenmerkmale bezeichnet. Treten Fehler in der internen Kalkulation sowie durch unzureichende Überwachungen im Controlling auf, spiegelt dies unter Umständen Qualifikationsdefizite der Geschäftsleitung wider. Interne Krisenursachen können sich zudem in mangelhaften Produkten oder auch in unstrukturierten Geschäftsprozessen zeigen.

Weiter können Krisenursachen auf externen Ereignissen beruhen, die von der Firma nicht zu beeinflussen sind, wie stark ansteigende Rohstoffpreise oder konjunkturelle Schwankungen innerhalb einer Branche (vgl. Wilden, 2009, S. 48 ff.). Daneben können Kombinationen aus internen und externen Merkmalen vorkommen, wenn bestimmte Krisenursachen einen externen Ursprung haben und die Risiken jedoch nicht erkannt oder nicht aktiv bearbeitet werden. Demnach haben Forderungsausfälle primär einen externen Grund, können aber durch Vorauszahlungen, Bonitätsprüfungen und Kreditversicherungen vermieden werden.

Auch Rohstoffpreisrisiken lassen sich an den Finanzmärkten oder durch eine Bevorratung absenken oder ausschließen und führen zu einer sicheren Kalkulationsgrundlage. Diese Gefährdungen des Erfolgs weisen daher sekundär auf interne Managementprobleme hin. Meist treten in der Praxis verschiedene Krisenursachen kombiniert auf, können sich gegenseitig verstärken und aufgrund einer Kausalkette eine existenzielle Bedrohung für ein Unternehmen darstellen. Im Folgenden werden ausgewählte Instrumente zur Erkennung von internen und externen Krisenmerkmalen erläutert und der Praxiseinsatz in Kreditinstituten in Bezug auf die Wirksamkeit beurteilt.

Ziel ist es, diese asymmetrische Informationsverteilung zwischen Banken und Kreditnehmern abzubauen, um den Krisenentstehungsprozess transparent zu machen und der zunehmenden Gefährdung entgegenzuwirken. Es erfolgt die Darstellung der Risikoerkennungsinstrumente in Anlehnung an einen sich zeitlich entwickelnden Entstehungsprozess der wirtschaftlichen Schieflage mit den Phasen der Strategiekrise, der Erfolgskrise und der Liquiditätskrise.

Risikofrüherkennungssysteme der fortgeschrittenen Generation gehen primär davon aus, dass sich wesentliche Ursachen für strategische Gefährdungen mit Strukturbrüchen in der Unternehmensumwelt begründen lassen. Sie können unter anderem auf Nachfrageverschiebungen aufgrund von **technologischen Neuerungen** beruhen. Die primäre Zielrichtung der Risikofrüherkennung richtet sich dann auf die Entwicklung von strategischen Radarsystemen aus, die auf deutliche Umweltsignale reagieren (siehe Ansoff, 1976, S. 129 ff.). Diese Systeme sind einzusetzen, um eine Strategiekrise zu erkennen und das Ausmaß der Wirkungen einzuschätzen.

Da die **Strategiekrise** den anderen Krisenphasen oft vorgelagert ist, sollten Banken im Rahmen der frühzeitigen Risikoerkennung versuchen, dieses Stadium der Gefährdung bei ihren Kreditnehmern zu identifizieren. Dann haben sich die Risikoanalysten in den Kreditinstituten intensiv mit dem Geschäftsmodell und der Branche des Unternehmens zu beschäftigen. Diese Untersuchungen sollten sich dann nicht nur auf die Auswertung des Zahlenmaterials beschränken, sondern vielmehr auch die leistungswirtschaftlichen Prozesse eines Firmenkunden umfassen.

Dieses kann insbesondere dann gut gelingen, wenn ein Kreditnehmer vorwiegend in einer Kernbranche tätig ist. Schwieriger wird es, wenn dieser mehrere Sektoren bedient und daher verschiedene Bereiche einzuschätzen sind. Allerdings hat diese Verteilung der geschäftlichen Aktivitäten auf mehrere Segmente den Vorteil, dass risikoausgleichende Diversifikationseffekte bestehen können.

Das Erfassen der Strategiekrise des Kreditnehmers ist aus Sicht der Banken oft schwierig. Ein Grund liegt darin, dass das Problemumfeld wenig klar umrissen ist, sich nur unscharf identifizieren lässt und die Intensität der Effekte auf das betrachtete Unternehmen nur schwer einzuschätzen sind. Zudem besteht die Möglichkeit, dass das Management auf negative Bedingungen der Umwelt mit wirkungsvollen Maßnahmen erfolgreich reagiert und darüber eine mögliche Krisenlage bereinigt wird.

Nachfolgende **Problembereiche** bestehen im Rahmen der systematischen Wahrnehmung der strategischen Krisenpotenziale (vgl. Krystek, 2005, S. 174):

- **Bedrohungspotenzial:** Dies lässt sich nur für Unternehmen in einer Branche angeben. Die Relevanz ist für ein bestimmtes Unternehmen schwer feststellbar.
- **Unschärfe:** Das Problemfeld der Warnsignale ist wenig konkret. Die Quellen und Ursachen latenter Gefahren und Auswirkungen lassen sich nur vage ermitteln.
- **Informationsunsicherheit:** Die Situation zeichnet sich durch eine schwache Datenbasis und eine unstrukturierte sowie schwer objektivierbare Auswertung aus.

Weiter wird diese Einschätzung dadurch erschwert, dass die betreuende Bank keine Möglichkeit besitzt, auf unternehmensspezifische Daten zuzugreifen. Interne Informationen wie unter anderem die Auftragslage oder die Qualität der erbrachten Leistungen sind aber notwendig, um **unscharfe Risikomerkmale** einzuschätzen.

Beispiel: Untersuchungen aus einer Bank zeigen veränderte digitale Markttrends in einer innovativen und forschungsintensiven Branche. Auf Nachfragen der Hausbank bei einem Kreditnehmer, mit welchen eigenen Entwicklungen diesen Neuerungen begegnet wird, antwortet der Geschäftsführer: „Wir werden uns dann, wenn es notwendig erscheint, mit diesem Thema beschäftigen. Unsere angebotenen Produkte und Dienstleistungen haben eine lange Tradition und einen guten Namen. Neuerungen sehen wir in unserem Markt gelassen entgegen. Wie setzen auf den stationären Handel." In diesem Fall liegen unter Umständen Anzeichen einer Strategiekrise und qualitative Managementdefizite vor, wenn sich das Unternehmen nicht mit aktuellen Entwicklungen in den relevanten Märkten und bei Konkurrenten beschäftigt und reagiert.

Zudem sind die Möglichkeiten der Auswertung von strategischen Daten durch Kreditinstitute aufgrund ihrer Analysekapazitäten begrenzt und daher nur für die risikorelevanten Firmen mit hohem Kreditvolumen anwendbar. Die folgenden Merkmale beschreiben die eingeschränkte Datenlage sowie fehlende Untersuchungsmöglichkeiten aus Sicht der externen Banken. Derlei Faktoren zeigen typische **Eigenschaften** einer asymmetrischen Informationsverteilung auf:

- **Informationszugang:** Der fehlende Zugang zu risikorelevanten Informationen erschwert die Früherkennung strategischer Fehlentwicklungen.
- **Handlungsoption:** Die Reaktionsweise der Unternehmensleitung auf die strategischen Problemfelder ist nicht bekannt.
- **Intensität:** Die Betroffenheit des Unternehmens von Auswirkungen der internen und externen Gefährdungen ist nicht messbar.

Trotz der Schwierigkeiten sollten Kreditinstitute versuchen, ihre Risikosysteme auch auf die diffusen strategischen Krisenmerkmale auszurichten und diese stetig zu verbessern. Es sind nicht nur bei der Erstgenehmigung, sondern während der gesamten Kreditlaufzeit detaillierte marktbezogene Überwachungen vorzunehmen um mögliche Bedrohungen rechtzeitig erkennen zu können.

Im Folgenden werden weitere Instrumente zu einer Analyse von Bonitätsrisiken dargestellt sowie im Praxiseinsatz beurteilt. Im Vordergrund steht zunächst das Erkennen der Strategiekrise, die einen qualitativen Charakter aufweist.

Definition: Bonitätsrisiken oder **Adressenausfallrisiken** sind Gefährdungen, die bei Krediten aus einer nicht vertragsgerechten Erfüllung des Kapitaldienstes resultieren und zu Forderungsausfällen und Zinsausfallrisiken führen. Auch eine Herabstufung im Rating bewirkt bereits eine negative Veränderung der Kreditwürdigkeit. Kreditsicherheiten und Ausfallbürgschaften können die Ausfallgefahren abfedern und eventuell die entstehenden Abschreibungen reduzieren. Des Weiteren können Kredite abgebaut werden.

Die **Simulationstechnik** bietet die Möglichkeit einer Risikoevaluation in einer frühen Phase des Krisenentstehungsprozesses. Es werden ausgewählte, für den Problemfall und die Entscheidungssituation wichtige Einflussfaktoren simuliert sowie die Outputgrößen berechnet. Die Inputvariablen können anhand eines Zufallsgenerators erzeugt oder durch Experten geschätzt werden (vgl. Schiller/Tytko, 2001, S. 201). Dazu werden Szenarien aus vernetzten Einflussfaktoren entwickelt, die zukünftig eintreten können (vgl. Möhrle/Müller, 2005, S. 188 ff.). Mit dem Analysemodell lassen sich Auswirkungen auf die Kapitaldienstfähigkeit ableiten.

Zunächst ist dazu der Untersuchungsgegenstand festzulegen. Im nächsten Schritt sind interne und externe Einflussfaktoren auf das Problemfeld zu untersuchen. Anschließend sind Kennzahlen zur Beschreibung des identifizierten Umfelds zu formulieren (Deskriptoren) und es sind Erwartungen der Veränderungen der Merkmale in der Zukunft zu schätzen (Projektionen). Dann folgen die Auswahl relevanter Annahmen und die Ableitung von Umfeldszenarien. Es werden realistische Szenarien für das Unternehmen erarbeitet, die in der Zukunft eintreten können. Abschließend ist die Reaktion auf diese Entwicklungen zu analysieren, wie Abb. 3.19 zeigt.

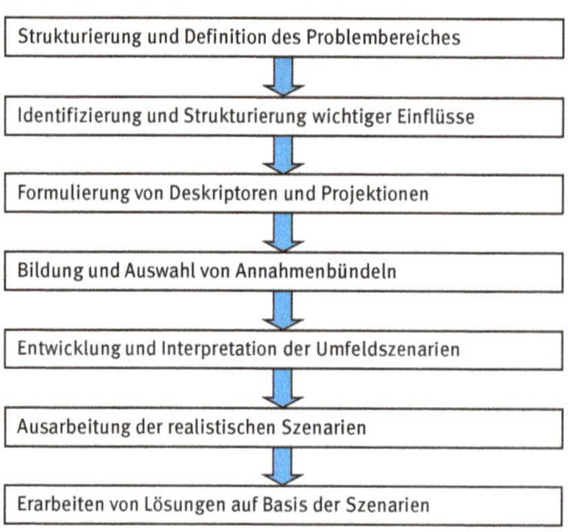

Abb. 3.19: Prozess der Simulationstechnik (Quelle: Eigene Darstellung)

Diese Darstellung kann zudem mit einem Entscheidungsbaum wie bei sequenziellen Entscheidungen visualisiert sowie mit Wahrscheinlichkeiten für alternative Szenarien versehen werden (vgl. Kruschwitz/Lorenz, 2019, S. 304 ff.). Die Modellierung kann bei quantitativen Daten auch mit einer computergestützten Simulation im Rahmen einer **Risikoanalyse** erfolgen. Es lassen sich Risikoprofile aus Wahrscheinlichkeitsverteilungen ableiten und mit Kennzahlen auswerten (vgl. Kruschwitz/Lorenz, 2019, S. 295 ff.). Auf die Weise können extreme Trends für Erfolgsgrößen eines Unternehmens ermittelt werden, die erste Anzeichen einer Strategiekrise aufzeigen.

Wichtig ist es aus Risikosicht, den **Wahrscheinlichkeitsgrad** des Eintritts von diesen negativen Extremsituationen als Randereignissen wie beispielsweise bei den Value-at-Risk-Kennziffern abzuschätzen. Des Weiteren können die Handlungsoptionen der Geschäftsleitung auf Veränderungen von relevanten Ausgangsdaten über die Abbildung von Realoptionen mathematisch berücksichtigt und genau analysiert werden (vgl. Copeland/Antikarov, 2002, S. 21 ff.).

Wenn Daten in quantitativer Form vorliegen, können **Sensitivitätsanalysen** durchgeführt werden, um die Stabilität von kritischen Outputgrößen in Abhängigkeit von einer oder mehrerer Inputgrößen zu testen (vgl. Kruschwitz/Lorenz, 2019, S. 285 ff.). Das Verfahren dient primär der Entscheidungsunterstützung und der Überprüfung von Schwellenwerten bei wichtigen Erfolgskennzahlen. Diese Sensitivitätsanalyse kann als Break-Even-Verfahren eingesetzt werden, um zu bestimmen, ab welchem Punkt der Variation unsicherer Inputdaten positive oder negative Ergebnisse auftreten.

So lassen sich Schwankungen von Rohstoffpreisen und ihre Auswirkungen auf das Betriebsergebnis bei Firmenkunden analysieren und simulieren. Auf diese Art kann erkannt werden, wie empfindlich eine **Outputgröße** auf mögliche Veränderungen von **Inputgrößen** reagiert. Insgesamt lassen sich sowohl qualitative als auch quantitative Informationen gleichzeitig verarbeiten. Die nachfolgende Abb. 3.20 zeigt eine Darstellung dieser Simulationstechnik.

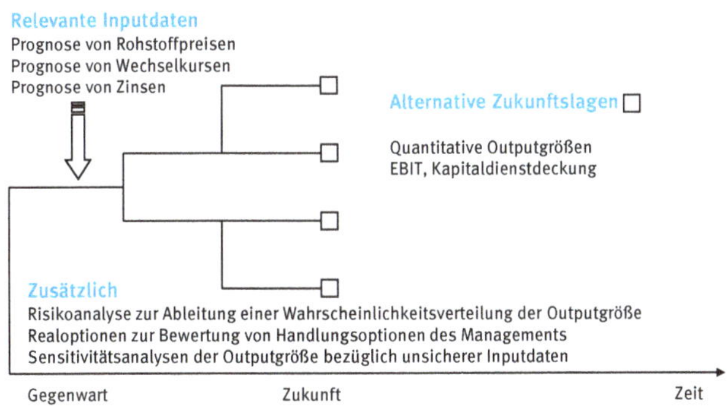

Abb. 3.20: Simulationstechnik mit Entscheidungsbaum (Quelle: Eigene Darstellung)

In vielen Branchen steigen die Abhängigkeiten von schwankenden Marktpreisen für Rohstoffe, Zinsen und Währungen. Zudem sind Energiepreise in den Segmenten starken Preissteigerungen unterworfen. Auch diese Kostenfaktoren können für ein Unternehmen hohe Risiken bedeuten, die durch ein Risikomanagement erkannt und denen mit Absicherungskonzepten begegnet werden kann (vgl. Portisch, 2011a, S. 60 ff.). Die Gefährdungen können über langfristige Lieferverträge mit festen Preisen und Wechselkursen ausgeschlossen werden. Alternativ existiert die Möglichkeit Absicherungen über derivative Finanzinstrumente einzusetzen. Zuerst sind die Kunden zu identifizieren, bei denen die **Marktpreisänderungsrisiken** auf Inputfaktoren bestehen. Dies erfolgt beispielsweise über eine Branchenanalyse.

Wurden in risikoreichen Branchen Preisabhängigkeiten bei Firmenkunden erkannt, können die Preisveränderungen in der **Gewinn- und Verlustrechnung (GuV)** bei den Kreditnehmern in diesen Sektoren simuliert werden, um die Risikoeffekte zu verdeutlichen. Dazu ist es beispielsweise möglich, über Variationen der Inputpreise für Material, Energie, Kapital sowie der Wechselkurse relevanter Währungen, die Effekte auf den Gewinn oder den Cash Flow sichtbar zu machen (vgl. EBA, 2020, Rn. 156 ff.). Dabei ist es bei potenziellen **Währungsrisiken** relevant, in welchen Regionen sich die wesentlichen Einkaufs- und Absatzkanäle der betrachteten Firma befinden.

Bei **Zinsrisiken** kann von Bedeutung sein, welche Zinsbindungen bestehen, ob eine kurzfristige und variable Finanzierung benötigt und ob sehr kapitalintensiv gearbeitet wird. Aufgrund des aktuell niedrigen Zinsniveaus kann es interessant sein, sich dieses langfristig zu sichern. Die **Rohstoffpreisrisiken** können vertragliche Gestaltungen im Einkauf, im Absatz und beim Einsatz von Finanzinstrumenten erfordern. Potenzielle Forderungsausfälle dagegen den Verkauf beispielsweise über das echte Factoring oder den Abschluss von speziellen Ausfallversicherungen notwendig machen.

Die gleichzeitige Veränderung mehrerer Inputfaktoren kann vorgenommen werden. Diese relevanten Prognosedaten liegen in den volkswirtschaftlichen Abteilungen oder dem Treasury der Banken häufig vor oder können aus den Systemen herausgefiltert werden, wie die Terminkurse für Zinsen sowie Währungen. Somit ist auch das interne Wissensmanagement einer Bank zu optimieren, um Informationen aus einem Bereich für andere Abteilungen nutzbar zu machen. Beispielsweise können die Marktpreisdaten aus der Wertpapierabteilung auch für Firmenkundenanalysen im Kreditbereich von erheblichem Interesse sein. Gerade für Kreditengagements mit einem großen Volumen und Blankoteil kann sich dieser Aufwand lohnen, um drohende Gefährdungen möglichst frühzeitig zu erkennen.

Diese identifizierten **Risikokategorien** können zudem als Baustein mit Prognosecharakter in einer auf das Geschäftsmodell sowie die Branche abgestimmten Gewichtung im Rating berücksichtigt werden, um die Bonitätsklassifikationen schnell an aktuelle Entwicklungen anzupassen sowie eine wirksame Risikofrüherkennung überhaupt erst zu ermöglichen. Die Reaktionsweise des Managements auf diese Risiken kann erfragt und in das Rating integriert werden.

Von Vorteil ist es, dass die Jahresabschlussinformationen und die BWA-Daten von den Kreditnehmern bereits in die IT-Systeme der Kreditinstitute eingepflegt wurden. Somit sind in einem Folgeschritt lediglich die für das Geschäftsmodell individuell wichtigen Risikokategorien herauszufiltern. Ungünstige Marktpreisveränderungen bei einzelnen Komponenten oder im Verbund sind zu simulieren, um die Ertragseffekte zu analysieren. Dazu können bestenfalls Ratingsysteme drohende Gefährdungspotenziale bei Firmenengagements frühzeitig anzeigen und es kann gegebenenfalls rechtzeitig gegengesteuert werden (vgl. dazu Portisch, 2011a, S. 60 ff.).

Zeigen sich bei einem Firmenkunden aufgrund der Simulationen beispielsweise der Materialpreise deutliche negative Ertragsauswirkungen in der GuV, mit einer möglichen Existenzgefährdung, können Gegenmaßnahmen mit dem Unternehmen erarbeitet werden. Bei dem Einsatz von Absicherungsinstrumenten ist Spezialwissen und daher Beratungsbedarf von Seiten der Kreditinstitute notwendig. Hier bietet sich gegebenenfalls zusätzliches und noch nicht genutztes **Cross-Selling-Potenzial**.

Zinsrisiken lassen sich über verschiedene Derivate beispielsweise Optionsgeschäfte wie Zins-Caps verringern (siehe Hull, 2012, S. 807 ff.). **Währungsrisiken** können über Swaps reduziert und **Rohstoffpreisrisiken** über Futures ausgeschaltet werden. In den GuV-Simulationen lassen sich die ausgewählten Absicherungen berücksichtigen. Folgende Gefährdungen können sich in den einzelnen finanzwirtschaftlichen Risikokategorien ergeben und getestet werden:

- Berücksichtigung von möglichen Zinsveränderungen auf das Ergebnis
- Variation der Wechselkurse und Korrelationen von relevanten Währungen
- Ermittlung von Preisschwankungen für Energie und Rohstoffe

Zudem können die Auswirkungen von **Forderungsausfallrisiken** auf den Cash Flow ermittelt werden, indem Forderungslaufzeiten verlängert oder alternativ Forderungsausfallquoten in diesen Simulationen variiert werden. Die bankeigenen Risikoerkennungssysteme wie beispielsweise das Firmenrating lassen sich dann mit diesen Daten aktuell einstellen und optimieren, um Gefährdungen früh zu erkennen. Das folgende Beispiel zeigt starke Risiken aus volatilen Marktpreisen auf. Gerade die Rohstoffpreise und auch die Energiekosten sind in vielen produzierenden Sektoren im internationalen Wettbewerb für den Erfolg relevant.

Beispiel: Die Analyse der volkswirtschaftlichen Abteilung einer Bank prognostiziert den Anstieg der Preise für Energie in den nächsten Jahren. Ein Firmenkunde der metallverarbeitenden Branche arbeitet energieintensiv und ist von geringen Strompreisen und zudem von stabilen Zinsen abhängig. Auf Nachfragen der Hausbank, wie dem Problem der steigenden Preise für Energie und Kapital begegnet wird, antwortet der Geschäftsführer: „Wir werden uns, wenn es notwendig wird, mit diesen Themen beschäftigen. Derzeit sehen wir keine Preisrisiken." Es liegen unter Umständen Anzeichen einer Strategiekrise vor, wenn das Unternehmen keine vorsorglichen Maßnahmen zur Absicherung der Marktpreisrisiken trifft, es ablehnt, sich mit dieser Thematik aktiv zu befassen und auf diesem Gebiet kein Risikomanagement betreibt.

Dabei sind nur die für das Geschäftsmodell und Geschäftsgebiet relevanten Risikokategorien eines Firmenkunden herauszufiltern. Dann folgt die Quantifizierung der Gefährdungen. Das Gesamtrisiko eines Unternehmens beruht auf einem Zusammenspiel von Einzelrisiken. Diese isoliert wahrgenommenen Komponenten können sich additiv verhalten oder auch kompensieren oder gegenseitig verstärken. Derartige Risikointerdependenzen sind über Szenarien transparent zu machen, um die Nettoeffekte zu bemessen. Es können sich einzelne Gefährdungen multiplizieren und ein zunächst nicht wahrgenommenes Risiko kann eine erhebliche Existenzgefährdung bei einem Kreditnehmer hervorrufen (vgl. Gramlich, 2002, S. 29 ff.).

Vorteile bei einer Anwendung der **Simulationstechnik** bestehen aus Bankensicht in der Möglichkeit, Risiken des Unternehmensumfeldes bei Firmenkunden umfassend zu berücksichtigen (vgl. EBA, 2020, Rn. 156 ff.). Es lassen sich in Kreditinstituten vorhandene Informationen aus volkswirtschaftlichen Analysen zur Einschätzung von Zinsänderungen, Prognosen von Wechselkursen, Schwankungen von Rohstoffpreisen sowie anderen Marktpreisen nutzen. Wurden erhöhte Risiken in verschiedenen Bereichen für ein Unternehmen identifiziert, sind anschließend die Auswirkungen dieser Gefährdungen abzuschätzen. Bei bedeutenden Problemen ist das betreffende Unternehmen im Hinblick auf diese festgestellten Risiken zu sensibilisieren. Reaktionsstrategien der Geschäftsleitung sind zu erfragen. Wird aus Bankensicht eine ausreichende Befassung mit den Problemen und die Einleitung von Maßnahmen konstatiert, sind die künftigen Gefahren zu überwachen. Erfolgt dagegen keine Reaktion auf die Bedrohungen, kann das Kreditinstitut das Risiko bei diesem Kreditnehmer senken.

Die Ermittlung aussagekräftiger und valider Daten zur strategischen Risikoerkennung über **Szenarien** ist für Externe, wie Bankenvertreter, in der Regel nur unter Schwierigkeiten möglich, aufgrund der fehlenden Marktkenntnisse. Lediglich Bedrohungen durch Unsicherheiten im Unternehmen sowie in seinem Umfeld können wahrgenommen werden und dann kann geprüft werden, ob das Management des Firmenkunden angemessen auf die Gefährdungen reagiert. Unter Umständen lässt sich auf diese Weise eine Strategiekrise über die Anwendung der Simulationstechnik erkennen. Die Analysemethode ist aus Effizienzgründen, aufgrund des Analyseaufwands, jedoch nur für ausgewählte Firmenkunden wirtschaftlich durchführbar. Daher eignet sich die Simulationstechnik meist nur theoretisch zur systematischen Risikofrüherkennung für das gesamte Kreditportfolio.

Ein praxisnäheres Verfahren zur Identifizierung einer **Strategiekrise** ist dagegen die **SWOT-Analyse**. Diese Methode nutzt verstärkt qualitative Informationen. Mit diesem Verfahren der Risikoerkennung werden interne Stärken **(Strengths)** und Schwächen **(Weaknesses)** in einem Unternehmen neben Chancen **(Opportunities)** sowie Bedrohungen **(Threats)** aus dem relevanten Umfeld bestimmt. Es werden im Rahmen der SWOT-Analyse die im Unternehmen vorhandenen internen Stärken sowie Schwächen im Vergleich zum Marktführer oder zu den stärksten Mitbewerbern untersucht (siehe Meffert et al., 2012, S. 240 ff.).

SWOT-Analyse zum Erkennen der Strategiekrise

Aus Bankensicht ist dieser Vergleich vereinfacht durchführbar, wenn Informationen von Kreditnehmern aus der gleichen Branche vorliegen. Zudem werden die Chancen und Risiken im Unternehmensumfeld systematisch überprüft. Dabei können Kreditinstitute auf Branchenanalysen zurückgreifen. Anhand dieser SWOT-Kriterien lässt sich ein Unternehmensprofil erstellen, das Anzeichen von Gefährdungen aufzeigen kann. Beispielsweise kann auch die Wertschöpfungskette mit Kunden und Lieferanten genauer untersucht werden. Die **SWOT-Analyse** zeigt die momentane Einschätzung der Lage des Unternehmens auf, sollte aber auch Zukunftsentwicklungen beinhalten. Diese kann für den Kreditnehmer geschäftsfeldbezogen oder für einzelne Tochterunternehmen angewendet werden, um die Genauigkeit bei diversifizierten Unternehmen oder in Konzernen zu erhöhen. Die nachfolgende Tab. 3.7 zeigt die Anwendung des Instrumentariums zur strategischen Krisenerkennung.

Tab. 3.7: SWOT-Analyse an einem Beispiel (Quelle: Eigene Darstellung)

Positive Kriterien	Negative Kriterien
Interne Stärken (Strengths)	**Interne Schwächen (Weaknesses)**
Skaleneffekte hoher Produktionsmengen	Geringe Produktstandardisierung
Gute Qualität der Produkte	Umfassender Investitionsstau
Externe Chancen (Opportunities)	**Externe Risiken (Threats)**
Konkurrenz auf die Region beschränkt	Kostendruck steigender Rohstoffpreise
Know How auf dem Arbeitsmarkt	Starker Preiswettbewerb im Markt

Im Rahmen der Durchführung einer SWOT-Analyse ist es notwendig, sich intensiv mit dem Unternehmen beziehungsweise den strategischen Geschäftseinheiten der Firma und der relevanten Branche zu beschäftigen. Erkennen lassen sich Veränderungen in den Technologien, dem Branchenumfeld und bei der Konkurrenz. Auch interne Risiken können sichtbar gemacht werden. Diese **SWOT-Analysetechnik** basiert auf einer verstärkt qualitativen Bewertung des Unternehmens (vgl. Portisch, 2005b, S. 22 ff.). Auf diese Weise lassen sich bei der Kreditanalyse zum Beispiel geschäftspolitische Krisenentwicklungen beim Firmenkunden frühzeitig identifizieren. Die SWOT-Analyse kann mit einer Ressourcenanalyse verbunden werden (vgl. Meffert et al, 2012, S. 238 ff.). Die SWOT-Analyse lässt sich einsetzen, um die Marktlage und Branchensituation der Firmenkunden systematisch zu strukturieren. Für Kreditinstitute ist es wichtig, die Märkte zu verstehen, in denen ihre Kreditnehmer tätig sind.

Definition: Ein abgegrenzter Sektor wird auch **relevanter Markt** genannt. Dieser ist zu beschreiben und gegenüber anderen Bereichen zu unterscheiden. Die Darstellung ist notwendig, um im Zeitablauf mögliche Veränderungen in der Kundennachfrage und den angewendeten Technologien zu erkennen.

Wesentlich für das Verständnis des Geschäftsmodells des Unternehmens ist das Marktumfeld, in dem der Kreditnehmer tätig ist. Die Abgrenzung des **relevanten Marktes**, kann anhand der folgenden Dimensionen erfolgen (vgl. Meffert et al., 2012, S. 51 ff.):

- **Räumliche Abgrenzung:** Regionaler, nationaler oder internationaler Markt
- **Zeitliche Abgrenzung:** Saisonalität des Geschäftes und Produktlebenszyklus
- **Sachliche Abgrenzung:** Marktvolumen, Marktwachstum, Technologiefortschritt

Die Bedeutung der Beschreibung eines **relevanten Marktes** liegt insbesondere darin, sektorale Entwicklungspotenziale zu untersuchen sowie Marktverschiebungen unter anderem im Volumen oder im Wachstum zu identifizieren. Daher kann ein sinkendes Marktvolumen in einem Segment auf Umsatzrisiken mit Kapazitätsüberhängen hindeuten. Über Kontrollabfragen lässt sich ein Bild darüber gewinnen, ob ein konkreter Firmenkunde aus dieser Branche seinen Markt kennt und wesentliche Veränderungen zu antizipieren vermag. Zudem sind die Planungen der Geschäftsleitung und die Reaktionsweisen auf Marktänderungen zum Beispiel in technisch-orientierten Fortschrittssegmenten interessant. Dabei spielt die Digitalisierung eine bedeutende Rolle. Fehlende Digitalisierungsstrategien sind unter Umständen ein klares Krisenmerkmal.

Einen Schritt weiter geht die **Branchenanalyse**, die inhaltlich im Rahmen der SWOT-Analyse eingesetzt werden kann, um das Unternehmensumfeld zu durchdringen. Eine Branchenanalyse dient ebenfalls einer genauen Untersuchung des Marktumfeldes, in dem ein Unternehmen tätig ist. Diese Analysetechnik ist umfassender als die reine Abgrenzung des relevanten Marktes, da weitere Determinanten in das Untersuchungsgebiet einwirken, zum Beispiel die Prüfung des Einflusses der Lieferanten, der Konkurrenten sowie der Abnehmer. Es wird darüber auch die Wettbewerbssituation in der bestimmten Marktlage analysiert. Wesentlich ist eine umfassende Stakeholderanalyse, um die Einflüsse und Bedrohungspotenziale im unternehmerischen Bereich zu erkennen. Banken haben hier Vorteile, da sie Kreditnehmer in vielen Branchen begleiten.

Auf diese Weise kann eine Branchenanalyse dazu dienen, Kreditrisiken frühzeitig zu erkennen. Diese Methode ermöglicht es auch schwache Risikosignale, sogenannte strategische Diskontinuitäten, zu ermitteln (vgl. Ansoff, 1976, S. 129 ff.). Für diese Risikoerkennung ist es von Vorteil, dass in Banken umfassende sektorale Kenntnisse aus einer Vielzahl der betreuten Kreditfälle vorhanden sind. In einigen Banken wird sogar eine Branchenspezialisierung in der Betreuung und der Marktfolge vorgenommen, um dieses Spezialwissen zu konzentrieren und es gezielt für die Risikoanalyse zu nutzen. Es kann das Modell von Porter eingesetzt werden, um Branchen und abgegrenzte Märkte zu untersuchen. Der Ansatz von Porter zielt auf eine detaillierte Branchenanalyse ab. Dabei wird die Wertschöpfungskette eines Unternehmens sektorspezifisch untersucht (siehe Porter, 2013, S. 37). Kritische Veränderungen können frühe Indikatoren für eine strategische Krise darstellen und sind zu beobachten. Diese Untersuchungen können sich auf die horizontalen, vertikalen sowie lateralen Bereiche in der Wertschöpfungskette in einer bestimmten Branche beziehen.

Porter identifiziert insgesamt genau fünf Determinanten der **Wettbewerbssituation** in einem abgegrenzten Marktbereich (vgl. Staehle, 1994, S. 856):

- **Determinanten der Konkurrenzintensität:** Branchenwachstum, Konkurrenzanalyse, Preispolitik, Größe und Anzahl der Konkurrenten
- **Determinanten des Markteintritts:** Kapitalbedarf, kritische Unternehmensgröße, notwendige Produktdifferenzierung, Schnelligkeit des Technologiefortschritts
- **Determinanten der Substitutionsgefahr:** Produktqualität, Ersatzprodukte sowie alternative Leistungen, Umstellungskosten, Substitutionsneigung
- **Determinanten der Lieferantenmacht:** Lieferantenkonzentrationen, Vorwärtsintegration, Produktzuschnitt, Produktkomplexität, Input-Substitute
- **Determinanten der Abnehmermacht:** Abnehmerkonzentrationen, Abnehmervolumina, Gefahr der Rückwärtsintegration, Ersatzprodukte, Ersatzleistungen

Diese strukturellen Merkmale einer Branche können durch Kreditinstitute überwacht werden und zur Risikofrüherkennung bei Einzelkreditnehmern, in bestimmten Kundensegmenten und im gesamten Kreditportfolio genutzt werden. Es können Technologieänderungen erkannt, der Eintritt von Konkurrenten mit zunehmendem Preisdruck sichtbar und die Abhängigkeit von Lieferanten und Abnehmern festgestellt werden. In Verbindung mit der detaillierten Marktanalyse und der Untersuchung der Wettbewerber und wichtiger Teilnehmer in der Wertschöpfungskette wie der Lieferanten sowie der Abnehmer kann ein Unternehmen in Relation zu den Konkurrenten im Hinblick auf die Wettbewerbsfähigkeit beurteilt werden.

Diese **Marktsignale von Konkurrenten** über Strategieveränderungen können unter Umständen zukünftige Gefährdungen für das eigene Geschäftskonzept anzeigen (vgl. Porter, 2013, S. 120 ff.). Die potenziellen Bedrohungen in der Wertschöpfungskette und auf dem relevanten Markt können auf der Grundlage der Wettbewerbsanalyse mit der Untersuchung der Lieferanten und Abnehmer systematisch erkannt werden. Es kann auch eine Visualisierung helfen, in der wichtige Marktteilnehmer in Bezug zum Kunden gesetzt werden, wie Abb. 3.21 darstellt.

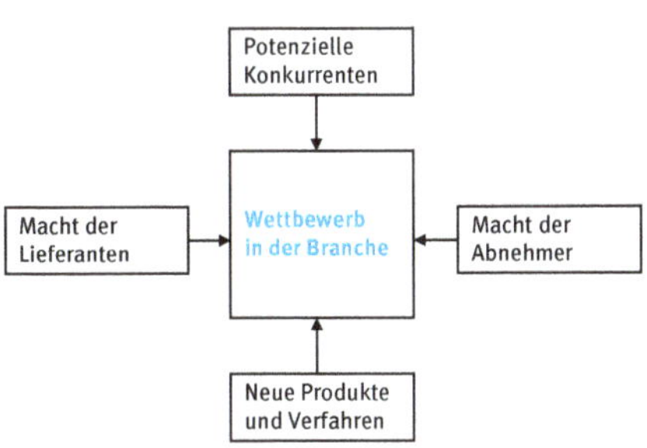

Abb. 3.21: Branchenwettbewerbsanalyse nach Porter (Quelle: In Anlehnung an Porter, 2013, S. 38)

Insgesamt zeigt sich, dass Kreditinstitute sich intensiv mit den Chancen sowie Risiken einer Branche und dem Geschäftsmodell der Unternehmenskunden beschäftigen sollten. Das Feld kann aktiv zur frühzeitigen Identifizierung von Risiken bei Kreditnehmern genutzt werden. Ergeben sich erhebliche Veränderungen in einem Sektor, mit Gefährdungen, ausgelöst durch Veränderungen der Determinanten des Wettbewerbs, sind die möglichen Auswirkungen auf diese Firmen zu überprüfen und die geplanten Reaktionsweisen der Unternehmensleitungen auf die festgestellten Problemfelder genau und umfassend abzufragen.

Es empfiehlt sich in regelmäßigen Abständen, Marktanalysen einzuholen, um die Position von Firmenkunden im Konkurrenzumfeld zu überwachen. Veränderungen eines Marktes sowie die Wettbewerbsstärke eines Unternehmens können anschließend mit einer **SWOT-Analyse** qualitativ beurteilt werden. Daraufhin kann sich ergeben, dass ein Unternehmen von vorneherein eine falsche Marktposition gewählt hat, wie folgendes Beispiel zeigt. Demnach ist in bestimmten Wirtschaftszweigen eine Mindestunternehmensgröße notwendig, um bei Technologiesprüngen jederzeit aktuelle Produkte entwickeln und anbieten zu können.

Beispiel: Ein mittelständisches Unternehmen stellt Standard-Elektronikartikel in den Bereichen Hifi und TV her. In den Anfangsjahren werden gute Markterfolge erzielt. Das Unternehmen befindet sich jedoch in einem konkurrenzintensiven Umfeld mit vielen großen und stark international tätigen Wettbewerbern. Aufgrund dieser Markt- und Branchenkonstellation hat das mittelständische Unternehmen in dieser kapitalintensiven Branche, gekennzeichnet durch einen hohen Forschungs- und Entwicklungsaufwand auf Dauer geringe Überlebenschancen. Es wurde keine Produktnische gewählt. Diese Fehlpositionierung hätte durch eine genaue Strukturanalyse dieser Branche frühzeitig erkannt werden können. Es zeigt, dass eine nicht vorhandene kritische Unternehmensgröße ein bedeutendes Risikomerkmal sein kann, wenn technologische Innovationssprünge nicht finanzierbar sind und internationale große Konkurrenten existieren.

Die Strukturanalyse des Marktes und der Branche bilden in Unternehmen meist das Grundgerüst für die Formulierung einer Vision sowie einer strategischen Mission. Die unzureichende zielgerichtete Ausrichtung kann ein Risiko für eine Firma bedeuten, denn die instabile und dynamische Umwelt führt dazu, dass die Unsicherheit im Zeitablauf zunimmt. Eine Strategie sollte nicht immer auf historischen Stärken aufbauen. Dies gilt vor dem Hintergrund der dynamischen Entwicklung der Branchen, der Digitalisierung und der begonnenen Transformation der Wirtschaft erst recht. Ein Ausruhen auf erreichten Marktpositionen oder erreichtem Technologiestand kann es strategisch nicht geben. Die Strategiefestsetzung ist ein dynamischer Prozess, der die künftigen Gegebenheiten des Marktes antizipieren sollte (Porter, 2013, S. 73).

Die Festlegung einer Unternehmensstrategie umfasst die Mittel und Wege zur Erreichung gesetzter Ziele. Dabei sollte ein Zielsystem möglichst konsistent sein und Interdependenzen zu anderen Geschäftsbereichen berücksichtigen (vgl. Meffert et al., 2012, S. 253). Insbesondere ist die Produkt-Markt-Kombination festzulegen.

Des Weiteren sind die Chancen und Risiken der Strategie im Hinblick auf die internen Ressourcen und das betriebliche Umfeld zu prüfen. Ebenso sind die Strukturen und Prozesse im Unternehmen auf die gewählte Strategie abzustimmen. Meist verläuft der Prozess der Unternehmensstrategiefestlegung über mehrere Phasen.

Zunächst wird die Ausgangsposition untersucht. Anschließend werden verschiedene Strategieoptionen geprüft. Nach der Auswahl einer geeigneten Strategie ist die Unternehmenspolitik gegebenenfalls anzupassen. Dazu gehören die Ausarbeitung der internen und der externen Kommunikation, die Abstimmung der Aufbauorganisation und die optimale Ausgestaltung wichtiger Geschäftsprozesse. Anschließend erfolgt die operative Umsetzung (vgl. Staehle, 1994, S. 577 ff.). Wichtig für einen dauerhaften Unternehmenserfolg ist, dass die internen firmenbezogenen und die externen marktorientierten Ressourcen mittelfristig bis langfristig in Übereinstimmung gebracht werden können und Kundenbedürfnisse befriedigt werden können.

Auch die Unternehmensstrategie des Firmenkunden kann auf Risiken hindeuten und sollte daher aus Bankensicht überprüft werden. Systematische Abfragen von Bestandteilen der Unternehmensstrategie durch Banken erfolgten in der Vergangenheit gegebenenfalls durch einmalige Aktionen im Rahmen der Umstellung auf den Euro oder bei anstehenden Nachfolgeregelungen oder sonstigen Firmenübertragungen und Fusionen. Gerade die Unternehmensnachfolge in mittelständischen durch Unternehmerpersönlichkeiten, die über Jahrzehnte Unternehmen prägen, birgt besondere Risiken, die im Rahmen der Risikofrüherkennung zu eruieren sind.

Dieses sind jedoch nur unstetige Analysen bei besonderen Unternehmenssituationen. Aufgrund der Bedeutung einer gewählten Produkt-Markt-Strategie als Basis eines individuellen Geschäftsmodells sollte in festen Intervallen eine Befragung der Strategiedeterminanten bei allen Firmenkunden erfolgen, zum Beispiel im Rahmen des jährlichen Prolongationstermins, wie bei einer genauen Strategieüberprüfung gezeigt. Hier sollte der Firmenkundenbetreuer aufmerksam sein.

---

i

Beispiel: Ein Einzelhändler im Segment der weißen und braunen Elektronikware mit Filialvertrieb im Inland und Ausland vermerkt seit einigen Jahren kontinuierlich sinkende Umsätze. Konkurrenten, die neben dem stationären Handel auch einen eigenen Internetvertrieb aufgebaut haben, können diese Einbrüche im klassischen Verkauf durch stetig wachsende Umsätze und Erträge im Internet ausgleichen. Es zeigt sich, dass das Geschäftsmodell der Firma nicht mehr zeitgemäß ist und um den neuen Vertriebszweig erweitert oder gegebenenfalls sogar durch diesen ersetzt und der Filialbetrieb vollständig eingestellt werden sollte. Auch über eine intensive Marktforschung hätte frühzeitig erkannt werden können, dass diese traditionellen Vertriebswege durch neue Konzepte zu ergänzen sind. Technologieveränderungen wurden verpasst.

Insgesamt gesehen ist für externe Stakeholder wie Banken das Erkennen strategischer Warnsignale bei Firmenkunden aufgrund der unvollkommenen Informationslage oft schwierig. Zudem besteht meist das Problem, eine systematische Analyse strategischer Warnsignale bei Firmenkunden effizient durchführen zu können.

Gründe dafür liegen im **Erhebungsaufwand** sowie den hohen Informationsverarbeitungskosten für die Kreditinstitute. Anwendbar erscheinen daher nur die praxisnahen Verfahren wie beispielsweise die **SWOT-Analyse**. Diese Methoden sind aus Effizienzgründen ausschließlich bei Firmenkunden mit einer hohen Risikorelevanz in einem Kreditinstitut einsetzbar. Es lassen sich strategische Krisenmerkmale meist erst dann erkennen, wenn sich diese zum Beispiel deutlich zeigen, in Form von:

- Qualitativ und quantitativ beschränkten Managementressourcen
- Abhängigkeiten in der Wertschöpfungskette von Kunden und Lieferanten
- Fehlkonzeptionen des Geschäftsmodells und keine Strategieanpassung

Weitergehend können qualitative Angaben zum Unternehmen in unterschiedlichem Detaillierungsgrad im **Lagebericht** gemäß § 289 HGB dargelegt und dann auch durch die Gläubiger analysiert und zur Risikoerkennung genutzt werden. Von Vorteil ist bei dieser Untersuchung, dass der Lagebericht auch auf aktuelle sowie künftige Entwicklungen eingeht. Neben Pflichtbestandteilen können auch freiwillige Informationen gegeben werden. Der Lagebericht stellt in der Rechnungslegung im Jahresabschluss die weitere Säule der externen Berichterstattung dar. Dieser Report dient der qualitativen Informationsübermittlung und ergänzt die quantitativen Daten des Jahresabschlusses im Hinblick auf künftige Chancen und Risiken aus der Geschäftstätigkeit und kann zur Risikoerkennung genutzt werden.

Diese Pflicht zur Erstellung eines Lageberichts besteht für Einzelunternehmen gemäß § 264 Abs. 1 HGB i.V.m. § 289 HGB bei mittleren und großen Unternehmen (§ 267 Abs. 2 und 3 HGB) und zur Verfassung eines Konzernlageberichts aus § 290 HGB i.V.m. § 315 HGB, sofern keine Befreiungsregeln greifen. Nach § 315 Abs. 1 Satz 1 HGB ist der Geschäftsverlauf und die Lage des Konzerns so darzustellen, dass ein den tatsächlichen Verhältnissen entsprechendes Bild vermittelt wird. Die Pflicht besteht unabhängig von der Abschlusserstellung nach HGB oder IFRS.

Der Lagebericht ist neben dem Jahresabschluss als eigenständiges Berichtsinstrument anzusehen. Die Grundlage zur Erstellung des (Konzern-)Lageberichts gemäß § 315 HGB und § 289 HGB bildet der **Standard DRS 20** vom Deutschen Rechnungslegungs Standards Committee. DRS 20 bezieht sich in erster Linie auf die Ausgestaltung des Konzernlageberichtes. Der Anwendungsbereich umfasst primär Mutterunternehmen, die nach §§ 315, 315a HGB i.V.m. § 290 HGB oder § 11 PublG einen befreienden Konzernabschluss aufstellen müssen.

Gemäß dem aktuellen DRS 20 sind zum einen die Grundsätze der ordnungsgemäßen Lageberichterstattung zu beachten. Zum anderen ergibt sich eine veränderte Struktur mit materiellen Inhaltsänderungen bei der Berichterstattung, die sich auch in einem bestimmten Gliederungsschema zeigt. Aktuelle Grundsätze der Lageberichterstattung betreffen die Wesentlichkeit und Relevanz der Inhalte und die Informationsabstufung hinsichtlich der Intensität und Darstellungstiefe der Berichterstattung gerade bei großen Unternehmen.

Der Grundsatz der Wesentlichkeit fordert eine Beschränkung auf diejenigen Sachverhalte, die dem Adressatenverständnis des Geschäftsverlaufs und der Entwicklung zuträglich sind. Unternehmensübergreifende Informationen aus der Branche sind darzulegen, wenn diese für die Adressaten relevant sind. Des Weiteren sind auch die geplanten Entwicklungen in den einzelnen Segmenten nur dann zu erläutern, wenn die Trends wesentliche Informationen für diese jeweiligen unterschiedlichen externen Bilanzadressaten bedeuten können (vgl. Zülch/Höltken, 2013, S 2458 ff.).

Die Anforderungen des DRS 20 enthalten bedeutende inhaltliche Aspekte der Lageberichterstattung. Dabei sollte die Überfrachtung eines Lageberichts mit zu vielen Informationen vermieden werden. Die Grundsätze sowie der Aufbau tragen dazu bei, dass der Lagebericht der Rechenschafts- und Informationsfunktion gerecht werden kann. Wesentliche Inhaltsbereiche eines zu erstellenden (Konzern-)Lageberichtes in DRS 20 betreffen die folgenden Bereiche:

- **Wirtschaftsbericht (Rn. 53–113):** Im Wirtschaftsbericht ist auf den Geschäftsverlauf sowie die Lage eines Konzerns einzugehen. Die Berichterstattung beinhaltet grundlegende Annahmen zu den gesamtwirtschaftlichen und branchenbezogenen Rahmenbedingungen. Eine Neuerung ist der Abgleich früherer Prognosen mit der tatsächlichen Entwicklung über einen Prognose-Ist-Vergleich.
- **Prognosebericht (Rn. 118–134):** Im Prognoseteil sind die geschäftlichen Chancen und Risiken darzulegen. Der Prognosezeitraum umfasst mindestens ein Jahr, gerechnet ab dem letzten (Konzern-)Abschluss. Die Anforderungen an die Prognosegenauigkeit sind hoch. Es sind Planungen zu finanziellen sowie nicht-finanziellen Leistungsindikatoren abzugeben, die auch der internen Steuerung dienen.
- **Risikobericht (Rn. 135–164):** Im Abschnitt des Risikoberichts ist eine zusammenfassende Darstellung der Risikolage der Firma abzugeben. Risiken sind zu quantifizieren, wenn es in der internen Steuerung erfolgt. Bei kapitalmarktorientierten Unternehmen sind das Risikomanagementsystem und das interne Kontrollsystem ausführlich zu erklären. Bestandsgefährdende Sachverhalte mit einem negativen Einfluss auf die Vermögens-, Finanz- und Ertragslage sind zu dokumentieren.

Dazu bestehen zwei zeitliche **Komponenten** im Aufbau der (Konzern-)Lageberichterstattung. Erstens die retrospektive Ex-Post-Betrachtung in den Bereichen Grundlagen des Konzerns mit der Darstellung des Geschäftsmodells, der Erläuterung der Ziele und Strategien. Im Wirtschaftsbericht ist der Geschäftsverlauf nachträglich zu beurteilen. Dabei sind die im Vorjahr getroffenen Pläne mit den erreichten Leistungen und dem tatsächlichen Geschäftsverlauf über quantitative und qualitative Leistungsindikatoren im Rahmen eines Plan-Ist-Vergleiches aufzuzeigen. Änderungen zu ESG und aus gemäß DRÄS 13 und zu ESG sind im DRS 20 zu beachten. Zweitens hat eine zukunftsorientierte Darstellung zu erfolgen. Diese zeigt sich primär im Prognosebericht. Im Nachtragsbericht ist auf geschäftliche Vorfälle nach dem Bilanzstichtag einzugehen. Die folgende Abb. 3.22 zeigt den Aufbau des Lageberichts nach DRS 20.

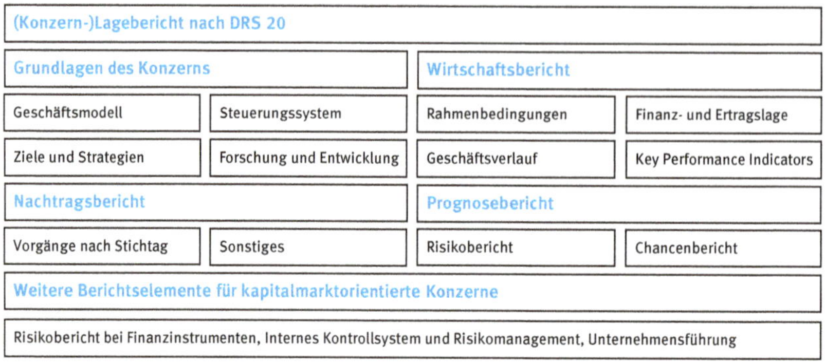

Abb. 3.22: Gliederung des Lageberichts (Quelle: In Anlehnung an Zülch/Höltken, 2013, S 2460)

Es sind im **Wirtschaftsbericht** Abweichungen zu den finanziellen Leistungsindikatoren darzulegen wie zu seinerzeit geplanten Umsatzerlösen, Investitionen, Dividenden, Umsatzrenditen sowie Ergebniskennzahlen. Von dieser Darstellung wird in der Praxis umfassend Gebrauch gemacht. Nicht-finanzielle Leistungsindikatoren, die bei der internen Steuerung verwendet werden, sind darzustellen. Es ist unter anderem auf Mitarbeiterzahlen, Kundenzahlen, Zahlen von Standorten, Umweltaspekte und die Zufriedenheit von Stakeholdern einzugehen.

Der Vergleichsreport wird in der Regel im Wirtschaftsbericht platziert, aber teilweise auch im Prognoseteil veröffentlicht (vgl. Kajüter et al., 2014, S. 2841 ff.). Dabei wird in der Analyse im Rahmen von empirischen Studien deutlich, dass in Jahresabschlüssen überwiegend Prognosen sowie Plan-Ist-Abweichungen zu wichtigen finanziellen Leistungsindikatoren (Key Performance Indicators, KPI) angegeben werden.

Im prospektiven Teil des **Prognoseberichts** sind grundsätzlich die gleichen Sachverhalte zu erörtern wie im Wirtschaftsbericht. Der Prognosehorizont hat sich von zwei Jahren auf mindestens ein Jahr reduziert, bei einer geforderten Erhöhung der Genauigkeit der Aussagen. Rein komparative oder qualitative Prognosen sind künftig unzulässig. Es sind Punktprognosen im Hinblick auf erwartete Umsätze, Intervallprognosen für zu erreichende Bandbreiten von Ergebniszielen und auch qualifiziert-komparative Prognosen mit der Angabe zu der Veränderung von Zielgrößen im Hinblick auf den Istwert, unter Angabe der Richtung der Abweichung, quantitativ zu tätigen.

Einzugehen ist ausgewogen auf die **Chancen und Risiken** der Geschäftstätigkeit (vgl. Baetge et al., 2024b, S. 616 ff.). Des Weiteren sind mögliche Zielabweichungen und deren Gründe in der Zukunft zu erörtern. Dieser Prognose-, Chancen- und Risikobericht soll den Bilanzadressaten im Zusammenhang mit dem Jahresabschluss ein zutreffendes Abbild der Entwicklung mit den wesentlichen Chancen und Risiken geben. Der Zukunftsaspekt ist für externe Analytiker von besonderem Interesse.

Prognosen sind zu wichtigen finanziellen und nicht-finanziellen Leistungsindikatoren abzugeben, die auch bei der internen Steuerung eine Bedeutung haben. Bei den Einschätzungen sind die zugrundeliegenden Annahmen anzugeben. Hier zeigt sich, dass viele Unternehmen Prämissen zur gesamtwirtschaftlichen Konjunkturlage oder zur Branchenentwicklung zugrunde legen. Es werden Annahmen zu Wechselkursentwicklungen, zu Rohstoffpreisen und zu Abnehmern dargelegt. Diese Annahmen mit Unternehmensbezug betreffen die Absatzmenge, die Absatzpreise sowie die Personalkosten (vgl. Kajüter et al., 2014, S. 2843 ff.).

Wichtige finanzielle Indikatoren, die im Prognosebericht in Bezug auf die getroffenen Annahmen gezeigt werden, beziehen sich auf Erfolgsgrößen. Nicht-finanzielle Indikatoren beinhalten Mitarbeiterzahlen und weitere qualitative Elemente, die im Rahmen der Risikoanalyse ausgewertet werden können.

Der Lagebericht erläutert den Jahresabschluss und bringt darüber zukunftsbezogene Elemente mit ein, damit die Stakeholder zu einem besseren Verständnis über das Geschäftsmodell und die Geschäftsfelder gelangen. Auch die Zwischenberichterstattung nach DRS 16 wurde im Hinblick auf inhaltliche Bezüge an DRS 20 angepasst, sodass sich ein Gesamtbild über die Zwischen- sowie Jahresberichte ergibt. Es wird zudem ein Zusammenhang mit der Segmentberichterstattung geschaffen, indem der interne Management Planungsansatz auch bei der Erstellung des Lageberichts unter anderem beim Risikobericht betont wird (vgl. Pochmann, 2013, S. 8).

Neben dem Lagebericht kann die Segmentberichterstattung in der detaillierten Ausgestaltungsweise gezielt als Instrument der Risikoanalyse und zur Feststellung von Gefährdungen eingesetzt werden und zu einer Verringerung von Informationsasymmetrien beitragen (vgl. Müller/Peskes, 2006, S. 38 ff.). Zu beachten ist bei der Erstellung eines Segmentberichts (fakultativer Teil des Konzernabschlusses nach § 297 Abs. 1 Satz 2 HGB) DRS 28 und bei der internationalen Rechnungslegungspflicht IFRS 8.

Definition: Ein **Geschäftssegment** ist als ein Unternehmensbereich zu verstehen, der Geschäftsaktivitäten betreibt, in denen Erträge erwirtschaftet werden und in denen Aufwendungen anfallen. Die Betriebsergebnisse aus den einzelnen Segmenten werden von den Entscheidungsträgern regelmäßig im Hinblick auf die Ertragskraft überprüft und gesteuert. Es ist davon auszugehen, dass ein Segmentmanager die Ertragsverantwortung für einen kompletten Geschäftsbereich trägt (vgl. Baetge et al., 2024b, S. 585 ff.).

In IFRS 8 Geschäftssegmente ist vorgeschrieben, dass Unternehmen Angaben zu ihren bedeutenden Geschäftssegmenten, Produkten und Dienstleistungen beziehungsweise Regionen sowie wesentlichen Kundengruppen zu machen haben. Berichtspflichtig ist ein Segment dann, wenn das Periodenergebnis mindestens 10,0 % des Gesamtgewinns beträgt. Die zu verbreitenden Informationen sollen auf internen Managementberichten basieren, im Hinblick auf die Identifizierung von Geschäftssegmenten und auch im Rahmen der Wertbeimessung. Die Analyse der Segmente kann Erkenntnisse für die Risikofrüherkennung erbringen.

Dabei hat sich der Management Approach bei der Berichterstattung in DRS 3 durchgesetzt. Dieser fordert eine Anlehnung der **Segmentberichte** an das interne Reporting. Die Organisationsstruktur, das interne Rechnungswesen und die interne Berichterstattung bilden die inhaltliche Grundlage des Segmentberichtes. Damit folgen neben den Bereichsabgrenzungen auch diese inhaltlichen Ausweisvorschriften weitgehend einer Steuerungskonzeption aus einer firmeninternen leistungswirtschaftlichen Perspektive (vgl. Baetge et al., 2024b, S. 579 ff.).

Der Ansatz gewährt einen höheren Grad an **Gestaltungsfreiheit**. Damit strahlt das interne Rechnungswesen auf die externe Berichterstattung aus. Es dient dem Abbau von Informationsungleichgewichten zu den außenstehenden Bilanzadressaten. Die Art der Segmentberichterstattung stellt für Banken ein wertvolles Instrument dar, um die Entwicklung der Geschäftsfelder, die wertorientierte Unternehmenspolitik und die erzielten Renditen in den Unternehmensbereichen zu überprüfen.

Im (Konzern-)**Lagebericht** ist ebenfalls auf die einzelnen Unternehmenssegmente einzugehen. Die Segmentprognosen sind allerdings nur noch erforderlich, wenn die, über alle geschäftlichen Segmente konsolidierte Betrachtung, kein zutreffendes Bild der Konzernlage vermittelt. Dieses kann der Fall sein, wenn sich einzelne Bereiche gegenläufig entwickeln. Für die Darlegung eines geplanten Geschäftsverlaufes erscheint das Aufzeigen der wesentlichen Geschäftsfelder erforderlich zu sein. Der Konzernlagebericht, die Segmentberichterstattung und der Zwischenlagebericht sollten zueinander wirtschaftliche und textliche Bezüge aufweisen. Auch der Zwischenabschluss kann als zusätzliches Informationsinstrument dienen.

Bei der Risikofrüherkennung aus der Sicht der Kreditinstitute können unter Umständen Informationsnachteile zu individuellen Marktgegebenheiten und Firmeninterna bestehen, die nur den Führungskräften in den Unternehmen bekannt sind. Dieses sind bestehende Informationsdefizite sowie Informationsunterschiede, die im Rahmen der Agency-Theorie beschrieben werden. Die **Banken** können besondere Vorteile bei der Risikofrüherkennung besitzen, aufgrund von:

- **Erfahrungen:** Kreditfälle in der gleichen Branche oder aus einem angrenzenden Wirtschaftszweig eines Zulieferers oder eines Abnehmers liefern wichtige risikorelevante Informationen für die Risikofrüherkennung.
- **Spezialwissen:** Eine Risikoanalyse von Unternehmen auf der Basis von Kennzahlen aus Jahresabschlüssen sowie der Kontoführung ist ein Spezialgebiet von Banken und ermöglicht eine statistische Analyse mit quantitativen Daten.
- **Branchenwissen:** In Banken werden Branchenspezialisten eingestellt, um sich dem Kenntnisstand der Firmenkunden anzugleichen. Diese haben den Vorteil viele Kreditnehmer in einem Sektor zu betreuen und vergleichen zu können.

Die Durchführung des Ratingprozesses sowie die Nutzung weiterer vielfältiger IT-gestützter Modelle zu Krisenfrüherkennung erlaubt es Banken Kreditnehmer in Krisen frühzeitig zu identifizieren und Unternehmen auf die Schieflage anzusprechen.

Gemäß BTO 1.2.4 und 1.2.5 MaRisk sollen Banken initiativ tätig werden und eine Intensivbetreuung oder einen Sanierungsprozess mit dem Kreditnehmer gemeinsam einleiten. Die Überwachung der Kontoführung, die Hereinnahme und Auswertung von Planungsunterlagen der Kreditnehmereinheit in Form ihrer Auftragslage, Finanzplanung und Jahresabschlussanalyse mit Erteilung der abschließenden Bonitätsnote sowie der dazugehörigen Ausfallwahrscheinlichkeit ermöglicht eine detaillierte Beurteilung der Kreditnehmerrisiken durch Banken.

Zusätzliche Erkenntnisse wie allgemeine Ratingmigrationen sowie deutliche negative Ratingabstufung erlauben es den Kreditinstituten, mit dem Kunden in Kontakt zu treten und gemeinsam Maßnahmen zu ergreifen, wenn auch die Interessenlagen der Beteiligten ganz unterschiedlich sein können. Neben den Banken haben Steuerberater und Wirtschaftsprüfer regelmäßig einen guten Einblick in die geschäftliche Situation ihrer Mandanten und potenziell die Möglichkeit, Krisenlagen frühzeitig zu erkennen. Mit dem Urteil vom 26.01.2017 (IX ZR 285/14) verschärft der BGH das Risiko für Steuerberater, für Schäden ihrer Mandanten aus einer verspäteten Insolvenzantragstellung haften zu müssen, wenn sie mit der Erstellung des Jahresabschlusses beauftragt sind und sie anhand der ihnen bekannt gewordenen Umstände Tatsachen feststellen, die der Fortführung des Unternehmens entgegenstehen können.

Das Risiko resultiert somit aus der Erstellung und Prüfung von Jahresabschlüssen aufgrund eines pflichtwidrigen Ansatzes der Bilanzpositionen zu Fortführungswerten gemäß § 252 Abs. 1 Nr. 2 HGB, wenn innerhalb des Prognosezeitraums damit gerechnet werden kann, dass das Unternehmen vor dem Insolvenzantrag, im Eröffnungsverfahren oder direkt nach Insolvenzeröffnung stillgelegt werden wird. Der mit einer Erstellung oder Prüfung des Jahresabschlusses beauftragte Steuerberater ist verpflichtet zu überprüfen, ob sich auf der Grundlage der ihm zur Verfügung stehenden Unterlagen und der ihm sonst bekannten Umstände tatsächliche oder rechtliche Gegebenheiten ergeben, die einer möglichen Fortführung der Unternehmenstätigkeit entgegenstehen und Insolvenzantragspflichten auslösen können (siehe § 102 StaRUG).

Eine Verletzung der **Hinweispflicht** kommt in Betracht, wenn der Steuerberater oder Wirtschaftsprüfer das Vorliegen eines Insolvenzgrundes erkennt oder für ihn ernsthafte Anhaltspunkte bestehen, dass ein Insolvenzgrund vorliegen kann, wie zum Beispiel ein nicht durch Eigenkapital gedeckter Fehlbetrag in der Bilanz. Dann wird aufgrund einer bestehenden Insolvenzreife der Gesellschaft unter Umständen objektiv zu Unrecht von Fortführungswerten ausgegangen. Hier genügt es nicht, wenn nur auf die allgemeinen Prüfungspflichten des Geschäftsführers verwiesen wird. Gegebenenfalls hat der Ersteller oder Prüfer des Jahresabschlusses eine Fortführungsprognose gemäß § 252 HGB einzufordern.

Buchprüfer, Steuerberater und Wirtschaftsprüfer müssen ihre Mandanten auf Risiken der Zahlungsunfähigkeit oder Überschuldung mit Insolvenzantragspflichten dann hinweisen, wenn Anhaltspunkte offenkundig sind und dem Mandanten die mögliche Insolvenzreife nicht bewusst ist (§ 102 StaRUG und BGH, 26.01.2017, IX ZR 285/14).

Die Prüfung des **Going-Concern-Prinzips** gemäß § 252 Abs. 1 HGB ist Bestandteil des Aufgabenfeldes der Wirtschaftsprüfer. So wird im Bestätigungsvermerk auf die Fortführungsprognose eines Unternehmens hingewiesen. Der Wirtschaftsprüfer hat nach § 322 Abs. 2 HGB den qualitativ abgestuften Bestätigungsvermerk abzugeben und dort problemorientiert auf Risiken, die den Fortbestand des gesamten Unternehmens oder eines Konzernunternehmens gefährden, gesondert einzugehen.

Stakeholderanalyse zur Risikoerkennung

Neben den eigenen im Unternehmen eingesetzten Modellen und Instrumenten lassen sich auch die Informationen anderer Interessengruppen, der Stakeholder, für die eigene Risikoerkennung im Unternehmen verwenden. Dann können Erkenntnisse externer Gruppen für die Einschätzung von Risiken und die Risikofrüherkennung aus unterschiedlichen Sichtweisen genutzt werden. Des Weiteren können Informationen der internen und externen Stakeholder als Erkenntnisquelle zur Ermittlung von strategischen Risiken genutzt werden. Gerade in einer Strategiekrisenentwicklung ist diese asymmetrische Informationsverteilung zwischen den Kreditinstituten und den Firmenkunden oft stark ausgeprägt. Die Anspruchsgruppen eines Unternehmens können eine Diagnosehilfe leisten, um die Krisenlage bei einer Firma zu erkennen und das Gesamtbild über den Kreditnehmer abzurunden. Basis des Verfahrens zur Risikofrüherkennung ist die Stakeholder-Analyse. Das Vorgehen wird auch im Sanierungsstandard IDW S 6 gefordert und ist in der Praxis gut anwendbar.

Der gewählte Ansatz der Risikofrüherkennung geht davon aus, dass sich Krisensignale in den Beziehungen zu den internen und externen Stakeholdern zeigen können und sich auf diesem Wege wirtschaftliche Risiken früh identifizieren lassen (vgl. Ansoff, 1976, S. 129 ff. sowie Meffert et al., 2012, S. 327 ff.). Es lassen sich über diese systematische Untersuchung der Anspruchsgruppen unter Umständen Risikokonzentrationen bei Kunden sowie Lieferanten zu einer Firma und damit Gefährdungen in der Wertschöpfungskette erkennen. Weitere Stakeholder und abgeleitete Krisenmerkmale können ein Signal für künftige Risiken bei einem bedeutenden Firmenkunden darstellen. Es werden die im Stakeholder-Modell betrachteten Stakeholdergruppen begutachtet und mögliche Risikomerkmale in Unternehmen erfasst.

Risikoidentifizierung über die Geschäftsführung

- Fehlende Unternehmensstrategie, keine Nachfolgeregelung
- Mangelhafte Qualifikation der gesamten Geschäftsführung
- Intensives Entnahme- und Investitionsverhalten der Geschäftsführer

Risikoidentifizierung über die Anteilseigner

- Gesellschafterdarlehen werden besichert oder zurückgeführt
- Bürgschaften werden nachhaltig zurückgefordert
- Risiken aus der Gestaltung der Unternehmensnachfolge

Risikoidentifizierung über den Aufsichtsrat/Beirat

- Mangelhafte Qualifikationen der Mitglieder des Überwachungsorgans
- Vermehrte außerordentliche Sitzungen des Aufsichtsrats
- Häufiger Wechsel der Auswahl der Geschäftsleitung

Risikoidentifizierung über das Mittlere Management

- Mitarbeiter der zweiten Führungsebene verlassen das Unternehmen
- Fehlende Qualifikationen des Mittleren Managements
- Hohes Alter und häufiger Wechsel in der zweiten Führungsriege

Risikoidentifizierung über Mitarbeiter/Betriebsrat

- Fehlzeiten nehmen zu und die Arbeitsmotivation sinkt
- Weniger Auszubildende und hoher Altersdurchschnitt
- Qualifikation und Qualität der Mitarbeiter nehmen ab

Risikoidentifizierung über andere Kreditinstitute

- Hohe Ausnutzung der Linien bei anderen Banken
- Negative Bankauskünfte anderer Finanzinstitute und Mahnbescheide
- Anstieg der Gesamtverschuldung gemäß der Evidenzmeldung

Risikoidentifizierung über Lieferanten/Kreditversicherer

- Klumpenrisiken bei einzelnen Lieferanten, Abhängigkeiten
- Höhere Ausnutzung von Lieferantenkrediten, Linienkürzungen
- Negative Veränderungen im Branchenscoring der Kreditversicherer

Risikoidentifizierung über Kunden

- Abhängigkeiten von einzelnen Händlern und Endabnehmern
- Verringerung der Bestellmengen, erhöhte Forderungsausfallraten
- Vermehrte Reklamationen, Rückgaben, Anstieg Zahlungsziele

Risikoidentifizierung über Wirtschaftsprüfer und Steuerberater

- Einschränkungen oder Kommentare beim Bestätigungsvermerk
- Negative wirtschaftliche Beurteilungen im Prüfungsbericht
- Hinweise zu einer möglichen Insolvenzreife gemäß § 102 StaRUG

Dieser längst nicht vollzählige Katalog kann Hinweise auf risikorelevante Veränderungen im Unternehmen und seinem Umfeld geben. Dann kann eine Checkliste erarbeitet werden, mit der die qualitativen Krisenindikatoren durch den Firmenkundenbetreuer systematisch abgefragt werden. Gerade die Hausbank hat Informationsvorteile, es besteht aufgrund einer jahrelangen Geschäftsbeziehung eine hohe Wissensdichte.

Dieser Vorteil kann dazu genutzt werden, um eine wirksame Risikofrüherkennung bei Firmenkunden zu betreiben. Auf diese Weise besteht die Chance, bereits eine strategische Krisenphase zu erkennen. Zum Teil liegen relevante Informationen den Banken bereits vor. Diese werden jedoch nur ungenügend genutzt. Wichtig ist, dass Risikoanalysen in den Kreditinstituten nicht nur auf quantitativen Daten beruhen, sondern dass zusätzlich verstärkt qualitative Krisenmerkmale identifiziert werden. Nur die umfassende Risikofrüherkennung kann das ganzheitliche Wahrnehmen einer strategischen Gefährdung bei einem Firmenkunden ermöglichen.

Im Übergang zwischen der Strategiekrise sowie der Stakeholderkrise und Erfolgskrise, befindet sich die Produkt- und Absatzkrise. Diese wird durch sinkende Absatzzahlen und Umsätze erkennbar. Die Messungen können über Profit-Center-Rechnungen und Deckungsbeitragsrechnungen erfolgen, um rückläufige Erlöse zu erkennen. Ein wichtiges Instrument ist aus Bankensicht die Analyse der Auftragslage, gerade im Maschinen- und Anlagenbau oder im Baugewerbe. Sie kann als Grundlage zur Verifizierung künftiger Umsätze herangezogen werden.

In der Praxis lassen sich aus einer **Szenario-Analyse** verschiedene Bewertungen der Zukunft für eine Firma vornehmen. Es können Best-Case-, Normal-Case- oder Worst-Case-Prognosen abgegeben werden. Diese lassen sich zum einen verbal beschreiben und zum anderen rechnerisch ableiten. So kann beispielsweise eine Plan-Simulation der Gewinne oder Verluste sowie der Liquiditätslage aus den erwarteten Umsätzen ermittelt werden. In den Best-Case-Szenarien werden alle geplanten Umsätze eingerechnet. Im Normal Case werden nur die bereits bestehende Auftragslage und der erwartete Grundumsatz zuzüglich der Umsätze, die mit der Eintrittswahrscheinlichkeit von mehr als 50,0 % eintreten, berücksichtigt. Im **Worst Case** werden allein die Erlöse auf der Grundlage fester bestehender Verträge berücksichtigt. Die folgende Abb. 3.23 zeigt die Methode zur Ableitung der Zukunftslagen auf Basis der geplanten Umsatzerlöse. Die Berechnungen können auf monatlicher Basis oder auf kumulierter Basis erfolgen. Auch die Saisonalität der Umsatzstruktur kann abgebildet werden.

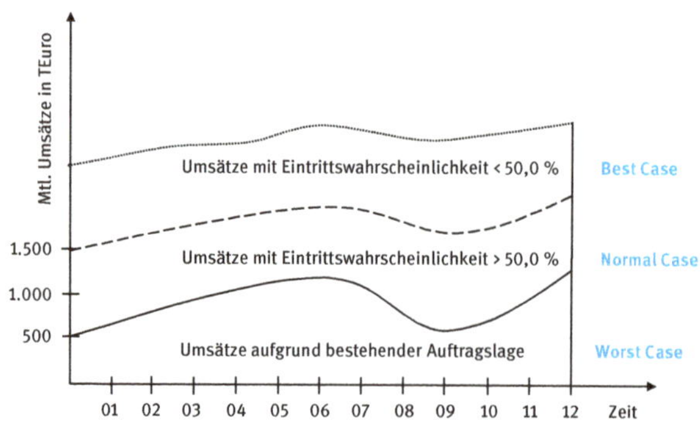

Abb. 3.23: Umsatzszenarien im Jahresverlauf (Quelle: Eigene Darstellung)

Auf diese Art und Weise lassen sich Risiken aus einer reduzierten Auftragslage und die Auswirkungen auf die Ertragslage und die finanzielle Situation bei der betrachteten Firma erfassen. Besonders relevant sind Normal-Case und **Worst-Case-Szenarien**, da diese die wahrscheinliche beziehungsweise die schlechteste Entwicklungssituation der Umsatzlage angeben. Auf Grundlage der Berechnungen lassen sich die möglichen Grenzen bei der Ertragslage abschätzen.

Mit dem Instrument lassen sich die geplanten Ergebnisse im Rahmen der kurzfristigen Erfolgsrechnung und Liquiditätsplanung mit dem Bedarf an Kontokorrentkreditlinien und Avallinien im Zeitablauf aus den erwarteten Umsätzen optimal verifizieren. Der Jahresverlauf mit den unterschiedlichen Umsatzsituationen kann zudem visualisiert werden. Zur Erhöhung der Sicherheit bei der Jahresprognose können mit jedem abgelaufenen Monat die tatsächlich erzielten Ergebnisse sowie Veränderungen in den Eintrittswahrscheinlichkeiten zukünftiger Monate laufend eingepflegt werden.

Auf der Basis dieser Methode lassen sich diese drei Szenarien (Best Case, Normal Case, Wort Case) nachvollziehbar berechnen und zudem kann auf dieser Basis ein transparentes integriertes Planungssystem der Erfolgs- und Liquiditätslage aufgebaut werden. Der Übergang zur Erfolgskrise ist gleitend. Während die Anzeichen einer Strategiekrise, einer Stakeholder-Krise und einer Produktkrise oft nur unscharf sichtbar werden, sind deren Folgen gut erkennbar. Spiegeln sich die Krisenlagen mit einer Zeitverzögerung im Zahlenwerk wider, ist der Übergang zur Erfolgskrise offenkundig. Spätestens dann ist der Krise mit Maßnahmen zu begegnen.

Jahresabschlussanalyse zum Erkennen der Erfolgskrise

Die **Erfolgskrise** zeigt sich bei einer Krisenfirma durch rückläufige Umsätze und Ergebnisse. Dies wirkt sich mit der Dauer negativ auf die Kapitalstruktur und destabilisierend aus. Das Feststellen der rückläufigen Ertragslage ist durch verschiedene quantitativ geprägte Instrumente wie die Jahresabschlussanalyse und weitergehende statistische Verfahren in der Praxis, wie die Diskriminanzanalyse möglich. Dabei liefern die Kennzahlenanalysen des Jahresabschlusses oder der betriebswirtschaftlichen Auswertungen (BWA) zum einen wichtige Informationen zur laufenden Überwachung der Bonität eines Firmenkunden. Zum anderen werden Indizien deutlich, die eine Beeinträchtigung der aktuellen und künftigen Ertragslage klar anzeigen. Es können Kennzahlenauswertungen zur Risikofrüherkennung genutzt werden.

Auch Planzahlen lassen sich potenziell auswerten. Diese zeigen über mögliche Soll-Ist-Vergleiche negative Abweichungen von einer erwarteten Entwicklung auf. Daten aus diesen Informationsmedien sind für die Kreditinstitute meist gut zugänglich, effizient auswertbar und beschreiben die wirtschaftliche Entwicklung eines Unternehmens im Zeitablauf. Wichtig für eine Überwachung der Bonität ist die Auswahl geeigneter Indizes, die als signifikante Risikoindikatoren eine drohende wirtschaftliche Fehlentwicklung verlässlich anzeigen können. Dabei kann eine Diskriminanzanalyse auf der Basis einer Jahresabschlussanalyse bei der Erfassung von Krisenindikatoren helfen.

Das multivariate Analyseverfahren identifiziert Kennzahlenkombinationen aus empirischen Jahresabschlussdaten der Vergangenheit, die eine möglichst verlässliche Prognose für die Zukunft gewährleisten. Dazu wird unterstellt, dass negative Kennzahlenveränderungen aus dem externen Rechnungswesen eine Insolvenzgefährdung bei Unternehmen frühzeitig anzeigen und sich diese Indizes bei schwachen Firmen deutlich von Unternehmen ohne Krisenentwicklung unterscheiden. Ziel ist die Ermittlung einer mathematischen **Diskriminanzfunktion**, die über ein trennscharfes Kennzahlenprofil als Risikoindikator dienen kann (vgl. Schiller/Tytko, 2001, S. 91 ff.).

Die Untersuchung der externen Rechnungslegung stellt mit der Jahresabschlussanalyse ein Instrument zur Schwachstellendiagnose in der Erfolgskrise dar. Dabei hat die Bilanzanalyse über Kennzahlensysteme und darauf aufbauende statistische Verfahren inhaltlich gesehen in den letzten Jahren erhebliche Fortschritte gemacht. Zeitreihenanalysen und Branchenvergleiche lassen sich effizient mit einer elektronischen Datenverarbeitung durchführen. Vorteil der Bilanzanalyse sind das Analysieren und Eingehen auf Informationen sowie Probleme jedes einzelnen Engagements. Dabei sind alle Einzelabschlüsse sowie Konzernbilanzen eines Kunden individuell zu analysieren, um auch bei den komplexen Firmenkundenengagements die wirtschaftliche Lage verlässlich einschätzen zu können. Es wird bei dieser **Krisendiagnose** über Jahresabschlüsse zutreffend festgestellt: „Jeder Fall verlangt letztlich seinen individuellen Analysepfad." (Hauschildt, 2002, S. 1008).

Bedeutende Untersuchungsfelder im Bereich der Jahresabschlussanalyse sind die Vermögens-, Ertrags- und Finanzlage. Dabei hat der Jahresabschluss aus der Grundnorm des § 264 Abs. 2 HGB ein den tatsächlichen Verhältnissen entsprechendes Bild der Vermögens-, Finanz- und Ertragslage der Kapitalgesellschaft sowie der gemäß § 264a HGB gleichgestellten rechtsfähigen Personengesellschaft zu vermitteln. Es ist im Sinne der Zielrichtung der Analysen wichtig, die Auswertungsabsichten vorab zu benennen und eine gleichartige Vorgehensweise bei dieser Analyse zu wählen (vgl. Baetge et al., 2004, S. 25). Bedeutende Felder und zeitliche Prognosen der Risikofrüherkennung und mögliche Untersuchungszwecke sind unter anderem die:

- Feststellung der dauerhaften finanziellen Stabilität
- Ermittlung der zukünftigen nachhaltigen Ertragskraft
- Fähigkeit zur langfristigen Deckung des Kapitaldienstes

Es ist die Abdeckung des **Kapitaldienstes** für die Inhaber von Festbetragsansprüchen in Form von Zinsen sowie Tilgungen aus dem laufenden Ertrag und Cash Flow zu bestimmen. Fremdkapitalgeber treffen als Gläubiger Entscheidungen über die Höhe der Kreditengagements. Somit steht oft die Finanz- und Ertragslage im Zentrum der Analyse, da die Kreditwürdigkeit über einen längeren Zeitraum eingeschätzt werden muss (vgl. Baetge et al., 2004, S. 27). Im Allgemeinen sind die Anforderungen zur zeitnahen und vollständigen Hereinnahme wichtiger Unterlagen zur wirtschaftlichen Lage aus § 18 KWG und MaRisk und aus internen Richtlinien zu beachten.

Im ersten Schritt der Jahresabschlussanalyse ist eine **Strukturbilanz** festzulegen. Bei dem Auswertungsraster handelt es sich um eine aufbereitete Originalbilanz, mit der eine standardisierte Analyse der oft sehr unterschiedlichen Ausgangsdaten ermöglicht wird (vgl. Baetge et al., 2004, S. 85). Dann lassen sich Korrekturen von Abschlussposten vornehmen und in einem Folgeschritt gegebenenfalls einige der korrigierten Positionen zu aussagefähigen Größen zusammenfassen, um eine einheitliche Ausgangsbasis bei unterschiedlichen Bilanzausführungen zu schaffen. Dies kann auch in Anlehnung an eine bestimmte Branche geschehen. Die Umgestaltung erfolgt nach den individuellen Anforderungen eines Kreditinstituts mit der Zusammenfassung und Korrektur von Größen (vgl. Küting/Weber, 2012, S. 81 ff.). Vorzüge der Kennziffernanalyse auf Grundlage einer Strukturbilanz sind:

- Vergleichbarkeit der Kennziffern mit anderen Betrieben oder Betriebsteilen
- Mögliche Trendvergleiche von Zahlen und Kennziffern im Zeitablauf
- Objektive, effiziente Auswertungsmöglichkeiten über die Datenverarbeitung

Die eigentliche Analyse der Daten des externen Rechnungswesens gemäß HGB erfolgt anhand ausgewählter Kennzahlen. Dabei erarbeitet jedes Kreditinstitut aufgrund eigener Erfahrungen bei der Bonitätsbeurteilung oft mit unterschiedlichen Kennziffernkatalogen. Dazu können auch eigene kreative Kennzahlen gebildet werden, um Risiken zu erkennen (vgl. Baetge et al., 2004, S. 164 ff.). Dazu werden sowohl Bestands- als auch Stromgrößen verwendet. Aus der Bilanz lassen sich unter anderem Veränderungen in der Kapitalstruktur erkennen, die eine große Bedeutung bei der Bonitätseinschätzung hat (Finanzlage). Zudem kommt der Analyse des Umlaufvermögens eine große Wichtigkeit zu, da in diesen Positionen hohe Risiken aus überbewerteten Materialvorräten, Warenbeständen und dubiosen Forderungen bestehen können (Vermögenslage). Notwendige Wertkorrekturen wirken sich unmittelbar sowie meist sehr stark auf das Jahresergebnis in der Gewinn- und Verlustrechnung aus.

Die Analysepraxis in Kreditinstituten sollte sich einer genauen Untersuchung der Gewinn- und Verlustrechnung (GuV) zuwenden, da dort der Erfolg des Leistungserstellungsprozesses abgebildet wird (Ertragslage). Anhand einer Erfolgsanalyse lassen sich auffällige Veränderungen im Zeitvergleich oder in der Relation zu anderen Kreditnehmern einer Branche im Betriebsvergleich ermitteln.

Die wesentliche Grundlage der Untersuchung der Ertragslage ist eine Aufspaltung der Erfolgsquellen. Die Aufgabe der Erfolgsspaltung ist die Zerlegung des Periodenerfolgs auf nachhaltige und nicht nachhaltige Bestandteile, um die dauerhaft gültigen Erfolgspotenziale ableiten zu können. Die nachhaltigen Komponenten zeichnen sich dadurch aus, dass eine Wiederkehr in der Zukunft erwartet werden kann, während die nicht nachhaltigen Positionen unregelmäßig anfallen. Der Ausgangspunkt der Erfolgsstrukturanalyse ist die GuV. Abzuleiten sind das ordentliche Betriebsergebnis als dauerhafte Ertragsquelle und unregelmäßige, außerordentliche sowie andere nicht nachhaltige Ergebnisbestandteile (vgl. Küting/Weber, 2012, S. 234 ff.).

Ein wesentliches Erkenntnisziel besteht in der Ermittlung eines nachhaltig erzielbaren Unternehmensergebnisses. Die darauf basierende **Erfolgsaufspaltung** kann in nachstehende Segmente erfolgen:

- **Ordentlicher Betriebserfolg:** Eigentliche und nachhaltige Geschäftstätigkeit
- **Finanz- und Verbunderfolg:** Spekulation, Erträge aus Beteiligungen
- **Außerordentlicher Erfolg:** Verkauf von Anlagevermögen, Umlaufvermögen
- **Bewertungserfolg:** Spielraum Entstehungszeitraum Erträge, Neubewertung

Auf Basis der Ertragsdaten erfolgt in Kreditinstituten die Ermittlung der Kapitaldienstfähigkeit, als zentrale Größe der Bonitätseinschätzung. Wesentlich sind die dauerhaften Bestandteile. Diese Analyse kann auf Ist-Daten oder auf Plan-Daten beruhen. Meist wird der **Worst Case** abgebildet, beispielsweise beim Ansatz einer maximalen Inanspruchnahme bei einer zur Verfügung gestellten Kontokorrentlinie. Diese Berechnung erfolgt in der Regel brutto, das heißt der Zinsaufwand aus der GuV wird zunächst abgezogen sowie anschließend, bei Unterstellung einer vollständigen Inanspruchnahme, wieder hinzugezählt, wie der Aufbau in Tab. 3.8 erläutert.

Tab. 3.8: Kapitaldienstrechnung (Quelle: Eigene Darstellung)

Position	Ist	Plan
Jahresüberschuss		
+ Abschreibungen (70,0 % bei Ersatzbeschaffungen)		
+ Zuführung zu langfristigen Rückstellungen		
+ Zinsaufwand aus Gewinn- und Verlustrechnung		
= Cash Flow		
+/– Desinvestitionen/Investitionen		
+/– Kreditaufnahmen/Bankeigene Zinsen/Tilgungen		
+/– Privateinlagen/Privatentnahmen		
= Kapitaldienstüberdeckung/-unterdeckung		

Dabei zeigen sich Übereinstimmungen zur Kapitalflussrechnung, gegebenenfalls nach DRS 21, denn es werden die verschiedenen Finanzfonds beziehungsweise die Einzahlungen und Auszahlungen in Form der nachstehenden **Cash Flows** erfasst, um den Finanzmittelfonds am Ende der Periode zu ermitteln (siehe Änderungen aus DRÄS 13):

- Cash Flow aus operativer Geschäftstätigkeit
- Cash Flow aus Investitionstätigkeit
- Cash Flow aus Finanzierungstätigkeit
- Cash Flow aus Ausschüttungstätigkeit
- Cash Flow aus Gesellschaftereinlagen

Allerdings erfolgt die Berechnung im Rahmen der **Kapitalflussrechnung** in der Regel rückwärtsgerichtet, auf der Basis von Ex-Post-Daten. Dagegen kann die Kapitaldienstrechnung auch prospektiv ausgestaltet sein. Dann werden auf der Grundlage von Ex-Ante-Daten Aussagen über die erwartete Zukunft getroffen. Relevant ist als Zahlungsdeckungsbestand der Cash Flow. Zusätzlich lassen sich Ertragsdaten durch die Kontoführung und die Finanzplanung plausibilisieren. Eine nachhaltig gute Ertragslage sollte sich dann irgendwann positiv in der Kontoführung und in einer dauerhaft stabilen Liquiditätslage widerspiegeln.

Auch die genaue Analyse der **Ertrags- und Aufwandsstruktur** im zeitlichen sowie im strukturellen Vergleich erfährt Aufmerksamkeit. Im Branchenvergleich sind dort die Einzelpositionen des Materialaufwands sowie des Personalaufwands beziehungsweise die Quoten in Relation zum Umsatz von Interesse.

Im Rahmen der **Finanzlage** wird zum einen die Kapitalstruktur untersucht sowie zum anderen die Liquiditätslage im Unternehmen. Eine wichtige Bilanzkennzahl ist die Eigenkapitalquote (vgl. Baetge, et al., 2004, S. 228 ff.). Die Entwicklung des Eigenkapitals zeigt als **Verlustauffangpuffer** die Stabilität des Unternehmens zur Überwindung von temporären Krisenphasen an. Die **Eigenkapitalposition** ist von großer Bedeutung, da dieser Posten zu einem umfassenden Teil die in den Vorjahren erzielten kumulativen Gewinne repräsentiert. Die mögliche Bildung von neuem Eigenkapital hängt somit eng mit der gegebenen Ertragskraft zusammen, die sich in der Gewinn- und Verlustrechnung der abgelaufenen Jahre zeigt. Verluste können darüber aufgefangen werden.

Des Weiteren wirken sich die Gewinne, basierend auf Erträgen, in Form von Einzahlungen auf die Zahlungsmittelzuflüsse aus. Dann steht die Beurteilung der **Kontoführung** im Vordergrund der Risikofrüherkennung, da auch das Kontoführungsverhalten als Indikator für die unternehmerische Tätigkeit und die Zahlungsfähigkeit angesehen werden kann und die Daten zeitnah zur Verfügung stehen. Die Hausbank verfügt mit der Führung der laufenden Konten über eine aktuelle Informationsquelle, die auszuwerten ist. So können die Saldenentwicklungen Gefährdungen anzeigen, zum Beispiel wenn Soll- und Haben-Umsätze entgegen der Historie und zudem vom Saisonverlauf auffällig negativ abweichen und nicht der aktuellen Ertragslage entsprechen. Erhöhte Kontoinanspruchnahmen und Überziehungen können auf relevante sowie dauerhafte Liquiditätsrisiken hindeuten (drohende Zahlungsunfähigkeit).

Die Vermögenslage, die Ertragslage und die Finanzlage werden schwerpunktmäßig im Rahmen einer Jahresabschlussanalyse untersucht. Zusätzlich können die Informationen aus dem Anhang, dem Lagebericht, der nichtfinanziellen Erklärung gemäß §§ 289, 289a HGB und dem Bericht des Aufsichtsrats herangezogen werden, um ein umfassendes Bild zu erhalten. Der Lagebericht gibt einen Ausblick auf den Geschäftsverlauf, die Branchensituation und die zukünftige Entwicklung des Unternehmens über den Prognosebericht (vgl. Baetge, et al., 2024a, S. 770 ff. sowie Portisch, 1997, S. 184 ff.). Die nachfolgende Abb. 3.24 zeigt mögliche Auswertungsbereiche über Kennzahlen im Rahmen der Jahresabschlussanalyse nach dem Handelsrecht.

Dabei sind Untersuchungen in der Bilanz auf vertikaler und horizontaler Ebene möglich. Dabei können Positionen innerhalb des Anlage- und Umlaufvermögens gemessen und verglichen werden oder es lassen sich Relationen im Zusammenhang mit der Kapitalstruktur ermitteln. Im Umlaufvermögen ist die Qualität der Warenbestände und Forderungen in Bezug auf die Bewertung durch Externe zu verifizieren.

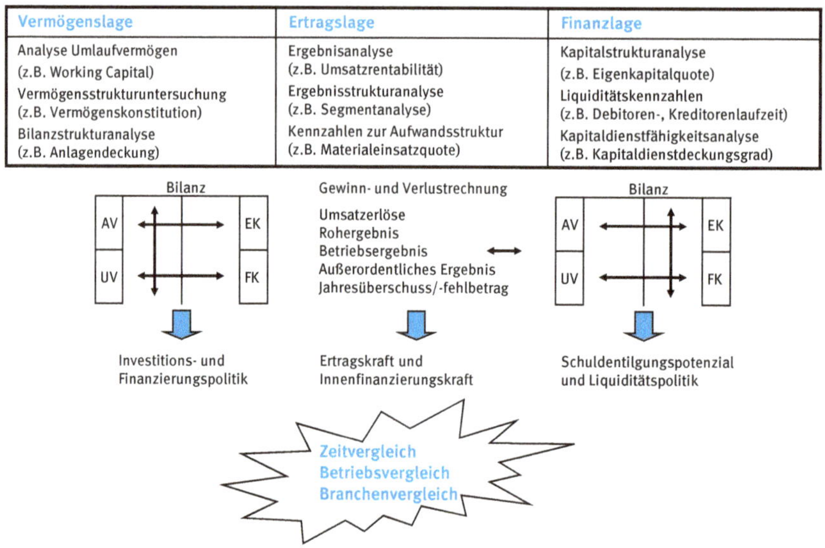

Abb. 3.24: Komponenten der Jahresabschlussanalyse nach HGB (Quelle: Eigene Darstellung)

Von großer Bedeutung ist die Ertragslage, da diese die dauerhaften Gewinnpotenziale anzeigt. Zudem lassen sich Analysen der Bilanz mit der Gewinn- und Verlustrechnung verzahnen. Die unterschiedlichen Auswertungen können mit Kennzahlen im **Zeitvergleich**, **Betriebsvergleich** oder **Branchenvergleich** analysiert werden. Daneben sind weitere Bereiche einer systematischen Beurteilung zu unterziehen:

- **Analyse des Anhangs:** Informationen zur Ausnutzung von Wahlrechten bei dem Ansatz und der Bewertung von Bilanzpositionen werden berichtet.
- **Analyse des Lageberichtes:** Die Geschäftsleitung geht in dem Report auch auf die erwartete Auftrags- und Ertragslage der nächsten Jahre ein.
- **Analyse nichtfinanzieller Erklärung im Lagebericht:** Informationen über die Einhaltung der Nachhaltigkeitsanforderungen liegen vor.
- **Analyse der Organberichte:** Berichte des Vorstands, Aufsichtsrats und Prüfungsberichte des Wirtschaftsprüfers zeigen Besonderheiten und Feststellungen.
- **Analyse der Zusatzberichtsteile:** Die Kapitalflussrechnung, die Eigenkapitalveränderungsrechnung, die Segmentberichterstattung liefern wichtige Daten.

Es ist zu beachten, dass der vorrangige Rechnungslegungszweck des Handelsrechts im Gläubigerschutz liegt (vgl. Buchholz, 2024, S. 3 ff.). Dies kann dazu führen, dass Bilanzierungs- und Bewertungswahlrechte bewusst ausgeübt werden, um eine Optimierung des Bilanzbildes für die externen Analysten zu erreichen und darüber die Kreditanalysen der Banken positiv zu beeinflussen. Vorhandene Wahlrechte und außerbilanzielle Sachverhalte können das tatsächliche Bild der wirtschaftlichen Lage eines Unternehmens für externe Bilanzleser verfälschen (vgl. dazu Baetge et al., 2024a, S. 730 ff.). Erschwert wird eine vergleichende Auswertung von Jahresabschlussdaten, wenn die Firmen entweder nach HGB oder nach IFRS bilanzieren.

Wichtig ist es, im Rahmen der **Bilanzanalyse** zu überprüfen, ob die Werthaltigkeit der angesetzten Positionen beispielsweise des immateriellen Vermögens gegeben ist oder Korrekturen zum Eigenkapital erfolgen sollten (vgl. Buchholz, 2024, S. 102 ff.). Insgesamt ist überprüfen, inwieweit Wahlrechte bei den Ansatz- oder Bewertungsvorschriften im Sinne der konservativen oder der progressiven Bilanzierung genutzt wurden. Allgemein ist die gestaltende Ausnutzung von bestehenden Wahlrechten bei der Bewertung der Vermögens- und Schuldenpositionen zu überprüfen.

Untersuchungsobjekt der **Vermögenslage** ist die Analyse der Vermögensstruktur. Es ist zu ermitteln, wie das im Unternehmen eingesetzte Kapital verwendet wurde. Von Interesse sind die Arten der investierten Vermögenspositionen, die Zusammensetzung der Bereiche des Anlage- und Umlaufvermögens sowie die Dauer einer Vermögensbindung (vgl. Baetge et al., 2004, S. 191 ff.). Von der Struktur des Vermögens hängt es unter anderem ab, inwieweit ein Unternehmen auf Beschäftigungsschwankungen reagieren kann. Der Bilanzaufbau deutet die Liquidierbarkeit der Positionen an und ist zudem Ausdruck des leistungswirtschaftlichen Risikos.

So kann nach IFRS die Anlagenintensität deutlich höher ausfallen, wenn umfassende Vermögenspositionen als langfristig deklariert oder neu eingeschätzt werden. Dieses kann der Fall sein, wenn Neubewertungen von Sachanlagen zu Zeitwerten vorgenommen werden. Zudem kann eine detaillierte Auswertung des Working Capitals erfolgen, da dieses im IFRS-Abschluss differenzierter ausgewiesen wird. Hier ist zudem eine Untersuchung der Notes vorzunehmen.

Bei der Analyse der **Ertragslage** lassen sich Informationen aus der Segmentberichterstattung nutzen, um die Entstehung des ordentlichen Betriebsergebnisses differenziert nach Geschäftsbereichen, Regionen oder verschiedenen Produktgruppen aufzuzeigen (vgl. Gräfer, 2008, S. 155 ff.). Die wichtige Kennzahl der Ertragsanalyse ist der EBIT mit seinen verschiedenen Abwandlungen. Der EBIT soll wie das Betriebsergebnis den Unternehmenserfolg frei von Einflüssen unterschiedlicher Kapitalstrukturen als vorläufiges Ergebnis vor Zinsen und Steuern aufzeigen (vgl. Gräfer, 2008, S. 57 ff.).

Zusätzlich können weitere **Rentabilitäts- und Cash-Flow-Kennzahlen** zur Ermittlung der Erfolgsindikatoren in einzelnen Unternehmenssegmenten gebildet sowie im Branchen- und Zeitvergleich ausgewertet werden.

Zu beachten ist, dass die GuV nach IFRS um außerordentliche Bestandteile sowohl im Betriebs- als auch im Finanzergebnis zu bereinigen ist. Die Positionen werden in den IFRS in der Regel nicht differenziert ausgewiesen und die Notes sind zur Erläuterung hinzuzuziehen (vgl. Weigel/Flick, 2007, S. 392 ff.).

Auswertungen der Finanzlage umfassen die Kapitalstruktur und horizontale Kennzahlen zur Bilanz. Die Untersuchungen können um eine Prüfung der Eigenkapitalveränderungsrechnung erweitert werden. Aus Analysegesichtspunkten ist von Bedeutung, dass Kapitaltransaktionen mit den Anteilseignern inklusive der Gewinnausschüttungen sichtbar werden. Auch Korrekturen zum Eigenkapital sind erkennbar. Weiterhin kommt der Eigenkapitalquote als Kennzahl eine große Bedeutung zu. Diese kann jedoch höher ausfallen, wenn mezzanine Finanzprodukte als Eigenkapitalsurrogate eingesetzt werden. Dann kann Genussrechtskapital nach IFRS unter bestimmten Bedingungen sogar als wirtschaftliches Eigenkapital anerkannt werden, wenn dieses unbefristet sowie unkündbar zur Verfügung gestellt wird und die Vergütung im Ermessen des Unternehmens liegt und von den variablen jährlichen Ausschüttungen im Fall einer guten und zudem stabilen Gewinnsituation abhängt (vgl. Portisch, 2008a, S. 217 ff. und Grünberger, 2009, S. 184 ff.).

Zudem kann die Untersuchung um eine zahlungsstromorientierte **Liquiditätsanalyse** erweitert werden. Hier erleichtert eine Kapitalflussrechnung gemäß IAS 7 finanzielle Interpretationen, da reine Zahlungsvorgänge abgebildet werden. Dies kann den Aussagegehalt einer Untersuchung des Liquiditätsbereichs erhöhen, da die Mittelherkunft und die Mittelverwendung deutlich werden. Es werden die Cash Flows aus der laufenden Geschäftstätigkeit, der Investitionstätigkeit und der Finanzierungstätigkeit des Unternehmens sichtbar (siehe Baetge et al., 2004, S. 129 ff.). Ebenso lässt sich der Cash Flow aus der außerordentlichen sowie der finanziellen Geschäftstätigkeit zeigen und detailliert mit Kennzahlen auswerten.

Definition: Als **Cash Flows** werden periodische Einzahlungsüberschüsse verstanden. Diese lassen sich direkt oder indirekt aus den internen oder externen Instrumentarien der Rechnungslegung ermitteln. Externe Bilanzanalytiker berechnen den Cash Flow nach der vereinfachten indirekten Berechnung aus dem Jahresüberschuss zuzüglich der Abschreibungen abzüglich der Zuschreibungen und den Veränderungen der langfristigen Rückstellungen. In der Zukunftsbetrachtung wird der Zinsaufwand aus der GuV zunächst hinzugezählt und anschließend werden die maximalen Zinsbelastungen, die unter anderen aus einer vollständigen Ausnutzung der Kontokorrentlinien resultieren können, wieder abgezogen. Das Vorgehen folgt einer Bruttobetrachtung im Rahmen einer vorsichtigen Analyse und Betrachtung.

Insgesamt haben die aus **IFRS-Positionen** abgeleiteten Kennzahlen eine unterschiedliche Aussagekraft im Vergleich zum HGB, aufgrund folgender Faktoren:

- **Fair Value-Bewertung:** Zeitwertansätze basieren auf Schätzungen
- **Ergebnisvolatilität:** Werte können im Zeitablauf stark schwanken
- **Realisationsprinzip:** Realisierbare Gewinne werden bereits erfasst

Die Jahresabschlussanalyse nach IFRS ähnelt der Bilanzanalyse nach dem HGB. Jedoch existieren bei den IFRS mit der Eigenkapitalveränderungsrechnung, der Segmentberichterstattung und der Kapitalflussrechnung weitergehende Zusatzinstrumente, die eine hohe Transparenz gewährleisten können sowie differenzierte Auswertungen ermöglichen. Zudem unterscheiden sich die Jahresabschlüsse nach HGB und IFRS inhaltlich. Dies ist auf unterschiedliche Ansatz- und Bewertungsvorschriften zurückzuführen. Insgesamt ist die Beurteilung der IFRS-Abschlüsse aufgrund der Komplexität der Regelungen und der umfangreichen Erläuterungen in den Notes oftmals nur unter erheblichem Aufwand möglich.

Motivationen zur Ausnutzung von Bilanzierungsspielräumen ergeben sich aus der jeweiligen Unternehmenslage und der gewählten Firmenstrategie. Die Vorteile der IFRS-Bilanz sind, dass diese Abschlüsse weder für die Gewinnverwendung noch für die Besteuerung herangezogen werden. Damit entfallen zwei Argumente für eine gezielte Bilanzgestaltung. Von elementarer Bedeutung ist auch die Untersuchung des Anhangs beziehungsweise der Notes, in denen die zugrunde liegenden Bilanzierungsmaßstäbe und Bewertungsmethoden erläutert werden.

Wenn auch die traditionelle Jahresabschlussanalyse nach HGB oder IFRS von starker Praxisnähe gekennzeichnet ist, so ergeben sich doch einige Mängel im Hinblick auf eine frühzeitige sowie zuverlässige Krisenerkennung. Die wesentlichen **Nachteile** einer Kennzahlenanalyse für eine genauere Krisenanalyse sind unter anderem (vgl. Wilden, 2009, S. 52 und Baetge et al., 2004, S. 54 ff.):

- Vergangenheitsbezug und Stichtagsbezogenheit der Daten
- Ansatz- und Bewertungswahlrechte verfälschen das Bild
- Geringe Aussagekraft der qualitativen Berichtsteile

Bestimmte Kennziffern aus der Jahresabschlussanalyse nach HGB oder IFRS können in den Banken als Grundlage für weitere Auswertungsverfahren wie multivariate Diskriminanzanalysen genutzt werden. Ziel ist bei diesem statistischen Verfahren die Risikoerkennung auf Basis der Ermittlung wichtiger Indizes, die eine Insolvenzgefährdung früh anzeigen. Dann kann durch ein schrittweises Vorgehen eine Kombination von Finanzkennzahlen ermittelt werden, die eine Klassifikation zwischen wirtschaftlich starken Unternehmen einerseits sowie insolvenzgefährdeten Firmen andererseits vornimmt. Berechnet wird dazu eine trennscharfe Funktion mit einer geringen Zahl an Fehlzuordnungen (vgl. Gräfer, 2008, S. 163 und Schiller/Tytko, 2001, S. 91 ff.).

In verschiedenen Praxisstudien hat sich gezeigt, dass Verknüpfungen von einem Renditemaß, einer Kapitalstrukturquote sowie einer Liquiditätskennzahl in einer Diskriminanzfunktion zu einer Analysevoraussage mit einer hoher Validität, Reliabilität und Objektivität führen kann (vgl. Wilden, 2009, S. 53 ff.). Es ist zweckmäßig, branchenbezogene Richtwerte zu unterscheiden, um die Genauigkeit dieses Verfahrens zu erhöhen. Dennoch wird auch die Güte einer Diskriminanzanalyse stark durch den Vergangenheitsbezug des Jahresabschlusses eingeschränkt.

Zudem lassen sich die vielschichtigen Ursachen sowie Symptome einer Krise auch mit diesem Verfahren oft nicht genau erkennen. Es zeigt sich, dass eine frühe Krisenfeststellung anhand von Jahresabschlussdaten aufgrund der veralteten Zahlen besondere Schwächen aufweist. Diese Nachteile können durch die zusätzliche Auswertung aktuellen Materials ausgeglichen werden. Somit gewinnen auch unterjährige Zahlen bei der Risikoanalyse an Bedeutung (vgl. Grigg, 2005, S. 111 ff.).

Diese Daten liegen in der Regel in Form betriebswirtschaftlicher Auswertungen (BWA) der DATEV oder auf Basis selbst erstellter monatlicher Zahlenwerke eines Unternehmens vor und ermöglichen eine zeitnahe Beurteilung. Auswerten lassen sich betriebswirtschaftliche Auswertungen mit den bereits genannten Kennzahlen, gegebenenfalls mit Korrekturen. Außerdem lassen sich die Controlling-Berichte der DATEV zur Analyse der **Vermögenslage, Ertragslage und Finanzlage** nutzen, um Bonitätsrisiken zu erkennen. Von Vorteil ist die höhere Aktualität der Daten aus der betriebswirtschaftlichen Auswertung. Nachteile bestehen in Form einer meist nicht erfolgten unterjährigen Abgrenzung, nicht vorhandener Bestandsdaten zum Umlaufvermögen sowie fehlender Spartenrechnungen.

Des Weiteren fehlt bei diesem Zahlenwerk der betriebswirtschaftlichen Auswertung eine perspektivische Vorausschau im Rahmen einer Planungsrechnung. Somit stellt auch die BWA-Analyse nur einen Mosaikstein bei der Untersuchung der Bonität eines Unternehmens dar. Ein Hauptproblem, gerade für Kreditinstitute, ist die zeitnahe Verfügbarkeit dieser monatlichen Zahlen.

Häufig werden diese unterjährigen Daten den Instituten trotz mehrfacher Aufforderung nicht oder auch nur verspätet eingereicht. Liegen den Banken neben dem Jahresabschluss und der BWA weitere zukunftsorientierte Zahlenwerke in der Form von Planzahlen vor, können diese systematisch mit Kennzahlen ausgewertet werden. Des Weiteren bieten sich unterjährige Soll-Ist-Vergleiche auf monatlicher Basis der Ergebnisplanung mit den ermittelten Ist-Zahlen an (vgl. Dobler, 2009, S. 15 ff.). Diese detaillierten Abweichungsanalysen gewinnen im Rahmen der Sanierungsüberwachung und einem Sanierungscontrolling an Bedeutung, um den Verlauf der Gesundung überwachen und anschließend auswerten zu können.

Planzahlen lassen sich systematisch analysieren und ermöglichen einen Blick auf die Zukunft der Ertragslage des Firmenkunden. Problematisch ist unter Umständen, dass diese Informationen zum einen entweder nicht von allen Kunden erstellt oder nicht zeitnah eingereicht werden. Zum anderen ist die Erstellung von verlässlichen Prognosedaten nicht in allen Branchen möglich oder diese Daten werden vom Unternehmen bewusst oder unbewusst zu positiv dargestellt. Wichtig ist diese Unterlage vor allem in Sektoren, die aufgrund eines Auftragsvorlaufes ihr Geschäft und auch ihre Kreditbedarfe in der Zukunft planen müssen. Im Baugewerbe, im Maschinenbau und im Schiffbau dürfte dies regelmäßig der Fall sein. Somit ist die Auftragslage systematisch bei allen Engagements aus diesen Bereichen abzufragen und zum Zweck der umfassenden Risikoerkennung auszuwerten.

Alternativ lassen sich aus der Vermögens- und Ertragslage kombinierte Kennzahlenmodelle aufbauen, mit denen die Insolvenzprognose abgegeben werden kann. Ein System ist das **„Saarbrücker Modell“**. Dieses quantitative Instrument verwendet unterschiedliche Kennzahlen und gewichtet diese im Rahmen eines über viele Daten und Fälle validierten Punktbewertungsschemas. Anhand einer Klassifizierung der Gesamtpunktzahl werden Ertragsstärkeklassen gebildet. Wird dann eine kritische Punktezahl unterschritten, kann unter Umständen eine Gefährdung aufgrund der Ertragsschwäche vorliegen. Diese Kennzahlen können branchenspezifisch eingestellt und durch die stetige Eingabe neuer Jahresabschlüsse validiert sowie an konjunkturelle Entwicklungen angepasst werden (vgl. Küting/Weber, 2012, S. 408 ff.).

Zusätzlich können Kreditinstitute als weiteres Instrument Sekundärmarktinformationen zur Risikoerkennung verwenden, wie Bonitätseinstufungen von Kreditversicherern oder Factoring-Instituten. Ein Vorteil der Daten ist, dass sie stark verdichtet sind. Diese Komprimierung ist gleichzeitig auch ein Nachteil, da eine individuelle und differenzierte Feststellung einer Krise und ihrer Ursachen nicht möglich ist. Zudem sind diese Informationen nicht für alle Kreditinstitute verfügbar.

Diese Daten stellen für Kreditversicherer und Factoring-Institute eine Geschäftsgrundlage dar und werden nicht veröffentlicht. Es können jedoch Risikoprämien für Kreditabsicherungen beobachtet werden, um die Einschätzungen anderer Marktakteure zu Kreditnehmern oder einer Branche zu erhalten. Steigen die Absicherungsprämien, ist dies ein Ausdruck der Zunahme des Forderungsausfallrisikos. Daher sind die Preise für Credit Default Swaps (CDS) meist verlässliche Stimmungsbarometer (vgl. Kremers, 2007, S. 21 ff.). Steigen die Prämien in Form von CDS-Spreads in bestimmten Branchen systematisch an, sind Kreditnehmer aus diesen Sektoren einer genaueren Beobachtung und Kreditanalyse zu unterziehen. Auch das Länderrisiko, bei international tätigen Firmenkunden, kann über diese Marktpreise berücksichtigt werden.

Kontoführungsanalyse zum Erkennen der Liquiditätskrise

Ebenso spielt die Liquiditätslage von Unternehmen bei einer Bonitätsbeurteilung eine Rolle. Galt in früheren Zeiten meist noch der Leitsatz: „Liquidität folgt der Rentabilität“, so lässt sich die Redensart nach den Erfahrungen aus der Finanzkrise abwandeln in „Liquidität vor Rentabilität“. Dies bedeutet, dass die Sicherung einer jederzeitigen Zahlungsfähigkeit in unsicheren konjunkturellen Zeiten eine höhere Wichtigkeit haben kann, als die mindestens zu erreichenden nachhaltigen Renditeziele.

Im Krisenentstehungsprozess folgt auf eine Erfolgskrise eine Liquiditätskrise. Wenn die Erträge ausbleiben und die Rentabilität geschwächt wird, schlägt sich dies auf die Zahlungsfähigkeit von Unternehmen nieder. Die Inanspruchnahmen bei den Banken und Lieferanten steigen kontinuierlich an. Zudem ist bei Umsatzeinbußen ein Rückgang der Haben-Umsätze zu verzeichnen. Zeitnah befindet sich ein Unternehmen in der Lage der drohenden Zahlungsunfähigkeit. Gläubiger können Zwangsmaßnahmen einleiten, die einen Insolvenzantrag nach sich ziehen.

Dreh- und Angelpunkt der Geschäftsbeziehung der **Hausbank** zu einem Firmenkunden ist das laufende Konto (vgl. Wilden, 2009, S. 68 ff.). Somit bietet eine systematische Kontoführungsanalyse dieses Zahlungskontos eine Möglichkeit der Risikoidentifikation bei einer drohenden Liquiditätskrise. Das Zahlungsverhalten eines Kreditnehmers kann oft aus der Kontoführung abgelesen werden. Daher fließen Informationen über positive Handlungsweisen wie die Einhaltung der vertraglichen Vereinbarungen zur Kontoführung als wichtiger Baustein in die Ratingbeurteilungen mit ein. Dann werden auch negative Aspekte bei im Vorfeld nicht abgestimmten Überziehungen, einer angespannten Kontoführung oder der Nichteinhaltung von Rückführungsvereinbarungen sowie Kontopfändungen in dieses Konto nebst Kontokorrentlinien, beispielsweise aufgrund eines Vollstreckungsbescheids, sichtbar und als qualitative Kriterien im Rating berücksichtigt. Die Verhaltensweisen sind eine Erkenntnisquelle zur Einschätzung des Managements. Schufa-Eintragungen runden das Bild ab.

Kontodatenanalysen basieren auf der Überlegung, dass ein enger zeitlicher Zusammenhang zwischen der geschäftlichen Entwicklung und der Kontokorrentinanspruchnahme besteht (vgl. Schiller/Tytko, 2001, S. 109 ff.). Auch saisonale Entwicklungen und Abweichungen von diesen Regelmäßigkeiten können auf Risiken hindeuten. Diese Untersuchung dient zur Abrundung des Gesamtbildes, denn die Zahlungsmoral eines Unternehmers ist ein wichtiges Merkmal für das gesamte Geschäftsgebaren und kann ein Krisenfrühwarnindikator sein.

Viele Kreditinstitute verwenden ein Watch-List-System zum Erkennen erhöhter Risiken. Werden Gefährdungssignale identifiziert, sind die Engagements in Segmente umzugruppieren, die eine kritische Entwicklung aufzeigen. Der zuständige Betreuer entscheidet anschließend, ob die Fälle als Intensivengagements oder als Sanierungen anzusehen sind oder ob eine Rückstufung in den Normalkreditbereich erfolgen kann.

Kreditinstitute haben Vorteile beim Erkennen der Liquiditätsenge, wenn sie als Hausbank die laufenden Kontokorrentkonten führen. Dabei stellt das laufende Konto bei der Hausbank generell die **„Drehscheibe des Unternehmens“** dar. In den Zahlungsströmen stecken gebündelte Informationen über das operative Geschäft, die es aufzulösen gilt. Durch die systematische Analyse der Soll- und Haben-Umsätze lassen sich frühzeitig Merkmale einer Liquiditätskrise ausmachen. Dies kann automatisiert über statistische Analysen der Kontoführung erfolgen. Potenzielle Krisen können im Rahmen von Zeitreihenanalysen, im Branchenvergleich und durch außerordentliche Ereignisse über folgende Parameter in der Kontoführung erkannt werden:

- Änderungen in den Zahlungsgewohnheiten der Kunden und Lieferanten
- Rückläufige Haben-Umsätze und stetig ansteigende Soll-Salden
- Untypische saisonale Inanspruchnahmen und auftretende Überziehungen

Anhand der **Kontoführung** kann die Umsatzentwicklung hinterfragt werden. Zusätzlich kann ein Abgleich mit der Auftragslage und der aktuellen BWA zur Plausibilisierung der Saldenentwicklung vorgenommen werden.

Die Überprüfung der Zahlungsfähigkeit erfordert die Abstimmung mit den Beständen des Umlaufvermögens und möglichst den kurzfristigen Kontoinanspruchnahmen bei anderen Banken und Lieferanten, wenn diese bekannt sind, wie beispielsweise bei einer gemeinsamen Finanzierung über einen Pool.

Die folgende Abb. 3.25 zeigt alternative Entwicklungen der Salden eines Kontokorrentkontos bei einer Hausbank im Zeitablauf an. Die negativen Entwicklungen mit einem Anstieg der Soll-Inanspruchnahmen und Überziehungen der Linien sind zu beachten. Dazu ist es erforderlich, dass die Höhe einer Kontokorrentlinie bei jeder Firma angemessen, in Relation zum Umsatz, zum Umfang und zur Dauer des Vorfinanzierungsbedarfs für Aufträge, Forderungen, Material und Personal festgelegt wird. Dabei sollten keine Luftlinien bestehen, aber auch keine zu engen Kreditlinien. Die Höhe der Kontokorrentlinie ist in regelmäßigen Abständen zu überprüfen und an die Auftragslage anzupassen. Es handelt sich bei der Anpassung um eine Vertragsänderung einer Zusatzvereinbarung zu dem Zahlungsdiensterahmenvertrags (§ 675 Abs. 1, Abs. 2 Satz 2 BGB) bezüglich des Kontos (vgl. Grüneberg-Grüneberg, 2025, § 675 Rn. 7).

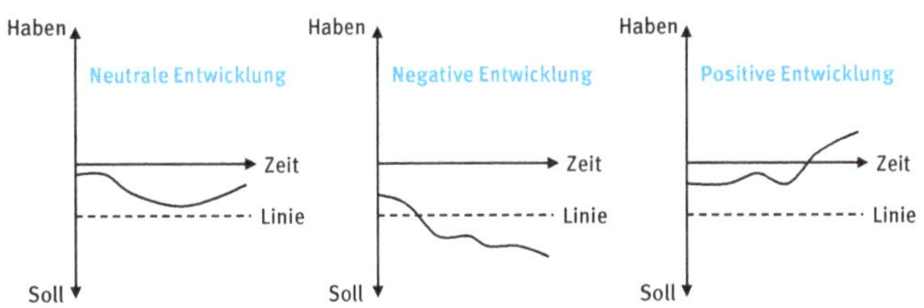

Abb. 3.25: Analyse der Kontoführung anhand der Saldenentwicklung (Quelle: Eigene Darstellung)

Kontodaten können regelmäßig mit Kennzahlen ausgewertet sowie im Zeitablauf mit historischen Daten verglichen werden. Zudem können diese Kreditausnutzungen oder Überziehungen in Prozent der Kontokorrentlinie und bezogen auf die zeitliche Dauer der Inanspruchnahme berechnet werden. Des Weiteren lassen sich Plausibilitätsprüfungen durchführen, indem die Kontoführung mit dem unterjährigen Zahlenmaterial verglichen wird. Vorteile dieser Analysen sind, dass die Daten aktuell sind und automatisch über die IT bereitgestellt und ausgewertet werden können.

Eine widerspruchsfreie Untersuchung setzt jedoch im Idealfall voraus, dass nur eine Kontoverbindung als Zahlungskonto existiert, über die sämtliche Umsätze abgewickelt werden. Die Kontoführungsanalyse wird in vielen Kreditinstituten im Rahmen der Risikofrüherkennung in Watch-List-Systemen genutzt, um eine Liquiditätskrise bei Kreditnehmern zu erkennen. Die Kontoführung ermöglicht einen Abgleich mit der eingereichten **Finanzplanung**. Liquiditätspläne der Firmenkunden, können mit der Kontoführung verglichen und zum Erkennen der Liquiditätskrise genutzt werden. Die nachfolgende Tab. 3.9 zeigt den Aufbau eines monatlich gestaffelten Liquiditätsplans.

Zu differenzieren ist im Rahmen der Fristigkeit der Planung zwischen einer Monats- oder Jahresplanung und einer wöchentlichen oder taggenauen Vorausschau. Diese detaillierten Pläne gewinnen an Bedeutung in Sanierungsfällen mit einem permanenten Risiko einer Zahlungsunfähigkeit oder bei Fällen mit einem hohen Kreditvolumen.

Mehrjährige Planungen sind bei Firmen in Branchen mit hohem Auftragsvorlauf wie im Baugewerbe oder im Maschinen- und Anlagenbau erforderlich, auch aufgrund der dort meist hohen Volumina von Avallinien. Dabei ist revolvierend zu planen. Ist ein Monat abgelaufen, verschiebt sich die Planung um einen Monat in die Zukunft. Zudem sollte die Vorhersage auf aktuelle Ereignisse bei einem Kunden eingehen. Die Planung ist integriert abzustimmen mit anderen Teilplanungen, wie der Ertragsplanung.

Tab. 3.9: Grundaufbau eines Finanzplans (Quelle: Eigene Darstellung)

Werte in TEuro	Januar	Februar	März	...	Summe Jahr
Einzahlungen					
Zahlungswirksame Umsätze					
Sonstige Einzahlungen					
Auszahlungen					
Material/Waren					
Personalkosten					
Investitionen					
Miete/Pacht					
Energiekosten					
Werbung/Vertrieb					
Kapitalkosten					
Privatentnahmen					
Steuern					
Liquiditätssaldo					
Konto Anfangsbestand					
Konto-Endbestand					
Kontokorrentlinie					
Über-/Unterdeckung Kontokorrent					
Avalinanspruchnahme					
Avallinie					
Über-/Unterdeckung Avale					
Inanspruchnahme Konto und Avale					
Mischlinie Kontokorrent und Avale					
Über-/Unterdeckung insgesamt					

Es sind die folgenden **Grundsätze** bei der Erstellung eines Liquiditätsplans zu beachten (vgl. Wöhe/Bilstein, 2002, S. 399 ff.):

- **Grundsatz der Vollständigkeit der Planungen:** Es sind alle Zahlungsströme der jeweiligen Planungsperioden zu berücksichtigen.
- **Grundsatz der Zeitgenauigkeit der Planungen:** Es erfolgt eine exakte Schätzung der Eintrittszeitpunkte sämtlicher Zahlungen.
- **Grundsatz der Betragsgenauigkeit der Planungen:** Zahlungen sind gemäß der erwarteten Höhe genau zu schätzen.
- **Grundsatz der Antizipation von Risiken:** Bei den Planungen der Zahlungsströme sind mögliche Ausfälle von Einzahlungen einzukalkulieren.
- **Grundsatz der laufenden Anpassung der Planungen:** Die Planungen sind rollierend fortzuführen und der aktuellen Entwicklung anzupassen.
- **Grundsatz der Branchen- und Geschäftsmodellbetrachtung:** Die Individualität der Branche und Geschäftsmodelle sind bei Saisoneffekten zu berücksichtigen.

Banken fordern die Einreichung dieser Prognosen, um die (drohende) Zahlungsunfähigkeit zu erkennen. Über Abweichungsanalysen lassen sich diese Planungen mit den Kontodaten vergleichen. Bei Unternehmen mit einem Auftragsvorlauf können frühzeitig Engpässe bei Kredit- sowie Avallinien erkannt werden. Befindet sich ein Unternehmen in der Krise dann steigen die Anforderungen an die Detaillierung dieser Pläne. Es sind taggenaue Pläne zu erstellen. Über das Kontoführungsverhalten und die Einhaltung der Finanzpläne wird das Geschäftsgebaren deutlich. Es spiegelt einen wichtigen qualitativen Aspekt bei der Bonitätsanalyse wider und sollte Bestandteil des bankinternen Ratings, dem zentralen Risikosystem einer Bank, sein.

Definition: Das **Rating** stellt ein individuelles Urteil der Bank über die Bonität des Kreditnehmers auf einer Schulnotenskala dar, mit der Abschätzung der Ausfallwahrscheinlichkeit bezogen auf ein Jahr. Die Ratingnote dient neben der Identifikation von erhöhten Risiken zur Festlegung der Konditionen. Weiter ist diese ein Maßstab für das maximale Kreditvolumen, die Kompetenzen und die Eigenkapitalunterlegung. Das Rating dient zur Beurteilung der künftigen Fähigkeit des Unternehmens, seinen Zahlungsverpflichtungen vertragsgemäß nachzukommen und damit zur Schätzung von Ausfallrisiken. Es misst die Probability of Default (PD) für die Banksteuerung zur Messung und Unterlegung von Adressenausfallrisiken mit Eigenmitteln im KSA (Standardansatz) und den fortgeschrittenen Eigenmittelunterlegungsmodellen (mit LSG, EAD und M).

Jedes Kreditinstitut kann nach eigenem Ermessen und auf Basis von individuellen Erfahrungen quantitative und qualitative Kriterien zur Identifizierung von erhöhten Risiken festlegen. Dies ist unter anderem erforderlich nach MaRisk BTO 1.3 und BTO 1.4 sowie zur Umsetzung des Risikomanagements im Rahmen von § 25a Abs. 1 KWG. Banken verfügen über gut justierte Ratingverfahren, die sich zur Krisenerkennung bei Firmenkunden eignen (vgl. Ifftner, 2012, S. 219 ff.). Im Ratingprozess werden quantitative sowie qualitative Daten betrachtet und mit Gewichtungen belegt. Die Ratingnote dient als Bonitätsmaßstab. Besondere Aufmerksamkeit gilt den **Problemkrediten**.

Erhöht risikobehaftete Kreditnehmer lassen sich anhand ihres Ratings identifizieren Die Kreditengagements sind gemäß MaRisk BTO 1.2.5 Rn. 1 zur Bearbeitung an spezialisierte Mitarbeiter oder Bereiche abzugeben. Ergeben sich bei den Forderungen potenzielle Gefährdungen eines Ausfalls, ist es erforderlich, diese mit einer Einzelwertberichtigung (EWB) zu belegen. Falls Kreditforderungen tatsächlich ausfallen, zieht es in Höhe der bereits gebildeten Wertberichtigung eine erfolgsneutrale Abschreibung sowie Ausbuchung nach sich. Die Zuordnung zu den Problemkrediten erfolgt anhand von Muss- oder Kann-Kriterien. Diese Muss-Kriterien, wie eine fehlende Kapitaldienstfähigkeit oder Überschuldung, führen direkt zur Eingliederung als Problemkreditengagement. Kann-Kriterien können über **Watch-List-Systeme** eine enge Berichtspflicht oder Überprüfung in der Intensivbetreuung auslösen. Die folgende Tab. 3.10 illustriert den Aufbau einer Ratingskala mit Abstufungen bei den Ausfallrisiken. Jeder Banksektor hat unterschiedliche Systematiken und auch spezifische Branchenlösungen.

Tab. 3.10: Beispiel für eine Ratingskala mit Benotungen von 1 bis 16 (Quelle: Eigene Darstellung)

Ratingstufen	Bonitätseinschätzung
1 bis 13	Normalkreditkunden mit abgestuften Ausfallwahrscheinlichkeiten
14	Gefährdete Intensivkunden mit Warnsignalen aus einer Watch List
15	Notleidende Sanierungskunden mit der Einstellung einer EWB
16	Uneinbringliche Abwicklungskunden Kündigung, Abschreibung

So bestehen Bereiche mit Kreditkunden, die einen abgestuften Risikogehalt aufweisen. Im Intensivbereich werden bereits erste gefährdende Risikosignale bemerkt. Bei den notleidenden und leistungsgestörten Krediten und den uneinbringlichen, insolventen Engagements wird von Problemkrediten gesprochen.

Definition: Im Folgenden wird bei **Intensivkunden** von gefährdeten Engagements oder Krediten, bei notleidenden Engagements beziehungsweise Krediten von **Sanierungskunden** und bei uneinbringlichen Forderungen der Schuldner von **Abwicklungskunden** gesprochen.

Die Klassifizierung dieser Kundenkreise mit höheren Ausfallgefährdungen erfolgt in Kreditinstituten über ein Ratingsystem. Dabei können als wesentliche Determinanten des erhöhten und die Rückzahlung gefährdenden Ausfalls die Kriterien des Zahlungsverzugs in den Abstufungen 30, 60 oder 90 Tage verwendet werden. Den Ratingstufen sind berechnete Ausfallwahrscheinlichkeiten zuzuordnen. Sie sind laufend zu validieren und mit öffentlich verfügbaren Ratingmodellen externer Agenturen abzugleichen. Die Ausfallwahrscheinlichkeit fungiert als „gemeinsamer Nenner" und kann zur Übertragung von Bonitätseinstufungen in verschiedene Ratingsysteme dienen.

In das **Finanzrating** fließen die Kennzahlen der ausgewerteten Jahresabschlüsse ein. Im **Strukturrating** werden die leistungswirtschaftlichen Informationen aus der Branchen- und Wettbewerbsanalyse, dem Management und weiteren Daten aus der Kontoführung verarbeitet. **Sonderfaktoren** können diese Analysen ergänzen. Zusätzlich ist ein vorhandener Konzerneinfluss zu bewerten und ein ESG-Score zu berücksichtigen. Die Segmente werden nachfolgend in Abb. 3.26 aufgeführt:

- **Finanzrating (Quantitativer Teil):** Bewertung Jahresabschluss mit ausgewählten Kennzahlen, Berücksichtigung von Branchenspezifika
- **Strukturrating (Qualitativer Teil):** Bewertung Geschäfts- und Wettbewerbssituation, Management, Prognosequalität, Kontoführungsverhalten
- **Sonderfaktoren:** Rechtliche und operative Risiken, Einfluss einer unterjährigen Unternehmensentwicklung und Planzahlen
- **Konzerneinfluss:** Positive oder negative Einflüsse der Unternehmensgruppe auf das Einzelkreditnehmerrating

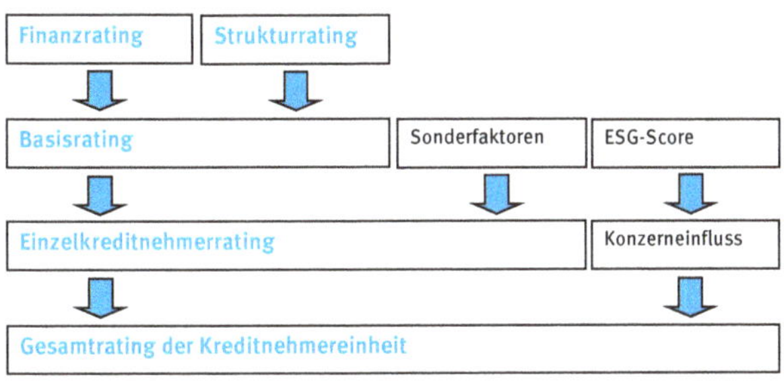

Abb. 3.26: Aufbau eines bankinternen Ratingsystems (Quelle: Eigene Darstellung)

Gegebenenfalls kann die **Sicherheitenlage** in das Rating einfließen. Zu beachten ist, dass Firmensicherheiten oft Spezialsicherheiten darstellen und schwer zu verwerten sind. Zudem ist primär die nachhaltige Kapitaldienstfähigkeit zu beurteilen (vgl. EBA, 2020 Rn. 120). Dabei ist festzulegen, ob bestimmte **„KO-Kriterien“**, wie eine nicht gegebene Kapitaldienstfähigkeit, eine sofortige Umstufung in den Sanierungsbereich erfordern. Es kann der Fall eintreten, dass ein Ratingsystem aufgrund der herangezogenen Ex-Post-Daten nicht zeitnah reagiert wie ein Watch-List-System, das in der Risikofrüherkennung das Kontoführungsverhalten untersucht. Dann ist bei der Erkennung erhöhter Gefährdungen im Rating manuell umzustellen in die Kategorie Sanierung.

Grundlage für alle Ratingsysteme sind mathematische sowie statistische Prozeduren auf der Basis von logistischen multiplen Regressionsfunktionen und Diskriminanzanalysen. Multiple Regressionsanalysen bestimmen, in welchen Ausprägungen ein Zusammenhang zwischen mehreren unabhängigen Variablen und einer abhängigen Variable (Ausfallwahrscheinlichkeit) wie im Rating besteht.

Dabei ist die Auswahl der zugrundeliegenden Faktoren in Form der unabhängigen Variablen zu bestimmen und im Rahmen der Funktion mit Kriteriengewichten zu versehen. Die Ausfallwahrscheinlichkeit oder **Probability of Default** (PD) steigt mit einem sich verschlechternden Rating kontinuierlich an und beschreibt die durchschnittliche Ausfallrate pro Jahr. Demnach fallen bei einer PD von 15,0 % rund 1.500 Kreditengagements von 10.000 Kunden pro Jahr aus. Bei notleidenden **Sanierungskunden** in der Ratingklasse 17 ist mit einer gegenüber Normalkreditengagements stark erhöhten Ausfallquote von rund 30,0 % und bei **Abwicklungskunden** von 100,0 % zu rechnen.

Nicht betrachtet wird dabei die tatsächlich erwartete Abschreibungsrate, gemessen in Euro, in Bezug auf das Kreditvolumen. Diese wird im Rahmen von Discounted-Cash-Flow-Berechnungen auf ein Kreditengagement bezogen errechnet. Berücksichtigt werden unter anderem erwartete Zinsen und Tilgungen, künftige Rückflüsse aus der Verwertung der Sicherheiten und ein risikoangepasster Zins. Die Kurve der Ausfallwahrscheinlichkeit verläuft exponentiell, wie in nachfolgender Abb. 3.27 gezeigt. Dazu lassen sich ratingbezogene Kreditportfolioanalysen mit der Betrachtung von Migrationen in den Ratingklassen im Zeitablauf durchführen.

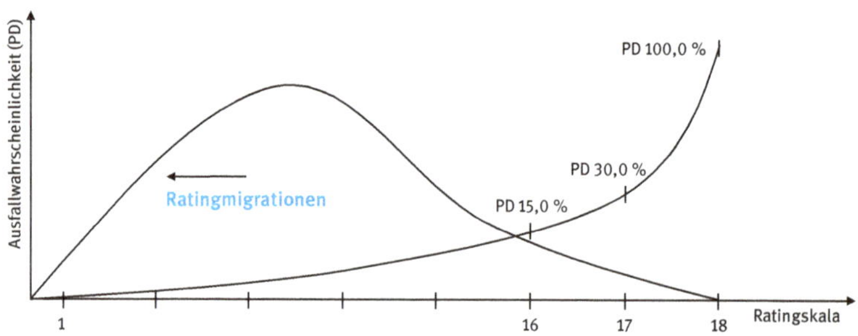

Abb. 3.27: Ratingskala und Kreditportfolio (Quelle: Eigene Darstellung)

Das Ratingsystem kann auch zur Analyse von Konzentrationen im Portfolio verwendet werden. Banken zerlegen das Kreditportfolio zur Steuerung in Schichten. Das bankinterne Rating kann gemäß den Schwerpunkten im Kreditportfolio auf Branchen oder Größenklassen eingestellt werden, mit alternativen Bewertungssystemen:

- **Branchenratings:** Bonitätseinstufungen für bestimmte Sektoren
- **Spezialratings:** Projektfinanzierungen erneuerbarer Energien, Schiffe
- **Anlassbezogene Ratings im Lebenszyklus:** Existenzgründung, Nachfolge

Die in Banken eingesetzten Ratingverfahren sind leistungsfähig. Zudem führen langjährige Erfahrungen zu einer stetigen Verbesserung dieser Modelle. Problematisch ist, dass quantitative Kriterien aus dem Jahresabschluss des vergangenen Jahres die Ratingnote dominieren und eine fehlende Branchenorientierung.

Auf die qualitativen Aspekte wird ein weniger starkes Gewicht gelegt. Zudem werden die Informationen automatisch verarbeitet, sodass wie bei einer Black Box kein Einblick in die Ratingprozeduren beim Beurteiler besteht. Eine Veränderung im Rahmen eines Override (Überschreiben des Ratings) ist kaum möglich. Dies erhöht die Objektivität, lässt allerdings kaum Spielraum zur Berücksichtigung subjektiver Sachverhalte. Einige **Risikoinstrumente** sind in der Praxis für das Kreditportfolio effizient einsetzbar, wie die SWOT-Analyse zum Erkennen der Strategiekrise, die Jahresabschlussanalyse zum Identifizieren der Erfolgskrise und die Analyse der Kontoführung zur Feststellung der Liquiditätskrise oder einer drohenden Zahlungsunfähigkeit.

Erfassung weiterer Risikokategorien in Sanierungen

Erhebliche zusätzliche Risiken können für Kreditinstitute aus gesellschaftsrechtlichen oder wirtschaftlichen Verflechtungen zu einer Krisenfirma entstehen. Dann kann die Schieflage der Firma auf andere Kunden der Bank ausstrahlen und sich damit der Risikoeffekt für das betreffende Institut stark erweitern. Zudem kann eine Bank selbst Abnehmer von Produkten einer Krisenfirma sein, mit einer engen Verflechtung in der Wertschöpfungskette. Auch können sich aus Beteiligungen an Kreditnehmern besondere wirtschaftliche Gefährdungen ergeben.

Krisenlagen können sich auch für Firmenkunden ergeben, wenn diese abhängig sind von anderen Unternehmen, die sich in der wirtschaftlichen Schieflage befinden, beispielsweise weil Umsatzabhängigkeiten bestehen. Risikokonzentrationen oder Klumpenrisiken sind Gefährdungen, die von anderen Akteuren ausgehen und zu Umsatzeinbußen oder Forderungsausfällen kommen können. Dieses ist gerade dann der Fall, wenn enge Lieferketten bestehen und große Unternehmen in der Lieferkette einen Insolvenzantrag stellen. Diese Gefährdungen aus dem unmittelbaren Umfeld des Krisenfalls sind zu untersuchen. Ausgewählte Risiken aus gesellschaftsrechtlichen oder wirtschaftlichen Verbindungen können unter Umständen bestehen in:

- **Sekundärrisiken:** Verbundene Kredite zu anderen Kreditnehmern, Töchtern
- **Operationellen Risiken:** Lieferungs- oder Leistungsverträge mit Krisenfirma
- **Risiken aus Beteiligungen:** Gesellschafterstellungen bei Krisenunternehmen

Diese **Risikokomponenten** sollen im Folgenden analysiert werden, da sie eine große wirtschaftliche Bedeutung für ein betroffenes Kreditinstitut haben und die Wirkung des bisher festgestellten Blankorisikos vervielfachen können. So können sich, infolge von Abhängigkeiten einer Krisenfirma zu Lieferanten oder Abnehmern, die ebenfalls Kreditkunden der Bank sind, Risikokonzentrationen ergeben. Die besonderen Gefährdungskomponenten werden im Folgenden als **verbundene Kreditrisiken** bezeichnet (vgl. Portisch, 2005a, S. 52 ff. und Gramlich, 2002, S. 29 ff., S. 154 ff.).

Gerät ein großes Unternehmen in eine wirtschaftliche Schieflage, sind die Auswirkungen auf das relevante Umfeld gravierend. Betroffen von einer Krise sind verschiedene Stakeholder im Unternehmen und im externen Unternehmensumfeld.

Risiken bei mit dem Krisenunternehmen verbundenen Unternehmen

Mitarbeiter einer Krisenfirma verlieren gegebenenfalls ihre Arbeitsplätze, Hauptlieferanten vermerken Umsatzeinbrüche sowie Forderungsausfälle. Die Abnehmer haben oft mit Leistungseinbußen zu rechnen. Für die Kreditinstitute ist dann nicht allein das originäre Blankorisiko bei einer Krisenfirma im Wert zu berichtigen, sondern es treten mit einer Zeitverzögerung Folgerisiken auf, die ihre Ursachen in der Schieflage der Zielkrisenfirma haben, die sekundären Risiken (vgl. Portisch, 2005a, S. 52). Die genaue Quantifizierung der Kreditrisiken muss gemäß dem Grad der ausstrahlenden Gefährdung auch die Kredite an abhängige Stakeholder des Kreditrisikoverbundes erfassen.

Der Verbund kann weiter reichen als eine Kreditnehmereinheit nach § 19 Abs. 2 KWG. Ursache ist die wirtschaftliche Abhängigkeit der internen und externen Stakeholder zum Krisenunternehmen. Besonders zwischen Firmen in einer Region bestehen meist enge wirtschaftliche Verflechtungen über Geschäftspartnernetzwerke großer Firmen. Die Verbindungen erzeugen wechselseitige Abhängigkeiten. So kann ein erhöhtes Umsatzvolumen eine gegenseitige wirtschaftliche Verzahnung erzeugen. Zudem können enge logistische Abstimmungen in der Belieferungskette oder mit Abnehmern wirtschaftliche Abhängigkeiten hervorrufen. Des Weiteren können bei Joint Ventures oder in Projektarbeitsgemeinschaften wirtschaftliche Risiken entstehen.

Weitergehend sind spezifische Investitionen bedeutend, wenn unter anderem die Produktionskapazitäten genau an die Auftragslage eines Kunden angepasst sind. Die Auswirkungen können die Mitarbeiter der Krisenfirma betreffen und beispielsweise Ausfälle bei Baufinanzierungen und bei Ratenkrediten bewirken. Die Ausstrahlungseffekte bei einer großen Krisenfirma können für eine Bank erhebliche Risikowirkungen auf andere Kreditengagements entfalten. Die Folgerisiken sind zu identifizieren, transparent zu machen und zu steuern. Folgende Kriterien können frühzeitig Anhaltspunkte für wirtschaftliche Beziehungen zu der Krisenfirma liefern (vgl. Portisch 2005a, S. 54):

- Finanzielle Abhängigkeiten von Unternehmen aus offenen Forderungen.
- Volumensmäßige Verflechtungen mit Lieferanten und Abnehmern.
- Strategische Kooperationen und Partnerschaften mit anderen Firmen.

Wichtig ist es für betroffene Banken, bedeutende Abhängigkeiten herauszufiltern. Informationen über enge Kooperationen lassen sich zum Beispiel aus Kreditgesprächen gewinnen. Intensive Abnehmer- und Lieferantenbeziehungen lassen sich aus betriebswirtschaftlichen Auswertungen, Kreditorenaufstellungen sowie Debitorenlisten oder über den Zahlungsverkehr erkennen. Die Darstellung lässt sich in einer Map visualisieren, um eine Gesamtsicht auf die Risiken zu erhalten. Interessant für die Analyse und Steuerung sind allein die Verbindungen, die eine direkte Wirkung auf die Bonität erwarten lassen. Wird festgestellt, dass ein Lieferant, der ebenfalls Kreditnehmer der Bank ist, einen Großteil seines Umsatzes mit der Krisenfirma abwickelt, so ist dieser in den Risikoverbund mit aufzunehmen, da eine negative Auswirkung des Krisenunternehmens auf die Bonität dieses Akteurs wahrscheinlich ist.

Nach der Identifikation des Risikokreises sind die Inanspruchnahmen, die stressgetesteten Sicherheiten und die Blankoteile aller Teilnehmer des **Kreditrisikoverbundes** zu erfassen, um einen Überblick über diese Gesamtrisiken zu erhalten. Aufgabe dieser Verbundquantifizierung ist es, daraufhin das mögliche Schadenspotenzial gemeinsamer Kreditrisiken zu berechnen. Anschließend ist abzuwägen, welche Maßnahmen im Rahmen der Risikosteuerung zu ergreifen sind. Folgende ausgewählte Handlungsoptionen bestehen für die betroffenen Banken:

- **Neukreditgeschäft:** Wurde festgestellt, dass ein bestehender oder neuer Kunde aus dem Verbund einen Kreditantrag stellt, kann dieser Kredit abgelehnt werden oder die Zinskonditionen dem Risiko adäquat angepasst werden.
- **Prolongation:** Die Abhängigkeitsproblematik ist unter Wahrung des Bankgeheimnisses mit dem Kunden zu diskutieren. Mögliche Handlungsoptionen können aufgezeigt werden, um die Verflechtung zum Krisenunternehmen zu lockern.

Wurde der Risikoverbund identifiziert und wurden erste Gegenmaßnahmen eingeleitet, dann sind die Risikokonzentrationen nachhaltig zu kontrollieren. Es bietet sich an, diese Überwachungsaufgabe durch die zentrale Sanierungsabteilung durchzuführen. Die Steuerung des Verbundes und die Kreditentscheidungen für die beteiligten Engagements sollten künftig unter Hinzuziehung der Sanierungsabteilung erfolgen. Große Verbünde sind in den vierteljährlichen Risikobericht an die Geschäftsleitung mit aufzunehmen, wenn sie von umfangreicher Bedeutung für das Kreditportfolio und das Eigenkapital der Bank sind (MaRisk, 2024, AT 4.3.2 Rn. 3, BTR 1 Rn. 7 und BT 3).

Operationelle Risiken für das laufende Geschäft der Banken

Neben dem Verbundrisiko können operationelle Risiken bestehen. Diese beschreiben mögliche Gefahren von Verlusten für eine Bank, die aufgrund der Unangemessenheit oder des Versagens von bankinternen Systemen sowie Abläufen eintreten können beziehungsweise auf externen Ereignissen beruhen und sind zu analysieren. Das rechtliche Risiko ist in dieser Prüfung enthalten.

Definition: Das **operationelle Risiko** beschreibt die Gefahr von Verlusten, die infolge der Unangemessenheit sowie des Versagens von internen Verfahren, Menschen, Systemen oder infolge des Eintretens externer Ereignisse und bei besonderen Rechtsrisiken eintreten können (vgl. § 269 Abs. 1 SolvV und Kaiser, 2011, S. 288). Diese Gefährdungen sind als Erschwernisse in der aktuell gültigen CRR zu quantifizieren.

Operationelle Risiken können auch aus dem Umstand resultieren, dass eine Bank in technischer oder logistischer Verbindung zu einer Krisenfirma steht. Kreditinstitute können durch Outsourcing abhängig sein von externen Rechenzentren oder Software-Unternehmen. Entstehen bei dem Partnerunternehmen des Kreditinstituts Bonitätsrisiken, sind aus Bankensicht unverzüglich Maßnahmen einzuleiten, um diese operative Abhängigkeit zur Krisenfirma zu verringern.

Risiken aus der Beteiligung von Banken an Kreditnehmern

Des Weiteren können Risiken entstehen, wenn Banken sich aufgrund einer engen Geschäftsbeziehung oder aus anderen Gründen an einem Firmenkunden beteiligt haben, der unter § 39 Abs. 4 Satz 1 InsO subsumiert ist. Jedes Darlehen oder die einem Darlehen wirtschaftlich entsprechende Forderung eines Gesellschafters ist bei Eintritt der Insolvenz gemäß § 39 Abs. 1 Nr. 5 InsO nachrangig, unabhängig davon, ob es in einem Stadium der Krise gewährt oder auch nur stehen gelassen wurde. Zusätzlich können sämtliche Leistungen, die der Gesellschafter innerhalb eines Jahres vor einem Insolvenzantrag erhalten hat, durch einen Insolvenzverwalter angefochten werden (§ 135 Abs. 1 Nr. 2 InsO). Des Weiteren ist eine für die Forderung bestellte Sicherheit gemäß § 135 Abs. 1 Nr. 1 InsO über den Anfechtungszeitraum von bis zu zehn Jahren vor dem Insolvenzantrag oder danach anfechtbar.

Beispiel: Ein Beteiligungsrisiko besteht auch, wenn die Bank Kredite an eine Konzernenkelgesellschaft und weiter von der Konzernobergesellschaft entfernte Gruppengesellschaften ausreicht. Bank X. vergibt ein Darlehen an die F. GmbH. Diese ist beteiligt an der B. GmbH mit 51,0 %, diese an der C. GmbH mit 51,0 %, diese an der D. GmbH mit 51,0 %, D. an der E. GmbH mit 51,0 % und E. an der Kreditnehmerin F. mit 51,0 %. Bank X. ist also wirtschaftlich am Kapital der Darlehensnehmerin F. mit 3,45 % mittelbar beteiligt. Dennoch kann diese Bank mit dieser 51,0 %-Beteiligung an allen Gruppengesellschaften das Schicksal der F. bestimmen. Somit ist unter anderem nach der Rechtsprechung des BGH § 39 Abs. 1 Nr. 5 InsO heranzuziehen.

Erwirbt ein Kreditgeber in einer Krise Geschäftsanteile zum Zweck der Überwindung der Schwächephase, so führt der Sachverhalt für bestehende oder neu gewährte Kredite zunächst nicht zur Anwendung der Regeln der Insolvenzordnung. Problematisch ist jedoch die Dauer des **Sanierungsprivilegs** (§ 39 Abs. 4 Satz 2 InsO). Denn die Kredite und sonstigen Finanzierungsleistungen werden nur einmalig den Regelungen der InsO entzogen. Ein erneuter wirtschaftlicher Zusammenbruch führt künftig zur Nachrangigkeit der neu gewährten sowie der stehengelassenen Darlehen. Das bestehende Kleingesellschafterprivileg gilt nur bis zu der Beteiligungsgrenze von maximal 10,0 % (§ 39 Abs. 5 InsO) und nur für Gesellschafter ohne Geschäftsführungsfunktion. Unabhängig von diesen Regelungen können sich in der Praxis wirtschaftliche Probleme aus Beteiligungen von Kreditinstituten an einer Krisenfirma ergeben. Die übrigen Gläubiger werden auf die Gesellschafterstellung der Bank hinweisen und den Einschuss von Finanzmitteln fordern, wie auch von anderen Gesellschaftern.

Checkliste und Analysen zur Risikofrüherkennung aus Bankensicht:

1. Werden mehrere Krisenfrüherkennungsverfahren in Anlehnung an die Krisenphasen eingesetzt?
2. Wird eine umfassende SWOT-Analyse durchgeführt, um qualitative, strategische Gefahren zu erkennen?
3. Erfolgt die Jahresabschlussanalyse und Untersuchung sonstiger Berichte zum Erkennen der Erfolgskrise?
4. Wird die Kontoführung laufend überprüft um die Merkmale einer Liquiditätskrise wahrzunehmen?
5. Werden weitere Analysen bei großen Kreditnehmern im Hinblick auf verbundene Risiken durchgeführt?

3.4 Finanzwirtschaftliche Sofortmaßnahmen

In diesem Kapitel werden die erforderlichen finanzwirtschaftlichen Maßnahmen beschrieben, um nach dem Feststellen der Krise die Pflicht zur Stellung eines Insolvenzantrags zu prüfen und diese gegebenenfalls abzuwenden. Dies ist Voraussetzung dafür, dass eine außergerichtliche Sanierung eingeleitet wird. Insolvenzeröffnungsgründe sind die drohende Zahlungsunfähigkeit (§ 18 InsO), die Zahlungsunfähigkeit (§ 17 InsO) und rechtsformabhängig die Überschuldung (§ 19 InsO). Zunächst gilt es die Zahlungsunfähigkeit zu vermeiden, denn diese ist in der Praxis der entscheidende Insolvenzgrund (§ 17 InsO). Die Liquiditätslage lässt sich mit der Aufstellung eines Finanzplans überwachen. Die drohende Zahlungsunfähigkeit nach § 18 InsO führt nicht zur **Insolvenzantragspflicht** und nur der Schuldner hat hier ein Antragsrecht.

Ebenso von Bedeutung ist die Prüfung der Überschuldung gemäß § 19 InsO. Eine Überschuldung liegt bei juristischen Personen und haftungsbeschränkten Personengesellschaften wie der GmbH & Co KG oder KGaA vor, wenn das Vermögen des Schuldners die bestehenden Verbindlichkeiten nicht deckt, es sei denn, die Fortführung des Unternehmens ist den Umständen entsprechend überwiegend wahrscheinlich. Die Fortbestehensprognose stellt eine Zahlungsfähigkeitsprognose für zwölf Monate dar. Fällt sie negativ aus, ist ein Überschuldungsstatus aufzustellen. In die Berechnung einer insolvenzrechtlichen Überschuldung sind stille Reserven mit einzubeziehen. Ergibt sich eine Insolvenzantragspflicht aufgrund der Zahlungsunfähigkeit oder Überschuldung ist zu prüfen, ob diese über finanzielle Unterstützungen abgewendet werden kann und darf. Es dürfen sich für die unterstützenden Akteure keine Haftungsrisiken oder Risiken aus der Beihilfe zur Insolvenzverschleppung ergeben.

Die Antragspflichten für juristische Personen und rechtsfähige Personengesellschaften ergeben sich aus § 15a InsO für die Geschäftsführungsorgane oder deren Vertreter. Bei juristischen Personen sowie gleichgestellten rechtsfähigen Personengesellschaften bestehen Insolvenzantragspflichten wegen Zahlungsunfähigkeit und Überschuldung (für rechtsfähige Vereine und Stiftungen gemäß § 42 Abs. 2 BGB). Für sonstige rechtsfähige Personengesellschaften ist die Zahlungsunfähigkeit Insolvenzgrund, es besteht jedoch keine Insolvenzantragspflicht. Nach § 15a Abs. 1 InsO haben die verantwortlichen Personen der darunter subsumierten Unternehmen bei Vorliegen von Insolvenzplichten ohne schuldhaftes Zögern einen Eröffnungsantrag zu stellen.

Der Insolvenzantrag ist spätestens drei Wochen nach Eintritt der Zahlungsunfähigkeit und sechs Wochen nach Eintritt der Überschuldung zu stellen. Diese Maximalfristen dürfen nur ausgeschöpft werden, wenn auch Maßnahmen zur Beseitigung der Insolvenzgründe eingeleitet wurden (siehe IDW, 2023c, Rn. 1). Die Dreiwochenfrist und die Sechswochenfrist beginnen beim Vorliegen dieser Insolvenzgründe zu laufen. Die drohende Zahlungsunfähigkeit gemäß § 18 InsO ist eine Vorstufe der Illiquidität, ermöglicht ein Restrukturierungsverfahren nach §§ 1 ff. StaRUG oder ein (vorläufiges) Insolvenzverfahren als Schutzschirmverfahren gemäß § 270d InsO zu beantragen.

Bei aussichtsreichen **Sanierungschancen** wäre ein Insolvenzverfahren aufgrund des vieldiskutierten **„Stigmas“** der Insolvenz, unter anderem aufgrund einer Veröffentlichungen in www.insolvenzbekanntmachungen.de (§ 9 InsO) wahrscheinlich schädlich für das Krisenunternehmen. Die Stakeholder, wie beispielsweise die Kunden, würden ihre Geschäftsbeziehungen einschränken oder beenden. Eine Insolvenz und Abwicklung mit Verwertung wäre wahrscheinlich. Das gerichtliche Restrukturierungsverfahren gemäß StaRUG läuft geräuscharm ab, denn nur in öffentlichen Restrukturierungsverfahren sind Veröffentlichungen vorgesehen (§§ 84–88 StaRUG).

Daher sind Unternehmen in der Krise, die bereits aus Bankensicht, insbesondere aus der Sicht der Hausbank als voraussichtlich sanierbar eingeschätzt werden, zunächst zu unterstützen. Dann ist die Sanierungsfähigkeit des Zielunternehmens durch externe Akteure wie auf Sanierungsfälle spezialisierte Berater und Beratungsunternehmen über ein Konzept zu beurteilen. Erst dann können die Hausbank, die weiteren Gläubiger sowie die anderen betroffenen Stakeholder entscheiden, ob das Unternehmen zum einen sanierungsfähig ist, zum anderen aber auch sanierungswürdig ist, da der Gesundungsprozess regelmäßig weitere Finanzierungsmittel von externer Seite benötigt. Des Weiteren dürfen keine Insolvenzantragspflichten (vgl. § 16 InsO) bestehen oder sie müssen durch die überbrückende Finanzierungsmittel beseitigt werden.

Beispiel: Bei einem Krisenunternehmen bestehen seit dem aktuellen Geschäftsjahr wirtschaftliche Schwierigkeiten aufgrund gestiegener Rohstoffpreise. Allerdings signalisieren die vermögenden Gesellschafter, das Unternehmen zu stützen, wenn auch die Gläubiger die Firma zumindest zeitweise finanziell entlasten. Die Auftragslage zieht in den kommenden Jahren voraussichtlich wieder an. Zugleich sind die Produktionsprozesse veraltet und die Strukturen nicht ausreichend digitalisiert. Daher ist im Rahmen der Krise ein umfangreicher Sanierungsprozess einzuleiten. Die Firma wird von einem renommierten Beratungsunternehmen als sanierungsfähig eingeschätzt. Allerdings erfordert dies mehrjährige finanzielle Zugeständnisse der Gläubiger, insbesondere der drei involvierten Banken. Für diese Institute bedeuten diese Maßnahmen eine erhebliche Risikoausweitung ihrer Blankoteile. Daher ist im Rahmen einer Sanierungswürdigkeitsprüfung abzuschätzen, welche Erfolgschancen und welche Sanierungs- und Insolvenzrisiken bestehen.

Bei diesem Prozess kommt der **Hausbank** eine bedeutende Rolle zu. Zum einen trägt sie in dieser Phase oft die Hauptlast der zusätzlich bereitzustellenden finanziellen Mittel, und zwar neben den Gesellschaftern. Zum anderen übernimmt sie eine steuernde Funktion, wenn Gesellschafter und übrige Stakeholder in die Absicherung der Finanzierung eingebunden werden sollen. Die Eröffnung des Insolvenzverfahrens setzt aus § 16 InsO voraus, dass ein Eröffnungsgrund (§§ 17–19 InsO) gegeben ist. Ein wesentliches Ziel der Insolvenzordnung es, eine möglichst frühe Einleitung der Insolvenz zu bewirken, um massearme Insolvenzverfahren zu verringern und über eine vermehrte Anzahl an Sanierungen in der Insolvenz und, im Gegensatz zu der Zerschlagung, höhere Befriedigungsquoten für alle beteiligten Gläubiger zu erreichen. Letztlich ist das Entscheidung der Gläubiger, denen das Schuldnervermögen in der Insolvenz zur Befriedigung ihrer Forderungen zugewiesen ist (§ 1 InsO).

Wichtig ist die Vermeidung der Insolvenz, da die Einbringungsquoten über die außergerichtliche Sanierung in praxi deutlich höher sind als im Insolvenzverfahren. Daher ist der Insolvenzantrag bei objektiv guten Sanierungschancen aus Bankensicht gegenstandslos werden zu lassen. Über eine Sanierungsbegleitung kann in rund zwei Dritteln der Fälle ein endgültiger Ausfall durch eine Abschreibung verhindert werden. Des Weiteren werden potenzielle Anfechtungsrisiken vermieden. Im Rahmen eines Sanierungsansatzes aus dem IDW S 6 ist auf der ersten Stufe die Analyse einer möglichen Insolvenzreife vorzunehmen. Diese ist mit finanzwirtschaftlichen Sanierungsmaßnahmen zu beseitigen (vgl. IDW, 2023a, Rn. 13 ff., IDW, 2023c, Rn. 1 ff.).

Daher sollten die Insolvenz auslösenden rechtlichen Ereignisse bekannt sein, um diese gegebenenfalls abzuwenden. Aus der Insolvenzordnung ergeben sich drei Insolvenztatbestände beziehungsweise Gründe, die zu einem **Insolvenzantrag** führen können:

- Zahlungsunfähigkeit gemäß § 17 Abs. 1 InsO
- Drohende Zahlungsunfähigkeit gemäß § 18 Abs. 1 InsO
- Überschuldung gemäß § 19 Abs. 1 InsO

Sind die Insolvenzkriterien **Zahlungsunfähigkeit** oder **Überschuldung** erfüllt, haben die Gesellschaftsorgane ohne schuldhaftes Zögern den Insolvenzantrag zu stellen. Der Antrag kann zurückgenommen werden, solange das Verfahren noch nicht eröffnet ist.

Definition: Beim Vorliegen der Antragsvoraussetzung **Zahlungsunfähigkeit** haben die gesetzlichen Vertreter des Schuldners unverzüglich, spätestens jedoch mit einer **Dreiwochenfrist** den Insolvenzantrag zu stellen. Beim Bestehen einer insolvenzrechtlichen **Überschuldung** haben die gesetzlichen Vertreter des Schuldners spätestens mit einer **Sechswochenfrist** die Pflicht einen Insolvenzantrag beziehungsweise einen Antrag auf Eröffnung des Insolvenzverfahrens, beim zuständigen Gericht zu stellen (§ 15a Abs. 1 InsO).

Beim Tatbestand der drohenden Zahlungsunfähigkeit besteht nur seitens des Schuldners ein Antragsrecht. Das Überschuldungskriterium gilt nur bei haftungsbeschränkten Kapitalgesellschaften oder (rechtsfähigen) Personengesellschaften, bei denen kein persönlich haftender Gesellschafter eine natürliche Person ist, wie bei der KG aA und GmbH & Co. KG. In der folgenden Abb. 3.28 sind die **Antragsgründe** dargelegt.

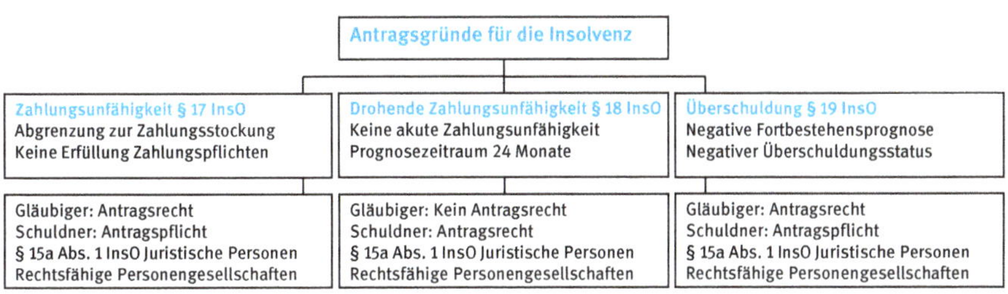

Abb. 3.28: Insolvenzeröffnungsgründe (Quelle: Eigene Darstellung)

Die Notwendigkeit zur Stellung des Insolvenzantrags besteht darin, dass in der Krise keine Verlagerung des Risikos, unter anderem auf die Gläubiger, stattfindet. Eine verspätete Antragstellung birgt gemäß § 15a Abs. 4 InsO strafrechtliche Folgen für die Unternehmensorgane. Gläubiger haben ebenfalls die Möglichkeit, gemäß § 14 InsO einen Insolvenzantrag gegen ein Schuldnerunternehmen bei Bestehen der Zahlungsunfähigkeit zu stellen. Voraussetzung ist, dass der Gläubiger seine Forderung und den Insolvenzgrund glaubhaft macht (§ 14 Abs. 1 InsO, § 294 ZPO). Dieser Eröffnungsgrund wird durch das zuständige Insolvenzgericht geprüft und festgestellt.

Die Antragsstellung durch einen Bankengläubiger kommt (anders Finanzamt und Einzugsstellen der Sozialversicherung) selten vor und lässt sich meist durch ein geplantes Vorgehen im Rahmen der finanzwirtschaftlichen Sanierung vermeiden. Kreditinstitute haben kein originäres Interesse an der Stellung eines Insolvenzantrags, da gegebenenfalls ein Reputationsverlust droht. Die Antragstellung ist aus Bankensicht eine Alternative, wenn der Schuldner unredlich handelt, Gelder umleitet, Sicherheiten mehrfach vergibt oder sonstige vorsätzliche Handlungen mit einer Schädigung der Institute vornimmt, die den Ausfall vergrößern. Zunächst wird analysiert, wie sich das Vorliegen der Zahlungsunfähigkeit oder Überschuldung bestimmen lässt und wie eine Abgrenzung, unter anderem zur Zahlungsstockung, erfolgt. Anschließend ist zu untersuchen, wie im Rahmen einer finanzwirtschaftlichen Sanierung die Pflicht zur Stellung des Insolvenzantrags ohne weitere Risiken vermieden werden kann.

Definition: Die **finanzwirtschaftliche Sanierung** im Rahmen der Sofortmaßnahmen beschreibt Möglichkeiten zur Sicherung der Zahlungsfähigkeit und zur Abwendung der Überschuldung, nach dem Feststellen der Krise. Ziel ist es, durch finanzielle Maßnahmen die Zahlungsströme und die Kapitalstruktur derart zu gestalten, dass eine Stellung des Insolvenzantrags ohne Prüfung der Sanierungsfähigkeit und die Analyse von Sanierungsoptionen, aus Bankensicht vermieden wird. Oft ist ein Überbrückungskredit auf der Grundlage einer vorläufig positiven Sanierungsprüfung möglich, wenn die Sanierung aussichtsreich erscheint.

Zahlungsunfähigkeit gemäß § 17 InsO

Der oft vorkommende Insolvenzeröffnungsgrund Zahlungsunfähigkeit liegt vor, wenn das Schuldnerunternehmen aus einem Mangel an finanziellen Mitteln nicht in der Lage ist, die fälligen Verbindlichkeiten zu erfüllen (§ 17 Abs. 2 InsO). Bei der insolvenzrechtlichen **Zahlungsunfähigkeit** hat der Geschäftsführer beziehungsweise haben die Mitglieder des Vertretungsorgans, abhängig von der Rechtsform eines Unternehmens (§ 15a InsO), die Pflicht, Insolvenzantrag zu stellen.

Definition: Zahlungsunfähigkeit beschreibt gemäß § 17 Abs. 2 InsO den Zustand eines Schuldners seinen fälligen Zahlungsverpflichtungen nicht mehr nachkommen zu können. Dieser ist in der Regel anzunehmen, wenn der Schuldner seine Zahlungen eingestellt hat (§ 17 Abs. 2 Satz 2 InsO), beispielsweise keine Löhne mehr bezahlt und erklärt, er könne diese Zahlungen aktuell nicht erbringen. Maßgeblich ist eine Gesamtbetrachtung der Indizien, die eine Zahlungseinstellung deutlich belegen.

Für den Unternehmer ist es wichtig, den genauen Zeitpunkt der Zahlungsunfähigkeit zu kennen, damit er rechtzeitig den Insolvenzantrag stellt. Zur Feststellung der Zahlungsunfähigkeit sind zunächst ein **Finanzstatus** für die nächsten drei Wochen sowie danach ein integrierter zeitraumbezogener Finanzplan aufzustellen. Die jüngste Judikatur des BGH lässt es (für den Insolvenzverwalter) auch ausreichen, „mehrere Liquiditätsstatus in aussagekräftiger Anzahl aufzustellen, in denen ausgehend von dem am Stichtag eine erhebliche Unterdeckung ausweisenden Status an keinem der im Prognosezeitraum liegenden bilanzierten Tag die Liquiditätslücke in relevanter Weise geschlossen werden kann" (BGH, 28.06.2022, II ZR 112/21, Rn. 14). Eine **Liquiditätsbilanz** ist nicht zwingend aufzustellen. Das ist für Verwalterklagen hinreichend, für den planenden Unternehmer bleibt es beim Fortschreiben des Finanzplans, um jederzeit Zahlungsunfähigkeitsprobleme zu erkennen.

Aufgrund der unklaren Begriffsbestimmung hat die Rechtsprechung das Bestehen einer Zahlungsunfähigkeit an die folgenden Kriterien geknüpft, um diese von einer reinen **Zahlungsstockung** abzugrenzen (vgl. BGH, 24.05.2005, IX ZR 123/04):

- **Zeitkriterium:** Es liegt eine bloße Zahlungsstockung vor, wenn ein Zeitraum zur notwendigen Mittelbeschaffung von drei Wochen nicht überschritten wird.
- **Erheblichkeitskriterium:** Bei einer Liquiditätslücke von weniger als 10,0 % der fälligen Verbindlichkeiten ist nicht von einer Zahlungsunfähigkeit ausgehen.
- **Prognosekriterium:** Diese Erheblichkeitsgrenze gilt jedoch nicht, wenn die Zahlungslücke in der Zukunft voraussichtlich mehr als 10,0 % erreichen wird.

Demnach ist von der Pflicht zur Stellung eines Insolvenzantrags auszugehen, wenn die Liquiditätsunterdeckung über einer Grenze von 10,0 % der fälligen Verbindlichkeiten liegt und die Liquiditätslücke in einer Zeitspanne von drei Wochen nicht unter 10,0 % gesenkt. Eine festgelegte Grenze dieser Deckungslücke von 10,0 % scheint unter rein wirtschaftlichen Gesichtspunkten jedoch problematisch zu sein, wie das folgende Beispiel zeigt. Dennoch liefern diese Kriterien eine praxisnahe Abgrenzung des Tatbestands der Zahlungsunfähigkeit. Der BGH hat daher in dem Urteil eine starre Grenze gerade abgelehnt und die 10,0 %-„Schranke" lediglich als „widerlegbare Vermutung" für die Zahlungsunfähigkeit betrachtet (BGH, 24.05.2005, IX ZR 123/04, Rn. 28).

Beispiel: Der Schuldner verfügt über eine freie Liquidität von 91 TEuro. Es bestehen drei fällige Zahlungen in Höhe von 50 TEuro, 30 TEuro und 20 TEuro. Da die Liquiditätslücke geringer als 10,0 % ist, besteht keine Insolvenzantragspflicht. Wird die Verbindlichkeit in Höhe von 20 TEuro getilgt, so haben sich die wirtschaftlichen Verhältnisse nicht verschlechtert. Jedoch beträgt die Unterdeckung jetzt 11,25 %, da freie Mittel von 71 TEuro jetzt fälligen Zahlungsverpflichtungen von 80 TEuro gegenüberstehen. Da sich die wirtschaftliche Situation durch die Tilgung der Verbindlichkeit nicht verschlechtert und die finanzielle Lage sich durch die Tilgung sogar verbessert hat, ist unklar, warum die Einhaltung dieser Grenze genannt wird. Allerdings verhilft sie zur Klarheit bei den Insolvenzantragspflichten. Vorliegend muss sich aus der weiteren Prognose ergeben, ob der Schuldner in „absehbarer Zeit" die Liquiditätslücke verringern kann oder nicht. Im letzteren Fall droht die Insolvenz und dem Empfänger der 20 TEuro die Insolvenzanfechtung.

Der BGH billigt dem Schuldner einen Dreiwochenzeitraum zur Beseitigung der Liquiditätslücke zu. Ist diese Spanne am Ende dieser Zeitspanne geringer als 10,0 % der fälligen Gesamtverbindlichkeiten, besteht regelmäßig keine Zahlungsunfähigkeit. Ist die Unterdeckung höher, so ist von Zahlungsunfähigkeit auszugehen, sofern der Negativsaldo nicht mit hoher Sicherheit demnächst fast oder sogar vollständig beseitigt werden kann (vgl. BGH, 24.05.2005, IX ZR 123/04 und IDW S 11, IDW, 2023c, S. 673 ff.). Zur sicheren Ermittlung der möglichen Zahlungsunfähigkeit ist (vornehmlich aus Schuldnersicht) neben dem **Finanzstatus** ein integrierter **Finanzplan** aufzustellen.

Definition: In einem **Finanzstatus** werden die verfügbaren liquiden Finanzmittel des Unternehmens und die fälligen Verbindlichkeiten stichtagsbezogen und in einem **Finanzplan** die geplanten Ein- und Auszahlungen zeitraumbezogen in der Zukunft gegenübergestellt. Auf der Basis kann festgestellt werden, in welchem Umfang die relevante Deckungslücke von 10,0 % zu einem Stichtag unterschritten oder überschritten wurde. Des Weiteren kann aufgrund der notwendigen Zahlungsprognosen in der Vorausschau eine Planung für die nächsten drei Wochen und länger aufgebaut werden (vgl. IDW, 2023c, Rn. 26 ff. und Rn. 34 ff.)

Der Finanzstatus ist zu einer integrierten Finanzplanung für die folgenden drei oder sogar sechs Monate auszuweiten, wenn eine Zahlungslücke nicht kurzfristig beseitigt werden kann. Wenn die Liquiditätslücke demnächst geschlossen werden kann, ist von der Zahlungsstockung auszugehen. Ansonsten besteht **Zahlungsunfähigkeit**. Der Finanzplan ist im Detaillierungsgrad und den Prognosen an die Branche und die Unternehmensgröße anzupassen. Der Schuldner beziehungsweise das Unternehmen muss sich dauerhaft vergewissern, dass die Zahlungsfähigkeit gegeben ist.

Es ist von einer **Zahlungsstockung** auszugehen, wenn der Kreditnehmer sich innerhalb von drei Wochen die nötige Liquidität beschafft. Merkmale für eine Zahlungsstockung sind verzögerte Zahlungseingänge oder unerwartete Zahlungsausfälle bei Kunden. Bei der **Abgrenzung der Zahlungsfähigkeit** von der Zahlungsstockung kann in drei Schritten vorgegangen werden, wie die nachfolgende Abb. 3.29 zeigt:

- **1. Schritt:** Erstellung eines stichtagsbezogenen Finanzstatus. Besteht sodann eine Zahlungsunterdeckung von 10,0 % oder mehr zu den fälligen Verbindlichkeiten ist im 2. Schritt weiter zu prüfen, ansonsten existiert nur eine Zahlungsstockung.
- **2. Schritt:** Aufstellung des detaillierten Dreiwochenfinanzplans. Kann die Liquiditätslücke zum Ende der drei Wochen auf unter 10,0 % gesenkt werden besteht nur eine Zahlungsstockung, ansonsten existiert eine Zahlungsunfähigkeit.
- **3. Schritt:** Ist die Liquiditätslücke nach drei Wochen geringer als 10,0 %, bestehen aber weiter Unterdeckungen ist der Zeitraum des Finanzplans auf drei bis maximal sechs Monate auszudehnen, um Liquiditätslücken dauerhaft zu schließen.

Nur wenn sich zeigt, dass sich auch geringe Liquiditätsunterdeckungen innerhalb der Frist von drei bis sechs Monaten (vgl. IDW, 2023c, Rn. 1. ff., S. 677 ff.) dauerhaft schließen, ist von einer Zahlungsstockung auszugehen.

Bestehen Finanzierungslücken weiter fort, ist die **Zahlungsunfähigkeit** als endgültig anzunehmen. Dieses wird insbesondere dann erkennbar, wenn große Zahlungsblöcke wie Löhne und Gehälter und die Sozialabgaben voraussichtlich künftig nicht mehr gezahlt werden können. Der zentrale Ausgangspunkt zur Bestimmung der Insolvenzantragspflicht ist zunächst der **Dreiwochenfinanzplan**.

Definition: Der **Dreiwochenfinanzplan** im Rahmen der Überprüfung der Zahlungsunfähigkeit ist taggenau und auf der Grundlage einer integrierten Planung aufzustellen, um mit hinreichender Sicherheit festzustellen, ob eine Insolvenzantragspflicht bei einer erheblichen Unterdeckung besteht.

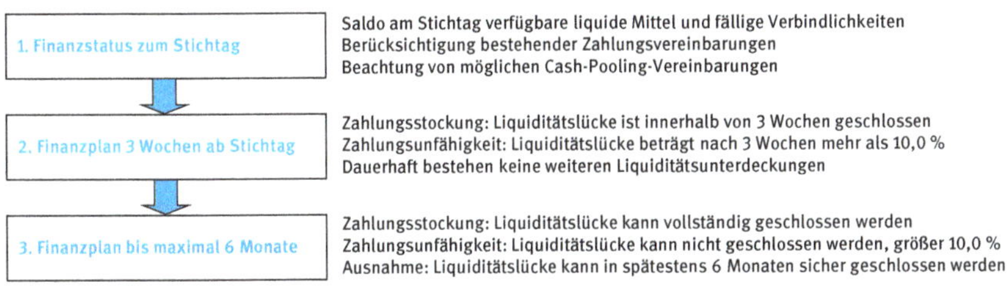

Abb. 3.29: Bestimmung der Zahlungsunfähigkeit gemäß § 17 InsO (Quelle: Eigene Darstellung)

Deutlich wird der Tatbestand der **Zahlungsunfähigkeit** erkennbar, wenn der Schuldner seine Zahlungen eingestellt hat (§ 17 Abs. 2 InsO). Dann fällt der Kapitaldienst aus und Zahlungen etwa für Löhne sowie Gehälter erfolgen nicht mehr. Es bestehen zwei Methoden, um die Illiquidität festzustellen. Zum einen das wirtschaftskriminalistische Verfahren mit Indizienbeweisen, zum anderen die betriebswirtschaftliche Analyse mit statischen Kennzahlen und einer dynamischen Liquiditätsplanung.

Cash-Pooling-Systeme

Nimmt das Unternehmen an einem **Cash-Pooling-System** im Rahmen einer zentralen Liquiditätssteuerung von zusammengeschlossenen Gesellschaften teil, ist für die Zahlungsfähigkeit maßgebend, ob ein Zugriff auf Liquidität innerhalb von drei Wochen mit hinreichender Wahrscheinlichkeit gesichert erscheint. Des Weiteren ist zu unterscheiden, ob es sich um die den Pool führende Gesellschaft oder um eine dem Cash Pool angeschlossene Gesellschaft handelt (vgl. IDW, 2023c, Rn. 46 ff.). Die Zahlungsansprüche einer dem Cash Pool angeschlossenen Gesellschaft gegen den Cash-Pool-Führer können im Finanzstatus dann angesetzt werden, soweit ein tagesgleicher Zufluss erfolgt, dies gilt auch für Kreditmittel zum Beispiel aus einem Betriebsmittelkredit. Bei der den Cash Pool führenden Gesellschaft bestimmt sich die Liquiditätslage im Finanzplan unter Berücksichtigung der prognostizierten Ein- und Auszahlungen gegenüber den dem Cash-Pooling-System angeschlossenen Gesellschaften.

Des Weiteren ist ein Finanzplan der gesamten Unternehmensgruppe aufzustellen. Die Summe aus der freien Liquidität und den Finanzierungsmöglichkeiten aller Gruppenunternehmen abzüglich der fälligen Verbindlichkeiten bilden die Obergrenze der verfügbaren Mittel des Gesamtsystems beispielsweise eines Konzerns.

Wirtschaftskriminalistischen Untersuchungen lassen sich als Indizien einer Zahlungsunfähigkeit heranziehen. Mahnungen, Vollstreckungsbescheide, Pfändungen und die Nichtbezahlung von Löhnen und Gehältern oder Steuervorauszahlungen neben dauerhaften Überziehungen auf den laufenden Kontokorrentkonten können auf die Illiquidität hindeuten. Das Verfahren wird erst nachträglich in gerichtlichen Verfahren zur Überprüfung der Einhaltung der Insolvenzantragspflichten bei möglichen Anfechtungs- oder Haftungsprozessen angewendet.

Die Feststellung einer Zahlungsfähigkeit erfolgt regelmäßig über die Aufstellung eines detaillierten integrierten Finanzplans, in dem sämtliche Einzahlungen sowie Auszahlungen auf der Zeitschiene gegenübergestellt und Über- beziehungsweise Unterdeckungen zu den bestehenden Kreditlinien aufgezeigt werden. Auch Avale sollten aufgenommen werden, da sie zum Teil auf Kontokorrentlinien angerechnet werden und die Limite reduzieren. Dieser Planungszeitraum sollte bis zu sechs Monate umfassen (vgl. IDW, 2023c, Rn. 34 ff., Cranshaw et al., 2016a, § 17 InsO, Rn. 8 ff.).

Zur Erstellung des **Finanzplans** sind sämtliche Zahlungsvorgänge zu berücksichtigen. Zu beachten ist die Vollständigkeit der Planung, die Zeitpunktgenauigkeit des Eintrittszeitpunkts von Zahlungen sowie die Betragsgenauigkeit der Schätzung einzelner Zahlungsvorgänge (siehe Wöhe/Bilstein, 2002, S. 399 ff.). Ebenso ist das Zahlungsrisiko zu berücksichtigen. Daher sind stark ausfallgefährdete Einzahlungen nicht oder nur mit der wahrscheinlichen Realisierungsquote aufzuführen.

Drohende Zahlungsunfähigkeit gemäß § 18 InsO

Insgesamt kann bereits zu einem frühen Zeitpunkt absehbar sein, dass es dem Unternehmen unter Umständen künftig gar nicht möglich sein wird, zum Beispiel die Löhne und Gehälter am Monatsende zu zahlen. Im Gegensatz zur Betrachtung der bestehenden Zahlungsunfähigkeit nach § 17 Abs. 2 InsO liegt bei der drohenden Zahlungsunfähigkeit der Schwerpunkt der Sichtweise auf einer Zukunftsbetrachtung. Dabei kommt es auf die künftige Entwicklung der erwarteten Einzahlungen sowie Auszahlungen im weiteren Zeitablauf an (vgl. MüKo-Schüler, 2025a, § 18 InsO, Rn. 31 ff.). Die Feststellung der **drohenden Zahlungsunfähigkeit** ist Voraussetzung für das Schutzschirmverfahren (Vorbereitung einer Sanierung) gemäß § 270d InsO. Diese ist durch einen externen Gutachter zu bescheinigen (vgl. IDW, 2014, Rn. 4 ff.).

Definition: Die **drohende Zahlungsunfähigkeit** besteht gemäß § 18 Abs. 2 InsO, wenn der Schuldner voraussichtlich nicht in der Lage sein wird, seine Zahlungsverpflichtungen in der Zukunft zum Zeitpunkt der Fälligkeit der Verbindlichkeiten dauerhaft zu erfüllen. Es ist dazu ein Zweijahresfinanzplan aufzustellen.

Seinerzeit wurde der Tatbestand der drohenden Zahlungsunfähigkeit in die Insolvenzordnung aufgenommen, um einem Schuldner mit einem Eigenantrag die Möglichkeit zu geben, in einem frühen Stadium der Krise, mit verbesserten **Sanierungschancen**, ein Insolvenzverfahren einzuleiten. Der erforderliche **Planungszeitraum** für die Einzahlungen und Auszahlungen besteht über einen Prognosezeitraum von zwei Jahren. Gemäß der Prognose ist eine drohende Zahlungsunfähigkeit dann anzunehmen, wenn die Erfüllung der künftigen Verbindlichkeiten mit überwiegender Wahrscheinlichkeit nicht gelingen wird. Insgesamt ist es aus Gründen der Abgrenzung zur Zahlungsunfähigkeit von Vorteil drei Finanzpläne aufzustellen:

- Taggenauer Finanzstatus für die genaue Analyse der Dreiwochenfrist
- Detaillierte integrierte Finanzplanung für die kommenden drei bis sechs Monate
- Integrierte Finanzplanung mit Monatsraster für die folgenden zwei Jahre

Diese monatliche integrierte Finanzplanung über zwölf Monate ist für die insolvenzrechtliche Fortbestehensprognose im Rahmen einer Überschuldungsprüfung von Bedeutung, der zweijährige Zeitraum für die **Liquiditätsprognose** im Rahmen der Prüfung der nur drohenden Zahlungsunfähigkeit. Aus praktischen Gründen sollte die Liquiditätsplanung aber stets für zwei Jahre erstellt werden, damit abweichende Saisonverläufe erfasst werden können. Bei einer Überprüfung der Sanierungsfähigkeit ist es jedoch von Bedeutung, die Insolvenzkriterien beziehungsweise die Antragspflicht zunächst zu bereinigen. Dies kann auch durch Maßnahmen im Rahmen der finanzwirtschaftlichen Sanierung, mit einer Unterstützung der Kreditinstitute durch eingeleitete Forbearance-Maßnahmen, geschehen.

Wichtig für die Beseitigung der **Liquiditätsenge** ist die Frist gemäß § 15a InsO. Dem Schuldner bleiben zunächst drei Wochen Zeit zur Abwendung der Illiquidität. Dies kann meistens nur mit Notmaßnahmen geschehen. Nach dem Ablauf dieses Zeitraums schlägt die Zahlungsstockung in eine Zahlungsunfähigkeit um. Dann verbleibt einem Unternehmen zeitlich nur wenig Spielraum, den Liquiditätsengpass über die Zuführung neuer Mittel oder die Vermeidung des Abflusses von Zahlungsmitteln nachhaltig zu überwinden (siehe Tetzlaff, 2007, S. 1334 ff.). Aus Sicht der Hausbank sind zunächst alle Möglichkeiten der internen Liquiditätssicherung aus einem Unternehmen heraus zu forcieren. Dieses ist der Geschäftsleitung deutlich zu adressieren, damit keine Obligoerhöhung erfolgt (vgl. Crone/Kreide, 2024, S. 223 ff.).

Maßnahmen zur Liquiditätsgenerierung aus dem Unternehmen heraus

Grundsätzlich gilt in einer akuten Liquiditätskrise bei allen zu treffenden unternehmerischen Entscheidungen der Grundsatz: **„Liquidität vor Rentabilität“**. Von Bedeutung ist es daher, dass sämtliche liquiditätswirksamen Vorgänge innerhalb des Unternehmens abgestimmt werden. Dieses betrifft unter anderem den Wareneinkauf, Verkäufe auf Ziel sowie den gesamten Investitionsbereich. Daher empfiehlt sich die Einrichtung eines Liquiditätsbüros.

Das Gremium, aus den Mitgliedern der Geschäftsführung sowie Abteilungsleitern, hat dann die Aufgabe, die Zahlungsströme des betroffenen Unternehmens zu planen und zu überwachen. Kernaufgaben der zentralen Liquiditätssteuerung im Rahmen einer befristeten Projektorganisation eines **Liquiditätsbüros** sind:

- Herstellen von Transparenz über die Liquiditätslage im Unternehmen
- Einrichtung eines Cash-Pool-Systems bei bislang autarken Betriebsstätten
- Treffen von Zahlungsvereinbarungen mit Lieferanten und anderen Gläubigern

Eine Hauptaufgabe dieser Projektgruppe liegt darin, das **Liquiditätsmanagement** im Unternehmen organisatorisch zu verankern. Dies beinhaltet die Planung der Liquidität und Steuerungsmaßnahmen zur positiven Beeinflussung der Finanzen.

Definition: Unter dem **Liquiditätsmanagement** wird die umfassende Steuerung und Überwachung sämtlicher liquiditätswirksamen Vorgänge in einer Firma oder in einem Konzern verstanden und ist Teil eines Risikomanagements und unter anderem mit dem Cash Pooling zu verzahnen.

Ein wichtiges Instrument für ein funktionierendes Liquiditätsmanagement ist der Finanzplan, in dem die zahlungswirksamen Vorgänge im Unternehmen vorausschauend abgebildet werden. Unabhängig von den insolvenzrechtlichen Regelungen ist es ratsam, zwei Finanzpläne zu entwerfen. Es ist ein **erster Plan** für die tägliche Disposition über einen Zeitraum von einer bis vier Wochen zur Finanzsteuerung zu erstellen. Bedeutsam ist, dass der kurzfristige Liquiditätsplan revolvierend zur Verfügung steht, täglich überprüft und laufend aktualisiert wird.

Ein **zweiter Liquiditätsplan** über einen Zeitraum von zwölf beziehungsweise 24 Monaten ist zusätzlich erforderlich, um einen Jahresüberblick zu gewinnen und saisonale Einflüsse zu erkennen. An dieser Jahresplanung orientiert sich der mittelfristige Finanzbedarf. Die finanziellen Engpässe lassen sich dann bereits Monate im Voraus erkennen und es lassen sich frühzeitig Gegenmaßnahmen einleiten. Die Pläne sind den Banken kontinuierlich und zeitnah zur Verfügung zu stellen, denn diese Pläne sind ein wichtiger Bestandteil einer offenen Finanzkommunikation. Neben der Abbildung und der Steuerung von Zahlungsvorgängen im Krisenunternehmen hat dieser Ausschuss in Form eines Liquiditätsbüros konkrete Maßnahmen zur Stützung der Liquidität umzusetzen. Dies bedeutet unter anderem:

- Kostensenkungen im Personalbereich und bei den Sachkosten
- Beschleunigung von Einzahlungen und Hinauszögern von Auszahlungen
- Abbau von Forderungen, Material- und Warenbeständen, Sale and Lease Back

Durch ein konsequentes Forderungsmanagement besteht für die Geschäftsführung oft ein wirkungsvolles und kurzfristig umsetzbares Instrument zur deutlichen Verbesserung der Liquiditätslage im Unternehmen.

So ist das **Debitorenmanagement** in vielen Krisenunternehmen eine große Schwachstelle. Die Basis für die Steuerung der Debitoren bildet eine aktuelle und aussagefähige Forderungsliste. In der Aufstellung sollten Informationen über den Schuldner, das Datum der Forderungsentstehung, das Zahlungsziel, den Fälligkeitszeitpunkt der Forderungen, die ursprüngliche Forderungshöhe, die gezahlten Abschläge, die insgesamt noch offenen Forderungen und die durchschnittliche Zahlungsdauer enthalten sein.

Bei hohen Außenständen sowie einer Vielzahl überfälliger Posten ist es ratsam, einen oder mehrere Mitarbeiter, zumindest temporär, ausschließlich mit einem Beitreiben dieser Forderungen zu beauftragen. In einem weiteren Schritt ist ein straff organisiertes Mahnwesen zu installieren. Deutlich überfällige Forderungen sollten an ein Inkassobüro oder einen spezialisierten Rechtsanwalt abgegeben werden. Auch ein Forderungsverkauf kommt potenziell in Frage.

Eine weitere Möglichkeit der **Liquiditätsgenerierung** ergibt sich aus der kritischen Überprüfung der Aktiva eines Unternehmens im Hinblick auf eine Veräußerung. Dies können unter anderem betriebsfremde Beteiligungen, Wertpapiere, ungenutzte Maschinen, Grundstücke, überschüssiges Material sowie Warenbestände sein. Es sollten grundsätzlich sämtliche nicht unbedingt betriebsnotwendigen Aktiva zur Disposition beziehungsweise zur Veräußerung stehen.

Zunächst sind die einfach zu liquidierenden Vermögensgegenstände zu veräußern. Oft reichen die Maßnahmen der Innenfinanzierung aus dem Unternehmen heraus jedoch nicht aus, um die Liquiditätslage zu stabilisieren. Alternativ wirken Veräußerungen von Wirtschaftsgütern des Anlagevermögens oder **Sale and Lease Back**. Es ist auch zu prüfen, welche weiteren finanziellen Mittel von Seiten der Gesellschafter bereitgestellt werden können, um die Liquidität zu festigen.

Mittelbereitstellung und Liquiditätsstabilisierung durch Gesellschafter

Befindet sich ein Unternehmen in einer Liquiditätskrise, so sind zur Abwendung der (drohenden) Zahlungsunfähigkeit aus Sicht der Kreditinstitute in erster Linie Mittelbereitstellungen durch die **Gesellschafter** zu prüfen. Zu nennen sind unter anderem die Kapitalerhöhung oder die Gewährung neuer Darlehen durch die bestehenden Anteilseigner und zusätzlich die Ausschöpfung von Möglichkeiten einer Aufnahme neuer Gesellschafter gegen Bareinlage.

Diese Maßnahmen von Seiten der Gesellschafter werden meist nicht ausreichen oder stehen nicht zur Verfügung, da keine neuen, **risikobereiten Gesellschafter** gefunden werden können und die Altgesellschafter über kein weiteres liquides Vermögen mehr verfügen. Zur Sicherung der Zahlungsfähigkeit sind weitere Alternativen zu prüfen, um daraus ein wirkungsvolles Maßnahmenbündel zu schnüren. Dabei ist zu berücksichtigen, dass der Gesellschafterkreis von Unternehmen heterogen ausgestaltet sein kann. Im einfachen Fall existiert ein Alleingesellschafter, der Entscheidungen über die Eigenmittelerhöhung unverzüglich treffen und umsetzen kann.

Bei einem zersplitterten Eigentümerkreis, mit zudem unterschiedlichen Arten von Gesellschaftern, wie Anteilseignern aus dem Familienkreis, von Finanzinvestoren sowie weiteren Akteuren gestaltet sich diese Alternative problematischer und oft sind zeitaufwendige Verhandlungen notwendig. Dort spielen Interessenlagen und auch die finanziellen Möglichkeiten eine Rolle bei der Vergabe von neuen Mitteln. Wurden alle Optionen von Seiten der Gesellschafter umgesetzt, ist erst im nächsten Schritt die Einbindung der Kreditinstitute zur Stützung der Liquiditätslage zu prüfen.

In dieser Phase ist meistens die Hausbank gefragt, da diese die laufenden Konten führt und oft ein enges Vertrauensverhältnis zur Krisenfirma besteht. Die Hausbank sollte auch die Koordination der übrigen beteiligten Kreditinstitute bei der Finanzmittelsicherung übernehmen. Dabei sind unterstützende Maßnahmen möglich, die von einem Stillhalten über eine Stundung bis zu einer Neukreditvergabe reichen.

Stillhalten, Stundung und Neukreditvergabe durch Kreditinstitute

Zunächst kommt aus Sicht der Kreditinstitute ein **Stillhalten** mit Aufrechterhalten der Linien Bedeutung zu, da kein neues Geld gegeben werden muss und das Risiko nicht unmittelbar ausgeweitet wird. Dazu ist es notwendig, dass die von allen Kreditinstituten zur Verfügung gestellten Linien bestehen bleiben. Ein Stillhalten kann jedoch auch eine Risikoerhöhung durch den Abbau der Kreditsicherheiten nach sich ziehen, wenn Vermögenswerte vom Unternehmen zur Stützung der Liquidität kontinuierlich reduziert werden. Insbesondere variable Kreditsicherheiten wie die Globalzession oder die Warensicherungsübereignung sind hiervon betroffen. Oft werden Forderungen oder Rohstoff- und Warenbestände zur Liquiditätsgenerierung abgebaut und die Sicherheitenwerte reduzieren sich. Daher kann ein Stillhalten einen erheblichen Sanierungsbeitrag sowie eine erhebliche Risikoausweitung bedeuten und dieses sollte gegenüber den anderen Banken herausgestellt werden.

Das Stillhalten ist nicht immer bei allen Instituten leicht durchzusetzen, insbesondere, wenn eine heterogene Gläubigerstruktur besteht. Es können sich die Größe des Engagements, die individuellen Besicherungen und die subjektiven Einschätzungen der Sanierungswürdigkeit neben den Ausstiegsmöglichkeiten, unter anderem über eine zeitliche Befristung der Kreditlinien, auf Entscheidungen der einzelnen Gläubiger auswirken und deren Unterstützungsbereitschaft beeinflussen.

Ein weiteres Instrument zur Liquiditätssicherung sind Stundungsvereinbarungen. Die Maßnahme geht weiter als reine Stillhalteabkommen, da Kreditinstitute auf vertraglich vereinbarten Teile des Kapitaldienstes befristet verzichten (durch Hinausschieben der Fälligkeit). In Frage kommen Stundungsvereinbarungen zu Zins- und Tilgungsleistungen (Moratorien). Aus Bankensicht ist ein Zinsverzicht aus Ertragsgründen eindeutig abzulehnen. Zu beachten ist, dass sich an den Tilgungsstundungen alle Finanzgläubiger beteiligen sollten. In der Praxis werden ferner zeitlich befristete Tilgungsaussetzungen ausgesprochen, die keine Stundung sind, sondern den Anspruch auf Tilgung erst wieder nach Ablauf der Aussetzung entstehen lassen.

Bei bestehenden **Zahlungsschwierigkeiten** kann zunächst eine Überbrückungsfinanzierung zur Insolvenzabwendung bewilligt werden. Dieser Überbrückungskredit dient der Finanzierung für den Zeitraum, der für die Erstellung des Konzeptes zur Feststellung der Sanierungsfähigkeit notwendig ist. Die Beauftragung des Sanierungskonzepts sollte bei Valutierung vorliegen (vgl. Ringelspacher, 2012, S. 255 ff.). Der Verwendungszweck ist für den Kredit zu benennen und die Laufzeit ist zeitlich zu begrenzen sowie an die Erstellung oder die Vorlage des Sanierungskonzepts zu binden.

Der BGH hat mit Beschluss vom 07.03.2017, XI ZR 571/15 entschieden, dass die Frage, ob ein als Überbrückungskredit bezeichnetes Darlehen sittenwidrig ist, nur aufgrund einer umfassenden Gesamtwürdigung beurteilt werden kann. Der Kredit soll das finanzielle Überleben gewährleisten, bis ein Sanierungskonzept des Unternehmens fertiggestellt werden kann. Rechtsprechung, die Anhaltspunkte für die zulässige Dauer von Überbrückungskrediten bietet, ist noch bislang nicht ergangen, in der juristischen Literatur werden bis zu drei Monate genannt (vgl. Andersch, 2017, S. 86 ff.). Daher ist der **Dreimonatsfinanzplan** von Bedeutung. Die Vorinstanz zu BGH, XI ZR 571/15 hat allerdings in Zitierung einer weiteren Entscheidung des BGH von nur drei Wochen gesprochen (siehe KG Berlin, 04.11.2015, 24 U 112/14). Der BGH ist dem nicht entgegengetreten. Höchstrichterlich entschieden ist die Dauer des Überbrückungskredits somit nicht.

Sind freie **Kreditsicherheiten** der Firma vorhanden, kann die Vergabe neuer Kredite für die finanzierende Bank risikoneutral und auch anfechtungssicher als Bargeschäft gestaltet werden, vorausgesetzt, die **Sanierungsfinanzierung** ist geeignet, dazu beizutragen, die geplante Sanierung durchzufinanzieren. Eigensüchtig nur auf die Rückführung eigener Finanzierungen oder zur **Werthaltigmachung** bestehender Sicherheiten und zur Rückführung von Altfinanzierungen abzielende zu geringe oder bewusst zeitlich befristete Finanzierungen sind anfechtungsgefährdet gemäß § 133 InsO (vorsätzliche sittenwidrige Schädigung). Diese Mittelvergabe ist bei Bargeschäften mit der zeitlichen Nähe und der Gleichwertigkeit der Leistung und Gegenleistung in Form der Sicherheit, zu verknüpfen. Bei einer Ausweitung des Sicherungszwecks ist aufgrund von Anfechtungsrisiken (§§ 129 ff. InsO) vorsichtig vorzugehen. Nicht riskant ist dagegen die Hereinnahme von **Drittsicherheiten**.

Jegliche Neukreditvergabe und Sicherheitenausweitung ist rechtlich zu überprüfen sowie die Sanierungsabsicht und -eignung zu dokumentieren. Die Sanierungsaussichten sind durch ein externes Fachgutachten zu untermauern. Zur Finanzierungssicherung ist es zusätzlich erforderlich, dass weitere Stakeholder in die finanzielle Absicherung mit eingebunden werden. Gerade die Aufrechterhaltung der Wertschöpfungskette mit den Lieferanten ist von Bedeutung.

Stillhalteabkommen mit Lieferanten und Kreditversicherern

Voraussetzung in einer Sanierung ist, dass sich regelmäßig auch die Zulieferer über ein Stillhalteabkommen verpflichten, ihre Waren weiterhin auf Basis der bestehenden Einkaufslinien und Zahlungskonditionen zu liefern.

Sind erste Anzeichen zu erkennen, dass die Lieferanten ihre Zahlungsziele verkürzen oder ausschließlich Geschäfte gegen Vorkasse genehmigen, ist gegenzusteuern, da sich das Risiko einseitig auf die Banken verlagert. Neben den Lieferanten sind die Kreditversicherer in die Stillhaltevereinbarungen mit einzubeziehen. Die Warenkreditversicherer decken das Obligo der Belieferer gegen Zahlungsausfälle ab und tragen in der Krise aufgrund ihrer schwachen Sicherheitenposition regelmäßig hohe Risiken.

Daher ist das Bestreben groß, die versicherten Linien der Lieferanten zu reduzieren. Aus Sicht der Kreditinstitute ist dies zu vermeiden, damit sich Änderungen in den Zahlungsanforderungen der Lieferanten nicht zu Lasten des Kontokorrents der Banken verschieben. Dann gerät dieses austarierte **Zahlungsgleichgewicht** zwischen Kunden über Anzahlungen, Kreditinstituten über den Kontokorrent und Lieferanten über Zahlungsziele aus der Balance und die Zahlungsunfähigkeit droht. Auch eine Linienausweitung bei den Warenkreditversicherern ist anzustreben, in der Praxis jedoch meist nicht erreichbar. Es ist kreativ vorzugehen, um die Zahlungsfähigkeit in der Krise eines Unternehmens abzusichern. Einige der Maßnahmen zur Sicherung der Zahlungsunfähigkeit dienen gleichzeitig zur Abwendung der Überschuldung.

Überschuldung gemäß § 19 InsO

Eine **Überschuldung** liegt bei der Unterdeckung der bestehenden Verbindlichkeiten durch das Vermögen vor (§ 19 Abs. 2 InsO). Nach § 19 Abs. 1 InsO ist bei juristischen Personen oder nach § 19 Abs. 3 InsO bei einer Gesellschaft ohne Rechtspersönlichkeit, bei der kein persönlich haftender Gesellschafter eine natürliche Person ist, die Überschuldung ebenfalls Insolvenzeröffnungsgrund (GmbH & Co. KG, KG aA).

Die Überschuldung wird über die Gegenüberstellung der Vermögenswerte sowie der Verbindlichkeiten in einer Sonderbilanz, die Überschuldungsstatus genannt wird, ermittelt. Von Bedeutung ist, dass der Status losgelöst von den Ansatz- und Bewertungsvorschriften des Handelsrechts mit dem Going-Concern-Prinzip aufgestellt wird. Dann kann eine HGB-Bilanz mit einer vorliegenden Eigenkapitalunterdeckung nur ein Indiz für eine Überschuldung liefern (vgl. Hefermehl, 2018, S. 101 ff.). In einem Überschuldungsstatus sind vorhandene stille Reserven aufzudecken, bei immateriellen Vermögensgegenständen ist zu differenzieren.

Definition: Eine **Überschuldung** liegt gemäß § 19 Abs. 2 InsO vor, wenn das Vermögen des Schuldners die bestehenden Verbindlichkeiten nicht mehr deckt, es sei denn, die Fortführung des Unternehmens ist nach den Umständen überwiegend wahrscheinlich. Die insolvenzrechtlich relevante Überschuldung wird in einem Status durch die Gegenüberstellung von Vermögen und Schulden, unabhängig von den Rechnungslegungsvorschriften nach HGB, ermittelt. Beispielsweise sind Forderungen mit qualifizierten Rangrücktrittserklärungen bei Verbindlichkeiten nicht zu berücksichtigen. Des Weiteren gelten Bewertungsvorgaben, die sich an Marktwerten orientieren. Immaterielle Vermögensgegenstände (Marken, Patente, Designrechte, Gebrauchsmuster, Internet-Domain, Lizenzen) sind mit ihrem voraussichtlichen, wenn auch schwieriger zu ermittelnden Wert, ebenfalls anzusetzen, der Firmenwert nicht (letzteres umstritten).

Demnach liegt eine Überschuldung bei Kapitalgesellschaften oder haftungsbeschränkt ausgestalteten Personengesellschaften wie der GmbH & Co. KG vor wenn das Vermögen des Schuldners aus insolvenzrechtlichem, nicht handelsrechtlichem Blick, die bestehenden Verbindlichkeiten nicht mehr deckt. Ist die Fortführung des Unternehmens überwiegend wahrscheinlich, ist die Überschuldung unerheblich (§ 19 Abs. 2 InsO). Die unterschiedlichen Fortführungsbegriffe sind voneinander abzugrenzen. Demnach bezieht sich die InsO primär auf die zukünftige Existenz des Unternehmens.

Daher ist die insolvenzrechtliche Prognoseaussage nach § 19 InsO als **Fortbestehensprognose** anzusehen. Diese betrifft die künftige Zahlungsfähigkeit und steht damit in einem engen Zusammenhang zu den §§ 18, 19 InsO. Die insolvenzrechtliche Fortbestehensprognose gemäß § 19 InsO ist primär eine Zahlungsfähigkeitsprognose, die durch einen zwölfmonatigen Finanzplan zu belegen ist (vgl. Cranshaw et al., 2016a, § 19 InsO, Rn. 8 ff.). Hier muss auch eine Abgrenzung zum Vorliegen einer drohenden Zahlungsunfähigkeit gemäß § 18 InsO erfolgen.

Der relevante **Prognosezeitraum** für den Finanzplan erstreckt sich bei der Fortbestehensprognose auf zwölf Monate, bei der Bestimmung der drohenden Zahlungsfähigkeit auf regelmäßig zwei Jahre, § 18 Abs. 2 Satz 2 InsO (vgl. IDW, 2023c, Rn. 61 ff.). Die Aufrechterhaltung der Zahlungsfähigkeit soll dabei wahrscheinlicher sein als der Eintritt der Zahlungsunfähigkeit. Zudem muss der Fortführungswille erkennbar sein.

Definition: Der Begriff der **Fortbestehensprognose** ist insolvenzrechtlich geprägt und damit ein Teil der weitergehenden Fortführungsprognose. Ob die Finanzkraft eines Unternehmens zur Fortführung des Geschäftsbetriebs für ein Jahr ausreicht, ist auf der Basis einer integrierten Finanzplanung zu überprüfen. Die Saisonverläufe sind dabei zu berücksichtigen. Die insolvenzrechtliche Fortbestehensprognose ist eine reine Zahlungsfähigkeitsprognose. Fällt diese negativ aus, ist letztendlich ein Überschuldungsstatus zu erstellen.

Der Prüfungsverlauf der Überschuldung umfasst zwei Stufen. Auf der **ersten Stufe** ist aus praktischer Sicht eine **Fortbestehensprognose** abzugeben (der Wortlaut des § 19 InsO geht von der umgekehrten Reihenfolge aus und prüft zuerst die „rechnerische" Überschuldung). Fällt sie positiv aus, gilt das betrachtete Unternehmen als nicht überschuldet. Im Fall der negativen Fortbestehensprognose ist auf der **zweiten Stufe** ein insolvenzrechtlicher Überschuldungsstatus aufzustellen, um das Reinvermögen zu Liquidationswerten (Braun-Salm/Hoogstraeten, 2024, § 19, Rn. 15 ff.) festzustellen. Ist das Reinvermögen positiv, ist die Überschuldung abgewendet.

Bei diesen finanziellen Zugeständnisses der Gläubiger ist zu beachten, dass Rangrücktrittserklärungen, die der aktuellen Rechtsprechung des BGH entsprechen gemäß § 39 Abs. 2 InsO hinter die Forderungen aller anderen Gläubiger (einschließlich der nach § 39 Abs. 1 InsO) zurückfallen und nur dann befriedigt werden können, wenn das Aktivvermögen die Verbindlichkeiten übersteigt (BGH, 05.03.2015, IX ZR 133/14, Rn. 14 ff.). Daraufhin sind diejenigen Schuldenpositionen mit einem qualifizierten Rangrücktritt im Überschuldungsstatus nicht zu berücksichtigen.

Die folgenden Schritte sind bei der **Überschuldungsprüfung** durchzuführen:

- **1. Schritt:** Feststellung der insolvenzrechtlichen Fortbestehensprognose mit der Aufstellung eines integrierten Finanzplans für zwölf Monate. Ist die Liquidität gesichert, besteht keine Überschuldung. Ansonsten ist der 2. Schritt zu vollziehen.
- **2. Schritt:** Gegenüberstellung der Vermögenspositionen und Schulden im Rahmen eines Überschuldungsstatus. Dabei ist von Liquidationswerten bei den Aktiva auszugehen und immaterielle Vermögensgegenstände sind teilweise anzusetzen.
- **3. Schritt:** Besteht eine Unterkapitalisierung im Vermögensstatus ist zu untersuchen, ob diese Unterdeckung durch Finanzmaßnahmen beseitigt werden kann. In Frage kommen der qualifizierte Rangrücktritt und Verzichte der Gläubiger.

Die folgende Abb. 3.30 zeigt den schrittweisen Ablauf der Überschuldungsprüfung und finanzwirtschaftlichen Möglichkeiten der Beseitigung einer möglichen insolvenzrechtlichen Überschuldung.

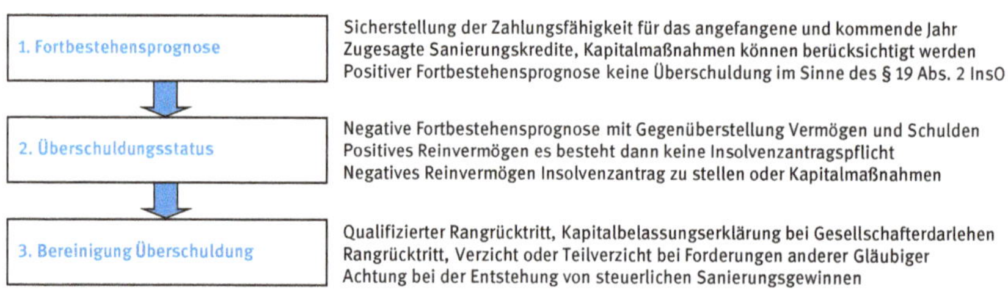

Abb. 3.30: Bestimmung der Überschuldung gemäß § 19 InsO (Quelle: Eigene Darstellung)

Zu beachten ist bei teilweisen und vollständigen Forderungsverzichten die steuerliche Betrachtung, so dass kein zu besteuernder Sanierungsgewinn entsteht, der gegebenenfalls vorfinanziert werden muss. Nach § 3a Abs. 1, 2 EStG sind unternehmensbezogene Sanierungsgewinne steuerfrei, soweit die unternehmensbezogene Sanierung vorliegt. Der Steuerpflichtige muss allerdings für den Zeitpunkt des Schuldenerlasses die Sanierungsbedürftigkeit und die Sanierungsfähigkeit des Unternehmens und zudem die Sanierungseignung des betrieblich begründeten Schuldenerlasses sowie die Sanierungsabsicht der Gläubiger nachweisen (§ 3a Abs. 2 EStG). Zudem finden sich inhaltsgleiche Regelungen im Körperschaftsteuergesetz und im Gewerbesteuergesetz durch die Verweisung auf § 3a EStG (§ 7b GewStG und § 8 Abs. 1 Satz 1 KStG).

Im Optimalfall kann die Fortbestehensprognose im Rahmen der Untersuchungen aus der Erstellung des umfassenden Sanierungskonzepts abgeleitet werden. Auch im IDW S 6 (vgl. IDW, 2023a, Rn. 13 ff.) ist nach dem mehrstufigen Vorgehen zunächst die Insolvenzantragspflicht zu überprüfen. Gegebenenfalls muss diese Prüfung dann auch zeitlich vor der Erstellung eines Sanierungskonzeptes liegen.

Gemäß dem **IDW S 6** wird die Fortbestehensprognose auf Grundlage eines Unternehmenskonzepts und der Finanzplanung getroffen. Auch bereits eingeleitete oder beabsichtigte interne Sanierungsmaßnahmen mit Liquiditätswirkungen und Kapitalstabilisierungen dürfen bereits berücksichtigt werden, wenn die Effekte mit überwiegender Wahrscheinlichkeit zu erwarten sind. Externe Maßnahmen, die von den Entscheidungen Dritter abhängen, sind dagegen in der Finanzplanung nur dann zu berücksichtigen, wenn deren Realisierungen hinreichend gesichert erscheinen.

Status zur Überprüfung der finanzwirtschaftlichen Überschuldung

Im Zentrum der weiteren Analyse der **Überschuldungsprüfung** steht der Überschuldungsstatus. Fällt die Fortbestehensprognose negativ aus, sind in einer Aufstellung die Vermögenspositionen und die Schulden gegenüberzustellen. Wenn ein positives Vermögen nachgewiesen werden kann, ist die Überschuldung endgültig abgewendet. Ansonsten besteht eine Insolvenzantragspflicht.

Definition: Im **Überschuldungsstatus** sind alle Vermögenswerte sämtlichen Schulden gegenüberzustellen. Die Bewertung der Vermögensgegenstände erfolgt zu Liquidationswerten. Dabei sind gegebenenfalls stille Reserven aufzudecken und stille Lasten zu berücksichtigen. Verbindlichkeiten sind zu Rückzahlungswerten anzusetzen. Bei der Bewertung ist unter Umständen die erforderliche Liquidationsgeschwindigkeit mit Abschlägen oder barwertig bei den Vermögenswerten zu berücksichtigen.

In der Praxis sind die ersten Anzeichen einer Überschuldung oft aus der Handelsbilanz ersichtlich (vgl. Hefermehl, 2018, S. 101 ff.). Auf der Grundlage der Bilanzpositionen kann ein Überschuldungsstatus aufgestellt werden, wie die nachfolgende Abb. 3.31 zeigt. Die Abwendung der Überschuldung, beispielsweise durch die Aufdeckung stiller Reserven, sollte den Kreditinstituten durch einen Wirtschaftsprüfer bestätigt werden, da dies wesentlich für die Herauslegung neuer Kredite ist.

Status	Vermögen	Bilanz GmbH		Schulden	Status
250	Grundstücke	150	Stammkapital	0	0
200	Vorräte	150	Rückstellungen	100	50
100	Forderungen LuL	150	Verbindlichkeiten LuL	150	150
0	Fehlbetrag	50	Verbindlichkeiten KI	250	250
550	Summe	500	Summe	500	450

Abb. 3.31: Überschuldungsstatus mit Liquidationswerten (Quelle: Eigene Darstellung)

Auf der Vermögensseite kann die Aufdeckung stiller Reserven die Positionen erhöhen. Auf der Schuldenseite können sich Positionen durch (Teil-)Verzichte oder Rangrücktrittserklärungen reduzieren oder aufheben.

Von Bedeutung ist, dass die Bewertung unter **Liquidierungsaspekten** erfolgt. In dem obigen Beispiel besteht eine bilanzielle Überschuldung. Durch diese Aufdeckung stiller Reserven auf der Aktivseite sowie die realistische Ansetzung von Rückstellungen kann die Unterdeckung unter Umständen bereits aufgefangen werden und es resultiert im Ergebnis schon aus dem Überschuldungsstatus, auch ohne die Maßnahmen der Gläubiger, keine Insolvenzantragspflicht. Abweichungen des Status von der handelsrechtlichen Bewertung bei Aktiva und Passiva können sich ergeben bei der:

– Auflösung stiller Reserven in Grundstücken über externe Wertgutachten
– Bewertung der Vorräte zu Liquidationswerten und Forderungen mit Ausfallquote
– Realistische Bewertung von erforderlichen Rückstellungen

Unabhängig vom insolvenzrechtlichen Ablauf des Prüfprozesses zur Überschuldung und den Bewertungsalternativen kann die Vermögensunterdeckung durch finanzielle Maßnahmen der internen und externen Stakeholder nachhaltig bereinigt werden, bei Schuldnern, die unter den § 15a InsO fallen, ist das zwingend. In Betracht kommen als Instrumente unter anderem:

– Finanzielle Maßnahmen der Kapitalstärkung durch Gesellschafter
– Qualifizierte Rangrücktritte, Verzichte oder Teilverzichte der Gläubiger
– Unterstützungen durch die Lieferanten und Kreditversicherer

Rangrücktritt, Verzicht und Kapitalerhöhung durch Gesellschafter

Zur Abwendung der Überschuldung sind in erster Linie die Gesellschafter gefragt. Sie besitzen in der Regel ein originäres Interesse am Fortbestand des eigenen Unternehmens. In vielen Firmen haben die Gesellschafter zugleich die Position von Geschäftsführern inne, bei der Einpersonen-GmbH ist das praktisch stets der Fall. Sind die Anteilseigner darüber hinaus haftungsmäßig über Bürgschaften eingebunden, dann folgt einer betrieblichen Insolvenz meist die Privatinsolvenz mit einer Existenzgefährdung für die betroffenen Familien und einem Ansehensverlust.

Da der Unternehmer dieses oft unter allen Umständen vermeiden möchte, ist eine finanzielle Einbindung zur Vermeidung der Überschuldung in der Regel leicht durchzusetzen. Ein übliches Mittel zur Abwendung der Überschuldung von Seiten der Gesellschafter bietet die erwähnte Erklärung des wirksamen qualifizierten **Rangrücktritts**. Gegenstand ist dabei zudem eine Kapitalbelassungserklärung für bereits bestehende oder für neu gegebene Gesellschafterdarlehen, der Rangrücktritt mit Auszahlungsverboten wirkt also bereits vorinsolvenzlich (vgl. Cranshaw al., 2016a, § 17 InsO, Rn. 34).

Die Gesellschafter eines Krisenunternehmens äußern dabei, dass sie mit ihren Darlehen hinter die gegenwärtigen und zukünftigen Forderungen aller Gläubiger im Rang zurücktreten. Erforderlich ist bei der Rangtiefe des Rücktritts, dass die Gläubiger hinter die gemäß § 39 Abs. 1 Nr. 1 bis 5 InsO genannten Forderungen zurücktreten und im Rang den Gesellschaftern gleichstehen.

In der Praxis ist das Instrument des Rangrücktritts vertraglich einfach umsetzbar. Zudem zeigt sich hierbei die Bereitschaft der Gesellschafter, bedingungslos hinter ihrem Unternehmen zu stehen. Da stehengelassene Gesellschafterdarlehen im Insolvenzverfahren nur als nachrangige Insolvenzforderungen geltend gemacht werden können, erscheint die Abgabe einer Rangrücktrittserklärung für den Gesellschafter aus wirtschaftlicher Sicht unproblematisch zu sein (§ 39 Abs. 1 Nr. 5 InsO). Sind die Anteilseigner eines Unternehmens allerdings nicht bereit, diese Erklärung abzugeben, so werden sich die externen Gläubiger ebenfalls kaum dazu bereiterklären, das Unternehmen durch finanzielle Beiträge zu unterstützen. Alternativ kann ein Verzicht auf die Rückzahlung der Forderungen erteilt werden. Hierbei sind jedoch vorab die ertragssteuerlichen Konsequenzen zu prüfen.

Neben einem Rangrücktritt oder Verzicht durch die Gesellschafter besteht alternativ auch die Möglichkeit, das Eigenkapital durch zusätzliche Einlagen in Form der Kapitalerhöhung aufzustocken. Dabei kommen sowohl Barmittel als auch Sacheinlagen in Betracht (vgl. Bauer, 2008, S. 43 ff.). Sacheinlagen sind problematischer wegen der Bewertung der Einlage und der Differenzhaftung nach § 9 GmbHG, insbesondere, wenn Gesellschafterdarlehen in Stammkapital umgewandelt werden sollen. Auch hier ist die positive Außenwirkung auf die externen Gläubiger von Bedeutung. Bestehen von Seiten der Gesellschafter daher Möglichkeiten, weitere finanzielle Mittel aus dem privaten Bereich oder weitere Drittsicherheiten in die Firma einzubringen, wird dies von den externen Gläubigern erwartet werden. Eine Verweigerung von Seiten der Gesellschafter würde ein sehr negatives Zeichen setzen.

Erwähnt werden soll eine **Kapitalstärkung** durch die Aufnahme neuer Gesellschafter, beispielsweise aus dem Kreis der internen Stakeholder. Durchaus Erfolg versprechend ist eine Beteiligung des Managements über Geschäftsanteile am Unternehmen. In Frage kommt dabei in erster Linie die Führungsebene. Diese kennt die Strukturen und die Position des Unternehmens am Markt und ist damit in der Lage, die Zukunftsperspektiven im Rahmen der Sanierung detailliert zu beurteilen. Diese Beteiligung kann auch zu einem Management Buy Out, mit einer Übernahme der Mehrheit der Anteile durch das Management, führen. Über einen M&A-Prozess können alternativ neue Investoren als Gesellschafter gewonnen werden können.

Forderungsumwandlung durch Kreditinstitute

Eine weitere Alternative zur Kapitalbereinigung der Krisenfirma von Seiten der Kreditinstitute besteht in einer **Umwandlung** von Forderungen in die Beteiligung am Unternehmen (Debt Equity Swap). Problematisch ist dabei die Bewertung der in eine Kapitalbeteiligung als Sacheinlage eingebrachten Darlehen der Bank. Für die dann entstehende Gesellschafterstellung ist jedoch die Dauer des Sanierungsprivilegs hinsichtlich der verbleibenden Altfinanzierungen ebenso wie neuer Kredite zudem problematisch (§ 39 Abs. 4 InsO). Die Kredite und die sonstigen Finanzierungsleistungen werden nur einmalig den Regeln der Insolvenzordnung entzogen.

Ein erneuter wirtschaftlicher Zusammenbruch führt dann künftig zur Nachrangigkeit der gewährten und auch der stehengelassenen Darlehen eines Gesellschafters, der mit mehr als 10,0 % an dem Unternehmen beteiligt ist. Unabhängig von der Regelung ergeben sich oft Probleme aus Beteiligungen von Banken an Krisenfirmen. So werden die übrigen Gläubiger auf diese Gesellschafterstellung hinweisen und den Einschuss von notwendigen Finanzmitteln fordern, wie auch von anderen Anteilseignern. In der Praxis werden Kapitalbeteiligungen an Kreditnehmern in der Krise einschließlich des Debt Equity Swap nur sehr zurückhaltend als Sanierungsinstrument eingesetzt.

Ist mit der späteren Werthaltigkeit der Gesellschaftsanteile aufgrund der guten Sanierungsaussichten zu rechnen, sollten sich die finanzierenden Banken umgekehrt unter Umständen die Rechte an den Firmenanteilen sichern. Werden diese Anteile über eine erfolgreiche Sanierung wieder werthaltig, partizipieren die Institute an einem späteren Verkaufserlös. Es erscheint dann gerechtfertigt, wenn die Kreditinstitute maßgeblich zur Überwindung der Krisenlage beitragen. Zur Sicherheitenbestellung bietet sich die doppelnützige Treuhand an. Dabei werden Geschäftsanteilen, auf einen nicht weisungsabhängigen Treuhänder übertragen. Dieser nimmt für die Kreditgeber reine Sicherungsinteressen wahr, indem er die in Betracht kommenden Gesellschaftsanteile für die Anteilseigner als Treugeber hält und die Institute lediglich über einen echten Vertrag **„zugunsten Dritter“** (§ 328 BGB) als Begünstigte daran „beteiligt“ sind.

Werden diese später durch den Treuhänder veräußert, wird dieser durch die konkrete Sicherungsabrede verpflichtet, den Erlös primär bis zur Höhe der gesicherten Forderungen an die besicherten Institute auszukehren. Nachrangig ist der Treugeber berechtigt, da ihm der Übererlös aus der Veräußerung dieser Anteile zusteht. Diese Form der Treuhandvereinbarung endet erst dann, wenn die gesicherte Forderung vollständig zurückgeführt worden ist.

Unterstützungen durch Lieferanten und Kreditversicherer

Existieren starke wechselseitige Verbindungen zu **Lieferanten**, ist zu prüfen, inwieweit bestehende oder neue Kredite mit Rangrücktrittserklärungen versehen werden können oder auch Beteiligungen zur Kapitalfestigung realisierbar sind. Oft ist es allerdings wichtiger, sich in der eingeleiteten Sanierung die weitere Lieferbereitschaft auf Basis der bestehenden Einkaufslinien zu sichern, um die Liquidität nicht weiter zu belasten. Dies ist besonders dann bedeutend, wenn keine Substitutionsmöglichkeiten bestehen und Produktionsprozesse durch mögliche Engpässe bedroht werden.

Insgesamt gesehen wird ein Insolvenzantrag aufgrund einer Überschuldung eines Unternehmens seltener gestellt, da ein Handlungsspielraum besteht, die Überschuldung zu bereinigen. Die Sicherung der Liquidität hat eine größere Bedeutung, da sich gerade die Beschaffung neuer Mittel weitaus schwieriger gestaltet. Entscheidend ist aber, dass die Geschäftsleitung des Krisenunternehmens die Überschuldung oftmals nicht erkennt (oder erkennen will) und daher den Antrag auf Zahlungsunfähigkeit oder gar nur drohende Zahlungsunfähigkeit stützt.

Dies gilt auch für Gläubigeranträge, die kaum eine Überschuldung glaubhaft darlegen können. Die Verfahrenseröffnung erfolgt dann wegen Zahlungsunfähigkeit und Überschuldung. Ausgewählte **finanzwirtschaftliche Sanierungsinstrumente** werden in der nachfolgenden Tab. 3.11 dargestellt.

Tab. 3.11: Finanzwirtschaftliche Sanierungsmaßnahmen (Quelle: Eigene Darstellung)

Zahlungsunfähigkeit	Überschuldung
Liquiditätsmanagement im Unternehmen	Auflösung stiller Reserven
Bareinlagen von Gesellschaftern	Kapitalaufstockungen
Liquidation nicht betriebsnotwendiger Aktiva	Rangrücktrittserklärungen
Zins- und Tilgungsstundungen	Forderungsverzichte
Neukreditvergaben	Umwandlung von Fremdkapital in Eigenkapital

In der ersten Phase der Sanierung können Überbrückungskredite gewährt werden, die ausreichen, um die Erstellung des Sanierungskonzepts zu ermöglichen. Die Finanzierung sollte auf maximal drei Monate begrenzt werden und dann allein dem Zweck der Überbrückung des Zeitraums bis zu der Erstellung des Konzeptes der Einleitung und der Durchführung eines ernsthaften Sanierungsversuches dienen, der Verwendungszweck ist genau anzugeben. Gegebenenfalls sind neu hereinzunehmende Sicherheiten anfechtungssicher als **Bargeschäft** (§ 142 InsO) zu gestalten.

Im Nachgang der Bereinigung der kurzfristigen Liquiditätsenge müssen die weiteren Schritte im Sanierungsprozess mit der Überprüfung der Sanierungsfähigkeit und Umsetzung der Maßnahmen im operativen sowie strategischen Bereich der Krisenfirma bei der leistungswirtschaftlichen Sanierung angebahnt werden. Die Sanierungsvorgaben der MaRisk geben für Banken dazu lediglich die Mindestanforderungen wieder und betreffen streng genommen allein den risikorelevanten Bereich.

Der Unternehmer ist mit dieser Situation meist überfordert, sonst wäre er nicht in die Gefährdungslage gerutscht oder hätte diese durch interne Maßnahmen beseitigt. Die Hausbank übernimmt im Sanierungsprozess als Hauptgläubiger oft die übergeordnete Rolle eines Moderators der Krisenbereinigung mit den wichtigen Stellschrauben, wie der Anbahnung der Beauftragung einer Beratungsgesellschaft durch die Geschäftsleitung des Schuldnerunternehmens.

Aus Bankensicht ist bei einer Insolvenznähe des Schuldnerunternehmens bei der Gestaltung der Sanierungsmaßnahmen und der Durchfinanzierung die mögliche spätere Insolvenzanfechtung zu beachten (§ 133 InsO). Demnach ist bei den finanziellen Stabilisierungsmaßnahmen und der später erforderlichen mittelfristigen und langfristigen Finanzierung darauf zu achtzugeben, dass ausreichende finanzielle Mittel gemäß den Anforderungen aus dem Sanierungskonzept zur Verfügung gestellt werden.

Primär sollte das **Krisenunternehmen** aber Kosten einsparen oder Teile des Umlaufvermögens liquidieren, um sich diese notwendige Liquidität selbst zu beschaffen. Eine andere Alternative besteht darin, dass der Gesellschafter Drittsicherheiten einbringt, die beliehen werden oder frisches Geld einschießt. Die Firma ist davon in Kenntnis zu setzen, dass neue Kreditmittel der Bank einer schwierigen internen Genehmigung bedürfen. Erst sekundär können im Rahmen einer **Überbrückungsfinanzierung** Forbearance-Maßnahmen wie Tilgungsaussetzungen, Zinsreduzierung sowie weitere Unterstützungen von Seiten der Banken in Betracht gezogen werden, wie Abb. 3.32 zeigt.

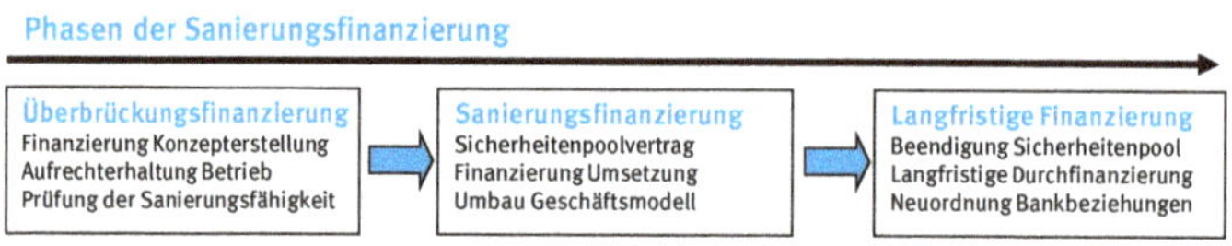

Abb. 3.32: Finanzierungsphasen in der Sanierung (Quelle: Eigene Darstellung)

Voraussetzung für eine mittelfristige **Sanierungsfinanzierung** ist die externe Feststellung der Sanierungsfähigkeit über ein Konzept. Des Weiteren müssen die Banken und die weiteren Stakeholder von einer Weiterbegleitung und damit der Sanierungswürdigkeit überzeugt sein, denn meist erfordert die Realisierung der Restrukturierungsmaßnahmen zusätzliche finanzielle Beiträge der Finanzgläubiger sowie Zulieferer inklusive der angeschlossenen Warenkreditversicherer.

Zur finanziellen Bindung der Banken an den Sanierungsprozess kann es erforderlich sein einen Sicherheitenpool zu bilden. Ziele des Pools in der Krise sind die optimale Nutzung und Aufteilung der **Kreditsicherheiten** sowie die Einbeziehung der Kredite einschließlich der in vielen Branchen wie dem Maschinenbau, dem Schiffbau oder bei Bauträgern wichtigen Avale für eine dauerhafte Stabilisierung finanzwirtschaftlicher Sanierungsmaßnahmen (vgl. Cranshaw, 2013, S. 1005 ff.).

Die Sanierungsfinanzierung für die Zeit der Umsetzung der leistungswirtschaftlichen Maßnahmen und die **langfristige Finanzierung** des Geschäftsmodells nach erfolgreicher Sanierung mit Turnaround sind zu gestalten, wenn deutlich wird, dass möglichst alle relevanten Stakeholder das stabilisierte Krisenunternehmen finanziell oder durch die Aufrechterhaltung der Lieferketten dauerhaft unterstützen.

? **Checkliste und Analysen zu finanzwirtschaftlichen Sofortmaßnahmen aus Bankensicht:**

1. Existieren bei dem Krisenunternehmen Insolvenzgründe aufgrund der Zahlungsunfähigkeit?
2. Bestehen aufgrund der Rechtsform Insolvenzantragspflichten aufgrund der Überschuldung?
3. Kann die Zahlungsunfähigkeit durch liquiditätswirksame Maßnahmen vermieden werden?
4. Wurde die Überschuldung nachhaltig durch Kapitalmaßnahmen der Gesellschafter beseitigt?
5. Wurden neben finanziellen Maßnahmen Schritte zur leistungswirtschaftlichen Sanierung eingeleitet?

3.5 Leistungswirtschaftliche Sanierung und Sanierungskonzept

In diesem Abschnitt wird die Auswahl des geeigneten Unternehmensberaters, der das Sanierungskonzept erstellt und gegebenenfalls beim Krisenunternehmen umsetzt, betrachtet. Dabei ist die Fachexpertise eines externen Spezialisten für die Sanierung des Unternehmens erforderlich. Die geeignete Beraterauswahl bestimmt die Erfolgswahrscheinlichkeit der Sanierung erheblich und Banken steuern den Prozess der Auswahl beratend, aufgrund ihrer Erfahrungen, mit.

Vorrangiger Ansprechpartner bei der Wahl eines qualifizierten Akteurs ist die Hausbank. Diese kann der Geschäftsleitung der Krisenfirma verschiedene erfahrene sowie geeignete Berater beispielsweise mit einer geeigneten **Branchenorientierung** wie im Baubereich oder mit Expertise bei Themenstellungen wie dem Neuaufbau des Produktionsprozesses empfehlen. Die Auswahl des externen Sanierungsträgers und den Auftragsumfang muss der Unternehmer selbst bestimmen, damit von Seiten der Banken kein Eingriff in die Geschäftsführung besteht. Dieser Untersuchungsrahmen ist ausreichend weit zu formulieren, damit ein ernsthafter Sanierungsversuch vorliegt.

Der Markt für Unternehmensberater oder andere mögliche externe Sanierungsträger ist breit gefächert und die Qualifikationen sind unterschiedlich ausgeprägt. Wichtig ist es aus Sicht des Krisenunternehmens, sich zunächst für einen bestimmten Beratertyp zu entscheiden. Sind verstärkt kreative Aspekte beim Beratungsauftrag erforderlich, können Unternehmensberater mit einer Spezialisierung auf Sanierungsfälle diese Aufgabe unter Umständen gut lösen. Bei einer erforderlichen Suche eines Investors sind beispielsweise Interimsmanager mit Branchenkenntnissen und M&A-Erfahrungen gefragt. Wenn die fachliche Ausrichtung feststeht, sind anschließend das Beratungsunternehmen und der konkrete Akteur auszuwählen.

Neben der Branchenauswahl, der Betreuungskompetenz in der spezifischen Größenklasse sowie dem erforderlichen Spezialwissen sind Kenntnisse in der Erstellung von Sanierungskonzepten beispielsweise nach **IDW S 6** und der Umsetzung dieser Konzepte erforderlich. Kreditinstitute benötigen das Sanierungskonzept eines externen, neutralen Experten um eine wirtschaftliche Entscheidung zu treffen, das Krisenunternehmen in der Sanierung zu begleiten und zum anderen MaRisk BTO 1.2.5 Rn. 3 zu erfüllen. Dazu gehört auch eine Einschätzung zu den Insolvenzrisiken und dem Vorliegen von Insolvenzantragsgründen bei dem Zielunternehmen.

Zur Bewältigung einer Unternehmenskrise sind besondere Kenntnisse sowie Konzeptions- und Umsetzungsqualitäten gefragt. Dabei stellt sich aus Sicht der Gläubiger die Frage, ob das bestehende Management in der Lage ist, die Sanierung erfolgreich umzusetzen. Die Kompetenz eines Managements ist entscheidend für das Herausarbeiten aus einer Krisensituation, aber meist ist das bestehende Management in Form der Geschäftsführung und des mittleren Managements mit verantwortlich für eine tiefgreifende wirtschaftliche Schieflage oder sogar die Ursache der Krise. Die Entscheidungsträger haben das Geschäftsmodell nicht an die Marktgegebenheiten angepasst.

Es fehlt an Managementwissen sowie Führungserfahrung und es bestehen Defizite im Controlling. Aufgrund der Existenzbedrohung sowie fehlender Management- und Restrukturierungskompetenzen ist die Einbeziehung externer Fachleute in einen Sanierungsprozess meist unabdingbar und aus Bankensicht erforderlich bei der Erstellung sowie Umsetzung eines Sanierungskonzepts (MaRisk BTO 1.2.5 Rn. 4 und Rn. 5).

Die leistungswirtschaftliche Sanierung beginnt mit der Auswahl des geeigneten Beraters, der die fachlichen Defizite aufdeckt und fehlende Managementkompetenzen ergänzt. Durch diese Expertise können die Schwächen der Unternehmensführung identifiziert und behoben werden. Im Vordergrund steht die erfolgreiche Gestaltung der leistungswirtschaftlichen Sanierung und des Geschäftsmodells. Der Sanierungsberater kann zusätzlich die Kommunikation zu den wichtigen Stakeholdern koordinieren.

Definition: Die **leistungswirtschaftliche Sanierung** umfasst sämtliche Maßnahmen, die zur Analyse und Reorganisation des Geschäftsmodells sowie der Geschäftsprozesse zu gestalten sind, um ein Unternehmen wieder erfolgreich am Markt zu positionieren und die Wettbewerbsfähigkeit, Renditefähigkeit und Kapitaldienstfähigkeit dauerhaft zu gewährleisten. Ein Kernaspekt der erfolgreichen leistungswirtschaftlichen Sanierung stellt die Auswahl des geeigneten Sanierungsträgers dar. Dieser hat ein tragfähiges Sanierungskonzept für einen ernsthaften Sanierungsversuch rechtskonform zu erstellen und die empfohlenen Maßnahmen gegebenenfalls im Krisenunternehmen erfolgreich umzusetzen.

Der personelle Sanierungsträger soll mit der Analyse der Krisenursachen und der Erstellung eines Gutachtens Klarheit in die aktuelle Unternehmenssituation bringen. Ziel ist es festzustellen, ob die Firma überlebensfähig ist. Dann ist die Aussage eines Beraters zur Sanierungsfähigkeit eine wesentliche Entscheidungsgrundlage für die Weiterbegleitung des Engagements und die Bereitschaft der involvierten Banken zu finanziellen Zugeständnissen. Dies erfordert erhebliches Vertrauen der Kreditinstitute und der weiteren Gläubiger in das Sanierungsteam.

Das bestehende Management wird allein nicht in der Lage gesehen, die Krisenlage zu bewältigen. Zudem ist ein Sanierungskonzept erforderlich, das formalen, rechtlichen und materiellen Anforderungen Genüge trägt und eine logisch abgeleitete Aussage zur Sanierungsfähigkeit abgibt. Es sind in dem Konzept die BGH-Anforderungen zu beachten. Diese komplexen und umfangreichen Abhandlungen können nur durch externe und objektive Sanierungsexperten erarbeitet werden.

Die Auswahl des geeigneten Sanierers ist daher eine der Schlüsselentscheidungen für den erfolgreichen Turnaround. Es ist eine Differenzierung zwischen den Anforderungen an den Berater einerseits sowie andererseits an die Beratungsgesellschaft in Form einer Unternehmensberatung erforderlich. Diese stellt die personellen, fachlichen und systemischen Kapazitäten bereit, mit notwendigen Sonderqualifikationen wie bei der Beratung erforderlicher Zusammenschlüsse, der Einwerbung von Investorengeldern, der operativen Umsetzung der Sanierung und weiteren Kompetenzen. Es liegt der Fokus hier primär auf der personellen Eignung des Beraters.

Auswahl Beratungsunternehmen und Sanierungsberater

Die Notwendigkeit der **Beauftragung** eines externen und spezialisierten Sanierungsberaters beziehungsweise einer beauftragten Beratungsgesellschaft in der Krise lässt sich sachgerecht anhand folgender **Auswahlkriterien** begründen (vgl. Lützenrath et al., 2006, S. 34 ff. und David, 2001, S. 241 ff.):

- **Expertenwissen:** Die in einer Krise zu lösenden Probleme sind komplexer als das normale Tagesgeschäft und verlangen betriebswirtschaftliche Methoden und Analysen, Spezialwissen sowie einen erheblichen Zeiteinsatz. Erforderlich sind die Eigenschaften Fachkompetenz, Methodenkompetenz und Mentalkompetenz.
- **Branchenkenntnisse:** Diese Eigenschaft meint die Kenntnisse eines Sanierungsträgers über die Eigenheiten der Branche informiert zu sein, mit dem Verstehen des Geschäftsmodells, dem Mitbringen von Kontakten zu potenziellen Investoren oder Kooperationspartnern und Verbindungen zu Kunden, Lieferanten und Kreditversicherern, um deren Unterstützungspotenziale zu erreichen.
- **Krisenerfahrung:** Der Aspekt beschreibt die Erfahrung des externen Sanierungsträgers im Krisenmanagement, die Spezialisierung auf bestimmte Krisenphasen, die Konfliktfähigkeit und das Verhandlungsgeschick in Krisenlagen, das unternehmerische Denken sowie die Kreativität für das Design innovativer Lösungen bei der Gestaltung des Leitbilds und des Geschäftsmodells.
- **Verhandlungsgeschick:** Die Krisenlage sowie Sanierung erfordern Erfahrung im Umgang und der Kommunikation mit den beteiligten Stakeholdern beim Lösen von Konflikten sowie der Gestaltung von tragbaren Ideen. Daher sind erhebliche Anforderungen an die Sozialkompetenz und die Führung notwendig.
- **Objektivität:** Die Einschätzung der Sanierungsfähigkeit durch den externen und fachlich spezialisierten Berater muss unabhängig erfolgen. Es sollten sich keine Interessenkonflikte sowie Abhängigkeiten aus weiteren geschäftlichen Aufträgen ergeben und ein Gefälligkeitsgutachten ermöglichen.
- **Beratungsorganisation:** Diese wird durch die Größe, die vorhandenen Kompetenzen und Kapazitäten und den Ruf der Unternehmensberatung definiert. Unter Umständen sind Personalkapazitäten für die Umsetzung bereitzustellen. Eine Regionalität oder Internationalität kann bei der Sanierung erforderlich sein.

Es werden aufgrund der speziellen Anforderungen an eine Sanierung ausschließlich externe **Sanierungsträger** betrachtet, die mit der Erstellung und gleichzeitig mit der Umsetzung der Maßnahmen aus einem Sanierungskonzept beauftragt werden.

Definition: Der **Sanierungsträger** ist eine Person, ein Team oder eine Organisation in Form einer Beratungsgesellschaft, die das Sanierungskonzept erstellt und die Maßnahmen aus dem schriftlichen Konzept gegebenenfalls eigenständig umsetzt. Auch die personelle Trennung zwischen dem Ersteller des Gutachtens und dem Umsetzer des Sanierungsprojekts ist möglich. Häufig wird die Umsetzung aufgrund von Haftungsrisiken von einem anderen Rechtsträger beziehungsweise Beratungsunternehmen durchgeführt.

Aus verschiedenen Akteuren ist der für ein bestimmtes Krisenunternehmen passende Akteur zu finden. Beeinflusst wird diese Auswahl durch die Situation der Schieflage mit dem Vorliegen einer bestimmten Krisenphase oder einer drohenden Insolvenz. Zudem kann die Entscheidung von einer speziellen Problematik zum Beispiel der Sanierungsumsetzung oder der Suche eines Investors aus der Branche abhängen.

Kreditinstitute sollten nicht aktiv in das Auftragsverhältnis zwischen Firma und Beratungsunternehmen eingreifen, allerdings umfassend informiert werden und sich dieses Recht auch schriftlich vom Berater und Krisenunternehmen zusichern lassen (vgl. Pohl, 2011, S. 208 ff.). Dazu sollten mindestens drei mögliche Gutachter zur Erstellung des Sanierungskonzepts vorgeschlagen werden, damit kein Eingriff in die Geschäftsführung vorliegt. Damit optimale Berater benannt werden können, kann deren Beurteilung strukturiert anhand eines Merkmalkatalogs der vorab benannten Auswahlkriterien in Form eines Polaritätsprofils erfolgen.

Die **Umsetzungsfähigkeit** von Sanierungsmaßnahmen ist von starker Bedeutung, da der Turnaround primär vom aktiven Handeln in der Umsetzungsphase abhängt, denn das bestehende Management ist meist nicht bereit oder nicht in der Lage, einschneidende Sanierungsmaßnahmen erfolgreich zu realisieren. Daher sollte die Organisation des Beratungsunternehmens diese erforderlichen Kenntnisse und Beraterkapazitäten unbedingt anbieten können.

Die Höhe des **Honorars** in Form der zu zahlenden Tagessätze wird von den Firmen häufig als zusätzliches Kriterium für die Auswahl eines Beraters in Betracht gezogen. Aufgrund der ähnlichen **Honorarforderungen** innerhalb einer Klasse von Akteuren, der Größe der Beratungen sowie der möglichen Anpassung ihres Leistungskatalogs an den Einzelfall wird dieses Kriterium nicht in die Beurteilung der grundsätzlichen Sanierungseignung mit einbezogen. Die Erfüllbarkeit der Honorarforderungen ist dagegen als einzuhaltende Nebenbedingung anzusehen. Gegebenenfalls ist mit der Hausbank eine Einigung zur Kostenübernahme zu treffen. Es ist ein externer Akteur auszuwählen, der kritische Faktoren oder fehlende Kompetenzen in der Unternehmensleitung ergänzt, wie beispielsweise mit dem Aufbau der integrierten Planungsrechnung. Mögliche Träger der Sanierung können folgende Akteure sein:

– **Rechtsanwälte, Steuerberater, Wirtschaftsprüfer:** Diese Akteure beraten meist viele Mandanten in rechtlichen, steuerlichen Fragestellungen und bei Spezialfragen. Da viele Kundenbeziehungen aufrechterhalten werden steht infrage, ob eine langfristige Betreuung eines Krisenunternehmens aus Kapazitätsgründen möglich ist. Es bestehen unter Umständen Defizite bei den Fähigkeiten zur Sanierungsumsetzung, beispielsweise bei der Umgestaltung von Produktionsprozessen. Bei ausgewählten Spezialtätigkeiten wie der Erstellung von Konsortialverträgen, Sicherheitenprüfungen, Bewertungs- und Steuergutachten sowie Treuhandschaften können sie eingesetzt werden. Es ist auf Interessenkollisionen zu achten. Die Akteure können an Sanierungskonzepten und Umsetzungen außergerichtlicher Sanierungen begleitend mitwirken, allerdings nicht federführend.

- **Spezialisierte Unternehmensberater:** Die Erarbeitung eines umfassenden leistungswirtschaftlichen sowie finanzwirtschaftlichen Sanierungskonzeptes und die Umsetzung der erforderlichen Maßnahmen im Unternehmen gehört zu den Aufgabenbereichen des auf Sanierungen spezialisierten Unternehmensberaters. Zur Auswahl der geeigneten Beratungsfirma für die Bedürfnisse des Krisenunternehmens lässt sich der Gesamtmarkt für Beratungsfirmen nach Segmenten (Industrie, Handel, Dienstleistungen, Bau), regionalen Märkten (regional, national, international) und Größenklassen (klein, mittel, groß) differenzieren. Hier ist die Auswahl an den Einzelfall der Krisenphase, der Größe sowie Branche anzupassen. Bei der Auswahl eines geeigneten Beraters kann die Hausbank aufgrund ihrer Erfahrungen Hilfestellung leisten. Gerade in der Region besteht meist ein guter Überblick über den Leistungskatalog der bekannten Sanierungsberater.
- **Umsetzungsmanager, Interimsmanager, M&A-Spezialisten:** Neben den Fähigkeiten ein Sanierungskonzept erstellen zu können ist für den Turnaround die Umsetzung der empfohlenen Maßnahmen von Bedeutung. Im Sanierungsprojekt ist der Projektleiter der Beratungsfirma zunächst für die Konzepterstellung verantwortlich. In der Umsetzungsphase kann dieser Berater weiter involviert sein. Dies ist von Vorteil, da er zum einen die Krisenfirma kennt sowie zum anderen die von ihm empfohlenen Maßnahmen aus dem Sanierungskonzept umsetzen kann. Alternativ besteht die Möglichkeit einen Manager auf Zeit einzusetzen, der als Chief Restructuring Officer (CRO) das Umsetzungsprojekt in der Firma begleitet, wenn dies erforderlich und bezahlbar ist. Im Anschluss an den erfolgreich umgesetzten Prozess kann dieser als Aufsichtsorgan installiert werden, um den Sanierungserfolg dauerhaft abzusichern. Des Weiteren können Spezialfähigkeiten erforderlich sein, wenn beispielsweise eine Investorensuche zum Verkauf eines Unternehmens oder von Teilen für die Sanierung notwendig ist.

Insgesamt unterscheidet sich die Qualität von Beratern und ihrer Sanierungskonzepte in der Praxis meist stark. Als Ergebnis einer Untersuchung lassen sich deutliche Differenzierungen der Sanierungsgutachten in Bezug auf die materiellen und formalen Inhalte und den Umsetzungen feststellen (vgl. Portisch, 2009d, S. 44 ff.). Die Unterschiede können einen erheblichen Einfluss auf den späteren Sanierungserfolg haben. Professionelle Fähigkeiten in der Krisenberatung weisen spezialisierte Sanierungsberatungen und Sanierungsberater bei der Erstellung der Sanierungskonzepte und Interimsmanager in der Umsetzung der Umstrukturierungsmaßnahmen auf.

Im Anschluss an die Auswahl eines qualifizierten Beraters ist der Sanierungsauftrag durch das Krisenunternehmen zu vergeben. Dabei sollte vereinbart werden, dass ein Sanierungskonzept nach den aktuellen wirtschaftlichen und rechtlichen Erfordernissen in einem angemessenen Zeitraum erstellt wird. Diese Auftragsvergabe ist von Seiten der Banken zu kontrollieren, damit ein vollumfänglicher Sanierungsauftrag vorliegt und beispielsweise ein Sanierungskonzept nach IDW S 6 erstellt wird.

Zielgrößen in der Sanierung und Sanierungskonzept nach IDW S 6

Im **Sanierungskonzept** ist einzugehen auf die Krisenursachen, die Krisenstadien, die strategische Neuausrichtung, die Einzelmaßnahmen zur finanzwirtschaftlichen sowie leistungswirtschaftlichen Sanierung und die Chancen der Sanierbarkeit auf Basis des vorhandenen oder neugestalteten Geschäftsmodells. Nur wenn dieser Begutachter die Überwindung dieser wirtschaftlichen Schieflage für überwiegend wahrscheinlich hält, wird die Sanierungsfähigkeit eines Engagements als positiv eingeschätzt. Entscheider in den Kreditinstituten prüfen diese Prognose kritisch.

Die Sichtweise eines Kreditinstituts ist durch weitere Facetten geprägt. Neben der logischen Prüfung der Inhalte und der Aussagen aus einem Sanierungskonzept sind verschiedene Alternativen der Weiterbehandlung zu prüfen. Diese Möglichkeiten reichen von der Sanierung bis zur Kündigung und Abwicklung oder dem Verkauf der Kredite. Bei der Prüfung der Sanierungswürdigkeit stehen erwartete Erfolge und mögliche Risiken aus Bankensicht im Vordergrund der Betrachtung.

Die **Sanierungsuntersuchungen** und die Hereinnahme externer Sanierungskonzepte sind aus wirtschaftlichen und rechtlichen Gründen in der Schieflage eines Firmenkunden aus Bankensicht erforderlich, aufgrund der:

- Sicherstellung einer ordnungsgemäßen Geschäftsorganisation mit angemessenem und wirksamem Risikomanagement aus § 25a KWG.
- Einhaltung der MaRisk BTO 1.2.5 Rn. 4 mit der Hereinnahme eines Sanierungskonzeptes zur Überprüfung der Sanierungsfähigkeit.
- Vermeidung von Anfechtungsrisiken gemäß § 129 ff. InsO und dabei insbesondere der Vorsatzanfechtung gemäß § 133 InsO.

Bedeutende **Zielkriterien** im Sanierungsprozess bei der Erstellung und Überprüfung von Sanierungskonzepten sind (vgl. Portisch/Holtkötter, 2012f, S. 214 ff.):

- **Fortbestehensprognose:** Die insolvenzrechtliche Fortbestehensprognose bei der Überschuldung aus § 19 Abs. 2 InsO ist primär eine Zahlungsfähigkeitsvorhersage für die nächsten zwölf Monate.
- **Fortführungsprognose:** Betriebswirtschaftliche Fortführungsfähigkeit als Begriff für die Fortbestehensprognose und die Sanierungsfähigkeit (Going-Concern nach § 252 Abs. 1 Nr. 2 HGB für die Bewertung im Jahresabschluss relevant).
- **Sanierungsfähigkeit:** Feststellung der langfristigen Wettbewerbsfähigkeit, Kapitaldienstfähigkeit, Renditefähigkeit für die Stakeholder als Grundlage für die Feststellung der überwiegend wahrscheinlichen Sanierungschancen.

Das Sanierungskonzept untersucht in erster Linie die Sanierungsfähigkeit und gibt einen Umsetzungsrahmen vor. Zudem dient dies als Grundlage der Überprüfung der Sanierungswürdigkeit sowie des Sanierungsrisikos für die beteiligten Kreditinstitute und in diesem Zusammenhang mit möglichen finanziellen Sanierungsbeiträgen.

Neben der Feststellung und Überprüfung der grundsätzlichen Sanierungsfähigkeit ist es dafür von Bedeutung, dass wichtige betriebswirtschaftliche Kernbestandteile in einem Sanierungskonzept vorzufinden sind und bestimmte Untersuchungshandlungen erfolgt sind. Außerdem sind die rechtlichen Anforderungen aus verschiedenen BGH-Urteilen inhaltlich zu berücksichtigen. Ein formaler Sanierungsstandard ist nicht unbedingt anzuwenden, wie der BGH in dem Urteil vom 12.05.2016, IX ZR 65/14 formuliert hat. Vielmehr kommt es auf die materiellen Anforderungen an, die in verschiedenen **Leitsätzen vom BGH** festgehalten wurden:

- Das Sanierungskonzept geht von den erkannten sowie erkennbaren tatsächlichen Gegebenheiten aus, ist in sich schlüssig und nicht offensichtlich undurchführbar (vgl. BGH, 12.11.1992, IX ZR 236/91).
- Für die Prognose der Durchführbarkeit ist auf die Beurteilung eines unvoreingenommenen, branchenkundigen Fachmanns abzustellen, dem Buchhaltungsunterlagen vorlagen (vgl. BGH, 04.12.1997, IX ZR 47/97).
- Das Sanierungsgutachten beinhaltet eine detaillierte Analyse der wirtschaftlichen Lage des Unternehmens im Rahmen der Wirtschaftsbranche und erfasst die wesentlichen Krisenursachen (vgl. BGH, 04.12.1997, IX ZR 47/97).
- Das Sanierungsgutachten beurteilt die Vermögens-, Ertrags- und Finanzlage eines Unternehmens zutreffend (vgl. BGH, 04.12.1997, IX ZR 47/97). Auch auf die Durchfinanzierung ist zu achten, um Anfechtungsrisiken nach § 133 InsO zu vermeiden (BGH, 18.01.2024, IX ZR 6/22).
- Das Unternehmen ist nach der pflichtgemäßen Einschätzung eines unabhängigen Dritten objektiv sanierungsfähig. Die für eine Sanierung in Angriff genommenen Schritte sind dazu geeignet, die Gesellschaft in überschaubarer Zeit durchgreifend zu sanieren (vgl. BGH, 21.11.2005, II ZR 277/03).
- Die geplanten Sanierungsmaßnahmen sind in den Anfängen schon in die Tat umgesetzt, das heißt die Sanierungsaktivitäten wurden sachgerecht eingeleitet (siehe BGH, 12.11.1992, IX ZR 236/91).

Die rechtlichen Kerninhalte sind in den **Standards für Sanierungskonzepte** wie dem **IDW S 6** enthalten. Daher hebt die Anwendung des Sanierungsstandards die betriebswirtschaftliche Qualität der Sanierungsgutachten an und es werden zugleich die rechtlichen Voraussetzungen an Sanierungskonzepte erfüllt. Diese weisen zudem eine einheitliche Gliederungsstruktur auf und lassen sich aus Bankensicht effizient miteinander vergleichen und individuell überprüfen.

Im Rahmen der Feststellung der Sanierungsfähigkeit kommt auch das Going-Concern-Prinzip zum Ausdruck (§ 252 Abs. 1 Nr. 2 HGB). Der Begriff der Sanierungsfähigkeit ist allerdings umfassender zu interpretieren mit der Maßgabe der Erreichung der Wettbewerbsfähigkeit am Markt. Hier sind konkrete Sanierungsmaßnahmen zu benennen, um ein Unternehmen dauerhaft aus der Krise zu führen. Das Krisenunternehmen ist ganzheitlich im Hinblick auf die internen Krisenursachen zu untersuchen.

Definition: Das **Sanierungskonzept**, beschreibt das theoretische Konstrukt für ein Unternehmen, um aus einer Krisenlage zurück in einen Zustand der Wettbewerbsfähigkeit und Renditefähigkeit zu gelangen. Ein wichtiges inhaltliches Merkmal ist die Überprüfung der Sanierungsfähigkeit. Aus bankinternen Richtlinien und rechtlichen Gründen benötigen Kreditinstitute diese Einschätzung, um Anfechtungsrisiken, Haftungsrisiken und wirtschaftliche Gefahren aus der Begleitung von Firmenkunden in der Krise zu vermeiden und eine Entscheidung über finanzwirtschaftliche Maßnahmen sowie die Begleitung einer Sanierung oder die Weichen in Richtung einer Insolvenz mit der gerichtlichen Sanierung oder Abwicklung zu treffen.

Der **IDW Standard S 6 Anforderungen an Sanierungskonzepte** (IDW S 6) beschreibt ein systematisches Vorgehen zur Analyse der Sanierungsfähigkeit, die mit hinreichender Wahrscheinlichkeit bestehen sollte (vgl. IDW, 2023a, S. 1158 ff.).

Es besteht ein mehrstufiges Konzept, das durch den Sanierungsablauf überlagert wird. Der Sanierungsverlauf wird unterteilt in die Phasen Auftragsannahme und Auftragsdurchführung. Inhaltlich existiert eine **Vorstufe** zur Prüfung der Insolvenzreife nach IDW S 11 und finanzwirtschaftlicher Sofortmaßnahmen (IDW, 2023c, S. 673 ff.). Es folgt die **erste Stufe** der Konzepterstellung auf der Grundlage bestimmter Untersuchungshandlungen und bestimmter Kernbestandteile der Berichterstattung sowie die **zweite Stufe** der Überprüfung und gegebenenfalls der Bestätigung der **Sanierungsfähigkeit**. Das prozessuale Vorgehen wird in der folgenden Abb. 3.33 dargestellt.

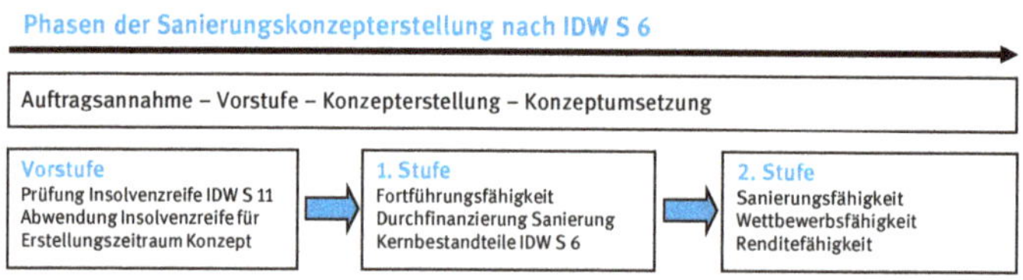

Abb. 3.33: Ablauf Sanierungsprüfung nach IDW S 6 (Quelle: In Anlehnung an IDW S 6, 2023a, S. 1161)

Auf der ersten Stufe erfolgt eine Prüfung der **Fortführungsfähigkeit** der Krisenfirma auf Grundlage der Zahlungsfähigkeit, der Kapitalisierung und der Kernanforderungen des IDW S 6 und der rechtlichen Anforderungen aus BGH-Urteilen. Wird diese bejaht, ist auf der zweiten Stufe die Wiederherstellung der nachhaltigen Wettbewerbsfähigkeit auf Basis der krisenstadiengerechten Bewältigung der Schieflage zu überprüfen und zu gestalten. Es besteht die Aufforderung, sämtliche durchlaufene Krisenstadien der **Stakeholderkrise, Strategiekrise, Produkt- und Absatzkrise, Erfolgskrise** und **Liquiditätskrise** differenziert aufzuarbeiten und über geeignete Umstrukturierungsmaßnahmen nachhaltig zu beseitigen. Grundlage ist ein zu erarbeitendes Leitbild des sanierten Unternehmens. Zudem ist einzugehen auf ESG-Anforderungen, den Digitalisierungsgrad und Cyberrisiken für das Geschäftsmodell. Auf dieser Basis ist die Sanierungsfähigkeit mit hinreichender Wahrscheinlichkeit zu beurteilen.

Die Grundlage einer Sanierung ist das **Leitbild des sanierten Unternehmens**, das als wettbewerbsfähiges Geschäftsmodell eines sanierten Unternehmens zu interpretieren ist. Das Sanierungskonzept ist am **Leitbild** auszurichten. Der Standard IDW S 6 prägt für die Konzepterstellung die Zielerreichung (vgl. IDW S 6, 2023a, Rn. 24 ff.):

- Nachhaltige Fortführungsfähigkeit
- Wettbewerbsfähigkeit und Renditefähigkeit
- Angemessene Eigenkapitalausstattung

Bei der Detailtiefe ist der Grundsatz der Wesentlichkeit zu berücksichtigen. Die Kernanforderungen des IDW S 6 sind BGH-konform aufgebaut und daher zwingend aufzunehmen. Der IDW S 6 richtet sich in erster Linie an Wirtschaftsprüfer, es wird neuerdings allgemeiner von Konzeptersteller gesprochen. Der Standard für Sanierungskonzepte wird von Beratern als Qualitätsstandard angewendet. Diese Kernanforderungen des **Sanierungskonzepts nach IDW S 6** sind in Abb. 3.34 dargestellt.

Kernanforderungen an Sanierungskonzepte nach IDW S 6

1. Beschreibung von Auftragsgegenstand und -umfang
   - Beschreibung der Auftragsbedingungen und der Begutachtungsinhalte
   - Festlegung der verantwortlichen Sanierer und des Zeitrahmens
2. Basisinformationen über die wirtschaftliche und rechtliche Ausgangslage
   - Untersuchung der leistungswirtschaftlichen Verhältnisse und der Branche
   - Analyse der Vermögens-, Finanz- und Ertragslage
3. Analyse von Krisenstadium und Krisenursachen sowie Insolvenzgefahr
   - Feststellung des Krisenstadiums und des Intensitätsgrads der Krise
   - Analyse der internen und externen Krisenursachen
4. Darstellung des Leitbilds mit dem Geschäftsmodell des sanierten Unternehmens
   - Erarbeitung eines nachhaltig wettbewerbsfähigen Geschäftsmodells
   - Krisenstadiengerechte Überwindung der wirtschaftlichen Schieflage
5. Maßnahmen Abwendung Insolvenzgefahr, Bewältigung Krise, Herstellung Leitbild
   - Sanierungsschritte zur Herstellung des erarbeiteten Leitbilds
   - Finanzwirtschaftliche und leistungswirtschaftliche Sanierungsmaßnahmen
6. Integrierter Unternehmensplan
   - Zahlenmäßige Darstellung der Maßnahmeneffekte und des Sanierungsablaufs
   - Integrierte Planungsrechnung mit Planbilanz, Plan-Guv, Finanzplan und Kennzahlen
7. Zusammenfassende Einschätzung der Sanierungsfähigkeit
   - Berichterstattung, Muster für Schlussbemerkung und Zusammenfassung
   - Eingehen auf den Digitalisierungsgrad und die ESG-Eigenschaften

Abb. 3.34: Kernbestandteile Sanierungskonzept IDW S 6 (Quelle: In Anlehnung an IDW S 6, 2023a)

Insgesamt handelt es sich beim **IDW S 6** um eine umfassende Abbildung wichtiger Inhalte eines Sanierungskonzepts. Dieses Regelwerk erklärt, welche Grundsätze bei der Erstellung des Konzepts einzuhalten und welche Kerninhalte zu erarbeiten sind. Auch im aktuellen Standard wird insbesondere auf die aktuellen rechtlichen Erfordernisse eingegangen, so sind die wesentlichen Inhalte und Leitsätze bei der Sanierung aus den einschlägigen BGH-Urteilen zu berücksichtigen. In der Praxis kommt es dann auf die relevanten Tatsachen an, die im Streit vom Tatsachenrichter zu beurteilen sind.

Besonderheiten bestehen im Standard für Sanierungskonzepte IDW S 6 in Bezug auf die Begleitung bestimmter Unternehmenstypen in der Sanierung. Es wurden erklärende sowie beschreibende Inhalte in den Fragen und Antworten ausgegliedert (vgl. IDW S 6, 2023a, Rn. 1 ff. und IDW, 2023b, Rn. 1 ff.):

- **Sanierungskonzepte bei kleineren Unternehmen:** Formuliert werden Erleichterungen in Bezug auf das Ausmaß der Analysen sowie der Berichterstattung. Es sind allerdings sämtliche Kernbestandteile BGH-konform aufzunehmen.
- **Integration der Konzernsanierung:** Bei Konzernen sind auch die finanz- sowie leistungswirtschaftlichen Verflechtungen zu berücksichtigen, insbesondere die Sicherstellung der Zahlungsfähigkeit der Konzerngesellschaften.
- **Weglassen detaillierter Beschreibungen bei Krisenstadien und Leitbild:** Diese Ausführungen finden sich in den Fragen und Antworten zum IDW S 6. Bei Bestimmung der Zahlungsunfähigkeit und Überschuldung wird auf IDW S 11 verwiesen.
- **Änderungen bei der Sanierungsaussage und Dokumentation:** Es sind Aussagen zur Fortführungsfähigkeit auf Basis der Analysen in Stufe 1 und Aussagen zur Wettbewerbsfähigkeit und Renditefähigkeit in Stufe 2 zu tätigen.
- **Mustergliederung für ein Sanierungskonzept:** Die Berichterstattungsgrundsätze werden ausführlich beschrieben. Es wird ein Muster für die Schlussbemerkung zur Zusammenfassung und eine Beispielgliederung gegeben.

Die Sanierungsberichterstattung auf der Basis des Standards für Sanierungskonzepte IDW S 6 ermöglicht eine ganzheitliche sowie vollständige Betrachtung der Sanierungsüberprüfung auf einem hohen qualitativen Niveau. Allerdings scheint sich der Standard für Sanierungskonzepte des IDW S 6 weiterhin auf die rechtlichen Aspekte zu fokussieren. Demnach wird der juristischen Betrachtung vorwiegend mit den Anforderungen der Rechtsprechung sowie der haftungsrechtlichen und der anfechtungsrechtlichen Thematik eine intensive Bedeutung geschenkt. Im Fokus sollte aber primär die leistungswirtschaftliche Sanierung stehen.

Es sollte zudem ein **Management Audit** im Sanierungskonzept durchgeführt werden, das die Fähigkeiten des Managements in der Krise und die Eignung zur Sanierungsrealisierung überprüft. Der notwendige Austausch des Managements ist eine wichtige Sanierungsoption und daher zu überprüfen. Es ist klarzustellen, wie sich dieser Austausch bei einer Verflechtung zwischen Geschäftsführung und Gesellschafterstellung gestaltet und wie sich dies auf die Sanierungsfähigkeit auswirkt.

Von Vorteil wäre, es in der Präambel auf Besonderheiten bestimmter Geschäftsmodelle hinzuweisen. Der Standard richtet sich vorwiegend an Unternehmen mit einer Organisationsstruktur aus. **Special Purpose Vehicle (SPV)** sowie deren Finanzierungen sollten aufgrund der Eigenheiten von einem vollumfänglichen IDW S 6 und gerade der Leitbildüberprüfung befreit werden oder es sollten weitergehende Kriterien Eingang in die Begutachtung finden. **Kapitalmarktorientierte Firmen** sollten aufgrund rechtlicher Besonderheiten ebenfalls mit weiteren Instrumenten bewertet werden

Ein wichtiger Adressat dieser Konzepte sind Kreditinstitute. Aus diesem Grund sollte das Gutachten auch auf die erreichbare Kapitaldienstfähigkeit eingehen. Dieses Kriterium ist ein wichtiger Beurteilungsmaßstab für Banken. Es ist von Vorteil, wenn dieses Entscheidungskriterium bereits frühzeitig in das Kalkül der Sanierungsberater einbezogen wird, um die Banken zu finanziellen Beiträgen zu bewegen. Dies kann die Entscheidung zur Gewährung finanzwirtschaftlicher Zugeständnisse positiv beeinflussen, wenn festgestellt wurde, dass die Kapitaldienstfähigkeit in absehbarer Zeit erreichbar erscheint. Die nachfolgenden Untersuchungen sind durchzuführen.

Die Erforschung dieser Krisenfaktoren sollte systematisch erfolgen und strukturiert in dem Konzept dargelegt werden. Daher bieten sich folgende Ausgangspunkte an, um die wesentlichen Krisenmerkmale zu ermitteln:

- Untersuchung der Geschäftsfelder, Produkte und Dienstleistungen
- Analyse des Managements und der übrigen internen Stakeholder
- Analyse der Organisationsstruktur und der Geschäftsprozesse

Unterscheiden lassen sich interne, externe und interne-externe Mischformen von Krisenursachen. Unternehmensschieflagen sind oft nicht allein auf einen einzigen Grund zurückzuführen. Typischerweise ist eine Krise durch **multikausale Faktoren** geprägt. Diese Ursachen und Wirkungen sind zudem meist stark verflochten. Bedeutende Krisenursachen und die nachfolgenden Auswirkungen können sich oft stark vermischen. Häufig auftretende **interne Krisenursachen**, die aus dem Unternehmen heraus entstehen, sind beispielsweise:

- Managementfehler und mangelhafte personelle Ressourcen
- Fehlende oder nicht leistungsfähige Controllingsysteme
- Qualitätsmängel bei Produkten und Dienstleistungen

Die Ursachen für nicht vom Unternehmen zu verantwortende **externe Krisengründe** liegen in Marktentwicklungen begründet und sind unter anderem von makroökonomischen Faktoren abhängig. Somit kann sich die konjunkturelle Wirtschaftslage in bestimmten Sektoren abschwächen oder die Preise für Inputfaktoren verteuern sich. Die folgenden Merkmale können von externer Seite auf ein Unternehmen einwirken und eine bedrohliche wirtschaftliche Schieflage auslösen:

- Steigende Zinsen, Energie- und Rohstoffpreise, schwankende Wechselkurse
- Veränderte relevante gesetzliche Rahmenbedingungen, Zölle
- Konjunkturelle Einbrüche der Wirtschaft und Finanzkrisen

Vielfach liegen die Krisenursachen weder eindeutig in einem Unternehmen begründet, noch sind diese alleine durch marktseitige Faktoren zu erklären. Interne und externe Krisenmerkmale sind miteinander verbunden. Zusätzlich kann die Geschäftsleitung der Firma auf schwierige wirtschaftliche Situationen angemessen reagieren und deren Auswirkungen in Grenzen halten.

Beispiele für **interne-externe Krisenursachen**, auf die das Management eines Unternehmens aktiv und vorsorglich reagieren kann, sind:

- Forderungsverluste bei Kunden und Ausfälle von Lieferanten
- Nachfrageverschiebungen auf den globalen Märkten, Zölle
- Veränderungen von Verfahren und bei führenden Technologien

Forderungsverluste lassen sich unter anderem durch Kreditsicherheiten, Anzahlungen und Forderungsverkäufe absichern oder reduzieren. Veränderungen in der Nachfrage bei Kunden lassen sich meist frühzeitig durch verminderte Umsätze und Aufträge erkennen und auch technologische Neuerungen bahnen sich meist über einen längeren Zeitraum an und es kann mit neuen Produkten darauf reagiert werden.

Als methodisches Hilfsmittel zur systematischen Feststellung von **Krisenursachen** in den Unternehmen kann unter anderem eine Analyse der **Wertschöpfungskette** nach Porter dienen, die in folgender Abb. 3.35 dargestellt wird.

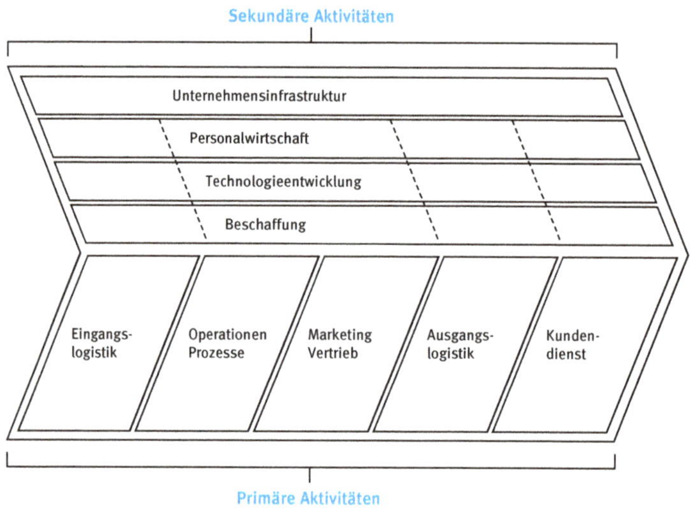

Abb. 3.35: Wertschöpfungskette nach Porter (Quelle: In Anlehnung an Porter, 2000, S. 70)

Zur Analyse des Unternehmens wird dieses in unterschiedliche Aktivitäten gegliedert (vgl. Porter, 2000, S. 70 ff.). Diese Aufspaltung erfolgt zum einen in Primäraktivitäten, auch **Kernprozesse** genannt, die unmittelbar mit der Herstellung sowie dem Vertrieb der Produkte und Dienstleistungen verbunden sind und einen Beitrag zur Wertschöpfung leisten. Zum anderen bestehen Sekundäraktivitäten. Bei den **Supportprozessen** handelt es sich um unterstützende Tätigkeiten, die keinen direkten wertschöpfenden Charakter haben aber notwendig zu Aufrechterhaltung des Geschäftsbetriebs sind.

Diese erbringen in der Produktion jedoch Versorgungs- und Steuerungsleistungen für die primären Aktivitäten und sind daher zur Ausführung der Kernprozesse notwendig. Das Ziel der Untersuchung der Wertschöpfungskette besteht in einer systematischen Ordnung und Beschreibung der Unternehmensressourcen aus der strategischen Sicht. Auf der Grundlage kann ein Ansatz für die Krisenursachen im Wertschöpfungsprozess und deren Behebung gefunden werden (vgl. Noeske, 2005, S. 209 ff.).

Wurden wesentliche Krisenursachen aus einer Analyse der Wertschöpfungskette erkannt, so sollte ein Sanierungsgutachten auf die relevanten Märkte, in denen das betreffende Unternehmen agiert, Bezug nehmen. Kenntnisse über die Absatzmärkte sind von Bedeutung, um das eigene Verhalten auf die übrigen Akteure wie Konkurrenten einzustellen und zu optimieren. Unverzichtbar sind daher qualitative Informationen über die Produkteigenschaften, die Kundenbedürfnisse, die Konkurrenzsituation, die regulatorischen Bestimmungen und die möglichen Markteintrittsbarrieren.

Neben qualitativen Beschreibungen des Marktes sind quantitative Informationen notwendig, um detailliertere Untersuchungen der Absatzkanäle durchführen zu können. Die Daten sind oftmals nur über eigene Studien verfügbar oder müssen von Marktforschungsgesellschaften käuflich erworben werden. Beispielsweise sind quantitative Informationen über Marktvolumina, Marktanteile, Entwicklungstrends, Wachstumsraten in diesen Bereichen sowie Preisveränderungen einzuholen. Zudem können Daten über Wirkungszusammenhänge wie **Preiselastizitäten** bei Produkten helfen, um das Preis-Mengen-Gefüge zu verstehen. Es sind Analyseverfahren einzusetzen, um die Produkte, Branche sowie Wettbewerbslage auf den abgegrenzten relevanten Märkten beschreiben zu können (vgl. Faulhaber/Grabow, 2009, S. 69 ff.).

Oftmals wird beispielsweise eine **Kunden-ABC-Analyse** erstaunliche absatzbezogene Ergebnisse zeigen. Es wird dann meist festgestellt, dass der Hauptanteil des Umsatzes und des Deckungsbeitrages (80,0 %) mit einer geringen Kundenanzahl (20,0 %) erzielt wird (80/20-Regel). Als methodische Hilfsmittel zur Untersuchung der für das Krisenunternehmen relevanten Märkte können dienen:

- Branchenstudien mit Befragungen von Kunden, Lieferanten, Konkurrenten
- ABC-Analysen und Deckungsbeiträge je Geschäftsfeld, Produkt und Kunde
- Portfolio-, Konkurrenz- und Produktlebenszyklus-Analysen

Wurden alle **Krisenursachen** systematisch erforscht und das Unternehmen, die Produkte sowie die Märkte detailliert beschrieben, so sind in dem Sanierungskonzept anschließend geeignete leistungswirtschaftliche Sanierungsmaßnahmen zur Beseitigung der Krisenursachen aufzuzeigen. Vorzustellen sind kreative, realisierbare und praxisnahe Lösungen. Ziel ist es, über pragmatische und operative Sanierungsschritte wichtige Krisenherde zu beseitigen, zum Beispiel eine Liquiditätsenge über Kosteneinsparungen. Dabei sollte der Maßnahmenkatalog umsetzungsorientiert ausgearbeitet sein, sodass dieser bei Einleitung der Sanierungsmaßnahmen als Grundlage zur Umsetzung des Sanierungsprojekts verwendet werden kann.

Wichtig ist, die vorgesehenen Prozesse und Funktionen mit Zuständigkeiten und Erledigungsterminen zu versehen. Auch die Realisierung der Sanierungsmaßnahmen, unter der Hilfestellung eines Interimsmanagers, durch ein intern-extern besetztes Projektteam oder durch eine bestehende Geschäftsführung sollten erörtert werden. Auch langfristig wirkende strategische Vorschläge, wie unter anderem in Form einer Kooperation mit anderen Unternehmen oder einer Investorenlösung, sind zu diskutieren. Des Weiteren ist auf die personelle Umsetzung und die Überwachung der geplanten Sanierungsmaßnahmen einzugehen. Es kann unter anderem auf die Einrichtung eines Lenkungsausschusses zur Umsetzung des Sanierungsprojekts hingewirkt werden. Das Sanierungshauptziel und Teilziele sollten mit Meilensteinen formuliert und auf einem Zeitraster dargestellt werden. Die geplanten Ergebniseffekte und die Verantwortlichen für die Teilmodule beziehungsweise Umsetzungsschritte sind zu benennen.

Im Sanierungskonzept ist umfassendes Zahlenmaterial bereitzustellen. Es ist einzugehen auf den letzten vorliegenden Jahresabschluss sowie die unterjährigen Zahlen. Die Analysen zur Bilanz sollten unter anderem die Eigenkapitalisierung und die vorsichtige Bewertung des Umlaufvermögens mit umfassen. Die relevanten Ertragszahlen sind nach Geschäftsfeldern sowie Profit Centern zu gliedern. Neben den Ist-Daten sind Planungsrechnungen, in enger Verzahnung mit den vorgesehenen leistungswirtschaftlichen Maßnahmenpaketen, abzustimmen.

Dies bedeutet, dass auch bestimmte Sanierungsaufwendungen, unter anderem für die Sozialpläne sowie die Schließung von Bereichen, in die Planzahlen mit einzubeziehen sind. Wichtig ist die Darstellung eines finanzwirtschaftlichen Rahmens, der die leistungswirtschaftliche Sanierung über den gesamten Zeitraum des Sanierungsprozesses begleitet. Es sind den Gläubigern die zur Sanierung erforderlichen externen Leistungen in Form von Verzichten, neuen Finanzmitteln, Tilgungsstundungen oder dem Stillhalten klar darzulegen. Die notwendigen finanziellen Maßnahmen sollten je nach Stakeholder-Gruppe aufgegliedert werden.

Daher werden Banken zumeist im Rahmen von Stillhalteabkommen, Tilgungsstundungen oder Neukrediten in die finanzwirtschaftliche Sanierung mit eingebunden. Bei Lieferanten und Warenkreditversicherern steht oftmals die Absicherung der geschäftlichen Lieferbeziehungen auf Basis der bestehenden Linien der Kreditversicherer im Vordergrund. Weitere finanzielle Sofortmaßnahmen zur unmittelbaren Vermeidung der Zahlungsunfähigkeit und der Überschuldung sind besonders hervorzuheben, um die Insolvenzvermeidung zu beschreiben.

Wichtig ist es zudem, die finanziellen Beiträge der Gesellschafter sowie der internen Stakeholder aufzuzeigen. Daher sehen es die externen Stakeholder als sehr positiv an, wenn Gesellschafter neue Finanzmittel in der Krise vergeben und die Mitarbeiter Gehaltseinbußen hinnehmen. Die vorhandene Bereitschaft der Gläubiger zu Sanierungsbeiträgen sollte bereits im Vorfeld erfragt und in die Planungsrechnungen mit einbezogen werden. Bedeutend ist es, die Rahmenbedingungen zu benennen, unter denen die Planungen erstellt wurden.

Zu erarbeiten sind unter Beachtung der **Stakeholderbeiträge** insbesondere folgende integrierte, das heißt untereinander abgestimmte finanzielle Rechenwerke:

- Planbilanz mit Plan-GuV inklusive Spartenrechnung
- Investitionsplanung für die nächsten Jahre
- Liquiditätsplanung, monatsweise für zweit Jahre

Starkes Gewicht legen Banken insbesondere auf einen realistischen und detaillierten Liquiditätsplan. Überraschungen in Form von Überziehungen werden aufgrund der direkten Risikowirkung sehr negativ beurteilt. Des Weiteren sind bei der Aufstellung der Finanzplanung die Saisonalität der Umsätze und die Realisierbarkeit der Einzahlungen unter Risikoaspekten wie Forderungsausfällen zu berücksichtigen. Es sind die betriebswirtschaftlichen Grundsätze bei der Erstellung der Liquiditätsplanung zu beachten (vgl. Wöhe/Bilstein, 2002, S. 399 ff.).

Bei der Erstellung der **Planungsunterlagen** ist die interdependente Abstimmung der Zahlenwerke zu berücksichtigen. Dieses ist mit einer professionellen integrierten Planungssoftware möglich. Damit die Unterlagen von Seiten der Kreditinstitute effizient ausgewertet werden können ist unter Umständen ein einheitliches identisches Format zu verlangen. Meist werden in den Sanierungsgutachten zwei Finanzpläne erstellt. In einem langfristigen Plan wird eine Jahresprognose mit einer nach Monaten unterteilten Liquiditätsplanung gegeben. Zusätzlich ist eine zweite fortlaufende Planung zu erstellen, in der ein taggenauer Überblick mit einem Vorlauf der Einzahlungen und Auszahlungen von sechs bis zwölf Wochen aufgezeigt wird.

Der Zeitraum der Planung hängt davon ab, in welcher Branche ein Unternehmen tätig ist. So lassen sich bei Auftragsfertigungen im Anlagenbau meist sehr genaue Planungen für eine lange Zeitdauer im Voraus erstellen. Im Handel und Dienstleistungsbereich dagegen ist die detaillierte Finanzplanung stark vom Tagesgeschäft und von saisonalen Schwankungen abhängig. Finanzpläne sollten aufgrund der **Unsicherheiten** eines Sanierungsverlaufs konservativ aufgebaut sein, ein realistisches Szenario repräsentieren und mit der Ertrags- und Bilanzplanung abgestimmt sein.

Generell sind Szenario-Rechnungen für Externe oft hilfreich, um die Planungssicherheit bei einer Sanierung zu erhöhen. So sollten in der Krise ein Base-Case-Fall und ein Worst-Case-Szenario bei den Planungen berücksichtigt werden. Das Base-Case-Schema bildet die wahrscheinliche Parameterkonstellation ab. Dieser Zustand ist im Fall einer Sanierung allerdings selten gegeben sowie aus Gläubigersicht mit Vorsicht zu betrachten. Dagegen zeigt der **Worst Case** als konservative Einschätzung das Schaubild, das bei einer negativen Entwicklung eintreten kann. Szenario-Rechnungen erhöhen diese Transparenz und können ein besseres Bild über die möglichen Erfolgsaussichten und Risiken einer Sanierung abgeben. Es kann die Stabilität der Ergebnisse bei möglichen Planabweichungen durch Sensitivitätsanalysen überprüft werden. Ein ausreichender finanzieller Puffer sollte bestehen, damit nicht doch das Stadium der Insolvenzreife erreicht und eine Insolvenz ausgelöst wird.

Grundsätzlich legen die beteiligten Banken großen Wert auf aussagekräftiges Planzahlenmaterial zur Vermögens-, Ertrags- und Finanzlage. Diese Daten lassen sich von den Kreditinstituten effizient anhand von Kennzahlen auswerten. Dabei ist für Kreditinstitute von Bedeutung, zu erkennen, ab wann sich die ersten Sanierungserfolge einstellen und wann mit einem Turnaround und einem dauerhaften Risikoabbau zu rechnen ist. Von Vorteil für diese Zeitabschätzung ist es dabei, die geplanten quantitativen Sanierungserfolge visualisiert darzulegen. Dann bietet sich die Darstellung in Form der **Ergebnisbrücke** wie in nachfolgender Abb. 3.36 an.

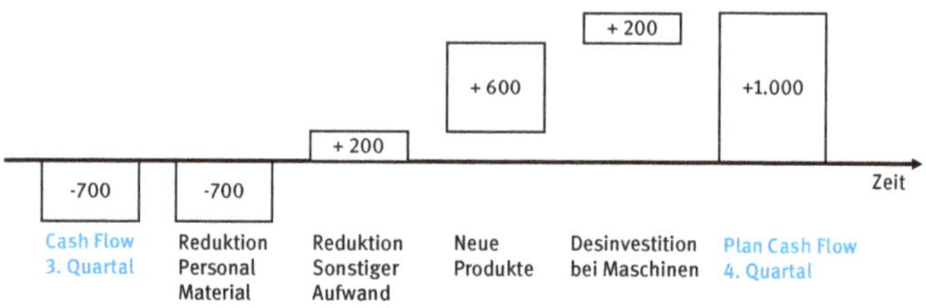

Abb. 3.36: : Visualisierung der geplanten Sanierungserfolge (Quelle: Eigene Darstellung)

Das Sanierungskonzept sollte mit einer Zusammenfassung enden, in der die Krisenursachen und die wesentlichen zu ergreifenden Sanierungsmaßnahmen mit den finanziellen Auswirkungen aufgezeigt werden. Das **Management Summary** erleichtert es, einen Gesamtüberblick über das Gutachten zu gewinnen. Zum Abschluss ist eine klare sowie objektive Aussage zur Sanierungsfähigkeit, unter Berücksichtigung der finanziellen Beiträge der Stakeholder, abzugeben.

Liegt das Gutachten mit den dort aufgezeigten Inhalten vor, so beginnt anschließend die Prüfung des Sanierungskonzepts aus Sicht der beteiligten Gläubiger, insbesondere der Hausbank. Die Prüfung ist ein Baustein zur Beurteilung der Sanierungswürdigkeit aus Bankensicht mit weiteren Handlungsoptionen. Die Begriffe **Sanierungsfähigkeit** und **Sanierungswürdigkeit** lassen sich wie folgt beschreiben.

Definition: Die **Sanierungsfähigkeit** beschreibt die überwiegend wahrscheinliche Sanierbarkeit eines Unternehmens und ist durch ein neutrales externes fachkundiges Sanierungskonzept mit Kernbestandteilen zu bestimmen. Es sind die notwendigen finanziellen Beiträge der Gläubiger aufzuführen. Die **Sanierungswürdigkeit** umfasst die individuelle Einschätzung eines Kreditinstituts, mit subjektiven Wertungselementen, ein Krisenunternehmen bei den Sanierungsbemühungen zu unterstützen. Dabei sind zwei Schritte zu vollziehen. Erstens ist eine Überprüfung des Sanierungskonzepts vorzunehmen. Zweitens beinhaltet diese Prüfung der Sanierungswürdigkeit die Beurteilung weiterer Handlungsalternativen aus der Risikosicht einer Bank. So ist zu entscheiden, ob eine Abwicklung mit Verwertung oder ein Kreditverkauf aus wirtschaftlichen Gründen vorzuziehen ist. Entscheidungskriterien für das **Sanierungsrisiko** aus Bankensicht sind die Zeitdauer der Sanierung, notwendige finanzielle Zugeständnisse sowie das Verhalten übriger Geldgeber. Zudem ist das Management bei der Krisenbewältigung und Sanierungsumsetzung zu beurteilen.

Überprüfung Sanierungskonzept und der Aussage zur Sanierungsfähigkeit

In enger Anlehnung an den Aufbau des Sanierungsgutachtens kann der erste Schritt zur Feststellung der Sanierungswürdigkeit durchgeführt werden, die Überprüfung der Plausibilität des Sanierungskonzeptes aus der Sicht der kreditgebenden Banken. Bei der Kontrolle der Gutachten können die **Spezialisten** aus den Kreditinstituten in der Regel auf umfassende Erfahrungswerte zurückgreifen. Darüber ist neben einer Kontrolle der formalen Struktur des Gutachtens auch eine wirkungsvolle Validierung der Inhalte eines Sanierungskonzepts möglich. Dabei sind bei der Sanierungsfähigkeit die notwendigen finanziellen Unterstützungsbeiträge der Anteilseigner und der anderen Gläubiger aufzuführen und aus Bankensicht einzuschätzen. Die Begleitung der Sanierung von Seiten der Banken insbesondere der Hausbank ist maßgeblich abhängig von den finanziellen Beiträgen der Stakeholder wie der Gesellschafter in Relation zu den finanziellen Beiträgen, die von den Kreditinstituten eingefordert werden.

Die Korrelationen zwischen der Einschätzung der Sanierungsfähigkeit durch den externen Konzeptersteller und die Sanierungswürdigkeit und der tatsächlich eintretende Turnaround des Unternehmens sollten möglichst hoch sein. Mögliche Prüfkriterien für ein Sanierungskonzept aus Bankensicht sind:

- **Sanierungswürdigkeit:** Beurteilung der Sanierungsaussichten durch die Kreditinstitute unter Berücksichtigung des Sanierungsrisikos, der Zeitdauer einer Sanierungsumsetzung zum Turnaround sowie der finanziellen Zugeständnisse.
- **Sanierungswille:** Die Eignung des Managements, unter Einbindung der Anteilseigner, das neue Leitbild und Geschäftsmodell aus dem Sanierungskonzept konsequent und gegebenenfalls mit externer Begleitung umzusetzen.
- **Sanierungsumsetzung:** Die Gestaltung der Umsetzungsorganisation unter Beteiligung des Altmanagements und der externen Sanierer beziehungsweise der Interimsmanager. Die Umsetzung sollte in spätestens drei Jahren erreichbar sein.
- **Dauerhaftigkeit:** Ist der Sanierungserfolg dauerhaft abgesichert beziehungsweise wie kann die Absicherung eines wirtschaftlichen Erfolgs sichergestellt werden, beispielsweise durch die Einführung eines Qualitätsmanagementsystems?
- **Optionsvergleich:** Wurden die Sanierungsrisiken und das Insolvenzrisiko angemessen gewürdigt und wurden Alternativen wie der Verkauf der Geschäftsanteile des Unternehmens in Betracht gezogen?

Die Prüfung der Struktur sowie der Inhalte kann in Anlehnung an die Einhaltung des Standards IDW S 6 erfolgen. Folgende **Inhaltsbausteine** sollten in einem Sanierungskonzept vorhanden sein und können folgende Prüfungen nach sich ziehen:

- Ist der Begutachter beziehungsweise das Sanierungsteam erfahren und objektiv?
- Sind Aufbau und Gewichtungen im Sanierungskonzept klar und schlüssig?
- Sind alle wichtigen Kernbestandteile im Sanierungskonzept enthalten?
- Werden Planungsprämissen dargelegt, ist die integrierte Planung professionell?
- Wird eine klare, nachvollziehbare Aussage zur Sanierungsfähigkeit abgegeben?

Gelten die Erfordernisse als erfüllt, schließt sich die Untersuchung der Inhalte des Sanierungsgutachtens an. Zur materiellen Prüfung des Sanierungsgutachtens bietet sich aus Bankensicht die Beantwortung folgender **Fragestellungen** an:

- Decken sich die Krisenursachen mit den Einschätzungen der Bank?
- Setzen die operativen Sanierungsmaßnahmen an den Krisenursachen an?
- Wird die Umsetzung des Sanierungsprojekts mit Erfolgen aufgezeigt?
- Ist die Umsetzung des Sanierungskonzepts personell und finanziell abgesichert?
- Lassen die Sanierungsmaßnahmen einen nachhaltigen Turnaround erwarten?

Weitere Fragen schließen sich in Bezug auf die zeitnahe **Sanierungsumsetzung** und die Gestaltung der Führungsstrukturen in einem erfolgreichen Sanierungsprozess zur langfristigen Absicherung des Turnarounds an:

- Wird die Geschäftsleitung in der Lage gesehen die Sanierung umzusetzen?
- Muss die Geschäftsführung durch ein Interimsmanagement unterstützt werden?
- Ist die Sanierungsumsetzung mit externer Begleitung auch bezahlbar?
- Werden andere Handlungsoptionen betrachtet wie eine Investorenlösung?
- Sind die Sanierungsbeiträge in Anbetracht der Risiken für Banken tragbar?

Es ergibt sich in Anlehnung an den Aufbau des Sanierungskonzepts nach IDW S 6 mit den Kernanforderungen und wichtigen Bestandteilen folgende Checkliste zur Prüfung des Sanierungskonzepts aus Bankensicht, wie die nachfolgende Abb. 3.37 zeigt. Dabei ist besonders auf die leistungswirtschaftlichen Komponenten zu achten.

Überprüfung Kernanforderungen an Sanierungskonzepte nach IDW S 6

1. Beschreibung von Auftragsgegenstand und -umfang
   - Wurde ein vollumfänglicher Sanierungsauftrag vergeben?
   - Bestehen umfangreiche Rechte zum Einblick ins Krisenunternehmen?

2. Basisinformationen über die wirtschaftliche und rechtliche Ausgangslage
   - Wurde der relevante Markt, Marktanteil und Marktvolumen beschrieben?
   - Wurde die Vermögens-, Finanz- und Ertragslage richtig eingeschätzt?

3. Analyse von Krisenstadium und Krisenursachen sowie Insolvenzgefahr
   - Wurden die Krisenphasen und die Insolvenzlage richtig bestimmt?
   - Decken sich die Krisenursachen mit den Bankeinschätzungen?

4. Darstellung des Leitbilds mit dem Geschäftsmodell des sanierten Unternehmens
   - Wurde das Geschäftsmodell in Bezug auf die Wettbewerbsfähigkeit untersucht?
   - Liegt eine Sanierungsstrategie, IT- und ESG-Strategie bezogen auf den Markt vor?

5. Maßnahmen Abwendung Insolvenzgefahr, Bewältigung Krise, Herstellung Leitbild
   - Werden die Insolvenzantragsgründe dauerhaft finanziell abgewendet?
   - Wird die Umsetzung des Leitbilds und Geschäftsmodells konsequent verfolgt?

6. Integrierter Unternehmensplan
   - Ist das Zahlenmaterial vollständig, aktuell und richtig, Szenario-Rechnungen?
   - Wurden die Sanierungsmaßnahmen im integrierten Zahlenwerk abgebildet?

7. Zusammenfassende Einschätzung der Sanierungsfähigkeit
   - Wird die Sanierungsfähigkeit logisch abgeleitet, die Risiken richtig bewertet?
   - Sind die geforderten Sanierungsbeiträge der Banken vertretbar?

Abb. 3.37: Checkliste zur Prüfung der Kernbestandteile Sanierungskonzept (Quelle: Eigene Darstellung)

Von Vorteil ist es, wenn frühzeitig neben einer eigenständigen Sanierungslösung der Krisenfirma auch mögliche Alternativen als Sanierungsoptionen geprüft wurden. Falls ein eigenständiger Sanierungsversuch umfassende Risiken aufweist, kann eine parallele Investorenlösung angebahnt werden. Dazu kann bei der Kooperationslösung unter Umständen das Geschäftsmodell in die Wertschöpfungskette eines anderen Unternehmens eingebunden werden. Als weitere externe Möglichkeit besteht der Verkauf der Firmenanteile im Rahmen einer Fremdübernahme mit der vollständigen Integration in eine neue Firmengruppe.

Meist lassen sich in der Praxis nur die beiden Extremlösungen der eigenständigen Sanierung oder des Unternehmensverkaufs realisieren. Wird der Verkauf favorisiert, ist es wichtig, frühzeitig mit der Suche nach einem Kaufinteressenten mittels eines M&A-Prozesses zu beginnen, da der Markt für Unternehmensübernahmen in Deutschland nicht einfach ist und es einige Zeit benötigen kann, um potenzielle Käufer zu finden. Das Sanierungskonzept sollte auf die Chancen dieser Handlungsalternativen eingehen, damit keine Möglichkeiten zur langfristigen Genesung eines Krisenunternehmens unversucht bleiben. Der Verkauf bietet für die Banken die Option, einen wirtschaftlich starken Käufer zu gewinnen und die Sanierung unverzüglich abschließen zu können, aufgrund einer Weiterbegleitung des Engagements mit der Nutzung der verbesserten Bonität des Käufers oder über eine Ablösung.

Auch mögliche **Stolpersteine** einer Sanierung sollten erörtert und berichtet werden. Dann ist insbesondere das Verhalten der übrigen relevanten externen Stakeholder zu berücksichtigen sowie realistisch zu antizipieren. Dabei spielen die zu leistenden Sanierungsbeiträge eine große Rolle. Für Banken sind die erforderlichen Verzichte, die Vergabe von neuem Geld und die Aushöhlung von Sicherheiten bedeutend. Die finanziellen Bedingungen zur Gestaltung sowie Sicherstellung des wirtschaftlichen Gesundungsprozesses sind bei der Prüfung der Sanierungswürdigkeit aus Sicht der Kreditinstitute von besonderer Relevanz.

Überprüfung der Sanierungswürdigkeit aus Bankensicht

Wurden die Sanierungschancen als positiv befunden, so ist im zweiten Schritt zu analysieren, ob die Sanierungswürdigkeit gegeben ist. Bei der Prüfung spielt die subjektive Interessenlage der Hausbank eine besonders wichtige Rolle (vgl. Lützenrath et al., 2006, S. 61 ff.). Dabei ist abzuwägen zwischen den zu leistenden Sanierungsbeiträgen sowie sonstigen Handlungsoptionen. Es ist auch von Relevanz, ob weitere Stakeholder einen maßgeblichen **Sanierungsbeitrag** leisten sollen. Dann ist das Verlustpotenzial zu minimieren über folgende Sanierungsbeiträge bei Kreditnehmern:

- **Stillhalten, Umschuldungen:** Prolongation Linien, Entlastung Kapitaldienste
- **Stundungen:** Befristete Verzichte auf Vereinnahmungen von Tilgungen
- **Freigabe von Sicherheiten:** Verzicht auf Personal- oder Sachsicherheiten
- **Verzichte:** (Teil-)Forderungs- oder Zinsverzichte mit Besserungsabreden
- **Fresh Money:** Vergabe neuer (Bar-)Kreditmittel oder weiterer Avallinien

Dann ist darüber zu entscheiden, ob die **Sanierungsbeiträge** oder das Stillhalten auf Basis bestehender Kreditlinien und Konditionen wirtschaftlich tragbar sind. Neukredite mit sofort zusätzlich zu bildender Einzelwertberichtigung wären direkt negativ erfolgswirksam und sind daher nicht nur schwer umsetzbar, sondern unzulässig, weil einen Untreuetatbestand realisierend. Bei der Entscheidung für eine im Hinblick auf das Rückzahlungsrisiko vertretbare neue Mittelvergabe (als Sanierungskredit) spielen neben finanziellen Verlustrisiken auch Haftungsrisiken eine Rolle. So muss eine von vornherein trotz der Neufinanzierung fortbestehende Insolvenzantragspflicht bei der weiteren finanziellen Begleitung eines Engagements ausgeschlossen sein.

Zudem sind bei Statusänderungen der Kredite, unter anderem im Rahmen einer Umschuldung, die möglichen Auswirkungen aus dem Erlöschen sowie den Anfechtungsrisiken bei fiduziarischen und bei akzessorischen **Kreditsicherheiten** zu untersuchen. Allgemein ist auf die Infizierung von bestehenden Altsicherheiten des Kreditnehmers und dem Risiko der Anfechtung durch neue Verträge zu achten. Bei der Auswahl von Alternativen zur weiteren Begleitung im Rahmen einer außergerichtlichen Sanierung sind die subjektiven Interessenlagen der kreditgebenden Banken von Bedeutung. Dazu sind die **Sanierungsrisiken** sowie das individuelle **Verlustpotenzial** zu beurteilen. Bei der Bewertung spielen für Banken qualitative Argumente eine Rolle:

- Zeitdauer zur Erreichung einer nachhaltigen Sanierung
- Entscheidungsträger bei der Sanierungsumsetzung
- Reputationsrisiken bei einer Nichtbegleitung der Sanierung

Wichtig sind für die beteiligten Finanzinstitute meist die quantitativen Faktoren. Ein Institut wird in erster Linie eine **Handlungsweise** wählen, die eigene Verluste minimiert. Folgende quantitative Merkmale beeinflussen die Einschätzung:

- Höhe des Engagements, der Sanierungsbeiträge und mögliche Zusatzerträge
- Werthaltigkeit der Sicherheiten und die Aushöhlung der Sicherheitenwerte
- Betreuungsressourcen, die in der Sanierungsabteilung vorgehalten werden

Banken achten bei **Sanierungsentscheidungen** primär auf die eigene finanzielle Risikoposition. Die Begleitung einer Sanierung ist zu befürworten, wenn der Barwert der künftigen Einzahlungen abzüglich möglicherweise noch zu leistender Auszahlungen für künftige Sanierungshilfen und inklusive der Kosten für eigenes Personal bei einer Fortführung des Engagements größer ist als der Barwert des Saldos künftiger Ein- und Auszahlungen bei einer Liquidation mit einer Veräußerung der Sicherheiten oder bei einem Komplettverkauf des Engagements. Es ist ein risikoadäquater und laufzeitspezifischer Diskontierungszins zur Abzinsung der Zahlungen zu wählen. Zusätzlich sind Opportunitätskosten bei der Weiterführung eines Engagements im Rahmen der Sanierung in Abzug zu bringen, unter anderem in der Höhe des gebundenen Eigenkapitals und des möglichen auftretenden Zinsschadens. Im Rahmen der **Optionsanalyse** sind die Verwertungsalternativen aus Bankensicht durchzukalkulieren

Eine derartige Betrachtung stellt Märki in einem Sanierungsentscheidungsmodell an (vgl. Märki, 2004, S. 73 ff.). So steht in dem Modell die Minimierung des Barwertes der erwarteten Verluste aus Sicht der Gläubigerbank im Vordergrund bei einer Entscheidung zur weiteren Begleitung einer Sanierung, der Umsetzung eines Kreditverkaufs oder der Realisierung einer Abwicklungslösung (vgl. Märki, 2004, S. 81 ff.). Der erwartete Kreditverlust (V) stellt die zentrale Größe dar. Dieser Wert ist nach jedem Sanierungsschritt neu zu ermitteln. Wichtige Variablen, die den erwarteten Verlust unmittelbar beeinflussen können, sind:

- **R (Recovery Rate):** Rückgewinnungsrate Forderung nach Sicherheitenerlösen
- **D (Default Rate):** Ausfallwahrscheinlichkeit der betrachteten Forderungen
- **E (Exposure):** Höhe der Inanspruchnahme aller ausstehenden Forderungen

Der **erwartete Verlust im Zeitpunkt T** ergibt sich unter der Berücksichtigung der betrachteten Einflussfaktoren nach der folgenden Formel. Bei mehrjährigen Betrachtungen ist der Barwert der künftigen Zahlungen unter Berücksichtigung eines risikoadäquaten Diskontierungssatzes zu berücksichtigen.

$$V_T = (1 - R_T) \cdot D_T \cdot E_T$$

Beispiel: Beträgt das ausstehende Kreditvolumen (E) beispielsweise 1.000 TEuro und der Wert der stressgetesteten (barwertigen) Sicherheiten 500 TEuro und damit die Recovery Rate (R) 50,0 % vor Sanierung bei einer Default Rate (D) von 95,0 %, so beläuft sich der erwartete Verlust (V) aus dem Krisenengagement im Fall eines negativen Kreditereignisses rechnerisch auf insgesamt 475 TEuro.

Neben diesen Größen sind die zu erbringenden Sanierungsleistungen (S) in Form von Kapitalverzichten, Zinsverzichten oder Kapitalzuschüssen als Verlust erhöhend in die Rechnung mit einzubeziehen. Weiter sind Opportunitätskosten (O) unter anderem in Form des gebundenen Kapitals und im Bearbeitungsaufwand im Fall einer aktiven Sanierungsbetreuung detailliert zu berücksichtigen. Ein möglicher Verwertungsaufwand bei den Sicherheiten lässt sich bei der Recovery Rate oder als Preisabschlag beim Verkauf der Kredite einpreisen.

Ein Engagement wird nach diesem **Rechenmodell** dann als sanierungswürdig eingeschätzt, wenn der Barwert (BW) des erwarteten Verlustes (V) bei einer Sanierung inklusive noch zu erbringender Sanierungsleistungen (S) sowie auftretender Opportunitätskosten (O) geringer ist als das Minimum der Barwerte der Sanierungsverluste bei einer sofortigen Abwicklung mit einer Abschreibung oder bei einem Verkauf des Engagements zum Preis (P). Die Differenz der Ungleichung kann bei Vorteilen für die Sanierung auch als **Sanierungsgewinn** bezeichnet werden. Das folgende Modell gibt den oben beschriebenen Sachverhalt wieder.

$$BW(V(R, D, E, S, O)) < Min(BW\ (E \cdot (1 - R))\ mit\ BW(E - P))$$

Bei der Wahl der außergerichtlichen Sanierungslösung sollte aus Bankensicht der Barwert (BW) des erwarteten Verlustes (V) in Abhängigkeit von R, D, E, S und O geringer ausfallen als das Minimum des Barwerts der Verluste im Fall einer Abwicklung (BW in Abhängigkeit von E und R) oder bei einem Kreditverkauf mit der Übertragung der Sicherheiten zum Preis von P (BW in Abhängigkeit von E und P).

Gerade bei engen Personalkapazitäten in einer Sanierungsabteilung sind Alternativen zur weiteren Begleitung zu prüfen. So bestehen optionale Vorgehensweisen zu einer Sanierung mit einem Kreditverkauf oder einer Abwicklung des Engagements mit der vollständigen Liquidation der Kreditsicherheiten. Des Weiteren kann ein Outsourcing mit der reinen Bearbeitung von Sanierungsfällen im Rahmen eines Servicing erfolgen, das ausstehende Risiko verbleibt bei der originären Bank. Bei diesen Transaktionen ist das Kreditzweitmarktgesetz zu beachten.

Markttransaktionen des Forderungsverkaufs unterscheiden sich häufig in der Anzahl der sich gegenüberstehender Akteure. So können die Kredite einzelnen Investoren angeboten werden. Des Weiteren können Portfolios mehrerer homogener Forderungen gleichzeitig verschiedenen Kapitalmarktteilnehmern zugänglich gemacht werden. Mit differenzierten Qualitäten der einzelnen Tranchen kann die Bonität strukturiert werden. Folgende Transaktionen existieren:

- **Single-Name-Transaktionen:** Veräußerung besicherter Einzelforderungen
- **Basket-Transaktionen:** Verkauf Forderungsportfolios inklusive Sicherheiten

Insgesamt gesehen erscheint die Ausstiegsstrategie der Banken jedoch keine dauerhafte und erfolgsorientierte Alternative mit einer aktiven Bearbeitung von Problemkreditengagements zu sein. Der Verkauf von erhöht risikobehafteten Engagements ist oft eine teure Lösung, da die Aussteuerungskredite weit unter dem Nominalwert veräußert werden müssen und hohe Abschreibungen zu tätigen sind, denn der Forderungskäufer preist seine Renditeerwartungen und seine Risikobetrachtung auf der Zeitachse entsprechend ein. In vielen Kreditinstituten liegt diese Quote erfolgreich sanierter Unternehmen bei über sechzig Prozent. Dies erzeugt tendenziell hohe Sondergewinne unter anderem in Form von EWB-Auflösungen (vgl. Portisch, 2013a, S. 262 ff.), wenn sie auch bei Bildung das Jahresergebnis beeinträchtigten und lediglich Steuerstundungseffekte hatten. Ergeben sich aus quantitativer und qualitativer Einschätzung Vorteile für die weitere Begleitung im Rahmen einer aktiven individuellen Sanierung, gilt auch die endgültige Sanierungswürdigkeit als festgestellt.

? **Checkliste und Analysen zur leistungswirtschaftlichen Sanierung und zum Sanierungskonzept:**

1. Wurde zeitnah der Sanierungsprozess eingeleitet mit Beauftragung eines Sanierungskonzepts?
2. Bestätigt das Sanierungskonzept die Sanierungsfähigkeit unter realistischen Bedingungen?
3. Wurden die Kernbestandteile des Sanierungskonzepts aus Bankensicht präzise untersucht?
4. Wird die Umsetzung der Sanierung als realistisch eingeschätzt, sind Sanierungsbeiträge vertretbar?
5. Wurden Alternativen zur Individualsanierung geprüft, beispielsweise Verkauf oder Abwicklung?

3.6 Sicherheitenpool und Sicherheitenabgrenzung

Wurden bei einem Krisenengagement die Sanierungsfähigkeit durch ein externes Gutachten bestätigt und dieses von den begleitenden Banken auf Plausibilität erfolgreich geprüft, sind im nächsten Schritt die finanziellen Rahmenbedingungen zu gewährleisten, damit die zumeist entscheidende leistungswirtschaftliche Sanierung störungsfrei ablaufen kann. Dies macht es unter Umständen erforderlich, möglichst alle Gläubiger des Krisenunternehmens vertraglich zum Stillhalten zu verpflichten, damit sich nicht einzelne Parteien aus dem Engagement zurückziehen. Zudem wird durch die Einbindung aller Gläubiger bei einer notwendigen Neukreditvergabe eine Risikoteilung erreicht. Dabei ist die Bildung eines Sicherheitenpools im Rahmen der finanzwirtschaftlichen Sanierung unter den beteiligten Banken meist unumgänglich. Die Hausbank hat dabei die Aufgabe, die Kreditverhandlungen mit den unterschiedlichen Parteien einzuleiten, zu gestalten und erfolgreich zum Abschluss zu bringen. Dabei sind die finanziellen Anforderungen aus dem Sanierungskonzept zum Vermeiden der Anfechtung nach § 133 InsO umzusetzen (vgl. BGH, 18.01.2024, IX ZR 6/22).

Sicherheitenpoolverträge regeln die Belange und Verhältnisse der Banken untereinander, aber auch gegenüber dem Schuldnerunternehmen, soweit die in den Poolvertrag eingebrachten Kredite und Sicherheiten betroffen sind. Wichtige Regelungsinhalte sind unter anderem die gleichmäßige Informationsverteilung, die Verpflichtung zur Aufrechterhaltung der jeweiligen Kreditlinien, die Festlegung einer Poolquote sowie die Vereinbarung eines Saldenausgleichs. Des Weiteren kann es von Bedeutung sein, die Lieferanten und die Kreditversicherer in die finanziellen Vereinbarungen mit einzubeziehen, damit das operative Geschäft weiterläuft, nicht auf Vorkasse bestanden wird und dies die Liquidität belastet. Die Einbeziehung geschieht über den Abschluss eines **Sicherheitenabgrenzungsvertrags**. Diese Vereinbarung stellt die Partizipation der Lieferanten an den künftigen Verwertungserlösen des Umlaufvermögens sicher.

Die Finanzierung in der Sanierung birgt für die beteiligten Banken hohe ökonomische und rechtliche Risiken. Neben dem bereits bestehenden Kreditrisiko kommt die Gefahr hinzu, weiteres Geld zu verlieren und zwar dadurch, dass eine Sanierungsfinanzierung wider Erwarten nicht vollständig zurückbezahlt werden kann oder dass sich die Werthaltigkeit der Sicherheiten verschlechtert. Zudem besteht mit Bekanntwerden der Krise das Problem, dass sich einzelne Finanzgläubiger aus diesem Krisenengagement lösen können. Dann tritt meist ein Wettlauf um mögliche Rückführungen sowie verbliebene Sicherheiten ein (vgl. Rechtmann, 2012, S. 399 ff.).

Poolverträge können dafür sorgen, dass die Gläubiger ihre Interessen bündeln und sich nicht gegenseitig behindern und gemeinsam die Firmensanierung vorantreiben. Darüber wird ein einheitliches Vorgehen im Rahmen eines Sicherheitenpools oder eines Sanierungspools geregelt. Ein Pool kommt als ein Sicherheitentreuhandvertrag bei hoher Komplexität der Fremdfinanzierung eines Unternehmens sowie einer größeren Zahl von Finanzgläubigern auch außerhalb von Sanierungsfällen vor.

Ziele des **Pools** in der Krise sind die optimale Nutzung und Aufteilung der Kreditsicherheiten sowie die Einbeziehung der Kredite einschließlich der in vielen Branchen überlebenswichtigen Avale für eine dauerhafte Stabilisierung finanzwirtschaftlicher Sanierungsmaßnahmen (vgl. Cranshaw, 2013, S. 1005 ff.). Sogar die Vereinbarung eines Moratoriums als eines der Stabilisierungsinstrumente in der Sanierung kann in einem Poolvertrag geregelt werden. Rechtlich gesehen ist der Poolvertrag dann zugleich eine Sanierungsvereinbarung (vgl. Portisch/Cranshaw, 2014, S. 9 ff.).

Bei einem Poolvertrag, meist auch als **Sicherheitenpoolvertrag** bezeichnet, handelt es sich damit um die Bündelung der Sicherheiteninteressen mehrerer Finanzgläubiger zum Zweck der Risikoteilung, der Risikosteuerung und Risikoreduzierung. Ein weiteres genutztes Anwendungsfeld bei den gemeinschaftlichen Mittelbereitstellungen sind Konsortialfinanzierungen, die bei umfangreichen Finanzierungsprojekten eingesetzt werden. Häufig beschränkt sich der Poolvertrag nicht allein auf bestehende Finanzierungsmittel, sondern es werden auch **neue Finanzierungen** vereinbart. Dies betrifft Betriebsmittelkredite, gegebenenfalls als Mischlinien mit Avalen, entweder als Finanzierung eines völlig selbstständigen Teilbetrages der Gesamtsumme durch jede der beteiligten Banken oder als Konsortialfinanzierung.

Die Geldvergabe wiederum ist wie stets bei Gemeinschaftsfinanzierungen zum einen als Innenkonsortium möglich. Dann ist der Konsortialführer der einzige Kreditgeber und die Konsortialpartner sind nur im Innenverhältnis beteiligt. Zum anderen ist sie als Außenkonsortium ausgestaltbar und jeder Kreditgeber ist mit einem Teilbetrag im Außenverhältnis zum Kreditnehmer engagiert. Die Organisation der Gemeinschaftsfinanzierung liegt beim Konsortialführer. Beim sogenannten **„stillen“** Innenkonsortium muss der Kreditnehmer nicht einmal zwingend davon Kenntnis besitzen, dass andere Banken an der Finanzierung des ursprünglichen Kreditgebers **„unterbeteiligt“** sind. Dieses Instrument ist von Interesse, wenn beispielsweise die Hausbank die Finanzierung nicht allein übernehmen kann, aber im Außenverhältnis unbedingt vertraglich allein auftreten möchte.

Wie Konsortialverträge begründen auch **Poolverträge** unter Banken von der Rechtsnatur rechtsfähige Gesellschaften bürgerlichen Rechts gemäß §§ 705 ff. BGB. Konsortialfinanzierungsverträge beziehen sich auf schuldrechtliche Darlehensgeschäfte mehrerer Banken bei der Bereitstellung umfangreicher Investitionsmittel (vgl. Rechtmann, 2012, S. 390 ff.). Es findet wirtschaftlich und beim Außenkonsortium auch rechtlich, eine Teilung des Kredites zur Vermeidung großer Ausfälle sowie zur Diversifikation von umfassenden Risiken statt. Das Risiko des Außenkonsortiums ist aufgrund der Teilung der Finanzierungssumme nach außen ein Kreditnehmerrisiko, beim Innenkonsortium bei systemischer Betrachtung ein Risiko der Konsortialbanken zum einen ein Innenrisiko bei Insolvenz des Kreditnehmers, als Außenrisiko ein solches zwischen dem Konsortialführer und den Konsortialbanken. Das letztere Risiko wird meist ausgeblendet, wenn der Konsortialführer die Sicherheiten eines Kreditnehmers als Treuhänder im Gleichrang für sich und die anderen Banken hält.

Sicherheitenpoolverträge dienen der Bündelung und der meist nur wirtschaftlichen Aufteilung von Kreditsicherheiten bei der langfristigen Sanierung eines Krisenunternehmens. Beteiligt sind sämtliche kreditgebenden Banken gegebenenfalls die betroffenen Lieferanten und Kreditversicherer im Rahmen der vertraglichen Vereinbarung einer gesonderten Sicherheitenabgrenzung (vgl. Ahlers, 2016, S. 333 ff.). Im Folgenden konzentriert sich die Untersuchung zunächst auf **Sicherheitenpoolvereinbarungen**. Diese haben die Aufgabe, die Gläubiger in einer Sanierung zu binden und die Kreditsicherheiten neu zu strukturieren (vgl. Portisch et al., 2007f, S. 30 ff.).

Es werden wesentliche Kredite sowie die zur Verfügung stehenden Sicherheiten in einen Poolvertrag mit einbezogen. Schwerpunktmäßig werden in den Sicherheitenpool Kontokorrentkreditlinien, Avalkredite, Sonderkredite, Darlehen sowie Diskontkredite mit eingebracht und vertraglich gebündelt.

Die Poolsicherheiten können alle Formen von Personalsicherheiten (durch Drittsicherungsgeber, die bei Ausweitung ihrer Haftung zustimmen müssen), Sachsicherheiten und sonstige Kreditsicherheiten umfassen. Der Kreditsicherheitenpool ermöglicht die Sicherheitenabgrenzung der Gläubiger und die Erleichterung der Durchsetzung ihrer Rechte (vgl. BGH, 03.11.1988, IX ZR 213/87, BGH, 09.11.1998, II ZR 144/97, BGH, 19.03.1998, IX ZR 22/97 und Rechtmann, 2012, S. 427). Diese Bündelung der Sicherheiten überträgt den beteiligten Gläubigern ohne eine Neufinanzierung regelmäßig keine neuen Kreditsicherheiten gegenüber einem Schuldner, als sie ohnehin schon innehaben.

Allerdings wird der Sicherungszweck bestehender Sicherheiten zugunsten der einzelnen Gläubiger rangmäßig (zwingend) gestuft auf alle Poolgläubiger erstreckt. Nur insoweit wird der Schuldner in den Poolvertrag eingebunden. Die rangmäßige Stufung ist geboten, um die Sicherheit primär für den bisherigen Sicherungsnehmer aufrecht zu erhalten mit weiteren Rängen für die anderen Poolpartner und um Anfechtungsrisiken insbesondere aus § 133 InsO zu vermeiden. Beim **„Fresh Money“** für das Krisenunternehmen gilt das entsprechend für die dazu neu bestellten Sicherheiten, die erstrangig (als Bargeschäft) die neue Finanzierung besichern sowie nachrangig die „Altfinanzierungen“ aller Gläubiger. Ohne die Rangzuweisung würde eine Anfechtung nach § 133 InsO sämtliche Änderungen der Sicherungszwecke erfassen. Im Poolvertrag werden die Belange und Verhältnisse der Kreditinstitute untereinander sowie gegenüber dem Schuldnerunternehmen geregelt, soweit die in einen Poolvertrag eingebrachten Kredite und Sicherheiten betroffen sind.

Definition: Unter einem **Sicherheitenpool** wird der Zusammenschluss von Banken in der Rechtsform einer rechtsfähigen Gesellschaft bürgerlichen Rechts (GbR) verstanden. Ziel ist es, eine in einem Poolvertrag getroffene Regelung zur gemeinschaftlichen Verwaltung, Kontrolle und Verwertung von Mobiliar-, Immobilien- und sonstigen Kreditsicherheiten festzuschreiben. Primär dient dieser Pool zur Stabilisierung der Finanzierung in der Sanierung eines Unternehmens. Über diese Vereinbarung lassen sich rechtliche Schwierigkeiten bei der Abgrenzung von Sicherheiten vermeiden und diese für die Mittelbereitstellung und die Gewährung auch von Avalen in der Krise und Sanierung von Unternehmen optimal nutzen.

Diese **Pool-GbR** ist nach weitgehender bisheriger Meinung rechtlich eine Innengesellschaft. Dieses Konsortium entfaltet jedoch auch eine wirtschaftliche Bindungswirkung und sendet Signale zur Stabilisierung der Firma nach außen. Nach der Änderung des Rechts der GbR (01.01.2024) wird man den **Sicherheitenpool**, zumal, wenn der Darlehensnehmer über seine Zustimmung zur Bestellung neuer Sicherheiten und Erweiterung des Sicherungszwecks bestehender Sicherheiten eingebunden ist, als rechtsfähige BGB-Außengesellschaft betrachten müssen. Mitglieder eines Bankenpools sind nur die Kreditinstitute und nicht der Kreditnehmer. Dieser unterzeichnet den Vertrag nur mit, insoweit er Verpflichtungen eingeht, beispielsweise wenn der Sicherheitenzweck auf sämtliche Poolkredite erweitert wird, eine Übertragung auf eine **Poolbank** als Sicherheitentreuhänder beziehungsweise einen externen Treuhänder erfolgt oder auch ein Saldenausgleich schriftlich vereinbart wird. Die Unterschrift führt jedoch nicht zu seinem Eintritt als Poolmitglied (vgl. Cranshaw, 2009, S. 1682 ff.).

Der Kreditnehmer ist dann zwar Vertragspartner. Er kann aber aus den allein unter den Banken geltenden gesellschaftsrechtlichen Abreden keine Rechte herleiten. Die Rechte und Ansprüche des Unternehmens ergeben sich daher allein aus den jeweiligen ursprünglichen Finanzierungsverträgen in Gestalt der etwaigen Änderungen. Ausgenommen sind die bereits geschilderten im Zusammenhang mit dem Sicherheitenpoolvertrag gesondert geregelten spezifisch den Kreditnehmer betreffenden Abreden, die der Kreditnehmer in der Praxis durch Unterschrift auf dem Dokument des Poolvertrages vereinbart. Dennoch handelt es sich dabei um zwei Verträge in einem Dokument (Poolpartner untereinander, Poolpartner sowie Poolführer, je nach Vertragsstruktur mit dem Kreditnehmer).

Die für die verabredeten Finanzierungen bestehenden Sicherheiten werden schuldrechtlich gebündelt. Diese werden nicht gesamthänderisches Vermögen der Pool-GbR unter den Banken, die im Grundsatz kein Gesellschaftsvermögen bildet, zumal letztendlich jede der beteiligten Poolbanken ihren Kredit einzeln vergibt und auch weiterhin Gläubiger aus dem eigenen ursprünglich geschlossenen Kreditvertrag bleibt. Die beteiligten Kreditinstitute treten nach bisheriger, mittlerweile weitgehend überholter Meinung, nach außen nicht gemeinsam in ihrer Verbundenheit als rechtsfähige Gesellschaft bürgerlichen Rechts (GbR) auf.

Das Institut mit dem größten Kreditengagement, die **Hausbank**, übernimmt in der Regel die Rolle des Poolführers gegen ein vereinbartes Entgelt. Zu den Hauptaufgaben gehören unter anderem die Ausarbeitung dieses Vertragswerkes, die Verwaltung der Poolsicherheiten beziehungsweise die Beauftragung eines externen Treuhänders zur Sicherheitenprüfung und -verwaltung. Des Weiteren sind die stetige Information aller Poolmitglieder und die regelmäßige Einberufung von Bankenrunden zur Abstimmung von Bedeutung. Der Poolführer ist regelmäßig Mehrfachtreuhänder. Er ist Treuhänder des Kreditnehmers oder des Drittsicherungsgebers, der ihm abstrakte Sachsicherheiten bestellt hat. Darüber hinaus ist er Treuhänder sämtlicher Poolpartner bezüglich der Sicherheiten, die er in deren Auftrag hält beziehungsweise verwaltet.

Beispiel: Ein Beispiel dafür ist die Globalzession, die zugunsten des Poolführers bestellt wird und nicht nur dessen Forderungen gegen den Kreditnehmer besichert, sondern gemäß dem verabredeten Sicherungszweck auch die Forderungen der anderen Poolbanken. Bei der Globalzession besteht das Risiko, dass Drittschuldner auf ein Konto des Kreditnehmers bei einer anderen Poolbank zahlen als auf das Zahlungskonto beim Poolführer sowie Zessionar, womit der Weg der Anfechtung dieser Zahlungen eröffnet ist (vgl. BGH 02.06.2005, IX ZR 181/03). Das Problem ist gegenstandslos, wenn man mit der Praxis Saldoforderungen auf den Konten der Poolpartner an den Poolführer verpfändet oder selbst sicherungszediert. Ein weiteres typisches Beispiel in diesem Zusammenhang der Sicherheitenbestellung zugunsten eines Poolführers ist ein Grundpfandrecht, das der Poolführer für sich und die übrigen Poolbanken gleichzeitig treuhänderisch hält (vgl. BGH, 21.02.2008, IX ZR 255/06 und Steinwachs, 2008, S. 2231 ff.).

Entsprechende Überträge auf den Konten eines Kreditnehmers sorgen dafür, dass bei sämtlichen Instituten eine Inanspruchnahme nach dem prozentualen Verhältnis der vereinbarten Linien entsteht. Ein Krisenunternehmen wird seine Kontodispositionen nicht immer derart exakt planen können, dass die Kreditlinien bei allen Banken stets gleichmäßig ausgenutzt werden. Zudem wird der Schuldner dann bestrebt sein, vorrangig diejenigen Kontokorrentlinien auszuschöpfen, bei denen der geringste Zinssatz vereinbart ist. Die üblichen Regelungen sehen vor, dass der Ausgleich für jede Kreditart getrennt vorgenommen wird sowie in regelmäßigen zeitlichen Abständen erfolgt. Würde der Saldenausgleich in dem Verhältnis zum Kreditnehmer rechtlich scheitern, so sehen die in der Praxis verbreiteten Poolverträge vor, dass der Saldenausgleich nur im Innenverhältnis unter den Banken erfolgt.

Der **Saldenausgleich** bedeutet den Kauf einer gleichrangigen Teilkreditforderung von einer anderen Bank in Höhe der Differenz zwischen dem jeweiligen quotalen Ausnutzungsgrad der Finanzierung, um im Gesamtergebnis eine gleichhohe Belastungsquote sowie gleiche Zinserträge bei den Forderungen für alle Poolbeteiligten zu erreichen. Der Saldenausgleich wird in der Regel vom Poolführer organisiert. Die Funktion des Poolführers, als Sicherheitentreuhänder, kann in Ausnahmefällen auf außenstehende Akteure übertragen werden. Regelmäßig kann der aktuelle Poolführer diese Übertragung, aber nur mit Zustimmung aller anderen Poolpartner, vornehmen. Weitergehend kann auch der gesamte Prozess der Poolbildung mit den oft komplexen Verhandlungen durch einen neutralen Experten begleitet werden. Auf diese Weise gelingt es möglicherweise schneller, zu einer konfliktfreien Einigung zu gelangen.

Definition: Beim **Saldenausgleich** verpflichten sich die Poolpartner untereinander, durch Überträge auf den Konten des Kreditnehmers dafür zu sorgen, dass für alle beteiligten Banken die Kreditinanspruchnahme nach dem Verhältnis der im Poolvertrag vereinbarten Linien entsteht. Poolbank A stellt eine Kontokorrentlinie von 1.000 TEuro nach der Festlegung im Poolvertrag bereit, bei einer Inanspruchnahme von 950 TEuro zum Abrechnungsstichtag. Poolbank B stellt eine Betriebsmittelkreditlinie von 500 TEuro bereit, bei einer Inanspruchnahme von 400 TEuro. Um diesen Saldenausgleich nach dem prozentualen Verhältnis der Kreditlinien durchzuführen, muss ein Übertrag von Bank B auf A in Höhe von 50 TEuro erfolgen. Die Inanspruchnahmen betragen anschließend jeweils bei 90,0 % der Kreditlinien.

Die Funktion des **Poolführers**, zum Beispiel als ein Sicherheitentreuhänder, kann in Ausnahmefällen auch auf einen außenstehenden Treuhänder übertragen werden. Regelmäßig kann der aktuelle Poolführer diese Übertragung, aber nur mit Zustimmung aller anderen Poolpartner, vornehmen. Weitergehend kann auch der gesamte Prozess der Poolbildung mit den oft komplexen Verhandlungen durch einen neutralen Akteur begleitet werden. Auf diese Weise gelingt es möglicherweise schneller zu einer konfliktfreien und konstruktiven Einigung zu einem Pool zu gelangen.

Dieser steuernde Akteur besitzt als Mediator bei den Gläubigern gegebenenfalls eine hohe Akzeptanz und kann bei auftretenden Konflikten zum Beispiel bei der Poolquote ausgleichend wirken (vgl. Peppmeier/Neumann, 2005, S. 55). Jedoch entstehen mit der Übertragung der Poolführerschaft und der Organisation der Sicherheitenpoolbildung durch einen externen Treuhänder im Zweifel hohe Kosten. Neben der Festschreibung der Kreditlinien enthalten Poolverträge weitere Regelungen, wie mit den vorhandenen Sicherheiten umgegangen wird und welche Sicherheiten neu bestellt werden sollen. Auch Kriterien, ab welchem Zeitpunkt die Verwertung erfolgen kann, können verabredet werden. Damit kann das Liquidationsszenario für die Sicherheiten schon im Voraus geplant werden und spätere Unsicherheiten und Schwierigkeiten der Einigung zum Zeitpunkt der Abwicklung werden vermieden.

Allgemein üblich sind Vertragsgestaltungen, wonach eine poolführende Bank in Eilfällen allein entscheidet, ansonsten bedarf die Verwertung der Zustimmung aller. Soweit durch solche Abreden Verträge mit dem Schuldner abgeändert werden, muss er zustimmen. Ist dagegen das Insolvenzverfahren eröffnet, stellt sich für die Sicherungsübereignung und die Sicherungszession die Problematik nur mehr eingeschränkt, da die Verwertungsbefugnis auf den Insolvenzverwalter oder bei der Eigenverwaltung gegebenenfalls auf den Schuldner übergegangen ist (§§ 166 ff., 282 InsO).

Die relevanten nicht-akzessorischen bereits bestehenden Sicherheiten können auf den Poolführer als Sicherheitentreuhänder übertragen werden oder aber bei dem jeweiligen Poolmitglied verbleiben sowie im Rahmen einer erweiterten Sicherungszweckerklärung zugleich für die unterschiedlichen Poolpartner verwaltet werden. Eine Übertragung auf die Pool-GbR findet nicht statt. Werden Sicherheiten an den Poolführer oder an einen dritten Treuhänder übertragen, ist zu beachten, dass bei akzessorischen Sicherheiten auch die Kreditforderung mit abgetreten werden muss oder dass die Sicherheit für alle Gläubiger gleichzeitig zu bestellen ist. Die Übertragung oder Ausführung der Sicherheitenverwaltung des Pools hat für den Poolführer oder den Sicherheitentreuhänder in der Regel eine **doppelnützige Treuhand** zur Folge (vgl. Bork, 1999, S. 337 ff. sowie Cranshaw, 2009, 1682 ff.).

Als **Sicherheitentreuhänder** kommen zusätzlich Akteure in Betracht, die außerhalb eines Pools stehen. Demnach übernehmen **Wirtschaftsprüfer** häufig die Rolle dieser neutralen Partei. Hauptaufgaben eines Treuhänders bestehen in der Verwaltung der Poolsicherheiten, der Sicherheitenbewertung, der Verwertung sowie der Prüfung von variablen Sicherheiten des Umlaufvermögens.

Vorteile dieser **Regelungen**, die meist bei Sanierungen großer Unternehmen mit einer zahlenmäßig umfassenden Bankengruppe zum Einsatz kommt, sind:

- Kompetenz bei der Bewertung und Prüfung von Sicherheiten
- Neutralität gegenüber den anderen Sicherheitenpoolmitgliedern
- Vermeidung von Haftungsrisiken auf der Ebene des Poolführers

Im Allgemeinen übernimmt jedoch eine Poolbank zum einen die Rolle des Poolführers und zum anderen die des Sicherheitentreuhänders. In internationalen Finanzierungskonsortien mit verschiedenen Banken, die initiativ für diese Finanzierung geworden sind und weitere Banken akquiriert haben (Arrangers), ist es üblich, die verschiedenen Funktionen klar zu trennen, wobei eine der beteiligten Banken der bereits genannte Sicherheitentreuhänder wird. Ist in ähnlichen Fällen ein Kreditsicherheitenpool zu bilden, gilt im Ergebnis das Gleiche. Zu unterscheiden ist zwischen Finanzierungen im Rahmen einer Poolvereinbarung, die von Anfang an gemeinsam mit mehreren Instituten erfolgt und einer Bereitstellung von Mitteln auf der Basis selbstständiger Kreditvereinbarungen, die erst nachträglich durch den Poolvertrag gebündelt werden. Ersteres geschieht bei einer Bereitstellung neuer Mittel im Rahmen einer Finanzierung.

Zwischen einer Auszahlung der Kreditmittel sowie der Vereinbarung der Sicherheiten sollte unter anderem ein enger zeitlicher und volumensmäßiger Zusammenhang hergestellt werden, damit diese Sicherheitenbestellung für die neue Finanzierung als insolvenzrechtlich nicht anfechtbares Bargeschäft beurteilt werden kann. Bei den Verwertungsmaßnahmen erfolgen meist eine gleichmäßige Tilgung und eine quotale Verteilung der Sicherheitenerlöse auf die beteiligten Institute, jeweils abhängig von der Rangordnung der Kreditsicherheit.

Bei einer nachträglichen **Poolbildung** finden sich Banken zusammen, die unabhängig voneinander Kredite an ein Krisenunternehmen vergeben und Kreditsicherheiten für ihre Forderungen hereingenommen haben. Die Sicherheiten verbleiben entweder bei dem jeweiligen Poolmitglied oder werden ebenfalls auf den Poolführer beziehungsweise einen externen Treuhänder übertragen, soweit es sich um abstrakte und nichtakzessorische Sicherheiten handelt. Bei Grundschulden scheiden solche Lösungen aus Kosten- und Praktikabilitätsgründen aus.

Eine Übertragung auf den Pool als rechtsfähige GbR erfolgt nicht. Die akzessorischen Sicherheiten müssen jeweils für jede der beteiligten Poolbanken bestellt werden. Der Poolführer oder der externe Sicherheitentreuhänder kann dann die Aufgabe der Verwaltung sowie Verwertung der Sicherheiten im Auftrag und mit Vollmacht der anderen Poolpartner übernehmen, aber der Akteur ist rechtlich betrachtet nicht Rechtsinhaber einer akzessorischen Kreditsicherheit.

Im Rahmen einer Poolvereinbarung wird die Zuordnung der eingebrachten Sicherheiten im Rahmen des Sicherungszweckes für die Gesamtdauer eines Sicherheitenpools grundlegend neu geregelt.

Zu beachten ist, dass durch die möglichen Erweiterungen der Sicherungsabrede, zum Beispiel eine Erstreckung des Sicherungszwecks auf die Kredite sämtlicher Institute, umfangreiche Anfechtungsmöglichkeiten entstehen können. Allgemein ist auf eine Infizierung von bestehenden Altsicherheiten mit dem Risiko einer Insolvenzanfechtung durch neue Sicherheitenvereinbarungen zu achten. Bei notwendigen Veränderungen des Sicherungszwecks muss daher aus insolvenzanfechtungsrechtlichen Gründen eine feste **Poolrangordnung** verabredet werden:

- **Erstrangig** dienen bestehende Sicherheiten unverändert dem Zweck, die Altkredite zu besichern, für die sie ursprünglich bestimmt waren.
- **Zweitrangig** dienen die Sicherheiten zur Sicherung der Kredite der Poolbanken, die im Zusammenhang mit der Poolbildung neu eingeräumt wurden.
- **Drittrangig** besichern die Sicherheiten alle weiteren in den Poolvertrag einbezogenen Finanzierungen und Finanzierungspartner.
- Bei **Neufinanzierungen** im Rahmen eines Pools werden die hierfür gesondert bestellten Sicherheiten erstrangig deren Sicherung dienen, woran sich eine wasserfallähnliche Rangordnung anschließt, wie vorstehend dargestellt.

Grundsätzlich werden im jeweiligen Rang nicht nur die bestehenden Forderungen besichert, sondern auch die künftigen und die bedingten oder befristeten Forderungen. Es ist bei der Vertragsgestaltung darauf zu achten, dass die Vereinbarungen nicht einer späteren Anfechtung durch den Insolvenzverwalter unterliegen.

Insolvenzanfechtungsrechtliche Risikolage und Sicherheitenzweck

Eine Verbesserung der Rechtsstellung über die neue Poolvereinbarung und eine damit verbundene Vermögensverminderung für das Schuldnerunternehmen stellt eine eigenständig anfechtbare Rechtshandlung dar. Dies ist gerade dann der Fall, wenn etwaige formale oder inhaltliche Fehler bei der ursprünglichen Sicherheitenbestellung, im Rahmen fehlender sachenrechtlicher Bestimmtheit oder schuldrechtlicher Bestimmbarkeit, durch den Poolvertrag beseitigt werden sollen.

In diesen Fällen liegt gegebenenfalls eine dann sogar erleichtert anfechtbare inkongruente Deckung vor (vgl. § 131 InsO) vor, weil auf die Rechtsänderung kein Anspruch des begünstigten Sicherungsnehmers besteht. Gegebenenfalls kommt eine Anfechtung wegen einer vorsätzlichen Gläubigerbenachteiligung nach § 133 InsO in Frage, die als Folge des vierjährigen Anfechtungszeitraumes (siehe § 133 Abs. 2 InsO) gravierend ist. Bei einer gemäß § 133 Abs. 1, 2 InsO anfechtbaren Rechtshandlung (Sicherheitenbestellung), deren Rechtswirkung am 15.04.2025 eingetreten ist (§ 140 Abs. 1 InsO), läuft der Anfechtungszeitraum bis zum 15.04.2029 (vgl. § 187 Abs. 1 BGB).

Wird das Insolvenzverfahren aber bereits am 14.04.2029 eröffnet, entsteht der Anfechtungsanspruch (vgl. § 129 InsO), der Insolvenzverwalter oder Sachwalter kann den Anfechtungsanspruch dann bis zum 31.12.2032 gerichtlich durchsetzen, danach ist dieser regelmäßig verjährt (§§ 146 Abs. 1 InsO, 195 BGB).

Werden **neue Sicherheiten** für Altverbindlichkeiten begründet, bisherige rechtliche Schwachstellen beseitigt oder auch Sicherheitenzwecke erweitert, führt erst die Poolbildung und schließlich die Bestellung der Kreditsicherheiten zu einer erweiterten Anfechtbarkeit nach den §§ 129 ff. InsO. Für die Anfechtbarkeit der Sicherheiten ist dann der Zeitpunkt des Abschlusses eines Poolvertrages maßgeblich, soweit es um die dort vorgenommene Änderung des Sicherheitenzwecks bereits bestehender Sicherheiten geht. Bei der Bestellung neuer Sicherheiten ist der eventuell spätere Abschluss des Sicherungsvertrags beziehungsweise die Entstehung der Sicherheit maßgeblich. Bei erst mit Eintragung in das Grundbuch entstehenden Grundpfandrechten oder anderen Registerrechten (Flugzeuge, Schiffe) ist unter den weiteren formellen Voraussetzungen der Eingang des Eintragungsantrages bei dem Grundbuchamt oder der Registerbehörde entscheidend (§ 140 Abs. 2 InsO).

Die Poolbildung dient dazu, die bestehenden Sicherheiten bestmöglich für die Kreditbereitstellung zu nutzen und **Abgrenzungsprobleme** innerhalb einer Gläubigerklasse und zwischen den Gläubigerarten zu beseitigen. Dazu lassen sich bei strikter systematischer Trennung insgesamt vier **Vertragsvarianten** unterscheiden, die in der Finanzierungspraxis regelmäßig angewendet werden:

- **Poolverträge:** die der Zusammenfassung von Sicherheiten und der Übertragung der Verwaltung auf eine der beteiligten Banken oder einen Externen dienen.
- **Vertragsgestaltungen:** mit der internen Saldenausgleichsklausel, die primär das Innenverhältnis der beteiligten Kreditinstitute betreffen.
- **Sicherheitenpoolverträge:** mit dem externen Saldenausgleich, der dann auch im Außenverhältnis seine finanzielle Wirkung entfaltet.
- **Verträge:** mit einer Erweiterung des Sicherungszwecks bei den einzelnen Sicherheiten auf alle an dem Pool beteiligten Kreditinstitute.

Bei diesen beiden letztgenannten vertraglichen Poolvarianten ist die Zustimmung des Schuldners zum Poolvertrag erforderlich. Die in der Praxis verwendeten weitgehend ähnlichen Sicherheitenpoolverträge enthalten sämtliche der oben erwähnten Varianten (vgl. Rechtmann, 2012, S. 414 ff.). Ein **interner Saldenausgleich**, der nur zwischen den beteiligten Poolbanken durch gegenseitige Überweisungen im Rahmen eines Vollzugs des Forderungskaufs mit Forderungsübertragung unter den aufnehmenden beziehungsweise den abgebenden Banken abgewickelt wird, damit bei allen Instituten der gleiche Grad der Inanspruchnahmen beziehungsweise der Befriedigungen aus Sicherheiten erreicht wird, ist insolvenzrechtlich nicht zu beanstanden.

Diese Ausgleichszahlungen haben keinen Einfluss auf die Höhe der Zahlungen, die der Kreditnehmer den Banken insgesamt schuldet. Eine Gläubigerbenachteiligung, die zu einer möglichen Anfechtung nach §§ 129 ff. InsO führen könnte, liegt hierbei nicht vor. Ein derartiger Saldenausgleich führt auch nicht zu einer vertraglichen Änderung zwischen dem Kreditnehmer und der jeweiligen Bank. Daher kann dieser interne Saldenausgleich auch ohne die Einbeziehung des Schuldners vollzogen werden.

Ein **externer Saldenausgleich** mit der Entfaltung einer **Außenwirkung** gegenüber dem Kreditnehmer bedarf dagegen seiner Zustimmung. Wird dieser in der Weise vorgenommen, dass eine Bank, die von ihr gehaltenen Sicherheiten nicht vollständig zur Abdeckung der eigenen Forderungen benötigt, Forderungen anderer Banken ankauft und dann mit einem Guthaben verrechnet, so führt dies insgesamt zu einer höheren Befriedigungsquote bei einer Gesamtheit der Poolbanken. Es liegt allerdings ein unzulässiges Unter-Deckung-Nehmen von Kreditforderungen mit der Folge der möglichen Anfechtung in einem späteren Insolvenzverfahren vor. Dabei ist unbedingt zu beachten, dass Anfechtungen deutlich zugenommen haben. Auch bei der Ausgestaltung einer Saldenausgleichsklausel als Konzernverrechnungsklausel ergibt sich hiermit insgesamt keine Veränderung dieses Ergebnisses.

Problematisch ist unter Umständen auch, wenn ein **Poolmitglied** beispielsweise bereits Inhaber aller Kreditsicherheiten ist und die anderen Poolmitglieder gleichmäßig entsprechend ihrer Quote daran partizipieren sollen. Dazu werden in Poolverträgen Vereinbarungen getroffen, dass die Sicherheiten treuhänderisch für die anderen Kreditinstitute gehalten werden sollen. Der Kreditnehmer muss der Erweiterung des Sicherungszwecks zustimmen. Wenn eine andere Bank im Rahmen dieser Konstruktion Erlöse aus den Sicherheiten erhält, besteht das erhöhte Risiko der Anfechtung. Dies ist aufgrund der Anfechtungsaktivitäten der Insolvenzverwalter oder der Sachwalter bei Eigenverwaltung (§ 280 Var. 2 InsO) unbedingt zu vermeiden. Die Verfolgung von Anfechtungsansprüchen ist eine der Kardinalpflichten des Insolvenzverwalters oder des Sachwalters (vgl. § 60 Abs. 1 Satz 2 InsO).

Solange die Poolmitglieder lediglich die bereits vorhandenen Sicherheiten in den Pool mit einbringen, verschafft diese Poolbildung den Gläubigern insgesamt keine Vorteile gegenüber dem Schuldner. Werden lediglich Abgrenzungsschwierigkeiten unter den vorhandenen Poolmitgliedern beseitigt, ist dieses unschädlich. Abgrenzungsprobleme treten auf, wenn Sicherungsübereignungen und Zessionen mehrerer Institute zusammentreffen oder diese mit den Eigentumsvorbehalten der Warenlieferanten in den verschiedenen Verlängerungs- und Erweiterungsstufen kollidieren.

Damit eine schnelle Einigung auf ein gemeinsames Poolvertragswerk gelingt, können die Kreditinstitute sich auf ein verbreitetes Vertragsmuster einigen, wobei die in der Praxis verwendeten Vertragswerke weitgehend identisch sind (siehe Rechtmann, 2012, S. 414 ff.). In der Praxis haben bedeutende Poolpartner aus dem Bankenverband der Privatbanken und dem Landesbankenbereich jeweils eigene ganz ähnliche Vertragstexte entwickelt. Die dann abzustimmenden Problembereiche liegen dann weniger bei den grundsätzlichen Vertragsklauseln in einem Poolvertrag, da dort weitestgehend inhaltliche Übereinstimmung besteht.

Die Schwierigkeit der Praxis liegt vielmehr in der Ausgestaltung des stets individuellen Vertrages bei den rechtlichen und den ökonomischen Faktoren im Detail. Auch unterschiedliche Erfahrungen der Beteiligten im Umgang mit Poolverträgen spielen bei einer zügigen Einigung eine Rolle und können diese im Zweifel behindern.

Poolverträge sollten zur Risikoreduzierung schnellstmöglich verhandelt und geschlossen werden. Im Einzelfall sollte auf unbedeutende Einzelheiten verzichtet werden, um das Ziel des Ganzen zu wahren. In der Praxis übliche Vertragsmuster eines Poolvertrags werden in der Spezialliteratur vielfach veröffentlicht, um den Einigungsprozess auf eine gemeinsame Version zu beschleunigen (vgl Rechtmann, 2012, S. 414 ff.).

Unglücklich ist es, wenn aufgrund des finanziellen Drucks bei einer Krisenfirma eine schnelle Valutierung neuer Geldmittel erfolgt und erst später, zeitnah mit dem Insolvenzantrag, ein Einverständnis über den Sicherheitenpoolvertrag erzielt wird. Dieser Poolvertrag und die vereinbarten Poolsicherheiten sind dann einem deutlich erhöhten Anfechtungsrisiko ausgesetzt.

Die vertretbare Hingabe eines geeigneten Sanierungskredits, der dem sanierungsfähigen Kreditnehmer zeitlich parallel gegen eine entsprechende Sicherheit gewährt wird, ist als Bargeschäft nicht anfechtbar (§ 142 InsO). Eine Anfechtbarkeit wegen vorsätzlicher Gläubigerbenachteiligung (§ 133 InsO) findet erst recht keinerlei Grundlage. Anders ist es aber, wenn die Auszahlung einige Zeit vor der vertraglichen Vereinbarung des Poolvertrags erfolgt. Ein Bargeschäft ist dann zu verneinen, ganz abgesehen davon, dass ohne vertragliche Basis valutiert wurde. Die spätere Berufung auf den gegebenenfalls mündlichen Abschluss des Poolvertrages und der Sicherheitenzweckerklärung kann sich als rechtlich höchst riskant herausstellen. Liegen die Voraussetzungen eines Bargeschäfts vor, ist dieses nur nach § 133 InsO anfechtbar, wobei den Banken die Erleichterungen des § 133 Abs. 2, 3 InsO zugutekommen und zudem der Schuldner unlauter gehandelt haben muss (§ 142 Abs. 1 InsO). Dieses ist nur dann der Fall, wenn der Schuldner „das Bargeschäft zu einer gezielten Benachteiligung anderer Gläubiger [...] oder dazu [... nutzt], den Empfänger gegenüber anderen Gläubigern gezielt zu bevorzugen" (BGH, 05.12.2024, IX ZR 122/23, Rn. 23).

Es ist von Vorteil, in einer Einleitung oder Präambel zum Poolvertrag dessen Grundlage und das wesentliche Ziel, nämlich die Förderung der Sanierung, zu benennen, um zwischen den Vertragsparteien die Zwecke der Vereinbarungen festzuhalten und diese auch zur Vermeidung beziehungsweise Reduzierung des Risikos späterer rechtlicher Unklarheiten herauszustellen. Dazu besteht die Funktion der Poolung der Sicherheiten in der gemeinsamen Stabilisierung der Fremdfinanzierungsgrundlagen des angeschlagenen Krisenunternehmens auf der Basis eines schlüssigen Sanierungskonzeptes des für sanierungsfähig sowie sanierungswürdig befundenen Schuldnerunternehmens. Es stellt die Finanzierungsgrundlage für die Umsetzung der Sanierung dar.

Die Bezugnahme auf das dem Vertragsabschluss zugrunde liegende Sanierungsgutachten, das im Ergebnis nach einem Standard erstellt worden ist und von den Banken auf Plausibilität geprüft worden ist, hat zur Konsequenz, dass die Geschäftsführung unter Einhaltung des Sanierungskonzeptes den Betrieb aufrechterhalten kann, ohne Insolvenzverschleppungsrisiken einzugehen oder den Vorwurf auf sich zu ziehen, eine vorsätzliche Gläubigerbenachteiligung gemäß § 133 InsO, durch die Erweiterung des Sicherungszwecks von Sicherheiten, vorgenommen zu haben.

Dann ist auch die positive **Fortführungsprognose** in den Fällen des Überschuldung (§ 19 Abs. 2 InsO) zu bejahen. Voraussetzung dafür ist, dass keine Zahlungsunfähigkeit vorliegt und eine etwaig bestehende Zahlungsunfähigkeit innerhalb der Dreiwochenfrist nach § 15a InsO bei den unter diese Vorschrift zu subsumierenden Gesellschaften vollständig beseitigt wurde. Ebenso muss nach der Sanierungsplanung die drohende Zahlungsunfähigkeit ausgeschlossen werden können.

Dazu müssen unter anderem die im Planungszeitraum zur Verfügung gestellten Mittel geeignet und in der Höhe hinreichend sein. Als Planungs- und Prognosezeitraum betrachtet das Gesetz bei der drohenden Zahlungsunfähigkeit „in aller Regel“ zwei Jahre (§ 18 Abs. 2 Satz 2 InsO), bei Überschuldung zwölf Monate (§ 19 Abs. 2 Satz 1 l letzter Halbsatz InsO). Können alle diese positiven Faktoren bejaht werden, dann kann bei einem dennoch eintretenden Scheitern der Sanierung und der Einleitung eines Insolvenzverfahrens der Geschäftsführung nicht der Vorwurf der Insolvenzverschleppung oder der vorsätzlichen Gläubigerbenachteiligung gemacht werden. Darüber scheiden dann auch entsprechende Vorwürfe sowie Insolvenzanfechtungen nach § 133 InsO gegenüber den am Pool beteiligten Gläubigern aus.

Die derart strukturierte und verstandene Präambel ermöglicht zugleich eine Reflexion für die an der Verhandlung und dem Abschluss auf Gläubigerseite beteiligten Akteure, um sich über die Fragen der rechtlichen Vertretbarkeit und wirtschaftlichen Sinnhaftigkeit dieses ausgehandelten Vertragswerkes klarzuwerden. Im Vordergrund steht die Durchfinanzierung der Sanierungsumsetzungsphase.

Es ist ebenfalls zu regeln, wann ein Scheitern der Sanierungsbemühungen festzustellen ist und welche Ablaufschritte dann folgen. Daher kann beispielsweise bereits bestimmt werden, dass der Poolführer die übrigen Institute in einem etwa zu bildenden vorläufigen, vom Gericht nach §§ 21 Abs. 2 Satz 1 Nr. 5 und § 22a InsO bestellten Gläubigerausschuss bei der Auswahl des (vorläufigen) Insolvenzverwalters oder die Kreditinstitute in diesem dann endgültig gebildeten Gläubigergremium im eröffneten Insolvenzverfahren (§§ 67, 68 InsO) vertritt. Das **Gläubigerausschussmitglied** hat nicht die Funktion, die Interessen des Bankenpools gegenüber den anderen Ausschussmitgliedern durchzusetzen, sondern seine Rolle ist die Wahrung der Interessen der Gläubigergesamtheit und die Kontrolle und Unterstützung (Beratung) des Insolvenzverwalters (§ 69 InsO) oder des Sachwalters beziehungsweise Schuldners in der Eigenverwaltung. Des Weiteren besteht Einfluss des vorläufigen Ausschusses im Eröffnungsverfahren auf die Bestellung des Verwalters (vgl. § 56a InsO).

In den **Poolverträgen** sind folgende Vertragsinhalte auszugestalten. In den Klammern sind die Paragraphen in den verbreiteten Vertragsmustern angegeben:

– **Bezeichnung der relevanten Vertragsparteien (Vertragseingang):** Zu nennen sind der oder die Kreditnehmer, die an der Poollösung beteiligten Kreditinstitute und gesondert der Poolführer. Des Weiteren sind zudem die Drittsicherungsgeber im Sicherheitenpoolvertrag zusätzlich mit aufzuführen.

- **Benennung der bereitgestellten Kredite (§ 1):** Es ist festzulegen, welche Finanzierungen (Kredite, Avale) in den Poolvertrag einbezogen werden. Differenziert werden sollte zwischen Alt- und Neu-Krediten sowie den verschiedenen bereitgestellten Kreditarten, um Probleme einer späteren Zuordnung von Sicherheiten zu vermeiden. Auch eine Anrechnung von Mischlinien bei Aval- und Kontokorrentlinien ist hier festzulegen. Gegebenenfalls ist eine gesonderte Vereinbarung zu einem Verzicht oder einer Neukreditvergabe zu treffen.
- **Vereinbarung zur Aufrechterhaltung der Kreditlinien (§ 1):** Es wird festgelegt, dass Reduzierungen oder komplette Streichungen von Kreditlinien nur im gegenseitigen Einvernehmen vorgenommen werden. Diese Regelung ist unbedingt notwendig, damit alle Banken die Sanierung gemeinsam unterstützen und sich nicht einzelne Gläubiger einseitig Vorteile, unter anderem durch Reduzierungen, verschaffen können. In Bezug auf den Kreditnehmer entfaltet diese Regelung keine Wirkung. Es bleibt bei den bilateralen Vereinbarungen.
  Die Kündigung gegenüber diesem durch eine der beteiligten Banken kann aber im Einzelfall gegen diese gesellschaftsrechtliche Treuepflicht der Banken untereinander verstoßen und zu Ersatzansprüchen führen. Ein Ausscheren einzelner Banken durch nicht einvernehmliche Kündigung scheint in der Praxis nur selten vorzukommen. Ausgenommen werden die nicht in den Pool einbezogenen Finanzierungen, wozu häufig insbesondere kurz- sowie langfristige Darlehen gehören. Da auf diese Weise für den Pool ein Risikopotenzial entsteht, sind weitergehende sowie zugleich risikoabmildernde Abreden gebräuchlich, wonach die anderen Banken vor der Kündigung derartiger Finanzierungen zu unterrichten sind und ihnen dabei sogar Gelegenheit gegeben wird, die betroffene Finanzierung abzulösen.
- **Bestimmungen zu Zins- und Tilgungsleistungen (§ 1):** Werden Darlehen in den Sicherheitenpool einbezogen, ist zu klären, inwieweit die Tilgungsleistungen angepasst werden, um eine Ausgewogenheit der Rückführungen zu erreichen. Es ist festzuschreiben, wie lange im Rahmen der Sanierung die Tilgungsstundungen gewährt werden sollen. Die Zinssätze im Kurzfristbereich sind dem Risiko anzupassen sowie untereinander anzugleichen.
  Sondergebühren einzelner Institute sollten ausgeschlossen werden, Ausnahmen bestehen für den Poolführer sowie den externen Sicherheitentreuhänder. Es steht allerdings nichts im Wege, mit einem Kreditnehmer für den Fall einer geglückten Sanierung erfolgsabhängige Provisionen oder einen Besserungsschein zu verabreden, um die Poolbeteiligten für deren Sanierungsbeiträge zu kompensieren. Diese Verhandlungen darüber sind schwierig und zeitraubend, sodass diese im Zweifel nicht zu den originären Poolverhandlungen passen. Dies kann in einem Sideletter zum Sicherheitenpoolvertrag verabredet werden.
- **Bezeichnung der Poolsicherheiten (§ 2):** Diese exakte Beschreibung und Zuordnung der Sicherheiten auf die einzelnen Banken sowie den Gesamtpool ist wichtig, um bei einer Verwertung Auseinandersetzungen aufgrund von Abgrenzungsschwierigkeiten zwischen den Poolpartnern zu vermeiden.

Es ist zu differenzieren zwischen akzessorischen und nicht-akzessorischen Sicherheiten eines Kreditnehmers oder eines Drittsicherungsgebers. Auf diese Beschreibung der Kreditsicherheiten, der Sicherungsnehmer und die Unterscheidung der abstrakten von den akzessorischen Sicherheiten ist große Sorgfalt zu legen, da es sich um eine Schlüsselnorm des Vertrages handelt. Dazu gehört auch die Unterscheidung, welche Kreditsicherheiten bereits bestehen und welche erst noch bestellt werden sollen. Im letzteren Fall ist die schuldrechtliche Verpflichtung eines Kreditnehmers oder des Drittsicherungsgebers zur Bestellung mittels gesonderten Sicherungsvertrages verbunden.

Akzessorische Sicherheiten müssen sowohl zugunsten eines Poolführers als auch gegenüber allen anderen Banken (gegenüber jeder der einzelnen Banken) gleichzeitig und gleichrangig bestellt werden. Ansonsten geht diese Sicherheitenbestellung ins Leere, wenn nicht in einer anderen Lösung zugleich Forderungen auf Sicherungsnehmer solcher Sicherheiten übertragen werden.

Davon ist der getrennt abzuschließende Sicherungsvertrag mit Details zur jeweiligen Sicherheit zu unterscheiden. Im Allgemeinen enthält die Bestimmung weitere Abreden über die Einbeziehung von Sicherheiten in den Pool, die der Kreditnehmer für künftige Kredite erst noch bestellen wird.

Die Vereinbarung ist nicht insolvenzanfechtungsfest. Schließlich wird regelmäßig eine übliche Negativverpflichtung seitens des Kreditnehmers übernommen. Ausgenommen davon sind im kommerziellen Geschäftsverkehr die standardmäßigen Sicherheiten wie der verlängerte Eigentumsvorbehalt in den verschiedenen Ausprägungen und entsprechende AGB-Pfandrechte. Als Generalklausel wird aus den Gründen der Transparenz festgelegt, dass dem Sicherheitenpoolvertrag entgegenstehende Regelungen dieser Sicherungsverträge bei bereits bestehenden Kreditsicherheiten für die Dauer eines Sicherheitenpools ausgesetzt werden und der Poolvertrag vorrangige Bedeutung hat.

– **Beschreibung des Sicherungszwecks (§ 3):** Die konkrete Ausformulierung regelt den engen oder weiten Sicherungszweck zu den Kreditforderungen. Zusätzlich ist der Rang der Sicherheiten für den Pool und die einzelnen Kreditinstitute anzugeben. Häufig wird dazu vereinbart, dass Poolsicherheiten nachrangig auch für sonstige, nicht im Poolvertrag aufgeführte Forderungen, haften. Der Darstellung des Sicherungszwecks, gerade auch der Rangordnung, ist aufgrund der möglichen Anfechtbarkeit gemäß §§ 129 ff. InsO größte Sorgfalt zu widmen.

  Die Erweiterung dieses Sicherungszwecks muss stets nachrangig gegenüber dem bereits bestehenden Sicherungszweck erfolgen, schon um der Gefahr einer oben unter der Neuregelung der Sicherheitenzuordnung beschriebenen Infizierung der gesamten Sicherheiten mit einem Insolvenzanfechtungsrisiko zu begegnen. Dabei können sich mehrere Rangklassen ergeben (1., 2., 3. Rang), die ihrerseits wieder maßgeblich für die Verteilung des Verwertungserlöses sind („Wasserfallprinzip“, auf den jeweils niedrigeren Rang entfallen die Sicherheitenerlöse, die gemäß der Befriedigung des Vorrangs noch verblieben sind).

- **Sicherheitenfreigabe (§ 4):** Auch eine Sicherheitenfreigabe nach der Erledigung der im Vertrag für diese einzelnen Sicherheiten vereinbarten Sicherungszwecke und für den Fall der beispielsweise nachträglich eintretenden Übersicherung ist nach den standardmäßigen Usancen festzulegen.
- **Poolführung, Treuhandverhältnis und Sicherheitenverwaltung (§ 5):** Die Aufgaben des Poolführers bestehen insbesondere darin, die Rechte und Pflichten aus den Sicherheitenverträgen wahrzunehmen. Dabei ist die Regelung zweckmäßig, dass der Poolführer die Aufgaben der Verwaltung und der Überprüfung der Sicherheiten mit Zustimmung aller Poolpartner auf einen Dritten (treuhänderisch) übertragen kann. Dies kann gerade bei der Sanierung von großen Unternehmen empfehlenswert sein, wenn eine hohe Anzahl und schwer zu bewertende Sicherheiten bestehen. Die Bestimmung sollte zugleich Regelungen über die Vertretung der Kreditinstitute in Verbindung mit der Verwaltung und Verwertung der Poolsicherheiten enthalten, gegebenenfalls unter Befreiung vom Verbot des Selbstkontrahierens gemäß § 181 BGB.

  Soweit akzessorische Sicherheiten betroffen sind, ist die Übertragung der Vertretungsmacht auf den die Sicherheit verwaltenden Poolführer unerlässlich. Üblich sind ferner Regelungen, die eine zur Haftung führende Prüfungspflicht des Poolführers für die Sicherheitenverträge ausschließt. Hier genügt die Zuleitung an die Poolbanken zur eigenverantwortlichen Prüfung. Die für den Poolführer geltenden Vereinbarungen werden üblicherweise auf Poolbanken erstreckt, die Sicherheiten für sich sowie zugleich für die anderen Poolpartner halten.
- **Bestimmungen zu Verwertungsmaßnahmen (§ 6):** Es wird festgelegt, dass die Verwertung von Poolsicherheiten der Zustimmung aller Poolmitglieder bedarf. In Eilfällen entscheidet der Poolführer allein. Dasselbe gilt für die Freigabe von Sicherheiten. Die Frage, wann Verwertungsmaßnahmen eingeleitet werden dürfen, muss vorab genau definiert werden, damit später keine Unklarheiten auftreten. Diese Details hierzu sind nicht Gegenstand des Poolvertrages, sondern des jeweiligen Sicherungsvertrages. Eine Veräußerung setzt grundsätzlich Verwertungsreife voraus, die entweder unter bestimmten Voraussetzungen bereits mit der Entstehung von Ratenrückständen zu bejahen ist, spätestens jedoch mit der Kündigung einer besicherten Finanzierung und dem Ablauf einer für die Rückführung etwa zu setzenden angemessenen Frist. Mit Insolvenzeröffnung ist die Verwertungsreife als Folge des § 41 InsO (gesetzlich angeordnete Fälligkeit kündbarer, aber noch nicht gekündigter Forderungen) ohne Weiteres gegeben.
- **Durchführung des Saldenausgleichs (§ 7):** Es ist ein Saldenausgleich zu vereinbaren. Auf dem Wege wird mittelbar das Ausfallrisiko bei den in den Saldenausgleich einbezogenen Finanzierungen im Verhältnis zu diesen vereinbarten Linien auf die Poolakteure prozentual gleichmäßig verteilt. Dabei ist aus Gründen der Klarheit zwischen verschiedenen Kreditarten zu differenzieren. Bei Mischlinien ist festzulegen, ab wann eine Inanspruchnahme zu erwarten ist und wie eine Anrechnung von Kontokorrentlinien im Verhältnis zu Avalen erfolgt.

- **Regelungen zur Erlösverteilung (§ 8):** Die geplante Aufgliederung der Erlöse aus den Poolsicherheiten ist anzugeben. Dazu ist eine Rangfolge bei der Verteilung auf Kosten, Steuern, Entgelte für die Tätigkeiten des Poolführers und seine Aufwendungen für die Verwaltung sowie Verwertung der Kreditsicherheiten festzulegen. Anschließend erfolgt eine Verteilung auf die Poolkredite und auch auf die außerhalb der Vereinbarung gewährten Kredite, abhängig vom jeweiligen Sicherungsvertrag, ähnlich wie ein „Wasserfall".

  Kosten, Steuern sowie Vergütung (§ 9): Sämtliche Kosten und Steuern, die dem Sicherheitenpoolführer beziehungsweise jeder der Sicherheit haltenden Bank aus dem Poolvertrag, insbesondere im Zusammenhang mit der Verwaltung oder der Verwertung dieser Sicherheiten entstehen, gehen zu Lasten des Krisenunternehmens. Daneben hat der Poolführer gegenüber der Firma aus diesem Vertrag den Anspruch auf ein angemessenes Entgelt zuzüglich der darauf anfallenden und abzuführenden Umsatzsteuer. Es ist auch darauf zu achten, dass die Vergütung des Poolführers umsatzsteuerbar ist. Soweit die Kosten sowie Steuern von der Firma nicht gezahlt werden, tragen diese die Poolbanken entsprechend dem Verhältnis der in den Poolvertrag einbezogenen Kreditlinien.
- **Informationspflichten (§ 10):** Es sind die gegenseitigen Unterrichtungspflichten aller Poolbeteiligten genau festzuhalten. So hat der Poolführer laufend über den Sachstand der Sanierung zu berichten. Die übrigen Poolbanken werden ebenfalls dazu angehalten, sich die vorhandenen Informationen gegenseitig zur Verfügung zu stellen. Dabei ist unabdingbar zu vereinbaren, dass die Firma sowie die übrigen Sicherungsgeber die Poolbanken vom Bankgeheimnis befreien. Insoweit sind das betroffene Unternehmen und die Drittsicherungsgeber ebenfalls in den Poolvertrag einbezogen. Diese Informationsversorgung hat aufgrund der Vertrauensbildung eine erhebliche Bedeutung für den positiven Verlauf sowie die Unterstützungsbereitschaft der Gläubiger.
- **Vereinbarung zur Laufzeit des Poolvertrags und Kündigungsrechten (§ 11):** Ein Poolvertrag wird meist auf unbestimmte Zeit geschlossen, wobei sich die beteiligten Bankpartner üblicherweise das Recht einer Kündigung, gegebenenfalls nach einer Mindestlaufzeit, vorbehalten. Zumindest sollte auch eine angemessene Kündigungsfrist schriftlich vereinbart werden. Üblich ist dabei ein Zeitraum von drei Monaten. Ein befristeter Poolvertrag wäre unflexibel, da bei Beendigung der Vertrag vollständig neu zu verhandeln wäre. Dem Kreditnehmer darf ein Kündigungsrecht aber erst dann eingeräumt werden, wenn die Ansprüche der Banken aus diesen in den Pool einbezogenen Finanzierungen endgültig erledigt sind. Die Kündigung des Pools durch eine Bank führt mangels abweichender Regelung im Poolvertrag zum Ausscheiden der kündigenden Bank aus dem Pool (§§ 723 Abs. 1 Nr. 2, 725 BGB (seit 01.01.2024), nicht zur Auflösung der Pool-GbR, die vielmehr unter den anderen Instituten beziehungsweise Beteiligten fortgesetzt wird. Standard ist in diesem Fall die Vereinbarung, dass „die Aufteilung der Sicherheiten besonderen Absprachen unter den Banken vorbehalten bleibt".

Die davon betroffenen Firmen verpflichten sich dabei, soweit notwendig, mitzuwirken. Diese Regelung zur Aufteilung der Sicherheiten in gesonderter Vereinbarung ist praktisch immer undurchführbar, was den Protagonisten des Poolvertrages auch durchaus bewusst ist. Problematisch ist es, gerade variable Sicherheiten aufzuteilen, bei denen es ökonomisch auf einen künftigen Bestand ankommt wie bei Globalzessionen sowie Sicherungsübereignungen. Bei Grundschulden drohen, wenn eine große Zahl von Banken und diverse Finanzierungen und Grundpfandrechten involviert sind, eine hohe Kostenlast sowie Atomisierung des nicht mehr sachgerecht verwaltbaren sowie verwertbaren Rechts. Neben der in den Poolverträgen angesprochenen ordentlichen Kündigung steht die fristlose und außerordentliche Kündigung aus einem wichtigem Grund, die nicht der Regelung bedarf, zumal sie vertraglich nicht ausgeschlossen werden kann (§ 725 Abs. 3 BGB).
- **Schlussbestimmungen (§ 12):** Ferner zu regeln sind der Erfüllungsort, der Gerichtsstand sowie das anzuwendende Recht. Bei der Vereinbarung des anwendbaren Rechts handelt es sich um eine empfehlenswerte Klarstellung, denn auch bei der Beteiligung ausländischer Partner kommt beim Pool „nach den Umständen“ (Art. 3 Abs. 1 Satz 2 Rom I-VO) nur deutsches Recht als anwendbares Statut in Frage. In den Schlussbestimmungen ist ferner üblicherweise enthalten die Vereinbarung der Schriftform für Vertragsänderungen und für Ergänzungen, eine salvatorische Klausel und die ausdrückliche Klarstellung, dass der Kreditnehmer keinen Anspruch aus Bestimmungen des Poolvertrages hat, die nur die Banken untereinander berühren. Namentlich hat der Kreditnehmer dabei ausdrücklich keinen Anspruch auf die Beibehaltung von Krediten seitens einer Bank, obwohl die Institute Kündigungen oder Reduzierungen der Poolkredite nur einvernehmlich vornehmen können.

Die **Verteilung der Erlöse** auf die Berechtigten aus dem Poolvertrag und den Sicherungsverträgen erfolgt gemäß der vereinbarten Rangordnung nach dem **Wasserfallprinzip**. Es entsteht eine Allokation auf die bestimmte Kreditforderung nach Maßgabe des im Poolvertrag angegebenen Sicherungszwecks, bezogen auf die jeweils zu verwertende Kreditsicherheit. Stehen Forderungen und Risiken noch nicht endgültig vollständig fest, wie aus Avalen, Akkreditiven oder Finanztermingeschäften, so empfiehlt es sich, diese Finanzinstrumente zunächst noch nicht zu berücksichtigen.

Dasselbe gilt für Lastschriftrückgaben. Stehen sämtliche Inanspruchnahmen endgültig fest und sind die Saldenausgleichungen durchgeführt worden, kann eine abschließende Berechnung dahingehend erfolgen, welchen Betrag ein Kreditinstitut aus welchem Verwertungserlös wofür hätte erhalten müssen. Differenzen zur tatsächlichen Erlöszuordnung und Auszahlung sind auszugleichen. In diesen Fällen tritt an die Stelle der Befriedigung aus dem Erlös der Sicherheit ein bedingter anteiliger schuldrechtlicher Anspruch gegen die übrigen Kreditinstitute. Dieses Vorgehen ist insoweit dem Saldenausgleich vergleichbar.

Es kann aus Vereinfachungsgründen der vereinnahmte Erlös zunächst bei dem Poolführer oder bei dem Sicherheitentreuhänder verbleiben, dieser Gesamtbetrag verzinslich angelegt und nach dem endgültigen Feststehen des jeweiligen Betrages für jede Bank nach Quoten verzinst ausgeschüttet werden.

Diese Regelung zur Erlösverteilung hängt eng mit der Beschreibung des Sicherungszweckes sowie der Saldenausgleichsregelung zusammen und bedarf wie bei der Konzeption größtmöglicher Sorgfalt. An letzter Rangstelle, aber noch vor etwa nachrangigen Forderungen, erfolgt dann die Rückführung geduldeter Überziehungen sowie die Verrechnung auf Ansprüche außerhalb der bereitgestellten Poolkredite. In der Praxis werden die Forderungsteile jedoch regelmäßig ausfallen, denn im Rahmen einer Sanierung werden die vorhanden Sicherheiten, unter anderem des Umlaufvermögens, meist abgebaut und in der Umsetzung verbraucht.

Poolvereinbarungen und ihre Ergänzungen beziehungsweise Änderungen stehen daher in der Regel unter einem „strengen Konsortialvorbehalt" beziehungsweise einem „notwendigen Poolvorbehalt". Das bedeutet, dass alle an dem Sicherheitenpoolvertrag Beteiligten dieses Vertragswerk uneingeschränkt mittragen müssen (vgl. Lubos, 2002, S. 1033 ff.). Dabei lässt sich der Begriff des **strengen Konsortialvorbehalts** beschreiben, wie aus der nachfolgenden Definition hervorgeht.

Definition: Ein **strenger Konsortialvorbehalt** bedeutet, dass alle Gläubiger mit den Bestimmungen im Poolvertrag einverstanden sein müssen. Es gilt somit grundsätzlich das Prinzip der Einstimmigkeit bei den zu treffenden Entscheidungen im Sicherheitenpool oder bei dessen Abschluss beziehungsweise Änderung. Ein in den Verhandlungen oder bei der Unterschrift festgehaltener Konsortialvorbehalt bedeutet, dass der Vertrag erst dann wirksam wird, wenn der letzte Beteiligte seine rechtsverbindliche Zustimmung in der Sicherheitenpoolvereinbarung schriftlich erklärt hat. Das spielt dann eine Rolle, wenn diese Unterschrift (jedenfalls künftig sicherlich nur noch elektronisch gemäß § 126a Abs. 2 BGB) nicht auf einem Schriftstück in Anwesenheit aller erfolgt, sondern „sternförmig", wenn etwa jeder Beteiligte auf seinem Exemplar rechtswirksam unterschreibt und jeweils (auch in einem elektronischen Format) seine Ausfertigung der dafür bestimmten Partei zuleitet, dem Poolführer oder einer für den Pool handelnden Anwaltskanzlei oder einem dritten Treuhänder, der dann auch die „Unterschrift" des Schuldners einholt. Mit dem Zugang der Ausfertigung (vgl. § 130 BGB) des letzten Poolpartners dort ist der Pool zustande gekommen. Wurde zudem eine Annahmefrist gesetzt, kommt bei deren Versäumnis durch nur einen Beteiligten, der Pool nicht zustande und es bedarf eines Neuabschlusses. (vgl. §§ 148, 150 Abs. 1 BGB).

Ist in den Poolverträgen die Möglichkeit der Mehrheitsentscheidung (ausnahmsweise) vorgesehen, wird alternativ bestimmt, dass Handlungen, die Interessen der Poolbanken betreffen, mit einer einfachen Mehrheit oder einer qualifizierten Mehrheit gegen ablehnende Minderheiten entschieden werden. Diese Abstimmung kann nach Forderungen oder Köpfen erfolgen. Das Vorgehen ist von Vorteil, damit einzelne Institute nicht wirtschaftliche Entscheidungen eines Pools blockieren können. Damit sich unter den Poolbanken Vertrauen aufbaut, ist es anzustreben, dass möglichst bei allen Parteien komplette Einigkeit herrscht, was nicht immer leicht zu erreichen ist.

Die verbreiteten **Poolvertragsmuster** sehen jedoch Einstimmigkeit vor. Bei den handelnden Akteuren besteht tendenziell ebenfalls keine Neigung zu Mehrheitsentscheidungen. Häufig sind die zu treffenden Entscheidungen von so großer wirtschaftlicher Reichweite, dass das faktisch herrschende Einstimmigkeitsprinzip nachvollziehbar erscheint. Beispiele sind die **Sicherheitenfreigabe** oder der vorübergehende Verzicht auf eine Verwertung sowie Verzichte der Gläubiger und andere Sanierungsbeiträge.

Sind diese Entscheidungen über die Ausgestaltung dieser Finanzierungspartnerschaft komplex, so bietet es sich aus der Sicht der betroffenen Gläubiger an, die Zusage zu einer Regelung in einer Bankensitzung, nur ganz ausnahmsweise auch noch in einem später unterzeichneten Vertrag, unter der Voraussetzung (aufschiebenden Bedingung, § 158 Abs. 1 BGB) eines **Gremienvorbehalts** abzugeben. Damit erfolgt eine Bindung an eine Zusage erst, wenn die Gremien des einzelnen Instituts zugestimmt haben.

Definition: Die Erklärung eines **Gremienvorbehalts** beinhaltet, dass eine finale Entscheidung nicht sofort im Rahmen der Gläubigersitzung getroffen wird, beziehungsweise dem Vertrag zugestimmt wird, sondern eine endgültige Genehmigung erst beim Kompetenzträger im eigenen Hause einzuholen ist und dieser Vorbehalt erst anschließend mit Mitteilung an die Vertragspartner wegfällt. Verbreitet ist in den Verhandlungen, auch wenn sich die Verhandlungspartner sämtlich einig sind, ein Konsortialvorbehalt, verbunden mit einem Gremienvorbehalt. Selbst wenn ein Verhandlungsführer beispielsweise der Vorstand eines Kreditinstituts zugegen ist, der diese erforderliche Kompetenz aufweist, die Beteiligung am Pool zu den ausgehandelten Punkten zuzusagen, ist dieser im Außenverhältnis nicht an der Vereinbarung eines Konsortial- und Gremienvorbehalts gehindert. Ein Gremienvorbehalt (aufschiebende Bedingung, § 158 Abs. 1 BGB) im unterzeichneten Vertrag ist aus praktischer Sicht wirtschaftlich und rechtstechnisch grob fehlerhaft, weil er den Vertragsschluss fehlerhaft vorgaukelt, ihn von dem Zustimmungsverfahren und dessen Dauer in den einzelnen Häusern abhängig macht und letztlich Rechtsunsicherheit generiert, zudem erst recht die Insolvenzanfechtungsrisiken (§§ 129 ff. InsO) deutlich erhöht.

Im Allgemeinen sollten die Vorstände von Banken es aus psychologischer Sicht möglichst vermeiden, direkt an **Verhandlungen** in den Bankenrunden teilzunehmen. Ansonsten könnte die geplante Gewährung von Sanierungsbeiträgen bereits direkt in einer der Sitzungen präjudiziert werden.

Diese Vereinbarung von **Sicherheitenpoolverträgen** weist unter der Würdigung der obigen Erwägungen bestimmte Vorzüge für die an einer Sanierung beteiligten Gläubiger des Krisenunternehmens auf:

- Bindung und Risikoteilung der Poolbanken beim Stillhalten oder einer erforderlichen Neukreditvergabe zur Liquiditätssicherung.
- Informationsallokation über eine Verbreitung aller Daten meist durch den Poolführer mit einem Abbau asymmetrischer Informationen.
- Ausschöpfen von Kreditsicherheiten durch das Ausschließen von Kollisionen bei Sicherungsrechten und das Vermeiden von Einzelverwertungen.
- Festlegen von Sanierungszielen und Sanierungszeiträumen, um beim Abweichen von den Zielvorgaben die Sanierung rechtzeitig abzubrechen.

Da eine **Kündigung** von Krediten durch einzelne Banken die gesamte Sanierung gefährden kann, verpflichten sich die Poolbanken im Rahmen eines Sanierungspoolvertrages regelmäßig, diese vom Vertrag umfassten Kredite für die Dauer der vertraglichen Regelung offen zu halten und Kürzungen oder Kündigungen nur im gegenseitigen Einvernehmen vorzunehmen. Die Erklärung kann befristet oder unbefristet abgegeben werden und soll die Flucht einzelner Poolbanken aus der Vertragsvereinbarung verhindern. Die Öffnungsklauseln erleichtern dagegen den Beitritt weiterer Gläubiger (vgl. Rechtmann, 2012, S. 414 ff.).

Von besonderer Bedeutung im Hinblick auf diese Reduzierung asymmetrischer Informationsverteilungen unter den Stakeholdern sind Bestimmungen zu gegenseitigen Berichterstattungen der Poolmitglieder. Nur wenn regelmäßig Meldungen erfolgen und Gespräche stattfinden, kann ein einheitliches Vorgehen sichergestellt werden. Die Leitungsrolle in der Gläubigerkommunikation übernimmt der Poolführer. Dieser ist nach dem Sicherheitenpoolvertrag zur Unterrichtung aller anderen Poolpartner verpflichtet. Der Umfang der Wahrnehmung dieser Pflicht wird auch dazu führen, ob sich Vertrauen zwischen den Beteiligten nachhaltig aufbaut oder ob sich diese fortan mit Misstrauen begegnen. Auf diese Weise wird die Voraussetzung für eine optimale Informationsverteilung unter allen beteiligten Hauptgläubigern geschaffen.

Die gute Kommunikation ist ein ganz wesentliches Element des Erfolgs eines Poolvertrages im Interesse der Banken und des Kreditnehmers, denn nicht Verwertung ist das Ziel des Pools, sondern die Stabilisierung des Kunden und die erfolgreiche außergerichtliche Sanierung. Zu diesem Zweck ist es formal erforderlich, dass der Kreditnehmer und etwaige Drittsicherungsgeber die Poolbanken vom Bankgeheimnis befreien. Auf diese Weise wird die Voraussetzung für eine optimale Informationsverteilung unter allen relevanten und beteiligten Hauptgläubigern geschaffen. Vor diesem Hintergrund wird der Stellenwert der Poolsicherheiten erkennbar, die den Poolbanken erhöhte Sicherheit für ihr Kreditengagement verschaffen und sie nur deshalb befähigen, an dem Engagement festzuhalten und es nicht zu kündigen. Motivation ist unter anderem die Risikoreduzierung und die prognostizierte Verbesserung der Recovery Rate, verglichen mit der befürchteten oder erwarteten Entwicklung ohne Sicherheitenpool.

Zum einheitlichen Vorgehen ist es wichtig, die Verwertungsvoraussetzungen genau im Vertragswerk zu bestimmen. Der Verwertungsfall kann unter anderem an eine Kreditkündigung oder die Stellung des Insolvenzantrags geknüpft werden. Die Abwicklung wird in der Regel durch den Poolführer, in Abstimmung mit den anderen Poolbanken, durchgeführt. Für diese Befriedigung von Forderungen, unter anderem aus Barlinien, wird in der Regel eine Reihenfolge vereinbart. Diese Erlösverteilung erfolgt zunächst auf Kosten, Steuern und anschließend auf das Entgelt des Poolführers. Dann wird eine Aufteilung der Mittel auf die Forderungen der Banken aus den Poolkrediten nach einem vollzogenen Saldenausgleich, nach der festgelegten Poolquote, vorgenommen. Es folgen die Rückführungen geduldeter Überziehungen und die Verrechnungen auf Ansprüche außerhalb der Poolkredite.

Zusätzlich können Abschläge aufgrund von Risiken der Kollision mit den Sicherungsrechten anderer Gläubiger, zum Beispiel durch separate Vereinbarungen mit Lieferanten, ausgeschlossen werden. Insgesamt ist das gemeinsame Vorgehen im Verwertungsfall oft kostengünstiger als eine isolierte Geltendmachung der Sicherheiten sowie Rechte. Auf diesem Wege kann häufig eine komplette Zerschlagung des Krisenunternehmens vermieden und ein höherer Verwertungserlös durch eine Gesamtveräußerung aller Sicherheiten erzielt werden (vgl. Rechtmann, 2012, S. 399). Es kann von Bedeutung sein, andere Gläubiger wie Lieferanten und Kreditversicherer über eine gesonderte Vereinbarung in den Pool mit aufzunehmen.

Zumeist ist die Veräußerung der mit Eigentumsvorbehalten der Lieferanten sowie Absonderungsrechten der Banken und Lieferanten belasteten Gegenstände des Umlaufvermögens Teil des Gesamtkonzepts. Der andere Teil betrifft die Veräußerung des sonstigen unbelasteten Umlaufvermögens und Anlagevermögens, die Übertragung der betrieblichen Organisation und des unternehmerischen immateriellen Know How sowie des ebenfalls unbelasteten „Intellectual Property", soweit der Erwerber bestimmte Betriebe oder auch nur einige Betriebsteile weiterführt.

Die **übertragende Sanierung** durch Veräußerung der werthaltigen Assets des Krisenunternehmens restrukturiert im günstigen Fall das gesamte sich in der Insolvenz befindende Unternehmen, zumindest aber Teile davon, nicht jedoch den Rechtsträger, der schlussendlich liquidiert wird. Über die Fortführung bestimmter betrieblicher Teile können letztendlich noch Arbeitsplätze sowie Gelder für die Kreditinstitute gerettet werden. Demnach bietet das Vorgehen oftmals eine praktikable Möglichkeit der Rettung zumindest von lukrativen Betriebsteilen in der Insolvenz.

---

i

Beispiel: Die Druck GmbH mit 85 Mitarbeitern wird insolvent. Der Investor I. erwirbt das wesentliche Anlage- und Umlaufvermögen einschließlich eines Betriebsgrundstücks mittels einer ihm gehörenden Alpha GmbH und führt das Geschäft mit den vorhandenen Arbeitnehmern fort. Die Druck GmbH wird nach dem Abschluss des Insolvenzverfahrens wegen der Vermögenslosigkeit aus dem Handelsregister gelöscht. Der Sicherheitenpoolvertrag und die davon zu unterscheidende Abgrenzungsvereinbarung mit Lieferanten beziehungsweise ihren Kreditversicherern können wesentliche Beiträge dazu leisten, dass auch ein solcher späterer Verwertungsprozess optimiert abläuft.

Sicherheitenpoolverträge werden in der Regel unter Kreditinstituten geschlossen. Es besteht aber auch die Möglichkeit, Lieferanten und Kreditversicherer in die Vereinbarungen mit einzubeziehen und sie vertraglich zu binden. Dies ist unbedingt erforderlich zur Erreichung der finanzwirtschaftlichen Sanierung, denn Lieferanten und Kreditversicherer haben in Finanzierungsverhandlungen der Krise von Unternehmen oft das Bestreben, ihre Konditionen an das höhere Risiko anzupassen, die Linien zu reduzieren oder die Vertragsbeziehung komplett zu beenden. Ist das Verhalten zu erwarten, sollte den Parteien klargemacht werden, dass eine Insolvenz auch für sie augenblicklich hohe Ausfälle bedeuten würde.

Gelieferte Produkte werden regelmäßig vermischt, weiterverarbeitet oder veräußert. Die Durchsetzung der Rechte der Belieferer aus verlängertem Eigentumsvorbehalt gestaltet sich dann in der Regel problematisch.

Als Indiz hierfür kann angesehen werden, dass sich Lieferanten mit Eigentumsvorbehalten oder deren verlängerten beziehungsweise deren erweiterten Formen um ihre Rechte im Insolvenzverfahren gemäß den Äußerungen aus Insolvenzverwalterkreisen jedenfalls gelegentlich offenbar nicht kümmern und sich auf die Anmeldung der Forderung im Insolvenzverfahren beschränken, welches im Einzelfall natürlich eine Frage der wirtschaftlichen Bewertung dieser Rechte darstellt. Anders bei den bedeutenden Lieferanten und wesentlichen Beträgen, insbesondere mit einem Warenkreditversicherer im Hintergrund.

Als Anreiz zu einer Stillhaltelösung kann den Lieferanten und Kreditversicherern der Abschluss des **Sicherheitenabgrenzungsvertrags** angeboten werden, der primär die Erlösaufteilung der Verwertung von Kreditsicherheiten des Umlaufvermögens auf die unterschiedlichen Gläubigerklassen bestimmt.

Dieser Vertrag regelt primär die Partizipation der Lieferanten und Kreditversicherer an den Erlösen aus den Sicherheiten des Umlaufvermögens. Die Zurechnung der Rohstoffe, unfertigen und fertigen Erzeugnisse, Waren und Forderungen aus Lieferungen und Leistungen erfolgt nach der **Materialeinsatzquote**, also dem Anteil der Materiallieferungen am Wert des produzierten Endprodukts. Es bestehen bei variablen Sicherheiten wie den unfertigen und fertigen Erzeugnissen in der Regel Abgrenzungsprobleme und Kollisionen, unter anderem zwischen dem verlängerten Eigentumsvorbehalt der Lieferanten und der Globalzession der Banken, die gegenüber den Lieferantenrechten nachrangig ist.

Um künftige Erlösverteilungsprobleme in der Insolvenz zu vermeiden und eine Einigung zwischen den Banken und den Lieferanten inklusive der Kreditversicherer herbeizuführen, ist der Abschluss eines Abgrenzungsvertrags unbedingt anzuraten. Für die Banken bedeutet eine solche Vereinbarung im Allgemeinen schon deswegen keine Beeinträchtigung, weil die Vertragsgestaltung zum Beispiel bei der Globalzession nach schon lange herrschender Rechtsprechung Rücksicht auf den verlängerten Eigentumsvorbehalt nehmen muss und daher an Lieferanten abgetretene Forderungen aus der Globalzession an die Bank herausgenommen werden, solange der Lieferant noch Ansprüche gegenüber der insolventen Firma hat. Die Musterverträge der Banken berücksichtigen diese Gegebenheiten.

Für das betroffene **Krisenunternehmen** bedeutet ein derartiger Sicherheitenabgrenzungsvertrag eine erhebliche Finanzierungssicherheit in der Sanierung, nicht nur bei den Banken, sondern auch gegenüber den Lieferanten beziehungsweise den Kreditversicherern. Dieses ist von großer Bedeutung, um den operativen Betrieb aufrecht zu erhalten. Mustervereinbarungen für den Sicherheitenabgrenzungsvertrag finden sich in verschiedenen Literaturquellen.

Dabei werden Regelungen zu den folgenden **Sachverhalten** in diesem **Vertragswerk** zwischen den verschiedenen Gläubigergruppen getroffen:

- **Benennung der Vertragsparteien:** Dieses sind in der Regel der Schuldner, die Banken, die Lieferanten und die angeschlossenen Kreditversicherer.
- **Beschreibung der Sicherungsrechte:** Die unterschiedlichen Besicherungen sind differenziert nach Gläubigern und Gläubigergruppen aufzuführen.
- **Verteilung der Sicherheitennettoerlöse:** Zu regeln ist die Aufteilung der Erlöse bis zu einer bestimmten Höhe oder einem Prozentsatz auf die Gruppen der Banken, Lieferanten und Kreditversicherer. Die Festlegung der Quote führt häufig zu konträren Diskussionen. Dieses erschwert eine schnelle Einigung. Meist bietet die Wertschöpfung im Unternehmen einen Anhaltspunkt zu der Aufteilung der Erlöse gemäß der Materialeinsatzquote. Zu unterscheiden ist bei der Quotenfestlegung insbesondere zwischen den Rohstoffen sowie Waren, spezifiziert nach den Verarbeitungsstufen. Je genauer der Verwertungsprozess beschrieben wird, desto geringer sind später Auseinandersetzungen bei der Erlösverteilung. Dazu ist zu definieren, was unter den Nettoerlösen zu verstehen ist. Weiterhin ist der jeweilige Rang der Verteilung dieser Sicherheitenerlöse auf bestimmte Gläubiger und Gläubigergruppen anzugeben. Auch die Kosten der Mitwirkung des Insolvenzverwalters sind bei der Verwertung und bei der Erlösverteilung zu berücksichtigen (bei sicherungsübereigneten sowie bei zedierten Gegenständen regelmäßig 9,0 %, vgl. § 166 Abs. 1, 2, § 171 Abs. 1, 2 InsO).

  Allerdings hat dieses Vorgehen die Konsequenz, dass die den Lieferanten nachgeordneten Banken im Hinblick auf den Sicherheitenerlös weniger von der Vereinbarung partizipieren. Ihr Vorteil liegt primär bei der Weiterbelieferung des Kreditnehmers und den daraus resultierenden Vorteilen. Dies ist das Bestreben der Lieferanten, denn es bestanden vor der Krise oft langjährige profitable Geschäftsverbindungen, die meist zu erhalten sind. Nach Kenntnis der Zahlungsunfähigkeit seitens der Bank entstehende oder werthaltig gewordene Sicherungsrechte (globalzedierte Forderungen) wird der Insolvenzverwalter anfechten (§ 130 InsO).
- **Modalitäten zur Aufrechterhaltung der Linien sowie der Lieferkonditionen:** Hauptzweck des Sicherheitenabgrenzungsvertrags ist es, das Stillhalten der Lieferanten und Kreditversicherer zu erreichen. Es ist zu vereinbaren, dass die künftigen Lieferungen zu unveränderten Konditionen wie Zahlungsbedingungen sowie Fristen stattfinden. Diese Krisenfirma erhält unverändert Rabatte, Skonti, und das Risiko der Lieferung ausschließlich gegen Vorauskasse wird vermieden.
- **Regelungen zu den Nachweispflichten, Kontrollen und Informationsrechten:** Bestimmungen zu der Informationsallokation haben die bedeutende Aufgabe, das Vertrauen zwischen den Beteiligten mit zum Teil sehr unterschiedlichen Interessen aufrechtzuerhalten. Dazu sind die vertraglichen Informationsvereinbarungen stringent zu formulieren und die Einhaltung ist von allen am Vertrag beteiligten Parteien genau zu beachten.

Mit dem Abschluss des Sicherheitenabgrenzungsvertrags werden die potenziellen Verwertungserlöse aus Kreditsicherheiten für den Fall einer Insolvenz bereits im Vorfeld aufgeteilt. Lieferanten sowie Kreditversicherer lassen sich durch das Angebot oft zum Stillhalten bewegen, da sich ihre Risikoposition meist deutlich verbessert. Es herrscht Verwertungssicherheit durch die Beseitigung von Kollisionsproblemen bei den Sicherungsrechten der Kreditinstitute und der Lieferanten. **Vorteile** des Abschlusses eines Sicherheitenabgrenzungsvertrags sind unter anderem:

- Erreichung einer Einigungslösung mit den Lieferanten sowie Kreditversicherern und das Vermeiden eines Ausstiegs über Linienkürzungen.
- Wirtschaftliche volle Ausschöpfung der Warenbestände und der Forderungen mit der Beseitigung von Abgrenzungsschwierigkeiten bei Sicherungsrechten.
- Faire Aufteilung der Verwertungserlöse auf die Gläubigergruppen über die Festlegung einer Materialeinsatzquote als Bezugsgröße für die Verteilung.

Versucht werden sollte über den **Poolvertrag** sowie den **Sicherheitenabgrenzungsvertrag** stets die Gleichbehandlung der Banken und übrigen Gläubiger zu gewährleisten. Gelingt die Vereinbarung, dann wird die Einigungslösung vertraglich festgeschrieben. Dies bedeutet eine erhebliche Sicherheit für die finanzwirtschaftliche Sanierung der betroffenen Firma. Denn zumeist entsteht bereits früh nach Bekanntwerden einer wirtschaftlichen Krise große Unruhe auf Seiten der Gläubiger und diese können versuchen ihre Risikoposition zu verbessern.

Da es von entscheidender Bedeutung ist, dass möglichst alle Parteien die Sanierung finanziell begleiten, sollte umgehend nach Feststellen der Sanierungsfähigkeit und der Sanierungswürdigkeit von Seiten der Hausbank die Gläubigersitzung einberufen werden, um die Interessen im Sinne der Krisenfirma sowie der zu beteiligenden Gläubiger zu koordinieren. Dabei ist das Krisenunternehmen zur Absicherung der finanziellen Mittel meist auf die Unterstützung der Hausbank aufgrund der Komplexität der Verträge, der Erfahrung und des notwendigen Fachwissens bei der Sicherheitenpoolbildung angewiesen. Im weiteren Verlauf werden die Interessen der Hausbank und der Firma als im Wesentlichen gleichgerichtet unterstellt und beschrieben.

Einschränkend ist zu bemerken, dass im Folgenden nur Anhaltspunkte für Kreditverhandlungen zur Realisierung finanzieller Hilfestellungen in einem **Sicherheitenpool** gegeben werden können, da die Ausgestaltung der realen Situation differenziert sein kann und sich Verhaltensweisen der Gläubiger über die Zeit verändern können. Dennoch sind die nachfolgend beschriebenen Reaktionsmuster in der Praxis anzutreffen. Ist die unterstützende Hausbank auf die Situation vorbereitet, so lassen sich Strategien anwenden, die Gläubigerinteressen auf das Ziel einer gemeinsamen finanziellen Absicherung des Krisenunternehmens im Rahmen der Poollösung auszurichten. Zunächst sind die Interessen aller Gläubiger zu analysieren, um dann das Bedrohungspotenzial einzelner Akteure zu identifizieren. Die Kreditgeber können nach dem Grad ihrer Abhängigkeit von der Krisenfirma unterschieden werden.

Dazu sind die Banken nach der Höhe der Kredite, der Sicherheitenposition und der individuellen Kreditrisikostrategie zu klassifizieren. Werden bei einem Bankinstitut potenzielle Gefahren des Rückzugs erkannt, ist zu untersuchen, welche Instrumente einzusetzen sind, um eine vertragliche Bindung dieses Gläubigers zu erreichen.

Es bestehen innerhalb der betrachteten Stakeholder besondere Parteien, die einen intensiven Einfluss ausüben können sowie deren Eigenbedrohung von einer Krise aufgrund einer starken Abhängigkeit zum Unternehmen hoch ist. Dieses sind beispielsweise Banken mit einem hohen Kreditvolumen und Blankoteil oder Kreditinstitute mit einer starken Bindung zum Krisenunternehmen. Des Weiteren existieren Lieferanten mit hohen Umsatzanteilen und umfassenden Einkaufslinien und erheblichen Außenständen, mit umfangreichen Spezialgütersortimenten oder einer engen Verzahnung in der Wertschöpfungskette mit angeschlossenen Warenkreditversicherern.

Des Weiteren existieren Stakeholder, deren Abhängigkeitsgrad aus einer Geschäftsbeziehung gering ausgeprägt ist. Dies sind unter den Banken meist gut abgesicherte Finanzinstitute, Banken mit geringem Kreditvolumen oder ausländische Kreditinstitute. Bei den Lieferanten sind dies Akteure einfacher, homogener Güter mit geringem Lieferanteil und Kreditversicherer mit niedrigen Limiten. Trotz des geringeren Eigenrisikos bedeuten gerade diese Gruppen ein besonderes Gefährdungspotenzial für die Finanzierung eines Krisenunternehmens in der Sanierung. So bestehen vielfach starke Begehrlichkeiten, das Risiko einseitig zu verringern oder unverzüglich abzubauen.

Daneben gibt es Gläubiger, die einen mittleren Grad der Bindung zur Firma aufweisen, deren Einstellung zur finanziellen Unterstützung noch nicht feststeht und unter Umständen zu beeinflussen ist. Um die Ziele und Verhaltensweisen der Gläubiger einschätzen zu können, sind die Beteiligten in die Segmente Gläubiger mit „geringem", „mittlerem" und „hohem" Abhängigkeitsgrad zu klassifizieren. Anschließend können Verhandlungsstrategien entwickelt werden, um eine gemeinsame Durchfinanzierung des Krisenunternehmens zu gestalten und den Ausstieg einzelner Parteien zu verhindern. Dazu ist schnellstmöglich nach Feststellung der Sanierungswürdigkeit von der Hausbank die bereits erwähnte Gläubigersitzung einzuberufen, um die Interessen und Handlungen aller externen Gläubiger im Sinne der Krisenfirma zu koordinieren.

Je höher die Anzahl der Finanzierer ist und umso heterogener die Forderungen sowie Sicherheiten verteilt sind, desto schwieriger wird diese Einigung auf einen gemeinsamen Poolvertrag. Meist nimmt dann die Komplexität des Vertragswerkes zu und diese potenziellen Konfliktbereiche nehmen zu. Das wiederum erschwert die Festlegung einer geeigneten Verhandlungsstrategie für die Hausbank, um diese Poolverhandlungen einer gemeinsamen Lösung zuzuführen. Besonders kritisch für die Einigung sind diejenigen Gläubiger, die einer Sicherheitenpoolvereinbarung potenziell entgegenstehen (Akkordstörer). Dies sind oftmals Nebenbanken, gut abgesicherte Kreditinstitute, ausländische Banken und Kreditversicherer oder Leasingunternehmen und Finanzinvestoren. Aber auch Lieferanten können eine Pool- oder Abgrenzungsvereinbarung meiden, wenn die angeschlossenen Kreditversicherer eine Lösung nicht mittragen.

Im Folgenden wird das häufig anzutreffende Verhalten der Gläubiger im Hinblick auf ihren Abhängigkeitsgrad klassifiziert. So bestehen folgende **Gläubigertypen**:

- **Gläubiger mit hohem Abhängigkeitsgrad:** Diese Stakeholder verhalten sich aufgrund der engen Verbindungen zum Krisenunternehmen und der hohen Risikowirkungen eines Verlustes meist kooperativ. Daher sollte mit den Gläubigern eng zusammengearbeitet werden, um sie als Partner zu gewinnen. Die Verhandlungsstrategie heißt hier: **Koalitionen bilden**.
- **Gläubiger mit mittlerem Abhängigkeitsgrad:** Die Bindung zum Krisenengagement ist bei diesen Gruppen meist differenzierter ausgeprägt und Bestrebungen können in einer Risikoreduzierung liegen. Wichtig ist es, die Gläubiger in den Vertrag einzubinden, da mit ihrem Rückzug das Scheitern der Sanierung verbunden sein kann. Die Strategie heißt: **Überzeugen und einbinden**.
- **Gläubiger mit geringem Abhängigkeitsgrad:** Die Akteure haben oft das Ziel, ihr Risiko kurzfristig zu verringern, indem Linien gestrichen, Umschuldungen mit Tilgung vorgenommen oder neue Sicherheiten eingefordert werden. Diese Akteure sind in einen Pool mit einzubinden, damit keine Aufweichungseffekte entstehen. Die Strategie heißt: **Rückzug vermeiden**.

In einer ersten Poolsitzung ist das **Bestreben** dieser Parteien oft hoch, auf eine komplette Ablösung ihrer Forderungen zu drängen (Exit-Strategie). Falls eine direkte Ausstiegsmöglichkeit nicht besteht, wird ein sukzessiver Engagementabbau über Sondertilgungen betrieben oder eine umfassende Risikoreduzierung über zusätzliche Absicherungen eingefordert (Voice). Lediglich die umfassend engagierten Banken sind oft von Anfang an bereit, die Krisenfirma bei der Sanierung zu begleiten (Loyalty).

Insbesondere Voice-Strategien stehen in einer akuten Unternehmenskrise dem Insolvenzanfechtungsrisiko gegenüber, denn die Sondertilgungen oder Absicherungen sind dann als inkongruent (§§ 131 InsO) einfacher anfechtbar. Mit anderen Worten unterstützt das Insolvenzrecht die Abwehr von **Voice-Strategien**. Besondere Gefährdungsmöglichkeiten und Unterstützungspotenziale, die durch Gläubiger existieren können, sind in der nachfolgenden Tab. 3.12 dargestellt.

Tab. 3.12: Unterstützungen und Bedrohungen in der Sanierung (Quelle: Eigene Darstellung)

Sanierungsunterstützungen	Sanierungsgefährdungen
Moratorien und andere Stillhaltevereinbarungen	Engagementabbau durch Tilgungen
Neukreditvergaben	Befristung und Reduzierung von Kreditlinien
Zins- und Tilgungsstundungen	Verschlechterung der Zahlungskonditionen
Umschuldungen, Kapitalbeteiligungen	Hereinnahme von neuen Sicherheiten
Forderungsverzichte und Nachrangabreden	Kreditkündigungen

Da im Wege einer bestmöglichen Krisenbewältigung aus Sicht einer sanierungsbegleitenden Hausbank versucht werden sollte, alle externen Finanzgläubiger beziehungsweise Warenkreditgeber für eine Poollösung zu gewinnen, beginnen in den Bankenrunden meist Diskussionen, in denen Koalitionen gebildet werden können. Diese Verhandlungen fallen oft sehr kontrovers aus. Anzustreben ist durch die eine Sanierung unterstützende Hausbank, über eine Mischung von Rückzugsangeboten, dem Eingehen von Verbindungen sowie der Ausübung von Druck, die Gespräche zu dem gewünschten Ziel zu führen. Diese Art der Verhandlungsstrategie wird als **„Bargaining"** bezeichnet (vgl. Staehle, 1994, S. 405 ff.).

Ziel eines Bargaining ist es, die Verhandlungen zwischen verschiedenen Akteuren und Gruppen mit Interessendivergenzen derart zu steuern, dass eine Vereinbarung hinsichtlich des Austausches von Leistungen erzielt wird. Dabei verfügen die Verhandlungspartner über Machtmittel, mit denen sie das Verhalten der übrigen Parteien in Konfliktsituationen beeinflussen können. So kann die Hausbank über das Risiko des Bekanntwerdens einer Verweigerungshaltung in der Öffentlichkeit oder auch über die Androhung von späteren eigenen boykottierenden Verhaltensweisen in vergleichbaren Sanierungen bei anderen Problemkreditengagements auf diese ausscheidungswilligen Gläubiger Druck ausüben. Es ist sorgfältig zu überlegen, inwieweit ein derartiges Verhalten auf das Gegenüber überhaupt Eindruck macht oder ob es gar die Haltung der anderen Seite verhärtet beziehungsweise massiven Gegendruck erzeugt und die Hausbank überhaupt das dauerhafte Potenzial hat, sich derart zu verhalten. Die rechtlichen Grenzen solchen Drucks sind unbedingt einzuhalten.

Es sollte daher unbedingt versucht werden, eine stabile Einigungslösung zwischen den Parteien mit den verschiedenen Interessen und Ausgangspositionen zu finden, damit die Sanierung störungsfrei ablaufen kann. Meist sind bei den Poolverhandlungen mit Gläubigern unterschiedlicher Abhängigkeiten zum Krisenunternehmen Probleme des Gefangenendilemmas mit mehreren Akteuren zu beobachten (vgl. Eidenmüller, 1996, S. 343 und Simon, 2012, S. 143). Dann ziehen einzelne Gläubiger einen Nutzen daraus, ihre eigene Situation zu optimieren, indem sie einseitig Tilgungen einfordern oder ihre Sicherheitenposition zu verbessern versuchen. Diese individuellen Optimierungen führen jedoch oft zu einer suboptimalen Gesamtlösung. Im Extremfall kann die Sanierung komplett scheitern, sodass sich alle Parteien in einer darauffolgenden Insolvenz schlechter stellen (vgl. Portisch, 2006c, S. 54 ff.).

Es ist es bei Poolverhandlungen bedeutsam, eine für alle Stakeholder ausbalancierte sowie stabile Gleichgewichtslösung zu finden. Werden einzelne Parteien benachteiligt, verlassen bedeutende Stakeholder die Finanzierungsgemeinschaft und die Sanierung scheitert. Eine mögliche Problemursache sind wechselseitige Abhängigkeiten der Entscheidungen verschiedener Stakeholder. Die gemeinsame Variante einer Poolbildung kommt unter Umständen nur dann zustande, wenn jede Partei auf einseitige risikoreduzierende, die Sanierung schädigende Maßnahmen verzichtet sowie alle gemeinsam die Finanzierungslasten tragen (vgl. Dixit/Nalebuff, 1997, S. 17).

Es ist eine Ausgleichslösung für diese Problemsituation notwendig, mit der die Strategie der Hausbank umgesetzt werden kann. Ansätze zur Lösung dieser Problematik finden sich in der Spieltheorie, einer Wissenschaft zum strategischen Denken.

Es empfiehlt sich ein nach der Intensität gestuftes Vorgehen je nach Widerstand und Abhängigkeitsgrad der einzelnen Akteure. Ist die Gefahr des Rückzugs eines bestimmten Gläubigers groß, sind alle Maßnahmen auszuschöpfen, um diesen Akteur zu überzeugen und in die gemeinsamen **Unterstützungsmaßnahmen** einzubinden:

- **Teamwork:** Bildung einer Gruppe aus mehreren Akteuren, die die Sanierung entschlossen unterstützt. Dieses kann eine Art Gruppenzwang bewirken und darüber andere Parteien dazu bewegen, ihre Konfrontationshaltungen aufzugeben. Daher sind Koalitionen zu anderen, die Sanierung stützenden Gläubigern nachhaltig und dauerhaft aufzubauen.
- **Selbstbindung:** Mündliche sowie schriftliche Absichtserklärungen zur Unterstützung des Krisenunternehmens schränken ja nach Sachlage die Möglichkeiten ein, sich aus dieser Selbstbindung zu lösen. Dazu sind Sicherheitenpoolverträge ein geeignetes Mittel, um die Bindung zu erzeugen und die Finanzierung bei dem Engagement mittel- bis langfristig abzusichern.
- **Unterhändler:** Die Hausbank wird bei den Poolverhandlungen meist nicht als objektiv angesehen, da sie von einer Unterstützung des Unternehmens profitiert. Es kann daher förderlich sein, einen neutralen Akteur wie einen Sanierungsbetreuer damit zu beauftragen, diese Poolverhandlungen als Moderator zu leiten und einer Lösung zuzuführen.
- **Anreize:** Es können Anreize in Form von Beteiligungen an Sicherheiten oder geringen Tilgungen angesetzt werden, um einen Ausstieg von Gläubigern zu verhindern. Auf diese Weise können unbesicherte Banken überzeugt werden. Auch die Lieferanten und Kreditversicherer können gegebenenfalls mit einer Sicherheitenabgrenzung überzeugt werden.
- **Boykott:** Banken, Lieferanten sowie Kreditversicherer treffen in mehreren Sanierungsfällen und Bankenrunden aufeinander. Es ist zu beachten, dass in den verschiedenen Verhandlungssituationen jeweils eine andere Partei Vorteile besitzen kann. Nutzt ein Akteur seine Vorteile einseitig aus, dann werden die Anderen sich fortan ähnlich verhalten, wenn sie in entsprechend starker Position sind.
- **Öffentlichkeit:** In der Praxis ist zu beobachten, dass Sanierungen bei großen Krisenunternehmen eine hohe Öffentlichkeitswirkung entfalten. Dies kann zur Findung einer Poollösung beitragen, wenn die Gläubiger bei einem Rückzug ein Reputationsrisiko befürchten. Banken ist negative Presse meist unangenehm, wobei Öffentlichkeit und Markt nur ein kurzes Gedächtnis haben.

Bei Nutzung öffentlichkeitswirksamer Maßnahmen bestehen Interdependenzen zwischen der Bedeutung des Krisenunternehmens sowie der Größe und Entfernung der Leitung des Kreditinstituts vom Standort der betroffenen Firma.

Die örtliche kleine Bank ist aus verschiedenen Gründen wahrscheinlich eher geneigt, das potenzielle Risiko negativer regionaler Presse wegen eines Verweigerungsverhaltens zu vermeiden und wird eine Firmensanierung soweit vertretbar anstreben. Viele regionale Institute pflegen zudem eine enge Bindung zu ihren Firmenkunden.

Insgesamt lässt sich festhalten: Entsteht der Eindruck, dass ein Gläubiger übermäßig gierig agiert, indem er einseitig den Abbau von Krediten vornimmt, massiv Sicherheiten einfordert oder sich an Verzichten und Neukreditvergaben nur unzureichend beteiligt, werden die übrigen Verhandlungspartner in der Zukunft weniger geneigt sein, mit der Partei zusammenzuarbeiten. Diese werden dann in anderen Sanierungsfällen, an denen der Störenfried beteiligt, aber schlechter positioniert ist, als harte Verhandlungspartner auftreten. Auf Dauer ist dieses Vorgehen oft schädlich für die Bankbeziehungen an einem Standort. Eine Lösung im Sinne der Sanierung des Kunden ist somit deutlich erschwert, die Insolvenzwahrscheinlichkeit steigt.

Auf der zwischenmenschlichen Ebene kann ein unfairer Sieg die Geschäftsbeziehungen dauerhaft verderben und das Vertrauen ist zwischen den Verhandlungspartnern künftig nur noch eingeschränkt vorhanden. Daher ist eine Kooperation im Pool für alle Beteiligten anstrebenswert. Allerdings geht es nicht darum, dass wirtschaftlich und rechtlich ganz unzweifelhaft bestehende Positionen aufgegeben werden. Dazu kommt, dass Handlungsoptionen durch zunehmende aufsichtsrechtliche Vorgaben tendenziell beschränkt werden. Demnach fordert das Aufsichtsrecht bei der entsprechenden Verschlechterung der wirtschaftlichen Lage sowie Bonität des Kunden unter anderem die Anpassung der Zinsen an das erhöhte Ausfallrisiko eines betrachteten Kreditnehmers. Dieses ist eine nur scheinbar vernünftige und risikoorientierte Betrachtung, die aber die Liquidität des Krisenunternehmens weiter beeinträchtigt und dem Sanierungsziel kontraproduktiv entgegen wirkt.

Im Worst-Case-Szenario muss nämlich dem vor dem Zusammenbruch stehenden Kreditnehmer ein hoher Zinssatz auferlegt werden, während aus Sanierungssicht gerade umgekehrt die Zinsermäßigung auf den Einstand vielleicht die richtige Lösung wäre. Hier bleibt dann im Zweifel nur der Forderungsverzicht, der in der Bankbilanz zur Abschreibung auf die Kreditforderungen führt.

Die Umsetzung der finanzwirtschaftlichen Sanierung kann nur dann gelingen, wenn das Krisenunternehmen möglichst von allen Gläubigern unterstützt wird. Dann ist auf eine faire Verteilung der Sanierungsbelastungen zu achten. Eine Einigungslösung wird im Rahmen der **Anreiz-Beitrags-Theorie** als Gleichgewichtszustand beschrieben. Dieser Zustand ist genau dann erreicht, wenn die dem Verhandlungspartner angebotenen Anreize mit den von ihm zu leistenden Beiträgen übereinstimmen (vgl. Staehle, 1994, S. 405 ff.). Demnach können einzelnen Gläubigern zusätzliche Sicherheiten, Tilgungen oder in äußersten Notfällen auch Ablösungen gegen bestimmte Verzichtsquoten angeboten werden. Gierige oder auch rechtlich problematische Vorstellungen der Gläubiger wirken jedoch als Bremse bei der Vertragseinigung und kommen tendenziell dem Insolvenzanfechtungsrecht entgegen.

Um im Optimalfall sämtliche Gläubiger einzufangen und darüber eine Poollösung zu erreichen, sind folgende **Eckpfeiler** in den Verhandlungen mit den Gläubigern zu beachten (vgl. Rösler et al., 2002, S. 689 ff.):

- **Tragbare Vereinbarungen:** Die Vergabe weiterer Gelder, ein Stillhalten oder ein Verzicht muss allen Parteien zumutbar sein.
- **Gleichhohe Sanierungsbeiträge:** Finanzielle Unterstützungen müssen ausgewogen sein, das heißt Verzichte oder neue Mittel sind quotal zu gewähren.
- **Einheitliches Vorgehen:** Sämtliche Gläubiger sollten die Vereinbarungen mittragen, auch jene mit geringen Forderungen und gut abgesicherte Akteure.

Der Kreditnehmer kann eine Bündelung der divergenten Interessen seinerseits durch geeignete Maßnahmen in seinem wohlverstandenen Sanierungsinteresse fördern. Dazu gehört die gleichfalls bereits erwähnte Kooperation mit der Hausbank, aber auch die offene Kommunikation mit allen anderen Gläubigern. Zeitlich gesehen wird in der Regel zuerst der **Poolvertrag** unter den Banken abgeschlossen, bevor im Rahmen einer **Sicherheitenabgrenzungsvereinbarung** die Lieferanten sowie Kreditversicherer in die finanzielle Sanierung eingebunden werden. Zunächst sind die Banken zur Stützung des Unternehmens zu gewinnen. Zeichnet sich hier bereits ab, dass keine Einigung unter den involvierten Kreditinstituten gefunden werden kann, ist das Scheitern der Sanierung vorprogrammiert.

Da eine **Poollösung** unter Banken aufgrund der handelnden Personen und der divergierenden Interessenlagen nicht leicht zu finden ist, sollte versucht werden, das Problem einer Abstimmung über ein formales Verfahren zu versachlichen. Hier sind quotale Regelungen, die identische Quoten bezogen auf das Kreditvolumen oder den Blankoanteil beziehen hilfreich und rechnerisch einfach umsetzbar.

Soweit **Poolquoten** der einzelnen Kreditinstitute von Bedeutung sind, werden sie aus dem Verhältnis der bereitgestellten nominellen Kreditvolumina zu den Gesamtkrediten ermittelt, unter der angemessenen Berücksichtigung eingebrachter Kreditsicherheiten. Differenziert werden kann zwischen verschiedenen Kreditarten. Meist werden nur die Barkreditlinien sowie die Avallinien beziehungsweise die Mischlinien in eine Poollösung unter Banken einbezogen.

In einem Pool dient diese Quote in Bezug auf die bereitgestellten Kreditlinien als Basis für die rechnerische Zuordnung der Sicherheiten für die Partner und damit zusätzlich für die Ermittlung des jeweiligen Kreditrisikos. Dies ist wichtig, um die Höhe der Einzelwertberichtigung zu bestimmen. Ebenso sind die Poolquoten zu berechnen zur genauen Feststellung folgender Größen, die eine **Auswirkung** auf verschiedene Erfolgsgrößen in Kreditinstituten haben können:

- Ermittlung der Höhe der notwendigen Forderungsverzichte
- Kalkulation der jeweiligen Anteile bei einer Neukreditvergabe
- Durchführung eines laufenden und endgültigen Saldenausgleichs

Dabei zeigt sich, dass gerade die Aufteilung einer notwendigen Kreditneuvergabe in der Sanierung rechnerisch schwer aufzuteilen ist. Hauptgrund ist die erforderliche Risikoerhöhung der Engagements der Gläubiger, ein Risiko, das durch den Poolvertrag ja eingegrenzt werden soll. Eine Aufstockung der Kreditengagements ist oft nur dann möglich, wenn alle Akteure gute Sanierungschancen sehen und zusätzliche werthaltige Sicherheiten oder Ausfallbürgschaften, unter anderem Landesbürgschaften, angeboten werden, die eine Neukreditierung mit hohen Quoten absichern.

Der Staat (kommunale, Landes-, oder Bundesbürgschaften) ist dann allerdings bei seinen im Grundsatz auf 80,0 % des Neukredits beschränkten Ausfallbürgschaften nicht frei, sondern an die strikten staatsbeihilfenrechtlichen Vorgaben des AEUV sowie der EU-Kommission gebunden. In der Praxis ist dann zu beobachten, dass ein Anstieg der Unternehmensgröße sowie eine hohe Öffentlichkeitswirkung positive Effekte auf die Neukreditvergabe der Gläubiger bewirken können (vgl. Märki, 2004, S. 108). Zu beachten ist, dass bei Liquiditätsengpässen möglichst zunächst Gesellschafter oder Investoren neue Mittel zur Verfügung stellen, bevor Banken hierzu bereit sind.

Es ist zu differenzieren zwischen der Ermittlung der Poolquote und damit der Anteile der Banken an notwendigen neuen Kreditvergaben oder Verzichten und alternativ die quotale Zurechnung von Sicherheiten, dort auch auf ausgewählte oder nur in den Pool einbezogene Kredite und zugehörige oder neu vereinbarte Firmen- oder Drittsicherheiten (Allokation der Kredite und Sicherheiten). Die Dauer von Forbearance-Maßnahmen wie Tilgungen läuft dagegen in der Regel bei allen Banken einheitlich.

Die **Quote** zur Verteilung der Sanierungsbeiträge bei der Vergabe neuer Mittel kann ein Streitpunkt unter den Banken darstellen, insbesondere wenn die Kreditportfolios sehr unterschiedlich strukturiert sind. In einer Situation, in der verschiedene Kreditarten und Sicherheitenarten bestehen, sind konträre Verhandlungen über die neu zu leistenden finanziellen Sanierungsbeiträge zu erwarten.

Wird das **Kreditvolumen** als Grundlage einer Quotenermittlung herangezogen, kann das Abweichen von Linien und Inanspruchnahmen zu Diskussionen führen. Ist der **Blankoteil** relevant, kann es Meinungsverschiedenheiten über individuelle Bewertungen bei den Sicherheiten geben. Dennoch werden diese beiden Ansätze in der Praxis verfolgt. Die **Poolquote** anhand der Kredit- und Avallinien (letztere unter Umständen geringer gewichtet) oder auf Basis der Blankoteile ist einfach zu berechnen. Die relevanten Gläubiger sollten sich vorher auf einen der beiden Ansätze verständigen. Die betroffenen Banken werden intern beide Alternativen grob durchkalkulieren.

Zunächst ist zu klären, welche Kredite sowie Sicherheiten bei den einzelnen Kreditinstituten bestehen und in die beiden Berechnung einbezogen werden. Dann wird festgelegt, dass die grundlegende Basis für anteilige Vergabe neuer Mittel entweder das Kreditvolumen darstellt oder, dass bei den einzelnen Banken die auf diese jeweiligen Kredite bezogenen originären Alt-Sicherheiten berücksichtigt werden und damit der verbleibende Blankoteil relevant ist.

Ein großer Vorteil dieser Vorgehensweise der vorherigen Festlegung der Verfahrensweise ist, dass das Tragen der zusätzlichen Lasten versachlicht wird. Dann ist lediglich eine Einigung auf eine **Verfahrensart** erforderlich, anschließend wird gerechnet.

Beispiel: Drei Banken bilden einen Sicherheitenpool für die Druck GmbH. Als Basis für die Berechnung gelten nach Abstimmung der Banken untereinander die bereitgestellten Kredite und Sicherheiten vor Poolbildung. Bank A stellt Kredite in Höhe von 10.000 TEuro bereit, gegen von den anderen Banken anerkannte Sicherheitenwerte von 3.000 TEuro (nachrangige Grundschulden, Sicherungszession, Sicherungsübereignung, Bürgschaft). Der Blankoteil besteht in Höhe von 7.000 TEuro. Bank B stellt Kredite in Höhe von 5.000 TEuro bereit, mit Kreditsicherheiten von 2.000 TEuro (erstrangige Grundschulden) und hat einen Blankoteil von 3.000 TEuro. Bank C hat der Krisenfirma Kredite in Höhe von insgesamt 5.000 TEuro gewährt ohne jegliche Sicherheiten. Für die Sanierung ist ein Neukredit in Höhe von 1.000 TEuro durch die drei Banken bereitzustellen. **Kreditvolumen als Grundlage der Kalkulation:** Auf Basis der in die Berechnung einbezogenen Kredite hätte Bank A anhand der bereitgestellten Kredite 50,0 % (500 TEuro) der neuen Mittel zu gewähren, Bank B 25,0 % sowie Bank C 25,0 % (jeweils 250 TEuro). **Kalkulation anhand des Risikos:** Unter Anwendung der Berechnung nach dem Blankoteil, mit Einbeziehung der vorher abgestimmten Sicherheitenwerte verändert sich die Situation. Die Blankoteile dieser Banken betragen in der Summe 15.000 TEuro. Die Quote von Bank A am Blankoteil liegt jetzt bei circa 46,7 %, bei Bank B bei 20,0 % und bei Bank C bei rund 33,3 %. Auf dieser Basis ergeben sich veränderte Anteile an dem bereitzustellenden Neukredit. Sind in den bereitgestellten Krediten auch Avalinanspruchnahmen oder reine Avallinien enthalten, könnten diese unter Umständen mit einem geringeren Gewichtungsfaktor (Eventualrisiko) berücksichtigt werden.

Es zeigt sich in der Praxis, dass die Bildung eines Bankenpools, zur gemeinsamen Kreditgewährung und Risikoteilung bei der Beteiligung mehrerer Gläubiger an einer Krisenfinanzierung unabdingbar für das Gelingen des wirtschaftlichen Turnarounds ist. Denn eine große Gefährdung für die finanzwirtschaftliche Gesundung ist, dass einzelne Gläubiger versuchen, ihre Risikoposition einseitig zu verbessern. So ist das schnelle Zustandekommen eines Bankenpools ein wichtiger Erfolgsfaktor in einem eingeleiteten Sanierungsprozess und dient der nachhaltigen Durchfinanzierung des Sanierungsprozesses. Dazu ist ein professionelles Vorgehen der Beteiligten erforderlich.

Beispielsweise können informelle Absprachen vor der Verhandlungsrunde derjenigen Banken, die eine Sanierung unterstützen möchten für eine Poolbildung grundsätzlich förderlich sein, da diese die Argumente für die Unterstützung der Krisenfirma im Vorfeld der großen Bankenrunde erarbeiten und sie sich in der Sitzung unterstützen können. Die Einigung auf eine rechnerische Grundlage kann dabei helfen, den Prozess der der Ermittlung der jeweiligen Poolquoten zu beschleunigen.

Checkliste und Analysen zu Sicherheitenpool und Sicherheitenabgrenzung aus Bankensicht:

1. Können alle beteiligten Banken in einen Sicherheitenpoolvertrag einbezogen werden?
2. Ist es aus Gründen der Steuerung des Pools sinnvoll die Poolführerschaft zu übernehmen?
3. Können Lieferanten und Kreditversicherer über eine Sicherheitenabgrenzung eingebunden werden?
4. Kann über die quotale Aufteilung der Finanzierungslasten die Sanierungsumsetzung finanziert werden?
5. Ist bei Verfehlung des Sanierungsziels eine Beendigung des Sicherheitspoolvertrags notwendig?

3.7 Sanierungsüberwachung und Berichterstattung

Mit der Umsetzung der leistungswirtschaftlichen Schritte im Anschluss an die Poolvertragsgestaltung steigen auch die Kommunikationsanforderungen an die involvierten Gläubiger. Dazu ist von Seiten des Krisenunternehmens stetig über den Fortgang der Maßnahmen zu berichten, damit die Kreditinstitute den **Sanierungsverlauf** überwachen können. Diese Sanierungsüberwachung ist eine Kernaufgabe gemäß MaRisk BTO 1.2.5 Rn. 6 und zudem hat eine interne Berichterstattung zu erfolgen, gegebenenfalls an die Organe Vorstand und Aufsichtsrat (Aufsichtsgremium) gemäß MaRisk BTO 3. Den bankinternen Pflichten kann nur dann nachgekommen werden, wenn das Krisenunternehmen in der Sanierungsphase Daten und andere Informationen an die Banken weitergibt. Auf diese Weise kann zum einen der Fortgang der Sanierungsmaßnahmen aus Bankensicht überwacht werden und zum anderen kann die interne Berichterstattung bei bedeutenden Einzelfällen sowie die wirtschaftlichen Lage bei Problemkreditfällen in der Gesamtbank insgesamt nachgehalten werden.

Die Berichtsinhalte für die Gläubiger sind aus Unternehmenssicht strukturiert aufzuarbeiten und an der für die Bank erforderliche Finanzkommunikation auszurichten. Hilfestellung leistet dabei die Einführung der integrierten Planungsrechnung, die auch Soll-Ist-Abgleiche in der Sanierungsumsetzungsphase ermöglicht. Gegebenenfalls sind auch die externen Umsetzungsberater in die Krisenkommunikation über die Erfolge und Misserfolge im Umsetzungsverlauf involviert.

Die Hausbank kann als Poolführer erster Empfänger der Informationen sein, die an die weiteren Poolbanken oder an die anderen Gläubiger weitergegeben werden. Zu überwachen und zu berichten ist das Erreichen der Meilensteine (Milestones) im leistungswirtschaftlichen Sanierungsprojekt sowie die Einhaltung der Planzahlen anhand der quantitativen Informationen. Die Sanierungsüberwachungsorganisation sollte aus Effizienzgründen einheitlich mit festgelegten Prozessen in den Kreditinstituten erfolgen. Von Vorteil ist es dabei, wenn das eingereichte Zahlenmaterial eine identische Struktur aufweist. Die Plan-Ist-Zahlen sollten auf einer integrierten Planung aus einem professionellen Software-Tool beruhen und rollierend fortgeschrieben werden.

Es sind aus Sicht der Kreditinstitute zahlreiche Sanierungsinformationen aus der Vielzahl von Krisenengagements auf Gesamtbankebene effizient zu analysieren. Hilfreich ist es, die Fälle in Bezug auf ihre Risikoauswirkung zu klassifizieren. Mit wachsender Bedeutung steigen dann die Informationsanforderungen. Die eingereichten Daten sind aufzubereiten, um eine effektive Überwachung und ein Gegensteuern bei Planverfehlungen zu ermöglichen. Es ist zu analysieren, welche Daten aus Bankensicht nachzufragen sind, um eine Überwachung der Sanierungsumsetzung gemäß MaRisk BTO 1.2.5 Rn. 4 gewährleisten zu können. Die Umsetzung des Sanierungskonzeptes und die Auswirkungen der Maßnahmen sind dabei eng zu überwachen. Das **Finanzreporting** und die **Berichterstattung der Umsetzungen** sind aus Unternehmenssicht notwendig, um das Vertrauen bei den Kreditinstituten zurückzuerlangen.

Quantitative Informationsbedürfnisse der Kreditinstitute

Notwendig ist die **Auswertung** von Zahlen zur Ertragslage, Liquiditätslage und Vermögenslage. Zur Ertragsanalyse aus Bankensicht richtet sich der Fokus auf die traditionelle Gewinn- und Verlustrechnung als Monats- sowie Jahresrechnung. Die Monatsrechnung kann sich an die betriebswirtschaftliche Auswertung oder an die kurzfristige Erfolgsrechnung anlehnen. Neben der Ist-Rechnung sind die Daten denen der Planungsrechnung des Sanierungskonzepts gegenüberzustellen.

Plan-Ist-Abweichungen sind zu ermitteln und die Ursachen für aufgetretene Differenzen sind darzulegen. Weiter sind aus Sicht der Kreditinstitute stetig monatlich gestaffelte Spartenrechnungen, Segmentberichte sowie sonstige andere Profitcenter-Modelle wünschenswert, damit die genauere Analyse der Verlustbringer und der erfolgreichen Geschäftsfelder laufend ermöglicht wird.

Zur Überwachung der Finanzlage sind laufend mittelfristige Monatspläne für ein Jahr im Voraus und in einer brisanten liquiditätsgesteuerten Sanierung zusätzlich kurzfristige detaillierte wöchentliche Finanzpläne nachzufragen. Auf diese Art kann aus Sicht der Kreditinstitute die Kontoführung laufend nachvollzogen und kontrolliert werden. Zudem können die eingereichten Daten zur Ertragslage plausibilisiert werden. Denn wenn sich eine gute Ertragslage nicht in der laufenden Kontoführung widerspiegelt, kann dies unter anderem aus einem gestiegenen Forderungsvolumen mit dem Aufbau dubioser Forderungen resultieren. Neben kurzfristigen Plänen ist eine Jahresplanung einzureichen. Zur Kontrolle der Vermögenslage sind monatliche und jährliche Ist- und Plan-Bilanzdaten nachzuhalten. Ausgangspunkt der Analyse der Kapitalseite ist die Sanierungseröffnungsbilanz mit korrigierten Passivpositionen zur geplanten Wiederherstellung des Eigenkapitals. Die weiteren Schwerpunkte der laufenden Analyse der Aktiva und Passiva umfassen aus Bankensicht:

- **Prüfung des Umlaufvermögens:** Messung und Bewertung der Vorräte und Beurteilung der Werthaltigkeit sowie Fristigkeit von Forderungen
- **Untersuchungen des Eigenkapitals:** Überwachung der Eigenkapitalausstattung und dauerhafte Abwendung der Überschuldungssituation
- **Analyse der Verbindlichkeiten:** Darstellungen und Veränderungen bei Lieferanten- und Bankverbindlichkeiten mit notwendigen Kapitaldiensten

Die quantitativen Unterlagen dienen als wichtiges **Überwachungsinstrument** für die Kreditinstitute. Die integrierte Sanierungsplanung ist Kernbestandteil des Sanierungskonzepts und weiter fortzuschreiben. Die Zahlenwerke sollten eine aufeinander abgestimmte Einheit in Form eines integrierten Planungssystems bilden, wie die folgende Abb. 3.38 zeigt. Eine Planungssoftware sollte von Seiten des Sanierungsberatungsunternehmens zum Einsatz kommen. Aus den Plandaten, den Ist-Zahlen und den verbal erläuterten Abweichungen kann von den Banken ein bankinterner einheitlicher Berichtsbogen entwickelt oder von dem Sanierungsunternehmen bereitgestellt werden. Daneben sind die Auftragslage und Vor- und Nachkalkulation zu überprüfen.

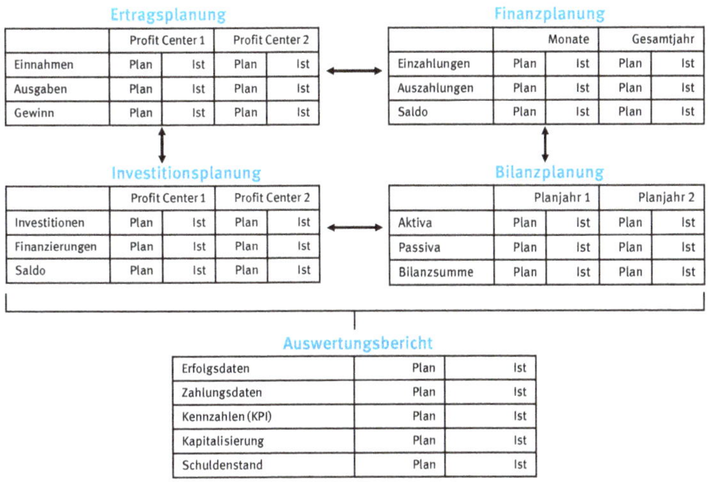

Abb. 3.38: Aufbau Integriertes Planzahlensystem (Quelle: Eigene Darstellung)

Problematisch ist in Sanierungsfällen meist, dass die relevanten Daten vollumfänglich in der Regel nur zu Beginn einer Sanierung vorliegen, da dann der finanzielle Druck meist hoch ist. Im Laufe eines Sanierungsprozesses lässt die Informationsbereitschaft eines Krisenunternehmens häufig nach.

Um eine Nachhaltigkeit der Überwachung aus Sicht der Banken sicherzustellen, ist zu gewährleisten, dass die relevanten Sanierungsinformationen dauerhaft zur Verfügung stehen, um die Vorgaben der MaRisk zu erfüllen. Dazu ist der Informationsprozess fest zu institutionalisieren. Dies kann durch die Installierung eines Controlling-Systems in Form eines laufenden **Sanierungsinformationssystems** erreicht werden.

In Betracht kommt ein internet-basiertes Sanierungsinformationssystem um Banken zeitnah mit den wesentlichen Informationen über den Verlauf der Sanierung zu versorgen (vgl. Portisch, 2003b, S. 318 ff.). Per Internet können von Kreditinstituten aktuelle Daten eines Krisenunternehmens zur Liquiditätsentwicklung, zur Auftragslage und zur Umsatz- sowie Ertragslage mit einer Zugangsberechtigung abgerufen werden. Auf diese Art können die Daten mit einem geringen Time Lag abgefragt werden. Etabliert hat sich bei der Überwachung der Liquidität eine rollierende Liquiditätsplanung über den Zeitraum von rund 13 Wochen, auch **„3-Monatsforecast“** genannt und eine Kontrolle der Liquidität über ein Jahr (vgl. Werner/Schreitmüller, 2024, S. 274 ff.).

Auch diese Aufbereitung der Finanzdaten ist von großem Vorteil und kann spezifisch auf die Branche, die Krisenfirma sowie die Informationswünsche der beteiligten Banken zugeschnitten werden (Portisch, 2003b, S. 318 ff.). Insgesamt ist es wichtig, dass auf die Kommunikationsanforderungen der Kreditinstitute eingegangen wird, damit diese ihre internen Berichtspflichten erfüllen können.

Qualitative Informationsanforderungen der Kreditinstitute

Das **Sanierungsmonitoring** umfasst neben der Überwachung der Zahlenwerke auch die Kontrolle der leistungswirtschaftlichen Umsetzungen. Basis des Monitorings sind die in einem Sanierungskonzept zugrunde gelegten Maßnahmendurchführungen. Die Teilprojekte werden in einem umfassenden Gutachten meist detailliert dargelegt. Neben den personellen Verantwortlichkeiten werden zudem zeitliche Vorgaben für die Realisierungen vorgestellt und die finanziellen Effekte erläutert. Im Sanierungsprojekt sind dann oft unter Hochdruck gleichzeitig vielerlei Maßnahmenpakete voranzutreiben, wie die nachfolgende Abb. 3.39 darstellt.

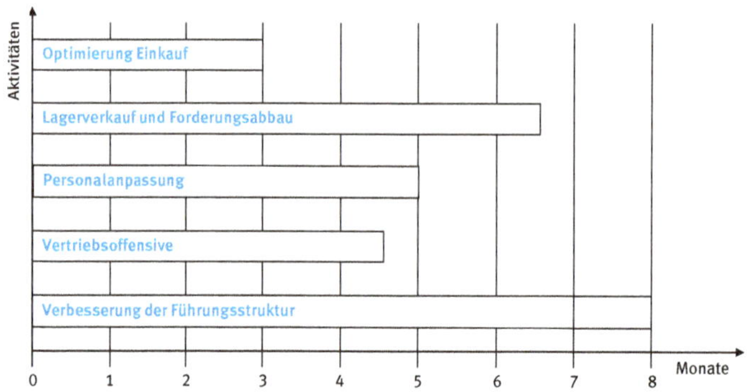

Abb. 3.39: Teilprojekte und Meilensteine bei Sanierungsumsetzungen (Quelle: Eigene Darstellung)

Damit die Sanierung zu einem Erfolg führt, sind wichtige Maßnahmen wie Kostenreduzierungen zeitnah einzuleiten. Des Weiteren ist die Umsetzung der einzelnen Projektschritte aus Sicht der Kreditinstitute zu überwachen. Nur wenn eine echte Realisierungskontrolle erfolgt, kann von Seiten der Kreditinstitute der Fortschritt einer Sanierung kontrolliert werden. Gegebenenfalls ist der Sanierungsberater mit der Kommunikation der leistungswirtschaftlichen Umsetzungsschritte zu betrauen, wenn die Umsetzungsprojekte durch externe Berater begleitet werden. Dann kann auch eine Sanierungsorganisation in Form eines Lenkungsausschusses (Steering Committee) installiert werden. Dieser Ausschuss wird mit dem Vertreter aus dem poolführenden Institut ohne Stimmrecht besetzt, der die relevanten Sanierungsinformationen an die Poolbanken und die übrigen Gläubiger weiterleitet.

Neben der laufenden Informationseinreichung bei den Banken ist der gesamte Prozess der Kommunikation zu den internen und externen Stakeholdern optimal auszugestalten. Dieses spielt eine bedeutende Rolle bei einer erfolgreichen Sanierung (vgl. Portisch, 2004, S. 56 ff.). Durch eine zielgruppengerechte Kommunikation, die auf die unterschiedlichen beteiligten Interessengruppen abgestimmt wird, kann das Vertrauen aufrechterhalten oder wieder neu aufgebaut werden.

Stakeholder-Kommunikation in der Sanierung

Die Geschäftsleitung der Krisenfirma weiß oft nicht, wann und mit welchen Inhalten die unterschiedlichen Adressaten anzusprechen sind, denn jede Interessengruppe, ob Mitarbeiter, Kunde, Lieferant und Kreditinstitut, hat einen gruppenspezifischen Informationsbedarf (vgl. Lützenrath et al., 2006, S. 67 ff.). Es ist zu beachten, dass die verschiedenen internen und externen Stakeholder differenziert auf die Sanierungsinformationen reagieren können. Damit Konflikten aufgrund einer fehlerhaften Kommunikation entgegengewirkt werden kann, bietet es sich an, die Informationsübermittlung an die einzelnen Anspruchsgruppen in einem Sanierungsprozess genau zu strukturieren und zu planen und gegebenenfalls professionelle Agenturen einzusetzen.

Parallel zur Art und zum Umfang der zielgruppengerichteten Information ist der Zeitpunkt einer Informationsübermittlung von Relevanz. Neben den internen Interessengruppen Anteilseigner und Aufsichtsrat beziehungsweise Beirat ist die Hausbank zeitnah über die wirtschaftliche Fehlentwicklung zu unterrichten. Sie sollte bereits mit Erkennen der ersten Krisenanzeichen durch die Geschäftsführung informiert werden, denn sie bekommt mit der Führung der laufenden Konten und der Analyse unterjährigen Zahlenmaterials die Krise oft frühzeitig zu spüren. Die Unternehmensführung sollte in dieser Phase aktiv auf die Hausbank zugehen und diese eng in den **Informationsprozess** mit einbinden.

Dies erhöht das Vertrauen und damit die Bereitschaft zur weiteren Begleitung des Unternehmens. Dann wird die Hausbank auch einen positiven Einfluss auf das Verhalten der übrigen Kreditinstitute nehmen. Im Verlauf der Sanierung nimmt die Anzahl der zu informierenden Gruppen meist zu. Dabei kommt den Lieferanten und den Kreditversicherern im Sanierungsprozess eine bedeutende Rolle zu.

Der Zeitpunkt der Krisenkommunikation ist von der genauen Situation und Brisanz der Krisenlage abhängig. Die weiterzugebenden Informationen erfordern ein äußerstes Fingerspitzengefühl, da gerade die Warenkreditversicherer häufig bei bloßem Bekanntwerden einer Krise ihre Limite reduzieren oder gar streichen. Die Einbeziehung dieser Gruppen in den Kommunikationsprozess sollte erst ab der Phase der eingeleiteten Sanierung mit dem Einsatz des Beraters erfolgen.

Im Anschluss an die Präsentation eines Konzepts an den Bankenpool kann der Sanierungsberater mit der gesamten Krisenkommunikation betraut werden. Dieser verfügt über Fachwissen in Sanierungsfällen und bei ihm laufen die Fäden zusammen. Zudem hat er durch eine intensive Kommunikation in einer Krise zu allen Stakeholdern gute Kontakte und wird von diesen als objektiv wahrgenommen. Dieses führt zu einer Versachlichung bei kritischen Themen. Der Sanierungsberater kann darüber entscheiden, welche Informationen in welcher Detaillierung an die bestimmten Stakeholder-Gruppen weitergegeben werden. Der Berater sollte den Erfolg eines Umsetzungsprojekts möglichst realistisch einschätzen. Dabei kann die Abgabe einer **Gefährdungsaussage** (Scheitern der Sanierung) vorsorglich vereinbart werden.

Wenn der **Umsetzungserfolg** in Frage steht und die Maßnahmenpakete nicht wie geplant greifen, hat der Berater auch diesen Zustand zeitnah zu berichten. Dies ist gegebenenfalls als Insolvenzfrüherkennung aufzufassen und die involvierten Banken können auf diese Situation reagieren. Die **Informationspolitik** zu den weiteren internen Gruppen hängt maßgeblich davon ab, ob sich die Schieflage im Unternehmen bereits herumgesprochen hat. Üblicherweise werden das Mittlere Management, der Betriebsrat und die Mitarbeiter jedoch erst mit Beginn der Umsetzung des Sanierungskonzepts im Einzelnen eingeweiht. Das ist unter anderem notwendig, da in der Regel weitreichende Sanierungsbeiträge durch die eigene Belegschaft zu leisten sind. Der Betriebsrat kann als Informationsübermittler für die Mitarbeiter tätig werden.

Die größeren Kunden sind ebenfalls oft erst in einer geeigneten, späten Phase der Sanierung von der Unternehmensleitung in Einzelgesprächen, zu informieren, um einer Verunsicherung vorzubeugen. Bedeutenden Abnehmern kann unter Umständen das ausgearbeitete Sanierungskonzept vorgestellt werden. Gegebenenfalls lassen sich die Großkunden dazu gewinnen, Sanierungsbeiträge zu leisten, wenn das gelieferte Produkt einen Engpassfaktor darstellt. Der externen Pressearbeit kann ebenfalls eine erhebliche Bedeutung in der Sanierungsphase zukommen.

Die Informationsinhalte und Kommunikationsmedien sind an die Informationsphasen anzupassen. In der Anfangsphase der Sanierung sind persönliche Gespräche durch die Geschäftsführung zu bevorzugen, da mit diesen Informationen sehr vertraulich umgegangen werden muss. In den folgenden Phasen ist stakeholderorientiert vorzugehen. Je nach durchlaufener Sanierungsphase sind weitere Stakeholder zu informieren. Die folgende Abb. 3.40 stellt ein mögliches **Stakeholderkommunikationsmodell** dar.

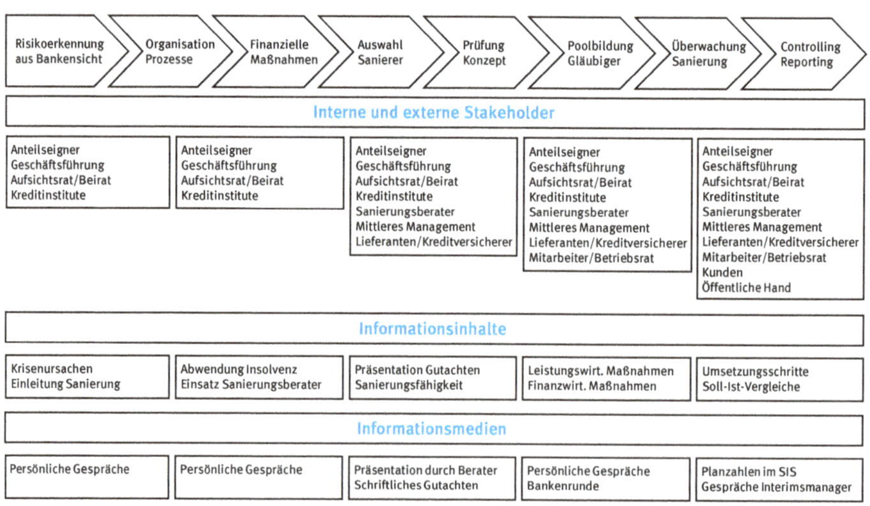

Abb. 3.40: Kommunikationsmodell in der Sanierung (Quelle: Eigene Darstellung)

Das Informationsmodell im Sanierungsprozess kann Anhaltspunkte für eine adressatenorientierte Berichterstattung liefern. Dieses ist auf die Größe einer Firma sowie an das jeweilige Krisenstadium anzupassen und kann helfen, die Kommunikation in der Sanierung zu strukturieren. Von erheblicher Bedeutung ist es für Kreditinstitute, aufbauend auf den Informationen eine regelmäßige bankinterne Kontrolle der eigenen Sanierungsengagements mit einheitlichen Prozessstandards zu installieren. In der Anfangsphase einer Sanierung hat je nach Gefährdungsstand und Bedeutung des Risikos für ein Kreditinstitut mindestens eine monatliche Vorlage zu erfolgen.

Einzureichen sind Statusberichte zu den erfolgten Projektschritten, den leistungswirtschaftlichen Umsetzungen und den Plan-Ist-Zahlen aus den quantitativen Sanierungsinformationen. Diese Unternehmenszahlen sind laufend mit den Daten aus dem eingereichten Sanierungskonzept abzugleichen. Ergeben sich deutliche Fehlentwicklungen, kann über eine regelmäßige Kontrolle zeitnah gegengesteuert werden.

Hilfreich ist es, wenn die Beratungsfirma dazu eine **Standardsoftware** einsetzt. Dann können sich die Bankmitarbeiter auf ein einheitliches Darstellungsschema einstellen. Die daran angelehnte bankinterne Berichterstattung ist an die besonderen Erfordernisse der Vorgaben aus den MaRisk gemäß BTO 1.2.5 Rn. 6, BT 3 und BTR 1 Rn. 7 anzupassen. Das Berichtsschema ist einheitlich zu gestalten, damit sich die Entscheidungsträger in den Banken zügig in die Sachverhalte einarbeiten können. Zu beachten ist, dass bei notwendigen Entscheidungen, beispielsweise zu genehmigenden Überziehungen bei negativen Abweichungen vom geplanten Sanierungsverlauf, ein bestimmter Informationsumfang sowie eine festgelegte Seitenzahl bei der internen Berichterstattung aus Effizienzgründen nicht überschritten wird.

Gemäß MaRisk BTO 1.2.5 Rn. 5 und BTR 1 Rn. 7 sind sowohl Einzelberichte zu verfassen, als auch Statusreporte sämtlicher Engagements abzugeben sowie eine Wiedervorlageliste zu verfassen. Einzelberichterstattungen an die Geschäftsleitung können einzelfallbezogen turnusmäßig oder bei deutlichen Planverfehlungen im Sanierungsumsetzungsprojekt notwendig werden. Zu berichten sind insbesondere auch Veränderungen der Linien, der Inanspruchnahmen und der Bewertung der Poolsicherheiten. Die konkreten Berichtspflichten aus dem Poolvertrag sind zu beachten. Die Kontrolle der Sicherheitenwerte und die Verwaltung der Poolsicherheiten kann aus Haftungsgründen auf darauf spezialisierte Wirtschaftsprüfungen delegiert werden.

Neben der Umsetzung von leistungswirtschaftlichen Maßnahmen bei einer Sanierung aus eigener Kraft oder mit einer finanziellen Unterstützung der Gläubiger und anderer Stakeholder, kann auch eine externe Option für die nachhaltige Gesundung gefunden werden. Eine alternative Möglichkeit einen Sanierungserfolg bei der Krisenfirma herbeizuführen, bietet eine Investorenlösung, mit einer Übernahme von Kapitalanteilen durch interne oder externe realwirtschaftliche sowie finanzwirtschaftliche Erwerber. Diese können als Gesellschafter die Minderheits- oder Mehrheitsanteile erwerben und das Investment als Renditeobjekt oder als strategische Alternative zur Ergänzung der eigenen Wertschöpfungskette betrachten.

Sanierungslösungen über Investoren

Investoren können unter anderem die Mitarbeiter oder das Mittlere Management des Krisenunternehmens im Rahmen eines Management-Buy-Outs sein. Häufig bietet sich aber auch die Möglichkeit, die Krisenfirma an ein anderes Unternehmen der Branche oder einen reinen Finanzinvestor zu verkaufen. In der Regel beabsichtigt der Investor, zumindest Mehrheitsgesellschafter eines Krisenunternehmens zu werden, um künftig die Geschäfte zu führen (vgl. Lützenrath et al., 2006, S. 74 ff.).

Oftmals wird auch ein **Interimsmanager** mit der Aufgabe betraut, über einen M&A-Prozess einen Käufer oder Investor einer Barkapitalerhöhung zu finden. Diese Investorenlösung kann ebenfalls als eine besondere Art der Sanierungsstrategie angesehen werden. In vielen Fällen ist das Krisenunternehmen zu klein, wenig ertragreich sowie unzureichend kapitalisiert, um langfristig in bestimmten Geschäftsfeldern erfolgreich wirtschaften zu können. Zudem sind die beteiligten Kreditinstitute in einer Krisensituation oftmals meist nicht bereit, das notwendige Unternehmenswachstum zu finanzieren. Im Folgenden sollen Möglichkeiten, Chancen und Risiken der Beteiligung einer externen Firma als **Investor** bei einem Krisenunternehmen untersucht werden.

Definition: Unter einer **Investorenlösung** im Rahmen einer Sanierung wird der Erwerb insbesondere von Mehrheitsanteilen der Krisenfirma an interne oder externe Stakeholder verstanden, mit dem Ziel direkt eine langfristigen wirtschaftliche Gesundung und eine verbesserte Bonität herbeizuführen. Eine Investorenlösung liegt auch vor, wenn Investoren Anteile im Rahmen einer Kapitalerhöhung übernehmen, gegebenenfalls Gläubiger im Rahmen des Debt Equity Swap oder wenn das Krisenunternehmen mit einem Unternehmen als übernehmender Rechtsträger fusioniert wird (Sanierungsfusion, §§ 1 Abs. 1, 2, 3 UmwG).

Damit eine derartige Transaktion, zum Beispiel ein Verkauf der Anteile vorgenommen werden kann, ist das Einverständnis der Gesellschafter notwendig (Ausnahme, Überstimmung der Gesellschafter gemäß §§ 225a Abs. 1–3 InsO, § 3 Abs. 2 StaRUG). Dazu sind zunächst die Motive eines Verkäufers zu untersuchen. Diese können in der Realisierung eines hohen Kaufpreises, der Sicherung des Lebenswerkes, der Wahrung des öffentlichen Ansehens, der Entlastung von psychischem Druck aufgrund der Sanierung, dem Erhalt von Arbeitsplätzen oder der Befreiung von persönlichen Haftungstatbeständen bestehen. Auch die Beweggründe eines potenziellen Investors spielen bei der strategischen oder finanzwirtschaftlich geprägten Übernahme eine Rolle:

- **Finanzinvestor:** Erzielen einer hohen Rendite mit dem Kauf sowie dem Wiederverkauf von Krisenfirmenanteilen oder der Nutzung steuerlicher Verlustvorträge
- **Realinvestor:** Gewinnen neuer Kunden, Marktanteile, Patente, Mitarbeiter-Know-How, neue Produkte und Realisierung von Synergieeffekten in der Lieferkette.

Für die beteiligten Kreditinstitute ist eine Investorenlösung grundsätzlich interessant, denn es ergeben sich meist neue Handlungsoptionen sowie veränderte wirtschaftliche Rahmenbedingungen für das Krisenunternehmen.

So besteht bei einer Übernahme des Rechtsträgers der Krisenfirma (Übernahme aller Anteile als Share Deal) die Option des Ausstiegs aus dem Firmenengagement, wenn die Hausbank des Käufers eine Ablösung in Aussicht stellt. Auch kann sich die Bonitätseinschätzung mit der Übernahme grundsätzlich ändern, wenn ein wirtschaftlich starkes Unternehmen die Haftung für die Krisenfirma übernehmen würde, ein eher hypothetischer Fall. Die Weiterbegleitung kann dann neue Geschäftsmöglichkeiten erbringen. Die positiven Resultate lassen sich jedoch nicht immer erzielen. Vielmehr knüpft der Investor mit dem Kauf des Krisenunternehmens bestimmte finanzielle Erwartungen an die Eigentümer und Gläubiger, die nicht immer tragbar erscheinen.

So werden in vielen Fällen bei einer Investorenlösung von den beteiligten Banken und den übrigen Gläubigern zum Teil erhebliche Sanierungsbeiträge in Form von Verzichten auf Kredite der Banken gefordert. Dies wird bei krisenbehafteten Kreditengagements erwartet. Es stellt sich die Frage, ob eine weitere Sanierung **„Stand Alone"** oder eine Insolvenz mit Verwertung der Sicherheiten geringere Verluste erwarten lässt. Es ist ein rechnerischer Vergleich der erzielbaren Quoten notwendig, im Verwertungsprozess mit der barwertigen Berechnung, da die Abwicklung eines Insolvenzverfahrens in der Regel lange andauert. Vorteilhaft bei **Haircut-Lösungen** ist es, wenn ein zeitnaher Ausstieg in der ansonsten aussichtslosen Situation mit drohender Insolvenz erreicht werden kann und zwar insolvenzfest.

Die Möglichkeiten einer weiteren Begleitung mit oder ohne Verzicht bei dem Einstieg eines Investors hängt davon ab, inwieweit das Krisenunternehmen in das gesunde Investorenunternehmen integriert wird, sich damit die Bonität verbessert und ob der Investor bereit ist, die Haftung für die noch bestehenden Altkredite mit zu übernehmen. Folgende **Optionen der Haftungseinbindung** bestehen:

- Der Investor übernimmt eine Garantie oder Bürgschaft gemäß §§ 765 ff. BGB, eine harte Patronatserklärung, eine Schuldübernahme nach §§ 414 ff. BGB oder einen Schuldbeitritt §§ 311 ff. BGB.
- Der Investor erwirbt einzelne Vermögensgegenstände eines Krisenunternehmens im Rahmen eines Asset Deals oder übernimmt die Mehrheit oder die kompletten Unternehmensanteile im Wege eines Share Deals.
- Der Investor erwirbt die Kreditforderungen der Banken im Rahmen eines Forderungsankaufs. Zu beachten ist, dass die gegebenenfalls treuhänderisch gehaltenen Sicherheiten gesondert übertragen werden müssen.

Beim Einstieg eines realwirtschaftlichen Investors wird das Krisenunternehmen in die Unternehmensgruppe des Aufkäufers integriert und es entsteht eine Konzernlösung. Die Konsolidierungspflicht ist vom Kauf als Share Deal mit der Beteiligungsquote abhängig. Die Konzernzugehörigkeit kann sich direkt auf die Bonität des Unternehmens auswirken. Bestehen **Beteiligungen** von übergeordneten Gesellschaften, so kann über Ergebnisabführungsverträge (§§ 291 ff., 302 Abs. 1 AktG, analog für die GmbH) und hohe Verwaltungsumlagen die Liquiditätslage des Kreditnehmers geschwächt werden.

Die Höhe der Verlustübernahme durch Ausgleichzahlungen der beherrschten Gesellschaft wird maßgeblich von der wirtschaftlichen Lage einer Konzernobergesellschaft bestimmt. Auch die hervorragende Bonität der Konzernmutter bewahrt die Tochtergesellschaft nicht vor Zahlungsunfähigkeit und Insolvenz, wenn sie vor dem Stichtag der Jahresbilanz der beherrschten Gesellschaft eintritt. Alternativ kann die neue Konzernmutter das Krisenunternehmen integrieren, Geschäfte zuweisen und sanieren.

Zunächst ist daher zu definieren, was unter einem **Konzern** zu verstehen ist, um anschließend mögliche Problemsituationen aufzuzeigen und Instrumente zur Steuerung von Risiken aus der Zugehörigkeit von Konzernen zu diskutieren und aus Bonitätsgründen beurteilen zu können (vgl. Portisch, 2006, S. 47).

Definition: Als **Konzerne** werden wirtschaftliche Entscheidungs- und Handlungseinheiten zwischen zwei oder mehreren juristisch selbstständigen, Unternehmen bezeichnet, die von einer Konzernobergesellschaft finanziell wie wirtschaftlich beherrscht werden. Diese agieren als wirtschaftliche Einheit in personeller, institutioneller oder funktioneller Hinsicht, zeitlich befristet oder auf Dauer, im Rahmen abgestimmter Planungen und verfolgen ein gemeinsames wirtschaftliches Ziel (vgl. Theisen, 2000, S. 18). Hauptmerkmal eines Konzerns ist eine einheitliche Leitung oder ein beherrschender Einfluss in Verbindung mit einer mehrheitlichen Kapitalbeteiligung des herrschenden Unternehmens (§ 290 Abs. 1, Abs. 2 HGB, § 19 Abs. 2 KWG).

Aus Kreditgebersicht sind die einem Konzern zugehörigen Unternehmen als Risikogemeinschaft anzusehen (§ 19 Abs. 2 KWG). Dann ist für den Firmenkomplex ein einheitliches Gruppenrating festzulegen, da das wirtschaftliche Schicksal eines Konzernteils oft direkte Auswirkungen auf die künftige Existenz anderer Konzernmitglieder haben kann (Rösler et al., 2002, S. 556 ff.). Dagegen muss die wirtschaftliche Lage eines einzelnen Unternehmens aus dem Konzernverbund nicht zwingend der Gesamtlage des wirtschaftlichen Gesamtkonstruktes entsprechen.

Im Hinblick auf die Fortführung des Kreditengagements kann es für die Bank vorteilhaft sein, einen neuen Schuldner mit guter Bonität zu erhalten. Daraus können sich künftig neuartige Formen von Risiken ergeben. Wenn sich die Bonität der Krisenfirma durch die Übernahme mit einer Haftungseinbindung zunächst kurzfristig verbessert, können spätere Gefährdungen aus diesem Verkauf resultieren.

Aus einer **Konzernstruktur** können sich Spannungsfelder ergeben, die auf die Kreditgeber der Tochtergesellschaft ausstrahlen. Demnach können Risiken allein aus dieser Gruppenzugehörigkeit resultieren. Zu beachten ist, dass ein Abhängigkeitsverhältnis zur Konzernmutter besteht und aus der Verbindung bestimmte Pflichten resultieren. Es können wirtschaftlichen Verflechtungen bestehen durch finanzielle oder leistungswirtschaftliche Vernetzungen. Es kann ein Gewinnabführungsvertrag existieren oder es können erhöhte Verwaltungsumlagen von der Konzernmutter für Dienstleistungen der Zentrale verlangt werden. Die wirtschaftlichen Abhängigkeiten werden im Folgenden untersucht und dann werden Möglichkeiten für die Kreditinstitute erarbeitet, den negativen Verbindungen aus Konzernstrukturen entgegenzuwirken.

Betrachtet wird in der folgenden Abb. 3.41 der Übersichtlichkeit halber die einstufige **Konzernstruktur** mit Mutter- und Tochterunternehmen. Diese Verbindungen können in der Praxis komplexer ausfallen.

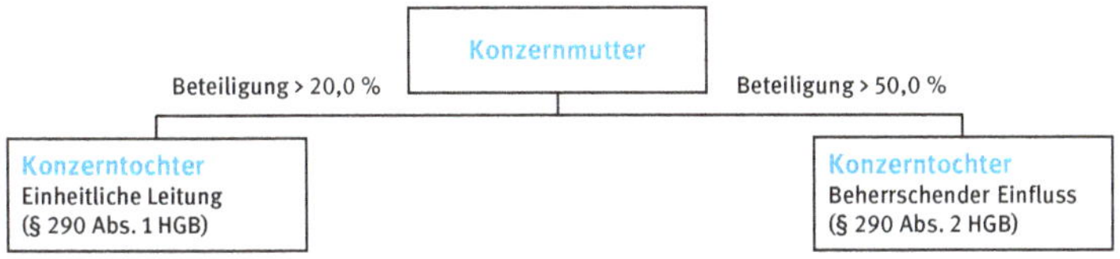

Abb. 3.41: Aufbau einer einstufigen Konzernstruktur (Quelle: Eigene Darstellung)

Problembereiche für das Tochterunternehmen sowie die davon betroffenen Kreditgeber bestehen beispielsweise in den folgenden Bereichen, die einzeln oder kumuliert auftreten können (vgl. Portisch, 2006, S. 48 ff.):

- **Abhängigkeiten:** Oft werden Tochterunternehmen in einer Unternehmensgruppe eng in die Wertschöpfungskette anderer Konzernteile eingebunden. Wenn sich die Bonität der Konzernmitglieder aufgrund der Krisenlage verschlechtert, kann dieses negative Auswirkungen auf die Liefer- und Leistungsbeziehungen und auf die Umsatz- und Ertragslage der Konzerntochter haben.
- **Unternehmensentscheidungen:** Wichtige Entscheidungen von Standortverlagerungen, Umfirmierungen sowie Schließungen von Betrieben werden im Konzerngefüge von den Einheiten in einer Obergesellschaft getroffen. Verschlechtert sich die wirtschaftliche Lage von Konzernteilen, können Entscheidungen die Bonität des Kreditnehmers als Tochterunternehmen negativ beeinflussen.
- **Zahlungsverflechtungen:** Über ein zentrales Cash-Management-System können Liquiditätsreserven einer Konzerntochter auf Konten anderer Banken umgebucht werden. Die Reserven stehen einem Unternehmen nicht mehr zur Verfügung. Gerade in einer Krisenlage von Konzernteilen können diese Transaktionen zu drohenden Liquiditätslücken bei dem Tochternehmen führen.
- **Ertragsaushöhlungen:** Tochterunternehmen können über Ertragsverlagerungen systematisch ausgehöhlt werden. Dies kann erfolgen über tatsächliche oder fiktive konzerninterne Lieferungen oder Verwaltungsumlagen für Leistungen der Zentrale. Oftmals werden über Ergebnisabführungsverträge Gewinne von Tochterunternehmen auf die Obergesellschaft verlagert.
- **Vermögenstransfers:** Es können Vermögensverschiebungen auftreten, wenn Aktiva im Konzernverbund auf andere Firmen übertragen werden. Die Gesamthaftungsmasse wird über die Umverteilung auf andere Konzernteile gezielt gesteuert und dem Tochterunternehmen und ihren Gläubigern entzogen. Auch lassen sich Sicherheiten wie Sicherungsübereignungen im Zweifel schwer lokalisieren.

- **Überinvestitionsproblem:** Auch können riskante Projekte gezielt bei den rechtlich selbstständigen Tochtergesellschaften realisiert werden, für die eine Obergesellschaft nur begrenzt haftet. Das Risiko verbleibt dann beim Tochterunternehmen und seinen Gläubigern. Die residualen Überschüsse aus den riskanten Investitionen werden dagegen vollständig abgeschöpft.

Die genannten Problembereiche können sich verstärken, wenn das Mutterunternehmen seinen Firmensitz im Ausland hat und damit internationale Strukturen im Konzernverbund bestehen. Strategische Entscheidungen über ein deutsches Tochterunternehmen werden dann gegebenenfalls unter eigenen nationalen Interessen getroffen. Die Vermögens- und Ertragsverlagerungen sind dem deutschen Rechtsbereich entzogen. Zudem besteht eine Verhaltensunsicherheit bei einer ausländischen Konzernmutter zu einem deutschen Tochterunternehmen. So ist in der wirtschaftlichen Krise der inländischen Tochtergesellschaft unklar, ob diese ausländische Konzernmutter weiter zu dem deutschen Engagement steht. Eventuell kann die mangelnde Verbundenheit der Mutter zum Tochterunternehmen dazu führen, dass notwendige Finanzhilfen versagt bleiben und eine Insolvenz in Kauf genommen wird.

Die dargestellten und in der Praxis häufig vorkommenden Problembereiche können isoliert oder auch kombiniert auftreten. Dies kann den Druck auf die kreditgebenden Institute einer Konzerntochter verstärken. Zudem zeigt sich bei einer Investorenlösung häufig, dass sich die übernommene Firma langfristig in einer schwachen Position befindet. Risiken aus Konzernstrukturen sind bei der Bonitätseinstufung zu antizipieren und gegebenenfalls sind rechtzeitig Gegenmaßnahmen einzuleiten.

Daher kommt auch der Bonitätseinschätzung für Konzerntochterunternehmen die besondere Bedeutung zu, da von der Ratingnote die zu fordernden Sicherheiten, Limite, Konditionen sowie die Kreditvergabe abhängen. Als Basis für ein Rating mit Konzerneinfluss und die gesamte Kreditnehmereinheit kommen verschiedene Alternativen in Betracht. Verwendet werden kann optional die Beurteilung der Bonität des Kreditnehmers, die Klassifikation der Konzernmutter oder die schlechteste Ratingnote des Konzernteils. Die nachfolgende Abb. 3.42 zeigt die möglichen **Risikokonstellationen** in einer Konzernstruktur mit Mutter- und Tochterunternehmen.

Mutter / Tochter	Schlechte Bonität	Gute Bonität
Schlechte Bonität	(1) Gefahr	(2) Mithaftung
Gute Bonität	(3) Mitgefährdung	(4) Idealzustand

Abb. 3.42: Risikokonstellationen im einstufigen Konzern (Quelle: Eigene Darstellung)

Im Folgenden werden die unterschiedlichen Fallkonstellationen mit den auftretenden Risikobereichen interpretiert. Hier handelt es sich generell um potenzielle Gefährdungen, die in der vollen Konsequenz nicht eintreten müssen:

- **Situation (1):** Konzernmutter sowie Tochter weisen eine eingeschränkte Bonität auf. Von dieser Situation geht eine besondere Gefahr bei einer Investorenlösung aus. Es ist zu klären, ob die Krise der Mutter die Schieflage der Tochter noch verstärken kann. Dies wäre im Rating der Tochter mit einem zusätzlichen Abschlag zu berücksichtigen. Die Investorenlösung würde in diesem Fall keinen Nutzen für die Krisenfirma erbringen.
- **Situation (2):** Diese Obergesellschaft besitzt gute wirtschaftliche Verhältnisse und das Tochterunternehmen hat eine schlechte Bonität. In diesem Fall ist eine Mithaft der Muttergesellschaft unbedingt durchzusetzen. Ist eine Haftung der Mutter nicht zu erreichen, sollte das schlechte Rating der Tochter für die gesamte Unternehmensgruppe angesetzt werden. Dabei sind gegebenenfalls risikoreduzierende Maßnahmen einzuleiten.
- **Situation (3):** Die Konzernmutter hat schwache wirtschaftliche Verhältnisse und die Konzerntochter hat eine gute Bonität. Die Situation zeigt eine potenzielle Mitgefährdung an. In diesem Fall ist es schwer abzuschätzen, wie sich die Krise der Obergesellschaft auf das Tochterunternehmen auswirken kann. Im Zweifel kann die Finanz- und Ertragslage der Tochter durch die abfließende Liquidität deutlich geschwächt werden.
- **Situation (4):** Die Konzernteile befinden sich in einer guten wirtschaftlichen Verfassung. Grundsätzlich ist dies der anzustrebende Idealzustand. Dennoch können in der Zukunft weitere Probleme auftauchen oder Schwierigkeiten anderer Konzerntochtergesellschaften Nachteile für das betrachtete Unternehmen bedeuten. Gegebenenfalls kann Liquidität abgezogen werden, um damit schwache Konzernsegmente zu unterstützen.

Zur Kreditanalyse sind neben dem Konzernabschluss alle Einzelabschlüsse der Konzernmitglieder zu überprüfen. Das **Gruppenrating** der Kreditnehmereinheit soll aus Gründen der Vorsicht durch die bonitätsmäßig schwächste Firma bestimmt werden. Diese vorgestellten Konstellationen zeigen mögliche Risiken auf, die bei einer Investorenlösung in der Krise zu antizipieren und zu bewerten sind.

So kann eine schlechte Bonität der Konzernmutter (Fälle 1 und 3) beim Eingehen der Kreditbeziehung über folgende vorbeugende **Maßnahmen** abgeschwächt werden:

- Erklärungen der Mutter- und Tochtergesellschaft zur Gewinnthesaurierung sowie Verbesserung der Eigenkapitalrelation über Financial Covenants.
- Einforderung von werthaltigen Sachsicherheiten zum Beispiel in einer Form von Grundschulden oder eine Risikoteilung mit anderen Banken.
- Abbau von Abhängigkeiten im Konzern im Rahmen der Wertschöpfungskette sowie bei Ergebnisabführungsverträgen oder Cash Pools.

Ebenso sind Maßnahmen einzuleiten, wenn das **Mutterunternehmen** über eine einwandfreie Bonität verfügt (Fälle 2 und 4). Demnach ist bei einer Investorenlösung und Aufrechterhaltung einer Kreditbeziehung unbedingt die Haftungseinbindung der Muttergesellschaft zu erreichen. Dieses kann unter anderem über die folgenden vertraglichen **Vereinbarungen** geschehen (vgl. Portisch, 2006, S. 50):

- Aufnehmende Konzernmutter als Kreditnehmer, Hereinnahme einer Bürgschaft, Garantie oder einer harten Patronatserklärung der Muttergesellschaft.
- Organschaftserklärung, Gewinnabführungsvertrag zwischen Mutter- und Tochterunternehmen, den sie nicht ohne Zustimmung der Bank beenden soll.
- Verpflichtung der Mutter mit Ownership Covenants, während der Kreditlaufzeit, keine Firmenanteile ohne Zustimmung der Kreditgeber zu veräußern.

Somit bestehen vielfältige Möglichkeiten, die Bonität des Investors zu nutzen, um das Rating der Krisenfirma zu verbessern. Nur wenn bereits beim Eingehen der Kreditbeziehung im Rahmen der Investorenlösung diese dargestellten möglichen Problemfelder vorausschauend eingeplant und möglicherweise Maßnahmen eingeleitet werden, kann eine Risikoreduzierung auf Dauer erreicht werden. Es ist notwendig, in den Kreditverhandlungen die Obligierung eines möglichst bonitätsmäßig starken Investors zu erreichen. Auf diese Weise kann die Sanierung erfolgreich gestaltet werden. Dazu ist zeitnah, oft bereits zu Beginn der Sanierung, zu eruieren, ob ein Verkauf des Rechtsträgers als Share Deal oder ein Asset Deal durch (Teil-)Unternehmensverkauf umsetzbar erscheinen. Dies ist oft dann eine realistische Alternative, wenn das Krisenunternehmen eine wertvolle Marke mit einem umfassenden Kundenstamm aufgebaut hat.

Es ist insgesamt bei der Sanierungsumsetzung eine **Projektorganisation** zu gestalten und ein begleitendes Projektcontrolling einzusetzen. Oft ist ein Lenkungsausschuss zu bilden, der die oberste Projektinstanz der Sanierungsrealisierung darstellt. Unter dem Ausschuss sind die jeweiligen Projektleiter und Teams zu benennen. Diese haben die Aufgabe, die jeweiligen Meilensteine zu realisieren. Alle involvierten Akteure sollten in ihren Eigenschaften umsetzungsstark, durchsetzungsstark und kommunikativ sein. Parallel zu den Strukturen ist ein aussagekräftiges Projektcontrolling zu gestalten. Es ist laufend und zeitnah über den Projektfortschritt an den Lenkungsausschuss zu berichten. Der Abarbeitungsstand ist zu visualisieren und die quantitativen Ergebniseffekte sind im Soll-Ist-Vergleich mit der Abweichungsanalyse zu erläutern. Ein vorhandener Interimsmanager ist in die Projektstruktur zu integrieren.

? **Checkliste und Analysen zur Sanierungsüberwachung und bankinternen Berichterstattung:**

1. Wurde die Sanierungsumsetzung zeitnah eingeleitet und durch eine Organisationsstruktur unterstützt?
2. Erfolgt aus Bankensicht eine zeitnahe Berichterstattung der Umsetzung der Sanierungsmeilensteine?
3. Wird den Kreditinstituten oder dem Poolführer zeitnah und regelmäßig die Zahlenwerke dargelegt?
4. Werden negative Abweichungen im Sanierungsumsetzungsverlauf zeitnah und vollständig reportet?
5. Kann die Hausbank anhand der bereitgestellten Daten die bankinternen Berichterstattungen erfüllen?

3.8 Controlling und Reporting der Sanierung

Zum Abschluss des Sanierungsprozesses wird entweder der Turnaround erreicht oder es folgt bei einem Scheitern der Sanierung der Insolvenzantrag. Es ist von Interesse, welche Kriterien einen nachhaltigen Turnaround anzeigen und wann eine Gesundung als gescheitert gilt. Kriterien dafür können bereits beim Einleiten der Sanierung festgelegt werden, um den Entscheidungsprozess zur Rückgabe in die Normalbearbeitung oder zur Weitergabe an die Abwickler klar zu definieren. Die Dauer von Sanierungen sollte nicht auf einen unbestimmten Zeitraum ausgedehnt werden und Sanierungsabteilungen überlasten. Es gilt oftmals eine regelmäßige Grenze von zwei Jahren oder eine Maximalzeit drei Jahren im Einzelfall (siehe auch MaRisk BTO 1.2.5 Rn. 9).

Es ist von Bedeutung, welche Arbeitsschritte in den Kreditinstituten im Fall des Turnarounds einsetzen. So kommt der nachträglichen Analyse erfolgreicher Sanierungsfälle eine Bedeutung für künftige Krisenengagements zu. Die Risikofrüherkennungssysteme können weiterentwickelt und die Erkenntnisse aus einem Sanierungsprozess genutzt werden, um die bankinternen Ablaufschritte stetig zu verbessern. Das Wissen in der Sanierungsabteilung sollte an andere Bereiche weitergegeben werden. So können die Erkenntnisse in internen Schulungen an Mitarbeiter der Normalkreditbearbeitung und des Vertriebes übermittelt werden, um diese im täglichen Geschäft für eine Gefährdung anzeigende Risikokonstellationen bei Kreditnehmern im Firmenkundengeschäft zu sensibilisieren.

Des Weiteren sind die Effekte aus der bankinternen Sanierungstätigkeit zu bewerten. Zahlengerüste sind notwendig, um die Erfolge der Sanierungsabteilung beurteilen und im Hinblick auf Prozessoptimierungen durchdringen zu können. Von Bedeutung ist es, geeignete Messgrößen für die Aktivitäten zu finden, um diesen Bereich als Profit Center beurteilen zu können. Dann sind qualitative und quantitative Daten auszuwerten. Vorteilhaft ist es, ein Controlling der Sanierungsaktivitäten aufzubauen. Dazu sind die Kosten und Erfolge in diesen Bereich zu messen.

Auf Basis dieser Analysen lässt sich auch die **Berichterstattung** im eigenen Hause zu den Einzelfällen und den Sanierungsengagements in der Gesamtschau neu strukturieren. Es sind Berichterstattungen auf Einzelengagementebene und für das Kreditportfolio zu erstellen, die eine übersichtliche Steuerung der Kredite ermöglichen und Migrationen erfassen. Diese Reportings lassen sich auch dazu verwenden, um die interne Kommunikation nach MaRisk BT 3 zu optimieren. Neben den Ablaufschritten zur Sanierungsumsetzung des Problemengagements ist die Gestaltung der Geschäftsprozesse im Anschluss an die erfolgreiche Sanierung wichtig. Diesen Betrachtungen wird in der Praxis bislang nur wenig Beachtung geschenkt. Dabei sind die Prozesse im Anschluss an einen erfolgreichen **Turnaround** von großer Bedeutung:

- Weiterentwicklung der Risikosysteme, Aufbau variabler Anreizsysteme
- Gestaltung der bankinternen Risikoberichterstattung nach MaRisk BT 3
- Controlling und Erfolgsquantifizierung im Bereich der Sanierung

Damit der **Turnaround** verlässlich als erreicht festgestellt werden kann, sollten zum einen die Krisenmerkmale, die seinerzeit beim individuellen Krisenfall zu einer Einschätzung als erhöht risikobehaftetes Engagement geführt haben, sich dauerhaft verbessert haben. Zum anderen sind allgemeine Merkmale wie die vorhandene Kapitaldienstfähigkeit zu formulieren, die für den Turnaround gegeben sein müssen, um eine vollständige **Regeneration** des ehemaligen Krisenengagements anzuzeigen:

- **Insolvenzabwendung:** Die Tatbestände, die die Insolvenzantragspflicht auslösen können, sollten nachhaltig ausgeschlossen werden können.
- **Kapitaldienstfähigkeit:** Die Kapitaldienstfähigkeit sollte unbedingt dauerhaft gegeben sein. Die Kontoführung erfolgt im Rahmen der vereinbarten Linien.
- **Wettbewerbsfähigkeit:** Eine durchschnittliche Sektorrendite wird beständig erzielt. Das Eigenkapital erreicht eine branchenübliche Größenordnung.

Es ist zu prüfen, ob die **Risikomerkmale** aller Krisenstadien langfristig beseitigt worden sind. Insgesamt sollte keine Liquiditätskrise, keine Erfolgskrise und keine Strategiekrise mehr bestehen und die langfristige Wettbewerbsfähigkeit wieder hergestellt worden sein. Anhaltspunkte der Krisenüberwindung ergeben sich auch aus den Standards zur Erstellung von Sanierungskonzepts nach IDW S 6. Nur wenn sich die ermittelten Risikokriterien bei der betrachteten Firma dauerhaft verbessert haben und die Wettbewerbsfähigkeit langfristig gegeben ist, können eine Auflösung der Einzelwertberichtigung erfolgen und eine Übergabe an die Normalkreditbearbeitung mit Überleitungsgespräch zwischen Sanierer und Normalkreditbearbeiter sowie eine deutliche Ratingverbesserung in Betracht gezogen werden.

Der Auslöser zur Bildung und Auflösung einer Einzelwertberichtigung ist in der Regel das interne Ratingsystem eines Kreditinstituts. Die Ratingklassifikation dient zur Einschätzung der künftigen Ausfallwahrscheinlichkeit bezogen auf ein Jahr. Relevant ist die nachhaltige Kapitaldienstfähigkeit des Unternehmens. Es werden qualitative und quantitative Faktoren zur Beurteilung der Bonität des Firmenkunden einbezogen. Dabei bewertet die Kennzahlenanalyse die Vermögens-, Finanz- sowie Ertragslage eines Unternehmens im Zeitvergleich sowie in Relation zu den Wettbewerbern der Branche unter anderem anhand folgender **Größen**:

- Debitoren- und Kreditorenlaufzeit, Working Capital
- Eigenkapitalquote, Verschuldungsgrad und Kontoführung
- Umsatzvolumen, Jahresüberschuss sowie Cash Flow

Qualitative Faktoren, die im Rating systematisch untersucht und bewertet werden und ebenfalls als bedeutende Elemente zur Einschätzung der Bonität dienen, sind Beurteilungen in den nachfolgenden **Bereichen**:

- Geschäftsführung und mittleres Management
- Produkte, Dienstleistungen und Wettbewerbsfähigkeit
- Unternehmensstrategie und interne Controllinginstrumente

Eine Umstufung im Rating, die EWB-Auflösung und die Übertragung in die Normalkreditbearbeitung sollten möglichst zeitgleich erfolgen. Von Bedeutung ist es, die zu erreichenden Maßstäbe für einen Turnaround festzuschreiben und diese in die internen Richtlinien der Kreditinstitute mit aufzunehmen. Damit wird die Verlässlichkeit für diese wichtige Entscheidung gestärkt. Denkbar ist die Erarbeitung einer Checkliste, die in allen Punkten erfüllt sein muss, damit eine Rückübertragung des Engagements in die Normalkreditbearbeitung erfolgen kann. Auch die **Kompetenzen** für die Umgliederung eines Engagements in den Normalkreditbereich sind festzulegen. Wurde der Turnaround bei einem Engagement anhand objektiver Kriterien festgestellt und möglichst durch zwei unabhängige Voten positiv entschieden, sollten Geschäftsprozesse einsetzen, damit das ehemalige Krisenengagement in einem einheitlichen und geordneten Ablauf an die Normalbearbeitung übergeben wird.

Neben der Ratingverbesserung und der EWB-Auflösung sind weitere Geschäftsprozesse für die Übergabe in den Normalbereich auszugestalten und schriftlich zu fixieren. So sind unter anderem die Kreditkonditionen an das neue Risiko anzupassen. Die veränderte Bonitätseinschätzung ist dem Kreditnehmer im Kundengespräch zu übermitteln. Anschließend ist das Engagement in den Marktfolgebereich der Normalkreditbearbeitung zu überführen. Die Überleitung sollte mit der Übergabe der Kredit- und Sicherheitenakten und einem schriftlichen Protokoll erfolgen. In diesem Dokument sind die Krisenursachen und der Sanierungsverlauf festzuhalten. Zudem sollte ein Übergabegespräch erfolgen. Auf diese Art kann das Engagement künftig im Hinblick auf die früheren Risikoanzeichen überwacht werden.

Zudem ist im Anschluss an die Rückgabe eine bestimmte Zeitdauer festzulegen, in der das Engagement weiterhin kontrolliert wird. Die Änderung der internen Zuständigkeit sowie die Ratingverbesserung sind dem Kunden nach dieser schwierigen und intensiven Betreuungsphase aus Gründen der Fairness unbedingt mitzuteilen. War der Firmenkundenbetreuer bislang in den Sanierungsprozess mit einbezogen, ist ein Betreuerwechsel auf der Marktseite nicht notwendig.

Die Kundenverbindung ist wieder vollständig aufzunehmen, jedoch unter der weiteren Beobachtung von den bisher bekannten sowie gegebenenfalls neuen Risikoanzeichen. Dem Kunden ist die Umgruppierung in den Normalkreditbereich ausführlich zu erläutern. Erkenntnisse aus neuen Risikomustern sind in die Früherkennungssysteme einzuarbeiten. Diese Maßnahmen dienen zur qualitativen Verbesserung der Risikoerkennung und zur Unterstützung der Risikokultur in der Bank.

Als **„Ex-Post-Maßnahmen“** sind Sanierungserfolge über ein bankinternes Controlling zu messen und die Abläufe in der Sanierung auf Optimierungspotenziale hin zu überprüfen. Des Weiteren ist ein umfassendes Berichtswesen mit den Ergebnissen aus dem Sanierungsverlauf aufzubauen. Die Einzelauswertungen zu den Engagements sollten in regelmäßigen Abständen verdichtet werden zum Gesamtsanierungsbericht. Dieser basiert auf den **„Ex-Post-Auswertungen“** aller bearbeiteten Sanierungsfälle in einem festgelegten Zeitraum, beispielsweise turnusmäßig pro Jahr.

Neben den quantitativen Erfolgen aus der Sanierungsarbeit können die qualitativen Verbesserungen der Arbeitsschritte aufgezeigt werden. Die folgende Abb. 3.43 zeigt die **Geschäftsprozesse**, die mit dem Erreichen des Turnarounds umzusetzen sind.

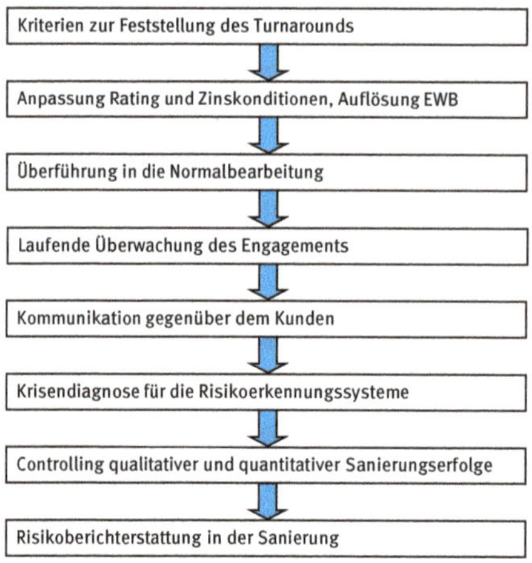

Abb. 3.43: Geschäftsprozesse nach Erreichen des Turnarounds (Quelle: Eigene Darstellung)

Im Folgenden wird der Fokus auf die Auswertung der qualitativen und quantitativen Sanierungserfolge, die Durchdringung der Kostenstrukturen und die Gestaltung des Reportings gelegt. Dies ist gerade dann von Bedeutung, wenn der Sanierungsbereich als eigenständigen Profit Center innerhalb der Bank betrieben wird. Dazu sind die Erfolge und Kosten in der Sanierung stetig zu messen. Gerade die Erfolge der Betreuung sind von Bedeutung, um darzulegen, dass nicht nur in den vertrieblichen Segmenten die Markterfolge erwirtschaftet werden, sondern auch in den internen Bereichen.

Auf diese Weise können die Leistungen dokumentiert werden. Grundlage der Analysen und der Berichterstattung ist eine interne Kostenrechnung und ist ein bankinternes Controlling im Sanierungsbereich.

Definition: Das **Problemkreditcontrolling** wird als Teilbereich des Bankcontrollings zur qualitativen und rechnerischen Begleitung aller Vorgänge rund um die Betreuung von Problemkrediten in der Sanierung und Abwicklung verstanden. Ziel des Problemkreditcontrollings ist es, die Erlös- und Kostentransparenz in diesen Spezialbereichen der Engagementbearbeitung zu erhalten. Es sind Entscheidungen bei der Kapazitätsausgestaltung, bei den Mitarbeiteranforderungsprofilen, bei den Prozessen zur Sanierungsbegleitung oder der Abwicklung zielgerichtet zu treffen. Zudem können die Ergebnisse einer verbesserten Informationspolitik und einem aussagekräftigen Reporting an die Geschäftsleitung im Rahmen der internen Berichterstattung dienen, um auf dieser Grundlage fundierte Entscheidungen über die Ausgestaltung von Personalkapazitäten treffen zu können und die Erfolgsmessung in diesem Bereich fest zu installieren.

Qualitative Auswertung der Einzelengagements

Sämtliche Teilschritte im Sanierungsprozess bieten die Möglichkeiten einer Analyse. Dies ist erforderlich, um Schwachstellen in den Prozessen zu erkennen und Umgestaltungen vorzunehmen. Wichtige Gründe für diese **Auswertungen** sind:

- Überarbeitung der Prozesslandschaft mit Haupt- und Teilprozessen
- Bewertung der Unternehmensberater im Sanierungseinsatz
- Beurteilung der internen Mitarbeiterstrukturen und Kapazitäten

Beispielsweise kann eine systematische Analyse der Einschätzungen aus den damaligen Sanierungskonzepten erfolgen. Dieses ist von Bedeutung, um festzustellen, ob die Sanierungsfähigkeit der Krisenfirmen in den überwiegenden Fällen mit der späteren Sanierungswürdigkeit übereinstimmt und der Turnaround wie prognostiziert erreicht wurde oder aus welchen Gründen eine Sanierung gescheitert ist. Die Prognosen der Berater sind anhand der realen Ergebnisse zu überprüfen.

Dazu sind die Sanierungskonzepte im Hinblick auf die Qualität wichtiger Inhaltsbausteine auszuwerten. Die Entscheider in einer Sanierungsabteilung haben auf den Umsetzungsteil im Sanierungskonzept zu achten. Daher sollten die Sanierungsgutachten nachträglich auf die Darlegung der geplanten Umsetzungsmaßnahmen hin ausgewertet werden. Die Bewertungen können bereits bei einer Durchsicht der Unterlagen im Rahmen der Feststellung der Sanierungswürdigkeit erfolgen.

Aufbauend auf einer **Analyse der Sanierungskonzepte** sollte auch eine Einschätzung zu den konzepterstellenden Beratungsfirmen sowie den involvierten Beratern im Rahmen eines Stärken-Schwächen-Profils abgegeben werden. Darüber kann zudem ermittelt werden, welche Berater in der Analyse oder in der Umsetzung besondere Stärken sowie Schwächen aufweisen. Auch diese Informationen sind strukturiert zu erheben und anschließend in einem jährlichen Bericht auszuwerten. Auf diese Weise kann die Qualität des Unternehmensberaters sowie der Beratungsfirma beurteilt werden. Zudem kann einmal jährlich ein Feedback-Gespräch mit den häufig eingesetzten Gesellschaften zu den Anforderungen der Praxis geführt werden.

Grundsätzlich können alle bisherigen Prozessschritte aus den Erfahrungen in den einzelnen Sanierungen systematisch ausgewertet werden und die Ergebnisse aus diesen Analysen in die Risikoberichterstattungen eingehen. Auf diese Art und Weise können Verbesserungen der Risikoerkennung mit neuen relevanten Kombinationen von Risikofaktoren, der Abläufe, der Organisation, der Sofortmaßnahmen, bei der Beraterauswahl, der finanz- und leistungswirtschaftlichen Sanierung, der Poolbildung, der Sanierungsüberwachung sowie der bankinternen Auswertung der Sanierungsfälle durchgeführt werden (vgl. Portisch, 2013f, S. 149 ff.). Zudem ist ein Messkonzept zu erarbeiten, dass neben der Untersuchung des Erfolges der qualitativen Schritte im Sanierungsprozess, die angefallenen Kosten und den Nutzen errechnet. Dies kann in die interne Risikoberichterstattung beispielsweise nach MaRisk BT 3 integriert werden.

Quantitative Auswertung im Rahmen eines Sanierungscontrollings

Zu analysieren sind die Kosten- und Erfolgsbausteine in den einzelnen Sanierungsfällen und in ihrer Gesamtheit bei bearbeiteten Engagements in festen Zeitabschnitten. Wichtige **Gründe** zur systematischen Erhebung dieser Daten sind:

- Ermittlung des quantitativen und qualitativen Personalbedarfs
- Grundlage zur Einführung einer standardisierten Mitarbeiterbeurteilung
- Aufbau eines variablen Vergütungssystems in der Sanierung

Bei der Konstruktion des Messkonzepts zur quantitativen Auswertung der Sanierungsfälle sind diese Felder zu berücksichtigen. So können bei der Beurteilung des Erfolgs der Sanierungsarbeit externe Benchmarks als Maßstab angelegt werden. Aus den erhobenen Fallzahlen und sonstigen Bearbeitungsdaten zu den Haupttätigkeiten in der Sanierungsarbeit sollte sich ein Mengengerüst für den quantitativen und qualitativen Personalbedarf ableiten lassen.

Diese systematische Erfassung von Daten aus bereits abgewickelten Sanierungsfällen kann zusätzlich als Grundlage für ein Beurteilungssystem der Mitarbeiter und ein variables Vergütungssystem herangezogen werden. Das zu wählende Messkonzept ist in eine Gesamtbankstrategie einzubinden und sollte mit der Kreditrisikostrategie sowie der beabsichtigten Risikokultur und Risikotragfähigkeit eine Einheit bilden. Insgesamt ist ein geschlossenes Controlling-System zu erarbeiten mit einem Zielsystem und den daraus abgeleiteten Aufgaben der Planung, Entscheidungsunterstützung und Informationsversorgung in der Bank, um die Geschäftsleitung bei der Steuerung von Managemententscheidungen zu unterstützen (vgl. Horváth et al., 2015, S. 1 ff.). Die Zielbereiche des **Problemkreditcontrollings** in der Sanierung sind:

- Erzielung von Kosten- und Erlöstransparenz, möglichst mit Informationen aus der vorhandenen Bankensoftware und dem Berichtswesen.
- Entscheidungsunterstützung bei der Sanierung einzelner Engagements mit einer Kalkulation und der Bewertung von Handlungsalternativen.
- Vorgabe von Plan- und Abweichungsanalysen für das interne sowie externe Rechnungswesen der Gesamtbank und die leistungsbezogene Vergütung.
- Ausgestaltung der bankeigenen Sanierungsorganisation mit einzurichtenden Stellenprofilen und Kapazitäten auf der Basis einer Prozessstruktur.
- Erarbeitung der Prozesslandschaft zur Begleitung häufig vorkommender Prozesswege mit Hauptprozessen und Teilprozessen in der Sanierung

Als theoretisches Modell zum Aufbau des Problemkreditcontrollings bietet sich eine Prozesskostenrechnung an, da sich umfangreiche Anteile an indirekten Kosten, die in der Sanierung unter anderem in Form von Personalkosten entstehen, auf Kostenträger zurechnen lassen und diese Methode die prozessuale Denkweise in der Sanierung unterstützt. Gerade das Denken in Abläufen bietet in der Sanierungsabteilung eine optimale Grundlage für den Einsatz einer **Prozesskostenrechnung**.

Im Folgenden wird in Abb. 3.44 ein mögliches schrittweises Vorgehen der Kostenanalyse- und Erlösverrechnung auf Einzelengagements oder Kreditnehmereinheiten beziehungsweise für die Ablaufschritte der Bearbeitung in der Sanierungsabteilung vorgeschlagen (vgl. Horváth/Mayer, 1989, S. 214 ff.).

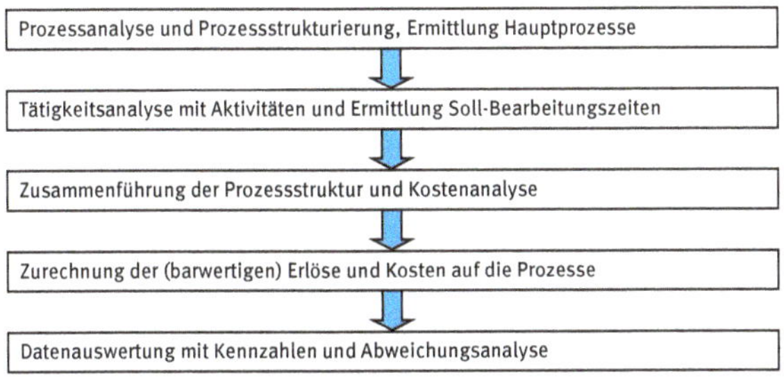

Abb. 3.44: Vorgehen bei der Kosten- und Erlösanalyse (Quelle: Eigene Darstellung)

Basis der Anwendung einer Prozesskostenrechnung stellt die Erfassung der zu untersuchenden Abläufe beziehungsweise Prozesse dar. Die **Hauptprozesse** werden identifiziert und festgelegt. Sie werden unterteilt in Teilprozesse. Als kleinste Einheit werden die Aktivitäten eines Teilprozesses erfasst. Der **Teilprozess** lässt sich als Bündel von sachlich aufeinander bezogenen Tätigkeiten erfassen, die zu dem Arbeitsergebnis führen. Dies ist bei einem Sanierungsprojekt in der Individualbetreuung zum Beispiel die erfolgreiche Sicherheitenpoolvereinbarung durch aufwändige Verhandlungen.

Dazu sind die Hauptprozesse zu identifizieren, die Aktivitäten zu beschreiben und die Zeitdauern für die **Aktivitäten** und **Liegezeiten** zu messen. In einem abschließenden Schritt sind Teilprozesse zu Hauptprozessen zu aggregieren und die Prozesskosten auf Basis der Personal- und Sachkosten zu ermitteln, wie in Abb. 3.45 gezeigt.

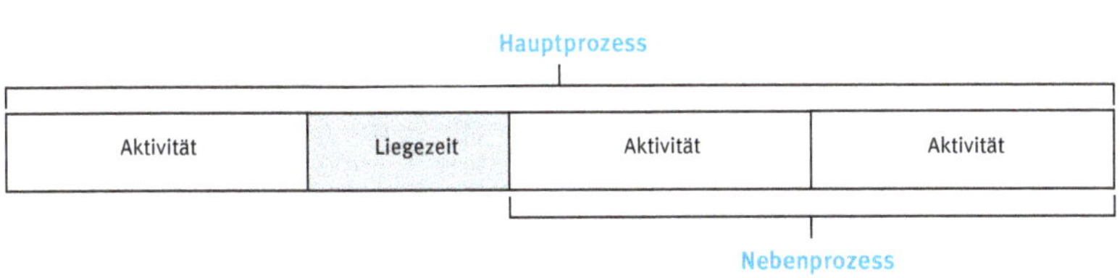

Abb. 3.45: Beschreibung der Hauptprozesse (Quelle: Eigene Darstellung)

Der **Individualsanierungsprozess** wird modulweise zerlegt in Teilvorgänge, die in jedem Sanierungsfall meist aufgrund gesetzlicher Grundlagen zur Anwendung kommen und Teilmodule, die in Spezialfällen zur Umsetzung gelangen.

In einer **Matrix** werden die entstehenden Kostenarten und die Maßstäbe für eine verursachungsgerechte Kostenerhebung abgeleitet. Die Kernprozesse lassen sich unterteilen in Teilprozesse, mit einzelnen Arbeitsaufgaben, den Aktivitäten. So sind beispielsweise bei der Vorbereitung der Erstberichterstattung und der Erarbeitung des internen Sanierungskonzepts viele Dateneingaben zu tätigen. Zur Erfassung wesentlicher Kernaufgaben ist oft eine zusätzliche Zeiterfassung notwendig, damit die ermittelten Zeiten eine Umrechnung der entstehenden Personalkosten auf die Sanierungsschritte und Prozesse ermöglichen.

Im nächsten Schritt sind die insgesamt entstehenden Aufwendungen nach Kostenarten zu erfassen. Im Wesentlichen treten direkte Bearbeitungskosten in Form von Personalkosten auf. Des Weiteren sind Sachkosten in Form der Nutzung der IT und kalkulatorische Kostenarten zu erfassen. Die administrativen Kosten der Leitung und sonstige indirekte Prozesse bei einer Beanspruchung anderer Abteilungen sind unbedingt mit einzubeziehen und gegebenenfalls umzulegen.

Als Ergebnis dieser Kostenanalyse lassen sich beispielsweise Minutensätze für die Sanierungsbetreuung in den Aktivitäten und Teilprozessen ermitteln, je nach Status des Stelleninhabers. Diese Kosten sind leistungsmengeninduziert, da sie im Wesentlichen direkt mit den Bearbeitungsvorgängen zusammenhängen. Werden diese Personalkostensätze dann mit den einzelnen Zeitdauern der Aktivitäten multipliziert und über die Teil- und Hauptprozesse aggregiert, lassen sich diese Kosten für die Hauptprozesse in der Individualsanierung ermitteln.

Die Grundlage dafür bildet eine Analyse der Tätigkeiten der Berater und Analysten in der Sanierung und um erstens die Haupttätigkeiten zu erfassen und zweitens die Soll-Bearbeitungszeiten für diese Aktivitäten zu ermitteln. Diese Vorgabezeiten bilden die Basis für die Kostenkalkulation und die spätere Abweichungsanalyse. Die Ermittlung der Normzeiten bildet die Grundlage für eine Kostenverrechnung. Damit stabile und aktuelle Werte gegeben sind, sollten die Werte in regelmäßigen Abständen in weiteren Zeitaufschreibungen überprüft werden. Auch bei den Veränderungen dieser Prozessstrukturen sind die Richtwerte nochmals für die neue Prozessstruktur zu erfassen. Das Ziel ist die verursachungsgerechte Verteilung großer Kostenanteile der Gemeinkosten, die Errechnung der Kostensätze auf der Basis der wesentlichen Kostentreiber und die Verteilung der Aufwendungen auf Prozesse sowie die Ableitung einer Kalkulationsbasis für die Kostenträger.

Es soll die Frage beantwortet werden können, was eine Sanierung im Individualbereich mit den üblichen Teilprozessen sowie den zusätzlichen Spezialmodulen durchschnittlich kostet und welche Erlöse sich direkt einem Engagement zuordnen lassen. Die Kostenträger müssen möglichst quantifizierbar sein, wie die Anzahl an Individualsanierungen, und es soll ein verursachungsgemäßer **Zusammenhang** zwischen den Kosten, den Prozessen und den Kalkulationsobjekten bestehen. Kostentreiber sind die Hauptprozesse in Form der möglichen Sanierungswege sowie die Teilprozesse, die bei jedem Sanierungsschritt entstehen.

Zusätzlich lassen sich **Spezialmodule** erfassen, die nicht bei jedem Sanierungprozess auftreten, wie die Übernahme der Poolführerschaft oder die Tätigkeit in einem Lenkungsausschuss bei der Sanierungsüberwachung. Erforderlich für die Beurteilung des Sanierungserfolgs bei einem Engagement sind zunächst die Zielvorgaben in Form der geplanten und erreichbaren Risikoreduzierung unter den zugerechneten Soll-Bearbeitungskosten. Als Erfolg ist unter anderem zu bewerten, wenn über den bankintern geplanten Risikoabbau hinaus beispielsweise aufgrund einer erhöhten Nachbesicherung oder aufgrund ausgehandelter Sondertilgungen über diese Sollgrößen hinaus erhöhte Erlöse beziehungsweise reduzierte Kosten realisiert wurden. Dabei kann die Veränderung einer Ratingklasse mit Gewichtung der Ausfallwahrscheinlichkeit in die Bewertung mit einbezogen werden.

Zudem sind die Zinserträge zu erfassen. Es bietet sich zur Vor- und Nachkalkulation ein Ertragswertmodell auf Basis der Marktzinsmethode mit Anpassungen der Diskontierungszinssätze an das erhöhte Risiko an. Ziel ist die Ermittlung des Barwertes aus den Erlösen und Kosten eines Engagements auf dem Zeitstrahl als Zielvorgabe und als Erfolgskriterium für die Sanierung. Von grundlegender Bedeutung ist die Ermittlung einer quantitativen Zielerfolgsgröße in der Sanierung wie zum Beispiel die mögliche EWB-Reduzierung. Zudem ist die Vermeidung von Haftungsrisiken, Anfechtungsrisiken sowie Vertragsrisiken aus Sicherheitenverträgen zu berücksichtigen.

Als geeignete Kennzahlen für ein funktionsfähiges Controlling bietet sich zunächst die Anzahl der Engagementrückgaben aus der Sanierung in die Normalkreditbetreuung an. Als **erstes** gibt diese Kennzahl der Rückgabequote darüber Aufschluss, wie erfolgreich die Sanierungsabteilung in Bezug auf die Rückführung in den Markt und auf die Wiederherstellung der Kapitaldienstfähigkeit arbeitet. Die Kennzahl ist für ein Benchmarking im Rahmen eines Instituts- und Zeitvergleichs aufgrund des geringen Erhebungsaufwands besonders geeignet.

Im Rahmen einer jährlichen Betrachtung ist **zweitens** festzustellen, in wieviel Prozent der Fälle die gesetzten Meilensteine sowie die maximale Bearbeitungsdauer für Sanierungsengagements eingehalten wurden. Anhand der Kennzahl kann ermittelt werden, ob die Sanierungsabteilung effizient arbeitet. Auf der Basis ist zu prüfen, ob die festgelegten Schritte im Rahmen der Sanierungsbearbeitung institutsbezogen korrekt festgelegt wurden oder Anpassungsbedarf besteht. Für die Daten bietet sich ein Benchmarking im Zeitvergleich und in Form eines Institutsvergleichs an.

Der EWB-Abbau als **dritte Kennzahl** im Rahmen der Erfolgsmessung sollte erst nach Abschluss der Sanierung eingesetzt werden und eignet sich in der Regel nicht bei der Beurteilung in der laufenden Sanierungsbearbeitung. Diese drei Kennzahlen sind in Kombination einzusetzen, um damit eine höchstmögliche Transparenz sowie Aussagekraft in der Erfolgsmessung zu erreichen. Es besteht auch die Möglichkeit, diese Determinanten zu gewichten und zu einem Gesamtscorewert zu aggregieren, der Ausdruck des Erfolgs in der Sanierungsarbeit bei einem Engagement oder in einem zeitlichen Abschnitt auch bei der Gesamtheit der Fälle ist.

Kapazitätsmessungen und Leistung der Sanierungsberater

Anhand der **Vorgaben zur Zeitdauer** können die Engagementzahlen auf die Individualsanierer, die Standardsanierer sowie die Risikospezialisten aufgeteilt werden. Es ist aber zu beachten, dass diese Prozesse bei Individualsanierungen aufgrund der unterschiedlichen Komplexitäten der Engagements nicht vergleichbar sind und sich ein zu starres Festhalten an feste Zeiteinheiten für bestimmte Geschäftsprozesse negativ auf den Gesamterfolg auswirken kann. Die Individualsanierer, die große Engagements betreuen, benötigen Freiheiten und Zeit bei ihren Tätigkeiten. Dies lässt sich zum Teil schwer in festen Soll-Bearbeitungszeiten ausdrücken. Auf der Grundlage der ermittelten Erfolgsgrößen sowie Kostenfaktoren können Kennzahlen zur Beurteilung des Erfolgs einer Sanierungsabteilung errechnet werden.

Das Messsystem sollte transparent und verständlich sein, vollständige, aktuelle Daten verarbeiten und in ein Gesamtkonzept der Mitarbeiterbeurteilung und Vergütung eingebettet sein. Es kann überprüft werden, ob der Personaleinsatz auf die für die Bank wichtigen Sanierungsengagements gelenkt wird. Von Vorteil für die Betrachtung und Beurteilung der Sanierungsabteilung als eigenständigen Profit Center ist es, mit einer Gefährdungsfeststellung bei einem Engagement die vollständige interne Übergabe der Kreditvolumina inklusive der Sicherheiten auf die Sanierungsabteilung vorzunehmen. Dann ist eine Bemessung der Sicherheiten mit Stresstest zum Übergabezeitpunkt vorzunehmen. Ab diesem Zeitpunkt der Übergabe erfolgen Buchungen sämtlicher Erträge und Kosten separat auf den **Profit Center „Sanierung"**.

Ein wichtiger Baustein im **Sanierungscontrolling** ist nach der Erfassung der Mengengerüste die Festlegung geeigneter Kennzahlen zur Beurteilung des Erfolgs. Hier bieten sich folgende Relationen an (vgl. Portisch et al., 2013a, S. 262 ff.):

- Bestimmung der Anzahl bearbeiteter Engagements gestaffelt nach Kategorien wie beispielsweise Kreditvolumen, Unternehmensgröße oder Rechtsform
- Erhebung der Fallzahlen nach Abgaben an den Markt oder in die Abwicklungsabteilung mit Ermittlung der Gesamtverweildauer in der Sanierungsabteilung
- Veränderung des Kreditrisikos mit Neubildung und Auflösung von Einzelwertberichtigungen, Rückstellungen und unter Berücksichtigung der Abschreibungen

Bei der Ermittlung der EWB spielt die Bewertung der Sicherheiten eine große Rolle. Findet ein sehr strenger Stresstest statt, wird kann das Bild eines EWB-Abbaus durch den Erfolg der Arbeit eines Sanierers verzerrt. Grundsätzlich sollte die Bewertung von Firmensicherheiten objektiv erfolgen unter der Berücksichtigung von Wertabschlägen aus spezifischen Gutachten oder aufgrund von Erfahrungswerten. Neben der Sicherheitenbewertung, durch eine neutrale Stelle, ist ein Vergleich des ursprünglich geplanten bankinternen Sanierungskonzeptes mit den dann erfolgten Realisierungen vorzunehmen. Es sind die qualitativen und die quantitativen Zielerreichungen zu messen. Optimal ist es, wenn alle Messdaten direkt aus der EDV abgeleitet werden können und nicht extra separat erhoben werden müssen.

Liegt eine ausreichende Zeitreihe mit einer Vielzahl von Sanierungsdaten vor, können auf Basis der systematischen sowie strukturierten Erhebung des Sanierungsprozesses folgende **Erkenntnisse** gezogen werden:

- Veränderung der Kosten- und Erfolgsdaten im langfristigen Zeitablauf
- Internes Benchmarking und Abgleich mit anderen vergleichbaren Instituten
- Aufbau eines Monitorings mit Abweichungsanalysen und Zielvorgaben

Der gesamte Sanierungsbereich kann anhand dieses Controllingsystems zahlenmäßig durchdrungen und gesteuert werden. Zudem kann mit einer Messung der Ergebnisse der Erfolg der Abteilung überhaupt erst bestimmt werden. Dieses kann gegebenenfalls zum Eigenmarketing der Sanierungsabteilung genutzt werden. Es lässt sich ein Sanierungsmonitoring aufbauen, in dem die laufenden Ergebnisse aus der internen Sanierungsarbeit erfasst werden. Aus diesen Einzelberichten lässt sich ein detaillierter Gesamtbericht zur Information der Geschäftsleitung und der Aufsichtsorgane über die quartalsmäßige Sanierungsarbeit erstellen.

Auf diese Weise können Bewertungen im **Zeitvergleich** erfolgen. Zusätzlich können diese Ergebnisse in einen institutsübergreifenden anonymen Betriebsvergleich eingebracht werden, um die eigenen Quoten mit denen anderer Banken und Sparkassen zu vergleichen. Die Sanierungsabteilungen sollten aufgrund der teilweise stark schwankenden Konjunktur nicht zu personaleng geführt werden. Es zeigt sich in Erhebungen, dass die Erfolge aus der Sanierungsarbeit in den Kreditinstituten meist sehr hoch sind (vgl. Portisch et al., 2013a, S. 262 ff.). Die Kostenstrukturen stehen nicht im Fokus, sondern der Gesamtbankerfolg beispielsweise aus dem EWB-Abbau.

Die nachfolgende Abb. 3.46 zeigt den Aufbau eines möglichen Formularbogens. Dieser ist für jedes Engagement zu erstellen sowie über einen Zeitraum zu einem Gesamtbericht zu verdichten. Von Bedeutung bei einer Erfassung sind insbesondere die Erfolgs- und die Kostenquoten im Sanierungsprozess.

Sanierungsmonitoring

Sanierungsprozess
Bearbeitungsdauer wichtiger Sanierungsteilprozesse
Gesamtbearbeitungsdauer als Hausbank oder Nebenbank
Dauer und Mitarbeiterkosten des Sanierungsprozesses
Bearbeitete Fallzahlen je Mitarbeiter nach Firmengröße
Veränderungen der Blankoteile, EWB, Rückstellungen
Rückgaben in den Markt und Abgaben an die Abwicklung

Sanierungsberater
Kosten der Beratung für ein Sanierungsprojekt
Erfahrung der Berater in Branchen- und Größenklassen
Kommunikation der Berater mit der Bank
Qualität und Verlässlichkeit der Zahlenwerke
Dauer der Erarbeitung und Qualität des Sanierungskonzepts
Prognosen der Berater und tatsächliche Sanierungserfolge

Abb. 3.46: Kennzahlen in einem Ex-Post-Sanierungsmonitoring (Quelle: Eigene Darstellung)

Interne Auswertung der Sanierungsprozesse

Die Sanierungsprozesse sollten regelmäßig und standardisiert anhand von wichtigen Kennzahlen ausgewertet werden. Dabei kann zwischen unterschiedlichen Prozesswegen differenziert werden. Die folgende Tab. 3.13 zeigt wichtige **Erhebungsparameter** bei den **Erfolgskennzahlen** für unterschiedliche Prozesswege.

Tab. 3.13: Erfolge der Sanierungsarbeit je nach Sanierungsprozessweg (Quelle: Eigene Darstellung)

Verfahrensweg	Kreditvolumenabbau	EWB-Abbau	Rückgabe Markt
Kontensanierung			
Standardsanierung			
Individualsanierung			
Abbauportfolio			

Zusätzlich kann beispielsweise die Quote der Ablösungen erfasst werden. Insgesamt sollten Kreditinstitute bei der Bildung der Kennzahlen kreativ vorgehen. Es sind wichtige Daten zu erfassen. Der Effizienzgedanke sollte bei der Erhebung und Auswertung ebenfalls Beachtung finden. Neben den Erfolgskennzahlen sind zudem Auswertungen zu den Kostenstrukturen vorzunehmen. Es sind die Zeitdauern sowie Kosten der Gesamtprozesse sowie für die Teilprozesse zu erfassen. Dabei kann zwischen folgenden **Geschäftsprozesswegen** differenziert werden, wie Tab. 3.14 zeigt.

Tab. 3.14: Dauer und Kosten der Geschäftsprozesse in der Sanierung (Quelle: Eigene Darstellung)

Verfahrensweg	Dauer Teilprozess	Dauer Gesamtprozess	Gesamtkosten
Kontensanierung			
Standardsanierung			
Individualsanierung			
Abbauportfolio			

Eine effiziente und wirkungsvoll arbeitende Sanierungsabteilung stellt einen wichtigen Faktor für den langfristigen Erfolg einer Bank dar. Als Anreiz zum Aufbau eines einsatzstarken Sanierungsteams können die **Vergütungssysteme** leistungsgerecht angepasst und variabel ausgestaltet werden. Die gemessenen quantitativen und qualitativen Erfolge bei der Sanierungsarbeit können zur Anreizwirkung eingesetzt werden. Auf diese Weise können individuelle oder teambezogene Bonussysteme Anreize entfalten und das unternehmerische Denken in diesen bankinternen Bereichen ähnlich wie im Vertrieb deutlich fördern.

Nutzen der Auswertungen für Beurteilungen und variable Vergütungssysteme

Variable Vergütungssysteme sind im Vertriebsbereich von Banken erfolgreich eingeführt. Jedoch bieten auch Marktfolge- oder Schnittstellenbereiche besondere Möglichkeiten der Steuerung und Motivation über eine anreizbezogene Bezahlung. So existieren in einer Problemkreditbearbeitung Stellenprofile, bei denen sich interne Aufgaben in der Kreditbearbeitung mit den Tätigkeiten der Kundenbetreuung überlagern (vgl. Hören, 2003, S. 24). Es ist zu prüfen, inwieweit und auf welche Art und Weise sich variable Leistungsanreize in der Sanierungsabteilung einsetzen lassen, um zum einen Effizienzreserven zu heben sowie zum anderen besondere Leistungsanreize zu setzen (vgl. Portisch, 2009b, S. 60 ff.).

Bislang werden Backoffice-Bereiche in Kreditinstituten von der variablen Vergütung größtenteils ausgegrenzt. Als Gründe werden zum Beispiel fehlende quantitative Bezugsgrößen zur Messung des Erfolgs und die Subjektivität der Bewertung der Leistung genannt. Dennoch tragen alle Abteilungen in Kreditinstituten in ihrer Gesamtheit zum Unternehmenserfolg bei und sollten damit unter Umständen durch variable Vergütungen motiviert werden.

Zudem existieren bei der Problemkreditbetreuung Bereiche, in denen Überschneidungen zwischen der klassischen Sachbearbeitung und der Tätigkeit beim Kunden bestehen. Dies erhöht die Eignung variabler Vergütungssysteme. Es ist dann zu prüfen, ob die Arbeitsmotivation über eine leistungsgerechte Entlohnung mit der Einführung eines variablen **Vergütungssystems** gesteigert werden kann.

Definition: Unter einer **variablen Vergütung** wird die leistungsorientierte Bezahlung im Rahmen einer tariflichen Öffnungsklausel zusätzlich zum Fixum verstanden (vgl. Böhmer, 2007, S. 37 ff.). Grundlage dafür ist zunächst eine Leistungsmessung und anschließend eine Leistungsbeurteilung.

In Kreditinstituten stellen Personalkosten einen großen Fixkostenblock dar, der deren Wettbewerbsfähigkeit im nationalen und internationalen Vergleich stark beeinflusst. So liegen die Cost Income Ratios deutscher Kreditinstitute meistens über denen der internationalen Konkurrenz.

Zudem ist dieser Kostenblock statisch geprägt und entwickelt sich unabhängig von der tatsächlichen Geschäftslage. In Banken erfolgt häufig eine fixierte Entlohnung auf der Grundlage der Tarifverträge und das Gehaltssystem ist meist nur durch geringe leistungsabhängige Anteile geprägt. Aber gerade diese variablen Bestandteile der Entlohnung können Anreize für Mitarbeiter entfalten sowie zugleich die individuelle Bankstrategie fördern. Ziele und Vorteile des **variablen Vergütungssystems** in der Sanierung sind (vgl. Portisch, 2009b, S. 60 ff.):

- Flexibilisierung der meist starren Personalkosten
- Erhöhung der Motivation und der Leistungsgerechtigkeit
- Förderung der bankinternen Unternehmensstrategie

Einsatzgebiete der variablen Vergütung in der Sanierung

Häufig werden bestimmte **Mitarbeitergruppen** von der variablen Entlohnung ausgeschlossen. Dabei wird argumentiert, Stellen in der Marktfolge bieten aufgrund der fehlenden quantitativen Erfolgsmessungskriterien keine Basis für eine individuell ausgestaltete variable Vergütung. Jedoch können diese Vergütungssysteme heutzutage auch qualitative Kriterien berücksichtigen.

Zudem existieren in Kreditinstituten im Sanierungsbereich oftmals Tätigkeitsbereiche, bei denen klassische Backoffice-Arbeiten mit vertriebsähnlichen Aufgaben kombiniert auftreten und damit auch messbare Zielgrößen anbieten. Zu prüfen ist daher, ob sich variable Entlohnungssysteme unter Umständen in der Problemkreditbearbeitung von Kreditinstituten sinnvoll einsetzen lassen.

In der Problemkreditbearbeitung bestehen in Abhängigkeit von der Aufbauorganisation unterschiedliche Tätigkeitsbereiche. Diese **Stellenprofile** werden verstärkt durch quantitativ messbare Bestandteile oder durch qualitative Inhalte geprägt. In Kreditinstituten existieren verschiedene Arten von Tätigkeitsgebieten in der Sanierungsarbeit bei Firmenkunden in Abhängigkeit von den installierten **Sanierungsprozessen** und der Möglichkeit der Gestaltung eines **Abbauportfolios**.

- **Erstens** sind dies sind klassische Standardsanierer, die unter anderem Teilaufgaben der Analyse von Kreditengagements sowie der Betreuung kleinerer Engagements verrichten. Die Aufgaben sind nach der Messbarkeit verstärkt quantitativ geprägt. Als Messgröße bietet sich unter anderem die bearbeitete Fallzahl an und auch die Rückführungsrate und Bearbeitungsdauer für die jeweiligen Teil- sowie Hauptprozesse in der Sanierungsarbeit.
- **Zweitens** bestehen Individualsanierer mit Analyseaufgaben und Tätigkeiten mit Kundenkontakt. Bei diesen Stellen vermischen sich Aktivitäten im internen Backoffice mit externen Aufgaben beim Kunden oder bei anderen Stakeholdern. Dann sind Messgrößen zu verwenden, die qualitative sowie quantitative Eigenschaften miteinander vereinen. Dabei ist zu beachten, dass diese einzelnen Engagements häufig einen unterschiedlichen Komplexitätsgrad haben.
- **Drittens** existieren in vielen Instituten Spezialsanierer mit besonderen Aufträgen in der Sanierung eines Kunden. So werden von diesem Mitarbeiterkreis außergerichtliche Verwertungen von Immobilien oder Spezialsicherheiten sowie weitere Spezialaufgaben wie die Investorensuche durchgeführt. Zur genauen Leistungsmessung kann der quantitative Erfolg bei außergerichtlichen Verwertungen herangezogen werden.
- **Viertens** besteht die Möglichkeit, die Bewertung im Team vorzunehmen, bei der eine Leistungsmessung den vollständigen Sanierungsprozess bei einem Firmenengagement umfasst. Auf diese Weise wird der Druck von einzelnen Mitarbeitern genommen und der Teamgedanke gefördert. Die nachfolgende Tab. 3.15 zeigt die verschiedenen **Alternativen** zur Beurteilung der unterschiedlichen Tätigkeitsbereiche auf (vgl. Portisch, 2009b, S. 61).

Tab. 3.15: Tätigkeitsbereiche und Leistungsmessung in der Sanierung (Quelle: Eigene Darstellung)

Sanierer	Tätigkeiten	Bemessungsgrößen	Eignung
Standardsanierer	Analyse	Quantitativ	Mittel bis Gut
Individualsanierer	Kundenbetreuung	Quantitativ/Qualitativ	Gut
Spezialsanierer	Verwertung/Insolvenz	Quantitativ	Mittel bis Gut
Team	Kunde/Backoffice	Quantitativ/Qualitativ	Gut

Dabei gelingt es mit der Aufteilung und detaillierten Untersuchung der Einzeltätigkeiten und Stellenprofile ein Gesamtbild über die **Eigenschaften** sowie **Fähigkeiten** des Mitarbeiterstamms in der Sanierungsabteilung zu gewinnen. Auf diese Art und Weise kann auch das Potenzial der Weiterentwicklung von einzelnen Mitarbeitern mit einer Matrix eingeschätzt werden, wie die folgende Abb. 3.47 zeigt.

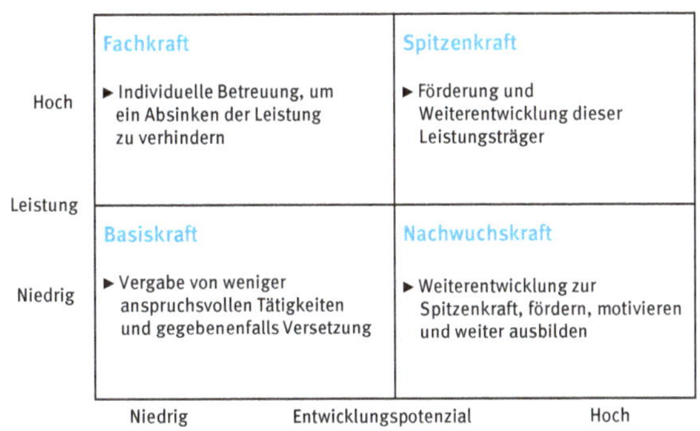

Abb. 3.47: Auswertung des Mitarbeiterportfolios (Quelle: Eigene Darstellung)

Diese Strukturierung kann auch für die weitere Konstruktion und Ausgestaltung eines Beurteilungs- und Vergütungssystems verwendet werden. Ein Problem bei der Konzeption eines **Anreizsystems** mit variablen Gehaltskomponenten ist die Messung der Leistung. Dabei werden häufig individuelle Personalbeurteilungen durch den Vorgesetzten anhand von Kriterienkatalogen oder quantitativen Merkmalen vorgenommen. Die Beurteilung eines Erfolgs in einer Sanierung ist dagegen differenziert ausgestaltet und erfordert ganzheitliche Verfahren. Grundlage der variablen Vergütung ist die Beurteilung der Leistung der einzelnen Mitarbeiter oder eines Teams. Im Fall der Einzelbewertung sind Kriterien für die Leistungsbemessung und deren Beurteilung aus dem Stellenprofil abzuleiten. Diese Bewertungsmethoden sind mit dem Vergütungssystem einer Bank und der Kreditrisikostrategie zu verzahnen. Die Leistungskriterien können Anhaltspunkte für die Berichterstattung der Adressenausfallrisiken bieten.

Anforderung an die Risikoberichterstattung in der Sanierung

Besondere Anforderungen an die **Berichterstattung** über Adressenausfallrisiken ergeben sich aus MaRisk BT 3. Des Weiteren bestehen auch Anforderungen der Berichterstattung aus dem NPL-Leitfaden beispielsweise zur Wirksamkeit von NPL-Lösungen mit den Auswirkungen auf die Reduzierung der Risiken. Erfolgsmessungen können auch für das Berichtswesen in der Sanierung genutzt werden. Im Vorfeld sollten sich die Entscheidungsträger über die gewünschten Informationen sowie die Ziele im Klaren sein. Des Weiteren ist der Rhythmus der Dokumentationen festzulegen.

Folgende Zielbereiche sowie Maßstäbe zur Messung der Erfolge können den zu erstellenden Dokumentationen zugrunde liegen, damit aus diesen Berichtseinheiten starke Steuerungsimpulse gesetzt oder abgeleitet werden können. Beispiele dafür sind:

- **Quantitative Kennzahlen:** Zielerreichung beim Risikoabbau über Kreditreduzierungen sowie Nachbesicherungen, Abbau der Einzelwertberichtigungen, Verwertungserfolge über die erwarteten Planwerte, Einhaltung beziehungsweise Unterschreitung der Kosten im Sanierungsbereich.
- **Qualitative Kennzahlen:** Verbesserungen im Reporting, Erfüllung der Plandauer der Sanierung, Einhaltung der zeitlichen und inhaltlichen Meilensteine, Verbesserungen im Rating, Aufbau eines Sanierungscontrollings und Erhöhung der Transparenz über den gesamten Sanierungsprozess.

Die nachfolgende Tab. 3.16 fasst die möglichen Erfolgsmaßstäbe zusammen. Diese sollten auf der Einzelengagementebene und auf der Portfolioebene erhoben werden, um auch eine Gesamtschau über die Segmente der Problemkredite zu erhalten. Gegebenenfalls sollte das Reporting auch auf einen spezialisierten Intensivbereich ausgeweitet werden, wie in MaRisk BT 3.2 Rn. 3 gefordert (vgl. Kurfels, 2018, S. 128).

Tab. 3.16: Erfolgsmaßstäbe in der Sanierung (Quelle: Eigene Darstellung)

Engagementebene	Portfolioebene
Einhaltung Meilensteine Sanierungskonzept	Fallzahlen/Obligos/EWB/Rückstellungen
Erlöse aus der Vor- und Nachkalkulation	Plan-Ist-Vergleiche Kreditreduzierungen
Kosten aus der Vor- und Nachkalkulation	Plan-Ist-Vergleiche Nachbesicherungen
Reduzierung der Einzelwertberichtigung	Durchschnittliche Sanierungsdauer
Einhaltung der maximalen Betreuungsdauer	Rückführungsquoten in den Markt

Die Inhalte sollten in die Risikoberichterstattung an die Geschäftsleitung nach MaRisk BT 3.2 Rn. 3 einfließen. Es sind auch die strukturellen Gegebenheiten des Kreditportfolios darzulegen, die Verteilungen der Adressenausfallrisiken nach Branchen und nach Größenklassen auszuwerten, die Entwicklung der Risikovorsorge ist darzulegen.

Grundlage des **Sanierungsreportings** ist eine detaillierte Analyse der **Einzelfälle**. Die **Auswertungsbausteine** im Sanierungsprozess bei einzelnen Engagements sollen zum einen die qualitativen Schritte und zum anderen die quantitativen Erfolge durch die Sanierungsarbeit eines Kreditinstituts erfassen. Ein Darlegungsformat bezieht sich auf die Kreditnehmereinheit. Im Fokus der Betrachtung stehen quantitative und qualitative Veränderungen, bezogen auf einen Kreditnehmer. Es wird der eingeschlagene Sanierungsweg dargestellt. Zudem werden Engagementangaben zu den finanziellen Entwicklungen bei dem Kreditvolumen, den Sicherheiten und dem Blankoteil übermittelt. Zielabweichungen werden deutlich und ermöglichen Analysen zu Ursachen negativer Verfehlungen. Abb. 3.48 stellt ein Beispiel-Reporting für die **Kreditnehmereinheit** dar mit Angaben in TEuro (vgl. Portisch, 2017a, S. 102 ff.).

KNE Janssen – Einzelhandel Individualsanierung			Maßnahmen	Plantermin	Planeffekt	Plandauer	Status
Merkmal/Zeit	01/Jahr 1	01/Jahr 2	Volksbank – Status Hausbank Verantwortlich: Sanierungsbetreuer Wohlgemut				
Kredite	615	580	Finanzwirtschaftliche Maßnahmen – Entscheidungsbedarf				
Sicherheiten	280	300	Tilgungsaussetzung Forbearance	31.10.Jahr 1	200	12 Monate	Umgesetzt
Blanko	335	280	Überbrückungskredit Fresh Money	31.12.Jahr 1	50	2 Monate	Beantragt
EWB	335	280	Forderungsverzicht Besserungsschein	31.05.Jahr 1	200	2 Monate	Abgelehnt
Abschreibung	0	0	Leistungswirtschaftliche Maßnahmen				
Rating	12	15	Verkauf Halle	31.01.Jahr 3	300	12 Monate	Offen
Strategie	Normalkredit- bearbeitung	Individual- sanierung	Umsetzung Stellenabbau	30.11.Jahr 2	500	12 Monate	Teilweise umgesetzt
Bearbeitung seit	02.01.Jahr 1	15.05.Jahr 1	Gesamtstatus	Internes Sanierungskonzept		Sanierungserfolg noch offen	

Abb. 3.48: Statusbericht in der Individualsanierung (Quelle: Eigene Darstellung)

Neben den Einzelkreditnehmerberichten sollte eine aggregierte Darstellung erfolgen. Visualisiert werden die quantitativen Werte der Kreditnehmereinheiten sowie die Volumina auf **Gesamtbankebene** im gesamten Portfolio wie Abb. 3.49 zeigt.

Kunde Branche	Kredite (Veränd. VJ)	Sicherheiten (Veränd. VJ)	Blankoanteil (Veränd. VJ)	EWB (Veränd. VJ)	Rating (VJ)	Prozessweg	Bearbeitung seit
Janssen Einzelhandel	580 (-35)	300 (+20)	280 (-55)	280 (-55)	15 (12)	Individual- sanierung	15.05.Jahr 1
Meyer Maschinenbau	...	...	...	...			
Kumuliert							
102 Engagements	40.203 (-5.367)	23.494 (+4.316)	16.709 (-1.051)	17.235 (-1.267)			

Abb. 3.49: Portfoliobericht in der Sanierung (Quelle: Eigene Darstellung)

Als Informationsquelle kann die **Gesamtübersicht**, differenziert nach verschiedenen Prozesswegen und quantitativen Wertkategorien für die Sanierungsabteilung, erstellt werden. Es können die Verweildauern für die Engagements erfasst werden. Sie geben auch einen Überblick über die kapazitätsmäßige Auslastung des Sanierungsbereiches und den zeitlichen Erfolg der Maßnahmen wie Abb. 3.50 zeigt.

Handlungsstrategie	KNE 01/Jahr 1 Kredite Blanko EWB	Zugänge Jahr 1 Kredite Blanko EWB	Abgänge Jahr 1 Kredite Blanko EWB	KNE 01/Jahr 2 Kredite Blanko EWB	(Durchschnittliche) Verweildauer Jahre <1 <2 <3 <4 >4
Individualsanierung	107 77.134 45.757 45.135	25 5.678 3.456 3.310	12 17.478 23.445 22.350	120 65.334 25.768 26.095	23 87 5 5 0 1,93 Jahre
Standardsanierung	278 26.084 10.299 10.210	34 2.356 1.763 1.735	67 4.984 1.698 1.688	245 23.456 10.364 10.257	140 35 55 10 5 1,78 Jahre
Abbauportfolio	200 26.956 10.735 10.655	20 12.567 3.623 3.611	75 14.956 4.902 4.876	145 24.567 9.456 9.390	90 30 15 10 0 1,62 Jahre
Sonstiges	18 345 197 185	12 345 132 125	7 123 95 90	23 567 234 220	15 8 0 0 0 1,35 Jahre

Abb. 3.50: Portfoliostatusbericht nach Prozessen in der Sanierung (Quelle: Eigene Darstellung)

Dabei sind auch Übertragungen von einem Portfolio in ein anderes Segment möglich, beispielsweise von der Standardsanierung in das Abbauportfolio, wenn sich das Sanierungsziel im Lauf der Restrukturierung verändert. So können die Rückübertragungen der Sanierungsfälle in den Normalkreditbereich anhand der Stückzahl und der Volumina in den verschiedenen Kategorien erfasst werden.

Die Berichterstattungspflichten von Adressenausfallrisiken richten sich an Geschäftsleitung und Aufsichtsorgane. Die Reports nach MaRisk BT 3 Rn. 1 müssen nachvollziehbar, aussagekräftig, vollständig, genau und aktuell sein sowie eine zukunftsorientierte Risikoeinschätzung mit Handlungsvorschlägen zu der Risikoreduzierung abgeben. Bei den Adressenausfallrisiken sind Veränderungen der Wertberichtigungen, Rückstellungen und Abschreibungen relevant und den damit verbundene Sicherheiten und Klumpenrisiken sowie den auftretenden Risikokonzentrationen.

? **Checkliste und Analysen zu Controlling und Reporting in der Sanierung aus Bankensicht:**

1. Werden die quantitativen und qualitativen Sanierungserfolge systematisch und differenziert erhoben?
2. Werden die Kosten- und Erfolgsmessungen in die laufende Berichterstattung angemessen integriert?
3. Erfolgt die Messung der Erfolge und Misserfolge auch für den Aufbau variabler Vergütungssysteme?
4. Lässt sich anhand der Berichte die Sanierungsstrategie auf Einzelengagementebene überwachen?
5. Können die Einzelberichterstattungen zusammengefasst Informationen über die Gesamtlage geben?

3.9 Praxisfall zur Sanierungsbearbeitung

Zum Unternehmen Kaufhaus GmbH

- Gründung 1900, Warenhaus über die Region hinaus bekannt, großer Kundenkreis
- Viele Warengruppen, Komplettanbieter in mittelgroßer Stadt
- Besitzgesellschaft Müller OHG hält die Grundstücke und Gebäude
- Herr Müller, 41 Jahre alt, führt den Betrieb in der dritten Generation fort
- Angemessenes Geschäftsführergehalt von 150 TEUR jährlich
- Privatvermögen vorhanden, private Kontoführung meist im Rahmen
- Sammelt Oldtimer, fährt selbst einen Aston Martin, möchte Bugatti erwerben
- Ausbildung zum Groß- und Außenhandelskaufmann im Unternehmen
- Kennt alle Produkte im Geschäft und betreut Kunden auch im Verkauf
- Müller ist sehr innovativ und setzt seine Ideen im Betrieb meist um
- Zweite Führungsebene Abteilungsleiter Einkauf (55 Jahre), Vertrieb (63 Jahre)
- Steuerberater, Wirtschaftsprüfer Dr. Meyer (65 Jahre) berät die Firma umfassend

Branche, Markt und wirtschaftliche Entwicklung

- Saturn, Obi, WMF sind Hauptkonkurrenten vor Ort
- Gute 1a-Lage des Kaufhauses, jedoch nur 20 Parkplätze
- Einzelhandel derzeit in Teilsektoren schwach
- Wirtschaftliche Lage siehe mitgelieferte Bilanzen

Tab. 3.17: Kreditlinien und Inanspruchnahme in TEuro (Quelle: Eigene Darstellung)

Kredit Nr.	Position	12/Jahr 2	12/Jahr 3	Saldo	Laufzeit
1	BMK	1.800	1.800	-1.660	b.a.w.
2	Darlehen	680	660	-660	30.09. Jahr 9
3	KfW	575	575	-575	31.12. Jahr 6
4	Bau	185	180	-180	31.12. Jahr 5
5	Aval	110	110	-110	30.09. Jahr 5
Summe		**3.350**	**3.325**	**-3.185**	
Sicherheiten		**3.000**	**3.000**	**3.000**	
EWB		**0**	**0**	**0**	
Blanko		**350**	**325**	**185**	

Zu 1. Betriebsmittelkredit
Zu 2. Investitionskredit zur Finanzierung von Umbaumaßnahmen
Zu 3. Kredit zur Finanzierung von Ladeneinrichtung und EDV-System
Zu 4. Baukredit zur Finanzierung von Parkplätzen
Zu 5. Aval für Einbau Café in Geschäft
Sicherheiten noch nicht im Wert korrigiert

Tab. 3.18: Sicherheitenspiegel in TEuro haftend für alle Kredite und Avale (Quelle: Eigene Darstellung)

Sicherheitenart	Nominal	Vorlasten	Wert	Quote	Bewertung
Grundschuld Firma	2.000	800	5.000	0,65	2.000
Grundschuld Firma	1.000	2.800	5.000	0,65	450
Grundschuld Privat	250	0	450	0,90	250
Warenübereignung	300	0	1.000	0,30	300
Bürgschaft Müller	500	0	0	0,00	0
Summe	**4.050**	**800**	**6.450**	**je Position**	**3.000**

Tab. 3.19: Kapitaldienstrechnung in TEuro (Quelle: Eigene Darstellung)

Einnahmen/Ausgaben per 12/Jahr 3	Position
Jahresüberschuss Bilanz	1
AfA	71
Zuführung Rückstellungen	30
Zinsaufwand	269
Brutto-Cash-Flow	**371**
Kredit Nr. 1	-144
Kredit Nr. 2	-65
Kredit Nr. 3	-50
Kredit Nr. 4	-18
Kredit Nr. 5	-2
Kredit Sparkasse	-80
Summe	**12**

Tab. 3.20: Vermögensaufstellung Müller in TEuro (Quelle: Eigene Darstellung)

Vermögensposition per 12/Jahr 3	Betrag
Sparbuch	30
EFH ½ Anteil	225
Nr. 1 Kapitallebensversicherung	45
Nr. 2 Kapitallebensversicherung	70
Nr. 3 Kapitallebensversicherung	15
Nr. 4 Kapitallebensversicherung	10
Nr. 5 Kapitallebensversicherung	25
Summe	**420**

Tab. 3.21: Bilanz der Kaufhaus GmbH in TEuro (Quelle: Eigene Darstellung)

Bilanz Kaufhaus GmbH	**12/Jahr 1**	**12/Jahr 2**	**12/Jahr 3**
Immaterielles Vermögen	**9**	**4**	**5**
Maschinen Inventar	175	93	153
Sachanlagen	**175**	**93**	**153**
Anteile verbundene Unternehmen	61	58	63
Sonstige Finanzanlagen	20	21	23
Finanzanlagen	**81**	**79**	**86**
Summe Anlagevermögen	**265**	**176**	**244**
Fertige Erzeugnisse	4.445	4.578	4.835
Forderungen aus L. und L.	38	35	30
Forderungen verbundene Unt.	281	390	227
Liquide Mittel	21	23	16
Sonstiges Vermögen	135	107	90
Summe Umlaufvermögen	**4.920**	**5.133**	**5.198**
Bilanzsumme	**5.185**	**5.309**	**5.442**
Stammkapital	750	750	750
Rücklagen	0	51	42
Bilanzgewinn/-verlust (Vortrag)	-278	-312	-320
Haftende Mittel	**472**	**489**	**472**
Gesellschafterdarlehen	371	250	200
Eigene Mittel	**843**	**739**	**672**
Pensionsrückstellungen	134	141	145
Sonstige Rückstellungen	15	11	12
Bankverbindlichkeiten	0	1.567	1.438
Langfristiges Fremdkapital	**149**	**1.719**	**1.595**
Verbindlichkeiten aus. L. und L.	587	605	832
Kurzfristige Bankverbindlichkeiten	3.079	1.843	1.931
Sonstiges	527	403	412
Kurzfristiges Fremdkapital	**4.193**	**2.851**	**3.175**
Bilanzsumme	**5.185**	**5.309**	**5.442**

Der Jahresabschluss wird von dem lange bekannten Steuerberater und Wirtschaftsprüfer Dr. Meyer erstellt. Der Vater kannte Meyer bereits, der das Unternehmen auch in Investitionsfragen berät. In einer Krisenlage vor rund 20 Jahren hat dieser das Unternehmen durch die Erstellung eines rudimentären Sanierungskonzepts sowie in Gesprächen mit den Banken und Lieferanten unterstützt und aus der Krise geführt. Dies hat das Unternehmen seinerzeit vor der Insolvenz bewahrt.

Tab. 3.22: Gewinn- und Verlustrechnung der Kaufhaus GmbH in TEuro (Quelle: Eigene Darstellung)

GuV Kaufhaus GmbH	12/Jahr 1	12/Jahr 2	12/Jahr 3
Gesamtleistung	**7.740**	**7.302**	**7.375**
Materialaufwand/Fremdleistung	4.802	4.358	4.380
Rohertrag	**2.938**	**2.944**	**2.995**
Personalaufwand	2.012	1.956	1.980
Abschreibungen	125	93	71
Sonstiger ordentlicher Aufwand	691	721	751
Sonstiger ordentlicher Ertrag	61	63	92
Betriebsergebnis (EBIT)	**171**	**237**	**285**
Erträge aus Zinsen	16	15	14
Zinsaufwendungen	195	233	269
Bereinigtes Ergebnis	**-8**	**19**	**30**
Außerordentlicher Aufwand	11	6	3
Außerordentlicher Ertrag	51	31	21
Außerordentliches Ergebnis	**40**	**25**	**18**
Ertragssteuern	30	40	47
Jahresüberschuss	**2**	**4**	**1**
Abschreibungen	125	93	71
Cash Flow	**127**	**97**	**72**

Tab. 3.23: Wirtschaftliche Analyse der Kaufhaus GmbH (Quelle: Eigene Darstellung)

Finanzwirtschaftliche Analyse	12/Jahr 1	12/Jahr 2	12/Jahr 3
Eigenkapitalquote	9,10 %	9,21 %	8,67 %
Eigenmittelquote	16,26 %	13,92 %	12,35 %
Verschuldungsgrad	9,99 Jahre	9,86 Jahre	10,53 Jahre
Dynamischer Verschuldungsgrad	37,11 Jahre	49,69 Jahre	69,03 Jahre
Debitorenlaufzeit	1,77 Tage	1,73 Tage	1,46 Tage
Kreditorenlaufzeit	44,01 Tage	49,98 Tage	68,38 Tage
Ertragswirtschaftliche Analyse	**12/Jahr 1**	**12/Jahr 2**	**12/Jahr 3**
Materialkostenquote	62,04 %	59,68 %	59,39 %
Personalkostenquote	25,99 %	26,79 %	26,85 %
Vorratsquote	85,73 %	86,23 %	88,85 %
Umschlaghäufigkeit Vorräte	1,74 pro Jahr	1,60 pro Jahr	1,53 pro Jahr
EBIT-Quote	2,21 %	3,25 %	3,86 %
Cash-Flow-Quote	1,64 %	1,33 %	0,98 %

Tab. 3.24: Bilanz der Kaufhaus GmbH in TEuro (Quelle: Eigene Darstellung)

Bilanz Kaufhaus GmbH	**12/Jahr 2**	**12/Jahr 3**	**12/Jahr 4**
Immaterielles Vermögen	**4**	**5**	**3**
Maschinen Inventar	93	153	91
Sachanlagen	**93**	**153**	**91**
Anteile verbundene Unternehmen	58	63	71
Sonstige Finanzanlagen	21	23	25
Finanzanlagen	**79**	**86**	**96**
Summe Anlagevermögen	**176**	**244**	**190**
Fertige Erzeugnisse	4.578	4.835	3.853
Forderungen aus L. und L.	35	30	45
Forderungen verbundene Unt.	390	227	0
Liquide Mittel	23	16	55
Sonstiges Vermögen	107	90	145
Summe Umlaufvermögen	**5.133**	**5.198**	**4.098**
Bilanzsumme	**5.309**	**5.442**	**4.288**
Stammkapital	750	750	800
Rücklagen	51	42	42
Bilanzgewinn/-verlust (Vortrag)	-312	-320	0
Haftende Mittel	**489**	**472**	**842**
Gesellschafterdarlehen	250	200	170
Eigene Mittel	**739**	**672**	**1012**
Pensionsrückstellungen	141	145	149
Sonstige Rückstellungen	11	12	0
Bankverbindlichkeiten	1.567	1.438	0
Langfristiges Fremdkapital	**1.719**	**1.595**	**149**
Verbindlichkeiten aus. L. und L.	605	832	657
Kurzfristige Bankverbindlichkeiten	1.843	1.931	1.994
Sonstiges	403	412	476
Kurzfristiges Fremdkapital	**2.851**	**3.175**	**3.127**
Bilanzsumme	**5.309**	**5.442**	**4.288**

Auf Veranlassung der Hausbank hat Herr Müller den Warenbestand im Hinblick auf die Werthaltigkeit untersuchen lassen. Es hat sich gezeigt, dass viele Altwaren gelagert wurden und die Bewertung deutlich zu korrigieren war. Daher haben sich die Ertragslage und die bilanzielle Lage stark verändert. Das Unternehmen befindet sich in einer Erfolgskrise und die zu hohen Betriebsmittelkreditlinien sind komplett ausgeschöpft. Es kommt zeitweise zu Überziehungen.

Tab. 3.25: Gewinn- und Verlustrechnung der Kaufhaus GmbH in TEuro (Quelle: Eigene Darstellung)

GuV Kaufhaus GmbH	12/Jahr 2	12/Jahr 3	12/Jahr 4
Gesamtleistung	**7.302**	**7.375**	**6.531**
Materialaufwand/Fremdleistung	4.358	4.380	4.366
Rohertrag	**2.944**	**2.995**	**2.165**
Personalaufwand	1.956	1.980	1.890
Abschreibungen	93	71	61
Sonstiger ordentlicher Aufwand	721	751	789
Sonstiger ordentlicher Ertrag	63	92	180
Betriebsergebnis (EBIT)	**237**	**285**	**-395**
Erträge aus Zinsen	15	14	6
Zinsaufwendungen	233	269	261
Bereinigtes Ergebnis	**19**	**30**	**-650**
Außerordentlicher Aufwand	6	3	0
Außerordentlicher Ertrag	31	21	0
Außerordentliches Ergebnis	**25**	**18**	**0**
Ertragssteuern	40	47	0
Jahresüberschuss	**4**	**1**	**-650**
Abschreibungen	93	71	61
Cash Flow	**97**	**72**	**-589**

Tab. 3.26: Wirtschaftliche Analyse der Kaufhaus GmbH (Quelle: Eigene Darstellung)

Finanzwirtschaftliche Analyse	12/Jahr 2	12/Jahr 3	12/Jahr 4
Eigenkapitalquote	9,21 %	8,67 %	19,64 %
Eigenmittelquote	13,92 %	12,35 %	23,60 %
Verschuldungsgrad	9,86 Jahre	10,53 Jahre	4,09 Jahre
Dynamischer Verschuldungsgrad	49,69 Jahre	69,03 Jahre	-5,85 Jahre
Debitorenlaufzeit	1,73 Tage	1,46 Tage	2,48 Tage
Kreditorenlaufzeit	49,98 Tage	68,38 Tage	54,17 Tage
Ertragswirtschaftliche Analyse	**12/Jahr 2**	**12/Jahr 3**	**12/Jahr 4**
Materialkostenquote	59,68 %	59,39 %	66,85 %
Personalkostenquote	26,79 %	26,85 %	28,94 %
Vorratsquote	86,23 %	88,85 %	89,86 %
Umschlaghäufigkeit Vorräte	1,60 pro Jahr	1,53 pro Jahr	1,70 pro Jahr
EBIT-Quote	3,25 %	3,86 %	-6,05 %
Cash-Flow-Quote	1,33 %	0,98 %	-9,02 %

Die wirtschaftliche Lage ist im Rahmen der Jahresabschlussanalyse anhand von branchentypischen Kennzahlen zu untersuchen. Im Einzelhandel sind beispielsweise Relationen von Bedeutung, die das Umlaufvermögen untersuchen, die Umschlaghäufigkeit der Vorräte, die Kostenquoten sowie Erfolgskennzahlen wie unter anderem die Cash-Flow-Quote. In der nachfolgenden Abb. 3.51 werden ausgewählte **Kennzahlen** anhand der aufgeführten Formeln dargestellt.

$$\text{Eigenkapitalquote (\%)} = \frac{\text{Eigenkapital}}{\text{Bilanzsumme}}$$

$$\text{Eigenmittelquote (\%)} = \frac{\text{Eigene Mittel}}{\text{Bilanzsumme}}$$

$$\text{Verschuldungsgrad (Jahre)} = \frac{\text{Fremdkapital}}{\text{Eigenkapital}}$$

$$\text{Dynamischer Verschuldungsgrad (Jahre)} = \frac{\text{Fremdkapital}}{\text{Cash Flow}}$$

$$\text{Debitorenlaufzeit (Tage)} = \frac{\text{Forderungen LuL}}{\text{Gesamtleistung}} \cdot 365$$

$$\text{Kreditorenlaufzeit (Tage)} = \frac{\text{Verbindlichkeiten LuL}}{\text{Wareneinsatz}} \cdot 365$$

$$\text{Materialintensität (\%)} = \frac{\text{Materialaufwand}}{\text{Gesamtleistung}}$$

$$\text{Personalintensität (\%)} = \frac{\text{Personalaufwand}}{\text{Gesamtleistung}}$$

$$\text{Vorratsintensität (\%)} = \frac{\text{Bestand Vorräte}}{\text{Bilanzsumme}}$$

$$\text{Umschlaghäufigkeit (Jahr)} = \frac{\text{Gesamtleistung}}{\text{Bestand Vorräte}}$$

$$\text{EBIT-Quote (\%)} = \frac{\text{Betriebsergebnis}}{\text{Gesamtleistung}}$$

$$\text{Cash-Flow-Quote (\%)} = \frac{\text{Cash Flow}}{\text{Gesamtleistung}}$$

Abb. 3.51: Ertrags- und Finanzwirtschaftliche Kennzahlen (Quelle: Eigene Darstellung)

Die Untersuchungsergebnisse bei der Einzelhandel GmbH zeigen bereits in den Jahren 1 bis 3 Auffälligkeiten wie einen stetigen Anstieg der Vorräte und schwache Ertragszahlen. Im Rahmen der Bewertung des Umlaufvermögens im Jahr 4 wird das gesamte Ausmaß der wirtschaftlichen Schieflage deutlich. Zum einen sind die Warenbestände deutlich im Wert zu reduzieren, da vermutlich nicht mehr veräußerbare alte Waren bestehen. Zum anderen wird die sehr schwache Ertragslage deutlich, die Kosten sind zu hoch und die Umsätze zu gering. Das Unternehmen befindet sich in der Erfolgskrise und vermutlich bereits in der Liquiditätskrise. Daher wird das Rating auf die Stufe Sanierung umgestellt und eine Einzelwertberichtigung gebucht.

Das Unternehmen muss sich dringend extern beraten lassen und es ist ein individueller Sanierungsprozess aus Bankensicht einzuleiten. Die Wettbewerbsfähigkeit und die Kapitaldienstfähigkeit sind nicht mehr gegeben. Daher ist zu überprüfen, ob das Unternehmen noch als sanierungsfähig eingestuft werden kann und ob aus Bankensicht die Sanierungswürdigkeit unter Beachtung aller Risiken gegeben ist. Das Insolvenzrisiko beziehungsweise mögliche Insolvenztatbestände sind vorab gutachterlich zu prüfen, beispielsweise durch einen spezialisierten Wirtschaftsprüfer.

Bestehen keine akuten Insolvenzrisiken, wird die Sanierungsfähigkeit zudem über ein externes Sanierungskonzept gemäß IDW S 6 bestätigt und wird die Sanierungswürdigkeit durch die Banken festgestellt, muss zeitnah diese Umsetzung der in dem Konzept empfohlenen Sanierungsmaßnahmen erfolgen. Daher sind die finanziellen Voraussetzungen sicherzustellen und die leistungswirtschaftlichen Maßnahmen umzusetzen.

Ablauf der Untersuchungshandlungen aus Bankensicht

Stakeholder in der Sanierung

- Weiter Bankverbindung der Kaufhaus GmbH zur Sparkasse (nicht Hausbank)
- Fünf Hauptlieferanten beliefern das Unternehmen
- Einige Firmengroßkunden aus der Gastronomie

Organisation und Prozesse der Sanierungsbearbeitung

- Zuordnung in der Bank auf Intensivbetreuung
- Überleitung auf Sanierer
- Beginn Individualsanierung

Risikoerkennung als Auslöser der Sanierungsplanung

- Hohes und ansteigendes Warenvolumen
- Hohe Inanspruchnahmen kurzfristige Kreditlinien
- Rückführung des Gesellschafterdarlehens

Finanzwirtschaftliche Sofortmaßnahmen

- Prüfung Überschuldung und Zahlungsunfähigkeit
- Rangrücktritts-und Kapitalbelassungserklärung für Gesellschafterdarlehen
- Liquiditätsschöpfung durch Warensonderverläufe, Aufrechterhaltung Linien

Leistungswirtschaftliche Sanierung und Sanierungskonzept

- Erstellung Sanierungskonzept IDW S 6 durch spezialisierten Sanierungsberater
- Prüfung der Sanierungsfähigkeit und Sanierungswürdigkeit aus Bankensicht
- Gespräche mit den Banken zur Aufrechterhaltung der Linien

Sicherheitenpool und Sicherheitenabgrenzungsvertrag

- Durchfinanzierung des Sanierungskonzepts mit zweiter Bank
- Aufrechterhalten der Linien der Lieferanten und Kreditversicherer
- Durchführung von mehrjährigen Tilgungsaussetzungen (Forbearance)

Sanierungsüberwachung und Berichterstattung

- Umsetzung des Sanierungskonzepts durch externen Berater im Unternehmen
- Berichterstattung der Meilensteine und Soll-Ist-Abweichungen an die Banken
- Laufende bankinterne Berichterstattung über Sanierungserfolg

Controlling und Reporting der Sanierung

- Überwachung der zeitlichen Sanierungserfolge bankintern
- Überprüfung der Veränderung der EWB und Erreichung von Sanierungserfolgen
- Überleitung an die Normalkreditbearbeitung oder Abwicklungsabteilung

Die Analyse des Jahresabschlusses zeigt eine prekäre wirtschaftliche Lage. Das Unternehmen ist nicht mehr profitabel und es besteht die Gefahr der drohenden Zahlungsunfähigkeit. Der Gesellschafter Müller hat sein Gesellschafterdarlehen reduziert und bestreitet damit Privatkonsum auf hohem Niveau. Der Wirtschaftsprüfer und Steuerberater Dr. Meyer hat aufgrund eines von ihm besuchten StaRUG-Seminars dem Kunden Müller angeraten die Insolvenzantragsgründe prüfen zu lassen. Des Weiteren hat sich Dr. Meyer, wie damals dem Vater des Inhabers, angeboten, bei der Rettung des Unternehmens mitzuhelfen und wenn notwendig ein kurzes Sanierungskonzept zu erstellen. Dr. Meyer hat sich aber nach anfänglichen Versuchen, ein Sanierungskonzept zu erstellen, letztendlich aus zeitlichen und haftungsrechtlichen Gründen zurückgezogen. Die Hausbank leitet den Sanierungsprozess nach MaRisk BTO 1.2.5 Rn. 1–6 ein.

Die auf den Einzelhandel spezialisierte Unternehmensberatung WP Consulting hat das Unternehmen gewissenhaft geprüft, ein rund 100 Seiten langes Sanierungskonzept gemäß IDW S 6 mit intensivem Eingehen auf die Branche konzipiert und kommt zu dem Ergebnis, dass das Unternehmen bei konsequenter Durchführung der empfohlenen Sanierungsmaßnahmen mit überwiegender Wahrscheinlichkeit sowohl wettbewerbsfähig als auch sanierungsfähig ist. Voraussetzung dazu ist, dass die Lieferanten nicht auf Vorkasse bestehen, ihre Linien weiter aufrechterhalten, Teile des Betriebsmittelkredit umgeschuldet werden auf Darlehen mit einer Laufzeit von sechs und acht Jahren und einem Zins von 4,0 % ausgestattet werden. Für alle Darlehen der Kreditinstitute werden die Tilgungen für zunächst zwei Jahre ausgesetzt. Des Weiteren sind die Sanierungsmaßnahmen mit der Begleitung des Beraters umzusetzen. Als Umsetzungszeitraum werden drei Monate angesetzt. Diese vollständige Umstrukturierung bis zum dauerhaften Turnaround wird auf zwei Jahre bemessen. Dann soll das Unternehmen wieder nachhaltig kapitaldienstfähig sein. Eine Insolvenzantragspflicht besteht nicht, wie das externe Gutachten eines renommierten Wirtschaftsprüfers zeigt.

Die Hausbank sowie die Sparkasse haben nach kritischer Durchsicht des Sanierungskonzepts und gemeinsamer Beratung mit dem Sanierungsberater die Sanierungswürdigkeit für das Unternehmen bankintern entschieden. Die Risikobeiträge werden als vertretbar angesehen. Die Hausbank erhält im Gegenzug der Offenhaltung der Linien die Globalzession und die Abtretung der Rückübertragungsansprüche („Rückgewähransprüche") freiwerdender Teile aus den Vorlasten der Sicherheiten an Vermögenswerten des Gewerbebetriebs mit Tilgung des Darlehens der Sparkasse. Die Sparkasse erhält einen „Anteil" aus der Warensicherungsübereignung. Der Gesellschafter erklärt sich bereit, einen Oldtimer für rund 200 TEuro zu verkaufen, die Mittel als festes Gesellschafterkapital durch Barkapitalerhöhung in die Firma mit einzubringen. Des Weiteren erklärt Müller einen Rangrücktritt seines auf 370 TEuro aufgefüllten Gesellschafterdarlehens, das die nächsten zehn Jahre zinslos gestellt wird und ohne Tilgung stehen bleibt. Des Weiteren ist er mit einer Gehaltsreduzierung auf 80 TEuro einverstanden sowie entstehende Gewinne zunächst stehen zu lassen, bis sich das Unternehmen wieder stabilisiert hat und eine Eigenkapitalquote von 30,0 % aufweist.

Auszüge aus dem Sanierungskonzept nach IDW S 6 der Einzelhandel GmbH

1. Beschreibung von Auftragsgegenstand und -umfang

- Vollständiger Beratungsauftrag mit Einsicht in sämtliche Unterlagen liegt vor.
- Sanierungskonzept ist nach IDW S 6 erstellt, Bankauskunft ist bewilligt.

2. Basisinformationen über die wirtschaftliche und rechtliche Ausgangslage

- Untersuchung der Branche im relevanten Markt ist erfolgt, zeigt Chancen.
- Analyse der Finanz- und Ertragslage zeigt schwache Verhältnisse.

3. Analyse von Krisenstadium und Krisenursachen sowie Insolvenzgefahr

- Strategiekrise, Erfolgskrise und Beginn der Liquiditätskrise sind analysiert.
- Hauptsächlich interne Krisenursachen sind im Management begründet.

4 Darstellung des Leitbilds mit dem Geschäftsmodell des sanierten Unternehmens

- Neukonzeption Leitbild, Vision, Mission und strategischer Fokus ist erfolgt.
- Änderung der Warensortimente, Aufbau eines Online-Handels ist vorgeschlagen.

5. Maßnahmen Abwendung Insolvenzgefahr, Bewältigung Krise, Leitbild

- Herstellung des neuen Leitbilds und Geschäftsmodells sind konzipiert.
- Umsetzung finanzwirtschaftliche, leistungswirtschaftliche Sanierung projektiert.

6. Integrierter Unternehmensplan

- Zahlenmäßige Darstellung Maßnahmeneffekte und Sanierungsablauf besteht.
- Integrierte Planungsrechnung mit Planbilanz, Plan-Guv, Finanzplanung liegt vor.

7. Zusammenfassende Einschätzung der Sanierungsfähigkeit

- Die Sanierungsfähigkeit unter finanzwirtschaftlichen Bedingungen ist gegeben.
- Der Aufbau des Onlineshops zur Erreichung der Renditefähigkeit ist projektiert.

Strukturell umzusetzende Maßnahmen aus dem Sanierungskonzept

- Aufbau einer Profit-Center-Rechnung, monatliche Segmentberichterstattung
- Einstellung der Segmente HiFi und Porzellan, da nicht profitabel
- Vermietung Fläche 2. Stock rund 1.000 m^2 an Bekleidungsshop
- Umbau Fläche 3. Stock zu 15 Wohnungen und Verkauf der Wohnungen
- Vermietung Café im Erdgeschoss gegen Miete und zum Anlocken von Kunden
- Neubesetzung der zweiten Führungsebene mit jungen motivierten Kräften
- Gehaltsverzicht aller Mitarbeiter für ein Jahr in Höhe von 10,0 %
- Ausbau weiterer 20 Parkplätze und 30 Tiefgaragenparkplätzen
- Lagerabbau und Restlager in eigener kleiner Halle im Gewerbegebiet
- Vorruhestandsregelung für acht Mitarbeiter aus Lager und Vertrieb

Umzusetzende Maßnahmen im Vertriebsbereich

- Aufbau des Segmentes professionelle Kaffeemaschinen, Siebträger, Mühlen
- Aufbau Online-Shop für professionelle Kaffeemaschinen im B2B-Bereich
- Aufbau Online-Shop für professionelle Siebträger, Mühlen und Zubehör
- Aufbau Online-Shop für Kaffee und Schokolade, Pralinen
- Einstellung Mitarbeiter für Reparatur Siebträger und B2B-Kaffeemaschinen
- Vertriebsschulung für bestehende und neue Mitarbeiter im Verkauf
- Neueinstellung drei Mitarbeiter für den Bereich Kaffeemaschinen, Siebträger
- Neueinstellung IT-ler für Aufbau Homepage und Web-Shop
- Vereinbarung mit Partner zu Kreditkauf und Leasing von B2B-Kaffeemaschinen

Flankierende Finanzierungsmaßnahmen erforderlich für zwei Jahre

- Umschuldung Betriebsmittelkredit Sparkasse auf Kredit 800 TEuro über 6 Jahre
- Teil-Umschuldung Betriebsmittelkredit Hausbank Kredit 1.000 TEuro über 8 Jahre
- Beide Umschuldungsdarlehen werden mit Sanierungszins 4,0 % ausgestattet
- Sämtliche Kredite und Darlehen werden für zwei Jahre tilgungsfrei gestellt
- Voraussetzung ist, dass Lieferanten ihre Lieferkonditionen aufrechterhalten

Die folgende Abb. 3.52 zeigt wesentliche umzusetzende Maßnahmen aus dem Sanierungskonzept mit den jeweiligen Kosteneinsparungen und der Gewinnung von Liquidität durch den Lagerabbau über Sonderverkäufe.

Bereich	Maßnahmen	Verantwortlich	Effekt 02/Jahr 5	Effekt 03/Jahr 5	Effekt 04/Jahr 5
Kostenabbau	Diverse	Sanierer	50.000	50.000	50.000
Lager	Bestandsabbau	Janssen	300.000	150.000	100.000
Personal	Personalabbau	Schmidt	100.000	100.000	100.000

Abb. 3.52: Maßnahmenkatalog und Meilensteine in der Sanierung (Quelle: Eigene Darstellung)

Der Sanierungsverlauf gestaltet sich nach anfänglichen Schwierigkeiten sehr positiv. Der Sanierungswille ist bei Müller eindeutig gegeben und er bringt sich in die Umsetzung der Maßnahmen zur Krisenbereinigung vollständig ein. Dieser ist offen für neue Aspekte der Unternehmenssteuerung und unterstützt den Berater in allen Bereichen.

Insgesamt zeigt sich, dass das Unternehmen sowie die Mitarbeiter in der Krise zusammenstehen und zusammengewachsen sind, alle ziehen an einem Strang. Auch die ehemalige zweite Führungsebene und die anderen betroffenen Mitarbeiter haben die Firma einvernehmlich verlassen. Aus dem Verkauf der Altwarenbestände konnte innerhalb von drei Wochen rund 500 TEuro eingenommen werden. Es wurden qualifizierte Mitarbeiter für den Online-Shop und das Segment Kaffeemaschinen eingestellt.

Der Online-Shop konnte bereits nach zwei Monaten erfolgreich starten. Der Verkauf von Siebträgermaschinen und professionellen Mühlen läuft bereits mit Gewinnen. Das Segment hat auch im stationären Handel für einen Erfolg gesorgt. Eine örtliche Kaffeerösterei versorgt das Unternehmen mit frisch geröstetem Kaffee. Innerhalb kürzester Zeit hat sich die Einzelhandel GmbH ein Alleinstellungsmerkmal verschafft. Das Café wurde daraufhin nicht vermietet und selbst betrieben und sorgt neben guten Umsätzen für viele Kunden im Kaufhaus.

Die Fläche im 2. Stock konnte zeitnah vermietet werden und generiert eine jährliche Miete von rund 220 TEuro, Kosten für den Umbau sind nicht entstanden. Der Umbau des 3. Stockwerks zu neuen Wohnungen kommt nach rund sechs Monaten gut voran. Es konnten bereit zehn Eigentumswohnungen aufgrund der guten Lage nach vier Monaten zu einem durchschnittlichen Preis von 400 TEuro verkauft werden. Daraufhin wurde beschlossen die restlichen fünf Wohnungen zu behalten und zu vermieten, mit einem jährlichen Mietertrag von rund 50 TEuro.

Sanierungserfolge nach drei Monaten

- Umschuldung Betriebsmittelkredit Sparkasse auf Kredit 800 TEuro auf 6 Jahre
- Teil-Umschuldung Betriebsmittelkredit Hausbank Kredit 1.000 TEuro auf 8 Jahre
- Beide Darlehen werden mit Sanierungszins von 4,0 % ausgestattet

Sanierungserfolge nach zwei Jahren

- Kontoführung im Rahmen, teilweise mit deutlichen Guthaben
- Kapitaldienstfähigkeit nachhaltig wieder gegeben, hohe Gewinne
- Hohe Gewinne werden erwirtschaftet, Müller Kunde in Vermögensverwaltung

Umsetzungen in der Hausbank nach dem Turnaround

- Übergabegespräch mit der Normalkreditbetreuung und Firmenkundenbetreuer
- Weitere Überwachung der Firma im Hinblick auf alte Krisensignale
- Halbjährlicher Lenkungsausschuss mit Berater, der Beirat der GmbH ist

Es hat sich gezeigt, dass die konsequente Einleitung des Sanierungsprozesses mit Erstellung des Sanierungskonzepts und der Umsetzungsbegleitung durch den Projektleiter der Beratungsgesellschaft erfolgreich war. Neben der Sanierungsfähigkeit, dem optimalen Konzept und der Bestätigung der Sanierungswürdigkeit war entscheidend für den Sanierungserfolg, dass sich der Geschäftsführer und die Gesellschafter komplett hinter die erforderlichen Maßnahmen gestellt haben. Neben dem fachlichen Einbringen wurden die erforderlichen Gelder eingezahlt und die Rangrücktrittserklärung abgegeben. Müller hat sein Geschäftsführergehalt auf 60 TEuro gesenkt und seine teuren Hobbies aufgegeben. Er geht in allen Aspekten voran bei allen Umsetzungen. Der Sanierungsumsetzer wurde nach sechs Monaten in den Beitrat berufen, denn von Bedeutung ist es die Erfolge aus der Sanierung dauerhaft abzusichern.

3.10 Analysemethoden und Checklisten in der Sanierung

Je früher eine Krise aus Sicht des Unternehmens oder aus der Sicht der Hinweisgeber wie Banken erkannt wird, desto größer ist das Handlungsspektrum zur Bereinigung der wirtschaftlichen Schieflage. Im Folgenden werden Checklisten für wichtige Schritte im individuellen Sanierungsprozess aus Bankensicht dargelegt.

Die nachfolgende Tab. 3.27 stellt wichtige Prüfschritte zum Krisenstadium, zu den Stakeholdern in der Sanierung und zum eingeleiteten Sanierungsprozess dar. Betrachtet wird der Sanierungsprozess mit den Bausteinen aus MaRisk BTO 1.2.5 Rn. 1–6 ergänzt um bankinterne Abläufe im Rechnungswesen und Controlling.

Tab. 3.27: Einleitung Sanierung, relevante Stakeholder und Krisenstadium (Quelle: Eigene Darstellung)

Stakeholderanalyse in der Krise	Ja	In Arbeit	To Do
Sanierungsprozess eingeleitet?	√		
Engagement auf Sanierer zugeordnet?	√		
Rating neu erstellt?	√		
Sicherheitenstresstest durchgeführt?	√		
Einzelwertberichtigung eingestellt?	√		
Nachbesicherung vorbereitet?		√	Verträge erstellen
Relevante Stakeholder bekannt?		√	Analysieren
Stakeholder-Übersicht erstellt?		√	Map aufstellen
Bankenspiegel erstellt?		√	Erstellen
Krisenstadium bekannt?	√		
Sanierungserstbericht erstellt?	√		

Die **Vermeidung der Insolvenz** ist der erste Meilenstein, der erreicht werden sollte, damit die Sanierungsbemühungen nicht bereits in einer frühen Phase scheitern. Dazu ist bei haftungsbeschränkten Firmen die Überschuldung abzuwenden. Dies kann über die positive Fortbestehensprognose beziehungsweise mit der Aufdeckung stiller Reserven oder der Erklärung des Rangrücktritts erreicht werden.

Schwieriger gestaltet sich in der Praxis dagegen die Sicherung der Liquidität zur Vermeidung der Zahlungsunfähigkeit. Von Bedeutung ist, zunächst sämtliche Möglichkeiten der Liquiditätsgenerierung aus dem Unternehmen heraus umzusetzen. Gleichzeitig sind primär von den Gesellschaftern finanzielle Beträge einzufordern, damit die Lasten nicht einseitig auf die Gläubiger verteilt werden. Erst wenn die internen Alternativen ausgeschöpft sind, ist eine Überbrückungsfinanzierung durch Banken zu prüfen. Die finanzielle Unterstützung ist an Auflagen wie die Beauftragung eines externen Beraters zur Erstellung eines qualifizierten Gutachtens zu knüpfen.

In Tab. 3.28 werden wichtige Maßnahmen zur Einleitung der Sanierung dargestellt. Es ist zunächst zu prüfen, ob die Insolvenztatbestände für den Zeitraum der Prüfung der Sanierungsfähigkeit sowie später für die Umsetzung der Maßnahmen zur Beseitigung der Schieflage sowie die **Durchfinanzierung** gesichert ausgeschlossen sind.

Tab. 3.28: Insolvenzgefahr und finanzwirtschaftliche Sofortmaßnahmen (Quelle: Eigene Darstellung)

Finanzierung und Kundengespräch	Ja	In Arbeit	To Do
Insolvenzrisiken abgewendet?	√		
Gesellschafterfinanzierung geprüft?		√	Verhandlung
Forbearance Maßnahmen ergriffen?		√	Antrag gestellt
Ausreichende Limite gegeben?	√		
Sanierungschancen vorhanden?	√		
Kundengespräch veranlasst?	√		
Vertragsunterlagen vorbereitet?		√	Verträge erstellen
Kundengespräch vorbereitet		√	Fragenkatalog
Sanierungsfolgebericht erstellt?		√	

Im Anschluss an die Einleitung der ersten Sanierungsschritt ist ein **Kundengespräch** zu führen, in dem die Krisenlage verdeutlich wird, weitere Hintergründe erfragt werden und zudem mit dem Kunden eine schriftliche Vereinbarung getroffen wird, zeitnah in rund zwei Wochen eine spezialisierte Unternehmensberatung mit der Erstellung eines umfassenden Sanierungskonzepts beispielsweise gemäß IDW S 6 zu beauftragen. Des Weiteren ist im Stufenkonzept gemäß IDW S 6 vorab die Insolvenzgefahr und die Abwendung von möglichen Insolvenzrisiken zu prüfen wie Tab. 3.29 zeigt.

Tab. 3.29: Leistungswirtschaftliche Sanierung und Sanierungskonzeptprüfung (Quelle: Eigene Darstellung)

Sanierungskonzept und Überprüfung	Ja	In Arbeit	To Do
Kundengespräch erfolgreich geführt?	√		
Sanierungskonzept vereinbart?	√		
Insolvenzabwendung bestätigt?	√		
Sanierungskonzept IDW S 6 liegt vor?	√		
Sanierungsfähigkeit gegeben?	√		
Sanierungswürdigkeit gegeben?		√	Prüfung Konzept
Finanzierung dauerhaft gesichert?		√	Poolgespräche
Umsetzung bereits begonnen?		√	Sanierer beginnt
Sanierungskonzeptüberprüfung?		√	

Liegt das **Sanierungskonzept** vor, ist es auf die logischen Zusammenhänge zu prüfen. Zudem ist das Vorhandensein der Kernbausteine, die in den BGH-Urteilen zu den Voraussetzungen des rechtlich nicht gefährdeten tauglichen Sanierungsversuchs gefordert werden, zu kontrollieren. Das Sanierungskonzept sollte sich intensiv mit dem relevanten Markt, dem Geschäftsmodell und der Wettbewerbsfähigkeit des Krisenunternehmens befassen. Die Gewinnsituation sollte in den nächsten Jahren dauerhaft erreichbar sein. Des Weiteren sollen die Sanierungsbeiträge für die Banken tragbar sein. Die finanziellen Rahmenbedingungen der Konzeptumsetzung sollten im Bericht vorbereitet und bestenfalls in den Anfängen bereits umgesetzt worden sein.

Die **finanziellen Sanierungsbeiträge** sind gerecht zu verteilen. Dies setzt einen angemessenen Beitrag der Gesellschafter und des Unternehmens aus der Liquidierung von nicht betriebsnotwendigen Vermögenspositionen voraus. Im Rahmen der Realisierung von Teilprojekten in der leistungswirtschaftlichen Sanierung ist die Berichterstattung des Erreichens der Meilensteine an die Banken sicherzustellen. Des Weiteren sind die Zahlenwerke auf der Basis von Soll-Ist-Plänen und der Erläuterung von Abweichungen vom Plan stetig bereitzustellen. Auf Basis dieser Unterlagen erfolgt die bankinterne Berichterstattung an die Kompetenzträger.

Die Berichtsformate des Unternehmens sind übersichtlich und knapp zu gestalten, bei Erfassung der wichtigen Daten. Es zeigt sich, dass nach ersten erfolgreichen Schritten die Erfolge im Sanierungsprozess meist nach einiger Zeit stagnieren. Negative Planabweichungen sind dann offen gegenüber den Banken zu kommunizieren, damit diese beispielsweise mit der Genehmigung finanzieller Mittel oder einem Abbruch der Sanierung darauf reagieren können. Die Zahlenwerke sollten mit den erreichten Meilensteinen korrespondieren und die Liquiditätseffekte müssen sich in der Kontoführung zeigen. Die Liquiditätslage ist während der Umsetzung eng zu überwachen. Tab. 3.30 zeigt wichtige Schritte im leistungswirtschaftlichen **Umsetzungsprojekt**.

Tab. 3.30: Leistungswirtschaftliche Umsetzung und interne Berichterstattung (Quelle: Eigene Darstellung)

Sanierungskonzept und Umsetzung	**Ja**	**In Arbeit**	**To Do**
Umsetzungsplanung vorhanden?	√		
Integrierte Planung begonnen?		√	Erfolgt laufend
Sanierungsüberwachung gesichert?		√	Erfolgt laufend
Bankinterne Berichterstattung?		√	Erfolgt laufend
Überprüfung Meilensteine erfolgt?		√	Erfolgt laufend
Lenkungsausschusssitzungen?	√		
Sicherheitenpoolvertrag beschlossen?	√		
Sicherheitenabgrenzung beschlossen?	√		
Sanierungskonzeptumsetzung?		√	

Mit einem dauerhaften Erreichen der Wettbewerbsfähigkeit sollten in Kreditinstituten feste Prozesse einsetzen, um die Übergaben in den Normalkreditbereich effizient sowie effektiv zu gestalten. Von Bedeutung ist es, den neuen Engagementbearbeitern die ehemaligen Krisenmerkmale aufzuzeigen, damit ein künftiges insbesondere inhaltsidentisches Risiko unverzüglich erkannt sowie schnell bearbeitet wird. Es ist ein Gespräch zu führen, zum einen mit dem Kreditbetreuer und zum anderem mit dem Firmenkundenbetreuer, damit dieser auf mögliche künftige Engagementrisiken sensibilisiert wird und nicht ausschließlich vertriebliche Ziele verfolgt. Das Anreizsystem ist in diesem Zuge zu überprüfen. Gegebenenfalls kann ein weiteres gemeinsames Gespräch mit den Kunden hilfreich sein, damit dieser sich nochmal die damalige Ausgangssituation klarmacht. Die quantitativen Sanierungserfolge sind abschließend zu messen und in das Berichtswesen im Risikocontrolling zu integrieren. Im Rahmen der Umstellung auf den Status der Normalkreditbearbeitung ist das Rating anzupassen und die etwa verbliebene **Einzelwertberichtigung** aufzulösen. Die nachfolgende Tab. 3.31 fasst diese Schritte detailliert zusammen.

Tab. 3.31: Erfolgreicher Abschluss der Sanierung und Sanierungscontrolling (Quelle: Eigene Darstellung)

Beurteilung Sanierungsprozess	Ja	In Arbeit	To Do
Sanierungsprozess erfolgreich?	√		
Überleitung Normalkreditbetreuung?	√		
Quantifizierung Sanierungserfolge?	√		
Einzelwertberichtigung aufgelöst?	√		
Neues Rating erstellt?	√		
Kundengespräch geführt?		√	Termin bestätigt
Banküberleitungsgespräch geführt?		√	Termin bestätigt
Auflösung Sicherheiten Pool?		√	Gespräche
Sanierungsprozess abgeschlossen?		√	

Außergerichtliche Sanierungen zeigen häufig gute Anfangserfolge, da zu Beginn der Sanierung finanziell durchgreifende Maßnahmen umgesetzt werden wie Personalreduzierungen und sonstige Kostenersparnisse. Zudem unterstützen Forbearance-Maßnahmen der Banken in der Form von Tilgungsaussetzungen die Liquidität. Im weiteren Verlauf nehmen die Erfolge zumeist ab und der Gesundungsprozess stagniert. Es verschlechtern sich die Ertragszahlen nach ersten Anfangserfolgen wieder, wenn das Krisenunternehmen in alte Gewohnheiten zurückfällt sowie Wachstumsprozesse stagnieren. Daher ist der Sanierungsprozess mit den wesentlichen Maßnahmen aus dem Sanierungskonzept nachhaltig umzusetzen und der Sanierungserfolg ist abzusichern. Beispielsweise können ein Total Quality Management System oder ein Aufsichtsorgan eingesetzt werden, um die Wettbewerbsfähigkeit dauerhaft zu prüfen.

In der nachfolgenden Abbildung wird ein praxisnahes Vorgehen zur Bereinigung der Schieflage bei Unternehmen sowie der Wiederherstellung der Erfolgslage dargestellt. Dabei sind die jeweiligen Schritt durch eine fachlich spezialisierte Beratung und eine an den Einzelfall angepasste Berichterstattung beispielsweise in Form des Sanierungskonzepts und des laufenden Reportings an Banken zu begleiten. Die folgende Abb. 3.53 zeigt den typischen **Verlauf des Sanierungsablaufs**.

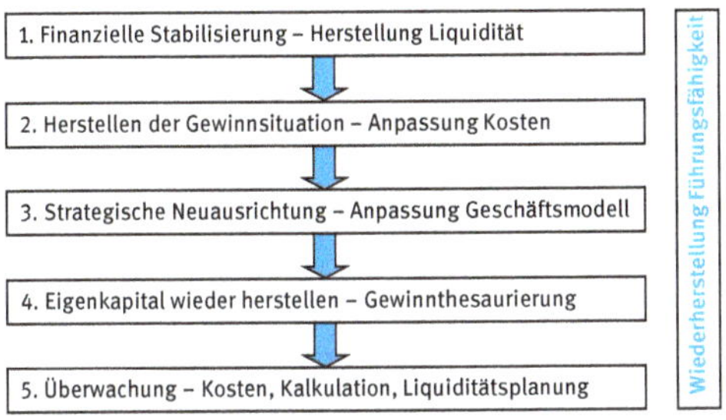

Abb. 3.53: Ablauf eines erfolgreichen Sanierungsprozesses (Quelle: Eigene Darstellung)

Im ersten Schritt ist bei Unternehmen in der wirtschaftlichen Krise regelmäßig die Liquiditätslage zu überprüfen und in der Regel wieder herzustellen. Dies ist zum einen erforderlich, um das Vertrauen der Gläubiger wieder herzustellen und zum anderen um eventuelle Insolvenzantragspflichten zu vermeiden beziehungsweise die Existenz zu sichern. Alternativen wären die Verwertung oder gerichtliche Sanierungsformen.

Im nächsten Schritt ist die Ertragslage zu erreichen. Dieses kann im ersten Abschnitt über eine Reduzierung der Kosten und eine Anpassung der Kapazitäten an die aktuelle Auftragslage erfolgen. Darüber wird oftmals jedoch keine dauerhafte Krisenbewältigung erreicht. Daher ist im folgenden Abschnitt das Geschäftsmodell auf den künftigen Erfolg zu überprüfen. Hier stehen die Wettbewerbsfähigkeit, die Renditefähigkeit und die Kapitaldienstfähigkeit im Vordergrund der Untersuchung.

Kurzfristig sind die Umsätze zu stabilisieren. Mittel- bis langfristig ist eine Ausweitung der Auftragslage zu erreichen, damit der Erfolg und die zukünftige Investitions- und Innovationsfähigkeit wieder hergestellt werden. Dazu ist das Geschäftsmodell auch im Hinblick auf die Digitalisierung und CSR-Erfordernisse anzupassen.

Es schließt sich nach Wiedererreichung der Gewinnsituation die Stabilisierung des Eigenkapitals über Thesaurierungen an, damit auch in späteren Schieflagen ein Verlustauffangpuffer geschaffen wird. Abschließend ist die Profitabilität eines Geschäftsmodells nachhaltig zu gestalten. Dies erfordert eine Anwendung betriebswirtschaftlicher Instrumente aus den Bereichen Kostenrechnung, Finanzen und Controlling. Beispielsweise sind die Kosten künftig zu überwachen, die Kalkulation muss sorgfältig erfolgen, eine revolvierende Finanzplanung ist zu erstellen.

Begleitend ist die Führungsfähigkeit dauerhaft zu gewährleisten. In der Krise besteht meist „menschliches Versagen", obwohl Manager meist externe Gründe für die wirtschaftliche Schieflage voranstellen. Neben betriebswirtschaftlichen Schwächen bestehen in Krisenunternehmen in der Regel große Defizite im Management. Dies ist ein erheblicher Krisengrund und neben den quantitativen wirtschaftlichen Problemen im Unternehmen zu beheben.

Es kann erforderlich sein, dass externe auf Umstrukturierungen spezialisierte Akteure das Krisenunternehmen künftig führen oder die bisherige Geschäftsleitung begleiten. Dies können externe Interimsmanager sein, die befristet die Maßnahmen zur Krisenbewältigung umsetzen, um das Unternehmen stabilisieren. Sie können als Chief Restructuring Officer (CRO) mit allen Geschäftsführungsbefugnissen ausgestattet werden. Es können Mitarbeiter aus dem Umfeld der eingesetzten Sanierungsberatung oder aus der zweiten Führungsebene in das Management aufgenommen werden.

Wichtig ist zu erkennen, ob neben einer Bereinigung der operativen Probleme zudem Mängel in der Führung der Mitarbeiter sowie den Entscheidungsprozessen bestehen. Dann sind diese Schwächen in der Unternehmensführung zu beheben. Vorteilhaft wäre es, wenn das ehemalige Management aus der Krise lernt und selbst in die Lage versetzt wird, die Firma künftig besser zu steuern. Ist die Führungsfähigkeit nicht wieder herzustellen, dann ist dies unter Umständen ein Abwicklungsgrund, ähnlich wie eine nicht gegebene Sanierungsfähigkeit oder Sanierungswürdigkeit.

Daher ist das Management aus Bankensicht kritisch unter die Lupe zu nehmen. Es ist festzustellen, ob die künftige Geschäftslage dazu in der Lage gesehen wird das Zielunternehmen aus der Krise zu führen und im Sanierungsprozess zu stabilisieren. Die erfordert besondere Kompetenzen und Erfahrungen:

- **Umfassende Kenntnisse zum Anleiten von Führungskräften:** Auswahl geeigneter Personen und Vorleben von Maßnahmen zur Krisenbereinigung.
- **Entscheidungsstärke und Umsetzungsstärke bei kritischen Maßnahmen:** dies unter anderem bei der Entlassung von Mitarbeitern oder Vertragskündigungen.
- **Verhandlungserfahrungen mit Stakeholdern:** Kennen der Interessen wichtiger Stakeholder wie Banken und Beachtung dieser Ansprüche.
- **Motivation in der Krise:** In der Krise sind die Mitarbeiter im Hinblick auf die erfolgreichen Möglichkeiten zur Krisenbereinigung zu überzeugen.
- **Physische Ausdauer:** Die intensive Geschäftsführung in der Krise erfordert eine starke Psyche und Physis in der Position des Chief Restructuring Officers.

Das Sanierungsumsetzungsprojekt kann nur durch das Wissen und die Ausdauer der Führungskräfte und der Mitarbeiter erfolgreich sein. Die Krisenbewältigung und später dauerhafte Sicherstellung der erfolgreichen Unternehmenstätigkeit erfordert Führungskräfte, die überhaupt in der Lage sind ein Unternehmen in der wirtschaftlichen Schieflage und im Normalbetrieb zu steuern. Im Folgenden wird ein alternativer Gesundungsweg über die **Restrukturierung nach StaRUG** dargestellt.

4 Restrukturierung nach StaRUG aus Bankensicht

Lernziele

- Akteure und Erfolgsfaktoren bei Restrukturierungen nach StaRUG ausmachen können
- Alternative Verfahrensabläufe bei Restrukturierungen nach StaRUG bewerten können
- Wirtschaftliche und rechtliche Kriterien für Restrukturierungsentscheidungen wissen

4.1 Begriffe und Stakeholder in der Restrukturierung

Nachfolgend wird die **Restrukturierung** beziehungsweise das Restrukturierungsverfahren gemäß dem Gesetz über den Stabilisierungs- und Restrukturierungsrahmen für **Unternehmen** (Unternehmensstabilisierungs- und -restrukturierungsgesetz, **StaRUG**) analysiert. Voraussetzung für die Anwendung der Restrukturierung gemäß StaRUG ist die drohende Zahlungsunfähigkeit (§ 18 InsO). Dieser Tatbestand ist als Auslöser eines Restrukturierungsverfahrens nach dem zitierten Regelwerk zu verstehen.

Definition: Unter **Restrukturierung** werden hier die Abwendung der Insolvenz und die langfristige Absicherung der Erfolgsfaktoren eines Unternehmens nach den Verfahrensweisen des StaRUG verstanden. Dazu können die gerichtlichen Stabilisierungsinstrumente nach StaRUG eingesetzt werden, um eine gezielte finanzwirtschaftliche Umgestaltung der Passivseite (Schulden) des Krisenunternehmens vorzunehmen. Ziel ist die Ausarbeitung eines **Restrukturierungsplans**, mit dem der Turnaround gelingt. Dabei sind regelmäßig auch Instrumente zur leistungswirtschaftlichen Verbesserung der Lage des Unternehmens einzusetzen, um die Nachhaltigkeit der Restrukturierung mit der Beseitigung der Krisensituation zu erreichen.

Ein Verfahren nach dem StaRUG bedarf nicht zwingend der Einschaltung des Restrukturierungsgerichts (§ 34 Abs. 1 StaRUG), sondern der Restrukturierungsplan kann auch ohne Restrukturierungsgericht angenommen werden, aber dieser ist für dissentierende Gläubiger nur mit gerichtlicher Bestätigung verbindlich (Folge aus § 17 Abs. 1 Satz 1 StaRUG), dieses unter den Voraussetzungen der §§ 29–72 StaRUG (Stabilisierungs- und Restrukturierungsinstrumente).

https://doi.org/10.1515/9783111617206-004

In der Praxis belegt die langsam steigende Zahl von Sanierungen gemäß dem StaRUG, dass das Instrument in der Praxis angekommen ist. Die faktisch enge Verwandtschaft zur „freien", außergerichtlichen Sanierung lässt die statistisch nicht feststellbare, aber in Fachkreisen verbreitete sowie plausible Vermutung schlüssig erscheinen, dass bei Verhandlungen in der freien Sanierung dissentierenden Gläubigern das Verfahren gemäß dem StaRUG als **„Plan B“** vorgehalten wird, um doch noch die Zustimmung zur außergerichtlichen Sanierung zu erhalten.

Zur Erreichung der nachhaltigen leistungswirtschaftlichen Sanierung sind gegebenenfalls die Unternehmensorganisation und die Prozessketten neu zu konfigurieren, um am Markt nachhaltig wettbewerbsfähig zu bleiben. In der Regel sind die Kapazitäten auf ein geringeres Niveau anzupassen sowie Kosten einzusparen, um die Gewinnsituation dauerhaft wieder herzustellen. Auch die Positionierung neuer innovativer Geschäftsfelder und das Abstoßen von defizitären Segmenten werden durchgeführt. Die Restrukturierung kann so weit gehen, dass das Unternehmen insgesamt oder in Teilen veräußert wird (Asset Deal) oder Änderungen im Gesellschafterkreis eintreten (Share Deal), wie aus § 6 Abs. 2 Sätze 2, 3 StaRUG hervorgeht.

Verschiedene der Verfahrensvarianten der Sanierung erfordern ein bestimmtes Stadium der Krise beziehungsweise, dass die drohende Zahlungsunfähigkeit oder frühere Krisenphasen vorliegen. Das Restrukturierungsverfahren nach dem StaRUG kann nur dann durchgeführt werden, wenn keine Insolvenzantragspflichten bestehen. Das betroffene Unternehmen darf lediglich drohend Zahlungsunfähigkeit sein (§ 18 InsO).

Die folgende Abb. 4.1 gibt eine Übersicht über weitere in Restrukturierungsverfahren gemäß StaRUG hinzutretende Akteure wie den möglichweise eingesetzten Restrukturierungsbeauftragten (§ 73 StaRUG), den Sanierungsmoderator (§ 94 StaRUG) oder die Institutionen wie das Restrukturierungsgericht und den eingesetzten Gläubigerbeirat (§ 93 StaRUG). Dies erweitert den Katalog möglicher Stakeholder in Restrukturierungen gegenüber der außergerichtlichen Sanierung.

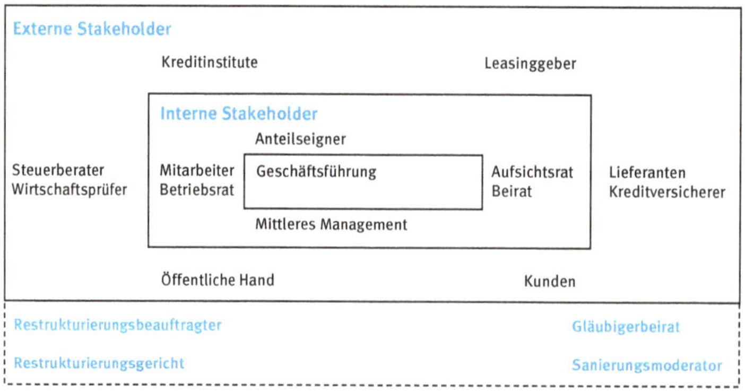

Abb. 4.1: Stakeholder und Institutionen in Restrukturierungsverfahren (Quelle: Eigene Darstellung)

- **Schuldner:** Der Schuldner steht im Zentrum des Restrukturierungsverfahrens, da er dieses veranlasst. In der Regel sind es die Mitglieder des zur **Geschäftsführung** berufenen Organs der juristischen Person beziehungsweise bei rechtsfähigen Personengesellschaften im Sinne von § 15a InsO entsprechend für die Geschäftsleiter der zur Geschäftsführung berufenen Gesellschafter.
- **Restrukturierungsbeauftragter:** Die Bestellung des Restrukturierungsbeauftragten nach §§ 73–79 StaRUG ist eine wichtige Entscheidung im Verfahren, da dieser Akteur an der Ausarbeitung des Plans, der Organisation sowie Durchführung der Abstimmung über den Plan und der Überwachung der Umsetzung der Planvorgaben entscheidend mitwirkt.
  Das StaRUG unterscheidet zwischen dem Restrukturierungsbeauftragten, der gemäß besonderer Verfahrensvorschriften von Amts wegen vom Restrukturierungsgericht (§§ 73 ff. StaRUG) zu bestellen ist und dem fakultativen Restrukturierungsbeauftragten aus § 77 Abs. 1 StaRUG zur Förderung der Verhandlungen zwischen den Beteiligten entweder durch Antrag des Schuldners oder von den Gläubigern, wenn auf diese mehr als 25,0 % der Stimmrechte einer Gruppe entfallen und sie sich zur Übernahme der Kosten der Beauftragung verpflichten.
  Dieser fakultative Restrukturierungsbeauftragte kann auf Antrag des Schuldners weitere Aufgaben gemäß § 76 Abs. 2 StaRUG zugewiesen bekommen, seine Kernaufgabe ist die Unterstützung des Schuldners und der einbezogenen Gläubiger bei Ausarbeitung und Aushandlung des Restrukturierungsplans (§§ 79, 77 StaRUG).
- **Restrukturierungsgericht:** Das zuständige Restrukturierungsgericht (§ 34 Abs. 1 StaRUG) bestellt den „obligatorischen“ Restrukturierungsbeauftragten in einer Restrukturierungssache (§ 31 Abs. 1, 3 StaRUG) von Amts wegen, wenn die besonderen Voraussetzungen des § 73 Abs. 1 Satz 1, Abs. 2 StaRUG vorliegen oder wenn es diese Bestellung nach Maßgabe von § 73 Abs. 3 StaRUG für zweckmäßig hält. Nach § 73 Abs. 1 Satz 2 StaRUG kann das Gericht von einer Bestellung absehen, wenn die Wahrung der Rechte Beteiligter dies nicht erfordert oder wenn die Bestellung offensichtlich unverhältnismäßig wäre. Dazu eine Auswahlentscheidung zu treffen, wenn vom Schuldner und den Gläubigern unterschiedliche Restrukturierungsbeauftragte vorgeschlagen werden. Dazu sind Eignungen, Fähigkeiten sowie Erfahrungen der Personen und vorhandenen Infrastruktur in Form der fachlichen und persönlichen Kapazitäten für das konkrete Restrukturierungsverfahren zu bewerten. Es ist in der Praxis davon auszugehen, dass die Gerichte überwiegend bekannte Persönlichkeiten bestellen werden, die ihnen als Insolvenzverwalter oder aus verwandten Funktionen wie als Sachwalter bereits bekannt sind und gegebenenfalls Branchenerfahrung haben.
  Das Restrukturierungsgericht wird dann pflichtgemäß tätig, wenn die Instrumente des Stabilisierungs- und Restrukturierungsrahmens gemäß § 29 StaRUG im Verfahren in Anspruch genommen werden sollen und der Schuldner die Anzeige gemäß § 31 StaRUG vorgenommen und die betreffende Restrukturierungssache damit rechtshängig ist (§ 31 Abs. 3 StaRUG).

Danach kann der Schuldner die von ihm selektiv für geboten gehaltenen Anträge auf Stabilisierungsmaßnahmen gemäß §§ 49 ff. StaRUG stellen beziehungsweise die Anträge gemäß § 29 Abs. 2 Nr. 1–4 StaRUG, insbesondere auf gerichtliche Planabstimmung und Planbestätigung, wobei die gerichtliche Bestätigung unverzichtbar ist, soll dieser Plan auch für Akkordstörer unter den einbezogenen Gläubigern verbindlich werden (§§ 17 Abs. 1 Satz 1, 60 ff., 67 Abs. 1 StaRUG).
Dies ist unter anderem bei der Umsetzung einer Stabilisierungsmaßnahme gemäß § 49 Abs. 1 StaRUG erforderlich, wenn das Gericht eine Vollstreckungssperre auf Antrag des Schuldners anordnet. Dabei entscheidet das Restrukturierungsgericht über den Antrag auf Erlass einer Stabilisierungsanordnung durch Beschluss nach § 51 Abs. 5 StaRUG. Auch die Aufhebung von Stabilisierungsanordnungen erfolgt durch das Restrukturierungsgericht gemäß § 59 Abs. 1 StaRUG.
Das Restrukturierungsgericht kann gemäß § 45 Abs. 1 StaRUG auch auf Antrag des Schuldners tätig werden bei der Festsetzung eines Termins, in dem der Restrukturierungsplan des Schuldners sowie das Stimmrecht der Planbetroffenen erörtert werden und anschließend über den Plan abgestimmt wird.

- **Gläubigerbeirat:** Gemäß § 93 Abs. 1 StaRUG kann ein Gläubigerbeirat vom Gericht eingesetzt werden, in Anlehnung an den (vorläufigen) Gläubigerausschuss des Insolvenzverfahrens, wenn die Restrukturierung gesamtverfahrensartige Züge aufweist. Alsdann vertritt beziehungsweise ersetzt dieses Gremium die Planbetroffenen (§ 74 Abs. 2 StaRUG) im Hinblick auf die Auswahl eines obligatorischen Restrukturierungsbeauftragten mit einstimmigem Beschluss (§ 93 Abs. 2 StaRUG). Die Mitglieder des Beirats unterstützen sowie überwachen den Schuldner gemeinschaftlich bei seiner Geschäftsführung und der Schuldner zeigt dem Beirat die Inanspruchnahme der Instrumente des Stabilisierungs- und Restrukturierungsrahmens nach § 93 Abs. 3 StaRUG an (vgl. Cranshaw, 2021, S. 108 ff.).
- **Sanierungsmoderator:** Die Sanierungsmoderation der §§ 94–100 StaRUG, erfordert ebenfalls ein von dem Schuldner eingeleitetes freiwilliges Verfahren zur Sanierung unter Beteiligung des Restrukturierungsgerichts (§ 94 Abs. 3 StaRUG), die dortigen Verfahrensmodalitäten sehen keine Eingriffsmöglichkeiten in Gläubigerrechte vor. Dazu bedarf es eines Übergangs von der Sanierungsmoderation in den „Stabilisierungs- und Restrukturierungsrahmen" (§ 100 Abs. 1 StaRUG). Der Sanierungsmoderator vermittelt zwischen dem Schuldner und den Gläubigern bei der Herbeiführung einer Lösung zur Überwindung der wirtschaftlichen oder finanziellen Schwierigkeiten (vgl. § 96 Abs. 1 StaRUG). Ziel ist letztlich ein Sanierungsvergleich, der auf Antrag des Schuldners gerichtlich bestätigt werden kann (vgl. § 97 Abs. 1 StaRUG, Sanierungsmoderation siehe Pannen/Riedemann/Smid-Riedemann, 2021, Vor §§ 94–100 Rn 1 ff., § 97 Rn. 3 ff.). Dieser Sanierungsmoderator steht unter der Aufsicht des Restrukturierungsgerichts (siehe § 96 Abs. 5 StaRUG). Zusammenfassend sind beide Funktionsträger der §§ 77 Abs. 1, 96 Abs. 1 StaRUG in der Funktion eines Mediators tätig. Der Gegenstand dieser Verhandlung ist die konsensuale Konfliktlösung unter der Mithilfe des Mediators.

Das Restrukturierungsverfahren nach dem StaRUG ist primär ein schuldnerorientiertes Verfahren, da die Initiative vom **Schuldner** ausgeht und der Erhalt des Unternehmens, unter Einsatz von Stabilisierungsinstrumenten, das Ziel ist. Dieses bedingt, dass mit dem Erhalt der Firma auch die Anteile der Gesellschafter werthaltig bleiben können beziehungsweise durch die Sanierung wieder werthaltig werden. Dies ist der Fall, soweit nicht durch den Plan die Wertschöpfung auf der Ebene der Anteilseigner ganz oder teilweise abgeschöpft wird oder diese umgekehrt Sanierungsbeiträge erbringen, die es erlauben, die Eigner am Planmehrwert „zu Lasten" anderer einbezogener Gläubiger zu beteiligen (§ 28 Abs. 2 StaRUG, Durchbrechung der absoluten Priorität (Absolute Priority Rule), durch die sogenannte **Relative Priority Rule** als eines der Gestaltungsmerkmale des StaRUG, (siehe auch § 245 Abs. 2 Satz 2 InsO mit Elementen einer Relative Priority Rule).

Die These des schuldnergetriebenen Verfahrens unterstützt der Umstand, dass keine echte Gläubigerautonomie mit Gläubigerversammlung sowie Gläubigerausschuss existiert, denn der Gläubigerbeirat nach § 93 StaRUG betrifft eine Ausnahmesituation und die Gläubiger kommen insgesamt nur einmal zusammen, um den Restrukturierungsplan zu erörtern und abzusegnen.

Der **Restrukturierungsplan** ist das Herzstück des Verfahrens und bestimmt letztendlich maßgeblich den Erfolg des wirtschaftlichen Gesundungsprozesses. Der Schuldner kann auf Antrag in der Vorprüfung die Chancen der positiven Planbestätigung durch das Restrukturierungsgericht über ein Gespräch mit dem Richter eruieren (§§ 46, 47 StaRUG). Die Planbestätigung kann ebenfalls auf Antrag des Schuldners durch das Gericht erfolgen oder gemäß § 63 Abs. 1 StaRUG versagt werden. Informationen zur Planüberwachung werden gemäß § 72 Abs. 3 StaRUG ebenfalls an das Gericht gegeben und das zuständige Restrukturierungsgericht kann dann auch die Aufhebung der Planüberwachung gemäß § 72 Abs. 4 StaRUG beschließen.

Die Bedingungen des Cram Down der Art. 26–28 StaRUG sind weitergehend als nach der Insolvenzordnung, die in § 245 Abs. 2 Sätze 2, 3 InsO an § 28 Abs. 2 Nr. 1 StaRUG inhaltlich angeglichen worden ist

Verfahrensvoraussetzung, Mehrheiten

Der Schuldner führt das Verfahren, soweit er es nicht nach § 31 StaRUG als Restrukturierungssache rechtshängig macht und dann hat er die Wahl aus den Werkzeugen des § 29 Abs. 2 StaRUG. Allerdings bestehen drei **Verfahrensbremsen**. Das Unternehmen darf nur drohend zahlungsunfähig sein und dissentierende Gläubiger können nur zur Teilnahme an der Restrukturierung gezwungen werden, wenn auch das Restrukturierungsgericht eingeschaltet wird (§ 17 Abs. 1 StaRUG) und nach § 25 Abs. 1 StaRUG muss der Schuldner in jeder Gruppe 75,0 % aller Stimmrechte der dort zugehörigen Gläubiger von dem Restrukturierungskonzept überzeugen. Es ist eine deutlich größere Mehrheit als sie § 244 InsO im Insolvenzplanverfahren fordert mit der einfachen Stimmenmehrheit, aber doppelten Mehrheit nach Köpfen und Forderungen.

Gemeint ist in § 25 StaRUG zudem nicht etwa eine Quote von 75,0 % der Abstimmenden, sondern sämtlicher Planbetroffener. Maßstab sind die Stimmrechte nach Forderungen (§ 24 StaRUG). Dann muss der Schuldner durchaus einen entsprechenden Aufwand entfalten, um die Gläubiger hinter sich zu bringen.

Schuldnerpflichten, Rolle der Gesellschafter

Wesentlicher Akteur im Restrukturierungsprozess nach dem StaRUG ist der Schuldner als Initiator des Restrukturierungsplans und des gesamten Verfahrens. Dazu hat die Geschäftsführung eines Unternehmens gemäß § 1 StaRUG die Geschäfte fortlaufend auf bestandsgefährdende Risiken zu überwachen. Dem Schuldner kommt das alleinige Initiativrecht für den Restrukturierungsprozess sowie die Einleitung einer Restrukturierung beziehungsweise des Restrukturierungsverfahrens zu.

Allerdings wird die Entscheidung mit den Gesellschaftern abzustimmen sein, den Gesellschafterbeschluss oder zudem den Beschluss des Aufsichtsrats erfordern (vgl. Pannen/Riedemann/Smid-Weitzmann, 2021, § 1 Rn. 113 sowie Desch, 2021a, S. 13). Dieses ist nachvollziehbar, denn die Reputation der Firma sowie die Werthaltigkeit der Anteile sind betroffen (vgl. Pannen/Riedemann/Smid-Riedemann, 2021, § 2 Rn. 47). Demnach ist das Restrukturierungsverfahren primär als **Schuldnerverfahren** und sekundär als Gläubigerverfahren zu betrachten, auch wenn wiederholt herausgehoben wird, dass die Interessen der Gläubiger zu wahren sind. Die Frage der Zustimmung der Gesellschafterversammlung oder anderer gesellschaftsrechtlicher Aufsichtsgremien zu dem Antrag auf das gerichtliche Restrukturierungsverfahren ist umstritten. Das OLG Stuttgart hat darauf erkannt, dass die Anzeige des Restrukturierungsvorhabens nach § 31 StaRUG durch die Geschäftsleitung im Innenverhältnis der Gesellschaft dann keinen Gesellschafterbeschlusses erfordert, wenn die Durchführung eines Restrukturierungsverfahrens die einzig erfolgversprechende Alternative zu einem Insolvenzverfahren sei (vgl. OLG Stuttgart, 28.10.2024, 20 U 30/24, Leitsatz).

Die **Restrukturierungssache** ist gemäß § 32 Abs. 1 und § 43 Abs. 1 StaRUG durch den Schuldner mit der Sorgfalt des ordentlichen und gewissenhaften Sanierungsgeschäftsführers durchzuführen, und zwar im Sinne einer Wahrung der Interessen aller Gläubiger. Was dies bedeutet, bleibt im Sinne der leistungswirtschaftlichen Sanierung und Restrukturierung des Unternehmens unklar, in dem vorliegenden Kontext sind aber unbestimmte Rechtsbegriffe unvermeidbar, die Klärung bleibt der Praxis, den Gerichten und der Wissenschaft überlassen. Eindeutig ist allerdings, dass dieser Zustand der drohenden Zahlungsfähigkeit im Zweifel genau von diesem antragstellenden Management nicht vermieden werden konnte. Dennoch müssen gerade diese Fähigkeiten zur Krisenbewältigung bei der Geschäftsleitung ausgeprägt sein, um beispielweise die einbezogenen Gläubiger von dem Restrukturierungsplan zu überzeugen.

Das Verfahren ist nur sehr eingeschränkt vergleichbar mit der Eigenverwaltung im Insolvenzverfahren (§§ 270 ff. InsO), jedoch ohne das korrigierende und prüfende Element durch die Aufgaben des Sachwalters.

Die Funktion eines Korrektivs weist dieses Gesetz dem von Amts wegen bestellten Restrukturierungsbeauftragten zu, der nur eingeschränkt mit dem Sachwalter der Eigenverwaltung verglichen werden kann, wenn er wie der Sachwalter zur Kontrolle des Zahlungsverkehrs gemäß § 76 Abs. 2 Nr. 2b und Nr. 3 StaRUG eingeschaltet wird.

Faktische Funktionen des Restrukturierungsbeauftragten

Seine Rolle kann weiter ausgelegt werden, wenn er in die Gestaltung des Restrukturierungsplans eingebunden wird. Des Weiteren wird er häufig faktisch Mediator unterschiedlicher Interessenlagen der Planbetroffenen sein. Die Funktionen sind auf einem Kontinuum eng bis weit zu fassen, jeweils in Abhängigkeit der individuellen Gegebenheiten des Einzelfalls. Dem Schuldner werden insgesamt Freiheiten bei einer verantwortlichen Gestaltung und der Organisation des Gesamtprozesses eingeräumt. Jedoch fehlt es im Wesentlichen an einer inhaltlichen Aussage, welche Sanierungs- und Restrukturierungspflichten neben der Gestaltung der finanzwirtschaftlichen Restrukturierung bei der leistungswirtschaftlichen Sanierung unbedingt durchzuführen sind. Dabei ist diese Komponente entscheidend für den Restrukturierungserfolg. Ein fehlender beziehungsweise ein nur unzureichender leistungswirtschaftliche Schwerpunkt ist ein wesentlicher Kritikpunkt am StaRUG.

Die offensichtlich bestehende Liquiditätskrise aufgrund der drohenden Zahlungsunfähigkeit lässt dort eigentlich zeitlich einen eher geringen Handlungsspielraum, da die tatsächliche Zahlungsunfähigkeit zeitlich nicht weit entfernt ist (§ 42 StaRUG und § 15a InsO). § 42 Abs. 1 Satz 2 StaRUG bestimmt daher eine strafbewehrte Anzeigepflicht der nach § 15a InsO zum Insolvenzantrag Verpflichteten über den Eintritt von Zahlungsunfähigkeit sowie Überschuldung (§ 42 Abs. 3 StaRUG). Die Bestimmung des Krisenstadiums und der eventuellen Insolvenzreife des Unternehmens ist wichtig, um zu erkennen, ob Insolvenzantragspflichten bestehen (die das Verfahren nach StaRUG verunmöglichen) und welche Phasen im Krisenprozess bereits durchlaufen wurden, denn diese sind im Rahmen der Restrukturierung nach Maßgabe der Prüfung aus IDW S 6 erfolgreich aufzuarbeiten (vgl. IDW, 2023a, S. 1158 ff.). Damit gelingt erst die durchgreifende Restrukturierung eines Krisenunternehmens.

Die Einbindung erfahrener Berater in den Restrukturierungsprozess ist kostenträchtig, aber gerade aufgrund der meist auch deutlich leistungswirtschaftlichen Defizite des Geschäftsmodells des Schuldners kaum vermeidbar. Der Schuldner kann das Verfahren zwar selbst organisieren, ohne Verfahrenshilfen nach § 29 StaRUG in Anspruch zu nehmen und das Verfahren unter Einschaltung des Restrukturierungsgerichts betreiben und auch nur allein den Plan zur Abstimmung stellen.

Der Schuldner beziehungsweise die Geschäftsführung des Unternehmens kann auch den Plan eigenständig ohne Berater in Anspruch zu nehmen, ausarbeiten. Er wird allerdings vermutlich häufig nicht in der Lage dazu sein, und zwar aufgrund der Komplexität des Geschehens, der geringen Erfahrung in der Erstellung dieser geforderten Planunterlagen und der möglichen Haftungsgefahren für eventuelle Fehler.

Zudem hat der Geschäftsführer eines kleinen Unternehmens sicherlich einen anderen als den zur Steuerung der Restrukturierung erforderlichen beruflichen Hintergrund und ist stark in das Tagesgeschehen der krisenbehafteten Firma eingebunden. Das gerichtliche Restrukturierungsverfahren mit der Bestellung des Restrukturierungsbeauftragten von Amts wegen (§ 73 StaRUG) ist der Regelfall.

Nicht geregelt ist im StaRUG, wie dies zu handhaben ist, wenn mehrere Personen mit der Geschäftsführung beauftragt sind und einige Personen diese Anzeige (§ 31 StaRUG) auf ein Restrukturierungsvorhaben erstatten und andere dieses aus Reputationsgründen verweigern sowie sich einem außergerichtlichen Sanierungsprozess beziehungsweise einem Restrukturierungsverfahren ohne Einschaltung des Gerichts unterziehen möchten oder wenn die Gesellschafterversammlung beziehungsweise ein anderes Gesellschaftsgremium, das der Geschäftsleitung Anweisungen erteilen kann, die Zustimmung zum Antrag versagt. In der Rechtsprechung hat das OLG Stuttgart in dem Urteil zu 20 U 30/24 die Zustimmung für gegenstandslos erklärt, wenn ansonsten ein Insolvenzverfahren die Alternative zum StaRUG-Verfahren wäre.

Das Verfahren ist nicht öffentlich, bekannt ist es lediglich den einbezogenen Gläubigern („Planbetroffenen", § 8 StaRUG), Stabilisierungsanordnungen sind den davon betroffenen Gläubigern zuzustellen (§ 51 Abs. 3 StaRUG). Auf Antrag des Schuldners wird das Verfahren insoweit öffentlich, als Bekanntmachungen im Internet erfolgen sollen (§§ 84 ff. StaRUG). Dies wird dann unvermeidbar sein, wenn öffentliche Bekanntmachungen gemäß § 84 Abs. 2 StaRUG notwendig sind, um die Rechtsstrukturierung einschließlich der internationalen Zuständigkeit des Restrukturierungsgerichts im Raum der EuInsVO bei grenzüberschreitend tätigen Schuldnern anerkennungsfähig zu machen (Art. 3 EuInsVO, Art. 24 Abs. 2 EuInsVO) mit den dortigen Angaben.

Über die Restrukturierung großer Unternehmen wird auch in den „nicht-öffentlichen" Verfahren regelmäßig in der Fachpresse und der Wirtschaftspresse beziehungsweise in anderen Medien berichtet, und zwar unter Nennung der Firma, was zum Beispiel aus kapitalmarktrechtlichen Gründen erforderlich sein kann. Mindestens die maßgeblichen Stakeholder kennen natürlich ebenfalls die Anhängigkeit des Verfahrens nach dem StaRUG und die vorgesehenen Maßnahmen.

Gerichtliche Entscheidungen im Kontext zu Restrukturierungssachen werden öfter in den Fachmedien und Datenbanken publiziert, wenn auch anonymisiert, dazu rechtswissenschaftliche Beiträge, bei denen auch bei fehlender Nennung einer betroffenen Firma die erfahrene Leserschaft häufig weiß, um welches Unternehmen es sich handelt. Nicht selten werden prominente Fälle auch in wissenschaftlichen Vorträgen in der Fachöffentlichkeit analysiert. Ebenso wird von betroffenen Firmen jedenfalls mitunter darauf hingewiesen, man sei dabei, sich erfolgreich zu restrukturieren, sei aber beileibe nicht insolvent. Das Reputationsrisiko durch Bekanntwerden ist in den Fällen der Verfahren nach dem StaRUG sehr relativiert zu betrachten, da die maßgeblichen Stakeholder, die in den Prozess eingebunden werden, die Einzelheiten bekannt sind, teilweise auch der Öffentlichkeit.

Anzeige der Restrukturierung

Die Anzeige des Restrukturierungsvorhabens als solche (§ 31 StaRUG) stellt noch keinen Antrag auf die Inanspruchnahme eines der Instrumente des Stabilisierungs- und Restrukturierungsrahmens gemäß § 29 StaRUG dar. Diese hat als solche auch keine Gerichtsentscheidung des Restrukturierungsgerichts zu Folge. Diese ist dennoch Verfahrenshandlung, welche die Restrukturierungssache rechtshängig macht (vgl. § 31 Abs. 3 StaRUG) und Voraussetzung für Anträge an das Restrukturierungsgericht ist. Eine gerichtliche Entscheidung darüber ist nicht vorgesehen und eine Eröffnung wie im Insolvenzverfahren existiert im gerichtlichen Verfahren gemäß dem StaRUG nicht. Als Verfahrenshandlung muss die Anzeige nach § 31 StaRUG aber von vertretungsberechtigten Personen des Schuldners vorgenommen werden. Die Anzeige verliert ihre Wirkung unter anderem, wenn sie zurückgenommen wird (§ 31 Abs. 4 Nr. 1 StaRUG). Die Rücknahme bedarf ebenfalls der Erklärung durch die Mehrheit der vertretungsberechtigten Personen.

Rücknahme der Anzeige nach § 31 StaRUG

Die Gesellschafter einer GmbH oder einer Personenhandelsgesellschaft etwa können die Anzeige durch Anweisung an die Geschäftsführer zurücknehmen lassen, gegebenenfalls werden sie zuvor den oder die Geschäftsführer ablösen lassen und neue Geschäftsführer zur Rücknahme anweisen. § 32 StaRUG dürfte all dem nicht entgegenstehen (OLG Stuttgart, 28.10.2024, 20 U 30/24 Rn. 120), weitere Rechtsprechung ist nicht ersichtlich. Schwieriger ist dieses bei einer Aktiengesellschaft, deren Vorstand die Gesellschaft unter eigener Verantwortung leitet (§ 76 AktG) und dessen Bestellung nur aus wichtigem Grund vom Aufsichtsrat widerrufen werden kann (§ 84 Abs. 3 AktG). Bei tatsächlich bestehender drohender Zahlungsunfähigkeit wird der Vorstand die Anzeige gemäß § 31 StaRUG erstatten und davon durch den Aufsichtsrat wohl nicht abgehalten werden können, wenn auch die fehlerhafte Abberufung bis zur rechtskräftigen Feststellung der Unwirksamkeit bestehen bleibt.

Des Weiteren erscheint es zwar problematisch zu sein, die Aktionäre bei einer Aktiengesellschaft mit hohem Streubesitzanteil und weit gestreuten Aktienpaketen in diese Entscheidung mit einzubeziehen, damit später Klagen vermieden werden. Gegebenenfalls ist eine außerordentliche Hauptversammlung einzuberufen, um im Rahmen der Restrukturierung eine Satzungsänderung und insbesondere eine Kapitalmaßnahme durchzuführen (§ 119 Abs. 1 Nrn. 6, 7 AktG).

Weitere Effekte des Bekanntwerdens der Restrukturierung wie das vorsichtigere Verhalten von Gläubigern mit der Reduzierung der Geschäftsbeziehung oder dem Ausstieg aus der Geschäftsverbindung sind bei Bekanntwerden einer geplanten Restrukturierung meist ebenfalls nicht zu vermeiden. Dann kann die Restrukturierung nach dem StaRUG zeitnah in die Insolvenz übergehen (§ 33 Abs. 1 Nr. 1, Abs. 2 Nr. 1 StaRUG), mit einem starken Verfall der Werte. Der Verkauf von Firmenteilen und die Verwertung der Aktiva zu Liquidationswerten sind dann nicht auszuschließen.

Interessenkonflikte können auch zwischen einem externen Management sowie einem Anteilseignerkreis auftreten, beispielsweise in Unternehmen, die nicht einer großen Streuung der Anteile unterliegen. Auch der notwendige Umfang der Einbindung eines gesellschaftsrechtlichen Aufsichtsgremiums (Aufsichtsrats), unter Umständen auch als Initiator zur Ingangsetzung eines Restrukturierungsvorhabens, bleibt im StaRUG ungeregelt. Hier bleibt es bei den Regelungen des jeweiligen Gesetzes für die bestimmte Rechtsform (zum Beispiel GmbHG, AktG, GenG).

Ein wichtiger Kernakteur ist in der praktischen Umsetzung zum einen des rechtlichen StaRUG-Verfahrens und zum anderen der Realisierung der erforderlichen leistungswirtschaftlichen Restrukturierungsschritte in Form von den zu realisierenden Maßnahmenpaketen gemäß Zeitplan und Verantwortlichen und Überwachung der Schritte im Krisenunternehmen der von Amts wegen bestellte **Restrukturierungsbeauftragte** aus §§ 73 ff. StaRUG (§ 76 StaRUG). Dafür erscheint die Einschaltung des Restrukturierungsgerichts geboten.

Das fachliche Anforderungsprofil kann dabei in einem erfahrenen Insolvenzverwalter, einem Sachwalter in der Eigenverwaltung oder auch einem sanierungserfahrenen Berater bestehen. Hier ist der Einzelfall entscheidend.

Die Auswahl eines geeigneten **Restrukturierungsbeauftragten** ist eine wichtige Entscheidung im Restrukturierungsverfahren. Der Akteur ist nicht zwingend einzusetzen, jedoch erscheint diese Einsetzung aufgrund der hohen Verfahrenskomplexität in der Praxis erforderlich zu sein, wie auch bekannt gewordene Verfahren zeigen. Gemäß § 73 Abs. 1 StaRUG erfolgt die Bestellung des Restrukturierungsbeauftragten von Amts wegen, durch das **Restrukturierungsgericht**:

- wenn Forderungen und Absonderungsanwartschaften von den Verbrauchern und Kleinstunternehmen, kleinen, mittleren Unternehmen durch den Plan gestaltet
- oder deren Durchsetzung durch eine Stabilisierungsanordnung gesperrt werden soll (§ 73 Abs. 1 Nr. 1 StaRUG),
- wenn eine Stabilisierungsanordnung beantragt wird und sich diese gegen im Wesentlichen alle Gläubiger richtet (§ 73 Abs. 1 Nr. 2 StaRUG),
- wenn der Restrukturierungsplan eine Überwachung der Erfüllung der den Gläubigern nach Plan zustehenden Ansprüche vorsieht (§ 73 Abs. 1 Nr. 3 StaRUG),
- wenn die Restrukturierung nur im Rahmen einer gruppenübergreifenden Mehrheitsentscheidung erreichbar ist (§ 73 Abs. 2 i.V.m. § 26 StaRUG).

Dies ist der Fall, wenn das angestrebte **Restrukturierungsziel** nur gegen den Willen der Inhaber von Restrukturierungsforderungen sowie Absonderungsanwartschaften möglich erscheint und dies nur gemäß den Voraussetzungen des § 26 StaRUG mit einer gruppenübergreifenden erreichbar ist, dem **Cross Class Cram Down**. Ausgenommen von der Regelung ist, wenn von der Restrukturierung Finanzsicherheiten gemäß § 2 Abs. 1 Nr. 2 Fall 2 StaRUG i.V.m. § 1 Abs. 16, 17 KWG betroffen wären, da diese nicht durch den Restrukturierungsplan gestaltet werden können.

Restrukturierungsbeauftragter als Kernakteur, Bestellung, Auswahlkriterien

Das Gericht kann einen Restrukturierungsbeauftragten nach § 73 Abs. 3 StaRUG auch bestellen, damit dieser Prüfungen als Sachverständiger vornimmt zum Tatbestand der drohenden Zahlungsunfähigkeit oder bei einer neuen Finanzierung (§ 63 Abs. 1 Nr. 1 und § 63 Abs. 3 StaRUG) oder des Minderheitenschutzes bei einer möglichen Schlechterstellung durch den Plan (§ 64 Abs. 1 StaRUG). Die Delegation dieser Funktionen wird oft bei der Vorprüfung des Plans gemäß § 46 StaRUG erfolgen (vgl. Braun-Blümle/Erbe, 2021, § 73 Rn. 21). In § 74 Abs. 1 StaRUG werden Anforderungen an die Qualifikationen des Restrukturierungsbeauftragten genannt. Es ist ein Restrukturierungsbeauftragter mit nachfolgenden **Eigenschaften** auszuwählen:

- **Ein für den Einzelfall geeigneter Akteur:** Es sind die Unternehmensgröße, die Branche, die konkrete Krisenlage und die Fallsituation gemeint.
- **Ein in Restrukturierungs- und Insolvenzsachen erfahrener Berufsträger:** Genannt werden Steuerberater, Wirtschaftsprüfer oder Rechtsanwälte.
- **Eine sonstige natürliche Person mit vergleichbarer Qualifikation:** Dies kann der in Sanierungen erfahrene Unternehmensberater sein.
- **Eine von Gläubigern und dem Schuldner unabhängige Person:** Neutralität ist ein Erfordernis für objektive Beurteilung des potenziellen Erfolgs.

Das Gericht berücksichtigt bei der Auswahl die Vorschläge des Schuldners, seiner Gesellschafter oder diejenigen der Gläubiger gemäß § 74 Abs. 2 StaRUG. Primär kann der Schuldner den Restrukturierungsbeauftragten auswählen, wenn dieser die Bescheinigung eines in Restrukturierungs- sowie Insolvenzsachen erfahrenen Akteurs vorlegt, aus der sich ergibt, dass der Schuldner die Voraussetzungen des § 51 Abs. 1, 2 StaRUG erfüllt. Das zuständige Gericht kann von dem Vorschlag nur davon abweichen, wenn diese Person offensichtlich ungeeignet ist. Fehlende Neutralität führt zur Ungeeignetheit. Sekundär können auch die Planbetroffenen, auf die in jeder der nach § 9 StaRUG zu bildenden Gruppen mehr als 25,0 % des Stimmrechts entfallen, dem Gericht einen gemeinschaftlichen Vorschlag unterbreiten. Zudem kann der Gläubigerbeirat mit einstimmigem Beschluss gemäß § 93 Abs. 2 StaRUG einen Beauftragten vorschlagen, der den Antrag der Planbetroffenen ersetzt. Das Restrukturierungsgericht kann von dem Vorschlag nur abweichen, wenn die Person offensichtlich ungeeignet ist.

Alternativ kann auch eine Bestellung auf Antrag gemäß § 77 Abs. 1 und 2 StaRUG als fakultativer Beauftragter durch den Schuldner oder die Gläubiger erfolgen, dort unter den weiteren Voraussetzungen des § 77 Abs. 1 Satz 2 StaRUG. Bei der Eignung wird auf die Bedingungen des § 74 Abs. 1 StaRUG verwiesen. Hauptaufgabe ist die Förderung der Verhandlung unter den Beteiligten. Zu diesem Zweck können dem fakultativen Restrukturierungsbeauftragten auf Antrag nach § 77 Abs. 2 StaRUG auch weitere Aufgaben gemäß § 76 StaRUG zugewiesen werden, und zwar nicht nur solche eines Sachverständigen gemäß § 76 Abs. 2 StaRUG, sondern Aufgaben nach § 76 StaRUG, so dass seine Funktion der des obligatorischen Restrukturierungsbeauftragten ähnlich wird.

Zweifelhaft erscheint, ob der Antrag darauf gerichtet sein kann, ihm pauschal sämtliche Aufgaben nach § 76 StaRUG zuzuweisen, denn dagegen spricht der Wortlaut des § 77 Abs. 2 StaRUG und die einem Mediator vergleichbare Aufgabe des Akteurs nach § 79 StaRUG. Dies kann gegebenenfalls dazu führen, dass die Funktionen und auch die Kompetenzen des **Restrukturierungsbeauftragten** im StaRUG-Verfahren unklar sind und sich Konflikte mit der Geschäftsführung ergeben.

! **Erläuterung:** Als **Restrukturierungsbeauftragter** sollte ein in Sanierungen und Insolvenzen erfahrener Akteur eingesetzt werden. Die Restrukturierung eines Unternehmens ist primär eine betriebswirtschaftliche Aufgabe zur finanzwirtschaftlichen Neukonfiguration des Geschäftsmodells sowie zur Umsetzung von konkreten Sanierungsmaßnahmen. Voraussetzung dafür sind geeignete finanzielle Rahmenbedingungen. Es spricht unter Know-How-Aspekten viel dafür, dass die Restrukturierungsgerichte die Restrukturierungsbeauftragten vornehmlich aus der Gruppe der erfahrenen Insolvenzverwalter auswählen werden, zumal der Restrukturierungsplan in den Strukturen weitestgehend aus dem Insolvenzplan abgeleitet ist. Alternativ erscheinen auch einschlägige Berater geeignet.

Die optimale Auswahl des Restrukturierungsbeauftragten sollte sich an den zu erfüllenden Aufgaben ausrichten. Diese werden in § 76 StaRUG benannt. Bedeutende Funktionen eines **Restrukturierungsbeauftragten** bestehen unter anderem in (vgl. Smid, 2020, S. 2093 und Jung et al., 2020, S. 102):

- Organisation und Durchführung der Abstimmung über den Plan
- Überprüfung der wirtschaftlichen Lage des Schuldners
- Überwachung der Geschäftsführung des Unternehmens
- Verantwortlicher Durchführung und Prüfung des Zahlungsverkehrs
- Unterstützung des Schuldners bei Ausarbeitung des Restrukturierungsplans
- Überwachung der Umsetzung der genauen Vorgaben aus dem Plan

Abstimmungen ohne Restrukturierungsgericht im gerichtlichen Verfahren

Wird der **Beauftragte** gemäß § 73 StaRUG von Amts wegen bestellt, steht ihm bei der Abstimmung über den Plan außerhalb des gerichtlichen Verfahrens, also gemäß den §§ 17–22 StaRUG, nicht gemäß den §§ 45, 46 StaRUG, die Leitung der Versammlung zu und es sind ihm die weiteren Aufgaben nach § 76 Abs. 2 Nr. 1 StaRUG zu übertragen. Es existieren somit zwei Varianten der Entscheidung über den Plan, die gerichtliche Abstimmung (§ 23 i.V.m. §§ 45, 46 StaRUG) sowie die nicht gerichtlich organisierte Abstimmung (§§ 17–22 StaRUG).

Bei der letztgenannten Variante hat der Restrukturierungsbeauftragte unter anderem die Aufgaben der Prüfung der Forderungen sowie der Sicherheiten, die Organisation, Durchführung und die Leitung der Versammlung der Planbetroffenen und die Dokumentation der Abstimmung. Ist die Bestimmung der Rechte der Planbetroffenen allerdings streitig, dann ist auf Antrag des Schuldners eine gerichtliche Vorprüfung gemäß §§ 47, 48 StaRUG im Ergebnis erforderlich.

In diesem Fall ist anzuraten, gleich die gerichtliche Abstimmung durchzuführen, um spätere Risiken des Scheiterns der gerichtlichen Planbestätigung auszuschließen denn im Rahmen des Bestätigungsverfahrens wird die Abstimmung ohne Mitwirkung eines Gerichts einer eingehenden Prüfung unterzogen, der Schuldner muss dann den Nachweis der Ordnungsmäßigkeit der Abstimmung führen (§ 60 Abs. 1 Satz 3 StaRUG). Bei der nicht gerichtlichen Variante der Abstimmung hat diese Dokumentation des Restrukturierungsbeauftragten über die Ordnungsmäßigkeit des Abstimmungsverfahrens erhebliche Bedeutung.

Weitere Funktionen des Restrukturierungsbeauftragten

Des Weiteren kann das Gericht dem Beauftragten weitere Aufgaben zukommen lassen, beispielsweise dass der Restrukturierungsbeauftragte den Schuldner bei der Geschäftsführung überwacht sowie weitergehend durch ihn Gelder entgegengenommen oder Zahlungen geleistet werden können (§ 76 Abs. 2 Nr. 2 und 3 StaRUG). Wird eine Stabilisierungsanordnung erlassen, hat der Restrukturierungsbeauftragte zu überprüfen, ob diese Anordnungsvoraussetzungen fortbestehen oder ob auch ein Aufhebungsgrund vorliegt (§ 76 Abs. 3 StaRUG). Mehrere Beauftragte mit unterschiedlichen Aufgaben können in großen Unternehmen ebenfalls bestellt werden (siehe dazu Braun-Blümle/Erbe, 2021, § 74 Rn. 38 ff.).

Erläuterung: Der Restrukturierungsbeauftragte hat zum **Restrukturierungsplan** nach § 76 Abs. 4 StaRUG **Stellung** zu beziehen. Dies betrifft insbesondere die Erklärung zu den Aussichten der Beseitigung der drohenden Zahlungsunfähigkeit und der möglichen Wiederherstellung der Bestandsfähigkeit (§ 14 Abs. 1 StaRUG). Erfolgte die Bestellung des Restrukturierungsbeauftragten dann vor der Abstimmung über den Restrukturierungsplan, ist die Stellungnahme den Planbetroffenen als Anlage zu dem Restrukturierungsplan zuzuleiten. Zur Durchführung seiner Aufgaben ist der Schuldner gemäß § 76 Abs. 5 StaRUG verpflichtet, dem Restrukturierungsbeauftragten die erforderlichen Auskünfte zu erteilen.

Gemäß § 76 Abs. 1 StaRUG hat der Restrukturierungsbeauftragte auch festzustellen, ob Gründe bestehen, die eine Aufhebung der Restrukturierungssache gemäß § 33 StaRUG rechtfertigen. Genannt werden in § 33 StaRUG unter anderen die Stellung eines Insolvenzantrags durch den Schuldner, ein Verstoß des Schuldners gegen die Pflichten zur Mitwirkung oder Auskunftserteilung gegenüber dem Gericht oder dem Beauftragten, die Anzeige oder das Bestehen der Insolvenzreife und natürlich auch die Eröffnung eines Insolvenzverfahrens über das Schuldnervermögen.

Unabhängigkeitskriterium des Restrukturierungsbeauftragten

Neben den gesetzlichen Pflichten wird sich der Schuldner aufgrund der Komplexität des Verfahrens und der gewissen Nähe zu dem Beauftragten, gerade wenn er den Restrukturierungsbeauftragten selbst vorschlägt, vermutlich weitergehend beraten lassen wollen. Dies erscheint aufgrund der Verfahrenskomplexität angeraten zu sein.

So wird sich der Schuldner bei der Erstellung des Plans wie auch bei der Durchführung und der Organisation der Abstimmung, gerade in der außergerichtlichen Variante, des Restrukturierungsverfahrens unterstützen lassen wollen. Dem steht jedoch die Rechtsstellung des Restrukturierungsbeauftragten entgegen, die ihn nach § 75 Abs. 4 Satz 2 StaRUG zur unparteiischen Wahrnehmung seiner Aufgaben im Interesse der Beteiligten beziehungsweise der Gesamtheit sämtlicher Gläubiger verpflichtet (siehe dazu Pannen/Riedemann/Smid-Pannen, 2021, § 75 Rn. 11). Ausführliche Rechtsprechung zu der Norm einschließlich der **Haftung des Restrukturierungsbeauftragten** gibt es, soweit ersichtlich, bisher nicht.

Daher sind die Kenntnisse, Erfahrungen sowie Qualifikationen des Beauftragten von maßgeblicher Bedeutung, damit der Verfahrensablauf, die inhaltliche Ausgestaltung des Restrukturierungsplans und die Umsetzung des Plans im Sinne der erfolgreichen Restrukturierung optimal verlaufen können. Dies ist auch in Bezug auf den zeitlichen Aspekt einer Restrukturierung zu betrachten, wenn beispielsweise erforderliche Planüberarbeitungen aufgrund fachlicher Defizite vermieden werden können.

Somit sind bestimmte Qualifikationen und berufliche Erfahrungen förderlich für die Bestellung zum Restrukturierungsbeauftragten. Da mittlerweile eine ganze Reihe von Restrukturierungsverfahren in der Praxis durchgeführt wurden, bestehen in dem Gebiet unter Umständen Erfahrungen in spezialisierten Kanzleien und Beratungen.

Es sind bei der geeigneten Auswahl des **Restrukturierungsbeauftragten** unter anderem die nachfolgenden Kenntnisse und Erfahrungen zu berücksichtigen (siehe Braun-Blümle/Erbe, 2021, § 74 Rn. 3 ff.):

- **Qualifikationen:** Wirtschaftswissenschaftliches oder ein juristisches Studium beziehungsweise eine vergleichbare Ausbildung.
- **Eigenschaften:** Unabhängigkeit von den Beteiligten, Neutralität und Objektivität bei der Sachverhaltsbeurteilung.
- **Erfahrungen:** Sanierungskenntnisse, Restrukturierungswissen und möglichst Erfahrungen in der Insolvenzabwicklung.
- **Kenntnisse:** Branchenwissen und auch Erfahrungen mit der jeweiligen Unternehmensgrößenklasse beispielsweise bei Konzernstrukturen.
- **Infrastruktur:** Geeignete Büroorganisation mit bestimmten Funktionen und Kapazitäten in Bezug auf die Personen und Standorte.

Geeignete **Berufsgruppen** sind Unternehmensberater, Insolvenzverwalter und, insbesondere für bestimmte Tätigkeiten im Verfahren, wie der Erstellung der Zahlenwerke für den Restrukturierungsplan, auch Steuerberater und Wirtschaftsprüfer. Die Aufgaben eines Restrukturierungsbeauftragten erfordern ein umfassendes, ganzheitliches wirtschaftliches Verständnis. Dieses Wissen kann in der Berufspraxis angeeignet werden. Aufgrund der Spezialität und der Komplexität ist ein einschlägiges Studium als berufliche Grundlage positiv zu bewerten. In Frage kommen unter anderem Studiengänge, die eine wirtschaftswissenschaftliche oder juristische Grundlage haben.

Dabei ist nicht die grundlegende Tatsache zu übersehen, dass das Restrukturierungsgeschehen sowie auch die Abläufe in einem Insolvenzverfahren im Kern marktwirtschaftliche, ökonomische Vorgänge sind, um Unternehmensschieflagen zu bereinigen oder das Ausscheiden aus dem Markt bei nicht wiederherstellbarer Wettbewerbsfähigkeit in einem weiten Sinne zu steuern.

Ein striktes rechtliches Gerüst ist aber deswegen erforderlich, weil eine Vermögensinsuffizienz des Schuldners Eingriffe in seine Rechte sowie der Gläubiger erfordert, also in grundrechtlich geschützte Rechtspositionen (vgl. Art. 14 GG), so dass die verschiedenen Rechtspositionen beziehungsweise dissentierenden Interessenlagen der Beteiligten durch den Gesetzgeber abzugleichen sind, der einen weiten Spielraum hat. Wie im Insolvenzverfahren besteht in der Restrukturierung gemäß dem StaRUG eine entsprechende wirtschaftliche Enge des betroffenen Unternehmens beziehungsweise seines Rechtsträgers. Etwas anders ist die Lage, wenn die Restrukturierung ohne einen „Zwangseingriff“ wie bei den **Cram-Down-Regelungen** der §§ 26 ff. StaRUG, im wirklich freiwilligen Konsens mit allen Beteiligten vorgenommen wird.

Für das letztere **Procedere** steht die „außergerichtliche“ oder „freie Sanierung“ oder die Planabwicklung im Einklang aller nach dem StaRUG ohne Einschaltung des Restrukturierungsgerichts zur Verfügung. Diese Zusammenhänge zeigen, dass die Akteure, seien es beispielsweise Restrukturierungsbeauftragte oder Insolvenzverwalter, entsprechende Qualifikationen und Erfahrungen vorweisen müssen.

Der vorgesehene **Restrukturierungsbeauftragte** darf keine zu enge Beziehung zum Schuldner aufweisen sowie unzulässig ist sicherlich, wenn weitere Auftragsbeziehungen wie Mandate des Steuerberaters oder Wirtschaftsprüfers bestehen. Des Weiteren dürfen keine Interessenskonflikte in Bezug auf bereits begleitete Restrukturierungsfälle existieren. Aufgrund der bereits erfolgten Einarbeitung und der meist vorhandenen fachlichen Spezialisierungen ist der bereits eingearbeitete Sanierungsberater fachlich ebenfalls für dieses Amt in Betracht zu ziehen sein (vgl. Jung, 2020, S. 103). Allerdings steht das Fehlen der notwendigen Unabhängigkeit der Amtsführung entgegen. Sämtliche Sachverhalte, die vorstehend umrissen wurden, hindern an der Übertragung der Funktion des Restrukturierungsbeauftragten, der zudem seine Verbindungen zum Unternehmen offenlegen muss, die die Unabhängigkeit der Amtsführung beeinträchtigen können (vgl. Pannen/Riedemann/Smid-Pannen, 2021, § 74 Rn. 17 ff.). Des Weiteren können nur natürliche Personen zum Restrukturierungsbeauftragten bestellt werden.

Der Kern eines Restrukturierungsverfahrens besteht in der Ausarbeitung und Umsetzung des Restrukturierungsplans, vom Restrukturierungsbeauftragten begleitete Vorgänge. Wie beim Sachwalter darf angenommen werden, dass der Restrukturierungsbeauftragte mitunter derjenige sein wird, der faktisch mindestens wesentliche Impulse für einen Restrukturierungplan gibt. Daneben ist die Abstimmung über den Plan zu organisieren, soweit diese nicht gerichtlich durchgeführt wird (§§ 45 StaRUG). Daher ist eine gute Eignung zur Moderation beziehungsweise Mediation erforderlich. Es erfordert Erfahrung und Professionalität im Restrukturierungsprozess.

Der Restrukturierungsbeauftragte sollte die unterschiedlichen Interessen der **Planbetroffenen** kennen und in Gesprächen ausgleichen können. Eine ausgeprägte Kommunikationsfähigkeit ist neben dem Sanierungswissen für die Verfahrensbegleitung notwendig. Es sollte zum einen Fachkompetenz in operativen Sanierungsfragestellungen sowie zum anderen die praktische Erfahrung in der Begleitung von Sanierungen und Insolvenzen bestehen. Ausdrücklich wird im Gesetz auf die praktische Erfahrung in Insolvenzsachen hingewiesen. Aufgrund von Überschneidungen zu Insolvenzplanverfahren und Eigenverwaltungen ist der sanierungserfahrene Insolvenzverwalter geeignet, die Position eines Restrukturierungsbeauftragten zu bekleiden. Darauf wird auch indirekt in § 83 Abs. 1 Nr. 3 StaRUG im Rahmen der Vergütung verwiesen, mit der Benennung, dass die Aufgaben in den Restrukturierungsverfahren denen eines Sachwalters in der Eigenverwaltung gleichkommen können. Die **Vergütungsregelung** ist nach Kritik der Literatur allerdings nicht adäquat zu den umfassenden Aufgaben und der Haftung geregelt (vgl. Flöther, 2021, S. 48 ff.).

Erfahrungswerte sollten in der Erstellung von BGH-konformen Sanierungskonzepten nach IDW S 6 und Insolvenzplänen nach IDW S 2 bestehen. Zudem sind die Kenntnisse und Erfahrungen im Arbeitsrecht, mit Finanzinstrumenten, mit Forbearance-Maßnahmen der Kreditinstitute und im Kreditsicherungsrecht sowie Verhandlungserfahrungen mit Gläubigern wie Kreditinstituten und Warenkreditversicherern wichtig bei der Begleitung von Restrukturierungssachen. Jedenfalls in Einzelfällen wird es von Bedeutung sein, besonderes Wissen bei Unternehmensbewertungen und bei Verkaufstransaktionen sowie übertragenden Sanierungen zu haben.

Fortbildung des Restrukturierungsbeauftragten

Fortbildung ist notwendig, um auf dem neuen Wissenstand zu sein und Erkenntnisse aus durchgeführten Restrukturierungsverfahren zu sammeln (vgl. Jung, 2020, S. 104). Da das Restrukturierungsverfahren deutliche Parallelen zum Insolvenzplanverfahren aufweist, erscheint der sanierungserfahrene **Insolvenzverwalter** prinzipiell geeignet zu sein. Folgende **Berufsträger** sind für bestimmte Aufgaben prädestiniert:

- **Steuerberater, Wirtschaftsprüfer:** Untersuchung und Bestätigung der lediglich drohenden Zahlungsunfähigkeit und Vorbereitung der Planungsunterlagen sowie Unterstützung bei der Umsetzung des Restrukturierungsplans.
- **Unternehmensberater:** Wirtschaftswissenschaftliches und juristisches Studium, Unterstützung bei der Ausarbeitung des Restrukturierungsplans, der Planungsunterlagen und insbesondere der integriert erstellten Planzahlen.
- **Insolvenzverwalter:** Sanierungserfahrung und Kenntnisse bei der Ausarbeitung von Insolvenzplänen, Sachwaltertätigkeit, Begleitung übertragender Sanierungen und Moderationserfahrung mit Stakeholdern in Restrukturierungen.

Neben den Eigenschaften, Qualifikationen sowie Erfahrungen in Restrukturierungssachen sollten personelle Ressourcen existieren, um komplexe Verfahren zu betreuen.

Es sollten betriebswirtschaftliche und rechtliche Kapazitäten mit Fachkräften im existierenden Büroapparat bestehen (vgl. Jung, 2020, S. 105). Die Abwicklung von Restrukturierungssachen erfordert zudem gewisse Mindestanforderungen an die Organisationsstrukturen und Abläufe. Dabei können seitens des Schuldners weitere Externe für Spezialbereiche wie die steuerliche Beurteilung, die Erstellung einer integrierten Planung oder die Bescheinigung zur drohenden Zahlungsunfähigkeit und ähnliche Aktivitäten eingebunden werden. Aufgabe des Restrukturierungsbeauftragten sind das in Teilen eigentlich nicht, das Vergütungssystem würde dieses auch nicht erlauben, denn der eingesetzte Restrukturierungsbeauftragte wird nach Stundensätzen vergütet (§ 81 StaRUG). Die vorstehenden Funktionen überschneiden sich aber, in Abhängigkeit von den übertragenen Aufgaben (§ 76 StaRUG), und sie sind im Einzelfall nicht scharf voneinander abzugrenzen. Umso mehr obliegt es dem Restrukturierungsbeauftragten, auf die ihm auferlegte Unparteilichkeit zu achten.

Werden Dritte in den Bearbeitungsprozess mit eingebunden, sind hohe Anforderungen an die Steuerung und Überprüfung der Qualität und Quantität der Leistungen der externen Outsourcingpartner und der ausgelagerten Prozesse zu stellen. Unabdingbar ist es, dass jederzeit die Möglichkeit besteht, diese betreffenden Geschäftsprozesse bei einem Dienstleister in Bezug auf den Einzelfall wie auch die dabei angewandte Methodik zu kontrollieren.

Gerichtliche Vorauswahllisten, Kriterien des Listing, Erfolgsmessung

Im Hinblick auf die Auswahl des Restrukturierungsbeauftragten besteht die Möglichkeit, besondere **Vorauswahllisten** bei dem Restrukturierungsgericht zu führen, damit Schuldner bei der Auswahl von Restrukturierungsbeauftragten beraten werden, insbesondere das Gericht eine entsprechende Auswahl für die Bestellung hat (vgl. Braun-Blümle/Erbe, 2021, § 74 Rn. 8 ff.). Ob im konkreten Fall eine Beratung in Frage kommt, mag offen bleiben, jedenfalls stellen solche Listen wie im Insolvenzverfahren sachgerechte Hilfen für die Gerichte dar.

Berufsrechtlich ist insoweit bereits länger die Diskussion im Gange, wie mit Listen zur Auswahl von Insolvenzverwaltern umzugehen sei, die nicht bundes- oder landeseinheitlich sind, sondern von Gericht zu Gericht unterschiedlich. Dieselbe Problematik stellt sich strukturell für die Restrukturierungsbeauftragten. Die Aufnahme in die Vorauswahlliste der einzelnen Insolvenzgerichte sowie der Restrukturierungsgerichte ist gerichtlich überprüfbar. Die Kriterien sind bekannt.

Wichtig ist eine hohe Akzeptanz bei den **Verfahrensbeteiligten** im Hinblick auf die Person des Beauftragten, gerade bei den Gläubigern, weil das Restrukturierungsverfahren primär schuldnerorientiert ist, wie oben ausgeführt. Erforderlich für die Bestätigung des Plans und die Fortführung des operativen Geschäfts, auch nach der Planbestätigung, sind aber die bestehenden Gläubiger, insbesondere in Gestalt der Banken, Lieferanten, Kreditversicherer sowie Leasinggeber, in Abhängigkeit davon, wen der Schuldner als Planbetroffene nach § 8 StaRUG einbezieht.

Konsens bei der Auswahl der geeigneten Persönlichkeit sollte gegeben sein. Dabei dürfen die Kosten des Verfahrens nicht außer Acht gelassen werden, gerade wenn viele Berater tätig werden. Allein die Berücksichtigung des voraussichtlichen Budgets des Restrukturierungsbeauftragten (§ 81 Abs. 1, 2, 4 Satz 2 StaRUG) ist nicht hinreichend. Bei der Anlegung von möglichen Vorauswahllisten können die bereits begleiteten Restrukturierungssachen durch die Beauftragten herangezogen werden. Eine quantitative Erfolgsmessung der Leistung von Beauftragten bei Restrukturierungssachen wie nach dem InsStatG wird allerdings erst dann möglich sein, wenn eine statistisch relevante Anzahl an Verfahren abgewickelt wurde.

Wenn ausreichend Daten erhoben wurden, können diese bei der Auswahl von Restrukturierungsbeauftragten herangezogen werden. Damit keine Interessenkollision besteht, sollte der Restrukturierungsbeauftragte nicht später als Sachwalter oder Insolvenzverwalter des gleichen Unternehmens bestellt werden, bei dem dieser Restrukturierungsberater war. § 56 Abs. 1 Satz 2 InsO beschränkt daher die Bestellungsmöglichkeit insoweit, als derjenige, der in Restrukturierungssachen Restrukturierungsbeauftragter beziehungsweise Sanierungsmoderator war, im späteren Insolvenzverfahren über das Vermögen großer Schuldnerunternehmen (vorläufiger) Insolvenzverwalter oder Sachwalter nur dann werden kann, wenn der vorläufige Gläubigerausschuss des Insolvenzverfahrens zustimmt und der Insolvenzschuldner zwei der Größenmerkmale des § 22a Abs. 1 InsO erfüllt. Interessenkonflikte sollen darüber ausgeschaltet werden. Der § 56 Abs. 1 Satz 4 InsO zeigt auf, welche Verbindung des Verwalter mit dem Schuldner unbedenklich für die Unabhängigkeit des Verwalters ist, Kriterien, die auch erst recht für den Restrukturierungsbeauftragten gelten, dessen Befugnisse hinter denen des Insolvenzverwalters zurückbleiben.

Daten, die erhoben werden können, sind die Anzahl der Restrukturierungssachen, die Dauer der Verfahren, die durchschnittlichen Kosten und die erzielten Befriedigungsquoten bezogen auf die Absonderungsanwartschaften und Restrukturierungsforderungen (§§ 4a–4c Insolvenzstatistikgesetz). Da die Restrukturierung außerhalb des Insolvenzverfahrens stattfindet und der Begriff der Absonderungsrechte im insolvenzrechtlichen Kontext definiert ist (§§ 49–52 InsO), werden die erfassten Rechte als Absonderungsanwartschaften bezeichnet (vgl. Groß/Jungclaus, 2021, S. 6 ff.).

! **Erläuterung:** In der Restrukturierung existiert noch kein zu verwertendes **Absonderungsrecht**, sondern eine **Anwartschaft** darauf, wahrscheinlich in der Praxis der Restrukturierung kein fühlbarer Unterschied.

Das Restrukturierungsverfahren nach StaRUG übernimmt viele Instrumente des Insolvenzplanverfahrens. So weisen der Insolvenzplan und die Abstimmung darüber Ähnlichkeiten zum Restrukturierungsverfahren (aber hier nur Summenabstimmung und ein hohes Quorum einer qualifizierten Mehrheit von 75,0 % aller Gläubiger der jeweiligen Gläubigergruppe nach dem Restrukturierungsplan) auf.

Allerdings unterscheiden sich die Aufgaben des **Restrukturierungsbeauftragten** von denen eines Insolvenzverwalters auch und stehen eher den Funktionen des Sachwalters in der Eigenverwaltung nahe (vgl. Smid, 2020, S. 2093).

Finanz- und leistungswirtschaftliche Perspektive im StaRUG-Verfahren:

Im Fokus des StaRUG steht die **finanzwirtschaftliche Restrukturierung** der Verbindlichkeiten. Eine Restrukturierung soll jedoch in einen Turnaround mit der Wiederherstellung der Wettbewerbsfähigkeit sowie einer nachhaltigen Gewinn-/Renditesituation münden, meist genügt die **„Bilanzsanierung"** nämlich nicht, die Gesundung des Unternehmens zu bewirken. Dies erfordert regelmäßig die leistungswirtschaftliche Restrukturierung mit internen und externen marktbezogenen Umsetzungsmaßnahmen. Das StaRUG entspricht dieser Zielsetzung nicht zureichend. Im Hinblick auf die leistungswirtschaftlichen Ziele sollte ein besonderer Fokus auf der betriebswirtschaftlichen Expertise eines Restrukturierungsbeauftragten liegen. Denn nur die Umsetzung von operativen Maßnahmen bewirkt letztendlich den Turnaround. Der Blickpunkt eines Restrukturierungsverfahrens sollte auf den leistungswirtschaftlichen Analysen sowie Umsetzungen liegen. Die finanzwirtschaftlichen Rahmenbedingungen zur Realisierung der Restrukturierung können aus dem StaRUG abgeleitet werden.

Restrukturierungsgericht im StaRUG-Verfahren, Entscheidungsgegenstände

Das **gerichtliche Restrukturierungsverfahren**, der Anzeige gemäß § 31 StaRUG, ist unvermeidbar, wenn zu den Planbetroffenen dissentierende Gläubiger gehören. Eine wichtige Bank, ein wichtiger Lieferant oder einbezogene Gesellschafter, verweigern sich dem aus Sicht der weiteren Planbetroffenen sachgerechten Plan. Nur die rechtskräftige gerichtliche Planbestätigung bindet die ablehnenden oder die Teilnahme an der Abstimmung überhaupt ablehnenden Planbetroffenen an den mit den notwendigen Mehrheiten oder dem **Cram Down** (§§ 26 ff. StaRUG) zustande gekommenen Plan (§ 67 Abs. 1 StaRUG). Die Tätigkeit des Restrukturierungsgerichts kann „modular" auf Antrag des Schuldners genutzt werden, dies muss nach der Anzeige durch den Schuldner gemäß § 31 StaRUG nicht in allen Teilschritten eingeschaltet werden. So ist sein Tätigwerden erforderlich und auch von Amts wegen nötig:

- zur Aufhebung der Restrukturierungssache (§ 33 StaRUG),
- bei Notwendigkeit amtswegiger Ermittlung von relevanten Umständen in einem Restrukturierungsverfahren (§ 39 Abs. 1 StaRUG),
- zur Bestellung (§ 73 StaRUG) und Entlassung eines obligatorischen Restrukturierungsbeauftragten (§ 75 Abs. 3 StaRUG) und zur Entlassung eines fakultativen Restrukturierungsbeauftragten (§§ 78 Abs. 3, 75 Abs. 3 StaRUG) oder in der Sanierungsmoderation des Sanierungsmoderators (§ 96 Abs. 5 StaRUG),
- wenn die Bestellung eines Gläubigerbeirats wegen der „gesamtverfahrensartigen Züge" des Verfahrens aus dem Blick eines Gerichts sachgerecht ist (§ 93 StaRUG, „Kannvorschrift", Einsetzung nach pflichtgemäßem Ermessen des Gerichts).

Auf Antrag des **Schuldners** wird das Gericht tätig zur:

- Bestellung eines fakultativen Restrukturierungsbeauftragten (§ 77 StaRUG),
- Beschlussfassung über Stabilisierungsanordnungen (§§ 49 ff. StaRUG),
- Vorprüfung von Plan und Stimmrecht (§§ 47, 48 StaRUG),
- Bestätigung des Plans (§ 60 Abs. 1, §§ 61 ff. StaRUG),
- Beschlussfassung über öffentliche Bekanntmachungen (§ 84 StaRUG),
- Bestellung des Sanierungsmoderators (§ 94 Abs. 1 StaRUG).

Auf Antrag des **Berechtigten** wird das Gericht tätig:

- im Rahmen der Vollstreckung aus dem Plan (§ 71 StaRUG)
- der Aufhebung der Überwachung des Plans (§ 72 Abs. 4 StaRUG)
- und auf Antrag des Restrukturierungsbeauftragten auf Festsetzung der Vergütung (§ 82 Abs. 1 StaRUG), des Sanierungsmoderators (§§ 98 Abs. 2, 82 Abs. 1 StaRUG).

Der Einsatz der vorstehenden Instrumente des § 29 StaRUG ist im Einzelfall zu prüfen. § 29 StaRUG mit der Einschaltung des **Restrukturierungsgerichts** gemäß § 31 StaRUG stellt einen Instrumentenkasten dar, dessen sich der Schuldner nach seiner Wahl bedienen kann. Ob der Schuldner allerdings bei dissentierenden sowie opponierenden Gläubigern tatsächlich eine Wahl hat, darf ebenso hinterfragt werden wie die Erwägung, ob der Schuldner den Gläubigern nicht bewusst die Werkzeuge nach § 29 Abs. 2 StaRUG vor Augen stellt, um einen Konsens im Rahmen einer freien Sanierung zu erzielen, der insbesondere schneller und kostengünstiger zur Verabschiedung eines Sanierungsplans führen mag, womit die Einschaltung des **Restrukturierungsgerichts** entbehrlich wird und auch die Bestellung eines Restrukturierungsbeauftragten.

Beispiel: Zuständig als Restrukturierungsgericht ist gemäß § 34 Abs. 1 StaRUG das Amtsgericht, in dessen Bezirk ein Oberlandesgericht seinen Sitz hat und regelmäßig ist dies das Amtsgericht am Sitz des Oberlandesgerichts. In Niedersachsen sind Restrukturierungsgerichte beispielsweise die Amtsgerichte in Braunschweig und Oldenburg am OLG-Sitz sowie das Amtsgericht Hannover für den OLG-Bezirk Celle, in Sachsen-Anhalt das Amtsgericht Halle für den OLG-Bezirk Naumburg. Die Landesregierungen können Konzentrationen ebenso wie länderübergreifende Zuständigkeiten schaffen (vgl. § 34 Abs. 2 StaRUG). Die letztere Lösung wurde jedoch bislang noch nicht umgesetzt.

Dann sind gute Voraussetzungen geschaffen, dass aufgrund der Konzentrationslösung die Spezialisierung der Gerichte auf dem Feld der Restrukturierungen erfolgen kann. Dieses bedeutet eine effiziente Verfahrensabwicklung im Hinblick auf die rechtliche und wirtschaftliche Materie (vgl. Vallender, 2020a, S. 2580). Im Restrukturierungsverfahren wird anders als im Insolvenzverfahren die dort verfolgte Konzentration im Interesse der Kompetenzverstärkung herbeigeführt. § 22 Abs. 6 GVG stellt Mindestanforderungen an die Kenntnisse sowie Berufserfahrung der Richter in den Insolvenz- und Restrukturierungssachen auf.

!

Erläuterung: Gemäß § 35 Abs. 1 StaRUG ist örtlich das **Restrukturierungsgericht** zuständig, in dessen Bezirk der Schuldner seinen Gerichtsstand hat. Liegt dagegen „der Mittelpunkt der wirtschaftlichen Tätigkeiten an einem anderen Ort, dann ist das Restrukturierungsgericht zuständig, in dessen Bezirk der Ort liegt. Für alle Maßnahmen ist gemäß § 36 StaRUG die "Abteilung des Amtsgerichts relevant, die für die erste Entscheidung zuständig war". Beim Antrag der Firma einer Unternehmensgruppe erklärt sich das angerufene Restrukturierungsgericht für die Restrukturierungssachen anderer gruppenangehöriger Schuldner (Gruppen-Folgeverfahren) dann für zuständig, wenn der Schuldner einen zulässigen Antrag in der Restrukturierungssache gestellt hat und dieses Unternehmen nicht offensichtlich von untergeordneter Bedeutung für die gesamte Unternehmensgruppe ist (§ 37 StaRUG, Gruppen-Gerichtsstand).

Die Prüfung der Zuständigkeit hat von Amts wegen zu erfolgen. Allein die funktionelle Zuständigkeit des Richters kommt derzeit in Frage, da dieser Aufgabenbereich zu den Restrukturierungssachen (bislang noch) nicht auf die Rechtspfleger erweitert wurde (vgl. Vallender, 2020a, S. 2581).

Das zuständige Restrukturierungsgericht hat zudem im Zusammenhang mit der Beantragung von Stabilisierungsinstrumenten durch den Schuldner und bei der gerichtlichen Bestätigung des Restrukturierungsplans die drohende Zahlungsunfähigkeit nach § 18 Abs. 2 InsO beim Schuldner zu prüfen. Dabei ist „in aller Regel" ein Prognosezeitraum von 24 Monaten gemäß § 18 Abs. 2 Satz 2 InsO zugrunde zu legen. Die Prüfungspflicht der drohenden Zahlungsunfähigkeit ergibt sich aus § 29 Abs. 1 StaRUG spätestens bei der Beantragung von Stabilisierungsinstrumenten oder aus § 63 Abs. 1 StaRUG bei der Versagung der Planbestätigung.

Dabei hat der Schuldner diesem Gericht gemäß § 39 Abs. 2 StaRUG alle erforderlichen Auskünfte zu erteilen. Dazu kann das Gericht nach § 39 Abs. 1 StaRUG einen Sachverständigen beauftragen. Alternativ besteht die Möglichkeit gemäß § 73 Abs. 3 StaRUG den Restrukturierungsbeauftragten mit dieser Aufgabe zu betrauen. Ist der Schuldner bereits zahlungsunfähig oder alternativ drohend zahlungsunfähig und zugleich überschuldet, hat das zuständige Gericht die Restrukturierungssache gemäß § 33 StaRUG zeitnah aufzuheben (vgl. Vallender, 2020a, S. 2583), wenn man von der engen Ausnahme des § 33 Abs. 2 Halbsätze 2, 3 StaRUG absieht.

Im Rahmen der gerichtlichen und gegebenenfalls öffentlichen Variante des Restrukturierungsverfahrens (gesamtverfahrensnah) kommen einem Restrukturierungsgericht verschiedene sowie inhaltlich sehr vielfältige Aufgaben zu. Diese werden die Gerichte mit der Unterstützung von Sachverständigen wie dem Restrukturierungsbeauftragten erfüllen können. Es steht dem Gericht wie auch dem Beauftragen ein Auskunftsrecht gegenüber dem Schuldner gemäß § 39 Abs. 2 StaRUG (Gericht) beziehungsweise § 76 Abs. 5 StaRUG (Restrukturierungsbeauftragter) zu. Das Gericht kann gemäß § 39 Abs. 1 StaRUG von Amts wegen zudem jederzeit Rückfrage bei dem Restrukturierungsbeauftragten nehmen und Umstände ermitteln, die für das jeweilige Verfahren von Bedeutung sind. Zudem hat der Schuldner Anzeigepflichten gegenüber dem Gericht gemäß § 32 Abs. 2–4 StaRUG.

Diese Informationskette ist einigermaßen umfassend und ermöglicht dem Restrukturierungsgericht rechtzeitige Entscheidungen über die beantragten Instrumente gemäß § 29 StaRUG sowie die Aufhebung der Restrukturierungssache (§ 33 StaRUG). Ein Restrukturierungsverfahren kann allerdings auch weitestgehend außergerichtlich sowie ohne die Nutzung gerichtlicher Instrumente und Stabilisierungen ablaufen. Die Instrumente des Stabilisierungs- und Restrukturierungsrahmens aus § 29 Abs. 2 StaRUG können gemäß § 29 Abs. 3 StaRUG unabhängig voneinander in Anspruch genommen werden und bedeuten keine sequenzielle **Abfolge** bei:

- der Organisation und Durchführung der gerichtlichen Planabstimmung.
- der gerichtlichen Vorprüfung und Bestätigung des Restrukturierungsplans.
- der gerichtlichen Anordnung von Stabilisierungsmaßnahmen.

In § 31 StaRUG werden die Voraussetzungen für die Inanspruchnahme der gerichtlichen Instrumente genannt. Bedingung für die Nutzung der Instrumente des Stabilisierungs- und Restrukturierungsrahmens ist die Anzeige des Vorhabens bei dem zuständigen Restrukturierungsgericht. Die Aufgaben des Restrukturierungsgerichts sind abhängig von den eingesetzten Stabilisierungsinstrumenten sowie den Antragsoptionen durch den Schuldner oder die Planbetroffenen (siehe Vallender, 2020b, S. 2677 ff.). Es existieren drei Alternativen der Bestellung eines Restrukturierungsbeauftragten:

- **Erstens** wird der Restrukturierungsbeauftragte von Amts wegen durch das Restrukturierungsgericht bestellt, wenn die nach § 73 Abs. 1 Nr. 1–3 StaRUG genannten Tatbestandsvoraussetzungen vorliegen. Dies ist insbesondere der Fall, wenn Rechte der Planbetroffenen durch eine Stabilisierungsanordnung gesperrt werden sollen oder der Restrukturierungsplan eine Überwachung der Erfüllung der Ansprüche gegenüber Gläubigern gemäß § 72 StaRUG vorsieht.
- **Zweitens** erfolgt eine Bestellung von Amts wegen durch das Gericht als Sachverständiger gemäß § 73 Abs. 3 StaRUG (vgl. Vallender, 2020b, S. 2684 ff.). Dieses kann zur Unterstützung des Gerichts erforderlich sein, im Zusammenhang mit der gerichtlichen Planbestätigung oder zur Begutachtung der Entschädigung beim Eingriff in gruppeninterne Drittsicherheiten oder zur Frage einer Beschränkung der Haftung persönlich unbeschränkt haftender Gesellschafter (siehe § 2 Abs. 4 StaRUG). Nach § 76 Abs. 2 Nr. 2 StaRUG können dem Beauftragten auf Antrag weitere Aufgaben übertragen werden, wie die Überwachung der Geschäftsführung oder nach § 76 Abs. 2 Nr. 3 StaRUG die Kontrolle des Zahlungsverkehrs.
- **Drittens** kann dieser eingesetzte Restrukturierungsbeauftragte, fakultativ auf Antrag des Schuldners oder einer Sperrminorität der Gläubiger, unter anderem zur Moderation der divergierenden Interessen der Planbetroffenen durch das Gericht gemäß § 77 StaRUG bestellt werden. Primäre Aufgaben eines fakultativen Restrukturierungsbeauftragten sind die Moderation der Verhandlungen über den Plan sowie weitere Unterstützungsleistungen. So soll der Beauftragte gemäß § 79 StaRUG den Schuldner bei der Ausarbeitung des Restrukturierungsplans unterstützen.

Gemäß § 75 Abs. 1 StaRUG steht der Restrukturierungsbeauftragte unter der Aufsicht des Gerichts und kann gemäß § 75 Abs. 2 StaRUG aus wichtigem Grund entlassen werden, wenn er beispielsweise seine Aufgaben parteiisch wahrnimmt oder er seine Aufgaben nicht mit der gebotenen Sorgfalt und Gewissenhaftigkeit erfüllt. Entsprechend der Bedeutung der Pflichten und Handlungen des Restrukturierungsbeauftragten haftet er für schuldhafte Pflichtverletzungen den Betroffenen gegenüber auf Schadensersatz (§ 75 Abs. 4 Satz 3 ff. StaRUG). Die Vergütung und der Auslagenersatz für den Restrukturierungsbeauftragten ist in den §§ 80 ff. StaRUG geregelt. Die Vergütung erfolgt nach Stundensätzen, die für den Restrukturierungsbeauftragten bei bis zu 350 Euro pro Stunde und bei Mitarbeitern bis zu 200 Euro liegen kann, zuzüglich Umsatzsteuer. Der Regelsatz wird sich auf die gesetzlichen Höchststundensätze einpendeln.

Abläufe zum Restrukturierungsplan, Abstimmung

Kern des Restrukturierungsverfahrens bildet der **Restrukturierungsplan**. Das Initiativrecht zu dieser Planerstellung liegt allein beim Schuldner (vgl. Cranshaw/Portisch, 2020b, S. 106 ff.). Der Plan bildet die Grundlage für die Eingriffe und Umgestaltungen in die Forderungen und Rechte von Gläubigern sowie Anteilseignern (vgl. Vallender, 2020b, S. 2677). Dabei können die Verhandlungen über den Restrukturierungsplan und die Abstimmung darüber außergerichtlich (§ 17 ff. StaRUG) erfolgen. Alternativ kann die gerichtliche Beteiligung mit Vorprüfung, Abstimmung sowie Bestätigung des Plans nach § 23 i.V.m. §§ 45, 46 StaRUG durchgeführt werden.

Gemäß § 47 StaRUG ist eine freiwillige Vorprüfung des Plans auf Antrag des Schuldners durch das Gericht möglich, auch wenn der Restrukturierungsplan nicht in dem gerichtlichen Verfahren zur Abstimmung gebracht wird. Dort wird dann eruiert, ob der Restrukturierungsplan überhaupt bestätigungsfähig ist.

Daher ist auch der Termin der Anhörung nach § 61 StaRUG von Bedeutung, damit die Planbetroffenen ihre Meinung über den Plan zum Ausdruck bringen können. Erfolgte die Abstimmung außergerichtlich, hat das Gericht vor einer gerichtlichen Bestätigung des Plans einen Pflichtanhörungstermin anzuberaumen. Dabei ist auch ein vorhandener Restrukturierungsbeauftragter einzubeziehen. Die **Planbestätigung** oder die Versagung der Bestätigung ergeht als Beschluss. Insgesamt bietet sich die gerichtliche Abstimmung nach § 45 StaRUG an, um darüber die Akzeptanz der Maßnahmen zu erhöhen und das Risiko der Versagung der Bestätigung des Plans gemäß § 63 StaRUG zu verhindern. Kritische Aspekte bei der Durchführung der Abstimmung betreffen unter Umständen die Gruppeneinteilung, die Festlegung der Stimmrechte, den Umfang der gestalteten Forderungen und auch das Restrukturierungsziel, wenn dieses nur gegen den Willen einiger Gläubiger erreichbar ist. Gerade die Ermittlung der Stimmrechte kann streitig sein, da die diesen zugrunde liegenden Tatsachen gemäß § 24 StaRUG teilweise bewertet werden müssen und diese Bewertungen variabel und nicht objektiv zu bestimmen sind, wie am Beispiel der Sicherheiten erkennbar (§ 24 Abs. 1 Nr. 2 StaRUG). Gemäß § 22 StaRUG ist eine Uneinigkeit zu dokumentieren.

Eine **gerichtliche Abstimmung** ist allgemein zweckmäßig. Dabei ist in jeder Gruppe eine qualifizierte Mehrheit von 75,0 % gemäß § 25 StaRUG erforderlich. Bei der gruppenübergreifenden Mehrheitsentscheidung kann die Zustimmung ablehnender Gruppen unter den Bedingungen der § 26 ff. StaRUG fingiert werden. Gemäß § 60 StaRUG kann der Plan auf Antrag des Schuldners gerichtlich bestätigt werden. Vorher können die Planbetroffenen vor Gericht auch angehört werden (§ 61 StaRUG). Mit Bestätigung des Plans gemäß § 67 StaRUG treten die im gestaltenden Teil festgelegten Wirkungen gegen die Planbetroffenen ein, oft in Form einer Korrektur der Finanzverbindlichkeiten, um die drohende Zahlungsunfähigkeit zu beseitigen und die eigentliche Restrukturierung finanziell abzusichern.

Daher umfasst die Restrukturierung eben nicht nur die Umgestaltung der Finanzseite, sondern möglichst auch die operative Seite mit notwendigen Maßnahmenpaketen sowie Verantwortlichkeiten, um das eigentliche Ziel, die nachhaltige Wettbewerbsfähigkeit und Gewinnsituation, zu erreichen (vgl. Cranshaw/Portisch, 2020e, S. 2573). Spätestens bei der Planbestätigung hat das Gericht auch zu prüfen, ob der Zustand der drohenden Zahlungsunfähigkeit bei dem Schuldner nicht schon überschritten wurde und letztendlich Zahlungsunfähigkeit vorliegt. Dabei kann sich das Gericht des Restrukturierungsbeauftragten als Sachverständiger aus § 73 Abs. 3 StaRUG bedienen.

Gerichtliche Funktionen und Instrumente der Stabilisierung

- Instrumente und Verfahrenshilfen der Stabilisierung
- Vollstreckungssperre und Verwertungssperre
- Aufhebung und Beendigung der Stabilisierung

Wichtige Instrumente des StaRUG sind die im Rahmen der Stabilisierung gemäß § 29 StaRUG genannten Verfahrenshilfen der gerichtlichen Planabstimmung und der Vorprüfung sowie der Bestätigung des Plans. Besonders hervorzuheben sind jedoch auch die Anordnungen von Regelungen zur Einschränkung von Maßnahmen der individuellen Rechtsdurchsetzung gemäß § 29 Abs. 2 Nr. 3 StaRUG. Dieses Verfahren läuft zwingend unter gerichtlicher Einbindung ab.

Gemäß § 49 Abs. 1 Nr. 1 und Nr. 2 StaRUG kann das Gericht auf Antrag des Schuldners Maßnahmen der Zwangsvollstreckung untersagen sowie eine Verwertungssperre für bewegliche Sicherheiten anordnen. Dieses umfasst auch Aussonderungsrechte, soweit sie für die Fortführung des Betriebs von erheblicher Bedeutung sind. Diese Regelungen sind für die Rechte der Gläubiger weitgehend. Sie können für Kreditinstitute und Lieferanten unter Umständen bedeuten, dass variable Sicherheitenwerte in der Phase der Restrukturierung verbraucht werden und in einem späteren Insolvenzverfahren tatsächlich nicht mehr zur Verfügung stehen. Ob all dieses im Rahmen einer Restrukturierung, deren Trigger die drohende Zahlungsunfähigkeit ist, wirklich sinnvoll ist, darf kritisch hinterfragt werden. Die Erhöhung der Risikovorsorge wird für Gläubiger wie Banken oft die Folge bei einer Stabilisierungsanordnung sein.

Allerdings ist auch zu berücksichtigen, dass eine **Verwertungsmaßnahme** überhaupt zulässig wäre, was Verwertungsreife voraussetzt, so dass ohne diese der Umfang der variablen Sicherheiten ohnehin schwankend ist. Ob allein die Anzeige nach § 31 StaRUG die Kündigung von Finanzierungsmitteln und damit Verwertungsreife auslösen kann, ist einzelfallbezogen zu entscheiden (vgl. Pannen/Riedemann/Smid-Riedemann, § 49 Rn. 21–24), die Anzeige selbst ohne weitere Umstände berechtigen etwa nicht zur Kündigung, § 44 Abs. 1 Nr. 2 StaRUG, ebenso wenig die Inanspruchnahme der Instrumente des § 49 StaRUG.

Auch wenn geschuldete Zinsen sowie Wertverluste von Sicherheiten gemäß § 54 StaRUG laufend auszugleichen sind, werden die variablen Sicherheiten unter Umständen später nicht mehr zur Verfügung stehen. Dabei kann sich diese Anordnung nach § 49 StaRUG auch gegen vereinzelte Gläubiger richten (vgl. Vallender, 2020b, S. 2682 ff.). Bei der Anordnung einer **Stabilisierungsmaßnahme** ist eine Überprüfung dahingehend notwendig, ob einer der beiden Insolvenzgründe Zahlungsunfähigkeit und Überschuldung oder beide vorliegen, da dann diese Restrukturierungssache aufzuheben ist und nur ausnahmsweise die Aufhebung unterbleiben kann (§ 33 Abs. 2 Nr. 1 StaRUG).

Gemäß § 50 StaRUG ist dem Antrag auf eine Stabilisierung neben dem Restrukturierungskonzept auch ein Finanzplan für die folgenden sechs Monate beizulegen, der die Durchfinanzierung des Unternehmens zeigt. Auch der etwaige Verzug mit der Erfüllung von Zahlungspflichten ist gemäß § 50 Abs. 3 StaRUG vom Schuldner anzugeben. Die Angabe dieser Zahlungsrückstände dient der Abgrenzung zur möglicherweise bestehenden Zahlungsunfähigkeit und zur Beurteilung, ob gegebenenfalls Rechtsverfolgungsmaßnahmen seitens betroffener Gläubiger drohen können.

Gerade die Abgrenzung zur eingetretenen Zahlungsunfähigkeit mit den sich daran anschließenden Insolvenzantragsgründen sowie Fristen ist durch den Schuldner nur beachten, um spätere Haftungs- und Anfechtungsrisiken auszuschließen. Die Stabilisierungsanordnung gemäß § 50 StaRUG ergeht, wenn der vorgelegte Restrukturierungsplan vollständig und schlüssig ist, Aussichten auf eine Restrukturierung bestehen, der Schuldner lediglich drohend zahlungsunfähig ist und die Anordnung für das Restrukturierungsziel erforderlich ist und die weiteren negativen Tatbestandsmerkmale nach § 51 Abs. 1 Nr. 1–4 StaRUG zu verneinen sind. Das Restrukturierungsgericht entscheidet über den Antrag durch Beschluss. Die Stabilisierungsanordnung muss den betroffenen Gläubigern zugestellt werden. Diese **Anordnung** kann für eine Dauer von bis zu drei Monaten ergehen und sich gegebenenfalls um einen Monat verlängern (§ 53 StaRUG), im Einzelfall auch auf bis zu acht Monaten sowie innerhalb dieses Zeitraums bis zur Rechtskraft der Planbestätigung (siehe dazu § 53 Abs. 3 StaRUG).

Nach § 59 StaRUG hebt das Gericht die einzelne Stabilisierungsanordnung auf Antrag eines Schuldners oder bei Vorliegen einer der dort genannten Gründe auf. Wenn ein Gläubiger einen Beendigungsgrund glaubhaft macht, wird die Anordnung ebenfalls beendet. Die Stabilisierungsanordnung endet, wenn der Plan bestätigt oder die Bestätigung versagt wurde (§ 59 Abs. 4 StaRUG).

Eine **stille Abwicklung** ist im Sinne der Vermeidung des wirtschaftspsychologischen Phänomens des sogenannten **„Insolvenzstigmas“** zur Vermeidung eines Reputationsschadens sinnvoll. Bei grenzüberschreitenden Restrukturierungen ist dieses Procedere nicht einzuhalten, da die inländische Restrukturierungsbestätigung im Ausland in ihren Wirkungen nicht anerkannt werden kann, jedenfalls nicht nach der Europäischen Insolvenzverordnung (EuInsVO).

Verfahrensaufgaben des Restrukturierungsgerichts

- Überwachung des Restrukturierungsverfahrens
- Aufhebung der Restrukturierungssache
- Einsetzung eines Gläubigerbeirats

Neben den Einzelaufgaben im Rahmen des StaRUG kommen dem Restrukturierungsgericht auch allgemeiner geprägte Aufgaben zu. Gemäß § 72 StaRUG kann im gestaltenden Teil des Plan vorgesehen sein, dass die Erfüllung der Ansprüche der Gläubiger überwacht wird. Diese Aufgabe ist dem Restrukturierungsbeauftragten zu übertragen. Allerdings hat dieser gemäß § 76 Abs. 1, 3 StaRUG etwaige Missstände dem Gericht unverzüglich anzuzeigen.

Das Gericht kann die Restrukturierungssache gemäß § 33 StaRUG aufheben, wenn der Schuldner den Insolvenzantrag stellt oder wenn der Schuldner tatsächlich insolvenzreif und nicht nur drohend zahlungsunfähig ist. Des Weiteren ist der Schuldner zur Mitwirkung sowie Auskunftserteilung gegenüber dem Gericht oder dem Restrukturierungsbeauftragten verpflichtet und ein Verstoß dagegen kann in der Beendigung des Verfahrens münden.

Gläubigerbeirat

Nach § 93 StaRUG kann das Gericht einen **Gläubigerbeirat** einsetzen, wenn beispielsweise die Forderungen aller Gläubiger durch einen Restrukturierungsplan gestaltet werden und im Wesentlichen komplexe Restrukturierungssachen gesamtverfahrensartige Züge aufweisen. Ähnlich wie einem Gläubigerausschuss im Insolvenzverfahren unterstützt und überwacht dieses Organ den Schuldner bei seiner Geschäftsführung und der Schuldner zeigt dem Beirat die Inanspruchnahme der Instrumente des Stabilisierungs- und Restrukturierungsrahmens an. Der Beirat kann als Beschlussgremium die Person des Restrukturierungsbeauftragten dem Gericht, bei einer fachlich geeigneten Auswahl, praktisch verbindlich vorschlagen (§§ 93 Abs. 2, 74 Abs. 2 Satz 3 StaRUG). Dies kann in bestimmten Fällen sinnvoll sein.

Aus § 93 Abs. 2 StaRUG tritt dann an die Position eines gemeinschaftlichen Vorschlags der Planbetroffenen gemäß § 74 Abs. 2 Satz 3 der einstimmige Beschluss des Gläubigerbeirats. Ein Fall der offensichtlichen Ungeeignetheit des Vorgeschlagenen wird selten vorliegen, zudem muss das Gericht die Ablehnung des Akteurs eindeutig begründen, eine offenbare Erschwernis der Ablehnung.

Aufgaben des Gerichts im Rahmen der Sanierungsmoderation

- Bestellung des Sanierungsmoderators
- Bestätigung des Sanierungsvergleichs
- Festsetzung der Vergütung des Sanierungsmoderators auf dessen Antrag

Auch in dem alternativen Verfahrensweg der **Sanierungsmoderation** und des Sanierungsvergleichs wird das Restrukturierungsgericht tätig. Auf Antrag des restrukturierungsfähigen Schuldners bestellt das Gericht gemäß § 94 Abs. 1 StaRUG eine geeignete und unabhängige Person als Sanierungsmoderator. Eine Bestellung durch das Gericht erfolgt regelmäßig für drei Monate und kann gegebenenfalls um drei Monate verlängert werden, wenn das Verfahren länger andauert.

Dieser Sanierungsmoderator hat gemäß § 96 Abs. 1 StaRUG zwischen dem Schuldner und seinen Gläubigern zu vermitteln und eine Lösung zur Überwindung der Krise zu erarbeiten (§ 96 Abs. 1 StaRUG). Dabei hat der Sanierungsmoderator dem Gericht monatlich schriftlich über den Fortgang der Sanierung und Restrukturierung Bericht zu erstatten. Auch eine eventuelle Zahlungsunfähigkeit ist dem Gericht unverzüglich anzuzeigen Der eingesetzte Sanierungsmoderator steht unter der strengen Aufsicht des Restrukturierungsgerichts (§ 96 Abs. 5 StaRUG).

Der Abschluss eines **Sanierungsvergleichs** zur Beendigung der Moderation und die Herbeiführung einer Sanierung kann auf Antrag des Schuldners durch das Gericht gemäß § 97 StaRUG bestätigt werden. Dem Vergleich zugrunde liegen muss ein schlüssiges Sanierungskonzept, das Aussicht auf Erfolg hat. Unklar ist allerdings, ob dies ein umfassendes Sanierungskonzept beispielsweise nach den Checklisten des IDW S 6, unter Einhaltung der höchstrichterlichen BGH-Rechtsprechung zur außergerichtlichen Sanierung, sein muss. Es ist ein nach dem Gesetzeswortlaut schlüssiges, von „den tatsächlichen Gegebenheiten“ ausgehendes Restrukturierungskonzept erforderlich, welches die ernsthafte und begründete Aussicht auf Erfolg rechtfertigt.

Erfolgt ein Übergang von einer Sanierungsmoderation in den Restrukturierungsrahmen, kann das Restrukturierungsgericht nach § 100 Abs. 2 StaRUG den Sanierungsmoderator zum Restrukturierungsbeauftragten bestellen. Aufgrund der bereits erfolgten Einarbeitung erscheint dies sinnvoll. Da an Restrukturierungssachen jedoch erhöhte Anforderungen bestehen können, sollte diese Entscheidung kritisch überdacht werden und schon bei der Bestellung des Moderators sollte auf die besondere Eignung dieses Akteurs auch als potenzieller Restrukturierungsbeauftragter geachtet werden, wenn das Verfahren in eine Restrukturierung übergehen könnte.

Ein sehr kritisches Thema nach dem StaRUG ist die Thematik, inwieweit im Rahmen des Restrukturierungsverfahrens vorgenommene **Rechtshandlungen** in der etwaigen späteren Folgeinsolvenz anfechtbar gemäß den §§ 129 ff. InsO sind. Besonders kritisch sind hier sicherlich diejenigen Konstellationen, die der BGH unter § 133 InsO (Vorsätzliche Benachteiligung) subsumiert.

Die Anfechtung und die damit verbundenen Risiken in den gerichtlichen Restrukturierungssachen nach dem StaRUG sind jedoch als Folge der Abläufe und Prüfungsmechanismen des dortigen Verfahrens weitgehend aufgehoben, wie auch aus den §§ 89, 90 StaRUG hervorgeht. IDW S 6 und die dort vorgesehenen Kernbestandteile können als Prüfungsschema zur Verprobung des Restrukturierungsplans eingesetzt werden.

Bedeutung der Bescheinigung nach § 74 Abs. 2 Satz 2 StaRUG, IDW S 15

Der Restrukturierungsbeauftragte kann faktisch durch den Schuldner bestellt werden. Für die Bescheinigung nach § 74 Abs. 2 Satz 2 StaRUG sowie für den Nachweis der nur drohenden Zahlungsunfähigkeit durch die Stellungnahme eines Externen ist IDW S 15 (siehe IDW, 2022b, S. 1062 ff.) maßgeblich, „verwandt" mit IDW S 9 (siehe IDW, 2022a, S. 1054 ff.) und entwickelt für die Bescheinigung nach § 270d InsO. Verbindlich ist die Verlautbarung des Berufsstandes der **Wirtschaftsprüfer** im Verfahren für andere Beteiligte zwar nicht, ebenso wie IDW S 6 für außergerichtliche Sanierungen. Diese Standards geben aber einen Rahmen, der den gesetzlichen Anforderungen entspricht und daher inhaltlich faktisch maßgeblich ist. Die Interessen der nicht in die Sanierungsmoderation eingezogener Gläubiger sollen gewahrt werden. Dies könnte auch gerichtlich überprüft werden (vgl. Vallender, 2020b, S. 2682 ff.). Die Vergütung erfolgt auf gesetzlicher Grundlage. § 98 StaRUG verweist dazu auf die konkreten Vergütungsregelungen für einen Restrukturierungsbeauftragten im Gesetz (§§ 80–83 StaRUG), die für ein Verfahren insgesamt hoch ausfallen können.

Sanierungsmoderation versus Restrukturierung

Bei genauer Betrachtung wird man für die Praxis einen prinzipiellen Unterschied zwischen den Anforderungen an einen Restrukturierungsbeauftragten und an einen Sanierungsmoderator nicht erkennen können. Ob gemäß der Gesetzeskonzeption die Sanierungsmoderation dem Restrukturierungsverfahren tatsächlich zeitlich vorausgeht, wird die Praxis zeigen. Bisher wurde nur ein einziger Fall publiziert, bei dem ein Sanierungsmoderationsverfahren gescheitert ist sowie die Schuldnerin ein Restrukturierungsverfahren anzeigte, das schließlich auch zur Bestätigung des Restrukturierungsplans geführt hat (AG Dresden, 574 SAN 1/21 Sanierungsmoderation, nur in 574 REs 2/21 erwähnt), 574 REs 2/21 (Restrukturierung), LG Dresden, 01.07.2021, 5T 363/21). Der entscheidende Unterschied liegt in den Größenklassen, da die Sanierungsmoderation primär für Kleinstunternehmen und Kleinunternehmen gedacht, die professionellen Berater nicht bezahlen können, aber externe Hilfe dringend benötigen.

Es ist zu beachten, dass die Anforderungen bei der Durchführung eines Restrukturierungsverfahrens nach StaRUG höher sein mögen als die Voraussetzungen an eine Sanierungsmoderation und eine noch eingehendere professionelle Begleitung erfordern. Erst recht benötigen die Kleinst- sowie Kleinunternehmen eine solche Unterstützung, die sie aber kaum bezahlen können, so dass das StaRUG in praxi ein Verfahren für mittlere und große Unternehmen bleiben dürfte.

Funktionen des Gläubigerbeirats und fehlende Gläubigerautonomie

Gemäß § 93 Abs. 1 StaRUG kann das zuständige Gericht unter bestimmten Voraussetzungen einen **Gläubigerbeirat** einsetzen (vgl. Cranshaw, 2021, S. 108 ff.). Dabei ist die Gläubigerbeteiligung im StaRUG, verglichen mit derjenigen in der Insolvenzordnung, zurückgedrängt. Eine Gläubigerversammlung als Rechtsinstrument existiert beispielsweise nicht, vielmehr wirken die Gläubiger wie beim Insolvenzplanverfahren nur einmal in der Erörterung sowie der Abstimmung des Restrukturierungsplans zusammen, wenn vom Schuldner freiwillig eine gerichtliche Planabstimmung beim Restrukturierungsgericht beantragt wird (§§ 45, 46 StaRUG).

Die **Gläubigerautonomie**, wie sie nach der Insolvenzordnung als Strukturprinzip hervorgeht, existiert im StaRUG nicht. Der Gläubigerbeirat nach § 93 StaRUG betrifft eine Ausnahmekonstellation, die in der Restrukturierung sinnvoll ist, wenn:

- der **Restrukturierungsplan** die Gestaltung der Forderungen aller Gläubiger, mit Ausnahme der Arbeitnehmerforderungen gemäß § 4 StaRUG, vorsieht und
- die **Restrukturierungssache** gesamtverfahrensartige Züge aufweist kann das Gericht einen Gläubigerbeirat bestellen.

Dabei sind die gesamtverfahrensartigen Züge anzunehmen, wenn eine Vielzahl von Gläubigern mit divergierenden Interessenlagen durch einen Plan betroffen ist. Daran fehlt es unter anderem, wenn sich der Gläubigerkreis aus wenigen Gläubigern, zumal mit meist vergleichbaren Interessen, zusammensetzt (vgl. Cranshaw, 2021, S. 112). Der Gläubigerbeirat unterstützt sowie überwacht die Geschäftsführung durch den Schuldner, ähnlich wie im Insolvenzverfahren der Gläubigerausschuss. Der Schuldner zeigt dem Beirat die Inanspruchnahme der Instrumente des Stabilisierungs- und Restrukturierungsrahmens an. Das Gremium kann mit einem einstimmigen Votum den Beauftragten nach § 93 Abs. 2 StaRUG vorschlagen, wobei das Restrukturierungsgericht von diesem Vorschlag nur abweichen darf, wenn die vorgeschlagene Person offensichtlich ungeeignet ist. Dir Norm lehnt sich an § 56a Abs. 2 InsO an.

Im **Gläubigerbeirat** können auch die nichtplanbetroffenen Gläubiger wie Arbeitnehmer vertreten sein und somit Einfluss auf die Restrukturierungssache nehmen, obwohl deren Forderungen im Restrukturierungsplan nicht neu gestaltet werden können (vgl. Biendl, 2021, S. 143).

Erläuterung: Der **Gläubigerbeirat** kann gemäß § 93 Abs. 1 StaRUG als beratendes sowie überwachendes Organ durch das Gericht eingesetzt werden. Voraussetzung ist, dass das Restrukturierungsverfahren gesamtverfahrensartige Züge aufweist. Dieses wird dann angenommen, wenn eine Vielzahl von unterschiedlichen Gläubigern mit inhomogenen Interessen vom Restrukturierungsverfahren betroffen ist. Des Weiteren muss der Restrukturierungsplan alle Gläubiger mit Ausnahme der Arbeitnehmer umfassen. Dann kann das Gremium, wie ein Steering Committee, als Steuerungs- oder Lenkungsausschuss, die Interessen der Beteiligten im Verfahren vertreten und den Restrukturierungsbeauftragten vorschlagen. Das Organ agiert ähnlich wie der Gläubigerausschuss in der Insolvenz mit überwachender und beratender Funktion.

Begründet wurde die Einrichtung eines **Gläubigerbeirats**, dass im Ausnahmefall von sämtlichen Gläubigern über den Restrukturierungsplan Sanierungsbeiträge eingefordert werden können und das Verfahren dann aus Sicht der Gläubigerschaft besondere Züge aufweist, die einem (vorläufigen) Eigenverwaltungsverfahren ähneln. Gerade bei einer inhomogenen Gläubigerschaft können Bedürfnisse nach einer Koordinierung der oftmals unterschiedlichen Interessen entstehen. Dann soll das Gericht einen Gläubigerbeirat einsetzen können. An die Bestellung eines solchen Ausschusses nach § 93 Abs. 1 Satz 1 StaRUG knüpft das Gesetz zwei Voraussetzungen:

- **Erstens** muss der Restrukturierungsplan sämtliche Gläubiger mit Ausnahme der Rechtsverhältnisse beziehungsweise Forderungen aus § 4 StaRUG von Arbeitnehmern aus einem Arbeitsverhältnis oder im Zusammenhang mit der betrieblichen Altersversorgung umfassen. Diese Ansprüche der Arbeitnehmer sind nicht plandisponibel, aber Änderungen außerhalb eines Plans zugänglich. Daher dürfte der Restrukturierungsplan im Einzelfall somit von der Änderung bestimmter kollektivarbeitsrechtlicher Regelwerke abhängig gemacht werden können.
- **Zweitens** muss die Restrukturierungssache gesamtverfahrensartige Züge aufweisen. Wenn alle Forderungen Restrukturierungsforderungen sind, dann dürfte die Restrukturierungssache (vgl. § 31 Abs. 1, 3 StaRUG) stets gesamtverfahrensartig im Sinne der Norm sein. Es muss eine gewisse Komplexität der Gläubigerstruktur bestehen. Verfahren mit nur wenigen Gläubigern und nur einer Abstimmungsgruppe der Planbetroffenen (§ 9 StaRUG) scheiden hier sicherlich aus. Dies wird jedoch in der Praxis selten der Fall sein, da beispielsweise Kreditinstitute, Lieferanten, Kreditversicherer und weitere Akteure regelmäßig in Restrukturierungen einbezogen sind und verschiedene Gruppen darstellen.

Zudem sind für ein gesamtverfahrensähnliches Verfahren gemäß dem StaRUG die finanziellen Beträge möglichst aller Stakeholder erforderlich. Eine Verteilung des finanziellen Schadens reduziert die Restrukturierungsbeiträge Einzelner. In der Regel sind von Restrukturierungen in diesen Fällen sämtliche Gläubiger betroffen, auch diejenigen, die nur indirekte Restrukturierungsbeiträge leisten. Dieses sind Gläubiger mit Absonderungsanwartschaften, deren Besicherung so strukturiert ist, dass ihre besicherte Forderung auch nicht mit einem Cram Down gestaltbar ist, weil diese bei jeglichen Eingriffen durch den Restrukturierungsplan offenkundig schlechter stünden als ohne Plan (§§ 26 Abs. 1 Nr. 1, 64 Abs. 1, 66 Abs. 2 Nr. 3 StaRUG).

Das Verfahren kann unter den obigen Komplexitätsvoraussetzungen daher Anlass geben, einen Gläubigerbeirat zu bestellen, in dem Gläubiger mit Absonderungsrechten oder Anwartschaften darauf und auch „Nichtgläubiger" vertreten sein können (§ 93 Abs. 1 Satz 2 StaRUG i.V.m. §§ 21 Abs. 2 Satz 1 Nr. 1a, 67 Abs. 2, 3 InsO). Diese Norm zeigt auch, dass es nicht richtig ist, in Fällen wie der Beteiligung von Absonderungsberechtigten die Einrichtung eines Gläubigerbeirats allgemein zu verneinen, denn diese Beiratsmitglieder können auch „nicht planbetroffene Gläubiger" sein (§ 8 StaRUG).

Ein Gläubigerbeirat sollte dann bestellt werden, wenn eben nicht sämtliche Gläubiger direkt finanzielle Beiträge beispielsweise in Form von Neufinanzierungen, Verzichten oder Forbearance-Maßnahmen leisten. Dann kann es zu Verhandlungen kommen, um Lösungen zu finden. Hier ist der Gläubigerbeirat einzubinden Die in der Literatur zudem vertretene gegenteilige Meinung, dass Gläubiger ohne Sanierungsbeiträge nicht einzubeziehen seien sowie in solchen Fällen ein Gläubigerbeirat zudem nicht bestellt werden könne, ist klar zu widersprechen (vgl. zu der Thematik Braun-Hirte, 2021, § 93 Rn. 3, Cranshaw, 2021, S. 114 ff., Pannen/Riedemann/Smid-Riedemann, 2021, § 93 Rn. 11, Bejahung eines Beirats bei „inhomogener" Gläubigerschaft).

Bestellungsakt, Mitgliedschaft, Ausscheiden aus dem Beirat

Die Bestellung eines **Gläubigerbeirats** ist eine Ermessensentscheidung des Restrukturierungsgerichts, wie § 93 Abs. 1 StaRUG als Kann-Bestimmung zeigt (vgl. Braun-Hirte, 2021, § 93 Rn. 4). Lehnt das Restrukturierungsgericht dann die Bestellung eines Beirats ab, existiert kein Rechtsmittel dagegen (Folge aus § 40 StaRUG), denn § 93 StaRUG sieht ein solches nicht vor. Diese Bestellung setzt ferner die Zustimmung des Vorgeschlagenen voraus. Beiratsmitglied kann eine dazu bereite natürliche Person werden und wie beim (vorläufigen) Gläubigerausschuss des Insolvenzverfahrens auch eine juristische Person. Mitglieder können beispielsweise auch Arbeitnehmervertreter wie Betriebsräte oder Gewerkschaftssekretäre werden, denn nicht planbetroffene Gläubiger und Externe können gemäß § 93 Abs. 1 Satz 3 StaRUG im Beirat vertreten sein. Hilfreich sind Dritte, wie unter anderem Sanierungsspezialisten, wenn sie das Verfahren professionell unterstützen können (vgl. Braun-Hirte, 2021, § 93 Rn. 5).

Insgesamt ist darauf zu achten, dass der Beirat nicht zu groß wird, da sich dieser auch spontan beraten muss und möglichst einstimmige Entscheidungen getroffen werden sollen. Dennoch wirkt ein Diskurs positiv und trägt zum Restrukturierungsziel bei. Der Beirat ist ein wichtiges Überwachungsorgan. Es kann für Transparenz sorgen und den Informationsaustausch unter den mitwirkenden Parteien fördern.

Wie beim Gläubigerausschuss des Insolvenzverfahrens kann eine Zahl von zwei Beiratsmitgliedern nicht unterschritten werden, da ein Beirat immer ein Gremium, das heißt mehrere Personen voraussetzt, wobei bei praxisbezogener Betrachtung die Mindestzahl der Mitglieder stets mindestens drei Personen, zweckmäßig im Einzelfall fünf Personen umfassen sollte (zur Zusammensetzung des Ausschusses siehe auch Braun-Hirte, 2021, § 93 Rn. 5–7). Der Beirat ist mit dem (vorläufigen) Gläubigerausschuss des Insolvenzverfahrens vergleichbar, wie der Verweis auf § 21 Abs. 2 Satz 1 Nr. 1a InsO in § 93 Abs. 1 StaRUG belegt. Hieraus folgt für das Ausscheiden aus dem Beirat, dass ein Beiratsmitglied vom Gericht entsprechend gemäß § 70 InsO aus wichtigem Grund entlassen werden kann, dazu zählt auch der Antrag des Beiratsmitglieds selbst. Ansonsten endet die Mitgliedschaft mit der Aufhebung der Restrukturierungssache oder mit Rechtskraft der Planbestätigung, alternativ bei der Planüberwachung mit deren Aufhebung aus § 72 Abs. 4 StaRUG, beispielsweise wenn die Ansprüche erfüllt wurden.

Aufgaben des Gläubigerbeirats

Der **Beirat** beziehungsweise seine Mitglieder unterstützen sowie überwachen die Geschäftsführung des eigenverwaltenden Schuldners (§ 93 Abs. 3 Satz 1 StaRUG). Es ist zu beachten, dass der Gläubigerbeirat, anders als der Gläubigerausschuss im Insolvenzverfahren, keine Entscheidungsbefugnisse besitzt. Ausnahme ist der Vorschlag zur Bestellung des Restrukturierungsbeauftragten.

Der **Gläubigerbeirat** hat die Einhaltung der ordnungsgemäßen Geschäftsführung im Sinne der Restrukturierung und die Berücksichtigung der Interessen der Gläubiger zu überwachen. Dabei kann eine Besetzung mit Mitgliedern aus unterschiedlichen Erfahrungskreisen hilfreich sein. Zu den Aufgaben des Gläubigerbeirats siehe einen Überblick bei Braun-Hirte, 2021, § 93 Rn. 11–15 sowie Pannen/Riedemann/Smid-Riedemann, 2021, § 93 Rn. 49–57. In dem Zusammenhang muss der Schuldner dem Gläubigerbeirat auch die Inanspruchnahme der Stabilisierungsinstrumente gemäß § 29 Abs. 2 Nr. 1–4 StaRUG anzeigen. Eine **Einbindung** erfolgt nach der hier vertretenen Meinung zu den Unterstützungs- und Überwachungsaufgaben des Beirats nach § 93 Abs. 3 StaRUG in:

- die gerichtliche Planabstimmung und Vorprüfung (§§ 45 ff. StaRUG).
- die Inanspruchnahme von Stabilisierungsmaßnahmen (§§ 49–59 StaRUG).
- die Planbestätigung (§§ 60 ff. StaRUG).

Dazu gehört nach Sinn und Zweck einer Vorschrift über Unterstützung und Überwachung, dass dem Beirat all die Informationen gegeben werden, die auch dem Gericht im Rahmen des jeweiligen Verfahrensabschnittes beziehungsweise der Werkzeuge des § 29 StaRUG übermittelt werden. Zugleich treffen den Schuldner die allgemeinen Unterrichtungsverpflichtungen gemäß § 32 Abs. 2–4 StaRUG. Ist der Schuldner allerdings nicht auskunftsbereit, kann der Beirat seine Pflichten nicht erfüllen, jedenfalls nicht diejenigen, die aus der Überwachung folgen.

Daher muss der **Beirat** nachfragen und der **Schuldner** ist auskunftspflichtig, wie aus einer entsprechenden Anwendung des § 69 Satz 2 InsO i.V.m. dem Rechtsgedanken des § 97 InsO folgt. Weigert sich der Schuldner, dem Beirat Einsicht zu gewähren und Fragen zu beantworten, kann der Ausschuss seinen Aufgaben sowie Pflichten nicht nachkommen. Der Schuldner verstößt dann gegen seine Pflichten aus § 32 StaRUG. Der Beirat kann dies dem von Amts wegen bestellten Restrukturierungsbeauftragten mitteilen, der wiederum in den Fällen des § 76 Abs. 1 StaRUG, wenn also Umstände im Sinne des § 33 StaRUG vorliegen, das Restrukturierungsgericht unterrichtet ist, so dass die Restrukturierung gegebenenfalls aufgehoben wird. Der Beirat kann unmittelbar dem Restrukturierungsgericht berichten. Diese Berichtsgründe beziehungsweise die Aufhebungsgründe gemäß § 33 StaRUG sind dann beispielsweise die mangelhafte Unterrichtung des Beirats durch den Schuldner (§ 33 Abs. 1 Nr. 3 StaRUG), die aber schwerwiegend im Sinne dieser Norm sein muss oder der Eintritt der Insolvenzreife, festgestellt vom Beirat (§ 33 Abs. 2 Nr. 1 StaRUG). § 69 InsO mit den Pflichten des Gläubigerausschusses kann vergleichend herangezogen werden.

Der Gesetzgeber hat sich in § 93 Abs. 2 StaRUG dafür entschieden, dem Gläubigerbeirat anstelle diesen Planbetroffenen (§ 74 Abs. 2 Satz 3 StaRUG) die Befugnis zu übertragen, dem Restrukturierungsgericht durch einen einstimmigen Beschluss einen bindenden Vorschlag zur Auswahl des Restrukturierungsbeauftragten zu unterbreiten. Dieser Beschluss des Beirats ist aber subsidiär gegenüber der bereits nach § 74 Abs. 2 Satz 2 StaRUG eingetretenen Bindung des Gerichts an den Bestellungsvorschlag des Schuldners, sofern dieser die Bescheinigung nach § 74 Abs. 2 Satz 2 StaRUG vorlegt, dass er die Voraussetzungen des § 51 Abs. 1, 2 StaRUG über den Erlass der Stabilisierungsanordnung erfüllt. Der Gläubigerbeirat kann einen bindenden Vorschlag in den Fällen nur noch dann unterbreiten, wenn die vom Schuldner vorgeschlagene Person offensichtlich ungeeignet für die Tätigkeit als Restrukturierungsbeauftragter im konkreten Fall ist.

Die **Beiratsmitglieder** werden vom Gericht bestellt und müssen sich wie die Gläubigerausschüsse eines Insolvenzverfahrens konstituieren, eine Geschäftsordnung geben sowie einen Vorsitzenden bestimmen, der die laufenden organisatorischen Geschäftsführungsaufgaben erfüllt, die Akten führt sowie nach Beendigung der Beiratstätigkeit aufbewahrt. Die Beschlussfassung bedarf einer Beschlussfähigkeit, die hergestellt ist, wenn die Mehrheit der Beiratsmitglieder anwesend war und an der Beschlussfassung teilnehmen konnte. Dieses ist dann der Fall, wenn ordnungsgemäß zur Beiratssitzung eingeladen wurde, was entweder eine einvernehmliche Terminierung oder entsprechende Geschäftsorganisation durch den Vorsitzenden voraussetzt.

Die Mehrheit der anwesenden Mitglieder muss dem konkret zu treffenden Beschluss zustimmen, damit die Entscheidung des Beirats gefallen ist. Sind von drei Mitgliedern zwei anwesend, ist der Beirat beschlussfähig, diese Entscheidung muss dann einstimmig fallen. Der § 72 InsO ermöglicht dem Gläubigerausschuss und damit dem **Gläubigerbeirat** weitgehend Gestaltungsfreiheit für seinen Verfahrensweg wie digitale Sitzung, fernmündliche Abstimmung und Beschlussfassung, mit nachträglicher Protokollierung und Unterschrift. Es wird aber doch primär von Präsenzsitzungen ausgegangen. Wie beim Gläubigerausschuss kann es zweckmäßig sein den Restrukturierungsrichter sowie den Restrukturierungsbeauftragten einzuladen. Die elektronische Kommunikation ist eine effiziente zu nutzende Alternative, ohne die Präsenzveranstaltung aufzugeben. Diese digitale Kommunikation spart Kosten, die vom Schuldner als Auslagenersatz des Beirats zu tragen sind. Es gilt hier dasselbe wie beim (vorläufigen) Ausschuss des Insolvenzverfahrens (vgl. Cranshaw, 2021, S. 120).

Beispiel: Der Schuldner beantragt eine Stabilisierungsanordnung und will sie dem Gläubigerbeirat nach § 93 Abs. 3 Satz 2 StaRUG anzeigen. Der Beirat hat den Schuldner zu einer Videobesprechung eingeladen und weist auf offenbare Ungereimtheiten oder Lücken des ihm vom Schuldner mitgeteilten Finanzplans hin (vgl. § 50 Abs. 5 Nr. 2 StaRUG). Dann kann der Schuldner sofort am Bildschirm reagieren sowie Fehler korrigieren oder einen überarbeiteten Restrukturierungsplan direkt Online zur Verfügung stellen und damit die positive Kenntnisnahme des Beirats herbeiführen. Sind der Richter und der Restrukturierungsbeauftragte digital zugeschaltet, haben sie unverzüglich diese Informationen (vgl. Cranshaw, 2021, S. 121).

Haftungsfragen, Rechtsstellung der Beiratsmitglieder

Haftungsgrundsätze hängen in ihrem Wesen mit den übertragenen Aufgaben und deren Erfüllung beziehungsweise den Anforderungen daran, wie diese Aufgaben zu erfüllen sind eng zusammen, denn ohne Verstoß gegen Pflichten existiert keine Haftung. Als Oberbegriff für diese Zusammenhänge lässt sich derjenige der Rechtsstellung der Beiratsmitglieder bezeichnen (zur Haftung siehe Cranshaw, 2021, S. 122 ff.).

Aufgaben sowie Rechtsstellung sind beim Gläubigerausschuss der InsO wie bei dem Gläubigerbeirat gemäß StaRUG durch die Normen der Insolvenzordnung, beim Gläubigerbeirat durch die Vorschriften des § 93 StaRUG sowie insbesondere die etwas unglückliche Kettenverweisung in § 93 Abs. 1 Satz 2 StaRUG auf § 21 Abs. 2 Satz 1 Nr. 1a InsO mit dortiger Weiterverweisung bestimmt.

Die grundsätzliche Struktur ist damit dieselbe wie bei den Mitgliedern des Gläubigerausschusses im Insolvenzverfahren, einschließlich der Rechtsprechung zum (vorläufigen) Gläubigerausschuss in einem Insolvenzverfahren. Zur **Haftung** des Gläubigerbeirats verhalten sich dagegen weder der Wortlaut des § 93 StaRUG noch die Begründung der Norm ausdrücklich.

Diese Haftungsfrage löst § 93 Abs. 1 Satz 2 StaRUG durch den Verweis auf § 21 Abs. 2 Satz 1 Nr. 1a InsO mit den dortigen Weiterverweisungen auf die § 67 Abs. 2, 3 InsO und die §§ 69–73 InsO und damit auf die Haftungsnorm des § 71 InsO etwas unpräzise auf (für die Haftung nach den Grundsätzen des § 71 InsO aufgrund der Verweisungskette in § 93 Abs. 1 Satz 2 StaRUG siehe auch Braun-Hirte, 2021, § 93 Rn. 19).

Für den Gläubigerbeirat ist dabei auf die gesamtschuldnerische **Haftung** gemäß § 421 BGB mit Innenausgleich gemäß § 426 BGB hinzuweisen. Das Gremium Gläubigerbeirat selbst haftet mangels Rechtsfähigkeit nicht. Der Gläubigerausschuss der Insolvenzordnung hat die Pflicht des § 69 Satz 1 InsO, zur Unterstützung sowie Überwachung des Insolvenzverwalters. Dem steht die Haftung nach § 71 Satz 1 InsO gegenüber. Für den vorläufigen Gläubigerausschuss des § 21 Abs. 2 Satz 1 Nr. 1a InsO gilt das durch den dortigen Verweis auf die §§ 69–73 InsO entsprechend.

Die Parallele beider vorstehend genannten Gremien zum Gläubigerbeirat des § 93 StaRUG ist evident. Der Gläubigerbeirat des § 93 StaRUG beziehungsweise seine Mitglieder unterstützen sowie überwachen den („eigenverwaltenden“) Schuldner bei seiner Geschäftsführung in der Restrukturierung (vgl. § 93 Abs. 3 Satz 1 StaRUG). Beiratsmitglieder haften entsprechend § 71 Satz 1 InsO bei schuldhafter Verletzung ihrer Pflichten. Damit gelten dieselben Haftungsgrundsätze wie für die Mitglieder des (vorläufigen) Gläubigerausschusses in einem Insolvenzverfahren, gespiegelt auf die Pflichten der Gläubigerbeiratsmitglieder (§ 93 Abs. 3 Satz 1 StaRUG).

Haftungsadressaten sind die einzelnen Beiratsmitglieder. Anspruchsinhaber und Haftungsbegünstigte sind die Restrukturierungsgläubiger sowie die Berechtigten aus den Absonderungsanwartschaften, da die entsprechende Anwendung des § 71 Satz 1 InsO auch die Anspruchsinhaber des Schadensersatzanspruchs umfasst.

Aus den vorstehend umrissenen Zusammenhängen ergibt sich ein Haftungsrisiko der Mitglieder des Gläubigerbeirats, das im Insolvenzverfahren demjenigen des vorläufigen Gläubigerausschusses und demjenigen des Ausschusses im eröffneten Verfahren entspricht und daher auch vergleichbar zu versichern ist. Es empfiehlt sich den Mitgliedern des Gläubigerbeirats gemäß dem StaRUG ein Merkblatt zur Erstinformation auszuhändigen. Dies kann ähnlich wie das **Merkblatt** für Gläubigerausschussmitglieder strukturiert werden und hinweisen auf:

- Unabhängigkeitskriterien und Unparteilichkeit
- Ausschluss- und Befangenheitsgesichtspunkte
- Aufgaben, Pflichten, Haftung und Vergütung

Der Anspruch auf Vergütung sowie Auslagenerstattung folgt aus § 93 Abs. 4 Satz 1 StaRUG i.V.m. der InsVV (§§ 17, 18 nach Art. 6 SanInsFoG). Die Honorierung erfolgt auf Stundenbasis zwischen 50 und 300 Euro netto pro Stunde. Dabei sind die Qualifikationen der Ausschussmitglieder zu berücksichtigen. Die Erstattung von Auslagen umfasst neben beispielsweise den Reisekosten auch die Aufwendungen für eine angemessene Versicherung der Beiratsmitglieder, gegebenenfalls noch mit Umsatzsteuer einzelfallbezogen auf das jeweilige Beiratsmitglied hinzu. Verfahrensrechtlich wird diese Vergütung nebst Auslagen vom Restrukturierungsgericht festgesetzt und ist letztendlich vom Schuldner zu bezahlen und die Kosten sind nicht unerheblich.

Das **Sanierungsmoderationsverfahren** gemäß §§ 94 ff. StaRUG weist gegenüber dem Restrukturierungsverfahren einen geringeren Komplexitätsgrad auf. Die Zielrichtung liegt in der Ausarbeitung eines konsensualen Sanierungsvergleichs des Schuldners mit den Gläubigern (§ 779 BGB) mit der Unterstützung eines gerichtlich bestellten Sanierungsmoderators. Das Verfahren beginnt auf Antrag des Geschäftsführers gemäß § 94 Abs. 1 StaRUG in der Krise bei drohender Zahlungsunfähigkeit.

Das Verfahren ist nicht eingebunden in das Restrukturierungsverfahren in einem besonderen Teil 3 des StaRUG verortet. Ob dieser Versuch zu einem Sanierungsvergleich, der Restrukturierung vorausgehen soll und der **Sanierungsmoderator** in die Funktion des Restrukturierungsbeauftragten übergehen soll (siehe § 100 Abs. 2 StaRUG), erscheint zweifelhaft. Diese Bestellung wird nach § 95 Abs. 2 StaRUG nicht öffentlich bekannt gemacht, um Vertraulichkeit zu gewährleisten (vgl. Harig, 2022a, S. 91). Ziel ist der Sanierungsvergleich (vgl. Braun-Erbe, 2021, Vorbemerkung Vor §§ 94 Rn. 1–2).

Erläuterung: Nach § 94 Abs. 1 StaRUG wird beim Sanierungsmoderationsverfahren auf Antrag des Schuldners vom Restrukturierungsgericht ein **Sanierungsmoderator** bestellt. Die Person muss unabhängig vom Schuldner sein und sollte Qualifikationen vergleichbar denen eines Restrukturierungsbeauftragten oder eines Sachwalters aufweisen. Seine Hauptaufgabe besteht darin, einen Sanierungsvergleich mit den Schuldnern moderierend auszuhandeln, zur Überwindung der wirtschaftlichen und finanziellen Schwierigkeiten. Dieser kann das betreffende Unternehmen in ein Restrukturierungsverfahren überführen und dort gegebenenfalls als Restrukturierungsbeauftragter bestellt werden.

Der **Sanierungsmoderator** ist ein neuer Akteur in der reduzierten Sanierungsvariante, die ein wenig mit der außergerichtlichen Sanierung, die meistens aufwändig nach MaRisk BTO 1.2.5 von der Hausbank begleitet wird, verglichen werden kann. Dabei ergeben sich hohe Anforderungen an die Steuerung in diesem doch oft komplexen Verfahren und an den Sanierungsmoderator, da die Verhandlungen mit den in die Moderation einbezogenen Gläubigern schwierig sein können. Daher ist die Ausrichtung des Verfahrens in der Gesetzesbegründung auf kleine Unternehmen und Kleinstunternehmen, die sich den professionellen und spezialisierten Berater demnach unter Umständen nicht leisten können, wenig hilfreich.

Die Kosten für den professionellen Sanierungsmoderator sind nicht niedriger als diejenigen für den Restrukturierungsbeauftragten. Der Schuldner zahlt die Kosten ebenso wie diejenigen des Restrukturierungsbeauftragten sowie gegebenenfalls der Mitarbeiter oder weiterer Berater und diese Beträge können in der Gesamtheit hoch ausfallen (kritisch Pannen/Riedemann/Smid-Riedemann, 2021, § 94 Rn. 1–6). Ausgenommen sind hier wie dort die Auslagen des fakultativen Restrukturierungsbeauftragten unter den Voraussetzungen des § 82 Abs. 2 Satz 3 StaRUG.

Es bedarf zudem stets einer Planung in Form der Konzeptausarbeitung einer Lösung zur Überwindung der wirtschaftlichen oder finanziellen Schwierigkeiten, unabhängig von der Unternehmensgröße. Der Umfang und die Komplexität werden jedoch hinter großen Unternehmen im Allgemeinen zurückbleiben. Die angesprochenen Gläubiger werden einen Plan verlangen, der den Mindestanforderungen der Anlage zu § 5 Satz 2 StaRUG genügt, auch wenn darauf explizit kein Bezug genommen wird. Zudem steigt die Verfahrenskomplexität, wenn der Sanierungsmoderationsablauf in ein Restrukturierungsverfahren übergeht und der Sanierungsmoderator unter Umständen gemäß § 100 Abs. 2 StaRUG zum Restrukturierungsbeauftragten bestellt wird. Da diese Option immer besteht, sollte aus Schuldnersicht oder vom Gericht auf die fachlichen Qualifikationen bereits des Sanierungsmoderators geachtet werden, wenn dieser später zum Restrukturierungsbeauftragten ernannt wird.

Das **Verfahren** kann nur beginnen, wenn der Schuldner noch nicht zahlungsunfähig ist sowie bei juristischen Personen oder Personengesellschaften mit einer Haftungsbegrenzung wie der GmbH & Co. KG darf diese nicht überschuldet sein. Auch die Einleitung der Sanierungsmoderation erfordert, dass der Schuldner lediglich drohend zahlungsunfähig sein darf, ein Tatbestandsmerkmal aller Sanierungsvarianten nach dem StaRUG. Daher wird in der Aufgabenbeschreibung des Sanierungsmoderators in § 96 Abs. 1 StaRUG die Überwindung finanzieller Probleme genannt.

Dem Antrag auf Sanierungsmoderation sind gemäß § 94 Abs. 2 StaRUG unter anderem die Art der wirtschaftlichen und finanziellen Krise, ein Verzeichnis der Gläubiger und des Vermögens beizufügen. Hinzu kommt eine Erklärung des Schuldners, nicht zahlungsunfähig zu sein und auch nicht überschuldet. Demnach wäre ein Antrag im Sinne der Risikofrüherkennung bereits in einem frühen Stadium beispielsweise der Produkt- und Absatzkrise oder Erfolgskrise vorteilhaft.

Auswahlkriterien bei der Bestellung des Sanierungsmoderators

Gemäß § 94 Abs. 1 StaRUG ist vom Gericht eine geeignete und daher geschäftskundige und unabhängige natürliche Person zum Sanierungsmoderator zu bestellen. Es handelt sich zwar nicht um eine ausschließlich höchstpersönliche Funktion, diese ist allerdings nicht durch eine juristische Person, sondern nur durch eine natürliche Person wahrnehmbar (vgl. Braun-Erbe, 2021, § 94 Rn. 24). **Kriterien** sind somit:

- Natürliche Person
- Geeignetheit und Geschäftskunde
- Unabhängigkeit

Die erforderlichen fachlichen Kompetenzen des Sanierungsmoderators sind hoch und vergleichbar mit einem Sachwalter, Restrukturierungsbeauftragten oder spezialisieren Sanierungsberater. Die Anforderungen an den Kernakteur in diesem Verfahrensweg sind enorm, auch in Relation zu seiner Vergütung, aufgrund der komplexen Krisenlage und Existenzbedrohung des Zielunternehmens.

Von Bedeutung für die Ausübung seines Amtes sind Erfahrungen in Sanierungen und in der Steuerung und Moderation unterschiedlicher Interessen. Daher lassen sich die Anforderungen an den Restrukturierungsbeauftragten gemäß § 74 StaRUG auf einen in Restrukturierungen sowie Insolvenzsachen erfahrenen Steuerberater, Wirtschaftsprüfer, Rechtsanwalt oder eine sonstige natürliche Person mit vergleichbarer Qualifikation auch auf diesen Akteur in diesem Sonderverfahrensweg übertragen.

Eine Position auf der Vorauswahlliste eines Gerichts ist nicht erforderlich, die Gerichte werden aber sicherlich vergleichbare Instrumente einrichten. Diese bewusste Parallele zu den §§ 56, 274 InsO, 74 StaRUG dürfte aber dazu führen, dass die Gerichte den Moderator aus ihren für Insolvenzverwalter sowie Restrukturierungsbeauftragte geführten Vorauswahllisten auswählen werden. Es ist kein Nachteil, regt der Schuldner beim Gericht die Bestellung einer Person als Sanierungsmoderator an, benötigt er dabei sicher Hilfestellung, die er unter Umständen auch bei den Sanierungsspezialisten seiner Hausbank bekommen kann.

Da die **Sanierungsmoderation** nur auf Antrag des Schuldners beginnen kann, sind Gläubiger in den Auswahlprozess des Sanierungsmoderators nicht einbezogen. Ob der Schuldner ihn vorschlagen kann und das Gericht dann an den Vorschlag des Schuldners in Analogie zu §§ 74 Abs. 2, 77 Abs. 1 StaRUG im Allgemeinen gebunden ist, erscheint angesichts des Gesetzeswortlauts und der Systematik äußerst fraglich.

Es ist aber davon auszugehen, dass die Gerichte sachgerechte Anregungen positiv aufnehmen, ohne indes gebunden zu sein. Vorteilhaft ist aus Sicht des Verfahrens, dass der Schuldner bei einem Mitspracherecht bei der Auswahl unter Umständen eher und früher bereit sein mag, in dieses Verfahren zu gehen. Negativ ist, dass auf Seiten der Gläubiger befürchtet werden könnte, dass der Sanierungsmoderator eben nicht unabhängig ist und es von daher ein konsensuales Verfahren beeinträchtigt.

Dann ist weiterhin zu beachten, dass die Sanierungsmoderation als Vorstufe eines Restrukturierungsverfahrens verlaufen kann. In diesem Verfahren steht dem Schuldner ein Vorschlagsrecht für den Beauftragten unter den Voraussetzungen des § 74 Abs. 2 Satz 2 StaRUG gesetzlich zu. Da ein Wechsel der leitenden Personen für das Verfahren hinderlich wäre aufgrund der erneut notwendigen Einarbeitungszeit, sollte diese Entscheidung für einen bestimmten Sanierungsmoderator zielgerichtet erfolgen.

Die Person des Sanierungsmoderators wird in den Gläubigerverhandlungen als neutraler Mediator auftreten, der er gemäß der Definition seiner Funktion ist (§ 96 Abs. 1 StaRUG). Die Voraussetzungen einer Übertragung dieser Funktion sind mit den Kriterien der hinreichenden Geschäftskunde sowie der Unabhängigkeit von Gläubiger und Schuldner mit den Anforderungen an einen Insolvenzverwalter nach § 56 Abs. 1 InsO beziehungsweise an den Sachwalter in den Eigenverwaltungsverfahren nach der Insolvenzordnung vergleichbar. Daher ist bei der Besetzung dieses Akteurs auch primär an Insolvenzverwalter und Sachwalter zu denken.

Der **Sanierungsmoderator** ist eng an das Gericht angebunden und steht unter dessen Aufsicht (§ 96 Abs. 5 StaRUG). Seine Befugnisse sind begrenzt, da er nur Einblick in die Geschäftsunterlagen des Schuldners hat und nur Anspruch auf „angeforderte zweckmäßige Auskünfte“ (§ 96 Abs. 2 StaRUG). Der Moderator erstattet monatlich schriftlich Bericht an das Gericht über den Fortgang der Verhandlungen (§ 96 Abs. 3 StaRUG), der unter anderem mindestens **Aussagen** treffen muss über:

- die wirtschaftlichen beziehungsweise finanziellen Schwierigkeiten des Schuldners und deren Ursachen,
- die in die Sanierungsverhandlungen eingebundenen Gläubiger und die weiteren Verfahrensbeteiligten,
- Gegenstand und Ziel der Moderation sowie Fortschritte der Verhandlung im Wesentlichen mit den Gläubigern.

Das Verfahren der **Sanierungsmoderation** kann bei erreichbarer Einigkeit zwischen Schuldner, Gläubigern und weiteren Beteiligten sowie einer professionellen Herangehensweise still abgewickelt werden. Die Bestellung erfolgt nach § 95 StaRUG für einen Zeitraum von bis zu drei Monaten und kann über einen Antrag des Sanierungsmoderators mit Zustimmung des Schuldners und der einbezogenen Gläubiger um weitere drei Monaten verlängert werden, bis zur Bestätigung des Sanierungsvergleichs durch das Gericht, wenn diese Bestätigung nach § 97 StaRUG vom Schuldner beantragt wird.

Die **Verfahrensdauer** von angestrebten drei Monaten ist für die Effizienz des Ablaufs von großer Bedeutung. Innerhalb dieser Zeitspanne wird üblicherweise deutlich werden, ob die Ausarbeitung eines finalen Sanierungsvergleichs mit sämtlichen Gläubigern möglich erscheint. Eine Verlängerung auf sechs Monate sollte nur die Ausnahme darstellen, wenn nach einer Dauer von drei Monaten der Verhandlungen kurz vor einer Einigung steht. Nach der Frist von maximal sechs Monaten endet diese Amtszeit, alternativ durch Abberufung oder Verfahrenswechsel.

Beispiel: Die Gründe für eine Verlängerung der Dauer der Verhandlungen zu einem Vergleichsabschluss können vielfältig sein, beispielsweise kann eine Abhängigkeit von Externen bestehen, in noch zu klärenden Steuerforderungen oder der Wirksamkeit des Verkaufs von Assets des Schuldners.

Bei der **Sanierungsmoderation** handelt sich um ein stilles und vertrauliches Verfahren, ganz ähnlich wie die außergerichtliche Sanierung. Dadurch werden negative Effekte in der Öffentlichkeit vermieden, wenn die Krisenlage Kunden bekannt würde und ein ähnlicher Makel wie in einer Insolvenz herbeigeführt wird. Dies soll die Akzeptanz beim Schuldner erhöhen, in diesen Verfahrensweg einzutreten. Um mögliche Reputationsschäden zu vermeiden, sollten die in die Verhandlung einbezogenen Parteien daher zweckmäßig eine ausführliche Vertraulichkeitserklärung unterschreiben (vgl. Braun-Erbe, 2021, § 96 Rn. 7–10).

Aufgaben des Sanierungsmoderators

Als Moderator vertritt dieser Akteur nicht allein die Interessen des Schuldners. Er hat in seiner Funktion die Interessen und Belange aller Beteiligten individuell herauszuarbeiten. In Einzelgesprächen mit den Gläubigern kann er dann Lösungen im Sinne des Vergleichs erörtern und auf die Machbarkeit hin überprüfen. Es spielen Aspekte wie die Gleichbehandlung und die Aussichten auf einen leistungswirtschaftlichen Sanierungserfolg eine wichtige Rolle. Folgende Aufgaben stehen im Vordergrund:

- Vermittlung zwischen den Interessen des Schuldners und der Gläubiger
- Berichterstattung an das Gericht über den Fortgang der Sanierungsmoderation
- Stellungnahme zum Sanierungsvergleich vor Bestätigung durch das Gericht

Gläubiger wie Kreditinstitute sind davon zu überzeugen, dass sich die Verhältnisse im Rahmen der Moderation und auch danach nicht deutlich verschlechtern, sondern sie sich im Gegenteil bei einer Prognose über einen sachgerechten Zeitraum deutlich besserstellen. Banken betrachten ihre Optionen und analysieren alternative Lösungswege einer Sanierung oder Abwicklung auch im Hinblick auf die Sicherheitenlage und erzielbare Quote. Zu beachten ist auch die problematische Position als Sicherungsgläubiger, mit einem etwaigen Aufweichen der Sicherheiten in der Sanierung, einem erhöhten Blankoanteil und einer sich nach oben entwickelnden Wertberichtigung in der Bankbilanz. Verständnis für die Gläubiger, die teils erhebliche Ausfallrisiken tragen, ist für die Verhandlungen förderlich, ja unabdingbar.

Allerdings darf man nicht verkennen, dass die Banken bei nur drohender Zahlungsunfähigkeit, nicht ohne Weiteres zur gegebenenfalls außerordentlichen Kündigung, der schärfsten Maßnahme des Kreditgebers, befugt sind, da es dazu der Voraussetzungen des § 490 Abs. 1 BGB bedarf oder etwa weitergehender vertraglicher Kündigungsrechte. Ist derjenige Kreditgeber besichert, ist bei der Abwägung, ob ein Kündigungsrecht besteht, auch der Wert der Sicherheit mit einzubeziehen.

Bei drohender **Kündigung** kann der Schuldner letztlich in das Restrukturierungsverfahren einmünden und unter den dortigen Voraussetzungen die Stabilisierungsanordnung erwirken, wie bereits oben dargestellt (siehe §§ 49 ff. StaRUG) mit der weiteren Folge des § 44 Abs. 1, 2 StaRUG.

Der Moderator hat dem Gericht über den Fortgang der Sanierung monatlich Bericht zu erstatten. Ein Schwerpunkt der Berichterstattung liegt auch auf dem Fortschritt der Verhandlungen, damit das Moderationsverfahren aufrechterhalten wird. Den beteiligten Gläubigern ist aus Gründen der Transparenz Einsicht in diese Berichte zu gewähren („Akteneinsicht" gemäß §§ 38, 299 Abs. 1 ZPO). Eine offenkundige Insolvenzreife ist durch den Sanierungsmoderator unverzüglich anzuzeigen. Dies beendet das Moderationsverfahren durch die Abberufung des Sanierungsmoderators durch das Restrukturierungsgericht gemäß § 99 Abs. 1 Nr. 2 StaRUG und die Möglichkeit, in ein Restrukturierungsverfahren zu wechseln.

Werden diese Pflichten nicht fristgerecht, unzureichend oder fehlerhaft erfüllt, kann der Sanierungsmoderator aus wichtigem Grund durch das Gericht aus dem Amt entlassen werden (§ 96 Abs. 5 StaRUG). Dieser Akteur wird dann in künftigen Verfahren und als Restrukturierungsbeauftragter bei demselben Restrukturierungsgericht kaum mehr zum Zuge kommen. Ein Wechsel auf einen neuen Sanierungsmoderator gemäß § 99 Abs. 2 StaRUG, der in Frage kommt, wenn Schuldner oder Moderator die Abberufung beantragen, erscheint in Anbetracht des Krisenfortschritts und der bereits getätigten Kosten schwer möglich zu sein. Der Antrag nach § 99 Abs. 1 Nr. 1 StaRUG kann nur eine äußerste Maßnahme darstellen.

Ausdrückliche Haftungsnormen für den Sanierungsmoderator enthalten die §§ 94 ff. StaRUG nicht. Da dieser Akteur gesetzliche Pflichten hat und aus wichtigem Grund, typisch bei Pflichtverletzungen, entlassen werden kann, haftet er auch für schuldhaft begangene Pflichtverletzungen gegenüber den dadurch Geschädigten. Für den **Inhalt** der geschlossenen Vergleiche ist der Moderator allerdings nicht als Entscheider verantwortlich. Er übernimmt die Moderation der Diskussion sowie die Dokumentation darüber, er erfüllt Berichtspflichten gegenüber dem Gericht mit Folgen.

Eine weitere wichtige Funktion ist die **Stellungnahme** zum Sanierungsvergleich nach § 97 Abs. 2 StaRUG, wenn der Schuldner die Alternative der gerichtlichen Bestätigung des Sanierungsvergleichs aus § 97 Abs. 1 wählt. Der Sanierungsmoderator hat dann zu bestätigen, ob das einem Vergleich zugrunde liegende Sanierungskonzept schlüssig ist, auf Tatsachen beruht und eine vernünftige Aussicht auf Erfolg hat. All das führt dazu, dass er für schuldhafte Pflichtverstöße der Pflichten einzustehen hat, die ihm durch staatlichen Hoheitsakt mit seiner Zustimmung zur Übernahme des Amtes als Moderator auferlegt worden sind. Seine Pflichtverstöße können weitreichende Folgen für die Gläubiger und das Krisenunternehmen haben, so dass seine Haftung aus analoger Anwendung des § 75 Abs. 4 StaRUG folgt und derjenigen des Restrukturierungsbeauftragten gleicht. Maßstab ist jede Fahrlässigkeit. Das Haftungsrisiko bleibt hinter dem des Restrukturierungsbeauftragten infolge geringerer Pflichtenstellung zurück.

Gemäß der Norm des § 75 Abs. 4 StaRUG (i.V.m. § 78 Abs. 3 StaRUG) haftet auch der fakultative Restrukturierungsbeauftragte, dem wiederum der Sanierungsmoderator angeglichen ist. Daher rechtfertigt sich die Annahme einer regelungsbedürftigen Gesetzeslücke in den Normen zum Sanierungsmoderator, die der Gesetzgeber mit einer Regelung gemäß § 75 Abs. 4 StaRUG, geschlossen hätte, womit die Voraussetzungen einer Analogie zu bejahen sind. Anwendungsbereiche der Sanierungsmoderation umfassen Finanzierungsverhandlungen mit Gläubigern wie Banken und Lieferanten oder Verhandlungen über Dauerschuldverhältnisse mit Vermietern oder Leasinggebern.

Ob das der Prüfung zugrundeliegende und im Rahmen des Vergleichs ausgehandelte Konzept im Rahmen einer Moderation tatsächlich ausreicht, um das Krisenunternehmen aus einer wirtschaftlichen Schieflage betriebswirtschaftlich sowie leistungswirtschaftlich mit einem Maßnahmenplan herauszuführen, darf im Einzelfall bezweifelt werden. So wird es sich in der Sanierungsmoderation häufig um ein finanzwirtschaftliches Konzept handeln und nicht um ein Sanierungskonzept nach IDW S 6.

Die Anforderungen an den Vergleich gemäß StaRUG und das dem Vergleich zugrundeliegenden Konzept (§ 97 Abs. 1 StaRUG) lassen nicht zwingend erkennen, dass es sich hierbei um ein Sanierungskonzept, verprobt beispielsweise nach IDW S 6, unter Einhaltung der einschlägigen BGH-Rechtsprechung handelt. Davon abweichende Vergleiche gemäß § 779 BGB wären hochgradig durch Anfechtungsrisiken gefährdet. Daher darf unterstellt werden, dass die Sanierungsvergleiche nach § 97 Abs. 1 StaRUG, bestätigt durch das Restrukturierungsgericht, sorgfältig zustande kommen wie die sachgerecht zustande gekommenen außergerichtlichen Sanierungen, die nur in seltenen Fällen als untaugliche Sanierungsversuche an der Judikatur des BGH (BGH, 04.12.1997, IX ZR 47/97) insbesondere an § 133 InsO scheitern.

Das im Rahmen der Sanierungsmoderation vorzulegende Konzept sowie die daran angelehnten Prüfvorgänge lassen den Schluss zu, dass zwar eine Sanierung für Kleinstunternehmen und für kleine Unternehmen verfolgt wird. Diese wird aber ohne große Sorgfalt der Sanierungsplanung und Verhandlungen nicht erfolgreich sein, denn für diese Unternehmensgruppen gilt wie für große Firmen, dass die Krisenursachen meist vielfältig und die erforderlichen Maßnahmen komplex sind.

Wird aber auf die Sanierungsmoderation die Sorgfalt verwandt, die bei der außergerichtlichen Sanierung erforderlich ist, dann wird die Sanierungsmoderation ebenfalls von Erfolg gekrönt sein. Der Gesetzgeber hat für Schuldner und Gläubiger einen Mehrwert durch diese gerichtliche Bestätigung einer Sanierungsmoderation geschaffen, betrachtet man § 97 StaRUG. Die Regelung dieser Norm beantwortet zunächst nur eingeschränkt, welche Funktion die Bestätigung haben soll, nämlich dahingehend, dass die insolvenzrechtliche Anfechtung des Vergleichs in einem später folgenden Insolvenzverfahren nur nach Maßgabe des § 90 StaRUG möglich ist und bedeutet eine Schutzwirkung für die Gläubiger. Die Anfechtung ist nur möglich, wenn die Bestätigung „auf der Grundlage unrichtiger oder unvollständiger Angaben des Schuldners erfolgte“ sowie dem einbezogenen Gläubiger dies bekannt ist (§ 97 Abs. 3 StaRUG).

Damit kommt der Sanierungsmoderation als Folge der Bestätigung ein bedeutender Mehrwert für die Beteiligten zu, der sie über die herkömmliche außergerichtliche Sanierung emporhebt. Hinzu kommt, dass das zuständige Gericht eine Bestätigung nur versagen darf, wenn das Sanierungskonzept, das Grundlage eines Vergleiches ist, unschlüssig ist beziehungsweise nicht von den relevanten Tatsachen ausgeht oder keine Aussicht auf Erfolg hat. Der Sanierungsmoderator votiert zu diesen Voraussetzungen (§ 97 Abs. 2 i.V.m. Abs. 1 Satz 2 StaRUG) und nimmt eine Schüsselstellung ein. Der Vergleichsentwurf kann mit dem Restrukturierungsrichter vorbesprochen werden. Diese Bestätigung hat dann die weitere Funktion, die Titulierung der Vergleichsforderungen in analoger Anwendung der Regeln über den Restrukturierungsplan nach §§ 67 ff., 71 StaRUG. Die Vergütung des Moderators bemisst sich nach zeitlichem und sachlichem Aufwand und wird durch das Gericht festgesetzt (§ 98 i.V.m. §§ 80 ff. StaRUG).

Die Restrukturierung nach StaRUG folgt dem Ansatz der Schuldnerorientierung. Es werden allerdings Hürden gegen eine einseitige Wahrung von Schuldnerinteressen errichtet, beispielsweise durch das bei der Abstimmung über den Restrukturierungsplan bestehende Erfordernis einer Mehrheit aller Gläubiger in den einzelnen Gruppen, die in den Restrukturierungsplan einbezogen werden, 75,0 % nach Forderungssummen. Diese Quote liegt über derjenigen nach § 244 InsO im Insolvenzplan (50,0 %), sie verzichtet auf Doppelabstimmung nach Köpfen. Der Schuldner muss also einige Mühe aufwenden, um ein derartiges Quorum zustande zu bringen. Somit wird die Restrukturierung weiterhin maßgeblich von denen entschieden, die eine Restrukturierung über die finanziellen Beiträge stützen. Dabei geht es um die kollektive Bewältigung wirtschaftlicher Schieflagen, auch gegen die Widerstände einzelner Akteure, die mit einem Cram Down überstimmt werden können.

Es soll die finanzielle Schieflage des Schuldnerunternehmens auf Grundlage eines von den Gläubigern mehrheitlich zu beschließenden und gegebenenfalls vom Gericht zu bestätigenden Plans bewältigt werden. Die Zielrichtung auf die Beseitigung der lediglich genannten finanziellen Probleme greift hier in Anbetracht der Theorie und Praxis der Sanierung zu kurz. Nur geeignete und in einem Plan oder Sanierungskonzept vorgeschlagene leistungswirtschaftliche Maßnahmen und deren Umsetzungen bieten die Grundlage für eine erfolgreiche Unternehmenssanierung. Der dauerhafte Turnaround von Unternehmen in der Krise ist nur über einen Markterfolg zu erzielen und das bedeutet, dass der Kundennutzen durch das Krisenunternehmens wieder mit adäquaten Produkten und Dienstleistungen erfüllt wird.

? **Checkliste und Analysen zu Stakeholdern in der Restrukturierung aus Bankensicht:**

1. Sind alle bedeutenden Stakeholder im Rahmen der Restrukturierung nach StaRUG bekannt?
2. Sind die Verfahrensweisen zur Bestellung eines Restrukturierungsbeauftragten bekannt?
3. Wann kann es von Vorteil sein ein Sanierungsmoderationsverfahren durchzuführen zu lassen?
4. Welche Funktionen hat der Gläubigerbeirat und besteht Personal in Banken für diese Besetzung?
5. Bringt das Restrukturierungsverfahren Ausfälle für Banken mit sich bei geforderten Haircuts?

4.2 Risikofrüherkennung und Risikomanagement

Gerade die Abgrenzung in der Liquiditätskrise, ob noch eine drohende Zahlungsunfähigkeit gemäß § 18 InsO oder doch tatsächlich eine Zahlungsunfähigkeit nach § 17 InsO vorliegt, ist wesentlich für die Entscheidung einer Restrukturierung nach dem StaRUG. Die Liquiditätskrise mündet meist in einer Zahlungsunfähigkeit gemäß § 17 InsO und aufgrund der zeitnahen Antragsfrist gemäß § 15a InsO im Insolvenzverfahren. In der Praxis berufen sich die Schuldner nicht selten auf das Vorliegen lediglich drohender Zahlungsunfähigkeit, während schon lange die Zahlungseinstellung sowie damit auch die Zahlungsunfähigkeit festgestellt werden kann. Dagegen bieten sich bei der bestehenden und gegebenenfalls bestätigten drohenden Zahlungsunfähigkeit verschiedene Alternativen der Sanierung sowie die Restrukturierung nach StaRUG.

Von Bedeutung ist es, um Ausfallrisiken zu vermeiden, wirtschaftliche Schieflagen bei Unternehmen frühzeitig zu erkennen. Viele Änderungen der Insolvenzordnung hatten das Ziel, die Schuldner zu einem frühen Insolvenzantrag zu bewegen, in einer Phase, in der die Krise noch steuerbar, das Unternehmen noch sanierbar ist, weil die unternehmerische Substanz sowie die finanziellen Mittel noch nicht wie in den Spätphasen einer Krise weitgehend verbraucht sind. Mit einer Früherkennung bestehen deutlich verbesserte Aussichten, eine Krise erfolgreich zu bewältigen.

Daher ist die **Krisenfrüherkennung** ein wesentliches Element des StaRUG. Gemäß § 1 StaRUG sind die Organe einer juristischen Person in Gestalt der Geschäftsleiter oder die Geschäftsführung der rechtsfähigen Personengesellschaft laufend aufgefordert die Krisenfrüherkennung in ihren Unternehmen durchzuführen sowie gegebenenfalls geeignete Gegenmaßnahmen zur Krise einzuleiten. Bestehenden Überwachungsorganen ist hierüber Bericht zu erstatten. Die Pflichten ergeben sich auch aus anderen rechtsformspezifischen Normen wie unter anderem aus § 91 Abs. 2 AktG, § 43 Abs. 1 GmbHG sowie § 34 Abs. 1 GenG. Es gehört damit zu den Sorgfaltspflichten der Geschäftsleitung, auf Unternehmenskrisen frühzeitig zu reagieren (vgl. IDW, 2025, S. 902 ff.).

Erläuterung: Unter der **Krisenfrüherkennung** und dem Krisenmanagement gemäß § 1 StaRUG ist die Einrichtung eines Risikofrüherkennungssystems und der Aufbau eines Risikomanagementsystems (RMS) zur Erfassung und Steuerung von Risiken mit einer Früherkennung zu verstehen (vgl. auch IDW ES 16).

Im Folgenden soll zunächst der Begriff **Risiko** und anschließend der Aufbau und der Ablauf von Risikofrüherkennungssystemen diskutiert werden.

Definition: Das **Risiko** wird verstanden als Unsicherheit künftig eintretender Ereignisse beziehungsweise als Abweichung vom Erwartungswert in besonderen Risikomodellen, bei denen die Wahrscheinlichkeit für zukünftig eintretende Zustände ermittelt werden kann. Das betreffende Risiko lässt sich als ungünstige Abweichung einer Ist-Größe von einem erwarteten künftigen Wert oder einer Planungsgröße ansehen.

Im StaRUG und der vorausgegangenen EU-Richtlinie wird gefordert, dass Informationen über die Verfügbarkeit von Instrumentarien zu der frühzeitigen Identifizierung von Krisen im Rahmen von Frühwarnsystemen gegeben werden. Gemäß § 101 StaRUG sollen Daten über die Verfügbarkeit der Risikofrüherkennungssysteme veröffentlicht werden und nach § 102 StaRUG werden auch Steuerberater sowie Wirtschaftsprüfer in Hinweispflichten über mögliche Insolvenzgründe bei Mandanten im Rahmen der Erstellung und Prüfung des Jahresabschlusses eingebunden. Die Zielrichtung, die Ausgestaltung sowie der detaillierte Einsatz der Frühwarnsysteme werden im StaRUG nicht genauer spezifiziert. In der dem Gesetz zugrundeliegenden Richtlinie wird die Bereitstellung von Frühwarnsystemen, für KMU Online gefordert (Pannen/Riedemann/Smid-Cranshaw, 2021, Art. 3 RL Rn. 5–10). Das BMJ hat auf seiner Internetseite verschiedene Frühwarnsysteme gemäß § 101 StaRUG zur Verfügung gestellt.

In § 1 StaRUG werden nur Mindestanforderungen an die Krisenfrüherkennung festgelegt (vgl. Braun-Ehret, 2021, § 1 Rn. 2). Des Weiteren wird die allgemeine rechtsformübergreifende Regelung zur Risikofrüherkennung und Reaktion darauf für Geschäftsleiter juristischer Personen einheitlich formuliert. Allerdings enthält das Gesetz keine konkreten Ausgestaltungen für die bekanntzugebenden Frühwarnsysteme. Die Vorgabe zur Bereitstellung von Informationen über die Verfügbarkeit von Risikosystemen ist im Gesetzeswortlaut wenig klar. Die Risikofrüherkennung sowie die Einbindung in ein Risikomanagementsystem erfordern ein individuelles Vorgehen, bezogen auf Firmengröße, Branche und Geschäftsmodell. Banken sollten bei Unternehmen prüfen, ob geeignete Risikofrüherkennungstools eingesetzt werden.

Damit die Dauerhaftigkeit eines Risikomanagements im Sinne einer aktiven Steuerung sichergestellt wird und auch ein System vorliegt, ist dies in der **Aufbauorganisation** eines Unternehmens zu verankern. In Abhängigkeit von Größe, Branche und Rechtsform eines Unternehmens und bestehenden Unternehmensorganen kann dieses sehr unterschiedlich erfolgen. In kleineren Unternehmen kann diese Funktion in der internen Kostenrechnung sowie im Controlling durch Mitarbeiter ausgekleidet werden, die der Geschäftsleitung berichten. In mittleren sowie großen Firmen mit umfassenderen Risikokategorien kann in der Aufbauorganisation zusätzlich die Interne Revision oder ein Risikocontrolling für die Identifizierung und Steuerung von Gefährdungen verantwortlich sein. Von Bedeutung ist, dass die Verantwortlichkeiten auf die jeweiligen Organisationseinheiten klar festgelegt werden.

Wichtig ist es im Rahmen der unternehmensinternen **Risikoerkennung** nicht nur auf die endogenen Faktoren zu achten. Von Bedeutung sind in erster Linie der Erfolg beim Kunden und die effiziente Erstellung qualitativer hochwertiger Produkte und Dienstleistungen. Dies erfordert eine stetige und kritische Überprüfung der unternehmenseigenen Potenziale, beispielsweise entlang der Wertschöpfungskette. Es ist aus Sicht der Hausbank zu prüfen, ob die Kreditnehmer diese Instrumente eigenständig einsetzen, damit diese in der Lage sind erhöhte unternehmerische Risiken zu erkennen und frühzeitig gegensteuern und gegebenenfalls auf ihre Banken zugehen können.

Zu beachten sind im Rahmen der **Risikoerkennung** insbesondere Merkmale, die ein frühes Krisenstadium anzeigen, wie eine Stakeholderkrise oder Strategiekrise. Weitere Phasen wie die Produkt- und Absatzkrise sowie die Erfolgskrise stellen bereits erste Einbrüche am Markt dar und bedeuten unter Umständen keine wirkliche Risikofrüherkennung, da die Auswirkungen der Krise schon präsent sind.

Kriterien wie die drohende Zahlungsunfähigkeit deuten bereits auf eine Liquiditätskrise hin und bewirken meist lediglich ein Abwenden der Insolvenzgefahr, abhängig vom jeweils betrachteten Prognosezeitraum. Je kürzer der betrachtete Zeitraum ist, an dessen Ende die Illiquidität prognostiziert wird, desto weiter ist die Liquiditätskrise fortgeschritten. Die Zweijahresfrist des § 18 Abs. 2 Satz 2 InsO als „Regelfall" ermöglicht die nötige unternehmensbezogene Flexibilität der Illiquiditätsprognose. Es sind jedoch alle durchlaufenen Krisenstadien aufzuarbeiten, um eine echte Krisenbewältigung zu erreichen und die Wettbewerbsfähigkeit dauerhaft wieder herzustellen.

Des Weiteren können externe Akteure wie Steuerberater sowie Wirtschaftsprüfer als sogenannte **Hinweisgeber** in die Identifizierung der Insolvenzgefährdung mit einbezogen werden (vgl. Braun-Ehret, 2021, §§ 101, 102). Die in § 102 StaRUG genannte Überprüfung der Insolvenzgründe zielt allerdings nicht auf die Früherkennung der Schieflage sowie eine Risikofrüherkennung insgesamt ab, zumal die dortigen Hinweispflichten der dort genannten Berufsträger nur bestehen, wenn offenkundige Anhaltspunkte für einen etwaigen Insolvenzgrund gemäß den §§ 17–19 InsO vorliegen und wenn sie annehmen dürfen, dem Mandanten beziehungsweise der Geschäftsführung sei die Insolvenzreife nicht bewusst. Zudem sind nur diejenigen Berufsträger betroffen, die den Jahresabschluss erstellen. Der professionelle **Berufsträger** wird aber auch unterhalb der Schwelle den Mandanten vorsorglich über entsprechende Erkenntnisse unterrichten und die Einholung kompetenten Rates anregen. Die davon zu unterscheidende Redepflicht des Abschlussprüfers gemäß § 321 Abs. 1 Satz 3 HGB (vgl. Hopt-Merkt, 2025, § 321 Rn. 2 ff. 4) und § 322 Abs. 2 Satz 3 HGB (vgl. Hopt-Merkt, § 322 Rn. 6, Eingehen auf Bestandsrisiken im Bestätigungsvermerk) ist ebenfalls, da erst dem abgelaufenen Geschäftsjahr folgend, keine eigentliche Früherkennung einer Schieflage. Allerdings gibt dies dem Schuldner unter Umständen noch die Möglichkeit gegenzusteuern.

Insolvenztatbestände, wie die drohende Zahlungsunfähigkeit, zeigen im Allgemeinen späte Krisenstadien auf. Jedoch erscheint es möglich zu sein, dass Steuerberater und Wirtschaftsprüfer im Rahmen der Jahresabschlussarbeiten auch frühere Krisenstadien wie die Produkt- und Absatzkrise und die Erfolgskrise erkennen. Die Akteure kennen die betreffenden Unternehmen oft über Jahre. Negativ gesehen kann dies allerdings eine gewisse Betriebsblindheit und eine übertriebene Unterordnung gegenüber dem zahlenden Mandanten hervorrufen.

Im positiven Sinne der Risikofrüherkennung können die Kenntnisse jedoch auch zur Identifizierung von marktbezogenen Krisen eingesetzt werden, wenn stetige Umsatzrückgänge und eine eingebrochene Auftragslage auf einen stark abnehmenden Erfolg hindeuten und Berufsträger dies erkennen.

Erläuterung: Wirtschaftsprüfer und Steuerberater können als **Hinweisgeber** gemäß § 102 StaRUG in der dortigen Funktion in die Risikofrüherkennung einbezogen werden. Diese kennen die betreffenden Unternehmen eventuell viele Jahre und können die Erfahrungswerte nutzen, um die Geschäftsleitung der Firmen auf gefährdende Tatbestände, die auf eine wirtschaftliche Schieflage deuten können, aufmerksam zu machen. Bei einer möglichen Insolvenzgefahr besteht unter den Voraussetzungen nach § 102 StaRUG die gesetzliche Verpflichtung diesen Hinweis zu geben, eine aus dieser Mandantenbeziehung der verkammerten Beratungsberufe resultierende Pflicht (vgl. Pannen/Riedemann/Smid-Pannen, 2021, § 102 Rn. 1).

Auch für die Abgrenzung der drohenden von der eingetretenen Zahlungsunfähigkeit können diese Akteure eingesetzt werden (vgl. Braun-Ehret, 2021, §§ 102 Rn. 7). So ist die Rechtsprechung zu diesem Themenkomplex nicht einfach. Daher kann es auch wichtig sein, sich bei bestehenden Unsicherheiten seitens der Geschäftsführung durch externe Spezialisten auf diesem Gebiet, wie insbesondere sanierungserfahrenen Wirtschaftsprüfer und Rechtsanwälte, abzusichern, um Haftungsrisiken und Anfechtungsrisiken aus Bankensicht auszuschließen.

Die Risikofrüherkennung liegt in erster Linie in der Verantwortung der Geschäftsleitung. Die Hinweis- und Redepflichten der beauftragten Berufsträger aus § 102 StaRUG beziehungsweise der Abschlussprüfer mindern diese Pflichten einer Geschäftsleitung nicht, was auch immer deren gesetzliche Grundlage ist. Das Management hat die Ausgestaltung und die Mitarbeiterkapazitäten für die Früherkennungsfunktion festzulegen. Die Umsetzung der Aufgaben liegt bei den betroffenen Mitarbeitern Organisationseinheiten (abhängig von der Hierarchietiefe der Unternehmen).

Des Weiteren kann ein **Aufsichtsrat** oder **Beirat** (letzterer gleichgültig, ob nur beratende oder unternehmerische Funktion mit Entscheidungsbefugnissen) in die Konzeption der Risikoerkennung einbezogen sein. Die Anforderungen an ein Risikomanagement können auch durch rechtsformspezifische Pflichten wie bei Aktiengesellschaften sowie Genossenschaften oder auch inhaltlich stark in bestimmten Branchen wie Banken und Versicherungen durch aufsichtsrechtliche Regelwerke vorgegeben sein, wenn auch die Finanzindustrie (§ 1 Abs. 19 KWG) nicht dem StaRUG unterworfen ist (siehe § 30 Abs. 2 StaRUG), da die Sanierung dortiger Unternehmen einem gesetzlichen Sonderregime nach inländischem und Unionsrecht unterliegt. In Fällen, in denen ein Aufsichtsorgan besteht, sollten die Akteure die Forderung zum Aufbau eines internen Risikofrüherkennungssystems aufstellen und die inhaltliche Ausgestaltung überprüfen.

In Abhängigkeit von der Rechtsform und bestehenden Überwachungsorganen hat eine laufende Berichterstattung über die Risikolage an den Aufsichtsrat oder die Ausschüsse in Form des Risikoausschusses oder Prüfungsausschusses zu erfolgen (siehe §§ 324, 324a HGB und die geplante Neufassung gemäß § 342m HGB-RegE, das geplante CSRD-Umsetzungsgesetz, Umsetzung der Corporate Sustainability Reporting Directive). Eine quartalmäßige oder anlassbezogene Berichterstattung in den ermittelten Risikokategorien und eine Befassung des Aufsichtsrats ist in der Unternehmensverfassung, der Satzung oder der Geschäftsordnung festzulegen.

Organisationseinheiten, Organe und Akteure, die sich mit der **Risikofrüherkennung** und Steuerung in einem Risikomanagementsystem befassen, sind:

- Interne Revision mit der Überprüfung interner Abläufe und Systeme
- (Risiko-)Controlling und Kostenrechnung mit der Datenanalyse, Planung
- Geschäftsleitung auf Grundlage rechtlicher oder interner Vorgaben
- Aufsichtsrat oder Beirat mit Ausschüssen aufgrund der Geschäftsordnung
- Steuerberater und Wirtschaftsprüfer als Externe beim Jahresabschluss

---

Erläuterung: Wichtiger Baustein im Risikomanagementsystem ist die **Risikofrüherkennungsfunktion**. Es sind die relevanten internen und externen Risikomerkmale und deren Korrelationen zu erfassen und Modelle, Systeme und Instrumente einzusetzen, die geeignet sind, die auf das Geschäftsmodell einwirkenden Gefährdungspotenziale frühzeitig zu erkennen. Des Weiteren lassen sich die Informationen interner und externer Hinweisgeber nutzen, um Ansatzpunkte für die Risikofrüherkennung zu erhalten.

Dabei ist zwischen berichterstattenden Akteuren und Entscheidungsträgern zu unterscheiden. Die internen Fachabteilungen wie die Interne Revision und das Controlling haben in der Regel eine entscheidungsvorbereitende Funktion. Die Geschäftsleitung beziehungsweise der Vorstand hat die Entscheidungsbefugnis unter anderem für die Einsetzung von Steuerungsmaßnahmen. Der Aufsichtsrat überwacht die Entscheidungen im Hinblick auf die Wirksamkeit oder wirkt an Beschlüssen mit. Auch externe Akteure haben Hinweispflichten, wie Steuerberater und Wirtschaftsprüfer bei der Erstellung beziehungsweise Prüfung des Jahresabschlusses.

Die Berufsträger sind in die Konzeption einer Risikofrüherkennungsfunktion einzubeziehen. Dieses kann systematisch erfolgen, wenn die Ergebnisse aus der Prüfung oder der Erstellung des Jahresabschlusses inhaltlich aufgearbeitet werden. Es kann dann intern geschehen, indem die Resultate mit den Berufsträgern diskutiert werden oder eine Erörterung im Aufsichtsrat vorgesehen ist, beispielsweise in einem Prüfungsausschuss. Des Weiteren kann eine externe Befassung mit den Ergebnissen der Jahresabschlussprüfung, im Diskurs mit der Hausbank, vorgesehen sein.

Da die Ausgestaltung der geforderten **Risikofrüherkennungssysteme** im StaRUG unklar ist und das Verständnis darüber in Theorie und Praxis differiert, wird im Folgenden die Konzeption der Früherkennung im Rahmen des **Risikomanagementsystems** über die aufzubauenden Strukturen und Abläufe erläutert.

Erläuterung: Ein **Risikomanagementsystem (RMS)** hat die Aufgabe im Rahmen der Verankerung in der Aufbauorganisation, über Mitarbeiterprofile und feste Abläufe die Risiken, mit dem ein Unternehmen in einer Branche, einer bestimmten Größe und Rechtsform konfrontiert wird, im Einklang mit den rechtlichen und wirtschaftlichen Erfordernissen zu identifizieren, zu steuern und zu überwachen. Von Bedeutung sind die Festlegungen der Ziele des Risikomanagements sowie die Annahmen und Rahmenbedingungen des Risikosteuerungsprozesses. Integriert ist die Planungsfunktion mit der Messung von Planungsabweichungen. Die Berichterstattung erfolgt an die Entscheidungsgremien wie Vorstand und Aufsichtsrat.

Ziel eines **Risikomanagementsystems** mit einer integrierten Risikofrüherkennung ist es, Unternehmen vor wachsenden Gefahrenpotenzialen und einer möglichen Verlustsituation und Insolvenz zu schützen. Dadurch verändern sich auch die Anforderungen an das Management von Risiken, die Interne Revision sowie das Controlling, die auch andere operative Aufgaben zu erledigen haben.

Die Unternehmen sind im Rahmen eines **Risikomanagements** dazu aufgefordert, sich mit möglichen Gefährdungen aus der leistungswirtschaftlichen und finanzwirtschaftlichen Geschäftstätigkeit zu befassen, diese zu kennen und gegebenenfalls zu steuern. Dazu sind klare Strukturen, Abläufe und Verantwortlichkeiten zu schaffen. Vorrangig sind die Leitungsorgane wie der Vorstand oder die Geschäftsführung und die Überwachungsorgane wie der Aufsichtsrat inklusive seiner Ausschüsse verantwortlich für die Installation eines Risikomanagements mit den individuellen Modellen zur Früherkennung von Gefährdungen und der Überprüfung dieser Konzeption.

Demnach muss in der Geschäftsleitung die Risikophilosophie und Risikokultur vorgelebt werden. Die Mitarbeiter haben die Vorgaben im Rahmen der Risikokultur durch ein bewusstes risikoorientiertes Handeln im Tagesgeschäft umzusetzen. Integrale Bestandteile sind systemische Kontrollen der Abläufe und der Ausführung durch Mitarbeiter im Rahmen der **Internen Revision**. Das **Controlling** ist zur Ausarbeitung und Überwachung der Planungsdaten zuständig. In Abhängigkeit von der Unternehmensgröße empfiehlt sich die Institutionalisierung einer spezialisierten Abteilung zur Risikosteuerung, die bei großen Unternehmen üblich ist.

In kleineren und mittleren Unternehmen verantwortet diese Funktion die Geschäftsleitung oder diese Integration der Teilbereiche wird durch das Rechnungswesen oder die Finanzabteilung koordiniert. In der folgenden Abb. 4.2 werden diese wesentlichen Steuerungsbereiche sowie die Überschneidungen der Tätigkeiten mit anderen Funktionen im Rahmen eines Risikomanagements dargestellt.

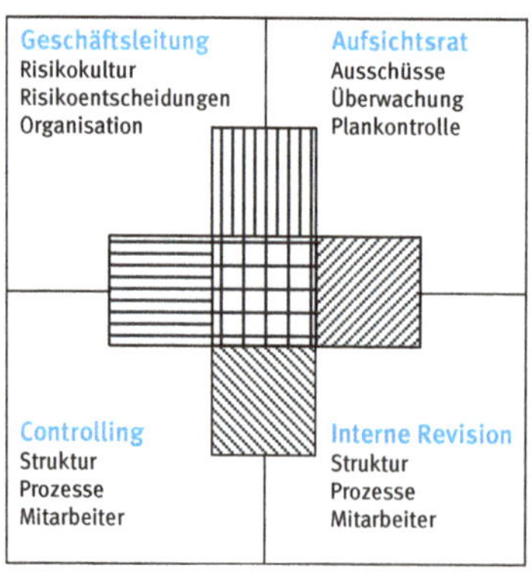

Abb. 4.2: Funktionen und Strukturen im Risikomanagement (Quelle: Eigene Darstellung)

Das **Controlling** hat im Rahmen der Erstellung und Überwachung von Planungsdaten die Voraussetzungen für das Erkennen gefährdender Abweichungen zu erfassen und es ergeben sich überschneidende Aufgaben zum Risikomanagement, neben der Steuerung des Tagesgeschäfts. Wichtige Unterlagen zur Feststellung von Krisen sind die Ertragsplanung und die Finanzplanung mit Abweichungsanalysen. Die Prüfung der Zahlungsfähigkeit ist wichtig für den Eintritt in ein etwaiges Restrukturierungsverfahren. Die Interne Revision hat Bezugspunkte zum Risikomanagementsystem. In dieser Abteilung werden systemische Prüfungen sowie Einzelfallprüfungen vorgenommen, um Gefährdungspotenziale aus der internen Tätigkeit zu erkennen. Diese Funktion ist wesentlich für ein internes **Risikomanagementsystem**.

Erläuterung: Ein Risikomanagementsystem (RMS) beinhaltet auch die Tätigkeiten sowie Strukturen eines **Internen Kontrollsystems (IKS)**. Das IKS unterstützt das RMS und wird von der internen Revision ausgeführt. Geprüft werden die Durchführung interner Abläufe durch die Mitarbeiter im Hinblick auf die gesetzliche Konformität sowie die intern vorgesehenen Richtlinien, um systematische oder einzelne Fehler aufzudecken. Dazu finden Systemprüfungen nach internem Prüfungsplan der Revision und auch Einzelfallüberprüfungen anlassbezogen statt, wenn eine **Wesentlichkeitsgrenze** überschritten ist. Unterstützt wird das IKS durch die Prüfungstätigkeit der Wirtschaftsprüfer bei prüfungspflichtigen Unternehmen oder durch Institutionen wie Bundesanstalt für Finanzdienstleistungsaufsicht (BaFin) im Bank- und Versicherungswesen.

Zunächst sind die Entscheidungen über die Ausgestaltung der Aufbauorganisation im Risikomanagement und die bereitzustellenden Mitarbeiterkapazitäten zu treffen. Beispielsweise werden die Abteilungen Risikocontrolling und Interne Revision gebildet (in Banken aufsichtsrechtlich zwingend). Zudem wird ein Prüfungsausschuss im Aufsichtsrat eingerichtet und ein verantwortlicher Vorstand für die Risikosteuerung benannt (Risikovorstand aufsichtsrechtlich ebenfalls zwingend vorgeschrieben).

Verantwortliche für den **Risikomanagementprozess** und die Identifizierung von Risiken sind **Risk Owner**, **Risk Taker** und **Financial Experts**. Sie sind verpflichtet, bestimmte Risikobereiche oder Risikoarten in einem Unternehmen stetig zu überprüfen und den Risikomanagementprozess insgesamt zu organisieren. Auch der Aufsichtsrat und ausgewählte Mitglieder können mit einbezogen sein. Diese sind über Risikoarten, Steuerungsinstrumente, Maßnahmen zu unterrichten. Ad-Hoc-Meldungen gemäß dem Kapitalmarktrecht sind für neue relevante Risiken zeitnah abzugeben.

Definition: Der **Risikomanagementprozess** ist ein sämtliche Unternehmensaktivitäten umfassendes Regelungssystem, das auf der Basis einer Risikostrategie die Identifikation, Analyse, Bewertung, Steuerung, Dokumentation und Kommunikation sowie Überwachung dieser Abläufe umfasst. Dabei sind die Korrelationen unter den Risikoarten und auch die Interdependenzen in der Wertschöpfungskette zu beachten. Der Risikomanagementprozess ist durch Mitarbeiter operativ umzusetzen. Verantwortlich ist in den Aktiengesellschaften und anderen Rechtsformen die Geschäftsleitung für die Umsetzung der Maßnahmen und die Früherkennung von Risiken (§ 91 Abs.2 AktG). Der Aufsichtsrat hat diese Konzeptionen im Hinblick auf die Angemessenheit zu überprüfen und die Risikoergebnisberichte zu besprechen und zu würdigen.

Es sind zunächst die **Rahmenbedingungen** der Risikosteuerung zu entscheiden. Der Erfolg des Prozesses ist kontinuierlich zu überprüfen. Im Folgenden wird der Verlauf im Risikomanagementprozess in Abb. 4.3 dargestellt. Dabei sind zunächst die Rahmenbedingungen der Steuerung zu entscheiden. Der Erfolg dieses Prozesses ist kontinuierlich im Hinblick auf die Erkennung von Risiken zu überprüfen.

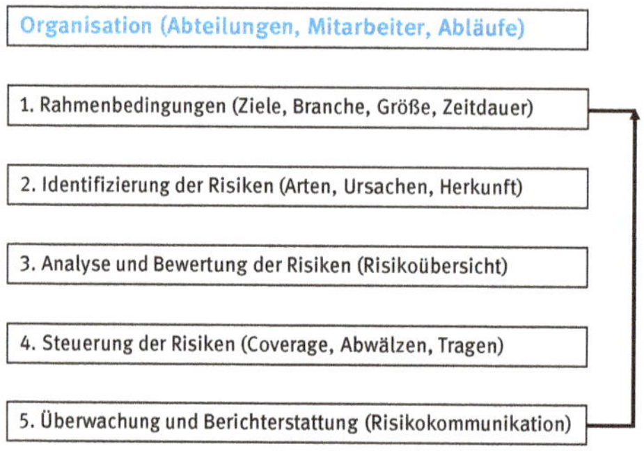

Abb. 4.3: Risikomanagementprozess (Quelle: Eigene Darstellung)

1. Rahmenbedingungen

Der **Risikomanagementprozess** beginnt mit der Festsetzung von Zielen und befasst sich mit den Rahmenbedingungen des Unternehmens und seines Umfelds. Es sind die möglichen Risikokategorien zu identifizieren und diese Auswirkungen im Rahmen der Unternehmensplanung zu berücksichtigen. Erfasst werden die negativen Veränderungen seit der Planung oder seit den Prognosewerten. Diese Planabweichungen sind zu berichten und darauf aufbauend ist zu entscheiden, ob Risiken selbst getragen, abgesichert oder auf andere Akteure übertragen werden.

Die Grundlage für die Risikofrüherkennung bildet das Geschäftsmodell des betrachteten Unternehmens inklusive der Größe, der Branche, der Marktposition, beispielsweise als Marktführer in einem relevanten Markt. Es können Technologieänderungen erkannt, Eintritte von Konkurrenten mit zunehmendem Preisdruck sichtbar gemacht und Abhängigkeiten von Lieferanten sowie Abnehmern festgestellt werden.

In Verbindung mit einer detaillierten Marktanalyse und der Untersuchung der Wettbewerber und wichtiger Teilnehmer in der Wertschöpfungskette der Lieferanten und Abnehmer kann ein Unternehmen in Relation zu seinen Konkurrenten im Hinblick auf die Wettbewerbsfähigkeit die möglichen Missstände feststellen. Diese Marktsignale von Konkurrenten über Strategieveränderungen können zukünftige Gefährdungen anzeigen (vgl. Porter, 2013, S. 120 ff.). Dabei spielt die Digitalisierung eine zunehmende Rolle. Fehlende Digitalisierungsstrategien des Geschäftsmodells sind unter Umständen ein wichtiges Krisenmerkmal.

2. Identifizierung der Risiken

Die **Identifizierung** von Risiken kann anhand der Wertschöpfungskette, der Strukturierung in interne und externe Gefährdungen oder der Kategorisierung in finanzwirtschaftliche und leistungswirtschaftliche Risiken erfolgen. Der Fokus liegt hier auf der Risikofrüherkennung, damit in Anlehnung an den Untersuchungsgegenstand eine Restrukturierung möglichst frühzeitig eingeleitet werden kann, um kritische Ressourcen einzusparen. Ausgewählte **Erkennungsansätze** zur Erfassung von Gefährdungspotenzialen für ein Geschäftsmodell sind:

- **SWOT-Analyse:** Untersuchung interner Stärken und Schwächen sowie externer Chancen und Risiken des Unternehmens in seiner Branche.
- **Risikokataloge:** Aufzählung möglicher interner sowie externer Risikomerkmale und Bereiche, die in einem Unternehmen auftreten können.
- **Wertschöpfungskette:** Überprüfung der Produktions-, Dienstleistungs- sowie begleitenden Prozesse in einem Unternehmen auf mögliche Risiken.
- **Produktlebenszyklus und Portfolioanalyse:** Erkennen von Krisenmerkmalen aus abnehmendem Erfolg und Veränderungen von Marktanteil und Wachstum.
- **Stakeholderanalyse:** Nutzung der Informationen externer Stakeholder wie Banken bei der Risikobeurteilung über Ratingsysteme.

Ein theoretisches Konzept zur Früherkennung von Risiken liefert unter anderem das Modell von Ansoff mit der Entwicklung von strategischen Radarsystemen, die auf Umweltsignale reagieren sollen (siehe Ansoff, 1976, S. 129 ff.). Diese Methode setzt sich als Ziel, schwache Risikosignale zu erkennen. Das Modell ist allerdings sehr abstrakt konstruiert. Vorgeschlagen wird im Rahmen der praxisnahen Umsetzung unter anderem, Risikokataloge aufzubauen, die in einer Auflistung relevante Gefährdungsbereiche für ein Unternehmen aufzeigen. Die folgende Tab. 4.1 zeigt eine Aufführung von Risikobereichen in einer Matrix, in der auch die zeitliche Struktur sowie die Herkunft der Gefährdungen erfasst werden. Dann kann die Position in der Wertschöpfungskette oder die organisatorische Abteilung benannt oder das Krisenstadium differenziert aufgezeigt werden (vgl. Exler/Werner, 2020, S. 56 ff.).

Tab. 4.1: Risikoidentifizierung anhand von Merkmalen (Quelle: Eigene Darstellung)

Risikoherkunft	Risikoart	Zeitdimension	Krisenphase
Internes Risiko	Digitalisierungsgrad	Langfristigkeit	Strategiekrise
Internes Risiko	Qualitätsprobleme	Mittelfristigkeit	Produktkrise
Externes Risiko	Pandemierisiken	Langfristigkeit	Stakeholderkrise
Externes Risiko	Abnehmende Aufträge	Kurzfristigkeit	Absatzkrise
Externes Risiko	Rohstoffpreisrisiken	Mittelfristigkeit	Erfolgskrise

3. Analyse und Bewertung der Risiken

Die **Risikokommunikation** sollte transparent erfolgen. Risikokataloge sollten sowohl Top Down erarbeitet werden wie auch Bottom Up kommuniziert werden, da gerade aus der operativen Tätigkeit der Mitarbeiter heraus die Gefährdungspotenziale oft bekannt sind. Es sollte eine offene Kommunikation mit den Entscheidungsträgern erfolgen können. Dazu sind neu auftretende Indikatoren zu erfassen und ein System dafür ist zu installieren. Die **Analyse** der Risiken erfolgt im Anschluss an die Identifizierung, Klassifizierung und Bewertung. Die Schadensauswirkung ist zu bewerten:

- **Wesentlichkeitsgrenzen:** Bestimmung von Schwellenwerten, die beim Übersteigen von Referenzwerten ein Risiko aufzeigen können.
- **Eintrittswahrscheinlichkeiten:** Errechnung oder Schätzen von Wahrscheinlichkeiten für den Eintritt ungünstiger Zukunftszustände.
- **ABC-Analysen:** Festlegen der Bedeutung von Risikokriterien anhand der Einstufung in mehrere Auswirkungskategorien.
- **Risikokennzahlen und Scoring-Modelle:** Kennzahlenanalyse, die kritische Entwicklungen unter anderem über Punktbewertungsmodelle erfassen.
- **Ratingmodelle:** Dazu können interne Ratingsysteme wie in einer Bank aufgebaut werden, die Risikoauswirkungen auf einer abgestuften Skala anzeigen.

Eine Visualisierung kann tabellarisch erfolgen, indem die Wahrscheinlichkeit und die Bedeutung wie in Tab. 4.2 aufgezeigt werden (vgl. Reichmann, 2017, S. 645 ff.).

Tab. 4.2: Risikobewertung anhand Eintrittswahrscheinlichkeit und Auswirkung (Quelle: Eigene Darstellung)

Bedeutung	A-Risiko (hoch)	B-Risiko (mittel)	C-Risiko (schwach)
Hoch (>50,0 %)	Rohstoffpreisrisiken	Währungsrisiken	Forderungsausfallrisiken
Mittel (30–50,0 %)	Zinsänderungsrisiken	IT-Risiken	Logistikrisiken
Gering (< 30,0 %)	Liquiditätsrisiken	Personalbestandsrisiken	Pandemierisiken

Es sind im Vorfeld **Prognosen** anzustellen, wie das wechselseitige Eintreten von Gefährdungen aufeinander wirken kann, wenn zwei Ereignisse zugleich eintreten. Zudem sind künftige Szenarien anzunehmen, um die Wirkungsweise dieser eingesetzten Steuerungsinstrumente zu testen. Im Nachgang sollte ein Backtesting der Maßnahmen erfolgen, ob die eingesetzten Instrumente auch wirken. Die **Risikobewertung** erfordert möglicherweise Anpassungen. Es besteht neben einer festgelegten Risikoschwelle auch eine Grenze der Risikotragfähigkeit, abgeleitet aus dem Eigenkapital des Unternehmens. Einzelprojekte sind mit einem bestimmten Eigenkapitalanteil zu unterlegen, damit Klumpenrisiken begrenzt werden. Risiken mit einer hohen Eintrittswahrscheinlichkeit sowie einem starken Risikoausmaß sind aktiv zu steuern. Es können Versicherungen oder Derivate zur Absicherung eingesetzt werden.

4. Steuerung der Risiken

Im Rahmen einer Beeinflussung von Gefährdungen sind die Absicherungsquoten und die einzusetzenden Instrumente zu bestimmen (vgl. Reichmann, 2017, S. 647 ff.). Es ergeben sich grundsätzlich verschiedene Möglichkeiten der **Risikosteuerung**:

- **Vermeiden von Risiken:** Beispielsweise werden einzelne Geschäfte aufgrund des hohen Volumens oder der geographischen Entfernung nicht getätigt.
- **Vermindern von Risiken:** Absicherungsstrukturen helfen bestimmte Risikoarten und Risikobereiche bewusst einzugrenzen, zum Beispiel über Derivate.
- **Begrenzen von Risiken:** Es findet eine Risikostreuung statt, indem Geschäfte mit gegensätzlichen Risikostrukturen eingegangen werden.
- **Überwälzen von Risiken:** Gefährdungsbereiche werden auf Stakeholder wie Lieferanten vertraglich übertragen oder durch Versicherungen abgesichert.
- **Selbsttragen von Risiken:** Risiken sind aufgrund des geringen Volumens und der Eintrittswahrscheinlichkeit sowie der Beeinflussbarkeit tragbar.

Erläuterung: Gefährdungen werden bei der **Risikosteuerung** selbst getragen, wenn diese auf die eigene Rechnung genommen werden sowie über die Erfolgszahlen in der Gewinn- und Verlustrechnung oder das Eigenkapital getragen werden können. Die Risiken aus Marktpreisänderungen von Zinsen, Währungen und Rohstoffpreisen können quotal über Derivate wie Optionen, Futures und Swaps abgesichert werden. Bestimmte Risiken können auf Akteure wie Versicherungen übertragen werden.

Die verschiedenen **Steuerungsmaßnahmen** die eher aktiv oder passiv erfolgen, sind an die identifizierte Risikoart anzupassen. Die Absicherungsquoten sind an die Risikobedeutung anzupassen. Sind Rohstoffpreisrisiken für das Geschäftsmodell eine große Gefährdung, erfolgt ein hoher Absicherungsgrad. Folgende Tab. 4.3 zeigt das mögliche Vorgehen im Hinblick auf die Risikoart und das Steuerungsinstrument.

Tab. 4.3: Maßnahmen zur Risikosteuerung (Quelle: Eigene Darstellung)

Risikoart	Status/Bedeutung	Steuerungsintensität	Steuerungsinstrument
Rohstoffpreisrisiken	Quantitativ/hoch	Coverage 75,0 %	Futures
Währungsrisiken	Quantitativ/mittel	Selbsttragen	Forwards
IT-Risiken	Qualitativ/mittel	Überwachung	Outsourcing IT
Pandemierisiken	Qualitativ/niedrig	Überwachung	Homeoffice
Personalrisiken	Qualitativ/mittel	Personaleinstellungen	Personalabteilung

In allen Steuerungskategorien der Risiken sind die eingesetzten aktiven oder passiven Maßnahmen stetig zu überwachen und gegebenenfalls ist die Steuerung anzupassen, wenn die Wirksamkeit der Instrumente nicht gegeben ist.

5. Überwachung und Berichterstattung

Mögliche Instanzen, die **Überwachungen** in Unternehmen vornehmen, sind die Interne Revision oder das Controlling. Den Organen ist in kontinuierlichen Intervallen wie Quartalen oder bei besonderen Anlässen Bericht zu erstatten. Dabei haben die interne und die externe **Berichterstattung** möglichst einheitlich zu erfolgen. Diese unternehmensinterne Berichterstattung erfolgt dann im Rahmen der Risikokommunikation an die Geschäftsleitung oder den Vorstand, den Aufsichtsrat beziehungsweise die Gesellschafterversammlung bei rechtsfähigen Personengesellschaften und der GmbH ohne Aufsichtsrat. Die Reportings sollen klar, verständlich und auf die wesentlichen Inhalte der Risikosteuerung eingehen. Plan- und Ist-Abweichungen zu den Prognosen sind zu begründen. Die nachfolgende Tab. 4.4 soll dies auszugsweise verdeutlichen.

Tab. 4.4: Berichterstattung über die Risikosteuerung in Euro (Quelle: Eigene Darstellung)

Prognosen	Plan-Risiko	Ist-Risiko	Abweichung	Coverage
Rohstoffrisiken	150.000	180.000	-30.000	+27.000 (90,0 %)
Zinsrisiken	100.000	100.000	Keine	Keine Steuerung
Währungsrisiken	250.000	260.000	-10.000	Keine Steuerung

Die externe Berichterstattung ist durch freiwillige und gesetzliche Elemente definiert. Im Lagebericht sind Angaben zu einer Risikosituation darzulegen. Dieser Report dient der qualitativen Informationsübermittlung sowie ergänzt die quantitativen Daten des Jahresabschlusses im Hinblick auf künftige Chancen und Risiken aus der Geschäftstätigkeit. Die Pflicht zur Erstellung eines Lageberichts besteht für die mittleren und großen Kapitalgesellschaften nach §§ 264 Abs. 1 i.V.m. 289 HGB und für Muttergesellschaften von Unternehmensgruppen zur Verfassung eines Konzernlageberichts nach §§ 290 i.V.m. 315 HGB, sofern keine Befreiungsregeln greifen. Dasselbe gilt für die OHG sowie die KG des § 264a HGB ohne natürliche Person als unmittelbar oder mittelbar persönlich unbeschränkt haftender Gesellschafter.

Gemäß § 315 Abs. 1 Satz 1 HGB ist der Geschäftsverlauf und die Lage eines Konzerns so darzustellen, dass ein den tatsächlichen Verhältnissen entsprechendes Bild vermittelt wird. Hinweise zur Erstellung des **Lageberichts** bietet DRS 20 (Deutsche Rechnungslegungs Standards) mit den folgenden Berichtsteilen (vgl. Portisch, 2018, S. 69 ff.):

- **Wirtschaftsbericht:** Im Wirtschaftsbericht ist auf den Geschäftsverlauf einzugehen und ein Plan-Ist-Vergleich durchzuführen.
- **Prognosebericht:** Im Prognoseteil sind die geschäftlichen Chancen sowie Risiken ausgewogen und zukunftsbezogen darzulegen.
- **Risikobericht:** Es ist eine zusammenfassende Darstellung der Risikolage abzugeben. Bestandsgefährdende Sachverhalte sind zu dokumentieren.

Bewertungsmodell der Entscheidungstheorie

Das Grundmodell der Entscheidungstheorie kann zur Verdeutlichung von Risikosituationen beitragen. Es bestehen bestimmte Handlungsalternativen (H_i), die unter anderem zur Absicherung von Risiken eingesetzt werden können.

In Anbetracht der möglichen künftigen Umweltzustände (Z_j) und der prognostizierten Wahrscheinlichkeiten (P_j) für diese Zustände ist unter Risikopräferenzen eine geeignete Alternative aufgrund der erwarteten zustandsabhängigen **Rückflüsse** (RF_{ij}) auszuwählen. Diese Entscheidung kann aufgrund von Erwartungswert, Streuung oder einer Risikonutzenfunktion erfolgen. Dieses allgemeine Entscheidungsproblem wird in der Matrix in der folgenden Tab. 4.5 dargestellt. Neben der Visualisierung der Handlungsalternativen lässt sich darüber unter Umständen die Anzahl reduzieren, durch die Reduzierung von Ausreißern oder von dominierten Alternativen.

Tab. 4.5: Grundmodell der Entscheidungstheorie (Quelle: Eigene Darstellung)

Z_j (P_j):	Z_1 (P_1)	Z_2 (P_2)	Z_3 (P_3)	Z_j (P_j)
H_1	RF_{11}	RF_{12}	RF_{13}	RF_{1j}
H_2	RF_{21}	RF_{22}	RF_{23}	RF_{2j}
H_3	RF_{31}	RF_{32}	RF_{33}	RF_{3j}
H_i	RF_{i1}	RF_{i2}	RF_{i3}	RF_{ij}

Öffentlich verfügbare Risikofrüherkennungssysteme

Nach § 101 StaRUG sollen Informationen über die Verfügbarkeit von Instrumentarien zur frühzeitigen Identifizierung von Krisen öffentlich bereitgestellt werden. Nach § 1 StaRUG sind die Mitglieder der Geschäftsführung und auch die der Überwachungsorgane für die Risikoerkennung und zu ergreifende Gegenmaßnahmen verantwortlich.

Die drohende Zahlungsunfähigkeit ist zwar Voraussetzung, um eine Restrukturierung nach dem StaRUG einzuleiten (vgl. § 29 Abs. 1 StaRUG), zeigt jedoch ein spätes Krisenstadium an. Nicht wenige Firmen wähnen allerdings sich nur drohend zahlungsunfähig, sind aber darüber hinaus bereits tatsächlich zahlungsunfähig. Eine Risikofrüherkennung muss daher eher beginnen.

Dennoch ist ein genauer **Trigger** für den Eintritt in die Restrukturierung gemäß dem StaRUG zutreffend vorgeschrieben, um den möglicherweise bloß strategische Restrukturierungen zu Lasten der Gläubiger entgegenzuwirken, andererseits aber als Kriterium einer Risikofrüherkennung ist dieser Trigger eben zu spät. Im Krisenphasenschema sind erste Krisenstadien die Stakeholderkrise, die Strategiekrise und die Produkt- und Absatzkrise oder die Ergebniskrise. Die Krisenstadien Liquiditätskrise sowie drohende Zahlungsunfähigkeit sind sehr späte Phasen der Krise, die bereits auf eine Insolvenzreife hindeuten können.

Stakeholderanalyse zur Risikoerkennung

Neben den eigenen im Unternehmen eingesetzten Modellen und Instrumenten lassen sich auch die Informationen anderer Interessengruppen, der **Stakeholder**, für die eigene Risikoerkennung im Unternehmen verwenden. Dann können Erkenntnisse externer Gruppen für die Einschätzung von Risiken und die Risikofrüherkennung aus unterschiedlichen Sichtweisen genutzt werden:

- **Lieferanten:** Höhere Ausnutzungen von Lieferantenkreditlinien, Kürzung Limits und Zahlungsfristen auch bei anderen Unternehmen der Branche.
- **Kreditversicherer:** Negative Veränderungen in den Rating- sowie Scoringbewertungen der Kreditversicherer aufgrund der Branchenlage.
- **Kunden:** Abschwächung der Auftragslage sowie Einbruch des Marktvolumens und des Umsatzvolumens in der Branche oder bei Marktanteilen.

In der Regel verfügen weitere externe Stakeholder wie Kreditinstitute als Hausbanken im Rahmen der Ratingerstellung und der Risikofrüherkennung bei der Umsetzung der Mindestanforderungen an das Risikomanagement (MaRisk) zur Risikofrüherkennung und Risikoklassifizierung über eine große Informationsdichte bei Unternehmenskunden. Steuerberater sowie Wirtschaftsprüfer sind im Rahmen der Erstellung des Jahresabschlusses und bei der gesetzlichen oder freiwilligen Prüfung über den Einblick in die Geschäftsunterlagen und die Jahresabschlüsse in der Lage die Risiken ihrer Mandanten zu beurteilen (§ 102 StaRUG). Die besondere Eignung zur Risikoerkennung der **Steuerberater** und **Wirtschaftsprüfer** besteht aufgrund von:

- Branchenwissen mit Spezialisierungen und vielen Mandaten in einem Sektor
- Wissen aus anderen betreuten Fällen in einer sich andeutenden Krise
- Größenklassenspezifische Erfahrungen bei kleinen und mittleren Firmen

Bei der Risikofrüherkennung aus der Sicht der Kreditinstitute können unter Umständen Informationsnachteile zu individuellen Marktgegebenheiten und Firmeninterna bestehen, die nur den Führungskräften in den Unternehmen bekannt sind. Allerdings haben **Kreditinstitute** auch Vorteile bei der Risikoerkennung und der Restrukturierung sowie der Begleitung von Sanierungsumsetzungen aufgrund von:

- Erfahrungen von Kreditnehmern mit Risiken aus der gleichen Branche
- Finanzierungsmethoden oder Forbearance-Maßnahmen in der Restrukturierung
- Spezialwissen bei der Begleitung von Sanierungs- und Abwicklungsfällen

---

? **Checkliste und Analysen zu Risikofrüherkennung und Risikomanagement aus Bankensicht:**

1. Setzen Kreditnehmer angemessene Risikomanagementsysteme zur Risikofrüherkennung ein?
2. Besteht bei Kreditnehmern die Gefahr, dass ein Restrukturierungsverfahren eingeleitet wird?
3. Hat die Bank besondere Expertise in der Begleitung eines Restrukturierungsverfahrens?
4. Bestehen Gefährdungen, dass Banken in Restrukturierungsverfahren überstimmt werden?
5. Wird der Markt für Restrukturierungsverfahren überwacht, so dass Banken diese bei Kunden erkennen?

4.3 Drohende Zahlungsunfähigkeit und Verfahrensabläufe

Der **Eintritt** in ein Restrukturierungsverfahren darf gemäß § 29 Abs. 1 StaRUG nur bei drohender Zahlungsunfähigkeit gemäß § 18 Abs. 2 InsO erfolgen. Davon ist die Insolvenzreife infolge Zahlungsunfähigkeit (bei den Gesellschaften nach § 15a InsO zudem von der Überschuldung) abzugrenzen. Bei drohender Zahlungsunfähigkeit besteht ein Antragsrecht auf Eröffnung des Insolvenzverfahrens allein durch den Schuldner, das mit dem Antrag auf Eigenverwaltung (§§ 270, 270a InsO) im vorläufigen Insolvenzverfahren in die Variante „Schutzschirmverfahren“ gemäß § 270d InsO münden kann. Die drohende Zahlungsunfähigkeit oder Überschuldung ist durch eine Bescheinigung gemäß § 270d Abs. 1 InsO eines in Insolvenzsachen erfahrenen Akteurs nach Maßgabe der Norm zu belegen, aus der sich ergibt, dass lediglich die drohende Zahlungsunfähigkeit oder Überschuldung, aber nicht die eingetretene Zahlungsunfähigkeit vorliegt. Innerhalb von höchstens drei Monaten ist dann ein Insolvenzplan auszuarbeiten. Die drohende Zahlungsunfähigkeit erfordert zudem eine positive Zahlungsprognose über 24 Monate. Hier setzt das StaRUG als neue Verfahrensalternative zwischen der freien Sanierung und dem Insolvenzverfahren an.

Die Unterscheidung spielt bei der Restrukturierung gemäß dem StaRUG eine entscheidende Rolle, da nur die drohende Zahlungsunfähigkeit den Weg zu den Verfahren gemäß dem StaRUG eröffnet. Zugleich führt das Vorliegen dieser Voraussetzungen eines Restrukturierungsverfahrens und der Erfolgsaussicht der Restrukturierung nach StaRUG übrigens dazu, dass eine positive Fortführungsprognose nach § 19 Abs. 2 InsO zu bejahen ist, so dass eine mögliche insolvenzrechtliche Überschuldung dann gleichzeitig verneint werden kann. Dies jedenfalls dann, wenn der Zeitraum der Erklärung des Schuldners nach § 14 StaRUG über die Sicherstellung beziehungsweise die Wiederherstellung der Bestandsfähigkeit den Zwölfmonatszeitraum gemäß § 19 Abs. 2 InsO vollständig ausfüllt.

Ist umgekehrt die unternommene Restrukturierung gemäß dem StaRUG bei bestehender Überschuldung gescheitert, ist die Fortführungsprognose negativ, der gemäß § 15a InsO und § 42 Abs. 2 BGB unterliegende Rechtsträger insolvenzrechtlich überschuldet und zum **Insolvenzantrag** verpflichtet (siehe dazu Pannen/Riedemann/Smid-Pannen, 2021, § 29 Rn. 69 ff.). In Tab. 4.6 werden die Rechte und Pflichten der Insolvenzantragstellung juristischer Personen und rechtsfähiger Personengesellschaften dargestellt.

Tab. 4.6: Stellung des Insolvenzantrags durch Gläubiger und Schuldner (Quelle: Eigene Darstellung)

Insolvenzgründe	Gläubiger	Schuldner
Zahlungsunfähigkeit	Antragsrecht	Antragspflicht, § 15a InsO
Drohende Zahlungsunfähigkeit	Kein Antragsrecht	Antragsrecht § 18 InsO
Überschuldung	Antragsrecht	Antragspflicht, § 15a InsO

Ein Insolvenzverfahren kann nur eröffnet werden, wenn ein Schuldner- oder Gläubigerantrag dahingehend vorliegt und der Antrag zulässig und begründet ist, unter anderem muss ein Insolvenzgrund vorliegen (§§ 13, 14–16 InsO). Ein Gläubiger als Antragsteller (§ 14 Abs. 1 InsO) muss ein rechtliches Interesse an der Insolvenzeröffnung haben und zudem seine Forderung sowie das Vorliegen eines Insolvenzgrundes glaubhaft machen kann (§ 14 Abs. 1 InsO, § 294 ZPO).

Leitet der Gläubiger den Insolvenzantrag aus einer einzigen vom Schuldner bestrittenen Forderung ab, muss er den Vollbeweis seines Anspruchs führen. Ist ein Gläubiger hinreichend gesichert durch eine dingliche Sicherheit (beispielsweise Grundschuld), fehlt es am notwendigen Rechtsschutzinteresse und sein Insolvenzantrag ist unzulässig (zu einer Ausnahme vgl. BGH, 10.12.2020, IX ZB 24/20 Rn. 9). Es erfolgt eine Überprüfung durch das Insolvenzgericht.

Sachlich zuständig als **Insolvenzgericht** ist gemäß § 2 Abs. 1 InsO das Amtsgericht, in dessen Bezirk ein Landgericht seinen Sitz hat beziehungsweise das von der jeweiligen Landesregierung für den jeweiligen Gerichtsbezirk bestimmte Amtsgericht. Örtlich zuständig ist das Gericht, in dessen Bezirk der Schuldner seinen Gerichtsstand hat, beziehungsweise der Schwerpunkt seiner wirtschaftlichen Tätigkeiten liegt (§ 3 Abs. 1 Satz 1 und 2 InsO). Funktionell zuständig ist der Richter für die Verfahrenseröffnung und das Insolvenzplanverfahren, ansonsten der Rechtspfleger (§ 3 Nr. 2 Buchstabe e) RpflG § 18 RPflG). International zuständig sind die inländischen Gerichte dann wenn der Mittelpunkt der wirtschaftlichen Interessen in Deutschland liegt (Art. 3 EuInsVO, § 3 InsO). Bei Prüfung der Begründetheit des Antrags wird untersucht, ob einer der Insolvenzgrunde Zahlungsunfähigkeit, drohende Zahlungsunfähigkeit (hier ist nur der Schuldner antragsbefugt) oder Überschuldung vorliegen.

Zahlungsunfähigkeit ist gegeben, wenn das Schuldnerunternehmen nicht in der Lage ist, seine fälligen Zahlungsverpflichtungen, wie den Personalaufwand als oft größten Aufwandsposten, zu erfüllen. Illiquidität ist dann anzunehmen, wenn der Schuldner seine Zahlungen eingestellt hat (§ 17 Abs. 2 Satz 2 InsO). Die Lücke zwischen der Liquidität des Schuldners und seinen fälligen Verbindlichkeit darf in der Regel 10,0 % nicht übersteigen. Ist sie größer, ist er im Allgemeinen zahlungsunfähig, ist sie kleiner, ist er dagegen noch zahlungsfähig. Maßgeblicher Zeitraum ist eine Frist von höchstens drei Wochen zwischen der Zahlungsunfähigkeit sowie dem Insolvenzantrag (vgl. BGH, 24.05.2005, IX ZR 123/04). Auch fortwährende Unterdeckungen von unter 10,0 % ohne absehbare Besserung begründen den Insolvenzantrag und führen bei den unter § 15a InsO subsumierten Gesellschaften sowie den unter die §§ 42 Abs. 2, 84 Abs. 5 BGB subsumierten Organisationen zur Antragspflicht.

Drohende Zahlungsunfähigkeit besteht gemäß § 18 Abs. 2 InsO, wenn der Schuldner voraussichtlich künftig nicht in der Lage sein wird, die Zahlungsverpflichtungen zum Zeitpunkt der Fälligkeit zu erfüllen. Dann ist ein Prognosezeitraum von in der Regel 24 Monaten zugrunde zu legen und die dann lediglich drohende Zahlungsunfähigkeit ist anhand eines Finanzplans zu überprüfen.

Gemäß § 18 Abs. 1 InsO ist der Tatbestand nur Eröffnungsgrund, wenn der Schuldner den Insolvenzantrag stellt. Diese Formulierung „in der Regel“ lässt auch kürzere oder längere Prognosezeiträume zu, abhängig vom jeweiligen Schuldner. Geplante finanzielle Sanierungsmaßnahmen finden bei dieser Liquiditätsprognose keine Berücksichtigung (vgl. Kunz, 2022, S. 47).

Überschuldung liegt gemäß § 19 Abs. 2 InsO vor, wenn das Vermögen eines Unternehmens nicht ausreicht, um die Verbindlichkeiten zu decken, es sei denn, die Fortführung ist in den nächsten 12 Monaten überwiegend wahrscheinlich. Diese Entscheidung zu der überwiegenden Wahrscheinlichkeit resultiert indes nicht aus mathematischer, sondern aus wertender Betrachtung, so dass eine derartige Wahrscheinlichkeit in der Praxis deutlich jenseits der 50,0 %-Grenze bejaht werden wird. Basis dafür ist ein Finanzplan, der die Zahlungsfähigkeit für die nächsten 12 Monate belegt.

Die drohende Zahlungsunfähigkeit ist Voraussetzung für die Einleitung einer Restrukturierung nach StaRUG. Es ist gemäß § 14 Abs. 1 StaRUG durch eine dem Restrukturierungsplan beigefügte Erklärung begründet darzulegen, wie der Zustand der drohenden Zahlungsunfähigkeit dauerhaft beseitigt und die Bestandsfähigkeit des Schuldners wieder hergestellt wird. Eine Weiterführung wird nicht ohne finanzielle Mittel möglich sein und die Zustimmung der Gläubiger erfordern. Das Restrukturierungsverfahren bedarf einer sorgfältigen Vorbereitung unter Einbindung der maßgeblichen Stakeholder, um die Blockade einzelner Parteien möglichst zu vermeiden. Auch wenn im StaRUG Cram-Down-Instrumente nach §§ 26–28 StaRUG bestehen, ist der Konsens zielführender für einen Turnaround. Denn in Zukunft, nach Abschluss der Restrukturierungssache, sind die Geschäfte mit wirtschaftlichen Partnern weiterzuführen.

Daher werden die **Interessen der Beteiligten** in außergerichtlichen Sanierungen im Einzelfall interessengerechter gewahrt, da diese eine Einigungslösung erfordern, den Konsens aller Beteiligten. Der Konsens wiederum erfordert eingehende Vorbereitung und frühzeitige Einbindung der Gläubiger, die einbezogen werden sollen. Unangenehme Überraschungen für die einbezogenen Gläubiger wie unangekündigte Restrukturierungsverfahren gemäß dem StaRUG oder Eigeninsolvenzanträge der Schuldner mit dem Ziel der vorläufigen Eigenverwaltung oder dem Schutzschirm im Eröffnungsverfahren sind kontraproduktiv und stören konsensuale Lösungen erheblich.

Allerdings wird nicht selten vermutet, dass dissentierenden Beteiligten, insbesondere Gläubigern, die vielfältigen Instrumente des StaRUG (vgl. §§ 49 ff. StaRUG und den erwähnten **Cross Class Cram Down**) vor Augen geführt werden, um eine konsensuale Lösung der „freien“ Sanierung durchzusetzen, ganz abgesehen davon, dass das Vorgehen ohne gerichtliche Einbindung und ohne die Verfahrenshilfen des StaRUG (§§ 49 ff. StaRUG) ablaufende Verfahren gemäß §§ 17–22 StaRUG weitgehend der „freien Sanierung“ ähnelt. Das gemeinsame Strukturelement einer Unternehmenssanierung ist ein strukturierter Sanierungsplan, der durch die wirtschaftlichen Verhältnisse des Krisenunternehmens determiniert wird, aber im auch verfassungsmäßig geschützten Interesse der Beteiligten in verschiedenen rechtlichen Strukturen auftritt.

Das **Fehlschlagen** der geplanten Sanierung endet regelmäßig in der Liquidation des Unternehmensträgers (beispielsweise GmbH, AG, KG), bei natürlichen Personen endet die konkrete unternehmerische oder freiberufliche Tätigkeit in der Restschuldbefreiung der Unternehmensträgers (§ 301 InsO). Die insolvente natürliche Person kann neu starten (zum Beispiel nach § 35 Abs. 2 InsO) oder durch Aufnahme einer neuen nachinsolvenzlich begonnenen unternehmerischen Tätigkeit.

! **Erläuterung:** In **Restrukturierungsverfahren** nach dem StaRUG existieren optionale Abläufe und kombinierbar einsetzbare Instrumente, die alternativ genutzt werden können. In der Praxis werden sich in der Zukunft häufig gewählte Verfahrenswege herauskristallisieren, wahrscheinlich unter den Aspekten der Öffentlichkeit der Verfahren, der entstehenden Kosten und der Schnelligkeit der Verfahrensabwicklung. Eine Befragung der 24 Restrukturierungsgerichte von ZEFIS und Indat Report haben jedoch die Lage der Verfahren nach dem StaRUG bis zuletzt Ende 2024 gezeigt (vgl. Indat Report, 2025, S. 58 ff.). Danach gab es in dem Zeitraum 2021–2024 insgesamt 189 Restrukturierungsverfahren nach § 31 StaRUG und insgesamt 14 Verfahren der Sanierungsmoderation, die sich als bedeutungslos gezeigt hat.

Den Kern eines Restrukturierungsverfahrens nach dem StaRUG bilden die folgenden **Faktoren**, die zu bewerten und zu entscheiden sind:

- Bestimmung über die Intensität der gerichtlichen Einbindung
- Bestellung Restrukturierungsbeauftragter von Amts wegen oder fakultativ
- Entscheidung über Stabilisierungsmaßnahmen durch das Gericht
- Ausarbeitung des Restrukturierungsplans durch den Schuldner

Folgender grober Verfahrensablauf ergibt sich beim Restrukturierungsverfahren nach dem **Unternehmensstabilisierungs- und -restrukturierungsgesetz** wie nachfolgend in der Abbildung dargestellt (vgl. Cranshaw/Portisch, 2020e, S. 2561 ff.). Gekennzeichnet wird ein Verlauf, in dem das Restrukturierungsgericht eingeschaltet werden kann. Es sind Fälle, in denen der Schuldner, die vom Restrukturierungsplan betroffenen und von ihm angesprochenen Gläubiger voraussichtlich nicht sämtlich zu der Zustimmung zum Plan bewegen kann und er aus Gründen der Rechtssicherheit sowie in Verfolgung seines Plans die Instrumente der §§ 29 ff. StaRUG anwendet.

Das gerichtliche Verfahren startet mit der **Anzeige** nach § 31 StaRUG und es wird von Optionen der Stabilisierungsanordnung und der Planbestätigung Gebrauch macht. Die Sanierungsmoderation gemäß §§ 94 ff. StaRUG steht als eigenständiger Verfahrensablauf daneben, kann dann aber in die Schritte 1.–7. einmünden, die in der nachfolgenden Abb. 4.4 aufgeführt sind.

Über den verschiedenen Handlungsalternativen steht der Restrukturierungsplan, mit der Darstellung sowie Gestaltung der Positionen von Gläubigern, gegebenenfalls von Anteilseignern und dem Ziel der Sanierung nach den Vorstellungen des Schuldners. Eingangskriterium in die Restrukturierung nach StaRUG ist die drohende Zahlungsunfähigkeit, die genau zu überprüfen ist.

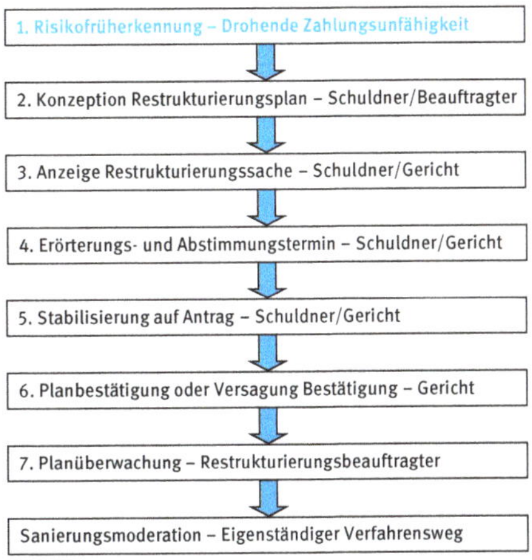

Abb. 4.4: Restrukturierungsverfahren oder Sanierungsmoderation (Quelle: Eigene Darstellung)

Im Folgenden werden **Verfahrensabläufe der Restrukturierungsverfahren** und der **Sanierungsmoderation** dargestellt mit den Optionen:

- Weitgehend außergerichtliche Variante des Restrukturierungsverfahrens
- Restrukturierungsverlauf mit starker Einbindung des Restrukturierungsgerichts
- Öffentliche Restrukturierungssachen mit grenzüberschreitender Wirkung
- Eigenständige Sanierungsmoderation oder als Vorstufe zur Restrukturierung

Weitgehend außergerichtliche Variante der Restrukturierung

In Abb. 4.5 wird der Restrukturierungsverlauf mit einem Mindestniveau an gerichtlicher Einbindung aufgezeigt. Den Idealfall des Restrukturierungsverfahrens bildet § 19 StaRUG ab, der weitgehend der freien Sanierung entspricht. Stimmen die einbezogenen Gläubiger einem Vorschlag des Schuldners zu, ist ein Konsens erzielt und die Beteiligten haben sich daran zu halten. Aber auch hier wird man in kritischen Fällen die Anzeige nach § 31 StaRUG vornehmen und das gerichtliche Planbestätigungsverfahren durchführen (§§ 60 ff. StaRUG) mit der Folge der reduzierten Anfechtungsrisiken gemäß §§ 129 ff. InsO in einer Folgeinsolvenz (§§ 89 StaRUG).

Im **außergerichtlichen Fall** (§§ 17–22, 24–28 StaRUG) ist die Anzeige der Restrukturierungssache bei Gericht gegenstandslos. Lediglich wenn Stabilisierungs- sowie weitere Instrumente gemäß §§ 49 StaRUG vom Schuldner beantragt werden, ist das Restrukturierungsvorhaben gemäß §§ 31 ff. StaRUG bei Gericht anzuzeigen. Die Einsetzung des Restrukturierungsbeauftragten ist bei der außergerichtlichen Restrukturierung nicht möglich. Wenn dies aufgrund der Komplexität des Verfahrens bei der Erstellung des Restrukturierungsplans oder der Organisation der Abstimmung erforderlich ist, kann die Bestellung gemäß §§ 77 ff. StaRUG auf Antrag durch das Gericht erfolgen.

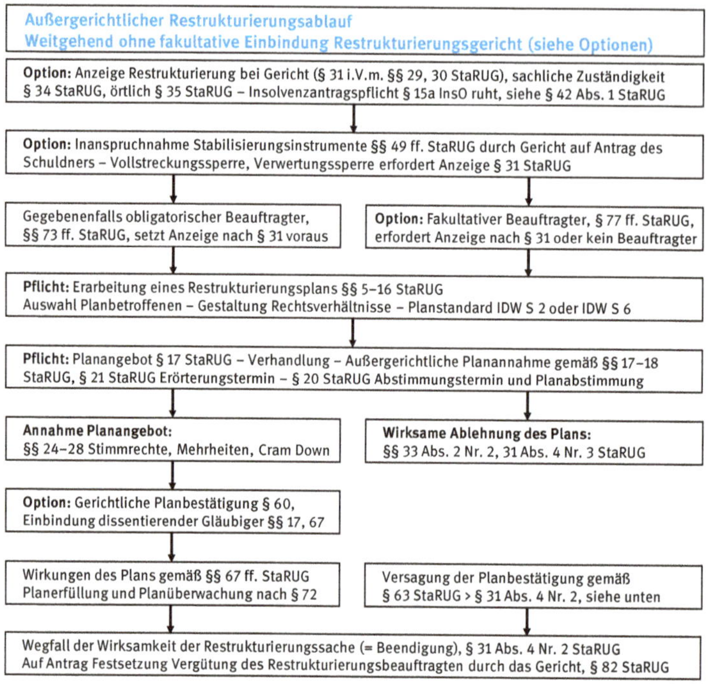

Abb. 4.5: Außergerichtlicher Ablauf des Restrukturierungsverfahrens (Quelle: Eigene Darstellung)

Alternativ erfolgt eine Bestellung obligatorisch gemäß den §§ 73 ff. StaRUG, wenn die Rechte von Verbrauchern oder mittleren, kleinen sowie Kleinstunternehmen über den Plan gestaltet werden sollen oder eine Stabilisierungsanordnung beantragt wird, die sich im Wesentlichen gegen alle Gläubiger richtet.

Zu der Planvorlage an die einbezogenen Gläubiger und deren Auswahl ist allein der Schuldner befugt. Die Planausarbeitung erfolgt primär durch den Schuldner, der sich externer Hilfe bedienen wird. Auch die Bestimmung der Stimmrechte, die Zuteilung der Gläubiger in Gruppen und der eigentliche Abstimmungsprozess muss vom Schuldner organisiert werden. Die Hinzuziehung eines spezialisierten Beraters oder einer in Insolvenzsachen erfahren Beratungsgesellschaft ist hilfreich, um den Prozess der Abstimmung professionell vorzubereiten und durchzuführen. Es kann auch bei der Aufstellung des Plans sinnvoll sein, um den Ablauf zu beschleunigen. Das Verfahren mit Stabilisierungsanordnung sollte nach drei Monaten beendet sein (§ 53 StaRUG).

Dabei besteht die Option, diesen außergerichtlich angenommenen Plan auf Antrag des Schuldners gemäß § 60 StaRUG offiziell durch das Restrukturierungsgericht bestätigen zu lassen. Dazu bedarf es zuvor der Anzeige der Restrukturierungssache aus § 31 StaRUG und es besteht die Hürde des § 60 Abs. 1 Satz 3 StaRUG. Der Schuldner muss mit den dortigen Unterlagen nachweisen, dass dem Plan zugestimmt wurde.

Der Schuldner selbst hat dem zuständigen Restrukturierungsgericht (§ 34 StaRUG) den Antrag auf Bestätigung des Plans, den Restrukturierungsplan mit allen Anlagen und zudem das Abstimmungsergebnis mit Nachweisen über die Durchführung sowie das Ergebnis dieser Abstimmung zukommen zu lassen (§ 22 StaRUG). Der privatisierte Abstimmungsprozess in einer Versammlung der Planbetroffenen in Präsenz oder virtuell (§§ 20–22, 24 ff. StaRUG) ist dann risikobehaftet, wenn Gegenstimmen durch den Cram Down überwunden werden müssen (§§ 26–28 StaRUG). Wird dieser Plan durch das Gericht bestätigt, treten die Wirkungen gemäß §§ 67 ff. StaRUG verbindlich für die Beteiligten ein, die im gestaltenden Teil dargelegt wurden. Hier wird es sich um Verzichte der planbetroffenen Gläubiger handeln. Es kann im gestaltenden Teil vorgesehen sein, dass die Erfüllung des Plans gemäß § 72 StaRUG überwacht wird. Wurden diejenigen Ansprüche der Planbetroffenen erfüllt, ist das Verfahren beendet. Mit Einsetzung des Restrukturierungsbeauftragten ist dieser Akteur zu vergüten und seine Vergütung vom Gericht festzusetzen.

Erläuterung: Diese **außergerichtliche Variante** des Restrukturierungsverfahrens erfordert die Fachkompetenz der beteiligten Akteure, hauptsächlich des Schuldners, wenn er den Plan eigenständig ausarbeitet, die Bestimmung der Stimmrechte, die Gruppeneinteilung vornimmt sowie die Abstimmung durchführt. Er sollte sich gegebenenfalls durch Akteure wie auf Insolvenzen oder Restrukturierungen spezialisierte Berater oder Beratungsgesellschaften unterstützen lassen. Die Verfahrensform erfordert eine professionellen Ausarbeitung und einen hohen Grad an Zustimmung zum Plan, so dass ein Cram Down relevant wird.

Gerichtlicher Verlauf und öffentliche Restrukturierungssachen

Die Variante eines Restrukturierungsverfahrens mit gerichtlicher Einbindung beginnt mit der Anzeige des Vorhabens beim zuständigen Gericht gemäß § 31 StaRUG. Für das weitere Verfahren wird auf die Abb. 4.6 und die folgenden Ausführungen verwiesen. Die **gerichtliche Einbindung** beginnt nach der Anzeige und der Rechtshängigkeit der Restrukturierungssache mit der Vorprüfung des Restrukturierungsplans aus § 46 StaRUG auf Schuldnerantrag. Untersucht werden die Auswahl sowie Gruppenbildung der Planbetroffenen (§§ 3, 8, 9 StaRUG), die Stimmrechte und die drohende Zahlungsunfähigkeit. Neben einer formalen Überprüfung der Bestandteile eines Plans können im Rahmen der Vorprüfung, also vor der eigentlichen Abstimmung, kritische Aspekte des Restrukturierungsplans diskutiert werden.

Dies schafft ein Mehr an **Rechtssicherheit** für den planvorlegenden Schuldner, auch für die anderen Beteiligten. Die Möglichkeit der gerichtlichen Vorprüfung besteht gemäß §§ 47, 48 StaRUG auch in der außergerichtlichen Abstimmungsvariante (vgl. Harder, 2022, S. 238 ff.). Aus dem Blickwinkel der Praxis erscheint die Variante nicht sinnvoll, da dann in der auf jeden Fall anzuratenden gerichtlichen Planbestätigung (aus Gründen der Abschirmung von Anfechtungsrisiken in einer Folgeinsolvenz, §§ 89–91 StaRUG) auf Antrag des Schuldners ihm die Nachweislast der Ordnungsmäßigkeit der Abstimmung auferlegt ist (§ 60 Abs. 1 Satz 3 StaRUG).

Die planbetroffenen Beteiligten sind beim nicht-gerichtlichen Abstimmungsverfahren, wenn der Schuldner die Vorprüfung beantragt, vom Gericht gemäß § 48 Abs. 1 StaRUG anzuhören zu den Fragen, die Gegenstand der Vorprüfung sind.

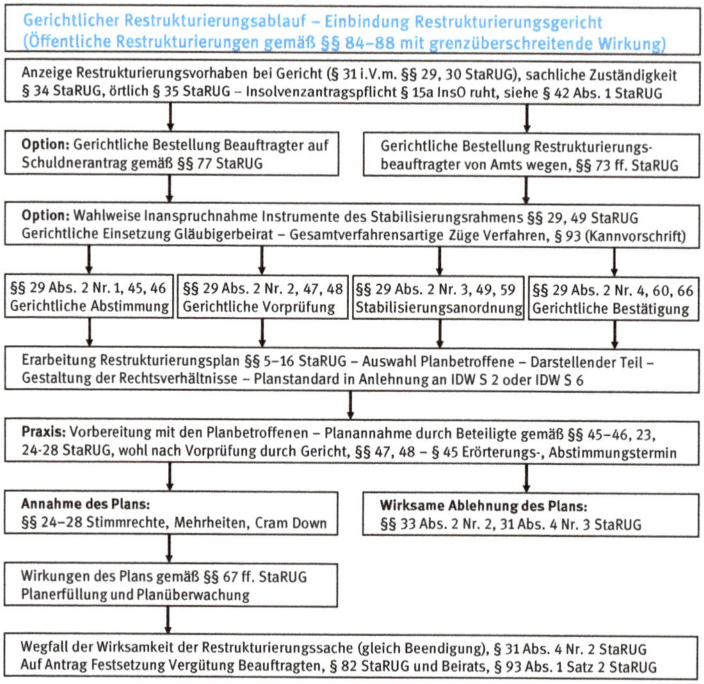

Abb. 4.6: Gerichtlicher Verlauf des Restrukturierungsverfahrens (Quelle: Eigene Darstellung)

Zwar enthält § 46 StaRUG zum Vorprüfungstermin auf Antrag des Schuldners bei einer gerichtlichen Abstimmung keine Regelung über die Anhörung dieser Planbetroffenen wie § 48 Abs. 1 StaRUG über die Vorprüfung beim nicht gerichtlichen privatisierten Abstimmungsverfahren gemäß §§ 20–22, 24–28 StaRUG, denn deren Anhörung erfolgt in einem dann kombinierten Erörterungs- und Abstimmungstermin (ähnlich wie beim Insolvenzverfahren) gemäß § 45 Abs. 1 StaRUG.

Es kann, in Abhängigkeit von den in der Vorprüfung auftretenden Fragen, zweckmäßig sein, bereits dort die von der Frage betroffenen Planbeteiligten anzuhören sowie die Ergebnisse der Vorprüfung in einem gesonderten Hinweisbeschluss festzuhalten, über § 46 Abs. 2 StaRUG hinausgehend (vgl. §§ 47 Satz 2, 48 Abs. 2 StaRUG betrifft die Fälle der „privatisierten" Abstimmung). Dieses Vorgehen erscheint opportun, um die Grundlage für eine Planstruktur vorzubereiten, die eventuell von den Beteiligten ohne Weiteres akzeptiert wird und damit die Abstimmung erleichtert.

Es ist daher nicht erkennbar, warum im Rahmen der gerichtlichen Abstimmung eine Anhörung wie nach § 48 Abs. 1 StaRUG unterbleiben soll. Diese liegt beim gerichtlichen Verfahren allerdings im Ermessen des Gerichts, wie aus § 46 Abs. 3 StaRUG hervorgeht. Ein Rechtsmittel gegen die Anordnung ist nicht statthaft, ebensowenig die Ablehnung des entsprechenden Schuldnerantrags. Die Festlegung der Stimmrechte kann durch das Gericht bei Streit geklärt endgültig werden (vgl. Pannen/Riedemann/Smid-Pannen, 2021, § 45 Rn. 21). Nach § 70 StaRUG können die Planbetroffenen streitige Forderungen hinsichtlich ihrer Höhe auch später klären, und zwar auf dem dafür vorgesehenen Weg (bei der Klage vor dem Prozessgericht). Die Höhe des jeweiligen Stimmrechts ist wesentlich für die Abstimmung und das Ergebnis des Votums.

Diese Ermittlung kann problematisch sein, da die den Stimmrechten zugrunde liegenden Forderungen und Rechte gemäß § 24 StaRUG teilweise bewertet werden müssen und die Werte unter Umständen nicht immer eindeutig sind. Die **Stimmrechte** richten sich gemäß § 24 Abs. 1 Nrn. 1–3 StaRUG:

- bei Restrukturierungsforderungen nach dem Betrag oder bei bedingten Forderungen mit einem ihnen „unter Berücksichtigung der Wahrscheinlichkeit des Bedingungseintritts zukommenden Wert“ (Abs. 2 Nr. 1), die unverzinslichen Forderungen sind abzuzinsen auf den Tag der Planvorlage (Abs. 2 Nr. 2).
- bei Absonderungsanwartschaften sowie gruppeninternen Drittsicherheiten nach deren Wert (§ 24 Abs. 1 Nr. 2). Durch Absonderungsanwartschaften oder gruppeninterne Drittsicherheiten gesicherte Forderungen vermitteln in einer Gruppe von Restrukturierungsgläubigern nur insoweit ein Stimmrecht, wie der Schuldner für die gesicherten Forderungen auch persönlich haftet (§ 24 Abs. 3).
- bei Anteils- oder Mitgliedschaftsrechten nach dem Anteil am gezeichneten Kapital oder Vermögen des Schuldners (Nr. 3).

Das Abstimmungsverfahren kann gemäß § 45 StaRUG vor dem Restrukturierungsgericht stattfinden und muss dann durch dieses organisiert werden. Das Vorgehen ist bei potenziellen Konflikten angebracht, damit das Ergebnis der Abstimmung später nicht im Rahmen der Planbestätigung (siehe zu dem Anfechtungsgrund § 63 Abs. 1 Nr. 2 StaRUG) angefochten wird (vgl. Pannen/Riedemann/Smid-Pannen, 2021, § 45 Rn. 2 ff. und auch Harig, 2022b, S. 227).

Erforderlich für die Zustimmung zum Plan ist gemäß § 25 Abs. 1 StaRUG die Zustimmung aller gebildeten Gruppen mit mindestens 75,0 % der Stimmen aller Stimmberechtigten der jeweiligen Gruppe. Kann in einer Gruppe diese Mehrheit nicht erreicht werden, besteht die Möglichkeit der gruppenübergreifenden Mehrheitsentscheidung (Cross Class Cram Cown), unter den Bedingungen nach § 26–28 StaRUG. Die Zustimmung der Gruppe oder der Gruppen, welche den Plan abgelehnt haben, wird bei Vorliegen der gesetzlichen Tatbestandsmerkmale fingiert. Erforderlich ist dazu eine angemessene Beteiligung der überstimmten Gruppe am berechneten Planwert aus § 27 StaRUG (absolute Priorität, **Absolute Priority Rule**).

Ausnahmen werden in § 28 StaRUG definiert und erlauben es unter bestimmten Bedingungen, unter anderem **Gläubiger gleichen Rangs** unterschiedlich zu behandeln oder wenn der Schuldner oder Gesellschafter dieses betreffenden Rechtsträgers eines Schuldnerunternehmens **„am Unternehmensvermögen beteiligt"** bleiben, das heißt am Planmehrwert partizipieren, weil dies „unerlässlich" ist, um den „Planwert zu verwirklichen" (§ 28 Abs. 2 Nr. 1 StaRUG (relative Priorität, **Relative Priority Rule**) oder wenn die Eingriffe in Gläubigerrechte geringfügig sind (zum Beispiel keine Anspruchskürzung oder Hinausschieben der Fälligkeit um höchstens 18 Monate, § 28 Abs. 2 Nr. 2 StaRUG). Mit der durchgeführten Abstimmung sowie der Feststellung des Ergebnisses endet der Abstimmungstermin. Das Resultat wird vom Restrukturierungsgericht protokolliert. Kritische Aspekte bei der Durchführung der Abstimmung betreffen unter Umständen die Gruppeneinteilung und den Umfang der gestalteten Forderungen im Plan und das eigentliche Restrukturierungsziel, wenn dieses nur gegen den Willen einiger Gläubiger erreichbar ist.

Des Weiteren kann sich der **Schuldner** durch diese gerichtliche Abstimmung gegenüber der außergerichtlichen Variante vor den Rechtsfolgen der möglichen Versagung der Bestätigung des Restrukturierungsplans gemäß § 63 StaRUG schützen (vgl. Harder, 2022, S. 252), wenn er den Nachweis der Ordnungsmäßigkeit der Abstimmung (§ 60 Abs. 1 Satz 3 StaRUG) nicht zu führen vermag (Verstoß gegen § 63 Abs. 1 Nr. 2 StaRUG, Versagung einer Planbestätigung wegen eines wesentlichen nicht behebbaren Verfahrensfehlers). Der Schuldner muss in einem derartigen Fall das gesamte Abstimmungsprocedere wiederholen und sich neben enormen Zeitverlusten noch größere Vertrauensverluste bei den planbezogenen Gläubigern einhandeln.

Ein weiterer Vorteil der Einbindung des Gerichts besteht auf einer anderen Ebene beziehungsweise mit einem anderen Verfahrensmodul des StaRUG, nämlich gemäß § 61 StaRUG im Zusammenhang mit der Planbestätigung, wonach eine Anhörung der Planbetroffenen vor der **Entscheidung** über die Bestätigung des Plans durch das Restrukturierungsgericht erfolgen kann. Bei einer außergerichtlichen Abstimmung ist dieser Termin obligatorisch durchzuführen. Das Vorgehen kann die gerichtliche Planbestätigung gegebenenfalls beschleunigen.

Bei einem positiven Votum über den Plan wird dieser anschließend, allerdings nur auf Antrag, gerichtlich bestätigt, sofern auch kein Versagungsgrund nach § 63 StaRUG vom Gericht bejaht wird und in der Folge umgesetzt. Die **Überwachung der Planerfüllung** (§ 72 StaRUG) kann ebenfalls Bestandteil des gestaltenden Teils des Restrukturierungsplans sein. Sie ist durch das Restrukturierungsgericht einem Restrukturierungsbeauftragten zu übertragen (§ 72 Abs. 2 i.V.m. § 73 Abs. 1 Satz 1 Nr. 3 StaRUG), wobei die Voraussetzungen der Bestellung eines Restrukturierungsbeauftragten nach Maßgabe des § 73 Abs. 1 Satz 1 und Abs. 2, 3 StaRUG bei Rechtshängigkeit der Restrukturierungssache vorliegen dürften, so dass die Bestellung eines Restrukturierungsbeauftragten isoliert nur für die Zwecke der Planüberwachung und erst zum Zeitpunkt der Planbestätigung in der Praxis ausscheiden dürfte.

Dennoch muss der Richter dann in der Bestätigungsentscheidung auch beschließen, dass die Person des (bisherigen) Restrukturierungsbeauftragten zur Überwachung des Vollzugs des Plans bestellt wird. Regelmäßig wird das der bisher schon bestellte Restrukturierungsbeauftragte sein. Dessen Amt endet mit der Rechtskraft der Planbestätigung (Folge aus § 67 StaRUG i.V.m. § 76 StaRUG), womit für die Überwachung eine weitere Bestellung zu diesem Zweck erforderlich ist, so dass der Richter gemäß § 72 Abs. 2 StaRUG dies in den Tenor des Bestätigungsbeschlusses aufnehmen muss. Die Realisierung erfolgt durch den Beauftragten als Planüberwacher gemäß § 72 Abs. 2 StaRUG. Er prüft, ob die im gestaltenden Teil vorgesehenen Ansprüche erfüllt werden. Die Maximaldauer der Überwachung ist nach § 72 Abs. 4 Nr. 2 StaRUG auf drei Jahre ab Rechtkraft des Plans begrenzt. Die Überwachung endet auch mit der Folgeinsolvenz gemäß § 72 Abs. 4 Nr. 3 StaRUG.

Weitere **Verfahrensaufgaben des Gerichts** bestehen in der Vergütungsentscheidung über die beantragte Vergütung und Auslagen des Restrukturierungsbeauftragten (§ 82 StaRUG) beziehungsweise der Mitglieder des Gläubigerbeirats (vgl. § 93 Abs. 4 i.V.m. Abs. 1 StaRUG) und der Entscheidung über die Aufhebung der Restrukturierungssache von Amts wegen, wenn die Tatbestände des § 33 StaRUG erfüllt sind. In Abb. 4.7 werden die gerichtlichen und bankinternen Tätigkeiten im Überblick aufgeführt.

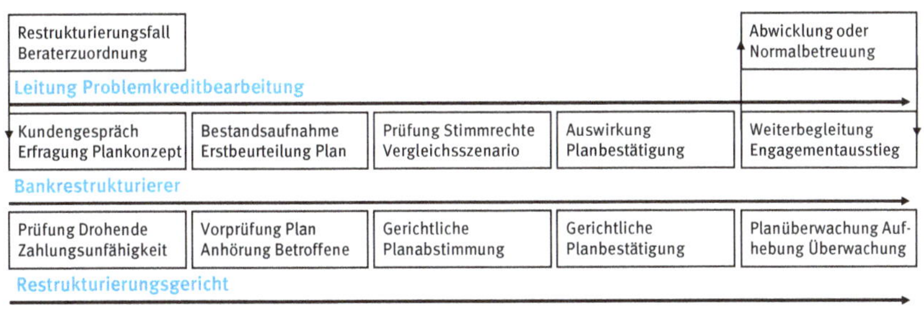

Abb. 4.7: Bankbetreuung und gerichtliche Einbindung in die Restrukturierung (Quelle: Eigene Darstellung)

Die §§ 84 ff. StaRUG ermöglichen es dem Schuldner, die **Restrukturierungssache** auf Antrag öffentlich bekannt machen zu lassen. Ergehen öffentliche Bekanntmachungen im Rahmen des Verfahrens, so werden gerichtliche Termine, Entscheidungen und die Berufung oder Abberufung eines Restrukturierungsbeauftragten in dem entsprechenden Internetportal bekannt gegeben. Die Öffentlichkeit des Verfahrens wird zur Folge haben, dass die Restrukturierungssache sowie die in Anspruch genommenen Instrumente des StaRUG, insbesondere der bestätigte Restrukturierungsplan in anderen EU-Mitgliedstaaten nach der EuInsVO automatisch anerkannt werden. Die Anerkennung ist bei Restrukturierungssachen, die einen grenzüberschreitenden Bezug haben, relevant soweit ausländische Gläubiger zu den Planbetroffenen gehören.

Es besteht die Möglichkeit der Kenntnisnahme für nicht in den Restrukturierungsplan einbezogene Gläubiger (vgl. Kluth, 2022, S. 283), womit das als vertraulich konzipierte Verfahren der Restrukturierung nach StaRUG öffentlich wird. Bejaht man wirtschaftspsychologisch ein Stigma der Insolvenz, so wirkt dieses öffentliche Verfahren potenziell kontraproduktiv, denn es verrät dem Dritten, dass sich ein Unternehmen im Zustand drohender Zahlungsunfähigkeit befindet. Diese öffentliche Bekanntmachung erfolgt gemäß § 84 Abs. 1 StaRUG auf Antrag des Schuldners und ist vor der ersten Entscheidung in der Restrukturierungssache zu stellen und kann auch nur bis zur ersten Entscheidung wieder zurückgenommen werden.

Beispiel: Der Schuldner, ein mittleres Unternehmen in Grenznähe zu einem Nachbarstaat der EU hat sich bei einer ausländischen Bank auf der anderen Seite der Grenze gegen im Inland belegene Sicherheiten refinanziert, denn das Schuldnerunternehmen unterhält jenseits der Grenze verschiedene Niederlassungen neben der inländischen Hauptniederlassung. Die Bank ist einer der wesentlichen Finanzgläubiger, die in den Plan zur finanzwirtschaftlichen Restrukturierung einbezogen werden muss. Sie lehnt jedoch den Plan ab, sie bestreitet die drohende Zahlungsunfähigkeit, hält ihre Sicherheiten für bedeutend werthaltiger als diese es aus dem Blickwinkel des Schuldners sind und droht die Sicherheitenverwertung an. Hier hilft dann nur die automatische Anerkennung der Entscheidungen des international sowie örtlich zuständigen Restrukturierungsgerichts (vgl. §§ 34, 35 StaRUG, Art. 3 EuInsVO) nach Maßgabe der Art. 19, 32 EuInsVO in der Union, um das Scheitern der Restrukturierung allein an einer fehlenden grenzüberschreitenden Anerkennung der inländischen Gerichtsentscheidung über die Maßnahmen nach § 29 StaRUG zu verhindern. Damit gelangt man wieder zwangsläufig zu der beschränkten Verfahrensöffentlichkeit nach den §§ 84 ff. StaRUG. Der Antrag auf das öffentliche Verfahren ist vor der ersten Restrukturierungsentscheidung zu stellen, § 84 Abs. 1 Satz 2 StaRUG, und zwar gesondert zu der Restrukturierungsanzeige gemäß. § 31 StaRUG. Eine Antragsrücknahme ist nur bis zur ersten Entscheidung zulässig.

Gemäß § 84 Abs. 2 Satz 1 Nr. 1 StaRUG hat das zuständige Restrukturierungsgericht in der ersten Entscheidung Gründe anzugeben, aus denen sich die internationale Zuständigkeit der deutschen Gerichte ergibt. Die Regelung des § 84 Abs. 2 Satz 1 Nr. 1 StaRUG dient dazu, dem Beteiligten, der sich gegen die Zuständigkeit der inländischen Gerichte wenden will, die Überprüfung der Entscheidung vorzunehmen, um dagegen gegebenenfalls sofortige Beschwerde einzulegen (§ 84 Abs. 2 Satz 3 StaRUG, Art. 102c § 4 EG InsO). Die öffentlichen Verfahren sind in den Anhang A der EuInsVO aufgenommen worden (09.01.2022) und gelten seit ihrem Inkrafttreten (17.07.2022) als „Insolvenzverfahren" im Sinne der EuInsVO mit der automatischen Anerkennung in allen Mitgliedstaaten der EuInsVO (EU-Staaten ohne Dänemark, siehe Art. 19, 20 EuInsVO). Gemäß § 85 Abs. 1 StaRUG sind in öffentlichen Verfahren bekannt zu machen:

- Ort und Zeit der gerichtlichen Termine
- Bestellung und Abberufung des Restrukturierungsbeauftragten
- die Entscheidungen des Restrukturierungsgerichts nach § 37 Absatz 1 und 2
- Stabilisierungsanordnung nach § 49 Absatz 1, wenn sich diese gegen die Gesamtheit der Gläubiger richtet
- sämtliche gerichtliche Entscheidungen in der Restrukturierungssache

Des Weiteren wird gemäß § 87 Abs. 1 StaRUG für die planbetroffenen Verfahrensbeteiligten ein öffentliches Restrukturierungsforum zur Verfügung gestellt. So können die Planbetroffenen im Restrukturierungsforum des Bundesanzeigers Kontakt zu anderen Betroffenen aufnehmen und diese auffordern, ihre Stimmrechte in bestimmter Weise auszuüben oder eine Stimmrechtsvollmacht zu erteilen. **Änderungen** zum Plan können vorgeschlagen werden. Das Forum kann von Kleinstgläubigern genutzt werden, um sich abstimmen können und Einfluss auf diesen **gerichtlichen Verfahrensablauf** nehmen zu können (vgl. Kluth, 2022, S. 286). Der gerichtliche, für jedermann zugängliche Teil, umfasst aktuell nur zwei bekannte Restrukturierungsfälle mit dortigen Entscheidungen, nämlich „Gerry Weber Internationale AG“ (AG Essen, 161 RES 1/23, 2023) und „Leoni AG“ (AG Nürnberg, RES 397/23, 2023).

Erläuterung: Die **gerichtliche Variante des StaRUG** ist anzuwenden, wenn nur ein geringes Einigungspotenzial zwischen dem Schuldner und seinen Gläubigern besteht. In dem Fall ist die Einbindung des Gerichts obligatorisch, wenn eine Stabilisierungsanordnung erfolgt, die Abstimmung über den Restrukturierungsplan auch gegen dissertierende Parteien mit dem Instrument des **Cram Down** erfolgen muss oder der Plan gegen Beteiligte wirksam werden soll, die an der Abstimmung nicht teilnehmen und die daher nur durch die rechtskräftige Bestätigung des Reststrukturierungsplans durch das Gericht gebunden werden können (§ 67 Abs. 1 Satz 2 StaRUG). Es ist zu beachten, dass auch eine gerichtliche Involvierung nicht hilft, wenn der Schuldner nicht die Interessen der Gesamtheit der Gläubiger beachtet (§§ 32, 43, 51, 59 StaRUG).

Sanierungsmoderation als eigenständiger Verfahrensablauf

In der folgenden Abb. 4.8 wird der eigenständige Prozess der Sanierungsmoderation aufgezeigt. Diese Moderation kann ohne ein Restrukturierungsverfahren isoliert verlaufen. So ist auch die Grundstruktur gedacht. Die Moderation kann als Einigungsversuch dem Restrukturierungsverfahren vorausgehen. Es ist auch der zeitliche Faktor zu beachten, denn die **Sanierungsmoderation** kann insgesamt bis zu sechs Monate andauern (vgl. § 95 Abs. 1 StaRUG). Dieser Zeitablauf bedeutet eine Verzögerung, in der die finanziellen Ressourcen und Sanierungsaussichten wegbrechen können.

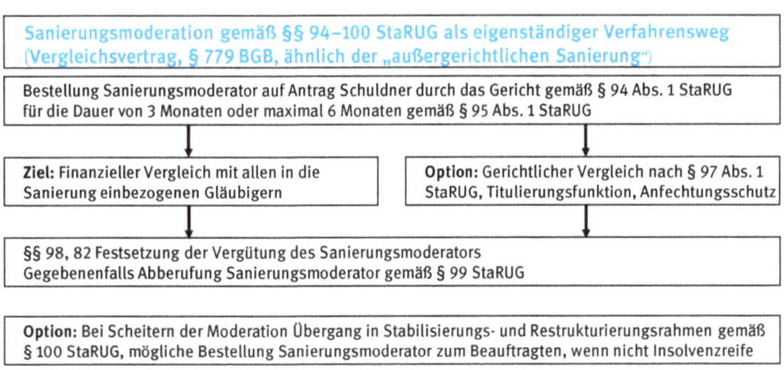

Abb. 4.8: Verlauf der Sanierungsmoderation (Quelle: Eigene Darstellung)

Bei empirischer Betrachtung wird man die Sanierungsmoderation als eigenständiges Instrument einsetzen, wenn auf der Seite des Schuldners die Überzeugung besteht, er werde mit den von ihm ausgewählten Gläubigern in überschaubarer Zeit zu einer Einigung gelangen, er aber Bedarf nach einer Mediation erkennt. Die **Sanierungsmoderation** wird nur durch Antrag des Schuldners gestartet. Das Verfahren wird durch einen gerichtlich bestellten Sanierungsmoderator begleitet, der gegenüber dem Gericht berichterstattungspflichtig ist. Der Moderator wird gemäß § 95 Abs. 1 StaRUG für drei beziehungsweise, mit der Verlängerung um weitere drei Monate, für sechs Monate bestellt. Die Bestellung wird nicht öffentlich bekannt gemacht (§ 95 Abs. 2 StaRUG). Das ähnelt, von der Öffentlichkeit her, dem Modell der außergerichtlichen Sanierung.

Der **Vergleich** mit den Gläubigern kann gemäß § 97 Abs. 1 StaRUG vom Restrukturierungsgericht auf Antrag des Schuldners unter den dortigen Voraussetzungen bestätigt werden und ist somit offiziell und anzuerkennen. Mit der Bestätigung erlangt der Vergleich Titelfunktion und er ist in einer Folgeinsolvenz nur beschränkt gemäß § 90 StaRUG anfechtbar (§ 97 Abs. 3 StaRUG). Dies ist eine anfechtungs- und haftungsrechtliche Win-Win-Situation für alle Beteiligten, so dass die gerichtliche Bestätigung unter dem Aspekt einer vernünftigen Risikostrategie für Schuldner und einbezogene Gläubiger eigentlich ein **„Muss“** ist und keine bloß theoretische vom Gesetz an die Hand gegebene Option. Allerdings können die Gläubiger mit dem Schuldner vereinbaren, dass der geschlossene Vergleich erst dann wirksam wird, wenn der Schuldner diesen Bestätigungsantrag beim zuständigen Gericht innerhalb einer im Vergleich festgelegten Frist einreicht (aufschiebende Bedingung nach § 158 Abs. 1 BGB).

! **Erläuterung:** Die **Sanierungsmoderation** kann als Alternative zu einer außergerichtlichen Sanierung bei kleinen und Kleinstunternehmen angewendet werden. Diese Variante wird in Fällen mit einem hohen Einigungspotenzial mit den Gläubigern und einer eher geringen Komplexität möglich sein.

Die verschiedenen Handlungsalternativen, aus der Sicht der meist betroffenen Hausbank zu bewerten. Im Vergleich zur Sanierungsmoderation ist die freie außergerichtliche Alternative unter Umständen die vorteilhafte Option, da diese die Vorlage eines Sanierungskonzepts erfordert. Dort werden neben der Sanierungsfähigkeit sowie der potenzielle Wettbewerbsfähigkeit die leistungswirtschaftlich Umsetzungen im Sanierungsprojekt beschrieben. Damit trägt der Weg nicht nur zur finanzwirtschaftlichen Sanierung bei, sondern es wird auch die realwirtschaftliche Umsetzung angegangen.

? **Checkliste und Analysen zu Verfahrensabläufen in der Restrukturierung nach dem StaRUG:**

1. Wird die drohende Zahlungsunfähigkeit durch einen externen Spezialisten mit Gutachten bestätigt?
2. Wurden die verschiedenen Formen der Restrukturierungsverfahren aus Bankensicht analysiert?
3. Existieren Möglichen aus Bankensicht, dass eine Sanierungsmoderation umsetzbar erscheint?
4. Bestehen Gefährdungen, dass Banken in einem Restrukturierungsverfahren überstimmt werden?
5. Wird der Markt für Restrukturierungsverfahren überwacht, so dass Banken sie bei Kunden erkennen?

4.4 Finanzwirtschaftliche Restrukturierung und Stabilisierung

Stabilisierungsanordnungen sind ein wesentlicher Bestandteil des StaRUG und verhelfen dem Schuldner dazu, den Restrukturierungsplan ohne zeitlichen Druck auszuarbeiten. Diese **Stabilisierungsanordnung** ist ein gerichtlicher Beschluss des Restrukturierungsgerichts im Sinne der §§ 29 Abs. 2 Nr. 3, 49 Abs. 1 StaRUG. Ziel ist unter anderem die Beschränkung von einzelnen Rechtsdurchsetzungsmaßnahmen betroffener Gläubiger, die das eigentliche Restrukturierungsziel gefährden können. Der § 49 Abs. 1 StaRUG spricht davon, dass die Stabilisierungsanordnung auf Antrag erlassen wird, wenn „dies zur Wahrung der Aussichten auf die Verwirklichung des Restrukturierungsziels erforderlich" sei. Gemeint ist unter anderen die Insolvenzvermeidung.

Definition: Die **Stabilisierungsanordnung** beschreibt die gerichtlichen Anordnungen eines Restrukturierungsgerichts zur Einschränkung von Maßnahmen der individuellen Rechtsdurchsetzung nach § 29 Abs. 2 Nr. 3 StaRUG. Diese können inhaltlich sehr differenziert ausfallen und betreffen in der Praxis vornehmlich Vollstreckungs- und Verwertungssperren für einen begrenzten Zeitraum. Die genauen Einzelheiten zu den Stabilisierungsmaßnahmen ergeben sich aus § 49 StaRUG.

Stabilisierungsanordnungen sind dabei möglich in Gestalt der **Vollstreckungssperre**. Der entsprechende Gerichtsbeschluss des Restrukturierungsgerichts untersagt künftige Vollstreckungen beziehungsweise stellt laufende Vollstreckungsmaßnahmen einstweilen ein (§ 49 Abs. 1 Nr. 1 StaRUG). Diese Regelung umfasst die Vollstreckung in bewegliche wie in unbewegliche Gegenstände wie beispielsweise Grundstücke, Erbbaurechte, Teil- oder Wohnungseigentum nach dem WEG, sogenannte grundstücksgleiche Rechte, in die Luftfahrzeugrolle eingetragene Luftfahrzeuge, in das jeweilige Register eingetragene See- und Binnenschiffe (siehe Depré-Cranshaw, 2024, § 15 Rn. 23, 28–30, § 171a Rn. 1 ff. (Flugzeuge), § 162 Rn. 1, 6–22).

Daneben steht die **Verwertungssperre** des § 49 Abs. 1 Nr. 2 StaRUG, die ausschließlich bewegliche Gegenstände betrifft, da unbewegliche Sachen („Immobilien") allein durch Zwangsvollstreckung nach dem ZVG zu verwerten sind und daher unter Nr. 1 der vorstehenden Norm zu subsumieren sind, wie vorstehend ausgeführt. Die Verwertungssperre betrifft Gegenstände, an denen in der Insolvenz „Aus- und Absonderungsrechte" bestehen. Die Regelung ist aus der Struktur des § 21 Abs. 2 Satz 1 Nr. 5 InsO abgeleitet. Eine weitergehende Begründung enthält der Gesetz gewordene Regierungsentwurf nicht (siehe BTag, 2020, S. 154, zu § 56 StaRUG-RegE).

Der Begriff des **„Gegenstandes des beweglichen Vermögens"** umfasst mit dem Verständnis im bürgerlichen Recht Sachen und Rechte einschließlich Forderungen (vgl. Grüneberg-Ellenberger, 2025, Überblick Vor § 90 Rn. 2). Ziel der Verwertungssperre ist, wie bei einer Vollstreckungssperre, die betroffenen Gegenstände im Schuldnervermögen in einer Phase der Restrukturierung zu erhalten, um die Chancen der Verabschiedung des Restrukturierungsplans zu wahren.

Absonderungsanwartschaften (beziehungsweise in einer Insolvenz Absonderungsrechte) sind in der Terminologe des StaRUG akzessorische (Kredit-)Sicherungsrechte wie das Pfandrecht (§§ 1204 ff. BGB (Sachen), 1273 ff. BGB (Rechte), 1279 ff. BGB (Forderungen) und abstrakte Sicherheiten wie die Sicherungszession (§§ 398 ff. BGB) und die Sicherungsübereignung (§§ 929 ff. BGB), bei Immobilien die Grundschuld. Siehe zum Begriff des Absonderungsrechts an beweglichen Gegenständen und Sachen insbesondere auch die §§ 50, 51 InsO. Zu Gegenständen mit Absonderungsrechten gehören etwa das Sicherungseigentum an einzelnen, präzise bezeichneten sicherungsübereigneten Maschinen, das Warenlager in dem genau bezeichneten Raum (Sicherungsraum) oder die Globalzession der Forderungen des Schuldners aus Lieferungen und Leistungen, um nur diese üblichen und gebräuchlichen mobilen Sicherheiten der Kreditpraxis mit wechselndem Bestand zu erwähnen.

Die **Absonderungsrechte** sind Gegenstände des Schuldnervermögens, die mit einem Verwertungsrecht zur abgesonderten Befriedigung vor den weiteren Gläubigern des Schuldners belastet sind. Sie sind Gegenstände des Schuldnervermögens, die aufgrund des Verwertungsrechts des Gläubigers als Folge des Pfand- oder pfandrechtsähnlichen Rechts verwertet werden können. Der daraus resultierende Erlös steht zunächst dem Sicherungsgläubiger zur Befriedigung seiner Forderungen mit Zinsen und Kosten zur Verfügung. Einen verbleibenden Betrag erhält der Schuldner beziehungsweise in der Insolvenz die Insolvenzmasse und damit die Insolvenzgläubiger. Zu dem weiten Feld der Sicherheiten gehören beispielsweise Pfandrechte an Forderungen, wie an Kontoguthaben von Anlagekonten des Schuldners oder am Wertpapierdepot in Sammelverwahrung. Zu beachten ist weiterhin, dass die oben umrissenen Pfandrechte rechtsgeschäftlich erworbene Sicherungsrechte darstellen. Ihnen stehen die Pfändungspfandrechte, die ein Gläubiger durch Pfändung im Rahmen einer Individualvollstreckung erworben hat, gleich, ebenso die gesetzlichen Pfandrechte wie unter anderem das Vermieterpfandrecht nach § 562 BGB an den eingebrachten Sachen des Mieters, das dem Sicherungseigentum regelmäßig vorgeht.

Der Terminus des **Aussonderungsrechts** in § 49 Abs. 1 Nr. 2 StaRUG ist ein ebenfalls aus der Insolvenzordnung entlehnter Begriff (§ 47 InsO). Dieser Begriff umfasst Gegenstände, die schuldnerfremd sind und die in der Insolvenz ihrem Eigentümer oder Inhaber herauszugeben sind. Die Aussonderung kann nicht vollzogen werden, wenn der betreffende Gegenstand für die Fortführung des Schuldnerunternehmens im Sinne des § 49 Abs. 1 Nr. 2 StaRUG von erheblicher Bedeutung ist und hierfür eine Verwertungssperre angeordnet wurde, damit der Betrieb erstmal weiterlaufen kann. Bedeutende praxisrelevante Beispiele für Aussonderungsrechte sind die Gegenstände des Finanzierungsleasing in der Restrukturierung eines Leasingnehmers, die Eigentumsvorbehaltsrechte (§ 449 BGB) in den verschiedenen Formen sowie Herausgabeansprüche auf Herausgabe der Miet- oder Pachtsache an den Vermieter oder den Verpächter. Ansprüche und Rechte, die aussonderungsfähig sind, können nicht restrukturiert werden (vgl. § 2 Abs. 1 StaRUG zu den „gestaltbaren Rechtsverhältnissen“).

Ausgenommen sind die aus dem zugrunde liegenden schuldrechtlichen Rechtsverhältnis (Miete, Pacht, sonstige schuldrechtliche Nutzungsverhältnisse) resultierenden Zahlungsansprüche. Ungeachtet des bestehenden Herausgabeanspruchs aufgrund des bestehenden Aussonderungsrechts sind selbstverständlich gesonderte Vereinbarungen mit dem Aussonderungsberechtigten in einem Plan möglich.

---

i

Beispiel 1: Leasinggeber LG hatte an den mittlerweile in die Krise geratenen Leasingnehmer LN eine Produktionsanlage im Rahmen des Finanzierungsleasing verleast. Der Leasingvertrag sieht bei einem Verzug mit den Leasingraten Kündigungsrechte von LG vor, die an LG übereignete Anlage ist dann herauszugeben. Im Rahmen der Anordnung nach § 49 Abs. 1 Nr. 2 StaRUG hat das Restrukturierungsgericht beschlossen (§ 51 Abs. 5 StaRUG), dass die Anlage für die Dauer von zunächst drei Monaten nicht herauszugeben ist und im Schuldnerbetrieb weiter genutzt werden kann (§ 53 Abs. 1 StaRUG). Diese Anordnung wird in weiteren Entscheidungen bis zur Rechtskraft der Bestätigung des Restrukturierungsplans verlängert, höchstens aber auf acht Monate insgesamt, gerechnet ab der ersten Anordnung (§ 53 Abs. 3 StaRUG). Im Rahmen eines Plans einigt man sich, dass die Leasingraten auf ein den Möglichkeiten des Schuldners angepasstes Maß unter Kürzung der Leasingdauer reduziert werden. Rückständige Leasingraten werden erlassen. Der LG erklärt für den Fall der Planbestätigung, dass er von Kündigungsrechten und Herausgabeansprüchen auf die Anlage keinen Gebrauch machen werde, sondern sie nach dem Ende der Vertragslaufzeit für 1 Euro an den LN überlässt (Erklärung nach § 15 Abs. 3 StaRUG). Der LG hat sich zu dem Schritt entschlossen, weil die Weiterführung des Leasingvertrages zu reduzierten Leasingraten insgesamt in diesem konkreten Fallbeispiel wirtschaftlich günstiger für ihn ist als die Kündigung, die Herausgabe der Anlage mit Demontage.

Die Stabilisierungsanordnung ermöglicht es dem Unternehmen, mit der Produktionslage weiter zu arbeiten und die Grundlage seiner operativen Tätigkeit zu erhalten zu erhalten. Es wäre gerade bei marktgängigen Leasinggütern, wie beispielsweise Baumaschinen, problematisch, wenn sie herauszugeben wären. Neben den Instrumenten der **„Vollstreckungssperre“** und der **„Verwertungssperre“** stehen die flankierenden **Normen** dazu:

- **Verbot von Lösungsklauseln:** Zum einen geht es dabei um das Verbot von Lösungsklauseln (§ 44 Abs. 1 Satz 1, Abs. 2 StaRUG). Danach sind vertragliche Regelungen unwirksam, welche die Beendigung oder die Abänderung der mit einem Schuldner bestehenden Verträge oder die Fälligstellung der vertraglichen Leistungen nur für den Fall einer Rechtshängigkeit einer Restrukturierungssache ermöglichen. Auch die Wirksamkeit der Verträge kann durch die Restrukturierungssache nicht beeinträchtigt werden (§ 44 Abs. 1 Satz 2 StaRUG).
- **Vertragsrechtliche Wirkung der Stabilisierungsanordnung aus § 55 StaRUG:** Die Regelung des § 55 StaRUG ist unverzichtbar zur Sicherung der Betriebsfortführung des Schuldners, der einerseits auf die fortlaufenden Leistungen der Vertragspartner, insbesondere von Lieferanten sowie Dienstleistern, angewiesen ist, denen gegenüber er sich andererseits im Leistungsrückstand befindet.

Diese Stabilisierungsanordnung umfasst alle Gläubiger oder Gruppen von Gläubigern oder auch nur einzelne Gläubiger (§ 49 Abs. 2 Satz 2 StaRUG).

Der betroffene Gläubiger kann während des **Anordnungszeitraums** einer Stabilisierungsanordnung, unter den Voraussetzungen des § 55 Abs. 1 Satz 1 Halbsatz 1 StaRUG erstens seine eigene Leistung nicht zurückbehalten („einfrieren"). Zweitens kann der Gläubiger bestehende Vertragswerke nicht beenden oder sonstige Abänderungsrechte geltend machen und zwar mit der ausschließlichen Begründung unstreitig bestehender Rückstände des Schuldners.

Die Stabilisierungsanordnung entfaltet die Wirkung ausschließlich gegenüber denjenigen Gläubigern, die von der Stabilisierungsanordnung konkret umfasst sind. Diese Gläubiger müssen dabei nicht Planbetroffene sein. Voraussetzung ist, dass die künftigen Leistungen des Vertragspartners von erheblicher Bedeutung für die Fortführung des zu restrukturierenden Unternehmens sind (§ 49 Abs. 1 Nr. 2 StaRUG). Dies können betriebsnotwendige Wirtschaftsgüter sein, die branchentypisch verwendet werden.

Das bedeutet umgekehrt, dass der mit der Stabilisierungsanordnung belastete Gläubiger einwenden kann, der Schuldner sei gerade nicht auf die Leistung des Gläubigers angewiesen. Die von § 55 Abs. 1 StaRUG aufzulösende Konfliktlage besteht in der Praxis darin, dass der Schuldner sich gegenüber dem Gläubiger mit fälligen und durchsetzbaren Zahlungen im Verzug befindet (§ 286 BGB).

Die Stabilisierungsanordnung nimmt dem Verzug die Wirkungen auf den bestehenden Vertrag der Beteiligten und schneidet den Vertragspartnern jede Möglichkeiten zu Einreden und Einwendungen ab, die allein mit einem Rückstand des Schuldners begründet wurden. Betroffen sind diejenigen Rückstände, die zum Zeitpunkt der Stabilisierungsanordnung bestehen. Spätere auftretende Leistungsstörungen schränken den oder die betroffenen Gläubiger aus der Stabilisierungsanordnung dagegen nicht mehr ein (vgl. Pannen/Riedemann/Smid-Smid, 2021, § 55 Rn. 10).

§ 55 Abs. 1 Satz 1 Halbsatz 2 StaRUG begründet aber selbst keine Vorleistungspflicht des betroffenen Gläubigers, im Gegenteil kann dieser sich weigern, Leistungen zu erbringen, die „als Gegenleistung gerade diejenige Leistung des Schuldners abgelten sollen, welche der Schuldner vor dem Erlass der Stabilisierungsanordnung noch nicht erfüllt hat" (vgl. Pannen/Riedemann/Smid-Smid, 2021, § 55 Rn. 10). Ist der Gläubiger aufgrund eines bestehenden konkreten Vertragsverhältnisses vorleistungspflichtig, kann er künftige Leistungen aber davon abhängig machen, dass ihm die Sicherheit geleistet wird oder er erbringt seine eigene Leistung nur Zug-um-Zug gegen die Gegenleistung des Schuldners, § 55 Abs. 3 Satz 1 StaRUG, das heißt gegen gleichzeitigen Leistungsaustausch, in der Praxis nicht stets einfach umzusetzen. Zu den weiteren Ausnahmen in § 55 Abs. 2 Sätze 2, 3 StaRUG wird auf die entsprechenden Ausführungen unter der Verwertungssperre verwiesen. So bleibt das Recht der Bank auf Kündigung vor Darlehensvalutierung nach § 490 BGB wegen Verschlechterung der Lage des Schuldners beziehungsweise der Sicherheiten unberührt. Eine flankierende Regelung zur Stabilisierung der Verhältnisse des Schuldners stellt auch die Regelung gemäß § 3 Abs. 2 StaRUG dar. Nicht restrukturierungsfähige Forderungen unterliegen daher auch keiner Stabilisierungsanordnung (§ 49 Abs. 2 Satz 1 StaRUG).

Die **Forderungen aus gegenseitigen Verträgen** gehören zwar nicht zu den Rechtsverhältnissen des § 4 StaRUG, die nicht durch den Plan nicht umgestaltet werden können. Diese sind aber gemäß § 3 Abs. 2 StaRUG nur eingeschränkt zu restrukturieren, nämlich in denjenigen Fällen, die speziell dadurch gekennzeichnet sind, dass der Vertragspartner des Schuldners seine Leistungen schon vollständig erbracht hat, nicht jedoch der Schuldner selbst.

Hat der Gläubiger bereits einen Risikomoment verwirklicht, seine Vertragsleistung erbracht, dann soll er auch das **Restrukturierungsrisiko** (beispielsweise einen Haircut) tragen. Hiervon sind auf Zahlungskonten eingeräumte Kreditlinien betroffen.

Beispiel 2: Schuldner S hat Kontokorrentlinien bei den Banken A–D zugesagt bekommen und zum Zeitpunkt der Einleitung der Restrukturierung die Linien der Banken A–C vollständig in Anspruch genommen, diejenige bei Bank D (noch) nicht. Bei Finanzierungsverträgen bedeutet die Erbringung der Leistung die Nutzung des eingeräumten Kapitalnutzungsrechts, das heißt die Kreditinanspruchnahme. S zeigt die Restrukturierungssache an (§ 31 Abs. 1, 3 StaRUG) und beantragt beim Restrukturierungsgericht eine Vollstreckungs- und Verwertungssperre gegen sämtliche Gläubiger (vgl. § 49 Abs. 2 Satz 2 StaRUG), die auch erlassen wird. Nach seinem Planentwurf benötigt er zur Sicherung der Liquidität die vollständige Inanspruchnahme der Linie auch bei D. Eindeutig ist aber aus den eingereichten Unterlagen (vgl. § 50 Abs. 2 StaRUG), dass die Gläubiger A–D sämtlich einer Kürzung ihrer Kreditforderungen um 40,0 % unterliegen sollen. Daraus ergeben sich einige Fragen: Müssen die Linien von A–D aufrechterhalten bleiben bis zur Planbestätigung und können die bestehenden Forderungen dann einer Kürzung unterworfen werden? Macht es einen Unterschied, ob die Linie bei D schon einmal ausgenutzt war und durch laufende Einzahlungen reduziert worden ist? Kann D sich entsprechend § 490 BGB darauf berufen, noch nicht ausgezahlt zu haben, wenn noch keine Inanspruchnahme stattfand oder kann D erklären, seine Leistung in diesem letzteren Fall noch nicht erbracht zu haben, so dass eine Restrukturierung für ihn ausscheide (§ 3 Abs. 2 StaRUG) mit der Folge, dass die Stabilisierungsanordnung, gerichtet an D, im Hinblick auf die nicht ausgenutzte Linie nicht greift? Die Lösung erfolgt später im Text unter der Rubrik Verwertungssperre.

Die Inhalte und Problemfelder der **Vollstreckungssperre** im Einzelnen lassen sich an den folgenden Beispielen aufzeigen.

Beispiel 3: Der Gläubiger G hat wegen einer Geldschuld das „Bankkonto" des Schuldners S durch Pfändungs- und Überweisungsbeschluss gepfändet und sich zur Einziehung bei der Bank überweisen lassen, §§ 828 ff., 833a, 835 Abs. 1 ZPO. Dabei handelt es sich um eine „Dauerpfändung" aller Ansprüche und Guthaben im Hinblick auf den „Girovertrag" mit dem Schuldner, ein Zahlungsdienstrahmenvertrag nach § 675f Abs. 2 BGB mit ergänzenden Abreden (Kontokorrentabrede, bei Unternehmen meist i.V.m. einem Darlehensvertrag, womit dem Schuldner auf dem Konto Kreditlinien zur Verfügung stehen). Die Pfändung bleibt nach ihrer grundsätzlichen Struktur aufrechterhalten, bis die gesamte Schuld, wegen derer der Gläubiger vollstreckt, bezahlt ist. Erst nach der Pfändung erarbeitet der Schuldner einen Restrukturierungplan und zeigt dem Restrukturierungsgericht die Restrukturierungssache an (§ 31 Abs. 1 StaRUG).

Ein weiteres Beispiel besteht im Zusammenhang mit einer **Immobilienvollstreckung** und soll ebenfalls später aufgelöst werden.

i

Beispiel 4: Gläubiger G vollstreckt wegen unstreitiger Rückstände aus einer Darlehensschuld, die dinglich im Grundbuch mittels einer Grundschuld an erster Rangstelle abgesichert ist, gegen das schuldnerische Unternehmen (Schuldner S) aus einer vollstreckbaren notariellen Grundschuldbestellungsurkunde (siehe §§ 794 Abs. 1 Nr. 5, 800 ZPO) und beantragt die Zwangsversteigerung sowie die Zwangsverwaltung der betriebsnotwendigen Immobilie. Das zuständige Amtsgericht ordnet beides an. Hilft hier die Vollstreckungssperre nach § 49 Abs. 1 Nr. 1 StaRUG? Zur Lösung dieses Falles erfolgen ebenfalls die weiteren Erläuterungen im folgenden Teil dieses Kapitels.

Die Tragweite der **Vollstreckungssperre** in § 49 Abs. 1 StaRUG wird ersichtlich, wenn man die möglichen Vollstreckungsgegenstände, wie oben in den Beispielen 3 und 4 umrissen, Revue passieren lässt. Vollstrecken Gläubiger eigensüchtig ohne die Berücksichtigung der Sanierungsanstrengungen des Schuldners sowie ohne Rücksicht auf die Gesamtgläubigerschaft, droht die Sanierung zu scheitern und der Schuldner gerät oft zwingend in die Insolvenz, ein Ereignis, das die **Restrukturierungsrichtlinie** und das StaRUG gerade vermeiden wollen.

In einem **Insolvenzeröffnungsverfahren** kann das Insolvenzgericht Vollstreckungsmaßnahmen „untersagen oder einstweilen einstellen" (§ 21 Abs. 2 Satz 1 Nr. 3 InsO). Ausgenommen sind unbewegliche Gegenstände sowie Grundstücke), bezüglich derer der (vorläufige) Insolvenzverwalter aber einen entsprechenden Antrag beim Amtsgericht stellen kann (§ 30d Abs. 1, 4 ZVG), allerdings mit der meist hochgradig liquiditätsgefährdenden Zahlungsauflage gemäß §30e ZVG, wonach an den Grundpfandgläubiger die laufenden Zinsen aus dem Grundpfandrecht (meist 15,0 % jährlich oder mehr) zu zahlen sind (in Anrechnung auf die schuldrechtlichen Ansprüche des Gläubigers).

Rechtsdogmatisch und im Hinblick auf die Ziele des StaRUG erscheint ein solches Moratorium, wie es gemäß § 49 Abs. 1 Nr. 1 StaRUG im Sinne einer vorübergehenden Vollstreckungssperre (vgl. § 53 Abs. 1, Abs. 2 Satz 2, Abs. 3 Satz 1 StaRUG) gegen einzelne oder sämtliche Gläubiger vorsieht, aus den vorstehenden Gründen unverzichtbar und Schuldner werden gegebenenfalls davon Gebrauch machen, soweit sie jedenfalls nicht diese verschiedenen Rechtsfolgen daraus bedenken, die eben beileibe nicht nur darin bestehen, dass die Individualvollstreckung einzelner Gläubiger während dieser Verfolgung der Restrukturierung nach Maßgabe des StaRUG von vornherein unterbunden wird oder laufende Vollstreckungen einstweilen eingestellt werden.

Zu bedenken ist dabei, dass das Sanierungsgeschehen ein ökonomischer wie rechtlicher Prozess ist, der nach dem StaRUG nur gestartet werden kann, wenn die drohende Zahlungsunfähigkeit im Prognosezeitraum nach § 18 Abs. 2 InsO bejaht werden kann. Der nach dem StaRUG mit einem Restrukturierungsplan eintretende Schuldner benötigt die einstweilige Einstellung der jeweiligen Vollstreckungsmaßnahmen gegen ihn, die problematisch für den in der Planung befindlichen Restrukturierungsprozess sein können, wie die aufgezeigten Beispiele zeigen. Somit liefern die Stabilisierungen wichtige Rahmenbedingungen für Restrukturierungen. Sie sichern die Umsetzung eines Restrukturierungsplans begleitend ab.

In dem **Beispiel 3** legt die Vollstreckung von G den Zahlungsverkehr des Schuldners lahm, so dass er kurzfristig, wenn nicht schon sofort, zahlungsunfähig ist. Die Kreditlinien helfen ihm nicht, auch wenn die Bank nicht aus wichtigem Grund kündigt (vgl. § 490 BGB). Die Pfändung umfasst zwar das gegenwärtige und künftige Kontoguthaben, die Kreditlinie aber nicht ohne Weiteres. Nimmt der Schuldner die Linie aber in Anspruch, verfügt er also über das im Debet geführte Konto, gilt die Pfändung als erfolgt. Damit scheitert die Restrukturierung nach dem StaRUG an ihrer Ausgangsbedingung und der Schuldner ist nicht nur drohend zahlungsunfähig, sondern hat faktisch seine Zahlungen bereits eingestellt (§ 17 Abs. 2 InsO) und ist damit endgültig zahlungsunfähig und zum Insolvenzantrag verpflichtet.

Entweder reicht diese Kreditlinie nicht zur Befriedigung des Vollstreckungsgläubigers aus oder die Bank kündigt die Linie oder der Schuldner kann als Folge der Pfändung seine anderen Gläubiger nicht befriedigen. Zu der Anordnung nach § 49 Abs. 1 Nr. 1 StaRUG kann es nicht mehr kommen, sondern nur noch zur Insolvenz. Anders ist dieses nur, wenn die Vollstreckungsforderung die vorstehenden Größenordnungen nicht entfernt erreicht. Das ist aber nur die oberste Ebene des zugrunde liegenden Geschehens. G konnte nur vollstrecken, wenn er zuvor einen Titel gegen S erstritten hatte, aus dem er vollstreckt und der eine Größenordnung erreicht, die dazu führt, dass der gepfändete Betrag aus dem Guthaben nicht gedeckt werden kann und nur eine Dauerpfändung Erfolg verspricht.

Zudem kann eben damit gerechnet werden, dass die Bank ab der Pfändung in entsprechender Höhe ihre Linien mindestens einfriert, das heißt ein Zurückbehaltungsrecht ausübt. Der Schuldner kann der Problematik auch nicht durch die Eröffnung eines Kontos bei einer anderen Bank entgehen, denn bis er seinen Abnehmern (Kunden, Drittschuldner) das neue Konto mitgeteilt hat und diese darauf zahlen, dürfte er meist zahlungsunfähig sein. Außerdem ist auf einer weiteren Ebene festzuhalten, dass nicht der Umstand eines Titels von Bedeutung ist, sondern dass der Schuldner die Zwangsvollstreckung nicht durch Zahlung abwenden konnte. War die titulierte Forderung gar unstreitig, hat es also der Schuldner auf eine Klage ankommen lassen. Um die unvermeidbare Zahlung hinauszuzögern, ist spätestens zum Zeitpunkt der Rechtskraft, aber auch schon zum Zeitpunkt der vorläufigen Vollstreckbarkeit einer erstinstanzlichen Entscheidung, Zahlungsunfähigkeit anzunehmen. Das Instrument des § 49 Abs. 1 Nr. 1 StaRUG geht weitgehend ins Leere.

Im **Beispiel 4** hat der Schuldner S zu der Sicherung einer Forderung eine Sicherungsgrundschuld (§ 1192 Abs. 1a BGB) zugunsten des Gläubigers bestellt. Die Rückstände sind unstreitig, der Gläubiger kann vollstrecken. Dazu musste die Grundschuld durch Kündigung fällig gestellt werden, die Frist beträgt sechs Monate. Vollstreckt der Gläubiger nur wegen der bei der Grundschuld eingetragenen dinglichen Zinsen, muss er einen Zeitraum von sechs Monaten vor dem Versteigerungsantrag einhalten. Sodann muss er die vollstreckbare Urkunde dem Schuldner zustellen und erst dann kann er Antrag auf Zwangsversteigerung beziehungsweise Zwangsverwaltung stellen.

Die Forderung selbst ist in diesem Fall unstreitig, so dass er weder materiell noch formell etwas gegen die Versteigerung einwenden kann. Hat der Gläubiger das Darlehen gekündigt, wird er die Versteigerung jedenfalls wegen des gesamten Grundschuldkapitals nebst Zinsen betreiben. Die schuldrechtliche Darlehensforderung ist fällig, kann der Schuldner nicht bezahlen, ist er wieder zahlungsunfähig gemäß § 17 InsO und die Restrukturierung gemäß dem StaRUG scheidet aus. Dasselbe gilt, wenn der Gläubiger nur im Hinblick auf Rückstände die Versteigerung betreibt. Zu beachten ist, dass die Versteigerung aus der Grundschuld erfolgt, nicht aus der schuldrechtlichen Darlehensforderung und den daraus resultierenden Rückständen. Die Zwangsversteigerung ist ein eigenständiges Verfahren.

Die Grundschuld ist mit dem Darlehensvertrag über einen **Sicherungsvertrag** (Sicherungsabrede) verbunden, dessen Inhalt dahin geht, dass dieser Gläubiger bei offenen Forderungen aus einem genannten besicherten Darlehen aus der Grundschuld gemäß dem Zwangsversteigerungsgesetz vollstrecken darf. Der Duldungstitel (§ 1147 BGB) in notarieller Urkunde (vgl. §§ 794 Abs. 1 Nr. 5, 800 ZPO) hat zum Gegenstand, dass der Eigentümer eines mit einem Grundpfandrecht belasteten Besitzes die Zwangsvollstreckung aus dem Grundpfandrecht dulden muss und zwar wegen eines Betrages des im Grundbuch eingetragenen Rechtes mit Zinsen und anderen eingetragenen Nebenleistungen. Dieser schuldrechtliche Darlehensvertrag spielt bei der Zwangsversteigerung oder Zwangsverwaltung des belasteten Grundbesitzes aufgrund des erwähnten dinglichen Titels, der auch ein gerichtliches Duldungsurteil anstelle der verbreiteten vollstreckbaren Notarurkunde sein kann, keine Rolle.

Es ist evident, dass die Versteigerung des betrieblichen Grundbesitzes dem Unternehmen im Allgemeinen eine der wesentlichen betrieblichen Grundlagen entzieht. Die Restrukturierung wird dann im Ergebnis meist unmöglich, mindestens ist sie von Anfang an hochgradig gefährdet, von der möglichen Zahlungsunfähigkeit und den dann bestehenden Insolvenzantragspflichten einmal ganz abgesehen.

Hinzu kommt aber, und das unterscheidet Beispiel 4 erheblich von Beispiel 3, dass das Restrukturierungsgericht die Vollstreckungssperre nach § 49 Abs. 1 Nr. 1 StaRUG beschließt, der Vollzug aber in die Hände des Amtsgerichts oder Vollstreckungsgerichts gelegt ist, das die einstweilige Einstellung anordnen muss (§ 30g Abs. 1 ZVG). Die verfahrensrechtliche Komponente ist richtig, damit nicht das Versteigerungsverfahren in mehreren Gerichten zu betreiben ist, aber hierin liegt nicht das Problem. Das aus dem Blick des Schuldners desaströse Ergebnis folgt aus § 30g Abs. 2 ZVG.

Nach dieser Norm darf die einstweilige Einstellung wie im Insolvenzverfahren gemäß 30e ZVG nur mit dieser bereits oben beschriebenen Auflage angeordnet werden, dass dem Vollstreckungsgläubiger unter anderem die geschuldeten Zinsen zu zahlen sind, soweit der Wert des Grundbesitzes und der Rang der Grundschuld die Befriedigung der dinglichen Forderung gestattet. Das Gegenteil bilden diese Fälle der sogenannten „Schornsteinhypothek“ ab, auf die in der Versteigerung keine Zuteilung mehr erfolgt, weil dieser eindeutig den Wert ausschöpfende Grundpfandrechte im Rang vorgehen.

„Forderung" meint hier nicht die schuldrechtliche Darlehensforderung, sondern die dingliche (sachenrechtliche) Forderung aus der eigentlichen Grundschuld. Umstritten ist zu § 30d ZVG und somit auch zu § 30g ZVG, ob bei den laufenden Zinsen die schuldrechtlichen Darlehenszinsen gemeint sind oder die dinglichen Grundschuldzinsen, die regelmäßig jährlich nachträglich fällig sind sowie üblicherweise zwischen 15,0 % und 18,0 % Jahreszinsen betragen, also meist ein Vielfaches über dem derzeitig vereinbarten Darlehenszins liegen. Die Gesetzgebung des § 30g ZVG verhält sich zu dieser Frage nicht ganz eindeutig (siehe BTag, 2020, S. 190).

Die Regelung gewährleistet, dass die Grundpfandgläubiger nicht schlechter stehen als in einem Insolvenzverfahren und diese Norm ist demgemäß auch richtlinienkonform (vgl. Pannen/Riedemann/Smid-Smid, 2021, § 49 Rn. 17). Diese Regelung wird daher wie bisher diejenige der §§ 30d, 30e ZVG in der Praxis ins Leere gehen. Dies ungeachtet des Umstandes, dass die Vollstreckungssperre nur zunächst für höchstens drei sowie danach für sogar maximal acht Monate angeordnet werden darf. Die liquiditätsbelastenden Zinsen wachsen dennoch meist erheblich an.

Beispiel 5: Die Grundschuld, aus der vollstreckt werden soll, beträgt nominal 200 TEuro. Der dingliche Zins im Grundbuch beträgt 15,0 %. Die Auflage bedeutet, dass der Schuldner im Jahr mit 30 TEuro belastet wird, der schuldrechtliche Darlehenszins liege bei 2,0 %, also bei 4 TEuro p.a. Angesichts des Umstandes, dass dingliche Zinsen nach der Formularpraxis jährlich nachträglich fällig werden, erscheint die gesetzliche Regelung des § 30g ZVG wie diejenige des § 30e ZVG für dieselbe Thematik im Insolvenzverfahren unklar beziehungsweise ins Leere zu gehen. Dauert die Vollstreckungssperre vom 1. Februar bis 30. September an (Maximaldauer), liegt in dem Zeitraum kein Fälligkeitstermin und man könnte daraus folgern, der Schuldner habe nichts zu zahlen. Die Zahlungsauflage wäre gegenstandslos. Das widerspricht Sinn und Zweck der Regelung. Zudem zahlt der Schuldner vor der Verwertungsreife der Grundschuld stets auf die schuldrechtlichen Darlehenszinsen, nicht auf die dinglichen Zinsen. Somit sollte das Vollstreckungsgericht in dem Auflagenbeschluss zugleich anordnen, dass der betroffene Schuldner monatlich 1/12 der dinglichen Zinsen der Grundschuld zu zahlen habe, aus welcher der Gläubiger vollstreckt.

Die Forderungen auf Zinszahlungen gemäß § 30g Abs. 2 ZVG sind ihrerseits durch den Plan nicht restrukturierbar. Die **Vollstreckungsaussetzung** einer Individualvollstreckung schließt während der Anhängigkeit dieser Restrukturierungssache § 42 Abs. 1 Satz 1 StaRUG faktisch aus. Denn die Insolvenzantragspflicht gemäß § 15a InsO beziehungsweise nach § 42 Abs. 2 BGB für die davon betroffenen juristischen Personen und dazu verpflichteten rechtsfähigen Personengesellschaften beziehungsweise Personenhandelsgesellschaften ist ausgesetzt und wird durch die Anzeige der Zahlungsunfähigkeit beziehungsweise Überschuldung an das Restrukturierungsgericht ersetzt.

Ist die vollstreckbare Forderung gering, ist die **Vollstreckungssperre** nicht zur Wahrung der Aussichten der Restrukturierung im Sinne des § 49 Abs. 1 StaRUG erforderlich. Ist sie existenzbedrohend, ist der Schuldner zahlungsunfähig oder aufgrund dieser Forderung überschuldet, wenn diese Forderung streitig war und der Schuldner sie in der Bilanz dennoch als sonstige Rückstellung passivieren musste.

Ist die eingeklagte Forderung offenbar unstreitig, ist sie als Verbindlichkeit zu passivieren und im Zweifel sogar zusätzlich um Prozesskostenrückstellungen zu erhöhen. Sie führt dann die bilanzielle Überschuldung gegebenenfalls herbei oder vertieft diese noch. Wird die existenzbedrohende Forderung vom Gläubiger bereits vollstreckt, wie in den beiden Beispielen, ist es fraglich, ob die bilanzielle Überschuldung durch eine positive Fortführungsprognose aufgefangen werden kann. In derartigen Fällen sind Zweifel an der Bestandsfähigkeit des Unternehmensträgers angebracht sowie am Ansatz von Fortführungswerten in der Bilanz.

Die **Vollstreckungssperre** ist daher richtlinienkonform, dogmatisch notwendig sowie schlüssig, jedoch unter Betrachtung des gesamten insolvenzrechtlichen Umfeldes und der zugrundeliegenden ökonomischen Sachverhalte in den meisten Fällen wohl tendenziell zweifelhaft bis untauglich. Die Aussichten der Restrukturierung dürfte sie nur in seltenen Fallkonstellationen effektuieren.

Der andere Begriff des § 49 Abs. 1 Nr. 2 StaRUG, die **Verwertungssperre**, impliziert, dass eine Verwertung „gesperrt" werden, also unterbunden werden müsse, wozu systematisch eine drohende Verwertung ebenso dazu gehört wie die bereits begonnene, aber noch nicht abgeschlossene Verwertung. Dies bezieht sich bei ökonomischer Betrachtung auf die Realisierung des Erlöses, der aus der Verwertung der betroffenen Sache, der Forderung oder dem betroffenen Recht resultiert. Rechtlich handelt es sich um die Verwertung des Pfandrechts oder des dem Pfandrecht ähnlichen anderweitigen Sicherungsrechts. Die Voraussetzung jeder Verwertung ist allerdings die Pfandreife oder Verwertungsreife, bei abstrakten Sicherungsrechten. Diese setzt nach dem jeweiligen Sicherungsvertrag die Fälligkeit der besicherten Forderung voraus.

Ist das Absonderungsrecht im Sinne des § 49 Abs. 1 StaRUG von erheblicher Bedeutung für die Fortführung des Schuldnerunternehmens, so ist es auch die zugrunde liegende Forderung des Gläubigers beziehungsweise die passivierte Verbindlichkeit des Schuldners. Setzt also Verwertung die Fälligkeit des besicherten Anspruchs voraus, stellt sich auch hier wieder die Frage, ob nicht dieser Schuldner bereits zahlungsunfähig ist, so dass auch in der Konstellation des § 49 Abs. 1 Nr. 2 StaRUG gefragt werden muss, ob die wiederum scheinbar schlüssige, ja notwendige Regelung im Allgemeinen nicht ins Leere geht, weil der Schuldner nicht nur drohend zahlungsunfähig ist. Generell ist zu beachten, dass das Restrukturierungsverfahren sehr insolvenznah sein kann. Insgesamt stellt sich auch hier die Frage nach der Sinnhaftigkeit dieser Maßnahme, jedenfalls im Einzelfall.

Hinzu kommt ein deutlich weiter greifendes Problem, das in § 54 StaRUG verortet ist und wiederum insolvenzrechtlichen Mechanismen entlehnt ist, hier den §§ 169, 172 InsO über die von der Masse geschuldete Kompensation zugunsten der betroffenen Absonderungsberechtigten. § 54 Abs. 1 Satz 1 StaRUG ordnet nämlich zweierlei an, nämlich die Zahlung der „laufenden Zinsen" an den Gläubiger und den Ersatz des Wertverlustes der Gegenstände, bei denen eine Verwertungssperre angeordnet wurde und die für das schuldnerische Unternehmen genutzt wurden.

Diese **Kompensationsleistungen** sind zwar nach Satz 2 der zitierten Norm mehrfach beschränkt. Sie werden nur im Rahmen der Werthaltigkeit des Rechts des Betroffenen ersetzt, und zwar innerhalb des Rangs des Sicherungsrechts an dem betroffenen Gegenstand und der Höhe der besicherten schuldrechtlichen Forderung.

Beispiel 6: Der Gläubiger G ist scheinbar Berechtigter aus einer Globalzession sämtlicher Forderungen des Schuldners aus Lieferungen und Leistungen. Schuldner S hat indes dieselben Forderungen zuvor an Gläubiger H abgetreten, zudem unterliegen die meisten Forderungen dem verlängerten Eigentumsvorbehalt des Lieferanten L. Die Globalzession von G, einer Bank, enthält die seit Jahrzehnten übliche sowie von der Rechtsprechung geforderte „Teilverzichtsklausel", wonach die Globalzession erst dann greifen soll, wenn die Eigentumsvorbehaltsrechte erledigt sind, was hier nicht der Fall ist. Im Ergebnis hat G kein Recht, das zu Ansprüchen nach § 54 Abs. 1 StaRUG führen würde.

Des Weiteren ist häufig unklar, wie mögliche **Wertverluste** zu quantifizieren und gegebenenfalls auszugleichen sind, wie folgendes Beispiel zeigt.

Beispiel 7: Lieferant L hat dem Schuldner, einem Logistikunternehmen, 10 elektrisch angetriebene Transporter unter einfachem Eigentumsvorbehalt verkauft, aber noch nicht bezahlt. Die Forderungen sollen nach dem Restrukturierungsplan mit einem Abschlag versehen werden. Der Schuldner betreibt zehn weitere in seinem Eigentum stehende gleichartige Fahrzeuge. Er erwirkt eine Verwertungssperre bezüglich der Fahrzeuge von L. In der Zeit der Sperre nutzt er im Betrieb vornehmlich die Fahrzeuge von L. Dadurch entstehen Wertverluste über den üblichen Rahmen hinaus, der durch den Gebrauch bis zum Fälligkeitszeitpunkt des Kaufpreises entstanden wäre und danach bis zum Ende der Verwertungssperre. Im Ergebnis bedürfen diese oftmals nicht leicht zu beweisenden Wertverluste meist eines Sachverständigengutachtens. Werden diese vom Gutachter festgestellt, muss der Schuldner diese ohne Restrukturierungsmöglichkeit aus seiner Liquidität ausgleichen.

Offen ist die Frage, was der **geschuldete** Zins denn eigentlich bedeutet. Derselbe Streit ist für bewegliche Gegenstände in der Insolvenz vom BGH dahingehend beantwortet worden. Angemessen sei der vertragliche Zinssatz aufgrund des „ungestörten" Schuldverhältnisses, mindestens aber der festgelegte gesetzliche Zins von 4,0 % (§ 246 BGB), um den Insolvenzverwalter nicht mit erhöhten Verzugszinssätzen zu belasten mit der etwaigen Folge, dass er sein Verwertungsrecht nicht ausübt (vgl. § 166 BGB) und die Fortführungschancen des Unternehmens nicht wahrnimmt.

Die Ausgangslage, die der BGH zu beurteilen hatte, war noch von § 288 Abs. 2 BGB a.F. bestimmt, der 8,0 % jährliche Zinsen über dem Basiszinssatz bei Verzug vorsah, der regelmäßig in dergleichen Fällen vorliegen dürfte (9,0 % p.a. über dem Basiszinssatz bei B2B-Geschäften, ausgenommen Bankdarlehen, ab dem 01.01.2025 11,27 % p.a. bei 2,27 % Basiszinssatz der EZB). Darüber hinaus war das damalige Zinsniveau deutlich höher als das seit der Finanzkrise immer geringere Zinsniveau und der von der EZB festgelegte Basiszinssatz. Es spricht vieles dafür, dass die Judikatur des BGH auf die Fälle des § 169 Satz 1 InsO unverändert anzuwenden ist.

Dennoch geht diese Argumentation, die in der Insolvenz als Folge des Verwertungsrechts und der Verwertungspflicht des Insolvenzverwalters (siehe §§ 1, 166 ff., 159 InsO) völlig richtig ist, im Falle der Restrukturierung nach dem StaRUG wohl weitgehend ins Leere. Es fehlt hier nämlich an der in einem eröffneten Insolvenzverfahren eintretenden Verwertungsreife. Diese setzt Fälligkeit der besicherten Forderung voraus, betrachtet man die Finanzierungsverbindlichkeiten des Schuldners gegenüber Banken und die diesen daher hingegebenen Sicherheiten.

Im Fokus stehen dort die mobilen Sicherheiten im wechselnden Bestand, mit anderen Worten die Globalzession und die Sicherungsübereignung des Warenlagers. Besichert sind Barkreditlinien aller Art. Bei mittel- bis langfristigen Investitionsfinanzierungen ist das die Sicherungsübereignung eines Investitionsgutes. Bei den Avallinien ist der Rückgriff bei Inanspruchnahme von Avalen in verschiedener Weise gesichert. Dieses Segment wird nicht weiter beleuchtet. Die **Fälligkeit** der Forderung der Bank tritt ein:

- bei Fristablauf bei befristeten Kreditlinien oder sonstigen Finanzierungen beziehungsweise aufgrund einer Endfälligkeit bei Darlehen beziehungsweise sonstigen Finanzierungen, aber auch im Fall der notwendigen und wirksamen Kündigung, ordentlich unter Fristeinhaltung sowie außerordentlich fristlos nach der Maßgabe des § 490 Abs. 1 BGB.
- oder aber infolge der Eröffnung des Insolvenzverfahrens nach § 41 Abs. 1 InsO. Dessen Ratio Legis ist es, Fälligkeit kraft Gesetzes herbeizuführen, um die betreffenden Forderungen der Insolvenzgläubiger an der Quote im Verteilungsverfahren teilhaben zu lassen (vgl. §§ 187 ff. InsO). Zu einem dieser Zeitpunkte tritt bei absonderungsberechtigten Gläubigern dann die Verwertungsreife ein. Regelmäßig werden sie aber schon dann kündigen, wenn ihnen der Insolvenzantrag bekannt geworden ist und zwar nicht wegen des Insolvenzantrags, sondern eben im Hinblick darauf, dass regelmäßig in einem der geschilderten Fälle die Rückzahlung der Finanzierung gefährdet ist (§ 490 Abs. 1 BGB). Die Finanzinstitute werden daher die Kredite beziehungsweise Darlehen kündigen sowie ferner unter Bezugnahme auf die entsprechenden Klauseln in den Musterverträgen der verschiedenen Banken und Verlage der Finanzindustrie enthaltenen Klauseln dem Schuldner wie dem vorläufigen Verwalter untersagen, eingezogene sicherungszedierte Forderungen im laufenden Betrieb zu verwenden und sie werden untersagen, Erlöse aus sicherungsübereigneten Sachen des Umlaufvermögens im laufenden Betrieb zu verwenden obwohl die Weiterführung des Schuldnerunternehmens betriebswirtschaftlich zwingend auf diese liquiden Erlöse angewiesen ist.

Der (vorläufige) Insolvenzverwalter ist damit auf die Zustimmung seiner Sicherungsgläubiger zur Verwendung des Erlöses zur weiteren Betriebsfortführung angewiesen, in der Form sogenannter „stiller“ oder „atypischer“ Massekredite. Der Sicherungsgläubiger wandelt im Rahmen einer solchen Vereinbarung seinen Anspruch auf Herausgabe des Erlöses in ein Darlehen an den Insolvenzverwalter um.

Auf die originäre Zuführung weiterer Darlehensmittel an den Schuldner ist der atypische Massekredit nicht gerichtet. Das Risiko des Gläubigers besteht darin, dass sein Darlehensrückzahlungsanspruch nicht mehr durch bestehende Sicherheiten oder den Erlös dafür besichert ist. Auch wenn der (vorläufige) Insolvenzverwalter mit einem Gläubiger eine neue Sicherung für den „atypischen“ Massekredit etwa in Gestalt der Sicherungsabtretung der im Rahmen einer Unternehmensfortführung neu entstehenden Forderungen gegen die Kunden des Schuldners vereinbart, müssen diese Forderungen in der Zukunft dann erst noch entstehen. Der Sicherungsgläubiger geht daher durchaus ein Risiko ein.

Die Hintergründe und Verwertungsvoraussetzungen im eröffneten Insolvenzverfahren beziehungsweise bereits im Insolvenzeröffnungsverfahren sind mit der Situation der Restrukturierung nach dem StaRUG allerdings nicht vergleichbar. Hat der Schuldner Zahlungsrückstände, aufgrund derer dieser zahlungsunfähig geworden ist, scheidet die Restrukturierung nach dem StaRUG aus. Anders, wenn diese Rückstände ausnahmsweise nicht ernsthaft eingefordert worden werden, wobei in diesem Fall zwar keine vollendete, sehr wohl aber noch drohende Zahlungsunfähigkeit klar zu bejahen ist (vgl. BGH, 22.05.2014, IX ZR 95/13).

Im letzteren Fall scheidet allerdings auch die Verwertung aus, da die Verwertungsreife im Zweifel zu verneinen ist. Hat der Schuldner Bedenken, die Gläubiger würden die angezeigte Restrukturierungslage zur Kündigung von Finanzierungsverträgen nutzen und mangels Zahlung würde die Verwertungsreife eintreten, wird er erfolgreich einen Antrag auf Verwertungssperre nach § 49 Abs. 1 Nr. 2 StaRUG stellen. Kündigungsgrund des Gläubigers zur außerordentlichen Kündigung aus wichtigem Grund ist die Gefährdung der vollständigen Rückzahlung nebst Zinsen im Sinne des § 490 Abs. 1 BGB, wobei der Wert der bestehenden Sicherheit in die Abwägung der Rechtmäßigkeit der Kündigung einzubeziehen ist.

Finanzierungsverträge sehen in der Praxis zudem häufig eine ganze Reihe weiterer Umstände vor, die einen wichtigen Grund zur Kündigung darstellen, unter anderem bei der Nichteinhaltung im Vertrag vereinbarter betriebswirtschaftlicher Kennzahlen, in der Form von Financial Covenants. Es entsteht ein **„Windhundrennen-Dilemma“**. Erfährt der Gläubiger von der beabsichtigten Restrukturierung mit Haircut und besteht bereits zu jenem Zeitpunkt eine Kommunikationsstörung zwischen anderen einbezogenen Gläubigern und Restrukturierungsschuldner, wird der Gläubiger kündigen und die Einziehung insbesondere der globalzedierten Forderungen durch den Schuldner untersagen. Im Ergebnis ist der Schuldner zahlungsunfähig und das StaRUG nicht mehr anwendbar. Ist der Schuldner schneller und beantragt eine Verwertungssperre und erhält er sie, ist er dem Gläubiger zuvorgekommen und alles ist dann scheinbar gerettet. Dagegen steht bei den sicherungsübereigneten Gegenständen diese oben erwähnte Verzinsung gemäß § 54 Abs. 1 StaRUG und die Kompensation der Wertminderung der beim Schuldner verbliebenen sicherungsübereigneten Sachen beziehungsweise der Positionen, an denen Aussonderungsrechte bestehen.

Für die Liquiditätssicherung des Schuldners ist damit nichts gewonnen. Die Verwertungssperre verschlechtert nämlich seine Situation. Ohne Absprache mit dem Gläubiger darf der Schuldner die Erlöse aus der Verarbeitung und Weiterveräußerung sicherungsübereigneter Sachen oder aus der Sicherungszession von Forderungen nicht in der Betriebsfortführung ohne Zustimmung eines betroffenen Absonderungsberechtigten nutzen, wie aus § 54 Abs. 2 StaRUG hervorgeht.

Dazu bedarf er, wenn der Gläubiger die Einziehungsbefugnis zedierter Forderungen widerrufen hat, der Zustimmung des Gläubigers. Außerhalb einer Insolvenz entsteht dieselbe Situation wie innerhalb derselben. Es muss daher ein stiller beziehungsweise ein atypischer **Massekredit** (stiller Restrukturierungskredit) verabredet werden, der bei der gebotenen wirtschaftlichen Betrachtung als eine neue Finanzierung im Sinne des § 12 StaRUG zu werten ist (vgl. Pannen/Riedemann/Smid-Smid, 2021, § 12 Rn. 6 ff.). Ansonsten muss der Schuldner die Erlöse an den Berechtigten auskehren oder unterscheidbar vom sonstigen Vermögen verwahren, wie der § 54 Abs. 2 StaRUG unmissverständlich zum Ausdruck bringt. Verstöße dagegen führen zu Haftungsrisiken der Organmitglieder von Schuldnerunternehmen.

Werden die Ausführungen zu § 49 Abs. 1 Halbsatz 1 StaRUG ernst genommen, wonach die Stabilisierungsanordnung, die **Verwertungssperre**, zur „Wahrung der Aussichten auf die Verwirklichung des Restrukturierungsziels erforderlich" sein muss, wird dieses Ziel nicht erreicht, wie die vorstehenden Ausführungen zeigen, die nur einen Ausschnitt aus den Grundsätzen und der Praxis der inländischen Kreditsicherung darstellen. Die Vorschrift ist dogmatisch wie praktisch verfehlt, wie der Kontext zu § 54 StaRUG zeigt (so auch Pannen/Riedemann/Smid-Riedemann, 2021, § 54 Rn. 6, 7).

Vertragsrechtliche Wirkungen der Stabilisierungsanordnung, § 55 Abs. 3 StaRUG

Zudem zeigt § 55 Abs. 3 Sätze 2, 3 StaRUG die Grenzen der Wirkungen der Stabilisierungsanordnungen auf. Diese Norm des § 55 Abs. 1 StaRUG enthält inhaltlich eine Vertragsänderungssperre, wie aus § 55 Abs. 1 Satz 1 Halbsatz 1 StaRUG hervorgeht. Allein Rückstände des Schuldners auf seine Leistungsverpflichtung aufgrund eines Vertrages berechtigen den Gläubiger nicht, den Vertrag zu beenden oder seine Abänderung zu verlangen. Die Bestimmung des § 55 Abs. 3 Sätze 2, 3 StaRUG enthalten jedoch eine wesentliche Ausnahme von diesem Grundsatz im Hinblick auf Darlehen und andere Kreditzusagen. Die knappe Begründung des Gesetzes weist dem § 55 StaRUG zwei Aufgaben zu, nämlich die Bewahrung des Status Quo. Die Gläubiger sollen nicht einseitig vorpreschen sowie dem Plan zuvorkommen. Sie sollen andererseits nicht gezwungen werden, ihr wirtschaftliches Risiko zu vergrößern.

Daher bleibt den Finanzgläubigern mit ihren Darlehen sowie Krediten die Möglichkeit der Kündigung vor Valutierung, wenn die Voraussetzungen gemäß § 490 Abs. 1 BGB vorliegen, das heißt die fristlose Kündigung im Hinblick auf die Verschlechterung der Vermögensverhältnisse oder der Kreditsicherheiten, sofern die Rückzahlung der Finanzierung durch diese Verschlechterung gefährdet ist.

Es ist also **Kausalität** zwischen der Vermögensverschlechterung und der Gefährdung der Rückzahlung erforderlich, der maßgebliche Zeitpunkt liegt nach dem Abschluss des wirksamen Darlehensvertrages bis zu einer Kündigung (siehe dazu auch Grüneberg-Weidenkaff, 2025, § 490 Rn. 3).

Dabei hat der Gesetzgeber des StaRUG die Kündigungsmöglichkeit gemäß § 490 Abs. 1 BGB auf die Fälle der noch nicht erfolgten Valutierung beschränkt. Dies ist folgerichtig, denn vor dem Hintergrund der Restrukturierung hat der Kreditgeber sein Risiko mit der Valutierung bereits realisiert. Zudem kann er, wie der Verweis in § 55 Abs. 3 Satz 2 StaRUG auf § 490 Abs. 1 BGB zeigt, vor Valutierung nur „im Zweifel stets" kündigen. Andererseits genügt bereits das Drohen einer Verschlechterung, um die Kündigung vor Valutierung zu begründen.

Eine besondere Konstellation liegt vor, wenn die Vermögensverhältnisse eines Schuldners bereits bei Abschluss des Vertrages ungünstig sind, wenn insbesondere bereits eine Sanierungsfinanzierung vereinbart worden ist (vgl. BGH, 06.07.2004, XI ZR 254/02 und BGH, 14.09.2004, XI ZR 184/03). Dann setzt § 490 Abs. 1 BGB voraus, dass sich die Verhältnisse weiter verschlechtert haben und die Voraussetzungen, die bei Darlehenszusage bestanden haben, nicht mehr vorliegen.

Da § 55 Abs. 3 StaRUG nur eine Kündigung vor Valutierung unter den genannten Voraussetzungen gestattet, ist der Anwendungsbereich dieser Norm voraussichtlich eng. Bei Darlehen, die im „klassischen" Sinne valutiert werden, unter anderem bei kurz-, mittel- oder langfristigen Investitionsfinanzierungen, ist diese Möglichkeit der Gläubiger grundsätzlich problemlos umzusetzen, wenn die Auszahlung der Finanzierungsmittel noch ganz oder teilweise bevorsteht.

Eine **Sonderproblematik** ist bei Kreditlinien wie Betriebsmittelkrediten zu beachten, die auf Zahlungskonten wie Girokonten eingeräumt werden, wenn § 55 Abs. 3 Satz 3 StaRUG auch alle Kreditzusagen umfasst. Da entgegen früherer Auffassung der Darlehensvertrag im Sinne des § 488 BGB, zu dem auch die Kontokorrentkredite sowie die Überziehungslinien gehören, gemäß heutiger Rechtsmeinung kein Realvertrag ist, der erst mit Erfüllung (Valutierung der Finanzierungsmittel) wirksam wird, die die vertragliche Einigung herbeiführt, sondern ein **Konsensualvertrag**, der die schuldrechtliche Einigung über den Vertrag ausreichen lässt, entsteht beim Kontokorrentkredit das Kapitalnutzungsrecht bereits mit dem Vertragsschluss (vgl. Grüneberg-Grüneberg, 2025, Überblick Vor § 311 Rn. 3).

Die Inanspruchnahme eines Kredits oder die Unterlassung der Inanspruchnahme eines Kredits steht aber rechtlich im Belieben des Kreditnehmers. In dem Umfeld bewegen sich die Probleme und Fragen des obigen Beispiels 2. Wird der Kredit „bis auf Weiteres" ohne Befristung eingeräumt, besteht dieses Kapitalnutzungsrecht beim verzinslichen Gelddarlehen bis zur ordentlichen Kündigung unter Einhaltung der Frist von drei Monaten gemäß § 488 Abs. 3 Satz BGB oder zur außerordentlichen, der fristlosen Kündigung gemäß dem erwähnten § 490 Abs. 1 BGB.

Für den nichtausgenutzten Teil einer **Kreditlinie** entstehen einem Kreditnehmer im Zweifel Gebühren in Form einer Bereitstellungsprovision. Die Problematik beim Kontokorrentdarlehen besteht im Hinblick auf § 55 StaRUG darin, dass die Inanspruchnahme im ebenfalls bereits erwähnten Belieben eines Kreditnehmers (Darlehensnehmers) steht und dass es seiner Natur nach zudem revolvierend ist. Eine „Rückzahlung" kommt erst in Frage, wenn ein Debetsaldo auf dem Zahlungskonto im Sinne des § 675f Abs. 2 BGB (Zahlungsdiensterahmenvertrag) nach Beendigung des Kredits, das heißt nach Ende des Kapitalnutzungsrechts des Darlehensnehmers, besteht.

Ist der Kontokorrentkredit noch nicht in Anspruch genommen, bleibt dem Kreditgeber unter den erwähnten Voraussetzungen des § 490 Abs. 1 BGB die Kündigung. Ist er nach der Inanspruchnahme wieder durch die Einzahlungen zurückgeführt und soll er wieder revolvierend in Anspruch genommen werden, stellen sich in der Praxis die in dem Beispiel 2 dieses Abschnitts aufgeworfenen Fragen.

Es ist zu beachten, dass in der Rechtsprechung auch die teilweise Kündigung eines jederzeit ordentlich kündbaren Kontokorrentkredits zugelassen ist (vgl. BGH, 04.05.1999, XI ZR 137/98) und damit auch ein hinter der Kündigung als aliud zurückbleibendes Zurückbehaltungsrecht im Sinne des § 273 BGB (vorübergehendes „Einfrieren" der Linie bis zu einer Prüfung sowie Entscheidung über eine Kündigung). Der jederzeit fristgerecht kündbaren Finanzierung steht in diesem Zusammenhang die nach § 490 Abs. 1 BGB fristlos kündbare Finanzierung gleich.

Die im Beispiel 2 aufgeworfenen Fragen sind nach der hier vertretenen Meinung daher wie folgt zu beantworten. Vieles spricht dafür, dass die nicht in Anspruch genommene Linie zwar nicht wegen der Rechtshängigkeit einer Restrukturierungssache gekündigt werden kann, sehr wohl aber wegen Verschlechterung der Verhältnisse des Schuldners im Sinne des § 490 Abs. 1 BGB, da der Kontokorrentkredit revolvierend ist. Zugleich hat damit dieser Kreditgeber seine Leistung, die Zurverfügungstellung der Kapitalnutzung noch nicht im Sinne des § 3 Abs. 2 StaRUG erbracht. Der Status Quo als Ziel des § 55 Abs. 1 StaRUG ist damit gewahrt, dem Kreditgeber ist nicht zuzumuten, ein weiteres Risiko über die bereits erfolgte Kreditinanspruchnahme hinaus einzugehen (gegebenenfalls Michlinie aus Kredit- und Avallinie).

Diese Risikobeschränkung gilt auch für „andere Kreditzusagen", § 55 Abs. 3 Satz 3 StaRUG, unter anderem für die Warenkredite beziehungsweise Warenkreditlinien (Pannen/Riedemann/Smid-Riedemann, § 55 Rn. 15).

? **Checkliste und Analysen zur finanzwirtschaftlichen Restrukturierung und Stabilisierung:**

1. Wurde die Hausbank von dem Schuldner vom geplanten Restrukturierungsverfahren informiert?
2. Ist es geplant, dass eine konkrete Stabilisierungsanordnung gegen die Bank veranlasst wird?
3. Besteht die Möglichkeit mit dem Schuldner und anderen Planbetroffenen einen Konsens zu finden?
4. Kann das Unternehmen auch im Nachgang der Umsetzung des Plans weiter finanziert werden?
5. Ist die Abwicklung im Rahmen eines Insolvenzverfahrens für die Bank rechtsicher und vorteilhaft?

4.5 Restrukturierungsplan und Planannahme

Der **Restrukturierungsplan ist das Herzstück** des Restrukturierungsverfahrens (siehe Desch, 2021b, S. 28). Er bildet analog zu dem Insolvenzplan oder Sanierungskonzept die Grundlage für die Neugestaltung eines Krisenunternehmens. Während umfangreiche Praxiserfahrungen in der freien Sanierung mit den Sanierungskonzepten gemäß IDW S 6 (vgl. IDW, 2023a, S. 1158 ff. und IDW, 2023b, S. 688 ff.) und den Insolvenzplänen nach der Maßgabe der §§ 217 ff. InsO und IDW S 2 (vgl. IDW, 2024, S. 655 ff.) bestehen, ist abzuwarten, wie der Restrukturierungsplan nach den §§ 5 ff. StaRUG in der Praxis im Einzelnen ausgestaltet wird und inwieweit sich Elemente aus Standards auf diesen Plan übertragen lassen (vgl. Cranshaw/Portisch, 2020b, S. 106 ff.).

Aufgrund der systematisch gleichen wirtschaftlichen Problemfelder bei vielen sanierungsbedürftigen Unternehmen sowie der allgemeinen rechtlichen Rahmenbedingungen, insbesondere im Hinblick auf die in diesem Band vorgestellte Rechtsprechung des BGH zu den Erfordernissen eines tauglichen Sanierungsversuchs (wenn auch im Kontext zur Insolvenzanfechtung nach § 133 InsO), sind die Strukturen vergleichbar.

Der Restrukturierungsplan nach StaRUG dient primär der Umgestaltung der finanziellen Verbindlichkeiten und Sicherungsrechte. Er ist weniger auf die Sanierung im operativen Geschäft ausgerichtet, einer leistungswirtschaftlichen Sanierung, sondern konzentriert sich auf die finanzwirtschaftliche Restrukturierung, die Umgestaltung ausgewählter Verbindlichkeiten. Die **Rechtsverhältnisse**, die im Restrukturierungsplan gemäß §§ 2–3 StaRUG gestaltet werden können betreffen:

- Forderungen der Gläubiger, wie diejenigen der Banken und Lieferanten
- Absonderungsanwartschaften aus Abtretungen und Sicherungsübereignungen
- Forderungen, Sicherungsrechte von Kreditkonsortien oder aus Poolverträgen
- Rangverhältnisse der Forderungen oder Absonderungsanwartschaften
- Anteils- oder Mitgliedschaftsrechte am zu restrukturierenden Unternehmens
- Gruppeninterne Sicherheiten wie Bürgschaften, Mithaftungen in Konzernen
- Bedingte oder noch nicht fällige Restrukturierungsforderungen
- Forderungen aus gegenseitigen Verträgen, bei denen die Leistung erbracht ist

Dagegen können die Forderungen gegenüber Arbeitnehmern aus Arbeitsverhältnissen sowie Rechte aus Zusagen auf betriebliche Altersversorgung gemäß § 4 StaRUG und die dort weiter genannten Forderungen nicht durch den Plan umgestaltet werden. Die Änderung individualvertraglicher Rechte und von Ansprüchen sowie von Rechten der Arbeitnehmer aufgrund von Instrumenten des kollektiven Arbeitsrechts ist nur möglich parallel außerhalb eines Plans durch die Änderung von Betriebsvereinbarungen mit dem Betriebsrat oder bei tarifvertraglichen Rechten durch einen Sanierungstarifvertrag mit der jeweiligen betrieblichen Gewerkschaft. In den Restrukturierungsplan finden solche Maßnahmen Eingang über § 62 StaRUG, da der Plan als bedingter Plan nur bestätigt wird, wenn die vorgesehenen Maßnahmen umgesetzt sind.

Bei nicht tarifgebundenen Unternehmen sowie solchen ohne Betriebsrat beschränkt sich der Schutz der Arbeitnehmer auf die Möglichkeiten des Individualarbeitsrechts unter Beachtung des Kündigungsschutzgesetzes (KSchG), soweit das Gesetz reicht. Die Kündigung eines Arbeitnehmers ist, weil sozial ungerechtfertigt, unwirksam, insoweit sie nicht auf Gründe in der Person oder dem Verhalten eines Arbeitnehmers gestützt werden kann oder auf „dringende betriebliche Erfordernisse“ (vgl. § 1 Abs. 1, Abs. 2 Satz 1 KSchG, siehe zu Details die weiteren Regelungen des § 1 KSchG). Diese Kündigungsschutzvorschriften gelten aber nur für die Betriebe mit “in der Regel mehr als fünf“ Arbeitnehmern. Dort verbleibt es bei den allgemeinen Regelungen zur Beendigung von Arbeitsverhältnissen (§§ 611a, 622, 626 BGB).

Ungeachtet des Umstandes, dass diese arbeitsrechtlichen Verhältnisse im Rahmen des Plans nicht restrukturierbar sind, sind Änderungen nach Instrumenten außerhalb des Plans möglich. Es handelt sich unter dem Aspekt der Unternehmenssanierung um ein der leistungswirtschaftlichen Sanierung zuzuordnendes Problemfeld, das in den Plan wohl ebenfalls über § 62 StaRUG Eingang findet. Der darstellende Teil des Restrukturierungsplans kann diese leistungswirtschaftlichen Erfordernisse einbringen und der gestaltende Teil kann die vorherige Erfüllung zur Bedingung der Wirksamkeit dieses Plans machen (siehe dazu § 62 StaRUG), so dass ihn das Gericht erst bestätigen wird, wenn diese Bedingungen erfüllt sind.

Beispiel: Mit dem Betriebsrat muss eine für notwendig erachtete Betriebsänderung (§§ 111 ff. BetrVG) vereinbart, ein Interessenausgleich beziehungsweise ein Sozialplan abgeschlossen sein (siehe §§ 112, 112a BetrVG). Die Auswirkung zum Beispiel eines Sozialplans auf die Unternehmensplanung beziehungsweise die Unternehmensliquidität ist erheblich, so dass der dortige Aufwand in die Planung und damit den Sanierungsplan (darstellender Teil) einzubringen ist. Dies ist eine klare Schnittstelle zu der finanzwirtschaftlichen Sanierung und den Haircuts der planbetroffenen Gläubiger.

Die Neugestaltung der Forderungen und Sicherungsrechte richtet sich, wie § 8 StaRUG (Auswahl der Planbetroffenen) zeigt, nicht zwangsläufig wie in einem Insolvenzverfahren gegen alle Gläubiger. Der Schuldner kann und muss, wenn er sich nicht an alle Gläubiger wendet, eine sachgerechte Auswahl festlegen. Er wird regelmäßig die Auswahl genau unter denjenigen Gläubigern treffen, deren Sanierungsbeiträge er für die Restrukturierung für erforderlich hält und von denen er bei wirtschaftlicher Betrachtung der Rechtspositionen dieser Gläubiger ihm gegenüber annehmen darf, sie würden sich mit hoher Sicherheit an den Sanierungsbeiträgen zwecks einer Restrukturierung beteiligen und sich nicht verweigern.

Dies können die Hausbanken und langjährig bekannte Hauptlieferanten sein, mit denen umfangreiche Geschäftsbeziehungen bestehen. Die Wahrscheinlichkeit dazu wird zweckmäßig in Vorgesprächen ausgelotet. Die Rechte und Ansprüche der nicht in den Plan einbezogenen Gläubiger sind allerdings vollständig zu erfüllen. Dies unterscheidet das StaRUG von der Insolvenzordnung.

Zudem ist die Auswahl nicht sachgerecht, wenn die Forderungen, nicht einbezogener Gläubiger aus Sicht des Schuldners zum Zeitpunkt eines **Restrukturierungsplans** in einem Insolvenzverfahren nicht vollständig befriedigt würden (§ 8 Abs. 1 Satz 2 Nr. 1 StaRUG). Die Planbetroffenen sind gemäß § 9 StaRUG in Gruppen einzuteilen.

Erläuterung: Der **Restrukturierungsplan** bildet den Kern eines Restrukturierungsverfahrens und der Gestaltung der finanzwirtschaftlichen Verhältnisse des Unternehmens beziehungsweise der einer Unternehmensgruppe zugehörigen Firma inklusive der Sicherungsrechte. Der Restrukturierungsplan ähnelt in seiner Struktur mit darstellendem und gestaltendem Teil sowie den Plananlagen, dem Insolvenzplan, dem er nachgebildet worden ist. Dieser Plan richtet sich nicht zwangsläufig an alle Gläubiger, im Gegenteil ist er auf die Einbindung der wesentlichen und sanierungsbereiten Stakeholder angelegt. Die Bestandsfähigkeit des Schuldners nach dem Plankonzept und dessen Umsetzung ist aufzuzeigen.

Einbeziehung von ausgewählten Planbetroffenen

Die Forderungen werden zur Abgrenzung von den Insolvenzforderungen des § 38 InsO im Insolvenzverfahren als Restrukturierungsforderungen (vgl. § 2 Abs. 1 Nr. 1 StaRUG) bezeichnet. Es müssen eben nicht sämtliche Gläubiger in die Umgestaltung ihrer Rechtspositionen einbezogen werden. Anders als im Insolvenzplanverfahren kann eine gezielte Auswahl der einbezogenen Forderungen und der Rechte getroffen werden. Auch Nebenbestimmungen wie Financial Covenants oder Negativerklärungen können durch den Restrukturierungsplan neu gestaltet werden, um die außerordentliche Kündigung zu erschweren und die Refinanzierung bei dritten Gläubigern zu erleichtern.

Intercreditor Agreements können gleichfalls umstrukturiert werden, wie dieses bei Konsortialverträgen und Sicherheitenpoolverträgen oft der Fall ist (vgl. § 2 Abs. 2 StaRUG). Die Optionen des § 2 Abs. 2 StaRUG reichen damit unter anderem bis in einzelne Klauseln der bestehenden Vertragsdokumentationen hinein. Allerdings geht dies nur soweit, als der Schuldner selbst in den Vertrag einbezogen ist. Das ist nicht der Fall bei Sicherheitenpoolverträgen, bei denen dieser Poolvertrag ausdrücklich nur unter Poolbanken geschlossen wird. Ferner kann ein Intercreditor Agreement in der Gestalt eines Innenkonsortiums, ob still oder nicht still, ebenfalls nicht der Gestaltung nach § 2 Abs. 2 StaRUG unterliegen, da der Schuldner hieran nicht beteiligt ist. Einbezogen werden können gemäß § 2 StaRUG:

- Restrukturierungsforderungen der Gläubiger wie von Banken und Lieferanten
- Absonderungsanwartschaften mit der Ausnahme von Finanzsicherheiten
- Anteils- und Mitgliedschaftsrechte an einem Unternehmensträger
- Gruppeninterne Drittsicherheiten, Bürgschaften, Mithaft Tochtergesellschaften

Durch die Einbeziehung der Sicherungsrechte in Unternehmensverbünden soll die Restrukturierung von **Konzernen** erleichtert werden. Auf diese Weise soll zum einen die Insolvenz der sicherungsgebenden Konzerngesellschaft verhindert werden können sowie zum anderen soll der Sicherungsnehmer geschützt werden.

Das verbundene Unternehmen, der **Sicherungsgeber**, muss der Umgestaltung seiner Haftung zustimmen (§ 15 Abs. 4 StaRUG). Die Lösung des § 2 Abs. 4 StaRUG ist eine Abkehr vom Grundsatz des § 43 InsO, wonach im Insolvenzverfahren des Haftenden bei Haftung mehrerer für eine Schuld der Grundsatz der Doppel- und Vollberücksichtigung gilt. Allerdings ist der Eingriff in diese Gläubigerrechte angemessen zu kompensieren (§ 2 Abs. 4 Satz 1 Halbsatz 2 Satz 2 StaRUG) und zwar bis zur Werthaltigkeit des beeinträchtigten Sicherungsrechts. Verstößt dieser Plan dagegen, kann der Gläubiger Minderheitenschutz gemäß § 64 Abs. 1 StaRUG beantragten beziehungsweise sofortige Beschwerde gemäß § 66 Abs. 1 StaRUG gegen die Planbestätigung einlegen.

Beispiel: Die in ein Restrukturierungsverfahren eintretende A-AG hat eine Darlehensverpflichtung (Barkredit- mit Avallinie) gegenüber der Bank B in Höhe von x Euro als alleinige Darlehensnehmerin. Die vier Tochtergesellschaften der A, die C, D, E sowie F übernehmen die Bürgschaft (C, D), stellen eine Grundschuld am Immobilieneigentum der E beziehungsweise treten Forderungen aus Lieferungen und Leistungen von F an B ab, um die Finanzierung der A zu besichern. In der Insolvenz der A sowie der Konzerngesellschaften macht die Bank B in jeder Insolvenz ihren vollen Anspruch geltend und erhält in jedem Verfahren die Quote darauf, bei E und F die Sicherheitenerlöse, insgesamt bis zur vollen Höhe der Forderung nebst Zinsen und Kosten (bis zur Höhe der Sachsicherheitenerlöse). Dies ist eine Folge aus § 43 InsO. Der Insolvenzplan kann ebenfalls in diese Sicherheiten eingreifen (§§ 217 Abs. 2, 220 Abs. 3, 223a InsO), aber auch hier ist angemessene Kompensation vorgeschrieben (§ 223a Satz 2 InsO), Rechtsschutz des Sicherungsnehmers gewähren die §§ 251, 253 InsO (Minderheitenschutz durch Versagung der Planbestätigung beziehungsweise sofortige Beschwerde gegen die Planbestätigung).

Gemäß § 2 Abs. 4 StaRUG sieht dies entsprechend aus, sämtliche Sicherheiten können demnach im Plan der A AG gegen Entschädigung abgelöst werden. Alle Konzernunternehmen können zudem „einheitlich“ restrukturiert werden, wie aus dem Gruppen-Gerichtsstand des § 37 StaRUG hervorgeht. Diese Norm ermöglicht insbesondere die Konzern-Restrukturierung auch in Folgeverfahren vor demselben Restrukturierungsgericht. Die Verfahrensleitung obliegt hier dem Schuldner, das ist die Geschäftsleitung der jeweiligen Unternehmensträger, der A und der weiteren Gesellschaften C–F, aber unter der Steuerung der A AG als Konzernobergesellschaft, denn dieser Konzernverbund bleibt aufrechterhalten.

Man darf hierbei unter Beachtung des § 2 Abs. 4 StaRUG erwarten, dass die Einbeziehung der „gruppeninternen Drittsicherheit“ im Plan der A auf die Zustimmung der Tochtergesellschaften nach § 15 Abs. 4 StaRUG stößt. Danach stellt sich die Frage des Betrages der angemessenen Entschädigung, die dann in einen Plan mit aufzunehmen ist. Hier ist zu erwarten, dass Bewertungsspielräume zu Lasten des Gläubigers ausgereizt werden. Kommt es dann zu einer Folgeinsolvenz der A, erstarken die ursprünglichen Sicherheiten nicht mehr, sondern der betroffene Gläubiger, hier die Bank B, hat hierfür in der Restrukturierung bereits eine (wahrscheinlich deutlich wertgeminderte) Entschädigung erhalten, die aufgrund der erwähnten Bewertungsspielräume kaum mit einem Rechtsbehelf erfolgreich angegriffen werden können.

Der § 2 Abs. 4 StaRUG bedeutet einen Einstieg in die **Substantive Consolidation**, ein ausnahmsweise insbesondere im US-Recht angewandtes Instrument, bei dem Vermögensmassen wie bei untrennbarer Vermögensvermischung im Konzern zusammengeführt werden und der Gläubiger die Quote nur einmal aus der rechnerisch zusammen geführten einzigen Masse erhält. Diese Struktur bedeutet Vorteile der größeren Masse für Non Sophisticated Creditors, die dadurch eine höhere Quote erhalten und Nachteile für institutionelle Gläubiger, die sich wie in dem obigen Fall rechtzeitig durch Mitverpflichtungen oder auf sonstige Art und Weise besser gegen Ausfallrisiken abgesichert haben. Für die Fälle des § 2 StaRUG sind die Rechtsverhältnisse gemäß § 2 Abs. 5 StaRUG zum Zeitpunkt der Unterbreitung des Planangebotes maßgeblich, zum Zeitpunkt eines Antrags auf gerichtliche Abstimmung über den Plan oder zum Zeitpunkt der ersten Stabilisierungsanordnung.

Auch bedingte und noch nicht fällige Forderungen können gemäß § 3 Abs. 1 StaRUG gestaltet werden. Die Leistung bei gegenseitigen Verträgen soll zuvor bereits erbracht worden sein (§ 3 Abs. 2 StaRUG), das hat Bedeutung unter anderem für Kreditlinien, die zu dem maßgeblichen Zeitpunkt gemäß § 2 Abs. 5 StaRUG nicht ausgenutzt waren. Können sie in Anspruch genommen werden, muss also die betroffene Bank sehenden Auges die Inanspruchnahme hinnehmen, wissend, dass es auch insoweit einen Haircut geben wird oder sie kann die Linie einfrieren. Das Gesetz lässt die Problematik völlig offen, sowohl in Wortlaut als auch in Begründung der §§ 49, 55 StaRUG.

Der dissentierende Gläubiger ist für seinen Rechtsverlust angemessen zu entschädigen (§ 2 Abs. 4 Satz 1 Halbsatz 2 StaRUG). Die Anteilseigner können durch die Planabstimmung und die Planbestätigung gegen ihren Willen in die Restrukturierung eingebunden werden mit der Folge des Verlusts ihrer Gesellschaftsposition, vermögensrechtlich wie mitgliedschaftsrechtlich (Stimmrechte), also „enteignungsähnlich" (§ 2 Abs. 3 StaRUG, die Regelung ist § 225a Abs. 1, 3 InsO entlehnt, siehe zum diesbezüglichen Planinhalt auch den § 7 Abs. 4 Sätze 1, 3 ff., alle gesellschaftsrechtlich zulässigen Maßnahmen können durch den Plan beschlossen werden).

Die **Begründung** der diese Möglichkeit der zwangsweisen Einbindung der Unternehmenseigner ablehnenden beziehungsweise der dazu kritisch eingestellten **Meinung** besteht darin, dass die Werthaltigkeit der Anteile in dem vorinsolvenzlichen Stadium gegenüber der Situation einer Insolvenz noch nicht beeinträchtigt sei. Diese Erwägung darf mit jener Begründung allerdings bezweifelt beziehungsweise abgelehnt werden, da bei Bestehen der drohenden Zahlungsfähigkeit, das heißt der Liquiditätskrise, die in den näheren Zeithorizont zur Zahlungsunfähigkeit führen kann, nicht mehr von einer 100,0 %-igen Werthaltigkeit der Position von Anteilseignern ausgegangen werden kann. Im Gegenteil würde eine Unternehmensbewertung, heruntergebrochen auf die Beteiligung, eine deutliche Wertminderung bis nahe Null zeigen können. Bei einer Eigenkapitalposition handelt es sich um nachrangiges Kapital, dass im Verwertungsfall in der Insolvenz nach allen anderen Passiva befriedigt wird. Entschädigungslos kann aber die Beteiligung vorinsolvenzlich nicht entzogen werden.

In dem aktuellen Fall der Varta AG hat allerdings eine Gruppe außenstehender Kleinaktionäre ihre Rechtsmittel gegen den Verlust ihrer Beteiligung im Restrukturierungsverfahren der Gesellschaft infolge Bestätigung eines Restrukturierungsplans verloren. Das BVerfG hat diese Verfassungsbeschwerde (gestützt insbesondere auf den Art. 14 Abs. 1 GG), weil unzulässig, nicht zur Entscheidung angenommen (BVerfG, 1. Senat, 3. Kammer, 28.2.2025, 1 BvR 418/25.

Kern das **VARTA-Sanierungsplans** war eine **Kapitalherabsetzung** mit **Delisting** und gleichzeitiger Kapitalerhöhung („Kapitalschnitt") mit vollständigem Verlust der Beteiligung bisheriger (Klein-)Aktionäre ohne jegliche Entschädigung, ein Haircut der Gläubiger sowie eine Neustrukturierung der Anteilseignerposition (siehe im Einzelnen die „Zusammenfassung des wesentlichen Inhalts des Restrukturierungsplans" der Kanzlei Grub Brugger, Stuttgart).

Varta war eine **öffentliche Restrukturierungssache** gemäß den §§ 84 ff. StaRUG, die bei den international agierenden börsennotierten Gesellschaften, die kapitalmarktorientiert sind, nicht anders denkbar ist. Neue Eigner wurden der bisherige Großaktionär über eine von ihm beherrschte Gesellschaft und Porsche über eine Konzerngesellschaft mit einer „Kapitalspritze" (60 Mio. Euro, siehe dazu die allgemeine Richtung der Sanierung auch in der Presseverlautbarung von Varta vom 17.08.2024). Zwar hat das BVerfG damit die Einbindung der Eigner in den Restrukturierungsplan nicht

Es ist nach § 9 StaRUG zwischen folgenden Gruppen planbetroffener Gläubiger zu unterscheiden, die unter Umständen Relevanz für den späteren **Abstimmungsprozess** über den Restrukturierungsplan haben können:

- Inhaber von Absonderungsanwartschaften
- Inhaber von Forderungen, die in der Insolvenz nicht nachrangig sind
- Inhaber von nachrangigen Forderungen
- Inhaber von Anteils- oder Mitgliedschaftsrechten (siehe das vorstehende Beispiel aus einem öffentlichen Verfahren)
- Gläubiger aus gruppeninternen Drittsicherheiten
- Das Planinitiativrecht liegt beim Schuldner. Dieser darf damit die vom Restrukturierungplan betroffenen Gläubiger auswählen (sachgerechte Auswahl).

Den Planbetroffenen in einer Gruppe sind gemäß § 10 StaRUG gleiche Rechte anzubieten. Anders gewendet bedeutet das die Möglichkeit der Ungleichbehandlung der verschiedenen Gläubigergruppen untereinander. Der Restrukturierungsplan besteht gemäß § 5 ff. StaRUG, wie auch der Insolvenzplan nach §§ 217 ff. InsO, aus einem darstellenden und einem gestaltenden Teil und den Plananlagen. Es erfolgt über die Planbestandteile primär die Umstrukturierung der Forderungen und Rechte mit Vergleichsrechnungen zu den erwarteten Befriedigungsquoten. Der zu erarbeitende Restrukturierungsplan stimmt aus diesem Grund inhaltlich sowie anhand der Gliederungsstruktur weitestgehend mit einem Insolvenzplan überein (siehe Pannen/Riedemann/Smid-Smid, 2021, § 5 Rn. 5 ff. und Desch, 2021b, S. 28 ff.).

Daher kann auch der Konzeptstandard IDW S 2 (vgl. IDW, 2024, S. 655 ff.) für die Struktur und Ausgestaltung der Inhalte des Restrukturierungsplans herangezogen werden (siehe Portisch/Jansen, 2019, S. 230 ff.). Zudem ist wegen eines Erfordernisses der betriebswirtschaftlichen Neuorientierung auf den IDW S 6, mit leistungswirtschaftlichen Komponenten, zurückzugreifen (vgl. IDW, 2023a, S. 1158 ff.), wenn dieser auch keine insolvenzrechtliche Normqualität hat. Zu gestalten sind die in den Plan einbezogenen Forderungen sowie **Absonderungsanwartschaften**.

Erläuterung: Auf der Grundlage eines Restrukturierungsplans können gemäß § 2 Abs. 1 StaRUG Forderungen gestaltet werden, die gegen einen restrukturierungsfähigen Schuldner begründet sind, sogenannte **Restrukturierungsforderungen** sowie die dazugehörigen **Absonderungsrechte**, in einem Restrukturierungskontext als **Absonderungsanwartschaften** bezeichnet, da Restrukturierungen außerhalb der Insolvenz stattfinden. Aussonderungsrechte sind nicht Gegenstand einer Gestaltung im Restrukturierungsplan. Sie können aber einer Durchsetzungssperre nach § 49 Abs. 1 Nr. 2 StaRUG unterworfen werden.

Der **darstellende Teil** beschreibt nach § 6 StaRUG die Grundlagen und Auswirkungen des Plans, die Befriedigungsaussichten der ausgewählten Planbetroffenen. Dabei kann die Vergleichsrechnung die Zielrichtung des Plans im Rahmen einer Fortführung oder eines Unternehmensverkaufs in den Blick nehmen (§ 6 Abs. 2 StaRUG). Bei einer Fortführungslösung sind bei einer Vergleichsrechnung die jeweiligen Fortführungswerte (Going Concern) zugrunde zu legen. Darzustellen sind Maßnahmen, die nicht über den gestaltenden Teil herbeigeführt werden können, wie unter anderem diejenigen der personalwirtschaftlichen Restrukturierung, die nur die Beschreibung dessen ist, was mit den Arbeitnehmern ausgehandelt wurde oder werden soll.

Im **gestaltenden Teil** gemäß § 7 StaRUG wird festgelegt, wie die Rechtsstellung der Inhaber von den einbezogenen Restrukturierungsforderungen, der Inhaber von Absonderungsrechten oder von gruppeninternen Drittsicherheiten sowie von Inhabern der Anteils- und Mitgliedsrechte geändert werden soll (siehe § 7 Abs. 1 StaRUG). Auch ein freiwilliger Debt Equity Swap, auf der Ebene der eine Beteiligung eingehenden Gläubiger, wird in § 7 Abs. 4 StaRUG wie in § 225a Abs. 2 InsO ermöglicht.

Des Weiteren sind **Planunterlagen** nach § 14 StaRUG beizufügen. Diese bestehen zum einen in der Erklärung zur Beseitigung der drohenden Zahlungsunfähigkeit und der vorhandenen Bestandsfähigkeit sowie zum anderen in einer Vermögensübersicht mit dem Szenario bei Wirksamwerden des Plans. Daneben ist aus § 14 Abs. 2 Satz 2 StaRUG eine Finanzplanung beizulegen mit der Abfolge der Einnahmen und Ausgaben, um die Zahlungsfähigkeit für den Zeitraum, während dessen die Gläubiger befriedigt werden sollen, zu dokumentieren. Hier wäre es betriebswirtschaftlich begrifflich genauer mit den Planungselementen Einzahlungen und Auszahlungen zu arbeiten, da nur auf der Grundlage die Zahlungsfähigkeit bestimmt werden kann und der Finanzplan anhand der betriebswirtschaftlichen Zahlungsgrößen und der dazugehörigen Grundsätze aufgestellt wird (Abschreibungen sind nicht zahlungswirksam).

Zusätzlich können Erklärungen gemäß § 15 StaRUG, beispielsweise bei der KGaA, erforderlich sein, zur Bereitschaft persönlich haftender Gesellschafter zu der Unternehmensfortführung auf der Basis des Plans. Weitere Erklärungen (§ 15 Abs. 2-4) betreffen die Bereitschaft von Gläubigern zu einem Debt Equity Swap, zu Verpflichtungserklärungen Dritter für den Fall der Planbestätigung und die Zustimmung von verbundenen Unternehmen in die sie betreffenden Gläubigerrechte aus gruppeninternen Drittsicherheiten. Die Auswahl der Planbetroffenen hat gemäß § 8 StaRUG sachgerecht zu erfolgen. Es ist zudem transparent darzulegen, welche Gläubiger in den Restrukturierungsplan einbezogen werden und welche nicht. In der nachfolgenden Abb. 4.9 wird der **Musteraufbau** eines Restrukturierungsplans dargestellt.

Restrukturierungsplan nach StaRUG gemäß IDW S 2 sowie IDW S 6

1. Darstellender Teil
- Ziele und Regelungsstruktur des Plans
- Auswahl der Planbetroffenen
- Gruppenbildung und Stimmrechte
- Regelung für die vorgesehenen Gläubigergruppen
- Beschreibung der notwendigen Unternehmensdaten
- Krisenursachenanalyse und Lagebeurteilung des Unternehmens
- Leitbild für das durch den Plan umzugestaltende Unternehmen
- Darstellung der für die Umsetzung des Plans notwendigen Maßnahmen
- Vergleichsrechnungen bei Annahme und bei Ablehnung des Plans

2. Gestaltender Teil
- Planregelungen für die im StaRUG vorgesehenen Gläubigergruppen aus § 9 StaRUG
- Regelung für die Inhaber von Anteils- und Mitgliedschaftsrechten
- Gestaltung von vertraglichen Nebenbedingungen gemäß § 2 StaRUG
- Zeitpunkt des Wirksamwerdens des Plans
- Haftung des Schuldners gemäß § 11 StaRUG
- Einräumung einer neuen Finanzierung gemäß § 12 StaRUG
- Änderung sachenrechtlicher Verhältnisse gemäß § 13 StaRUG
- Auswirkung auf Beschäftigungsverhältnisse, Anhörung Arbeitnehmervertreter

3. Plananlagen
- Erklärung Bestandsfähigkeit, Vermögensübersicht, Ergebnis- und Finanzplan § 14 StaRUG
- Erklärung der Gesellschafter, von Gläubigern die Anteilsrechte halten, verpflichtender Dritter
- Zustimmung von verbundenen Unternehmen bei Eingriff in gruppeninterne Sicherheiten
- Ausführungen gemäß der Anlage zu § 5 Satz 2 StaRUG

Abb. 4.9: Restrukturierungsplan (Quelle: In Anlehnung an Braun-Böhm, 2021, § 5 Rn. 5 ff.)

Gemäß § 16 StaRUG ist eine Online-Checkliste für Restrukturierungspläne bereitzustellen, die an die besonderen Bedürfnisse von kleinen und mittleren Unternehmen angepasst ist. Diese Checkliste wird auf der Internetseite www.bmjv.bund.de veröffentlicht. Die Online-Liste mit praktischen Leitlinien für die Erstellung eines Plans, insbesondere für kleinere Unternehmen, ist bei einer geeigneten Struktur unter Umständen nützlich. Diese garantiert aber keineswegs einen immer betriebswirtschaftlich sachgerechten und individuell ausgearbeiteten Plan. Dieser soll bei der Umsetzung letztendlich die Wettbewerbsfähigkeit der Firma gewährleisten. Daher gelten gegebenenfalls auch abweichende Anforderungen gegenüber einem Insolvenzplan. Es ist auf ein Sanierungskonzept, beispielsweise in Anlehnung an den IDW S 6 mit notwendigen Elementen aus den gesetzlichen Modulen des StaRUG hinzuwirken.

Der Restrukturierungsplan sollte ein wirtschaftlich realisierbares Konzept aufzeigen, mit welchen Maßnahmen ein Unternehmen in eine Gewinnsituation geführt werden kann. Gerade die kritische Analyse des Geschäftsmodells ist erforderlich. Die Mindestanforderungen an den Plan aus Anlage zu § 5 Satz 2 StaRUG beinhalten Basisdaten.

Anlage (zu § 5 Satz 2) Notwendige Angaben im Restrukturierungsplan

Neben den sich aus den §§ 5 bis 15 StaRUG ergebenden Angaben hat der Restrukturierungsplan mindestens die folgenden **Aufstellungen** zu enthalten. Dies sind die Mindestinhalte, daneben sind die folgenden insbesondere betriebswirtschaftlichen Informationen zu geben über:

1. die Firma des Schuldners oder bei natürlichen Personen Namen sowie Vornamen, Geburtsdatum, Registergericht und Registernummer, unter der der Schuldner in das Handelsregister eingetragen ist, Geschäftszweig oder Beschäftigung, gewerbliche Niederlassungen oder Adresse beziehungsweise bei natürlichen Personen die Wohnung des Schuldners sowie bei mehreren Niederlassungen die entsprechende Hauptniederlassung.
2. die Vermögenswerte sowie Verbindlichkeiten des Schuldners zum Zeitpunkt der Vorlage eines Restrukturierungsplans, einschließlich einer Bewertung der Vermögenswerte, eine Beschreibung der wirtschaftlichen Situation des Schuldners sowie der Position der Arbeitnehmer und die Beschreibung der Ursachen sowie des Umfangs der wirtschaftlichen Schwierigkeiten des Schuldners.
3. die Planbetroffenen, die entweder namentlich zu benennen sind, gegebenenfalls unter hinreichend konkreter Bezeichnung der Forderungen oder Rechte zu beschreiben.
4. die Gruppen, in welche die Planbetroffenen für die Zwecke der Annahme eines Restrukturierungsplans unterteilt wurden, sowie die auf deren Forderungen und Rechte entfallenden Stimmrechte.
5. die Gläubiger, Inhaber von Absonderungsanwartschaften sowie Inhaber von Anteils- oder Mitgliedschaftsrechten, die nicht in einen Restrukturierungsplan einbezogen wurden, zusammen mit einer Erläuterung der Gründe für eine unterbliebene Einbeziehung. Eine Beschreibung unter der Bezugnahme auf die Kategorien gleichartiger Gläubiger, Inhaber von Absonderungsanwartschaften sowie Inhaber von Anteils- oder Mitgliedschaftsrechten genügt, wenn dadurch die Überprüfung der sachgerechten Abgrenzung nach § 8 nicht erschwert wird.
6. Namen und Anschrift eines Restrukturierungsbeauftragten, sofern ein solcher bestellt ist.
7. die Auswirkungen eines Restrukturierungsvorhabens auf die Beschäftigungsverhältnisse und Entlassungen und Kurzarbeiterregelungen und die Modalitäten der Unterrichtung und Anhörung der Arbeitnehmervertretung.
8. sofern der Restrukturierungsplan eine neue Finanzierung (siehe § 12) vorsieht, die Gründe für die Erforderlichkeit dieser Finanzierung.

Im Detail enthält der **darstellende Teil** gemäß § 6 StaRUG folgende Inhalte:

- Ziele und Regelungsstruktur des Restrukturierungsplans
- Maßnahmen zur finanziellen Umgestaltung, Kürzung, Stundung
- Tausch von Forderungen in Verbindlichkeiten über Debt Equity Swap
- Darstellung der Ist- und der Soll-Situation des Krisenunternehmens
- Krisenstadium, Krisenursachenanalyse, Unternehmensleitbild
- Vergleichsrechnung mit Auswirkungen auf die Planbetroffenen

Gerade der Vergleichsrechnung kommt dabei eine besondere Bedeutung zu, da sie die wirtschaftlichen Fakten liefert und die Planbetroffenen von der Vorteilhaftigkeit des Plans anhand der Befriedigungsaussichten überzeugen soll. Als Szenarien sind diejenigen mit und ohne Plan gegenüberzustellen. Es soll jedoch nicht automatisch bedeuten, dass die Alternative ohne Plan mit einer Insolvenz mit Abwicklung zu Liquidationswerten gleichzusetzen ist und dementsprechend in der Vergleichsrechnung eine nur sehr geringe Quote im Gegensatz zur Annahme des Plans gegenübergestellt wird (vgl. Braun-Böhm, 2021, § 6 Rn. 10 ff.).

Daher wird auch eine fundierte Begründung gefordert, wenn ohne Plan eine Fortführung des Unternehmens nicht möglich erscheint, damit der Schuldner sich nicht einen hohen Spielraum für Kürzungen und Forderungen und weitere Eingriffe in die Rechte der Planbetroffenen verschafft (siehe dazu Braun-Böhm, 2021, § 6 Rn. 14). In einem Insolvenzszenario kann auch eine übertragende Sanierung als Asset Deal noch zu finanziellen Erfolgen führen, im Gegensatz zum dem Regelinsolvenzverfahren, sofern dort eine Abwicklung durch eine Verwertung der Vermögensgegenstände sowie Rechte in Form einer Einzelverwertung („Piecemeal") erfolgt. Stets wird versucht, gerade dieses Worst-Case-Szenario zu vermeiden.

Beispiel: Die planbetroffenen Banken halten Sicherheiten zu Liquidationswerten und sie sind etwa Inhaber von Absonderungsanwartschaften wie Grundschulden, Globalzession der Forderungen des Schuldners aus Lieferungen und Leistungen oder Sicherungsübereignung des Warenlagers. Die planbetroffenen Lieferanten halten die Sicherungsrechte aus verlängertem Eigentumsvorbehalt. Die Kürzung nach dem Plan bei den Hausbanken um 30,0 % und den unbesicherten Nebenbanken um 50,0 % und bei den Lieferanten um 10,0 % der Nominalforderungen wird begründet mit der Wiederherstellung der Kapitaldienstfähigkeit und der Aufrechterhaltung der Zahlungsfähigkeit, der ansonsten drohenden Insolvenz und der damit verbundenen geringeren Quote in der Regelabwicklung mit einer Zerschlagung oder bei der übertragenden Sanierung mit der Verwertung von Unternehmensteilen bei Insolvenzeröffnung.

Im Rahmen der Vergleichsrechnung nach § 6 Abs. 2 StaRUG ist zusammenfassend festzustellen, dass bei der Bewertung von Fortführungs- und nicht von Liquidationswerten auszugehen ist. Die Bewertung in der **Vergleichsrechnung** antizipiert zugleich die Voraussetzungen des Cram Down des § 26 StaRUG, denn sie ist die Basis für die gerichtlichen Entscheidungen (Pannen/Riedemann/Smid-Smid, 2021, § 6 Rn. 29, 30).

Für ungesicherte Gläubiger wäre dies meist nur geringe Insolvenzquote die Referenzgröße bei Aussichtslosigkeit der Unternehmensfortführung (einschließlich eines Verkaufs). Für absonderungsberechtigte Gläubiger, wie planbetroffene besicherte Banken und Lieferanten, gilt der Wert des jeweiligen Absonderungsrechts in der Verwertung (außerhalb der Fortführungswerte). Daraus ergibt sich basierend auf dem Beispielfall eine Vergleichsrechnung gemäß § 6 Abs. 2 StaRUG in der die Befriedigungsaussichten der Planbetroffenen in unterschiedlichen Szenarien bei Umsetzung des Plans, mit Liquidation und Verwertung der Sicherheiten (Zerschlagungsszenario) sowie beispielsweise der übertragenden Sanierung als Verwertungsmaßnahme in einer Insolvenz gegenübergestellt werden. In der nachfolgenden Tab. 4.7 wird eine **Vergleichsrechnung** auf Basis des oben dargestellten Beispiels aufgezeigt. Gezeigt werden die erwarteten StaRUG-Erlöse für die Gläubiger in den Szenarien 1. bis 3. Es ergeben sich daraus abgeleitet automatisch die Quoten für die planbetroffenen Gläubiger.

Tab. 4.7: Vergleichsrechnung Darstellender Teil des Plans in TEuro (Quelle: Eigene Darstellung)

Planbetroffene	Ist-Linien	Sicherheiten	Restrukturierung	Liquidation	Übertragung
Hausbank 1	2.000	1.000	1.400	1.000	1.200
Hausbank 2	1.000	500	700	500	600
Nebenbank 1	1.000	Keine	500	100	120
Nebenbank 2	500	Keine	250	50	60
Lieferant 1	200	100	180	100	120
Lieferant 2	100	50	90	50	60

Wie gezeigt, ergeben sich Vorteile für die Planbetroffenen, die Banken und Lieferanten, wenn sie den Kürzungen gemäß dem Restrukturierungsplan zustimmen, da die prognostizierten Erlöse im Rahmen der Liquidation oder übertragenden Sanierung in der Insolvenz geringer ausfallen als bei den Kürzungen gemäß dem Plan.

Ob dann die betroffenen Gläubiger die Berechnungen teilen, dem Restrukturierungsplan zustimmen und die Verzichte akzeptieren, ist nicht vorauszusagen, da sie ihre eigenen Kalkulationen anstellen werden. Dabei spielen unter anderem Erwartungen zu Veräußerungen sowie Bewertungen von Sicherheiten unter Going-Concern eine Rolle und die daraus resultierenden **Wertberichtigungen**. Wenn Einzelwertberichtigungen und Rückstellungen im Rahmen dieser vorgerechneten Szenarien deutlich angehoben werden müssen, ist dies gerade bei den betroffenen Kreditinstituten nicht förderlich für die Verhandlungen. Dabei spielt die individuelle Gewinnsituation der Banken eine Rolle. Dann kann der Plan als Drohkulisse des Schuldners oder es kann das mögliche Scheiternlassen aus Bankensicht eingesetzt werden. Eine Kürzung der Absonderungsrechte liegt nur vor, wenn die Forderungen derart stark reduziert werden, dass der Wert des Absonderungsrechts unterschritten wird.

Dann wird dieser Absonderungsberechtigte dem Restrukturierungsplan nicht zustimmen, der Cram Down scheitert an § 26 Abs. 1 Nr. 1 StaRUG, da der Absonderungsrechte durch den Plan schlechter gestellt würde als ohne.

Der **gestaltende Teil** des Plans enthält gemäß § 7 StaRUG folgende Inhalte:

- Änderung der Rechtsstellung der Inhaber von Restrukturierungsforderungen
- Änderung der Rechtsstellung der Inhaber von Absonderungsanwartschaften
- Änderung der Rechtsstellung der Inhaber gruppeninterner Drittsicherheiten
- Änderung der Rechtsstellung Inhaber von Anteils- oder Mitgliedschaftsrechten
- Darlegung Kürzung, Zeitraums der Stundung, der Sicherung, sonstige Regelungen
- Abänderung vertraglicher Nebenbestimmungen, Vereinbarungen nach § 2 Abs. 2

Gemäß § 7 Abs. 2 StaRUG ist zu benennen, um welchen Prozentsatz die Forderungen in den gesetzlichen Gruppen (§ 9 StaRUG) gekürzt werden, wie in Tab. 4.8 gezeigt.

Tab. 4.8: Quotenberechnung Gestaltender Teil des Plans in TEuro (Quelle: Eigene Darstellung)

Planbetroffene	Ist-Linien	Sicherheiten	Kürzung nominal	Kürzungsquote
Hausbank 1	2.000	1.000	600	30,0 %
Hausbank 2	1.000	500	300	30,0 %
Nebenbank 1	1.000	Keine	500	50,0 %
Nebenbank 2	500	Keine	250	50,0 %
Lieferant 1	200	100	20	10,0 %
Lieferant 2	100	50	10	10,0 %

Auch neue Finanzierungen (§ 12 StaRUG) können in den Plan aufgenommen werden, als Fresh Money oder in Form von echten Prolongationen nach Auslaufen des Kapitalnutzungsrechts vor dem nach § 2 Abs. 5 StaRUG maßgeblichen Zeitpunkt und Sicherheiten dafür, das heißt dingliche Sicherheiten, aber auch Personalsicherheiten Dritter, wie Bürgschaft, Garantie oder Mithaftung zur Absicherung einer neuen Finanzierung. Im darstellenden Teil des Plans muss begründet werden, warum die Finanzierung für die Planverwirklichung notwendig ist.

Neue Finanzierungen gemäß § 12 StaRUG können erforderlich sein, um den weiteren Geschäftsbetrieb während der Verhandlungen über den Plan und nach Umsetzung des Plans aufrecht zu erhalten. Die neuen Finanzierungen und auch die darauf bezogenen Sicherheiten sind bei der Haftung und Anfechtung gemäß §§ 89, 90 StaRUG privilegiert (vgl. Braun-Böhm, 2021, § 12 Rn. 12 ff.). Gegeben werden können zur Finanzierung beispielsweise neue Darlehen, aber alternativ auch Liquiditätserleichterungen durch Lieferanten über das Hinausschieben von Zahlungszielen, in enger Abstimmung mit den betroffenen Kreditversicherern.

Prolongationen von Krediten und Stundungen der Finanzgläubiger stellen dagegen keine neue Finanzierung im Sinne des § 12 StaRUG dar. Lediglich Prolongationen und Stundungen während der Verhandlungen über einen Plan sind als Zwischenfinanzierungen anzusehen und dann bis zur Bestätigung des Plans über § 89 StaRUG geschützt. Diese Maßnahmen sind anschließend als Planbestandteil regelbar und sind dann über § 90 StaRUG privilegiert, beispielsweise bei den Tilgungsaussetzungen, während der Ausarbeitung und Debatte über den Restrukturierungsplan.

Die neue Finanzierung erfolgt auf der Grundlage des Plans, der den Planbetroffenen zur Abstimmung gestellt wird. Diese ist auch Prüfungsgegenstand durch das Gericht gemäß § 63 Abs. 3 StaRUG. Wenn das Zustandekommen der neuen Finanzierung unsicher ist, kann daraus auch die Versagung der Planbestätigung abgeleitet werden.

Im **Restrukturierungsplan** sind nach § 2 Abs. 2 Satz 1 StaRUG auch Einzelbestimmungen in Sicherheitenpoolverträgen, Konsortialverträgen, Schuldverschreibungen sowie Schuldscheindarlehen gestaltbar. Dabei ist bei einer Konsortialfinanzierungen nur das Außenkonsortium umfasst, weder das stille Innenkonsortium noch das gegenüber einem Schuldner offengelegte Konsortium.

Mit den Rechtsänderungen zu den vertraglichen Einzelbestimmungen ist gemeint, inwieweit beispielsweise Verpflichtungen aus der Einhaltung von Finanzrelationen über die **Financial Covenants** umgestaltet werden können. Zu dem Instrumentarium der Klauseln in Form der Financial und Non Financial Covenants ist festzustellen, dass gerade die Financial Covenants in der Krise vereinbart werden, um den Schuldner eng zu binden und die Sanierungserfolge an den erreichten Kennzahlen zu verifizieren.

Überschießende und kombinierte **Covenants**, wie diese nicht selten aus international determinierten Finanzierungsdokumenten hervorgehen, sind dabei natürlich zu vermeiden. Im Vergleich zum Insolvenzverfahren gelten diese Klauseln jedoch weiter, da vertragliche Rechtsverhältnisse außerhalb der Insolvenz in einem Restrukturierungsverfahren von Unternehmen ohne bestimmte Einschränkungen bestehen bleiben (vgl. dazu Braun-Böhm, 2021, § 7 Rn. 13 ff.).

Der Restrukturierungsplan kann gemäß § 2 Abs. 4 StaRUG auch die Rechte der Inhaber von Restrukturierungsforderungen gestalten, die diesen gegen ein verbundenes Unternehmen zum Beispiel als Bürge oder Mitschuldner zustehen oder für die das verbundene Unternehmen dem Gläubiger ein dingliches Sicherungsrecht an Vermögensgegenständen als Drittsicherungsgeber bestellt hat. Die in der Praxis übliche Mitverpflichtung von Konzernunternehmen beziehungsweise die Besicherung einer der Muttergesellschaft oder einer der oberen Konzernfinanzierungsgesellschaften gewährten Finanzmittel durch Personalsicherheiten oder Rechten an Assets der gruppenzugehörigen Gesellschaften durch Upstream oder Sidestream Securities war in der Insolvenz für Gläubiger bisher unproblematisch, weil § 43 InsO die kumulative Geltendmachung der Forderung ermöglicht. Die Banken profitieren von dieser Lösung, ökonomisch verteilt sie aber das Risiko der Finanzierung konzernweit.

Es ist sachgerecht, weil die Verwendung von Barkreditlinien wie Kontokorrentlinien und Avallinien in einer Unternehmensgruppe oftmals über Cash Pools gestreut wird, gleichgültig, wer bürgerlich-rechtlich Kreditnehmer ist. § 2 Abs. 4 StaRUG bricht diese Struktur auf, womit sich die Quote für alle Gläubiger erhöht, mit Ausnahme für diejenigen, die von der Doppelberücksichtigung wie nach § 43 InsO profitieren. § 2 Abs. 4 StaRUG lässt Konzernsicherheiten im Sinne des § 43 InsO in den Restrukturierungsplan einbeziehen, das heißt, sie können je nach Gestaltung ihre Wirksamkeit einbüßen. Allerdings ist beim Eingriff in diese Sicherheiten aus dem „Vermögen des Schuldners eine Entschädigung zu leisten" und zwar innerhalb der Werthaltigkeit der Konzernsicherheiten. Es bedeutet aber nicht zwingend den vollständigen Ausgleich für die Sicherheit. Die Begründung des Gesetzes weist zugleich darauf hin, diese Werthaltigkeit könne durch die Kapitalerhaltungsvorschriften gemindert sein.

Des Weiteren ist ein Eingriff in die Rechte der Anteilseigner gemäß § 7 Abs. 4 StaRUG möglich. Ferner ist analog zur Insolvenzordnung gemäß § 225a Abs. 2 InsO ein Debt Equity Swap durchführbar. Gemäß § 11 Satz 1 StaRUG wird der Schuldner in Höhe der Haircuts sowie etwaiger Debt Equity Swaps der Gläubiger nach positiver Abstimmung über den Restrukturierungsplan von seinen Verbindlichkeiten befreit. Dabei kann ein steuerlicher Sanierungsgewinn entstehen. Steuerliche Problemstellungen können sich ebenfalls auch bei der Umsetzung des **Debt Equity Swap** ergeben. Die Steuerfolgen sind bei der Planerstellung zu prüfen und in die Gestaltungen mit einzubeziehen (vgl. Braun-Böhm, 2021, § 11 Rn. 6). Sanierungserträge sind unter den Voraussetzungen des § 3a EStG (Verweisungen daraus in § 7b GewStG und § 8 Abs. 1 Satz 1 KStG).

Die **Plananlagen** gemäß § 14 StaRUG beinhalten folgende Unterlagen:
- Erklärung zur Bestandsfähigkeit des Unternehmens
- Beseitigung der drohenden Zahlungsunfähigkeit
- Übersicht der Vermögensgegenstände und Verbindlichkeiten nach Plan
- Einzahlungen, Auszahlungen für Zeitraum der Befriedigung der Gläubiger
- Plan für Restrukturierungsforderungen, unberührte und künftige Forderungen

Prägend im StaRUG sind die Begriffe Bestandsfähigkeit sowie Restrukturierungsfähigkeit. Die **Bestandsfähigkeit** nach § 14 StaRUG meint die Wiederherstellung der Wettbewerbsfähigkeit. Es existieren Übereinstimmungen zur Sanierungsfähigkeit und zur handelsrechtlichen Fortführungsfähigkeit (Going Concern), die sich auf die Bewertung der Aktiva auswirkt und zur insolvenzrechtlichen Fortbestehensprognose. Im Restrukturierungskontext bestehen mit dem Begriff der Bestandsfähigkeit Schnittmengen zur Sanierungsfähigkeit und Sanierungswürdigkeit. Des Weiteren setzt die Bestandsfähigkeit die positive insolvenzrechtliche Fortbestehensprognose voraus. Es entspricht dem Stufenkonzept des IDW S 6, in dem vor der Sanierungsanalyse stets die Insolvenzreife der Firma zu überprüfen ist (siehe IDW, 2023a, S. 1158 ff.). Grundlage einer möglichen Planbestätigung ist eine Erklärung zur Bestandsfähigkeit des Unternehmens nach § 14 StaRUG durch den Schuldner.

Dieser **Nachweis** ist vergleichbar mit der Sanierungsfähigkeit, der in außergerichtlichen Sanierungen in der Regel von einem externen auf Sanierungen und Restrukturierungen spezialisierten Gutachter abgegeben wird.

Es ist daran zu erinnern, dass die Notwendigkeit eines solchen Sanierungsgutachtens durch Rechtsprechung des Bundesgerichtshofs ausgelöst wurde, der in dem grundlegenden Urteil seine Rechtsansicht, die er später weiter zur ständigen Rechtsprechung ausdifferenziert hat, zum ernsthaften Sanierungsversuch, welcher die insolvenzrechtliche Anfechtung wegen der vorsätzlichen Gläubigerbenachteiligung im Ergebnis ausschließt, geäußert hat (ausgehend von BGH, 04.12.1997, IX ZR 47/97). Demnach setzt ein derartiger Sanierungsversuch ein in sich schlüssiges Konzept voraus, das von erkannten und erkennbaren tatsächlichen Gegebenheiten ausgeht sowie nicht offensichtlich undurchführbar ist. Dies erscheint auch sachlogisch.

Die Entscheidung und die Nachfolgejudikatur bilden die rechtliche Grundlage für IDW S 6 ab, diese ist damit auch die Grundlage der Verprobung von Insolvenzplänen sowie der Bestandsfähigkeitsprüfung gemäß § 14 Abs. 1 StaRUG. Unter „Bestandsfähigkeit" ist die überwiegende Wahrscheinlichkeit zu verstehen, dass die Wettbewerbsfähigkeit des Unternehmens im relevanten Markt und die Rendite- und Kapitaldienstfähigkeit wieder hergestellt werden können. Dieses kann allein durch die Anforderungen der Umgestaltung der Passiva in der Regel nicht erreicht werden und erfordert operative Maßnahmen auf der leistungswirtschaftlichen Ebene wie Kostenreduzierungen, Kapazitätsanpassungen sowie die Neukonfiguration des Geschäftsmodells. Die Leitbildkonzeption ist zentral für die Anwendung des IDW S 6.

Zudem bedeutet „überwiegend" nicht eine definierte und errechenbare arithmetische Größe von mehr als 50,0 % nach der statistischen Wahrscheinlichkeitsrechnung, sondern ist die Folge einer wertenden Betrachtung aller relevanten Fallumstände, die die Überzeugung anhand der vorliegenden betriebswirtschaftlichen und volkswirtschaftlichen Daten unter anderem zur Konjunkturlage und deren Entwicklung sowie zur Wirkung bestehender oder zu erwartender staatlicher Maßnahmen auf die Branche rechtfertigen, das Unternehmen werde aufgrund dieses Restrukturierungsplans reüssieren. Im Ergebnis wird man empirisch davon sprechen müssen, dass eine deutlich überwiegende Wahrscheinlichkeit zu bejahen ist.

Diese Erklärung zur **Bestandsfähigkeit** sollte aus diesem Grund möglichst von einem neutralen, externen sowie in Restrukturierungsfragen erfahrenen Akteur angefertigt werden. Der Schuldner wird meist nicht das notwendige Know How dazu haben beziehungsweise nicht das notwendige Vertrauen der in den Plan einbezogenen Gläubiger. Es kann daher geboten sein, den **Restrukturierungsplan** schon deswegen durch das Gericht bestätigen zu lassen (§§ 60 ff. StaRUG), um Unsicherheiten über die potenzielle Bestandsfähigkeit zu vermeiden, jedenfalls diese aber zu reduzieren. Allerdings nimmt das Gericht im Wesentlichen keine inhaltliche Kontrolle des Plans vor (kein Gestaltungsrecht), sondern überwacht die Einhaltung der gesetzlichen Erfordernisse und die Vollständigkeit der Unterlagen.

Jedoch hat das **Gericht** gemäß § 63 Abs. 1 Nr. 2 StaRUG die Bestätigung zu versagen, wenn die Vorschriften über den Planinhalt (der §§ 2–15 StaRUG) nicht beachtet wurden. Das eröffnet zusammen mit § 63 Abs. 1 Nr. 3 StaRUG (Versagung der Bestätigung des Plans, wenn die Ansprüche der Planbetroffenen und der anderen Gläubiger offensichtlich nicht erfüllbar sind, ein durch das Kriterium der Offensichtlichkeit engeres Spektrum inhaltlicher Prüfung des Plans von Amts wegen. § 63 Abs. 3 StaRUG führt zu einer Versagung der Bestätigung, wenn eine neue Finanzierung in den Plan eingebunden wird und das Sanierungskonzept unschlüssig ist. Bei genauerer Betrachtung geht die Prüfungsmöglichkeit und Überprüfungspflicht des zuständigen Restrukturierungsgerichts deutlich weiter als nach dem Wortlaut des Gesetzes zunächst anzunehmen. Das Restrukturierungsgericht prüft die Schlüssigkeit der Vergleichsrechnung, nicht jedoch die wirtschaftliche Zweckmäßigkeit und den angestrebten Erfolg.

Diese **Restrukturierungsfähigkeit** wird in § 30 StaRUG zutreffend an die Insolvenzfähigkeit des Schuldners angebunden und stimmt mit der Insolvenzfähigkeit aus der Insolvenzordnung überein (vgl. dazu Braun-Haffa/Schuster, 2021, § 30 Rn. 1 und Braun-Bußhardt, 2019, § 11 Rn. 6 ff.). Die Instrumente des Stabilisierungs- und Restrukturierungsrahmens sind nur auf die unternehmerische Tätigkeit anzuwenden und können für Verbraucher nicht in Anspruch genommen werden § 30 Abs. 1 Satz 2 StaRUG).

Beurteilung des Restrukturierungsplans nach StaRUG

Der darstellende und der gestaltende Teil des **Restrukturierungsplans** beziehen sich wie bereits dargestellt vorrangig auf die Umgestaltung der finanziellen Verbindlichkeiten auf der Passivseite der Bilanz. Allerdings wird ein primär finanzwirtschaftlich geprägter Restrukturierungsplan mit der Umgestaltung der Verbindlichkeiten, wie im StaRUG vorgesehen, für eine erfolgreiche Marktsanierung oft nicht ausreichen. Auch die Planstruktur auf der Basis einer Checkliste kann die Anforderungen an einen Restrukturierungsplan nicht erfüllen. Dann ist ein individuelles Konzept, mit betriebswirtschaftlichen Ansatzpunkten auszuarbeiten. Dieses ist mit aussagekräftigen Planunterlagen zu unterlegen und mit einem konkreten zeitlichen Maßnahmenumsetzungsplan zu arrondieren (vgl. Cranshaw/Portisch, 2020f, S. 2617 ff.).

Die Bedeutung der betriebswirtschaftlichen und leistungswirtschaftlichen Ausarbeitung wurde auch im Konzeptstandard IDW S 2 Anforderungen an Insolvenzpläne erkannt. Demnach ist bei der Erstellung des **Restrukturierungsplans** ein Vorgehen zu empfehlen, das nicht nur die finanzielle Gestaltung umfasst, sondern gerade auch leistungswirtschaftliche Bereiche aus dem Sanierungskonzept nach IDW S 6 aufgreift

---

Erläuterung: Wird das **Restrukturierungsverfahren** als Alternative zu der außergerichtlichen Sanierung beziehungsweise zu dem Insolvenzplanverfahren (als Sanierungsinsolvenzplan) angesehen, dann muss der **Restrukturierungsplan** sowohl Elemente des Insolvenzplans beispielsweise gemäß IDW S 2 als auch leistungswirtschaftliche und betriebswirtschaftliche Controllinginstrumente nach dem Standard IDW S 6 ausweisen. Der Restrukturierungsplan ist eine Mischung aus beiden Konzepten.

Der Restrukturierungsplan nach dem StaRUG ist in erster Linie ein finanzwirtschaftlicher Plan. Allerdings kann ein Turnaround über rein finanzwirtschaftliche Maßnahmen ohne Bearbeitung der leistungswirtschaftlichen Krisenursachen sowie der Verbesserung der Managementqualität in der Regel nicht erreicht werden. Ein Unternehmen gelangt in eine wirtschaftliche Schieflage, wenn es am Markt für Kunden nicht mehr attraktiv ist und das Geschäftsmodell überarbeitet werden muss. Wenn Restrukturierungspläne lediglich finanzwirtschaftliche Sanierungen betreiben, fehlen wesentliche Bausteine der operativen und strategischen Umgestaltungen.

Zu bemerken ist, dass die Gläubiger häufig nicht mehr von der Managementleistung im Krisenunternehmen beziehungsweise von der Person eines Schuldners überzeugt sind und dem Schuldnerplan daher oft sehr kritisch gegenüberstehen. Es ist ferner zu beachten, dass aufgezwungene Moratorien (siehe die Stabilisierungsanordnungen gemäß den §§ 49 ff. StaRUG) die Rechte der Gläubiger wie Banken und Lieferanten stark einschränken. Dies erhöht nicht unbedingt die Zustimmung, die Restrukturierung mit dem bestehenden Management weiter fortzuführen und einem primär schuldnerorientierten Plan zuzustimmen. Der **Restrukturierungsplan** soll betriebswirtschaftliche Kernbestandteile wie im IDW S 6 aufweisen und die Gestaltung der Managementkomponente ist für die Umsetzung der Restrukturierung zu organisieren. Es bietet sich an, einen externen Sanierer als Chief Restructuring Officer (CRO) zu installieren. Die Mitwirkung der Geschäftsleiter ist gemäß § 43 Abs. 1 StaRUG verpflichtend (siehe Pannen/Riedemann/Smid-Riedemann, 2021, § 43 Rn. 30 ff.).

Die Restrukturierung erfordert die Realisierung der leistungswirtschaftlichen Sanierungsmaßnahmen, die zwingend an den **Krisenursachen** ansetzt. Dabei sind die betriebswirtschaftlichen Sanierungsumsetzungspakete mit Zeitkorridor, Verantwortlichkeit und mit gewünschtem Effekt anzubahnen, zu kommunizieren und im Soll-Ist-Vergleich zu überprüfen. Begleitend sind die Planungssysteme gegebenenfalls neu aufzubauen, um eine Überwachung der Umsetzung und Berichterstattung zu ermöglichen. Der Erfolg eines Restrukturierungsverfahrens setzt die intensive Kommunikation mit den Planbetroffenen voraus, um diese von der Annahme des Plans unbedingt zu überzeugen. Die **Krisenkommunikation** kann in dem gesamten Restrukturierungsverfahren eingeschränkt sein, wenn der Schuldner vorzugsweise die außergerichtliche Variante des StaRUG stark nutzt und:

- den Restrukturierungsplan im Alleingang ausarbeitet,
- ihn dann den einbezogenen Gläubigern unter Annahmefrist vorlegt, ohne vorher die Kommunikation mit den Betroffenen zu suchen
- beziehungsweise sofort zur Erörterung des Plans (siehe § 17 Abs. 3 StaRUG, der die unterbliebene Kommunikation mit den Betroffenen vor Abgabe des Planangebots durch den Schuldner zum Gegenstand hat und darüber die Abhaltung eines Erörterungstermins ermöglicht) und zur privatisierten Abstimmung über den Restrukturierungsplan die Versammlung der betroffenen Gläubiger einberuft (vgl. hierzu auch §§ 17, 19, 20 Abs. 1 StaRUG).

Dies ist unter Umständen ein Nachteil gegenüber einer außergerichtlichen (freien) Sanierung, die zwingend eine starke Kommunikation voraussetzt sowie gegenüber dem Insolvenzeröffnungsverfahren beziehungsweise dem eröffneten Insolvenzverfahren, erst recht in Eigenverwaltung, denn dort sind feste Kommunikationswege über die Beteiligung der Gläubiger in verschiedenen Gremien wie unter anderem Gläubigerversammlung und dem (vorläufigen) Gläubigerausschuss) vorgesehen.

Das Schutzschirmverfahren (§ 270d InsO) als Variante eines vorläufigen Insolvenzverfahrens mit dem Ziel der Entwicklung eines Fortführungsinsolvenzplan ist meist nur dann sinnvoll, wenn vor einem Insolvenzantrag zwischen dem Schuldner sowie den hauptsächlichen **„willigen"** Gläubigern eine entsprechende Kommunikation stattgefunden hat. Ansonsten droht dasselbe Risiko wie bei dem Schuldner, der den Restrukturierungsplan auf die bezeichnete Weise überfallartig seinen einbezogenen Gläubigern präsentiert. Dasselbe gilt auch für die Restrukturierung unter Einschaltung des Restrukturierungsgerichts, wenn diese Gläubiger etwa durch eine Verwertungssperre als ersten Schritt überrascht werden.

Planbetroffene Gläubiger, auch juristische Personen und Banken oder Kreditversicherer, sind nicht durchweg die idealtypisch rational handelnden Akteure der Marktwirtschaft, die nach umfangreichen externen sowie internen Vorgaben (MaRisk) agieren und jederzeit transparent rational und objektiv jeden dieser Schritte nachvollziehen oder dokumentieren. Die dortigen Akteure setzen bewusst oder unbewusst und durch Hierarchien hindurch bei wirtschaftspsychologischer Betrachtung Wertungsprärogativen, letztverbindliche Kriterien, warum man einem Plan näher tritt oder nicht.

Der überraschende Restrukturierungsplan oder Insolvenzantrag wird Reflexe auslösen, die nicht mehr reparabel sind, etwa die Kündigung der Geschäftsverbindung. Eine weitere Reaktion ist die Erwägung, der Schuldner, der sich so verhalte, verdiene a priori kein Vertrauen mehr und seinen Vorschlägen sei grundsätzlich mit Ablehnung zu begegnen. Damit entstehen Hürden der Restrukturierung, die das Gesetz nicht einhegen kann. Wird beachtet, dass die Sanierung des Unternehmens, zunächst gleichgültig in welchem gesetzlichen Rahmen, primär ein ökonomischer Vorgang ist, der Einschnitte in Rechte Dritter erfordert, die hier trotz Cram Down mit den notwendigen Mehrheiten zustimmen müssen, wird evident, dass die Kommunikation zwischen den Beteiligten ein Kernbestandteil des Gelingens des Planvorhabens darstellt. Das Kommunikationserfordernis könnte in einem Restrukturierungsverfahren bei dem Verhalten des Schuldners, wie es oben umrissen wurde, zu kurz kommen.

! **Erläuterung:** Hilfreich ist für die Qualität und Annahme des Plans insbesondere, wenn dieser begleitend durch einen erfahrenen Berater strukturiert sowie professionell ausgearbeitet wird und die wesentlichen Gläubiger in die Konzeption bei der Umgestaltung ihrer Forderungen sowie Sicherungsrechte mit einbezogen werden. Dafür ist eine frühzeitige sowie professionelle Kommunikation unerlässlich. Ein neutraler Akteur kann zudem als **Mediator** die unterschiedlichen Interessen abwägen.

Der **Restrukturierungsplan nach StaRUG** sollte übersichtlich aufgestellt werden, ein Management Summary beinhalten und inhaltlich verständlich sein (vgl. Braun-Böhm, 2021, § 5 Rn. 6). Es sollten auch Erläuterungen für die Fachbegriffe gegeben werden. Eine digitale Übermittlung oder elektronische Bereitstellung des Berichts und der Anlagen sollte unbedingt möglich sein, jedenfalls künftig wird das unerlässlich sein.

Das eigenständige Restrukturierungsverfahren nach StaRUG überlagert zeitlich gesehen die außergerichtliche Sanierungsphase und sollte daher mit den notwendigen betriebswirtschaftlichen Instrumenten arbeiten. So bleiben beispielsweise die ausdrücklich im StaRUG geforderten Unterlagen und Anlagen für einen Restrukturierungsplan inhaltlich hinter den geforderten Unterlagen in einem rechtsprechungskonformen Sanierungskonzept zurück. Auch die rechnerischen Planunterlagen sowie die laut Gesetz geforderten Zahlenwerke sind inhaltlich gesehen nicht vergleichbar mit der integrierten softwarebasierten Planungsrechnung, die in den Sanierungsprojekten zum Einsatz kommt. Diese Planungsunterlagen sind in der außergerichtlichen Sanierung ein Standard, denn sie bieten die Basis für Entscheidungsvorlagen in Banken beispielsweise für Verzichte, Tilgungsaussetzungen oder Fresh Money.

Hier ist in der Praxis auf große Professionalität zu achten, denn gerade Zahlenwerke bieten die notwendige Arbeitsgrundlage beispielsweise in Kreditinstituten und werden von den Mitarbeitern der Problemkreditbearbeitung in den Banken genau untersucht. Wenn diese Unterlagen gut erstellt wurden, ist dies für eine Einigungslösung hilfreich, denn es zeigt ein sorgfältiges Vorgehen, welches in der Krise und Restrukturierung auch im weiteren Vorgehen unerlässlich ist. Die Praxis des StaRUG kann daher bezüglich der vorzulegenden Berichte, Zahlenwerke und sonstigen Unterlagen aller Art nicht hinter den Anforderungen an die freie Sanierung zurückbleiben und das ist auch nicht der Fall.

Dazu fehlt insgesamt im StaRUG an der genauen Aufnahme des Geschäftsmodells und der Erarbeitung des Leitbilds für die Beurteilung des möglichen langfristigen Erfolgs und die notwendige Geschäftsmodellrestrukturierung, denn nur so gelingt die Herstellung der langfristigen Bestandsfähigkeit. Dazu ist es notwendig die teilweise unbestimmten Rechtsbegriffe des StaRUG mit entsprechendem Inhalt füllen können. Hier sind die ersten Erfahrungen aus der Praxis hilfreich. Es besteht wie in jedem außergerichtlichen Sanierungsprozess auch im Restrukturierungsverfahren nach dem StaRUG ein hohes Erfordernis an intensiver Kommunikation, ebenso wie im Insolvenzverfahren, angeleitet durch den (vorläufigen) Insolvenzverwalter oder in der (vorläufigen) Eigenverwaltung durch den Schuldner, die Berater eines Schuldners beziehungsweise den Sachwalter sowie in der freien Sanierung getrieben durch die Hausbank beziehungsweise angeleitet durch den externen Sanierungsberater.

Im StaRUG-Verfahren kann der **Restrukturierungsbeauftragte** als neutraler Akteur (§ 75 Abs. 4 Satz 2 StaRUG) diese Rolle übernehmen, in der Intensität abhängig von den übertragenen Aufgaben (siehe § 76 Abs. 2-4 StaRUG). Es kommt somit in erster Linie auf die Professionalität und Erfahrung dieses Akteurs an.

Auf diesem Wege kann den Gläubigern die Bedeutung der finanzwirtschaftlichen Forbearance-Maßnahmen, beispielsweise in der Form der erforderlichen Tilgungsaussetzungen und Verzichten (siehe zu einem nicht abschließenden Katalog der möglichen Maßnahmen in EBA/GL/2018/06 Anhang 5), als notwendige Bedingung für die Restrukturierung klargemacht und den Planbetroffenen die höhere Quote im Vergleich zu der Befriedigungsaussicht der Gläubiger ohne Plan unter Ansatz von Fortführungswerten transparent erläutert werden (Vergleichsrechnung gemäß § 6 Abs. 2 StaRUG). Sind Unternehmensverkauf oder Fortführung aussichtslos, sind Zerschlagungswerte in dieser Vergleichsrechnung anzusetzen (§ 6 Abs. 2 Satz 3 StaRUG). Maßstab einer Vergleichsrechnung ist gemäß dem Willen des Gesetzgebers das **„nächstbeste Szenario"** gegenüber dem Restrukturierungsplan (siehe BT-Drs.19/24181, S. 128).

Die Vergleichsrechnung hat auch Bedeutung für die Bemessung des Wertes der Beteiligung der Gesellschafter des Rechtsträgers des Schuldners (vgl. Termath, 2024, S. 94 ff. zur Vergleichsrechnung und zu dem Schlechterstellungsverbot für die Gruppe der Anteilseigner). Dann ist daher gut vorstellbar, dass im Restrukturierungsverfahren unter Berücksichtigung der Vergleichsrechnung eine Wertdifferenz zugunsten der (bisherigen) Anteilseigner verbleibt, der auszugleichen wäre.

Folgende **Empfehlungen** werden für die Inhalte des Restrukturierungskonzepts gegeben (vgl. auch Pannen/Riedemann/Smid-Smid, 2021, § 6 Rn. 23 ff.):

- Dieser Restrukturierungsplan sollte möglichst auf einem bestehenden Sanierungskonzept gemäß IDW S 6 aufbauen und auch die leistungswirtschaftlichen Aspekte aus dem Sanierungskonzept aufgreifen und umsetzen.
- Ist der Restrukturierungsplan jedoch grundlegend neu zu erarbeiten, sollte sich der Schuldner Unterstützung durch erfahrene Berater suchen. Dies können sanierungserfahrene Berater oder Insolvenzverwalter sein.
- Der Restrukturierungsplan hat das Ziel, das betroffene Krisenunternahmen dauerhaft und tiefgreifend zu sanieren und zum wirtschaftlichen Turnaround zu führen. Dieses kann nur über eine betriebswirtschaftliche Sanierung unter wesentlichem Einfluss einer leistungswirtschaften Sanierung erfolgen. Nur in Ausnahmefällen, die in der Praxis selten vorkommen, kann eine rein finanzwirtschaftliche Sanierung hinreichend sein.
- Im Restrukturierungsplan sind daher nicht nur die finanzwirtschaftlichen Bereiche detailliert abzubilden. Primär sind die leistungswirtschaftlichen Maßnahmen zur Bereinigung der Krisenstadien und Krisenursachen abzubilden.
- Der Restrukturierungsplan sollte einen Maßnahmenplan beinhalten. In dem Plan sind die Sanierungsschritte darzulegen mit Verantwortlichkeiten, dem finanziellen Effekt der Maßnahmen und dem zeitlichen Erreichen.
- Der Maßnahmenplan ist mit dem integrierten Planzahlenwerk abzustimmen. Das Planzahlenwerk ist auch als Grundlage für die Überprüfung der Sanierungserfolge heranzuziehen sowie mit den Ist-Zahlen fortlaufend in für den konkreten Fall angemessenen Zeiträumen zu vergleichen.

- Der Plan ist stets individuell und strukturiert auszuarbeiten. Ein derartiges Gerüst können Verlautbarungen wie IDW S 6 und IDW S 2 anbieten. Standards verschaffen dem Restrukturierungsplan gegebenenfalls einen roten Faden. Es sind unter Umständen auch bestimmte Kernbestandteile mit aufzunehmen wie aus IDW S 6. So ist unter anderem das Geschäftsmodell zu untersuchen.
- Der Restrukturierungsplan wird unbedingt die Anforderungen des BGH an Sanierungskonzepte aufgreifen. Hilfreich dafür ist es, die Inhalte und Prozesse des IDW S 6 als Grundlage für den Restrukturierungsplan zu verwenden.
- Im Restrukturierungsplan ist auf die Managementeignung im Hinblick auf die Beseitigung der Krise durch die leistungswirtschaftlichen Maßnahmen einzugehen. Auch die Einbindung eines Restrukturierungsberaters auf der Ebene der Unternehmensleitung ist zu erörtern.
- Der Restrukturierungsplan hat in der Praxis eine Chance, wenn der Schuldner wie bei der vorläufigen Eigenverwaltung mit den Stakeholdern einen offenen und interessenbetonten Kommunikationsprozess pflegt.
- Die Planannahme kann gefördert werden, wenn eine intensive Gläubigerkommunikation erfolgt. Die Hausbank kann unter Umständen Überzeugungsarbeit leisten, soweit Erfahrungen in der Sanierungsbegleitung bestehen.
- Die Planabstimmung hat professionell zu erfolgen. Die Abstimmung kann gegebenenfalls der Restrukturierungsbeauftragte organisieren (vgl. §§ 76 Abs. 2 Nr. 1, 73 Abs. 1 Nr. 1, 2 Abs. 2, 20–22 StaRUG), der auf eine gerichtliche Klärung streitiger Stimmrechte im Wege der Vorprüfung unter Einbindung eines Restrukturierungsgerichts hinwirken kann. Diese gerichtliche Einbeziehung sollte aus Anfechtungsgründen in einer möglichen Folgeinsolvenz unbedingt erfolgen.

Die gerichtliche Abstimmung im gesetzlichen Restrukturierungsverfahren, mit der zusätzlichen Vorprüfung (§§ 23, 45 ff., 24 ff. StaRUG) ist aus Gründen der Rechtssicherheit sowie Praktikabilität für die spätere Restrukturierung und auch einer mögliche Folgeinsolvenz der privatisierten Abstimmung durch den Schuldner oder unter Leitung des Restrukturierungsbeauftragten unbedingt vorzuziehen.

Nach der hier vertretenen Meinung ist im Allgemeinen diese gerichtliche Planbestätigung unerlässlich (aus Gründen des § 67 StaRUG). Die positive Planabstimmung muss unbedingt gelingen. Es können gegebenenfalls die Instrumente des gruppenübergreifenden **Cross Class Cram Down**, der gruppenübergreifenden Mehrheitsentscheidung, nach den gesetzlichen Bedingungen der §§ 26–28 StaRUG hilfreich sein.

Die Abstimmung soll an folgenden Fall beispielhaft aufgezeigt werden. Von Bedeutung für das Gelingen der positiven Abstimmung über den Plan ist zudem die Gruppeneinteilung der Planbetroffenen nach § 9 StaRUG, die taktische Erwägungen berücksichtigen kann, jedoch nicht missbräuchlich beziehungsweise manipulativ sein darf (siehe auch § 9 Abs. 2 StaRUG zu Kriterien der Gruppenbildung und zu § 9 Abs. 1 StaRUG zu den erforderlichen Pflichtgruppen).

i **Beispiel:** Es ist in diesem Fallbeispiel nach § 9 StaRUG vorgesehen, zwei Gruppen von Gläubigern zu bilden, die von zwei Banken gemäß § 9 Abs. 1 Nr. 2 StaRUG sowie die der Lieferanten mit verlängerten Eigentumsvorbehaltsrechten gemäß § 9 Abs. 1 Nr. 1 StaRUG. Dabei sollen die Forderungen der zwei Hausbanken mit einem Blankoobligo von je 1.000 TEuro um je 30,0 % gekürzt werden. In der Vergleichsrechnung im darstellenden Teil ohne Plan wird ein Wert von je 500 TEuro gegenübergestellt. Daneben existieren drei Lieferanten, die für eine Weiterführung des Betriebes unerlässlich sind. Die Gruppe der Lieferanten mit je 100 TEuro Forderungen und Aussonderungsrechten sowie Absonderungsanwartschaften soll auf 5,0 % verzichten, da die Bewertung ihrer Forderungen mitsamt den Aussonderungs- und Sicherungsrechten (vgl. § 49 Abs. 1 Nr. 2 StaRUG) mit jedenfalls 95,0 % abschließt. Sie stimmen dem Plan zu, während die beiden planbetroffenen Banken diese Kürzung und den Plan ablehnen. Gemäß § 26 Abs. 1 Nr. 1–3 StaRUG kann eine gruppenübergreifende Mehrheitsentscheidung erfolgen, wenn die erforderliche 75,0 % Mehrheit aus § 25 Abs. 1 StaRUG, hier in der Gruppe der Banken, nicht erreicht wird. Die Banken erhalten sonach in diesem Beispiel jeweils 700 TEuro, die Lieferanten jeweils 95 TEuro.

Bei nur zwei Gruppen muss nur eine Gruppe zustimmen, um einen Cram Down zu ermöglichen (siehe § 26 Abs. 1 Nr. 2 Halbsatz 2 StaRUG). Dann wird dieser Plan letztendlich umgesetzt, sofern die Banken am Planmehrwert angemessen beteiligt wurden (§ 26 Abs. 1 Nr. 2 StaRUG). Das scheint im obigen Beispiel der Fall zu sein, denn die Forderungen der Banken sind blanko und die Lieferanten haben zudem den Eigentumsvorbehalt neben einer Abtretung der aus der Veräußerung resultierenden Forderungen des Schuldners auf ihrer Seite.

Gemäß § 32 Abs. 1 StaRUG ist allerdings die Gesamtheit der Interessen der Gläubiger zu wahren, ansonsten kann die Restrukturierungssache dann auch gerichtlich aufgehoben werden und es droht aus dieser Richtung das Fehlschlagen. In diesem Beispiel wird die Zustimmung der Banken wohl erreichbar sein, wenn die Notwendigkeit des Verzichts erläutert wird. Allerdings werden die Banken für neue Finanzierungen wohl nicht mehr zur Verfügung stehen.

Es ist immer zu beachten, dass die Geschäfte nach einer erfolgreichen Restrukturierung in der Praxis auch mit den bereits bestehenden Geschäftspartnern fortgeführt werden müssen. So werden weiterhin bestehende Hauptlieferanten benötigt zur Aufrechterhaltung der Wertschöpfungskette. Des Weiteren finden sich unter Umständen aufgrund der bekannten geschäftlichen Krisenlage keine alternativen beziehungsweise neuen Kreditinstitute, die die Geschäfte fortan finanzieren.

Dieses erfordert insgesamt einen fairen Umgang miteinander sowie eine transparente Kommunikation im Rahmen des berechtigten und angemessenen Informationsbedarfs der Partner, ähnlich wie in der freien, außergerichtlichen Sanierung. Dort wird die Informationsallokation bei Bestehen eines Sicherheitenpools in der Regel vom Poolführer durchgeführt. Alternativ kann die Hausbank auch ohne Existenz eines Sicherheitenpools die Kommunikation in der außergerichtlichen Sanierung übernehmen.

Im Folgenden werden in Tab. 4.9 wesentliche Merkmale eines Restrukturierungsplans den IDW Standards S 6 sowie S 2 gegenübergestellt, um Anregungen für die Ausgestaltung der Anforderungen an einen praxisgerechten Plan zu erhalten.

Tab. 4.9: Pläne und Konzepte zur Restrukturierung im Vergleich (Quelle: Eigene Darstellung)

Kriterien	**Restrukturierungsplan**	**Sanierungsplan S 6**	**Insolvenzplan S 2**
Planinitiatoren	Schuldner	Schuldner Gläubiger	Schuldner Insolvenzverwalter
Einbezogene Gläubiger	Auswahlermessen des Schuldners	Im Regelfall sämtliche Gläubiger	Sämtliche Gläubiger
Entscheidungskriterien	Insolvenzvermeidung Bestandsfähigkeit Cram Down	Sanierungsfähigkeit Sanierungswürdigkeit Wettbewerbsfähigkeit	Quotenvergleich Schlechterstellung Cram Down
Ablauf	Ähnelt Insolvenzplanverfahren	Insolvenzprüfung Stufe 1 und Stufe 2	Insolvenzplanverfahren gemäß §§ 217 ff. InsO
Gliederung und Inhalte	Darstellender Teil Gestaltender Teil Pläne, BGH-Kriterien	Kernbestandteile gemäß IDW S 6 BGH-Kriterien	Darstellender Teil Gestaltender Teil Plananlagen
Sanierung	Finanzieller Fokus Moratorium Debt Equity Swap	Finanz- und leistungswirtschaftliche Komponenten	Fokus finanzwirtschaftliche Sanierung im darstellenden Teil
Abstimmung	Gruppenabstimmung Cram Down §§ 24 ff. StaRUG	Freies Einigungsprinzip Einstimmigkeit Quotenentscheidung	Gruppenabstimmung Obstruktionsverbot (Cram Down) § 245 InsO
Verfahren	Gruppenabstimmung Gerichtlich Außergerichtlich	Quotale Einigung Außergerichtlich Konsensprinzip	Gruppenabstimmung Gerichtliches Abstimmungsverfahren
Mehrheiten	75,0 % Zustimmung Gruppenmitglieder, Summenmehrheit Forderungen	Keine Regelung Außergerichtliche Verhandlung	Einfache Kopfmehrheit Summenmehrheit Forderungen § 244 InsO
Überstimmung	Absolute und Relative Priority Rule Cross Class Cram Down	Keine Regelung	Absolute und Relative Priority Rule, § 245 InsO
Planbestätigung	Gerichtliche Planbestätigung auf Schuldnerantrag, § 60 StaRUG	Keine Regelung Sanierungswürdigkeit	Gerichtliche Bestätigung § 248 InsO von Amts wegen
Umsetzung	Beschreibung der Umsetzungen aus dem Plan, Planüberwachung optional	Umsetzungsplan im Sanierungskonzept Interne Überwachung Banken nach MaRisk	Überwachung der Planerfüllung (optional, § 260 InsO)
Planüberwachung	Durch Restrukturierungsbeauftragten, Aufhebung durch das Restrukturierungsgericht	Gläubiger Schuldner Sanierungsberater	Insolvenzverwalter, Sachwalter, Gläubigerausschuss, Aufhebung durch das Insolvenzgericht

Planannahme ohne Versammlung der Planbetroffenen gemäß § 19 StaRUG

Das **Zustandekommen** des vom Schuldner vorgeschlagenen Restrukturierungsplans bedarf der Zustimmung der Gläubiger. Diese kann einmal dadurch erreicht werden, dass der Schuldner sein Planangebot den einbezogenen Gläubigern unterbreitet sowie eine Frist von mindestens 14 Tagen bestimmt, um den Plan anzunehmen (§ 19 Sätze 1 und 2 StaRUG) sowie alle einbezogenen Gläubiger in ihrer Gruppe mit einem Quorum von mindestens 75,0 % dem vorliegenden Plan zustimmen (auch hier gilt § 25 Abs. 1 StaRUG). Das Procedere ist ohne Versammlung der Planbetroffenen nur dann sinnvoll, wenn der Schuldner mit der Zustimmung aller Planbetroffenen rechnen kann. Dies ist im Vorfeld zu überprüfen, gegebenenfalls in separaten Vorbesprechungen.

Leitet der Schuldner den in den Plan gemäß § 8 StaRUG einbezogenen Gläubigern das Restrukturierungskonzept zuvor in Textform zu, dann muss eine lesbare Erklärung, in der die Person des Erklärenden genannt ist, auf einem dauerhaften Datenträger abgegeben werden (vgl. § 126b BGB und Grüneberg-Ellenberger, 2025, § 126b Rn. 1, 3, 4, 6) und zwar mindestens 14 Tage vor Vorlage des Plans. Ansonsten kann die Annahmefrist auch kürzer sein (§ 19 Satz 3 StaRUG).

Dabei ist jedoch zu differenzieren. Das **Planangebot**, das unter Einhaltung der Mindestannahmefrist von zwei Wochen den betroffenen Gläubigern vorzulegen ist, umfasst den vollständigen Plan nebst den Anlagen einschließlich einer Kostenaufstellung beziehungsweise einer Kostenprognose (§ 17 Abs. 1 Satz 2 StaRUG) einschließlich des Hinweises, der Plan sei in dem Falle der mehrheitlichen Zustimmung der einbezogenen Gläubiger und der gerichtlichen Bestätigung auch für die dissentierenden Planbetroffenen verbindlich (vgl. § 17 Abs. 1 Satz 1 StaRUG).

Das **Restrukturierungskonzept**, das den Planbetroffenen zwei Wochen vor der Zuleitung des Plans (nebst Anlagen) zugeleitet wurde und das die Abkürzung der Frist von mindestens 14 Tagen gemäß § 19 StaRUG gestattet, bleibt dahinter zurück und umfasst nur die wesentlichen Planangaben.

Eine wirtschaftspsychologische Voraussetzung der einhelligen Zustimmung zum Plan, das heißt einer konsensualen Lösung, die in ihrem Ergebnis der bisherigen außergerichtlichen Sanierung weitgehend entspricht, ist die möglichst frühzeitige Einbindung der betroffenen Gläubiger ohne negativen Überraschungseffekt. Die Unternehmenssanierung unter Beteiligung von Gläubigern an Sanierungsbeiträgen ist ein Prozess, der letzten Endes insgesamt drei Komponenten umfasst.

Zum einen den ökonomischen Prozess (Leistungs- und Finanzwirtschaft), zum anderen den rechtlichen Vorgang (Gestaltung, das heißt Änderungen der Rechtspositionen der Beteiligten sowie gegebenenfalls außerhalb des Plans stehender Dritter, um das ökonomische Ergebnis zu erreichen) sowie schließlich den Kommunikationsprozess, der erst zur Vertrauensbildung und zur Zustimmung der Betroffenen führt. Das Handlungs- und Entscheidungsverhalten der Betroffenen ist idealiter dasjenige des idealtypischen Gläubigers der (sozialen) Marktwirtschaft.

Erläuterung: Die Planvorlage an die **Planbetroffenen** führt zu einem leicht unterschätzten Problem. Der Schuldner muss dem Planbetroffenen die Unterlagen an dessen richtige Anschrift zuleiten und den Zugang nachweisen, da ansonsten der Gläubiger einwenden kann, er habe an der Willensbildung nicht teilnehmen können, da er den Plan vor der Entscheidung darüber nicht erhalten habe. Er sei daher nicht daran gebunden, da er überhaupt nicht daran beteiligt worden sei. Das kann jedenfalls bei einer übersichtlichen Zahl von Gläubigern durch eine geeignete Kommunikation und Rückkopplung mit den Akteuren auf der Seite der Planbetroffenen vorsorglich behoben werden.

Entscheidender Beitrag von Kommunikationsprozessen

Fokussiert man diese Systematik der Planannahme daher auf den Kommunikationsprozess, ist zum einen der Begriff der Mindestfrist ernst zu nehmen. Fristen, die ultimativ wirken, gefährden die Annahme. Zum anderen wird der Schuldner, der davon ausgeht, sämtliche Planbetroffenen würden den Plan annehmen, rechtzeitig mit ihnen kommunizieren sowie ihnen den Planentwurf zuleiten und zwar wiederum unter Einhaltung der Frist von mindestens 14 Tagen.

Der Prozess ist wechselseitig und führt immer wieder zu Nuancen der Planänderung. Aus der Praxis des Insolvenzplans, aus dem der Restrukturierungsplan des StaRUG abgeleitet ist, weiß man, dass sogar noch kurze Zeit vor dem gerichtlichen Abstimmungstermin noch Änderungen auf nachvollziehbares Verlangen planbetroffener Gläubiger vorgenommen werden. § 240 InsO ermöglicht sogar die Abänderung einzelner Planbestimmungen im Erörterungstermin sowie die Abstimmung darüber im selben Termin und zwar auch solcher von erheblicher Bedeutung. Maßstab ist die Komplexität des Plans, der durch die Änderung „in letzter Sekunde“ nur nicht so umgestaltet werden darf, dass über diesen nicht mehr sofort vernünftig entschieden werden kann (vgl. Schmidt-Spliedt, 2023, § 240 Rn. 3 ff.).

Werden diese parallelen Strukturen zwischen dem Insolvenzplan und dem Restrukturierungsplan des StaRUG berücksichtigt, so bedeutet das, dass Planänderungen bis zur finalen Fassung jederzeit möglich sind, dann aber immer im Rahmen eines geordneten Kommunikationsprozesses, der für Transparenz und Vertrauensaufbau sorgt. Das Planangebot mit der Annahmefrist von mindestens 14 Tagen ist daher nur dann ein geeignetes Instrument der konsensualen Planannahme, wenn zuvor ein transparenter Kommunikationsprozess stattgefunden hat und sich diese Planbetroffenen sowie auch der Schuldner einig waren.

Hinweis gemäß § 17 Abs. 1 Satz 1 Halbsatz 2 StaRUG, Rechtscharakter des Plans

Genau diesen Kommunikationsprozess meint § 17 Abs. 3 StaRUG, der die Option eines Erörterungstermins eines Planbetroffenen vorsieht, wenn der Schuldner nicht zuvor Gelegenheit gegeben hat, das Restrukturierungskonzept oder den Plan zu erörtern. Zudem ist der von Allen angenommene Plan ohne Abstimmung nach der hier vertretenen Meinung eher ein Vergleich nach § 779 BGB, ungeachtet dessen, welche der Theorien zur Rechtsnatur des Restrukturierungsplans vertreten werden.

Erforderlich ist es, dass der zur Planinitiative allein berechtigte Schuldner den zwingenden Hinweis erhält, der Plan werde für Dissentierende nur verbindlich, wenn dieser von den Gläubigern mehrheitlich angenommen sowie gerichtlich bestätigt werde (vgl. § 17 Abs. 1 Satz 1 Halbsatz 2 StaRUG).

Diesen Hinweis nimmt § 67 Abs. 1 Satz 2 StaRUG mit den Wirkungen des Plans für derartige Gläubiger auf. § 17 Abs. 1 Satz 1 Halbsatz 2 StaRUG ist im Ergebnis unbeachtlich, wenn der Restrukturierungsplan im Ergebnis konsensual nach § 19 StaRUG durch Annahme aller Planbetroffenen zustande kommt.

Auslegungsregel des § 18 StaRUG

Die Vorschrift des § 18 StaRUG enthält eine gesetzliche Vermutung, wie der Plan auszulegen sei, wonach nämlich dieses Planangebot unter der aufschiebenden Bedingung (§ 158 Abs. 1 BGB) stehe, dass dieses entweder von allen Planbetroffenen angenommen werde oder vom Gericht zu bestätigen sei.

Im Kern bedeutet das nur, dass das Planangebot für den Schuldner nicht auf einzelne Gläubiger zielt, sondern dass er ausschließlich unter den Bedingungen der zitierten Norm gebunden sein möchte, nämlich gegenüber allen einbezogenen Gläubigern nach Maßgabe dieser Festlegungen im Plan. Genau genommen wird dieses Planangebot erst wirksam, wenn alle Gläubiger zugestimmt haben oder der Plan vom Gericht bestätigt wurde (Folge aus § 158 Abs. 1 BGB, der vorliegend im Rahmen des § 18 StaRUG anzuwenden ist). Dies ist zu empfehlen, da § 18 StaRUG davon spricht, das Planangebot sei „im Zweifel" unter den erwähnten aufschiebenden Bedingungen gemacht worden, im Planangebot selbst, und zwar im gestaltenden Teil, festzuhalten, dass das Angebot unter den beiden aufschiebenden Bedingungen des § 18 StaRUG stehe.

---

i **Beispiel:** Von den Bedingungen des § 18 StaRUG sind diejenigen Bedingungen nach § 62 StaRUG („Bedingter Restrukturierungsplan") zu unterscheiden, die mit dem Weg der Zustimmung der Gläubiger zum Plan nichts zu tun haben. § 62 StaRUG betrifft die Leistungen sowie Maßnahmen von außerhalb des Plans stehenden Stakeholdern, ohne die und deren Handlungen der Restrukturierungsplan gefährdet ist oder nicht erfüllt werden kann. Haben beispielsweise die Planbetroffenen mit dem Schuldner erörtert und, wurde es so im darstellenden Teil aufgenommen, der Plan solle nur wirksam werden, wenn ein noch schwebender Kaufvertrag des Schuldners mit einem Dritten über den Verkauf eines Teilbetriebs eines Unternehmens wirksam und vollzogen wird und der Schuldner die überschießende Liquidität aus diesem Verkauf endgültig zu seiner Verfügung hat, gilt folgendes: In dem gestaltenden Teil des Plans kann nach § 62 StaRUG bestimmt werden, dass der Plan nur bestätigt werden kann, wenn diese Maßnahme umgesetzt wurde und keine sonstigen Versagungsgründe entgegenstehen („bedingter" Restrukturierungsplan).

Planablehnung aus Sachgründen, negativ konnotierter Begriff des Akkordstörers

Die für dissentierende Gläubiger auch verwendete Begrifflichkeit des Akkordstörers beziehungsweise die auf sein ablehnendes Verhalten ebenfalls zielende Begrifflichkeit des „Obstruktionsverbots" (§ 245 InsO) ist indes nicht sachgerecht.

Denn es wird dabei impliziert, der **Widerstand** gegen den Plan entspringe letztlich unvernünftigen Erwägungen, obwohl jedem Plankonzept unter anderem Bewertungs- und Wertungsentscheidungen sowie Unsicherheiten zugrunde liegen, denen sich nicht alle Gläubiger beispielsweise aus wirtschaftlichen Gründen nicht anschließen mögen.

Erläuterung: Der Begriff **„Akkordstörer"** ist negativ besetzt und enthält begrifflich eine moralische Abwertung dissentierender Gläubiger, die in einem rationalen wissenschaftsbasierten Begriffsumfeld der Sanierung keinen Platz hat und dessen Verwendung gerade im Kommunikationsprozess kontraproduktiv ist. Die Cram-Down-Regelungen (§§ 245, 245a InsO, 26 ff. StaRUG) binden daran an, dass das Gericht nach Abstimmung über den Insolvenzplan oder Restrukturierungsplan feststellt, der Gläubiger erleide entgegen seiner Wertung keinen Nachteil gegenüber anderen Beteiligten nach der normativen Wertung des Gesetzgebers im Rahmen eines weiten gesetzgeberischen Ermessens, das beispielsweise durch die Eigentumsgarantie des Art. 14 GG begrenzt ist. Keine gesetzliche Regelung darf auch im Restrukturierungsbereich willkürlich erscheinen. Demnach etwa wäre die „automatische" Abwertung der Unternehmensbeteiligung von Eignern in Restrukturierungs- und Insolvenzfällen auf „Null" ein Verstoß gegen Art. 14 GG, ebenso wäre willkürlich die Vorstellung, im Interesse der Sanierung eines Unternehmens und der Rettung von Arbeitsplätzen oder der Erhaltung des Unternehmens als Steuerquelle oder im Allgemeininteresse der Sozialversicherung die Forderungen der Gläubiger automatisch auf „Null" zu reduzieren. Davon zu unterscheiden sind Bewertungsunterschiede von Forderungen und Sicherheiten oder Beteiligungen, die sachlogisch nicht zu beseitigen sind, da es sich stets um Schätzwerte handelt. Bei Marktwerten darf nicht übersehen werden, dass es in der Marktwirtschaft Bandbreiten gibt, aber keinen „gerechten Preis".

Optionen des Schuldners zur Auswahl der Mechanismen der Planzustimmung

Der betroffene Schuldner wird die Systematik der erwarteten konsensualen Planannahme durch sämtliche Planbetroffenen ohne eine Mehrheitsentscheidung und damit sachlogisch ohne Cram Down bevorzugen, wenn er sich insbesondere aufgrund vorheriger intensiver Kommunikation mit den in den Plan einbezogenen Beteiligten sicher sein darf, dass alle Planbetroffenen zustimmen.

Dieser Mechanismus des Zustandekommens des Plans ist nicht etwa eine erste Stufe, auf die dann eben notgedrungen die Abstimmungsverfahren als zweite Stufe folgen würden, sondern es handelt sich rechtssystematisch verfahrenstechnisch und materiell-rechtlich um ein eigenständiges Vorgehen. Scheitert diese konsensuale und einheitliche Willensbildung, beginnt der Prozess von vorn. Stimmen nicht alle Planbetroffenen fristgerecht zu, ist das vorgelegte Planangebot des Schuldners auf Abschluss eines Sanierungsvergleichs nach der Maßgabe des § 779 BGB (vgl. Pannen/Riedemann/Smid-Smid, 2021, § 17 Rn. 12 ff.) endgültig erloschen, wie aus § 19 Satz 1 StaRUG i.V.m. den §§ 147, 148 BGB hervorgeht (Erlöschen eines Vertragsangebots, wenn die für Annahme gesetzte Frist ohne Annahme verstrichen ist). Der Schuldner würde in diesem Fall im Allgemeinen unüberlegt vorgehen, wenn er sein Planangebot schlicht noch einmal ohne jede Änderung den Betroffenen gemäß § 17 Abs. 1 StaRUG unterbreiten würde mit dem einzigen Unterschied der rechtzeitigen Ladung der Betroffenen zu der Versammlung, um nun über den Plan mehrheitlich abzustimmen, gleichwohl ob als Präsenzveranstaltung oder elektronisch.

Sinnvoll ist vielmehr zunächst eine Ursachenforschung darüber, wer von den Planbetroffenen nicht zugestimmt hat und was die Gründe dafür waren, die auf Wertungserwägungen beruhen können. Der Schuldner wird zugleich mit den Beratern erörtern müssen, ob der bisher vorgelegte Restrukturierungsplan letztendlich den Cram Down rechtfertigte, wenn man in das gerichtliche Verfahren mit gerichtlicher Abstimmung (vgl. §§ 45, 46, 23 StaRUG) und am Ende gerichtlicher Planbestätigung übergehen würde, um unter anderem den Cram Down und die Verbindlichkeit des Plans für sämtliche Planbetroffenen durchzusetzen.

Das Scheitern einer konsensualen Einigung muss daher regelmäßig einen Prozess der internen Reflexion auf Schuldnerebene ebenso auslösen wie einen Kommunikationsprozess mit dissentierenden Gläubigern. Wenn eine Notwendigkeit der Planänderung auftaucht, kann das **Gleichgewicht** des gesamten Plans beeinträchtigt sein. In einem solchen Fall ist der Kommunikationsprozess mit allen Gläubigern erneut zu führen. All das kostet Zeit und verursacht zusätzliche Kosten. Beides hat der Schuldner im Regelfall nicht. Daher ist das Verfahren der konsensualen Einigung nur geeignet, wenn von vornherein klar ist, dass diese einbezogenen Gläubiger sämtlich zustimmen werden. Das Verfahren mit Annahmefrist gemäß § 19 StaRUG ist nicht mit dem Abstimmungsverfahren gemäß § 20 StaRUG vergleichbar, da es nicht auf dem Mehrheitsprinzip mit Cram Down beruht, sondern auf dem Konsensualprinzip (anders zu dem Sachverhalt Pannen/Riedemann/Smid-Smid, 2021, § 20 Rn. 9 und vgl. BTag 2020c, S. 123). Die konsensuale Lösung wird selten der Fall sein, wenn Verzichte eingefordert werden.

Der Schuldner kann in dem Abstimmungsverfahren mit einer Versammlung der Planbetroffenen über den vorgelegten Plan zwischen zwei Modulen wählen, einem privatisierten Abstimmungsverfahren und der gerichtlichen Abstimmung (§§ 23, 29 Abs. 2 Nr. 1, StaRUG, optional gegebenenfalls mit gerichtlicher Vorprüfung nach § 46 StaRUG zu relevanten Zweifelsfragen).

Vorbesprechung mit dem Gericht und Vorprüfung nach den §§ 46 ff. StaRUG

Das **Vorprüfungsverfahren** gemäß den §§ 46 ff. StaRUG entspricht der gerichtlichen Erstprüfung des Insolvenzgerichts gemäß § 231 InsO, wenn auch das Vorprüfungsverfahren nach StaRUG mit einem Hinweisbeschluss auf bestehende Planmängel, endet und nicht mit der Zurückweisung des Plans, welches die Folge des § 231 InsO ist (vgl. BTag, 2020, S. 148 zu § 48 StaRUG-RegE).

Vom **Vorprüfungstermin** im Sinne des § 46 StaRUG ist eine etwaige im StaRUG nicht vorgesehene Vorbesprechung mit einem Restrukturierungsrichter zu unterscheiden, welche gegebenenfalls erst Fragen zutage treten lassen, die dann im Vorprüfungstermin mit dem Ergebnis des Hinweisbeschlusses als vorläufige Rechtsmeinung des Gerichts verabschiedet werden. Eine solche Vorbesprechung hat ein ähnliches Ziel wie das Verfahren nach den §§ 46, 47, 48 StaRUG, ist ohne Bindungswirkung für das Gericht und ist vergleichbar mit dem durch das SanInsFoG in die Insolvenzordnung eingefügten § 10a InsO „Vorgespräch" (Auszug):

- „(1) Ein Schuldner, der mindestens zwei der drei in § 22a Absatz 1 InsO genannten Voraussetzungen erfüllt, hat an dem für ihn zuständigen Insolvenzgericht Anspruch auf ein Vorgespräch über die für das Verfahren relevanten Gegenstände, insbesondere die Voraussetzungen für eine Eigenverwaltung, eine Eigenverwaltungsplanung, die Besetzung eines vorläufigen Gläubigerausschusses, die Person des vorläufigen Insolvenzverwalters oder Sachwalters, weitere Sicherungsanordnungen sowie die Ermächtigung zu der Begründung von Masseverbindlichkeiten. Wenn der Schuldner nach Satz 1 keinen Anspruch auf ein Vorgespräch hat, liegt das Angebot eines Vorgesprächs im Ermessen des Gerichts.
- (2) Mit Zustimmung des Schuldners kann das Gericht Gläubiger anhören, insbesondere, um deren mögliche Bereitschaft für eine Mitgliedschaft in einem vorläufigen Gläubigerausschuss zu erörtern."

Ziel des § 10a InsO ist die Vorbereitung eines **„etwaigen Insolvenzverfahrens"** (vgl. BTag 2020c, S. 192, zu § 10a InsO). Ein außerhalb des Vorprüfungsverfahrens nach den §§ 46, 47 ff. StaRUG liegendes Vorgespräch mit dem Restrukturierungsrichter hätte genau eben jenes Ziel wie § 10a InsO für das Insolvenzverfahren, nämlich die Vorbereitung eines gerichtlich begleiteten Restrukturierungsverfahrens, wobei etwa konkret von einem Schuldner vorgestellte Module von Stabilisierungsanordnungen erörtert werden könnten. Die Vorlage eines ausgefertigten Plans ist für das hier angeregte Vorgespräch ähnlich § 10a InsO noch nicht erforderlich, lediglich ein Restrukturierungskonzept und die weiteren Angaben gemäß § 31 Abs. 2 StaRUG, denn auch ein solches Vorgespräch setzte die Rechtshängigkeit einer Restrukturierungssache aufgrund der Anzeige aus § 31 Abs. 1, 3 StaRUG voraus. Mit der Anzeige hat der Schuldner noch keines der Instrumente gemäß § 29 Abs. 2 StaRUG in Anspruch genommen, das ist auch nicht notwendig, wie aus § 29 Abs. 3 StaRUG erkennbar ist

Es besteht kein Grund, ein solches Vorgespräch zu verneinen mit der Argumentation, es sei im Gesetz nicht vorgesehen oder den Schuldner auf die Vorprüfung nach den §§ 46 ff. StaRUG zu verweisen. Ein wesentlicher Punkt einer solchen Vorbesprechung können Fragen im Zusammenhang mit dem Abstimmungsverfahren sein, ob ein privatisiertes oder eher ein gerichtliches Abstimmungsverfahren sachgerecht sei. Eine Beratung des Schuldners ist damit nicht verbunden.

Außergerichtliches Abstimmungsverfahren mit Planbetroffenenversammlung

Wählt also der Schuldner das **„privatisierte" Abstimmungsverfahren** über die Zustimmung zum Restrukturierungsplan nach den §§ 17, 18, 20-22 StaRUG unter Verantwortung des Schuldners, dann eröffnet ihm das die Option des Cram Down, die allerdings erst dann Wirkung entfaltet, wenn der Plan, über den erfolgreich in dem privatisierten Verfahren abgestimmt wurde, vom Gericht bestätigt wird, weil er nur dann gegenüber dissentierenden oder die Beteiligung verweigernden Planbetroffenen Wirkung entfaltet (vgl. § 67 Abs. 1 Satz 2 StaRUG).

Dazu muss der Schuldner nach der erfolgreichen privatisierten Abstimmung die Bestätigung dieses Plans beantragen (siehe §§ 60 Abs. 1 Sätze 1, 3 StaRUG, 61–66 StaRUG). Hierzu muss er zuvor die Restrukturierungssache dem Restrukturierungsgericht anzeigen (§§ 31 Abs. 1, 3 StaRUG), da die Instrumente des Stabilisierungs- und Restrukturierungsrahmens gemäß § 31 Abs. 1 StaRUG nur in Anspruch genommen werden können, wenn zuvor die erwähnte Anzeige erfolgt ist, denn die gerichtliche Abstimmung ist eines der Instrumente (§ 29 Abs. 2 Nr. 1 StaRUG). Das **privatisierte Abstimmungsverfahren** in einer Versammlung der Planbetroffenen läuft wie folgt ab:

- **Angebot:** Planangebot des Schuldners an die „Planbetroffenen“ aus § 17 Sta-RUG, unter gleichzeitiger Einberufung der Versammlung der Planbetroffenen ohne Bestimmung einer Annahmefrist aus § 19 StaRUG, weil klar ist, dass nicht alle zustimmen werden. Das Vorgehen gemäß § 19 StaRUG kann übersprungen werden (vgl. Pannen/Riedemann/Smid-Smid, 2021, § 20 Rn. 9–11).
- **Ladungsfrist:** 14 Tage (§ 20 Abs. 1 Satz 3 StaRUG), bei der Option anstelle physischer Teilnahme elektronische Teilnahme zu wählen (§ 20 Abs.3 StaRUG) mindestens sieben Tage, § 20 Abs. 1 Satz 4 StaRUG. Der Restrukturierungsplan mit Anlagen ist dieser Einberufung beizufügen.
- **Form der Einberufung:** Schriftlich nach § 20 Abs. 1 Satz 2 StaRUG beziehungsweise mittels der die Schriftform ersetzenden elektronischen Form, § 126a BGB i.V.m. § 126 Abs. 3 BGB (vgl. Grüneberg-Ellenberger, 2025, § 126a Rn. 1, 2).
- **Elektronische Kommunikation und Abstimmung:** Die elektronische Form setzt voraus, dass die jeweiligen Planbetroffenen zuverlässig auf diesem Wege erreichbar sind beziehungsweise diese elektronische Kommunikation zugelassen haben, was konkludent erfolgen kann (Grüneberg-Ellenberger, 2025, § 126a Rn. 6). Erneut zeigt sich die Notwendigkeit vorheriger Kommunikation mit den Planbetroffenen, die auch zum Gegenstand haben muss, auf welche Art man miteinander kommuniziert, ob die elektronische Form an die Stelle der Schriftform treten soll. Ist ein planbetroffener Gläubiger nicht mit einer elektronischen Kommunikation einverstanden, scheiden die dort möglichen Fristverkürzungen aus.
- **Abstimmungsverfahren:** Präsenzveranstaltung („Versammlung der Planbetroffenen“) oder virtuelle (elektronische) Versammlung.
- **Abstimmungsverfahren und Abstimmungsvorgang:** Der Abstimmungsvorgang selbst ist nur ein Teilaspekt, ihn könnte man anonym durchführen. Es geht aber nicht nur um den Abstimmungsakt, sondern um den Diskurs über den Restrukturierungsplan sowie das zugehörige Gesamtkonzept, an dessen Ende die Abstimmung steht. § 20 Abs. 3 StaRUG verdeutlicht das anschaulich, wenn dort, unter der Leitung des Schuldners, dieser den Planbetroffenen Auskunft zu erteilen hat, der Plan sogar in einzelnen Punkten geändert werden kann (vgl. § 20 Abs. 4 StaRUG), Planbetroffene das Recht zu Änderungsvorschlägen haben. Die Änderungen muss der Schuldner allerdings mindestens einen Tag vor dem Beginn der Versammlung in Textform erhalten haben (vgl. § 126b BGB).

Das bedeutet eine lesbare Erklärung auf einem „dauerhaften Datenträger", welche die Kriterien der persönlichen Adressierung an den Empfänger sowie der dauerhaften Zugänglichkeit und der jederzeitigen unveränderten Wiedergabe der Erklärung erfüllt, einen Abschluss enthält sowie zweckmäßig eine jedenfalls eingescannte Unterschrift (vgl. Grüneberg-Ellenberger, 2025, § 126b Rn. 3–5).

Sachlogisch haben diese Normen nur dann einen Sinn, wenn in der Versammlung die Möglichkeit eines Diskurses besteht, worauf die Gesetzesbegründung zutreffend hinweist (siehe BTag, 2020, S. 123, Begründung zu § 22 StaRUG-RegE). Daraus können sich Änderungen des Plans ergeben, die durchaus bedeutend sein können (§ 20 Abs. 4 StaRUG, der § 240 InsO vergleichbar ist). Der Schuldner des StaRUG ist aber nicht gehalten, auf die Vorschläge und Änderungen einzugehen. Er muss verspätet eingegangene Vorschläge dann nicht einmal in die Versammlung mit einbringen (vgl. BTag, 2020, S. 123), er ist aber natürlich dazu befugt.

Schweigt dieser sich aus, ist damit zu rechnen, dass derjenige, der Änderungen vorschlägt, in der Versammlung seinen Vorschlag einbringt. Die Begründung des Gesetzentwurfs des heutigen § 20 StaRUG hebt zutreffend hervor, dass über etwa konkurrierende Pläne nicht abzustimmen ist, sondern nur über den Plan des Schuldners. Lehnt dieser mit aus seiner Sicht guten Gründen jede Änderung an seinem Planangebot ab, riskiert er gegebenenfalls die Ablehnung seines Plans durch die Gläubigermehrheit, so dass dieser scheitert.

Einen **Schadensersatzanspruch** gegen Gläubiger, deren Vorschläge er abgelehnt hat und die daraufhin in der Versammlung ihrerseits dafür werben, den Plan nicht anzunehmen, hat der Schuldner außerhalb der Voraussetzungen des § 826 BGB nicht, die in praxi nicht vorstellbar sind, auch wenn er aus seiner Sicht durch die fehlende Plannahme einen hohen Schaden erlitten haben will.

Der Diskurs in der Versammlung ist besonders wichtig, da diese das einzige Gremium der planbetroffenen Gläubiger ist, das über das Schicksal des vorgeschlagenen Sanierungskonzepts entscheidet. Ein Gremium, das insgesamt auch nur ein einziges Mal zusammentrifft, ein Rudiment der bestehenden Gläubigerautonomie, wie sie aus der Insolvenzordnung bekannt ist. Im Allgemeinen ist der Schuldner gut beraten, auf Änderungsvorschläge wesentlicher planbetroffener Stakeholder einzugehen sowie diese in der Versammlung zu erörtern, da er mindestens der Mehrheit der gebildeten Gruppen der Gläubiger bedarf, um wenigstens über einen **Cram Down** seinen **Plan** durchzusetzen (siehe § 26 Abs. 1 Nr. 3 Halbsatz 1 StaRUG) und er in jeder Gruppe zudem eine qualifizierte Dreiviertelmehrheit benötigt.

Erläuterung: Der Schuldner sollte offen sein für die **Planänderungen** auf den Wunsch bedeutender Gläubiger wie Banken, da er die Zustimmung der Gläubigergruppen benötigt. Gerade mit den Hausbanken und möglicherweise den Hauptlieferanten sollte er sich intensiv abstimmen, da er diese zur weiteren Finanzierung und gegebenenfalls Belieferung zur Fortführung seiner Geschäfte benötigt. **!**

Erfordernis der Möglichkeit der Teilnahme für alle Planbetroffenen

Bedeutend ist neben der angemessenen **Einberufungsfrist**, dass tatsächlich alle Planbetroffenen an der Präsenzveranstaltung oder der virtuellen Veranstaltung teilnehmen können. Eine ausschließliche Präsenzveranstaltung ist dann rechtswidrig, wenn beispielsweise in Pandemiezeiten durch infektionsschutzrechtliche Maßnahmen oder aus vergleichbaren tatsächlichen Gründen nur wenige Planbetroffene oder deren Repräsentanten teilnehmen könnten, eine ausschließlich **virtuelle Sitzung** dann, wenn nicht alle Planbetroffenen auf diese Weise erreichbar wären. Hier besteht eine Grauzone und es existiert eine gesetzliche Lücke.

Im Ergebnis wird man gegebenenfalls eine hybride Veranstaltung wählen, wenn der Kreis der Planbetroffenen groß ist, eine virtuelle, wenn nur wenige Planbetroffene beteiligt sind (zum Beispiel ein Bankaußenkonsortium, ein Kreditversicherer) und wenn man ein allen Beteiligten geläufiges virtuelles Format verwendet. Allerdings besteht wie im Falle der virtuellen Hauptversammlung nach § 118 AktG das Problem der Legitimation der Abstimmenden (vgl. Heidel-Krenek/Pluta, 2024, § 118 Rn. 12, 14). Aber das ist bei einem kleinen Kreis Planbetroffener durch entsprechende vorherige Festlegung der Vertreter der Gläubiger möglich.

Geeignetheit der eingesetzten Formate, Dokumentationspflicht und Risiken

Entscheidend ist, dass das für die virtuelle Versammlung verwendete digitale Format, die Beteiligung am Diskurs ebenso wie die dokumentierte unverfälschte Stimmabgabe ermöglicht. Dies ist in Anbetracht der aktuellen Technik ohne Probleme möglich. Der Schuldner hat all dies zu dokumentieren (§ 22 StaRUG) und diese Dokumentation den Planbetroffenen unverzüglich beziehungsweise zeitnah zugänglich zu machen (§ 22 Abs. 2 StaRUG). Die genaue Einhaltung all dieser Vorgaben ist geboten, da die gerichtliche Bestätigung eines Plans nicht erfolgt, wenn die Verfahrensvorschriften in einem wesentlichen Punkt nicht eingehalten wurden (vgl. § 63 Abs. 1 Nr. 2 StaRUG).

Zu den wesentlichen **Verfahrensregelungen** gehört die ordnungsgemäße Durchführung der Versammlung der Planbetroffenen und die Abstimmung sowie die zugehörige Dokumentation, die dem Gericht mit dem Antrag auf Planbestätigung vorzulegen ist (§ 60 Abs. 1 Satz 3 StaRUG). Allein eine nur ungenaue oder nichtssagende Dokumentation im Sinne des § 22 StaRUG führt daher im Zweifel zu einem Scheitern der Bestätigung und der Restrukturierung, da ohne gerichtliche Bestätigung diese dissentierenden Gläubiger nicht gebunden sind, auch wenn noch so sehr die Voraussetzungen des Cram Down vorliegen mögen.

Es steht nichts im Wege, die notwendige Unterrichtung der Beteiligten durch Zugänglichmachung der Dokumentation elektronisch durchzuführen, unter der Nutzung einer den Beteiligten zugeteilten PIN. Planbetroffene Gläubiger dürften regelmäßig über die Möglichkeit elektronischer Kommunikation verfügen. Auf damit verbundene Fragen im Kontext mit der DSGVO soll hier nicht eingegangen werden.

Vorsitz der Versammlung der Planbetroffenen

Den Vorsitz führt im Regelfall der Schuldner, § 20 Abs. 3 Satz 1 StaRUG. Als Ausnahme kann die Leitung auch durch den Restrukturierungsbeauftragten erfolgen. Die Leitung der Versammlung und der Abstimmung durch diesen von Amts wegen bestellten Restrukturierungsbeauftragten erfolgt gerade dann, wenn keine gerichtliche Abstimmung stattfindet, der Restrukturierungsbeauftragte diese privatisierte Abstimmung gewählt und die Voraussetzungen gemäß § 73 Abs. 1 Nr. 1, 2 StaRUG vorliegen, § 76 Abs. 2 Nr. 1 StaRUG. Diese Voraussetzungen liegen bei Restrukturierungen vor, die gesamtverfahrensähnlich sind (§ 73 Abs. 1 Nr. 2 StaRUG) oder die in Rechte von Verbrauchern oder von kleinen sowie mittleren Unternehmen beziehungsweise von Kleinstunternehmen eingreifen beziehungsweise deren Rechte temporär durch eine Stabilisierungsanordnung beschränkt werden (§ 73 Abs. 2 Nr. 1 StaRUG).

Hauptgedanke der Rechtsnorm des § 73 Abs. 1 Nr. 2 StaRUG ist die Notwendigkeit einer neutralen Instanz mit überwachenden Aufgaben (vgl. BTag, 2020, S. 170, zu § 80 Abs. 1 Nr. 2 StaRUG-RegE und § 73 Abs. 1 Nr. 2 StaRUG), bei Nr. 1 eine Art Verfahrenshilfe für die KMU beziehungsweise Kleinstunternehmen, weil es diesen an Know How in den Restrukturierungsfragen fehle beziehungsweise es die Höhe ihrer Forderungen sehr unwirtschaftlich erscheinen lässt, am Verfahren teilzunehmen. Es bedarf daher, so die Gesetzesbegründung, einer neutralen Instanz, welche die Interessen der typischerweise schutzwürdigen Gläubiger wahrnehme (siehe BTag, 2020, S. 170, zu § 80 Abs. 1 Nr. 1 StaRUG-RegE, § 73 Abs. 1 Nr. 1 StaRUG).

Erläuterung: Das Konzept offenbart ein gewisses **Problem des StaRUG**, das auch an anderen Stellen zutage tritt, das Regelwerk soll auch ein Instrument zur Restrukturierung von Kleinstunternehmen und von KMU sein, denen es aber in der Regel an Erfahrung im Umgang mit Restrukturierungen und an Kenntnissen, die für die wirtschaftliche Einordnung dieses Planangebots erforderlich sind, fehlt (siehe BTag, 2020, S. 170). Was im Rahmen des § 73 StaRUG für die Unternehmen als Gläubiger vom Gesetzgeber beziehungsweise im Regierungsentwurf vermutet wird, gilt erst recht für die Restrukturierung dieser Unternehmensgrößen, die rund 99,0 % aller Firmen in Deutschland ausmachen.

Die Abstimmung und Erfassung der Stimmrechte erfolgt wie beschrieben:

- **Durchführung der Abstimmung:** Verantwortlichkeit eines Vorsitzenden, der die Modalitäten bestimmt, ausgenommen die jeweils gesonderte Abstimmung in den Gruppen (§ 20 Abs. 5 Satz 1 StaRUG) sowie die Pflicht, elektronische Stimmabgabe gesondert zu bestätigen entweder „händisch“, richtiger aber durch ein zertifiziertes elektronisches System gemäß § 20 Abs. 5 StaRUG.
- **Stimmrechte:** § 24 StaRUG determiniert das Stimmrecht, das an die Forderung beziehungsweise die Beteiligungsquote bei Gesellschaftern eines Planbetroffenen anbindet, also nicht an Kopfzahlen der Gläubiger. Bei Streitigkeiten entscheidet der Schuldner über das Stimmrecht und dokumentiert diese Entscheidung inhaltlich einschließlich Begründung, § 24 Abs. 4 StaRUG.

Ist die Stimmrechtszuteilung durch den Schuldner fehlerhaft, wie aus der Dokumentation hervorgeht, schlägt die später beantragte gerichtliche Bestätigung fehl, wenn das Gericht in seiner Bestätigungsentscheidung ein anderes Stimmrecht für richtig hält (siehe dazu § 63 Abs. 4 StaRUG) als der Schuldner und sich daraus ergibt, dass die notwendigen Mehrheiten verfehlt wurden. Diese fehlerhafte autonome **Stimmrechtszuteilung** durch den Schuldner ist aber nicht per se ein wesentlicher Verfahrensmangel im Sinne des § 63 Abs. 1 Nr. 2 StaRUG, der ohne Weiteres als irreparabel zur Versagung einer Bestätigung führt, sondern nur dann, wenn letztendlich die notwendigen Mehrheiten verfehlt wurden und ein Cram Down möglicherweise ausscheidet.

! **Erläuterung:** Das **Stimmrecht** dient ausschließlich der Feststellung der Willensbildung der Planbetroffenen im Rahmen der Abstimmung über den Plan, die dort berücksichtigten Forderungsbeträge haben mit der Frage der Eingriffe in die Forderungen der Restrukturierungsgläubiger methodisch nichts zu tun. Identität zwischen Stimmrecht und zugrunde gelegter Forderung ist nicht zwangsläufig. Nicht jedes gestaltbare Rechtsverhältnis im Sinne des § 2 StaRUG ist nämlich ohne weiteren Verfahrensschritt als Geldbetrag darstellbar, der wiederum das Stimmrecht repräsentiert. Die Umrechnung der gestaltbaren Rechtsposition eines planbetroffenen Gläubigers in einen Geldbetrag, der das Stimmrecht verleiht, ist wie im Insolvenzrecht (vgl. §§ 45, 46, 77, 237 InsO) notwendig, um alle Planbetroffenen in die Abstimmung auch mit Quoten einbeziehen zu können, da ansonsten zwar Eingriffe in die Rechtspositionen möglich wären, denen indes kein Stimmrecht gegenüberstünde. Daher bestimmt § 24 Abs. 1 Nr. 2 StaRUG in Ergänzung der auf Geldforderungen gerichteten Nr. 1 der Norm i.V.m. § 2 Abs. 1 Nr. 1 StaRUG, dass Absonderungsanwartschaften (Kreditsicherheiten) sowie gruppeninterne Drittsicherheiten nach ihrem Wert umgerechnet werden.

Sind Sachsicherheiten Gegenstand des Eingriffs (§ 2 Abs. 1 Nr. 2 StaRUG), bemisst sich der Wert an Parametern wie dem Wert des Gegenstands beziehungsweise der Sicherheit, dem Rang des Rechts des Planbetroffenen, dem Wert etwa vorgehender Rechte und der Höhe der Belastung zugunsten des Planbetroffenen. Wird in gruppeninterne Drittsicherheiten als Sachsicherheiten eingegriffen, gilt dieser vorstehende Grundsatz entsprechend, bei Personalsicherheiten ist die Bonität der Gruppengesellschaft ebenfalls zu beurteilen, das heißt ihre Fähigkeit, den Anspruch des planbetroffenen Gläubigers aus einer Mithaftung oder Bürgschaft letztendlich befriedigen zu können.

Bei gesellschaftsrechtlichen Beteiligungen, die in der Kapitalziffer ihren Ausdruck finden, bei juristischen Personen mit definiertem gezeichnetem Kapital beziehungsweise bei rechtsfähigen Personengesellschaften im Anteil am Eigenkapital, dort in der Kapitalziffer des festen Kapitalkontos I (vgl. zu den Gesellschafterkonten bei OHG und KG Hopt-Roth, 2025, § 120 Rn. 14, 15, 18–22, § 122 Rn. 1, zur Änderung der Gesellschafterkonten durch das MoPeG, § 167 Rn. 1, 3 ff.), geht es im vorliegenden Kontext allein um die vermögensrechtliche Seite als Maßstab des geltenden Stimmrechts im Restrukturierungsverfahren und nicht um gegebenenfalls davon abweichende Mitgliedsanteile oder Mitgliedschaftsrechte (gesellschaftsrechtliche Stimmrechte), aus § 24 Abs. 2 Nr. 3 StaRUG. Zu unterscheiden sind Mitgliedschaftsrechte und alternativ Vermögensrechte an juristischen Personen und rechtsfähigen Personengesellschaften.

Bei den einfachen **Restrukturierungsgläubigern** im Sinne des § 9 Abs. 1 Satz 2 Nr. 2 StaRUG, die im Insolvenzverfahren den **Insolvenzgläubigern** des § 38 InsO entsprechen, sowie bei der Gruppe der nachrangigen Restrukturierungsgläubiger gemäß § 9 Abs. 1 Satz 2 Nr. 3 StaRUG (sie entsprechen § 39 Abs. 1 Nr. 4, 5, Abs. 2 InsO mit jeweiligen Vermögensansprüchen gegen den Schuldner) steht der konkrete Geldbetrag meist ebenfalls nicht immer fest.

Gemäß § 24 Abs. 2 StaRUG bestehen umzurechnende Forderungen, die in § 24 Abs. 2 Nr. 1–4 StaRUG aufgeführt sind, nämlich in aufschiebend oder auflösend bedingten Forderungen (Nr. 1 i.V.m. § 158 BGB), in unverzinslichen Forderungen (Nr. 2), Forderungen in ausländischer Währung oder in einer Rechnungseinheit (Nr. 3) und Forderungen, die auf eine wiederkehrende Leistung gerichtet sind (Nr. 4). Die Umrechnung der Forderungen nach den Nr. 3, 4 erfolgt nach §§ 45, 46 InsO in dem dort beschriebenen komplexen Prozess. Unverzinsliche Forderungen werden gemäß § 41 InsO auf den Tag der Planvorlage abgezinst. Anzuwenden ist der gesetzliche Zinssatz von 4,0 % p.a, wie das BAG zutreffend aus den §§ 41, 45, 46 InsO abgeleitet hat (BAG, 18.05.2021, 3 AZR 317/20). Die Entscheidung betrifft die Abzinsung bei Kapitalisierung auf den Pensions-Sicherungsverein VVaG übergegangener Betriebsrentenansprüchen und sie ist verallgemeinerungsfähig.

Zu beachten ist ferner bei der Zuteilung des Stimmrechts auf die Gruppeneinteilung: Wenn Gläubiger mit Absonderungsrechten der Gruppe von Restrukturierungsgläubigern zugeordnet werden sollen, gilt für deren Stimmrecht das sogenannte Ausfallprinzip (§ 24 Abs. 3 StaRUG). Das Modell hierfür ist das Stimmrecht absonderungsberechtigter Gläubiger als Insolvenzgläubiger nach § 237 Abs. 1 Satz 2 InsO (vgl. Schmidt-Spliedt, 2023, § 237 Rn. 6). Ein Stimmrecht besteht in dieser Gruppe nur für den bei der Verwertung der Sicherheit ausgefallenen oder „mutmaßlich ausfallenden" Teil.

Die Struktur des § 24 Abs. 3 StaRUG, erweitert um die gruppeninternen Drittsicherheiten, ist dadurch geprägt, dass die planbetroffenen Absonderungsanwartschaften, das heißt die vom persönlichen Schuldner und Sicherungsgeber gegebenen Kreditsicherheiten, innerhalb ihres anzusetzenden Wertes im Restrukturierungsplan der Pflichtgruppe der Inhaber von Absonderungsanwartschaften zuzuordnen sind (§ 9 Abs. 1 Satz 2 Nr. 1 StaRUG) und dort nach § 24 StaRUG ein entsprechendes Stimmrecht generieren. Dabei erscheint die Bewertung problematisch.

Ist diejenige Forderung des betroffenen Gläubigers höher als der Wert einer Sicherheit, dann ist dieser im Umfang dieses Betrages (Ausfall seiner Forderung im Hinblick auf die bestehende Sicherheit) nur einfacher Restrukturierungsgläubiger im Sinne des § 9 Abs. 1 Satz 2 Nr. 2 StaRUG. Voraussetzung dieser zweifachen Berücksichtigung mit jeweils ganz unterschiedlichen Stimmrechten, wobei ihre Summe nicht die Gesamtforderung überschreiten kann, ist, dass der vom Plan betroffene Gläubiger gegen den Schuldner zugleich in Höhe der gesamten Forderung auch einen schuldrechtlichen Anspruch hat und entweder bei einer „abgesonderten Befriedigung ausfallen würde" oder auf eine solche generell verzichtet.

Der Verzicht auf fiktive abgesonderte Befriedigung, das heißt auf die Kreditsicherheit, ist systematisch nichts anderes als die Herbeiführung der Ausfallsituation, die zu der Berechtigung führt, in der Gruppe der einfachen Restrukturierungsgläubiger mit der vollen schuldrechtlichen Forderung stimmberechtigt zu sein. Der Schuldner gewinnt durch den Verzicht seine **Kreditsicherheit** zurück. Verzichtet der Sicherungsnehmer nicht auf die Kreditsicherheit, ist der mutmaßliche Ausfall anzusetzen.

Das ist stets der Fall, denn durch den Plan soll ja erst in das Recht eingegriffen werden, so dass es zum Zeitpunkt der Abstimmung noch nicht verwertet worden und kein Ausfall eingetreten sein kann, es sei denn, der Schuldner als Sicherungsgeber habe die Sicherheit mit Zustimmung des Sicherungsnehmers (als Inhaber der Absonderungsanwartschaft im Sinne des § 2 Abs. 1 Nr. 2, Abs. 2 StaRUG) veräußert und der Veräußerungserlös habe nicht für die Befriedigung der schuldrechtlichen Forderung des Sicherungsnehmers ausgereicht (Ausfallforderung). Die Grundsätze gelten für die gruppeninternen Drittsicherheiten entsprechend.

Beispiel: Der Gläubiger G hat eine Forderung gegen den Schuldner, eine GmbH, in Höhe von 1.000 TEuro. Diese Forderung ist mit einer Grundschuld am Betriebsgrundstück des Schuldners in Höhe von 800 TEuro nachrangig hinter anderen Grundpfandgläubigern besichert und mit der Bürgschaft einer Tochtergesellschaft in Höhe von 500 TEuro. Bei der Planerstellung beurteilt der Schuldner den Wert der Grundschuld mit 500 TEuro. Aufgrund der schwachen wirtschaftlichen Lage der Tochtergesellschaft, die sich ebenfalls in der Krise befindet, will er die Bürgschaft in den Plan einbeziehen, sie wird nach dem Plan aufgehoben (§ 2 Abs. 4 StaRUG). Ihren Wert beurteilt er mit 200 TEuro und legt die Kompensation (§ 2 Abs. 4 Satz 1 letzter Halbsatz StaRUG) für G für den Verlust der Bürgschaft infolge des Plans, sollte er verabschiedet sowie vom Gericht bestätigt werden, in dieser Höhe fest. Die Folge für das Stimmrecht ist, dass der Gläubiger sowohl der Gruppe der einfachen Restrukturierungsgläubiger zuzuordnen ist mit einem Stimmrecht im Umfang von 300 TEuro (§ 9 Abs. 1 Satz 2 Nr. 2 StaRUG) als auch der Gruppe der Inhaber von Absonderungsanwartschaften (§ 9 Abs. 1 Satz 2 Nr. 1) mit einem Stimmrecht im Umfang von 500 TEuro sowie der Gruppe der Gläubiger mit gruppeninternen Drittsicherheiten (§ 9 Abs. 1 Satz 3) im Umfang von 200 TEuro.

Ein weiteres Beispiel belegt die Komplexität der **Feststellung der Forderungen** und somit auch der Stimmrechte.

Beispiel: Der Schuldner S, ebenfalls eine GmbH, hat von dem Gesellschafter G (25,0 % Beteiligung an der Gesellschaft) in der sich abzeichnenden Absatzkrise ein unverzinsliches Darlehen in Höhe von 2.000 TEuro für die Dauer von fünf Jahren erhalten mit Laufzeit vom 31.12.2020 bis zum 31.12.2025. G ist kein Kaufmann. Am 30.12.2021 legt die S GmbH einen Restrukturierungsplan nach § 17 StaRUG vor, das heißt das Planangebot nach dieser Norm geht G mit allen Unterlagen und Hinweisen zu. Die Darlehensrückzahlungsforderung von G soll nach dem Plan um insgesamt 50,0 % gekürzt werden. Da die Restlaufzeit vier Jahre beträgt und G kein Kaufmann ist, wird die Forderung zur Ermittlung des Stimmrechts von G mit 4,0 % über einen Zeitraum vom 31.12.2021 bis 31.12.2025 (4 Jahre) abgezinst. Da G Gesellschafter einer Gesellschaft im Sinne des § 39 Abs. 1 Nr. 4, 5 InsO ist, ist im Plan eine besondere Gruppe der nachrangigen Restrukturierungsgläubiger zu bilden (vgl. § 9 Abs. 1 Satz 2 Nr. 3 StaRUG). Das zu berechnende Stimmrecht von G besteht dann in Höhe des abgezinsten Betrags (§ 24 Abs. 2 Nr. 2 StaRUG) in der Höhe von rund 855 TEuro.

Der Schuldner muss im Restrukturierungsplan die jeweils von ihm zu errechnenden Forderungen darstellen und das Ergebnis nachvollziehbar begründen (so zutreffend Pannen/Riedemann/Smid-Smid, 2021, § 24 Rn. 14 zu der Abzinsung, die Feststellung gilt für alle Festlegungen von Werten und Beträgen gemäß § 24 StaRUG). Die Höhe der Abzinsung wird im Rahmen des Plans sicherlich diskutabel sein. Die Einigung auf den gesetzlichen Zinssatz dürfte nahe liegen, ohne bestimmte Regelung sind damit 4,0 % p.a. als Basiszins zugrunde zu legen.

Diese Beispiele zeigen die Komplexität der allein schon für die Ermittlung des Stimmrechts notwendigen Erwägungen im Plan. Für diese Zuteilung der Planbetroffenen in Gruppen gemäß § 9 StaRUG, wobei zum Teil die Zuordnung zu mehreren Gruppen in Frage kommt, wie an den vorstehenden Beispielen erkennbar, gilt dasselbe. Kleinstunternehmen und kleine sowie mittlere Unternehmen dürften regelmäßig nicht das notwendige Know How haben, um hier die notwendigen Festlegungen treffen zu können, mag man auch dagegenhalten, dass die vorstehenden Beispiele für Kleinstunternehmen oder kleine Unternehmen nicht typisch sind. Ohne die notwendige sachgerechte Beratung durch externe Dritte dürften Restrukturierungspläne dann kaum zustande kommen. Dabei sind Beratungsgesellschaften und Wirtschaftskanzleien auszuwählen, die Erfahrungen in Restrukturierungsfällen nach StaRUG aufweisen.

Mehrheitserfordernis, Typologie des Quorums

Die Regelung des § 25 StaRUG befasst sich mit den „erforderlichen Mehrheiten“. Die Mehrheit knüpft an die Regelung über die Stimmrechte nach § 24 StaRUG an. Das Quorum wird, anders als im Insolvenzplanverfahren mit dem dortigen Prinzip der doppelten Mehrheit in jeder Gruppe der Gläubiger nach Köpfen und Forderungen mit jeweils einfacher Mehrheit der Abstimmenden, bestimmt (§ 244 Abs. 1 InsO). Im Insolvenzverfahren lässt sich die Zustimmung zu dem Insolvenzplan beispielsweise durch eine sachgerechte und zielgerichtete Aufteilung der Gruppen durch den Insolvenzverwalter meist erfolgreich erreichen.

Diese Vorgehensweise ist im StaRUG schwieriger umzusetzen. Zum einen werden zielgerichtet Forderungen ausgewählt. Somit werden nur bestimmte Gläubiger in einen möglichen Verzicht mit einbezogen und andere bleiben unter Umständen außen vor. Die kann die Einigung zu einer Lösung verkomplizieren. Zum einen ist eine deutlich höhere Mehrheit der Zustimmungsquote zu erreichen.

Im Verfahren gemäß dem StaRUG gilt der Grundsatz der qualifizierten Mehrheit von 75,0 % aller Stimmrechte der Forderungs- beziehungsweise Beteiligungsbeträge (§ 25 StaRUG). Der Schuldner hat damit erheblichen Argumentationsbedarf, muss er doch weitaus mehr Gläubiger einer Gruppe überzeugen als im Insolvenzplanverfahren. Es geht hier nicht um Mehrheiten der Gläubigerversammlung, also der Planbetroffenen insgesamt, sondern um die jeweilige qualifizierte Mehrheit in den einzelnen Gruppen (Pannen/Riedemann/Smid-Smid, 2021, § 27 Rn. 1). Im Folgenden werden mögliche Beispiele zu § 25 StaRUG in Abgrenzung zur Insolvenzordnung gegeben.

Beispiel: In der Insolvenz der S GmbH legt der Insolvenzverwalter einen Insolvenzplan vor. Die S hat Insolvenzantrag wegen der drohenden Zahlungsunfähigkeit gestellt und darauf verzichtet, die Eigenverwaltung zu beantragen (§ 270a InsO), so dass ein Insolvenzverwalter zu bestellen war. Der Pflichtgruppe der nicht nachrangigen Insolvenzgläubiger (§ 222 Abs. 1 Satz 2 Nr. 2 InsO) sind sechs Gläubiger G1 bis G6 zugeordnet. Jeder hat eine Insolvenzforderung in Höhe von 100 TEuro, die nach dem Plan um 75,0 % gekürzt und ansonsten über fünf zinslose Ratenzahlungen befriedigt werden soll. Über die Höhe der Forderung besteht Einigkeit, ebenso über deren Qualifizierung und das Stimmrecht von je 100 TEuro. G1 bis G6 erheben auch keine Einwendungen, alle einer einzigen Gruppe zugeordnet zu sein. Die Abstimmung in der Gruppe fällt hingegen wie folgt aus: G1 bis G3 stimmen zu, G4 lehnt ab und G5 und G6 nehmen nicht an der Abstimmung teil beziehungsweise enthalten sich. Die Gruppe hat diesem Plan zugestimmt, da es nur auf die doppelte Mehrheit der Abstimmenden nach Köpfen und Forderungssummen ankommt (vgl. § 244 Abs. 1 Nr. 1, 2 InsO). Passive Gläubiger sollen keine Rolle spielen (vgl. Schmidt-Spliedt, 2023, § 244 Rn. 1–4). Sind die Forderungen unterschiedlich, muss diese doppelte Mehrheit sich auch aus der Mehrheit der Forderungen ergeben. Enthalten sich G1 bis G6 der Stimme oder erscheinen sie nicht zur Abstimmung, wird die Zustimmung der Gruppe fingiert (§ 246 Nr. 2 InsO). Es bedarf daher zur Wahrnehmung der Interessen eines aktiven Gläubigers, der seine Rechte durch Ausübung des Stimmrechts in der Abstimmung vertritt.

Ein weiteres Beispiel stellt eine Abwandlung des vorigen Falls dar und bezieht sich auf einen **Restrukturierungsfall** mit dem dortigen Abstimmungsmodell und den erforderlichen Mehrheiten. Relevant sind hier die Summenmehrheit sowie die abstimmenden Gläubiger in Relation zu den Gesamtforderungen der Gruppe.

Beispiel: Dieselbe S GmbH wählt den Weg der Restrukturierung nach dem StaRUG anstelle des Insolvenzverfahrens, da sie nur drohend zahlungsunfähig ist. Sie zeigt eine Restrukturierungssache nach § 31 StaRUG an und legt unter anderem den Gläubigern G1 bis G6 einen Restrukturierungsplan vor, der inhaltlich dasselbe bezüglich der Kürzung der Forderungen vorsieht wie in dem vorigen Beispiel in der Insolvenzsituation. Der Sachverhalt ist auch ansonsten identisch wie im vorigen Beispiel. Auch die Abstimmung verläuft wie im vorigen Beispiel. Die Gruppe hat damit den Restrukturierungsplan abgelehnt, denn nur 50,0 % (G1 bis G3) haben dafür gestimmt. Die Ablehnung durch G4 und die unterbliebene Stimmabgabe durch G5 und G6 führen zur Ablehnung des Plans durch die Gruppe, so dass das Prinzip, dass der Plan nur mit Zustimmung aller Gruppen zustande kommen kann, ein Scheitern des Plans bedeutet, wenn nicht der klassenübergreifende Cram Down zur Fiktion der Zustimmung führt und im tatsächlichen Ergebnis zur Überstimmung dissentierender Gruppen beim Vorliegen der Voraussetzungen der §§ 26–28 StaRUG. Hätten in dem Beispiel G1 bis G4 zugestimmt (die 400 TEuro von 600 TEuro Stimmrechten gemäß § 24 StaRUG in ihrer Gruppe repräsentieren, das heißt rund 66,7 %) und G5, G6 wären nicht erschienen oder hätten nicht abgestimmt, hätte die Gruppe ebenfalls abgelehnt, obwohl alle aktiven Gläubiger beziehungsweise die Abstimmenden dem Restrukturierungsplan zugestimmt haben, denn das Quorum von 75,0 % wurde hier insgesamt nicht erreicht (zu dem Erfordernis der Zustimmung von 75,0 % aller Planbetroffenen der jeweiligen Gruppe, nicht nur der in der relevanten Abstimmung anwesenden Personen oder Akteure, siehe auch Pannen/Riedemann/Smid-Smid, 2021, § 25 Rn. 8 ff.).

Die Lösung gemäß § 25 StaRUG ist richtlinienkonform und entspricht den **Optionen** nach Art. 9 Abs. 6 RL 2019/1023/EU. Im Folgenden wird erläutert wie die Ausübung des Stimmrechts erfolgt beziehungsweise wer die Inhaberschaft an Stimmrechten besitzt und das dies durch den Schuldner zu berücksichtigen ist.

!

Erläuterung: § 25 Abs.2 StaRUG beantwortet die Frage, wie das **gemeinsame Innehaben** von Forderungen und Rechten, die in den Plan einbezogen werden, zu beurteilen ist, beziehungsweise wie sich Pfandrechte an Rechten oder ein Nießbrauch auf das Stimmrecht beziehungsweise das Stimmergebnis auswirken (§ 25 Abs. 2 Satz 2 StaRUG). Die dortigen Planbetroffenen werden einheitlich als ein einziger Planbetroffener behandelt, nach der Gesetzesbegründung werden „Stimmabgaben ... nur einmal berücksichtigt." Offen bleibt aber, wer bei einer Mehrzahl von Berechtigten das Stimmrecht ausübt. Das ist nicht eine Frage des StaRUG, sondern des materiellen Rechts dieses Instruments, mittels dessen diese Berechtigten miteinander verbunden sind. Vorbild dieser Norm des § 25 Abs. 2 StaRUG ist § 244 Abs. 2 InsO. Bei genauer Betrachtung handelt es sich um ein Legitimationsproblem des Abstimmenden, denn die Stimmrechte werden durch die Mehrinhaberschaft an dem Recht beziehungsweise der Forderung Beteiligter nicht berührt, vielmehr folgt der Umfang eines Stimmrechts bereits aus § 24 StaRUG. Andererseits greift der Plan, der das Recht selbst beschränkt, zugleich in die Rechte derjenigen ein, die ihrerseits ein Verwertungsrecht (Pfandrecht) oder ein Nutzungsrecht (Nießbrauch, §§ 1068 ff. i.V.m. §§ 1030 ff. BGB) an dem Recht oder der Forderung haben. Der Schuldner muss bei der privatisierten Abstimmung somit darauf achten, dass der richtige Stimmberechtigte in der Gruppe abstimmt beziehungsweise auf die genaue Angabe des Planbetroffenen. Die Rechtsinhaber müssen sich einigen, wie sie ihre Stimme abgeben. § 25 Abs. 2 StaRUG greift nicht bei einer rechtsfähigen BGB-Gesellschaft, da diese allein Rechtsinhaberin sowie stimmberechtigt ist. Ist eine Bruchanteilsgemeinschaft (§§ 1008 ff., 741 ff. BGB) Rechtsinhaber, wird der Schuldner im Hinblick auf diese gemeinschaftliche Verwaltung des planbetroffenen Gegenstandes der Gemeinschaft (vgl. § 744 BGB) eine Erklärung fordern, wer das Stimmrecht ausübt.

Dokumentation der Abstimmung

Den Schuldner treffen aus § 22 Abs. 1 StaRUG umfassende **Dokumentationspflichten**. Er hält den Ablauf der Versammlung der Planbetroffenen fest, unter anderem protokolliert er, wenn streitig war oder geworden ist die sachgerechte Auswahl der Planbetroffenen (§ 8 StaRUG), die Gruppeneinteilung (§ 9 StaRUG) oder das Stimmrecht (§ 24 StaRUG), denn jeder Fehler bei einem dieser Themen kann beziehungsweise wird als wesentlicher Punkt im Sinne des § 63 Abs. 1 Nr. 2 StaRUG zur Versagung der Planbestätigung führen können. Damit wird die Umsetzung des Restrukturierungsplans behindert und eine (primär finanzwirtschaftliche) Sanierung kann scheitern. Das Abstimmungsergebnis kann nachträglich angefochten werden.

Ist eines dieser Kriterien streitig geworden, ist anzunehmen, dass mindestens in einer Abstimmungsgruppe Gegenstimmen laut werden und bereits das Quorum von 75,0 % nicht erreicht wird. Wird die qualifizierte Mehrheit verfehlt, wird dieser Plan für den dissentierenden Gläubiger nur dann verbindlich, wenn der Restrukturierungsplan gerichtlich bestätigt wird, was wiederum nicht der Fall ist, wenn die Dokumentation gemäß § 22 Abs. 1 StaRUG nicht hinreichend ausfällt, so dass es an dem Nachweis einer ordnungsgemäßen Annahme des Plans nach § 63 Abs. 4 StaRUG fehlt.

Die Frage des **Cross Class Cram Down** der §§ 26–28 StaRUG stellt sich dann gar nicht mehr. Ist die Dokumentation ordnungsgemäß erfolgt, also nach § 22 Abs. 1 StaRUG mit Angabe streitig gewordener Gegenstände und ist dort ein verfahrensrechtlicher Fehler vom Gericht festzustellen, der diese Versagung der Bestätigung trägt, ist der Plan nicht bestätigungsfähig, der Cram Down spielt keine Rolle.

Definition: Der **Cross Class Cram Down** beschreibt dasjenige Vorgehen bei einer gruppenübergreifenden Mehrheitsentscheidung gemäß § 26 StaRUG. Demnach gilt die Zustimmung einer Gruppe, wenn in dieser die nach § 25 StaRUG erforderliche Mehrheit von 75,0 % nicht erreicht wird, als erteilt, wenn die Mitglieder der Gruppe durch den Restrukturierungsplan voraussichtlich nicht schlechter gestellt werden als sie ohne einen Restrukturierungsplan stünden, die Mitglieder dieser Gruppe angemessen an dem wirtschaftlichen Wert beteiligt werden, der auf der Grundlage dieses Plans den Betroffenen zufließen soll (Planwert), und die Mehrheit der abstimmenden Gruppen dem Plan mit den erforderlichen Mehrheiten zugestimmt hat. Wurden insgesamt nur zwei Gruppen gebildet, genügt die Zustimmung der anderen Gruppe. Dabei dürfen die zustimmenden Gruppen nicht ausschließlich durch Anteilsinhaber oder durch nachrangige Restrukturierungsgläubiger gebildet worden sein.

Entscheidend ist ferner, dass der **Schuldner** als Leiter dieser Abstimmung gemäß § 20 Abs. 3 StaRUG (zur Ausnahme siehe § 76 Abs. 2 Nr. 1 StaRUG, Leitung durch den Restrukturierungsbeauftragten) das Abstimmungsergebnis insgesamt schriftlich festhält, für jede Gruppe im Einzelnen und das Gesamtergebnis, welche Gruppen zugestimmt haben und welche nicht.

Teil des Protokolls beziehungsweise der Dokumentation nach § 22 Abs. 1 StaRUG sind auch etwa die Abstimmungsmodalitäten, die Feststellung, inwieweit und in welchem elektronischen Format abgestimmt wurde, welcher Akteur in welcher Gruppe präsent beziehungsweise wer elektronisch abgestimmt hat, wie die Legitimation geprüft wurde, wann die Abstimmung begonnen hat und wann sie endete.

Auch die Protokollierung von Änderungsvorschlägen sowie der Fragen und Antworten ist erforderlich. Die Dokumentation bedarf erheblicher Sorgfalt, Nachlässigkeit riskiert das Scheitern des Plans, sie ist dem Antrag auf Planbestätigung an das Restrukturierungsgericht beizufügen (§ 60 Abs. 1 Satz 3 StaRUG).

In den möglichen Fällen einer konsensualen Einigung ohne Versammlung der Planbetroffenen (§ 17 Abs. 1, 19, 22 Abs. 1 Satz 1 Fall 2 StaRUG) ist die Dokumentation vereinfacht abbildbar. Der Schuldner muss dann lediglich festhalten, welche Gruppe mit welchen Mehrheiten den Plan angenommen hat.

Für dieses gerichtliche **Abstimmungsverfahren** gelten die dortigen Vorschriften der §§ 45, 46 StaRUG, nicht die Vorschriften über die „privatisierte Abstimmung" nach den §§ 17–22 StaRUG, siehe § 23 StaRUG.

Erläuterung: Bedarf dieser Plan einer **Abstimmung**, weil eine konsensuale Einigung aller Planbetroffenen sich nicht in allen Gruppen als möglich erweist, bedarf es, um Verbindlichkeit des Restrukturierungsplans für alle Planbetroffenen, auch gegenüber dissentierenden Beteiligten herbeizuführen, einer gerichtlichen Planbestätigung. Diese Strukturen auf diesem Weg zeigen die Verflechtung der verschiedenen Vorgehensweisen, eine Folge der vom Gesetzgeber verfolgten optionalen Systematik auf Grundlage alternativer Module (siehe § 29 Abs. 2 Nr. 1–4 StaRUG und die Normen zu den dortigen Instrumenten sowie die §§ 17–22 StaRUG beziehungsweise § 23 StaRUG i.V.m. § 29 Abs. 2 Nr. 1 StaRUG über die Willensbildung bei der Zustimmung zum Restrukturierungsplan durch die Planbetroffenen).

Diskurs über den Restrukturierungsplan ohne Versammlung der Planbetroffenen

Findet keine **Versammlung** der Planbetroffenen zur Abstimmung nach § 20 StaRUG statt, sondern setzt der Schuldner eine Frist zur Annahme eines vorgelegten Plans unter Vorlage der gesamten relevanten Dokumentation (§ 19 StaRUG), so findet auf Verlangen auch nur eines einzigen Planbetroffenen eine Versammlung der Planbetroffenen zur Erörterung des Plans statt, wenn der Schuldner nicht vor der Abgabe seines Planangebots den Planbetroffenen den gemeinschaftlichen Diskurs über das Restrukturierungskonzept beziehungsweise den Restrukturierungsplan bereits ermöglicht hat (siehe § 21 Abs. 1 i.V.m. § 17 Abs. 3 StaRUG).

Strukturell mag diese Regelung richtig sein und Lücken schließen, um eine Erörterung des Plans durch die Planbetroffenen zu ermöglichen. Das Auseinanderfallen der Annahme des Plans gemäß § 19 StaRUG (ohne Abstimmung im Rahmen einer Versammlung der Planbetroffenen) sowie die lediglich nachgelagerte Erörterung in einer Versammlung der Planbetroffenen, welche eine Annahmefrist gegebenenfalls verlängert (vgl. § 21 Abs. 4 StaRUG) dürfte in der Praxis ins Leere gehen und daher auch meist wenig sinnvoll sein. Zudem ist das Verlangen eines Planbetroffenen nach einer Versammlung zur Planerörterung nur unter den Voraussetzungen des § 17 Abs. 3 StaRUG zulässig und auch nur dann, wenn die Frist nach § 19 StaRUG zum Zeitpunkt des Verlangens nach § 21 Abs. 1 StaRUG noch nicht abgelaufen ist.

Eine solche **Konstellation**, wie sie § 21 Abs. 1 StaRUG zugrunde liegt, offenbart ein erhebliches Kommunikationsdefizit zwischen Schuldner sowie Planbetroffenen. Das Zustandekommen eines Plans durch Annahme ohne Versammlung erfolgt formal durch Gruppenmehrheiten, die in praxi 100,0 % in jeder Gruppe erreichen sollten, wenn der Plan inhaltlich mit den Planbetroffenen rechtzeitig vor Planvorlage kommunikativ im Diskurs aller abgesprochen wurde. Findet noch eine nachgeschaltete Erörterung statt, dürfte der kommunikative Schaden zu Lasten der Option zum Zustandekommen des Plans nicht gering sein.

Richtig erscheint die Ermöglichung des gemeinschaftlichen Diskurses mit den Planbetroffenen und bei Erkennbarkeit fehlender konsensualer Einigung mit den Beteiligten die Wahl eines Abstimmungsverfahrens gemäß § 20 StaRUG (Versammlung der Planbetroffenen). Bei der hohen Verfahrenskomplexität ist das gerichtliche Abstimmungsverfahren gemäß §§ 23, 45, 46 StaRUG zu empfehlen, das unter anderem mögliche Folgen aus Mängeln der Dokumentation des § 22 StaRUG vermeidet.

Cross Class Cram Down als gruppenübergreifende Mehrheitsentscheidung

Der Cram Down der §§ 26–28 StaRUG bedeutet Ausnahmeregelungen, welche den Plan auch ohne und gegen die Zustimmung des Betroffenen verbindlich machen. Das Prinzip der Zustimmung zum Restrukturierungsplan durch die Gläubigergruppen beruht auf der Annahme durch alle bestehenden Gruppen mit dem jeweils notwendigen Quorum von 75,0 % (§ 25 Abs. 1 StaRUG).

Dieser Grundsatz rechtfertigt sich dadurch, dass diese unterschiedlichen Gruppenzusammensetzungen mit jeweils völlig unterschiedlicher wirtschaftlicher Interessenlage eine einfache Majorisierung, die darin bestehen würde, dass etwa die Mehrheit der Gruppen ausreicht, um den Plan zustande zu bringen, nicht sachgerecht wäre. Dieses gälte auch für eine qualifizierte Gruppenmehrheit. Es stellt sich daher die Frage nach Kriterien, die es rechtfertigen, von einer ausdrücklichen Zustimmung der dissentierenden Gruppe abzusehen beziehungsweise sie nach Maßgabe gesetzlicher Vorschriften zu fingieren. Das ist der Grundgedanke des **Cram Down** (siehe §§ 245 ff. InsO für das Insolvenzplanverfahren und §§ 26–28 StaRUG).

Gruppenübergreifende Mehrheitsentscheidung gemäß den genannten Vorschriften ist systematisch nicht ein Überstimmen dissentierender Gruppen durch andere, sondern eine fiktive Zustimmung derjenigen Gruppe, deren Zustimmungsquorum letztendlich nicht erreicht wurde, unter der Voraussetzung des Vorliegens der Tatbestandsmerkmale der §§ 26–28 StaRUG, die das Gericht im Rahmen des Planbestätigungsverfahrens feststellt und genau überprüfen wird.

Den Zusammenhang zwischen der Notwendigkeit der gerichtlichen Bestätigung sowie dem Cross Class Cram Down belegt nicht nur § 67 Abs. 1 Satz 2 StaRUG über die Wirkungen des bestätigten Restrukturierungsplans gegenüber dissentierenden oder nicht abstimmenden Gläubigern, sondern auch Art. 11 RL 2019/1023/EU (siehe dazu zudem Pannen/Riedemann/Smid-Cranshaw, 2021, Teil 1, Art. 11 RL Rn. 10–12).

Die Kurzformel zum **Cram Down** lautet etwa, dass derjenige, der materiell durch den Plan keinen Nachteil erleidet, auch kein besonderes rechtlich geschütztes Interesse haben kann, den Restrukturierungsplan durch seine Verweigerung zu vereiteln. Das Problem liegt nicht in diesem abstrakten Rechtssatz, sondern in dem Umstand, dass die Frage der Benachteiligung durch einen Plan eine wertende Entscheidung voraussetzt, bezogen auf die Bewertung des Gegenstandes des Planbetroffenen, in den der Plan eingreift. § 26 Abs. 1 Nr. 1–3 StaRUG enthalten die Kriterien des Cram Down, nämlich eben die Fiktion der Zustimmung einer Gruppe zum Plan, wenn diese Gruppe voraussichtlich durch den Plan nicht schlechter gestellt wird als ohne Plan.

Dabei ist nicht ohne Weiteres das Szenario der Liquidation des Schuldnerunternehmens zugrunde zu legen, ein Kriterium, das auch in der Insolvenz nicht zwingend vorliegen muss, wenn ein Insolvenzplan nicht zustande kommt. Maßstab ist eine Prognose unter Zugrundelegung der voraussichtlichen nächstbesten Alternative (nächstbestes Szenario), zum Beispiel die übertragende Sanierung des Unternehmens als Asset Deal beziehungsweise von Unternehmensteilen oder Betrieben und Betriebsteilen des Schuldnerunternehmens anstelle der im Plan vorgesehenen Sanierung des Unternehmensträgers. Die Vergleichsrechnung nach § 6 Abs. 2 StaRUG zeigt die Alternative auf, die den Plan als alternativlos aufzeigt beziehungsweise den Cram Down begründet. Dabei ist eine Prognose auch mit Unsicherheit behaftet. Dennoch entscheidet die beste Quote für die zu wählende Verfahrensart. Eine Sanierung Stand Alone ist meist auch in einer Restrukturierung nach StaRUG nicht erfolgreich.

!

Erläuterung: Die **Übertragende Sanierung** beschreibt einen ökonomischen wie rechtlichen Vorgang. Teile des Krisenunternehmens, die isoliert betrachtet werthaltig sind und mit betriebswirtschaftlicher Auswertung fortführungsfähig, werden bei dieser Lösung gegebenenfalls mittels eines M&A-Prozesses an einen Investor veräußert und entweder in dessen Unternehmen als rechtlich unselbstständige Einheit eingegliedert oder auf eine neu gegründete Gesellschaft regelmäßig eine GmbH, nicht selten unter der Übernahme und Fortführung der Firma des Krisenunternehmens, übertragen. Rechtlich werden Gesamtheiten von Sachen, Forderungen und Rechten an den Investor beziehungsweise dessen neue Gesellschaft übertragen (Asset Deal), keine Beteiligungen an dem Rechtsträger eines Krisenunternehmens (kein Share Deal). Der Rechtsträger des Krisenunternehmens wird mit den unrentablen Teilen abgewickelt und damit liquidiert. Das StaRUG ermöglicht auch einen Restrukturierungsplan mit diesem Konzept, wie § 6 Abs. 2 Sätze 2, 3 StaRUG zum Ausdruck bringt. In diesem Fall sind für die **Vergleichsrechnung** der Befriedigungsaussichten der Gläubiger zwischen Plan und nächstbestem Szenario Fortführungswerte zugrunde zu legen. Satz 3 der Norm schließt diesen Ansatz von Fortführungswerten aber aus, wenn ein Verkauf des Unternehmens oder eine anderweitige Fortführung aussichtslos ist. Die beiden Varianten des Unternehmensverkaufs oder die anderweitige Fortsetzung des Krisenunternehmens sind mögliche Spielarten der übertragenden Sanierung. Das StaRUG strebt aber die erfolgreiche Sanierung des Rechtsträgers selbst an. Eine übertragende Sanierung ist gegebenenfalls auch durch Share Deal möglich, hier durch Ausgliederung der entsprechenden Teile eines Krisenunternehmens (Betriebe, Teilbetriebe, Teilunternehmen) gemäß § 123 Abs. 3 UmwG (i.V.m. §§ 124 Abs. 1, 3 Abs. 1 UmwG), ein Fall der Spaltung nach Umwandlungsrecht mit einem hier nicht im Detail darzustellenden Procedere (vgl. Depré/Cranshaw, 2024b, S. 197 ff.).

Nicht unproblematisch kann insbesondere die Veräußerung des gesamten Unternehmens durch übertragende Sanierung sein, wenn das Krisenunternehmen eine bedeutende Marktstellung hat, durch die der Übernehmer als Investor unter anderem durch den Erwerb eine kritische wettbewerbsrechtliche Größe erlangt, so dass gegebenenfalls das Bundeskartellamt diesen Zusammenschluss (vgl. § 37 GWB) freigeben beziehungsweise genehmigen muss (vgl. §§ 35 ff. GWB). Unter den Voraussetzungen der europäischen Fusionskontrollverordnung (VO Nr. 139/2004/EG), ist die EU-Kommission für dieses Verfahren zuständig (Art. 8 VO 139/2004/EG). Durch die damit verbundenen Verzögerungen kann das Sanierungsziel insgesamt gefährdet werden. Bei einer Versagung der Genehmigung scheitert der entsprechende Restrukturierungsplan, ein Insolvenzverfahren wird in der Regel unvermeidlich sein. § 26 Abs. 1 Nr. 2 StaRUG fordert, dass die Mitglieder der dissentierenden Gruppe angemessen an dem wirtschaftlichen Planwert beteiligt werden, ein Kriterium, das noch deutlich stärker als Nr. 1 wertend ist und daher in § 27 StaRUG (Absolute Priorität) legaldefiniert wird. Ökonomisch setzt diese Norm voraus, dass der Plan einen Planmehrwert aufzeigt, bei dessen Verteilung die betroffene Gruppe im Verhältnis zu anderen Gruppen angemessen beteiligt wird.

Absolute Priority Rule, Maßstab der angemessenen Beteiligung am Planmehrwert

Die angemessene Beteiligung am Planwert definiert § 27 Abs. 1 Nr. 1–3 StaRUG (Absolute Priorität, **Absolute Vorrangregel** oder **Absolute Priority Rule**) für die Gläubiger und gemäß § 27 Abs. 2 StaRUG für die in den Restrukturierungsplan einbezogenen Gesellschafter des Rechtsträgers des Schuldners.

Angemessen beteiligt im Sinne des § 27 Abs. 1 Nr. 1 StaRUG am Planmehrwert ist ein Gläubiger dann, wenn kein planbetroffener Gläubiger aus dem Restrukturierungsplan Leistungen oder wirtschaftliche Werte erhält, die 100,0 % seines Anspruchs übersteigen. In diesen Fällen des § 27 Abs. 1 Nr. 2 StaRUG darf gegenüber dem planbetroffenen Gläubiger kein anderer Gläubiger, der ihm gegenüber im Fall der Insolvenz nachrangig wäre, ein Wert bekommen, wenn nicht zuvor der vorrangige Gläubiger vollständig befriedigt wurde. Zudem dürfen die Gesellschafter aus dem Plan nur dann etwas erhalten, wenn zuvor eine entsprechende Leistung in das Schuldnervermögen geflossen ist. Schließlich dürfen in einem Insolvenzverfahren gleichrangige Gläubiger nicht bessergestellt werden als der Vergleichsgläubiger (§ 27 Abs. 1 Nr. 3 StaRUG).

Ähnlich regelt § 27 Abs. 2 StaRUG für die Gesellschafter, dass nach Nr. 1 kein Beteiligter einen Wert erhalten darf, der seinen Anspruch übersteigt, eine schlüssige Wiederholung von § 27 Abs. 1 Nr. 1 StaRUG. Nach § 27 Abs. 2 Nr. 2 darf zudem kein Gesellschafter, wenn nicht eine Durchbrechung der absoluten Priorität nach § 28 Abs. 2 Nr. 1 StaRUG vorliegt, (vergleiche nachfolgend die Relative Vorrangregel oder Relative Priority Rule), der ohne Restrukturierungsplan der Vergleichsgruppe gleichgestellt wäre, einen wirtschaftlichen Wert erhalten. Die Tatbestände beider Teilnormen dieser Vorschrift müssen dann kumulativ vorliegen.

Definition: Die **Absolute Priority Rule** oder **Absolute Vorrangregel** gemäß § 27 StaRUG (die § 245 InsO n.F. als Vorbild nachgebildet ist, BTag, 2020, BT-Drs. 19/24181, S. 129) definiert die Angemessenheit der Beteiligung einer Abstimmungsgruppe am Planwert im Sinne des § 26 Abs. 1 Nr. 2 StaRUG (und entspricht in ihrer Funktion § 245 Abs. 2 Satz 1 InsO) dahin, dass „kein planbetroffener Gläubiger mehr an Wert erhalten darf als dem vollen Betrag seines Anspruchs entspricht“ (§ 27 Abs. 1 Nr. 1 StaRUG). Dies betrifft weder ein planbetroffener Gläubiger, der ohne einen Plan in einem Insolvenzverfahren mit Nachrang gegenüber den Gläubigern der Gruppe zu befriedigen wäre, noch der Schuldner oder eine an diesem Schuldner beteiligte Person einen nicht durch Leistung in das Vermögen des Schuldners vollständig ausgeglichenen wirtschaftlichen Wert erhält…“ (§ 27 Abs. 1 Nr. 2 StaRUG). Vorranggläubiger gehen Nachranggläubigern in vollem Umfang vor. Des Weiteren „kein planbetroffener Gläubiger, der in einem Insolvenzverfahren gleichrangig mit den Gläubigern der Gruppe zu befriedigen wäre, bessergestellt wird als diese Gläubiger“ (§ 27 Abs. 1 Nr. 3 StaRUG). Das bedeutet, dass in einem fiktiven Insolvenzverfahren die einem Gläubiger gegenüber gleichrangigen Gläubigern nicht bessergestellt werden als er.

Der Inhalt der Nr. 1 der Norm ist selbstverständlich, er erschließt sich aus dem Wortlaut ohne Weiteres, denselben Inhalt hat Abs. 2 Nr. 1 der Vorschrift im Verhältnis zu der Gruppe der Unternehmenseigner (Gesellschafter).

§ 27 Abs. 1 Nr. 2 StaRUG ist komplexer, denn diese Vorschrift definiert eine Befriedigungsreihenfolge streng nach dem Rang der Gläubigerforderung, nachrangige werden als solche behandelt, Gesellschafter bekommen keinen Planwert, ebenso wenig der Schuldner, der nicht zuvor in entsprechender Höhe in das Schuldvermögen geflossen ist. Nr. 3 verbietet die „Besserstellung gleichrangiger planbetroffener Gläubiger“ (siehe BT-Drs. 19/24181, S. 129, zu § 29 StaRUG-RegE).

§ 27 Abs. 2 Nr. 2 StaRUG schreibt vor, dass Gesellschafter einer Gesellschaftergruppe nach § 9 StaRUG ohne Wertzuwendung bleiben, soweit eine andere Gesellschaftergruppe nach § 9 keine Planzuwendung erhält, soweit nicht die Relative Priority Rule des § 28 Abs. 2 Nr. 1 StaRUG greift. Gesellschafter sollen, soweit sie nicht Werte in die „Restrukturierungsmasse" eingebracht haben, erst nach sämtlichen Gläubigern Wertzuwendungen erhalten mit Gleichrang unter den Gesellschaftern, soweit ihre Positionen vergleichbar sind. In einer Restrukturierung gemäß dem StaRUG dürften gesellschaftsrechtliche Beteiligungen an dem Schuldner teilweise werthaltig bleiben, wenn rechtzeitig die Restrukturierung gestartet wurde.

Beispiel: Ein Restrukturierungsplan, über den nach Änderungen abgestimmt wurde, sah fünf Gläubigergruppen vor. Vier Gruppen stimmten für den Plan, eine Gruppe, in der nur ein einziger Gläubiger vertreten war, stimmte dem Plan nicht zu. Das AG Dresden hat darauf erkannt, der dissentierende Gläubiger werde angemessen am Planmehrwert beteiligt. Der Grund dieser Ablehnung des Plans durch die eine Gläubigergruppe war, dass ein Gesellschafter, der eine eigene Gruppe der fünf Gläubigergruppen abbildete, zwei Darlehen gewährt hatte. Auf eines hatte er nach Plan verzichtet, das andere sollte er zuzüglich Zinsen in monatlichen Raten über etwa 225 Monate zurückerhalten. Er sollte damit 66,6 % seiner Forderung nach dem Restrukturierungsplan erhalten, die Gläubiger der anderen Gruppen nur 50,0 %, diesen Betrag allerdings sofort. Das Gericht hat die Voraussetzungen des Cram Down nach den §§ 26 ff. StaRUG bei wertender Betrachtung bejaht. Entscheidend war für diese Feststellung, dass der betroffene Gesellschafter nicht bessergestellt werde als die Gläubiger der anderen Gruppen, da er nicht sofort befriedigt werde, sondern innerhalb eines sehr weiten Zeithorizonts, er mit anderen Worten ein deutlich höheres Ausfallrisiko trägt. Das ist nachvollziehbar. Zu ergänzen ist, dass die Restrukturierungsforderung dieses Gesellschafters hier nicht nachrangig war gegenüber den Forderungen anderen Gruppen, so dass seine Gruppe nicht unter § 9 Abs. 1 Satz 2 Nr. 3 StaRUG zu subsumieren war, denn in dem „Gesetz zur vorübergehenden Aussetzung der Insolvenzantragspflicht [...] bei einer durch die COVID-19-Pandemie bedingten Insolvenz" vom 27.03.2020 hat der Gesetzgeber unter anderem § 39 Abs. 1 Nr. 5 InsO über den Nachrang von Gesellschafterdarlehen in der Insolvenz unter bestimmten Voraussetzungen befristet ausgesetzt (siehe § 2 Abs. 1 Nr. 2, Abs. 2 COVInsAG), so dass die Forderung des Planbetroffenen im Fall des AG Dresden nicht nachrangig war und daraus keine Benachteiligung durch den Plan für die Gläubiger anderer Gruppen resultierte. Die über 225 Monate gestaffelte Quotenzahlung wäre übrigens abzuzinsen und dann wären die 66,6 % mit den 50,0 % zu vergleichen gewesen, woraus sich die Vergleichbarkeit der Planzuweisungsquote rechnerisch ergeben hätte. Dieser vom AG Dresden entschiedene Fall hatte als gescheitertes Sanierungsverfahren im Sinne des §§ 94 ff. StaRUG begonnen (AG Dresden, 574/SAN 1/21) und war dann schließlich in das gerichtliche Restrukturierungsverfahren unter Nutzung der Instrumente des § 29 StaRUG eingemündet.

Relative Priority Rule, Durchbrechung der absoluten Priorität

Die Absolute Priorität des § 245 InsO a.F. wurde durch das StaRUG im Rahmen des SanInsFoG mit der Einführung einer Durchbrechung der absoluten Priorität (sogenannte **Relative Priority Rule** beziehungsweise **Relative Vorrangregel**) abgeschwächt (vgl. § 28 StaRUG, entsprechend § 245 Abs. 2 Sätze 2, 3, Abs. 2a InsO). Gemäß § 28 Abs. 1 StaRUG ermöglicht diese Regelung die Besserstellung einzelner planbetroffener Gläubiger gegenüber gleichrangigen Gruppen, wenn dies angesichts einer Gesamtwürdigung der wirtschaftlichen Probleme sachgerecht ist.

Definition: Entsprechend der **Relative Priority Rule** oder **Relativen Vorrangregel** gemäß § 28 StaRUG ist die Zustimmung einer Gruppe zum Restrukturierungsplan auch dann entbehrlich, wenn die Mitglieder dieser Klasse durch den Plan entgegen der „Absoluten Priorität" behandelt werden, die Benachteiligung aber angesichts der wirtschaftlichen Situation des Unternehmens und „nach den Umständen sachgerecht" sei.

Auch Gesellschafter und Einzelunternehmer in der Restrukturierung können von der Relativen Priorität „profitieren", wenn „die Mitwirkung des Schuldners oder der an dem Schuldner beteiligten Person an der Fortführung des Unternehmens infolge besonderer, in seiner Person liegender Umstände unerlässlich ist, um den Planwert zu verwirklichen, und sich der Schuldner oder die an dem Schuldner beteiligte Person im Plan zu der erforderlichen Mitwirkung sowie zur Übertragung der wirtschaftlichen Werte für den Fall verpflichtet, dass seine Mitwirkung aus von ihm zu vertretenden Gründen vor dem Ablauf von fünf Jahren oder einer kürzeren, für den Planvollzug vorgesehenen Frist endet […]" (§ 28 Abs. 2 Nr. 1 StaRUG).

Dasselbe gilt, wenn die Rechte der Gläubiger nur geringfügig beschränkt werden und „insbesondere" kein Haircut im Plan enthalten ist und die Fälligkeit der Gläubigerforderung nach dem Plan um nicht mehr als 18 Monate hinausgeschoben wird. Das entspricht wirtschaftlich bei zinsloser Stundung und dem Diskontierungssatz von 4 Prozentpunkten freilich nach 18 Monaten wirtschaftlich einer Reduzierung auf 94,0 % des Anspruchs. Das Procedere kann sachgerechte ökonomische Gründe haben. Fälligkeitsnachteile werden den Gläubigern dann für maximal 18 Monate zugemutet, mit den entsprechenden Refinanzierungsvorteilen für die Schuldner. Diese Lösung ist flexibel, das Regelbeispiel des Fälligkeitsnachteils bedeutet zugleich eine Art Obergrenze der Eingriffe in Gläubigerrechte gemäß dem Maßstab der damit einhergehenden Zinsverluste. Die Voraussetzungen gemäß § 28 Abs. 2 Nr. 1 und 2 müssen nicht kumulativ vorliegen. Fehlt es an den Voraussetzungen des § 28 Abs. 2 Nr. 1 kann der Vorteil für den Schuldner nach § 28 Abs. 2 Nr. 2 StaRUG generiert werden.

Notwendig werden hier unbestimmte Rechtsbegriffe verwendet. Diese Norm des § 28 StaRUG zeigt, dass es dabei um die **Würdigung** ökonomischer Umstände geht, unter anderem auch um die Einbeziehung von Gläubigern mit Forderungen aus dem operativen Betrieb wie beispielsweise Lieferanten (so die Begründung zu § 30 Abs. 1 StaRUG-RegE und § 28 StaRUG, vgl. dazu BTag, 2020, S. 129). Neben den Lieferanten sind auch die Kreditversicherer in die Planungen mit einzubeziehen.

Beispiel: Eine unbesicherte Lieferantenforderung ist gleichrangig gegenüber einer entsprechenden Kreditforderung. Dennoch kann es gerechtfertigt sein, dem Lieferanten eine höhere Quote im Plan einzuräumen, um beispielsweise Sicherheit für notwendige Lieferungen über einen künftigen Planungszeitraum zu erhalten oder Risikozuschläge für die Konditionen zu Lasten des Schuldnerunternehmens und seiner Liquidität abzuwehren. Die Folge kann sein, dass erst dadurch das operative Geschäft die Befriedigung der nach dem Plan etwa pro rata temporis auszugleichenden Forderungen der gegenüber dem Lieferanten zurückgesetzten gleichrangigen Gläubiger erlaubt.

Diese **Ausnahmevorschrift** des § 28 Abs. 1 Satz 1 StaRUG greift nicht, wenn „auf die überstimmte Gruppe mehr als die Hälfte der Stimmrechte der Gläubiger dieser betroffenen Rangklasse“ entfalle (§ 28 Abs. 1 Satz 2). Der Begriff der Rangklasse enthält das Gesetz nur zweimal, hier und in § 9 Abs. 1 Satz 2 Nr. 3 StaRUG. Gemäß § 28 Abs. 1 StaRUG soll damit letztendlich zum Ausdruck gebracht werden, dass die Durchbrechung dieser Gleichbehandlung der gleichrangigen Gruppen ausgeschlossen ist, wenn die dadurch „überstimmten“ Gruppen die Hauptlast der Sanierung im Hinblick auf die gleichrangigen anderen Gläubigergruppen zu tragen hätten (siehe die Begründung zu § 28 StaRUG nach der Fassung des Rechtsausschusses, die letztendlich auch Gesetz geworden ist, vgl. dazu BTag, 2020, S. 7 ff.).

§ 28 Abs. 2 StaRUG enthält die etwas überraschende Regelung, dass auch dem Schuldner beziehungsweise dem Rechtsträger des Unternehmens ein Planmehrwert zufließen kann, aber insbesondere auch den Gesellschaftern. Es ist daran zu erinnern, dass in der Insolvenz nach bisherigem Recht dem Schuldner beziehungsweise den an dem Rechtsträger des Schuldnerunternehmen Beteiligten kein Wert zufließen konnte. Im Regelinsolvenzverfahren mit Liquidation dieses Unternehmens sind die Gesellschafter oder der Schuldner auf den „Überrest“ gesetzt. Sie erhalten nach § 199 InsO den möglicherweise vorhandenen Überschuss, der nach der Schlussverteilung an die Gläubiger zuletzt verbleibt.

Auch in einem Insolvenzplanverfahren sollte dem Schuldner bisher nichts zufließen können, obwohl diese Sanierung mit Haircuts der Gläubiger in jeder Form dazu führen kann, dass der Schuldner auf Kosten der Gläubiger saniert wird und davon mittelbar auch die Gesellschafter profitieren. Der Schuldner muss daher den für ihn resultierenden Planmehrwert kompensieren. Die bloße **Fortführungsentscheidung** der Gesellschafter darüber, den Rechtsträger eines Schuldnerunternehmens fortzuführen, ist somit keine Kompensation.

Fazit zur „privatisierten“ (außergerichtlichen) Abstimmung

Betrachtet man die außergerichtliche Abstimmung über den Restrukturierungsplan, so ist festzustellen, dass das Verfahren mit Annahmefrist gemäß § 19 StaRUG in praxi nur dann zum Ziel führt, wenn im Ergebnis zuvor eine konsensuale Einigung mit allen Planbetroffenen erzielt wurde. Dann kann man sich aber auch der einfacheren Sanierungsmoderation nach den §§ 94 ff. StaRUG bedienen oder des Instruments der freien, außergerichtlichen Sanierung, ohne sich in diesen komplexen Verfahrensregelungen nach dem StaRUG zu verstricken.

Die Kommunikation mit den planbetroffenen Gläubigern und der gemeinschaftliche Diskurs der Gläubiger vor einem formellen Planangebot (vgl. §§ 17 Abs. 3, 21 StaRUG) sind für den Planerfolg bei verhandlungspsychologischer Betrachtung unverzichtbar. Die Forderung einer nachgelagerten Diskurseinräumung nach § 21 StaRUG ist bei einem überrumpelungsähnlich vorgelegten Restrukturierungsplan üblich sowie in der Regel zu erwarten.

Damit erscheint das Ziel, die **Planzustimmung** unter Nutzung des § 19 StaRUG ohne Versammlung der Planbetroffenen nach § 20 StaRUG zu erreichen, deutlich nachteilig. Grundsätzlich sollte es daher bei dieser Abstimmung in der „Gläubigerversammlung“ verbleiben, wie sie sich in anderer Gestalt und anderen Aufgaben im Insolvenzrecht als Instrument von Kommunikation sowie Diskurs bewährt hat. Das privatisierte Abstimmungsverfahren nach den §§ 20-22 StaRUG enthält verschiedene Klippen für den Schuldner, deren Vermeidung er zu organisieren und zu dokumentieren hat, so dass sich die Frage stellt, ob man in praxi nicht generell das gerichtliche Abstimmungsverfahren, wie im Folgenden dargestellt, präferieren sollte.

Gerichtliches Planabstimmungsverfahren, §§ 23, 45-46 i.V.m. §§ 47, 48 StaRUG

Die Komplexität dieses Procedere lässt es nicht erwarten, dass Kleinstunternehmen und KMU das notwendige Know How haben, die verschiedenen materiellen und verfahrensrechtlichen Hürden zu meistern, die der Restrukturierungsplan und die Entscheidung darüber durch die Planbetroffenen errichten.

Die gerichtliche Planabstimmung übernimmt den Verfahrensteil von den Schuldnern. Die Voraussetzungen dieses Planinhalts, unter anderem die sachgerechte Zusammensetzung der Gläubigergruppen, die Bestimmung der Planbetroffenen, die Vergleichsrechnung, kurzum alle Anforderungen an das Verfahren und den darstellenden und gestaltenden Teil des Plans bleiben jedoch beim Schuldner (§ 17 StaRUG). Ohne professionelle Sanierungsberatung werden die Schuldner regelmäßig keinen geeigneten und den Anforderungen entsprechenden Plan aufstellen können, auch nicht den betriebswirtschaftlichen Teil des Plans. Der Schuldner hat die Möglichkeit, sich aus den Instrumenten des Stabilisierungs- und Restrukturierungsrahmens gemäß § 29 Abs. 2 Nr. 1–4 StaRUG und dessen Abs. 3 jeweils die Module herauszusuchen, die er für die Verfolgung seiner Restrukturierung für zweckmäßig hält.

Zweckmäßig und richtig erscheint es aus praktischer Sicht, wenn man die gerichtliche Planabstimmung wählt (§ 29 Abs. 2 Nr. 1 StaRUG) und auch die weiteren Verfahrensschritte der gerichtlichen Vorprüfung (§§ 29 Abs. 2 Nr. 2 i.V.m. §§ 46, 47 StaRUG) und der gerichtlichen Planbestätigung (§§ 29 Abs. 2 Nr. 4 i.V.m. §§ 60 ff. StaRUG). Das gerichtliche Verfahren beruht wie das privatisierte Abstimmungsverfahren auf der Erwägung, dass es mindestens eine dissentierende Gläubigergruppe gibt, die an den von den anderen Gruppen gebilligten Plan nur durch den Cram Down nach den §§ 26–28 StaRUG gebunden werden kann und dieses nur möglich ist, wenn der Plan durch das Restrukturierungsgericht bestätigt wurde (§ 67 Abs. 1 StaRUG).

Verfahrensschritte der gerichtlichen Planabstimmung

Auf Antrag des Schuldners bestimmt das Gericht gemäß § 45 Abs. 1 StaRUG einen Erörterungs- und Abstimmungstermin. Das **gerichtliche Planabstimmungsverfahren** bedarf wie alle weiteren Verfahrensoptionen des § 29 Abs. 2 StaRUG eines Antrags des Schuldners. Nur er allein ist antragsbefugt.

Diesem Antrag muss die Anzeige der Restrukturierungssache nach § 31 Abs. 1 StaRUG durch den Schuldner an das Restrukturierungsgericht vorausgehen, deren Folge nach § 31 Abs. 3 StaRUG die Rechtshängigkeit der Restrukturierungssache ist, ohne die eine gerichtliche Handlung gar nicht möglich ist. Der Schuldner kann die Anzeige nach § 31 Abs. 1 StaRUG mit einem Antrag auf ein Instrument nach § 29 Abs. 2 StaRUG verbinden, beispielsweise mit dem Antrag auf gerichtliche Planabstimmung. Hat er diese Anzeige gemäß § 31 Abs. 1 StaRUG bereits früher vorgenommen, weil er etwa eine Stabilisierungsanordnung gemäß § 29 Abs. 2 Nr. 3 i.V.m. §§ 49 ff. StaRUG beantragt hat, bedarf es für die Planabstimmung keiner weiteren Anzeige mehr, da das Verfahren beim zuständigen Restrukturierungsgericht schon rechtshängig ist.

Die Anzeige der Restrukturierungssache nach § 31 StaRUG als solche löst keine gerichtliche Aktivität aus, die Restrukturierungssache wird lediglich rechtshängig (§ 31 Abs. 3 StaRUG) und erhält ein Aktenzeichen (Struktur: [Abt. des Gerichts] RES [lfd. Nr. des Jahres des Antrags und lfd. Nr. im laufenden Kalenderjahr, wie beispielsweise: [Amtsgericht Nürnberg/Restrukturierungsgericht], 397 RES 297/23, betrifft das Restrukturierungsverfahren der Leoni AG).

Im Rahmen der Anzeige hat der Schuldner eine Reihe von Unterlagen beizufügen und Angaben zu den Gläubigern und dem Sachstand zu machen (vgl. § 31 Abs. 2 StaRUG). Diese sind als Anhänge zu der **Anzeige** einzureichen (§ 31 Abs. 2 Satz 1):

1. der Entwurf eines Restrukturierungsplans oder, sofern ein solcher gemäß dem Stand des angezeigten Vorhabens noch nicht ausgearbeitet und ausgehandelt werden konnte, ein Konzept für die Restrukturierung, welches auf Grundlage einer Darstellung von Art, Ausmaß sowie Ursachen der Krise das Ziel der Restrukturierung (Restrukturierungsziel) sowie die Maßnahmen beschreibt, welche zur Erreichung des Restrukturierungsziels in Aussicht genommen werden,
2. eine Darstellung des Stands von den Verhandlungen mit den Gläubigern, an dem Schuldner beteiligten Personen und Dritten zu den in Aussicht genommenen Maßnahmen und
3. eine Darstellung der Vorkehrungen, welche der Schuldner getroffen hat, um seine Fähigkeit sicherzustellen, seine Pflichten nach diesem Gesetz zu erfüllen.

§ 31 Abs. 2 Sätze 2, 3 StaRUG: „Der Schuldner hat bei der Anzeige zudem anzugeben, ob die Rechte von Verbrauchern oder von mittleren, kleinen oder Kleinstunternehmen berührt werden sollen, insbesondere, weil deren Forderungen oder möglicherweise deren Absonderungsanwartschaften durch einen Restrukturierungsplan gestaltet oder die Durchsetzung der Forderungen durch eine Stabilisierungsanordnung vorübergehend gesperrt werden sollen. Anzugeben ist auch, ob damit zu rechnen ist, dass das Restrukturierungsziel nur gegen den Widerstand einer nach Maßgabe des § 9 StaRUG zu bildenden Gruppe durchgesetzt werden kann."

Zudem sind gegebenenfalls auch vorhandene frühere Restrukturierungssachen unter Angabe des befassten Gerichts sowie des jeweiligen Aktenzeichens anzugeben.

Der **Schuldner** muss also bereits außerhalb des Antrages auf eines der Instrumente des § 29 Abs. 2 StaRUG das gesamte Konzept darstellen und Unterlagen beifügen. Der Regierungsentwurf des § 33 StaRUG (entspricht § 31 StaRUG des dann beschlossenen Gesetzes) weist auf die verfahrensrechtlichen Aufgaben der Anzeige hin, welche zum einen alle künftigen Anträge im Sinne des § 29 Abs. 2 StaRUG zu einer einheitlichen Sache verklammert, aber auch darauf, dass dem Gericht die Einarbeitung in die Restrukturierungssache ermöglicht wird, um bei Eingang eines konkreten Antrages wie erforderlich beschleunigt reagieren zu können.

Schließlich soll dadurch dem Ziel des Gesetzes Ausdruck verliehen werden, dass die Verfahrenshilfen gemäß § 29 Abs. 2 StaRUG nur dem Schuldner zur Verfügung stehen, der die **Sanierung** ernsthaft betreibt, sie sorgfältig und gewissenhaft vorbereitet und umsetzt, den Pflichten nachkommt (siehe auch § 32 StaRUG, zur Begründung des § 31 siehe BTag, 2020, S. 133 ff., Begründung zu § 33 StaRUG-RegE).

Keine gerichtliche Entscheidung auf die Anzeige nach § 31 Abs. 1 StaRUG

Es gibt in der **gerichtlichen Restrukturierungsache** nach StaRUG keine Eröffnungsentscheidung wie in einem Insolvenzverfahren. Die Entscheidungen ergehen nur im Rahmen der Module beziehungsweise Verfahrenshilfen nach § 29 Abs. 2 StaRUG nach den dafür jeweils geltenden Einzelregelungen. Dieses hat zugleich zur Folge, dass der Schuldner zusammen mit der Anzeige weitere Anträge auf Verfahrenshilfen nach § 29 Abs. 2 StaRUG stellen kann. Die Bearbeitung erfolgt dann dahin, dass zunächst die Anzeige zur Registrierung als Restrukturierungssache und der Vergabe eines Aktenzeichens (Geschäftsnummer) führt. Eine Prüfung der Angaben des Schuldners, ob er tatsächlich drohend zahlungsunfähig ist oder sogar schon zahlungsunfähig oder ob keine Zahlungskrise vorliegt, beziehungsweise droht, erfolgt erst in einem weiteren nachgelagerten Schritt (vgl. Pannen/Riedemann/Smid-Pannen, 2021, § 33 Rn. 1, 2).

Die einzelnen Anträge eines Schuldners nach den Modulen gemäß § 29 Abs. 2 StaRUG sind selbstständige Verfahren und werden als eigener (elektronischer) Aktenband geführt (Papierakten verschwinden zunehmend in Justiz- und Anwalts- beziehungsweise Beraterpraxis, auf die insoweit bestehenden gesetzlichen Bestimmungen und weitere Regelwerke ist hier nicht einzugehen).

Zutreffend ist die in der zitierten Literatur vertretene Meinung, dass eine Korrektur der automatisch mit der Anzeige eintretenden Rechtshängigkeit nur mit einer Aufhebung der Restrukturierungssache gemäß § 33 StaRUG erfolgen kann, wobei die Tatsachen, die zur Aufhebung nach dieser Norm führen, allerdings bereits zum Zeitpunkt des Einganges einer Anzeige vorliegen können (vgl. Pannen/Riedemann/Smid-Pannen, 2021, § 33 Rn. 2). Die **Aufhebung** gemäß § 33 StaRUG liegt allein in der Disposition des Restrukturierungsgerichts. Davon zu unterscheiden ist die Antragsrücknahme durch den jeweiligen Schuldner gemäß § 31 Abs. 4 Nr. 1 StaRUG, deren Folge ist, dass die Anzeige ihre Wirkung verliert und der Schuldner demzufolge die Instrumente nach § 29 Abs. 2 StaRUG nicht mehr in Anspruch nehmen kann (siehe § 21 Abs. 1 StaRUG).

Beispiel: Antragsrücknahme oder Aufhebung bei fehlender Zuständigkeit des Gerichts. Die S GmbH mit Sitz in Karlsruhe zeigt durch ihren Alleingeschäftsführer die Restrukturierung nach § 31 Abs. 1 StaRUG an, richtet die Anzeige aber an das Amtsgericht Stuttgart, verbunden mit dem Antrag, eine Vollstreckungs- und Verwertungssperre gegenüber allen Gläubigern und Berechtigten aus Absonderungsanwartschaften nach § 29 Abs. 2 Nr. 3 i.V.m. § 49 Abs. 1 StaRUG anzuordnen, weil Gläubiger Vollstreckungen und Verwertungen von Kreditsicherheiten angedroht hatten. Das AG Stuttgart weist den Antragsteller S darauf hin, das AG Karlsruhe sei zuständig, da gemäß §§ 34, 35 StaRUG in Baden-Württemberg, das Amtsgericht am Sitz eines Oberlandesgerichts (also Karlsruhe oder Stuttgart) zuständig sei, in dessen Bezirk der Schuldner örtlich seinen allgemeinen Gerichtsstand habe. Das AG Stuttgart setzt dem Schuldner eine Frist von einer Woche und hebt bei erfolglosem Fristablauf, wenn also der Schuldner nicht die Verweisung an das AG Karlsruhe, Restrukturierungsgericht, zeitnah und fristgerecht beantragt, die Restrukturierungssache auf. Reagiert der Schuldner entsprechend, erklärt sich das AG Stuttgart dann für unzuständig und verweist an das AG Karlsruhe (§ 281 ZPO i.V.m. § 38 StaRUG). Über den Antrag auf Vollstreckungs- und Verwertungssperre hat es sachlich zu Recht nicht entschieden. Nimmt dieser Schuldner daraufhin den Antrag zurück, wirkt die Rücknahme für die Zukunft. Über den Antrag ist wiederum nicht zu entscheiden. Der Schuldner muss dann erneut die Anzeige erstatten, dieses Mal an das AG Karlsruhe. Bis zu dessen Entscheidung erhält der Schuldner keine Vollstreckungs- oder Verwertungssperre vom zuständigen Restrukturierungsgericht.

Das vorstehend strukturierte Beispiel ist auf mangelndes Know How des betroffenen Unternehmens beziehungsweise Schuldners zurückzuführen.

Beispiel: Aufhebung bei unzureichenden Unterlagen. Die XY. Immobilienfonds 3. Gesellschaft des bürgerlichen Rechts („GbR"), eine rechtsfähige BGB-Gesellschaft nach den §§ 705 Abs. 1 Halbsatz 1, 2, 706 ff. BGB, meldet bei dem zuständigen Restrukturierungsgericht durch ihre vertretungsberechtigten Gesellschafter ihre Restrukturierung an und beantragt zugleich die gerichtliche Planabstimmung. Diese Unterlagen nach § 31 Abs. 2 StaRUG sind mangelhaft, demgemäß auch diejenigen, die für den Antrag auf gerichtliche Planabstimmung gemäß § 45 Abs. 2 StaRUG vorzulegen gewesen wären (vollständiger Restrukturierungsplan nebst Anlagen). Das Restrukturierungsgericht wird unter Fristsetzung auf die Mängel und auf die Aufhebung der Restrukturierungssache hinweisen, wenn die gerügten Mängel nicht fristgerecht behoben werden. Bis dahin kann das Planabstimmungsverfahren nicht voranschreiten. Versäumt der Schuldner diese Frist, wird die Restrukturierungsache aufgehoben und im Zweifel ist dann der Restrukturierungsplan gegenstandslos. Grund der Aufhebung ist, dass der Schuldner gegen seine Pflichten zur „Mitwirkung und Auskunftserteilung" gegenüber diesem Gericht schwerwiegend verstoßen hat (§ 33 Abs. 1 Nr. 3 i.V.m. § 39 Abs. 2 StaRUG). Das Restrukturierungsgericht hatte die eingereichten Unterlagen auf ihre Vollständigkeit hin durchzusehen und die Restrukturierungssache aufzuheben, wenn diese nicht den Anforderungen entsprachen. Über den Fortgang des Abstimmungsverfahrens war noch nicht zu entscheiden, ein Erörterungs- und Abstimmungstermin gemäß § 45 StaRUG nicht zu bestimmen. Die Restrukturierungsfähigkeit der GbR hatte das Gericht von Amts wegen zu prüfen (§ 39 Abs. 1 i.V.m. § 30 Abs. 1 Satz 1 StaRUG). Eine GbR, die nach außen auftritt wie eine Immobilienfondsgesellschaft, die Verwaltung und Vermietung eigener Immobilien betreibt, ist rechtsfähig (§ 705 Abs. 2 Halbsatz 1, Abs. 3 BGB) und damit auch restrukturierungsfähig (vgl. § 30 StaRUG i.V.m. § 11 InsO).

Auch in dem vorstehenden Beispiel fehlt das spezielle Wissen. Die Mängel wirken sich desaströs aus, weil der Restrukturierungsplan nicht vorangeht und sich der Schuldner bei Zurückweisung auf den Ausgangspunkt zurückgeworfen sieht.

Der Reputationsschaden des Krisenunternehmens bei bisher willigen Gläubigern dürfte hoch sein, zumal sich mangels Umsetzung eines Plans die wirtschaftliche Lage des Schuldners und die Liquidität weiter verschlechtern dürften.

Hat der restrukturierungsfähige Schuldner diese **Restrukturierungssache** ordnungsgemäß angezeigt und erfüllt er künftig seine Pflichten nach § 32 StaRUG (verkürzt geht es dabei um die gewissenhafte Verfolgung der Sanierungsziele unter Wahrung der Interessen der Gesamtheit der Gläubiger), informiert er insbesondere das Gericht kontinuierlich über wesentliche Änderungen des Restrukturierungsvorhabens (siehe § 32 Abs. 2 StaRUG), ist die Basis geschaffen, Anträge nach § 29 Abs. 2 StaRUG zu stellen und positiv darüber zu entscheiden.

Die Anberaumung des Erörterungs- und Abstimmungstermins nach § 45 Abs. 1 StaRUG ist der zweite Schritt der Planabstimmung, es sei denn die Anzeige sei schon zuvor erfolgt, entweder isoliert oder begleitet von einem Antrag auf Durchführung eines anderen Verfahrens im Sinne des § 29 Abs. 2 StaRUG, das in jenem Verfahrensstadium vor der Wahl der gerichtlichen Abstimmung sachlogisch nur ein Antrag nach § 49 StaRUG (Vollstreckungssperre, Verwertungssperre) sein kann. Das zuständige Gericht lädt die Sanierungsbetroffenen zu dem Erörterungs- und Abstimmungstermin. Die Ladung ist förmlich zuzustellen, die Zustellung kann dem Schuldner überlassen werden (vgl. § 45 Abs. 3 i.V.m. § 41 Abs. 3 StaRUG und i.V.m. §§ 191–194 ZPO auf dem Wege der sogenannte Parteizustellung über den Gerichtsvollzieher).

Abhängigkeit des gerichtlichen Tätigwerdens von der Zahlung der Gerichtskosten

Allerdings wird das Gericht erst tätig, wenn der Schuldner die **Verfahrensgebühr** an das Gericht bezahlt hat (vgl. § 13a Satz 1 Gerichtskostengesetz (GKG) i.V.m. Kostenverzeichnis (GKG-KV) Nr. 2510, 2511). Die Gerichtskosten in den Verfahren nach dem StaRUG sind vernachlässigbar. Sie belaufen sich für die „Entgegennahme der Anzeige" auf 150 Euro, für den Antrag auf das gerichtliche Abstimmungsverfahren auf 1.000 Euro und werden mehr als drei der Module des § 29 Abs. 2 StaRUG gewählt, sind lediglich 1.500 Euro zu entrichten (GKG-VV 2512). Die Bestellung eines Restrukturierungsbeauftragten generiert ebenso wie die eines Sanierungsmoderators Gerichtskosten in Höhe von 500 Euro (GKG-VV 2513, 2514). Bei der hier betrachteten Konstellation eines Antrags auf ein gerichtliches Abstimmungsverfahren ist GKG-VV 2511 (1) zu beachten, die Anrechnung der 150 Euro nach GKG-VV 2510, so dass der Antrag auf gerichtliche Planabstimmung sich auf insgesamt 850 Euro beschränkt.

Die Bezahlung ist entscheidend, da ansonsten das Gericht nicht tätig wird (§ 13a Abs. 1 GKG, vgl. Pannen/Riedemann/Smid-Pannen, 2021, § 45 Rn. 13). Die Gerichtskosten sind übrigens nicht restrukturierbar. Sie sind keine Restrukturierungsforderungen im Sinne des § 4 Abs. 1 Nr. 1 StaRUG, denen im Insolvenzverfahren die Insolvenzforderungen aus § 38 InsO entsprechen (siehe Pannen/Riedemann/Smid-Riedemann, 2021, § 2 Rn. 7, spricht von hypothetischer Vergleichsbetrachtung bei der Bezeichnung der Restrukturierungsforderungen, vgl. BTag, 2020, S. 111 zu § 4 StaRUG-RegE).

Ladung, Ladungsfrist, Hinweise

Hat das Gericht den **Erörterungs- und Abstimmungstermin** bestimmt, mit dem Hinweis, die Abstimmung könne auch dann durchgeführt werden, wenn nicht alle Planbetroffenen daran teilnähmen, wird es dem Schuldner die Zustellung überlassen (§ 45 Abs. 3 StaRUG). Eine gesetzliche Ladungsfrist enthält § 45 Abs. 3 StaRUG nicht, die daher vom Gericht angemessen festzusetzen ist und die Zustellungszeiträume ins Kalkül zu ziehen hat, gerade auch, wenn die Zustellung dem Schuldner übertragen wird. Der Pflichthinweis nach § 45 Abs. 3 Satz 2 StaRUG ist missverständlich, denn er sagt unter anderem aus, die Abstimmung könne unabhängig von der Teilnahme einzelner Gläubiger erfolgen. Dieses ist richtig, eine „Beschlussfähigkeit" gibt es hier ebenso wenig wie bei der Gläubigerversammlung im Insolvenzverfahren. Es besteht die Möglichkeit, auch ohne die Teilnahme aller planbetroffenen Gläubiger über den Plan abzustimmen. Daher ist zudem der Hinweis in der Ladung geboten, dass eine fehlende Mitwirkung an der Abstimmung (oder Enthaltung) als Ablehnung des Plans gelten beziehungsweise diese Wirkung hervorrufen (Folge aus § 25 Abs. 1 StaRUG). In der Literatur wird zutreffend auf die Zweckmäßigkeit weiterer **Hinweise** in der Ladung hingewiesen, deren Unterlassung Risiken für den Plan mit sich bringen kann.

!

Erläuterung: Wendet sich ein Planbetroffener gegen die **Bestätigungsentscheidung** des Restrukturierungsgerichts, weil er die Meinung vertritt, der Plan stelle ihn schlechter als er ohne Plan stünde, so stehen ihm zwei Rechtsbehelfe zur Verfügung. Zum einen kann er im Rahmen dieses sogenannte Minderheitenschutzes des § 64 StaRUG den Antrag stellen, dem Plan die gerichtliche Bestätigung zu versagen, zum anderen kann er nach Erlass des gerichtlichen Bestätigungsbeschlusses gegen diese Entscheidung sofortige Beschwerde nach § 66 StaRUG (i.V.m. §§ 567 ff. ZPO, Beschwerdefrist von zwei Wochen, § 569 ZPO) einlegen. Die Rechtsbehelfe sind nur dann zulässig, wenn bestimmte Voraussetzungen erfüllt werden. Unter anderem muss der Antragsteller des Minderheitenschutzes bereits im Rahmen der Abstimmung sich gegen diesen Plan gewandt sowie seine voraussichtliche Schlechterstellung durch den Plan geltend gemacht haben (§ 64 Abs. 2) StaRUG). Hat weder eine Versammlung der Planbetroffenen im Sinne des § 20 StaRUG stattgefunden noch ein Erörterungs- und Abstimmungstermin im Sinne des § 45 StaRUG, dann bedarf es zu dem Antrag auf Minderheitenschutz nicht einer geschilderten Zulässigkeitsvoraussetzungen, wenn auf die Schlechterstellung, je nach Art der Abstimmung, mit oder ohne Versammlung der Planbetroffenen, im Planangebot beziehungsweise im Einberufungsschreiben zur Versammlung oder in der Ladung nicht hingewiesen wurde (§ 64 Abs. 4 StaRUG). Vergleichbares gilt für die sofortige Beschwerde (§ 66 Abs. 3 StaRUG). Ohne diese Hinweise sind die bezeichneten Rechtsbehelfe ohne diese besonderen Voraussetzungen ohne Weiteres zulässig, womit im Einzelfall erhebliche Risiken für die Planbestätigung verbunden sind, so dass man diese Hinweise nach den §§ 64 Abs. 4, 66 Abs. 3 StaRUG in die Einberufung der Versammlung der Planbetroffenen beziehungsweise die Ladung einbringen sollte (so die zutreffende Empfehlung bei Pannen/Riedemann/Smid-Pannen, 2021, § 45 Rn. 15–17).

In der Praxis ist das ganz einfach möglich durch Einfügung in ein Mustereinberufungsschreiben beziehungsweise in ein Muster der Ladung gemäß § 45 Abs. 3 StaRUG oder in die Schlussbestimmungen des Restrukturierungsplans. Der dazu verfasste Text ist durch die Formulierungen in den §§ 64, 66 StaRUG nahezu vorgegeben.

Ablauf des Erörterungs- und Abstimmungstermins

Den **Ablauf des Gerichtstermins** regelt § 45 Abs. 4 StaRUG. Die der Abstimmung vorausgehende Feststellung des Stimmrechts folgt aus § 24 i.V.m. § 45 Abs. 4 Satz 1 StaRUG. Streitigkeiten über das Stimmrecht sollten möglichst einvernehmlich unter den Beteiligten konsensual beigelegt werden, nur bei einem Scheitern entscheidet das zuständige Restrukturierungsgericht (§ 45 Abs. 4 Satz 2 StaRUG). Der Terminablauf richtet sich nach den Regelungen der §§ 239-–242 InsO, den §§ 24-–28 StaRUG, den Verfahrensgrundsätzen der Amtsermittlung durch das Restrukturierungsgericht nach § 39 StaRUG sowie subsidiär, soweit das StaRUG nichts anderweit anordnet, nach der Zivilprozessordnung (§ 38 StaRUG).

Der äußere Rahmen ist dadurch gekennzeichnet, dass die virtuelle Teilnahme an dem Termin möglich ist (§ 128a ZPO), aber „wissentliche Aufzeichnungen" verboten sind und seitens der Beteiligten sowie des Gerichts sicherzustellen ist, dass Dritte die „Ton- und Bildübertragung nicht wahrnehmen können" (§ 38 Satz 2 StaRUG). Der Termin ist nicht-öffentlich wie die Gläubigerversammlungen beziehungsweise der Erörterungs- und Abstimmungstermin im Insolvenzverfahren, unter anderem um keine Unruhe bei den nicht planbetroffenen Gläubigern und Kunden zu erzeugen.

Ein Termin unter Zulassung der **Öffentlichkeit** würde dem vertraulichen Charakter des Verfahrens gemäß dem StaRUG zuwiderlaufen, zumal in der Erörterung des Plans die Details der wirtschaftlichen Lage bis hin zum betrieblichem Know How und künftiger Geschäftsstrategie des Schuldners offenbar werden. Der Rahmen eines gerichtlichen Verfahrensablaufs ist ferner dadurch geprägt, dass der Ablauf durch das Gericht zu protokollieren ist, unter anderem ist in einer gesonderten Stimmliste das Stimmrecht dieser Beteiligten festzuhalten (§ 45 Abs. 4 Satz 1 i.V.m. § 239 InsO). Das Protokoll (zum Inhalt siehe § 160 ZPO) erbringt Beweis für die Einhaltung der vorgeschriebenen Förmlichkeiten (§ 165 ZPO). An diesen Maßstäben sollte sich auch die Dokumentation des Schuldners nach den §§ 22, 20 StaRUG orientieren. Die Stimmrechte, die Mehrheiten und der Cram Down sind identisch mit dem nicht-gerichtlichen Abstimmungsverfahren, wie bereits vorstehend dargestellt (§ 45 Abs. 4 Satz 1 i.V.m. §§ 24 ff. StaRUG). Das gerichtliche Verfahren bedingt einige Besonderheiten, die durch den Verweis auf die §§ 239–242 InsO in § 45 Abs. 4 Satz 1 StaRUG auch im StaRUG implementiert werden. Dabei handelt es sich bei der gerichtlichen **Organisation** um:

- die Anfertigung einer Stimmliste durch das Gericht (§ 239 InsO).
- die Möglichkeit den Plan noch im Termin in einzelnen Punkten zu ändern (§ 240 InsO), eine Möglichkeit, die zudem auch das privatisierte Abstimmungsverfahren in § 20 Abs. 4 StaRUG vorsieht.
- die Möglichkeit eines von dem Erörterungstermin abgetrennten und auf ihn folgenden gesonderten Abstimmungstermins mit erneuter Ladung (§ 241 InsO). Dies kann geboten sein, wenn der zeitliche Rahmen nicht ausreichend war.
- die Möglichkeit der schriftlichen Stimmabgabe bei Anberaumung eines gesonderten Abstimmungstermins (§ 242 InsO).

Kaum zu überschätzen ist die Bedeutung einen **Vorprüfungstermin** bei Gericht auf Antrag des Schuldners anzuberaumen. Dieser Termin darf nicht mit dem Vorgespräch des Schuldners mit dem Richter verwechselt werden, das allgemeinen Fragen der Vorabklärung dient, das Gericht nicht bindet sowie auch keine Beratung des Schuldners darstellt. Der Vorprüfungstermin soll beziehungsweise kann streitige Punkte vor dem Erörterungs- und Abstimmungstermin klären, sein Ergebnis kann zu Planänderungen führen, er kann mit anderen Worten im Vorhinein zum Interessenausgleich der Beteiligten und zur Planannahme erheblich beitragen. Da es im Zweifel bei den Planbetroffenen ein Verzicht auf wesentliche wirtschaftliche Positionen bedeutet, kann es erheblich darauf einwirken, ob eine Zustimmung zu dem Plan erreicht wird. In diesem Rahmen können alle für die Planbestätigung relevanten Fragen angesprochen und geklärt werden, alle vom Schuldner und den Beteiligten aufgeworfenen Fragen. Aufgrund des Komplexitätsgrads des Verfahrens ist dieser Termin wichtig.

Die Beteiligten sind vom Gericht zu laden und zwar nach denselben Modalitäten wie zum **Erörterungs- und Abstimmungstermin**, hier aber nur mit der Ladungsfrist von maximal sieben Tagen (§ 46 Abs. 1 Sätze 3, 4 StaRUG).

Das Gericht entscheidet nicht über die vorgelegten sowie diskutierten Fragen, erlässt aber einen Hinweisbeschluss (vgl. § 46 Abs. 2 StaRUG), an den es im weiteren Verfahrensgang nicht gebunden ist, aber auch nicht davon „willkürlich" abweichen kann. Es kann aber im Erörterungs- und Abstimmungstermin unterrichten, dass es zu diesem oder jenem Punkt mittlerweile einen anderen Standpunkt vertrete als im Hinweisbeschluss. Den dort eingenommenen Standpunkt muss das Gericht wenigstens kurz begründen, da seine Hinweise in die weitere Planung und Strategie der Beteiligten eingehen werden, auch wenn gegen den Hinweisbeschluss ein Rechtsmittel nicht zulässig ist (siehe zur Beschränkung der Rechtsbehelfe gegen gerichtliche Entscheidungen § 40 Abs. 1 StaRUG). Ändert das zuständige Restrukturierungsgericht später seine Rechtsmeinung im Verfahrensfortgang, so ist den Beteiligten dazu rechtliches Gehör (Art. 103 Abs. 1 GG) einzuräumen und hierzu Stellung zu nehmen.

Liegt dem Gericht der Antrag auf gerichtliche Planabstimmung vor, kann es nach Sichtung der vorgelegten Unterlagen (§ 45 Abs. 2 sowie §§ 31 Abs. 2, 32 StaRUG) und der Erkenntnisse bis dahin zu dem Ergebnis gelangen, es müsse unbedingt ein Vorprüfungstermin stattfinden. Das Gericht kann von Amts wegen, also ohne Antrag des Schuldners, einen Vorprüfungstermin bestimmen (§ 46 Abs. 3 StaRUG). Es reicht aus, wenn dies aus Sicht des Gerichts zweckmäßig erscheint. Dieses Vorgehen kann zur Klärung offener Fragen in Verbindung mit dem Hinweisbeschluss zu einer erforderlichen Konfliktlösung unter den Beteiligten beitragen.

Das hat tendenziell zur Folge, dass die notwendigen Mehrheiten der Stimmen in den einzelnen Gruppen erreicht werden und Cram-Down-Szenarien ebenso wie Rechtsbehelfe wegfallen könnten. Im besten Fall wird dann der Restrukturierungsplan, gegebenenfalls nach Korrekturen, aufgrund des Vorprüfungstermins beim Gericht, schneller verabschiedet und umgesetzt.

Elementare Gesichtspunkte, die der **Vorprüfungstermin** klären kann, sind:

- die Angemessenheit der Auswahl der Planbetroffenen sowie der Gruppenbildung (§§ 8, 9 StaRUG), ob also der Schuldner als zur Planvorlage Berechtigter diesen gesetzlichen Anforderungen genügt hat. Die Vorprüfung ist hier also dann geboten, wenn Widerspruch aus den Reihen dieser Beteiligten vorliegt oder wenn aus dem Blick des Gerichts hier offensichtliche Zweifel bestehen.
- das Stimmrecht Beteiligter. Ein Vorprüfungstermin ist dann von Amts geboten, wenn der Restrukturierungsbeauftragte auf Unklarheiten bei Stimmrechten hinweist (vgl. Pannen/Riedemann/Smid-Smid, 2021, § 46 Rn. 12). Dies kann dann der Fall sein, wenn der obligatorische Restrukturierungsbeauftragte für die Entscheidung darüber zuständig ist, wie über den Restrukturierungsplan abzustimmen ist und sich für die gerichtliche Planabstimmung entscheidet (§ 76 Abs. 2 Nr. 1 i.V.m. § 73 Abs. 1 Nr. 1, 2 StaRUG). Betroffen sind Restrukturierungen mit gesamtverfahrensähnlichen Zügen, wie bei der Anordnung von Stabilisierungsanordnungen gegen im Wesentlichen alle Gläubiger oder Verfahren, die die Rechte von Verbrauchern, Kleinstunternehmen und KMU berühren.
- die Frage, ob der Schuldner drohend zahlungsunfähig ist.

! **Erläuterung:** Die zwei **Abstimmungsverfahren** nach dem StaRUG auf der Grundlage von Versammlungen der Planbetroffenen (privatisierte Abstimmung, §§ 20-22 StaRUG und gerichtliche Abstimmung, §§ 23, 45, 46 StaRUG) sind die Instrumente der Entscheidung über den Restrukturierungsplan durch Mehrheitsbildung der in den Plan einbezogenen Gläubiger mit einem hohen Quorum (75,0 %), die notwendig ist, um die Zustimmung aller Gläubigergruppen festzustellen oder die Zustimmung einer qualifizierten Gläubigermehrheit zu belegen und die Fiktion der Zustimmung der anderen aufgrund des Vorliegens der Voraussetzungen des Cram Down festzustellen (§§ 26–28 StaRUG). Die Planannahme ohne Versammlung gemäß § 19 StaRUG ist verfahrenstechnisch nicht als Abstimmung strukturiert und dargestellt, sondern als kollektives Planangebot, dem die Planbetroffenen ausdrücklich zustimmen müssen, ansonsten gilt die Zustimmung zum Plan auch ohne ausdrückliche Ablehnung als verweigert. Im Ergebnis kann es sich bei den zu erwartenden Praxisfällen unter § 19 StaRUG nur um konsensuale Verfahren handeln, deren Ergebnis als Vergleich im Sinne des § 779 BGB zu verstehen ist, ähnlich dem Ergebnis der Sanierungsmoderation (vgl. §§ 96 Abs. 1, 97 Abs. 1 StaRUG). Die Dokumentation und die Pflicht, diese den Beteiligten zugänglich zu machen nach § 22 StaRUG gilt auch in den Fällen des § 19 StaRUG. Stößt der Plan im finalen Verhandlungsergebnis auf den Widerstand eines Gläubigers, bleibt die Abstimmung in der Versammlung der Betroffenen.

War die Abstimmung erfolgreich, wurde also ungeachtet der Gegenstimmen in einzelnen Gruppen, das Quorum von 75,0 % in jeder Gruppe erreicht, ist dieser Plan angenommen. Eines **Cross Class Cram Down** der §§ 26–28 StaRUG bedarf es nicht mehr. Dennoch sind dissentierende Gläubiger durch die positiven Gruppenentscheidungen nicht gebunden, denn die Wirkung bedarf nach § 67 Abs. 1 Satz 2 StaRUG der gerichtlichen Planbestätigung. Gegen diese können sich die betroffenen Gläubiger zur Wehr setzen, indem sie Minderheitenschutz gegen den Plan gemäß § 64 StaRUG vor der gerichtlichen Bestätigung beantragen und sofortige Beschwerde gegen den gerichtlichen Bestätigungsbeschluss gemäß § 66 StaRUG einlegen.

Die gerichtliche Planabstimmung allein ist jedoch nicht hinreichend vielmehr ist der weitere Schritt der Planbestätigung (§§ 60 ff. StaRUG) durch das Gericht unverzichtbar. Dieser Antrag, den nur der Schuldner stellen darf, sollte noch im Abstimmungs- und Erörterungstermin gestellt werden und zwar zu Protokoll des Gerichts (§ 60 Abs. 1 Satz 2 StaRUG, siehe Pannen/Riedemann/Smid-Smid, 2021, § 60 Rn. 7).

Sachlogisch setzt er das Ende der Abstimmung und die Feststellung des Ergebnisses, das heißt die Annahme des Plans durch die Mehrzahl der Gruppen mit der qualifizierten Mehrheit von 75,0 % der Stimmrechte in den Gruppen voraus. Das Vorliegen der Voraussetzungen eines Cram Down beziehungsweise deren Prüfung, wenn nicht alle Gruppen entsprechend zugestimmt haben, ist nicht Voraussetzung für den Antrag auf **Planbestätigung**, da letztendlich erst im Bestätigungsverfahren die Tatbestände der §§ 26-28 StaRUG vom Gericht sorgfältig überprüft werden.

Eine Ausnahme von dieser uneingeschränkten Antragsbefugnis allein des Schuldners gibt es nach § 60 Abs. 2 StaRUG. Ist Schuldner eine rechtsfähige Personengesellschaft, wie etwa eine Personenhandelsgesellschaft, mit natürlichen Personen als persönlich unbeschränkt haftende unmittelbare oder mittelbare Gesellschafter (§ 60 Abs. 2 Satz 1 StaRUG), so müssen diese gemäß § 60 Abs. 2 StaRUG dem Antrag auf Planbestätigung zustimmen, soweit sie nicht durch den Plan aus der Haftung für die gestalteten Restrukturierungsforderungen entlassen wurden. Dies gilt nicht, wenn persönlich haftende Gesellschafter selbst juristische Personen sind oder rechtsfähige Personengesellschaften ohne natürliche Person als unmittelbar oder mittelbar haftender Gesellschafter. Dies sind beispielsweise die KGaA und die GmbH & Co. KG, letztere als eine in der Praxis häufig auftretende Rechtsform.

Die Haftung dieser persönlich unbeschränkt haftenden natürlichen Personen folgt aus § 126 HGB beziehungsweise aus entsprechenden Normen für die jeweilige rechtsfähige Personengesellschaft (zum Beispiel § 721 BGB für diese rechtsfähige BGB-Gesellschaft, siehe § 11 Abs. 2 Nr. 1 InsO). Sie haften akzessorisch für die Schulden der Gesellschaft, deren Gesellschafter sie sind und den Gläubigern gegenüber im Außenverhältnis unmittelbar (zum Beispiel der Gesellschafter der OHG oder der Komplementär der KG). Das Privatvermögen ist in den Haftungsumfang einbezogen.

Nach § 11 Satz 1 StaRUG haftet der Schuldner selbst nur noch für die dann nach den Haircuts bei den Gläubigerforderungen im Restrukturierungsplan verbleibenden Forderungen der planbetroffenen Gläubiger, soweit nichts anderes bestimmt ist.

Offen bleibt dabei, ob die „Haftungsbefreiung" nach § 11 StaRUG tatsächlich zum Erlöschen der entsprechenden Forderungen führt oder ob sie „nur" zu sogenannten unvollkommenen Forderungen („Naturalobligationen") herabgestuft werden, die zwar nicht mehr durchsetzungsfähig sind, aber einer Wirksamkeit wirksamer freiwilliger Leistungen des Schuldners (oder Dritter) darauf nichts entgegensteht (in Anlehnung an § 227 InsO und die Meinung in der Kommentarliteratur dazu wie unter anderem bei Pannen/Riedemann/Smid-Smid, 2021, § 11 Rn. 7–9).

Beispiel: Der vorgelegte Restrukturierungsplan der Kommanditgesellschaft, deren Komplementär Herr K ist, beschränkt sich auf eine finanzwirtschaftliche (bilanzielle) Sanierung. In den Plan einbezogen werden ausschließlich Banken und dort nur deren unbesicherte Barkredite. Ein langfristiges Immobiliendarlehen der Bank B wird bewusst nicht in den Plan einbezogen, da die dortige grundpfandrechtliche Sicherung diese Finanzierung rechtlich und wirtschaftlich zu 100,0 % abdeckt. Notwendige leistungswirtschaftliche Maßnahmen sind eingeleitet. Sie werden im darstellenden Teil des Plans beschrieben. Die Restrukturierung der Barkredite sieht eine deutliche Kürzung um 40,0 % dieser „Altforderungen" vor, eine Laufzeit von 4 Jahren und eine Halbierung des Zinssatzes für diesen Zeitraum. Ferner wird eine Neufinanzierung von 1 Mio. Euro seitens der Altbanken als Konsortialkredit eingeräumt. K soll aber für 20,0 % der gekürzten Altforderungen weiterhin haften und diese aus seinen eigenen Mitteln innerhalb einer Laufzeit von vier Jahren einschließlich Zinsen zahlen. Einen Rückgriff gegenüber der Gesellschaft nach § 105 Abs. 3 HGB i.V.m. § 716 BGB (analog, siehe Hopt-Roth, 2025, Anhang § 105, § 716 Rn. 1 ff.) darf er nicht nehmen. Hierzu gibt er vorsorglich eine Erklärung nach § 15 Abs. 3 StaRUG ab. Mit der Fortführung der KG auf der Basis des Plans hat er sich ebenfalls bereit erklärt (§ 15 Abs. 2 StaRUG). K muss der Planbestätigung nach § 60 Abs. 2 StaRUG zustimmen, da die KG von der Leistung der 40,0 % der in den Plan einbezogenen Barkredite nach § 11 Abs. 1 Satz 1 StaRUG befreit wurde, nicht aber K, da er die Hälfte dieser „Verzichte" der Banken der Schuldnerin gegenüber tragen soll, als Folge seiner akzessorischen Haftung nach §§ 126, 161 Abs. 2 HGB.

Für die Praxis gilt also in denjenigen Fällen, die nicht konsensual unter den Beteiligten zu einem eben von allen akzeptierten Restrukturierungsplan führen, dass ein schnelleres sowie aussichtsreicheres beziehungsweise sehr rechtssicheres Vorgehen in der Verknüpfung von gerichtlicher Planabstimmung mit Vorprüfung und Planbestätigung existiert. Die konsensuale Einigung auf den meist finanzwirtschaftlichen Plan ist einem konfliktbeladenen Sachverhalt zwar vorzuziehen.

Allerdings werden in der Praxis vermutlich erhebliche Haircuts an die Gläubiger im Rahmen eines Plans herangetragen. Die geforderten Verzichte können bei Banken die bislang gebildeten Einzelwertberichtigungen erheblich übersteigen und führen dann auch endgültig zu einer Abschreibung in der Bankbilanz.

In Anbetracht der bestehenden Kreditsicherheiten kann das Einigungspotenzial dann begrenzt sein und selbst eine Insolvenzlösung kann vorgezogen werden. Die betroffenen Kreditinstitute werden die möglichen Alternativen vorab barwertig durchkalkulieren. Ergibt sich eine höhere Recovery Quote für eine andere Option als den Restrukturierungsplan, wird diese unter Umständen vorgezogen. Des Weiteren verbleibt die Skepsis der Entscheidungsträger in den Banken gegenüber dem Altmanagement, dem auch nach dem Haircut eine Sanierung des betroffenen Krisenunternehmens nicht zugetraut wird, ähnlich wie in der Eigenverwaltung in der Insolvenz.

Checkliste und Analysen zum Restrukturierungsplan und zur Planannahme aus Bankensicht:

1. Ist der Restrukturierungsplan aus Bankensicht umsetzbar oder übersteigen die Haircuts die EWB?
2. Tragen alle planbetroffenen Gläubiger den Restrukturierungsplan im Konsens mit oder nicht?
3. Wurden die vorherigen Abstimmungsgespräche beim Restrukturierungsgericht genutzt?
4. Wird dem Schuldner die leistungswirtschaftliche Umsetzung der Restrukturierung zugetraut?
5. Ist das Restrukturierungsverfahren öffentlich geworden und hat eine Rufschädigung verursacht?

4.6 Sanierungsmoderation als Verfahrensoption

Neben dem Restrukturierungs- und Stabilisierungsrahmen kann der **Schuldner** nach § 94 StaRUG im Fall seiner wirtschaftlichen oder finanziellen Schwierigkeiten alternativ durch den gerichtlich bestellten **Sanierungsmoderator** Unterstützung bei der Ausarbeitung einer Lösung zur Überwindung seiner Probleme erhalten, insbesondere um einen Sanierungsvergleich gemäß § 97 StaRUG zu moderieren. Dieses Procedere nach den §§ 94 ff. StaRUG verläuft wie nachfolgend beschrieben.

Erläuterung: Die restrukturierungsfähige Person beantragt beim Restrukturierungsgericht (§§ 34, 35 StaRUG) die Bestellung eines **Sanierungsmoderators** (§ 94 Abs. 1 Satz 1 StaRUG). Die Sanierungsmoderation scheidet aus bei offensichtlicher Zahlungsunfähigkeit gemäß § 17 InsO, insbesondere bei Zahlungseinstellung und bei offensichtlicher Überschuldung. „Offensichtlichkeit" ist wohl nicht synonym, aber weitgehend deckungsgleich mit der „Offenkundigkeit" des § 291 ZPO. Überschuldung und Zahlungsunfähigkeit müssen daher ohne Weiteres feststellbar sein, sie müssen für jedermann, der den Sachverhalt kennt, auf der Hand liegen und letztendlich im Fall nicht vorliegen, soll eine Sanierungsmoderation eingeleitet werden. !

Einen Stolperstein stellt die offensichtliche Überschuldung dar, und zwar als Folge der Tatbestandsvoraussetzung der positiven Fortführungsprognose beim Überschuldungstatbestand gemäß § 19 Abs. 2 Satz 1 InsO. Die offensichtliche Überschuldung bedarf daher jedenfalls einer negativen Fortbestehensprognose, die wiederum nur auf Grundlage einer Prüfung, beispielsweise nach IDW S 11 („Beurteilung des Vorliegens von Insolvenzeröffnungsgründen"), erstellt werden kann. Eine solche Prüfung kann aber das im Fokus einer Sanierungsmoderation befindliche kleine oder Kleinstunternehmen im Zweifel nicht bezahlen. Die Norm enthält im Ergebnis einen im Einzelfall schwer auflösbaren Widerspruch zwischen der Norm und den tatsächlichen Voraussetzungen ihrer Anwendung. Möglicherweise wird dies in der Praxis weitgehend dadurch aufgelöst, dass die Prognoseperiode für die drohende Zahlungsunfähigkeit (vgl. § 18 Abs. 2 StaRUG, regelmäßig 24 Monate), die Voraussetzung einer Restrukturierung ist, von der Prognoseperiode der Überschuldung abgekoppelt wird (§ 19 Abs. 2 InsO, 12 Monate). Sind die Voraussetzungen für die Restrukturierung gemäß StaRUG zu bejahen, kann von einer positiven Fortführungsprognose ausgegangen werden, auch wenn die bilanzielle Überschuldung bei den davon betroffenen Rechtsträgern vorliegt (§ 19 Abs. 1, 2 InsO), so dass im Ergebnis insolvenzrechtliche Überschuldung zu verneinen ist.

Fokus dieser auf zunächst drei Monate angelegten nicht öffentlich bekanntgemachten Sanierungsmoderation (§ 95 Abs. 1 Satz 1, Abs. 2 StaRUG) ist die Vermittlung zwischen Schuldner und Gläubigern. Der Sanierungsmoderator ist somit Mediator. Ziel ist das Finden eines Vergleichs zwischen den Beteiligten zur Lösung der wirtschaftlichen oder finanziellen Schwierigkeiten, die der Schuldner im Antrag darzustellen hat. Dabei ist auf einen Ausgleich der Interessen für die betroffenen Gläubiger, meist der Banken und Lieferanten zu achten, damit keine Benachteiligung entsteht. Für die Banken gilt es abzuwägen, ob eine angemessene Quote erreichbar erscheint.

Die sprachliche Ungenauigkeit, dass im Kontext dieser Sanierungsmoderation stets alle Gläubiger angesprochen werden, beeinträchtigt die Möglichkeit, die Sanierung eben gerade nicht mit allen Gläubigern in die Wege zu leiten, nicht. Die Begründung der Normen zur Sanierungsmoderation verhält sich dazu nicht.

Das Instrument ist in das StaRUG eingebettet, ähnelt stark der außergerichtlichen oder freien Sanierung und die Sanierungsmoderation kann in den Stabilisierungs- und Restrukturierungsrahmen des StaRUG münden (§ 100 StaRUG). Im Kern der Vorgehensweise der freien Sanierung beziehungsweise des StaRUG ist der Grundsatz angelegt, dass es sich im Allgemeinen nicht um die Gesamtschuldenbereinigung mit sämtlichen Gläubigern handelt (Ausnahme „Öffentliche Restrukturierungssachen" in den §§ 84 ff. StaRUG mit den „gesamtverfahrensähnlichen Zügen"). Damit ist in der Sanierungsmoderation der Rechtsgedanke der sachgerechten Auswahl der Planbetroffenen nach § 8 StaRUG ebenfalls angelegt.

Diese Norm ist jedoch aus systematischem Blick wohl weder direkt noch analog anwendbar, weil es dem Schuldner völlig freisteht, wen er in eine konsensuale Lösung mittels eines Sanierungsvergleichs aus § 779 BGB einbindet und ob das Procedere zu seiner Sanierung hinreichend ist oder nicht. Nur diese optionale gerichtliche Bestätigung (§ 97 StaRUG) verschafft über die Versagungsgründe (§ 97 Abs. 1 Satz 2 StaRUG) dem Konzept auch insoweit Rechtssicherheit. Ein Plan, der aus dem Blick des Gerichts unschlüssig ist oder auch keine vernünftige Erfolgsaussicht hat, wird nicht bestätigt und vermindert daher weder die Insolvenzanfechtungsrisiken (§§ 97 Abs. 3, 90 StaRUG) in einer Folgeinsolvenz noch hat er Titelwirkung.

Diese **Sanierungsmoderation** ist gleichermaßen wie das Restrukturierungsverfahren des StaRUG auch eine teilkollektive Struktur, aber in Gestalt eines allein auf dem Konsens der Beteiligten beruhenden materiell-rechtlichen Vergleiches (§ 779 BGB) mit den einzelnen betroffenen Gläubigern. Mit diesen ist daher eng zu kommunizieren.

! **Erläuterung:** Bei der **Sanierungsmoderation** hat der Schuldner seinem Antrag auf das Moderationsverfahren unter anderem ein Verzeichnis der Gläubiger, mit denen er einen (Sanierungs-)Vergleich abschließen will, und ein Verzeichnis des Vermögens sowie eine Erklärung über die nicht vorhandene Zahlungsunfähigkeit beziehungsweise bei zusätzlich zum fehlenden Vorliegen einer Überschuldung abzugeben. Das Gericht bestimmt einen Sanierungsmoderator zur Vermittlung zwischen Schuldner und Gläubigern sowie zur Herbeiführung einer Lösung zur Überwindung der finanziellen Schwierigkeiten (siehe § 94 StaRUG).

Wie jede Sanierung bedarf auch diejenige auf dem Weg der **Sanierungsmoderation** einer Planung, mag diese auch weniger komplex sein. Die angesprochenen Gläubiger, man darf sicher sein, dass es sich weitgehend um die Banken handeln wird, werden einen Plan verlangen, der den Mindestanforderungen der Anlage zu § 5 Satz 2 StaRUG genügt, auch wenn die §§ 94 ff. StaRUG darauf keinen Bezug nehmen und § 96 Abs. 1 StaRUG nur von einer Lösung spricht, welche die wirtschaftlichen sowie finanziellen Schwierigkeiten des Schuldners überwindet.

In der Praxis kann das nur einen Plan, analog dem Restrukturierungsplan, bedeuten. Dies ist allgemein erforderlich, denn von den Gläubigern wird in allen Verfahren stets ein Sanierungsbeitrag verlangt, zum Beispiel durch den Verbrauch von variablen Sicherungswerten, in Form von Tilgungsaussetzungen oder Teilverzicht. Ökonomisch ist die Sanierung eines Unternehmens in der Krise nur planmäßig, auf dieser Grundlage, eben eines umfassenden Plankonzepts, erreichbar. Demnach sind gemäß § 14 StaRUG auch hier zumindest die Plananlagen auszuarbeiten mit der Vermögensübersicht, dem Ergebnisplan und der Finanzplanung.

Die §§ 94 ff. StaRUG gehen von wirtschaftlichen und finanziellen Schwierigkeiten des Schuldners aus. Ursächlich sind wirtschaftliche Problemfelder in der Form von Stakeholderkrisen, Absatzkrisen, die auf der Zeitachse unweigerlich zu finanziellen Krisen, wie der Ertrags- und Liquiditätskrise, führen. Gerade die Verwendung des Begriffs der wirtschaftlichen Schwierigkeiten, die im Rahmen der Sanierungsmoderation mit den Gläubigern zu lösen sind, deutet an, dass das leistungswirtschaftliche Moment in den Sanierungsplan unbedingt mit einzubeziehen und zeitnah umzusetzen ist (vgl. Braun-Blümle/Erbe, 2021, § 94 Rn. 9 ff.).

Offen könnte erscheinen, ob diese Voraussetzungen eines Triggers für die Sanierungsmoderation vorliegen müssen. Mangels Definition der wirtschaftlichen oder finanziellen Schwierigkeiten, angesichts der Offensichtlichkeit von Zahlungsunfähigkeit oder Überschuldung als negative Tatbestandsmerkmale des Zugangs zur Moderation sowie im Hinblick auf das Instrument als Vorstufe zur möglichen Inanspruchnahme von Instrumenten des Stabilisierungs- und Restrukturierungsrahmens muss man als Auslösetatbestand ebenfalls die drohende Zahlungsunfähigkeit im Sinne des § 18 InsO ansehen. Es wäre von Vorteil, wenn auch frühere Krisenstadien beispielsweise in Form der Ergebniskrise, wie bei außergerichtlichen Sanierungen, zu einer Sanierungsmoderation Anlass geben könnten. Somit scheint es geboten, erstens möglichst früh eine Sanierungsmoderation ins Auge zu fassen sowie zweitens die professionelle Ausarbeitung eines Plans vorzunehmen.

Der im Rahmen einer **Sanierungsmoderation** geschlossene Vergleich kann durch das Restrukturierungsgericht bestätigt werden (vgl. § 97 Abs. 1 Satz 1 StaRUG), womit dieser nach der Begründung in einer etwa späteren Insolvenz nur noch nach § 90 StaRUG anfechtbar sein soll (siehe §§ 97 Abs. 3, 90 StaRUG). Die Sanierungsmoderation ist mit Kosten verbunden, es müssen die Dienste des Sanierungsmoderators vergütet werden, wofür § 98 Abs. 2 StaRUG auf die §§ 80–83 StaRUG verweist. Diese Vergütung orientiert sich an den Regelsätzen für den Restrukturierungsbeauftragten.

Daher erweist sich die Begründung zu der Sanierungsmoderation als etwas brüchig, wonach die Moderation dann in Frage komme, wenn der Schuldner externe Unterstützung für die Verhandlungen mit seinen Gläubigern benötige, aber sich professionelle Sanierungsberater nicht leisten kann, denn der Sanierungsmoderator ist gerade der notwendige professionelle Berater, wenn auch als Mediator und Vermittler, nicht als Mitentscheider auf der Schuldnerebene.

Der Unterschied zum Restrukturierungsbeauftragten der §§ 73 ff. StaRUG besteht im Hinblick auf notwendige Professionalität und Vergütung letztlich nur in dem vermutlich häufig zeitlich geringerem Umfang der Tätigkeiten des Moderators im Vergleich zum Restrukturierungsbeauftragten. Dass § 74 Abs. 1 StaRUG diese Anforderungen an den Restrukturierungsberater auf einen in Restrukturierungs- sowie Insolvenzsachen erfahrenen Steuerberater, Wirtschaftsprüfer, Rechtsanwalt oder eine natürliche Person mit vergleichbarer Qualifikation fokussiert, die Anforderungen aber in § 94 Abs. 1 StaRUG fehlen, ist unbeachtlich. Somit lässt sich letztendlich festhalten, dass bei einer **Sanierungsmoderation**:

- die vom Schuldner in die Moderation einbezogenen Gläubiger zustimmen müssen und nicht durch Kollektiventscheidung gezwungen werden können. Einen Cram Down gibt es nicht.
- Streitigkeiten über den Vergleichsinhalt nicht vor dem Restrukturierungsgericht auszutragen sind, sondern in erster Instanz als Restrukturierungssache vor einer Zivilkammer des Landgerichts (§ 19b ZPO, §§ 71 Abs. 2 Nr. 6, 72a GVG).
- eine Konkurrenz zur außergerichtlichen Sanierung, meist mit Unterstützung der Hausbank, besteht. Dann stellt sich die Frage, ob die Sanierungsmoderation über Haircut-Lösungen zum Exit von Banken und in die Insolvenz führt.
- der Fokus auf der finanzwirtschaftlichen Bereinigung der Probleme liegt. Diese leistungswirtschaftlichen Aspekte, die bei der Sanierung immer erforderlich sind, werden eher außen vor gelassen.
- ebenfalls Kosten verursacht werden, da der Moderator für die Leistungen zu vergüten ist. Die Moderation und die Unterstützung bei der Erstellung der Unterlagen sind für den Erfolg des Verfahrens unerlässlich.

Der Sanierungsmoderator ist eng an das Gericht angebunden und steht unter dessen Aufsicht (§ 96 Abs. 5 StaRUG). Seine Befugnisse sind begrenzt, da er nur Einblick in die Geschäftsunterlagen des Schuldners hat und nur Anspruch auf „angeforderte zweckmäßige Auskünfte“ (§ 96 Abs. 2 StaRUG). Der Sanierungsmoderator erstattet monatlich schriftlich Bericht an das Gericht über den Fortgang der Moderation (§ 96 Abs. 3 StaRUG), der mindestens Aussagen über die wirtschaftlichen Schwierigkeiten des Schuldners und deren Ursachen, die Restrukturierungsgläubiger und weitere Verfahrensbeteiligten, Gegenstand und Ziele der Moderation sowie den angenommenen Fortschritt der Verhandlung treffen muss.

? **Checkliste und Analysen zur Sanierungsmoderation aus Bankensicht:**

1. Erscheint die Sanierungsmoderation als Verfahrensalternative in einem Fall umsetzbar zu sein?
2. Ist dieses Verfahren bei einem kleinen oder Kleinstunternehmen aus Kostengründen anwendbar?
3. Hat der Sanierungsmoderator das Vertrauen der Banken und ist dieser fachlich qualifiziert?
4. Ist für Kreditinstitute aufgrund qualitativer Sicherheiten ein Insolvenzverfahren vorzuziehen?
5. Bestehen bessere Alternativen über eine Investorenlösung oder eine übertragende Sanierung?

4.7 Vergleich der Umstrukturierungsalternativen

Der Schuldner beziehungsweise das betroffene Krisenunternehmen sollte das Restrukturierungsverfahren im Vorfeld durchplanen und andere Alternativen der Sanierung, Restrukturierung sowie Insolvenz in Betracht ziehen. Volkswirtschaftlich ist es zu begrüßen, wenn im Zuge des StaRUG Schuldner beziehungsweise Unternehmen und Organe von Firmen aufmerksamer im Hinblick auf mögliche Risikoanzeichen umgehen und auf die bemerkten Krisensignale reagieren. Voraussetzung dafür ist die Installierung wirksamer Risikofrüherkennungssysteme.

Positiv ist es zudem, wenn Unternehmen aktiv das Gespräch mit den Hauptgläubigern wie den Hausbanken suchen, um Lösungen vorzubereiten. Diese können in der außergerichtlichen Sanierung, dem Restrukturierungsverfahren nach StaRUG oder der Insolvenz, auch in der Eigenverwaltung, liegen. Wenn das StaRUG zu einer intensiveren Gläubigerkommunikation führt, ist das ebenfalls vorteilhaft und kann die Beziehung zwischen Unternehmen und dieser Stakeholdergruppe stärken. Das ist auch eine wesentliche Stärke der außergerichtlichen Sanierung, da dieses Verfahren meist zu einer hohen Kommunikationsdichte zwischen Kunde und Bank führt. Wenn in den Gesprächen mit den Hausbanken und gegebenenfalls auch mit den Hauptlieferanten deutlich wird, dass eine Sanierung gelingen kann, aber nicht alle Gläubiger mitziehen werden, unter anderem mit Sanierungsbeiträgen, kann das StaRUG-Verfahren Vorteile bieten, wenn die Konfliktparteien als Gläubigergruppe „überstimmt" und zu Sanierungsbeiträgen gezwungen werden können, siehe §§ 26–28, 67 Abs. 1 StaRUG.

Zu beachten ist, dass bei einer außergerichtlichen Sanierung der Kommunikationsprozess im Hinblick auf die Krise, häufig durch die Hausbanken angegangen wird. Dies ist sehr positiv und sollte auch im Restrukturierungsverfahren beibehalten werden. In der außergerichtlichen Sanierung kann dieser Umstand dazu führen, dass sich im Sanierungsverlauf und auch nach erfolgreicher Sanierung die Beziehung zwischen dem Unternehmen sowie den Gläubigern positiv verändert. Der Schuldner wird sicherlich auch künftig über einen im Einzelfall zu definierenden Zeitraum enger überwacht. Die meist erst in dem Umstrukturierungsprozess installierten Controllinginstrumente führen aber auch dazu, dass sich das Unternehmen in der Zukunft stärker selbst beobachtet und einen engeren faktenbasierten Dialog mit den Gläubigern, auf der Basis von Ist- sowie Planzahlen steuert. Wenn sich bedeutende Kennzahlen verschlechtern kann dann zeitnah gegengesteuert werden. Die Kommunikation und die Informationsprozesse werden insgesamt professionalisiert.

Negativ gesehen wird ein Restrukturierungsverfahren, in dem die Gläubiger von dem Restrukturierungsplan überrascht werden, dazu führen, dass die Informationsprozesse eingeschränkt und Agency-Probleme bestehen. Die Gläubiger fühlen sich von einem unverhandelten beziehungsweise nicht abgestimmten Schuldnerplan oft überrumpelt. Nicht zu vergessen ist aber, dass die künftige Geschäftstätigkeit nur dann weiterlaufen kann, wenn die Parteien sich auf Dauer untereinander einigen.

Im Folgenden soll eine typisierte Situationsbeschreibung gegeben werden, in welchen Fällen der Krise des Unternehmens ein bestimmtes Krisenbewältigungsverfahren angewendet werden kann. Aus Sicht der Autoren ist jedoch klar, dass im Einzelfall die jeweilige Situation des Krisenunternehmens zu betrachten ist. Daher können die genannten Merkmale nur grobe Muster sein, die für die Anwendung einer bestimmten Sanierungs- und Restrukturierungsmodalität sprechen. Begonnen wird mit der Sanierungsmoderation, unter Umständen als Vorstufe eines **Restrukturierungsverfahrens** oder Stand Alone, als einzige Lösung.

Situation einer Sanierungsmoderation:

- Unternehmen befindet sich in der drohenden Zahlungsunfähigkeit
- Krisenfirma ist ein Kleinstunternehmen oder ein kleines Unternehmen
- Sanierungsmoderator wird von Gläubigern neutral und fähig wahrgenommen
- Hohes Einigungspotenzial der Gläubiger wie Banken und Lieferanten
- Finanzverbindlichkeiten können voraussichtlich umstrukturiert werden
- Private Mittel können mit hoher Sicherheit eingebracht werden

In einem Restrukturierungsverfahren nach Teil 2 StaRUG (§§ 2–93) steigen die Anforderungen an den Verfahrensablauf und die Akteure. Sowohl an den Schuldner und seine Berater als auch an den eingesetzten Restrukturierungsbeauftragten werden erhebliche Anforderungen hinsichtlich Qualifikationen sowie Erfahrungen gerichtet. Im **Restrukturierungsverfahren** nach StaRUG sind leistungswirtschaftliche und finanzwirtschaftliche Aspekte zu beachten, nur eine Bereinigung der Finanzierungsstruktur reicht nicht aus. Folgende **Unternehmenslagen** sprechen für eine Restrukturierung.

Situation eines Restrukturierungsverfahrens:

- Krisenunternehmen ist lediglich drohend zahlungsunfähig
- Unternehmen ist stark verschuldet und gegebenenfalls drohend überschuldet
- Reduzierung, Umstrukturierung der Finanzverbindlichkeiten erforderlich
- Vereinzelte Gläubiger scheren unter Umständen aus, sollen gebunden werden
- Krise soll aus Reputationsgründen nicht an die Öffentlichkeit gelangen
- Einmalzahlung Gesellschafter zur Abfindung Gläubiger möglich

Neben dem Restrukturierungsverfahren besteht die Alternative der Umsetzung einer außergerichtlichen (freien) Sanierung mit hauptsächlicher Unterstützung der Banken. Die hervorgehobene Rolle nehmen die Hausbanken ein. Der Sanierungsverlauf stützt sich im Wesentlichen auf MaRisk BTO 1.2.5. Wesentlich für die Anwendung dieses Procederes ist, dass es sich um ein frühes Krisenstadium handelt, in dem sich das Unternehmen befindet. Des Weiteren sollten die marktlichen Kapazitäten und Fähigkeiten des Unternehmens sowie die qualifizierten Mitarbeiter noch vorhanden sein und das Geschäftsmodell weitestgehend intakt.

Situation einer außergerichtlichen Sanierung:

- Unternehmen befindet sich in einem frühen Krisenstadium
- Krise soll nicht an die Öffentlichkeit gelangen
- Geschäftsmodell funktioniert weitestgehend, Kundenstamm existiert
- Unterstützungsbereitschaft der (Haus-)Banken besteht
- Lieferanten, Kreditversicherer halten Konditionen aufrecht
- Sanierungsfähigkeit und Sanierungswürdigkeit sind gegeben

Nachfolgend wird in Tab. 4.10 ein **Verfahrensvergleich** zwischen der außergerichtlichen Sanierung und dem Restrukturierungsverfahren nach StaRUG vorgenommen. Es zeigt sich, dass sowohl Ähnlichkeiten wie auch Unterschiede bestehen.

Bei einer **außergerichtlichen Sanierung** steht neben der finanzwirtschaftlichen Umstrukturierung die Rekonfiguration der leistungswirtschaftlichen Bereiche im Vordergrund. Disee Form der Sanierung erfordert ein umfassendes Sanierungskonzept, dass die Sanierungsfähigkeit aus Sicht der Ersteller des Konzepts signalisiert und die Sanierungswürdigkeit aus den Blickwinkeln der Gläubiger. Wesentlich ist, dass die finanzielle Bereitschaft der internen und externen Gruppen existiert um dieses Unternehmen über eine mehrjährige Phase der Krise weiter zu finanzieren.

Tab. 4.10: Verfahrensvergleich mit der außergerichtlichen Sanierung (Quelle: Eigene Darstellung)

Kriterien	Außergerichtliche Sanierung	Restrukturierungsverfahren
Verfahrensziel	Wettbewerbsfähigkeit, Renditefähigkeit, Unternehmenserhalt	Wettbewerbsfähigkeit, Renditefähigkeit, Unternehmenserhalt
Auslöser	Wirtschaftliche Krise Risikofrüherkennung	Drohende Zahlungsunfähigkeit, gegebenenfalls früheres Stadium
Öffentlichkeit	Keine	Option (ab 17.7.2022) in Gesamtverfahrensartigen Zügen insbesondere bei Cross-Border-Fällen
Hauptakteure	Hausbank, Sanierungsberater, sonstige Gläubiger	Schuldner, Restrukturierungsbeauftragter
Verfahrensdauer	Verhandlungen mehrere Monate, leistungswirtschaftliche Sanierungsdauer oft 2–3 Jahre nach Einigung	Bis Rechtsverbindlichkeit des Plans mehrere Monate, leistungswirtschaftliche Sanierung oft 2–3 Jahre
Rechtsbehelfe	Keine	Beschwerde gegen gerichtliche Entscheidung, soweit statthaft, Stabilisierung, Vollstreckungssperre
Finanzierung	Forbearance-Maßnahmen, Fresh Money	Forbearance-Maßnahmen, Fresh Money gemäß Restrukturierungsplan
Kosten	Sanierungsberatung, Sanierungsumsetzung	Restrukturierungsbeauftragter, Gericht, Sanierungsberater des Unternehmens

Der nächste Vergleich wird zur **Eigenverwaltung** gezogen. Hier bestehen starke Ähnlichkeiten mit dem Restrukturierungsverfahren. Der Sachwalter besitzt eine vergleichbare Rolle wie der Restrukturierungsbeauftragte. Vorteilhaft ist, dass der Verfahrensweg durch die Insolvenzgeldvorfinanzierung (vgl. §§ 165 ff. SGB III, §§ 314, 324 Abs. 3, 358-361 SGB III) finanziell unterstützt wird. Das bestehende Management des Krisenunternehmens bleibt am Ruder und führt das Unternehmen zunächst weiter.

Situation einer Eigenverwaltung:

- Unternehmen befindet sich in der drohenden Zahlungsunfähigkeit
- Management ist in der Lage, das Unternehmen weiterzuführen
- Geeigneter, erfahrener, fachlich kompetenter Sachwalter
- Insolvenzgeldvorfinanzierung für Ausarbeitung des Plans (vgl. §§ 270 ff. InsO)
- Umsetzung Insolvenzplan ist höchst realistisch
- Einmalzahlung Gesellschafter, Investoreinstieg zur Abfindung Gläubiger

In Tab. 4.11 wird der Verfahrensvergleich zwischen der **Eigenverwaltung** sowie dem Restrukturierungsverfahren nach StaRUG vollzogen.

Tab. 4.11: Verfahrensvergleich mit der Eigenverwaltung (Quelle: Eigene Darstellung)

Kriterien	Eigenverwaltung	Restrukturierungsverfahren
Verfahrensziel	Gemeinschaftliche Gläubigerbefriedigung	Wettbewerbsfähigkeit, Renditefähigkeit, Unternehmenserhalt
Auslöser	Drohende Zahlungsunfähigkeit	Drohende Zahlungsunfähigkeit, gegebenenfalls früheres Stadium
Öffentlichkeit	Öffentliches Verfahren	Option (ab 17.7.2022) in Gesamtverfahrensartigen Zügen insbesondere bei Cross-Border-Fällen
Hauptakteure	Schuldner, Sachwalter	Schuldner, Restrukturierungsbeauftragter
Verfahrensdauer	Bis zur Rechtskraft der Bestätigung des Insolvenzplans, idealiter wenige Monate nach Insolvenzeröffnung	Bis Rechtsverbindlichkeit des Plans mehrere Monate, leistungswirtschaftliche Sanierung oft 2–3 Jahre
Rechtsbehelfe	Beschwerden gegen gerichtliche Entscheidung, soweit statthaft, Maßnahmen gemäß §§ 21 Abs. 2 InsO	Beschwerde gegen gerichtliche Entscheidung, soweit statthaft, Stabilisierung, Vollstreckungssperre
Finanzierung	Insolvenzgeld, Massekredit, Gläubigerbeiträge über Forbearance-Maßnahmen	Forbearance-Maßnahmen, Fresh Money gemäß Restrukturierungsplan
Kosten	Sachwalter, Gericht, Sanierungsberater des Unternehmens	Restrukturierungsbeauftragter, Restrukturierungsgericht, Sanierungsberater des Unternehmens

Situation eines Regelinsolvenzverfahrens:

- Unternehmen befindet sich in der Zahlungsunfähigkeit oder Überschuldung
- Management ist in der Lage, das Unternehmen weiterzuführen
- Insolvenzgeldvorfinanzierung für Ausarbeitung Plan oder Abwicklung notwendig
- Kündigung Dauerschuldverhältnisse gegebenenfalls auch Arbeitsverhältnisse
- Geeigneter, fachlich kompetenter Insolvenzverwalter
- Abwicklung erbringt hohe Erlöse für Gläubiger

In folgender Tab. 4.12 wird der Abgleich zwischen dem **Regelinsolvenzverfahren** und dem Restrukturierungsverfahren nach StaRUG vollzogen.

Tab. 4.12: Verfahrensvergleich mit der Regelinsolvenz ohne Eigenverwaltung (Quelle: Eigene Darstellung)

Kriterien	Regelinsolvenz	Restrukturierungsverfahren
Verfahrensziel	Gemeinschaftliche Gläubigerbefriedigung	Wettbewerbsfähigkeit, Renditefähigkeit, Unternehmenserhalt
Auslöser	Zahlungsunfähigkeit, Überschuldung	Drohende Zahlungsunfähigkeit, gegebenenfalls früheres Stadium
Öffentlichkeit	Öffentliches Verfahren	Option (ab 17.7.2022) in Gesamtverfahrensartigen Zügen insbesondere bei Cross-Border-Fällen
Hauptakteure	(Vorläufiger) Insolvenzverwalter	Schuldner, Restrukturierungsbeauftragter
Verfahrensdauer	Unklare Dauer, abhängig vom Einzelfall, 10 bis 12 Jahre denkbar, idealiter bei Planverfahren wenige Monate nach Insolvenzeröffnung	Bis Rechtsverbindlichkeit des Plans mehrere Monate, leistungswirtschaftliche Sanierung oft 2–3 Jahre
Rechtsbehelfe	Beschwerden gegen gerichtliche Entscheidung, soweit statthaft, Maßnahmen gemäß §§ 21 Abs. 2 InsO	Beschwerde gegen gerichtliche Entscheidung, soweit statthaft, Stabilisierung, Vollstreckungssperre
Finanzierung	Insolvenzgeld, Massekredit	Forbearance-Maßnahmen, Fresh Money gemäß Restrukturierungsplan
Kosten	Insolvenzverwalte, Gericht, gegebenenfalls Berater	Restrukturierungsbeauftragter, Restrukturierungsgericht, Sanierungsberater des Unternehmens

Bei den alternativen Sanierungs-, Restrukturierungs- und Abwicklungslösungen oder den Sanierungsmöglichkeiten in der Insolvenz inklusive der Eigenverwaltung sind die finanziellen Vor- und Nachteile aus Sicht der Banken sowie die qualitativen Entscheidungskriterien gegeneinander abzuwägen, um aus der Perspektive der Kreditinstitute beziehungsweise der Hausbank die optimale Lösung oder Unterstützung für die bestmögliche Option zu gewährleisten.

Die **Optionsanalyse** kann auch anhand von betriebswirtschaftlichen Tools wie einer Balanced Scorecard durchgeführt werden. Dabei werden quantitative und qualitative Kriterien gemessen und zur Entscheidungsunterstützung auch bei Krisenengagement eingesetzt (vgl. Portisch/Dirkes, 2020a, S. 68 ff.).

Zunächst ist eine quantitative Abwägung der unterschiedlichen Krisenbewältigungsmöglichkeiten bei einem konkreten Fall durchzukalkulieren. Zu beachten ist, dass lediglich die in Betracht kommenden Sanierungs- und Abwicklungswege durchgerechnet werden. So kann es beispielsweise erforderlich sein, dass ein finanzieller Haircut im Rahmen der Krisenbereinigung unbedingt erforderlich ist. Dann sind primär das Restrukturierungsverfahren nach StaRUG oder ein Insolvenzverfahren mit Insolvenzplan anzudenken. Bei der finanziellen Rechnung ist barwertig vorzugehen, denn Sanierungs-, Restrukturierungs- oder Abwicklungslösungen lassen sich oft nicht immer zeitnah umsetzen und erfordern teilweise Jahre. Dazu ist ein geeigneter Kalkulationszins inklusive Risikoprämie zur Diskontierung der Zahlungen zu verwenden.

Aufgrund der in der Praxis üblichen Besicherung der Kreditengagements bei den Banken, sind die Sicherheitenwerte beziehungsweise deren Bewertungsmaßstäbe an das Krisenszenario anzupassen. Dieses wirkt sich maßgeblich auf die bestehende oder zu bildende Einzelwertberichtigung beziehungsweise erforderliche (Teil-)Abschreibung aus. Zudem sind möglicherweise bestehende Rückstellungen für Avale in die rechnerischen Betrachtungen mit einzubeziehen, denn diese werden meist im Fall der Insolvenz in Anspruch genommen mit finanziellen Schäden für die Banken, die diese allein oder im Pool gewährt haben.

Des Weiteren kann es von Relevanz sein, dass eine Fortführung des Unternehmens für Banken daher wichtig ist, damit nicht andere Unternehmen, die ebenfalls Kreditnehmer sind in finanzielle Bedrängnis geraten. Hier ist an Zuliefererbetriebe zu denken, die beispielsweise im Automobilsektor eng in die Wertschöpfungskette beim Hersteller eingebunden sind. Steht die Insolvenz eines großen Unternehmens im Raume können auch Ratenkredite und Baufinanzierungen vermehrt ausfallen und die Entscheidung für oder gegen eine Sanierung beeinflussen. Die Rechnungen sind bereits zu Verfahrensbeginn anzustellen, wenn beispielsweise zu erwarten ist, dass ein finanzieller Verzicht in einem Restrukturierungsverfahren gefordert wird. Neben den quantitativen Größen können auch qualitative Aspekte für die Unterstützung der ein oder andere Alternative sprechen. Hier ist an Reputationsverluste zu denken, wenn ein Haircut oder eine Forbearance-Maßnahme verweigert wird mit einer Insolvenz als Folge.

? **Checkliste und Analysen zum Vergleich der Umstrukturierungsalternativen aus Bankensicht:**

1. Wurden aus Bankensicht sämtliche Vor- und Nachteile konkurrierender Verfahren analysiert?
2. Bestehen über Optionen im Insolvenzverfahren Aussichten auf eine höhere Quote aus Bankensicht?
3. Ist eine außergerichtliche Sanierung möglich, besteht Vertrauen zu Altmanagement und Beratern?
4. Kann über eine Investorenlösung oder einen Teilverkauf die Firma in angemessener Zeit saniert werden?
5. Erscheint das Restrukturierungsverfahren umsetzbar und wird auch leistungswirtschaftlich saniert?

4.8 Controlling und Reporting der Restrukturierung

Nach mehr als vier Jahren StaRUG sind aus der Datenbank von Juris (Stand Mai 2025) lediglich 69 Entscheidungen aller Instanzen und Gerichtsbarkeiten zum StaRUG beziehungsweise in dessen Umfeld ersichtlich, davon 48 erstinstanzliche Entscheidungen von Amtsgerichten als Restrukturierungsgericht (einschließlich der Mehrfachentscheidungen des jeweils zuständigen Gerichts zu ein- und demselben Fall, zum Beispiel Bestätigung von Restrukturierungsplänen oder Beschwerden gegen einen Plan).

Die geringe Zahl, verglichen mit Insolvenzverfahren, ist zum einem darauf zurückzuführen, dass das StaRUG in der Praxis nur verhalten angewendet wird. Eine wesentliche Ursache ist unter Umständen, dass die Hausbank freie Sanierungen bevorzugt und hierzu rät. Im Zeitraum von 2021–2024 gab es insgesamt 189 Restrukturierungsverfahren nach StaRUG (vgl. Indat Report, 2025, S. 58 ff.). Diese Zahlen haben in der letzten Zeit zugenommen. Ansteigend werden Restrukturierungen bei Großverfahren, öffentlicher Aktiengesellschaften mit Börsennotierung eingesetzt.

Daher erscheinen bankinterne **Gesamtauswertungen** der Begleitung von Restrukturierungen nach StaRUG, die beispielsweise quartalsmäßig erstellt werden bei der Risikoberichterstattung nach MaRisk BT 3 aus der Sicht einzelner Institute entbehrlich zu sein. Lediglich die Berichterstattung der Einzelengagements und die laufende Bearbeitung der Fälle im operativen Geschäft sollte anhand einer möglichst standardisierten Berichterstattung erfolgen, damit sich unter anderem die Entscheidungsträger schnell in den Einzelfall einarbeiten können und den jeweiligen Report für die effiziente Entscheidungsvorbereitung nutzen können.

Werden über einen längeren Zeitraum häufiger Restrukturieren nach StaRUG begleitet, dann besteht unter Umständen immer mehr Datenmaterial, dass für Auswertungen im bankinternen Controlling oder auch für die Risikoerkennung oder Statistiken für angenommene Verzichte bei besicherten und unbesicherten Forderungen genutzt werden kann. Die Verzichtsquoten können auch für künftige Fälle zur Entscheidungsfindung beitragen. Auch die Dauer sowie die Kosten der Verfahren sind unter Umständen aus Bankensicht von Interesse, da diese mit den konkurrierenden Modellen der Krisenbewältigung verglichen werden können. Daraus können Vor- und Nachteile für die eine oder andere Verfahrensart abgeleitet werden.

Lässt sich beispielsweise über eine Restrukturierung nach StaRUG eine adäquate Quote realisieren und dies ohne einen großen zeitlichen Aufwand der Mitarbeiter und im Rahmen eines zeitnahen Liquiditätszuflusses, dann kann die Option gegenüber einer freien Sanierung, die meist mehrere Jahre andauert oder einer Abwicklung im Insolvenzverfahren mit einer unsicheren Quote präferiert werden. Interne Kosten und die Zeitdauer bei der zu wählenden Verfahrensart sind im Rahmen der Beseitigung einer Schieflage beim Kunden oder einer Abwicklung einer Kreditnehmereinheit wichtige Entscheidungsparameter, die auch bei einer vergleichenden Optionsanalyse der Banken eine bedeutende Berücksichtigung finden.

Die Restrukturierung nach StaRUG lässt sich als Sonderfall in die Problemkreditbearbeitung gemäß MaRisk BTO 1.2.5 eingruppieren. Verstärkt liegen allerdings Elemente der Abwicklung vor, da sich die Restrukturierung nach StaRUG vieler Instrumente des Insolvenzplanverfahrens bedient.

Der Kern des Verfahrens, der Restrukturierungsplan, weist von der Struktur und von den Inhalten her eine große Ähnlichkeit zum Insolvenzplan auf. Die Teilkomponenten tragen mit dem darstellenden Teil, dem gestaltenden Teil sowie den Plananlagen die gleichen Bezeichnungen wie der Insolvenzplan.

Im **operativen bankinternen Geschäft** lassen sich die Fallbearbeitung, die Entscheidungsvorbereitung und die Protokollierung standardisiert darstellen, ähnlich wie bei der Bearbeitung von Individualsanierungen oder Individualabwicklungen. In der Regel wird es sich um große und komplexe Kreditengagements handeln, bei denen dann die Instrumente des StaRUG angewendet werden. Entscheidungsbedarf ergibt sich im Wesentlichen aus der Zustimmung oder der Ablehnung zum Plan, in Anbetracht der vorliegenden Stimmrechte, die sich primär aus den Forderungen und den vorhandenen Kreditsicherheiten herleiten lassen.

Die nachfolgende Abb. 4.10 zeigt einen **Einzelbericht** in der Restrukturierung gemäß StaRUG bei einem Kunden beziehungsweise einer Kreditnehmereinheit.

KNE Zulieferer AG – Automobilzulieferer Restrukturierung nach StaRUG			Maßnahmen	Plantermin	Planeffekt	Plandauer	Status
Merkmal/Zeit	03/Jahr 2	06/Jahr 2	Volksbank – Status Hausbank Verantwortlich: Restrukturierer Mumm – Restrukturierungsbeauftragter Kern				
Kredite	5.000	1.000	Finanzwirtschaftliche Maßnahmen – Entscheidungsbedarf				
Sicherheiten	1.000	1.000	Verzicht Quote 20,0 %	15.06.Jahr 2	1.000	3 Monate	Beantragt
Blanko	4.000	0	Vollstreckungssperre	15.03.Jahr 2	200	3 Monate	Beantragt
EWB	4.000	0	Verwertungssperre	15.03.Jahr 2	500	3 Monate	Beantragt
Abschreibung	0	4.000	Verlauf der Restrukturierung				
Rating	16	16	Antrag auf Restrukturierung	03.01.Jahr 2	Verzicht	3 Monate	Offen
Strategie	Restrukturierung	Restrukturierung	Beginn Restrukturierung	31.03.Jahr 2	Verzicht	3 Monate	Offen
Bearbeitung seit	15.03.Jahr 2	15.06.Jahr 2	Gesamtstatus	Restrukturierungsplan Planabstimmung Gericht		Ergebnisse Restrukturierung noch offen	

Abb. 4.10: Individualbericht eines Kreditnehmers in der Restrukturierung (Quelle: Eigene Darstellung)

? **Checkliste und Analysen zum Controlling und Reporting der Restrukturierung aus Bankensicht:**

1. Setzen Kreditnehmer angemessene Risikomanagementsysteme zur Risikofrüherkennung ein?
2. Besteht bei Kreditnehmern die Gefahr, dass ein Restrukturierungsverfahren eingeleitet wird?
3. Hat die Bank Expertise in der Begleitung eines Restrukturierungsverfahrens nach StaRUG?
4. Bestehen Gefährdungen, dass Banken in Restrukturierungsverfahren überstimmt werden?
5. Lassen sich die Verzichtsquoten im Plan aus Bankensicht verifizieren über Sicherheitenwerte?

4.9 Praxisfall zur Restrukturierungsbearbeitung nach StaRUG

Die **Zulieferer AG** befindet sich aufgrund des technologischen Wandels in der Automobilindustrie in der wirtschaftlichen Krise. Angeboten werden Energiespeichersysteme für die Automobilindustrie und für Endverbraucher (Fallbeispiel in Anlehnung an die Varta AG aber vereinfachend abgewandelt). Das Geschäftsmodell basiert stark auf Innovationen besonders bei der Elektromobilität. Aufgrund einer hohen Komplexität des Restrukturierungsverfahrens gemäß StaRUG wird die gerichtliche Variante dieser Verfahrensart gewählt. Das Unternehmen ist derzeit lediglich drohend zahlungsunfähig und dies wurde durch einen Wirtschaftsprüfer überprüft und schriftlich bestätigt. Die Voraussetzungen für ein StaRUG-Verfahren sind damit gegeben.

Im Beispielfall werden insgesamt fünf (Abstimmungs-)Gruppen, davon zwei Gruppen von Aktionären gebildet, eine der „Mehrheitsaktionärin" und eine für „Sonstige Aktionäre der Gesellschaft". Das **Vergleichsszenario** ergibt als einzig realistisches nächstbestes Alternativszenario die Insolvenz der Zulieferer AG.

Darstellender Teil des Restrukturierungsplans der Zulieferer AG

Im Restrukturierungsplan wird gemäß § 6 StaRUG unter anderem die Gruppenbildung dargelegt und es wird auf die Auswirkungen des Restrukturierungsplans für die von dem Plan betroffenen Akteure eingegangen. Es werden im Restrukturierungsplan der Zulieferer AG fünf Abstimmungsgruppen gebildet. In der folgenden Tab. 4.13 werden die unterschiedlichen Planbetroffenen sowie die Gruppen (§§ 8, 9 StaRUG) dargestellt. Zudem werden die in den Restrukturierungsplan einbezogenen Forderungen und Sicherheiten kurz beschrieben. Besonders ist, dass es sich hier um ein börsennotiertes Unternehmen handelt. Damit ist das StaRUG-Verfahren öffentlich und die Struktur der Aktionäre ist für die Planabstimmung von Bedeutung.

Tab. 4.13: Darstellender Teil des Restrukturierungsplans der Zulieferer AG (Quelle: Eigene Darstellung)

Gruppenbildung	Bezeichnung
Gruppe 1: Gläubiger mit Ansprüchen aus besichertem Konsortialkreditvertrag	Gläubiger mit ihren Forderungen auf Rückzahlung der Darlehensbeträge in Höhe von 100 Mio. Euro
Gruppe 2: Gläubiger mit Ansprüchen aus Schuldscheindarlehen	Schuldscheindarlehensgläubiger mit Forderungen von insgesamt 100 Mio. Euro
Gruppe 3: Nachrangige Forderungen gemäß § 9 Abs. 1 Satz 2 Nr. 3 StaRUG	Gläubiger mit im Sinne von § 39 Abs. 2 InsO nachrangigen Restrukturierungsforderungen
Gruppe 4: Mehrheitsaktionärin der Gesellschaft	Mehrheitsaktionärin, die über 75,0 % der Anteile an der Zulieferer AG hält
Gruppe 5: Sonstige Aktionäre der Gesellschaft	Sonstige Aktionäre der Gesellschaft, in der Regel Kleinaktionäre

Gläubigerbefriedigung ohne Restrukturierungsplan gemäß Vergleichsrechnung

- **Gruppe 1:** Diese Gläubiger aus dem Konsortialvertrag würden gemäß Vergleichsrechnung 10,0 % Befriedigung aus ihren Forderungen erlangen.
- **Gruppe 2:** Die Gläubiger aus Schuldscheindarlehen würden in einem Insolvenzverfahren mit einer Quote von 5,0 % befriedigt werden.
- **Gruppe 3:** Die nachrangigen Gläubiger würden in der Insolvenz komplett ausfallen. Diese Situation ergibt sich ebenfalls für das Restrukturierungsszenario.
- **Gruppe 4:** Die Erlöserwartung beläuft sich für die Mehrheitsaktionärin im nächstbesten Alternativszenario der Insolvenz auf 0,0 %.
- **Gruppe 5:** Die Erlöserwartung beläuft sich für die „Sonstigen Aktionäre" im Vergleichsszenario der Insolvenz auf 0,0 %.

Gestaltender Teil des Restrukturierungsplans der Zulieferer AG

- In der **Gruppe 1** wurde Konsortialkreditvertrag-Gläubigern (Darlehen i.H.v. 100 Mio. Euro) die Option eingeräumt, sich an der im Plan vorgesehenen neuen Finanzierung („Fresh Money") der Zulieferer AG zu beteiligen.
  Alternativ sollten sie mindestens 15,0 % auf ihre Gesamtforderung aus dem Konsortialkreditvertrag erhalten (gestaffelt nach besicherten und unbesicherten Forderungen) sowie die Option sich an Genussrechten zu beteiligen, die eine Teilhabe am Erlös der Gesellschaft bedeuten. Stehenbleibende Forderungen aus dem Konsortialkreditvertrag werden für drei Jahre gestundet.
- **Gruppe 2** umfasst Gläubiger aus Schuldscheindarlehen (100 Mio. Euro), die sich an den verschiedenen Kapitalmaßnahmen wie in Gruppe 1 beteiligen können, alternativ erhalten sie 10,0 % auf ihre Forderungen.
- Zur **Gruppe 3** gehören Gläubiger mit nachrangigen Forderungen in der Höhe von 50 Mio. Euro aus qualifiziertem Rangrücktritt nach § 39 Abs. 2 InsO (eigenständige Gruppe nach § 9 Abs. 1 Satz 2 Nr. 3 StaRUG). Sie verzichten auf ihre Forderungen unter bestimmten aufschiebenden Bedingungen.
- Die Mehrheitsaktionärin in **Gruppe 4** geht leer aus.
- Die **Gruppe 5** „Sonstige Aktionäre" geht ebenfalls leer aus.

Abstimmung der Gruppen über den Restrukturierungsplan der Zulieferer AG

- **Gruppe 1** hat mit einer Mehrheit von 93,0 % den Plan angenommen.
- **Gruppe 2** hat dem Plan mit 75,8 % knapp zugestimmt.
- **Gruppe 3** hat dem Plan ebenfalls mit 75,8 % zugestimmt.
- Die Mehrheitsaktionärin in der **Gruppe 4** hat mit 100,0 % zugestimmt.
- Die Abstimmung in **Gruppe 5** ergab mit 0,0 % eine Ablehnung und es wurde Beschwerde beim zuständigen Gericht eingelegt. Die Beschwerden der betreffenden Aktionäre wurden als unzulässig erklärt, weil sie die (wesentliche) Schlechterstellung durch den Plan (im Vergleich zu der Werthaltigkeit ihrer Aktien ohne Plan) nicht haben glaubhaft machen können (vgl. § 66 Abs. 2 Nr. 3 StaRUG).

Im Ergebnis lehnt die **Gruppe 5** „Sonstige Aktionäre“ den Plan erfolglos ab, durch das Vorliegen der Voraussetzungen des **Cross Class Cram Down** (§§ 26 ff. StaRUG) wurde ihr ablehnendes Votum zu diesen geplanten Kapitalmaßnahmen überwunden. Auf die Darstellung der Plananlagen wird hier der Übersicht halber verzichtet. Daher ergeben sich gemäß der folgenden Tab. 4.14 die Quoten bei der Abstimmung und die sich gemäß Restrukturierungsplan daraus ergebenden Zahlungen.

Tab. 4.14: Votum der Zustimmung und erwartete Zahlungen gemäß Plan (Quelle: Eigene Darstellung)

Gruppen	Abstimmungsergebnis	Erwartete Zahlungen (Haircut)
Gruppe 1: Konsortialkredit	93,0 %	15 Mio. Euro (85 Mio. Euro)
Gruppe 2: Schuldscheindarlehen	75,8 %	10 Mio. Euro (90 Mio. Euro)
Gruppe 3: Nachrangforderungen	75,8 %	0 Euro
Gruppe 4: Mehrheitsaktionärin	100,0 %	0 Euro
Gruppe 5: Sonstige Aktionäre	0,0 %	0 Euro

Vorgesehene Kapitalmaßnahmen zur Bilanzsanierung

Vorgesehen ist mit der Umsetzung des Restrukturierungsplans eine vereinfachte Kapitalherabsetzung auf Null und ein automatisches Delisting („Beendigung der Börsennotierung“). Die Gewinnvorträge, Gewinnrücklagen sowie die Kapitalrücklagen werden aufgelöst (vgl. §§ 266 Abs. 3, 272 Abs. 2, 3 HGB). Anschließend erfolgt eine Kapitalerhöhung über 50 Mio. Euro gegen Ausgabe von 100.000 neuen Aktien zu je 1 Euro Nennwert unter Ausschluss des Bezugsrechts für die bisherigen Aktionäre (§§ 182 ff. AktG). Diese Option in einem Restrukturierungsverfahren wird nur durchführbar sein, wenn ein Investor die Übernahme der jungen Aktien, wie in diesem Fall, garantiert.

Beanstandete Kapitalmaßnahmen

Die Abstimmung in **Gruppe 5** ergab 0,0 % und es wurde Beschwerde beim zuständigen Gericht eingelegt. Die Beschwerden der betreffenden Aktionäre wurden allerdings für nicht zulässig erklärt. Diese Aktionäre konnten ihre wesentliche Schlechterstellung durch den Plan im Vergleich zur Werthaltigkeit ihrer Aktienanteile im Vergleichsszenario des Regelinsolvenzverfahrens nicht glaubhaft machen. Die daraufhin eingelegte Verfassungsbeschwerde der Aktionäre hat dann die zuständige Kammer des BVerfG nicht zur Entscheidung angenommen. Diese betreffende Kammer begründet ihre Entscheidung damit, dass diese Aktionäre eine Schlechterstellung aufgrund der geplanten Ergebnisse aus der Vergleichsrechnung nicht überzeugend darzulegen vermocht haben (vgl. Entscheidung des BVerfG, 28.02.2025, 1 BvR 418/25). Die Beschwerdeführer in Form der Kleinaktionäre sind auf den eigentlichen Grund der Entscheidung der Vorinstanz nicht eingegangen.

Sie gingen insbesondere „in ihrer Rüge der Verletzung des Art. 14 Abs. 1 GG nicht näher darauf ein“, sondern die Verfassungsbeschwerde „behandelt losgelöst davon illegitime Ziele, Geeignetheit, fehlende Erforderlichkeit und fehlende Angemessenheit des Restrukturierungsplans“ (vgl. BVerfG, 28.02.2025, 1 BvR 418/25 Rn. 20).

Quoten gemäß Vergleichsrechnung des Restrukturierungsplans

Die nachfolgende **Vergleichsrechnung** der Quoten in Tab. 4.15 stellt die Szenarien der Insolvenz und der Annahme des Restrukturierungsplans gegenüber.

Tab. 4.15: Vergleichsrechnung mit Quoten auf Forderungen der Zulieferer AG (Quelle: Eigene Darstellung)

Gruppen	Quote in der Insolvenz	Restrukturierungsplanquote
Gruppe 1: Konsortialkredit	10,0 %	15,0 %
Gruppe 2: Schuldscheindarlehen	5,0 %	10,0 %
Gruppe 3: Nachrangforderungen	0,0 %	0,0 %
Gruppe 4: Mehrheitsaktionärin	0,0 %	0,0 %
Gruppe 5: Sonstige Aktionäre	0,0 %	0,0 %

Die Finanzierung der Konstruktion erfolgt durch die Übernahme eines strategischen Investors, der 100,0 % der Anteile an der Zulieferer AG übernimmt und die Kapitalerhöhung durch die Übernahme der neu ausgegebenen Aktien finanziert.

Zusammenfassung der finanziellen Sanierung über den Restrukturierungsplan

Der vorgelegte Restrukturierungsplan sieht als Teil der finanzwirtschaftlichen Sanierung unter anderem eine Herabsetzung des Grundkapitals der Gesellschaft auf 0 Euro vor. Dies führt zu einem Ausscheiden der derzeitigen Aktionäre der Gesellschaft und zum Erlöschen der Börsennotierung der Aktien der Zulieferer AG. Anschließend wird der Zulieferer AG neues Eigenkapital aus der Barkapitalerhöhung unter Bezugsrechtsausschluss durch den bisherigen strategischen Mehrheitsaktionär in Höhe von 50 Mio. Euro zugeführt. Zudem werden über den im Plan durchgeführten Schuldenschnitt die bestehenden Verbindlichkeiten deutlich reduziert.

Zudem wird durch die Aufnahme eines neuen Kredits in Höhe von 50 Mio. Euro der Liquiditätsbedarf gesichert und die Geschäfte können fortgeführt werden. Diese Maßnahmen sollen eine dauerhafte Finanzierung sicherstellen. Danach ist eine leistungswirtschaftliche Sanierung des Unternehmens umzusetzen. Es ist vorgesehen, dass die Zulieferer AG stark im Bereich Forschung investiert und eng mit der Wertschöpfungskette des Investors (OEM) verzahnt wird, um das Geschäftsmodell neu zu konfigurieren. Es ist von Vorteil, wenn ein strategischer Investor die Anteile des Unternehmens erwirbt und nicht ein Handel mit Kapitalpositionen stattfindet.

4.10 Analysemethoden und Checklisten in der Restrukturierung

Bei **Restrukturierungen nach StaRUG** ist aus Bankensicht frühzeitig zu reagieren, da diesen als Planbetroffene über den Restrukturierungsplan oft eine Haircut-Lösung angeboten wird. Hier ist zu prüfen, ob die jeweils angebotene Quote auch mit Blick auf die individuelle Sicherheitenlage oder Avalabwehr angemessen erscheint beziehungsweise wann eine kritische Grenze beim geforderten Verzicht überschritten wird, so dass der Plan aus Sicht der Bank abzulehnen ist.

Des Weiteren ist in diesem Zusammenhang zu prüfen, ob das Kreditengagement endgültig abgelöst wird oder ob das zu restrukturierende Unternehmen fortan weiter begleitet werden soll. Hierbei ist zu beachten, dass das Restrukturierungsverfahren nach StaRUG primär die finanzwirtschaftliche Krise beseitigt, damit die Ursachen und Probleme des Unternehmens jedoch in der Regel nicht abgestellt sind. Gerade die leistungswirtschaftliche Umstrukturierung ist erforderlich, um den wirtschaftlichen Erfolg eines Unternehmens in der Krise wieder herzustellen.

Daher kann die Krisenlage nur beseitigt werden, wenn die Gläubiger neben der finanziellen Neustrukturierung auf eine leistungswirtschaftliche Umorientierung drängen. Das Geschäftsmodell ist kritisch zu überprüfen und es sind Maßnahmen einzuleiten, die auf ein tragfähiges strategisches Geschäftskonzept hinwirken. Darauf sollten gerade die Hausbanken drängen, damit der Kunde erhalten bleibt.

Gläubigerstruktur bei der Restrukturierung nach StaRUG

Mit Blick auf die Zusammensetzung des Fremdkapitals geben häufig Hauptgläubiger den Ton an, die im Restrukturierungsprozess die Machtkonstellation zwischen großen und kleineren Gläubigern bestimmen. In diesem Zuge können **Lock up Agreements** helfen, um komplexe und großvolumige M&A-Deals zu gestalten.

Definition: Ein **Lock Up Agreement** stellt eine Art Absichtspapier dar, das mittels vorteilhafter Zusicherungen für die Gläubiger einen zügigen und geordneten Restrukturierungserfolg garantieren soll. Durch diese Vereinbarung sind die Gläubiger an den weiteren Verfahrensablauf gebunden und können sich nur unter Strafzahlungen diesem Prozess entziehen, falls sie ihre Stimme ändern oder einen anderen Plan unterstützen. Alternativ können die Planbetroffenen durch einen Bonus überzeugt werden, dem Restrukturierungsplan beizutreten. Ziel ist die zeitnahe Verabschiedung eines Plans. Die Gläubiger können sich zudem verpflichten die Kredite und andere Finanzpositionen während der Verhandlungen nicht weiterzuverkaufen.

Im weiteren Ablauf des Verfahrens wird der ausgearbeitete Plan den bisher unbeteiligten Gläubigern zum Beitritt angeboten. Eine Lock-Up-Vereinbarung schafft Klarheit in den prozessualen Abläufen, setzt einen engen Zeitplan und signalisiert dem Markt, beispielsweise durch eine integrierte Zwischenfinanzierung ob das Verfahren vermutlich Erfolg haben wird. Mögliche Blockadepositionen werden dann aufgelöst und der Geschäftsbetrieb kommt nicht zum Stillstand(vgl. Wolff-Simon, 2024, S. 60 ff).

Ein weiterer Grund für den immer häufigeren Einsatz von Lock Up Agreements liegt darin, dass mit zunehmender Häufigkeit notleidende Forderungen gehandelt werden und ihre Inhaber vor einer Restrukturierung oftmals mehrmals wechseln. Dieses kann eine erfolgreiche Restrukturierung behindern. Zu den potenziellen Käufern zählen Finanzinvestoren wie Hedgefonds, die mit dem Erwerb bestimmte Ziele verfolgen (vgl. Wolff-Simon, 2024, S. 60 ff. und Crone/Kreide, 2024, S. 231).

Das Hauptinteresse liegt bei Finanzinvestoren primär im zu erzielenden finanziellen Erfolg aus eingegangenen Handelspositionen als positive Differenz zwischen dem Ankauf und dem Verkauf von Finanzinstrumenten.

Eine Restrukturierung kann unter anderem nur dann erfolgreich sein, wenn folgende Aspekte berücksichtigt werden:

- **Kommunikation:** Erforderlich ist eine genaue Abstimmung mit den Hauptgläubigern, damit diese den Plan unterstützen und die erforderlichen Gruppenmehrheiten von 75,0 % erreicht werden.
- **Professionalität:** Der Restrukturierungsplan ist strukturiert auszuarbeiten. Dazu sind erfahrene Beratungsgesellschaften in die Planerstellung mit einzubinden. Ergeben sich zu erwartende Widerstände bei Planbetroffenen ist zu verhandeln.
- **Rechtssichere Pläne und Abstimmungen:** Bei der Planerstellung ist das zuständige Restrukturierungsgericht einzubinden, beispielsweise in die Vorprüfung des Plans und die gerichtliche Abstimmung über den Restrukturierungsplan.

Insgesamt ergibt sich für **Banken** ein weiterer Verfahrensweg der Krisenbereinigung, der gegebenenfalls zu begleiten ist. Dabei ist zu beachten, dass das Restrukturierungsverfahren nach StaRUG nur durch den Gläubiger veranlasst werden kann und es die lediglich drohende Zahlungsunfähigkeit gemäß § 18 InsO erfordert.

Problematisch ist aus Gläubigersicht, dass diese oft als Hauptgläubiger in der Regel zu einem finanziellen Verzicht aufgefordert werden. Des Weiteren wird über den Schuldenschnitt häufig nur die finanzwirtschaftliche Sanierung betrieben. Das StaRUG äußert sich dagegen unzureichend zur leistungswirtschaftlichen Sanierung, die für eine vollständige Regeneration von Unternehmen allerdings erforderlich ist.

Die vom Plan betroffenen Institute sollten so früh wie möglich mit dem Schuldner und mit der den Plan ausarbeitenden Beratungsgesellschaft in Kontakt treten, um dann die finanziellen Konsequenzen für das eigene Haus zu kalkulieren. Folgende ausgewählte Aspekte sollten die Banken beachten:

- **Verzichtsquote:** Ist die geforderte Verzichtsquote im Plan unter Berücksichtigung der (stressgetesteten) Sicherheiten tragbar oder ist der Beitrag zu hoch?
- **Debt Equity Swap:** Wird ein Tausch von Verbindlichkeiten in Anteile am Unternehmen angeboten und kann dieser für die Bank finanziell interessant sein?
- **Exit oder Weiterbegleitung:** Kann mit einer Annahme des Verzichts gemäß dem Restrukturierungsplan das Kreditengagement zeitnah beendet werden?

5 Insolvenz aus Bankensicht

Lernziele

- Optimale bankinterne Gestaltungen in der Abwicklung kennen
- Chancen und Risiken einer Sanierung in der Insolvenz beurteilen können
- Aussichten übertragender Sanierungen und anderer Verwertungen einschätzen

5.1 Begriffe und Stakeholder in der Insolvenz

Es gelingt nicht in allen Fällen, ein Krisenunternehmen erfolgreich zu sanieren. Scheitern die außergerichtliche Sanierung oder die Restrukturierung und liegen materielle **Insolvenzgründe** wie die eingetretene Zahlungsunfähigkeit oder Überschuldung nach §§ 17, 19 InsO vor, ist der Insolvenzantrag für die Krisenfirma die Konsequenz. Bei juristischen Personen (AG, SE, GmbH, Genossenschaft, KGaA, e.V., Stiftung) besteht Antragspflicht mit Sanktionen gegen dagegen verstoßende Organe (§§ 15a, 15b InsO, beim e.V. nach § 42 BGB, der Stiftung des bürgerlichen Rechts gemäß §§ 84 Abs. 5, 42 Abs. 2 BGB). Antragspflicht besteht nach § 15a Abs. 1 Satz 3 InsO auch für rechtsfähige Personengesellschaften wie die GmbH & Co. KG, rechtsfähige BGB-Gesellschaft (§ 705 Abs. 2 Fall 1, §§ 706 ff. BGB), OHG, KG, soweit ohne natürliche Person als persönlich unmittelbar oder mittelbar unbeschränkt haftender Gesellschafter (§ 11 Abs. 2 Nr. 1 InsO).

Die Vertretungsorgane des Unternehmens haben bei Vorliegen von Insolvenzgründen gemäß § 15a Abs. 1 InsO spätestens nach drei Wochen bei Zahlungsunfähigkeit gemäß § 17 InsO und bei Überschuldung gemäß § 19 InsO nach sechs Wochen den Antrag auf Eröffnung der Insolvenz beim zuständigen Amtsgericht in der Abteilung Insolvenzgericht zu stellen. Dies bedeutet, dass die **Organe des Schuldnerunternehmens** ständig überwachen müssen, ob ein materieller Insolvenzgrund bejaht werden kann. Die drohende Zahlungsunfähigkeit nach § 18 InsO ist zwar Trigger des Restrukturierungsverfahrens nach dem StaRUG (§ 29 Abs. 1 i.V.m. § 18 Abs. 2 InsO), aber kein materieller Insolvenzgrund, sondern eine Befugnis allein des Schuldners zur Stellung des Insolvenzantrags mit der Zielsetzung einer frühzeitigen Antragstellung zur Optimierung des Insolvenzergebnisses, gegebenenfalls zur Wahrung von Sanierungsaussichten.

https://doi.org/10.1515/9783111617206-005

Im Fall der Führungslosigkeit einer Gesellschaft mit beschränkter Haftung ist auch jeder Gesellschafter, bei einer Aktiengesellschaft oder Genossenschaft jedes Mitglied des Aufsichtsrats zur Stellung eines Insolvenzantrags verpflichtet, es sei denn, die Person hatte von der Zahlungsunfähigkeit und der Überschuldung oder auch der Führungslosigkeit keine Kenntnis (§ 15a Abs. 3 InsO). Die verspätete Insolvenzantragstellung kann auch bei Fahrlässigkeit mit einer Freiheitsstrafe belegt werden.

Definition: Auslöser der **Insolvenz** ist, dass bei dem betreffenden Unternehmen die Insolvenzeröffnungsgründe (drohende) Zahlungsunfähigkeit oder Überschuldung (§§ 17–19 InsO) vorliegen. Das Insolvenzverfahren hat einen festen Ablauf mit Verfahrensterminen und verschiedenen Verfahrensoptionen. Es dient in erster Linie dazu, die Gläubiger eines Schuldners gemeinschaftlich und bestmöglich zu befriedigen, indem das Vermögen des Schuldners verwertet und der Erlös verteilt wird (§ 1 InsO). Dabei ist auch die übertragende Sanierung eine Verwertungsalternative (Asset Deal, gegebenenfalls durch Ausgliederung nach § 123 Umwandlungsgesetz). Zudem besteht die Möglichkeit, über einen Insolvenzplan (§§ 217 ff. InsO) eine abweichende Regelung insbesondere zum Erhalt des Unternehmens zu treffen. Das Unternehmen kann eigenständig weiter fortbestehen oder der Rechtsträger veräußert werden (Share Deal). In einem derartigen Fall wird der Erwerber (Investor) den insolventen Rechtsträger (mit den Insolvenzgläubigern) rekapitalisieren müssen. Eher selten sind die Fälle, in denen der insolvente Rechtsträger mit einem wirtschaftlich gesunden Rechtsträger verschmolzen wird (sogenannte „Sanierungsfusion“).

In diesem Buch wird die Bearbeitung von insolventen **Firmenkunden** aus der Sichtweise einer (Haus-)Bank beleuchtet. Problematisch ist für Banken, dass bei einem insolventen Kreditnehmer mit einem Forderungsausfall in Form einer Abschreibung zu rechnen ist. Quoten von 100,0 % auf die ausgereichten Kreditmittel einschließlich der Sicherheitenverwertung kommen selten vor. Des Weiteren verlaufen Insolvenzverfahren oft über einen längeren Zeitraum, so dass die Arbeitskapazitäten in der Bank im Bereich der Abwicklung, als Teilbereich der Problemkreditbearbeitung, belastet werden und sich die Verwertung von Kreditsicherheiten zeitlich hinziehen kann, bei erwartet geringen (barwertigen) Einbringungsquoten in Relation zum seinerzeitigen Sicherungswert. Zinseffekte sind zudem zu berücksichtigen (barwertige Betrachtung).

Definition: Unter **Abwicklung** oder **Insolvenzabwicklung** nach MaRisk BTO Rn. 7 wird aus Bankensicht das Vorgehen beschrieben, wie im Rahmen der Insolvenz eines Kunden beziehungsweise eines Kreditnehmers die vorhandenen Kreditsicherheiten optimal verwertet werden können, so dass die Ausfall minimiert wird oder wie alternativ vorgegangen werden kann, um über ein Abwicklungskonzept nach MaRisk BTO Rn. 7 beispielsweise den Insolvenzplan des Insolvenzverwalters der des Schuldners bestmöglich zu begleiten und darüber den potenziellen Ausfallschaden für die Bank möglichst zu minimieren.

Im Rahmen eines Insolvenzverfahrens kommen gegenüber der freien (außergerichtlichen) Sanierung und der gerichtlichen Restrukturierung nach dem StaRUG andere Akteure ins Spiel. Der **vorläufige Insolvenzverwalter** und der **Insolvenzverwalter im eröffneten Verfahren** stehen im Zentrum des Insolvenzverfahrens.

Der **Sachwalter** der Eigenverwaltung hat eine ähnliche Funktion. Die zentrale Aufgabe des Sachwalters besteht in der Beaufsichtigung der unterschiedlichen Verfahrenstypen der Eigenverwaltung gemäß §§ 270 ff. InsO. Das **Insolvenzgericht** beziehungsweise der **Insolvenzrichter** trifft Entscheidungen im Insolvenzverfahren wie die Bestellung des (vorläufigen) Insolvenzverwalters oder die Stilllegung oder Fortführung des Geschäftsbetriebs. Des Weiteren leitet dieser das Insolvenzplanverfahren. Das sogenannte Regelinsolvenzverfahren obliegt gemäß Verfahrenseröffnung der Zuständigkeit des Rechtspflegers beim Insolvenzgericht.

Ab einer Unternehmensgröße nach § 22a Abs. 1 InsO ist vom Insolvenzgericht ein vorläufiger **Gläubigerausschuss** als Organ der Gläubiger (§§ 21 Abs. 2 Satz 1 Nr. 1a InsO) einzusetzen und es ist diesem gemäß § 56a Abs. 1 InsO die Gelegenheit zu geben, sich zu den sachlichen Anforderungen an den Verwalter im konkreten Fall und zu der Person des Verwalters zu äußern. Die Unternehmen mit einem **Muss-Ausschuss** müssen zwei der drei folgenden Kriterien erfüllen: eine Mindestbilanzsumme von 6 Mio. Euro und ein Mindestumsatz von 12 Mio. Euro zwölf Monate vor dem Abschlussstichtag sowie mindestens 50 Arbeitnehmer im Jahresdurchschnitt.

Auf Antrag des Schuldners ist auch bei geringeren Unternehmensgrößen ein vorläufiger Ausschuss einzusetzen (§ 22a Abs. 2 InsO). Vom vorläufigen Gläubigerausschuss ist der Ausschuss im eröffneten Verfahren (§§ 67, 68 InsO) zu unterscheiden.

Zu den Pflichten des Gläubigerausschusses gehört es gemäß § 69 Satz 2 InsO, sich laufend über den Gang der Geschäfte unterrichten zu lassen und in angemessenen Zeitabständen einzelfallabhängig oder systematisch den Zahlungsverkehr zu prüfen (Kassenprüfung durch den Ausschuss beziehungsweise einen damit beauftragten fachkundigen Dritten). Aufgabe des Ausschusses ist gemäß § 69 Satz 1 InsO die Überwachung und Beratung des Insolvenzverwalters im Interesse der Gläubiger (§ 70 InsO), auch im Eigenverwaltungsverfahren des Schuldners.

Die **Gläubigerversammlung** (§§ 76 ff. InsO) ist das zentrale Organ der Gläubigerautonomie im Insolvenzverfahren. Demnach beschließt die Gläubigerversammlung im Berichtstermin über den Fortgang des Verfahrens nach § 157 InsO. Es wird darüber entschieden, ob das Unternehmen stillgelegt oder fortgeführt und gegebenenfalls saniert werden soll. Dazu müssen geeignete Sanierungsaussichten vorliegen.

Ein **Beschluss** kommt gemäß § 76 Abs. 2 InsO nur dann zustande, wenn die Gesamtsumme der Forderungen der zustimmenden Gläubiger mehr als die Hälfte der Summe der Forderungen sämtlicher abstimmender Gläubiger beträgt. Bei den absonderungsberechtigten Gläubigern, denen der Schuldner nicht persönlich haftet, tritt bei der Abstimmung der Wert des Absonderungsrechts an die Stelle des Betrags der Forderung. Die Gläubigerversammlung kann den Insolvenzverwalter auch mit der Ausarbeitung eines Insolvenzplans beauftragen, ein in der Praxis eher seltener Fall.

Im Folgenden werden in Abb. 5.1 die weiteren Stakeholder dargestellt, die in einem Insolvenzverfahren von Relevanz sein können.

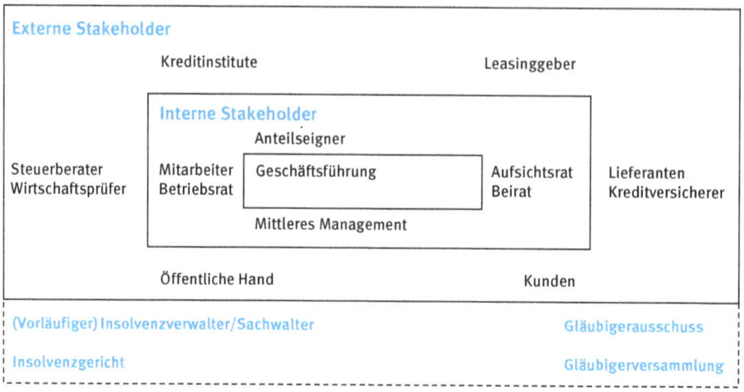

Abb. 5.1: Stakeholder in der Insolvenz (Quelle: Eigene Darstellung)

Die Auswahl des geeigneten **(vorläufigen) Insolvenzverwalters** beziehungsweise des **Sachwalters** in der Eigenverwaltung, ist eine Kernentscheidung im Insolvenzverfahren. Das Schutzschirmverfahren (siehe § 270d InsO) ist kein eigenständiges Verfahren, sondern die Variante eines vorläufigen Insolvenzverfahrens (Insolvenzeröffnungsverfahrens). Der vorläufige Verwalter trifft bereits zu Verfahrensbeginn wichtige Vorentscheidungen für den weiteren Ablauf. Es werden in dieser Verfahrensstufe die Vorbereitungen für Sanierungs- oder Übertragungslösungen in der Insolvenz getroffen und damit die Weichen gegebenenfalls unverrückbar gestellt. Des Weiteren hat dieser die Insolvenzgeldvorfinanzierung (§ 170 Abs. 1, 4 SGB III i.V.m. §§ 165 ff. SGB III) und nötigenfalls die Bereitstellung eines Massekostenvorschusses zu organisieren.

Im (vorläufigen) **Eigenverwaltungsverfahren** (§§ 270 ff. InsO) wird ein (vorläufiger) Sachwalter bestellt, der aber im Wesentlichen auf Überwachungs- sowie Mitteilungspflichten beschränkt ist (§ 274 InsO). Hinzu kommen die Mitwirkungsbefugnisse beziehungsweise „Kassenführungsbefugnisse" gemäß § 275 InsO und das alleinige Recht zur Durchsetzung bestimmter Haftungsklagen und der Insolvenzanfechtung (§ 280 InsO). Dieser hat aber nicht die umfassende Befugnis des Insolvenzverwalters, die Insolvenzmasse zu verwalten und über sie zu verfügen.

Vorläufiger Insolvenzverwalter, Insolvenzverwalter des eröffneten Verfahrens

Während der Dauer des Eröffnungsverfahrens (vorläufiges Insolvenzverfahren) wird der vorläufige Insolvenzverwalter versuchen, das Unternehmen zunächst weiter fortzuführen (§ 22 Abs. 1 Satz 2 Nr. 2, Abs. 2 InsO). Im Eröffnungsverfahren ist der Status eines Insolvenzverwalters zu beachten.

Der **starke Insolvenzverwalter** gemäß § 22 Abs. 1 InsO kann bereits im Eröffnungsverfahren wirksam Masseverbindlichkeiten begründen, die dann im eröffneten Verfahren vorrangig befriedigt werden. Rechtshandlungen im Zusammenhang mit Masseverbindlichkeiten unterliegen im Grundsatz nicht der Insolvenzanfechtung.

Des Weiteren muss der vorläufige Insolvenzverwalter unter Umständen einen Massekostenvorschuss zur Begleichung der Verfahrenskosten gemäß § 54 InsO bei der Hausbank beantragen, um überhaupt eine Verfahrenseröffnung zu erreichen (§ 26 InsO). Dieser Betrag ist aus den Erlösen im eröffneten Verfahren vorrangig zurückzuführen. Mit der Bewilligung eines Massekostenvorschusses ist besonders sorgsam umzugehen, da eine freie Masse beim Schuldner zu dem fraglichen Zeitpunkt nicht vorhanden ist. Es muss geprüft werden, welchen Vorteil die Verfahrenseröffnung mit sich bringt. Der vorläufige Verwalter wird von den Insolvenzgerichten mit einem **Gutachten** dahingehend beauftragt, ob das Verfahren eröffnet werden kann, insbesondere, ob ein Insolvenzgrund vorliegt sowie ob die voraussichtlichen Verfahrenskosten gedeckt sind, da ansonsten die Eröffnung des Verfahrens abzuweisen wäre (§ 26 InsO) sofern nicht ein hinreichender Massekostenvorschuss organisiert werden kann.

Die sachgerechte Auswahl eines (vorläufigen) Verwalters ist von großer Bedeutung, da ein späterer Wechsel aufgrund der notwendigen Einarbeitungszeit und der bereits getroffenen Entscheidung zur Fortführung praktikabel nicht mehr vorgenommen werden kann, nicht zuletzt ist der Kostenfaktor durch eine Änderung zu bedenken. Diese Auswahl kann aus Sicht der Kreditinstitute in Bezug auf Firmengröße sowie Branche nicht immer ideal ausfallen. Die Möglichkeiten der Abwahl und Bestellung eines neuen Insolvenzverwalters im eröffneten Verfahren gemäß § 57 InsO durch die Gläubigerversammlung kommt allerdings oft zu spät (Kosten und Verfahrensverzögerung).

Die Bestimmung des vorläufigen Insolvenzverwalters liegt bei dem zuständigen Insolvenzgericht. Entschieden wird die Bestellung unter anderem oft auf der Basis von Vorauswahllisten, die jene Kandidaten aufführen, die eine grundsätzliche Eignung für das Amt eines Insolvenzverwalters aufweisen. Die Gerichte sind allerdings in der Aufnahme in die Vorauswahlliste nicht völlig frei.

Zudem haben sie die Entscheidung über die Bestellung des vorläufigen Insolvenzverwalters und über Sicherungsmaßnahmen der Masse (siehe § 21 Abs. 2 Satz 1 InsO) bei Eingang des **Insolvenzantrags** sehr schnell zu treffen, ohne über Mindestanforderungen hinaus eingehend das Für und Wider zu prüfen. Denn es geht zunächst um die Sicherung der Masse. Hinzu kommt, dass seit dem ESUG nicht selten Anträge auf vorläufige Eigenverwaltungen gestellt werden, über die gleichermaßen zu entscheiden sind. Hier bleibt die Verfügungsmacht allein beim Schuldner und ein (vorläufiger) Sachwalter übt bestimmte Kontrollfunktionen aus.

Gemäß § 56a Abs. 2 InsO darf das Insolvenzgericht von einem einstimmigen Vorschlag des vorläufigen Gläubigerausschusses zur Person des (vorläufigen) Verwalters nur abweichen, wenn diese Person für die Übernahme dieses Amtes voraussichtlich nicht geeignet ist. Des Weiteren kann der vorläufige Gläubigerausschuss aus § 56a Abs. 3 Satz 2 InsO in seiner ersten Sitzung mit Einstimmigkeit auch einen anderen Verwalter wählen, falls das Gericht dem vorläufigen Ausschuss mit Rücksicht auf die nachteilige Veränderung der Vermögenslage des Schuldners bislang keine Möglichkeit zur Anhörung gegeben hat und einen vorläufigen Verwalter eingesetzt hat.

Grundlage für die Einbringung von Anregungen der **Kreditinstitute** zu der Auswahl eines (vorläufigen) Verwalters ist, dass zunächst die notwendigen Anforderungen für ein Verfahren bestimmt werden. Anschließend sind Insolvenzverwalter zu benennen, die dieses Anforderungsprofil bestmöglich abdecken. Dazu ist es erforderlich, die bisherigen Erfahrungen mit den Insolvenzverwaltern zu erfassen. Es ist ein Kriterienkatalog zu entwickeln, mit denen sich die Akteure klassifizieren lassen. Dabei sind Merkmale zu bestimmen, die aus Bankensicht bei einem Verwalter als wichtig empfunden werden. Dann ist festzuhalten, welche Kriterien ein Insolvenzverwalter erfüllen sollte, damit die Anforderungen der Banken optimal erreicht werden. Diese Merkmale sind unter anderem aus den persönlichen Eigenschaften, den fachlichen Fähigkeiten sowie dem vorhandenen Büroapparat abzuleiten. Zudem ist eine gute Anpassung der Größe der Kanzlei mit der Verfahrensgröße anzustreben. Bei kleineren Unternehmensinsolvenzen spielt der regionale Bezug häufig eine Bedeutung.

All dies nicht, um einen Insolvenzverwalter zu bekommen, der den subjektiven Interessen der jeweiligen Bank zugeneigt ist, sondern denjenigen, der bei übergeordneter Betrachtung das Insolvenzverfahren voraussichtlich ganz besonders kompetent abwickeln kann und damit auch für die Bank als Gläubiger ein optimiertes Ergebnis zu erreichen bestrebt sein wird. Eine entscheidende Eigenschaft des Verwalters neben der notwendigen Kompetenz für das konkret ihm übertragene Verfahren besteht in einer Unabhängigkeit von Schuldner und Gläubiger (§ 56 Abs. 1 Satz 1 InsO). Er hat ein ihm vom Gericht übertragenes privates Amt inne, vergütet wird er aus der Masse (vgl. § 54 Nr. 2 InsO) aufgrund Beschlusses des Insolvenzgerichts (§ 64 InsO). Das gilt auch für die Vergütung des vorläufigen Verwalters nach § 26a Abs. 1 InsO.

Auswahl des Insolvenzverwalters nach qualitativen Aspekten

Mögliche Beurteilungsobjekte sind die Person des Insolvenzverwalters, aber auch die **Büroorganisation** der Kanzlei. Die qualitativen Kriterien umfassen beispielsweise die Spezialisierung zum Fachanwalt für Insolvenzrecht. Diese ist aber nur ein Kriterium der Aufnahme in die Vorauswahlliste des jeweiligen Insolvenzgerichts (Insolvenzrichters) beziehungsweise der Bestellung im Einzelfall. Viele Verwalter besitzen die Qualifikation als Fachanwalt für Insolvenz- und Sanierungsrecht, wobei die Gerichte dieses nicht als entscheidenden Faktor ansehen, sondern nur als eines einer Reihe positiver Merkmale oder Kennzahlen aus abgeschlossenen Insolvenzverfahren.

Des Weiteren wird die Einhaltung von weiteren Attributen gefordert wie die außerordentlich wichtige bereits erwähnte Unabhängigkeit (§ 56 Abs. 1 Satz 1 InsO) und die geordneten wirtschaftlichen Verhältnisse des Insolvenzverwalters. Eine professionelle Büroorganisation der Kanzlei sollte gegeben sein. Die **qualitativen Vorgaben** bei der Insolvenzverwaltung beziehen sich in der Regel auf die folgenden drei Bereiche:

- Person des Verwalters mit Fähigkeiten, Erfahrungen und Eigenschaften
- Organisationsstruktur, Personal- und Sachkapazitäten der Kanzlei
- Ablaufprozesse bei der Verfahrensbearbeitung und Reportingqualität

Wichtige Qualifikationen für das Amt des Insolvenzverwalters liegen in einer spezifischen Grundausbildung. Erforderlich ist allgemein der Abschluss eines rechtswissenschaftlichen, eines wirtschaftswissenschaftlichen Studiums oder einer sonstigen Hochschulausbildung mit einer betriebswirtschaftlichen Ausrichtung. Der Nachweis einer mehrjährigen verwalterspezifischen Tätigkeit ist von Vorteil. Es ist aber auch von Bedeutung, jungen Berufsanfängern eine Chance zu geben. Diese können bereits als sogenannte „Schattenverwalter" umfassende Erfahrungen in Insolvenzbüros gesammelt haben. Des Weiteren ist aufgrund der neueren Rechtsprechung und der Gesetzesänderungen eine kontinuierliche Fortbildung von Relevanz.

Die **berufliche Erfahrung** kann im Hinblick auf spezielle Kenntnisse weiter erläutert werden. Dazu kann es für Kreditinstitute von Interesse sein, welche Verfahrensgrößen bislang begleitet wurden, welches Branchenwissen besteht und wie häufig Sanierung- und Fortführungslösungen umgesetzt wurden. Die betriebswirtschaftlichen Qualifikationen sind von großer Bedeutung, da unternehmerische Entscheidungen vorzubereiten und zu treffen sind, beispielsweise im Rahmen der Fortführung.

Die Voraussetzungen der Eignung determinieren die Vorauswahllisten der Insolvenzrichter, etwa anhand von standardisierten Fragestellungen an Bewerber, die gelistet werden wollen. Die Entscheidung der Bestellung des vorläufigen Verwalters durch das Insolvenzgericht ist auch dann, wenn diese unrichtig ist, nicht anfechtbar. Allenfalls kann bei Schäden, die auf der fehlerhaften Bestellung eines ungeeigneten vorläufigen Verwalters beruhen sollten, ein Amtshaftungsanspruch gemäß Art. 34 GG, § 839 BGB gegen das Bundesland bestehen, in dem das Insolvenzgericht besteht. Ein **Schaden**, der kausal auf eine fehlerhafte Bestellung zurückzuführen ist, dürfte kaum nachweisbar sein. Gegen die Versagung der Bestellung des von der Gläubigerversammlung im eröffneten Verfahren gewählten Verwalters (§ 57 Satz 1 InsO) anstelle eines im Eröffnungsbeschluss durch das Gericht nach § 27 Abs. 1 InsO zunächst bestellten Verwalters (der meist bereits vorläufiger Verwalter war), ist allerdings die sofortige Beschwerde seitens eines Gläubigers statthaft (§ 57 Satz 4 InsO).

Die persönlichen Eigenschaften sind für Externe oft schwer zu beurteilen. Von Bedeutung sind unter anderem die Integrität, die Zuverlässigkeit, die wirtschaftlichen Verhältnisse, die Unabhängigkeit und die Einhaltung von Compliance-Regeln. Zudem sind Interessenkollisionen (vgl. MüKo-Graeber/Deppenkemper, 2025a, § 56 Rn. 10, 94) proaktiv anzuzeigen. Der Insolvenzverwalter darf keine daher Eigengeschäfte mit der Insolvenzmasse tätigen. Verboten sind demnach Erwerbsgeschäfte des Insolvenzverwalters zum Beispiel nach § 450 Abs. 2 BGB mit der Insolvenzmasse und ein Selbstkontrahieren, wie aus § 181 BGB hervorgeht. Es lauern strafrechtliche Untreuerisiken (§ 266 StGB). Der Insolvenzverwalter, der für den Geschäftsführer der GmbH die Geschäftsanteile über Jahre treuhänderisch gehalten hat und dieses in dem üblichen Gerichtsfragebogen zu den Voraussetzungen seiner Unabhängigkeit verschwiegen hat, ist daher zu entlassen (§ 59 InsO, vgl. BGH, 04.05.2017, IX ZB 102/15). Dieser wird Probleme haben, bei diesem Gericht überhaupt wieder bestellt zu werden.

Beispiel: Ein Insolvenzverwalter, der eine Eigentumswohnung aus dem Bestand eines Schuldnerunternehmens im Wert von 42.000 Euro für beispielsweise lediglich 4.000 Euro persönlich erwirbt, als WEG-Verwalter für die Schuldnerin in seiner Eigenschaft als Insolvenzverwalter dem Verkauf zustimmt und in dieser Eigenschaft die notwendigen grundbuchrechtlichen Erklärungen abgibt, macht sich zivilrechtlich schadensersatzpflichtig und schafft ebenfalls ein Bestellungshindernis für künftige Insolvenzverfahren bei dem tangierten Insolvenzgericht. Die Rechtsprechung verbietet dem Insolvenzverwalter eine solche Nutzung persönlicher Geschäftschancen, soweit jedenfalls die Masse im Hinblick auf den Gegenstand des Geschäfts selbst noch irgendeine Geschäftschance hat oder wenn „ihm ein vorteilhaftes Angebot nur mit Rücksicht auf seine Stellung unterbreitet worden ist" (vgl. BGH, 16.03.2017, IX ZR 253/15). Ein derartiges Verhalten ist durch den Insolvenzverwalter nicht zulässig und strafrechtlich höchst riskant.

An der **Schnittstelle** zwischen den persönlichen Merkmalen und der Organisationsstruktur und den Prozessen steht der Bereich der **Höchstpersönlichkeit**. Dazu ist im Einklang mit der höchstrichterlichen Judikatur zu fordern, dass der Insolvenzverwalter sein Amt in Bezug auf die wichtigen Verfahrensschritte und bedeutenden Termine höchstpersönlich wahrnimmt. In diesem Zusammenhang ist auch das Vertretungsmanagement zu regeln. Dann sind auch die Anfragen von Seiten der Kreditinstitute gegebenenfalls durch geeignete Stellvertreter zeitnah zu beantworten. Daher ist die Auslastung des jeweiligen Verwalterbüros zu beachten. Gerade in der Anfangsphase eines Verfahrens ist ein hoher persönlicher Zeiteinsatz des Insolvenzverwalters mit einer Anwesenheitspflicht vor Ort erforderlich. Für das Outsourcing von Verwalterleistungen an Dritte auf Kosten der Masse mit verbundener Minderung des Verwalterhonorars bleibt hinreichend Raum. Die Vertretung durch spezialisierte Anwälte und Steuerberater im Rechtsstreit oder bei Fragen, bei denen der Verwalter nicht die erforderliche Sachkunde hat wie bei Immobiliengutachten ist möglich.

Wenn ein **Insolvenzverwalter** durch viele Verfahren überlastet ist, leidet unter Umständen die Qualität der Abwicklung. Vielfach werden Sitzungstermine mit dem Gläubigerausschuss beziehungsweise mit der Gläubigerversammlung nicht mehr persönlich wahrgenommen sowie der notwendige Informationsfluss kann unter Umständen stark leiden. Allerdings ist die Anwesenheit in der Sitzung des Gläubigerausschusses kein Recht des Insolvenzverwalters, sondern seine Hinzuziehung liegt in der Hand des Ausschusses. Es bestehen auch Ausnahmen von einer Höchstpersönlichkeit. Demnach ist es in großen und gegebenenfalls internationalen Insolvenzverfahren nicht möglich, sämtliche Gebiete der Insolvenzverwaltung persönlich abzudecken.

Vielmehr sind in diesen Fällen eine umfassende Büroorganisation und viele Berufsträger erforderlich. Dann kommt es auf einen qualifizierten Mitarbeiterstab an, der die in einem Insolvenzverfahren notwendigen Kompetenzen vollumfänglich abdeckt. Bei Großverfahren ist gegebenenfalls ein internationales Netzwerk von Bearbeitern erforderlich. Wichtig ist allerdings, dass die Verfahrensleitung in Händen des Verwalters verbleibt und bedeutende Entscheidungen persönlich getroffen werden. Die Büroausstattung muss eine aktuelle Software umfassen und ein Gläubigerinformationssystem ist für eine effiziente Informationsübermittlung aus Bankensicht geboten.

Dabei sind auch die gesetzlichen Bestimmungen des Datenschutzes zu beachten (insbesondere die europäische DSGVO). Massengeschäfte wie die Führung der Insolvenztabelle, erfolgen längst digital und werden zunehmend durch die KI (Künstliche Intelligenz) unterstützt. Die Insolvenzakten werden digital geführt, die Korrespondenz mit dem Insolvenzgericht erfolgt zunehmend ebenfalls digital.

Werden Dritte in den Insolvenzbearbeitungsprozess mit eingebunden, sind hohe Anforderungen an die Steuerung und Überprüfung der externen Leistungsersteller sowie der ausgelagerten Prozesse zu stellen. An die Durchführung der ausgelagerten Aufgaben sind dieselben qualitativen sowie quantitativen Ansprüche zu richten wie an den Insolvenzverwalter selbst (ähnlich MaRisk AT 9). Wichtig ist es, dass der Insolvenzverwalter die Möglichkeit hat, die betreffenden Geschäftsprozesse bei dem Dienstleister im Hinblick auf den Einzelfall wie auch die angewandte Methodik zu kontrollieren. Das ist auch angesichts der grundsätzlichen Höchstpersönlichkeit des Amtes und der Beaufsichtigung des Verwalters durch das Insolvenzgericht (§ 58 InsO) notwendig.

Soweit das Gericht und die Gläubiger Einflussmöglichkeiten haben, wenn sie gegebenenfalls Akteneinsicht nehmen möchten, müssen diese Anforderungen für den Dienstleister ebenso gelten wie für den Insolvenzverwalter selbst. Ferner sollte seitens des Insolvenzverwalters die Anzeige des Outsourcing an das Insolvenzgericht, den Gläubigerausschuss und die Gläubigerversammlung erfolgen, insbesondere, wenn externe Dienstleister betroffen sind, an denen der Insolvenzverwalter sowie ihm nahestehende Personen beteiligt sind (vgl. Portisch/Cranshaw, 2012g, S. 275 ff.). Eine mögliche Befangenheit durch sonstige Mandate beim Schuldnerunternehmen ist offenzulegen.

Die Festlegungen bei der Planung der Insolvenzabwicklung sind über Organigramme und Ablaufdiagramme den eigenen Mitarbeitern, aber auch den übrigen Verfahrensbeteiligten wie Gläubigern bekannt zu machen. Diese Ablaufstruktur der Prozesse ist das Resultat der zeitlichen sowie räumlichen Aufgabenaufteilung. Dabei sind die Meilensteine zur Erreichung bestimmter Zwischenziele sowie ein strategisch ausgerichtetes Gesamtziel, das es zu erreichen gilt, für das einzelne Verfahren zu benennen. Dies kann zum Beispiel in einer bestmöglichen Verwertung durch Einzelliquidation oder im Rahmen eines sanierenden Insolvenzplans bestehen. Vor übertriebenen Erwartungen an einen bruchlosen Verfahrensablauf aufgrund vorausgehender Planung ist aber zu warnen. Gerade die Entwicklung eines Insolvenzplans ist regelmäßig mühsam mit Verhandlungen über den Inhalt nicht selten bis zum Erörterungs- und Abstimmungstermin und im Termin selbst. Der Gesetzgeber hat dieses mit § 240 InsO (Änderung des Plans) sachgerecht bemerkt und anerkannt.

Diese Verfahrensausarbeitung bietet auch eine Grundlage für das in den Kreditinstituten zu erarbeitende Abwicklungskonzept nach MaRisk. Von Seiten der Kreditinstitute als anspruchsberechtigte Gläubiger ist zudem darauf zu beachten, dass die Kontenführung mit einem Treuhandkontensystem professionell geführt wird. Unzulässig ist etwa, wenn ein Rechtsanwalt als Insolvenzverwalter das Insolvenzkonto als Rechtsanwalts-Anderkonto führt (vgl. BGH, 07.02.2019, IX ZR 47/18).

Etwaige Verwertungserlöse aus Sicherheitenverwertung sind zeitnah auszukehren beziehungsweise von Banken nachzuhalten, (§ 170 InsO), was nicht immer möglich ist. Zudem sind Bereiche des eigenen Risikomanagements vom Insolvenzverwalter zu beachten. Dazu gehört eine angemessene und auf das Risiko des Verwalters sowie des einzelnen Insolvenzverfahrens abgestimmte Haftpflichtversicherung.

Die **Verfahrensabwicklung** ist durch ein umfassendes Rechnungswesen, eine interne Kostenrechnung sowie ein Controlling zahlenmäßig abzubilden. Das **Finanzreporting** ist den Gläubigervertretern (Gläubigerausschuss) in regelmäßigen Abständen auf Anforderung zuzuleiten. Das Rechnungswesen bleibt rechtlich dasjenige des insolventen Unternehmens, das der Insolvenzverwalter häufig erst ertüchtigen lassen muss, um seine Funktion erfüllen zu können. Dem Gericht ist unter anderem auf Anforderung zu berichten (vgl. § 58 InsO), in den dafür vorgesehenen Fällen ist auch der Gläubigerversammlung zu berichten beziehungsweise deren Zustimmung einzuholen. Interne Rechenwerke sind derart aufzubereiten, dass diese auch Externen wie Gläubigern im Rahmen der dortigen Auskunftspflichten zur Verfügung gestellt werden können. Der Verwalterbericht sollte eine möglichst einheitliche Gliederung und bestimmte Mindestinhalte aufweisen sowie ein den tatsächlichen wirtschaftlichen Verhältnissen entsprechenden Bild abgeben. Das insolvente Unternehmen ist bestenfalls künftig mit einem integrierten Planungssystem finanziell zu steuern.

Insgesamt ergeben sich aus Bankensicht oft erhebliche Anforderungen an die laufende Kommunikation und die Übermittlung von aktuellen sowie vollständigen Informationen durch den Insolvenzverwalter. Für die laufende Berichterstattung und die Herbeiführung von Entscheidungen in den Kreditinstituten benötigen die Bankmitarbeiter zeitnah die relevanten Informationen über den Verfahrenstand. Diese sind durch den Insolvenzverwalter, der wiederum entsprechende Entscheidungen der Banken zu Krediten oder Sicherheitenverwertungen benötigt, jeweils bereitzustellen. Dies ist ein wesentliches Beurteilungskriterium der Banken, neben den betriebswirtschaftlichen Fähigkeiten, auch die intensive Reportingqualität der Insolvenzverwalter.

Rechtliche Grundlage sind die zwischen dem Insolvenzverwalter für die Masse bestehenden Vertragswerke bei Massekrediten, die gesetzlichen Informationspflichten des Insolvenzverwalters gegenüber den absonderungsberechtigten Gläubigern (§§ 167 ff. InsO), gegenüber der **Gläubigersammlung** (§ 75 InsO) und gegenüber dem Gläubigerausschuss. Soweit die Bank dort nicht vertreten ist, gibt es von dort auch keinen automatischen Informationsfluss, der auch nur im Gesamtinteresse sämtlicher Gläubiger genutzt werden darf. Es kommt daher auf die persönliche Kommunikationsstrategie eines Verwalters an, der viele Beteiligteninteressen zu wahren hat, ohne seine Unabhängigkeit beeinträchtigen zu lassen.

Art sowie konkreter Umfang der erforderlichen bankinternen Berichterstattung sind von der Verfahrensgröße, der Verfahrensstrategie im Hinblick auf die Zielrichtung einer Sanierung oder Zerschlagung, dem Blankorisiko der Kreditinstitute und dem Umfang des Kreditvolumens und dem Wert der Absonderungsrechte abhängig.

Die zeitnahe, vollständige sowie richtige Informationsübermittlung bietet eine Grundlage für den Aufbau von Vertrauen in die Arbeit eines Insolvenzverwalters und sollte bei dessen „Beurteilung" eine bedeutende Rolle spielen, wenn auch die Gläubiger, darunter die Banken, den Insolvenzverwalter weder beaufsichtigen noch ihn irgendwie zu beurteilen haben. Sie haben allerdings bei Verletzung seiner jeweiligen Pflichten durch den Insolvenzverwalter einen Schadensersatzanspruch (§§ 60, 61 InsO), bei erfolglosen Beschwerden an das zuständige Gericht wegen Fehlverhaltens in Extremfällen einen potenziellen Amtshaftungsanspruch gegen das Bundesland eines Gerichts (Art. 34 GG, § 839 BGB) und schließlich können sie von einer Empfehlung des betroffenen Verwalters in künftigen Fällen absehen beziehungsweise Bedenken gegen eine Bestellung äußern und diese auch in die Abstimmung im eröffneten Verfahren gemäß § 57 InsO einbringen. An die Bedenken ist das Gericht nicht gebunden. In der Praxis finden solche Einwendungen allenfalls vereinzelt statt.

Quantitative Erfolgsmessung der Insolvenzverwalterleistung

Die Kennzahlen des **Insolvenzstatistikgesetzes** umfassen wichtige Eckdaten des Verfahrens wie beispielsweise die Art des Rechtsträgers, den Eröffnungsgrund, die Verfahrensdauer und die erzielten Quoten auf die unterschiedlichen Forderungsgruppen. Die Kennzahlen können als Benchmarks genutzt werden, um die Leistungen der Insolvenzverwalter zu messen. Die Auswertungen können für eine Insolvenzverwalterauswahl herangezogen werden. Mit diesen Daten erhalten die Insolvenzgerichte und die Gläubiger eine standardisierte Einschätzung der Verwalterleistungen.

Ein Insolvenzverwalter sollte primär wirtschaftliche Lösungen im Verfahren suchen, somit ist seine betriebswirtschaftliche Prägung von besonderer Bedeutung. Dazu gehört es auch, Kreditentscheidungen zu unterstützen, denn Banken benötigen dazu die entsprechenden Unterlagen, um über echte oder unechte Massekredite entscheiden zu können. Von Vorteil ist, dass die Gläubiger die Bestellung des (vorläufigen) Insolvenzverwalters insbesondere bei mittelgroßen und großen Unternehmen über den vorläufigen Gläubigerausschuss entscheidend beeinflussen können (§ 56a InsO i.V.m. § 22a Abs. 1 InsO) beziehungsweise den Verwalter des eröffneten Verfahrens nach § 57 InsO wählen und damit den vom Gericht zuvor im Eröffnungsbeschluss bestellten Verwalter (§ 27 Abs. 1 Satz 1 InsO) abwählen können.

Zur Wahrung der Beteiligung an der Verwalterauswahl ist es erforderlich, dass sich der vorläufige Gläubigerausschuss zeitnah konstituiert und die beteiligten Banken bereit sind, einen Vertreter dorthin zu entsenden, was nicht selten allenfalls zögerlich erfolgt. Ist ein **Bankenpool** vorinsolvenzlich gebildet worden, kann man diese Funktion dem Poolführer antragen. Ob die Vertretung durch den Poolführer in einem eventuell zu bildenden Ausschuss dazu bereits in den Sicherheitenpoolvertrag mit aufgenommen werden sollte, ist nicht Praxis, da die Poolbildung davon ausgeht, die Sanierung gelinge außerhalb eines Insolvenzverfahrens. Im Gegenteil lässt eine derartige Regelung den Schluss zu, man zweifelt am Sanierungserfolg.

Im Hinblick auf die Gläubigerbeteiligung an einem vom Gericht zu bestellenden vorläufigen Gläubigerausschuss ist es empfehlenswert, den Insolvenzgerichten bereits im Vorfeld in Verbindung mit dem Insolvenzantrag diejenigen Ansprechpartner von Bankenseite zu benennen, die als Gläubigerausschussmitglieder potenziell zur Verfügung stehen, damit die Insolvenzgerichte ohne zeitliche Verzögerung auf diese Kandidaten zugehen können (vgl. Voss, 2012, S. 43 ff.).

Auch die Bank kann Gläubigerausschussmitglied werden. Persönliche Ausschussmandate von Bankmitarbeitern sind solche gemäß § 67 Abs. 3 InsO (Nichtgläubiger), die Bank ist Mitglied gemäß § 67 Abs. 2 InsO. Bankvorstände sollten sich nicht für ein persönliches Mandat zur Verfügung stellen, da sie aufgrund ihrer Gesamtverantwortung für die Bank (siehe § 76 AktG) in einem ständigen Interessenkonflikt zwischen ihrer Verantwortung für die Bank und ihrer Verschwiegenheitspflicht über die Vorgänge im Ausschuss stehen würden.

Der **Gläubigerausschuss** beziehungsweise seine verschiedenen Erscheinungsformen, vom vorläufigen Gläubigerausschuss des Eröffnungsverfahrens bis zum „endgültigen" Ausschuss im eröffneten Verfahren, die sämtlich strikt voneinander zu unterscheiden sind, ist das zentrale Gremium der Gläubiger, um Einblick in die Geschicke des Insolvenzverfahrens und Schuldnerunternehmens zu erhalten. Der Gläubigerausschuss ist neben der Gläubigerversammlung ein wichtiges Vertretungsorgan der Gläubiger und hat daher eine Unterstützungs- und Überwachungsfunktion gegenüber dem Insolvenzverwalter (§ 69 Satz 1 InsO). Eine Reihe wesentlicher Entscheidungen bedarf der intern wirkenden Zustimmung des Gläubigerausschusses (beziehungsweise bei Fehlen einer derartigen der Gläubigerversammlung), siehe §§ 160, 164 InsO. Die nachfolgende Abb. 5.2 veranschaulicht den Insolvenzprozess aus Bankensicht.

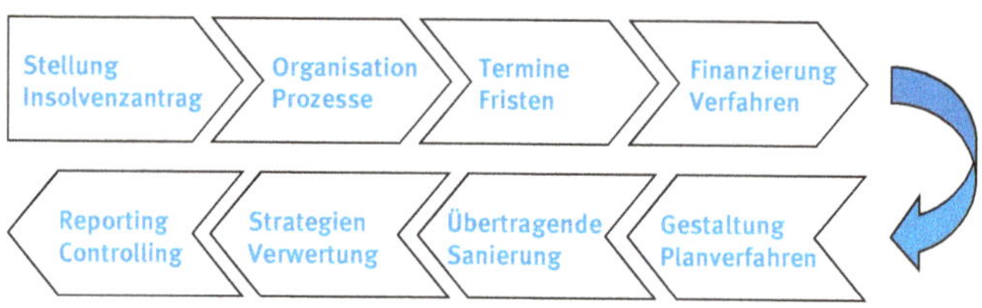

Abb. 5.2: Insolvenzprozess (Quelle: Eigene Darstellung)

Checkliste und Analysen zu Stakeholdern in der Insolvenz:

1. Sind die Stakeholder beim (vorläufigen) Insolvenzverfahren oder bei der Eigenverwaltung bekannt?
2. Sind die Verfahrensweisen zur Bestellung eines (vorläufigen) Insolvenzverwalters hinreichend bekannt?
3. Kann und soll durch die Bank auf die Auswahl des vorläufigen Insolvenzverwalters eingewirkt werden?
4. Welche Funktionen hat ein Gläubigerausschuss und besteht Personal in der Bank für dieses Amt?
5. Soll von Bankenseite eine übertragende Sanierung oder ein Insolvenzplanverfahren angeregt werden?

5.2 Organisation und Prozesse der Insolvenzbearbeitung

Scheitern die außergerichtlichen Sanierungsbemühungen, ist der Insolvenzantrag die Folge. Der Geschäftsführer, der Gesellschafter und die Mitglieder des Überwachungsorgans (letztere in den Fällen des § 15a Abs. 3 InsO) oder Gläubiger der Schuldnerfirma (§ 14 InsO) stellen den **Insolvenzantrag** und das Engagement wechselt bankintern vom Sanierungsbereich in die Abwicklungsabteilung beziehungsweise an die für die Abwicklung zuständigen Mitarbeiter, jeweils abhängig von der Aufbauorganisation.

Gründe für diese **Engagementübergabe** an die Abwickler liegen zum einen in der erforderlichen weitergehenden juristischen Begleitung der Fälle sowie zum anderen in der Trennung von den zur Sanierung bestimmten Betreuungskapazitäten. Diese Mitarbeiterprofile unterscheiden sich von den Akteuren in der Sanierungsabteilung. So werden Spezialisten für die Insolvenzverfahrensbegleitung benötigt, die etwa bei der Abwicklung von Kreditsicherheiten (juristisches) Fachwissen aufweisen.

Die Prozesse in der Abwicklungsabteilung orientieren sich in der Regel am typischen Verlauf eines Insolvenzverfahrens. Dabei sind die Teilnahme in einem Gläubigerausschuss (die Besetzung seitens der Bank ist hierarchiebezogen geprägt, abhängig von der Bedeutung des Verfahrens). Die Vorfinanzierung des Insolvenzgeldes, die Prüfung der Gewährung von Massekrediten und Maßnahmen zur Überwachung des Insolvenzverwalters, das heißt des Verfahrensablaufs sowie der Ergebnisse, und die Begleitung von sanierenden Alternativen im Insolvenzverfahren sind zu entscheiden.

Gläubigerversammlungen können neuerdings nach Ermessen des Gerichts auch virtuell per Videokonferenz beziehungsweise hybrid stattfinden (§ 4 Satz 2 InsO i.V.m. § 128a ZPO), wobei die notwendigen Vorkehrungen zu treffen sind, dass bei den stets nicht-öffentlichen Terminen keine Dritten diese wahrnehmen können und auch keine „wissentlichen“ Video- oder Audioaufzeichnungen stattfinden. Dasselbe gilt für Gläubigerausschusssitzungen nach dem Ermessen des Ausschusses. Der Verfahrensverlauf ist formaljuristisch geprägt und aus diesem Grund von den Banksyndizi oder von der Bank extern eingeschalteten Anwaltskanzlei zu begleiten.

Feste Insolvenzverfahrensabläufe bieten für die in volvierten Banken die Möglichkeit, feste Prozessabläufe zu installieren, um weitgehend standardisierte Geschäftsprozesse im Rahmen der Abwicklung zu gestalten. Auf diese Weise lassen sich oft die Bearbeitungskosten senken und die Abwicklungskonzepte gemäß MaRisk BTO 1.2.5 Rn. 7 für die einzelnen Fälle erarbeiten. Eine einheitliche Vorgehensweise sollte den Mitarbeitern zudem noch Freiheiten belassen, um über kreative Gestaltungen in der Insolvenz noch Gelder und gegebenenfalls Firmenteile zu retten. Wesentlich ist die Kompetenzordnung für Mitarbeiter auch im Abwicklungsbereich, um schnelle Entscheidungswege zu generieren. Es müssen Verlustrealisierungskompetenzen (Vergleiche, Verzichte, Haircut-Zustimmung und Sicherheitenverwertungen), dort und in der Rechtsabteilung deutlich höher sein als im Normalkreditgeschäft. Angemessene Sanierungskreditkompetenzen und Massekreditkompetenzen sind ebenfalls erforderlich.

Im Anschluss an den Ablauf eines Verfahrens können die Erfolge und Kosten aus der Abwicklung erfasst werden. Dies setzt wiederum Prozesswege und eine umfangreiche IT-Unterstützung voraus. Auf dieser Basis kann dann auch die Berichterstattung nach MaRisk BTO 3.2 für den Abwicklungsbereich aufgebaut sowie verfeinert werden, denn auch im Abwicklungssegment ist ein (Gesamtbank-)Monitoring erforderlich.

Der **Abwicklungsbereich** bildet gemäß den MaRisk zusammen mit der Sanierung die Problemkreditbearbeitung. Während in MaRisk BTO 1.2.5 Rn. 1–6 die Begleitung von Sanierungen aus Sicht der Kreditinstitute detailliert beschrieben wird, bestimmt MaRisk BTO 1.2.5 Rn. 7 lediglich die Ausarbeitung des bankinternen Abwicklungskonzeptes für uneinbringliche oder ausgefallene insolvente Kreditengagements.

Bei der organisatorischen Ausgestaltung und der prozessualen Umsetzung der Abläufe werden den Banken erhebliche Freiräume gelassen. Des Weiteren kann der Rettungserwerb als Ausnahme gestaltet werden, siehe MaRisk BTO 1.2.5 Rn. 8. Dies wohl nur in bestimmten Fällen, wenn mit einem deutlichen Wertzuwachs beispielsweise zwischen Erwerb und Weiterverlauf von Objekten zu rechnen ist.

Die **Aufbauorganisation** in der Abwicklungsabteilung ist noch stärker von der Größe und der Ausrichtung eines Bankinstituts auf bestimmte Geschäftsfelder abhängig als der Sanierungsbereich. Zunächst sind die hauptsächlichen Geschäftsarten des Kreditinstituts zu bestimmen, um die Mitarbeiterprofile sowie die Kapazitäten auf die häufig vorkommenden Abwicklungen und Insolvenzfälle einzustellen nach:

- **Fallzahlen je Geschäftsfeld:** Kleine, mittlere oder größere Firmenkunden, Freiberufler, Projektfinanzierungsgeschäfte in den Bereichen Infrastruktur, Immobilien, Schiffen, regenerativer Energievorhaben sowie sonstiger Spezialprojekte im Rahmen der Single-Asset-Finanzierung.
- **Größe, Branche und Spezialität der Engagements:** Einfache Insolvenzfälle oder verstärkt komplexe inländische sowie internationale Kreditengagements mit Verflechtungen im In- und Ausland und übertragenden Sanierungen oder Insolvenzplänen und der Beteiligung in Gläubigerausschüssen.
- **Struktur sowie Spezifität der Sicherheiten:** Klassische Kreditsicherheiten oder Spezialfinanzierungen mit besonderen Kreditsicherheiten unter anderem in der Form von Schiffen, regenerativen Energievorhaben oder komplexen Immobilienfinanzierungen von Bauträgern.

Der Aufbau der Abwicklungsabteilung in den Kreditinstituten wird sich in erster Linie an den Stückzahlen sowie Volumina in den einzelnen Kundensegmenten orientieren. Banken, die sich im Vertrieb verstärkt auf das **Privatkundengeschäft** konzentrieren, werden sich intensiv mit der Abwicklung von Ratenkrediten, Baufinanzierungen und den dazugehörigen Kreditsicherheiten in der Form von Sicherungsübereignungen sowie Grundschulden beschäftigen. Es werden dort oft Rückzahlungsvereinbarungen getroffen, um Teile der Restforderung zu realisieren. Dort sind besondere Kompetenzen im Verbraucherkreditrecht erforderlich.

Im **Firmenkundengeschäft** ist eine Differenzierung im Organisationsaufbau, der Mitarbeiterprofile und der Geschäftsprozesse aufgrund der höheren Komplexität der Kreditengagements und der Kreditsicherheiten in Abhängigkeit von den Kreditportfolios stärker ausgeprägt. Es existieren Kreditinstitute, die sich auf das kleinteilige Firmenkundengeschäft und Freiberufler konzentrieren und jene, die klassische Mittelständler oder große internationale Konzerne betreuen sowie Häuser, die zusätzlich Spezialsegmente unter anderem bei der Finanzierung von Projekten bedienen.

Das Projektfinanzierungsgeschäft ist breit aufgefächert, wie unter anderem in regenerative Energievorhaben wie Onshore oder Offshore Windparks, Solarparks, Biogasanlagen, Blockheizkraftwerke, Schiffe und Flugzeuge, Infrastrukturkonzepte oder große Bauvorhaben. Im Folgenden werden die Segmente der Finanzierung von kleinen sowie mittleren Unternehmen im klassischen Firmenkundenkreditgeschäft und der damit zusammenhängende strukturelle, organisatorische Aufbau der Abwicklungsabteilung betrachtet. Des Weiteren kann unter Umständen wirtschaftlich sinnvoll sein, das Bauträgergeschäft aufgrund der aktuellen Insolvenzlage durch bankinterne Spezialisten zu betreuen, da auch diese spezifische Branche deutliche Besonderheiten aufweist (vgl. Depré/Cranshaw, 2023, S. 459 ff.).

Aufgrund des in der Insolvenz benötigten Spezialwissens ist es von Vorteil, die Federführung in der Spezialmarktfolge in einem gesonderten **Abwicklungsbereich** zu verankern. Ein mögliches Aufbauprofil einer Abwicklungsabteilung im Firmenkundengeschäft wird in der folgenden Abb. 5.3 dargestellt.

Abb. 5.3: Abwicklungsabteilung im zentralen Organisationsmodell (Quelle: Eigene Darstellung)

In diesem Modell existieren Betreuungsteams für die Begleitung einfach strukturierter Insolvenzfälle oder komplexer Firmenengagements in einer Insolvenz. Des Weiteren werden Spezialisten für die Überwachung sowie die Unterstützung der Verwertungsprozesse bei den Kreditsicherheiten eingesetzt. Unter Umständen bestehen Betreuer für das Mengengeschäft der Privatinsolvenzen sowie Spezialisten, die sich mit den Besonderheiten bei der Abwicklung von Finanzierungen im Projektgeschäft bei regenerativen Energieprojekten, Schiffsfinanzierungen und im Hypothekengeschäft oder der Abwehr von Avalinanspruchnahmen auskennen. Voraussetzung für dieses sehr stark aufgespaltene Modell mit einem hohen Spezialisierungsgrad sind umfassende Fallzahlen an Abwicklungen in den einzelnen Geschäftssegmenten.

In kleineren Instituten kann es durchaus der Fall sein, dass nur eine Person die komplette Wertschöpfungskette der Abwicklung abdeckt. Zu überdenken ist auch die juristische Prägung der Abwicklungsabteilung. Es besteht die Möglichkeit beziehungsweise Notwendigkeit, diesen Bereich aufgrund der vielfach juristischen Fragestellungen mit der Rechtsabteilung zu verzahnen, deren Aufgabe klassisch die umfassende und sachlich unabhängige Rechtsberatung der gesamten Bank ist und organisatorisch nicht anderen Einheiten wie die Kreditbearbeitung beziehungsweise die Abwicklung zu unterstellen ist. Allerdings ist eine betriebswirtschaftliche Denkweise von hoher Bedeutung, da auch in dem Segment der Abwicklung wesentliche wirtschaftliche Entscheidungen, mit rechtlicher Expertise, zu treffen sind.

Das juristische Wissen kann in einer eigenen **Rechtsabteilung** vorgehalten oder am Markt zugekauft werden. Das Insolvenzgeschehen ist ein ausschließlich ökonomischer Prozess, der zugleich enger rechtlicher Grenzen bedarf, weil das insolvente Unternehmen seine Pflichten gegenüber allen beteiligten Stakeholdern aufgrund der Insuffizienz von Vermögen sowie Liquidität nicht mehr vollständig erfüllen kann. Die Rechtsordnung muss die stark konkurrierenden divergenten Interessen der Gläubiger untereinander und diejenigen der Unternehmenseigner beziehungsweise des Rechtsträgers selbst gegenüber den Gläubigern gemäß den Vorgaben der Marktwirtschaft austarieren. Zu dem Zweck führt die Rechtsordnung die Gläubiger im Insolvenzverfahren in einer Zwangsgemeinschaft zusammen und weist ihnen das Vermögen des Schuldners zu Befriedigung ihrer Forderungen zu. Die Gläubiger werden zu Residualberechtigten des gesamten Schuldnervermögens.

In der Praxis großer Häuser bewährt es sich seit langem, wenn das Know How in der zentralen Rechtsabteilung durch erfahrene (Voll-)Juristen vorgehalten wird, die einerseits die Abwicklung intern beraten, andererseits aber auch bei Verhandlungen, zum Beispiel mit dem Verwalter oder Eigenverwalter beteiligt sind und an Entscheidungen sowie Gremienvorlagen verantwortlich mitwirken. So kann ein entsprechend gut aufgestelltes Institut diese vorhandenen Kompetenzen nicht nur in Gläubigerausschüssen sachgerecht einbringen, sondern auch Rechtsentwicklungen über die Verbände, in denen die Bank Mitglied ist, positiv begleiten.

Eine **zentrale Rechtsabteilung**, die nicht die Aufgabe der kreditwirtschaftlichen Engagementbearbeitung des Krisenengagements hat, sondern die Begleitung spezifischer rechtlicher Fragen unter wirtschaftlichem Blick in den Fokus stellt, hat die Funktion der alleinigen Führung etwaiger Rechtsstreite der Bank auf der Aktiv- oder Passivseite mit entsprechenden Kompetenzen. Ein externer anwaltlicher Rat ist einzuholen, wenn spezifisches im Haus nicht vorhandenes Know How gefordert ist. Dieses wird häufig der Fall sein bei komplexen Kapitalmarktprodukten mit aufwendigen und umstrittenen Strukturen, generell aber bei wesentlichem Einschlag ausländischen Rechts. Die Grundlagen und Details des inländischen Insolvenz- und Sanierungsrechts sollte aber jeder Abwickler als Teil seiner täglichen Arbeit im Griff haben und er sollte auch regelmäßig seine Kenntnisse in diesem Rechtsgebiet auffrischen.

Des Weiteren ist die Intensität der Zusammenarbeit mit der Sanierungsabteilung festzulegen. Gerade bei den Insolvenzen großer Unternehmen, in Verbindung mit den für ein Institut umfangreichen Kreditvolumina, ist es von Vorteil, wenn der Sanierer zunächst weiterhin an der Begleitung und Entscheidungsfindung des Falls beteiligt wird. Dieser kennt das Engagement aus seiner Zeit als Sanierer, gegebenenfalls als Poolführer, gut, und zudem wird dem Aspekt des Vier-Augen-Prinzips bei Entscheidungen zur Kreditvergabe und zu Verwertungsentscheidungen Rechnung getragen.

Zudem kann und muss auch ein Coaching der Abwickler bei der Betreuung von Fällen im Sanierungsbereich erfolgen, wenn sich ein Abgleiten des Unternehmens in die Insolvenz frühzeitig abzeichnet und eine Sanierung in der Insolvenz möglich ist. Die Bereiche **Sanierung und Abwicklung** sollten eng miteinander kommunizieren und die Vorteile der vorhandenen sowie spezialisierten Mitarbeiterprofile gegenseitig nutzen. Auf diese Weise kann das Sanierungswissen bei einer Fortführung in der Insolvenz beispielsweise im Insolvenzplanverfahren wichtig werden. Durch geeignete Mechanismen sollte eine ausführliche Übergabedokumentation vom Sanierungsbereich in den Abwicklungsbereich erfolgen.

Die **Größe der Engagements** verteilt sich bei den auf das mittelständische Kreditgeschäft ausgerichteten Banken meist auf die Umsatzgrößensegmente der kleinen sowie mittleren Unternehmen gemäß § 267 Abs. 1 und 2 HGB. Die Aufteilung bestimmt häufig den Komplexitätsgrad bei der Ausgestaltung der Abwicklungsbearbeitung. Es lassen sich in der Regel drei Geschäftsprozesse der Abwicklung in Kreditinstituten mit verschiedenen Komplexitätsgraden differenzieren.

Erstens, Insolvenzen von Selbstständigen sowie rechtsfähigen Personengesellschaften (GbR, OHG, KG, GmbH & Co. KG) beziehungsweise juristischen Personen, die sich aufgrund geringer Kreditvolumina und einfacher Sicherheitenstrukturen im Rahmen des Geschäftsprozesses der **Standardabwicklung** bearbeiten lassen. In diesem Fall wird das betreffende Unternehmen durch den Insolvenzverwalter häufig zerschlagen und die einzelnen Veräußerungen bei den mit Absonderungsrechten belegten Firmenkreditsicherheiten werden durch die Mitarbeiter in Banken eng überwacht, wenn auch die Verwertung beweglicher Sicherheiten allein die Sache des Insolvenzverwalters ist (§ 166 InsO) und die Absonderungsgläubiger nur zu unterrichten sind (§ 168 InsO). Zudem umfasst dieser Bereich auch Fälle, die über Rückzahlungsvereinbarungen, Ablösungen oder weitere Vereinbarungen abgebaut werden können. Der einzurichtende Geschäftsprozess beinhaltet die außergerichtliche und die gerichtliche Forderungsbeitreibung der Forderungen mit den Mahn- und den Kündigungsschritten und lässt sich aufgrund der meist fest vorgegebenen Schritte gut durchstrukturieren.

Zweitens, Unternehmensinsolvenzen mit komplexen Firmenstrukturen, die in einem Prozess der **Individualabwicklung** zu betreuen sind. Dieses ist erforderlich bei Insolvenzen von Firmen mit umfangreichen Krediten und komplexen Sicherheiten, die mit einem hohen Einsatz an Abwicklungspersonal im Rahmen der Insolvenz, gegebenenfalls auch nur mit einer Teamlösung, begleitet werden können.

In diesen Fällen wird meist das volle Repertoire an insolvenzrechtlichen Maßnahmen aus Gläubigersicht ausgeschöpft, mit der Begleitung im Rahmen des vorläufigen Gläubigerausschusses, der Überprüfung der Gestaltung eines Insolvenzplanverfahrens sowie der Anbahnung von übertragenden Sanierungen. Auf den komplexen Prozessweg wird im Folgenden in den Ausführungen Bezug genommen.

Drittens bestehen in einigen Banken besondere Finanzierungen, die im Rahmen der **Spezialabwicklung** zu bearbeiten sind, wobei das Know How in der Abwicklung von Projektfinanzierungen von Schiffen, regenerativen Energievorhaben oder bei Spezialverwertungen von Immobilien in den Banken vorzuhalten ist.

Es lassen sich analog zum Bereich der Sanierung in vielen Bankinstituten drei unterschiedliche Abwicklungswege konstruieren, in denen die Firmenengagements in der Insolvenz bearbeitet werden. Die Entscheidungskompetenz und Überwachung dieser Prozesse ist außerhalb des Bereiches Markt wahrzunehmen (MaRisk BTO 1.2.5 Rn. 1) sowie die Gestaltung der Mitarbeiterprofile kann sich an den drei Abwicklungswegen orientieren. Die Vorgaben in den MaRisk zum Abwicklungsbereich sind im Vergleich zu den Sanierungsaktivitäten wenig ausführlich. Nach MaRisk BTO 1.2.5. Rn. 7 wird lediglich bestimmt, dass ein **Abwicklungskonzept** zu erstellen ist.

Des Weiteren sind in den Prozess der Verwertung der Sicherheiten eigene Mitarbeiter oder gegebenenfalls externe Spezialisten mit entsprechenden Kenntnissen einzubeziehen. Der geringe Ausführlichkeitsgrad in den MaRisk hat jedoch auch Vorteile, da er den Kreditinstituten Freiheiten bei einer Ausgestaltung dieses Bereiches der Problemkreditbearbeitung lässt. Im Vergleich zu den Sanierungsaktivitäten eines Kreditinstituts gilt auch für den Fall der Abwicklung von Kunden, dass die Mitarbeiterkosten in Relation zu den vermiedenen Forderungsausfällen und den abgewendeten Haftungs- und Anfechtungsrisiken oftmals zu vernachlässigen sind.

Der **Individualabwicklungsprozess** orientiert sich an der Insolvenzordnung und am Ablauf eines Insolvenzverfahrens. Begleitend sind die MaRisk aus BTO 1.2.5 zu beachten wie die nachfolgende Abb. 5.4 dargestellt. Zunächst ist dazu festzulegen, wann die Überleitung des Kreditengagements an die Abwicklung erfolgt, mit der Kündigung des Kreditengagements oder mit dem Insolvenzantrag.

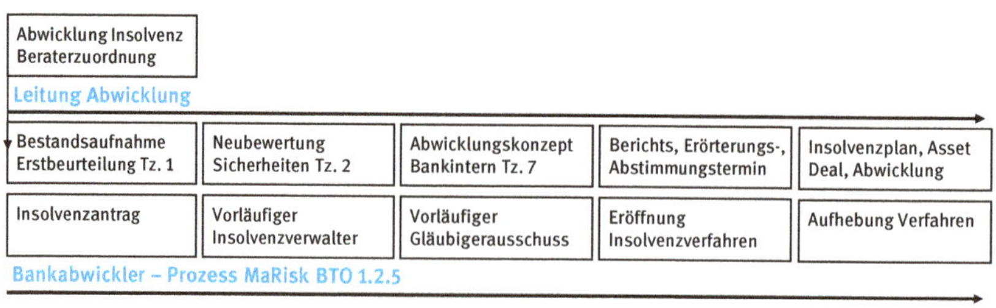

Abb. 5.4: Prozess der Individualabwicklung (Quelle: Eigene Darstellung)

Sogar die Frage der Kündigung des Kreditengagements ist unter rechtlichem und wirtschaftlichem Aspekt sorgfältig abzuwägen, da bei vorhandener Sanierungsmöglichkeit mit voraussichtlich besserem Ergebnis für die Bank ein bloßes Einfrieren von Linien (Zurückbehaltungsrecht, Unsicherheitseinrede, analog des § 273 BGB beziehungsweise § 321 BGB) oder ähnliche auch nur vorübergehende Maßnahmen gegebenenfalls rückgängig gemacht werden können, die vorschnell ausgesprochene Kündigung, ohne dass dazu rechtlicher Zwang bestünde (BGH, 29.05.2001, VI ZR 114/00), aber nicht. Die Kündigung ist mit all ihren Folgen endgültig. Einen Verzicht auf die ausgesprochene Kündigung gibt es nicht, es bedarf des Neuabschlusses eines Kreditvertrags.

Damit kein Insolvenzantrag übersehen wird, sind die Sanierungsfälle in regelmäßigen Abständen auf Insolvenzgefahren hin zu überprüfen. Die amtlichen Bekanntmachungen sind durchzusehen, da die Bestellung eines vorläufigen Insolvenzverwalters und die Anordnung von Verfügungsbeschränkungen im Insolvenzverfahren öffentlich bekannt zu machen sind (siehe § 23 Abs. 1 InsO, www.insolvenzbekanntmachungen.de, einschließlich der Eintragungen in anderen öffentlichen Registern). Der Eröffnungsbeschluss wird ebenfalls öffentlich bekanntgemacht (§ 30 InsO), nicht jedoch die vorläufige Eigenverwaltung oder der Schutzschirm (§ 270d InsO).

Auch ein enger Kontakt zu den Insolvenzgerichten sowie zu den Insolvenzverwaltern in einer Region ist vorteilhaft, um zeitnahe Informationen über die eingehenden Insolvenzanträge als Beteiligter im Rahmen der Verschwiegenheitspflichten von Gericht und vorläufigem Insolvenzverwalter zu erhalten. Dies ist insbesondere wichtig, wenn eine frühzeitige Verfahrensbeteiligung erwogen wird, unter anderem, um im vorläufigen Gläubigerausschuss des Eröffnungsverfahrens (§ 21 Abs. 2 Satz 1 Nr. 1a InsO, § 22a InsO) die Auswahl des (vorläufigen) Insolvenzverwalters mit zu begleiten.

Im Vorfeld der Gestaltung von Abwicklungskonzepten nach MaRisk BTO 1.2.5 Rn. 7 ist ein zeitliches Schema für die genannten Verfahrenswege aufzubauen, um einschätzen zu können, welche Anzahl von Mitarbeitern für die Begleitung der Insolvenz erforderlich ist. Anschließend ist das **interne Abwicklungskonzept** nach MaRisk zu erstellen.

Definition: Das **bankinterne Abwicklungskonzept** nach MaRisk BTO 1.2.5 Rn. 7 beschreibt die weitere Vorgehensweise bei einem sich in der Abwicklung befindenden Kreditengagement. Die Abwicklungsstrategie kann für gleichartige Produkte und Kundenbeziehungen ähnlich und für individuelle Engagements spezifisch verfasst werden. Dieses Konzept ist in die interne Berichtsstruktur zu verankern und durch den jeweiligen Kompetenzträger zu entscheiden, wobei auch ein Einzelvotum grundsätzlich möglich ist.

Das **Abwicklungskonzept** ist als Protokoll in Form der standardisierten Berichterstattung festzuhalten. Es ist dort unter anderem einzugehen auf:

- Kostenrahmen für Verwertungsmaßnahmen zur Einschaltung Externer
- Finanzierung durch die Insolvenzgeldvorfinanzierung und Massekredite
- Geplante Vorgehensweisen einer Sanierung, Übertragung oder Verwertung

Das **Abwicklungskonzept** kann individuell für einen Firmenkunden oder auch standardisiert bei gleichartig ausgestalteten Engagements und Sicherheiten erstellt werden. In den Firmenkundensegmenten ab einer mittleren Unternehmensgröße und für die Risikotragfähigkeit einer Bank bedeutenden Kreditvolumina und Blankoteilen ist aufgrund der höheren Risikorelevanz ein individuelles Vorgehen vorzuziehen. Dieses Abwicklungskonzept ist in die bankinterne Berichterstattung zu integrieren. Ähnlich wie bei der Berichterstattung im Sanierungsbereich sind der umfassende Erstbericht (EB) und die Folgeberichte (FB) zu unterscheiden.

Im **Folgebericht** sind im Wesentlichen die neueren Ereignisse bei besonderen Kreditanlässen oder im regelmäßigen Turnus beispielsweise im Rahmen der jährlichen Prolongation zu berichten. Von besonderer Bedeutung ist, dass für den Kompetenzträger im Votum eine Entscheidung gut vorbereitet wird. Der Entscheidungsbedarf und der Wiedervorlagetermin sind abschließend aufzuzeigen. Ein möglicher Aufbau des Abwicklungsberichts wird in der nachfolgenden Abb. 5.5 dargestellt. Im **Erstbericht** erfolgt eine detaillierte Vorstellung des Falls. Die Berichterstattung folgt der Dokumentation der gescheiterten Sanierung. Des Weiteren ist die Gremienbeteiligung eines Kreditinstitutes in der Gläubigerversammlung festzulegen. Inwieweit eine Gremienbeteiligung bei einer Mitgliedschaft der Bank selbst in einem gebildeten (vorläufigen) Gläubigerausschuss tatsächlich in Frage kommt, ist vom Einzelfall abhängig.

Abwicklungsberichterstattung

Rating, Linien, Inanspruchnahmen, Sicherheiten, Risiko, EWB und Teilabschreibungen
→ darzustellen im EB und in den FB

Kreditanträge insbesondere zu Kostenlinien und Massekrediten
→ darzustellen im EB und in den FB

Teilnahme in einem (vorläufigen) Gläubigerausschuss und Auswahl Insolvenzverwalter
→ darzustellen im EB und Entwicklungen in den FB

Berichte von den Terminen der Gläubigerversammlung
→ darzustellen im EB und Entwicklungen in den FB

Angestrebte Verfahrensweise: Planverfahren, Übertragende Sanierung, Verwertung
→ darzustellen im EB und in den FB

Gläubigerstruktur, kollidierende Sicherheiten und Verhalten anderer Gläubiger
→ darzustellen im EB und in den FB

Angestrebtes Weiterbehandlungskonzept und Dauer der Abwicklung
→ darzustellen im EB und in den FB

Entscheidungsbedarf und Wiedervorlagetermin

Abb. 5.5: Inhalte eines Abwicklungsberichtes (Quelle: Eigene Darstellung)

Zum Abwicklungsprozess gehört auch die Mitarbeit im Gläubigerausschuss, wenn die Bank oder ein Mitarbeiter mit Zustimmung der Bank zum Ausschussmitglied bestellt worden sind. Die Grenzen der Verschwiegenheitspflicht über Erkenntnisse aus der Arbeit im Gläubigerausschuss sind auch intern zu beachten, aber etwas fließend.

Ist ein Mitarbeiter der Bank oder Organmitglied gar persönlich Mitglied des Gläubigerausschusses, führt dieses persönliche Mandat dazu, dass jedenfalls keine institutionalisierte Berichterstattung gegenüber den Gremien möglich ist, dieses kann auch nicht gefordert werden. Verstöße dagegen können unter anderem zum Ausschluss aus dem Ausschuss aus wichtigem Grund führen (§ 70 InsO) oder gegebenenfalls zu Schadensersatz (§ 71 InsO). Der Gläubigerausschuss ist vom Gesetzgeber als Instrument der Wahrung der Interessen der Gesamtheit der Gläubiger konzipiert und nicht als Organ, das der Interessenverfolgung gegebenenfalls bestimmter Gläubiger- oder Gläubigergruppen dient (Schmidt-Jungmann, 2023, § 70 Rn. 9 ff.). Insgesamt ist im Abwicklungskonzept zu erörtern, welche Maßnahmen eingeleitet werden sollen, um den Schaden aus der Unternehmensinsolvenz zu begrenzen.

Es ist regelmäßig Bericht zu erstatten über den Erfolgsgrad der vorgeplanten Abläufe. Bei komplexen Fällen sind die wichtigen Schritte im Insolvenzverfahren durch ein Berichtswesen eng zu begleiten. Dieses beginnt unter Umständen bereits im Vorfeld des Insolvenzantrags oder direkt im Anschluss an den Insolvenzantrag mit der Auswahl des vorläufigen Insolvenzverwalters.

Gerade bei bedeutenden Insolvenzfällen, in denen unter Umständen ein hoher Grad an Spezialwissen beim Verwalter erforderlich ist, sollten sich die Kreditinstitute auch Gedanken über einen geeigneten Insolvenzverwalter machen. Hilfreich ist, wenn eine Datenbank mit Insolvenzverwaltern aufgebaut wird, in denen die Bankerfahrungen aus der Vergangenheit erfasst werden, so dass dem Insolvenzgericht oder dem vorläufigen Gläubigerausschuss (§ 56a InsO) hilfreiche Anregungen gegeben werden können. Der praktische Nutzen einer etwaigen derartigen Datenbank ist aber aus rechtlichen Gründen sehr begrenzt.

Für Kreditinstitute wichtige Eigenschaften eines Insolvenzverwalters sind unter anderem die zeitnahe Berichterstattung, das schnelle Reagieren auf wirtschaftlich relevante Bankanfragen, die betriebswirtschaftliche Denkweise des Verwalters und die Gläubigerorientierung bei der Sanierung oder Verwertung.

Die Entscheidung über die Bestellung des vorläufigen Verwalters liegt aber beim vorläufigen Gläubigerausschuss des Eröffnungsverfahrens (in den Fällen des § 56a InsO). Es entscheidet aber letztlich das Insolvenzgericht. Sobald nur ein einziges Mitglied eines mehrköpfigen Gläubigerausschusses die Erwägungen der Bank, sogar dann, wenn sie bei weitem größter Gläubiger ist, nicht teilt, kommt es nicht zu einem einstimmigen Beschluss dieses Ausschusses und damit auch nicht zu einer grundsätzlichen Bindung des Gerichts an die Mehrheitsentscheidung, auch wenn bei einem Ausschuss mit fünf Mitgliedern beispielsweise vier für den Vorschlag der Bank stimmen (§ 56a Abs. 2 Satz 1 InsO). Allerdings besteht eine Bindung des Gerichts an die allgemeinen Kriterien, die der Ausschuss mehrheitlich für die Auswahl des Verwalters beschlossen hat (§ 56a Abs. 2 Satz 2 InsO). Die formelle Entscheidung trifft dann das Insolvenzgericht gleichwohl nach seinem Ermessen aus der Zahl der von ihm konkret im Einzelfall für geeignet befundenen Verwalter (§ 56 InsO).

Direkt nach Kenntnis vom Insolvenzantrag sind Maßnahmen der Bank angezeigt, die der Sicherung der mobilen Sicherheiten dienen, insbesondere der Widerruf der Einziehungsbefugnis sicherungszedierter Forderungen nach den üblichen Musterverträgen der Banken über Sicherungszessionen oder bei der Weiterveräußerungsbefugnis sicherungsübereigneter Gegenstände gegenüber dem Schuldner und dem vorläufigen Insolvenzverwalter beziehungsweise Sachwalter. Die Forderungsanmeldung beim Insolvenzverwalter (§§ 28 Abs. 1, 174 InsO) und die Mitteilung der Sicherungsrechte nach § 28 Abs. 2 InsO erfolgt allerdings erst nach der Verfahrenseröffnung innerhalb der Fristen im Eröffnungsbeschluss. Dieses geschieht in der Regel mit der Einreichung der Kopien der **Kredit- und Sicherheitenverträge** (§ 174 Abs. 1, 2, 4 InsO).

Auch die ersten Sicherungsmaßnahmen eines Insolvenzverwalters sind unter Umständen eng zu begleiten und zu überwachen, unter anderem bei der Übernahme und Sicherheitenüberprüfung des sicherungsübereigneten Warenlagers, damit dieses nicht im Rahmen der (vorläufigen) Insolvenz ohne Wissen der Bank abgebaut wird. Dabei darf nicht übersehen werden, dass der Verwalter im eröffneten Verfahren allein verwertungsberechtigt ist (§ 166 InsO), die Bank nur nach den §§ 167, 168 InsO zu unterrichten ist sowie sich zur geplanten Verwertung fristgebundenen (eine Woche nach Information durch den Verwalter) äußern kann. Ferner darf nicht übersehen werden, dass die Position der Bank insbesondere bei den variablen Sicherheiten des Umlaufvermögens des Schuldners rechtlich sehr schwach ist, soweit Eigentumsvorbehaltsrechte auch in ihren Verlängerungsformen an sicherungsübereigneten Gegenständen bestehen oder ein vorrangiges Vermieterpfandrecht oder Sicherungszessionen sonstige rechtliche Hindernisse entgegenstehen. Zu den Risiken gehört etwa die Möglichkeit der Anfechtung von sicherungszedierten Forderungen durch den Insolvenzverwalter nach den §§ 130, 131 InsO, die in den letzten drei Monaten vor dem Insolvenzantrag oder danach entstanden sind.

Bereits im vorläufigen Insolvenzverfahren sind oft Entscheidungen zur **Finanzierung** zu treffen. Während die Insolvenzgeldvorfinanzierung (Kauf von Arbeitsentgelten von Arbeitnehmern innerhalb eines Zeitraums von höchstens drei Monaten vor Insolvenzeröffnung mit späterem Übergang des Insolvenzgeldanspruchs auf die finanzierende Bank mit Zustimmung der Bundesagentur für Arbeit (§§ 165 ff., 170 Abs. 1, 4 SGB III) aufgrund des geringen Ausfallrisikos für Banken noch eine relativ leicht zu treffende Entscheidung darstellt, kann die Gewährung von echten oder unechten Massekrediten (unecht, weil die Bank kein neues Geld valutiert, sondern dem Verwalter, dem vorläufigen Verwalter oder dem eigenverwaltenden Schuldner gestattet, Verwertungserlöse aus den der Bank zustehenden Sicherheiten in der Betriebsfortführung einzusetzen und nicht als Nettoerlös an die Bank auszukehren) das Ausfallrisiko und die späteren Abschreibungen noch erhöhen. Es ist der Beschluss des Gerichts einzusehen, um die gewährten Kompetenzen des vorläufigen Insolvenzverwalters einschätzen zu können, überhaupt Masseverbindlichkeiten eingehen zu dürfen. Regelmäßig wird eine gesonderte Gerichtsentscheidung für die konkrete Finanzierung erforderlich sein.

Auch die Vorfinanzierung der **Verfahrenskosten** zur Eröffnung des Insolvenzverfahrens in Form eines Massekostenvorschusses (§ 26 Abs. 1 Satz 2 InsO) ist unter Umständen zu beschließen. Die Eröffnung des Insolvenzverfahrens ist wichtig, wenn gute Sanierungs- oder Übertragungsaussichten bestehen und Verwertungsmaßnahmen durch den Insolvenzverwalter erfolgversprechend sowie kostengünstig erscheinen und nicht hinreichend freie Masse vorhanden ist. Über diesen Weg kann eine **Einziehung** der Forderungen über den Verwalter im Fall einer Globalzession deutlich höhere Quoten erbringen als außerhalb eines Insolvenzverfahrens durch die Bank, da der Verwalter den Forderungseinzug trotz etwaig abnehmenden Zahlungswilligkeit der Drittschuldner aufgrund des Insolvenzereignisses intensiv zu betreiben hat, wenn er auch wie die Bank wirtschaftliche Aspekte bei der Durchsetzung zu beachten hat (zum Beispiel Unverhältnismäßigkeit zwischen Kostenrisiken und beizutreibendem Betrag). Zudem wird die Bank in der Praxis im Allgemeinen kaum diesen Forderungseinzug bei einer Fülle von zedierten Forderungen bewerkstelligen können, schon deshalb, weil sie im Zweifel keine aktuelle Zessionsliste mit Anschriften der Drittschuldner hat und meist keine weitergehenden Unterlagen zur Geltendmachung des Anspruchs, wenn es ein Drittschuldner auf einen Prozess ankommen lässt. Die Bank müsste sich ohnehin des Rechnungswesens des Insolvenzschuldners bedienen.

Des Weiteren ist aus Bankensicht der Besuch der wichtigen Verfahrenstermine vorzunehmen, damit der Insolvenzverlauf aus Bankensicht angemessen überwacht werden kann. Die beabsichtigen Sanierungs- sowie Verwertungsmaßnahmen sind mit dem Insolvenzverwalter zu diskutieren. Dabei sind die Auswirkungen auf die Absonderungsrechte der Kreditinstitute quantitativ abzuschätzen.

Gegebenenfalls ist der **Insolvenzverwalter** dann bei der Ausarbeitung des Insolvenzplans oder der Anbahnung von Übertragungsmaßnahmen zu unterstützen. Dabei ist aus Sicht der Kreditinstitute von Bedeutung, sich über alle Verfahrensschritte zeitnah zu informieren und die Auskunftsrechte wahrzunehmen, damit weitere Verluste aus einem Kreditengagement vermieden, mögliche Chancen aus einer optimalen Verwertung genutzt und zudem die bestimmten internen Reportinganforderungen angemessen erfüllt werden können.

Das gesamte Verfahren ist insbesondere bei Engagements mit umfassenden Kreditforderungen sowie Absonderungsrechten aufgrund des oftmals hohen Verlustrisikos eng zu begleiten. Auch im Bereich der Abwicklung besteht eine asymmetrische Informationsverteilung zwischen dem Abwickler der Bank und dem Insolvenzverwalter, die es abzubauen gilt. Meist ist der Verwalter über den Fortgang der Abläufe im insolventen Unternehmen besser informiert und es gilt Anreize zu gestalten, damit die Bank zeitnahe und vollständige Informationen über den Verlauf erhält. Zudem sollte das Insolvenzverfahren nicht viele Jahre andauern, worauf zum Teil nur begrenzt eingewirkt werden kann. Hier ist zum Beispiel an einen für die Fortexistenz des fallierten Unternehmens oder die Insolvenzquote wichtigen Finanzgerichtsprozess zu denken, der eine ganze Reihe von Jahren andauern kann.

Wichtig ist, dass Kreditinstitute auch im Gläubigerausschuss durch ein Mitglied mitarbeiten, um den Verfahrensablauf im Rahmen der gegebenen Möglichkeiten zu monitoren (§§ 69 ff. InsO). Zum Abschluss des Verfahrens sind die Schlussrechnungen des Verwalters zu kontrollieren, ebenso etwaige Zwischenrechnungen (§ 66 InsO). Das Offenlegungsgremium ist die Gläubigerversammlung, die Rechnungskontrolle zuvor ist Angelegenheit des Gerichts (Rechtspfleger), das zunehmend die Prüfung in die Hand eines dritten externen Prüfers gibt. Die Gläubigerversammlung kann die Rechnungslegungspflicht sogar noch erweitern, nicht jedoch darauf verzichten. Auch der Gläubigerausschuss hat die Pflicht zur Rechnungsprüfung und zwar von Beginn seiner Tätigkeit an fortlaufend (§ 69 Satz 2 InsO). Der Ausschuss darf sich nicht damit begnügen, Berichte des (vorläufigen) Verwalters entgegen zu nehmen.

Dieser hat vielmehr die Pflicht, von sich aus Einsicht in die Bücher, beispielsweise das Rechnungswesen, zu nehmen sowie gegebenenfalls Fragen zu stellen. Die Prüfung des Zahlungsverkehrs kann er an einen externen Prüfer auf Kosten der Masse vergeben. Die Intensität der Überwachungstätigkeit des Gläubigerausschusses, die in seinem Ermessen liegt, ist zu verstärken, wenn wichtige Planziele verfehlt werden oder besondere Verdachtsmomente auftreten (vgl. BGH, 09.10.2014, IX ZR 140/11). Bei schwerwiegenden Fehlern, wie die Versäumnis der vollständigen Überprüfung des Zahlungsverkehrs drohen den Ausschussmitgliedern Schadensersatzrisiken (§ 71 InsO), gegebenenfalls in Millionenhöhe, wenn ein untreuer Verwalter die Masse geschädigt hat.

Des Weiteren sind bereits abgeschlossene Verfahren bankintern auszuwerten, um die **Verfahrensabläufe** in der Zukunft optimieren sowie mit Kennzahlen überwachen zu können. Die folgende Abb. 5.6 zeigt die wichtigen Handlungsschritte bei der Begleitung komplexer Firmeninsolvenzen bis hin zum Abschluss des Insolvenzprozesses aus der Sicht eines betroffenen Kreditinstituts.

Abb. 5.6: Abwicklungsprozess komplexe Unternehmensinsolvenzen (Quelle: Eigene Darstellung)

Die Mitarbeiterprofile können je nach Branchenschwerpunkten in einem Kreditportfolio und je nach Größe eines Kreditinstituts variieren. Die Stellenprofile der Mitarbeiter sind zudem an die bankintern gestalteten Geschäftsprozesse in der Insolvenz anzupassen. Es sind die Schwerpunkte im Kreditportfolio zu beachten.

Es ist ein **Spezialist für Privatinsolvenzen** vorzuhalten, der das Mengengeschäft von Ratenkrediten und Baufinanzierungen mit den zugehörigen Sicherheiten abwickelt. Die Prozesse sind in diesem Bereich stark standardisiert und unbesicherte Kleinstkredite werden unter Umständen an ein Inkassounternehmen unter Bestehenbleiben der Verantwortung der Bank abgegeben oder auch dorthin verkauft sowie abgetreten. Das Inkassounternehmen kann die Bank bei einer Forderungsanmeldung vertreten (§ 174 Abs. 1 Satz 3 InsO), umstritten im Restschuldbefreiungsverfahren.

Zudem kann die Stelle eines **Standardabwicklers** geschaffen werden. Dieser nimmt verstärkt Aufgaben im Back Office wahr, vertritt den Insolvenzbetreuer und wird als Juniorinsolvenzbetreuer in die Aufgaben der Begleitung komplexer Insolvenzfälle eingearbeitet. Zudem bearbeitet dieser Betreuer die kleineren Insolvenzfälle und die Verwertungen bei einfachen Sicherheitenstrukturen.

Des Weiteren ist im Firmenbereich das Profil eines **Individualabwicklers** zu installieren. Dieser begleitet zum einen die Insolvenzfälle bei mittleren und großen Unternehmen und zum anderen komplexere Firmeninsolvenzen. Dazu können auch Teamlösungen zusammen mit dem ehemaligen Sanierer gestaltet werden, denn der Sanierer kennt das Engagement aus der Zeit der außergerichtlichen Sanierungsphase meist gut und kann sein Wissen einbringen.

In Abhängigkeit von der Größe eines Instituts ist ein **Spezialabwickler** für reine Verwertungsvorgänge einzusetzen, der die Bewertung sowie Verwertung von klassischen Sicherungsgütern wie Maschinen, Rohstoffen und Waren begleitet. Bei Vorliegen einer Vielzahl an Zwangsverwaltungen und Zwangsversteigerungen kann aufgrund des erforderlichen Fachwissens zusätzlich ein Immobilienverwerter eingestellt werden. Arbeiten Kreditinstitute verstärkt in besonderen Spezialsegmenten wie in der Schiffsfinanzierung, sollten gegebenenfalls Abwickler für Spezialverfahren vorgehalten werden, aufgrund des erforderlichen individuellen Wissens der Insolvenzbegleitung und der Verwertungskompetenzen in diesem Sektor. Bei Großfällen kann es geboten sein, ein ganzes **Abwicklungsteam** zusammenzustellen, wenn das Engagement eine große Risikowirkung auf ein Institut entfaltet und die professionelle Insolvenzbearbeitung nicht mehr durch eine einzige Person bewältigt werden kann.

Zudem sollte unter Umständen ein Mitarbeiter für die ausgebuchten Fälle beschäftigt werden, da diese Engagements noch einen Finanzmittelzufluss gewährleisten können. Dieser sollte Fällen nachgehen, die durch die klassischen Insolvenzbearbeiter nur in der zweiten Reihe betreut werden. Eingehende Pfändungen Dritter in Vermögenswerte des Kunden bei der Bank können in der Praxis ohnehin nur im Hause bearbeitet werden, die Tätigkeit ist ungeachtet des Einsatzes geeigneter IT personalintensiv.

Gemäß MaRisk BTO 1.2.5 Rn. 7 sind in den Prozess der Verwertung eigene Mitarbeiter oder auch externe Spezialisten mit entsprechenden Kenntnissen einzubeziehen. Somit ist auch zu überdenken, ob alle Verwertungsschritte mit eigenem Personal begleitet werden sollen oder ob weitere Expertise von Externen zugekauft wird. Meist resultiert der Bedarf an Experten aus der Komplexität der Verwertung. Beispielsweise können in die Vermarktung der Firmenimmobilien externe Makler eingeschaltet werden, die bei einer Veräußerung von Spezialobjekten Know How aufweisen.

Des Weiteren kann der Abwicklungsteil des Problemkreditgeschäftes auf **Bad Banks** ausgegliedert werden oder es kann ein graduelles Outsourcing an auf die Abwicklung spezialisierte Institute vorgenommen werden. Die Alternativen der Fremdvergabe bestehen in der Abgabe der Wertschöpfungskette an Externe oder in der teilweisen Einbindung anderer Partner beispielsweise im Servicing, bei der Erstellung von Bewertungsgutachten und der Vermarktung von Sicherungsgut.

Auch der Forderungsverkauf von einzelnen Großkrediten oder Portfolios im kleinteiligen Geschäft als **True Sale** ist möglich. Beim Forderungsverkauf ist das Kreditzweitmarktgesetz zu beachten. Gemäß § 25b KWG in Verbindung mit MaRisk AT 3 und AT 9 ist eine Auslagerung von Abwicklungsaktivitäten vollumfänglich umsetzbar. Dies ist insbesondere anzudenken, wenn die Mitarbeiterfähigkeiten sowie die Personalkapazitäten nicht ausreichen, um die Abwicklungsfälle angemessen zu betreuen. Bei kleinen Insolvenzfällen besteht zudem die Möglichkeit, mit spezialisierten externen Rechtsanwaltskanzleien sowie Rechtsanwälten zusammenzuarbeiten, die das Kreditinstitut bei den Terminen im Insolvenzverfahren vertreten.

Bei der Outsourcing-Entscheidung sind neben den Kosten auch die Qualitäts- und Risikoaspekte mit einzubeziehen (vgl. DSGV, 2015, S. 141 ff.). Neben dem Outsourcing und Insourcing kann auch eine Kooperation mit einem anderen Institut eingegangen werden, um Spezialisierungs-, Skalen- und Auslastungsvorteile zu erzielen. Das Outsourcing von Individualfällen mit hohen Außenständen sowie komplexen Sicherheiten ist aufgrund der Spezifität und Erfolgsbedeutung eher abzulehnen. So ist bei der Wahrnehmung von Outsourcing ein zentrales Auslagerungsmanagement aus MaRisk AT 9 Rn. 12 einzurichten. Des Weiteren ist nach MaRisk AT 9 Rn. 2 eine Risikoanalyse durchzuführen. Bei wesentlichen Auslagerungen gelten die verschärften Anforderungen aus MaRisk AT 9. Im Fall einer Auslagerung sind erhöhte Anforderungen an das Risikomanagement zu stellen, da die ausgegliederten Geschäftsprozesse beim Outsourcingpartner ständig überwacht werden müssen.

? **Checkliste und Analysen zu Organisation und Prozessen in der Insolvenz:**

1. Sind die Insolvenzgründe bekannt und werden diese im Firmenkundenkreditgeschäft beachtet?
2. Ist die Abwicklung darauf ausgerichtet frühzeitig mit dem vorläufigen Verwalter Kontakt aufzunehmen ?
3. Werden die Forderungen und die Kreditsicherheiten der Bank zeitnah und vollständig angemeldet?
4. Bestehen fachlich qualifizierte und kommunikativ geeignete Akteure für einen Gläubigerausschuss?
5. Sind die Prozesse der Bank in der Abwicklung konsequent auf eine Schadensreduzierung ausgerichtet?

5.3 Insolvenzgründe, Fristen und erste Abwicklungstätigkeiten

Scheitern Sanierungs- und Restrukturierungsbemühungen, ist der **Insolvenzantrag** in der Regel die Folge. Aus Bankensicht kann in Anlehnung an die Risikofrüherkennung eine Früherkennung für Insolvenzfälle installiert werden. Meist ist das Nichtgelingen einer außergerichtlichen Sanierung schon frühzeitig abzusehen. Das Engagement befindet sich im Sanierungsbereich und die Bereinigung der wirtschaftlichen Schieflage zieht sich bereits über viele Jahre hin und insgesamt ist ein durchgreifender und wirtschaftlich erfolgreicher Turnaround nicht in Sicht.

Des Weiteren ist der Umsetzungsprozess der Sanierung oftmals gekennzeichnet durch deutliche negative Planabweichungen und die Liquidität ist trotz Tilgungsaussetzungen stark angespannt. Auch in der Restrukturierung nach StaRUG kann die finanzwirtschaftliche Umstrukturierung an der fehlenden Zustimmung der Gläubiger scheitern. Im Sanierungsbereich und in der Restrukturierung sollte daher eine Insolvenzfrüherkennung eingerichtet werden, um kritische Fälle rechtzeitig auf den Abwicklungsbereich überzuleiten. Dies vermeidet meist den Verlust weiterer Kreditmittel, wenn fortlaufend weitere Gelder in geringen Tranchen abgerufen werden. Des Weiteren kann frühzeitig ein vorläufiger Gläubigerausschuss initiiert und Einfluss auf die Auswahl eines geeigneten Insolvenzverwalters genommen werden.

Der Insolvenzantrag durch die Bank wäre in Erwägung zu ziehen. Gläubiger sind berechtigt, einen Insolvenzantrag beim Vorliegen der Zahlungsunfähigkeit oder bei haftungsbeschränkten Firmen bei der Überschuldung zu stellen. Weitere Voraussetzungen sind zudem, dass ein rechtliches Interesse an der Eröffnung existiert und die Forderung und der Eröffnungsgrund glaubhaft gemacht werden können (§ 14 InsO, § 294 ZPO). Dennoch scheuen sich gerade Banken vor der Stellung eines Insolvenzantrags aus Reputationsgründen. Zudem ergeben sich zumeist keine wirtschaftlichen Vorteile, wenn die Insolvenz eines Firmenkunden vorprogrammiert ist.

Dann reicht häufig das Stillhalten und gegebenenfalls Einfrieren von Linien aus und der Schuldner (vgl. § 15a InsO i.V.m. § 13 Abs. 1 Satz 2 InsO) oder andere Gläubiger stellen zeitnah Insolvenzantrag wie beispielsweise die Sozialversicherungsträger oder das Finanzamt, wenn dort keine Beiträge oder Steuervorauszahlungen abgeführt werden. Nur in Ausnahmefällen kann ein Insolvenzantrag durch eine Bank sinnvoll sein und weitere wirtschaftliche Schäden und Ausfallrisiken vermeiden.

Dieses ist von Relevanz, wenn schädigende Handlungen des Schuldners die Risikolage eines Kreditinstituts deutlich verschlechtern können. Der Fall tritt beispielsweise ein, wenn zur Sicherung übereignete Wirtschaftsgüter vom Betriebsgrundstück ohne Ankündigung und Zustimmung der Bank (außerhalb eines Insolvenzverfahrens) entfernt werden oder wenn Zahlungsströme, die einer Forderungsabtretung unterliegen, bewusst auf die Konten anderer etwa auch ausländischer Kreditinstitute umgeleitet und diese Mittel für private oder betriebsfremde Zwecke verbraucht werden. In dieser Situation ist das Vertrauen der Bank zum Schuldner beeinträchtigt.

Ein weiteres Beispiel für einen Insolvenzantrag der Bank im Bereich der Finanzierung von Immobilienunternehmen oder von Unternehmen des Anlagenbaus kann die Notwendigkeit sein, begonnene großvolumige Vorhaben durch einen Insolvenzverwalter sachgerecht fertigzustellen, weil erst mit Fertigstellung Erlöse fließen und eine Chance besteht, dass sich so die Verlustrisiken der Bank eingrenzen lassen, wenn die Lage des Schuldnerunternehmens es nicht mehr befähigt, die Projekte fertigzustellen.

Eine Verlustminderung tritt bereits ein, wenn die Bank im Auftrag des Schuldners auf dessen Rechnung Avale herausgelegt hat sowie daraus nicht in Anspruch genommen wird, weil der Insolvenzverwalter Avalinanspruchnahmen erfolgreich abgewehrt hat, insbesondere durch ordnungsgemäße Fertigstellung von durch die Avale besicherten Projekte. Insolvenzanträge der Krankenversicherer sowie der Sozialversicherungsträger und des Finanzamts sind dagegen häufiger zu verzeichnen, da sich bei Nichtabführen der Abgaben die Risikopositionen der Stakeholder unmittelbar verschlechtern und keine Absicherungen bestehen. Diese Gläubiger haben zudem den Vorteil, dass sie ihre Vollstreckungstitel selbst generieren, die Nichtabführung beim Vorenthalten des Arbeitnehmeranteils von Sozialversicherungsbeiträgen strafbewehrt ist (§ 266a StGB) und auch sonstige strafrechtliche und steuerrechtliche Haftungsrisiken der Geschäftsleiter beziehungsweise Unternehmer bestehen.

Der Schuldner hat als Folge des § 15a InsO rechtsformspezifisch bei Vorliegen eines Insolvenzgrundes der Zahlungsunfähigkeit (§ 17 InsO) die Pflicht, ohne schuldhaftes Zögern und innerhalb von drei Wochen einen Insolvenzantrag zu stellen, bei Überschuldung (§ 19 InsO) innerhalb von sechs Wochen (§ 15a Abs. 1 Satz 2 Fall 2). Bei drohender Zahlungsunfähigkeit (§ 18 InsO) besteht lediglich das Antragsrecht eines Schuldners, keine Verpflichtung dazu. Gläubiger sind hier nicht antragsbefugt. Schuldner streben bei diesem Eröffnungsantrag häufig die (vorläufige) Eigenverwaltung über ein Schutzschirmverfahren gemäß § 270d InsO als Verfahrensweg an.

Vorliegen von Insolvenzgründen

Das Insolvenzverfahren wird auf **Gläubigerantrag** nur dann eröffnet, wenn der Antragsteller ein rechtliches Interesse an der **Insolvenzeröffnung** hat, seine Forderung sowie das Vorliegen eines Insolvenzgrundes glaubhaft machen kann (§ 14 Abs. 1 InsO) und das Insolvenzgericht vom Vorliegen eines Insolvenzgrundes überzeugt ist (BGH, 22.05.2025, IX ZB 38/24). Sachlich zuständig ist nach § 2 Abs. 1 InsO das Amtsgericht, in dessen Bezirk ein Landgericht seinen Sitz hat beziehungsweise das von der jeweiligen Landesregierung für den jeweiligen Gerichtsbezirk bestimmte Amtsgericht. Örtlich zuständig ist das Gericht, in dessen Bezirk der Schuldner seinen Gerichtsstand hat, beziehungsweise der Schwerpunkt der wirtschaftlichen Tätigkeiten liegt (§ 3 Abs. 1 InsO). International zuständig sind die inländischen Gerichte dann, wenn der Mittelpunkt der wirtschaftlichen Interessen in Deutschland liegt. Funktionell zuständig ist im Eröffnungsverfahren der Richter, im eröffneten Verfahren der Rechtspfleger wenn nicht ein Planverfahren durchgeführt wird, wofür wiederum der Richter zuständig ist.

Bei Prüfung der Begründetheit eines Antrags wird untersucht, ob die Insolvenztatbestände Zahlungsunfähigkeit, drohende Zahlungsunfähigkeit oder Überschuldung vorliegen. Dabei sind Antragsrechte sowie Pflichten zur Stellung des Insolvenzantrags zu unterscheiden wie die nachfolgende Tab. 5.1 zeigt.

Die **Überschuldung** ist nur für juristische Personen beziehungsweise für sonstige haftungsbeschränkte Unternehmensträger (vgl. § 15a Abs. 1 Satz 3 InsO, rechtsfähige Personengesellschaften ohne natürliche Person als unmittelbar oder mittelbar persönlich unbeschränkt haftender Gesellschafter), wie die GmbH & Co. KG sowie GbR mit ausschließlich selbst haftungsbeschränkten Gesellschaftern wie zwei GmbH`s, die in einer GbR mit Außenwirkung zusammenarbeiten relevant (§ 19 Abs. 3 InsO).

Tab. 5.1: Stellung des Insolvenzantrags durch Gläubiger und Schuldner (Quelle: Eigene Darstellung)

Insolvenzgründe	Gläubiger	Schuldner
Zahlungsunfähigkeit	Antragsrecht	Antragspflicht, § 15a InsO
Drohende Zahlungsunfähigkeit	Kein Antragsrecht	Antragsrecht § 18 InsO
Überschuldung	Antragsrecht	Antragspflicht, § 15a InsO

Zahlungsunfähigkeit ist gegeben, wenn das Schuldnerunternehmen nach § 17 Abs. 2 InsO nicht in der Lage ist, seine fälligen Zahlungsverpflichtungen, wie den Personalaufwand als meist größten Aufwandsposten, zu erfüllen. Illiquidität ist anzunehmen, wenn der Schuldner seine Zahlungen eingestellt hat (§ 17 Abs. 2 Satz 2 InsO). Die Lücke zwischen der Liquidität des Schuldners und seinen fälligen Verbindlichkeit darf in der Regel 10,0 % nicht übersteigen. Ist sie größer, ist er regelmäßig zahlungsunfähig, ist sie kleiner, ist er dagegen noch zahlungsfähig. Maßgeblicher Zeitraum ist eine Frist von höchstens drei Wochen zwischen Zahlungsunfähigkeit und Insolvenzantrag (vgl. BGH, 24.05.2005, IX ZR 123/04). In die Ermittlung der Liquidität zu der Beurteilung der Zahlungsunfähigkeit gehen die Aktiva I (vorhandene liquide Mittel) und Aktiva II (innerhalb der Dreiwochenfrist zufließende liquide Mittel), ebenso die Passiva I (fällige Verbindlichkeiten) sowie Passiva II (künftig fällig werdende Verbindlichkeiten innerhalb von drei Wochen nach dem Stichtag) ein (BGH, 19.12.2017, II ZR 88/16).

Drohende Zahlungsunfähigkeit besteht gemäß § 18 Abs. 2 InsO, wenn der Schuldner voraussichtlich nicht in der Lage sein wird, seine künftigen Zahlungsverpflichtungen zum Zeitpunkt der Fälligkeit zu erfüllen. Dabei ist ein Prognosezeitraum von in der Regel 24 Monaten zugrunde zu legen und die lediglich drohende Zahlungsunfähigkeit ist anhand des Finanzplans zu überprüfen. Gemäß § 18 Abs. 1 InsO ist der Tatbestand nur Eröffnungsgrund, wenn der Schuldner den Insolvenzantrag stellt. Diese Formulierung „in der Regel" lässt auch kürzere oder längere Prognosezeiträume zu. Geplante finanzielle Sanierungsmaßnahmen finden bei der Liquiditätsprognose keine Berücksichtigung (vgl. Kunz, 2022, S. 47).

Überschuldung liegt gemäß § 19 Abs. 2 InsO vor, wenn das Vermögen eines Unternehmens nicht ausreicht, um seine Verbindlichkeiten zu decken, es sei denn, die Fortführung ist in den nächsten 12 Monaten ab einem Stichtag überwiegend wahrscheinlich, dies bedeutet mit mehr als 50,0 %. Die Entscheidung zur überwiegenden Wahrscheinlichkeit resultiert indes nicht primär aus mathematischer, sondern aus wertender Betrachtung, so dass eine derartige Wahrscheinlichkeit in der Praxis erst deutlich jenseits der 50-Prozentgrenze bejaht werden wird. Basis dafür ist ein Finanzplan, der die Zahlungsfähigkeit für die nächsten 12 Monate belegt.

Rechnerische Überschuldung aufgrund einer Handelsbilanz reicht nicht aus, vielmehr ist ein **Überschuldungsstatus** maßgeblich, der sämtliche auch außerbilanziellen Vermögenswerte umfasst. Die Vermögenswerte sind mit Liquidationswerten anzusetzen. Die Fortführungsprognose über einen **Zwölfmonatszeitraum** (§ 19 Abs. 2 Satz 1 InsO) erfolgt über einen Finanzplan und ist im Ergebnis eine Liquiditätsprognose. Entgegen der rechtssystematisch gemäß dem Wortlaut des § 19 Abs. 2 Satz 1 InsO vorgesehenen Prüfung zunächst der rechnerischen Überschuldung, geht die Praxis so vor, dass zunächst die insolvenzrechtliche Fortbestehensprognose (zu unterscheiden von der handelsrechtlichen Fortführungsthematik gemäß § 252 Abs. 1 Nr. 2 HGB) erstellt wird. Ist diese positiv, entfällt die Überschuldungsprüfung. Ist die Fortbestehensprognose negativ, ist auf der Grundlage der Liquidationswerte, die aber nicht mit Zerschlagungswerten auf der Grundlage schneller intensiver Verwertung identisch sind eine Überschuldungsbilanz zu erstellen (MüKo-Vuia, 2025a, § 19 Rn. 111 ff.). Sind die Passiva größer als die Aktiva ist die betroffene Gesellschaft insolvenzrechtlich überschuldet.

Dem **Insolvenzantrag** des Schuldners ist gemäß § 13 Abs. 1 Satz 3 InsO ein Verzeichnis aller Gläubiger und der bestehenden Forderungen beizulegen. In der Aufstellung sind die Gläubiger mit den höchsten Forderungen und den höchsten gesicherten Forderungen kenntlich zu machen (MüKo-Vuia, 2025a, § 13 Rn. 111 ff.). Dies werden in der Regel die beteiligten Kreditinstitute und andere Finanzgläubiger wie Anleihegläubiger sein. Ebenso hat der Schuldner Angaben zur Bilanzsumme des Unternehmens, zu den Umsatzerlösen und der durchschnittlichen Zahl der Arbeitnehmer des vorangegangenen Geschäftsjahres zu tätigen. Dies ist von Bedeutung, wenn die Größenklassenmerkmale die Einsetzung eines vorläufigen Gläubigerausschusses gemäß § 21 Abs. 2 Satz 1 Nr. 1a InsO i.V.m. § 22a Abs. 1 InsO erforderlich machen.

Problematisch für den Unternehmer, der natürliche Person ist, wirkt es sich aus, wenn er die Pflichtangaben nach § 13 Abs. 1 InsO versäumt, denn dann ist hat sein unzulässiger Insolvenzantrag neben der Zurückweisung eine dramatische Folge. Da das Verfahren nicht eröffnet worden ist, kann der Schuldner auch keine Restschuldbefreiung erhalten, wie es aus § 286 InsO hervorgeht, denn die Restschuldbefreiung bezieht sich auf die im Insolvenzverfahren nicht erfüllten Verbindlichkeiten gegenüber den Insolvenzgläubigern. Regelmäßig wird er aber auf Hinweis des Insolvenzgerichts auf Antragsmängel und aufgrund des Hinweises nach § 20 Abs. 2 InsO seinen Antrag zulässig machen und zudem Restschuldbefreiung beantragen.

Auf den Insolvenzantrag hin kontrolliert das zuständige **Insolvenzgericht** im ersten Schritt, im **Zulassungsverfahren**, ob ein zulässiger Antrag gestellt wurde. Dabei wird beim Gläubigerantrag bereits überprüft, ob seine Forderung und ein Eröffnungsgrund glaubhaft gemacht wurden. Beim Schuldnerantrag reicht ein hinreichend substanziierter und nachvollziehbarer Insolvenzantrag. Die von ihm hierzu vorgetragenen Tatsachen müssen nur die wesentlichen „Merkmale eines Eröffnungsgrundes erkennen lassen" (BGH, 12.12.2002, IX ZB 426/02). Mit der darauf erfolgenden Zulassung (Zustellung hiervon an den Schuldner beim Gläubigerantrag gemäß § 14 Abs. 2 InsO zur Gewährung rechtlichen Gehörs nach Art. 103 GG) beginnt das eigentliche Eröffnungsverfahren (vorläufiges Insolvenzverfahren). An das Zulassungsverfahren schließt sich die weitere Prüfung der Zulässigkeit und Begründetheit des Antrags an, unter anderem, ob ein Insolvenzgrund tatsächlich vorliegt sowie das freie Vermögen des schuldnerischen Unternehmens voraussichtlich ausreicht, um die Kosten des Verfahrens zu decken (§ 54 Abs. 1 Nr. 1 und § 26 Abs. 1 InsO).

Einwendungen des Schuldners können zur abschließenden Bewertung des Gläubigerantrags als unzulässig oder unbegründet führen (MüKo-Vuia, 2025a, § 13 Rn. 9–12, § 14 Rn. 9–13, MüKo-Bruns, 2025a, Vor §§ 2–10 InsO Rn. 16–20). Hinsichtlich der Tatsachen der Glaubhaftmachung gilt nicht die Amtsermittlungspflicht nach § 5 Abs. 1 InsO (BGH, 11.09.2003, IX ZB 37/03). Mit der Zulassung, als erster Prüfung, sind Sicherungsmaßnahmen nach § 21 Abs. 1, 2 InsO verbunden, im Eigenverwaltungsverfahren aber ohne die Anordnung nach Nr. 2 der Norm (allgemeines Verfügungsverbot beziehungsweise Bestellung eines vorläufigen „Zustimmungsverwalters"), siehe § 270c Abs. 3 InsO. In dem **Schutzschirmverfahren** hat das Insolvenzgericht auf einen Schuldnerantrag hin ein Vollstreckungsverbot gegenüber Gläubigern anzuordnen (§ 270d Abs. 3 InsO).

Fehlt es an einem **Insolvenzgrund**, wird der Antrag abgewiesen. Mangelt es an hinreichender Masse, erklärt sich auch kein Beteiligter zur Kostentragung bereit (§ 26 Abs. 1 Satz 2 InsO) und werden diese Kosten auch nicht gemäß § 4a InsO gestundet, wird der Antrag mangels Masse abgewiesen (§ 26 Abs. 1 Satz 1 InsO). Dann verbleibt praktisch nur die Abwicklung des Schuldnerunternehmens und die Liquidation der juristischen Person oder der Gesellschaft, die der Unternehmensträger ist. Das Gericht beauftragt mit der Prüfung den vorläufigen Insolvenzverwalter oder den vorläufigen Sachwalter, gegebenenfalls auch als Gutachter oder auch (selten) nur einen Gutachter. Die folgende Abb. 5.7 zeigt erste Schritte im Insolvenzeröffnungsverfahren.

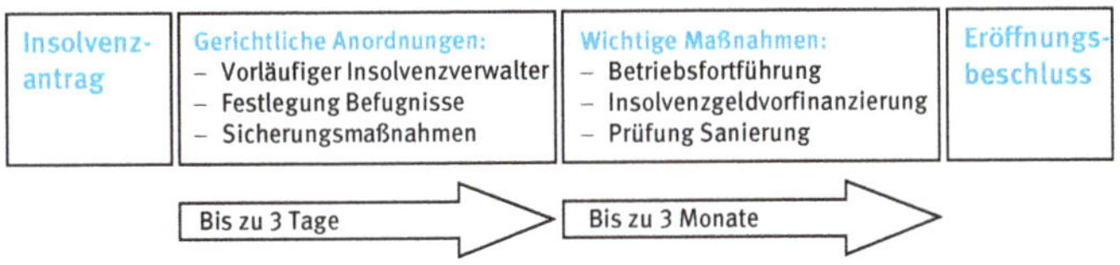

Abb. 5.7: Verlauf des Eröffnungsverfahrens (Quelle: Eigene Darstellung)

Während der Dauer des **Eröffnungsverfahrens**, das sich meist über mehrere Monate erstreckt (vielfach im Hinblick auf die Nutzung der Dauer der Vorfinanzierung des Insolvenzgelds als Subventionsmaßnahme zur Unternehmenssanierung von bis zu drei Monaten), sind vorläufige Maßnahmen zu treffen. So hat das Gericht nach § 21 Abs. 1, sowie Abs. 2 InsO darüber zu bestimmen, ob gegebenenfalls Sicherungsmaßnahmen festzulegen sind, um bis zur Entscheidung über die Insolvenzeröffnung eine nachteilige Veränderung der Vermögenslage des Schuldners zu vermeiden.

Diese Sicherungsmaßnahmen dienen dem Interesse aller Beteiligten am wertmäßigen Erhalt des schuldnerischen Vermögens (Werterhaltungsfunktion) und an der Vermeidung der Auflösung des Vermögensverbundes (Bestandserhaltungsfunktion). Die Ausnahme stellt es dar, wenn Veräußerungen für eine weitere Betriebsfortführung unbedingt notwendig sind, wie beispielsweise beim Abbau von Beständen aus dem Umlaufvermögen, um Liquidität zu schöpfen und das operative Geschäft aufrecht zu erhalten. Geschützt werden sollen die Insolvenzmasse sowie die Interessen der Insolvenzgläubiger, durch Verwertungs- und Aussonderungsverbote gegenüber Aussonderungsberechtigten und Absonderungsberechtigten (§ 21 Abs. 2 Satz 1 Nr. 5 InsO). Aus diesem Grund wird das Insolvenzgericht gemäß § 21 Abs. 2 Nr. 1 InsO auch einen vorläufigen Insolvenzverwalter bestellen, soweit nicht die vorläufige Eigenverwaltung durch den Schuldner erfolgreich beantragt wurde.

Die Bestellung des **vorläufigen Insolvenzverwalters** erfolgt durch das zuständige Insolvenzgericht beziehungsweise den betreffenden Insolvenzrichter (§ 21 Abs. 2 Satz 1 Nr. 1 InsO). Zur Auswahl verwenden die Insolvenzgerichte meist Vorauswahllisten, die Bewerber mit bestimmten Qualitätskriterien bewerten (vgl. schon bei Cranshaw et al., 2012c, § 21 InsO, Rn. 9 ff.). Die Gerichte kommen damit insbesondere den Ausführungen der Entscheidung des BVerfG vom 23.05.2006, (1 BvR 2530/04) nach.

Demnach sollte sich ein **Vorauswahlverfahren** für die Bestellung zum vorläufigen Insolvenzverwalter nicht nur auf das Erfassen auf einer Liste dort eingetragener („gelisteter") Bewerber beschränken. Das Auswahlverfahren sollte auch die Erhebung, Verifizierung und Strukturierung der Daten gewährleisten, die nach der Einschätzung des jeweiligen Insolvenzrichters nicht nur für die Feststellung der Eignung des Bewerbers im konkreten Fall maßgebend sind, sondern auch eine sachgerechte Ermessensausübung bei der Auswahl eines Insolvenzverwalters aus dem Kreis geeigneter Bewerber ermöglichen. Der Anforderung kann über eine qualitative und quantitative Leistungsmessung bei schlussgerechneten Verfahren detailliert nachgekommen werden.

Dabei besteht, die Möglichkeit, die Entscheidung über die Auswahl eines (vorläufigen) Insolvenzverwalters (Sachwalters) in einem vorläufigen Gläubigerausschuss mitzubestimmen beziehungsweise zu treffen (§ 21 InsO in Verbindung mit § 22a InsO und § 56a Abs. 2 und 3 InsO). Erforderlich für den Muss-Ausschuss des § 22a InsO ist eine bestimmte Größe des Schuldnerunternehmens. Die Kenndaten des § 22a InsO sind nicht identisch mit der Größenklasse des § 267 Abs. 1 HGB (Kleine Kapitalgesellschaften, deren Kenndaten größer als diejenigen nach § 22a InsO sind).

Der **vorläufige Gläubigerausschuss** ist bei Unternehmensträgern mit der Bilanzsumme von mindestens 6.000.000 Euro und bei Umsatzerlösen von mindestens 12.000.000 Euro sowie mit im Jahresdurchschnitt mindestens fünfzig Arbeitnehmern einzusetzen (§ 22a Abs. 1 InsO, abweichend zu § 267 Abs. 2 HGB) wenn sich genügend Gläubiger zur Mitarbeit bereitfinden, denn diese Mitgliedschaft ist freiwillig. Erforderlich sind mindestens zwei und in der Praxis meist fünf Mitglieder (§ 67 Abs. 2 InsO). Das Schuldnerunternehmen hat mindestens zwei dieser drei Größenmerkmale im vorangegangenen Geschäftsjahr zu erfüllen, wie die nachfolgende Tab. 5.2 mit den Merkmalen zur Einsetzungspflicht darstellt (vgl. BMJ, 2011, S. 5 zu § 22a Abs. 1 Nr. 1 bis 3 InsO, mit damals noch niedrigeren Größenmerkmalen sowie mit den aktuell gültigen Merkmalen, siehe Schmidt-Hölzle, 2023, § 22a Rn. 3 ff., Rn. 16 ff.).

Tab. 5.2: Einsetzung eines vorläufigen Gläubigerausschusses (Quelle: Eigene Darstellung)

	Einsetzungswahlrecht	Einsetzungspflicht
Bilanzsumme	< 6.000.000 Euro	> 6.000.000 Euro
Umsatzerlöse	< 12.000.000 Euro	> 12.000.000 Euro
Arbeitnehmer	< 50 Arbeitnehmer	Jahresdurchschnitt > 50

Es ist gemäß § 56a Abs. 1 InsO dem **vorläufigen Gläubigerausschuss** die Gelegenheit zu geben, sich zu den besonderen Anforderungen, die an den Insolvenzverwalter zu stellen sind und zur Person des Verwalters zu äußern. Die Möglichkeit sollte von Kreditinstituten unbedingt genutzt werden. Dazu muss man allerdings zur Mitarbeit in einem gebildeten (vorläufigen) Gläubigerausschuss als Institut bereit sein beziehungsweise ein Institutsmitarbeiter muss in einem persönlichen Mandat dafür offen sein. Dieser Akteur ist als Ausschussmitglied weisungsfrei und muss Verschwiegenheit über alle Vorgänge in dem Ausschuss, auch gegenüber der Bank als seinem Dienstgeber, bewahren und ist nicht verlängerter Arm zur Verbesserung spezifischer Rechte. Demgemäß darf sich diese Bank auch nicht zurückziehen, wenn ihr Interesse am konkreten Verfahren erloschen ist, weil ihre Forderung befriedigt wurde oder sie im Rahmen eines True Sale ihre Forderung unter der Beachtung der besonderen Anforderungen des Kreditzweitmarktgesetzes verkauft hat.

Gemäß § 56a Abs. 2 InsO darf das Insolvenzgericht von einem einstimmigen Vorschlag des vorläufigen Gläubigerausschusses zur Person des (vorläufigen) Verwalters nur abweichen, wenn diese Person für die Übernahme des Amtes voraussichtlich ungeeignet ist. Des Weiteren kann der vorläufige Gläubigerausschuss gemäß § 56a Abs. 3 InsO in seiner ersten Sitzung mit Einstimmigkeit einen anderen vorläufigen Insolvenzverwalter wählen, falls das Gericht dem vorläufigen Ausschuss mit Rücksicht auf eine nachteilige Veränderung der Vermögenslage des Schuldners bislang keine Möglichkeit zur Anhörung gegeben hat und einen vorläufigen Verwalter eingesetzt hat.

Es ist jedoch sicherzustellen, dass Banken an einem derartigen Verfahren überhaupt beteiligt werden, da in der Insolvenzordnung vorgesehen ist, dass der Schuldner eine Liste der wichtigen Gläubiger beim Insolvenzgericht einreicht (§ 13 Abs. 1 InsO). Dieser kann jedoch aufgrund einer komplexen außergerichtlichen Phase die Benennung von einzelnen Banken übersehen. Daher kann eine Benachrichtigung des zuständigen Insolvenzgerichts im Vorfeld des unmittelbar erwarteten Eigenantrags sachgerecht sein, wonach bei einem insolventen Unternehmen Forderungen in einer bestimmten Höhe bestehen und das Institut bereits ist, in einem etwaigen Gläubigerausschuss eines etwaigen vorläufigen Insolvenzverfahrens mitzuwirken (analog der Schutzschrift nach §§ 945a ZPO). In der Rechtspraxis hat diese Option jedoch bislang offenbar keinen Widerhall gefunden. Praxisgerecht ist allerdings, wenn der Schuldner im Einvernehmen mit der Bank in seinem Eigenantrag diese als Mitglied im Ausschuss vorschlägt und die Bank parallel ihre Bereitschaft erklärt (oder ein Bankmitarbeiter persönlich) oder diese Bank nach Kenntnis vom Antrag entsprechende Bereitschaft gegenüber dem Gericht signalisiert. Allerdings wird bei mehreren beteiligten Instituten im Allgemeinen nur eines im Ausschuss vertreten sein können.

Aufgrund der notwendigen Handlungsfähigkeit des insolventen Unternehmens sollten sich, gerade bei aussichtsreichen Sanierungsfällen, die potenziellen Mitglieder eines Ausschusses bereits im Vorfeld des Insolvenzantrags möglichst einstimmig auf einen (vorläufigen) Insolvenzverwalter einigen, damit der Ausschuss ebenso wie der vorläufige Insolvenzverwalter schnell bestellt werden können und dieser mit Beginn des Eröffnungsverfahrens schnell seine Funktionen erfüllen kann. Dabei führt in der Phase nicht er die Geschäfte, sondern der Schuldner, soweit nicht ein sogenannte „starker" vorläufiger Insolvenzverwalter bestellt worden ist, dem gemäß § 22 InsO die Verwaltungs- und Verfügungsbefugnis über die Insolvenzmasse bereits übertragen wurde, der also eine Funktion ausübt, die § 80 InsO im eröffneten Verfahrensabschnitt entspricht. Aus verschiedenen Gründen ist die Anordnung gemäß § 22 InsO häufig aus Verwaltersicht inopportun und es wird daher überwiegend ein „Schwacher" vorläufiger Verwalter bestellt, der nicht die umfassenden Befugnisse des § 22 InsO hat.

Das **Einstellen** eines Geschäftsbetriebs auch nur für ein bis zwei Tage kann für etliche Betriebe bereits das Aus bedeuten. Daher ist eine zügige Koordination der Beteiligten von großer Relevanz. Hilfreich wäre die Einrichtung einer zentralen Stelle zur Bündelung der Gläubigerinteressen beispielsweise auf Ebene der Verbände, damit sich die Gläubigervertreter in Bezug auf die gesetzliche Alternative frühzeitig abstimmen. Dies ist eine Idee, die sich in der Bundesrepublik nicht durchsetzen konnte und somit aktuell auch nicht verfolgt wird, gegenüber den Kreditschutzverbänden in Österreich. Zusätzlich könnten Kreditinstitute bei den regional ansässigen Insolvenzgerichten eine Liste potenzieller Bankansprechpartner hinterlegen, die als geeignete Kandidaten für einen vorläufigen Gläubigerausschuss zur Verfügung stehen sowie im Fall eines Insolvenzantrags direkt kontaktiert werden können. Auch dies hat sich in der Praxis leider bisher nicht etablieren lassen.

Aus Bankensicht ist es gerade bei **Verfahren großer Unternehmen** beziehungsweise bei Insolvenzverfahren, bei denen umfangreiche Kreditvolumina sowie Sicherheiten bestehen, von Interesse, auf den Verfahrensweg sachgerecht einzuwirken. Dies gelingt über die Unterstützung der Auswahl eines vorläufigen Insolvenzverwalters mit den bestmöglichen Kompetenzen der Sanierung oder Verwertung für den jeweiligen Fall (insbesondere im Rahmend es § 56a InsO).

Banken sollten aus eigenem Interesse sicherstellen, dass sie an derartigen mittleren und großen Insolvenzverfahren beteiligt werden, da der Schuldner eigenständig eine Liste der relevanten Gläubiger beim Insolvenzgericht einreicht (§ 13 Abs. 1 InsO und Schmidt-Gundlach, 2023, § 13 Rn. 1 ff.). Es ist gegebenenfalls eine Benachrichtigung bei dem zuständigen Gericht notwendig, dass bei einem insolventen Unternehmen Forderungen bestehen, damit sichergestellt werden kann, dass ein Institut für die Besetzung eines vorläufigen Gläubigerausschusses überhaupt berücksichtigt werden kann. Zudem sollte eine unverzügliche Abstimmung mit den übrigen Gläubigern in dem Ausschuss vorgenommen werden (§ 67 Abs. 2 InsO).

Aus **Sicht der Kreditinstitute** ist zu erwägen, welche bestimmten Insolvenzverwalter sich in Sanierungs- oder Verwertungsverfahren bei gewissen Branchen sowie Größenklassen des Schuldnerunternehmens als besonders geeignet erweisen. Hilfreich ist das Festhalten bestimmter Merkmale, damit nicht Erfahrungen von Bankmitarbeitern bei Wechseln verloren gehen. Folgende Kriterien können dabei von Bedeutung sein:

- Bekannte Präsenz in der Region und Größe des Büroapparats
- Bekannte Kapazitätsauslastung durch bestehende Insolvenzverfahren
- Bekannte Erfahrung in Großverfahren und in bestimmten Branchen

Die Mitwirkungsoption bei der Insolvenzverwalterauswahl gemäß § 56a InsO, soweit überhaupt ein vorläufiger Gläubigerausschuss besteht, sollten die Kreditinstitute aktiv wahrnehmen, denn die Möglichkeit der späteren Abwahl eines sich als weniger geeignet erweisenden Akteurs gemäß § 57 InsO im eröffneten Verfahren durch die Gläubigerversammlung kommt aufgrund der oft bereits im vorläufigen Insolvenzverfahren getroffenen Weichenstellungen zu spät. Die Bestellung des vorläufigen Insolvenzverwalters ist eine wichtige Entscheidung im Verfahren, die sich auf den weiteren Verlauf in Richtung einer Sanierung oder Liquidation eines Schuldnerunternehmens und auf die Quote der Kreditinstitute auswirken kann.

Vorläufiger, interimsmäßiger und endgültiger Gläubigerausschuss

Unterscheiden lassen sich der **vorläufige Gläubigerausschuss** des Eröffnungsverfahrens gemäß den §§ 21 Abs. 2 Satz 1 Nr. 1a, 22a InsO, der vorläufige Ausschuss des eröffneten Verfahrens in der Zeit zwischen der Eröffnung des Insolvenzverfahrens und der ersten Gläubigerversammlung (vgl. § 67 Abs. 1 InsO) und der endgültige Gläubigerausschuss für das eröffnete Insolvenzverfahren (siehe § 68 InsO). Jeder dieser Ausschüsse agiert dabei vollkommen selbstständig und ist meist personengleich besetzt.

Das Amt des Ausschussmitglieds im Eröffnungsverfahren endet mit der Eröffnung, das im vorläufigen Ausschuss nach Eröffnung bis zur Abwahl oder Bestätigung (§ 68 InsO) beziehungsweise bis zur Beendigung des Insolvenzverfahrens oder bis zur Entlassung des Mitglieds (§ 70 InsO). Die übliche Personalunion in allen Gläubigerausschüssen ist ohne Bedeutung. Der Ausschuss selbst ist nicht rechtsfähig. Im Interesse der Klarheit wird im Folgenden nur zwischen dem vorläufigen Ausschuss des Eröffnungsverfahrens sowie dem endgültigen Ausschuss im eröffneten Verfahren differenziert. Die Bildung des vorläufigen Ausschusses ist in der Regel von der Größe des insolventen Unternehmens abhängig (vgl. Schmidt-Hölzle, 2023, § 22a Rn. 1 ff., Rn. 7 ff. zu den einzelnen Ausschüssen).

Der Gesetzgeber hat durch die Einrichtung eines vorläufigen Gläubigerausschusses im Eröffnungsverfahren bekanntlich die Typologie der Gläubigerausschüsse bei einer Gesamtbetrachtung nach der Pflicht des Einsatzes und in den verschiedenen Verfahrensstadien gestuft. Über diesen (vorläufigen) Gläubigerausschuss besteht für Banken die Möglichkeit, den Verfahrensweg aktiv mitzugestalten und das eigene Wissen im Sinne der bestmöglichen gemeinschaftlichen Gläubigerbefriedigung einzubringen. Die Insolvenzordnung enthält dabei selbst keine systematisch zusammenhängende Darstellung der Aufgaben und Funktionen der Gläubigerausschüsse. Die Zuständigkeiten des Ausschusses sind über das Gesetz verstreut, sachgerecht in Abhängigkeit von den jeweiligen Verfahrensabschnitten. Diese Aufgaben sind von den Gläubigervertretern zu kennen und zu beachten.

Vorläufiger Gläubigerausschusses im Eröffnungsverfahren

Der vorläufige Ausschuss im Eröffnungsverfahren hat die Pflichten jedoch nur, soweit die Regelungen über die Aufgaben des Ausschusses im eröffneten Verfahren entsprechend heranzuziehen sind. Gerade für ihn als einziges Gläubigerorgan in dieser Phase gelten die Aufgaben zur alsbaldigen Konstituierung und zur Selbstorganisation. Aufgrund der oft notwendigen Handlungsfähigkeit des insolventen Unternehmens sollten sich, gerade bei ins Auge gefassten und voraussichtlich aussichtsreichen Sanierungen durch Insolvenzplan, die potenziellen Mitglieder des Ausschusses bereits im Vorfeld eines Insolvenzantrags möglichst einstimmig auf die etwaige Benennung eines vorläufigen Verwalters oder Sachwalters unverbindlich einigen.

Ein **„vor-vorläufigen“ Ausschuss**, der bereits vor der Bestellung durch das Insolvenzgericht vorbereitend aktiv ist, um dann Aufgaben eines eingesetzten Ausschusses fortsetzen zu können, existiert mangels Rechtsgrundlage nicht. Kreditinstitute sollten, gerade dann wenn sie Großgläubiger sind, soweit als möglich fördern, dass sie an mittleren und großen Insolvenzverfahren, in denen sie Gläubiger sind, an einem vorläufigen Ausschuss beteiligt werden. So könnten sie bei den regionalen Insolvenzgerichten ihrer räumlichen Geschäftsgebiete eine Liste von Ansprechpartnern hinterlegen, die als geeignete Kandidaten für den vorläufigen Gläubigerausschuss zur Verfügung stehen und im Fall des Insolvenzantrags kontaktiert werden können.

Nicht selten fehlt es aber an der **Bereitschaft** von Instituten, an einem Ausschuss trotz Nachfragen teilzuhaben, sei es aus Personalmangel, sei es aus der Sorge vor Haftung oder aus anderen Erwägungen. Dann werden aber Optionen der Gläubigerautonomie, die der Gesetzgeber zur Verfügung stellt, nicht genutzt. Der Ausschuss hat unter anderem folgende Aufgaben und Befugnisse, wie in nachfolgender Tab. 5.3 dargestellt.

Tab. 5.3: Vorläufiger Gläubigerausschusses Aufgaben im Eröffnungsverfahren (Quelle: Eigene Darstellung)

Norm (InsO)	Wesentliche Funktionen
§ 56a	Vorschlagsrecht beziehungsweise bei Einstimmigkeit Recht zur Bestimmung des (vorläufigen) Insolvenzverwalters beziehungsweise Sachwalters oder der generellen Anforderungen an diesen, im konkreten Insolvenzfall.
§ 69	Unterstützung und Überwachung des vorläufigen Verwalters und des Schuldners, im vorläufigen Eigenverwaltungsverfahren der §§ 270b, 270c, 270d InsO.
§ 270b	Grundsatznorm der Voraussetzungen der vorläufigen Eigenverwaltung. Fiktion des Fehlens eines Nachteils für die Gläubiger bei einstimmigem Votum des vorläufigen Ausschusses für die Eigenverwaltung aus § 270b Abs. 3 Satz 3 InsO. Bei einstimmig ablehnendem Beschluss des Ausschusses unterbleibt die Anordnung der vorläufigen Eigenverwaltung, Satz 4 der Vorschrift.
§ 270e Abs. 1 Nr. 4, Abs. 4	Kompetenz, die Aufhebung der vorläufigen Eigenverwaltung zu beantragen, falls nötig. Das Gericht entspricht dem Antrag ohne inhaltliche Prüfung.
§ 218 Abs. 3	Mitwirkung bei Aufstellung des Insolvenzplans im Schutzschirmverfahren nach § 270d Abs. 1 InsO i.V.m. § 218 Abs. 3 InsO.
§ 284	Befugnis, dem Schuldner oder vorläufigen Sachwalter den Auftrag zu erteilen, einen Insolvenzplan auszuarbeiten (in den Fällen der vorläufigen Eigenverwaltung).

Kreditinstitute sollten dennoch in ihren internen Richtlinien zu Arbeitsabläufen unter Umständen vorsehen, dass in Verfahren ab einer bestimmten definierten Unternehmensgröße (auch unterhalb der Schwellenwerte des § 22a Abs. 1 InsO) bei Firmenkunden eine Beteiligung an einem vorläufigen Gläubigerausschuss angestrebt wird. Dies kann bankintern durch quantitative **Volumensgrenzen** unterlegt werden, wie bei den zu bearbeitenden Insolvenzverfahren mit:

- Hohen Kreditvolumina und Blankoteilen als Hausbank
- Umfassenden Absonderungsrechten und als Poolführer
- Öffentlichkeitswirkung und drohendem Reputationsverlust

In diesen Verfahren sind der wirtschaftliche und gegebenenfalls der öffentliche Druck auf Kreditinstitute regelmäßig hoch, denn es stehen umfassende Werte auf dem Spiel. Dieser Ausschuss muss sich als Gläubigerorgan zügig konstituieren. Es ist intern vorzusehen, ob sich die Bank als juristische Person beteiligt oder ob ein Mitarbeiter gebeten wird, in den Ausschuss einzutreten.

In allen Fällen ist im Hinblick auf die Ausschusstätigkeit je nach den voraussichtlichen Anforderungen eine Teilfreistellung von sonstigen Aufgaben in der Bank erforderlich. Ferner sollte festgelegt werden, aus welcher Hierarchiestufe das Gläubigerausschussmitglied auszuwählen ist. Mögliche Interessenkonflikte zwischen der Tätigkeit im Ausschuss sowie in der Bank müssen vermieden werden. Ein wesentlicher Grund ist die Verschwiegenheitspflicht der Ausschussmitglieder und deren Funktion als Interessenwahrer für die Gesamtheit der Gläubiger.

Der Bankmitarbeiter ist von sämtlichen **Haftungsrisiken** bis auf wissentliche Pflichtverletzung durch die Bank unter Belassung einer etwaigen Gläubigerausschussvergütung freizustellen, das heißt auch für grob fahrlässige Fehler im Ausschuss, die er mitzuverantworten hat (§ 71 InsO), weil er auch für die Fehler anderer Ausschussmitglieder gesamtschuldnerisch mithaftet (§ 426 BGB).

Die Bank wiederum wird das Risiko regelmäßig durch eine geeignete Vermögensschadenshaftpflichtversicherung für die Tätigkeit des Mitarbeiters auf ihre Kosten abdecken, und zwar in angemessener Höhe, die sich an den üblichen Deckungssummen für Insolvenzverwalter orientieren wird, im Durchschnitt wohl in Höhe von 2,5 Mio. Euro, jeweils einzelfallabhängig. Ein Regress auf den Mitarbeiter ist auszuschließen. Unabhängig hiervon haftet der Arbeitnehmer nur beschränkt gemäß den Grundsätzen der Beschränkung der Arbeitnehmerhaftung für betriebsbedingte auf dem Arbeitsverhältnis beruhende Tätigkeiten aufgrund der Rechtsprechung des Bundesarbeitsgerichts. An die Stelle der Versicherung durch die Bank kann primär die Versicherung durch die Gläubigerausschussmitglieder selbst treten. Bis zu der Auslagenfestsetzung durch das Gericht zu Lasten der Masse zugunsten der Ausschussmitglieder müssen die Versicherungsprämien durch die Bank für den Mitarbeiter aufgebracht werden.

Beim Antrag des Schuldners ist dieser gemäß § 13 Abs. 1 Satz 3 InsO verpflichtet, seinem Insolvenzantrag ein qualifiziertes Verzeichnis der Gläubiger nach § 13 Satz 4 InsO beizufügen und gemäß § 13 Abs. 1 Satz 5 InsO Angaben zur Bilanzsumme, zu den Umsatzerlösen sowie der durchschnittlichen Arbeitnehmerzahl des vorangegangenen Geschäftsjahres zu machen. Strebt der Schuldner die (vorläufige) Eigenverwaltung an, liegen die Voraussetzungen des § 22a InsO vor oder wurde ein Gläubigerausschuss beantragt, ist der Schuldner nach Satz 6 der Norm zu den Angaben nach Satz 4 verpflichtet. Für die Beteiligung der Kreditinstitute setzt dieses voraus, dass der Schuldner zum einen richtige Angaben zu seinen Gläubigern macht sowie nicht ihm lästige Institute „vergisst“. Zum anderen muss für die sichere Bestimmung der Größenklasse eines Unternehmens der Jahresabschluss erstellt worden sein. In beiden Fällen ergeben sich Hindernisse für die zeitnahe Bildung eines vorläufigen Gläubigerausschusses.

Es wird aus Sicht der Kreditinstitute deutlich, dass im Falle eines Abgleitens der Gesundung bereits in der außergerichtlichen Sanierungsphase besondere Vorbereitungen zur Bildung eines vorläufigen Gläubigerausschusses zu treffen sind und die Vorteile dieses Gremiums auch dem Schuldner klargemacht werden beziehungsweise ihm frühzeitig ein Anreiz zum Kooperieren gegeben wird.

Die Interessen der Kreditinstitute an einer Mitgliedschaft im vorläufigen Gläubigerausschuss liegen dabei klar auf der Hand. Obwohl sich die Aufgaben nicht selten mit der Bestellung eines vorläufigen Insolvenzverwalters erschöpfen, sind die Haftungsrisiken und auch der Aufwand nicht zu unterschätzen. Ein Gläubigerausschuss darf in Funktion und Haftung in der jeweiligen Phase des Verfahrens mit einem Aufsichtsrat verglichen werden. Trotz der wesentlichen Weichenstellungen aus dem Insolvenzeröffnungsverfahren sind der Zeitaufwand und die Haftungsrisiken für das Gläubigerausschussmitglied des eröffneten Verfahrens tendenziell größer.

Gläubigerausschuss im eröffneten Verfahren

Zu den Pflichten dieses **Gläubigerausschusses** gehört es gemäß § 69 Satz 2 InsO, sich laufend über den Gang der Geschäfte unterrichten zu lassen. Neben der Unterstützung des Insolvenzverwalters muss seine Geschäftsführung (beziehungsweise des Schuldners in der Eigenverwaltung) überwacht werden. Die Intensität der Überprüfung wird sich am Einzelfall auszurichten haben. Wichtig ist dabei unter anderem die Kontrolle des Geldverkehrs und des Geldbestands.

Der zeitliche Abstand sowie der Tiefgang dieser Kontrollen hängt vom individuellen Fall ab (vgl. Cranshaw et al., 2016a, § 69 InsO, Rn. 2 ff.). Bedeutsam ist es daher, diese Prüfungshandlungen in dem **Kassenbericht** zu dokumentieren (vgl. Steinwachs, 2016, S. 585 ff., Cranshaw/Metoja, 2023, S. 1125 ff.). Die zentrale Norm ist § 160 InsO. Demnach hat der Verwalter die Zustimmung des Gläubigerausschusses einzuholen, bei bedeutsamen Rechtshandlungen. Dies können beispielsweise sein:

- Veräußerung des Unternehmens, eines Betriebs, des Warenlagers
- Aufnahme von Darlehen, die die Insolvenzmasse erheblich belasten
- Aufnahme eines Rechtsstreits mit für die Masse erheblichem Streitwert

Der Gläubigerausschuss hat die Arbeit des Verwalters zu unterstützen und zu überwachen. Dabei bedeutet **Überwachung** im Sinne des § 69 InsO die nachträgliche, die begleitende sowie die vorausschauende Kontrolle. Überprüft werden die Rechtmäßigkeit und die Wirtschaftlichkeit der Geschäftsführung, anhand von Stichproben der Akten und Geschäftsunterlagen (vgl. Steinwachs, 2016, S. 576 ff.).

Hier ist die Festlegung einer **Wesentlichkeitsgrenze** sinnvoll. Eine Generalklausel für alle Ausschüsse enthält § 69 InsO, der in dem Eigenverwaltungsverfahren modifiziert zu lesen ist. Im Eröffnungsverfahren bestehen die nicht ausdrücklich auf den vorläufigen Ausschuss bezogenen Funktionen nach den allgemeinen Vorschriften nur insoweit, als dies der Eigenart des Insolvenzeröffnungsverfahrens entspricht. Gegenüber dem Schuldner setzt dieser Ausschuss seine berechtigten Informationsinteressen, die wichtige Grundlage seiner Arbeit sind, nach Maßgabe der §§ 97 ff. InsO durch. Dies betrifft besonders die Finanzplanung und die Finanzierungsvorgänge. Wesentliche Aufgaben des Gläubigerausschusses im eröffneten Insolvenzverfahren sind in der nachfolgenden Tab. 5.4 zusammengefasst.

Tab. 5.4: Gläubigerausschussfunktionen im eröffneten Verfahren (Quelle: Eigene Darstellung)

Norm (InsO)	Wesentliche Funktionen (ohne Gruppen-Gläubigerausschuss nach § 269c InsO)
§ 59 Abs. 1 Satz 1	Befugnis zum Antrag auf Entlassung des Insolvenzverwalters aus wichtigem Grund
§ 66 Abs. 2 Satz 2	Pflicht zur Stellungnahme bei Erteilung der Schlussrechnung
§ 69 Satz 1	Pflicht zur Konstituierung des Ausschusses und Selbstorganisationspflicht
§ 69 Satz 1	Überwachung Insolvenzverwalter, Sachwalter, Schuldner in Eigenverwaltung
§ 69 Satz 2	Laufende zeitnahe Prüfung des Zahlungsverkehrs und der Barbestände
§ 75 Abs. 1 Nr. 2	Antrag auf Einberufung einer Gläubigerversammlung mit Insolvenzgericht
§ 149	Bestimmungsbefugnis bei Vermögensanlagen
§ 158	Mitwirkung an Betriebsstilllegung vor dem Berichtstermin, Zustimmung Ausschuss
§ 160	Zustimmungserfordernis bei besonders bedeutsamen Rechtshandlungen (§ 164 InsO)
§ 187 Abs. 3 Satz 2	Mitwirken an der Erlösverteilung an die Insolvenzgläubiger
§ 218 Abs. 3	Mitwirkung an der Aufstellung des Insolvenzplans
§ 248a Abs. 3	Anhörung des Gläubigerausschusses vor der Bestätigung des Insolvenzplans

Die konkreten Aufgaben dieses Gremiums sind zum Teil gesetzlich fixiert. So hat der Verwalter vom Gläubigerausschuss beispielsweise die nur intern wirkende Genehmigung für die vorerwähnten Geschäfte nach § 160 InsO. Unter anderem gilt dies für Geschäfte, soweit sie erhebliche Bedeutung für die Masse haben, nämlich entsprechende Kreditaufnahme, Abschluss eines Vergleichs, Aufnahme eines Rechtsstreits, sowie die geplante Vornahme von Abschlagsverteilungen im Verfahren (§ 187 Abs. 3 InsO, § 195 InsO), die freihändige Veräußerung von Firmenimmobilien (§ 160 Abs. 2 Nr. 1 InsO). Des Weiteren hat der Gläubigerausschuss Mitwirkungsrechte bei der Entlassung des Verwalters (§ 59 Abs. 1 InsO), der Einberufung der Gläubigerversammlung (§ 75 Abs. 1 Nr. 2 InsO), der Schlussrechnungsprüfung (§ 66 Abs. 2 InsO), der Erstellung eines Insolvenzplans (§ 218 Abs. 3 InsO) und schließlich stehen ihm Auskunftsansprüche gegenüber dem Insolvenzschuldner zu (§ 97Abs. 1 Satz 1 InsO).

Aus Bankensicht sind die Gestaltungsmöglichkeiten im Gläubigerausschuss zu nutzen, um zum einen den Insolvenzverwalter gegebenenfalls mit auszuwählen und sich zum anderen in die Unterstützung und Überwachung des Verwalters stärker einzubringen. Es werden dazu drei bereits erwähnte besondere Befugnisse in § 69 Satz 2 InsO hervorgehoben die Unterrichtung über den Geschäftsgang, die Einsichtnahme in die Bücher und die Geschäftspapiere sowie die Prüfung des Geldverkehrs und des Geldbestands. Gerade die Unterlassung oder nur oberflächliche Durchführung des Zahlungsverkehrs kann eine Haftung aus § 71 InsO nach sich ziehen. Daher ist die Übertragung dieser Aktivitäten auf eine sachkundige externe Person zweckmäßig. Die Gläubigerausschussmitglieder sollten sich über ihre Rechte sowie Pflichten informieren, damit für die Akteure keine Risiken entstehen, denn Pflichtverletzungen ziehen gegebenenfalls erhebliche Haftungsrisiken gemäß § 71 InsO zum Schadensersatz nach sich.

Die Verantwortung der Mitglieder des Gläubigerausschusses entspricht weitestgehend derjenigen eines Insolvenzverwalters nach § 60 InsO und erstreckt sich auf die Verletzung dieser insolvenzrechtlichen Pflichten, aber nur im Verhältnis zu Gläubigern und Absonderungsberechtigten. Dann ergibt sich der allgemeine Haftungsmaßstab aus der Sorgfalt, die von einem ordentlichen und gewissenhaften Gläubigerausschussmitglied erwartet werden kann und ist immer situationsabhängig zu betrachten (vgl. Schmidt-Jungmann, 2023, § 71 Rn. 1 ff., MüKo-Schmidt/Burgk, 2025a, § 71 Rn. 2, 5, 6, siehe auch den Überblick bei Cranshaw/Metoja, 2023, S. 1125 ff.).

In den internen **Kreditrichtlinien** ist in diesem Zusammenhang auch zu regeln, wem die Vergütung für die Tätigkeit zusteht und wie eine Absicherung gegen Haftungsrisiken durch die Bank erfolgt, wie ebenfalls oben erwähnt. Wichtig ist, dass der Mitarbeiter, der das Institut im vorläufigen Gläubigerausschuss vertritt, gegebenenfalls eine zusätzliche Haftungsfreistellungserklärung der Bank bis zu der Grenze des bedingten Vorsatzes beziehungsweise der wissentlichen Pflichtverletzung im Sinne des Versicherungsrechts erhält (vgl. Steinwachs, 2012a, S. 5 ff.). Der Abschluss einer Haftpflichtversicherung ist dabei in der Regel unabdingbar (vgl. Portisch et al., 2015b, S. 1 ff. und Portisch et al., 2015c, S. 63 ff.).

Jedes Gläubigerausschussmitglied ist damit grundsätzlich zu versichern (Vermögensschadenhaftpflichtversicherung). Hierbei ist unbedingt zu beachten, dass zum einen ein ausreichender **Versicherungsschutz** im Verfahren besteht und dass zum anderen eine kostengünstige Versicherung ausgewählt wird, da die Prämien aus der Insolvenzmasse als Auslagenerstattung des Ausschussmitglieds zu begleichen sind (vgl. Portisch et al., 2015b, S. 1 ff. und Portisch et al., 2015c, S. 63 ff.). Die Versicherung ist durch den Gläubigerausschuss selbst zu organisieren. Die Häuser können zu diesem Zweck den Kontakt mit ihrem Versicherungsmakler vermitteln, damit die Versicherung angemessen in Umfang und Prämien ausfällt.

Die Ausschussmitglieder können sich auch eines Kontakts durch den Insolvenzverwalter bedienen, der aber weder ihre Versicherungen organisieren noch sie in seine Versicherung inkludieren kann, wenn auch die Risiken weitgehend übereinstimmen und die Haftung von Verwalter sowie Ausschuss regelmäßig auf denselben Fallumständen beruht. Da der Ausschuss den Verwalter überwacht, ist es nicht zulässig, wenn er die Versicherung organisiert. Diese Versicherung muss eine Rückwärtsversicherung sein, eine vorläufige Deckung kann aber in der Praxis schnell eingeholt werden. Die Versicherung sollte sämtliche Schäden abdecken, die während des Versicherungszeitraums entstehen, wenn sie auch erst nach Ende der Versicherung geltend gemacht werden.

Claims-Made-Versicherungs-Policen sind daher kritisch zu betrachten, sie sind unbedingt auf hinreichende Klauseln auf Nachdeckung nach Ablauf des Versicherungszeitraums zu erweitern, da Ersatzansprüche nicht selten erst Jahre nach der schuldhaften Pflichtverletzung gegenüber dem geschützten Beteiligungskreis mit den Schadensfolgen innerhalb unverjährter Zeit und nach der Beendigung der Tätigkeit als Gläubigerausschussmitglied und Ende der Police festgestellt und geltend gemacht werden.

Die Versicherung muss im Volumen ferner stets an den Bedarf angepasst werden können. Auf Limits und Obliegenheiten ist zu achten. Das Insolvenzgericht sollte der Versicherung zustimmen sowie möglichst im Voraus die Entnahme der Prämien aus der Masse genehmigen. Kann die Masse die Prämien nicht mehr tragen, ist das ein wichtiger Grund des Ausschussmitglieds auf eigenen Antrag aus dem Ausschuss entlassen zu werden (vgl. BGH, 29.03.2012, IX ZB 310/11).

Häufig wird die Installierung eines Gläubigerausschusses durch einen Beschluss der Gläubigerversammlung gemäß § 68 Abs. 1 Satz 1 InsO vorkommen, regelmäßig der Beschluss, den Ausschuss beizubehalten (Satz 2 der Vorschrift), selten Abwahl und Änderungen nach § 68 Abs. 2 InsO. Hierbei ist die Beteiligung der Kreditinstitute meist als gesichert anzusehen. Es ist üblich, dass zwischen den verschiedenen Ausschüssen vom Eröffnungsverfahren bis hin zum eröffneten Verfahren nach der ersten Gläubigerversammlung eine Personalunion besteht. Die Gläubigerversammlung besteht immer unabhängig vom Gläubigerausschuss und ist selbstverständlich nicht das ranghöhere Organ (vgl. Schmidt-Jungmann, 2023, § 68 Rn. 6 ff., 10 ff.).

Demnach besitzt die Gläubigerversammlung auch kein Weisungsrecht gegenüber dem Gläubigerausschuss und es besteht auch kein Auftragsverhältnis des Ausschusses zur Gläubigerschaft. Die Gläubigerversammlung besitzt daher bis zu dem eigentlichen Berichtstermin keine Einflussnahmemöglichkeit auf die Zusammensetzung des Gläubigerausschusses. Die Abwahl eines Mitglieds ist aus § 68 Abs. 2 InsO nach dem Berichtstermin nicht mehr möglich. Die Gläubigerversammlung kann die Beschlüsse des Gläubigerausschusses weder ändern noch aufheben (vgl. Steinwachs, 2012b, S. 81 ff.). Die Aufgaben eines (endgültigen) Gläubigerausschusses erstrecken sich auf die Überwachungsfunktion und die Entscheidungsabstimmungsfunktion.

Wie der Gläubigerversammlung gemäß § 79 InsO, steht dem Gläubigerausschuss zur Umsetzung dieser Prüfungspflichten ein Recht zu Einzelauskünften, zu Berichten über den Sachstand des Verfahrens sowie zur Geschäftsführung des Insolvenzverwalter zu. Eine gute Informationslage ist für die Tätigkeit dieses Ausschusses als Unterstützungs- und Überwachungsgremium daher unbedingt erforderlich. Sollten dem Gläubigerausschuss dann Unregelmäßigkeiten auffallen, ist der Verwalter zunächst aufzufordern, diesen Missstand zu beseitigen, ansonsten ist das Insolvenzgericht unverzüglich zu informieren (vgl. Steinwachs, 2012b, S. 77 ff.).

Das zuständige **Insolvenzgericht** kann zwar Gläubigerausschussmitglieder aus einem wichtigen Grund entlassen (vgl. § 70 InsO). Es ist dennoch kein Aufsichtsorgan für den Gläubigerausschuss. Das Insolvenzgericht hat auch keinen formalen Anspruch, an den Sitzungen eines Gläubigerausschusses teilzunehmen, ebensowenig hat der Insolvenzverwalter einen gesetzlichen Anspruch darauf. Es empfiehlt sich dennoch, im Interesse vernünftiger Kommunikation sowie gegenseitigen Vertrauens, das Gericht und den Insolvenzverwalter beziehungsweise den Sachwalter zu Ausschusssitzungen mit den bedeutenden Beschlussgegenständen hinzuzuziehen. Auf diese Art und Weise können gegebenenfalls bestehende Unstimmigkeiten beseitigt werden.

Das Verhältnis zur **Gläubigerversammlung** regelt das Gesetz so, dass dem Gläubigerausschuss zugewiesene Beschlussgegenstände (vgl. § 160 InsO) dort für die Gläubiger abschließend entschieden werden. Es dürfte aber nichts dagegen sprechen, wenn der Ausschuss in wichtigen und kritischen Angelegenheiten die Entscheidung an die Gläubigerversammlung delegiert, um eine breite Diskurs- und auch Entscheidungsbasis zu generieren. Die Beschlussfassungen im Gläubigerausschuss erfolgen unabhängig von der Summe der Forderungen sowie sonstigen Rechte beteiligter Gläubiger immer nach Kopfmehrheit beziehungsweise wünschenswert einstimmig.

Die Vergütung für die vorläufigen Ausschussmitglieder ist pauschal auf 500 Euro (zuzüglich Auslagen und gegebenenfalls Umsatzsteuer i.H.v. 19,0 %) festgelegt, wenn nur an der Bestellung des (vorläufigen) Verwalters mitgewirkt sowie die Unbedenklichkeit der Eigenverwaltung beschlossen wurde (§ 17 Abs. 2 Satz 1 InsVV in Verbindung mit § 73 InsO). Diese Pauschale kann dem Grundsatz des § 73 Satz 2 InsO mit einer Vergütung nach dem Umfang der Tätigkeit sowie dem eingesetzten Zeitaufwand klar widersprechen, sowohl nach oben wie auch nach unten.

Die Mitglieder des jeweiligen Ausschusses sind ansonsten zum einen nach dem Zeitaufwand und zum anderen nach dem Umfang der Aktivitäten zu vergüten. Die Stundenvergütungen belaufen sich auf 50 Euro bis 300 Euro (§ 17 Abs. 1 Satz 1 InsVV und § 73 InsO für Verfahren, in denen der Insolvenzantrag ab dem 01.01.2021 gestellt wurde). Der Mittelsatz liegt bei 175 Euro, unter ganz besonderen Umständen ist ein Überschreiten des Betrages von 300 Euro pro Stunde möglich, ohne ausdrückliche Grenze nach oben (vgl. im Einzelnen MüKo-Stephan, 2025a, § 17 InsVV Rn. 25–37) Eine Vergütung nach pauschalen Prozentsätzen der festgesetzten Vergütung des (vorläufigen) Insolvenzverwalters beziehungsweise Sachwalters wäre unzulässig.

Kreditinstitute können sich gemäß § 67 Abs. 3 InsO in diesem Gremium des eröffneten Verfahrens gegebenenfalls auch durch externe Fachleute vertreten lassen (vgl. dazu Cranshaw et al., 2012c, § 67 InsO, Rn. 31 ff.), das heißt der Externe übt ein persönliches Mandat als Nichtgläubiger aus. Dazu gehören auch persönliche Mandate von Bankmitarbeitern und Organmitgliedern. Die Entscheidung ist in den Kreditinstituten betriebswirtschaftlich zu treffen, unter Kosten- und Nutzenaspekten.

Dann liegt in gewisser Weise eine klassische Abwägung der Eigenerstellung oder des Fremdbezugs von Leistungen vor, da der Dritte nicht gebundener Auftragnehmer des Instituts ist. Die Entscheidung kann erweitert werden auf das Insourcing von Dienstleistungen (siehe § 25b KWG und MaRisk, 2024, AT 9). Für die Kreditinstitute besteht auf der Grundlage des § 25b Abs. 1 KWG die Anforderung, im Rahmen der ordnungsgemäßen Geschäftsorganisation gemäß § 25a KWG die besonderen Bestimmungen aus MaRisk AT 3 Rn. 1 Satz 2 sowie MaRisk AT 9 mit den weitgehenden Möglichkeiten der Auslagerung von bestimmten Dienstleistungen bei der Bearbeitung einer Abwicklung von Firmenengagements einzuhalten. Dabei gelten besondere Anforderungen an die Auslagerung von wesentlichen Tätigkeiten gemäß MaRisk AT 9 Rn. 3 unter anderem an die Kontrollmöglichkeiten dieser Aktivitäten.

Vorläufiger Insolvenzverwalter

Während der Dauer des **Eröffnungsverfahrens** wird der vorläufige Insolvenzverwalter versuchen müssen, das insolvente Unternehmen jedenfalls zunächst weiter fortzuführen. Dieses wird ihm im Allgemeinen zur Pflicht gemacht (§ 22 Abs. 1 Satz 2 Nr. 2 InsO). Ist wie meist kein „starker" vorläufiger Insolvenzverwalter im Sinne des § 22 InsO eingesetzt worden, führt der Schuldner das Unternehmen selbst weiter. Die Fortführung des Schuldnerunternehmens wird sich aufgrund fehlender finanzieller Mittel allerdings oft als schwierig erweisen. Insoweit führt das Insolvenzgeld (§§ 165 ff. SGB III), genauer dessen Vorfinanzierung durch eine Bank, zu einer erheblichen Liquiditätsstärkung des Schuldnerunternehmens. Auf diese Art und Weise wird der insolvente Rechtsträger bis zu drei Monaten von Arbeitsentgelten entlastet. Das Insolvenzgeld wird durch die Bank angekauft und der jeweilige Kaufpreis an die einzelnen Arbeitnehmer ausbezahlt, deren Entgeltforderungen nach Eröffnung und dem folgenden Insolvenzgeldantrag auf die Bundesagentur übergehen (§ 170 Abs. 1 SGB III), die sie im eröffneten Verfahren nur als Insolvenzforderung (§ 38 InsO) geltend machen kann (§ 55 Abs. 3 InsO), die mit der Insolvenzquote abgefunden wird.

Systematisch kommt zwischen jedem Arbeitnehmer und der Bank ein solcher Forderungskaufvertrag über diese Arbeitsentgelte zustande. Die praktische Abwicklung bedarf der Einschaltung des Personalwesens und des entsprechenden Rechnungswesens des insolventen Unternehmens aufgrund der in der Regel erforderlichen monatlichen Entgeltabrechnung der Arbeitnehmer einschließlich Steuer sowie Sozialversicherung. Ein Darlehen an das notleidende Unternehmen ist die Vorfinanzierung nicht. Sie darf es auch nicht sein, da ansonsten keine Entgeltrückstände entstehen können, wenn der Arbeitgeber aus einem solchen Darlehen die Arbeitsentgelte bezahlen würde, da ein Anspruch auf Insolvenzgeld nur auf den rückständigen Arbeitslohn besteht und bezahlt wird (vgl. § 165 Abs. 1 Satz 1 und Satz 2 Nr. 1 SGB III). Die Organisation dafür liegt beim vorläufigen Insolvenzverwalter beziehungsweise Sachwalter zusammen mit der Arbeitsagentur und den Personalmitarbeitern des Unternehmens.

Dennoch verlassen meist die gut qualifizierten Arbeitskräfte das Unternehmen wegen der Unsicherheit bei der langfristigen Lohnfortzahlung. Lieferanten beliefern die Firma nur noch gegen Vorkasse, Kunden springen ab und die Zahlungsmoral der Debitoren als Drittschuldner kann sinken. In der Phase ist es für den vorläufigen Insolvenzverwalter wichtig, Liquidität zu schöpfen, um den Geschäftsbetrieb zunächst aufrecht zu erhalten. Dieses geschieht häufig durch den Einzug von nicht abgetretenen Forderungen oder die Veräußerung von freien Rohstoffen, Halbfabrikaten sowie Fertigprodukten beziehungsweise aus der Generierung von Erlösen aus der leistungswirtschaftlichen Fortführung eines Unternehmens.

Allerdings ist der **vorläufige Insolvenzverwalter**, unabhängig von seiner Rechtsstellung, noch nicht zur Verwertung von schuldnerischem Vermögen befugt. Die Verwertung der Insolvenzmasse erfolgt gemäß § 157 InsO erst nach dem Berichtstermin, soweit die Beschlüsse der Gläubigerversammlung nicht entgegenstehen.

Möchte der Verwalter den **Geschäftsbetrieb** vor dem Berichtstermin stilllegen oder veräußern, muss er gemäß § 158 InsO verfahren und er hat die Zustimmung des Gläubigerausschusses einzuholen, wenn ein solcher bestellt ist. Andernfalls sollte der vorläufige Insolvenzverwalter bei einer Verwertung vor dem Berichtstermin diese Maßnahme unbedingt unter die aufschiebende Bedingung der Genehmigung der Gläubigerversammlung stellen (vgl. Cranshaw et al., 2016b, § 159 InsO, Rn. 2 ff.).

Damit kann er aber die **Stilllegung** nur vorbereiten, nicht schon umsetzen. Im Eröffnungsverfahren kann er einen Betrieb ausnahmsweise stilllegen, um eine erhebliche Verminderung des Vermögens des Schuldners zu vermeiden, wozu er allerdings auch der Zustimmung des Insolvenzgerichts bedarf (§ 22 Abs. 1 Satz 2 Nr. 2 Fall 2 InsO). Der vorläufige Gläubigerausschuss muss dazu gehört werden (§§ 21 Abs. 2 Satz Nr. 1a, 69 InsO in Verbindung mit § 160 Abs. 1 InsO). Somit sind sämtliche Verwertungen von absonderungsberechtigten Sicherungsgütern und Rechten in einer frühen Phase mit den Beteiligten abzustimmen, ansonsten macht sich der vorläufige Insolvenzverwalter gegebenenfalls nach § 60 InsO schadensersatzpflichtig. Einen bei Antragstellung bereits stillgelegten Betrieb muss und kann er nicht wieder eröffnen.

Dies sollten Banken bei bestehenden Rechten an Sicherungsgut beispielsweise den Absonderungsrechten (Absonderungsanwartschaften) überwachen. Bei der Verwertung von Absonderungsrechten durch den vorläufigen Verwalter, beispielweise auf besonderen Wunsch der Kreditinstitute, unter anderem zur Gewährleistung einer Betriebsfortführung, stehen der Insolvenzmasse die Feststellungskosten und Verwertungskosten gemäß §§ 170, 171 InsO bereits im vorläufigen Verfahren zu. Dieses aber nur, wenn eine Einigung mit den Instituten besteht oder das Insolvenzgericht den Absonderungsberechtigten die Verwertung und Einziehung gemäß § 21 Abs. 2 Satz 1 Nr. 5 InsO untersagt hat. Ein eigenständiges Verwertungsrecht wird man einem vorläufigen Verwalter unter anderem bei der Veräußerung verderblicher Ware zubilligen müssen, um wirtschaftliche Schäden für die Masse zu vermeiden. Klassische Beispiele sind der Verkauf verderblicher Lebensmittel, modischer Kleidung am Ende der üblichen Verkaufsperiode, gegebenenfalls auch auslaufende Modelle anderer Gegenstände, die von der Konkurrenz im jeweiligen Handel auf der Zeitachse bereits stark verbilligt vertrieben werden und damit einem hohen Wertverfall ausgesetzt sind.

Im Vordergrund der Liquiditätsbeschaffung steht die **Einziehung** sicherungszedierter Forderungen. Allerdings sind die eingezogenen Beträge beziehungsweise die Erlöse sicherungsübereigneter Gegenstände beim Weiterverkauf zu separieren und dürfen zu der Verwendung bei der Betriebsfortführung nur mit Zustimmung der betroffenen Sicherungsgläubiger als **stiller Massekredit** verwendet werden. Auch wenn das Insolvenzgericht dem Sicherungszessionar die Einziehung untersagt (vgl. § 21 Abs. 2 Satz 1 Nr. 5 InsO), bedeutet dies nicht, dass der vorläufige Verwalter die erhaltenen Beträge zur Deckung des Liquiditätsbedarfs ohne Weiteres einsetzen darf. Hierfür bedarf es eben einer sachgerechten Vereinbarung mit dem Sicherungszessionar, die diesem die Erlöse der Sicherungszession auf geeignete Weise sichert.

Der **Zessionar** wird jedenfalls die dem Schuldner erteilte Einziehungsbefugnis widerrufen, damit die im Sicherungsvertrag vereinbarte Einziehungsbefugnis für den Kreditnehmer und späteren Insolvenzschuldner nicht dazu führt, dass mit oder ohne gerichtliche Anordnung Forderungen vom Schuldner eingezogen sowie verbraucht werden und dann später mit dem Einverständnis einer Bank argumentiert werden kann. Dem Begehren der Bank nach Auskehrung der Erlöse stehen stets bestehende vorrangige Rechte von Lieferanten aus (verlängertem) Eigentumsvorbehalt entgegen, ebenso etwaige Insolvenzanfechtungsansprüche (§§ 129 ff., 143 InsO).

Zur **Betriebsfortführung** ist unter Umständen neben der Vorfinanzierung des Insolvenzgeldes und einem unechten **Massekredit** die Aufnahme neuer Kredite im vorläufigen Verfahren notwendig. Dazu wird häufig ein Kreditrahmen beantragt, der für die Vorfinanzierung von Materialien sowie die laufenden Betriebskosten eingesetzt wird. Die Finanzierung durch die Gläubigerinstitute soll nur dann erfolgen, wenn die Rückführung dieser Mittel mit hoher Sicherheit erwartet werden kann.

Diese Finanzierung darf auch besichert werden und dürfte als sogenannte Bargeschäft nicht anfechtbar sein (§ 142 InsO). Damit die Finanzierung auch vorrangig im eröffneten Verfahren zurückzuführen ist, bedarf es der Einzelgenehmigung des Insolvenzgerichts zur Qualifizierung als Masseverbindlichkeit (§ 55 Abs. 1 Nr. 1 i.V.m. Abs. 2 InsO analog, siehe MüKo-Langer, 2025a, § 55 Rn. 226, sowie BGH, 18.07.2002, IX ZR 195/01 und BGH, 22.11.2018, IX ZR 167/16, für Fälle einer Eigenverwaltung), soweit nicht ein Insolvenzverwalter im Sinne des § 22 InsO eingesetzt wird, dessen Handlungen nach Eröffnung zu Masseverbindlichkeiten führen. Mittlerweile hat der Gesetzgeber nach § 270c Abs. 4 InsO bestimmt, dass das Insolvenzgericht dem Schuldner die Eingehung von Masseverbindlichkeiten auf Antrag genehmigt (analog zu § 55 Abs. 2 InsO), soweit die einzugehenden Verbindlichkeiten im Finanzplan ausgewiesen wurden. Ist dies nicht der Fall, muss der Schuldner den Antrag gesondert begründen. Im letzteren Fall kann das Gericht diesen Antrag ablehnen.

Im Eröffnungsverfahren ist der **Status eines Insolvenzverwalters** zu beachten. Wird der Kredit durch einen schwachen vorläufigen Verwalter beantragt, gilt dieser Kreditrückzahlungsanspruch im eröffneten Verfahren nicht als privilegierte Masseverbindlichkeit gemäß § 55 Abs. 2 InsO. Daher ist die ausreichende Besicherung für diesen Kredit von großer Bedeutung. Jedoch kann das Insolvenzgericht den schwachen vorläufigen Insolvenzverwalter wie erwähnt durch einen Einzelbeschluss dazu ermächtigen der Höhe nach genau definierte Verbindlichkeiten bereits im Eröffnungsverfahren zu beantragen. Derartige Schulden erlangen dann einen Status von vorrangigen Masseschulden. Das Insolvenzverfahren wird nur dann eröffnet, wenn die Gerichtskosten, die Vergütungen sowie die Auslagen des vorläufigen Insolvenzverwalters und der Mitglieder eines Gläubigerausschusses gedeckt sind (vgl. § 53 InsO). Neben diesen **Sicherungsmaßnahmen** hat der vorläufige Insolvenzverwalter auch die Möglichkeit, eine Sanierung über das Planverfahren oder die Übertragung von Assets zu prüfen sowie die notwendigen Vorbereitungen dafür zu treffen.

Das **Schutzschirmverfahren** in der vorläufigen Eigenverwaltung (§ 270d InsO, Vorbereitung einer Sanierung, Schutzschirm) dient gerade dazu, den Insolvenzplan vor der Insolvenzverfahrenseröffnung zu entwickeln (vgl. § 270d Abs. 1 Satz 1 InsO). Folgende Maßnahmen sind vom vorläufigen Insolvenzverwalter daher zu untersuchen und gegebenenfalls rechtzeitig anzubahnen:

- Prüfung der Betriebsfortführung oder der Stilllegung
- Beantragung der Vorfinanzierung des Insolvenzgeldes
- Erreichung der Finanzierung eines Massekostenvorschusses

Die Hauptaufgabe eines vorläufigen Verwalters besteht dann, unabhängig von seiner Rechtsstellung als „starker" (§ 22 Abs. 1 InsO) oder „schwacher" vorläufiger Verwalter (§ 22 Abs. 2 i.V.m. Abs. 1 Satz 2 InsO), in der Erhaltung und der Sicherung des Vermögens des Schuldnerunternehmens. Dies dient der Unterstützung des Ziels eines Insolvenzverfahrens, die Gläubiger eines Schuldners gemäß § 1 InsO gemeinschaftlich und bestmöglich zu befriedigen. Dazu ist die vorgefundene Masse zunächst aufzuzeichnen, zu inventarisieren und zu bewerten. Es ist also eine Inventur vorzunehmen. Wenn die Verwaltungs- und Verfügungsbefugnis dann vollständig auf diesen vorläufigen Insolvenzverwalter übergegangen ist, übt er das zudem Hausrecht aus.

Dies kann auch bedeuten, die Schließanlage auszutauschen, um das Inventar und die EDV-Daten angemessen zu sichern. Gegebenenfalls ist eine vorläufige Postsperre nach § 21 Abs. 2 Nr. 4 InsO anzuordnen. Ohne die Mitarbeiter und die weitere Organisation des Unternehmens wird das im Allgemeinen nicht funktionieren. Fast stets sind die Abläufe und Instrumente eines Schuldnerunternehmens schnellstmöglich zu ertüchtigen, insbesondere Rechnungswesen und Controllinginstrumente, soll diese Unternehmensfortführung stabilisiert und soweit als möglich zeitlich hinlänglich voraussehbar ablaufen und die Ergebnisse der Unternehmenstätigkeit verbessern (Erzielung einer „schwarzen Null" im operativen Geschäft).

Definition: Der **vorläufige Insolvenzverwalter** wird unverzüglich nach dem Insolvenzantrag einer Firma eingesetzt und hat in erster Linie das Vermögen eines Schuldners zu sichern. Weitere Pflichten und Befugnisse ergeben sich aus seiner Rechtsstellung als „starker" oder „schwacher" vorläufiger Verwalter. Im ersten Fall hat dieser die Geschäfte des Schuldnerunternehmens, bis zur Entscheidung über eine Eröffnung, fortzuführen, falls das Insolvenzgericht nicht einer Stilllegung zustimmt, um eine Vermögensminderung zu vermeiden. Im zweiten Fall hat er den Schuldner vornehmlich zu überwachen und weitere Einzelpflichten oder Genehmigungen werden durch das zuständige Insolvenzgericht erlassen. Wichtige unternehmerische Entscheidungen sind zustimmungspflichtig.

Zur Bewältigung dieser Aufgaben sind die gewährten Befugnisse des vorläufigen Verwalters durch das Insolvenzgericht entscheidend sowie durch die betroffenen Kreditinstitute zu überprüfen, soweit Rechtshandlungen zwischen (vorläufigem) Insolvenzverwalter und Bank stattfinden.

Seine Legitimation weist er durch **Bestallungsurkunde** nach (§ 56 Abs. 2 InsO beziehungsweise § 21 Abs. 2 Satz 1 Nr. 1 InsO für den vorläufigen Verwalter). In den §§ 21, 22 InsO wird zwischen dem sogenannten „starken“ sowie dem „schwachen“ vorläufigen Insolvenzverwalter differenziert.

Maßgebend für diese Unterscheidung ist, ob das Insolvenzgericht dem Schuldner ein allgemeines Verfügungsverbot oder nicht auferlegt. Dieses hat zur Folge, dass die Verwaltungs- sowie Verfügungsbefugnis über das gesamte schuldnerische Vermögen vollständig (allgemeines Verfügungsverbot, starker vorläufiger Verwalter) oder teilweise (Zustimmungsvorbehalt gemäß § 21 Abs. 2 Satz 1 Nr. 2 InsO) auf den vorläufigen Insolvenzverwalter übergeht beziehungsweise nicht (schwacher vorläufiger Verwalter).

Die Bestellung des vorläufigen Insolvenzverwalters wird gemäß § 23 Abs. 1 Satz 1 InsO in einem Beschluss öffentlich bekanntgemacht (vgl. § 9 Abs. 1 InsO, siehe dazu auch www.insolvenzbekanntmachungen.de). Da die erteilten Befugnisse für die beteiligten Banken von Bedeutung sind, sollten diese den **Beschluss** einsehen, um den Haftungsumfang des vorläufigen Verwalters einschätzen zu können (vgl. zu diesem Zweck des § 23, der Systematik sowie zur Zustellung Schmidt-Hölzle, 2023, § 23 Rn. 1, 2–4, 5 ff.). Der vorläufige Verwalter meldet sich in praxi sehr schnell bei den beteiligten Banken unter Nachweis seiner Legitimation sowie mit weiteren Mitteilungen, die in konkret vorliegenden Fall von Bedeutung sind

Starker vorläufiger Insolvenzverwalter

Wird dem Schuldner ein allgemeines **Verfügungsverbot** auferlegt (§ 22 Abs. 1 InsO), ist seine Rechtsstellung als starker vorläufiger Insolvenzverwalter der eines endgültigen Insolvenzverwalters bereits sehr nahe (§ 21 Abs. 2 Satz 1 Nr. 2, 1. Halbsatz InsO). Gemäß § 22 Abs. 1 Satz 1 InsO geht in diesem Fall die Verwaltungs- und Verfügungsbefugnis über das gesamte Schuldnervermögen vollständig auf den vorläufigen starken Insolvenzverwalter über (vgl. Braun-Böhm, 2024, § 22 Rn. 11 ff.). Mit der Übertragung der Befugnis auf einen starken vorläufigen Insolvenzverwalter verliert der Schuldner beziehungsweise der Rechtsträger eines Schuldnerunternehmens die Fähigkeit, über das eigene Vermögen weiter zu bestimmen.

Aufgrund des § 24 Abs. 1 InsO in Verbindung mit §§ 81, 82 InsO sind Verfügungen des Schuldners oder seiner Vertreter über das Vermögen des insolventen Unternehmens unwirksam und es kann nicht mehr mit befreiender Wirkung an den Schuldner geleistet werden. Die Kreditinstitute können mit dem starken vorläufigen Verwalter direkt verhandeln. Dies kann den weiteren Ablauf des Verfahrens erheblich erleichtern, da Verwertungshandlungen ohne eventuelle Behinderungen durch den Schuldner einfacher durchgeführt werden können. Bereits dieser vorläufige Insolvenzverwalter hat die wichtige Aufgabe, die Insolvenzmasse möglichst zu mehren, auf jeden Fall aber die nachteilige Entwicklung der Vermögenslage eines Schuldners abzuwehren. Erhebliche Vermögensmehrungen sind häufig über eine intensive Anfechtungstätigkeit des Insolvenzverwalters möglich.

Dieses **Anfechtungsrecht** entsteht erst mit der Eröffnung des Verfahrens in der Hand des „endgültigen“ Insolvenzverwalters des eröffneten Verfahrens (§§ 129 ff. InsO) oder des Sachwalters (§ 280 2. Halbsatz InsO i.V.m. §§ 129 ff. InsO). Sogar im Eröffnungsverfahren werden nicht selten Anfechtungstatbestände erkennbar, deren Bestehen maßgeblich sein kann, um das Verfahren überhaupt eröffnen zu können und die damit die Finanzierbarkeit der Verfahrenseröffnung ermöglichen.

Definition: Die **Insolvenzmasse** erfasst gemäß § 35 InsO das gesamte einer Zwangsvollstreckung unterliegende Vermögen des Schuldners, das zur Eröffnung des Insolvenzverfahrens vorhanden ist, später im Verlauf des Insolvenzverfahrens erworben wird oder im Wege der Insolvenzanfechtung zurückgeholt werden kann. Gerade die Anfechtung dient oft erfolgreich zur Masseanreicherung. Nicht zur Insolvenzmasse gehören die in § 36 InsO Gegenstände, die der Zwangsvollstreckung entzogen sind und die im Gesetz unter Bezugnahme auf Schuldnerschutzvorschriften der Zivilprozessordnung (ZPO) beschrieben werden.

Der **starke vorläufige Verwalter** hat wie der schwache die Funktion, das Schuldnervermögen zu sichern und in seinem Umfang vollständig zu erhalten. Er ist berechtigt und verpflichtet, das Vermögen in Besitz zu nehmen. Der starke vorläufige Insolvenzverwalter ist in Rechtsstreitigkeiten gegen oder für das schuldnerische Unternehmen Partei kraft Amtes (sogenannte „Amtstheorie“ der Verwalterfunktion). Dieser ist dazu berechtigt und verpflichtet, im eigenen Namen zu klagen, er wird auch als solcher verklagt, jeweils mit Wirkung für die Masse. Gleichzeitig ist der starke vorläufige Insolvenzverwalter, wie erwähnt, dazu verpflichtet, das Schuldnerunternehmen bis zu der Entscheidung über die Eröffnung des Insolvenzverfahrens fortzuführen, sofern nicht das Gericht einer Stilllegung zustimmt.

Der starke vorläufige Insolvenzverwalter wird bei der Betriebsfortführung Vertragspartner der Arbeitnehmer, Kunden sowie Lieferanten und bei der Aufnahme eines Massekredits gegenüber der Bank Kreditnehmer mit einer sich ergebenden persönlichen Haftung aus § 61 InsO (vgl. Bruder, 2018, S. 161 ff.). Für Geschäfte im Zusammenhang mit der Masse haftet er jedoch im Allgemeinen nicht persönlich, auch wenn die Masse die aus den Geschäften des Verwalters resultierenden Ansprüche nicht bezahlen kann und Masseunzulänglichkeit (§§ 208 ff. InsO) eingetreten ist. Dieser haftet persönlich außerhalb der §§ 60, 61 InsO nur dann, „wenn er eigene Pflichten ausdrücklich übernommen oder insoweit einen Vertrauenstatbestand, an dem er sich festhalten lassen muß, geschaffen oder eine unerlaubte Handlung (BGB §§ 823 ff.) begangen hat“ (schon zum Konkursverwalter BGH, 14.04.1987, IX ZR 260/86, vgl. MüKo-Schoppmeyer, 2025a, § 60 Rn. 90 ff. zu vertraglicher beziehungsweise vertragsähnlicher und deliktischer Haftung, zur steuerlichen Haftung siehe Rn. 99 ff.). Zur weiteren Anreicherung der Insolvenzmasse besteht die Möglichkeit, dass der vorläufige Insolvenzverwalter die Forderungen des schuldnerischen Unternehmens einzieht, auch wenn diese sicherungshalber an Kreditinstitute abgetreten sind, sofern er zum Einzug durch das Insolvenzgericht nach § 21 Abs. 2 Satz 1 Nr. 5 InsO ermächtigt wurde.

Auf diese Weise kann er die Insolvenzmasse mit den Kostenpauschalen gemäß §§ 170, 171 InsO vergrößern, wenn er auch die von den Drittschuldnern bezahlten Beträge separieren muss. Die Bank als Sicherungszessionarin wird die in den Musterverträgen zur Sicherungszession enthaltene Einziehungsermächtigung widerrufen, um die Separierung sicherzustellen.

Sämtliche Verbindlichkeiten, die von einem starken vorläufigen Insolvenzverwalter begründet werden, sind nach § 55 Abs. 2 InsO im eröffneten Verfahren Masseverbindlichkeiten. Ausnahmen stellen die wegen der Auszahlung von Insolvenzgeld auf die Bundesanstalt für Arbeit übergegangenen Ansprüche der Arbeitnehmer und die Forderungen der **Einzugsstellen** auf Zahlung des Gesamtsozialversicherungsbeitrags dar (siehe § 55 Abs. 3 InsO). Die Bundesagentur für Arbeit beziehungsweise die Einzugsstelle kann diese Forderungen gemäß § 55 Abs. 3 InsO lediglich als Insolvenzgläubiger im Verfahren geltend machen. Diese Positionen sind nicht vorrangig und damit erheblich ausfallgefährdet.

Dagegen gelten die Verbindlichkeiten des Insolvenzschuldners aus bestimmten Steuerschuldverhältnissen, die vom vorläufigen Insolvenzverwalter oder vom Schuldner mit dessen Zustimmung begründet worden sind, nach Eröffnung des Insolvenzverfahrens als Masseverbindlichkeiten (§ 55 Abs. 4 InsO). Dieses sind die Umsatzsteuer, Ein- und Ausfuhrabgaben, bundesgesetzliche Verbrauchssteuern, Luftverkehr- und Kraftfahrzeugsteuer sowie die Lohnsteuer.

Definition: Masseverbindlichkeiten sind im eröffneten Insolvenzverfahren durch den Insolvenzverwalter vorab zu befriedigen. Gegenstände von Aussonderungsrechten (§§ 47, 48 InsO) sind nicht Teil der Insolvenzmasse und können nicht zu der Befriedigung von Masseverbindlichkeiten herangezogen werden. Sind Gegenstände der Insolvenzmasse mit Absonderungsrechten (§§ 49–51 InsO) belastet, dienen diese Sicherheiten und Sicherungsrechte zunächst vorrangig der Befriedigung sämtlicher besicherter Forderungen der Absonderungsberechtigten. Aus der Insolvenzmasse sind die Massegläubiger vorrangig zu den Insolvenzgläubigern und den nachrangigen Insolvenzgläubigern zu (§ 53 InsO). Zu den Gegenständen des Aussonderungsrechts gehören in typischer Weise gemietete, gepachtete oder geleaste Gegenstände in der Insolvenz des Mieters, aber auch die Gegenstände wie Treuhandverhältnisse in der Insolvenz des Treuhänders („Treuhandkonten"). An Gegenständen, die mit einer Sicherheit zugunsten eines Gläubigers oder eines Dritten (bei Drittsicherheiten) belastet sind, zum Beispiel sämtliche dingliche Kreditsicherheiten einer Bank, besteht zugunsten des Sicherungsnehmers ein Absonderungsrecht, das zur Vorwegbefriedigung aus dem Gegenstand des Absonderungsrechts berechtigt (Verpfändung eines Kontoguthabens, Sicherungsübereignung, Sicherungszession, auch das AGB-Pfandrecht der Banken).

Folge einer Privilegierung zu einer Masseverbindlichkeit ist, dass diese in vollem Umfang zu befriedigen sind. Anderenfalls können Schadensersatzverpflichtungen gegenüber dem vorläufigen starken Insolvenzverwalter begründet werden. Dies erhöht seine Haftungsrisiken unter Umständen beträchtlich (§ 61 InsO). In der Praxis werden starke vorläufige Insolvenzverwalter von den zuständigen Gerichten daher meist nur in Ausnahmefällen eingesetzt.

Dies ist der Fall, wenn unter anderem von dem Risiko möglicher Insolvenzstraftaten seitens der Schuldners, Führungslosigkeit der Schuldnergesellschaft oder vergleichbar problematischen Umständen auszugehen ist, so dass die Führung des vorläufigen Insolvenzverfahrens einem starken vorläufigen Verwalter übertragen werden muss.

Das Insolvenzgericht wird in der Regel einen schwachen vorläufigen Verwalter **ohne Verfügungsbefugnis** bestellen, da es bei anfänglich ungeklärter Lage nicht zumutbar ist, dass der vorläufige Verwalter von Anfang an für jede während seiner Tätigkeit begründete Masseverbindlichkeit eventuell persönlich einstehen muss (§§ 61 Abs. 1, 55 Abs. 2 und 55 Abs. 1 Nr. 1 InsO).

Hinsichtlich der generellen Haftung des Insolvenzverwalters gemäß § 60 Abs. 1 Satz 2 InsO ist festzuhalten, dass auf ihn die **Business Judgment Rule** des § 93 Abs. 1 Satz 2 AktG nicht anwendbar ist. Vielmehr hat er bei den unternehmerischen Entscheidungen einen (weiten) Entscheidungsspielraum, der nur dann überschritten ist, „wenn die Maßnahme aus der Perspektive ex ante angesichts der mit ihr verbundenen Kosten, Aufwendungen und Risiken im Hinblick auf die Pflicht des Insolvenzverwalters, die Masse zu sichern und zu wahren, nicht mehr vertretbar ist" (BGH, 12.03.2020, IX ZR 125/17, MüKo-Schoppmeyer, 2025a, § 60 Rn. 109 ff.). Dies gilt auch für den Vorstand einer AG oder den Geschäftsführer einer GmbH in Eigenverwaltung (§§ 270 ff. InsO).

Schwacher vorläufiger Insolvenzverwalter

Das Gericht kann einen vorläufigen Insolvenzverwalter einsetzen und seine genauen Pflichten im Einzelnen bestimmen. Diese definierten **Verpflichtungen** dürfen jedoch nicht über diejenigen eines vorläufigen Insolvenzverwalters mit vollständiger Verwaltungs- und Verfügungsbefugnis hinausgehen. Entschließt sich das Gericht zu der Bestellung eines **schwachen vorläufigen Insolvenzverwalters**, wird in der Regel angeordnet, dass Verfügungen gemäß § 21 Abs. 2 Nr. 2 2. Halbsatz InsO des Schuldners nur mit der Zustimmung des vorläufigen Insolvenzverwalters wirksam sind (siehe Braun-Böhm, 2024, § 21 Rn. 39 ff., § 22 Rn. 22 ff.). Der Schuldner oder das Schuldnerunternehmen behält damit die Verfügungsbefugnis über sein Vermögen.

Das Insolvenzgericht kann den Umfang der Pflichten des schwachen vorläufigen Insolvenzverwalters jedoch an die Erfordernisse eines Einzelfalls anpassen, solange das Verfahren noch nicht eröffnet ist. Demnach können die Rechte unter anderem erweitert werden, wenn dem Schuldner vom Gericht aus Gründen der Massesicherung ein Verfügungsverbot (§ 22 Abs. 2 Satz 2, § 21 Abs. 2 Satz 1 Nr. 2 Fall 2 InsO, Zustimmungsvorbehalt zu Verfügungen des Schuldners) auferlegt werden soll (siehe Braun-Böhm, 2024, § 22 Rn. 22 ff.). Da das Gericht kurz nach dem Insolvenzantrag nicht genau zu erkennen vermag, wie die wirtschaftliche Situation des schuldnerischen Unternehmens einzuschätzen ist und welches konkrete Sicherungsbedürfnis besteht, wird es häufig beschließen, dass Verfügungen des Schuldners ganz weitgehend der Zustimmung des vorläufigen Insolvenzverwalters bedürfen. Dies kann im Sinne der erfolgreichen Fortführung der Unternehmenstätigkeiten sinnvoll sein.

Dies ist für den Schuldner und sein Unternehmen weniger einschneidend als das allgemeine Verfügungsverbot des § 22 Abs. 1 InsO und schont gegebenenfalls das Ansehen des Schuldners im Rechtsverkehr. Damit werden Verfügungen des Schuldners nur mit nachträglicher Genehmigung oder aufgrund der vorherigen Einwilligung des vorläufigen Insolvenzverwalters wirksam und sind im Fall der Verweigerung durch den vorläufigen Verwalter endgültig unwirksam.

Der schwache vorläufige Insolvenzverwalter ist auch in diesen Fällen kein Vertreter des Schuldners. Er kann keine Verbindlichkeiten zur Masse gemäß § 55 Abs. 2 InsO begründen. Jedoch kann das Gericht den schwachen vorläufigen Insolvenzverwalter im Einzelfall auch dazu ermächtigen, im Voraus genau festgelegte (finanzielle) Verpflichtungen zu Lasten der Insolvenzmasse einzugehen, soweit dies für die Verwaltung notwendig ist („Einzelermächtigung", Schmidt-Hölzle, 2023, § 55 Rn. 65 ff.). Der schwache vorläufige Insolvenzverwalter hat vor allem die Aufgabe, durch die Überwachung des Schuldners das vorhandene Vermögen zu erhalten.

Dazu wird ihm unter anderem die Befugnis erteilt, über die Bankguthaben des Schuldners zu verfügen, Forderungen einzuziehen und Gelder auf einem oder mehreren offenen Treuhandkonten oder Insolvenzverwalter-Sonderkonten zu verwahren (auf Namen des Insolvenzverwalters als Partei kraft Amtes oder auf den Namen des Schuldners, siehe MüKo-Ganter, 2025a, § 47 Rn. 552). Außerdem kann er beauftragt werden, das insolvente Unternehmen zusammen mit dem Schuldner weiter fortzuführen. Diese Verpflichtung zur Unternehmensfortführung gemeinsam mit dem Schuldner wird durch das Insolvenzgericht als besondere Einzelanordnung festgelegt.

Aufgaben und Pflichten des vorläufigen Insolvenzverwalters

Unabhängig von der Frage, ob das Gericht den **starken** oder **schwachen vorläufigen Insolvenzverwalter** bestellt, wird der Akteur aufgrund der Verpflichtung zur Weiterführung sowohl für die Gläubiger als auch für den Schuldner zur zentralen Figur des Insolvenzeröffnungsverfahrens (siehe Schmidt-Hölzle, 2023, § 22 Rn. 1–11, 22 ff., 33 ff., 35 ff.). Zur Betriebsfortführung ist es bereits im Eröffnungsverfahren notwendig, Vollstreckungsmaßnahmen einzelner Gläubiger zu verhindern, damit das Schuldnervermögen nicht zerschlagen wird und Sanierungsmaßnahmen unmöglich werden. Somit kann das Gericht gemäß § 21 Abs. 2 Nr. 3 InsO die Zwangsvollstreckung in das bewegliche Vermögen untersagen oder einstellen, eine meist angeordnete Maßnahme. Zudem kann das Insolvenzgericht festlegen, dass Forderungen, die zur Sicherheit abgetreten sind, wie erwähnt, nicht vom Gläubiger, sondern vom vorläufigen Insolvenzverwalter offengelegt und eingezogen werden. Der vorläufige Insolvenzverwalter hat die Pflicht, eine vorzeitige Zerschlagung des Unternehmens zu verhindern. Dieser ist in der Regel nicht berechtigt, den Betrieb stillzulegen. Besteht allerdings die erhöhte Gefahr, dass hohe Verluste durch die Fortführung entstehen, die zu einer Verringerung der Insolvenzmasse führen, kann der vorläufige Insolvenzverwalter den Geschäftsbetrieb mit Zustimmung des Gerichts einstellen (§ 22 Abs. 2 Satz 2 Nr. 2 Halbsatz 2 InsO).

Hatte der Insolvenzschuldner den Unternehmensbetrieb jedoch bereits beendet, bevor der vorläufige Insolvenzverwalter eingesetzt wurde, ist er nicht dazu verpflichtet und auch kaum berechtigt, die geschäftlichen Aktivitäten wieder aufzunehmen.

Vorläufiger Insolvenzverwalter als Sachverständiger

Um eine Entscheidung darüber zu treffen, ob das Insolvenzverfahren eröffnet werden kann, wird das Insolvenzgericht den vorläufigen Insolvenzverwalter gemäß § 22 Abs. 1 Nr. 3 InsO damit beauftragen, als Sachverständiger zu prüfen, ob ein Eröffnungsgrund vorliegt, welche Aussichten für eine Fortführung eines Unternehmens im eröffneten Verfahren bestehen sowie ob die Kosten des Verfahrens gemäß § 54 InsO gedeckt sind (vgl. Schmidt-Hölzle, 2023, § 22 Rn. 41 ff.). Das Gericht kann sich darauf beschränken, nur einen Sachverständigen ohne jede weitere Befugnisse einzusetzen, wenn es der Meinung ist, im konkreten Fall seien ausnahmsweise Sicherungsmaßnahmen nicht erforderlich, um nachteilige Veränderungen der Insolvenzmasse zu vermeiden.

Der vorläufige Insolvenzverwalter wird sich bereits frühzeitig mit der Frage beschäftigen, ob das Unternehmen insolvenzplanfähig ist, ob also im eröffneten Insolvenzverfahren die Gläubiger einen Insolvenzplan akzeptieren könnten. Während eines Insolvenzeröffnungsverfahrens wird dieser somit einen Schwerpunkt seiner Tätigkeit auf die Prüfung der Frage legen, zu welchen Bedingungen das **Unternehmen** des Insolvenzschuldners oder Teile davon fortführungswürdig sind. Diese Analyse erfolgt zunächst im eröffneten Verfahren und später im Rahmen eines Insolvenzplans mit demselben Rechtsträger oder durch eine NewCo-Auffanggesellschaft beziehungsweise der Übernahmegesellschaft im Rahmen der übertragenden Sanierung (§ 260 Abs. 3 InsO). Eventuell können auch schon Überlegungen zu einer übertragenden Sanierung angestellt werden, in deren Rahmen Unternehmensteile, betriebliche Einheiten oder Standorte an einen Investor veräußert werden können, wenn die Fortführung des insolventen Rechtsträgers voraussichtlich wenig Erfolgsaussicht verspricht.

Der (vorläufige) **Insolvenzverwalter** wird eine umfassende Analyse durchführen, um die genauen Ursachen für diese Unternehmenskrise, die Fehlentwicklung sowie die Schwachstellen aufzudecken. Außerdem wird der (vorläufige) Insolvenzverwalter im Rahmen einer Unternehmensfortführung Maßnahmen zur Verbesserung der Ertrags- und Liquiditätslage umsetzen und soweit hinreichend Substanz vorhanden ist oder im Verfahren erst geschaffen werden kann, die Basis für ein tragfähiges Sanierungskonzept beziehungsweise einen sanierenden Insolvenzplan erarbeiten.

Dabei kann er unter Umständen auf ein bestehendes **Sanierungskonzept** zurückgreifen. Von Vorteil ist es, wenn dieses bereits in einem außergerichtlichen Sanierungsabschnitt vorbereitet werden konnte. In diesem Fall wird wertvolle Zeit eingespart. Zudem wurden unter Umständen bereits Investoren für eine übertragende Sanierung gesucht. Dann wurde der notwendige Finanzierungsvolumen zur Fortführung bestimmt und es wurden bereits mit den wichtigen Lieferanten und Kunden weitere geschäftliche Belange in der Insolvenz abgestimmt.

Im vorläufigen Verfahren bietet sich die Chance, ohne die Kostenposition des Personalaufwands im Zeitraum der Insolvenzgeldvorfinanzierung Erträge zu erwirtschaften sowie eine Grundlage für die Fortführung zu legen. Die Sanierung des Unternehmensträgers in der Insolvenz über das Planverfahren oder die übertragende Sanierung des betriebswirtschaftlichen Unternehmens oder Teilunternehmens kann für die betroffenen Banken von Vorteil sein. Kreditinstitute sollten daher frühzeitig Kontakt zu dem vorläufigen Insolvenzverwalter aufnehmen. Der Insolvenzverwalter ist meist bereit, im vorläufigen Insolvenzverfahren mit den Hauptgläubigern detailliert Chancen einer Fortführung zu erörtern.

Ein wichtiges Ziel des Gesetzes zur Erleichterung der Sanierung von Unternehmen ist es, dem Schuldnerunternehmen über eine Reform der Insolvenzordnung die Möglichkeiten der Fortführung und der Sanierung zu verbessern (vgl. Wimmer, 2012, S. 3). Dieses sollte unter anderem durch eine frühere Antragstellung eines Schuldners erreicht werden. Dieser hat jedoch häufig Bedenken, dass ein Insolvenzantrag die Kunden- und Lieferantenbeziehungen belastet und dann eine Zerschlagung die Folge ist. Dennoch sind die erzielten Quoten auf die Forderungen der Gläubiger in einem sanierenden Insolvenzverfahren zumeist höher als bei der Liquidation. Dabei ist die Sanierung im Insolvenzverfahren dann erfolgversprechender, wenn ein frühzeitiger Insolvenzantrag erfolgt (vgl. Kranzusch/Icks, 2009, S. 22 ff.). Durch das SanInsFoG wurden die Restrukturierungsoptionen von Unternehmen durch das StaRUG eingeführt. Diese Sanierungsoptionen im Insolvenzverfahren sollen durch Änderungen von Regelungen im Insolvenzplanverfahren gestärkt werden.

Eine späte Insolvenzantragstellung wird als häufiger Grund für das Scheitern von Sanierungslösungen in der Insolvenz angegeben (vgl. Portisch et al., 2013a, S. 160 ff.). Das Insolvenzkriterium einer drohenden Zahlungsunfähigkeit (siehe § 18 InsO) wurde bis zum ESUG nur unzureichend eingesetzt. Aus dem Grund wurde mit dem ESUG das Instrument des sogenannten Schutzschirmverfahrens eingeführt, um den Schuldner zur früheren Insolvenzantragstellung zu motivieren (vgl. Wimmer, 2012, S. 24 ff.). Dieses Verfahren belässt dem Schuldner die Möglichkeit, diese Abläufe weiterhin mit eigenen Gremien zu steuern und hilft seiner Befürchtung entgegenzuwirken, einen kompletten Kontrollverlust zu erleiden (vgl. Cranshaw, 2012b, S. 431 ff.). Die Option des § 270b InsO wird durch die Regelung des § 270d InsO in der Fassung seit dem 01.01.2021, „Vorbereitung einer Sanierung, Schutzschirm" fortgesetzt.

Alternativen zur Weiterführung des Unternehmens durch den Schuldner selbst bieten im Eröffnungsverfahren die vorläufige Eigenverwaltung gemäß § 270b InsO und das erwähnte Schutzschirmverfahren gemäß § 270d InsO beziehungsweise im eröffneten Verfahren die Eigenverwaltung nach §§ 270 ff. InsO. Voraussetzungen für die vorläufige Eigenverwaltung im Schutzschirmverfahren sind, dass keine Zahlungsunfähigkeit besteht, lediglich drohende Zahlungsunfähigkeit oder Überschuldung, die eingeleitete oder geplante Sanierung „nicht offensichtlich aussichtslos" ist sowie dies durch einen sachverständigen Gutachter bescheinigt wird (§ 270d Abs. 1 Satz 1 InsO).

Dem Schuldner wird in der vorläufigen Eigenverwaltung und im eröffneten Eigenverwaltungsverfahren ein (vorläufiger) **Sachwalter** an seine Seite gestellt, der seine Geschäfte überwacht (§ 274 InsO), der Unternehmer bleibt Entscheidungsträger in der Firma. Dieser hat seine Tätigkeiten am Interesse der Gläubiger auszurichten. Bei dem Schutzschirmverfahren handelt es sich gegenüber dem insolvenzrechtlichen Planverfahren nach der Eröffnung um den vorgelagerten Verfahrensschritt zur Entwicklung und Vorlage eines Insolvenzplans. Dieser Verfahrensweg belässt dem Schuldner seine Gestaltungsmöglichkeiten. Das Gericht setzt dem Schuldner eine Frist von höchstens drei Monaten zur Planvorlage (§ 270d Abs. 1 Satz 2 InsO).

Die Vorgehensweise soll die Basis dafür bilden, dass **nach der Verfahrenseröffnung** nicht nur finanz- und leistungswirtschaftliche Maßnahmen zur Sanierung eingeleitet werden, sondern alternativ auch gesellschaftsrechtliche Veränderungen (siehe dazu § 225a InsO) umgesetzt werden können (vgl. Wimmer, 2012, S. 25), sofern den Verfahrenszielen gemäß § 1 InsO mit gemeinschaftlicher Gläubigerbefriedigung entsprochen wird. In der Praxis wird davon auch Gebrauch gemacht wie bei Suhrkamp mit Änderung der Rechtsform in eine AG sowie dem Ergebnis der Umwandlung von Kommanditanteilen in Aktien mit der Folge, dass die „Macht" im Unternehmen beim Vorstand liegt, § 76 AktG, und nicht mehr bei den beiden gleichberechtigten Kommanditisten, unter denen eine Stakeholderkrise ausgebrochen war. Im Folgenden werden die Möglichkeiten der Eigenverwaltung beschrieben.

Eigenverwaltung mit oder ohne Schutzschirm

Ein Insolvenzverfahren über Unternehmen kann auch ohne die Einsetzung eines Insolvenzverwalters in **Eigenverwaltung** durch den Schuldner beziehungsweise dessen Geschäftsführung eröffnet und durchgeführt werden. Dieses kommt dann in Betracht, wenn das Insolvenzgericht der Ansicht ist, dass der die Eigenverwaltung beantragende Schuldner selbst am besten die Verfahrensabwicklung führen kann. Dann ordnet das Gericht gemäß § 270 InsO auf Antrag die Eigenverwaltung an. Um den ordnungsgemäßen Verlauf des Verfahrensweges sicherzustellen, wird dem Schuldner ein Sachwalter zugeordnet. Dieser prüft primär die wirtschaftliche Lage des Schuldners und überwacht dessen Geschäftsführung. Wesentliche Verstöße teilt er unverzüglich den Insolvenzgläubigern und dem Insolvenzgericht mit. Nach § 275 InsO darf der Schuldner Verbindlichkeiten, die nicht zum gewöhnlichen Geschäftsbetrieb gehören, nur mit Zustimmung eines Sachwalters eingehen.

Seit dem ESUG erhalten die Gläubiger umfassende Mitwirkungsrechte, ob ein Verfahren in Eigenverwaltung des Schuldners durchgeführt werden kann. So darf das Insolvenzgericht aus § 270b Abs. 3 Satz 3 InsO den Antrag des Schuldners auf Anordnung der (vorläufigen) Eigenverwaltung, der mit einem einstimmigen Votum des vorläufigen Gläubigerausschusses unterstützt wird, nicht ablehnen. Umgekehrt ist das Gericht auch an einen die vorläufige Eigenverwaltung ablehnenden Beschluss des vorläufigen Gläubigerausschusses gebunden.

Ob die Regelungen aus Sicht der Kreditinstitute langfristig zu einer höheren und signifikanten Anzahl an Eigenverwaltungen führen wird, scheint fraglich (vgl. auch die ältere Studie von Moldenhauer et al., 2013, S. 3 ff.). In einer Untersuchung von vor einigen Jahren zeigt sich, dass sich die (vorläufige) Eigenverwaltung nicht überraschend gerade bei größeren Insolvenzverfahren stärker durchgesetzt hat. Jedoch führt die Eigenverwaltung über alle Insolvenzverfahren betrachtet unverändert statistisch meist ein Schattendasein (vgl. Moldenhauer/Wolf, 2018, S. 4 ff.). Im Jahr 2024 gab es ungefähr 22.400 Unternehmensinsolvenzen, davon insgesamt 470 eröffnete Eigeninsolvenzverfahren und damit lediglich rund 2,1 % aller eröffneten Unternehmensinsolvenzen (vgl. Creditreform, 2024, S. 1 ff., Kranzusch, 2025, S. 1 ff.). Zu beachten ist dabei, dass größere Verfahren zunehmend gemäß dem StaRUG ablaufen, die unter der InsO als Eigenverwaltungsverfahren beantragt würden und ablaufen könnten. Der Regelfall der Krisenbewältigung in einem kollektiven Verfahren (Insolvenzrecht) läuft daher nach wie vor unter der Ägide eines Insolvenzverwalters ab.

Die Bedenken, der Altgeschäftsführung eine Sanierung des Krisenunternehmens unter der Erschwernis einer Insolvenz zuzutrauen, sind bei den Gläubigern und den Insolvenzrichtern in der Regel geblieben. Im Mittelpunkt stehen jedoch die Kompetenzen der Organe des eigenverwaltenden Schuldners und das Vertrauen der Geschäftspartner in die Fähigkeiten der Geschäftsleitung. Die Aufsichtsorgane sind von der Mitwirkung ausgeschlossen (§ 276a InsO).

Definition: Das **Schutzschirmverfahren** ist eine 2012 eingeführte Form der vorläufigen Eigenverwaltung im Eröffnungsverfahren, bei dem der Schuldner einen Insolvenzantrag aufgrund drohender Zahlungsunfähigkeit oder Überschuldung stellt und dieses durch die Bescheinigung eines Gutachters belegt (siehe IDW, 2022a, S. 1054 ff.) der zugleich feststellt, dass die angestrebte Sanierung nicht aussichtslos ist und zusammen unter Aufsicht eines gegebenenfalls selbst „mitgebrachten" Sachwalters (§ 270d Abs. 2 Sätze 2, 3 InsO, §§ 270b Abs. 1, 274, 56a InsO) den Betrieb fortführt. Dabei handelt sich nicht um ein eigenständiges Sanierungsverfahren innerhalb der Insolvenzordnung, sondern um einen besonderen Verfahrensschritt im Eröffnungsverfahren, welcher dem Unternehmen die Möglichkeit eröffnen soll, die Umsetzung einer Sanierung auch nach dem Insolvenzantrag in eigener Regie durch einen Insolvenzplan vorbereiten zu können (vgl. Cranshaw, 2012a, S. 6 ff., zu dem zu § 270d InsO inhaltsgleichen § 270b InsO nach dem ESUG).

Mit dem Antrag auf ein **Schutzschirmverfahren** kann die Anordnung vorläufiger Sicherungsmaßnahmen aus § 270d Abs. 2 Satz 3, § 21 Abs. 2 und 2 Satz 1 Nr. 1a und Nr. 3 bis 5 InsO verbunden sein (vgl. Schmidt-Undritz, 2023, §§ 270c Rn. 5, 270d Rn. 10). Auf Antrag des Schuldners muss das Gericht die Anordnung gemäß § 21 Abs. 2 Nr. 3 InsO treffen, das Vollstreckungsverbot gegen Gläubiger, ausgenommen in Immobilien mit dinglichem Titel (Folge aus § 49 InsO). Damit kann sichergestellt werden, dass eine Betriebsfortführung nicht etwa durch Verwertungs- oder Zwangsvollstreckungsmaßnahmen einzelner Gläubiger unmöglich gemacht wird (siehe Buchalik, 2012a, S. 349 ff.). Jedoch wird die **Weiterführung** eines Unternehmens auch hier nicht ohne finanzielle Mittel möglich sein und die Zustimmung der Banken erfordern.

Im Gegenteil bedarf das Schutzschirmverfahren, an dessen Ende ein Sanierungsinsolvenzplanentwurf steht, der sorgfältigen Vorbereitung unter Einbindung der maßgeblichen Stakeholder, kommt es doch insbesondere dann in Frage, wenn eine außergerichtliche Sanierung ausscheidet, beispielsweise wegen der Blockade durch einzelne Gläubiger. Im Wesentlichen gelten hier dieselben Überlegungen wie in dem (teilkollektiven) Restrukturierungsverfahren nach dem StaRUG, nämlich die Kommunikation mit den wesentlichen Stakeholdern, wozu regelmäßig die Bankengläubiger gehören. Eine öffentliche Bekanntmachung im Schutzschirmverfahren findet nicht statt. Richtigerweise ist die etwaige Anordnung eines Vollstreckungsverbotes aber öffentlich bekannt zu machen.

Voraussetzung für die **Beantragung eines Schutzschirmverfahrens** ist gemäß § 270d Abs. 1 InsO die Vorlage der vorstehend erwähnte Bescheinigung eines in Insolvenzsachen erfahrenen Steuerberaters, Wirtschaftsprüfers oder Rechtsanwalts „oder einer Person mit vergleichbarer Qualifikation“, dass eine geplante **Sanierung** nicht offensichtlich aussichtslos ist und lediglich drohende Zahlungsunfähigkeit oder Überschuldung vorliegt. Erst wenn die Bescheinigung vorgelegt wird, kann das Gericht den Antrag prüfen und positiv darüber entscheiden. Der **Bescheiniger** sollte ein Berufsträger und neutraler Gutachter sein. Auch Unternehmensberatungen mit dem Schwerpunkt der Sanierung sollten für die finanzwirtschaftliche und leistungswirtschaftliche Beurteilung geeignet erscheinen (vgl. Fröhlich et al., 2012, S. 269 ff.).

Vor dem Hintergrund der schnellen Einarbeitung und des geringeren Kostenaufwands ist anzudenken, ob die im Rahmen der außergerichtlichen Sanierung tätige Unternehmensberatungsgesellschaft die Bescheinigung erstellen darf (vgl. dazu Buchalik, 2012b, S. 62). Aufgrund der geforderten Objektivität des Bescheinigers wird dies zutreffend kritisch gesehen (vgl. Fröhlich et al., 2012, S. 270).

Der Bescheiniger nach § 270d InsO erstellt einen Bericht zum einen über das Vorliegen der drohenden Zahlungsunfähigkeit, der Überschuldung und der nicht eingetretenen Zahlungsunfähigkeit und zum anderen darüber, dass die angestrebte Sanierung nicht offensichtlich aussichtslos ist. Die Überschuldung ist mit dem Überschuldungsstatus zu überprüfen und die lediglich drohende Zahlungsunfähigkeit mit einem Finanzplan zu belegen. Die offensichtliche Aussichtslosigkeit ist zu bejahen, wenn die zutage liegenden Umstände zeigen, dass die geplante Sanierung mit der „an Sicherheit grenzender Wahrscheinlichkeit“ erfolglos sein wird (vgl. MüKo-Kern, 2025c, § 270b Rn. 40)

Da viele Unternehmen in dieser Situation jedoch oft bereits tatsächlich zahlungsunfähig sind, ist dieser Tatbestand auch von den Kreditinstituten zu kontrollieren. Liegt tatsächlich Zahlungsunfähigkeit vor, muss die Bescheinigung negativ ausfallen und sie kann dann zu einem Antrag auf vorläufige Eigenverwaltung ohne „Schutzschirm“ gemäß §§ 270–270c InsO führen. Die vorhandene Zahlungsfähigkeit ist während des gesamten Schutzschirmverfahrens laufend zu überprüfen und eine zwischenzeitlich eingetretene Liquiditätsbeeinträchtigung, in Form der Zahlungsunfähigkeit, ist dem Gericht durch den Schuldner oder den Sachwalter anzuzeigen (§ 270d Abs. 4 InsO).

Schwieriger ist im weiteren Fortgang der **Sanierungsplanung** Frage zu beantworten, ob die Sanierung aussichtsreich ist. Hierfür ist zumindest ein Sanierungskurzgutachten erforderlich. In diesem Gutachten ist zum einen die leistungswirtschaftliche Seite der Sanierung zu beschreiben. Zum anderen ist bei der finanzwirtschaftlichen Sanierung auf die Unterstützungsbereitschaft der wichtigen Gläubiger wie Banken und Lieferanten einzugehen, da diese die Sanierung über das Schutzschirmverfahren in der Regel mittragen und den Betrieb weiter finanzieren müssen.

Des Weiteren sind eine **integrierte Planungsrechnung** mit verschiedenen Szenarien und eine abschließende Aussage zur Sanierungsfähigkeit obligatorisch. Diese Zahlenwerke sollten für einen Zeitraum von mindestens zwei Jahren erstellt werden. In bestimmten Branchen mit einem langjährigen Auftragsvorlauf sollte dieser Zeitraum sogar noch weiter reichen (siehe Fröhlich et al., 2012, S. 272). Die Kernelemente sind eine Planbilanz, eine Plan-GuV, eine Kapitalflussrechnung sowie eine unterjährige detaillierte Finanzplanung. Die weiteren Anforderungen an Sanierungsgutachten durch die Rechtsprechung sind ebenfalls zu beachten. Dabei darf nicht außer Acht gelassen werden, dass die Sanierung mit der Rechtskraft des Insolvenzplans nicht etwa abgeschlossen ist, sondern insbesondere die leistungswirtschaftliche Sanierung erst beginnt und branchen- und konjunkturabhängig mehrere Jahre benötigen kann.

Die Erarbeitung eines umfassenden Sanierungskonzepts gemäß IDW S 6 in eröffneten Verfahren zur Unterlegung der Sanierungsaussichten in der Bescheinigung erscheint aufgrund der Kosten sowie der notwendigen Zeit nicht möglich und auch nicht erforderlich zu sein. Davon zu unterscheiden ist die Verprobung des vorzulegenden Plans an den Maßstäben des IDW S 6. Im Zweifel kann auf das außergerichtliche Gutachten Bezug genommen oder das Altgutachten weiterentwickelt werden. Generell ist es von Vorteil, wenn die Sanierungsoptionen in der Insolvenz bereits im außergerichtlichen Sanierungskonzept in einem Prepackaged Plan aufgegriffen werden. Dieses verkürzt dann den Zeitraum zur Ausarbeitung der Bescheinigung nach § 270d InsO und des im Schutzschirmverfahren gemäß § 270d InsO oder bei der Eigenverwaltung nach §§ 270, 270a–270c InsO auszuarbeitenden Insolvenzplans.

Die Neufassung von IDW S 9 berücksichtigt die weiteren Voraussetzungen für die Anordnung eines **Schutzschirms** seit 01.01.2021 (Inkrafttreten der Änderungen der InsO nach Art. 5 SanInsFoG), nämlich im Kern die Eigenverwaltungsplanung (§ 270a Abs. 1 InsO) sowie die Erklärungen nach § 270a Abs. 2 InsO. Die Anforderungen an einen Sanierungsinsolvenzplan reichen jedoch weiter als etwa § 270a Abs. 1 InsO (Finanzplan über sechs Monate, „Konzept für die Durchführung des Insolvenzverfahrens“, Stand der Verhandlungen mit Stakeholdern zu den geplanten Maßnahmen). Erforderlich ist vielmehr die betriebs-wirtschaftlich fundierte Untersuchung der Sanierungsfähigkeit in einem Basisgutachten (vgl. Kraus, 2012, S. 587 ff.). Neben der Fortführungs- und Renditefähigkeit ist die langfristige Wettbewerbsfähigkeit und Kapitalisierung des betreffenden Unternehmens auf den Prüfstand zu stellen. Dabei kann der Aufbau des IDW S 6 mit dem dortigen Gliederungsschema hilfreich sein.

Auch eine Befragung der Gläubiger zur Einschätzung der **Sanierungsaussichten** und zur Unterstützung und Beurteilung des Vorhabens scheint erforderlich zu sein, da diese den zu erarbeitenden Insolvenzplan mittragen müssen (vgl. Fröhlich et al., 2012, S. 272 und Kraus, 2012, S. 589). Die Bescheinigung nach § 270d Abs. 1 InsO und das dort beinhaltete Gutachten sind vom Insolvenzgericht oder von einem beauftragten Dritten formal und materiell zu überprüfen (vgl. Buchalik, 2012a, S. 349 ff.). Oft wird dies lediglich eine reine Plausibilitätskontrolle sein. Es ist es notwendig, dass die Bescheinigung im Hinblick auf die Sanierungsaussichten zumindest die Kernbestandteile eines Sanierungskurzgutachtens enthält (vgl. Herbst et al., 2012, S. 160 ff.). Diesem früh geforderten Postulat entsprechen seit dem 01.01.2021 die Anforderungen gemäß § 270a Abs. 1 InsO, eine Norm, die für alle Eigenverwaltungsanträge gilt und damit auch für den Schutzschirm des vorläufigen Insolvenzverfahrens.

Die Zielrichtung des vorläufigen Insolvenzverfahrens mit Schutzschirm besteht in der Ausarbeitung eines **sanierenden Plans** oder eines Insolvenzplans mit übertragender Sanierung, letzteres stets verbunden mit Investorensuche. Das Konzept soll auf dem außergerichtlichen (vorinsolvenzlichen) Gutachten und der Bescheinigung aus § 270d InsO mit der Würdigung der Angaben des Schuldners nach § 270a Abs. 1, 2 InsO aufsetzen. Die Maximaldauer zur Vorlage des Insolvenzplans bei Gericht beträgt drei Monate. Diese Frist wird durch das Insolvenzgericht festgelegt und kann gegebenenfalls auch kürzer ausfallen (vgl. § 270d Abs. 1 Satz 2 InsO). Der Schuldner führt sein Unternehmen dann im vorläufigen Insolvenzverfahren weiter fort.

Dem Schuldner wird im **vorläufigen Insolvenzverfahren mit Eigenverwaltung**, also auch unter dem **„Schutzschirm“**, ein vorläufiger Sachverwalter an die Seite gestellt (§ 270b Abs. 1 Satz 1 InsO), der im Rahmen des Schutzschirms nicht der Aussteller der Bescheinigung sein darf (vgl. § 270d Abs. 2 Satz 1 InsO). Der Schuldner ist unter dem Schutzschirm berechtigt, einen eigenen Vorschlag für die Person zu unterbreiten. Das Gericht kann von diesem Vorschlag nur abweichen, wenn es dem Vorgeschlagenen an der Eignung, insbesondere an der notwendigen Unabhängigkeit fehlt (§ 270d Abs. 2 Sätze 2, 3 InsO). Das **Auswahlprinzip** erscheint allerdings weitgehend zu sein (vgl. Frind, 2012, S. 540 ff. zu dem damaligen § 270b InsO, insoweit inhaltsgleich mit § 270d InsO ab 01.01.2021). Die Auswahlentscheidung sollte in der Praxis durch die Gerichte überprüft werden. So soll das Vertrauen eines Schuldners in das Schutzschirmverfahren und den Erhalt der Handlungsfreiheit gewährleistet werden.

Die Frage der Begründung von **Masseverbindlichkeiten** in der vorläufigen Eigenverwaltung gemäß § 55 Abs. 2 InsO durch den Schuldner hat der Gesetzgeber sachgerecht mit § 270c InsO n.F. (ab 01.01.2021) gelöst. Der Schuldner muss die Berechtigung beim Insolvenzgericht beantragen und das Gericht muss sie bewilligen, soweit der Antrag im Finanzplan berücksichtigte Verbindlichkeiten betrifft. Die Einzelermächtigung ist somit für jede einzelne Finanzierungsmaßnahme erforderlich. Betrifft der jeweilige Antrag eine Maßnahme, die nicht im Finanzplan aufgenommen wurde, muss dies vom Schuldner genau begründet werden.

Dem **Insolvenzgericht** steht ein Ermessen zu, ob es dem Antrag stattgibt oder nicht (§ 270c Abs. 4 Satz 2 InsO n.F.). § 270b Abs. 3 InsO a.F. sah nur für den Schuldner unter dem Schutzschirm vor, dass das Insolvenzgericht nur auf Antrag die Begründung von Masseverbindlichkeiten genehmigt, wobei zweifelhaft war, ob dieses stets eine Globalermächtigung sei, die dazu führte, dass der eigenverwaltende Schuldner im vorläufigen Verfahren wie ein starker Insolvenzverwalter generell **Masseverbindlichkeiten** begründete. Der BGH hat diese Einzelermächtigung zu einzelnen Geschäften oder für Gruppen von Geschäften für zulässig gehalten (BGH, 16.06.2016, IX ZR 114/15). Die große Gefahr war jedoch bei dieser Auslegung und Praxis im Hinblick auf die §§ 53, 55 Abs. 2 InsO, dass bei Eröffnung die Masse bereits ausgehöhlt sein konnte.

Der Schuldner muss trotz der Bindung des Gerichts den Antrag stellen, Masseverbindlichkeiten begründen zu dürfen (vgl. zu der Rechtslage Vor § 270c Abs. 4 InsO n.F. zu § 270b Abs. 3 InsO a.F. BGH, 24.03.2016, IX ZR 157/14). Macht der Eigenverwalter einen Fehler, haftet das Geschäftsführungsorgan nach § 61 InsO unter den dortigen Voraussetzungen wie ein Insolvenzverwalter persönlich haftet (vgl. dazu BGH, 26.04.2018, IX ZR 238/17). Die Vorgehensweise wurde vom Gesetzgeber gewählt, damit der Schuldner das Vertrauen im Geschäftsverkehr gegenüber den Vertragspartnern aufrechterhält. Der Sachwalter hat eine Überwachungsfunktion (siehe Cranshaw, 2012b, S. 441 ff. zur Rechtslage gemäß dem ESUG, die sich insoweit nach der Reform durch das SanInsFoG ebenfalls nicht geändert hat).

Der **Schuldner** sollte sich mit den wesentlichen Gläubigern, insbesondere den Kreditinstituten oder dem vorläufigen Gläubigerausschuss, soweit möglich, bereits im Vorfeld über den einzusetzenden Sachwalter abstimmen, da das Schutzschirmverfahren und die Insolvenzplanumsetzung das Einverständnis der betroffenen Gläubiger erfordern (vgl. schon Herbst et al., 2012, S. 158 ff.). Des Weiteren sind zur Betriebsfortführung weitere finanzielle Mittel zur Verfügung zu stellen. Dazu werden echte oder unechte Massekredite und die Vorfinanzierung des Insolvenzgeldes notwendig, soweit ein Schuldnerbetrieb mit Arbeitnehmern fortgeführt wird. Die Begleitung dieser Form der Eigenverwaltung ist von Seiten der Kreditinstitute insgesamt tendenziell kritisch zu betrachten, da der Schuldner für die Krise des Unternehmens verantwortlich ist. Daher sollte eine gute Sanierungsperspektive vorliegen, wenn die Variante der Eigenverwaltung mit Schutzschirmverfahren unterstützt werden soll.

Bei (bedeutenderen) Eigenverwaltungsverfahren ist es üblich, dass die insolvente Gesellschaft einen Restrukturierungsmanager (oft aus den Reihen erfahrener Insolvenzverwalter) anstellt, als Generalbevollmächtigten oder als Chief Restructuring Officer (CRO) mit Geschäftsführer- beziehungsweise Vorstandsrang oder als Chief Executive Officer (CEO) und Interimsmanager, der zeitweise das Unternehmen nach den Anforderungen des Insolvenzrechtsregimes steuert. Auf dem kostenauslösenden Weg kann das Defizit der originären Geschäftsleitung hinsichtlich Sanierungskompetenz oft behoben werden. Häufig erfolgt zudem ein grundsätzlicher Wechsel in der Geschäftsleitung, um das Vertrauen der Gläubiger wieder herzustellen.

Interner erfahrener CRO und der externe Sachwalter wirken im Rahmen ihrer jeweiligen Funktion im Interesse der Gläubigerbefriedigung zusammen sowie wahren zugleich möglichst die Option des Fortbestandes des Unternehmensträgers durch einen sachgerechten Insolvenzplan.

Der **Schutzschirmverfahren** bedeutet keinen Paradigmenwechsel der InsO, das Verfahren bleibt gläubigerorientiert (siehe § 1 InsO), anders als das Verfahren nach dem StaRUG. Das vorläufige Eigenverwaltungsverfahren nach §§ 270a ff. InsO hat sich bei größeren Insolvenzfällen bewährt. Es bleibt aber auf prozentual ganz geringe Fallzahlen im Vergleich zur Gesamtzahl der eröffneten Insolvenzverfahren beschränkt, zumal die Zahl der eröffneten Eigenverwaltungsverfahren niedriger sein sollte als die Zahl der anfänglich beantragten vorläufigen Eigenverwaltungsverfahren.

Eine Abstimmung zwischen dem Schuldner sowie dem ins Auge gefassten vorläufigen Sachwalter, wichtigen Gläubigern und dem Insolvenzgericht (hier als Vorgespräch in den größeren Verfahren nach § 22a InsO gemäß § 10a InsO) erscheint im Vorfeld einer Antragstellung bei diesem komplexen Verfahrensweg ratsam zu sein, um bedeutende Fragen rechtzeitig zu klären (siehe bereits Jung/Schuller, 2013, S. 122 ff. zum früheren Recht). Erforderlich ist dieses Mitwirken wichtiger Gläubiger aus mehreren Gründen. Die Kreditinstitute können trotz der Anordnung eines Vollstreckungsverbots ihre auch schon valutierten Kredite fällig stellen (anders im Rahmen des StaRUG-Verfahrens bei Stabilisierungsanordnungen, § 55 Abs. 1 StaRUG) oder Warenlieferanten auf Vorkasse bestehen (vgl. Wimmer, 2012, S. 25 ff.).

Die **Insolvenzgeldvorfinanzierung** (siehe §§ 165 SGB III) setzt ein vorfinanzierendes Kreditinstitut voraus und wird in der Regel erforderlich sein, um im Schutzschirmverfahren die Liquidität zu schonen. Vorfinanziert wird nicht das Unternehmen, sondern das Insolvenzgeld in Höhe der offen gebliebenen Arbeitsentgelte der Arbeitnehmer. Es handelt sich hierbei nicht um einen Kredit, sondern um den Ankauf der Arbeitsentgelte für den jeweiligen Insolvenzgeldzeitraum. Das insolvente Unternehmen verpflichtet sich hierbei lediglich, für etwaige Minderleistungen des Insolvenzgeldes durch die Bundesagentur und für die Bearbeitungskosten der Bank einzustehen (Kontenentgelte, Provision für Zurverfügungstellung der Vorfinanzierung, deren Maßstab der für Darlehen in Höhe der Vorfinanzierung verlangte Zinssatz ist).

Eine Kommunikation und Koordination der Verfahrensbeteiligten ist im Interesse der bestmöglichen Gläubigerbefriedigung sowie im Interesse der Unternehmenssanierung erforderlich. Die Bildung eines vorläufigen Gläubigerausschusses ist ebenfalls ratsam, um die Kommunikation stetig aufrecht zu erhalten. Bei Verfahren ab der Größenordnung gemäß § 22a Abs. 1 InsO ist die Bildung eines vorläufigen Gläubigerausschusses zur Begleitung einer **vorläufigen Eigenverwaltung** obligatorisch („Muss-Ausschuss“). Aber auch in anderen Fällen („Soll-Ausschuss“ beziehungsweise „Kann-Ausschuss“) ist die Bildung und Einbindung des vorläufigen Ausschusses von Bedeutung, unter anderem, um Finanzierungsentscheidungen zur Aufrechterhaltung des Geschäftsbetriebs mit den Gläubigern frühzeitig abstimmen zu können.

Die Beteiligung an einem vorläufigen Gläubigerausschuss ist aus Bankensicht gerade bei einer Eigenverwaltung, mit oder ohne Schutzschirm, wichtig, um sich stetig über den Verlauf dieses Sanierungsvorbereitungsverfahrens zu informieren. Der (vorläufige) Gläubigerausschuss ist aber kein Instrument, um spezifische Vorteile für die dort beteiligten einzelnen Gläubiger zu generieren, sondern ein Gremium, das im Interesse aller Gläubiger agiert.

Das **Insolvenzgeld** hat eine liquiditätsschöpfende Wirkung. Die Arbeitskosten in dem Schutzschirmverfahren können wie in jedem vorläufigen Insolvenzverfahren mit dem Insolvenzgeld gemäß §§ 165 ff. SGB III finanziert werden. Die späteren Ansprüche der Bundesagentur für Arbeit sind wie auch sonst nach § 55 Abs. 3 InsO allerdings einfache Insolvenzforderungen (vgl. Buchalik, 2012a, S. 355 ff.).

Wird der Insolvenzgeldzeitraum von maximal drei Monaten vollständig ausgeschöpft und scheitert die Insolvenzplanausarbeitung, ist eine Zerschlagung des Schuldnerunternehmens meist vorprogrammiert. Gelingt das Schutzschirmverfahren nicht, erfolgt die Überleitung in ein herkömmliches sogenanntes Regelinsolvenzverfahren mit Insolvenzverwalter. Dies wird gegebenenfalls direkt zu einer Abwicklung des Schuldnerunternehmens führen (vgl. Herbst et al., 2012, S. 163).

Kommt ein **Insolvenzplan** zustande und wird dieser von den Gläubigern verabschiedet (§§ 244–246a InsO), vom Gericht bestätigt (§ 248 InsO), aber nach Rechtskraft nur teilweise oder gar nicht erfüllt und wird ein weiteres Mal ein Insolvenzverfahren beantragt und dann auch eröffnet, entsteht in dem Verfahren kein neuer Insolvenzgeldzeitraum (vgl. BSG vom 23.05.2017, B 12 AL 1/15 R).

Gründe für diese Beendigung des vorläufigen Eigenverwaltungsverfahrens einschließlich des Schutzschirmverfahrens werden in § 270e Abs. 1 Nrn. 1–5 InsO aufgeführt sowie in Abs. 2 Satz 1 der Vorschrift. Diese liegen dann vor, wenn (Nr. 1) der Schuldner schwerwiegend gegen seine insolvenzrechtlichen Pflichten verstößt, insbesondere gemäß Nr. 1 a) unrichtige Angaben zu wesentlichen Tatsachen der Eigenverwaltungsplanung macht oder wenn das Rechnungswesen unbrauchbar ist und keine Beurteilung der Planung ermöglicht, siehe Nr. 1 b), wenn (Nr. 2) Planungsmängel nicht innerhalb der gesetzten Frist behoben werden, (Nr. 3) die Erreichung des Eigenverwaltungsziels, insbesondere die Sanierung, aussichtslos geworden sind, wenn (Nr. 4) der vorläufige Sachwalter mit der Zustimmung des vorläufigen Gläubigerausschusses oder der Ausschuss selbst die Aufhebung beantragen und (Nr. 5) der Schuldner selbst einen Aufhebungsantrag stellt.

Auch ein Absonderungsberechtigter oder ein Insolvenzgläubiger kann die Aufhebung beantragen, falls die vorläufige Eigenverwaltung nicht hätte angeordnet werden dürfen oder zu erheblichen Nachteilen für diese Gläubiger führen wird und der Antragsteller die Umstände dieser Aufhebungsgründe glaubhaft macht (vgl. § 270e Abs. 2 InsO). Dies ist aus Bankensicht zu untersuchen und es ist im Zweifel gegenzusteuern, um die Eigenverwaltung bei weiterer Verlustwirtschaft zu beenden.

Eingetretene Zahlungsunfähigkeit ist kein Grund für die Ablehnung eines Antrags auf vorläufige Eigenverwaltung, nur das „Schutzschirmverfahren" ist dann versperrt (vgl. Wimmer, 2012, S. 28 ff.). Während des „Schutzschirms" eintretende Zahlungsunfähigkeit (§ 17 InsO) ist dem Insolvenzgericht „unverzüglich" anzuzeigen, das sodann den Schutzschirm aufhebt (§ 270d Abs. 4 InsO).

Das mit dem Insolvenzantrag beantragte Schutzschirmverfahren kann zur Gesundung eines Unternehmens führen. Dies hat jedoch strukturell stets eine Insolvenzeröffnung zur Folge, mit allen Negativwirkungen wie Einbußen der Reputation. Daher ist diese Entscheidung betriebswirtschaftlich gut zu durchdenken. Wichtige Schritte im Schutzschirmverfahren werden in der nachfolgenden Abb. 5.8 in Abhängigkeit vom Verfahrensverlauf und den Akteuren dargestellt.

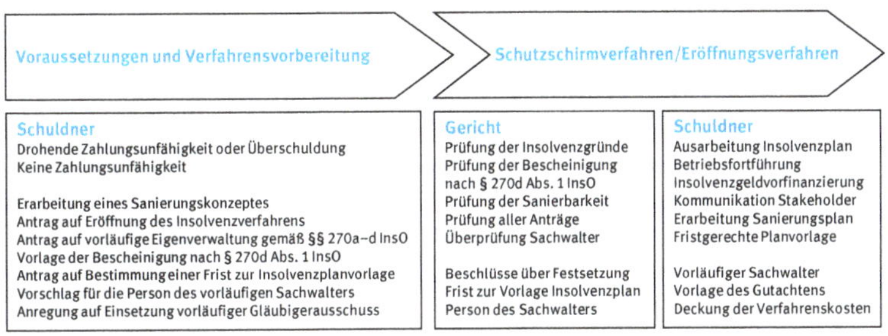

Abb. 5.8: Verlauf eines Schutzschirmverfahrens (Quelle: Eigene Darstellung)

Eine Alternative der Fortführung des Betriebes durch den Schuldner im Eröffnungsverfahren ist die vorläufige **Eigenverwaltung** aus § 270b InsO n.F. ohne Schutzschirm. In diesem Fall bestellt das Insolvenzgericht ebenfalls einen vorläufigen Sachwalter. Der Schuldner kann in Abstimmung mit dem vorläufigen Gläubigerausschuss und dessen einstimmigen Beschluss die Auswahl des Sachwalters festlegen gemäß § 56a Abs. 2 InsO i.V.m. §§ 270b Abs. 1 Satz 1, § 274 Abs. 1 InsO.

Diese Verfahrensart ist in der Handhabung einfacher als das Schutzschirmverfahren. Die Eigenverwaltung ist auch möglich, wenn Zahlungsunfähigkeit bereits eingetreten ist, erfordert jedoch ebenfalls die Unterstützung der wichtigen Gläubiger, wird ein Insolvenzplan, insbesondere ein Sanierungsplan, angestrebt

Beurteilung der Eigenverwaltung aus Sicht der Kreditinstitute

Das **Schutzschirmverfahren** hat nicht unbedingt den vorrangigen Zweck, das Schuldnerunternehmen vor Eingriffen der Gläubiger zu bewahren. Vielmehr ist auch dieser Verfahrensweg auf die bestmögliche Gläubigerbefriedigung ausgerichtet. Ein begonnenes Schutzschirmverfahren hindert die Gläubiger wie Banken und Lieferanten allerdings nicht daran, ihre Verträge zu kündigen.

Lieferanten können künftig ausschließlich gegen Vorkasse beliefern und Banken können ihre Linien einfrieren, Überziehungslinien kündigen sowie den Schuldner in die endgültige Zahlungsunfähigkeit zwingen. Eine Ausnahme gilt für Miet- oder Pachtverhältnisse des Schuldners, unter anderem das Leasing. In der Insolvenz des Leasingnehmers, Mieters kann nicht wegen Mietrückständen aus der Zeit vor dem Insolvenzantrag oder wegen Verschlechterung der Vermögenslage eines Schuldners gekündigt werden (§ 112 InsO, „Kündigungssperre").

Massekredite können ebenfalls versagt werden. Dann wird deutlich, dass ein Schutzschirmverfahren nicht ohne die Zustimmung der Geld- und Warenkreditgeber gelingen kann. Dieses erfordert eine enge Abstimmung des Schuldners mit den Gläubigern über die Begleitung einer Eigenverwaltung nach §§ 270 ff. InsO, beginnend bereits mit der vorläufigen Eigenverwaltung nach den §§ 270b–270e InsO (vgl. schon zur Rechtslage nach dem ESUG Cranshaw, 2012b, S. 438 ff.). Anders ist dies bei den Regelungen zum präventiven Restrukturierungsrahmen aus der Sanierungsrichtlinie 2019/1023/EU der Europäischen Union, die ein Moratorium und weitere Einschränkungen der Möglichkeiten der Rechtsverfolgung durch die Gläubiger vorsieht und dem StaRUG als inländisches Umsetzungsgesetz (Stabilisierungs- und Restrukturierungsrahmen gemäß dem Teil 2 des StaRUG, siehe § 55 StaRUG).

Zu beachten ist, dass der revolvierende Einsatz von abgetretenen Forderungen und sicherungsübereigneten Vermögensgegenständen des Umlaufvermögens aus Sicht der Banken nicht ohne Weiteres hingenommen werden soll, da er auch nicht zulässig ist. Voraussetzung dafür ist, dass die Bank ihre vertraglichen Rechte wahrgenommen und dem Schuldner nach Insolvenzantrag die Befugnis zur Einziehung sicherungszedierter Forderungen oder des Weiterverkaufs sicherungsübereigneter Gegenstände nach dem jeweiligen Sicherungsvertrag entzogen hat.

Verhängt das **Insolvenzgericht** gegen den Sicherungsnehmer ein Verwertungs- sowie Einziehungsverbot gemäß § 21 Abs. 2 Satz 1 Nr. 5 InsO und überträgt dieses Recht auf den vorläufigen Insolvenzverwalter oder den Schuldner (vgl. in der Eigenverwaltung, § 270c Abs. 3 InsO), sind die von den Drittschuldnern eingezogenen beziehungsweise bezahlten Beträge für das Institut als Sicherungszessionar zu separieren, abzurechnen und sodann auszuzahlen. Die Verwendung dieser Vermögenswerte als sogenannte stillen Massekredit, um die notwendige Liquidität für die Unternehmensfortführung zu generieren, bedarf einer Einigung, damit die absonderungsberechtigten Bestände im Schutzschirmverfahren nicht ohne Zustimmung abschmelzen.

Der **stille Massekredit** kann durch die Sicherungszession der im vorläufigen Verfahren beziehungsweise im eröffneten Verfahren neu entstehenden Forderungen gegen Drittschuldner besichert werden. Die Werthaltigkeit dieser neuen Forderungen hängt von der Geschäftsentwicklung des fortgeführten Unternehmens ab. Die Positionen der zedierten Altforderungen und der sonstigen Sicherheiten des Umlaufvermögens sind mit der Feststellung der Verarbeitungsstufe zum Zeitpunkt des Insolvenzantrags unbedingt genau im Rahmen einer Inventur festzuhalten.

Von Seiten der Kreditinstitute sollte die Eigenverwaltung, mit und ohne Schutzschirmverfahren, nur im Ausnahmefall, begleitet werden. Die rechtlichen Einwirkungsmöglichkeiten der Bank gegen die Anordnung einer (vorläufigen) Eigenverwaltung sind allerdings gering, da dagegen kein Rechtsbehelf statthaft ist, vielmehr kann unter engen Voraussetzungen deren Aufhebung beantragt werden (vgl. dazu auch §§ 270e Abs. 2, 272 Abs. 1 Nr. 4 InsO).

Die Bank ist nicht „Herr" über das Verfahren, sondern Einfluss kann sie nur über Finanzierungsvereinbarungen, die Stimmrechte, vereinzelt über Rechtsbehelfe, und (im Interesse aller Gläubiger) als Mitglied im (vorläufigen) Gläubigerausschuss ausüben, letzteres aber nur, wenn sie selbst Mitglied ist und nicht ein Bankmitarbeiter oder Organmitglied mit persönlichem Mandat (§ 67 Abs. 3 InsO). Die Sanierungsaussichten in der Insolvenz sollten bei Unterstützung der Eigenverwaltung daher gut sein, auch vor dem Hintergrund, dass häufig eine außergerichtliche Sanierung bereits gescheitert ist. Die Eigenverwaltung setzt ein sehr hohes Vertrauen der Gläubiger in die Person des Schuldners und gleichermaßen des eingesetzten Sachwalters voraus.

Die Befürwortung sollte auch nur erfolgen, wenn eine gute Kommunikation mit dem Schuldner zu erwarten ist. Dazu sind die Kreditinstitute möglichst bereits im Vorfeld des Insolvenzantrags von dem Vorhaben zu informieren. Die positive Entwicklung der Abläufe und Ergebnisse des Insolvenzverfahrens setzt insbesondere eine stetige Kommunikation der Beteiligten mit den wesentlichen Gläubigern voraus.

Die Kreditinstitute sollten im Schutzschirmverfahren die Bescheinigung gemäß § 270d Abs. 1 InsO einsehen können und unterrichtet werden, wer als vorläufiger Sachwalter vorgesehen ist, um die Person des Sachwalters sowie das **Eigenverwaltungskonzept** rechtzeitig einschätzen können. Zugleich ist in allen vorläufigen Eigenverwaltungsverfahren die Einbindung eines vorläufigen Gläubigerausschusses wichtig, damit die Banken Gefährdungen der Eigenverwaltungsplanung und des etwa in Erarbeitung befindlichen Insolvenzplans, das heißt der Entwicklung des Geschäftserfolgs des insolventen Unternehmens, erfahren (s. § 270e Abs. 4 InsO) und ihre internen Prozesse im Hinblick auf den konkreten Kreditfall überwachen, Einzelentscheidungen anpassen können. Da die Aussichten der Sanierungsbemühungen unbestimmt sind, sollte bei der Gewährung von Massekrediten auf eine ausreichende Besicherung geachtet werden. Das gilt für stille Massekredite gleichermaßen.

Die Eigenverwaltung setzt sich zunehmend gerade in größeren Verfahren durch. Da die rechtlichen Anforderungen an die Geschäftsführung in der Insolvenz steigen, ist es wichtig, diese Management-Kompetenzen gegebenenfalls mit einem juristisch ausgebildeten Geschäftsführer mit Expertise in Insolvenzverfahren (Insolvenzverwaltererfahrung, Sanierungsberaterkompetenzen) als Zeitmanager (Interimsmanager) in der Geschäftsleitung neu zu besetzen. Wird das Verfahren dann mangels Masse abgewiesen (vgl. § 26 InsO), ordnet das Gericht an, den Schuldner in das Schuldnerverzeichnis einzutragen, um den Geschäftsverkehr vor zahlungsunfähigen natürlichen und juristischen Personen sowie rechtsfähigen Personengesellschaften zu schützen.

Gemäß § 26 Abs. 2 Satz 1 InsO wird diese Eintragung im Schuldnerverzeichnis nach Ablauf einer Frist von insgesamt drei Jahren gelöscht (§ 882e Abs. 1 ZPO). Handelt es sich bei dem Schuldner um eine freiberuflich tätige Person, kann nach Rechtskraft des Abweisungsbeschlusses gemäß § 26 InsO die Bestellung beispielsweise zum Steuerberater (siehe § 46 Abs. 2 Nr. 4 StBerG), Wirtschaftsprüfer (vgl. §§ 16 Abs. 1 Nr. 7, 26 Abs. 2 Nr. 5 WPO), Rechtsanwalt (vgl. § 14 Abs. 2 Nr. 7 BRAO) oder Notar (siehe §§ 50 Abs. 1 Nr. 6, 54 Abs. 2 Nr. 3 BNotO) wegen Vermögensverfall widerrufen werden. Bei Kapitalgesellschaften (AG, KGaA, GmbH), Genossenschaften und bei rechtsfähigen Personengesellschaften (OHG, KG, Gesellschaftsregister eingetragene BGB-Gesellschaften), bei diesen ohne unmittelbar oder mittelbar unbeschränkt haftende natürliche Person als Gesellschafter, führt die rechtskräftige Abweisung eines Eröffnungsantrages zur Auflösung der Gesellschaft und Löschung im Register, letzteres wenn die Vermögenslosigkeit der betroffenen Organisation dargetan ist.

Gesetz zur Erleichterung der Bewältigung von Konzerninsolvenzen

Der Gesetzgeber hat neben diesem Gesetz zur Erleichterung der Sanierung von Unternehmen eine weitere Reform des **Unternehmensinsolvenzrechts** im Jahr 2017 vorgenommen. So wurde das Gesetz zur Erleichterung der Bewältigung von Konzerninsolvenzen beschlossen. Dies regelt den formalen und materiellen Ablauf von Konzerninsolvenzen. Dazu wurde ein freiwilliges Koordinierungskonzept als Grundlage gewählt. Im Vordergrund stehen die Kommunikation der an einer **Konzerninsolvenz** beteiligten Akteure, ein einheitlicher sowie in §§ 3a ff. InsO geregelter Gruppen-Gerichtsstand mit einem Koordinationsinsolvenzplan. Auf Ebene der Organe wurden die Positionen des Koordinationsinsolvenzverwalters, des Koordinationsgerichts sowie des Gruppen-Gläubigerausschuss geschaffen (vgl. Cranshaw et al., 2016a, S. 3 ff.).

Wesentliche Voraussetzung für einen Antrag auf einen **Gruppen-Gerichtsstand** nach § 3a Abs. 1 InsO ist das Vorliegen einer Unternehmensgruppe. Ein Konzern ist demnach gemäß § 3e InsO gegeben, bei rechtlich selbständigen Unternehmen, die den Mittelpunkt ihrer hauptsächlichen wirtschaftlichen Interessen im Inland haben sowie die unmittelbar oder mittelbar miteinander verbunden sind, durch eine Möglichkeit der Ausübung eines beherrschenden Einflusses oder die Zusammenfassung unter einheitlicher Leitung. Für die Auslegung ist § 290 HGB maßgeblich (vgl. Mock, 2017, S. 951 ff.). Der Antrag kann nur von einem Schuldner erfolgen, der für die Gruppe nicht unwesentlich ist. Die quantitativen Grenzen dafür sind in § 3a Abs. 1 InsO geregelt. Eine Unternehmensgruppe bildet etwa die GmbH & Co. KG mit der Komplementär GmbH (siehe MüKo-Bruns, 2025a, § 3e Rn. 3, 4, 8, 9, 10).

Die Folge der Begründung eines Gruppen-Gerichtsstands ist, dass dort die Zuständigkeit für die Folgeverfahren der Gruppe begründet ist. Der Gruppen-Gerichtsstand ist der Ausgangpunkt für die Einleitung des Koordinationsverfahrens und sorgt für eine Verfahrenskonzentration. Des Weiteren besteht die Möglichkeit der Bestellung eines Gruppeninsolvenzverwalters gemäß § 56b InsO.

Dieses Instrument wurde zur Reduzierung des **Abstimmungsaufwands** eingerichtet. Die wesentliche Neuerung ist die Einrichtung des Koordinationsverfahrens aus § 269a bis § 269i InsO. Über das Koordinationsverfahren soll die Kommunikation der Verfahrensbeteiligten und die zentrale Abstimmung über den Verfahrenskoordinator ermöglicht werden. Durch §§ 269a ff. InsO wird eine Rechtsgrundlage für die Zusammenarbeit in einem Konzerninsolvenzverfahren geschaffen. Demnach sind die jeweiligen Insolvenzverwalter, die Insolvenzgerichte sowie die Gläubigerausschüsse zur gegenseitigen Unterrichtung verpflichtet. Sie haben sich alle Informationen mitzuteilen, die für das andere Verfahren von Bedeutung sein können. Diese gleiche Pflicht trifft auch die eigenverwaltenden Schuldner (§ 270d InsO). Eine Grenze der Informationspflicht und der Pflicht zur Zusammenarbeit besteht in der Pflicht zur Verfolgung der Interessen der Beteiligten im eigenen Insolvenzverfahren.

Die Aufgabe zur Zusammenarbeit besteht aus § 269b InsO auch für die beteiligten Insolvenzgerichte. Auf der Ebene der Gläubigerausschüsse wird eine Pflicht zur Zusammenarbeit nur indirekt angeordnet (§ 269c Abs. 2 InsO).

Es besteht die Möglichkeit ein Koordinationsverfahren gemäß § 269d InsO einzuleiten. In diesem Verfahren ist der Verfahrenskoordinator die zentrale Anlaufstelle für diese organisatorische Verzahnung der **Einzelkonzernverfahren**. Des Weiteren schafft der Koordinationsplan als weitere Stufe die Verbindung dieser Einzelsegmente. Das Koordinationsverfahren kann auf Antrag eines gruppenzugehörigen Schuldners eingeleitet werden. Alternativ kann ein einstimmig handelnder (vorläufiger) Gläubigerausschuss oder ein Insolvenzverwalter diesen Verfahrensweg beantragen. Zuständig ist das Koordinationsgericht (vgl. Mock, 2017, S. 955 ff.).

Zentraler Akteur dieser Struktur ist der **Verfahrenskoordinator** der §§ 269e ff. InsO. Dieser Koordinator sollte nicht bereits Insolvenzverwalter oder Sachwalter eines der Konzernschuldnerunternehmen sein und damit eine Doppelfunktion ausüben. Ansonsten sind Interessenkonflikte vorprogrammiert. Die in § 269e Abs. 1 Satz 2 InsO geforderte Unabhängigkeit von Insolvenzverwaltern oder Sachwaltern dieser Gruppe wäre nicht gegeben. Die Unabhängigkeit von Schuldnern und Gläubigern ist selbstverständlich (Satz 1 der Norm und § 56 Abs. 1 Satz 1 InsO). Daher kann ein bereits beteiligter Verwalter nur Koordinator werden, wenn Nachteile aufgrund etwa befürchteter mangelnder Neutralität nicht zu besorgen sind oder durch andere Vorteile wie besondere „Expertise und Erfahrung“ aufgewogen werden. Dieser Verfahrenskoordinator sorgt für eine abgestimmte Abwicklung des Gesamtverfahrens im Interesse aller Gläubiger. Dann kann er gemäß § 269f Abs. 1 Satz 2 InsO einen Koordinationsplan vorlegen. Des Weiteren bildet er eine zentrale Anlaufstelle für die Verfahrensbeteiligten zu Informations- und Kommunikationszwecken.

Im Rahmen eines **Koordinationsverfahrens** kann der Koordinator einen Koordinationsplan vorlegen, um eine abgestimmte Abwicklung des Konzerninsolvenzverfahrens zu ermöglichen. Das Initiativrecht für diesen Insolvenzplan haben der Koordinator sowie auch sämtliche Insolvenzverwalter der gruppenangehörigen Schuldner.

In diesem **Koordinationsplan** können alle sachdienlichen Maßnahmen beschrieben werden, die für die abgestimmte Abwicklung aller Einzelverfahren sinnvoll sind. So kann der Plan gemäß § 269h Abs. 2 InsO folgende Vorschläge enthalten:

- Wiederherstellung der wirtschaftlichen Leistungsfähigkeit der Schuldner
- Beilegung gruppeninterner Streitigkeiten der Schuldnerunternehmen
- Abschluss vertraglicher Vereinbarungen unter den Insolvenzverwaltern

Hauptsächlich dürfte der Plan zur Beilegung von Streitigkeiten dienen, unter anderem im Hinblick auf die Ausübung von **Anfechtungen** im Rahmen von konzerninternen Leistungs- und Zahlungsströmen (vgl. Mock, 2017, S. 955 ff.). Der Koordinationsplan ist dem **Koordinationsgericht** zur Bestätigung vorzulegen und bedarf auch der Zustimmung eines bestellten Gruppen-Gläubigerausschusses beziehungsweise der jeweiligen Gläubigerversammlung hinsichtlich der die einzelne Gruppengesellschaft betreffenden Maßnahmen (Folge aus § 269i InsO). Dazu muss der Insolvenzverwalter oder der Verfahrenskoordinator den Gesamtplan im Berichtstermin erläutern. Diese Bindungswirkung an den Koordinationsplan ist meist gering.

So kommt dem Plan auch keine Auswirkung auf die materielle Rechtslage zu, wie beispielsweise im Insolvenzplan hinsichtlich des gestaltenden Teils aus § 254 Abs. 1 InsO. Im Ergebnis besteht keine materielle Konsolidierung mit der Erschaffung einer einheitlichen Insolvenzmasse (vgl. Cranshaw et al., 2016a, S. 3 ff.). In diesem Bereich muss der Gesetzgeber unter Umständen unverändert seit Inkrafttreten nachgestalten, damit das Konzerninsolvenzrecht auch wirkungsvoll eingesetzt werden kann. Es hat eine Abstimmung der Regelungen mit dem europäischen Konzerninsolvenzrecht (EuInsVO) stattgefunden (vgl. Mock, 2017, S. 957 sowie die Art. 56-77 EuInsVO). Zusammenfassende Statistiken über Gruppeninsolvenzverfahren sind nicht ersichtlich, so dass offen ist wie viele Gruppenverfahren nach §§ 269a ff. InsO in den letzten Jahren bestanden.

Eröffnetes Insolvenzverfahren

Kommt es zu der **Eröffnung** des Verfahrens (§ 27 InsO), ist der weitere Verfahrensablauf fest vorgegeben. Stellt das Gericht auf Grundlage eines Berichtes des vorläufigen Insolvenzverwalters fest, dass Insolvenzgründe vorliegen und ausreichend Masse vorhanden ist oder ein Vorschuss geleistet wurde, wird das Insolvenzverfahren durch Beschluss nach § 27 InsO eröffnet. Das zuständige Insolvenzgericht bestellt im Insolvenzeröffnungsbeschluss eine natürliche Person zum Verwalter (vgl. Schmidt-Keller, 2023, § 27 Rn. 10 ff.). In der Regel wird das Insolvenzgericht den im Eröffnungsverfahren tätigen vorläufigen Insolvenzverwalter dann auch zum Insolvenzverwalter berufen. Der **Eröffnungsbeschluss** ist gemäß § 30 Abs. 1 InsO sofort öffentlich bekannt zu machen. Die Registergerichte und Grundbuchämter sind zu benachrichtigen (siehe §§ 31, 32, 33 InsO). Der Beschluss ist Gläubigern und Schuldner zuzustellen (siehe § 30 Abs. 2 InsO). Nach § 32 InsO wird die Eröffnung des Insolvenzverfahrens bei vorhandenen Grundstücken im Eigentum des Schuldners in das Grundbuch eingetragen.

Da die **Insolvenzeröffnung** für die Gläubiger von Bedeutung ist, darf sich eine Bank nicht darauf verlassen, dass sie diese Information erst von dritter Seite erhält. Kreditinstitute sollten regelmäßig die Bonität ihrer Schuldner überwachen, um von einer Insolvenz nicht überrascht zu werden. Dazu sind die in den Sanierungsabteilungen bekannten Fälle zu überprüfen und die Bekanntmachungen im Internet auf dem Justizportal der Länder zu kontrollieren (www.insolvenzbekanntmachungen). Die Internetpublikation ist die vorgeschriebene Veröffentlichung (§ 9 Abs. 1, 3 InsO in Verbindung mit der Verordnung zu öffentlichen Bekanntmachungen in Insolvenzverfahren im Internet, InsBekV, 2002). Diese Bekanntmachung gilt (gesetzliche Fiktion) nach dem Ablauf von zwei Tagen nach dem Veröffentlichungstag als erfolgt.

Beispiel: Veröffentlichung am Freitag, 29.08.2025, sie würde am Sonntag 31.08.2025 als bewirkt gelten, da Samstag und Sonntag dazwischen liegen, tritt die Fiktion der Bewirkung dieser Bekanntmachung erst am Montag 1.9.2025, 0.00 ein, (siehe auch MüKo-Bruns, 2025a, § 9 Rn. 24–26).

Das Insolvenzgericht kann nach Landesrecht weitere Veröffentlichungen veranlassen, soweit dieses landesrechtlich bestimmt ist (§ 9 Abs. 2 InsO). Üblich ist die regelmäßige Publikation in regionalen Tageszeitungen und zusammengefasst für einen bestimmten Zeitraum, oft zusammen mit den Veröffentlichungen über Eintragungen im Handelsregister. Ohne die Veröffentlichung im Internet beginnt keine Rechtsmittelfrist zu laufen. Der Leser muss diesen Beschluss des Insolvenzgerichts verstehen können. Für Abwicklungsspezialisten in Banken ist dies meist unproblematisch. Es müssen neben dem Tenor auch die maßgeblichen Teile der Beschlussgründe veröffentlicht werden (vgl. BGH, 14.12.2017, IX ZB 65/16).

Mit der **Eröffnung** des sogenannte Regelinsolvenzverfahrens mit Insolvenzverwalter verliert der Schuldner die Befugnis, das zur Insolvenzmasse gehörende Vermögen zu verwalten und darüber zu verfügen (§ 80 InsO). Im eröffneten Verfahren handelt der Insolvenzverwalter als Partei kraft Amtes im eigenen Namen mit Wirkung für oder gegen die Masse beziehungsweise einen Insolvenzschuldner. Der Insolvenzverwalter begründet durch seine Handlungen Masseverbindlichkeiten gemäß § 55 Abs. 1 InsO und unterliegt insoweit einer verschärften Haftung gemäß § 61 InsO über § 60 InsO hinaus. Der Eröffnungsbeschluss ist durch die Banken unbedingt einzusehen und im Hinblick auf die eigene Engagementstrategie zu untersuchen.

Mit der **Verfahrenseröffnung** geht die Verwaltungs- und Verfügungsbefugnis der zur Insolvenzmasse zugehörigen Vermögenswerte gemäß § 80 Abs. 1 InsO vollständig auf den Insolvenzverwalter über. Nur der Insolvenzverwalter kann jetzt neue Kreditvereinbarungen treffen und Sicherheitenverträge abschließen. Gemäß § 160 Abs. 2 Nr. 2 InsO ist für Darlehen mit erheblicher Belastung der Masse die Zustimmung des Gläubigerausschusses erforderlich oder mangels eines derartigen Gremiums diejenige der Gläubigerversammlung. Diese erforderliche Zustimmung hat jedoch keine Außenwirkung auf die Wirksamkeit des Geschäfts (§ 164 InsO).

Diese Genehmigung ist entbehrlich, falls die Insolvenzmasse durch ein Neudarlehen nicht erheblich belastet wird. Für die Rückführung der Masseverbindlichkeiten haftet der Insolvenzverwalter persönlich aus § 61 InsO. Die Haftung ist aus Bankensicht jedoch in keiner Weise als „Sicherheit" für die Vergabe von Neukrediten anzusehen. Das ist auch nicht ihr Zweck, sondern sie führt nur zu einem etwaigen Schadensersatzanspruch eines Geschädigten als Folge pflichtwidrigen Verhaltens.

So trifft den Verwalter der Schadensersatzanspruch nach § 61 Satz 2 InsO dann nicht, wenn er bei der Begründung neuer Verbindlichkeiten nicht erkennen konnte, dass die freie Masse zur Rückführung künftig nicht ausreicht und er die Erfüllbarkeit über einen fachgerecht erstellten Liquiditätsplan vorab genau überprüft hat und als Ergebnis der Prüfung bejahen konnte. Der BGH legt hier einen strengen Maßstab an, denn das Gesetz vermutet bei Nichterfüllung von Masseverbindlichkeiten widerlegbar, dass sie anfänglich nicht erfüllbar waren. Dabei hat der Insolvenzverwalter bei unternehmerischen Entscheidungen einen weiten Ermessensspielraum (vgl. BGH, 12.03.2020, IX ZR 125/17), bei dessen Einhaltung eine Haftung nicht eintritt. Maßstäbe bei einer Betriebsfortführung sind der Insolvenzzweck der bestmöglichen gemeinschaftlichen Gläubigerbefriedigung und das von den Gläubigern bestimmte Verfahrensziel (Abwicklung, Veräußerung oder Insolvenzplan, Rn. 26).

Eine **Haftung** tritt erst ein, wenn der Verwalter nicht mehr vertretbar handelt: „Der dem Insolvenzverwalter bei unternehmerischen Entscheidungen zustehende Ermessensspielraum ist überschritten, wenn die Maßnahme aus der Perspektive ex ante angesichts der mit ihr verbundenen Kosten, Aufwendungen und Risiken im Hinblick auf die Pflicht des Insolvenzverwalters, die Masse zu sichern und zu wahren, nicht mehr vertretbar ist" (BGH, 12.03.2020, IX ZR 125/17, Rn. 22 des Urteils, Leitsatz 1b). Die bis dahin erörterte Anwendung der der Business Judgment Rule für den Vorstand der AG (§ 93 Abs. 1 Satz 2 AktG) ist auf das Handeln des Insolvenzverwalters nicht anwendbar.

Von Bedeutung ist für das finanzierende Kreditinstitut zudem, dass Masseverbindlichkeiten bei im Verfahren eintretender Masseinsuffizienz untereinander konkurrieren (§ 209 InsO) und damit trotz ihres Vorrangs im Allgemeinen ein erhöhtes Ausfallrisiko beinhalten. So werden Masseschulden, die der vorläufige Insolvenzverwalter begründet hat und die bei Anzeige der Masseunzulänglichkeit (§ 208 InsO) im eröffneten Verfahren noch nicht befriedigt waren, erst im dritten Rang nach den Kosten gemäß § 54 InsO sowie den nach der Anzeige der Masseunzulänglichkeit neu begründeten Masseverbindlichkeiten gemäß § 209 Abs. 1 Nr. 3 InsO befriedigt.

Der Vorrang geht somit verloren, wenn die Insolvenzmasse nicht ausreicht, um sämtliche Masseverbindlichkeiten vollständig zu erfüllen. Bei einer Masseunzulänglichkeit werden die Forderungen im Rang des § 209 Abs. 1 Nr. 3 InsO (Altmasseverbindlichkeiten) aufgrund des Vorrangs der Kosten (§ 209 Abs. 1 Nr. 1 InsO) und der Neumasseverbindlichkeiten (§ 209 Abs. 1 Nr. 2 InsO) ausfallen oder auf sie wird nur eine, in der Regel geringe, Quote bezahlt werden. Diese sind daher in der Konkurrenz der Masseverbindlichkeiten den Insolvenzforderungen vergleichbar.

Daher kommt der ausreichenden Besicherung der Massekredite eine große Bedeutung zu. Für die Absicherung hat der Insolvenzverwalter die Zustimmung des eingesetzten Gläubigerausschusses beziehungsweise der Gläubigerversammlung einzuholen, wenn dieses für das konkrete Verfahren von Bedeutung ist (§ 160 Abs. 1 Satz 1 InsO), obwohl die Wirksamkeit nicht von der Zustimmung abhängt (§ 164 InsO).

Die **Vertragspartner** des Insolvenzschuldners können nach der Verfahrenseröffnung schuldbefreiend nur noch an den Insolvenzverwalter leisten, sofern diese Leistungen nicht in Unkenntnis einer Eröffnung der Insolvenz erfolgten (§ 82 Abs. 1 Satz 1 InsO), die aber zu verneinen ist, wenn zwei Tage nach dem Tag einer Veröffentlichung der Verfahrenseröffnung im Internet verstrichen sind und die Bekanntmachung inhaltlich zutreffend war. Ansprechpartner für die involvierten Kreditinstitute ist fortan der eingesetzte Insolvenzverwalter, der üblicherweise mit dem vorläufigen Verwalter personengleich ist. Im Eröffnungsbeschluss werden die Gläubiger nach § 28 InsO in Verbindung mit § 174 InsO aufgefordert, ihre Forderungen und Sicherungsrechte beim Insolvenzverwalter schriftlich anzumelden. Eine spätere Befriedigung dieser Forderungen hängt maßgeblich von ihrem Rang ab.

Rechte der Gläubiger im Insolvenzverfahren

Die Rechte der **aussonderungsberechtigten Gläubiger** sind außerhalb des Insolvenzverfahrens durchzusetzen. Gemäß § 47 InsO kann der Aussonderungsberechtigte, zum Beispiel der Eigentümer einer Sache sein (wie Vermieter oder Leasinggeber als Eigentümer der Mietsache, Berechtigte aus Eigentumsvorbehalten). Treugeber in der Insolvenz des Treuhänders, der Factor beim echten Factoring, können Inhaber einer Fülle weiterer Rechte (siehe die Darstellungen bei Schmidt-Thole, 2023, § 47 ab Rn. 16, unter anderem Eigentum, Rn. 16 ff., zu Leasing, Factoring, Treuhand Rn. 76–89), den Gegenstand der Aussonderung aus der Insolvenzmasse heraus verlangen. Ein Anspruch auf die Aussonderung eines Gegenstandes (Sachen und Rechte) bestimmt sich nach den Gesetzen außerhalb des Insolvenzverfahrens.

Ein sehr wichtiges **Aussonderungsrecht** ist in der Praxis der Eigentumsvorbehalt des Warenlieferanten gegenüber dem Schuldner gemäß § 449 Abs. 1 BGB, auch in seiner verlängerten Form mit der Befugnis einer Weiterveräußerung durch den Vorbehaltskäufer unter Abtretung der Verkaufsforderungen. Wurden diese Wirtschaftsgüter jedoch bereits weiterveräußert oder verarbeitet, so kann der Aussonderungsberechtigte gemäß § 48 InsO die Abtretung eines Rechtes auf die Gegenleistung auch als Ersatzaussonderung verlangen. Zudem sind in der Insolvenz des Käufers oder Verkäufers unter Eigentumsvorbehalt die Sonderregelungen des § 107 InsO zu beachten. Ein weiterer wichtiger Gegenstand der Aussonderung ist letztlich auch im Bereich des Immobilienverkehrs die im Grundbuch eingetragene insolvenzfeste Vormerkung zur Sicherung des Eigentumsverschaffungsanspruchs eines Käufers für den Fall der Insolvenz des Verkäufers (vgl. § 106 InsO i.V.m. § 47 InsO, vgl. zum Aussonderungscharakter der Wirkung der Vormerkung MüKo-Ganter, 2025a, § 47 Rn. 407).

Aussonderungsberechtigte sind keine Insolvenzgläubiger, da sich ihr Anspruch beziehungsweise ihr Recht auf die Herausgabe auf einen Gegenstand oder ein Recht richtet, das nicht zur Insolvenzmasse gehört. Diese sind aber außerhalb ihrer Herausgabeansprüche regelmäßig Insolvenzgläubiger im Hinblick auf offen gebliebene Ansprüche aus dem zugrunde liegenden Schuldrechtsverhältnis.

So kann beispielsweise der **Leasinggeber** oder **Vermieter** neben der Herausgabe des Miet- oder Leasinggegenstandes regelmäßig noch einen Anspruch auf offene Mieten, Leasingraten, Abschlusszahlungen geltend machen, wobei es sich dabei um mit einer Quote abzufindende Insolvenzforderungen handelt (§ 38 InsO).

Die Rechte der **absonderungsberechtigten Gläubiger** sind in den §§ 49 bis 51 InsO geregelt. Absonderungsberechtigte Gläubiger haben das Recht auf eine vorzugsweise Befriedigung. Abgesonderte Befriedigung bedeutet, dass der mit dem Absonderungsrecht belastete bewegliche Gegenstand (§ 166 InsO) nur durch den Insolvenzverwalter verwertet darf und der dann erzielte Erlös bis zur Höhe einer gesicherten Forderung an den begünstigten Gläubiger ausgeschüttet wird, wobei bei den mobilen Sicherheiten gemäß § 171 InsO in der Regel 9,0 % des Verwertungserlöses bei der Masse verbleiben, davon 5,0 % Verwertungspauschale und 4,0 % Feststellungspauschale.

In der Eigenverwaltung entfällt die **Feststellungspauschale**, bei der Verwertung sind die tatsächlichen Kosten nebst der Umsatzsteuer anzusetzen, nicht die Pauschale von 5,0 % (vgl. § 282 InsO). Bei der Verwertung von Immobilien im Wege der Zwangsversteigerung (§ 49 InsO i.V.m. dem ZVG) erhält die Masse im Regelinsolvenzverfahren in den eher selteneren Fällen der Mitversteigerung von Zubehör 4,0 % aus dessen vom Vollstreckungsgericht festgesetzten Wert in der Eigenverwaltung erhält sie nichts (§ 10 Abs. 1 Nr. 1a ZVG). Bei der meist besseren freihändigen Veräußerung durch den Verwalter ist es Verhandlungssache, wieviel der Gläubiger an die Masse zahlt, 3,0 % bis 6,0 % mögen angemessen sein.

Absonderungsberechtigte Gläubiger sind jene, die sich gemäß § 50 InsO auf ein Pfandrecht (gesetzliches, vertragliches und durch Vollstreckung erlangtes Pfandrecht) berufen können oder gemäß § 51 InsO Gläubiger, denen der Schuldner zur Sicherung eines Anspruchs eine bewegliche Sache übertragen oder bestimmte Rechte abgetreten hat. Unter § 50 InsO sind auch Zurückbehaltungsrechte oder Sicherheitsrechte an Gegenständen aufgrund von Zollrecht sowie Steuerrecht erfasst. Aufgrund bestehender Kreditsicherungsrechte haben Banken regelmäßig das Recht, eine abgesonderte Befriedigung aus der Verwertung der sicherungsübereigneten beweglichen Wirtschaftsgüter und aus der Einziehung der abgetretenen Forderungen zu verlangen sowie natürlich aus den Grundpfandrechten auf Grundbesitz des Insolvenzschuldners.

Massegläubiger (§§ 53-55 InsO) werden aus der Insolvenzmasse vorweg, das heißt vor den Insolvenzgläubigern, befriedigt. Die Insolvenzordnung unterscheidet dabei zwischen den Verfahrenskosten aus § 54 InsO und den sonstigen Masseverbindlichkeiten nach § 55 InsO. Zu den Verfahrenskosten gehören die Gerichtskosten.

Des Weiteren gehören die Vergütungsansprüche des Insolvenzverwalters, des vorläufigen Insolvenzverwalters, des (vorläufigen) Sachwalters (§§ 274 Abs. 1, 54 Nr. 2 InsO) und der Mitglieder des (vorläufigen) Gläubigerausschusses dazu.

Masseverbindlichkeiten werden insbesondere durch diejenigen Handlungen des Insolvenzverwalters oder des starken vorläufigen Insolvenzverwalters begründet oder können aus gegenseitigen Verträgen, soweit deren Erfüllung vom Insolvenzverwalter aus der Insolvenzmasse verlangt wird, entstehen (§ 55 Abs. 1, 2, 4 InsO).

Zu der **Insolvenzmasse** (§ 35 InsO) gehört das gesamte Vermögen des Schuldners oder des Schuldnerunternehmens, das zur Zeit der Eröffnung eines Verfahrens vorhanden ist, im späteren Verlauf dazugewonnen oder im Wege einer Anfechtung zurückgeholt wird, soweit nicht eine der Ausnahmen des § 36 InsO vorliegt, insbesondere Unpfändbarkeit (§ 36 Abs. 1 InsO), die bei juristischen Personen und Personengesellschaften in der Praxis irrelevant ist.

Von Bedeutung sind auch die Anfechtungsmöglichkeiten in einem Insolvenzverfahren (§§ 129 ff. InsO), die einem Insolvenzverwalter eine Handhabe geben, Schmälerungen des Vermögens oder der Insolvenzmasse vor der Verfahrensöffnung wieder rückgängig zu machen. Diese Anfechtungen erfassen im Wesentlichen die Vermögensverschiebungen des Schuldners zum Nachteil der Gläubiger. Dabei wird der Insolvenzverwalter auch die Zahlungseingänge bei Banken genau überprüfen und dann versuchen, gegebenenfalls Einzahlungen und Sicherheitenbestellungen anzufechten, um die Masse zum Teil erheblich anzureichern.

Insolvenzgläubiger (§ 38 InsO) werden im Rahmen des Verfahrens befriedigt. Dieses sind die persönlichen Gläubiger, die zur Zeit der Eröffnung des Insolvenzverfahrens einen begründeten Vermögensanspruch gegen einen Schuldner haben. Die Gläubiger werden unterschieden in nicht nachrangige sowie in nachrangige Insolvenzgläubiger. Nicht nachrangige Insolvenzgläubiger nach § 38 InsO sind Gläubiger, die ihre Forderungen uneingeschränkt zur Insolvenztabelle anmelden können (§ 174 Abs. 1, 2 InsO). Diese werden später bei der Verteilung der Insolvenzmasse (§§187 ff. InsO) quotal befriedigt, erhalten jedoch in der Regel nur geringe Zahlungen (Insolvenzquote).

Als **nachrangige Insolvenzgläubiger** gelten gemäß § 39 InsO Gläubiger, die erst dann eine Ausschüttung erhalten, wenn sämtliche nicht nachrangigen Insolvenzgläubiger vollständig befriedigt worden sind und darüber hinaus ein Überschuss verbleibt. Aufgrund dieses Nachrangs ist in der Regel nur selten mit einer quotalen Zahlung auf die derart klassifizierten Forderungen zu rechnen. Sie können ihre Forderungen auch nur nach Aufforderung durch das Insolvenzgericht anmelden (§ 174 Abs. 3 InsO). Deutlich wird die Position der Banken, meist als absonderungsberechtigte Gläubiger und als Insolvenzgläubiger. Sie erhalten ihre Insolvenzquote auf besicherte Forderungen, wenn diese nachgewiesen haben, in welcher Höhe ihre besicherte Forderung ausgefallen ist, das heißt in welcher Höhe der Erlös aus der Sicherheitenverwertung hinter der besicherten Forderung zurückgeblieben ist (§ 52 Satz 2 Alternative 2 InsO).

Beispiel: Eine Bank hält eine Grundschuld (§§ 1191, 1192 BGB) in Höhe von 90 TEuro bei einer Forderung von 110 TEuro. Die Immobilie kann verwertet werden. Die Bank erhält auf ihre Grundschuld 90 TEuro (ohne dingliche Zinsen). Die restlichen 20 TEuro fallen unter § 52 Satz 2 InsO, darauf erhält sie die Insolvenzquote.

Eine Quote auf besicherte Forderungen wird auch dann ausbezahlt, wenn die Bank als Sicherungsnehmer auf das Sicherungsrecht (Absonderungsrecht) verzichtet hat (§ 52 Satz 2 Alt. 1 InsO), eine seltene Variante, die bei wertlosem Grundstück in Frage kommen kann, beispielsweise aufgrund der Belastung mit ökologischen Altlasten. Hat die Bank eine dingliche Sicherheit am Vermögen eines Drittsicherungsgebers wie die Verpfändung eines Wertpapierdepots des Geschäftsführers der GmbH zur Sicherung des Kredits an die GmbH, erhält sie in der Insolvenz keine Quote, da der Geschäftsführer nicht persönlich haftet (§ 52 Satz 1 InsO), es sei denn er hätte zusätzlich eine persönliche Haftung übernommen wie im Rahmen einer Bürgschaft (§ 765 BGB). Tab. 5.5 führt die Gläubiger nach Rang des Rechts und der Art der Befriedigung auf.

Tab. 5.5: Gläubiger im Insolvenzverfahren (Quelle: Eigene Darstellung)

Gläubigerart	Recht	Befriedigung
Aussonderungsberechtigte gemäß §§ 47, 48 InsO	Aussonderung massefremder Sachen, Forderungen, Rechte	Herausgabe außerhalb des Insolvenzverfahrens
Absonderungsberechtigte Gläubiger gemäß §§ 49–51 InsO	Befriedigung durch Verwertung	Im eröffneten Verfahren, Ausfallforderungen, §§ 52, 38 InsO
Massegläubiger gemäß §§ 53 ff. InsO	Vorrang vor den Insolvenzgläubigern	Im eröffneten Insolvenzverfahren
Insolvenzgläubiger gemäß § 38 InsO	Vor nachrangigen Insolvenzgläubigern	Im eröffneten Verfahren, §§ 187 ff. InsO
Nachrangige Insolvenzgläubiger gemäß § 39 InsO	Quotale Befriedigung gemäß ihrem Rang	Im eröffneten Verfahren, §§ 39, 174 Abs. 3, 187 ff. InsO

Mit dem Insolvenzeröffnungsbeschluss wird zugleich ein Berichtstermin anberaumt, in dessen Rahmen auf Bericht des Insolvenzverwalters hin die Gläubigerversammlung über den Fortgang des Insolvenzverfahrens beschließt sowie ein Prüfungstermin zur Prüfung der angemeldeten Insolvenzforderungen (vgl. § 29 Abs. 1 InsO), die beiden Termine können miteinander verbunden werden (§ 29 Abs. 2 InsO), soweit das im Einzelfall praxisgerecht ist (vgl. Schmidt-Keller, 2023, § 29 Rn. 11–13).

Der bestellte Insolvenzverwalter hat zum **Berichtstermin**, der im Regelfall innerhalb von sechs Wochen nach der Insolvenzeröffnung, spätestens aber drei Monate danach stattfinden soll (siehe Schmidt-Keller, 2023, § 29 Rn. 6–8) ein Verzeichnis aller Massegegenstände (§ 151 InsO), ein Gläubigerverzeichnis (§ 152 InsO) sowie eine Vermögensübersicht (§ 153 InsO) aufzustellen.

Beginnen damit muss er unverzüglich nach Eröffnung (siehe Schmidt-Jungmann, 2023, § 151 Rn. 11). Diese Aufstellungen sind eine Woche vor dem Berichtstermin in der Gerichtsgeschäftsstelle zur Einsicht der Verfahrensbeteiligten auszulegen (§ 154 InsO).

Verzeichnisse und Übersichten im Insolvenzverfahren

Das **Verzeichnis der Massegegenstände** gemäß § 151 InsO umfasst sämtliche Sachen und Rechte des Schuldners inklusive der möglichen Ansprüche aus schwebenden Geschäften sowie Anfechtungen (siehe Schmidt-Jungmann, 2023, § 151 Rn. 8), die bis zum Berichtstermin häufig noch nicht bekannt sein mögen. Mit aufzuführen sind Gegenstände, an denen ein Absonderungsrecht besteht. Die Vermögensgegenstände, die unstreitig der Aussonderung unterliegen, sind in der Regel im Verzeichnis nicht mit aufzuführen, soweit nicht streitig. Eine Ausnahme stellen die unter Eigentumsvorbehalt gelieferten Waren dar, obwohl diese aus § 47 InsO der Aussonderung unterliegen. Sie sind mit aufzunehmen, da das wirtschaftliche Interesse des Vorbehaltslieferanten in der Käuferinsolvenz dem Absonderungsrecht stark angenähert ist (§ 107 Abs. 2 InsO) und sich ansonsten ein verzerrtes Bild der Vermögenslage ergibt.

Selbst bereits **freigegebene Werte** sind dabei zu berücksichtigen, da das Verzeichnis der Massegegenstände rückwirkend gemäß herrschender Meinung auf den Zeitpunkt der Insolvenzeröffnung zu erstellen ist. Die Basis dieser Aufstellung kann der Jahresabschluss oder eine Inventur sein sowie vorherige Arbeiten im vorläufigen Insolvenzverfahren. Bei den einzelnen Gegenständen sowie Rechten sind die Fortführungs- und Liquidationswerte jeweils mit anzugeben. Diese Positionen des Verzeichnisses stellen die Aktivseite der Vermögensübersicht dar. Problematisch ist oftmals die Ermittlung der Fortführungswerte, da eine Weiterführung des insolventen Unternehmens nicht in allen Fällen möglich ist (vgl. Bruder, 2018, S. 201 ff.).

Des Weiteren hat der Insolvenzverwalter ein **Gläubigerverzeichnis** nach § 152 InsO zu erstellen. Dieses wird auf Basis der angemeldeten Forderungen geschehen, also erst nach Ablauf der Anmeldefrist nach § 28 Abs. 1 InsO. Dies erfordert jedoch gegebenenfalls auch eine Nachforschungspflicht des Insolvenzverwalters, ob nicht noch weitere, bislang unbekannte Gläubiger, mit entsprechenden Forderungen existieren. Das aufzustellende Verzeichnis stellt die Passivseite der Vermögensübersicht dar. Die aus dem Rechnungswesen eines Schuldners bekannten Gläubiger wird der Insolvenzverwalter ohne Weiteres berücksichtigen.

Es sind in der Aufstellung nach § 152 Abs. 2 InsO die absonderungsberechtigten Gläubiger und die einzelnen Rangklassen der nachrangigen Insolvenzgläubiger gesondert zu erfassen, um ein Gesamtbild zu erhalten. Anzugeben sind die Gläubiger mit ihren Postanschriften, der bestehende Forderungsgrund, die Höhe der Forderung, der Gegenstand der Absonderung, der mutmaßliche Ausfall sowie mögliche Aufrechnungen. Die Absonderungsrechte korrespondieren mit dem Masseverzeichnis sowie der Aktivseite der Vermögensübersicht. Vorbehaltslieferanten sind mit dem Gegenstand ihrer Lieferung aufzuführen, um ein genaues Bild des Aktivvermögens zu erhalten.

Die Höhe der Masseverbindlichkeiten ist im Falle der zügigen Verwertung des Schuldnervermögens gemäß § 152 Abs. 3 InsO zu schätzen. Das Gläubigerverzeichnis gemäß § 152 InsO kann im Berichtstermin als wesentliche Grundlage für die Festlegung der Stimmrechte herangezogen werden. Die Dokumentation beinhaltet alle wesentlichen Angaben, die in der später zu erstellenden Insolvenztabelle enthalten sein müssen. Es ersetzt diese Aufstellung jedoch nicht (§ 175 InsO). Die Wirkung der Tabelle geht über den Charakter einer Liste hinaus. Die Eintragung wirkt wie ein rechtskräftiges Urteil gegenüber Insolvenzverwalter und Insolvenzgläubigern (§ 178 Abs. 3 InsO).

Die **Vermögensübersicht** nach § 153 InsO fasst die vorigen Verzeichnisse zusammen und soll einen Überblick über den Status sämtlicher Vermögenswerte und Schulden zum Zeitpunkt der Insolvenzeröffnung, differenziert nach Liquidations- und Fortführungswerten, liefern. Diese Aufstellung gibt Kreditinstituten einen Anhaltspunkt über die voraussichtlichen Verwertungserfolge und die zu erwartenden Insolvenzquoten im Insolvenzverfahren. Die **Zahlenwerke** sollten eine Einheit bilden. Das Verzeichnis der Massegegenstände stellt die Aktivseite, das Gläubigerverzeichnis die Passivseite der Vermögensübersicht dar. Die **Vermögensübersicht** dient weiteren Zwecken, wie unter anderem (vgl. Bruder, 2018, S. 209):

- Kontrolle der Vermögensgegenstände durch das Insolvenzgericht
- Verwertungsübersicht für den Insolvenzverwalter als Leitfaden
- Information der Gläubigerversammlung oder des Gläubigerausschusses

Die Vermögensübersicht kann bereits erste Hinweise für Gestaltungen in einem Insolvenzplanverfahren geben (vgl. IDW, 2024, S. 655 ff.). Hilfreich zum Erarbeiten dieser Verzeichnisse sowie Übersichten ist der Einsatz einer professionellen integrierten Planungssoftware. Die folgende Abb. 5.9 zeigt diese **Aufstellungen**.

Verzeichnis der Massegegenstände gemäß § 151 InsO

	Fortführungswert	Liquidationswert
Vermögensgegenstände	30.000	20.000
Forderungen	20.000	10.000

Gläubigerverzeichnis gemäß 152 InsO

	Forderungsgrund	Höhe Forderung	Besicherung	Höhe Ausfall
Lieferant GmbH	Warenlieferung	300.000	Eigentumsvorbehalt	250.000
Hausbank AG	Darlehensvertrag	500.000	Grundschuld	300.000

Vermögensübersicht gemäß 153 InsO

Aktiva	Passiva
Vermögensgegenstände	Rückstellungen
Forderungen	Verbindlichkeiten

Abb. 5.9: Verzeichnisse und Übersichten im Insolvenzverfahren (Quelle: Eigene Darstellung)

Sämtliche Verzeichnisse sowie Übersichten gemäß §§ 151 ff. InsO sind spätestens eine Woche vor dem Berichtstermin in der Geschäftsstelle gemäß § 154 InsO zur Einsicht niederzulegen. Eine Kontrolle insbesondere der Aussonderungsrechte und der Höhe der aufgeführten Forderungen ist aus Bankensicht empfehlenswert. Das Kreditinstitut als Gläubiger und Verfahrensbeteiligte hat das Recht auf Einsicht nach dieser Norm innerhalb der Frist, Kopien können gefordert werden § 299 Abs. 1 ZPO), deren Kosten die Bank zu tragen hat, aus elektronischen Akten auch elektronische Auszüge. Der Insolvenzverwalter kann mit dem vorgeschriebenen elektronischen Gläubigerinformationssystem („GIS", vgl. § 5 Abs. 5, Abs. 6 betrifft die Eigenverwaltung), unter Zurverfügungstellung einer PIN, die Gläubiger weitgehend auch über die Anforderungen des Gesetzes hinaus informieren. Die Kosten für das GIS sind von Insolvenzverwaltern zu tragen, nicht von der Masse und durch die Vergütung abgegolten (siehe § 4 InsVV und BGH, 14.07.2016, IX ZB 62/15). Das Gericht erhält einen Zugang zum GIS, damit es seiner Aufsichtspflicht genügen kann (§ 5 Abs. 5 Satz 3 i.V.m. § 58 InsO). Ein wesentlich eingehenderes Informationsformat ist Austausch im Gläubigerausschuss, dem der Insolvenzverwalter (vgl. § 69 InsO) und der Schuldner (§ 97 Abs. 1 InsO) detailliert „Rede und Antwort" stehen müssen.

Der Insolvenzverwalter hat im Berichtstermin gemäß § 156 InsO ausführlich über die wirtschaftliche Lage eines Schuldners beziehungsweise des Schuldnerunternehmens und die Ursachen der Krise zu informieren (siehe dazu Schmidt-Jungmann, 2023, § 156 Rn. 10–18). Er hat des Weiteren zu offenbaren, ob gute Aussichten bestehen, das Unternehmen des Schuldners im Ganzen oder zumindest in Teilen zu erhalten und welche Möglichkeiten für die Umsetzung eines Insolvenzplans existieren. Auch die Vorteile einer Verwertungslösung sind darzulegen.

Dabei ist auf die Einzelverwertung beziehungsweise auch auf die Veräußerungsoptionen von Teilbetrieben oder Bereichen im Rahmen einer übertragenden Sanierung einzugehen. Generell bietet die Investorenlösung oftmals eine wirtschaftlich interessante Option. Eine Gesamtverwertung ist dabei aus Sicht des Unternehmens und des Insolvenzverwalters vorzuziehen, da kein Cherry Picking besteht, nicht marktfähige ebenfalls mit veräußert werden und meist ein insgesamt höherer Erlös zu erzielen ist. Des Weiteren ist diese Alternative in der Regel zügiger umzusetzen als eine Abwicklung und Verwertung der einzelnen Assets (barwertige Betrachtung). Es werden ansonsten die unterinteressanten Vermögensgegenstände und Betriebsteile verbleiben und gegebenenfalls nicht zu verwerten und fortzuführen sein.

Es sind genauere Prognosen für die Befriedigung der Gläubiger bei diesen verschiedenen Vorgehensweisen aufzuzeigen. Dann ergeben sich im Allgemeinen folgende Handlungsoptionen aus einem Insolvenzplan mit den entsprechenden Auswirkungen für die beteiligten Gläubiger (vgl. Lützenrath et al., 2006, S. 212):

- Liquidation des Unternehmens mit Verwertung der Vermögensgegenstände
- Sanierung des vorhandenen Rechtsträgers durch Reorganisation der Firma
- Übertragende Sanierung im Rahmen eines Asset Deals auf neuen Rechtsträger

Berichtstermin und Prüfungstermin

Im **Berichtstermin** beschließt die Gläubigerversammlung über den Fortgang des Verfahrens (§ 157 InsO). So wird darüber entschieden, ob das Unternehmen stillgelegt oder fortgeführt und saniert werden soll. Ein Beschluss kommt aus § 76 Abs. 2 InsO nur dann zustande, wenn die Gesamtsumme der Forderungen der zustimmenden Gläubiger mehr als die Hälfte der Summe der Forderungen sämtlicher der abstimmenden Gläubiger beträgt. Bei den absonderungsberechtigten Gläubigern, denen der Schuldner nicht persönlich haftet, tritt der Wert des Absonderungsrechts an die Stelle des Betrags der Forderungen.

Die **Gläubigerversammlung** kann den Insolvenzverwalter gemäß § 157 InsO mit der Ausarbeitung eines Insolvenzplans beauftragen. Des Weiteren besteht die Möglichkeit, den Insolvenzverwalter im Gläubigerausschuss abzuwählen und einen neuen Akteur zu bestimmen. Dies erfordert gemäß § 57 InsO in Verbindung mit § 76 Abs. 2 InsO neben der Summenmehrheit die Kopfmehrheit der Abstimmenden. Da sich dieser Insolvenzverwalter in der Regel bereits eingearbeitet und wesentliche Entscheidungen im vorläufigen Verfahren vorbereitet hat, wird diese Alternative in der Praxis nur selten gewählt. Daher ist die Auswahlentscheidung des vorläufigen Insolvenzverwalters von Bedeutung und aus Bankensicht unbedingt zu begleiten.

Zur Unterstützung und Überwachung des Insolvenzverwalters kann die Gläubigerversammlung aus ihrer Mitte einen Gläubigerausschuss wählen beziehungsweise die Entscheidung treffen, den zunächst vom Gericht eingesetzten vorläufigen Gläubigerausschuss des eröffneten Verfahrens (§ 67 Abs. 1 InsO, der vom vorläufigen Gläubigerausschuss des Eröffnungsverfahrens gemäß den §§ 21 Abs. 2 Satz 1 Nr. 1a, 22a InsO strikt unterschieden werden muss) in der bisherigen Besetzung weiter fort zu führen (siehe § 68 InsO). Dies ist zumeist eine praxisnahe Lösung, da unmittelbar weiter gearbeitet werden kann und keine Einarbeitungsdauer besteht.

Der (vorläufige) Gläubigerausschuss ist ein wichtiges Organ im Insolvenzverfahren. Es erlaubt den Gläubigern, die Gestaltung dieses Verfahrens eng zu begleiten, besondere Vorschläge der Fortführung oder Verwertung zu unterbreiten sowie das Insolvenzverfahren im Sinne der Wahrnehmung der Gläubigerrechte zu überwachen. Die wesentlichen Hauptaufgaben dieses Gremiums sind in § 69 InsO festgehalten und betreffen die Prüfung des Geldverkehrs sowie des Geschäftsverlaufes (vgl. MüKo-Schmid/Burgk, 2025a, § 69 Rn. 13 ff.).

Da der Gläubigerausschuss zur Umsetzung dieser Aufgaben erhebliche Informationsrechte besitzt, ist die Entsendung eines Vertreters des Kreditinstituts sinnvoll. Ist nicht das Institut als Gläubiger selbst Ausschussmitglied (§ 67 Abs. 2 InsO), sondern ein Mitarbeiter oder Organmitglied, handelt es sich primär um ein persönliches Mandat. Dieses Ausschussmitglied ist nicht verlängerter Arm oder Vertreter der spezifischen Interessen eines Instituts, sondern seine Aufgabe betrifft die Interessen der Insolvenzgläubiger und Absonderungsberechtigten in ihrer Gesamtheit (§ 71 InsO).

Gegenüber der entsendenden Bank besteht weitgehende **Schweigepflicht** über Vorgänge im Ausschuss, diese Reichweite ist nicht einfach zu bestimmen. Natürlich kann dieser Ausschuss verantwortlich selbst festlegen, was weitergegeben werden darf und was nicht. Geschäftsgeheimnisse des Schuldners beispielsweise sind klar zu wahren. Bei spezifischen Interessenkonflikten besteht daher ein Stimmrechtsausschluss, wenn der Ausschuss über eine Insolvenzanfechtung gegenüber der entsendenden Bank beschließen soll. Im Zweifel muss der Vertreter der Bank den Sitzungsraum verlassen. Die Zustimmung des Ausschusses ist bei bestimmten aufgeführten Rechtshandlungen gemäß § 160 Abs. 2 InsO und im Allgemeinen bei allen wichtigen Insolvenzverfahrensentscheidungen notwendig(§ 160 Abs. 1 InsO).

Eine **Beschlussfassung** im Gläubigerausschuss erfolgt nach § 72 InsO, wenn die Mehrheit der Mitglieder teilgenommen hat und der Beschluss mit einer Mehrheit der Stimmen gefasst worden ist. Die Zusammensetzung dieses Gläubigergremiums ist in § 67 Abs. 2 InsO geregelt. Dabei sollen die absonderungsberechtigten Gläubiger, die Insolvenzgläubiger mit den höchsten Forderungen auch und die Kleingläubiger in diesem Gremium vertreten sein. Die Haftung des Ausschusses ergibt sich gemäß § 71 InsO und die Mitglieder haben gemäß dem erforderlichen Zeitaufwand Anspruch auf eine angemessene, aber meist eher geringe Vergütung (§ 73 InsO, § 17 InsVV) von regelmäßig 35 bis 95 Euro pro Stunde zu einigen, welche die Eigenkosten des Mitarbeiters oder Organmitglieds der Bank, das im Ausschuss tätig ist, nicht decken dürfte. Eine Versicherung für diese haftungsgeneigte Tätigkeit im Ausschuss ist unverzichtbar für die Aufnahme einer Funktion in diesem Gremium.

Bereits im **Eröffnungsbeschluss** bestimmt das Insolvenzgericht eine Frist, innerhalb derer die Insolvenzforderungen anzumelden sind. Dabei ist eine Maximaldauer von drei Monaten ab Eröffnung der Insolvenz zu beachten. Jedoch können auch nach dieser Frist noch zusätzliche Forderungen gegen Zusatzkosten angemeldet werden (§ 177 InsO). Die Anmeldung der Forderungen und Sicherungsrechte der Kreditinstitute wird regelmäßig auf der Basis der bestehenden Darlehens- sowie Sicherheitenverträge geschehen. Der Insolvenzverwalter trägt die angemeldeten Forderungen in eine gesonderte Insolvenztabelle ein (§ 175 Abs. 1 InsO). Diese Aufstellung unterscheidet sich von den bereits dargelegten Zahlenwerken nach §§ 151, 152, 153 InsO und bildet später die Grundlage zur Aufstellung des Verteilungsverzeichnisses (siehe § 188 InsO). Die Überprüfung der angemeldeten Forderungen erfolgt gemäß § 176 InsO an einem extra anberaumten Prüfungstermin, der mit dem Berichtstermin zusammenliegen kann (vgl. MüKo-Riedel, 2025, Vor § 176 InsO Rn. 1 ff.).

In diesem **Prüfungstermin** werden die Forderungen nach ihrem Betrag sowie Rang kontrolliert (§ 176 InsO). Nach § 178 Abs. 1 InsO gilt eine Forderung dann als endgültig festgestellt, wenn weder der Insolvenzverwalter noch ein Insolvenzgläubiger gegen diese Position am Prüfungstermin oder in einem schriftlichen Verfahren Widerspruch erhoben hat (vgl. Hanken, 2005, S. 296). Der Berichtstermin kann zusammen mit dem Prüfungstermin abgehalten werden (§ 29 Abs. 2 InsO).

Die folgende Abb. 5.10 zeigt die wichtigen **Ablaufschritte** im eröffneten Insolvenzverfahren mit den wichtigen Ereignissen und Terminen.

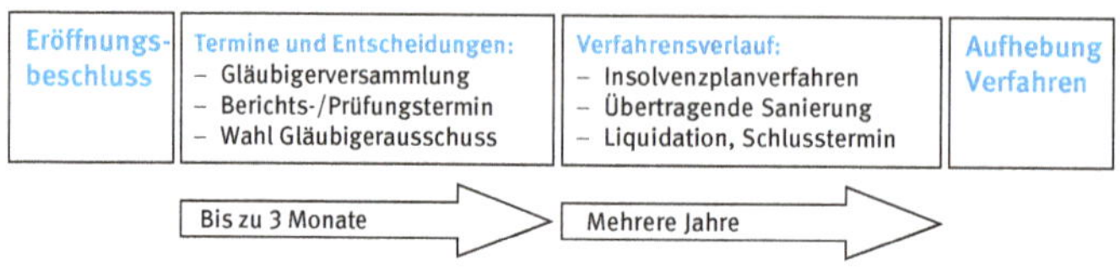

Abb. 5.10: Ablauf des eröffneten Insolvenzverfahrens (Quelle: Eigene Darstellung)

Trifft die Gläubigerversammlung die Entscheidung, das insolvente Unternehmen nicht weiter fortzuführen, hat der Insolvenzverwalter die Aufgabe, das zur Insolvenzmasse gehörende Vermögen unmittelbar nach dem Berichtstermin zu verwerten (§ 159 InsO). Dies bedeutet, dass der Insolvenzverwalter die Forderungen des schuldnerischen Unternehmens einzuziehen sowie die vorhandenen weiteren Vermögenswerte zu liquidieren hat. Dabei hat er die Verwertung der Vermögensgegenstände und Rechte sowie die Verteilung der Gelder zügig und ohne schuldhaftes Verzögern durchzuführen (Abschlagsverteilungen, § 187 Abs. 2 InsO).

Schlusstermin und Schlussverzeichnis

Sobald die Insolvenzmasse vollständig verwertet worden ist, wird das Gericht im Regelinsolvenzverfahren den **Schlusstermin** anberaumen. In dem Insolvenzplanverfahren tritt ein anderer Verfahrensablauf ein. Zur Durchführung der endgültigen Aufteilung nach § 188 InsO wird ein Verteilungsverzeichnis erstellt.

In das **Schlussverzeichnis** sind die angemeldeten Forderungen aufzunehmen, die bei der Erlösverteilung berücksichtigt werden. Dieses sind die Forderungen, die zur Insolvenztabelle angemeldet sowie als unbestritten aufgenommen worden sind. Des Weiteren sind auch die bestrittenen, aber titulierten Forderungen in diesem zu erstellenden Schlussverzeichnis, ebenso wie auch in den vorausgehenden Abschlagsverteilungsverzeichnissen aufzuführen (§§ 189, 196 InsO). Diese sind aber bis zur Klärung der Rechtmäßigkeit des Bestreitens zurückzuhalten und bei Erfolg des angegriffenen Insolvenzgläubigers auszuzahlen. Ähnliches gilt für die Ausfallforderungen der absonderungsberechtigten Gläubiger (vgl. §§ 190 ff. InsO).

Nach Abhaltung des Schlusstermins wird das Insolvenzgericht dem Insolvenzverwalter die Zustimmung zur Ausschüttung der verbleibenden Masse an die Gläubiger geben. Die erzielten Erlöse aus der Verwertung der Masse hat dieser unter den Insolvenzgläubigern zu verteilen (§§ 187, 195, 196 InsO). Nachdem die Schlussverteilung gemäß § 196 InsO vollzogen wurde, beschließt das Insolvenzgericht die Aufhebung des Verfahrens (§ 200 Abs. 1 InsO).

Können in seltenen Ausnahmefällen sämtliche Forderungen der Gläubiger befriedigt werden, auch die Nachrangforderungen, dann erhält der Schuldner den verbleibenden Liquidationsüberschuss (§ 199 InsO) oder seine Gesellschafter erhalten die ihnen gesellschaftsrechtlich zukommende Quote.

Ein verbleibendes Restvermögen, über das der Schuldner nunmehr wieder verfügen könnte, existiert nicht. Ausgenommen sind Vermögenswerte, die nicht Gegenstand der Masse geworden sind (§ 36 InsO) oder solche, die der Verwalter während des Verfahrens aus der Masse freigegeben hat. Nicht zu der Insolvenzmasse gehören das P-Konto oder das Pfändungsschutzkonto der natürlichen Person als Insolvenzschuldner (siehe § 850k ZPO), aber auch zur Sicherung an eine Bank abgetretene Mietansprüche einer natürlichen Person, wenn der Schuldner daraus den Lebensunterhalt bestreitet (§ 850i ZPO und vgl. BGH, 01.03.2018, IX ZB 95/15) und soweit das Insolvenzgericht auf Antrag des Schuldners darüber positiv entscheidet. Ob die Bank durch die Zwangsverwaltung die Vorgaben des § 850i ZPO überwinden kann, ist offen.

Zu den freigegebenen Vermögenswerten gehören bei selbstständig tätigen natürlichen Personen diejenigen Sachgesamtheiten von Gegenständen, die der Insolvenzverwalter während des eröffneten Verfahrens im Interesse einer Fortsetzung oder Begründung einer selbstständigen Tätigkeit gegenüber dem Schuldner als nicht mehr als zur Masse gehörig erklärt (§ 35 Abs. 2 InsO). Dann entstehen keine Masseverbindlichkeiten mehr aus der selbstständigen Tätigkeit zu Lasten der Masse, aber auch keine Erlöse zugunsten der Insolvenzmasse.

Vielmehr haftet der Schuldner allein für die neu entstehenden Verbindlichkeiten mit dem neu erworbenen Vermögen und insoweit kann theoretisch ein zweites Insolvenzverfahren daraus resultieren. Die Entscheidung des Verwalters kann vom Insolvenzgericht auf Antrag von Gläubigerausschuss oder Gläubigerversammlung für unwirksam erklärt werden. Die Erklärung des Verwalters und der Beschluss über deren Unwirksamkeit sind öffentlich bekanntzumachen. Die Freigabeerklärung des Verwalters hat erhebliche praktische Bedeutung in der Insolvenz von Selbstständigen. Ein weiterer wichtiger Fall der Freigabe aus dem Insolvenzbeschlag ist diejenige umweltbelasteter oder wertausschöpfend belasteter Grundstücke, deren weiterer Verbleib bei der Masse dort zu nichts anderem als zu Masseverzehr führen würde.

Das Amt des Insolvenzverwalters erlischt nach einem meist mehrjährigen Verlauf des Verfahrens. Nach § 201 InsO können die Insolvenzgläubiger auch nach Aufhebung des Verfahrens ihre Forderungen gegen den Schuldner unbeschränkt geltend machen und aus der Eintragung in der Insolvenztabelle nach § 201 Abs. 2 InsO die Zwangsvollstreckung nach den dortigen Regelungen betreiben.

Dieser Ablauf kann vorgenommen werden, soweit diesem bei natürlichen Personen nicht die Restschuldbefreiung entgegensteht (§ 301 Abs. 1, 3 InsO, § 302 Nr. 1 InsO). Die nachfolgende Abb. 5.11 zeigt den **Ablauf des Insolvenzverfahrens** mit den wichtigen Fristen und bedeutenden Terminen.

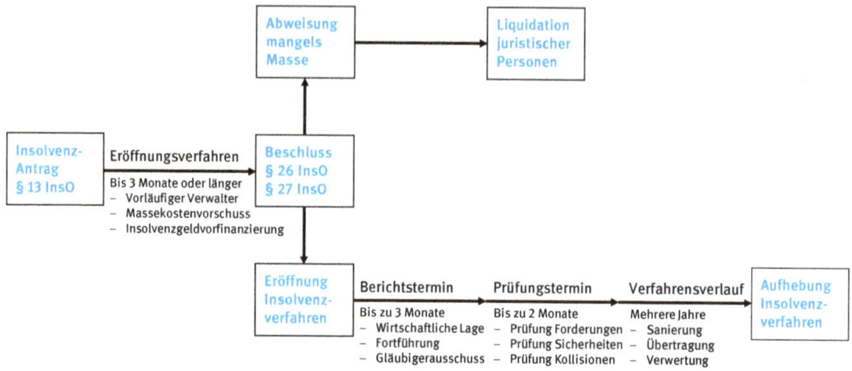

Abb. 5.11: Ablauf eines Insolvenzverfahrens (Quelle: Eigene Darstellung)

Aus **Gläubigersicht** sind insbesondere der Beschluss einzusehen sowie die wichtigen Termine im Verfahren zu begleiten. Dieses sind im Wesentlichen der Berichts- und der Prüfungstermin, die zeitlich häufig zusammenliegen. Ob die persönliche Anwesenheit erfolgt ist meist von der Höhe der Forderungen abhängig. Gegebenenfalls kann auch ein externer Fachmann mit der Aufgabe der Vertretung der Interessen der Kreditinstitute betraut werden. Dies lassen die MaRisk nach AT 9 zu. Gerade bei geringen Forderungen kann diese Verfahrensweise gewählt werden.

Bei hohen Forderungen oder anderweitigen Interessen ist die persönliche Anwesenheit der Bankspezialisten bei den Terminen anzuraten, da im Berichtstermin die Alternativen der Fortführung oder Verwertung diskutiert werden. Des Weiteren ist die Installierung sowie Besetzung des (vorläufigen) Gläubigerausschusses in bestimmten Konstellationen wie beispielsweise der Umsetzung sowie der Finanzierung einer Fortführungslösung zu empfehlen.

Es sind in Abhängigkeit vom Kreditportfolio gegebenenfalls Branchenspezialisten für die Abwicklung auszubilden, beispielsweise im Bauträgergeschäft. Des Weiteren sind die Mitarbeiter, die komplexe Insolvenzverfahren, auch mit einer Tätigkeit im Gläubigerausschuss, laufend zu schulen, damit diese die Bank bestmöglich vertreten können. Insgesamt ist bei Bekanntwerden der Insolvenz eines Firmenkreditengagements zeitnah auf eine Begrenzung der möglicherweise eintretenden Kreditausfälle in Form von Abschreibungen hinzuarbeiten.

? **Checkliste und Analysen zu Insolvenzgründen, Terminen und Fristen in der Insolvenz:**

1. Sind der gesamte Ablauf eines Insolvenzverfahrens und die Rolle der Bank als Gläubiger bekannt?
2. Ist die Abwicklungsabteilung darauf ausgerichtet die wichtigen Termine im Verfahren zu besuchen?
3. Sind die Verfahrensalternativen in der Insolvenz bekannt und werden die Alternativen durchsimuliert?
4. Ist das Institut in der Lage die durch den Insolvenzverwalter aufgestellten Verzeichnisse zu überprüfen?
5. Ist die Bank befähigt die Tätigkeiten des (vorläufigen) Insolvenzverwalters im Verfahren zu beurteilen?

5.4 Finanzierungen im Insolvenzverfahren

Im Folgenden werden die **Finanzierungsinstrumente** nach dem Insolvenzantrag aus Bankensicht in den verschiedene Verfahrensstadien untersucht. Dabei ist insbesondere die Mittelbereitstellung direkt nach dem Insolvenzantrag von Relevanz, um den Geschäftsbetrieb zumindest über den Insolvenzgeldzeitraum aufrechtzuerhalten.

Kreditaufnahme im Eröffnungsverfahren und im eröffneten Verfahren

Zur **Betriebsfortführung** ist unter Umständen neben der Vorfinanzierung des Insolvenzgeldes die Aufnahme weiterer Kredite im vorläufigen Insolvenzverfahren erforderlich. Dazu wird ein Kreditrahmen beantragt, der für die Vorfinanzierung von Materialien und die weiteren laufenden Betriebskosten eingesetzt wird. Die Finanzierung durch die Gläubigerinstitute soll beziehungsweise darf nur dann erfolgen, wenn die Rückführung dieser Mittel mit hoher Sicherheit erwartet werden kann.

Im Eröffnungsverfahren ist der **Status eines Insolvenzverwalters** zu beachten. Wird der Kredit durch einen schwachen vorläufigen Verwalter gemäß § 22 Abs. 2 InsO beantragt, gilt der Kreditrückzahlungsanspruch im eröffneten Verfahren nicht als privilegierte Masseverbindlichkeit gemäß § 55 Abs. 2 InsO. Daher ist die ausreichende Besicherung für diesen Kredit von großer Bedeutung. Jedoch kann das Insolvenzgericht den **schwachen vorläufigen Insolvenzverwalter** durch den Einzelbeschluss dazu ermächtigen der Höhe und Zeit nach genau definierte Verbindlichkeiten bereits im Eröffnungsverfahren zu beantragen. Diese Schulden beziehungsweise Verbindlichkeiten erlangen dann den Status von vorrangigen Masseschulden.

Der **starke Verwalter** gemäß § 22 Abs. 1 InsO kann dagegen bereits im Eröffnungsverfahren wirksam Masseverbindlichkeiten begründen, die im eröffneten Verfahren vorrangig befriedigt werden. Zudem unterliegen Rechtshandlungen im Zusammenhang mit Masseverbindlichkeiten im Grundsatz nicht der Insolvenzanfechtung. Des Weiteren muss der vorläufige Insolvenzverwalter unter Umständen einen Massekostenvorschuss zur Begleichung der Verfahrenskosten gemäß § 54 InsO bei der Hausbank beantragen, um überhaupt eine Verfahrenseröffnung zu erreichen (§ 26 InsO). Dieser Betrag ist aus den Erlösen im eröffneten Verfahren vorrangig zurückzuführen. Mit der Bewilligung eines Massekostenvorschusses ist besonders sorgsam umzugehen, da eine freie Masse beim Schuldner zu diesem Zeitpunkt nicht vorhanden ist. Es muss geprüft werden, welchen Vorteil die Verfahrenseröffnung für die Bank mit sich bringt.

Im vorläufigen Verfahren und im eröffneten Insolvenzverfahren werden zur Fortführung der betrieblichen Aktivitäten weitere finanzielle Mittel benötigt. Der Insolvenzantrag hat das Vertrauen der Kunden, Lieferanten oder Kreditinstitute in die Bonität des Unternehmens erheblich beeinträchtigt. Demnach müssen die Geld- und die Warenkreditgeber bei dem insolventen Unternehmen Forderungsausfälle einkalkulieren. Daher werden diese Gläubiger nicht ohne weiteren gewillt sein, der Krisenfirma zusätzliche Mittel zu gewähren oder Warenlieferungen auf Ziel vorzunehmen.

In dieser Situation hat der Insolvenzverwalter meist bereits im Eröffnungsverfahren das Problem, Liquidität für die Fortführung dieses Betriebs aufzubringen. Bedeutende finanzielle Instrumente für die Betriebsfortführung bestehen in **Massekrediten**, die aus der Insolvenzmasse vorrangig zu befriedigen sind und in der Vorfinanzierung des Insolvenzgeldes. Gerade die **Liquiditätsschöpfung** über einen Insolvenzgeldzeitraum von drei Monaten bewirkt, dass das Schuldnerunternehmen für diese Zeitdauer ohne Personalkosten weiterarbeiten kann.

Es besteht im vorläufigen Verfahren die Möglichkeit wieder Gewinne zu erwirtschaften, die im eröffneten Verfahren eine Grundlage für eine durchgreifende **Sanierung** bieten können. Des Weiteren ist das Unternehmen in dieser wirtschaftlichen Lage unter Umständen für Investoren wieder interessant und es kann ein Verkauf der Anteile realisiert werden. Weitere Gelder kann der Insolvenzverwalter über die Anfechtung von Zahlungseingängen kurz vor dem Insolvenzantrag oder durch vom Unternehmen gewährte Kreditsicherheiten dazugewinnen. Besondere Voraussetzungen für eine Anfechtung sind, dass eine Benachteiligung der Insolvenzgläubiger und bestimmte Fristen sowie besondere sachliche Gründe vorliegen müssen. Dabei wurde die Vorsatzanfechtung für Banken entschärft. Ziel ist es aus Bankensicht, die Anfechtungen von Zahlungseingängen und Sicherheiten zu vermeiden.

Die Tätigkeiten des vorläufigen Insolvenzverwalters im Antragsverfahren sind für den weiteren Verfahrensablauf mit entscheidend. Meist konkretisiert sich im Eröffnungsverfahren, ob der Betrieb weiter fortgeführt und gegebenenfalls saniert werden kann. Für diese Weiterführung der operativen Tätigkeiten sind allerdings finanzielle Mittel erforderlich, damit die Löhne und Gehälter der Arbeitnehmer und die Warenlieferungen der Lieferanten vergütet werden können. Für die Gewährung zusätzlicher Gelder von Seiten der Kreditinstitute ist ein hohes Maß an Vertrauen in die professionelle Arbeit des (vorläufigen) Insolvenzverwalters erforderlich. Dieser soll Erfahrung bei der Beantragung finanzieller Mittel in der Insolvenz aufweisen. Eine Rückführung dieser Finanzmittel sollte aus Bankensicht unbedingt gewährleistet sein.

Wichtige finanzielle Anlässe in einem Insolvenzverfahren bilden die Finanzierung eines Massekostenvorschusses zur Deckung der Verfahrenskosten, die Vorfinanzierung des Insolvenzgeldes zur Zahlung der Löhne und Gehälter sowie die Gewährung eines Massekredits zur Fortführung des Geschäftes. Bei dem Verwendungszweck der Massekredite handelt es sich oftmals um die Mittelbereitstellung für die Finanzierung von Einzelprojekten oder die Bereitstellung eines **Kreditrahmens** zur Durchfinanzierung der operativen Tätigkeiten sowie der Vorbereitung des Insolvenzplanverfahrens oder der übertragenden Sanierung durch eine Bank.

Bei einer **Betriebsfortführung** wird der vorläufige Insolvenzverwalter zur Finanzierung des Massekostenvorschusses sowie des Insolvenzgeldes voraussichtlich auf die Hausbank oder ein ihm bekanntes Institut zugehen. Diese Kreditvergabe ist nach der Stellung des Insolvenzantrags oder nach der Insolvenzverfahrenseröffnung aufgrund des Risikos für die involvierten Banken gut vorzubereiten.

Kreditinstitute benötigen zur internen Bewilligung gut aufbereitete Unterlagen des Insolvenzverwalters, um über echte oder unechte Massekredite entscheiden zu können. Dabei ist weiterhin von Bedeutung, dass der Insolvenzverwalter nach wirtschaftlichen Lösungen im Verfahren sucht sowie abschätzen kann, welche Finanzierungen von Seiten der Kreditinstitute überhaupt realisierbar erscheinen. Dies wird erheblich davon abhängig sein, inwieweit der Betrieb weiter fortgeführt sowie saniert oder veräußert werden kann. Insgesamt sollte das Vertrauen in den Insolvenzverwalter bei der Kreditvergabe im Eröffnungsverfahren und in der eröffneten Insolvenz hoch sein, damit die Entscheidungsträger in einer Bank einem insolventen Unternehmen weitere finanzielle Mittel zuführen.

Folgende **Anlässe der Finanzierung** in der Insolvenz kommen in der Praxis häufiger vor und werden im Folgenden untersucht:

- Insolvenzgeldvorfinanzierung zur Zahlung der Löhne und Gehälter
- Finanzierung des Massekostenvorschusses zur Verfahrenseröffnung
- Massekredit zur Einzelgeschäftsfinanzierung oder als Kreditrahmen
- Bereitstellung eines echten Massekredites zur Vorfinanzierung
- Gewährung eines unechten Massekredites aus den Sicherheiten

Vorfinanzierung des Insolvenzgeldes

Eine bedeutendes Mittel zur Beschaffung liquider Mittel zum Zweck der **Fortführung** eines Geschäftsbetriebs ist die Vorfinanzierung des Insolvenzgeldes (vgl. Bruder, 2018, S. 163 ff.). Der Insolvenzgeldzeitraum eröffnet der Firma weitere Optionen der Sanierung. Die Bundesagentur für Arbeit zahlt an die Arbeitnehmer insolventer Unternehmen, das sogenannte Insolvenzgeld, als Sozialleistung im Umfang derjenigen Nettogehälter, welche das insolvente Unternehmen aufgrund der Zahlungsunfähigkeit in den letzten drei Monaten vor Insolvenzeröffnung nicht bezahlt hat.

Diese Beträge können durch eine Bank vorfinanziert werden, welche den Arbeitnehmern die Ansprüche auf Löhne und Gehälter abkauft und sie sich diese in Erfüllung des Kaufvertrages mit **Zustimmung der Bundesagentur** abtreten lässt. Der Kaufpreis ist der jeweilige Nettolohn, den die Bank an den Arbeitnehmer unmittelbar auszahlt. Nach der Insolvenzeröffnung stellt die vorfinanzierende Bank einen Antrag auf Insolvenzgeld und erhält den Betrag, der dem einzelnen Arbeitnehmer zugestanden hätte, wenn er nicht seine Forderungen verkauft hatte, von der Arbeitsagentur.

Für das Unternehmen hat dieses den Vorteil, dass es in dem Eröffnungszeitraum von maximal drei Monaten weitgehend von Arbeitskosten entlastet wird, denn die an die Bundesagentur mit dem Insolvenzgeldantrag übergegangenen Ansprüche auf Arbeitslohn beziehungsweise Gehalt sind stets Insolvenzforderungen, die mit der Insolvenzquote abgefunden werden (§ 55 Abs. 3 InsO und die §§ 165 ff. SGB III). Für Insolvenzpraktiker ist die Vorfinanzierung des Insolvenzgeldes ein in Deutschland unverzichtbarer Finanzierungsbestandteil im Eröffnungsverfahren.

Auch wenn der Arbeitgeber an die Bank diejenigen Kosten der Vorfinanzierung zahlen muss, die die Bundesagentur im Rahmen der Insolvenzgeldzahlungen nicht trägt (Kontoführungsentgelte der Bank für die Führung der Abwicklungskonten der Arbeitnehmer, Refinanzierungskosten der Bank, Gewinnmarge), ist die Insolvenzgeldvorfinanzierung zivilrechtlich kein Kredit an den Arbeitgeber, das heißt das insolvente Unternehmen. Die Abtretung der Lohn- und Gehaltsansprüche der Arbeitnehmer an die Bank ist keine Sicherungszession.

Das Insolvenzgeld wird erst nach Eröffnung des Verfahrens gezahlt. Somit hat sich der vorläufige Insolvenzverwalter um die Vorfinanzierung des Insolvenzgeldes zu kümmern. Ansonsten wird es im Eröffnungsverfahren kaum möglich sein, die Arbeitnehmer zu einer Weiterarbeit zu motivieren, wenn auf die Zahlung des Arbeitslohns erst auf den Zeitpunkt nach der Eröffnung des Verfahrens verwiesen werden müsste. Bei der Vorfinanzierung verkaufen die **Arbeitnehmer** ihre Gehaltsansprüche, an denen das Insolvenzgeld hängt, an ein Kreditinstitut und treten ihre Forderungen gegenüber dem Arbeitgeber einschließlich ihres Anspruches auf Insolvenzgeld an das vorfinanzierende Institut ab (vgl. Bruder, 2018, S. 163 ff.). Die Bank stundet faktisch die erworbenen Ansprüche gegenüber dem schuldnerischen Unternehmen.

Für die Dauer von drei Monaten vor der Eröffnung des Insolvenzverfahrens werden die Löhne und Gehälter des insolventen Betriebs indirekt von der Bundesagentur für Arbeit zu Lasten der Insolvenzgeldumlage übernommen. Es ist als Sanierungsbeitrag anzusehen. Der **Zeitraum** des Eröffnungsverfahrens wird davon abhängen, ob bereits rückständige Löhne und Gehälter bestehen. Ist dies nicht der Fall, wird der vorläufige Insolvenzverwalter den maximalen Zeitabschnitt von insgesamt drei Monaten für das Eröffnungsverfahren voll ausschöpfen. Durch die Finanzierung der Löhne und Gehälter kann die notwendige Liquidität für eine Betriebsfortführung geschaffen und meist der Grundstein für eine erfolgreiche Sanierung gelegt werden.

Die **Vorfinanzierung** des Insolvenzgeldes ist durch den vorläufigen Insolvenzverwalter angemessen durch Gespräche, meist mit der Hausbank, vorzubereiten, damit diese Finanzmittel zeitnah nach dem Insolvenzantrag bereitstehen. Im Anschluss an den Insolvenzantrag existiert im Eröffnungsverfahren für den vorläufigen Verwalter daher die Möglichkeit, den Geschäftsbetrieb zunächst aufrecht zu erhalten und über die Einsparung der Personalkosten unter Umständen kurzfristig Gewinne zu erwirtschaften. Das Insolvenzgeld hilft bei einer Entlastung des Betriebs vom Kostenblock der Lohn- und Gehaltszahlungen und zur Sicherung der Liquidität im Unternehmen.

Die **Insolvenzgeldfinanzierung** ist ein wichtiges Instrument zur Erwirtschaftung von Cash Flows im Eröffnungsverfahren. Daher wird die dreimonatige Phase der Zahlung oft vollständig ausgeschöpft. Auf diese Weise können bestehende Aufträge abgearbeitet und verschiedene Alternativen der Sanierung in der Insolvenz ausreichend geprüft werden. Das Insolvenzgeld wird von der Bundesagentur für Arbeit erst nach dem Insolvenzereignis ausgezahlt, für die hier interessierenden Fallkonstellationen nach Eröffnung des Insolvenzverfahrens (§ 165 Abs. 1 Satz 2 Nr. 1 SGB III).

Dieser **Auszahlungszeitpunkt** liegt zeitlich oft zu spät, da die Mitarbeiter auf ihr Arbeitsentgelt in der Regel angewiesen sind. Nichtbezahlte Löhne und Gehälter können diese Situation in Richtung einer sofortigen Zerschlagung verschärfen, wenn wichtige Mitarbeiter das Unternehmen verlassen und bestehende Aufträge zeitlich nicht eingehalten oder qualitativ minderwertig abgeliefert werden. Dieser Geschäftsbetrieb droht dann zum Erliegen zu kommen. In dieser Situation ist die Vorfinanzierung des Insolvenzgeldes durch ein Kreditinstitut zur Bindung der Mitarbeiter geboten (vgl. Seagon, 2009, S. 584). Dies kann über die Hausbank oder andere Kreditinstitute erfolgen, die sich auf die Bevorschussung dieser Gelder spezialisiert haben.

Die Vorfinanzierung sorgt dann dafür, dass die Löhne und Gehälter pünktlich bezahlt werden können und qualifizierte Mitarbeiter nicht unverzüglich nach dem Insolvenzantrag das Unternehmen verlassen. Die **Belegschaft** kann damit zusammengehalten werden. Auf diese Weise kann das insolvente Unternehmen für einen Zeitraum von maximal drei Monaten, ab der Insolvenzeröffnung zurück gerechnet, ohne Personalkosten weiterarbeiten, wenn zu dem Zeitpunkt des Insolvenzantrags keine Lohn- und Gehaltsrückstände bestanden. Die Gewährung dieses Insolvenzgeldes und seine Vorfinanzierung ist an bestimmte Rahmenbedingungen geknüpft. Maßgeblich sind für die Arbeitnehmer die drei letzten Monate vor dem Insolvenzereignis, für die Arbeitsentgelte infolge Zahlungsunfähigkeit des Arbeitgebers nicht bezahlt worden sind. Das Insolvenzgeld für die letzten drei Monate des Arbeitsverhältnisses erhalten damit auch diejenigen Arbeitnehmer, deren Arbeitsverhältnisse vor dem Insolvenzereignis, hier der Insolvenzeröffnung, beendet wurden. Dabei spielt es keine Rolle, ob dies während der letzten drei Monate, unmittelbar vor Insolvenzeröffnung oder früher war.

Wird das Insolvenzverfahren am 15. Januar eröffnet und ist der Arbeitnehmer am 31. Dezember ausgeschieden, sind seine Entgeltansprüche durch das **Insolvenzgeld** zwischen dem 1. Oktober bis 31. Dezember gesichert. Ist er am 15. Februar ausgeschieden und wurde das Verfahren am 28. Mai des Jahres eröffnet, erfasst der Insolvenzgeldzeitraum die Periode vom 16. November des Vorjahres bis zum 15. Februar des aktuellen Jahres. Für bereits ausgeschiedene Arbeitnehmer fällt die Insolvenzgeldvorfinanzierung, deren Ziel die Sanierungsunterstützung ist, aus. Für die Zeiträume nach dem Ausscheiden oder nach Insolvenzeröffnung besteht kein Insolvenzgeldanspruch.

Die Ansprüche auf Insolvenzgeldleistungen der Bundesagentur der Arbeit sind in den §§ 165 ff. III SGB geregelt. Das Insolvenzgeld ist als soziale Leistung konzipiert. Es hat sich aber in der Praxis als Finanzierungsinstrument zur Fortführung des Geschäftsbetriebs im vorläufigen Insolvenzverfahren etabliert. Der Insolvenzgeldzeitraum beträgt genau drei Monate und sorgt dafür, dass das Eröffnungsverfahren in der Regel genau über diese Zeitspanne andauert. Dem Unternehmen wird in diesem Zeitraum die Möglichkeit gegeben, die Finanzierung der Löhne und Gehälter zu Lasten der Insolvenzumlage, die alle Arbeitgeber zu zahlen haben und die 0,06 % (2018) der rentenversicherungspflichtigen Arbeitsentgelte beträgt (vgl. §§ 360, 361 SGB III in Verbindung mit der InsOGeldFestV 2018), zu verlagern und wieder Überschüsse zu erwirtschaften.

Der Übergang dieser Forderungen bewirkt zwar, dass die Löhne weiterhin gegenüber dem Arbeitgeber geltend gemacht werden, dann aber nur als einfache Insolvenzforderungen aus § 55 Abs. 3 InsO. Ist der Anspruch auf den insolvenzgeldfähigen Lohn auf die vorfinanzierende Bank mit Zustimmung der Agentur für Arbeit übertragen worden (§§ 398 ff. BGB), so entsteht der Insolvenzgeldanspruch später bei der vorfinanzierenden Bank unmittelbar (§ 169 SGB III, Schmidt-Thole, 2023, § 55 Rn. 44). Mit dem Insolvenzgeldantrag durch die Bank gehen die der Bank übertragenen Lohn- und Gehaltsansprüche auf die Bundesagentur kraft Gesetzes über (§ 169 SGB III).

Eine wichtige Voraussetzung für die Entstehung des Anspruches auf Insolvenzgeld bei der vorfinanzierenden Bank bei der vom Insolvenzverwalter voranzutreibenden Vorfinanzierung des Insolvenzgelds ist die **Zustimmung** der Arbeitsagentur (§ 170 Abs. 4 Satz 1 SGB III). Das Einverständnis ist an die positive Prognoseentscheidung über den Erhalt von Arbeitsplätzen im Rahmen des Sanierungsversuchs beim insolventen Unternehmen geknüpft. In der Praxis sind dies mindestens 10,0 % der Arbeitsplätze. Das Insolvenzgeld wird maximal für die letzten drei Monate gezahlt, in denen die Gehälter und Löhne vor dem Eröffnungsbeschluss vom Arbeitgeber nicht mehr beglichen worden sind. Ein Anspruch auf die Zahlung des Insolvenzgeldes besteht dann, wenn der Arbeitnehmer kein Arbeitsentgelt erhalten hat und später die Insolvenzeröffnung beziehungsweise die Abweisung mangels Masse erfolgt oder die Einstellung der Betriebstätigkeit im Inland ohne Insolvenzantrag, wenn ein Verfahren mangels Masse offensichtlich nicht in Betracht kommt (§ 165 Abs. 1 Satz 2 Nr. 1 bis 3 SGB III).

Für die Bank ist nur der erste Fall, die **Insolvenzeröffnung**, interessant, da ansonsten kein Anwendungsbereich für eine Vorfinanzierung des Insolvenzgeldes bleibt. In diesem Fall kann der Betrieb zunächst aufrechterhalten und es können unter Umständen Überschüsse aus der operativen Tätigkeit durch Wegfall der Löhne und Gehälter erwirtschaftet werden. Die Insolvenzgeldvorfinanzierung entlastet die Liquidität fortgeführter Unternehmen beträchtlich. Der Insolvenzgeldanspruch ist gegenüber der Bundesagentur für Arbeit geltend zu machen. Das folgende Beispiel verdeutlicht dies.

---

i **Beispiel:** Die Insolvenz der Druck GmbH wird am 1. Mai des Jahres per Beschluss durch das zuständige Insolvenzgericht eröffnet. Wurde ein Arbeitsverhältnis nicht gelöst und bestehen keine rückständigen Löhne und Gehälter, umfasst der Zeitraum des Insolvenzgeldes die Zeit vom 1. Februar bis 30. April. Endete ein Arbeitsverhältnis dagegen bereits am 31. März, so umfasst der Insolvenzgeldzeitraum dagegen den Zeitraum vom 1. Januar bis 31. März des jeweiligen Jahres.

Im Optimalfall kann der Betrieb im **Eröffnungsverfahren** für drei Monate weitergeführt werden. Das **Insolvenzgeld** wird dann rückwirkend für die letzten drei Monate ausgezahlt, für den Zeitraum, vor der:

- Eröffnung des Insolvenzverfahrens
- Abweisung des Insolvenzverfahrens mangels Masse
- Einstellung des Geschäftsbetriebs bei offensichtlicher Masselosigkeit

Da der **Insolvenzgeldzeitraum** genutzt werden kann, um Aufträge abzuarbeiten und zusätzliche Gelder zu erwirtschaften, wird auch die Chance der späteren Verfahrenseröffnung deutlich steigen. Des Weiteren unterstützt dies die vorläufige Eigenverwaltung unter dem Schutzschirm, eines sanierenden Planverfahrens oder einer übertragenden Sanierung. Dann besteht die bereits beschriebene Option, den Kern der Belegschaft zunächst zusammenzuhalten, um eine Sanierung im eröffneten Verfahren, insbesondere über ein Insolvenzplanverfahren, zu ermöglichen. Die vollständige Ausnutzung des Insolvenzgeldzeitraums erfasst im Beispiel die Monate Februar bis April, wie in der nachfolgenden Abb. 5.12 gezeigt.

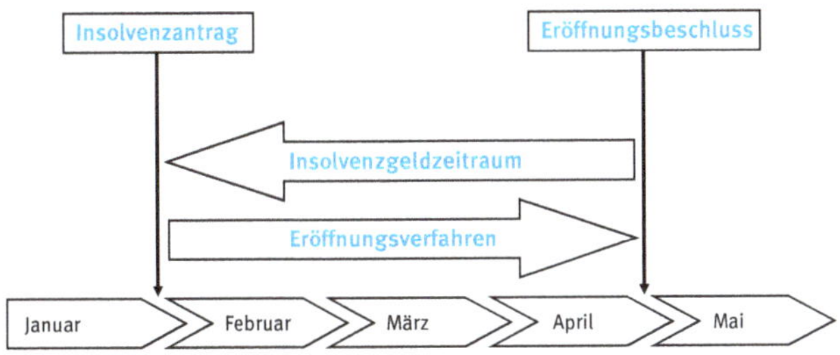

Abb. 5.12: Maximaler Insolvenzgeldzeitraum von drei Monaten (Quelle: Eigene Darstellung)

Die Zuwendungen betreffen alle aus dem betreffenden Arbeitsverhältnis bestehenden Lohnansprüche, vermindert um die gesetzlichen Abzüge, die die Arbeitsagentur direkt an die zuständige Einzugsstelle zahlt. Die Lohn- und Gehaltsansprüche gehen mit Stellung des Antrags auf die Bundesagentur für Arbeit über. Nicht insolvenzgeldfähig sind oberhalb der Beitragsbemessungsgrenze der gesetzlichen Rentenversicherung liegende Löhne und Gehälter (§§ 167 Abs. 1, 341 Abs. 4 SGB III, 2025: 8.050 Euro monatlich).

Der Antrag auf Zahlung des Insolvenzgeldes ist innerhalb einer Frist von zwei Monaten ab dem Insolvenzereignis, hier der Eröffnung des Verfahrens, bei der Arbeitsagentur durch den Anspruchsinhaber zu stellen (§ 324 Abs. 3 SGB III). Wurden diese Ansprüche auf einen Dritten übertragen, so ist der Antrag auf Auszahlung von diesem zu stellen. Dieses betrifft in der Regel das vorfinanzierende Kreditinstitut. Zur Vereinfachung kann in einem Sammelantrag die Auszahlung der Ansprüche mehrerer Arbeitnehmer gleichzeitig beantragt werden. Im Folgenden wird der Ablauf der Insolvenzgeldvorfinanzierung dargestellt. Einige Kreditinstitute haben sich auf die Vorfinanzierung von Insolvenzausfallgeld spezialisiert, da das Ausfallrisiko bei einer detaillierten Vertragsgestaltung begrenzt ist. Dabei haben sich drei **Alternativen** der Vorfinanzierung herausgebildet, mit einer Dominanz des Forderungskaufs:

- Individuelle Kreditierung
- Rahmenkreditvertrag
- Forderungskauf

Beim individuellen Kreditierungsverfahren trifft der Arbeitnehmer mit seiner Hausbank eine Vereinbarung, mit der dieser sein laufendes Konto oder seinen Kreditrahmen in Höhe von bis zu drei Nettomonatsgehältern in Anspruch nehmen kann. Zur Sicherheit lässt sich das finanzierende Institut die Entgeltforderungen gegenüber dem Schuldnerunternehmen abtreten. Mit dem Antrag auf Insolvenzgeld geht die Entgeltforderung auf die Bundesagentur für Arbeit über und wird durch die Insolvenzgeldforderung ersetzt. Die Rückführung erfolgt nach der Auszahlung des Insolvenzgeldes an den Arbeitnehmer. Das Verfahren ist abzulehnen, da es die Arbeitnehmer mit Kosten, insbesondere Kreditzinsen, belastet.

Zur Verringerung des bürokratischen Aufwands besteht die Möglichkeit, einen Rahmenkreditvertrag mit allen Arbeitnehmern abzuschließen, bei dem natürlich wiederum die Zustimmung der Arbeitsagentur einzuholen wäre. Jedoch können sich wie bei der individuellen Kreditierung Unsicherheiten bei der Rückzahlung für das finanzierende Institut bei diesem Kreditierungsverfahren ergeben, zumal der Arbeitnehmer dabei formal einem Kreditrückzahlungsrisiko ausgesetzt ist. Auch dieses Verfahren ist abzulehnen, da es wie die individuelle vorstehend umrissene Finanzierung, nicht mit der Judikatur des Bundessozialgerichts (BSG) zu 10 Rar 12/91, vereinbar ist. Diese Vorfinanzierung des Insolvenzgeldes durch Kreditierung ist nicht mehr zulässig.

In der Praxis hat sich der regresslose Forderungskauf durchgesetzt, um einem Arbeitnehmer jegliches Rückzahlungsrisiko zu nehmen (BSG, 08.04.1992, 10 RAr 12/91) sowie Zustimmung und Zahlung durch die Bundesagentur zu gewährleisten.

Dieser vermeidet die Probleme des § 400 BGB, des Ausschlusses der Abtretbarkeit unpfändbarer Forderungen, wenn das gesamte Nettoentgelt einschließlich der unpfändbaren Beträge vorfinanziert wird. Beim Forderungskauf haften die Arbeitnehmer lediglich dafür, dass die Forderungen auf das insolvenzgeldfähige Nettoentgelt bestehen und der Arbeitgeber keine Einreden und Einwendungen geltend macht und nicht aufrechnen kann. Des Weiteren haftet der Arbeitnehmer dafür, wenn diese Entgeltforderungen bereits anderweit zediert, verpfändet oder gepfändet worden sind.

Dieser haftet also im Grundsatz nur für die **Verität** der zedierten Lohn- und Gehaltsforderung. Es werden zwei Verträge geschlossen, zum einen mit dem Arbeitnehmer und zum anderen mit dem Insolvenzunternehmen beziehungsweise dem vorläufigen Insolvenzverwalter. Gegebenenfalls ist der Betriebsrat einzubinden, um die Kooperation mit der Belegschaft sicherzustellen und den gesetzlichen Mitbestimmungsrechten genüge zu tragen (vgl. Cranshaw et al., 2016b, Vor § 120 InsO, Rn. 129 ff.).

Damit erwirbt das finanzierende Kreditinstitut im **Eröffnungsverfahren** von Arbeitnehmern der insolventen Firma käuflich deren Lohn- sowie Gehaltsansprüche gegen Zahlung des Kaufpreises in Höhe des Nettoentgelts. Nach dem Eintritt des Insolvenzereignisses stehen der Bank gemäß § 170 Abs. 1, 4 SGB III die Ansprüche auf Zahlung des Insolvenzgeldes gegen die Arbeitsagentur zu (vgl. Wittig, 2009, S. 605 ff.). Aus diesen Mitteln wird der Vorfinanzierungbetrag später getilgt.

Zinsen (tatsächlich aber Provisionen, Entgelte für die Durchführung der Vorfinanzierung) und weitere Kostenbestandteile (Kontoführungsentgelte für die für die einzelnen Arbeitnehmer zu führenden Abwicklungskonten des Insolvenzgelds) und Ausfallrisiken bei Auszahlungsdefiziten der Bundesagentur gegenüber dem vorfinanzierten Entgelt beziehungsweise Lohn werden aus der Zahlung der Bundesagentur nicht zurückgeführt, sondern werden nach dieser Vereinbarung mit dem Schuldnerunternehmen beziehungsweise für dieses mit dem vorläufigen Insolvenzverwalter mit Zustimmung des Insolvenzgerichts als Masseverbindlichkeit geschuldet (vgl. § 55 Abs. 2 InsO). Diese Beträge sind damit ausfallgefährdet.

In der Literatur wird etwa ein Vertragsmuster vorgestellt, wonach das Unternehmen der Bank einen Kreditauftrag (vgl. § 778 BGB) erteilt, den Arbeitnehmer ihre Entgeltansprüche für diese insolvenzgeldfähigen Monate zu bevorschussen. Die vorfinanzierende Bank erklärt sich dazu bereit und zahlt die Nettoentgelte aus.

Die Arbeitnehmer treten in gesonderter Vereinbarung ihre Entgeltansprüche an die Bank ab und der Bank die Insolvenzgeldansprüche zustehen. Für etwaige Verluste aus der „Bevorschussung“ hält die Firma, der Insolvenzschuldner, die Bank schadlos und zahlt ihr Zinsen sowie Kontoführungsentgelte. Die Bank erhält zur Sicherung ein „Bardepot“ von der Firma in Höhe von 20,0 % der auszuzahlenden Nettoentgelte. Der dort konzipierte Kreditauftrag ist kein Kredit an die Bank, sondern entgeltliche Geschäftsbesorgung, für die eine Bank den Aufwendungsersatz erhält (§§ 675, 670 BGB) und deren Gegenstand eine Finanzhilfe der Bank in eigenem Namen ist.

Damit ist das Risiko aus dieser Finanzierung eindeutig begrenzt. Die **Vorfinanzierung** des Insolvenzgeldes hat sich als wesentliches Finanzierungsinstrument im Insolvenzverfahren etabliert und trägt dazu bei, die Chancen einer erfolgreichen Sanierung in der Insolvenz beträchtlich zu erhöhen. Allerdings dürfen die Sanierungserfolgschancen nicht überschätzt werden, vielfach wird der Betrieb nach diesem Zeitraum beendet, da die Entlastung dieser Hauptkostenkomponente wegfällt. Der **Ablauf** der Insolvenzgeldvorfinanzierung wird in der nachfolgenden Abb. 5.13 dargestellt.

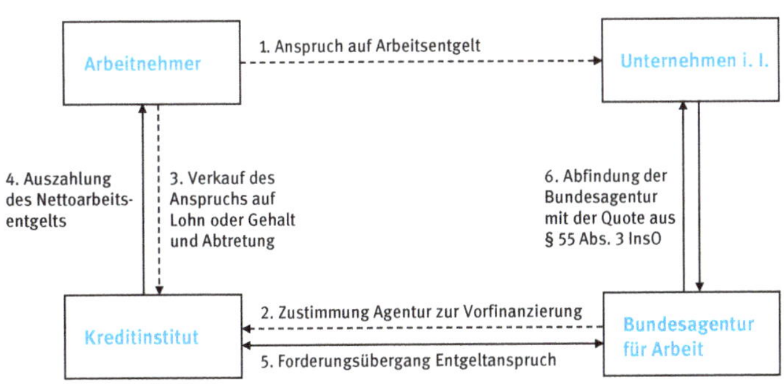

Abb. 5.13: Vorfinanzierung des Insolvenzgeldes durch Forderungskauf (Quelle: Eigene Darstellung)

Kommt es allerdings nicht zur Eröffnung und auch nicht zu einem der beiden anderen Insolvenzereignisse des § 165 Abs. 1 Satz 2 Nrn. 2, 3 SGB III, fehlt es an dem Insolvenzereignis und es besteht kein Anspruch auf Insolvenzgeld, so dass hier ein Ausfallrisiko der vorfinanzierenden Bank besteht, die sich dann im Rahmen eines Vertrages, wie er vorstehend zitiert wurde, nur an das Krisenunternehmen halten kann. Das Risiko ist faktisch allerdings sehr gering, da auch die Bundesagentur vor ihrer Zustimmung zur Vorfinanzierung die Prognose für das Unternehmen prüft ebenso wie die betroffene Bank. Schuldner der Löhne und Gehälter ist das Krisenunternehmen. Die Vorfinanzierung des **Insolvenzgeldes** verläuft wie folgt:

- Nach der Stellung des Insolvenzantrags (1.) verkaufen die Arbeitnehmer ihre Ansprüche auf rückständige Löhne und Gehälter und treten sie an die Bank ab (3.). Die Bundesagentur stimmt nach Prüfung der Vorfinanzierung zu (2.). Dann zahlt das Kreditinstitut die Nettoentgelte revolvierend an die Arbeitnehmer aus (4.).
- Nach der Insolvenzeröffnung stellt die vorfinanzierende Bank innerhalb von zwei Monaten den Antrag auf Zahlung des Insolvenzgeldes bei der jeweiligen Agentur für Arbeit und die Mittel werden ausgezahlt (5.).
- Die Agentur hat als Insolvenzgläubiger einen zur Insolvenztabelle anzumeldenden Anspruch auf Zahlung der rückständigen Löhne und Gehälter gegenüber dem insolventen Unternehmen (6.), gemäß §§ 55 Abs. 3 Satz 1 InsO, 169 SGB III.

Der Anspruch wird wie bei jedem Insolvenzgläubiger mit der Quote abgefunden. Der insolvente Arbeitgeber beziehungsweise der vorläufige Insolvenzverwalter regelt die technischen Voraussetzungen für den Ankauf der Forderungen, berechnet deren Höhe und administrieren den Ablauf der Zahlungen aus der Lohnbuchhaltung, gegebenenfalls für die Bank auch die Beantragung des Insolvenzgeldes und die Überwachung der Leistungen der Arbeitsagentur. Das insolvente Unternehmen trägt zugleich die Refinanzierungskosten der Bank für die Vorfinanzierung und die Kontoführungskosten sowie ähnliche Auslagen. Es haftet zugleich in den Fällen, in denen die Arbeitsagentur einen geringeren Betrag zahlt als durch die vorfinanzierende Bank an den Arbeitnehmer ausbezahlt wurde und setzt sich im Hinblick auf die Veritätshaftung mit dem betroffenen Arbeitnehmer auseinander. Es trägt ferner die Lasten einer etwaigen sozialgerichtlichen Auseinandersetzung der Bank mit der Arbeitsagentur.

Gegebenenfalls wird die Bank darauf bestehen, dass diese Verpflichtungen des Arbeitgebers, die im Insolvenzeröffnungsverfahren begründet werden, aufgrund einer Einzelermächtigung durch das Insolvenzgericht zu Masseverbindlichkeiten heraufgestuft werden. Mit den übertragenen Löhnen sowie Gehältern hat dies nichts zu tun, diese bleiben entsprechend § 55 Abs. 3 InsO Insolvenzforderungen nach § 38 InsO. Zur Absicherung kann die Bank abweichend von dem zitierten Muster beispielsweise eine Haftung der Geschäftsführungsorgane für vorfinanzierte Beträge fordern, wenn der Insolvenzantrag zurückgenommen würde, denn dann existiert kein Insolvenzereignis und auch kein Insolvenzgeld, womit ein Ausfall der Bank entstehen würde.

Angefallene Zinsen und Provisionen

Im vorläufigen Insolvenzverfahren erhöhen aufgelaufene Zinsen sowie Provisionen die anzumeldenden Forderungen. Die bis zur Eröffnung angefallenen Zinsen für das Kreditengagement können bis zu der Eröffnung im gleichen Rang wie die Hauptforderung geltend gemacht werden, danach nur noch im Nachrang (§ 39 Abs. 1 Nr. 1 InsO).

Mit der Eröffnung des Insolvenzverfahrens erlischt unter anderem der „Kontokorrentkreditvertrag" (§§ 115, 116 InsO). Es handelt sich dabei um eine Geschäftsbesorgung im Rahmen eines Zahlungsdienstrahmenvertrages (§ 675f Abs. 2 BGB) mit Zurverfügungstellung eines Kreditrahmens und Kontokorrentabrede (§§ 355 bis 357 HGB). Dieses bedeutet unter anderem, dass die betreffende Bank von diesem Zeitpunkt des Erlöschens an nur noch einfache Zinsen auf den Schlusssaldo als meist ausfallende und zunächst nicht anmeldefähige (§ 174 Abs. 3 InsO) Nachrangforderung verlangen kann ohne Zinseszinseffekte nach der Maßgabe der jeweiligen Schlusssalden aus dem Kontokorrent (siehe § 355 Abs. 1 HGB).

Allerdings kann die Bank den Ersatz eines Verzugsschadens auf Rückstände bei Darlehen und Krediten sowie sonstigen Ansprüchen fordern, und zwar als Insolvenzforderungen nach § 38 InsO, sofern diese vor Verfahrenseröffnung entstanden sind. Der Verzugszins liegt 5,0 % über dem jeweiligen Basiszinssatz. Während des eröffneten Insolvenzverfahrens fällige Zinsen können allerdings nur noch im Nachrang geltend gemacht werden (§ 39 Abs. 1 Nr. 1 InsO). Nachrangige Forderungen werden jedoch nur dann beglichen, wenn alle Insolvenzgläubiger vorab vollständig befriedigt wurden. Dies wird in der Praxis jedoch selten der Fall sein. Sie sind im Allgemeinen auch nicht anmeldefähig (§ 174 Abs. 3 Satz 1 InsO). Diese Zinsen sind verloren, wenn die Kreditforderung nicht gesondert werthaltig durch ein Absonderungsrecht besichert ist. In diesem Fall kann die Bank vorrangig ihre nach der Insolvenzeröffnung entstandenen Zinsansprüche sowie Kosten aus dem Erlös des betreffenden Absonderungsrechts befriedigen (§ 367 Abs. 1 BGB sowie BGH, 17.02.2011, IX ZR 83/10), soweit der Schuldner ein Unternehmen und die Verbindlichkeit des Insolvenzschuldners bei natürlichen Personen kein Verbraucherdarlehen ist (vgl. § 497 Abs. 3 BGB).

Die bankinterne Verrechnung der Zinsen hängt davon ab, ob das insolvente Engagement erfolgsmäßig auf die Abwicklungsabteilung übertragen wird. Wird dieser Spezialbereich als eigener Profitcenter geführt, dann sind die Zinsen für die Refinanzierung und den Eigenkapitalverzinsungsanspruch sowie sonstige Aufwendungen als Opportunitätskosten im Rahmen der internen Kalkulation anzusetzen.

Während diese Vorfinanzierung des Insolvenzgeldes zunächst die Fortführung ermöglicht und einen Zusatzertrag für die vorfinanzierende Bank verspricht, sind meist weitere Mittelbereitstellungen durch die bisherigen Gläubiger des Insolvenzschuldners zu entscheiden. Dazu ist für die Verfahrenseröffnung im Interesse einer geordneten Abwicklung gegebenenfalls ein Massekostenvorschuss von der Hausbank zu leisten, soweit sie Interesse an der Verfahrenseröffnung hat.

Gewährung eines Massekostenvorschusses zur Verfahrenseröffnung

Gemäß § 26 InsO weist das Insolvenzgericht den Antrag auf die Eröffnung des Insolvenzverfahrens ab, wenn das freie Vermögen eines Schuldners voraussichtlich nicht ausreicht, um die Kosten des Insolvenzverfahrens zu decken. Eine Abweisung mangels Masse kann gemäß § 26 Satz 2 InsO durch den Vorschuss eines ausreichenden Geldbetrages zum Beispiel durch eine Bank verhindert werden. Der Umfang der Verfahrenskosten ergibt sich aus § 54 InsO. Gemäß § 54 Abs. 1 Nr. 1 InsO handelt es sich dabei um die Gerichtskosten und nach § 54 Abs. 1 Nr. 2 InsO um die Vergütung und die Auslagen des vorläufigen Insolvenzverwalters, des Insolvenzverwalters und der Mitglieder des möglicherweise installierten (vorläufigen) Gläubigerausschusses (vgl. Schmidt-Thole, 2023, § 54 Rn. 8 ff.) sowie des Sachwalters (§§ 274 Abs. 1, 54 Nr. 2 InsO).

Die Bereitstellung eines **Massekostenvorschusses** kann für die involvierten Banken sinnvoll sein, wenn an der Eröffnung des Verfahrens ein Interesse besteht. So kann eine Insolvenzeröffnung wirtschaftliche Vorteile bei der Abwicklung für die betroffenen Kreditinstitute bedeuten. Beispielsweise kann der Einzug der sicherungszedierten Forderungen (bei der Globalzession) durch den Verwalter regelmäßig kostengünstiger durchgeführt werden als durch die Bank, aufgrund des hohen Verwaltungsaufwands und der Belastung mit zusätzlichen Aufgaben für die Bankmitarbeiter und der oft fehlenden Daten der Drittschuldner, der Rechtsgrundlagen des Anspruchs des Schuldners und aufgrund fehlender IT-Struktur für solche Konstellationen bei der Bank. Zudem kann der Einzug eine höhere Quote erbringen, wenn der Insolvenzverwalter Einreden der Drittschuldner intensiv überprüft.

Auch der Forderungseinzug vor dem Insolvenzantrag durch Kreditinstitute ist daher kritisch zu überdenken, denn der Zahlungswille der **Drittschuldner** erlahmt häufig, wenn Kreditinstitute diese ihnen abgetretenen Forderungen frühzeitig offenlegen. Der Insolvenzverwalter kann die absonderungsberechtigten Gläubiger im vorläufigen Verfahren somit von zusätzlicher Arbeit entlasten, gegen die Abführung von vertraglich ausgehandelten Gebühren oder gesetzlichen Kostenbeiträgen gemäß §§ 170, 171 InsO. Allerdings können die vertraglich ausgehandelten Beträge, die sich nur auf die Verwertungskosten beziehen, nicht unter den gesetzlichen Pauschalen liegen. Eine derartige Abrede mit dem Insolvenzverwalter wäre insolvenzzweckwidrig und nichtig. Den Forderungseinzug sicherungszedierter Forderungen wird eine Bank bei der Globalzession einer großen Zahl von Forderungen organisatorisch nicht sinnvoll wirtschaftlich effizient bewältigen können. Im eröffneten Verfahren ist ihr das verboten (§ 166 Abs. 2 InsO). Sie handelt bei Verwertungshandlungen in diesem Zeitraum in den Fällen des § 166 InsO rechtswidrig (zu der rechtswidrigen Forderungseinziehung siehe dazu auch BGH, 20.02.2003, IX ZR 81/02).

Des Weiteren wird mit der Verfahrenseröffnung ebenfalls die freihändige Verwertung von Immobilien im Eigentum des Schuldnerunternehmens mit dem Insolvenzverwalter ermöglicht, wenn der Schuldner sich bislang gegen diese Form der Veräußerung, die regelmäßig höhere Preise als die Zwangsverwertung erbringt, sperrt.

Ist die Bank Grundpfandgläubigerin muss sie der freihändigen Veräußerung zustimmen, wenn das Grundstück wie nahezu stets, lastenfrei veräußert werden soll. Ohne Zustimmung der Grundpfandgläubiger bleibt dem Verwalter der Weg der Zwangsversteigerung (§§ 165 InsO, 172 ZVG).

Der Insolvenzverwalter kann und muss zudem klageweise Ansprüche aus Tatbeständen des Insolvenzanfechtungsrechts gegen Dritte realisieren und damit die Masse weiter anreichern (§§ 129-147 InsO). Dies bedeutet für Kreditinstitute unter Umständen allerdings auch eine Risikoerhöhung, die faktisch nicht steuerbar ist. Außerdem besteht die Möglichkeit, mit der Verwertung des Gesamtbetriebes oder eines Teilbetriebs des Schuldnerunternehmens einen höheren Erlös als über Einzelliquidation (Piecemeal) der jeweiligen Wirtschaftsgüter zu erreichen. Piecemeal-Verwertungen von Mobilien sind die gemeinhin schlechteste Abwicklung einer Insolvenz und möglichst zu vermeiden, leider aber auch nicht selten unvermeidbar.

Daher ist aus Sicht der Kreditinstitute zu prüfen, ob Vorteile der Eröffnung eines Verfahrens bestehen sowie notfalls ein Massekostenvorschuss vorfinanziert werden soll. Sind mehrere Kreditinstitute beispielsweise die Poolbanken eines Bankenpools, in das Verfahren involviert, können diese Kosten in der Regel quotal auf die verschiedenen Poolinstitute aufgeteilt werden. Es darf resümiert werden, dass Insolvenzanträge, die nur durch einen Massekostenvorschuss zur Eröffnung geführt werden können, im Ergebnis meist als Insolvenzen mit vermutlich keinem oder einem ganz schlechtem Quotenergebnis betrachtet werden müssen.

Vorteile entfalten diese für die Sicherungsgläubiger, denen faktisch ein geordneter Ablauf für die Verwertung ihrer Sicherheiten zur Verfügung gestellt wird und die dafür ökonomisch mit den Gerichtskosten und der Verwaltervergütung zahlen. Besteht die voraussichtliche Masse ganz weitgehend aus schon vor dem Insolvenzantrag erkennbaren Insolvenzanfechtungsansprüchen (§§ 129, 130 ff. InsO), kann ein Massekostenvorschuss sachgerecht sein, um die Eröffnung und die Verfolgung der Anfechtungsansprüche zu ermöglichen, die nur der Insolvenzverwalter oder Sachwalter durchsetzen kann (§§ 129, 280 InsO). Die Kosten des in solchen Fällen kaum vermeidbaren Rechtsstreits können durch einen Prozessfinanzierer vorfinanziert werden.

Neben der Vorfinanzierung des Massekostenvorschusses wird ein vorläufiger Verwalter auf die involvierten Kreditinstitute zugehen, um weitere Finanzierungen für eine Fortführung der Geschäfte zu erreichen, unter anderem um Vorprodukte zu erwerben, um die Produktion aufrecht zu erhalten. Wenn für eine vorteilhafte Fortführung des insolventen Unternehmens die Gewährung eines Massekredits erforderlich ist und die Bank sich dem entsprechenden Antrag des (vorläufigen) Insolvenzverwalters im Hinblick auf die erwarteten Vorteile etwa einer durch die Betriebsfortführung ermöglichten übertragenden Sanierung nicht zu verschließen vermag, sollte diese Bank ihre Massekreditzusage an verschiedene Bedingungen knüpfen. Dabei ist streng zu unterscheiden, ob der Massekredit im Insolvenzeröffnungsverfahren oder im eröffneten Insolvenzverfahren gewährt werden soll.

Finanzierungen im Eröffnungsverfahren

Im vorläufigen Insolvenzverfahren werden häufig bereits bestehende Aufträge abgearbeitet. Erforderlich ist dazu beispielsweise die Bestellung von Rohstoffen, Halb- und Fertigfabrikaten. Die Lieferanten werden in dieser Situation allerdings meist nur noch gegen Vorkasse liefern wollen, so dass Verhandlungen nötig sind, um dies zur Liquiditätsschonung zu vermeiden. Wenn die Fortführung der geschäftlichen Aktivitäten die spätere Sanierung eines Unternehmensträgers oder eine Übertragung begünstigt, die Sicherheiten wieder werthaltig gemacht und Gelder erwirtschaftet werden und damit das Risiko der Gläubigerbanken sinkt, kann gegebenenfalls die Vorfinanzierung des operativen Geschäfts durch die bereits involvierten Kreditinstitute, zum Beispiel im Pool, in Erwägung gezogen werden (Fresh-Money-Grundsatz). So hat eine Bank unter Umständen ein Interesse an einer Fortführung des Betriebs, wenn darüber die ihr abgetretenen Forderungen im Wert erhalten bleiben.

Die Werthaltigmachung, gegebenenfalls wertsteigernde oder werterhaltende Maßnahmen bezüglich bestehender oder neu entstehender Sicherheiten, zum Beispiel künftiger Forderungen im Eröffnungsverfahren sowie im eröffneten Verfahren durch die Fortführung kann die Bank jedoch nicht stets erfolgreich für sich reklamieren. Dieser Vorteil durch die Betriebsfortführung ist häufig entweder anfechtbar (§ 131 InsO) oder der Erwerb scheitert im eröffneten Verfahren an § 91 InsO. Die operativen Ergebnisse der Fortführung kommen der Masse zugute. Die Bank profitiert von einer Werterhaltung, wenn Sicherheiten an beweglichen Sachen, Forderungen und Rechten (Marken und Patentrechte oder Lizenzansprüche) und an Grundstücken und grundstücksgleichen Rechten zu realistischen Verkehrswerten veräußert werden können.

Im Hinblick auf diese zedierten Forderungen ist bereits darauf hingewiesen worden, dass die geordnete Einziehung durch den Verwalter sich positiv auf den Erlös auswirkt. Ähnliches gilt für Grundpfandrechtsgläubiger an Firmengrundstücken, da nicht ganz selten nur eine Fortführung des Unternehmens die Sicherung und den Erhalt der Werthaltigkeit dieser Objekte gewährleistet (bei Spezialimmobilien, die spezifisch für den Betrieb des Schuldners errichtet beziehungsweise zugerüstet wurden). Alternativ bleibt dem Grundpfandgläubiger, abhängig von seiner Rangposition, eine Zwangsverwaltung nach §§ 146 ff. ZVG zur Sicherung und die Zwangsversteigerung zur Verwertung der Substanz. Als weitere Variante dieser Immobiliensicherung besteht die kalte Zwangsverwaltung durch den Insolvenzverwalter (siehe BGH, 14.07.2016, IX ZB 31/14). Im vorläufigen Insolvenzverfahren sind neben dem Insolvenzschuldner drei alternative **Beteiligte** bei einer Finanzierung zu betrachten:

- **Schwacher vorläufiger Verwalter:** überwachender vorläufiger Sachwalter ohne maßgebliche rechtliche Mitwirkung an der Finanzierung
- **Vorläufiger Verwalter mit Zustimmungsvorbehalt:** § 21 Abs. 2 Nr. 2 Fall 2 InsO, für Sicherheitenbestellung der Vermögensgegenstände des Schuldners notwendig
- **Starker vorläufiger Insolvenzverwalter:** Verwaltungs- und Verfügungsbefugnis gemäß § 22 Abs. 1 InsO

Aufgrund des nach Stellung des **Insolvenzantrags** sofortigen Bedarfs nach Liquidität bei Betriebsfortführung hat sich als praktikabel herausgestellt, die sicherungszedierten Forderungen als wesentlicher Teil des Betriebsmittelfinanzierungsbedarfs des Unternehmens zu dessen Fortführung mit Zustimmung der Bank zu verwenden, sobald die Drittschuldner bezahlt haben. Diese Liquiditätshilfe aufgrund gesonderter Vereinbarung mit der Bank wird einheitlich als „stiller Massekredit" bezeichnet, auch wenn die Terminologie nur auf entsprechende Mittel nach Insolvenzeröffnung zutrifft oder auf solche, die durch Beschluss des Insolvenzgerichts zu Masseverbindlichkeiten nach Verfahrenseröffnung „aufgestuft" werden. Rechtlich handelt es sich um ein Darlehen im Sinne des § 488 BGB, bei Zinslosigkeit nach § 488 Abs. 3 Satz 3 BGB.

Bei einer **Massekreditgewährung** im vorläufigen Insolvenzverfahren sieht sich eine Bank oft einem schwachen vorläufigen Insolvenzverwalter oder im Schutzschirmverfahren einem Sachwalter gegenüber, der damit keine Verfügungsbefugnis besitzt und der im Gegensatz zu einem starken vorläufigen Insolvenzverwalter mit Verfügungsbefugnis keine vorrangigen Masseverbindlichkeiten begründen kann. Damit dem Kreditrückzahlungsanspruch einer Bank im eröffneten Insolvenzverfahren der Rang der Masseforderung gegeben wird, ist ein Beschluss des Insolvenzgerichts notwendig, der die Massekreditaufnahme gestattet. Diese Ermächtigung ist auf die Vereinbarung zur Bestellung von Sicherheiten an das betroffene Kreditinstitut auszudehnen. Im vorläufigen Eigenverwaltungsverfahren hat das Gericht auf Antrag eines Schuldners die Genehmigung zur Begründung von Masseverbindlichkeiten zu erteilen, die im Finanzplan enthalten sind (§ 270c Abs. 4 Satz 1 InsO). Ist diese einzugehende Verbindlichkeit nicht im Finanzplan enthalten, hat das Insolvenzgericht ein Ermessen, die Qualifizierung als Masseverbindlichkeit zu beschließen oder nicht (§ 270c Abs. 4 Satz 2 InsO). Die nur beschränkte Qualifizierung als Masseverbindlichkeit im vorläufigen Verfahrensabschnitt (mit der Folge des § 55 Abs. 2 im eröffneten Verfahren) ist sinnvoll, da das Ausbluten der Masse vor Insolvenzeröffnung verhindert werden kann.

Aus Bankensicht ist zur Reduzierung eines Ausfallsrisikos darauf zu achten, dass die Massekreditgewährung von einer Vereinbarung neuer Sicherheitenverträge begleitet wird. Es kommen insbesondere eine Sicherungsübereignung der mit dem Massekredit erworbenen Güter und eine Sicherungsabtretung der aus der Betriebsfortführung erzielten Forderungen in Betracht. Im Zweifel sind diese Geschäfte Bargeschäfte gemäß § 142 InsO. Hierauf kommt es aber nicht an, wenn diese Rechtshandlungen im Zusammenhang mit diesem Massekredit beziehungsweise der Sicherheitenbestellung dann Masseverbindlichkeiten darstellen, die der Anfechtung entzogen sind. Dies gilt auch für einen unechten Massekredit. Auch andere Vermögenswerte des insolventen Unternehmens wie zum Beispiel Patentrechte oder freie Grundschuldteile können als zusätzliche Sicherheiten herangezogen werden. Um jegliche Zweifel an der Befugnis des vorläufigen Insolvenzverwalters zu einer Sicherheitenbestellung auszuräumen, sollte im relevanten Gerichtsbeschluss zur Massekreditaufnahme die Erlaubnis zur Sicherheitenbestellung durch den vorläufigen Verwalter ausdrücklich enthalten sein.

Bei einer Finanzierung durch die Kreditinstitute werden durch den starken vorläufigen Insolvenzverwalter Masseverbindlichkeiten begründet (§ 55 Abs. 2 InsO). Es ist keine gesonderte Einzelermächtigung des Gerichts erforderlich. Allerdings ergibt sich bei der Qualifizierung der Kreditaufnahme als eine bedeutende Handlung das Zustimmungserfordernis eines gegebenenfalls vorhandenen vorläufigen Gläubigerausschusses des Eröffnungsverfahrens gemäß § 160 InsO, wenn man nicht die Anwendung der Vorschrift im Eröffnungsverfahren ablehnt. Die Einzelheiten sind hier allerdings umstritten (Schmidt-Jungmann, 2023, § 160 Rn. 1).

Die künftige Insolvenzmasse haftet bei einer Kreditaufnahme und daraus entstehender Verbindlichkeiten gemäß § 55 Abs. 2 InsO. Nach § 61 Satz 1 InsO kann der vorläufige starke Insolvenzverwalter für die Nichterfüllung von Masseverbindlichkeiten persönlich in Regress genommen werden. Die Risikolage wird seine Bereitschaft zur Fortführung des operativen Betriebes unter Umständen beeinträchtigen und gegebenenfalls ein Hinwirken auf eine Liquidationslösung bewirken, gerade wenn umfangreiche Kredite für die Weiterführung erforderlich sind.

Der vorläufige Verwalter hat zudem die Pflicht, den Überblick über die Zahlungsvorgänge im Unternehmen zu behalten, damit die Rückführung dieser Verbindlichkeiten hinreichend gesichert werden kann. Zur Überprüfung dieser Aufgabe sollte von Seiten der im vorläufigen Insolvenzverfahren finanzierenden Banken eine Rentabilitätsvorausschau sowie eine Liquiditätsplanung vom vorläufigen Insolvenzverwalter für das Eröffnungsverfahren verlangt werden. Können diese Zahlenwerke nicht bereitgestellt werden, ist eine Vorfinanzierung beispielsweise von weiteren Warenbestellungen mit frischem Geld im vorläufigen Verfahren aus Bankensicht kritisch zu betrachten.

Massekreditgewährung im eröffneten Insolvenzverfahren

Für eine **Massekreditgewährung** im eröffneten Insolvenzverfahren ist kein Gerichtsbeschluss erforderlich, da ein vollumfänglich verwaltungs- und verfügungsbefugter Insolvenzverwalter (§ 80 InsO) Vertragspartner der Bank wird. Der Charakter als Masseverbindlichkeit folgt hier aus § 55 Abs. 1 Nr. 1 InsO (Handlungen des Verwalters oder in anderer Weise begründete Verbindlichkeiten im Rahmen der Verwaltung, Verwertung und Verteilung der Masse). Mit dem Verwalter kann auch die Bestellung von Sicherungsrechten vereinbart werden. Dennoch hat der Insolvenzverwalter das Zustimmungserfordernis eines gegebenenfalls vorhandenen Gläubigerausschusses oder bei Fehlen eines Ausschusses der Gläubigerversammlung gemäß § 160 InsO einzuholen, wenn beispielsweise ein Darlehen aufgenommen werden soll, das die Insolvenzmasse oftmals erheblich belastet.

Das **Zustimmungserfordernis** nach dieser Norm ist aber keine Wirksamkeitsvoraussetzung des Geschäfts (§ 164 InsO), wenn nicht ganz ausnahmsweise die vorgesehene Maßnahme des Verwalters, evident insolvenzzweckwidrig und daher nichtig ist. Der rechtliche Aspekt sind hier die Gründe des Missbrauchs der Vertretungsmacht, die der BGH „in Anlehnung“ hieran beurteilt.

Diese Evidenz muss aber für den Vertragspartner, hier die Bank, so ersichtlich sein, dass sich „begründete Zweifel ... aufdrängten" (Schmidt-Jungmann, 2023, § 164 Rn. 4, BGH, 25.04.2002, IX ZR 313/99, Leitsatz 4). Eine neue vertragliche Vereinbarung über die Massekreditgewährung sowie die Besicherung ist auch dann erforderlich, wenn ein im Insolvenzeröffnungsverfahren aufgenommener Massekredit lediglich im Sinne eines neuen Kapitalnutzungsrechts verlängert werden soll.

Definition: Von einem **echten Massekredit** wird gesprochen, wenn die zugesagten Mittel wie bei einem normalen Bankkredit von einem Kreditinstitut über einen Kreditvertrag zur Verfügung gestellt und liquide Mittel ausgereicht werden. Dabei wird es sich insbesondere um die Verfügungsstellung einer Kreditlinie, einer Avallinie oder von (mittelfristigen) Darlehensmitteln zur Durchfinanzierung des Betriebs handeln.

Aus der Sichtweise des Kreditinstituts oder der Poolbanken handelt es sich um ein übliches Kreditgeschäft, über das unter den erschwerten Bedingungen einer Insolvenz zu entscheiden ist. Die Kreditierung wirkt unmittelbar risikoerhöhend und dem Kreditgeber haftet nur das Massevermögen. Die Gewährung eines echten Massekredits in der Insolvenz erfordert in der Regel eine hohe Kompetenzstufe des Entscheidungsträgers in einer Bank. Daher ist eine ausreichende Besicherung, mit einer Überdeckung im zulässigen Umfang bereitzustellen, um das Risiko eines weiteren Forderungsausfalls aus Bankensicht möglichst gering zu halten. Die Annahmen der Betriebsfortführung sind durch den Insolvenzverwalter mit einer integrierten Planungsrechnung zu unterlegen und genau zu überprüfen. Dabei spielt die Reputation eines Insolvenzverwalters, wie auch bei einer unechten Massekreditgewährung, eine wesentliche Rolle (vgl. Cranshaw et al., 2016a, Vor § 21 InsO, Rn. 9 ff.). Eine bewusste Inkaufnahme eines hohen Ausfallrisikos unter Missachtung der „banküblichen Prüfungs- und Informationspflicht" kann Untreue im Sinne des § 266 StGB sein. Eine Rolle spielen die Vorgaben des § 18 KWG für die Kreditvergabe (BGH, 15.11.2001, 1 StR 185/01).

Definition: Bei einem **unechten Massekredit** stammen die Kreditmittel im vorläufigen Insolvenzverfahren aus der Verwertung von Vermögensgegenständen eines insolventen Unternehmens, an denen das betreffende Institut ein Absonderungsrecht besitzt, wie insbesondere aus der Einziehung sicherungsabgetretener Forderungen sowie der Verwertung eines Warenlagers. Statt einer unverzüglichen Auskehrung der erzielten Erlöse aus den Forderungen an die absonderungsberechtigte Bank, wie es die Insolvenzordnung gemäß § 170 Abs. 1 Satz 2 InsO vorsieht, verwendet der (vorläufige) Insolvenzverwalter die über einen Forderungseinzug erlangten Gelder mit Einverständnis dieser Bank zur Finanzierung der Betriebsfortführung. Hat das Insolvenzgericht angeordnet, dass der vorläufige Verwalter sicherungszedierte Forderungen einziehen darf, § 21 Abs. 2 Satz 1 Nr. 5 Satz 3 InsO, stehen der Masse die Kostenbeiträge nach § 171 InsO zu, ebenso die in dem eingezogenen Betrag enthaltene Umsatzsteuer. Der verbleibende Betrag ist an den Absonderungsberechtigten bis zur Höhe der dortigen Forderung auszuzahlen. Gegebenenfalls fallen bei verzögerter Einziehung oder Auszahlung Zinsen gemäß § 169 Abs. 2, 3 InsO an (vgl. MüKo-Schildt, 2025a, § 21 Rn. 106). Auch in diesen Fällen ist wesentlich, dass die Bank die vertragsmäßige Einziehungsbefugnis durch den Schuldner beziehungsweise das insolvente Unternehmen unbedingt zeitnah beendet.

Im eröffneten Verfahren steht dem Insolvenzverwalter dagegen das gesetzliche Verwertungsrecht nach §§ 166 ff. InsO zu und damit ohne Weiteres auch die Kostenbeiträge der Feststellung und Verwertung aus §§ 170, 171 InsO zu (vgl. BGH, 20.02.2003, IX ZR 81/02). Erst mit der Eröffnung erhält er die Befugnis das schuldnerische Vermögen zu verwalten und darüber zu verfügen (§ 80 Abs. 1 InsO). Kreditiert wird im Rahmen eines „unechten" Massekredites wie bei einem solchen Kredit vor der Eröffnung dann wirtschaftlich der Anspruch eines absonderungsberechtigten Gläubigers auf die Auskehr des Verwertungserlöses gemäß § 170 Abs. 1 Satz 2 InsO.

Auch **Kombinationen** aus einem echten sowie einem unechten Massekredit über das vorläufige Verfahren und das eröffnete Verfahren hinweg sind zur Finanzierung der weiteren betrieblichen Aktivitäten oder der Vorbereitung von Sanierungslösungen in der Insolvenz möglich und wirtschaftlich typisch, da ansonsten der Betrag des „unechten" Massekredits aus dem vorläufigen Insolvenzverfahren nach Verfahrenseröffnung zunächst zurückbezahlt werden müsste, um dann im Rahmen des „echten" Massekredites neu valutiert zu werden.

Die Kreditentscheidung ist bei einem unechten Massekredit aus Bankensicht eventuell einfacher zu treffen, da keine neuen Gelder ausgereicht werden sowie auf den ersten Blick keine Risikoerhöhung eintritt. Der unechte Massekredit im Eröffnungsverfahren vermeidet zudem in einer frühen Phase des Verfahrens die Diskussion über den Umfang und die Wirksamkeit der Sicherungsrechte und die etwaige Anfechtbarkeit. Vereinbarungsgemäß wird die Diskussion gegebenenfalls anlässlich der Rückzahlung des stillen Massekredits zu führen sein. Diese ist damit aus praktischen Gründen lediglich aufgeschoben auf einen späteren Zeitpunkt.

Hat im Ausnahmefall der Gläubiger die Sicherheitenverwertung vor dem Insolvenzantrag betrieben, zum Beispiel bei der Verwertung der abgetretenen Kapitallebensversicherung des Schuldners und seine Verwertungsmaßnahmen bereits vor der Eröffnung des Insolvenzverfahrens abgeschlossen, werden keinerlei Verwertungs- und Feststellungskosten an die Masse fällig (vgl. Schmidt-Sinz, 2023, § 170 Rn. 6). Wenn die Verwertung durch den vorläufigen Insolvenzverwalter aus Bankensicht oftmals ausdrücklich gewünscht wird, sind auch Regelungen mit einer Kostenbeteiligung in Anlehnung an § 171 InsO zu vereinbaren. Ansonsten muss klar differenziert werden, welche Verwertungsvorgänge vor der Eröffnung und welche nach der Eröffnung der Insolvenz stattfinden, wobei der **Forderungseinzug** durch den vorläufigen Verwalter aufgrund gerichtlicher Anordnung nach § 21 Abs. 2 Satz 1 Nr. 5 InsO, wie oben erwähnt, sowohl zur Auskehrungspflicht seitens des vorläufigen Insolvenzverwalters an den Gläubiger als auch zu Kostenbeiträgen des Gläubigers gemäß § 171 InsO führt.

Bei dem Einzug von Forderungen ist die Verwertung einfacher als bei der Produktion und dem eintretenden Wertzuwachs von sicherungsübereigneten Gegenständen. Der Bank stehen daran nur die Wertanteile zum Zeitpunkt der Eröffnung zu, wenn nicht schon im Eröffnungsverfahren durch Weiterverarbeitung Wertzuwächse entstanden sind, die der Bank durch Anfechtung entzogen werden können.

Im Allgemeinen sind einvernehmliche Lösungen zwischen den absonderungsberechtigten Kreditinstituten und dem Insolvenzverwalter anzustreben. Auch die Verzinsung der Massekredite als Gegenleistung für die Kapitalüberlassung ist beim echten sowie unechten Massekredit zu regeln. Es mag die Zinslosigkeit gegen Unterlassung von Anfechtungsansprüchen (vgl. §§ 129 ff., 143 InsO) in Frage kommen, wenn bei wirtschaftlicher Betrachtung Äquivalenz zwischen beiden Positionen bejaht werden kann (etwa bei schwacher Position des Anfechtungsanspruchs).

Der **Rückzahlungsanspruch** der Forderungen aus dem Massekredit zuzüglich der etwaigen Zinsen stellt eine vorrangige Masseverbindlichkeit gemäß § 55 Abs. 1 Nr. 1 InsO dar. Unklar ist die Fragestellung, ob ein vorläufiger Verwalter mit Ermächtigung des Insolvenzgerichts zur Verwertung des schuldnerischen Vermögens auch bereits in einem Eröffnungsverfahren Kostenbeiträge beanspruchen kann. So stehen dem vorläufigen Verwalter aber beim Erlass eines Einziehungs- und Verwertungsverbotes durch das Insolvenzgericht nach § 21 Abs. 2 Satz 1 Nr. 5 Satz 3 InsO die Kostenbeiträge gemäß den §§ 170, 171 InsO unter Umständen zu.

Dies erfordert jedoch den Beschluss eines Einziehungs- und Verwertungsverbotes und zudem die klare Definition, welche Sicherungsrechte von der Anordnung erfasst werden. Nach der Eröffnung des Verfahrens können die Kostenbeiträge naturgemäß nur noch für die Absonderungsrechte geltend gemacht werden, die nicht bereits im Eröffnungsverfahren im Rahmen eines unechten Massekredits verwendet worden sind.

Somit ist eine Abgrenzung auf den Verfahrensstand wichtig, um die Verwertungsmaßnahmen vor sowie nach der Insolvenzeröffnung zeitgenau voneinander abzugrenzen zu können (vgl. Kümmel/Viehoff, 2012, S. 522 ff.).

Werden parallel zu zedierten Forderungen die sicherungsübereigneten Gegenstände (§ 166 Abs. 1 InsO) betrachtet, so sind nur Sachen zu berücksichtigen, die sich noch im Besitz des Schuldners (unmittelbar oder mittelbar) befinden. Hat das Kreditinstitut bereits die Herrschaft über dieses Sicherungsgut erlangt, kann das Insolvenzgericht ein Verwertungsverbot gemäß § 21 Abs. 2 Satz 1 Nr. 5 InsO insoweit nicht mehr erlassen. Zum mittelbaren Besitz eines Schuldners gehört auch der vermietete Fahrzeugpark eines Fahrzeugvermietungsunternehmens oder eines Leasingunternehmens. Der Mieter ist unmittelbarer Fremdbesitzer. Das Kreditinstitut hat keinen Besitz inne, bevor die sicherungsübereignete Sache nicht an die Bank herausgegeben wurde oder nicht auf sonstige Weise der Besitz am Sicherungsgut vermittelt wird.

Beurteilung des echten und des unechten Massekredits aus Bankensicht

In der Regel fällt der Bank die Gewährung eines unechten Massekredits leichter als die Einräumung eines echten Massekredits, da ersterer bankintern gewöhnlich nicht als Risikoausweitung betrachtet wird. Dann findet keine echte Obligoerhöhung statt und die Verfügung über Sicherungsrechte in der Insolvenz erfordert eine geringere Kompetenzstufe als die Vergabe neuer Mittel (vgl. Kümmel/Viehoff, 2012, S. 516 ff.).

Diese Sichtweise darf jedoch nicht darüber hinwegtäuschen, dass wirtschaftlich gesehen gerade kein Unterschied zu einer klassischen Kreditierung besteht, aber eine Risikoerhöhung gleichwohl stattfindet, da der Blankoanteil der Finanzierung ansteigt, gegebenenfalls auf 100,0 % des Finanzierungsvolumens, wenn nämlich die Sicherheiten zu einer Bewertung von 100,0 % der besicherten Forderung führt.

Wenn ein Massekredit nicht zurückgezahlt werden kann, ist es für die Bemessung des daraus entstandenen Schadens im Ergebnis für die Banken gleichgültig, ob es sich um einen echten oder einen unechten Massekredit handelt. Über einen unechten Massekredit werden die Sicherungsrechte aufgebraucht, die dann später im Verwertungsfall unter Umständen nicht mehr zur Verfügung stehen. Meist wird das Umlaufvermögen verwendet und für die weitere Betriebsfortführung genutzt. Erst neu entstehende Forderungen bei der Unternehmensfortführung gegen Drittschuldner stehen der Bank nur bei entsprechender Vereinbarung als Sicherheit zur Verfügung, deren Volatilität aufgrund der Insolvenz des Kreditschuldners zudem erhöht sein dürfte.

Ein Vorteil der Vereinbarung des unechten Massekredits ist unter Umständen, dass zu einem früheren Zeitpunkt des Verfahrens eine kontroverse Diskussion zwischen dem Sicherungsnehmer sowie dem (vorläufigen) Insolvenzverwalter über die Wirksamkeit und den Umfang sowie etwaige Anfechtbarkeit der sicherungszedierten Forderungen und über Kollisionen mit anderen Berechtigten (Lieferanten mit verlängertem Eigentumsvorbehalt, vgl. Grüneberg-Weidenkaff, 2025, § 449, Rn. 18) entfällt. Es müssen zudem keine zusätzlichen finanziellen Mittel ausgereicht werden.

Unabhängig, ob ein echter oder unechter Massekredit in den verschiedenen Verfahrensstadien gewährt wurde, bedeutet diese **Art der Finanzierung** wirtschaftlich eine vorzugsweise Befriedigung aus der Masse infolge der §§ 55 Abs. 1 Nr. 1, 53 Alt. 2 InsO. Dieses Recht kann auch durch einen aufgestellten Insolvenzplan nicht abbedungen werden, da dieser Rückzahlungsanspruch im Hinblick auf den Massekredit als Masseverbindlichkeit nicht der Disposition der Gläubigermehrheit unterliegt. Jedoch besteht auch bei der Vergabe des später vorrangigen Massekredits die Gefahr eines Ausfallrisikos, wenn Masseunzulänglichkeit eintritt (§§ 208 ff. InsO).

Daher ist die Vereinbarung von **Sicherheiten** zur Reduzierung des Rückzahlungsrisikos unerlässlich. Dabei unterliegt die Besicherung eines Massekredits von vornherein nicht der Anfechtung gemäß §§ 129 ff. InsO, wobei dies für die Kreditierung gegen Sicherheiten und die in diesem Kontext geschlossenen Verträge sowie vorgenommenen Rechtshandlungen im Eröffnungsverfahren nur dann gilt, wenn ein starker vorläufiger Verwalter gehandelt hat oder das Insolvenzgericht durch entsprechende Einzelermächtigung die daraus resultierenden Verbindlichkeiten zur Masseverbindlichkeit heraufgestuft hat. Dies gilt auch in der vorläufigen Eigenverwaltung in Fällen des § 270c Abs. 4 InsO. Diese Kreditierung kann dann als Einzelgeschäftsfinanzierung (Projektfinanzierung) mit einer Abtretung der Einzelforderung und der Sicherungsübereignung der finanzierten Gegenstände oder als globaler Kreditrahmen zur möglichen Fortführung der Geschäfte erfolgen.

Generell ist eine **Risikoaufteilung** mit weiteren Banken und auch den Lieferanten zu empfehlen, wenn andere Kreditinstitute, wie unter anderem die Poolbanken, ein Interesse an der Fortführung eines insolventen Unternehmens haben, beispielsweise, um die Werthaltigkeit ihrer Sicherheiten zu erhalten.

Bei der Besicherung neu zu vergebender Kredite durch die Vermögenswerte des Umlaufvermögens ist wie in einer außergerichtlichen Sanierungsphase die Vereinbarung eines Sicherheitenabgrenzungsvertrags mit anderen beteiligten Banken beziehungsweise den Lieferanten und Kreditversicherern im Einzelfall zweckmäßig, um im Verwertungsfall spätere Aufteilungsprobleme schon im Vorfeld zu vermeiden. Bei einer Einzelgeschäftsfinanzierung sollte jedes finanzierte Projekt mit einem gesonderten Finanzplan unterlegt werden, der zeigt, dass diese Mittelrückführung aus dem vorzufinanzierenden Auftrag mit hoher Sicherheit erreicht werden kann. Es ist zu beachten, dass die Zahlungen auf das Einzelgeschäft bezogen und nicht mit dem Gesamtbetrieb vermischt werden. Auch die Bonität und die Zahlungswilligkeit dieser Drittschuldner sind zu eruieren. Wichtig ist auch, dass das Projekt mängelfrei abgeliefert wird, damit keine Einreden von dem Leistungsempfänger oder dem Abnehmer geltend gemacht werden, die den Erlös möglicherweise schmälern. Diese Thematik spielt eine besondere Rolle bei Unternehmen des Maschinen- und Anlagenbaus und der Bauwirtschaft.

Bei der Finanzierung des **gesamten Geschäftsbetriebs** über einen Kreditrahmen ist ebenfalls eine Ertrags- und Finanzplanung einzureichen und durch die Kreditinstitute ist zu prüfen, ob eine mittelfristige Kapitaldienstdeckung überhaupt gegeben ist. Insgesamt sollten sich aus der Weiterführung des Schuldnerunternehmens, im vorläufigen Verfahren mit Unterstützung durch die Insolvenzgeldfinanzierung, keine Unterdeckungen im Finanzplan und keine Verlustwirtschaft ergeben.

Besicherung eines Massekredits im vorläufigen und eröffneten Verfahren

Die Vergabe eines Massekredits von Seiten einer Bank wird stark davon abhängen, ob diese Mittelvergabe das Risiko eines Forderungsausfalls ausweitet oder ob die Kreditvergabe risikoneutral erfolgen kann. Die Erhöhung des Abschreibungsrisikos wird aus bankinternen Richtlinien und aus vernünftigen wirtschaftlichen Erwägungen für ein Kreditinstitut oftmals nicht in Frage kommen. Dann darf nicht verkannt werden, dass sämtliche erstellten Zahlenwerke auf Prognosen über einen bestimmten Planungszeitraum beruhen und daher auf der Zeitachse zunehmend die systemtypischen Imponderabilien von Prognosen bestehen.

Somit kommt der materiell, formell sowie rechtlich eindeutigen werthaltigen Besicherung bei dieser Art der Kreditgewährung eine besondere Bedeutung zu. Als mögliche Sicherungsrechte kommen grundsätzlich sämtliche freien materiellen sowie auch die immateriellen Vermögenswerten eines Schuldnerunternehmens in Betracht. Auch ein Drittsicherungsgeber kann sogar anfechtungsfrei eingebunden werden. Allerdings ist es aus wirtschaftlichen Gründen oft schwierig, Außenstehende zu einer Absicherung von Krediten an ein insolventes Unternehmen zu bewegen.

Dazu wird unter Umständen ein finanziell starker Gesellschafter oder ein wirtschaftlicher Partner in der Wertschöpfungskette, der auf die Lieferungen des Unternehmens angewiesen ist, bereit sein. Demnach ist die Stellung einer **Garantie** oder **Bürgschaft** durch einen bonitätsmäßig einwandfreien Geschäftspartner denkbar. Üblicherweise erfolgt, wie oben bereits beschrieben, die Absicherung durch die im Rahmen der Betriebsfortführung neu entstehenden Kreditsicherheiten des Umlaufvermögens. Gerade die Forderungen sind bei einer guten Bonität der Drittschuldner und bei möglichen Anzahlungen häufig als werthaltig zu betrachten. Zu beachten ist, dass für die Weiterführung des Unternehmens nach dem Insolvenzantrag unverändert meist die variablen Sachvermögenswerte sowie die Forderungen des Umlaufvermögens als Kreditsicherheiten herangezogen werden.

In diesem Fall sind die Bestände an Roh-, Hilfs-, Betriebsstoffen sowie Halbfabrikaten und Fertigfabrikaten, die unter die Sicherungsübereignung der Banken fallen und die Positionen der Forderungen, die von der Globalzession erfasst wird, zu erfassen. Diese Werte sind für die Banken im vorläufigen Verfahrensabschnitt durch die Betriebsfortführung mit Hilfe der durch die Insolvenzgeldvorfinanzierung eingesparten Arbeitnehmerkosten möglichst wieder aufzufüllen, damit kein Wertverfall eintritt. Die nachfolgende Abb. 5.14 verdeutlicht diesen Sachverhalt.

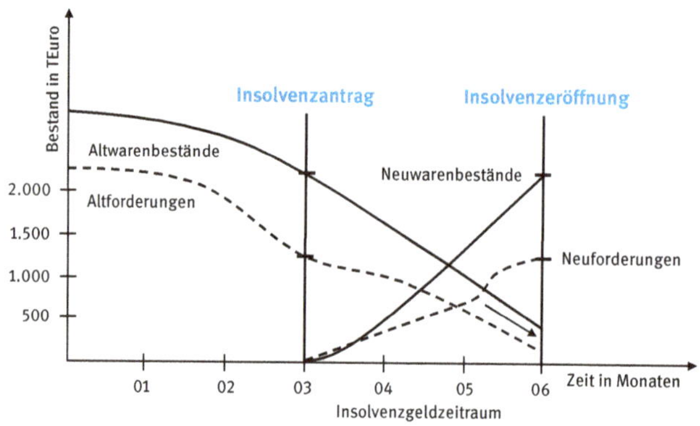

Abb. 5.14: Bestände des Umlaufvermögens im Insolvenzverfahren (Quelle: Eigene Darstellung)

Dann gilt, die verbrauchten Bestände an Altforderungen und Güter des Umlaufvermögens durch Neuforderungen und Neuwarenbestände wieder anzureichern, damit aus Sicht der abgesicherten Kreditinstitute keine wirtschaftlichen Nachteile eintreten. Der Forderungsbestand ist daher direkt im Anschluss an einen Insolvenzantrag über eine Debitorenliste und der Bestand des übereigneten Umlaufvermögens ist durch eine Inventur zu ermitteln. Als werthaltige Sicherheiten bieten sich im vorläufigen Verfahren die neuen Forderungen sowie die produzierten Fertigfabrikate an, die im Rahmen der Fortführung des Betriebes im Eröffnungsverfahren entstehen.

Im Fall eines schwachen vorläufigen Verwalters bedarf es einer gerichtlichen Einzelermächtigung, um die Finanzierung mit der Sicherheitenbestellung in den Rang einer nicht anfechtbaren Masseverbindlichkeit zu erheben.

Die im vorläufigen Insolvenzverfahren neu geschaffenen Forderungen sowie Waren werden unter Umständen von einer bereits bestehenden Globalzession und Raumsicherungsübereignung erfasst, die jedoch nach der Insolvenzeröffnung der insolvenzrechtlichen Anfechtung unterliegen können. Der Erwerb einer **Sicherheitenposition** der Bank daran scheitert im eröffneten Verfahren an § 91 InsO, der Erwerb ist insolvenzrechtlich unwirksam. Der vorläufige Insolvenzverwalter kann zur Finanzierung einer Betriebsfortführung mit dem Sicherungsnehmer eine Vereinbarung treffen, mit der neu entstehende Forderungen im Rahmen der Betriebsfortführung ebenfalls wieder verbraucht werden dürfen und andere an ihre Stelle treten, das ist der normale Ablauf bei den variablen Sicherheiten des Umlaufvermögens, denn.

Die **Vorausabtretung** stellt ein Bargeschäft nach § 142 InsO dar und ist nicht anfechtbar, sofern zwischen Kreditgewährung (des Neukredits) sowie Entstehung der Forderungen ein enger, auch zeitlicher, Zusammenhang besteht (MüKo-Piekenbrock, 2025b, § 142 Rn. 29). Gleiches gilt für die Raumsicherungsübereignung (vgl. Cranshaw et al., 2016a, Vor § 21 InsO, Rn. 20 ff.). Auf die etwas problematische Struktur des § 142 Abs. 1, Abs. 2 Satz 1 InsO kommt es jedoch nicht an, wenn der (stille) Massekredit des Eröffnungsverfahrens zur Masseverbindlichkeit wird und seine Besicherung wie üblich mit den mobilen Sicherheiten revolvierend erfolgt.

Im eröffneten Insolvenzverfahren stellen die entstandenen Forderungen und erworbenen und hergestellte Vorräte, Halbfabrikate und Fertigprodukte freie Masse dar, da Rechte dieser bisherigen Sicherungsgläubiger aufgrund vorinsolvenzlich vereinbarter Sicherungsverträge daran während des eröffneten Insolvenzverfahrens nicht erworben werden können (§ 91 InsO). Diese Vermögenswerte und Rechte können als Sicherheit für eine neue Kreditvergabe an den Insolvenzverwalter für die Masse verwendet werden. Für die Gläubiger besteht jedoch das Risiko, dass das Verfahren mangels Masse eingestellt wird (§ 207 InsO), so dass es gegebenenfalls nicht mehr zu hinreichend neuen Forderungen oder neu produziertem Sicherungseigentum kommt. Dann bleibt diesem Sicherungsgläubiger unter Umständen nur, die weitere Aufrechterhaltung des Verfahrens zu finanzieren, eine gegebenenfalls ungewollte Zwangslage.

Ein entsprechendes Risiko besteht bei Eintritt und Anzeige der Masseunzulänglichkeit (§ 208 InsO). Häufig sind die Konstellationen der §§ 207, 208 InsO mit defizitärem Betrieb des fortgeführten Schuldnerunternehmens verbunden mit der Folge, dass die Rückzahlung der Neukredite aus der Insolvenz, die Masseverbindlichkeiten sind (§ 55 Abs. 1 Nr. 1 InsO), gefährdet ist, weil auch nicht hinreichend Sicherheiten zur Verfügung stehen. Nach Erklärung der Masseunzulänglichkeit werden sie zu sogenannten „Altmasseverbindlichkeiten“, die zwar vorrangig noch vor den „Neumasseverbindlichkeiten“ (§ 209 Abs. 1 Nr. 2 InsO) befriedigt werden, aber die Risikolage hat sich nach Lage der Dinge im Einzelfall doch deutlich verschlechtert.

Auch die Abtretung von Anfechtungsansprüchen durch den Insolvenzverwalter nach §§ 129 ff. InsO kann als Kreditsicherheit für die Finanzierungen im eröffneten Verfahren (Massekredite) verwendet werden (vgl. hier Cranshaw et al., 2016a, Vor § 21 InsO, Rn. 20 ff.), eine mit Vorsicht zu handhabende und damit höchst fragile Sicherheit. Ein Massekredit und dessen Besicherung unterliegen nicht der insolvenzrechtlichen Anfechtung nach den §§ 129 ff. InsO, da die Insolvenzgläubiger eindeutig wirtschaftlich nicht benachteiligt werden.

Weitere Vermögenswerte entstehen im Eröffnungsverfahren wirtschaftlich als Folge der Insolvenzgeldvorfinanzierung sowie der daraufhin ersparten und herabgestuften Arbeitnehmerlöhne und Gehälter, die zu Überschüssen im Rahmen einer Unternehmensfortführung beitragen. Die damit geschaffenen Werte können zur **Absicherung** von beantragten Massekrediten verwendet werden. Es erfordert jedoch eine klare Abgrenzung von den bestehenden Vermögensgegenständen, die den Aussonderungsberechtigten sowie den absonderungsberechtigten Gläubigern (dort nur zur vorrangigen abgesonderten Befriedigung) zustehen und sie bereits im Rahmen der ausführlichen Inventur nach dem Insolvenzantrag aufgenommen wurden.

Wichtig ist es, die vor der **Insolvenzeröffnung** bestehenden Vermögensgegenstände einschließlich Forderungen und Rechten von den neu geschaffenen Sicherungswerten nach der Verfahrenseröffnung klar abzugrenzen. Demnach werden im eröffneten Verfahren neu entstehende Forderungen nicht von einer bestehenden vorinsolvenzlichen Globalzession erfasst (§ 91 InsO).

Die Gläubigergleichbehandlung betrifft alle zum Zeitpunkt eines Insolvenzantrags bestehenden Forderungen im Sinne des § 38 InsO, und zwar unter der Berücksichtigung von Absonderungsrechten. Neu geschaffene Werte im vorläufigen Verfahren dienen zur Anreicherung der künftigen Insolvenzmasse, gehen in die spätere verfahrensrelevante Masse ein und können zur Absicherung echter Massekredite und zum Ausgleich der eingesetzten variablen Sicherheiten im Insolvenzeröffnungsverfahren beim stillen oder unechten Massekredit verwendet werden. Wichtig ist aus Sicht der Banken, die Drittschuldner, den Entstehungszeitpunkt, die Fälligkeit und die Höhe der Forderungen festzustellen, die aufgrund der Betriebsfortführung im vorläufigen Insolvenzverfahren entstehen. Dies ist bei der Feststellung des Wertschöpfungsstands von halbfertigen Produkten zum Stichtag des Insolvenzantrags in einem Produktionsbetrieb bei einer vorhandenen Raumsicherungsübereignung meist schwieriger.

Diese Werte können zur **Besicherung** von Massekrediten eingesetzt werden, begründet durch einen schwachen vorläufigen Verwalter mit der Einzelermächtigung des Gerichts, Masseverbindlichkeiten zu generieren, durch einen starken vorläufigen Insolvenzverwalter und durch den Insolvenzverwalter nach Verfahrenseröffnung (§§ 53, 55 InsO), wie oben bereits weitgehend erläutert. Zu beachten ist, dass eine Privilegierung von Masseverbindlichkeiten aus dem vorläufigen Insolvenzverfahren nur dann zum Tragen kommt, wenn das Verfahren später auch wirklich eröffnet wird. Es ist gegebenenfalls ein Massekostenvorschuss zur Verfahrenseröffnung zu leisten.

Die nachfolgende Abb. 5.15 verdeutlicht die zeitliche Abgrenzung von Altsicherheiten sowie neu geschaffenen Vermögenswerten, die aus Bankensicht als Kreditsicherheiten im (vorläufigen) Verfahren verwendet werden können.

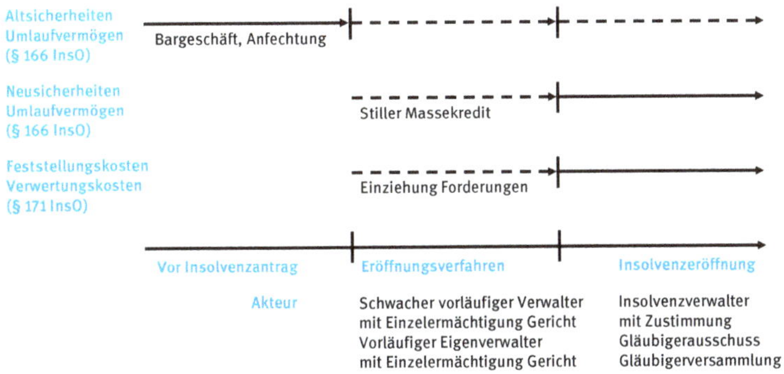

Abb. 5.15: Besicherung von Massekrediten in den Verfahrensstadien (Quelle: Eigene Darstellung)

Es sind die Chancen sowie Risiken aus der Besicherung bei den Kreditinstituten unbedingt gegenüberzustellen, damit nicht weitere Ausfallrisiken auftreten. Im Optimalfall kann ein Bargeschäft (§ 142 InsO) gestaltet werden oder es werden werthaltige Drittsicherheiten vereinbart, die nicht einer Anfechtung unterliegen können, soweit dieser Drittsicherungsgeber nicht selbst in die Insolvenz gerät. Eine Abgrenzung bestehender sowie neu geschaffener Werte vor und nach dem Insolvenzantrag ist daher unbedingt wie folgt vorzunehmen:

- Es können Altkreditsicherheiten, hier die Globalzession, die bereits sicherungshalber abgetreten ist, nach dem Insolvenzantrag zur Finanzmittelgenerierung als unechter Massekredit verwendet werden (gestrichelte Linie).
- Dieses gilt auch für neu entstehende Vermögenswerte im vorläufigen Verfahren aufgrund eines neuen Sicherungsvertrages für die neue Finanzierung.
- Die bisherige Globalzession ist während des eröffneten Insolvenzverfahrens wegen § 91 InsO gegenstandslos, da deren Gegenstand die Entstehung künftiger Forderungen ist, die in diesen Fällen eben erst nach der Eröffnung liegt. Ist das Insolvenzverfahren beendet, bleibt diese in Kraft und kann auch künftige Forderungen der Bank aus einer Neufinanzierung nach Beendigung eines Insolvenzverfahrens sichern (vgl. BGH, 06.06.2019, IX ZR 272/17).
- Nach dem Insolvenzantrag sowie nach Kenntnis davon beziehungsweise von der Zahlungsunfähigkeit eines Schuldners (§ 17 InsO) seitens der Bank als Sicherungsnehmer ist die Sicherungszession der in diesem Zeitraum bis zur Verfahrenseröffnung entstehenden sicherungszedierten Forderungen anfechtbar (vgl. § 130 Abs. 1 Satz 1 Nr. 2, § 131 Abs. 1 Abs. 1 Nr. 1 InsO) und für die Bank praktisch wertlos.

Erhöhte Anfechtungsrisiken bestehen primär in den drei Monaten vor dem Antrag (§§ 130 Abs. 1 Nr. 1, 131 Abs. 1 Nrn. 1–3 InsO). Die gravierende Norm des § 133 InsO zur **„Vorsatzanfechtung"** kommt bei der Konstellation der Besicherung von Krediten im vorläufigen Insolvenzverfahren allenfalls bei schwerwiegenden Fehlern der Beteiligten in Frage, und auch nur dann, wenn die Finanzierung nicht als Masseverbindlichkeit aufgrund Antrags des Schuldners und Genehmigung durch das Insolvenzgericht qualifiziert werden kann, wie oben bereits dargestellt. In der vorstehenden Fallkategorie können die neu gewährten Kredite mit neuen Kreditsicherheiten nach einem Insolvenzantrag unterlegt werden und als Massekredite mit der Einzelgenehmigung des Insolvenzgerichts gewertet werden.

Für alle Kreditgewährungen nach einem Insolvenzantrag sind aus Sicht der Bank detaillierte Berichtspflichten mit dem (vorläufigen) Insolvenzverwalter zu vereinbaren. Wichtig ist es, die Kreditrückführung und die Entstehung der neuen Sicherungswerte zu überwachen, damit das Forderungsausfallrisiko neuer Gelder im vorläufigen Verfahren sowie nach der Insolvenzeröffnung so gering wie möglich gehalten wird. Auch Risiken aus einer Inanspruchnahme aus Bankavalen sind zu berücksichtigen.

Im Zweifel ist der Massekredit bei Vorliegen des Kündigungsgrundes zu kündigen und die Kreditsicherheiten sind zu verwerten. Allerdings wird der Massekredit für einen bestimmten Zweck hingegeben, regelmäßig zur Weiterführung eines Schuldnerunternehmens auf Grundlage der Finanzplanung. Die Kündigung dürfte nur aus wichtigem Grund bei wesentlicher Verfehlung der Planung möglich sein, wenn eine entsprechende Verschlechterung der Umstände die Erreichung der angestrebten Ergebnisse „nicht mehr aussichtsreich erscheinen lässt" (BGH, 14.09.2004, XI ZR 184/03).

Risiken des Ausfalls eines Massekredits

Wenn sich nach Eröffnung eines Insolvenzverfahrens herausstellt, dass die Insolvenzmasse nicht ausreicht, um alle vorrangigen Forderungen zu bedienen, können Massegläubiger mit ihren Forderungen teilweise oder gänzlich ausfallen.

Bei einer **Massekreditvergabe** durch ein Kreditinstitut sollten daher, wie dargestellt, unbedingt zusätzliche Sicherheiten hereingenommen werden. Trotz rechtlicher sowie wirtschaftlicher Unwägbarkeiten hat die finanzierende Bank zumindest eine bessere Verhandlungsposition gegenüber dem Insolvenzverwalter. Um eine Privilegierung als Masseverbindlichkeit zu erhalten, ist bei einem schwachen vorläufigen Insolvenzverwalter im vorläufigen Verfahren ein gesonderter Beschluss des Insolvenzgerichts zur Genehmigung der Kreditaufnahme sowie Besicherung einzuholen. Dies ist für Banken von Bedeutung, denn gemäß § 61 InsO haftet dann auch der vorläufige Insolvenzverwalter persönlich für die Nichterfüllung von Masseverbindlichkeiten.

Entlasten kann sich der eingesetzte vorläufige Insolvenzverwalter nur dann, wenn er darlegen kann, dass die später eingetretene Masseinsuffizienz bei der Begründung der Verbindlichkeiten nicht erkennbar war.

Nach § 61 InsO haftet der starke vorläufige Verwalter (MüKo-Schoppmeyer, 2025a, § 61 Rn. 35, 36) uneingeschränkt, der schwache, soweit das Insolvenzgericht diesen zur Begründung von Masseverbindlichkeiten ermächtigt hat. Der Eigenverwalter steht dem Insolvenzverwalter gleich, der vorläufige Eigenverwalter haftet ebenfalls analog § 61 InsO (BGH, 26.04.2018, IX ZR 238/17), soweit er nach § 270c Abs. 4 InsO zur Begründung von Masseverbindlichkeiten ermächtigt wurde. Der BGH stellt sehr hohe Anforderungen an den Entlastungsbeweis nach § 61 Satz 2 InsO (vgl. BGH, 06.05.2004, IX ZR 48/03 und BGH, 17.12.2004, IX ZR 185/03).

Der vorläufige Insolvenzverwalter kann sich von der **Haftung** nur befreien, wenn er zum Zeitpunkt der Begründung der Masseverbindlichkeiten einen auf zutreffenden Tatsachen beruhenden und sorgfältig erwogenen betriebswirtschaftlichen Liquiditätsplan erstellt hat, der eine Erfüllung der Masseverbindlichkeiten mit einer hohen Eintrittswahrscheinlichkeit erwarten lässt. Er muss bei Fortführung des Schuldnerunternehmens eine „realistische Einschätzung der Werthaltigkeit bestehender und künftig zu begründender Masseforderungen" vornehmen (BGH, 06.10.2011, IX ZR 105/09). Da es sich um überwiegend um unternehmerische Entscheidungen handelt, hat der (vorläufige) Verwalter aber einen weiten Ermessensspielraum, so dass auch diese Haftung nach § 61 InsO nicht ganz so umfassend sein dürfte, wie es auf den ersten Blick scheint (vgl. BGH, 16.03.2017, IX ZR 253/15).

Dem Verwalter obliegt die Darlegung und der Beweis dafür, dass er nicht pflichtwidrig und auch nicht schuldhaft gehandelt hat. Der mit seiner Forderung ausgefallene Massegläubiger muss darlegen und beweisen, dass er eine Masseforderung hatte, die infolge Masseinsuffizienz nicht vollständig erfüllt wurde, woraus ihm ein Schaden entstanden sei (§ 61 Satz 2 InsO, siehe Schmidt-Thole, 2023, § 61, Rn. 14).

Zu berücksichtigen ist aber, dass er sich auf die Informationen aus dem Unternehmen (weitgehend) verlassen muss. War diese Prognose des Verwalters objektiv falsch, trägt er nicht die Darlegungs- und Beweislast für die Ursachen einer von dieser Vorhersage abweichenden Entwicklung (vgl. BGH, 17.12.2004, IX ZR 185/03). Grundlage der Entlastung ist ein aussagekräftiger Liquiditätsplan. Dieser muss alle Einzahlungen und Auszahlungen erfassen sowie sämtliche Risiken, beispielsweise auch die eines möglichen Forderungsausfalls, berücksichtigen.

Bei einer Erstellung dieser Zahlungsprognosen sind betriebswirtschaftliche Grundsätze zu beachten. So ist auf die Vollständigkeit der Planung zu achten. Es bedeutet, dass sämtliche Zahlungen der betrachteten Periode in Form von Ein- und Auszahlungen zu berücksichtigen sind. Die Zahlungen sind zeit- und betragsgenau zu antizipieren. Dabei sind saisonale Effekte zu berücksichtigen und es sind mögliche Forderungsausfälle beispielsweise aufgrund von Mängeleinreden oder verspäteter Zahlung beziehungsweise Teilzahlung vorsichtig und realistisch einzukalkulieren. Die **Finanzplanung** beziehungsweise der Liquiditätsplan ist revolvierend anzupassen, wenn ein Monat abgelaufen ist, schließt sich ein neuer Planungsmonat an. Des Weiteren sind aktuelle Ereignisse unverzüglich in die Planungsaufstellungen einzuarbeiten.

Werden diese Grundsätze eingehalten, so zeigt das Vorgehen die betriebswirtschaftlichen Planungsqualitäten eines Insolvenzverwalters. Durch Vorverlagerungen von Einzahlungen und das Hinausschieben von Auszahlungen kann zusätzliche Liquidität für eine Überdeckung geschaffen werden. Es ist zu erwarten, dass nach Stellung des Insolvenzantrags nicht alle Einzahlungen der Drittschuldner planungsgemäß eintreffen. So werden Schuldner versuchen, Beträge einzubehalten, zum Beispiel aufgrund von Mängeleinreden. Aus diesem Grunde empfiehlt sich der Einsatz einer Szenarioanalyse mit der Berücksichtigung eines Worst-Case-Falls, um die Unsicherheit der Prognose zu erfassen, denn vielfach ist der Geschäftsbetrieb nach dem Insolvenzereignis stark beeinträchtigt, mit negativen Auswirkungen auf die Finanzplanung.

Die Einreichung von hochwertigen Planungsunterlagen gibt den Banken ein positives Signal. Diese Banken werden Sanierungsoptionen in der Insolvenz mit einem fachlich geeigneten Insolvenzverwalter wahrscheinlich optimistischer sehen. Die involvierten Kreditinstitute sollten die Planungsrechnungen dennoch kritisch überprüfen und auf die hinreichende Überdeckung der Zahlungsmittelbestände achten. Des Weiteren sind die eingereichten Finanzpläne laufend zu überwachen.

Die zeitliche Einteilung der Prognose ist an die zugrundeliegende Geschäftsart und die Branche anzupassen. So sind im Projektgeschäft mit langem Auftragsvorlauf wie dem Schiffbau oder dem Bauträgergeschäft unter Umständen mehrjährige Pläne erforderlich. Oft sind hier zwei Parallelplanungen notwendig, eine langfristige (mehrjährige) Prognose mit monatlichen Zeitabschnitten und zusätzlich eine kurzfristige nach Tagen oder Wochen gestaffelte Vorausschau über drei Monate.

Der **vorläufige Insolvenzverwalter** wird versuchen, bereits zu diesem Zeitpunkt die Umsatz- und Ertragszahlen für die nächsten (beiden) Jahre zu prognostizieren und eine für die Betriebsfortführung notwendige Zusammenarbeit mit den involvierten Kreditinstituten vorausplanen. Nach Vorlage des **Gutachtens** des vorläufigen Insolvenzverwalter zu den Fragen, ob das Verfahren eröffnungsfähig ist und Insolvenzgründe vorliegen und „welche Aussichten für eine Fortführung des Unternehmens bestehen" (§ 22 Abs. 1 Satz 2 Nr. 3 InsO, für den „schwachen vorläufigen Verwalter" gilt das nach dem Wortlaut der Vorschrift nur, wenn das Gericht ihn entsprechend beauftragt hat) trifft das Gericht eine Entscheidung über die Eröffnung des Verfahrens.

Mit der Stellung des Insolvenzantrags ist die Kreditwürdigkeit des Schuldnerunternehmens derart stark beeinträchtigt, dass die weitere Kreditmittelvergabe der beteiligten Banken aus wirtschaftlichen sowie rechtlichen und aufsichtsrechtlichen Gründen unmöglich erscheint. Dennoch existieren besondere Situationen, in denen eine weitere Ausreichung von Krediten oder die Aufrechterhaltung der bestehenden Finanzierung (ohne sie also zu kündigen) wirtschaftlich sinnvoll sein kann, um den Geschäftsbetrieb im vorläufigen oder eröffneten Insolvenzverfahren weiter fortzuführen. Nachfolgend werden verschiedene Möglichkeiten der Finanzierung einer Sanierungslösung bei einem Insolvenzplanverfahren oder einer übertragenden Sanierung betrachtet, wobei hierzu die Eröffnung des Insolvenzverfahrens erforderlich ist.

Im Vordergrund stehen der Ablauf der Kreditierung und die damit verbundenen Risiken. Ziel ist es, besondere Gefährdungen der Mittelrückführung in der Insolvenz zu erkennen, um Strategien zur Vermeidung von Ausfallrisiken einzuleiten.

Wurden im Verfahren Masseverbindlichkeiten begründet, sind sie nach § 55 InsO aus der Insolvenzmasse vor den Forderungen sämtlicher Insolvenzgläubiger gemäß §§ 38, 39 InsO vorrangig zu befriedigen. Auch ein Insolvenzplanverfahren nach §§ 217 ff. InsO kann diese feste Rangordnung nicht verändern, da der Insolvenzplan nur die Befriedigung der absonderungsberechtigten Gläubiger und der Insolvenzgläubiger regelt (§ 217 InsO), gegebenenfalls unter Eingriff in die Rechte der Gesellschafter (§ 225a InsO). In die Rechte der Massegläubiger und der Aussonderungsberechtigten kann der Insolvenzplan dagegen nicht eingreifen.

Diese können aber als Dritte die Sanierung freiwillig durch entsprechende Verpflichtungserklärungen fördern, wenn diese ein wirtschaftliches Interesse an der Sanierung haben (vgl. § 230 Abs. 3 InsO). Wenn umfangreiche Masseverbindlichkeiten bestehen, ist die Planumsetzung belastet.

Kreditrahmen zur Durchführung eines Insolvenzplanverfahrens

Nach der Bestätigung des Insolvenzplans beschließt das Insolvenzgericht die Aufhebung des Verfahrens. Gemäß § 258 Abs. 2 InsO hat der Insolvenzverwalter die unstreitigen und fälligen Masseansprüche zu begleichen sowie für die streitigen oder nicht fälligen Sicherheit zu leisten. Für die nicht fälligen Masseverbindlichkeiten genügt alternativ ein Finanzplan, der zeigt, dass die Erfüllung gewährleistet ist. Eine Prolongation der Massekredite über die Verfahrensaufhebung hinaus bedeutet aber für eine Bank, dass sie unter Umständen ihren Vorrang gegenüber Neugläubigern verliert.

Gemäß § 264 Abs. 1 InsO kann dem **Massegläubiger** im gestaltenden Teil des Insolvenzplans ein Vorrang eingeräumt werden, für den gesamten Zeitraum der Überwachung nach Aufhebung des Insolvenzverfahrens, wenn eine Überwachung stattfindet (§ 260 InsO). Die Regelung des § 264 InsO hat den Vorteil, dass der stehen gelassene Massekredit insbesondere einen Vorrang vor Forderungen der Neugläubiger genießt, deren Forderungen im Überwachungszeitraum begründet lagen (siehe §§ 265 ff. InsO), wenn es in dieser Phase zu einer Zweitinsolvenz kommt. Ansonsten würde zwischen den durch § 264 InsO geschützten Gläubigern und den Neugläubigern der §§ 165, 266 InsO in einem Zweitinsolvenzverfahren Gleichrang bestehen.

Zur Fortführung der Unternehmensaktivitäten mit **Umsetzung eines Insolvenzplans** ist es in der Regel erforderlich, dass weitere Mittel aufgenommen werden, die aber für die Dauer des Überwachungsverfahrens einen Vorrang besitzen sollten. Dieser Kreditrahmen ist zum Schutz der Neugläubiger gemäß § 229 in Verbindung mit § 264 Abs. 1 Satz 3 InsO auf das im Insolvenzplan festgestellte Aktivvermögen begrenzt. Der somit bestimmte Höchstbetrag umfasst alle Nebenforderungen aus dem Kredit bis zu der Höchstgrenze, nicht jedoch einen darüber hinausreichenden Saldo.

Umgekehrt kann der Rahmen auch nach Erledigung des ursprünglich betroffenen Kredits mehrfach verwendet werden oder im Plan in seiner Tragweite auch auf bestimmte Gläubiger oder Finanzierungsformen beschränkt werden. Entscheidend ist das Stehenlassen der Kreditmittel in die Überwachungsphase hinein oder die Aufnahme in diesem Zeitraum (vgl. Schmidt-Spliedt, 2023, § 266 Rn. 4, 5 ff.). Ohne den Kreditrahmen des § 264 InsO wäre der stehen gelassene Massekredit nur vorrangig gegenüber den Insolvenzgläubigern.

Voraussetzung für die Gewährung des Vorrangs ist neben der Aufnahme in den gestaltenden Teil des Insolvenzplans (§ 264 Abs. 1 InsO) eine schriftliche Vereinbarung mit dem Insolvenzverwalter, in welcher Höhe das Darlehen inklusive Zinsen und Bearbeitungskosten innerhalb des Kreditrahmens liegt und damit privilegiert ist (§ 264 Abs. 2 InsO). Dieser Vorrang ist jedoch nur möglich in einem Insolvenzplan, der eine besonderen Überwachung seiner Erfüllung anordnet (§ 260 InsO).

Diese Überwachung wird spätestens nach drei Jahren beendet (§ 268 InsO). Dies kann auch früher geschehen und ist öffentlich bekanntzumachen. Zu diesem Zeitpunkt endet auch der Vorrang der im Insolvenzplanverfahren neu vergebenen Kredite. Somit ist aus Sicht der Kreditgeber darauf zu achten, dass eine Mittelvergabe in einem Insolvenzplanverfahren möglichst in den Kreditrahmen nach § 264 InsO fällt und dann mit der Zustimmung des Insolvenzverwalters den Vorrang erhält (vgl. Braun-Frank, 2024, § 264 Rn. 1 ff.). Es ist mit dem Insolvenzverwalter enger Kontakt zu halten, damit das Kreditinstitut rechtzeitig von einer vorgezogenen Aufhebung der Überwachung erfährt, denn der Verwalter überwacht die Planerfüllung (§ 261 InsO).

Zudem ist aus wirtschaftlicher Sicht der mögliche **Sanierungserfolg** eines Insolvenzplanverfahrens vorsichtig einzuschätzen. Häufig ist der Ruf eines insolventen Unternehmens derart stark beschädigt, sodass eine Fortführung des Geschäftsbetriebs nur geringe Aussichten auf einen wirtschaftlichen Erfolg mit einer Wiederherstellung der Wettbewerbsfähigkeit hat. Daher ist auch eine Neukreditvergabe umsichtig zu prüfen. Auch ein Vorrang hilft hier nicht weiter, wenn in der Zukunft keine Erträge erwirtschaftet werden. Bei der Finanzierung im Rahmen einer übertragenden Sanierung gelten andere Rahmenbedingungen.

Der Insolvenzplan aber ist nicht dafür gedacht, das Geschäftsmodell des Schuldnerunternehmens vollständig abzuändern. Der erfahrene Insolvenzverwalter wird den von ihm vorgelegten Insolvenzplan gegebenenfalls gemäß IDW S 6 (IDW, 2023a, S. 1158 ff.) vor einer Beschlussfassung verproben und die Gläubiger daran über ein Gläubigerinformationssystem in geeigneter Form partizipieren lassen.

Finanzierung einer übertragenden Sanierung

Neben der Finanzierung eines Insolvenzplanverfahrens kann der Erwerber eines insolventen Unternehmens im Rahmen einer übertragenden Sanierung die Mittelbereitstellung für die Übernahme von bestimmten Vermögensgegenständen beantragen.

Dieser Finanzierungswunsch wird regelmäßig an die involvierten Banken herangetragen. In diesem Fall ist abzuwägen zwischen den Chancen der Erlangung eines höheren Verwertungserlöses und den Risiken der Rückführung der zusätzlichen Mittel. Zudem sind die Risiken der weiteren Begleitung einzupreisen, da sich das Institut in der Regel nicht endgültig von dem Kreditengagement trennen kann. Eine Fortführung ist in Erwägung zu ziehen, wenn die Integration der verkauften Betriebsteile in ein neues Unternehmen mit einer einwandfreien Bonität gute Aussichten verspricht oder ein hoher Kaufpreis für die veräußerten Assets fließt, an dem die Bank partizipiert.

Abzulehnen ist diese Lösung dann, wenn die Prognosen sehr unsicher sind und einem finanzierenden Kreditinstitut neben den bereits eingeplanten Abschreibungen zusätzliche Forderungsausfälle aus einer Neufinanzierung prognostisch drohen. Weitere Gefährdungen eingesetzter Finanzierungsmittel in einer weiteren Insolvenz sind unbedingt zu vermeiden. Bereits im Vorfeld der Insolvenz sind die Finanzierungen und die neu hineingenommenen Kreditsicherheiten rechtlich in Bezug auf formale, materielle und rechtliche Kriterien zu prüfen. Es spielt auch der Zeitpunkt, wann eine Kreditsicherheit hereingenommen wurde, eine Rolle. So können gegebenenfalls Anfechtungsrisiken durch Handlungen im Vorfeld der Insolvenz entstehen, die in den Verlauf des Insolvenzverfahrens hineinwirken.

Dabei gilt es zu beachten, dass möglichst keine **Sicherungsvereinbarungen** getroffen sowie **Zahlungseingänge** vereinnahmt werden, die einer Anfechtung im eröffneten Insolvenzverfahren unterliegen. Denn der Insolvenzverwalter ist nach Eröffnung des Verfahrens verpflichtet, die Masse durch die Anfechtung von Rechtshandlungen anzureichern, die vor der Eröffnung eines Verfahrens vorgenommen worden sind und die Insolvenzgläubiger benachteiligen (vgl. §§ 129 ff. InsO). Aus Anfechtungstatbeständen können erhebliche rechtliche sowie wirtschaftliche Folgen für die beteiligten Kreditinstitute entstehen. Somit können eben Sicherheitenbestellungen und Zahlungseingänge durch den Insolvenzverwalter nachträglich über verschiedene Zeiträume angefochten werden und die Risikolage für die Kreditinstitute verschlechtern.

Anfechtung im Insolvenzverfahren

Das ein Insolvenzverfahren prägende Prinzip ist die gemeinschaftliche, gleichmäßige und strukturierte Gläubigerbefriedigung. Diese kann durch Rechtshandlungen vor der Stellung des Insolvenzantrags, welche die Masse schmälern, indem sie die Passivmasse erhöhen oder die Aktivmasse vermindern und die Gläubiger benachteiligen, beeinträchtigt sein. Aus diesem Grund hat der Gesetzgeber mit der Einführung der Insolvenzordnung das schon seit der Konkursordnung bestehende Anfechtungsrecht verschärft, um den Ausgleich der Interessen zwischen verschiedenen Gläubigergruppen zu erreichen, eine Besserstellung Einzelner zu vermeiden und eine Anreicherung der Insolvenzmasse zu ermöglichen. So entfalten Anfechtungen eine Wirkung auf Rechtshandlungen, die vor und nach Stellung des Insolvenzantrages vorgenommen wurden (vgl. MüKo-Freudenberg, 2025b, Vor §§ 129–147 InsO Rn. 1–4, 5–12, 14).

Gegenstand der Anfechtung sind Rechtshandlungen in einem weiten Verständnis (vgl. Braun-de Bra, 2024, § 129 Rn. 10–12). Ziel der **Insolvenzanfechtung** ist es, die Vermögensverschiebungen rückgängig zu machen, die insbesondere zum einen in zeitlicher Nähe zur Verfahrenseröffnung stehen sowie zum anderen unter Bedingungen erfolgt sind, die eine Rückgewähr an die Insolvenzmasse gerechtfertigt erscheinen lassen. So wird in den §§ 130 bis 132 InsO einer Gleichbehandlung der Gläubiger bereits im Vorfeld der Insolvenzeröffnung Geltung verschafft.

Anfechtungen werden nach §§ 129 ff. InsO ausschließlich vom Verwalter im eröffneten Verfahren durchgeführt (vgl. Schmidt-Schmidt, 2023, § 129 Rn. 1 ff.), in der Eigenverwaltung vom Sachwalter (§ 280 Fall 2 InsO). Es ist seine Pflicht, diese relevanten Sachverhalte aufzudecken sowie die Rechtshandlungen anzufechten, um darüber die erfolgte Masseschmälerung wieder rückgängig zu machen. Eine erfolgreiche Anfechtung von Zahlungen und Besicherungen setzt voraus, dass die vor oder ausnahmsweise auch nach der Insolvenzeröffnung aus § 147 InsO erfolgte Rechtshandlung folgende Voraussetzungen erfüllt und die Verjährungsfristen nach Verfahrenseröffnung gemäß § 146 InsO noch nicht abgelaufen sind:

- **Benachteiligung der Gläubigergesamtheit:** Rechtshandlung führt vor oder nach Verfahrenseröffnung zur Benachteiligung der Insolvenzgläubiger nach § 129 InsO.
- **Zurechnungszusammenhang:** Zwischen der Rechtshandlung sowie der Benachteiligung besteht ein besonderer zeitlicher und inhaltlicher Zusammenhang.
- **Tatbestandsvoraussetzungen:** Der betreffende Vorgang erfüllt einen der in den §§ 130 bis 136 InsO genannten Anfechtungstatbestände.

Rechtsfolge ist der **Rückgewähranspruch** nach Maßgabe des § 143 InsO. Die Anfechtungsvorschriften haben auch Wirkung auf Aufrechnungsmöglichkeiten eines Anfechtungsgegners mit eigenen Forderungen gegen den Schuldner, denn die Aufrechnung ist insolvenzrechtlich unwirksam, wenn der Anfechtungsgegner und Insolvenzgläubiger die Aufrechnungsmöglichkeit durch eine anfechtbare Rechtshandlung erworben hat (§ 96 Abs. 1 Nr. 3 InsO).

Anfechtung aus vorsätzlicher Benachteiligung (Vorsatzanfechtung)

Besonders weitgreifend ist die Anfechtung gemäß § 133 InsO. Diese sogenannte Vorsatzanfechtung wurde im Rahmen der Reform des **Insolvenzanfechtungsrechts** zum Inkrafttreten der Insolvenzordnung neu gefasst und 2017 reformiert. Dabei war in dem Regierungsentwurf des § 133 InsO im Jahr 2017 (BT-Drs. 18/7054) geplant, die Sicherung oder Befriedigung von Ratenzahlungen zur Abwendung von Zwangsvollstreckungen nicht länger der Anfechtung wegen inkongruenter Deckung gemäß § 131 InsO zu unterwerfen. Dieses Vorhaben ist an der Überlegung gescheitert, dass unter anderem Finanzämter und Sozialversicherungsträger ihre Forderungen sogar selbst durch vollziehbaren Bescheid titulieren können und dadurch ein Privileg vor allen anderen Gläubigern bekommen hätten (BT-Drs. 18/11199, S. 4, 11).

Im Rahmen der **Vorsatzanfechtung** (§ 133 InsO) kann es für Kreditinstitute relevant sein, wenn von einem Gläubiger im Gesetz vermutet wird, er habe diesen Benachteiligungsvorsatz des Schuldners gekannt, weil er die drohende Zahlungsunfähigkeit des Schuldners und die Gläubigerbenachteiligung durch die anfechtbare Rechtshandlung kannte (§ 133 Abs. 1 Satz 2 InsO). Hierbei führt aber der Nachweis der Einleitung eines ernsthaften und professionell eingeleiteten Sanierungsversuchs nach MaRisk BTO 1.2.5 mit einem rechtskonformen Sanierungskonzept beispielsweise nach IDW S 6 zur Verneinung des Anfechtungstatbestands (vgl. BGH, 04.12.1997, IX ZR 47/97, BGH, 12.05.2016, IX ZR 65/14 und BGH, 21.02.2013, IX ZR 52/10).

Des Weiteren ist der Anfechtungszeitraum von zehn Jahren aus § 133 Abs. 1 Satz 1 InsO seit dem 05.04.2017 auf vier Jahre für Deckungsgeschäfte verkürzt worden. Deckungsgeschäfte betreffen Fälle, die dadurch geprägt sind, dass der Schuldner auf eine bestehende Forderung leistet, sie besichert oder diese auch nur ermöglicht. Zudem setzt die Anfechtung nach § 133 Abs. 1 InsO bei kongruenten Deckungsgeschäften die eingetretene Zahlungsunfähigkeit nach § 133 Abs. 3 Satz 1 InsO voraus. Hat ein Gläubiger dem Schuldner Zahlungserleichterungen gewährt, wird sogar vermutet, dass er seine Zahlungsunfähigkeit nicht kannte (§ 133 Abs. 3 Satz 2 InsO).

Anders, wenn aus Indizien und Beweisanzeichen gefolgert werden kann, er habe den Benachteiligungsvorsatz des Schuldners und die Benachteiligung der Gläubiger durch die angefochtene Rechtshandlung positiv gekannt, denn dann ist der § 133 Abs. 3 Satz 1 InsO nicht anwendbar, da dieser dann nur die Vermutung des § 133 Abs. 1 Satz 2 InsO entkräftet. Kongruenz liegt vor, wenn der Gläubiger auf die konkrete Rechtshandlung, zum Beispiel die Zahlung einer Kreditrate, einen Anspruch hatte, der Anspruch auch fällig war und dieser Anspruch auch exakt derart erfüllt wurde, wie ursprünglich verabredet. Hat der Schuldner keine Liquidität, aber eine werthaltige Forderung und tritt er diese an Erfüllung statt an den Gläubiger ab (§ 364 Abs. 1 BGB), um eine fällige Verpflichtung zu erfüllen, so ist die Erfüllungshandlung nicht kongruent, sondern als inkongruent leichter anfechtbar. Die Fallkonstellation in § 133 Abs. 3 Satz 1 InsO ist dann nicht anzuwenden.

Bargeschäfte (§ 142 InsO) sind nur noch dann anfechtbar, wenn die Voraussetzungen der § 133 Abs. 1 bis 3 InsO gegeben sind und der Anfechtungsgegner die Unlauterkeit des Handelns des Schuldners erkannt hat. Unlauter handelt der Schuldner, wenn es ihm „weniger um die Abwicklung eines Bargeschäfts handelt als vielmehr um ein die übrigen Gläubiger gezielt schädigendes Verhalten“ (BGH, 05.12.2024, IX ZR 122/23). Das ist nach diesem Urteil des BGH der Fall, wenn die Voraussetzungen des § 133 InsO zu bejahen sind, das Bargeschäft gezielt andere Gläubiger benachteiligt oder der Empfänger der anfechtbaren Leistung dadurch bewusst gegenüber den weiteren Gläubigern bevorzugt werden soll. Die Voraussetzungen hierfür erscheinen allerdings recht unklar. Der unmittelbare Leistungsaustausch wird in § 142 Abs. 2 InsO definiert (vgl. Cranshaw et al., 2016a, S. 5). Zwischen der Leistungserbringung und der Zahlung dürfen maximal bis zu 30 Tage liegen (MüKo-Piekenbrock, 2025b, § 142 Rn. 27).

Für **Arbeitsentgelte** wurde der Zeitraum des Vorliegens von Bargeschäften sogar auf bis zu drei Monate festgeschrieben (vgl. § 142 Abs. 2 Sätze 2, 3 InsO). Zudem werden Anfechtungsansprüche nur noch ab Verzugseintritt und nicht mehr beginnend ab der Rechtshandlung oder Insolvenzeröffnung verzinst § 143 Abs. 3 Satz 3 InsO). Insgesamt ergeben sich folgende wichtige Änderungen durch die Reform:

- Der Anfechtungszeitraum für Deckungshandlungen bei Zahlung von erbrachten Lieferungen und Leistungen wurde von zehn auf vier Jahre reduziert.
- In diesen Fällen wird bei kongruenter Deckung hinsichtlich der Kenntnis nicht mehr an drohende, sondern an die eingetretene Zahlungsunfähigkeit angeknüpft.
- Hat der Gläubiger dem Schuldner Zahlungserleichterungen gewährt, wird vermutet, dass er eine Zahlungsunfähigkeit nicht kannte, mit Beweislastumkehr.

Vor **Anfechtungen** im Fall eines Scheiterns des Sanierungsversuchs schützen erstens bargeschäftsähnliche Vorgänge mit zeitnaher und betragsmäßiger Leistung und Gegenleistung und zweitens die Einleitung die professionell aufgesetzten Sanierungsprojekts. Zahlungen sind im ersten Fall im Hinblick auf den bargeschäftsähnlichen Charakter mangels Gläubigerbenachteiligung nicht anfechtbar (siehe LG Würzburg vom 06.02.2018, 71 O 1592/16 Ins). Geändert wurden die Voraussetzungen an die Vierjahresfrist für die Deckungsgeschäfte (§ 133 Abs. 2 InsO n.F.). Die bloße Kenntnis der drohenden Zahlungsunfähigkeit reicht bei kongruenten Geschäften nicht mehr aus. So können sich Erleichterungen über Ratenzahlungen positiv auf die Möglichkeiten der Abwehr von Ansprüchen auswirken, da nachsichtige Gläubiger jetzt privilegiert werden, wenn die Voraussetzungen des § 133 Abs. 3 InsO n.F. vorliegen.

Ferner schützt im zweiten Fall ein ernsthafter und tauglicher Sanierungsversuch (aus ex ante-Betrachtung) vor Anfechtungshandlungen des Insolvenzverwalters, unter dem rechtlichen Aspekt der Vorsatzanfechtung. Dazu ist zu beachten, dass ein tragfähiges, von einem externen unabhängigen Experten erstelltes Konzept vorliegt. Dies ist der Fall, wenn die Leitsätze sowie Inhalte wesentlicher Entscheidungen des BGH befolgt werden. Damit liegt in der Regel ein ernsthafter Sanierungsversuch vor. Der IDW S 6 knüpft hieran an und prüft Voraussetzungen hiervon (vgl. IDW, 2023a, S. 1158 ff.).

Sowohl die Zahlungsunfähigkeit als auch der Tatbestand der Inkongruenz können ihre Bedeutung als die Beweisanzeichen für den **Benachteiligungsgrundsatz** verlieren, wenn diese angefochtenen Rechtshandlungen Bestandteile eines solchen **ernsthaften Sanierungsversuchs** sind, auch wenn er letztlich fehlgeschlagen ist, denn in diesem Fall wurde die Rechtshandlung von einem unbedenklichen Willen geleitet und das Bewusstsein einer Benachteiligung anderer Gläubiger tritt klar in den Hintergrund (vgl. Gehrlein, 2017b, S. 474 und BGH, 21.06.2016, IX ZR, 84/13). Voraussetzung dafür ist, dass zu der Zeit der angefochtenen Handlung ein schlüssiges, von den tatsächlichen Gegebenheiten ausgehendes Sanierungskonzept vorliegt, das mindestens in den Anfängen schon in die Tat umgesetzt worden ist sowie beim Schuldner die ernsthafte und auch begründete Aussicht auf Erfolg rechtfertigt.

Den Benachteiligungsvorsatz bei Scheitern eines Sanierungsversuchs muss der Insolvenzverwalter beweisen, nämlich den Umstand, dass der Sanierungsversuch untauglich war und der Schuldner das (positiv) erkannt oder „billigend in Kauf genommen hat“ (sogenannte bedingter Vorsatz). Das vorliegende Sanierungskonzept muss den bei seiner Umsetzung den geltenden Rechtsmeinungen entsprechen. Neue gesetzliche Regelungen sind dabei „großzügig“ zugunsten des Schuldners auszulegen. Beauftragt der Schuldner einen erfahrenen Experten, darf er auf dessen Beratung vertrauen, wenn er keine gegenteiligen Anhaltspunkte hat (BGH, 03.03.2022, IX ZR 78/20). Auf drohende Zahlungsfähigkeit allein kann dieser Benachteiligungsvorsatz nicht gestützt werden (BGH, 06.05.2021, IX ZR 72/20).

Auf der Gläubigerseite trifft den über die Zahlungsunfähigkeit des Schuldners unterrichteten Anfechtungsgegner die Darlegungs- sowie Beweislast dafür, spätere Zahlungen des Schuldners auf Grundlage des schlüssigen Sanierungskonzepts erlangt zu haben (siehe BGH, 12.05.2016, IX ZR 65/14). Daher sind aus Bankensicht hohe Anforderungen an die Sanierungskonzepte zu stellen. Sie sind im Hinblick auf die Einhaltung der Grundsätze der BGH-Judikatur zu überprüfen. Daher ist bereits bei der Vergabe eines Auftrags zum **Sanierungsgutachten** durch den Schuldner darauf zu achten, dass die eingesetzte Beratungsgesellschaft als in der Lage angesehen werden kann, ein professionelles Konzept zu erstellen und der Auftrag des Kunden bei der Konzepterstellung die Rechtskonformität verlangt.

Ein **schlüssiges Sanierungskonzept** räumt diesen Benachteiligungsvorsatz aus. Dabei ist zu beachten, dass das Sanierungskonzept umsetzbar erscheint (vgl. OLG Frankfurt, 19.10.2016, 19 U 102/15). Dieses ist nicht mehr gegeben, wenn ein Großgläubiger der Sanierung nicht zustimmt und der Schuldner so nicht mehr mit der erfolgreichen Umsetzung rechnen kann (vgl. BGH, 04.12.1997, IX ZR 47/97).

In den letzten Jahren hat der BGH seine Rechtsprechung zu § 133 InsO akzentuiert. Die Anfechtungstatbestände umfassen die Bereiche der kongruenten oder inkongruenten Deckung, die Vorsatzanfechtung nach § 133 Abs. 1-3 InsO, die sogenannte Schenkungsanfechtung gemäß § 134 InsO (Anfechtung unentgeltlicher Leistung) und die Anfechtung der Besicherung oder Befriedigung von Gesellschafterdarlehen aus § 135 InsO. Hinreichend ist die durch die Rechtshandlung herbeigeführte mittelbare Gläubigerbenachteiligung, ausgenommen die §§ 132 und 133 Abs. 4 InsO, die eine unmittelbare Benachteiligung voraussetzen (vgl. Braun-de Bra, 2024, § 129 Rn. 26).

Die Berechnung der relevanten **Fristen** für die jeweiligen Anfechtungszeiträume ist in § 139 InsO geregelt. Die Fristen und die Tatbestände sind von Kreditinstituten bei der Besicherung und bei Zahlungseingängen zu beachten. Diese Tatbestände bestehen alle nebeneinander und schließen sich gegenseitig nicht aus. Dann können sie auch gleichzeitig erfüllt sein. Durch die Anfechtungsmöglichkeiten und weitreichenden Fristen sollen Vermögensverschiebungen des Schuldners oder Vollstreckungen der Gläubiger (vgl. § 141 InsO), mit der die Insolvenzmasse im Vorfeld des Insolvenzantrags geschmälert wurde, wieder rückgängig gemacht werden.

Die nachfolgende Tab. 5.6 stellt diese maßgeblichen Zeiten und die möglichen Anfechtungsgründe zusammengefasst dar.

Tab. 5.6: Fristen und Anfechtungstatbestände (Quelle: In Anlehnung an Dauernheim, 2018, S. 650)

Fristen der Anfechtung	Anfechtungstatbestände
Nach der Verfahrenseröffnung	Anfechtung gemäß § 147 InsO, seltene Konstellation
Nach dem Insolvenzantrag	Anfechtung nach §§ 130 Abs. 1 Nr. 2, 131 Abs. 1 Nr. 1, §§ 132 Abs. 1 Nr. 2, 133 Abs. 1 Satz 1, 134, 135 Abs. 1, § 136 Abs. 1 Satz 1 InsO
Maximal 1 Monate vor Insolvenzantrag	Anfechtung gemäß § 131 Abs. 1 Nr. 1 InsO (Inkongruente Deckung)
Maximal 2–3 Monate vor Insolvenzantrag	Anfechtung gemäß § 131 Abs. 1 Nr. 2 InsO (Inkongruenz und Zahlungsunfähigkeit) Anfechtung gemäß § 131 Abs. 1 Nr. 3 InsO (Inkongruenz, Gläubigerbenachteiligung des Schuldners und Kenntnis des Gläubigers hiervon)
Maximal 3 Monate vor Insolvenzantrag	Anfechtung gemäß § 130 Abs. 1 Nr. 1 InsO (Deckungsanfechtung, kongruente Deckung, Kenntnis von Zahlungsunfähigkeit des Schuldners) Anfechtung gemäß § 132 Abs. 1 Nr. 1 InsO (Unmittelbar für die Gläubiger nachteilige Rechtsgeschäfte des Schuldners, Zahlungsunfähigkeit des Schuldners, Kenntnis
Maximal 1 Jahr vor Insolvenzantrag	Anfechtung gemäß § 135 Abs. 1 Nr. 2 InsO (Rückgewähr von Gesellschafterdarlehen oder gleichgestellten Forderungen § 39 Abs. 1 Nr. 5 InsO) Anfechtung gemäß § 135 Abs. 2 InsO (Befreiung der Haftung aus Drittsicherheit) Anfechtung gemäß § 136 InsO (Einlagenrückgewähr oder Erlass Verlustanteil bei der stillen Gesellschaft mit dem Schuldner)
Maximal 2 Jahre vor Insolvenzantrag	Anfechtung gemäß § 133 Abs. 4 InsO Entgeltlicher Vertrag mit nahestehenden Personen § 138 InsO, Teil der Vorsatzanfechtung
Maximal 4 Jahre vor Insolvenzantrag	Anfechtung gemäß § 134 InsO (Unentgeltliche Leistung) Anfechtung gemäß § 133 Abs. 2 InsO (Vorsatzanfechtung)
Maximal 10 Jahre vor Insolvenzantrag	Anfechtung § 133 Abs. 1 InsO (Vorsatzanfechtung) Anfechtung gemäß § 135 Abs. 1 Nr. 1 InsO (Sicherung von Gesellschafterdarlehen oder gleichgestellten Forderungen, § 39 Abs. 1 Nr. 5 InsO)

Besonders die inkongruente Deckung ist nachteilig für **Kreditinstitute**. Nachfolgend werden Anfechtungstatbestände aufgeführt:

- **Kongruente Deckung gemäß § 130 InsO:** Anfechtbar ist die Rechtshandlung, die dem Insolvenzgläubiger die Sicherung oder Befriedigung gewährt, bei der Kenntnis des Anfechtungsgegners von der Zahlungsunfähigkeit oder dem Insolvenzeröffnungsantrag.
- **Inkongruente Deckung gemäß § 131 Abs. 1 Nrn. 1–3 InsO:** Anfechtbar ist eine Rechtshandlung, die dem Insolvenzgläubiger eine Sicherung oder Befriedigung verschafft hat, die er nicht oder nicht in der Art oder nicht zu der Zeit zu beanspruchen hatte. Wurde die Rechtshandlung im letzten Monat vor oder nach dem Insolvenzantrag vorgenommen (Nr. 1), ist die Anfechtung ohne Weiteres begründet, weitergehender Voraussetzungen bedarf es nicht. Im zweiten, dritten Monat vor dem Insolvenzantrag genügt gemäß Nr. 2 der Norm, dass der Schuldner zum Zeitpunkt dieser Rechtshandlung zahlungsunfähig war. Im selben Zeitraum ist die Anfechtung nach Nr. 3 dieser Vorschrift begründet, wenn der Anfechtungsgegner zum Zeitpunkt der Rechtshandlung wusste, dass diese die Insolvenzgläubiger benachteiligte. Irgendeine Benachteiligungsabsicht des Schuldners spielt keine Rolle (MüKo-Freudenberg, 2025b, § 131 Rn. 71 ff.). Für die subjektiven Voraussetzungen in den §§ 130, 131 Abs. 1 Nr. 3 InsO genügt, dass der Anfechtungsgegner Tatsachen kannte, die „zwingend auf die Benachteiligung schließen lassen“ (§§ 130 Abs. 2, 131 Abs. 2 InsO), bei „nahestehenden Personen“ des Schuldners werden die jeweils erforderliche Kenntnis vermutet (§§ 130 Abs. 3, 131 Abs. Abs. 2 Satz 2 InsO).
- **Unmittelbar benachteiligende Rechtshandlungen gemäß § 132 InsO:** Anfechtbar sind Rechtshandlungen in den letzten drei Monaten vor dem Insolvenzantrag und danach, die diese jeweiligen Insolvenzgläubiger unmittelbar benachteiligen, wenn der Schuldner zahlungsunfähig war sowie der Anfechtungsgegner (hier die Bank) die Zahlungsunfähigkeit kannte. § 132 InsO tritt hinter die Deckungsanfechtung nach den §§ 130, 131 InsO zurück.

Die möglichen **Anfechtungsgründe** betreffen aus Bankensicht im Wesentlichen Zahlungen oder Besicherungen, die ein Institut im Vorfeld eines Insolvenzantrags erhalten hat. Kreditinstitute können Anfechtungsrisiken nach § 133 InsO in Verbindung mit einer Betriebsfortführung im Rahmen des Versuches einer außergerichtlichen Sanierung weitgehend vermeiden, wenn sie bei Sanierungsfinanzierungen ein Konzept (wie nach IDW S 6) fordern und dies die Sanierungsaussicht und die Fortbestehensfähigkeit des Schuldnerunternehmens nachvollziehbar sowie mindestens plausibel festhält beziehungsweise bestätigt. Dann fehlt es, wie oben dargestellt, an den Voraussetzungen des § 133 InsO sowohl auf der Schuldnerseite als auch auf der Bankenseite.

Ansonsten können die Banken gegen ein Anfechtungsrisiko kaum im Voraus Abwehrmaßnahmen unternehmen. Anfechtungen ermöglichen es dem Insolvenzverwalter in der Praxis die Insolvenzmasse oftmals deutlich anzureichern.

Der **Deckungsanfechtung** aus den §§ 130, 131 InsO, zum Beispiel wegen Rückführung eines Darlehens im Anfechtungszeitraum oder im Hinblick auf Zinszahlungen beziehungsweise aufgrund des Entstehens künftiger Forderungen bei einer Globalzession nach Vorliegen des Anfechtungstatbestandes kann kaum mit einer Risikostrategie begegnet werden. Bei den subjektiven Voraussetzungen kommt hinzu, dass die Bank bei enger Begleitung und Überwachung des Krisenunternehmens umfangreiche Kenntnis hat, die in einem Rechtsstreit zu der Folgerung führen können, sie habe Umstände gekannt, die zwingend auf Zahlungsunfähigkeit schließen lassen. Zahlungen im Rahmen einer Kontokorrentlinie während eines Anfechtungszeitraums auf das entsprechende Zahlungskonto (Girokonto) können vor und nach dem Zeitpunkt des Insolvenzantrags den Saldo reduzieren und sind damit anfechtbar, sobald die Bank den Antrag oder die Zahlungsunfähigkeit kennt. Neu entstehende sowie globalzedierte Forderungen sind unter denselben Voraussetzungen ebenfalls ohne Weiteres anfechtbar.

Die Bank wird vor der Anfechtung durch den Verwalter im eröffneten Verfahren aber nicht etwa von sich aus proaktiv anfechtbare Werte ermitteln und zurückübertragen, da es allein Aufgabe des Verwalters oder Sachwalters der Eigenverwaltung ist, den schuldrechtlichen Rückgewähranspruch des § 143 InsO als Folge eines Anfechtungstatbestandes geltend zu machen. Oft wird die Bank subjektive Anfechtungsvoraussetzungen bestreiten können. Sie wird häufig für das Zahlungsrisiko aus § 143 Abs. 1 InsO nicht einmal Rückstellungen bilden können. Erst wenn tatsächlich mit der Anfechtung gerechnet werden muss beziehungsweise der Insolvenzverwalter angefochten hat, kann die Rückstellungsbildung geprüft werden. Der Erwerb eines AGB-Pfandrechts an Vermögenswerten des Kreditnehmers im Anfechtungszeitraum ist als inkongruent aus § 131 InsO anfechtbar und die Anfechtbarkeit ist in den Fällen des § 131 Abs. 1 Nr. 1, 2 InsO kaum vermeidbar. Unterlässt der Insolvenzverwalter die Anfechtung ist die Bank auch keinem Anfechtungsanspruch ausgesetzt, außerdem nicht, wenn das Verfahren nicht eröffnet wird.

Voraussetzungen und Auswirkungen der Anfechtung

Anfechtbar sind nach § 129 InsO **Rechtshandlungen**, die vor der Eröffnung des Insolvenzverfahrens vorgenommen worden sind (Ausnahme: § 147 InsO, insbesondere praxisrelevant bei Immobilien). Eine notwendige Bedingung für die Geltendmachung einer Anfechtung ist das Vorliegen einer objektiven Benachteiligung der Gesamtheit der Insolvenzgläubiger gemäß § 129 InsO (vgl. Michel/Danckelmann, 2010, S. 87 ff.).

Das ist unter anderem dann der Fall, wenn die Aktivmasse geschmälert und die Passivmasse des Schuldnerunternehmens vergrößert wird. Dabei folgt das Anfechtungsrecht der schuldrechtlichen Theorie, wonach ein schuldrechtlicher Anspruch auf die Rückgewähr aus § 143 InsO entsteht (vgl. Dauernheim, 2018, S. 645 ff.). Ist eine ausreichende Masse vorhanden, um alle Gläubiger zu befriedigen, entfällt die Gläubigerbenachteiligung. Eine weitere Voraussetzung ist die Betroffenheit des der Gläubigergemeinschaft verhafteten Vermögens in Form der Insolvenzmasse.

Die Gläubigerbenachteiligung scheidet demnach aus, wenn ein Gläubiger mit Fremdmitteln, außerhalb des Vermögens eines Schuldners, befriedigt wird oder ein Gegenstand dem Aussonderungsrecht unterliegt und damit nicht zur Insolvenzmasse gehört (vgl. Schmidt-Schmidt, 2023, § 129 Rn. 54).

Beispiel: Ein Minderheitsgesellschafter M. mit 9,0 % Anteil an der Schuldner-GmbH hat an den späteren Insolvenzschuldner, die Gesellschaft G. GmbH, die Betriebsimmobilie vermietet. Jahre später fordert die das schuldnerische Unternehmen schon lange finanzierende Bank in der Krise der Mieterin G. von den Gesellschaftern eine bonitätsmäßig einwandfreie Sicherheit zur Absicherung ihrer Forderungen gegen G. und erhält zwei Monate vor Insolvenzantrag der G. eine Grundschuld an dem vermieteten Grundbesitz des M. In der Insolvenz der G. kann M. das Grundstück nach wirksamer Kündigung des Mietvertrags zwar aussondern (§ 47 InsO). Er muss aber dennoch die Zwangsvollstreckung in diesen Grundbesitz durch die Bank dulden (§ 1147 BGB). Hätte G. bereits Teile der besicherten Forderung an die Bank bezahlt, kann der Insolvenzverwalter gegen M. dennoch nicht nach § 143 Abs. 3 InsO vorgehen, da dieser nur Minderheitsgesellschafter ohne Geschäftsführungsfunktion ist und daher § 143 Abs. 3 InsO i.V.m. § 135 Abs. 2 InsO nicht anwendbar ist, da § 135 Abs. 4 i.V.m. § 39 Abs. 5 InsO (Kleinbeteiligungsprivileg) entgegensteht.

Ein Nachteil muss in dieser **Beeinträchtigung** des den Gläubigern zum Zeitpunkt der Rechtshandlung beziehungsweise des Eintritts der besonderen Rechtswirkungen haftenden Schuldnervermögens liegen (siehe MüKo-Freudenberg, 2025b, § 129 Rn. 86 ff.). Nur der Insolvenzverwalter ist zur Anfechtung befugt. Voraussetzung für die Durchführung der Insolvenzanfechtung ist daher zwingend die Eröffnung des Insolvenzverfahrens. Eine Anfechtung bei Ablehnung der Verfahrenseröffnung oder der Insolvenzanfechtung durch den vorläufigen Verwalter im vorläufigen Verfahren ist nicht statthaft (vgl. Bauer, 2008, S. 105). An der Stelle der Insolvenzanfechtung tritt in diesen Fällen die ähnliche Gläubigeranfechtung gemäß dem Anfechtungsgesetz (AnfG), die sich dann die Bank, die einen Titel gegen ihren Schuldner in Händen hat, gegebenenfalls zunutze machen kann. Wird das Insolvenzverfahren über das Vermögen des Schuldners eröffnet, ist (nur noch) der Insolvenzverwalter zur Fortsetzung der Anfechtungsklage nach dem AnfG aufzunehmen und den Anspruch zu verfolgen (§§ 16, 17 AnfG). Nach Beendigung des Insolvenzverfahrens sind die Gläubiger wieder zur Anspruchsverfolgung unter den Voraussetzungen des § 18 AnfG befugt.

Die **Geltendmachung** der Insolvenzanfechtung erfolgt notfalls durch Klage des Insolvenzverwalters innerhalb der Regelverjährung nach §§ 146 ff. InsO und §§ 195 ff. BGB. Der Beweis der Gläubigerbenachteiligung obliegt ebenfalls dem Insolvenzverwalter. Er muss dann darlegen, dass sich die Befriedigung der Insolvenzgläubiger im Fall des Unterbleibens der Rechtshandlung günstiger gestaltet hätte.

Mit der Anfechtung wird bezweckt, dass die ungerechtfertigte Verkürzung der Masse, die zu einer gleichmäßigen Befriedigung der Insolvenzgläubiger verwendet werden soll, wieder beseitigt wird. Daher auch der Rückgewähranspruch als Anfechtungsfolge in § 143 InsO. Demnach können insbesondere Zahlungen des Schuldners an einzelne Gläubiger erfolgreich angefochten werden.

Dies kann Kreditinstitute beeinträchtigen, zum Beispiel, wenn zuvor im Kontokorrent verrechnete Zahlungseingänge später wieder herauszugeben sind. **Drittsicherheiten** oder gleichwertige Leistungen und Gegenleistungen wie bei einem Bargeschäft unterliegen nicht der Anfechtung (soweit nicht ein Fall des § 133 InsO zu bejahen ist und der Anfechtungsgegner erkannt hat, „dass der Schuldner unlauter handelte" (§ 142 Abs. 1 letzter Halbsatz InsO), da das Schuldnervermögen nicht betroffen oder die Bedingung einer Benachteiligung anderer Gläubiger nicht gegeben ist.

Definition: Drittsicherheiten stammen nicht aus dem Vermögen des Schuldnerunternehmens und werden beispielsweise aus dem Privatvermögen eines Gesellschafters oder dem Vermögen von anderen Unternehmen in der wirtschaftlichen Wertschöpfungskette für neue Kredite bereitgestellt, um den Geschäftsbetrieb des Schuldnerunternehmens in der Insolvenz aufrecht zu erhalten. Zur Vermeidung von Anfechtungen auf dieser Ebene, zum Beispiel nach § 134 InsO, müssen die Drittsicherungsgeber ihrerseits bonitätsmäßig möglichst einwandfrei sein.

Eine durch den Verwalter erfolgreich durchgeführte **Anfechtung** führt nicht automatisch zu einer Nichtigkeit der angefochtenen Rechtshandlung nach § 134 BGB oder nach § 138 BGB, die vielmehr nur dann in Frage kommt, wenn der Nichtigkeitsgrund über den Anwendungsbereich des Anfechtungstatbestands hinausreicht. Im Allgemeinen geht der Anfechtungsanspruch den §§ 134, 138 BGB vor. Zivilrechtlich bleibt die anfechtbare Handlung, von möglicherweise gesetzlichen Nichtigkeitsgründen abgesehen, wirksam. Systematisch hat die Anfechtung mit einer „Unlauterkeit" nichts zu tun, abgesehen von dem Sondertatbestand des § 142 Abs. 1 Fall 2 letzter Halbsatz InsO. Auch die Vorsatzanfechtung gemäß § 133 InsO als solche berührt die zivilrechtliche Wirksamkeit der angefochtenen Rechtshandlungen nicht.

Beispiel, zur Abgrenzung von § 134 InsO: Die Kreditnehmerin und Schuldnergesellschaft S. GmbH gehört zu der Unternehmensgruppe U-AG. Eine Schwestergesellschaft der S. ist die U. KG. Die Bank verlangt zur Absicherung einer Finanzierung an die S. zusätzliche Sicherheit. Daraufhin übernimmt aus gruppeninternen Gründen die bonitätsstarke U. KG die Bürgschaft für die Finanzierung der S. gegenüber der Bank im Auftrag der S. gegen eine gruppeninterne „Bürgschaftsgebühr". Gerät erst S., später nach Zahlung aus der Bürgschaft die U. KG in ein Insolvenzverfahren, kann diese Zahlung vielleicht anfechtbar sein nach den §§ 130, 131, 133 InsO, abhängig vom Sachverhalt zum Zeitpunkt der Zahlung, nicht aber nach § 134 InsO. Die Bürgschaft und die Zahlung darauf an die Bank sind entgeltlich, nicht unentgeltlich, da die U. KG gegenüber der Bank verpflichtet war. Gegenüber S. bestand ein entgeltliches Avalverhältnis.

Bei begründeter Anfechtung steht dem Insolvenzverwalter (oder Sachwalter) ein Anspruch auf Rückgewähr der Leistung zu (§ 143 InsO). Wurde eine zedierte Forderung erfolgreich angefochten, ist diese zurück abzutreten. Von praktischer Bedeutung sind aus der Sicht eines Insolvenzverwalters insbesondere Anfechtungen im Zahlungsverkehr aus kongruenter Deckung gemäß § 130 InsO oder aus inkongruenter Deckung gemäß § 131 InsO und führen zeitnah zur Anreicherung der Insolvenzmasse.

Anfechtung bei kongruenter Deckung

Eine **kongruente Deckung** liegt unter den Voraussetzungen des § 130 InsO vor, wenn der Gläubiger eine Besicherung oder Befriedigung erhält, auf die er zu diesem Zeitpunkt einen Anspruch hatte oder wenn er die Möglichkeit hierzu erhält, wodurch die Gesamtheit der Gläubiger benachteiligt wird. Dabei musste er von der Zahlungsunfähigkeit Kenntnis haben. Der Anspruch kann aus einem Kreditvertrag oder aus einem Sicherungsvertrag begründet sein. Nach § 130 Abs. 1 InsO ist eine Rechtshandlung aus kongruenter Deckung nur dann anfechtbar, wenn die Rechtshandlung:

- in den letzten drei Monaten vor dem Insolvenzantrag vorgenommen wurde, der Schuldner zur Zeit der Handlung zahlungsunfähig war und der Gläubiger zu der Zeit Kenntnis von der eingetretenen Zahlungsunfähigkeit hatte (Nr. 1).
- nach dem Insolvenzeröffnungsantrag vorgenommen wurde und der Gläubiger zu dem Zeitpunkt dieser Rechtshandlung die Zahlungsunfähigkeit oder diesen Eröffnungsantrag kannte (Nr. 2),
- wenn der Anfechtungsgegner Kenntnis von Umständen hatte, die auf Zahlungsunfähigkeit oder einen Antrag schließen lassen (vgl. § 130 Abs. 2 InsO). Diese Tatbestandsvoraussetzungen und Fristen werden in Tab. 5.7 aufgeführt.

Tab. 5.7: Anfechtung bei kongruenter Deckung (Quelle: Eigene Darstellung)

Zeitraum	**Tatbestandsvoraussetzungen**	
Rückwirkung bis	**Wirtschaftliche Lage Schuldner**	**Kenntnis Gläubiger**
3 Monate vor Insolvenzantrag (§ 130 Abs. 1 Nr. 1 InsO)	Zahlungsunfähigkeit	Zahlungsunfähigkeit
Nach Insolvenzantrag (§ 130 Abs. 1 Nr. 2 InsO)	Zahlungsunfähigkeit	Zahlungsunfähigkeit oder Eröffnungsantrag

Bei einer **Kongruenzanfechtung** kommt es demnach maßgeblich auf die subjektive Kenntnis des Gläubigers von der Zahlungsunfähigkeit des Schuldners an. Diese Ermittlung der Zahlungsunfähigkeit richtet sich § 17 InsO und der Rechtsprechung des BGH, wie auch im IDW S 11 (vgl. IDW, 2023c, S. 673 ff.) beschrieben. Die Kenntnis der Zahlungsunfähigkeit setzt das für sicher gehaltene Wissen zum Zeitpunkt einer anfechtbaren Rechthandlung positiv voraus (vgl. auch MüKo-Freudenberg, 2025b, § 130 Rn. 53 ff., Cranshaw et al., 2016b, § 130 InsO, Rn. 32 ff.). Dieser Sachverhalt ist vom anfechtenden Insolvenzverwalter zu beweisen.

Anfechtbar sind in der Praxis insbesondere Zahlungsvorgänge sowie Vereinbarungen von Sicherheiten. Ist bei Hereinnahme einer Sicherheit bereits deutlich erkennbar, die Insolvenz stehe in den nächsten drei Monaten bevor, verbietet sich die Hereinnahme der Sicherheit, zumal in solchen Fällen bereits der Tatbestand des § 133 InsO („Vorsätzliche Gläubigerbenachteiligung“) zu bejahen sein dürfte.

Ob es sich bei der Verrechnung von Zahlungseingängen dann um den Fall der kongruenten Deckung handelt, hängt maßgeblich davon ab, ob die Bank diese Deckung zu dieser Zeit auch zu beanspruchen hatte. Bei ungekündigtem Kontokorrentkonto führt die Reduzierung des debitorischen Saldos im Anfechtungszeitraum zu inkongruenter Deckung. Lässt die Bank vor oder nach Zahlungseingängen in diesem Zeitraum wieder Verfügungen zu, so dass sich wie beim **Zahlungskonto** üblich Belastungsbuchungen und Eingänge abwechseln (auf die zeitliche Abfolge der Zahlungseingänge sowie Verfügungen kommt es nicht an, ebenso wenig, ob der volle Kreditrahmen ausgeschöpft wird), ist die Deckung kongruent, aber weil **Bargeschäft** (§ 142 InsO), nicht anfechtbar (BGH, 07.07.2011, IX ZR 100/10).

Die Verrechnung von Zahlungseingängen ist nach Kündigung und Ablauf einer etwaigen Kündigungsfrist kongruent und nur bei Zahlungsunfähigkeit sowie Kenntnis der Bank hiervon beziehungsweise von Umständen, die den Schluss auf die Zahlungsunfähigkeit „zwingend" zulassen, anfechtbar. Die durchgehende Bejahung auch nur der kongruenten Deckung hinsichtlich der Eingänge auf dem Zahlungskonto des Schuldnerunternehmens, wenn parallel Verfügungen des ungekündigten Kontos zugelassen werden, würde die potenzielle Anfechtbarkeit aller Zahlungseingänge beziehungsweise aller Verrechnungen im Kontokorrent über den gesamten Zeitraum von drei Monaten vor dem Insolvenzantrag bedeuten.

Die Folge wäre die Finanzierung des Umsatzes des betrachteten Krisenunternehmens in diesem Zeitraum zu Lasten der kontoführenden Bank und zugunsten allein der anderen Gläubiger. Die Bank würde dann bei erstem Anschein einer Krise kündigen und dem Unternehmen die letzte Chance einer Sanierung durch Entziehung der maßgeblichen Konto- und Kreditverbindung nehmen, mit der Insolvenz als Folge (so auch BGH, 07.03.2002, IX ZR 223/01).

Eine kongruente Deckung liegt vor, wenn zum Zeitpunkt des Zahlungseingangs die bestehende Forderung der Bank fällig war. Im Fall von vereinbarten Tilgungen liegt daher die Kongruenz mit der Zahlung bei Fälligkeit oder auf die vereinbarten Raten vor. Diese Inkongruenz besteht dagegen bei einer Zahlung beispielsweise bereits fünf Tage vor Fälligkeit eines Anspruchs („verfrühte Leistung", BGH, 14.11.2024, IX ZR 13/24, BGH, 09.06.2005, IX ZR 152/03). Existiert somit im Zeitpunkt des Zahlungseingangs ein fälliger Zahlungsanspruch der Bank, beispielsweise aus einem ausgelaufenen Kredit, liegt dann im Ergebnis eine kongruente Deckung vor.

Eine **Rückzahlung** fälliger Forderungen verschafft immer eine kongruente Deckung. Handelt es sich um die Überziehung des Kontokorrentkontos, dann kann die Bank die Rückführung in den vereinbarten Kreditrahmen unverzüglich verlangen. Die Deckung ist als kongruent anzusehen. Besteht dagegen neben einem Kontokorrentvertrag eine Kreditlinie, das heißt ein vereinbartes Limit, bis zu dem der Kunde über sein Konto verfügen kann, ist er im Rahmen der Linie nicht zum Ausgleich eines debitorischen Saldos verpflichtet, und es entsteht bei Verfügungen innerhalb der Kontokorrentlinie kein fälliger Rückzahlungsanspruch der Bank.

Beispiel: Die Druck GmbH befindet sich in einer Sanierungsphase. Die Ausstiegsbank AG hat der Druck GmbH eine Kreditlinie auf dem Kontokorrentkonto in Höhe von 500 TEuro eingeräumt. Am 10. Januar weist das Konto einen Sollsaldo von 550 TEuro mit einer nur geduldeten Überziehung von 50 TEuro auf. Am 15. Januar erfolgt die Einzahlung eines Kunden in Höhe von 50 TEuro, die mit dem Sollsaldo verrechnet wird. Die Kreditlinie wird ansonsten eingehalten. Am 1. März stellt die Druck GmbH Insolvenzantrag. Es liegt ein Fall kongruenter Deckung vor, da die Ausstiegsbank AG Anspruch auf die Rückführung der nur geduldeten Überziehung hatte. Der Insolvenzverwalter kann die Einzahlung nicht anfechten, es sei denn, er kann nachweisen, dass die Ausstiegsbank AG positive Kenntnis von der Zahlungsunfähigkeit hatte oder Umstände im Sinne von § 130 Abs. 2 InsO zu bejahen sind.

Im Fall einer unmittelbaren Insolvenzgefahr könnte in diesem Fall überlegt werden, mit dem Schuldnerunternehmen eine ratierliche Reduzierung der Linie zu vereinbaren oder diese Kreditlinie im beiderseitigen Einvernehmen komplett aufzuheben, damit bei Verfügungen jederzeit ein fälliger Anspruch entsteht und erhaltene Einzahlungen verrechnet werden können. Eine schriftliche Vereinbarung mit dem Schuldnerunternehmen vor einem Insolvenzantrag erscheint auf ersten Blick ebenfalls sinnvoll, wenn Zahlungseingänge auf dem laufenden Konto zu erwarten sind und diese vor einer möglichen Anfechtung zugunsten der Masse gesichert werden sollen.

Indes dürfte dieses scheinbar zielführende Vorgehen bei Kenntnis der unmittelbaren Insolvenzgefahr fehlschlagen, da eben sogar die Voraussetzungen des § 131 InsO vorliegen, denn die Bank hatte auf diese Vereinbarungen keinen Anspruch. Nicht nur Vereinbarungen mit dem Schuldner wie in dem vorstehend umrissenen Beispiel, sondern sogar die wirksame Kündigung durch den Schuldner ist ein anfechtbares Rechtsgeschäft. Die Folge der erfolgreichen Anfechtung ist, dass „die Fälligkeit des Rückzahlungsanspruchs außer Betracht zu bleiben hat" (vgl. BGH, 12.01.2017, IX ZR 130/16). Die vertragsgemäß zulässige und wirksame Kündigung unterliegt nur der etwaigen Anfechtung nach § 130 InsO.

Die Bank kann durch das scheinbar so nahe liegende Vorgehen keine Kongruenz herbeiführen und damit besteht die in § 131 InsO liegende Erschwernis der Anfechtung. Diese Bank scheitert vielmehr mit ihrem Ziel, eingehende Zahlungen im Kontokorrent zu verrechnen, an einem insolvenzrechtlichen Aufrechnungs- beziehungsweise Verrechnungsverbot des § 96 Abs. 1 Nr. 3 InsO, denn sie hat die Verrechnungsmöglichkeit durch eine anfechtbare Handlung erlangt. Die erhaltene Deckung ist inkongruent (vgl. BGH, 14.05.2009, IX ZR 63/08). Nur eine berechtigte Kündigung durch die Bank, gegebenenfalls aus wichtigem Grund, ist möglich, damit ein fälliger Zahlungsanspruch entsteht, der kongruent befriedigt werden kann. Die Gläubigerbenachteiligung kann auch darin bestehen, dass der Gläubiger sich besserstellt, als er bei vertragsgemäßem Ablauf stünde. Das zinslose Darlehen ist daher abzuzinsen (§ 41 Abs. 2 InsO).

Die Kündigung kann jedoch auch direkt die Zahlungsunfähigkeit und einen Insolvenzantrag nach sich ziehen, und künftige Einzahlungen stehen dem Kreditinstitut dann unter Umständen nicht mehr insolvenzfest zu.

Ohnehin belegt eventuell bereits die Kündigung aus wichtigem Grund, dass die Zahlungsunfähigkeit oder der Eröffnungsantrag bekannt ist und die Hausbank als Hauptkreditverbindung weiß, dass mit der Kündigung die Zahlungsunfähigkeit unter Umständen direkt ausgelöst wird, so dass jedwede Zahlung danach anfechtbar sein kann. Wichtig ist es im Rahmen der außergerichtlichen Sanierung, das später möglicherweise auftretende Anfechtungsrisiko abzuschätzen und frühzeitig Gegenmaßnahmen einzuleiten oder Sicherheiten rechtzeitig hereinzunehmen.

Dabei ist die selbst insolvenzfeste Globalzession und deren insolvenzfest entstandenen Einzelforderungen eine wichtige Sicherheit, um Zahlungsanfechtungen zu vermeiden, da man an den Forderungen des Schuldners, auf die gezahlt wird und die daraufhin erlöschen (§ 362 BGB), ein Absonderungsrecht hatte, das sich im AGB-Pfandrecht aufgrund der vereinbarten AGB fortsetzt (Sicherheitentausch, vgl. BGH, 29.11.2007, IX ZR 30/07 und BGH, 02.02.2017, IX ZR 245/14).

Neben den Zahlungseingängen ist auch bei der Vereinbarung von Sicherheiten darauf zu achten, zu welchem Zeitpunkt diese hereingenommen werden und ob eine mindestens kongruente Gegenleistung vorliegt, damit es möglichst nicht zu einer potenziellen Anfechtung kommen kann. Es scheint ein hinreichender Schutz gegeben zu sein, wenn zwischen Besicherung und Insolvenzantrag mindestens ein Zeitraum von drei Monaten besteht, sofern nicht die Voraussetzungen des § 133 InsO zu bejahen sind. Eine Anfechtung ist dann ausgeschlossen, soweit, wie bereits oben dargestellt, die Zahlungen auf Forderungen beruhen, die im Rahmen einer Globalzession ihrerseits anfechtungsfest abgetreten sind.

Die Kreditvergabe mit der Globalzession als Kreditsicherheit führt dazu, dass der Globalzessionsvertrag nebst den zum Zeitpunkt des Vertragsschlusses bestehenden Forderungen gegen Drittschuldner kongruent sowie zugleich insolvenzfestes Bargeschäft ist. Wesentlich sind aber für die Praxis meist die erst revolvierend künftig entstehenden Forderungen. Wie bereits ausgeführt, können diese nach Zahlungsunfähigkeit in dem Dreimonatszeitraum vor dem Insolvenzantrag oder danach entstehenden Forderungen als kongruent gemäß § 130 InsO angefochten werden, wenn diejenige Bank die Zahlungsunfähigkeit kannte.

Fordert die Bank eine Nachsicherung für ihre Finanzierung gemäß den AGB (zum Beispiel Nr. 13 AGB-Banken), ist die nachträgliche Besicherung inkongruent. Ist die Dreimonatsfrist seit dem Globalzessionsvertrag verstrichen, ist der Vertrag insolvenzfest. Künftig entstehende Forderungen sind dann wie vorstehend ausgeführt nur noch wegen Kongruenz nach § 130 InsO anfechtbar. Eine Anfechtbarkeit nach § 133 InsO dürfte regelmäßig ausscheiden.

Die abgetretenen Forderungen müssen hinreichend bestimmbar sein. Dann genügt für die **Bestimmbarkeit** gemäß § 398 BGB die übliche Bezeichnung zur Abtretung „sämtlicher bestehender und zukünftiger Forderungen aus Warenlieferungen und Leistungen gegen Kunden der Anfangsbuchstaben A bis Z“.

Mit der Judikatur zur Globalzession hat der BGH eine durchaus praxisnahe Entscheidung zugunsten der Finanzierung des Mittelstands getroffen. Häufig stellt dieses werthaltige Kreditsicherungsmittel für kleine und mittlere Unternehmen die einzige Möglichkeit dar, weitere Finanzmittel von Kreditinstituten zu erhalten. So ist diese Globalzession einigermaßen insolvenzsicher und die **Hereinnahme** ist besonders der Hausbank zu empfehlen, wenn auch sogar die Werthaltigmachung der Zession selbstständig anfechtbar ist (vgl. BGH, 29.11.2007, IX ZR 30/07).

Maßgeblich für den Anfechtungszeitraum ist die Entstehung der künftigen Forderung oder der **Werthaltigmachung**, wie aus § 140 Abs. 1 InsO hervorgeht. Zwar dürfte der Globalzessionsvertrag als solcher nahezu stets insolvenzfest sein, aber die besonders wichtigen Forderungen aus den letzten drei Monaten vor der Stellung des Insolvenzantrags je nach Sachlage nicht oder nur teilweise. Zur anfänglichen Inkongruenz des Globalzessionsvertrags und dennoch möglicherweise späterer Kongruenz künftig entstehender sicherungszedierter Forderungen siehe oben.

Des Weiteren ist eine Deckungsanfechtung bei den Bargeschäften grundsätzlich ausgeschlossen, soweit nicht die Voraussetzungen der Vorsatzanfechtung gemäß § 133 Abs. 1 bis 3 InsO vorliegen und der Schuldner unlauter gehandelt hat (§ 142 Abs. 1 InsO n.F.). Die Anfechtung des **Bargeschäfts** scheidet aufgrund der fehlenden Gläubigerbenachteiligung aus (§ 142 InsO). Voraussetzung ist der in einem direkten zeitlichen Zusammenhang stehende Austausch deckungsgleicher Leistungen.

Definition: Die Leistung sowie die bezogene Gegenleistung müssen bei einem **Bargeschäft** gemäß § 142 InsO gleichwertig sein und in einem engen wirtschaftlichen, rechtlichen und zeitlichen Bezug zueinanderstehen. Maßgeblich sind die „Gepflogenheiten des Geschäftsverkehrs". Zwischen Leistungserbringung und Gegenleistung dürfen bei Beratungs- und Dienstleistungen höchstens 30 Tage liegen (BGH, 13.04.2006, IX ZR 158/05), eine generelle Grenze als Folgerung aus § 286 Abs. 3 BGB. Im Übrigen ist der Zeitraum regelmäßig sehr einzelfallabhängig zu bestimmen.

Demnach liegt bei einer Neukreditvergabe vor einem Insolvenzantrag, unter anderem zur Vorfinanzierung eines spezifischen Projekts, mit der gleichwertigen und gleichzeitigen Besicherung in Form der Abtretung neu entstehender bestimmbarer Forderungen oder der Bestellung einer Grundschuld, ein Bargeschäft vor (vgl. Portisch, 2007c, S. 38 ff.). Wurde die Sicherheit aber erst sechs Monate später bestellt, liegt kein Bargeschäft mehr vor, allgemein ist verzögerte Abwicklung insolvenzanfechtungsrechtlich schädlich (siehe zu der Problematik MüKo-Piekenbrock, 2025b, § 142 Rn. 26-29).

Wird dagegen für das vorstehend umrissene Geschäft eine weite Zweckerklärung hereingenommen und werden neben der Neukreditierung auch „alte" bereits bestehende Forderungen besichert, liegt insoweit eine inkongruente Deckung vor, die einer erleichterten Anfechtung unterliegen kann, sowohl nach § 131 InsO als auch gegebenenfalls nach § 133 InsO. Die gläubigerbenachteiligende Wirkung infiziert auch den Bargeschäftsteil der Besicherung der Neufinanzierung (§ 142 InsO).

Jedenfalls dann, wenn nicht eine Rangfolge der Sicherheitenzwecke schriftlich, unter anderem in einem Sicherheitenpoolvertrag, verabredet wird. Insbesondere ist die Problematik bei Poolsicherheiten mit der **Erweiterung der Zweckerklärungen** für neue Poolfinanzierungen auf in den Pool einbezogene „Altforderungen" der Poolbanken besonders zu berücksichtigen.

Rangfolge bedeutet eine sogenannte **„Wasserfallregelung"**, die in der Gestaltung der strukturierten Finanzierung üblich ist. Der jeweils nachfolgende Rang erhält erst dann Zahlungen bei Verwertung der Sicherheit, wenn die dem vorhergehenden Rang zugeordneten Finanzierungsbeträge vollständig, gegebenenfalls nebst Zinsen, getilgt sind wie bei einem Wasserüberlauf.

Anbei werden Beispiele für die **Rangfolge** aufgestellt, wofür die neu bestellten Kreditsicherheiten im Rahmen des Pools haften sollen:

- 1. Absicherung der Neufinanzierung, 2. Absicherung der Altverbindlichkeiten des Schuldners, dort wiederum mit den Rangangaben.
- Werden, wie in Poolverträgen üblich, auch bereits bestehende Sicherheiten der einzelnen Banken einbezogen und dienen sie der Absicherung aller in den Pool einbezogenen Forderungen, dann lautet die Reihenfolge: 1. Absicherung der Altforderungen der jeweiligen Bank, die Sicherungsnehmerin ist, 2. Absicherung der Neufinanzierung, 3. Absicherung der Altverbindlichkeiten eines Schuldners, dort wiederum mit Rangangaben.

Im Pool besteht (gelegentlich) das Problem, dass der Poolkredit sofort valutiert werden muss, weil ansonsten Illiquidität des zu finanzierenden Krisenunternehmens umgehend droht, Einigkeit über Details des Poolvertrags und der begleitenden Sicherheitenvereinbarungen unter den Banken noch nicht besteht und oft erst nach mehreren Wochen erzielt wird. Der Schuldner stimmt ebenfalls erst nach Wochen zu. Von einem Bargeschäft kann in diesem Fall nicht mehr gesprochen werden. Das Anfechtungsrisiko steigt deutlich an. Das nachfolgende weitere (Gegen-)Beispiel verdeutlicht die Vereinbarung eines vor der Anfechtung sicheren Bargeschäfts.

Beispiel: Die Druck GmbH befindet sich in der Sanierung. Die Gefahr einer Insolvenz ist nicht auszuschließen. Die Druck GmbH erhält einen Großauftrag der WP GmbH. Dieser soll durch die Mittelstandbank AG vorfinanziert werden. Die Vorfinanzierung umfasst im Wesentlichen den Materialeinkauf in einer Höhe von 200 TEuro. Im Gegenzug wird die Abtretung der neu entstehenden Forderung des Kunden in Höhe von rund 220 TEuro im Rahmen eines Einzelzessionsvertrags vorgenommen. Die Abwicklung dieses Auftrages scheint hinreichend gesichert zu sein, da vergleichbare Projekte von der Firma in der Vergangenheit ebenfalls erfolgreich abgearbeitet wurden sowie der Drittschuldner eine eindeutig unzweifelhafte Bonität aufweist. Die Druck GmbH reicht der Mittelstandsbank einen projektbezogenen Finanzplan ein. Die Ein- sowie Auszahlungen werden auf besonderen Konten separiert und die Zahlungsvorgänge anhand eines Finanzplans überwacht. In diesem Fall liegt eine gleichwertige Deckung zwischen der Finanzierung und der Besicherung als Bargeschäft vor, da die Leistung sowie die Gegenleistung in einem engen wirtschaftlichen, rechtlichen sowie zeitlichen Bezug zueinander stehen. Die Besicherung ist nicht anfechtbar.

Die **Gleichwertigkeit** der Absicherung ist grundsätzlich gegeben, wenn der Wert der Sicherheit, unter Berücksichtigung üblicher Wertschwankungen, die Höhe dieses herausgelegten Kredites nicht wesentlich übersteigt. Bei den variablen Sicherheiten sind 150,0 % Absicherung des Darlehensvolumens noch akzeptabel, jenseits dieser Grenze hat der Sicherungsnehmer einen Freigabeanspruch. Diese Deckungsgrenze, „bezogen auf den realisierbaren Wert der Sicherungsgegenstände beträgt 110,0 % der gesicherten Forderungen" (BGH, 27.11.1997, GSZ 1/97). Die 110,0 %-Grenze ist in die einschlägigen Musterverträge („Vordrucke") der Banken eingegangen. Bei der Inkongruenz der Leistung und Gegenleistung ist ein Bargeschäft dagegen ausgeschlossen, und das betreffenden Rechtsgeschäft oder die jeweilige Rechtshandlung sind nicht gemäß § 142 InsO der Anfechtung entzogen.

Anfechtung bei inkongruenter Deckung

Eine Rechtshandlung ist als **inkongruente Deckung** nach § 131 InsO anfechtbar, wenn sie dem Gläubiger eine Besicherung oder eine Befriedigung gewährt oder ermöglicht hat, die er erstens nicht oder zweitens nicht in dieser Art oder drittens nicht zu dieser Zeit zu beanspruchen hatte (siehe Braun-de Bra, 2024, § 131, Rn. 4–6, Rn. 7–15 sowie Rn. 16 und Danckelmann, 2011, S. 1208 ff). Dies betrifft aus Sicht der Kreditinstitute im Wesentlichen vereinnahmte Einzahlungen außerhalb der Fälligkeit und hereingenommene Besicherungen ohne konkreten Anspruch darauf, typisch für Inkongruenz sind das Nachbesicherungsrecht gemäß den AGB und das AGB-Pfandrecht (vgl. dazu insbesondere BGH, 07.03.2002, IX ZR 223/01).

Eine vorgenommene **Rechtshandlung** bei einer inkongruenten Deckung gemäß § 131 Abs. 1 Nr. 1 bis 3 InsO ist anfechtbar, wenn:

- die Handlung im letzten Monat vor dem Antrag auf Eröffnung des Insolvenzverfahrens oder bereits nach dem Insolvenzantrag vorgenommen wurde (Nr. 1).
- die Handlung innerhalb des zweiten oder dritten Monats vor dem Eröffnungsantrag vorgenommen worden ist und der Schuldner zur Zeit der Handlung tatsächlich zahlungsunfähig war (Nr. 2).
- die Handlung innerhalb des zweiten oder dritten Monats vor dem Antrag vorgenommen wurde und dem Gläubiger diese Benachteiligung des Insolvenzgläubigers eindeutig bekannt war (Nr. 3).

In den Fällen der Inkongruenz ist die Anfechtung verschärft, da ein Gläubiger, der eine ihm nicht zustehende Leistung erhält, weniger schutzwürdig gegenüber demjenigen ist, dem eine kongruente Deckung gewährt wird. Zu Nr. 1: Der Gesetzgeber vermutet in diesem Zeitraum unwiderleglich die Krise beziehungsweise die Kenntnis hiervon (BT-Drs. 12/2443, S. 158). Daher sind Rechtshandlungen nach § 131 Abs. 1 Nr. 1 InsO innerhalb eines Monats vor dem Insolvenzeröffnungsantrag unabhängig von der wirtschaftlichen Lage des Schuldners und der Kenntnis des Gläubigers zur Zeit der Handlung anfechtbar (vgl. Dauernheim, 2018, S. 679 ff.).

Darüber hinaus sind Rechtshandlungen anfechtbar, wenn sie im zweiten und dritten Monat vor Insolvenzeröffnung erfolgen und der Schuldner zu diesem Zeitpunkt bereits zahlungsunfähig war (§ 131 Abs. 1 Nr. 2 InsO). Bei der Inkongruenzanfechtung aus § 131 Abs. 1 Nr. 3 InsO kommt es zwar nicht auf die Kenntnis des Gläubigers von der Zahlungsunfähigkeit an. Diese Norm ist ein Sonderfall der Vorsatzanfechtung des § 133 InsO, erfasst werden anders als dort aber auch Rechtshandlungen Dritter. Auf die Voraussetzungen des § 133 Abs. 1 Satz 1 InsO, nämlich des Vorsatzes des Schuldners, seine Gläubiger zu benachteiligen und die Kenntnis des Anfechtungsgegners von diesem Vorsatz wird verzichtet.

Inkongruenz ist allerdings ein starkes Beweisanzeichen für den Schuldnervorsatz. In der Literatur wird daher zutreffend angenommen, dass neben § 131 Abs. 1 Nr. 3 InsO auch § 133 InsO regelmäßig zu bejahen sei (Braun-de Bra, 2024, § 131 Rn. 33-35). Dann reicht dagegen das Wissen über eine Benachteiligung anderer Insolvenzgläubiger aus. Diese Qualifizierung als kongruente oder inkongruente Deckung ist insbesondere für Zahlungseingänge auf Konten bei Kreditinstituten relevant.

Interessant und zutreffend erscheint als Beispiel des § 131 Abs. 1 Nr. 3 InsO, dass eine Bank sich **Sicherheiten** für eine bereits ausgereichte Finanzierung (Nachbesicherung) bestellen lässt, während diese Bank schon die Kündigung der Finanzierung ins Auge gefasst hat (Braun-de Bra, 2024, § 131 Rn. 35) und nur noch die Bestellung einer Sicherheit abwartet. Eine derartige Vorgehensweise wäre aus dem Blick der **Risikostrategie** der Bank sicherlich klar fehlerhaft.

Im Folgenden werden die zu berücksichtigenden Tatbestandsvoraussetzungen sowie Fristen für eine Anfechtung aus inkongruenter Deckung in Tab. 5.8 aufgeführt.

Tab. 5.8: Anfechtung bei inkongruenter Deckung (Quelle: Eigene Darstellung)

Zeitraum **Rückwirkung bis**	**Tatbestandsvoraussetzungen** **Wirtschaftliche Lage Schuldner**	**Kenntnis Gläubiger**
1 Monat vor Insolvenzantrag (§ 131 Abs. 1 Nr. 1 InsO)	Unerheblich	Unerheblich
2–3 Monate vor Insolvenzantrag (§ 131 Abs. 1 Nr. 2 InsO)	Zahlungsunfähigkeit	Unerheblich
2–3 Monate vor Insolvenzantrag (§ 131 Abs. 1 Nr. 3 InsO)	Unerheblich	Gläubigerbenachteiligung durch die Rechtshandlung

Verwendet eine Bank Zahlungseingänge aus einer Überweisung zugunsten des Kunden zur Reduzierung des Sollsaldos auf seinem Konto oder verrechnet die Bank den Zahlungseingang auf einem kreditorischen Konto, das mit einem debitorischen Konto saldiert wird (Aufrechnung nach den §§ 387 ff. BGB), so erhält sie je nach Fälligkeit der Forderung eine kongruente oder inkongruente Deckung.

Bei der Abgrenzung zwischen Kongruenz oder Inkongruenz kommt es somit maßgeblich darauf an, ob die Bank diese Deckung zu diesem Zeitpunkt beanspruchen konnte. Bei dieser Beurteilung ist auf die Kreditvereinbarung mit dem Schuldner abzustellen. Dann kommt es darauf an, ob die Forderung fällig war.

War der Kredit zu dem Zeitpunkt des Zahlungseingangs bereits gekündigt, dann ist die Fälligkeit hergestellt und damit die Kongruenz gegeben. Dies setzt jedoch voraus, dass die Bank den Kredit wirksam gekündigt hat. Wurde ein Kredit innerhalb der Frist von zwei bis drei Monaten vor dem Insolvenzantrag wirksam gekündigt, ist diese nachfolgende Deckung kongruent. Wird die Kündigung dagegen erfolgreich angefochten, gilt der Kredit als ungekündigt und diese Verrechnung der Zahlungseingänge beziehungsweise die Aufrechnung ist als inkongruent einzustufen.

Die Befriedigung von Bankforderungen nach der Kündigung, die innerhalb der letzten drei Monate vor dem Eröffnungsantrag zum Beispiel mit der Begründung einer deutlichen Verschlechterung der wirtschaftlichen Verhältnisse und der dadurch gefährdeten Darlehensrückzahlung (auch unter Berücksichtigung bestehender Kreditsicherheiten) erfolgte (§ 490 BGB, „außerordentliche Kündigung“), wird in der Regel immer gemäß § 130 InsO anfechtbar sein. Denn es ist dabei zu vermuten, dass die Bank in diesem Fall bereits Kenntnis von der schwachen wirtschaftlichen Lage des Firmenkunden hatte, sonst würde sie nicht derart durchgreifend handeln. Dieses gilt sowohl für den Fall der ordentlichen als auch für die Alternative der außerordentlichen Kündigung, die Rechtmäßigkeit jeweils vorausgesetzt. Die Inkongruenz ist dann zu verneinen, wenn nicht der Kündigungsgrund selbst erst inkongruent geschaffen wurde, also nicht schon aus Gesetz oder dem bisherigen (insolvenzfesten) Vertrag folgt. Auch eine außerordentliche Kündigung der Bank nach Nr. 19 Abs. 3 AGB (Banken) ist kongruent (vgl. dazu MüKo-Freudenberg, 2025b, § 131 Rn. 57).

Problematisch ist es für Banken, wenn der nicht ausgenutzte Teil einer Kreditlinie gekündigt werden soll (Teilkündigung). Aus Risikosicht kann dieses verlockend sein, da eventuell die Verminderung der etwa gebildeten Einzelwertberichtigung oder die Vermeidung der Erhöhung der Wertberichtigung erreicht werden kann. Vorteilhaft kann es in diesem Fall sein, eine Vereinbarung mit dem Schuldner über eine freiwillige Reduzierung der Linie zu treffen. Im Zweifel führt die Verkürzung gleichzeitig zur Insolvenz des Schuldnerunternehmens, wenn keine weiteren freien Kontokorrentlinien bei anderen Instituten bestehen, jedenfalls zur Anfechtbarkeit, wenn Insolvenzantrag und Insolvenzeröffnung folgen. Somit kommt es im Allgemeinen auf die Kenntnis der Zahlungsunfähigkeit oder dem Insolvenzantrag beziehungsweise der Benachteiligung anderer Insolvenzgläubiger an.

Eine Kündigung kann daher anfechtbar sein, erst recht Vereinbarungen mit dem Kreditnehmer in diesem vorinsolvenzlichem Stadium. Im Fall einer nur teilweise ausgereichten Linie kann ein **Einfrieren der Kreditlinie** zur Verhinderung weiterer Valutierung allerdings sachgerecht sein (analog §§ 273 beziehungsweise 321 BGB, Zurückbehaltungsrecht beziehungsweise „Unsicherheitseinrede“).

Dies gilt insbesondere wenn die Voraussetzungen der außerordentlichen Kündigung vorliegen und die Bank stattdessen eine mildere Maßnahme umsetzen will. Die Linie kann dann innerhalb des reduzierten Betrages weiter in Anspruch genommen werden. Das Einfrieren ist dadurch gerechtfertigt, dass man dem Kreditgeber nicht zumuten kann, sein Risiko zu vergrößern, wenn ein Kündigungsgrund gemäß § 490 Abs. 1 BGB vorliegt. Hat das Kreditinstitut im maßgeblichen Zeitpunkt die Kenntnis von diesen zur Anfechtbarkeit führenden Umständen, so ist die Aufrechnung oder Verrechnung von Zahlungseingängen wie dargestellt in der Regel anfechtbar. Aus der Sachlage können sich umfangreiche Risiken für Kreditinstitute ergeben. Die möglichen Gefährdungen sind zu antizipieren und im Vorfeld möglichst zu vermeiden. Das folgende Beispiel verdeutlicht den Fall einer inkongruenten Deckung mit einem offensichtlich erhöhten Anfechtungsrisiko für die involvierten Kreditinstitute. Dieses trifft dann zu, wenn eine nicht ausgenutzte Kreditlinie besteht.

---

i **Beispiel:** Die Ausstiegsbank AG hat der Druck GmbH eine Kreditlinie auf dem Kontokorrentkonto in Höhe von 500 TEuro eingeräumt. Am 10. Januar weist das Konto den Sollsaldo von 500 TEuro auf. Am 15. Januar erfolgt die Einzahlung eines Kunden in Höhe von 50 TEuro, die im Kontokorrent (§ 355 HGB) sofort verrechnet wird, sodass ein Sollsaldo von 450 TEuro entsteht. Am 1. März stellt die Druck GmbH Insolvenzantrag. Hier liegt ein Fall der inkongruenten Deckung vor, da die Ausstiegsbank AG keinen Anspruch auf die Minderung des Saldos hatte. Der Insolvenzverwalter kann diese Einzahlung wirksam anfechten. Um dieses zu verhindern hätte die Ausstiegsbank AG mit der Druck GmbH rechtzeitig eine schriftliche Vereinbarung zur Rücknahme der Kontokorrentlinie auf 450 TEuro treffen müssen und der Anfechtungszeitraum von drei Monaten hätte nach der Vereinbarung und vor dem Insolvenzantrag abgelaufen sein müssen.

Besicherungen kurz vor dem Insolvenzantrag sind regelmäßig inkongruent und unterliegen einer Insolvenzanfechtung. Eine nicht zu beanspruchende inkongruente Sicherheit liegt vor, wenn dieser Insolvenzgläubiger kein hinreichend konkretisierbares Anrecht auf diese Besicherung hatte (vgl. MüKo-Freudenberg, 2025b, § 131 Rn. 21 ff.). Dabei sind Drittsicherheiten in der Insolvenz des Schuldners ebenso wie Bargeschäfte generell nicht anfechtbar, da es an einer Gläubigerbenachteiligung fehlt. Der Anfechtung unterliegt die Hereinnahme von Kreditsicherheiten nur aus dem Vermögen eines insolventen Kreditnehmers (vgl. Dauernheim, 2018, S. 679), aber auch eines insolventen Drittsicherungsgebers. Dieser nicht schon anfänglich aus dem Kredit verpflichtete Drittsicherungsgeber generiert für diesen Sicherungsnehmer ein besonders unangenehmes Problem, da die von ihm bestellte Sicherheit unentgeltlich gemäß § 134 Abs. 1 InsO sein kann, wie oben dargelegt. Sie ist dann in der Insolvenz des Drittsicherungsgebers anfechtbar mit einem Anfechtungszeitraum von vier Jahren.

Bereits die Erweiterung eines Sicherungszwecks auf andere Kreditforderungen kann, wie ebenfalls bereits ausgeführt, anfechtbar sein. Wenn gleichzeitig mit dem Neukredit ein bereits ausgezahlter Kredit besichert werden soll, ist die Vereinbarung eines festen Rangverhältnisses in der Sicherungszweckvereinbarung zwingend, wonach zunächst der Neukredit aus dem Sicherheitenerlös zurückzuführen ist.

Für diese **neue Forderung** handelt es sich dann um ein der Anfechtung entzogenes Bargeschäft, während die Besicherung der Altkredite unter Umständen anfechtbar ist. Auf die besondere Relevanz dieser Thematik beim Bankenpool ist oben ebenfalls bereits hingewiesen worden.

Damit Abgrenzungsschwierigkeiten von Vornherein vermieden werden, kann zur Besicherung der Altkredite gegebenenfalls auch der Anspruch auf Rückgewähr dieser betreffenden Absicherung verwendet werden. Von Bedeutung sind zudem die Fristen bei der Vereinbarung der Kreditbesicherung, wie das nachfolgende Beispiel zeigt. Dabei sind insbesondere die Zeiträume bis zu drei Monaten vor dem Insolvenzantrag für Anfechtungen im Hinblick auf die §§ 130, 131 InsO kritisch zu betrachten.

Beispiel: Die Ausstiegsbank AG droht der Druck GmbH mit der Kündigung der Kontokorrentlinie, da die wirtschaftlichen Verhältnisse sich verschlechtert haben. Die Bank fordert am 20. Februar eine Sicherheitenverstärkung für die Kontokorrentlinie in Form der Abtretung einer Einzelforderung über 100 TEuro aus einer Warenlieferung. Diese Zahlung geht am 25. Februar auf dem Konto der Ausstiegsbank AG ein. Bereits am 1. März des Jahres stellt die Druck GmbH aufgrund einer Zahlungsunfähigkeit Insolvenzantrag. Die Besicherung ist als inkongruente Deckung anfechtbar, da der Insolvenzantrag innerhalb der Einmonatsfrist nach der Abtretung der bereits bestehenden Forderung gestellt wurde. Mit einer erfolgreichen Anfechtung durch den Insolvenzverwalter wird die Forderungszession anfechtungsrechtlich angreifbar und der Betrag muss zurückgezahlt werden. Wäre die (Sicherungs-)Abtretung selbst nicht anfechtbar gewesen, wäre mit der Zahlung des Drittschuldners zwar die zedierte Forderung erloschen (§ 362 BGB), aber an deren Stelle ist das AGB-Pfandrecht dieser Bank getreten (anfechtungsrechtlich folgenloser Sicherheitentausch), Nr. 14 AGB-Banken (Nr. 21 AGB-Sparkassen), wenn entsprechende AGB zwischen Aufstiegsbank und Druck GmbH schriftlich vereinbart waren.

Es ist auch bei der Bestellung neuer Sicherheiten auf die **Einmonatsfrist** beziehungsweise auf die **Dreimonatsfrist** zu achten. Des Weiteren sind die formalen und materiellen Anforderungen für mögliche Anfechtungen bei Sanierungsengagements bereits im Vorfeld genau zu prüfen und gegebenenfalls mit der hausinternen Rechtsabteilung abzusprechen, damit sich dann im Fall eines Insolvenzantrags keine negativen Überraschungen mit einer Herausgabe von Zahlungseingängen oder Kreditsicherheiten ergeben, die das Risiko der Bank weiter erhöhen.

Werden in der Krise des Schuldnerunternehmens geduldete Überziehungen fortwährend in Anspruch genommen oder werden wegen Zeitablaufs ausgelaufene Finanzierungslinien einschließlich Avallinien ohne ausdrückliche Prolongation weiter genutzt, ohne dass die Bank dieses beanstandet, kann dadurch ein nur aus wichtigem Grund (beispielsweise weitere deutliche Verschlechterung der wirtschaftlichen Lage des Kreditschuldners) kündbarer Sanierungskredit entstehen, dessen Nachbesicherung dann dennoch inkongruent wäre.

Der Zeitraum bis zu einer Wandlung in eine Sanierungsfinanzierung ist allerdings immer einzelfallabhängig zu betrachten und kann daher nicht schematisch klar mit einem bestimmten und festen Zeitraum angegeben werden.

Des Weiteren können auch aktive Verteidigungsstrategien gegen Anfechtungen eingeleitet werden. Nicht jeder vom Insolvenzverwalter gestellter Anfechtungsanspruch wird auch anerkannt werden. Vielmehr empfiehlt sich die genaue Überprüfung aus Sicht der betroffenen Banken. Insgesamt sollte kein Anfechtungsschreiben ungeprüft akzeptiert werden, vielmehr sind hier folgende Prüfungsaspekte in Betracht zu ziehen (vgl. Henning, 2016, S. 560 ff.):

- Interne Erhebung eines Sachverhalts bei Mitarbeitern, insbesondere aber aus Berichten in den Kreditakten und Protokollen
- Nutzung aller Informationsrechte als Gläubiger, offene, bekannte Informationen aus dem Gläubigerausschuss oder Erkenntnisse aus Gläubigerversammlungen
- Verjährungseinrede von drei Jahren bei Anfechtungen nach Verfahrenseröffnung, §§ 146 Abs. 1, 195 BGB (Eröffnung 01.09.2025, Verjährung: 31.12.2028)
- Detaillierte Prüfung sämtlicher Anfechtungsvoraussetzungen, gegebenenfalls mit Sachverständigengutachten

Ist das **Insolvenzverfahren beendet**, scheidet eine Anfechtung aus (Ausnahme: Fortsetzung eines bereits laufenden Anfechtungsprozesses, wenn im Insolvenzplan vorgesehen, § 259 InsO). Entscheidend ist aber zunächst, dass der Insolvenzverwalter den geltend gemachten Anfechtungsanspruch der Bank gegenüber sorgfältig begründen muss. Dazu gehört die Darstellung eines Sachverhaltes, der Grund der Anfechtbarkeit sein soll, die Angabe des Anfechtungstatbestandes und die Subsumtion des Sachverhalts darunter sowie die begehrte Rechtsfolge im Einzelnen. Der Subsumtionsvorgang erfordert regelmäßig auch die Angaben zur höchstrichterlichen Rechtsprechung. Das Anfechtungsschreiben gegenüber der Bank erfordert im Grundsatz dieselbe Sorgfalt, die bei einer Klageschrift in einem einmal gedachten Prozess gegen die Bank aufzuwenden ist, soll diese Klage erfolgreich sein.

Mit einem Minus des **Anfechtungsschreibens** darf sich die Bank nicht begnügen und auf der Basis nicht ohne Weiteres einen Vergleich schließen. Vielmehr muss sie nach Eingang der sachgerecht begründeten Anfechtung intern den vom Verwalter vorgetragenen Sachverhalt prüfen und bei dem von ihr festgestellten Sachverhalt überprüfen, ob ein Anfechtungsproblem besteht. Dann erst mag eine Basis für Verhandlungen im Einzelfall eröffnet sein.

Haftungsrisiken der Kreditinstitute

Mit einer Verschlechterung der wirtschaftlichen Lage eines Krisenunternehmens sowie dem Zuspitzen der Gefährdungslage in Richtung eines Insolvenzantrags wird ein Kreditinstitut versuchen, das Ausfallrisiko bei dem gefährdeten Kunden zu senken. Denkbar sind die oben erwähnte Hereinnahme neuer Sicherheiten, die Reduzierung von Kreditlinien sowie die Forcierung zur Erwirkung von Zahlungseingängen auf das bankeigene Konto, mit all den damit verbundenen potenziellen und zu berücksichtigenden Anfechtungsrisiken und möglicherweise eintretenden **Haftungsrisiken**.

Dieses Vorgehen wird von einem Kreditinstitut nach MaRisk BTO 1.2.1 verlangt und ergibt sich im Falle der Nachbesicherung beispielsweise aus den Bedingungen im Kreditvertrag oder aus AGB (vgl. Rechtmann, 2012, S. 373 ff.). Derartige Handlungsweisen können jedoch auch über die Anfechtung hinausgehende **Haftungsrisiken** nach sich ziehen (vgl. Ahlers, 2016, S. 297 ff.):

- **Strafbarkeit:** Bei einer Verletzung der Grenzen der Kreditvergabe und der Nachbesicherung können sich die handelnden Bankmitarbeiter strafbar machen, unter anderem aus Untreue zu Lasten der Bank (BGH, 27.01.2021, 3 StR 628/19 und BGH, 15.11.2001, 1 StR 185/01), Beihilfe zu Insolvenzstraftatbeständen, vorsätzliche Insolvenzverschleppung gemäß § 15a Abs. 4 InsO (vgl. BGH, 21.03.2018, 1 StR 423/17).
- **Schadensersatzpflicht:** Die Bank kann sich dem Kreditnehmer oder dem Dritten gegenüber schadensersatzpflichtig machen (mit einer Anspruchsgrundlage unter Umständen aus § 826 BGB, vorsätzliche, sittenwidrige Schädigung).
- **Mittelbare Gesellschafterstellung:** Kreditinstitute können in eine Position geraten, dass ihre Forderungen wie Gesellschafterdarlehen behandelt werden (siehe § 39 Abs. 1 Nr. 5, 4, 5 InsO). Sicherungsverträge mit zahlreichen Covenants sind im Allgemeinen unschädlich, sofern die Bank nicht unternehmerischen Einfluss hat, der dem eines Gesellschafters (Kommanditisten) entspricht, dazu gehören Stimmrechte und Gewinnbeteiligung (siehe BGH, 25.06.2020, IX ZR 243/18, MüKo-Behme, 2025a, § 39 Rn. 81). Gefährlicher ist eine andere Situation bei Bankkonzernen.

---

i

Beispiel: Bank B. gewährt der E. GmbH ein Darlehen. Alleingesellschafter der E. ist eine D. GmbH. An dieser ist eine C. GmbH mit 51,0 % der Kapitalanteile beteiligt, an dieser wiederum eine B. GmbH mit 51,0 % und an dieser eine A. GmbH, ebenfalls mit 51,0 %, die Anteile der A. hält die Bank B. In der Insolvenz der E. ist das Darlehen der Bank nachrangig im Sinne des § 39 Abs. 1 Nr. 5 InsO, weil B. über ihre Mehrheitsbeteiligungen unmittelbar auf alle Entscheidungen der E. maßgeblich Einfluss nehmen kann. Nach der Rechtsprechung ist B. mittelbarer Gesellschafter der E., auf den die Vorschriften über das Gesellschafterdarlehen beziehungsweise dem wirtschaftlich gleichstehende Finanzierungshilfen anzuwenden sind.

Im Folgenden werden ausgewählte **Haftungsrisiken** der Kreditinstitute und der Mitarbeiter aus der Begleitung eines Krisenunternehmens betrachtet. Diese entstehen oft aus Handlungen der Banken in der außergerichtlichen Sanierungsphase, können aber auch in die Insolvenz hineinreichen. Haftungstatbestände treten ein, wenn sich Kreditinstitute im Rahmen einer Sanierung an Unternehmen beteiligen, wenn sie Beihilfe zur Insolvenzverschleppung leisten oder aus eigennützigen Gründen einen sittenwidrigen Sanierungskredit vergeben. Auch Bankmitarbeiter können gegebenenfalls dem Vorwurf einer leichtfertigen Kreditvergabe ausgesetzt sein, wenn die Sanierungsfähigkeit des Krisenunternehmens von diesen nur unzureichend geprüft wurde. Von Relevanz sind diese Sachverhalte insoweit, da die potenziellen Schadensersatzansprüche anderer Gläubiger aus § 826 BGB, mit einer vorsätzlich sittenwidrigen Schädigung, die eigentlichen ursprünglichen Kreditausfallrisiken deutlich übersteigen können.

Behauptung der Schuldnerknebelung und der faktischen Geschäftsführung

In einer verschlechterten wirtschaftlichen Lage mit erhöhter Insolvenzgefahr wird ein Kreditinstitut regelmäßig die Verstärkung ihrer Sicherheitenbasis fordern, meist aufgrund der Nachsicherungsklausel in den AGB (zum Beispiel Nr. 13 Abs. 2 AGB-Banken, „Veränderungen des Risikos"). Dies ist auch nachvollziehbar, um das Blankorisiko zu senken. Jedoch sind dabei gewisse Grenzen zu beachten.

Bei einer Verletzung dieses Handlungsrahmens können sich die handelnden Personen in Extremfällen sogar strafbar machen. In Insolvenznähe sind insbesondere die Insolvenzstraftaten der §§ 283–283c StGB relevant (wie Bankrott, Gläubigerbegünstigung, Schuldnerbegünstigung). Das Kreditinstitut kann sich gegenüber einem Kreditnehmer oder einem Dritter zudem schadensersatzpflichtig machen. Es ist daher zu vermeiden, dass ein Kreditinstitut sich infolge überzogener Besicherungsvereinbarungen einem entsprechenden Vorwurf aussetzt (vgl. Rechtmann, 2012, S. 374 ff.). Nicht selten wird behauptet, die betroffene Bank sei faktischer Geschäftsführer des betroffenen Krisenunternehmens geworden und habe dessen Geschäfte gesteuert.

Allerdings kann eine Bank selbst niemals faktischer Geschäftsführer sein, da nur eine natürliche Person eine derartige Funktion innehaben und ein entsprechendes Risiko haben kann (natürliche Personen können keine Bank betreiben, § 2b KWG). Betroffen können daher nur Mitarbeiter oder Organmitglieder von Instituten sein, wenn diese einem Geschäftsführer gleich das Schicksal der Krisengesellschaft steuern. Dies ist jedoch faktisch keine praxisrelevante Konstellation.

Dazu gehören eine Gesamtbetrachtung des Handelns des Betreffenden sowie der Außenauftritt gegenüber Dritten. Dieses wäre etwa der Fall, wenn ein Organmitglied der finanzierenden Bank oder ein Mitarbeiter in entsprechender Position ohne oder auch zusammen mit dem satzungsmäßigen Geschäftsführer der Krisengesellschaft bei wesentlichen Verhandlungen mit Dritten stets auftritt und die Verhandlungen dominiert, wobei im Innenverhältnis der Gesellschaft nichts geschieht, was nicht vorher von dem betroffenen Mitarbeiter oder Organmitglied einer Bank abgesegnet worden ist. Einzelheiten dieses Instruments der richterlichen Rechtsfortbildung sind umstritten.

Der faktische Geschäftsführer ist dann sogar selbst zum Insolvenzantrag verpflichtet und trägt sämtliche Risiken aus einem möglicherweise verspäteten Antrag einschließlich der Haftungsrisiken gemäß dem rechtsformneutralen § 15b InsO (für die GmbH ehemals der § 64 GmbHG a.F., BGH, 11.07.2005, II ZR 235/03, Haftung des faktischen Geschäftsführers, zu § 15b InsO siehe BGH, 03.03.2022, IX ZR 78/20).

Eine derartige Vorgehensweise stellt aber zugleich eine wirtschaftliche Knebelung des Vertragspartners, hier des Kreditkunden, dar und ist von dem berechtigten Verlangen nach Sicherheiten, Informationen über die wirtschaftliche Lage des Kreditnehmers, Auszahlungskontrollen und ähnlichen Maßnahmen zu der aufsichtsrechtlich vorgegebenen Prüfung der wirtschaftlichen Verhältnisse des Kunden und zur ordnungsgemäßen Administrierung des Kredits strikt zu unterscheiden.

Eine solche **sittenwidrige Knebelung** eines Kreditnehmers mit der Folge der Nichtigkeit der betroffenen Rechtsgeschäfte liegt vor, wenn die mit einem Kreditinstitut getroffenen Vereinbarungen seine wirtschaftliche Bewegungsfreiheit komplett oder zu wesentlichen Teilen lähmen (siehe Grüneberg-Ellenberger, 2025, § 138 Rn. 39). Dieses kann unter anderem dadurch verursacht werden, dass sich ein Kreditinstitut bewusst die letzten freien Vermögensteile eines Kreditnehmers übertragen lässt, obwohl mit einem baldigen Eintritt der Insolvenz zu rechnen ist. Allerdings können Sicherheitenwerte auch unverzüglich wieder freigegeben werden.

Ein weiterer typischer Fall wäre die Steuerung des Zahlungsverkehrs, indem das Kreditinstitut entscheidet, welche Zahlungen es vom Zahlungskonto eines Unternehmens an welchen Gläubiger noch zulässt, um einen offensichtlich unvermeidbaren Zusammenbruch noch hinauszuzögern mit dem Zweck die eigene **Sicherheitenposition** zu verstärken, eigene Kreditreduzierungen zu ermöglichen und dies bewusst zu Lasten anderer Gläubiger, die noch Leistungen an den Schuldner erbringen.

Eine sittenwidrige Knebelung liegt dann vor, wenn dem Sicherungsgeber infolge der Sicherheitenbestellung praktisch keine freien Mittel zur eigenen Verfügung verbleiben. Des Weiteren besteht die Gefahr der Knebelung, wenn die weitgehende Absicherung mit intensiven Kontroll- und Weisungsrechten einhergeht. Dies ist zu vermuten, wenn besondere Abmachungen es einer Bank ermöglichen, Einfluss auf das operative Geschäft zu nehmen sowie die Geschäftsführung eines Krisenunternehmens zu einem bloßen Verwalter des Kreditinstituts degradiert wird. Selbst die Vereinbarung einer Vielzahl von Hard und Soft Covenants im Kreditvertrag kann ein Unternehmen in seinem Handlungsspielraum stark einschränken.

Die Grenze ist überschritten, wenn im Rahmen einer **Gesamtschau** der Kreditnehmer seine wirtschaftliche Selbstbestimmung und Handlungsfreiheit im Wesentlichen einbüßt (vgl. Grüneberg-Ellenberger, 2025, § 138 Rn. 39 und BGH, 07.01.1993, IX ZR 199/91, zur Notarhaftung weil dieser nicht auf die Sittenwidrigkeit einer Knebelungsklausel hingewiesen hatte). Im Allgemeinen sind die Financial Covenants unter dem Gesichtspunkt der Knebelung unbedenklich, wenn sie allein der Kontrolle und der Kreditsicherung dienen, nicht aber, wenn die bei einer Gesamtbetrachtung dem Kreditgeber maßgebliche Einflussrechte wie dem Gesellschafter geben (vgl. MüKo-Gehrlein, 2025b, § 135 Rn. 22). Es empfiehlt sich gegebenenfalls die Vereinbarung lediglich eines groben Gerüstes an Covenants im Rahmen der abgeschlossenen Kreditverträge.

Als Rechtsfolge bei Bejahen der **Knebelung** sind Sicherungsvereinbarungen aus § 138 Abs. 1 BGB nichtig. Der Kreditnehmer oder der Insolvenzverwalter hat dann einen Anspruch wegen ungerechtfertigter Bereicherung nach § 812 Abs. 1 Satz 1 Fall 1 BGB (sogenannte „Leistungskondiktion“) auf Herausgabe aller aus dieser Vereinbarung zugeflossenen Werte. Zu den Rechtsfolgen siehe im Einzelnen § 818 BGB). Der Insolvenzverwalter ist nicht einmal auf diese Anspruchsgrundlage beschränkt. Vielmehr wird der Insolvenzverwalter bei einer der vorstehenden Konstellationen nach § 133 InsO wegen vorsätzlicher Gläubigerbenachteiligung erfolgreich anfechten können.

Bei Covenants, durch die die Bank sich Einfluss und Durchsetzungsmacht wie ein Gesellschafter verschafft hat, kann er sogar nach § 135 InsO anfechten, da die Bank wie ein Gesellschafter behandelt würde sowie ihre Forderungen nachrangig würden und die Sicherheiten auch deshalb wertlos wären (§ 135 Abs. 1 Nr. 1 InsO, die Sicherheitenbestellungen können bis zehn Jahre vor dem Insolvenzantrag zurückreichen). Bisher waren Angriffe auf Sicherheitenbestellungen oder Kreditrückzahlungsansprüche unter dem Aspekt einer solchen Fallkonstellation wenig erfolgreich, Literatur und Judikatur haben aber die Grenzlinien aufgezeigt, die von den Banken im Rahmen ihrer Risikostrategie zu beachten sind.

Die **Sittenwidrigkeit** und die Nichtigkeit einer Kredit- oder Sicherheitenvereinbarung können auch wegen einer anfänglichen Übersicherung bestehen. Eine Übersicherung wird objektiv als gegeben angesehen, wenn bereits beim Vertragsabschluss ein auffälliges Missverhältnis zwischen der gesicherten Forderung sowie den Kreditsicherungswerten, auch vor dem Hintergrund eines Insolvenzereignisses, ermittelt werden kann (vgl. Ahlers, 2016, S. 302 ff.).

Eine anfängliche Übersicherung ist gemäß § 138 BGB sittenwidrig und nichtig mit der Folge, dass die Sicherungsvereinbarung nicht zustande gekommen ist. Dieses gilt auch bei der Einbringung von Kreditsicherheiten in einen Poolvertrag. Gleiche Fälle sind, wenn auch von den insolventen Kreditnehmern gelegentlich behauptet, außerordentlich selten, die Risiken daraus werden gerne überschätzt, aber sie dürfen nicht beiseite gewischt werden. Eine derartige anfängliche Übersicherung liegt vor, wenn die Deckungsgrenze dieser Besicherung in Höhe von 150,0 % des Nominalwertes der Gesamtheit der Sicherheiten anfänglich um mindestens 200,0 % überschritten wird (siehe dazu Grüneberg-Ellenberger, 2025, § 138 Rn. 97). Unter anderem verlangt das Verdikt der anfänglichen sittenwidrigen Übersicherung die verwerfliche Gesinnung des Vertragspartners, der diese Sicherung durchgesetzt hat, die der Gegner im Prozess nachzuweisen hat (BGH, 19.03.2010, V ZR 52/09, BGH, 12.03.1998, IX ZR 74/95).

Insolvenzverschleppungsrisiken

Eine Beihilfe oder Anstiftung zur strafrechtlich relevanten vorsätzlichen **Insolvenzverschleppung**, ein Sonderdelikt der Personen, die gemäß § 15a die Insolvenzantragspflicht der dort genannten Unternehmensträger trifft, kommt dann in Betracht, wenn der Kreditgeber die Insolvenz eines Unternehmens bewusst lediglich zeitlich hinausschiebt, um eigene Vorteile zu realisieren.

Diese Situation tritt ein, wenn bereits abzusehen ist, dass die schon bestehende Zahlungsunfähigkeit eines Kunden der § 15a InsO unterfällt beispielsweise durch die Nutzung von zeitlich mehreren revolvierenden sowie ansteigenden Überziehungen allenfalls verzögert, aber auf Dauer nicht verhindert werden kann (Huber, 2018, S. 1761 ff.). In dem Fall macht sich ein Kreditinstitut unter Umständen gegenüber anderen Gläubigern schadensersatzpflichtig (siehe dazu § 826 BGB, Sittenwidrige vorsätzliche Schädigung) mit möglichen Vermögensrisiken für die Bank.

Dies unabhängig von dem **Schadensersatzanspruch** wegen Insolvenzverschleppung nach § 15a InsO i.V.m. § 823 Abs. 2 BGB. Täter des Delikts sind die Organmitglieder des insolventen Unternehmens, Bankmitarbeiter oder Vorstände könnten hierzu strafbare Beihilfe leisten oder gar dazu anstiften, wenn die Insolvenzverschleppung vorsätzlich erfolgte. Voraussetzung für die Haftung einer Bank aus diesem Grund ist erstens dass der Kreditnehmer materiell insolvenzreif ist, entweder eingetretene Zahlungsunfähigkeit oder Überschuldung vorliegt, zweitens der Bank diese Insolvenzreife bekannt ist oder sie sich der Erkenntnis zumindest leichtfertig verschließt, erst recht dann, wenn drittens eigensüchtiges Handeln der Bank zu bejahen ist (siehe dazu den Überblick bei MüKo-Klöhn, 2025a, § 15a Rn. 304 ff., Rn. 336 ff.).

Beispiel: Geschäftsführer G. der Y.-GmbH (in der Krise) wendet sich an die Bank und erklärt, er sei zahlungsunfähig, er bittet um Beratung, wie er sich denn verhalten solle, denn er sei wohl verpflichtet, Insolvenzantrag zu stellen. Der hochrangige Bankmitarbeiter V. erklärt ihm, würde er jetzt Insolvenzantrag stellen, geschehe das zum Schaden der Bank und zu seinem eigenen Risiko als Bürge. Er rät daher entschieden vom Insolvenzantrag ab und erklärt, die Y. bekomme Liquidität solange, bis die Sicherheiten der Bank unbedenklich wären und ihre Forderung aus Drittschuldnerzahlungen deutlich reduziert seien. In der Folge habe G. sämtliche Überweisungen der Bank unverzüglich vorzulegen, damit diese prüfen kann, welche Zahlungen man an wen noch leisten werde.

Daher ist auch die Abgrenzung zwischen einem zulässigen Sanierungskredit und einer sittenwidrigen Insolvenzverschleppung danach zu treffen, ob mit dem Kredit wirklich beabsichtigt wurde, das Schuldnerunternehmen (dessen Rechtsträger) durchgreifend und nachhaltig zu sanieren und die Maßnahmen aus der Betrachtung des Zeitpunkts ihrer Umsetzung (zum Beispiel Gewährung eines Überbrückungskredits) dazu geeignet waren. War die Kreditgewährung von Anfang an ungeeignet, das Unternehmen zu sanieren und diente sie nur dem Zweck, eigene Vorteile zu realisieren, so hat die Finanzierung die Insolvenzverschleppung gefördert (siehe Grüneberg-Sprau, 2025, § 826 Rn. 44, „Insolvenzverzögerung"). Der in diesem Kontext zustande gekommene Sicherungsvertrag ist sittenwidrig und nichtig (§ 138 BGB).

Zögert eine Bank den unabwendbaren Zusammenbruch also lediglich über einen längeren Zeitraum hinaus, indem sie zwar einen erhöhten Liquiditätsrahmen zur Verfügung stellt, der für eine Sanierung unzureichend ist und nutzt diese den Zeitraum für eine Sicherheitenverstärkung zu Lasten anderer Gläubiger aus, liegt unter Umständen eine Beihilfe zur (strafbaren) Insolvenzverschleppung vor (vgl. § 15a Abs. 4, 5 InsO). Entscheidend dafür ist, dass die eingeleiteten Sanierungsmaßnahmen von vornhinein nicht dazu geeignet waren, den Zusammenbruch der Krisenfirma zu vermeiden (siehe bereits Veith, 2012, S. 210 ff.). Misslingt dieser Sanierungsversuch dagegen, obwohl das Kreditinstitut einen echten Versuch zur Gesundung unternommen hat und unter anderem einen Prozess gemäß MaRisk BTO 1.2.5 mit der Einreichung eines BGH-konformen Sanierungskonzepts angestoßen hat, besteht kein Verstoß, auch wenn die Möglichkeit der Schädigung anderer Gläubiger existiert.

Ein eigensüchtiges und damit sittenwidriges Verhalten liegt immer dann vor, wenn ein Kreditinstitut wissentlich oder auch billigend in Kauf nimmt, dass andere Gläubiger wie beispielsweise Lieferanten durch die Kreditvergabeentscheidung zu einem Schaden kommen können. Verfolgt eine Bank durch die Kreditvergabe lediglich den Zweck, den Zusammenbruch eines Unternehmens zu verzögern, um sich weitere Sicherheiten übertragen zu lassen, so ist dieses Rechtsgeschäft sittenwidrig und nichtig.

Der Anspruch auf den Ersatz eines entstandenen Schadens kann von dem geschädigten Gläubiger geltend gemacht werden. Zu beachten ist, dass Haftungsrisiken und daraus entstehende Schadensersatzforderungen Dritter die Vorteile der Besicherung bei weitem übersteigen und das Ausfallrisiko deutlich erhöhen können. So sind Krisenfälle mit Insolvenznähe aus Bankensicht kritisch zu überprüfen. Es darf bei einer Kreditvergabe keine Insolvenzantragspflicht bestehen. Der Sanierungskredit ist erst auszureichen, wenn die Insolvenztatbestände nicht mehr erfüllt sind. Zudem ist ein schlüssiges Sanierungskonzept zur eindeutigen Feststellung der **Sanierungsfähigkeit** hereinzunehmen (ständige Rechtsprechung seit BGH, 04.12.1997, IX ZR 47/97).

Eigennütziger Sanierungskredit, Gläubigergefährdung

Der eigennützige Zweck (siehe zu der Thematik MüKo-Freudenberg, 2025b, Vor §§ 129-147 InsO Rn. 79, 80) kann unter anderem darin bestehen, dass bewusst Anfechtungsfristen überschritten, neue **Sicherheiten** für bereits bestehende Kredite bestellt oder **Zahlungseingänge** zeitnah vereinnahmt werden sollen, obwohl Zahlungsunfähigkeit eingetreten und der gebotene Insolvenzantrag nur hinausgezögert werden soll, um (anfechtungsfrei) die eigene Position zu verbessern, gegebenenfalls andere Gläubiger zur Kreditausweitung bewusst zu veranlassen wie zum Beispiel Lieferanten.

Wenn dem Bankinstitut noch Forderungen aus früheren Krediten zustehen, so ist ein Sanierungsversuch dann als eigennützig anzusehen, wenn das Institut in der Situation ohne Prüfung einen Kredit vergibt, nur um zum Beispiel eine verbesserte Sicherheitenstellung zu erreichen. Die Bank setzt sich dann dem Vorwurf der Beihilfe zur Insolvenzverschleppung beziehungsweise der bewussten Gläubigergefährdung und erheblichen Haftungsrisiken aus. Hier ist das Vorhandensein eines schlüssigen Sanierungskonzepts beispielsweise nach den Grundsätzen des IDW S 6 für eine Entlastung unbedingt notwendig. Das Sanierungskonzept muss von einem unabhängigen und fachkundigen Dritten erstellt worden sein und die Sanierungsfähigkeit auf Grundlage der intensiven Prüfung der Geschäftsaussichten eindeutig belegen. Das Kreditinstitut sollte nachweisen, dass die Option zur wirtschaftlichen Gesundung sorgfältig überprüft und der Kredit auf dieser Basis gewährt wurde.

Folglich kann eine **Neukreditvergabe** alternativ als objektiv sittenwidrig angesehen werden, wenn diese erkennbar nicht für die Umsetzung und die Sanierung ausreicht. Es wird lediglich der endgültige Zusammenbruch verzögert und das Kreditinstitut verwendet die Zeit zum Nachteil anderer Kreditgeber beziehungsweise Gläubiger, indem es eine angreifbare Verbesserung der Befriedigungsmöglichkeiten erreicht.

Diese Kreditgewährung begründet allerdings nur dann einen Schaden zum Nachteil Dritter, wenn diese durch das Verhalten der Bank einen klaren Schaden, beispielsweise durch diese Vergabe neuer Mittel erleiden. Eine Täuschung kann auch vorliegen, wenn die letzten publizitätslosen Mobiliarsicherheiten übertragen werden, gegen das Stehenlassen oder die Neuvergabe von Krediten. Jedoch ist das Stillhalten einer Bank mit einem Verzicht auf die Kündigung oder der Duldung einer Inanspruchnahme des Kreditrahmens im Allgemeinen unbedenklich und führt nicht zu einer Haftung gemäß § 826 BGB (vgl. Henning, 2016, S. 305). Hoch riskant im vorstehenden Sinne kann sogar sein, wenn im Rahmen der Öffentlichkeitsarbeit eines angeschlagenen Unternehmens ein Statement der Hausbank publiziert wird, wonach diese hinter dem Unternehmen stehe und die Sanierungsbemühungen unterstütze.

Nach geltender Rechtsprechung sind die von einem Kreditinstitut im Zusammenhang mit einer eigennützigen Verwendung abgeschlossenen Darlehensverträge gegebenenfalls sittenwidrig und nichtig. Dieses gilt parallel auch für die vereinbarten Sicherheitenverträge. Um die Risiken aus einer eigennützigen Kreditvergabe zu verringern, ist eine Sanierung generell durch intensive Prüfungshandlungen sowie Überwachungen von Seiten einer Bank zu begleiten, wie dies auch die MaRisk fordern.

Zu unterscheiden sind die Ansprüche der geschädigten Gläubiger gegen die betroffene Bank nach § 826 BGB und die Geltendmachung einer Nichtigkeit der entsprechenden Vereinbarungen durch den Insolvenzverwalter des in die Insolvenz geratenen Unternehmens. Dieser wird meist den Weg der Anfechtung nach § 133 InsO wählen, da die Insolvenzanfechtung der Durchsetzung der bereicherungsrechtlichen Ansprüche nach § 812 BGB, die eine Rechtsfolge der Nichtigkeit nach § 138 BGB sind, im Allgemeinen vorgeht, soweit nicht im konkreten Fall ein über den § 133 InsO hinausreichender spezifischer Sachverhalt zu bejahen ist, der diese Geltendmachung der Nichtigkeit gemäß § 138 BGB erforderlich macht.

Betroffen sind dann auch die involvierten Mitarbeiter. So ist durch die Bankmitarbeiter die Vergabe von Sanierungskrediten auf der Basis eines Sanierungskonzepts genau zu prüfen und die Votierung ausreichend zu begründen sowie auch schriftlich zu dokumentieren, um sich nicht zusätzlich persönlich dem Vorwurf der leichtfertigen Kreditvergabe auszusetzen, mit arbeitsrechtlichen, haftungsrechtlichen sowie gegebenenfalls strafrechtlichen Folgen für Bank oder Mitarbeiter.

Hauptzweck der **Dokumentation** bleibt jedoch die Darstellung der Abläufe, um das rechtmäßige Verhalten einer Bank im Streitfall darlegen zu können und die aufsichtsrechtlichen Anforderungen ordnungsmäßiger Geschäftsführung und Organisation der Bank zu belegen. Des Weiteren darf ein Bankmitarbeiter dem Unternehmer nicht bestimmte Handlungen anraten, um die Position des eigenen Instituts zu Lasten der anderen Gläubiger zu verbessern. Unter anderem darf ein Bankmitarbeiter nicht aktiv in die Kontodisposition eingreifen oder der Firmenleitung bestimmte Entscheidungen wie die Auswahl des Sanierungsberaters vorgeben. Ansonsten liegt gegebenenfalls ein Eingriff in die Geschäftsführung vor.

Bei einer Steuerung der Kontodisposition überschreitet das Institut die unbedenkliche Rolle als Zahlungsmittler und kann zusätzlich auf Rückgewähr der an dritte Gläubiger in der Krise über das Konto ausbezahlten Gelder vom Insolvenzverwalter des Unternehmens nach § 133 InsO in Anspruch genommen werden, ohne die Gewähr, dass der begünstigte Gläubiger den Betrag dem Institut wirklich erstatten muss (vgl. dazu BGH, 26.04.2012, IX ZR 74/11).

Risiken aus der Gesellschafterstellung einer Bank

Weitere Schwierigkeiten können entstehen, wenn Banken an einem Krisenunternehmen beteiligt sind, erst recht, wenn sich Banken erst im Rahmen von Sanierungen als **Gesellschafter** an einem Krisenunternehmen beteiligen. Es kann in Ausnahmefällen unter Umständen wirtschaftlich vorteilhaft sein, mit dem Tragen eines Sanierungsrisikos gleichzeitig an einer künftigen Werthaltigkeit der Anteile zu partizipieren.

Dieses kann im Rahmen eines Debt Equity Swaps etwa durch eine Abtretung von Geschäftsanteilen an einer GmbH erfolgen (§ 15 GmbHG) oder durch Übereignung von Aktien bei einer AG durch bisher Beteiligte, insbesondere aber durch Beteiligung an Kapitalerhöhungen. Der Erwerb einer Beteiligung an einer Personengesellschaft hingegen verbietet sich aufgrund der damit verbundenen unbeschränkten persönlichen Haftung (§ 128 HGB a.F., § 126 HGB n.F. ab 01.01.2024), soweit es sich nicht um eine Beteiligung als Kommanditist an der Kommanditgesellschaft handelt mit Haftung allein mit der Haftsumme (§ 171 HGB).

Der weitere Weg der Beteiligung neben der Umwandlung der bisherigen Kreditforderung in eine gesellschaftsrechtliche Beteiligung (Debt Equity Swap oder DES, ein Beispiel ist der DES im Rahmen eines Insolvenzplans, § 225a Abs. 2 InsO) ist die Teilnahme an einer Barkapitalerhöhung (vgl. zum Beispiel für die GmbH die §§ 55 ff. GmbHG, dort insbesondere den Kapitalschnitt nach § 58f GmbHG, der in Krisenfällen geeignete Weg der Restrukturierung des gezeichneten Kapitals).

Zu beachten ist für die Bank als bisherigem Fremdkapitalgeber als Risikofaktor zum einen das Anfechtungsrecht bei Gesellschafterdarlehen (siehe §§ 135, 143 Abs. 3 InsO). Die Einführung des Debt Equity Swaps gemäß § 225a InsO im Rahmen des ESUG hat bei Kreditinstituten kaum Resonanz erfahren.

Ein strategisches Interesse oder die bloße Erwartung der Partizipation an Wertsteigerungen sind nur selten gegeben. Im Allgemeinen scheidet der **Debt Equity Swap** (DES) als Sanierungsinstrument aus folgenden Gründen aus:

- Aufwand der Bewertung des Eigen- und Fremdkapitals
- Steuerkonsequenz bei Herabwertung
- Fehlende Vorteilhaftigkeit und Zusatzrisiken als Gesellschafter

Auch die **Differenzhaftung** (§ 9 GmbHG) ist beim DES in den Blick zu nehmen, denn die Kapitalerhöhung nach GmbHG (oder AktG) erfolgt hier als Sacheinlage.

Bei einer **Sacheinlage** muss deren Wert dem Nennbetrag des dafür übernommenen Geschäftsanteils (oder der gezeichneten Aktien) entsprechen, ansonsten haftet der Gesellschafter für die Differenz des Betrages.

Das ist die sogenannte **Differenzhaftung** aus § 9 GmbHG beziehungsweise im Aktienrecht aufgrund eines Verbots der Unterpariemission des § 9 AktG i.V.m. §§ 36a Abs. 2 Satz 3, 188 Abs. 2 Satz 1 AktG (LG Düsseldorf, 12.9.2017, 16 O 560/05). Beim DES im Insolvenzverfahren besteht diese Differenzhaftung als Folge des § 254 Abs. 4 InsO allerdings nicht (siehe Uhlenbruck-Streit, 2025, § 254 Rn. 33, 34 unter Hinweis auf Kritik).

Es wird angenommen, dass die Umwandlung in gezeichnetes Kapital wohl nur im Umfang des reduzierten Wertes der Kreditforderung im Insolvenzverfahren möglich ist. Dies bedeutet, dass die Umwandlung in Höhe der voraussichtlich gezahlten Insolvenzquote erfolgen würde, wenn es zu der Schlussverteilung käme. Die Frage des Einbringungswerts der Forderungen, zum Nominalbetrag oder zum „wahren" Wert, ist aber hoch umstritten (vgl. MüKo-Eidenmüller, 2020, § 225a Rn. 51–57). Die Beteiligten sollen gegen Bewertungsfehler durch die Kontrollmechanismen im Planverfahren geschützt werden (vgl. MüKo-Huber/Madaus, 2020, § 254 Rn. 41–43).

Aufgrund dieser Schwierigkeiten der Bewertung der Anteile bei einem DES, der möglichen Differenzhaftung und der potenziellen Stellung als Gesellschafter und gleichzeitig als Gläubiger aufgrund von weiteren noch bestehende Krediten an das Krisenunternehmen sollten Banken in der Praxis diese Alternative der Beteiligung an einem Unternehmen sehr kritisch prüfen und die Vor- und besonders die Nachteile sorgfältig abwägen. Zudem ist eine Beteiligung in einer Krisenlage eines Unternehmens immer dem Risiko des Totalverlustes ausgesetzt, aufgrund des Nachrangs vor sämtlichen anderen Forderungen. Der mögliche Mehrgewinn aus der Veräußerung der später werthaltigen Unternehmensbeteiligung, die auf einem zum Teil illiquiden Markt verkauft werden soll ist oftmals fraglich und nur theoretischer Natur. Dies zählt für eine typische Bank auch zu den unüblichen Geschäftsarten, die sich weit weg von der eigenen Stellung als Gläubiger bewegen. Es ist zudem das Spezialgeschäft von Investmentbanken, die dort unter Umständen eine höhere Expertise aufweisen.

Durch das MoMiG wurde das frühere Eigenkapitalersatzrecht (§§ 32a ff. GmbHG a.F.) aufgehoben und Regelungen zur Behandlung von Gesellschafterdarlehen einschließlich deren Rückführung und Besicherung ausschließlich in § 39 sowie § 135 InsO verortet, also allein insolvenzrechtlich und rechtsformübergreifend (vgl. § 39 Abs. 4 InsO). Demnach ist jedes Gesellschafterdarlehen oder eine dem Darlehen gleiche Forderung eines Gesellschafters der unter den § 39 Abs. 4 InsO fallenden Gesellschaften bei Eintritt ab Insolvenzeröffnung nachrangig. Das **Sanierungsprivileg** und auch das bestehende **Kleinbeteiligungsprivileg**, mit der Nichtanwendung der Regelungen aus §§ 39, 135 InsO bei einer Beteiligung von bis zu maximal 10,0 % und bei fehlender Geschäftsführungsfunktion wurden durch das erlassene Gesetz zur Modernisierung des GmbH-Rechts und zur Bekämpfung von Missbräuchen (MoMiG) hierbei nicht geändert (vgl. § 39 Abs. 4 InsO und § 135 Abs. 4 InsO).

Von den Regelungen werden Gesellschafter einer GmbH und AG erfasst, die mit mehr als 10,0 % am Haftkapital beteiligt sind, aber auch der Minderheitsgesellschafter mit einer Beteiligung von unter 10,0 % (§ 39 Abs. 5 InsO und § 135 Abs. 5 InsO), wenn er Geschäftsführungsfunktionen innehat. Dasselbe gilt für Gesellschafter von Personengesellschaften, an denen keine natürliche Person als unmittelbar oder mittelbar persönlich unbeschränkt haftender Gesellschafter beteiligt ist, § 39 Abs. 4 Satz 1 InsO umfasst daher beispielsweise die BGB-Außengesellschaft, deren alleinige Gesellschafter zwei GmbH's sind oder die GmbH & Co. KG und auch die OHG, deren Gesellschafter wiederum nur haftungsbeschränkte Gesellschaftsformen sind.

Problematisch ist, dass das Sanierungsprivileg des § 39 Abs. 4 Satz 2 InsO nur einmalig bis zu einer nachhaltigen Sanierung gilt. In einer erneut eintretenden Insolvenz greift diese Privilegierung nicht mehr und bestehende Darlehen und Sicherheiten fallen unter die Regeln des Nachrangs und der Insolvenzanfechtung gemäß § 135 InsO.

Eine bloße typische Verpfändung von Gesellschaftsanteilen zur Kreditbesicherung begründet dagegen noch keine faktische Gesellschafterstellung, Forderungen des Pfandgläubigers sind keine Gesellschafterforderungen im Sinne des § 39 Abs. 1 Nr. 5 InsO, da das Pfandrecht dem Gläubiger nur das Recht gibt, sich aus dem Anteil zu befriedigen. Die Verbindung eines Pfandrechts mit gegebenenfalls umfangreichen Kreditklauseln in Form eines Covenant-Katalogs ist aber möglichst zu vermeiden, da aus diesen Nebenabreden unter extremen Umständen ein möglicher Einfluss auf die Geschäftsführung abgeleitet werden kann, der auch dazu führen kann, dass eine Bank als gesellschafterähnlich anzusehen ist (vgl. Veith, 2012, S. 238 ff.).

Bei dem Pfandrecht sind gesellschafterähnliche Teilhaberechte unbedingt zu vermeiden, will man Risiken aus den §§ 39, 135 InsO ausschließen, ein sogenannte „atypisches Pfandrecht“ mit gesellschaftergleichen Rechten (wie Mitbestimmungsrechte in der Gesellschafterversammlung) ist schädlich im Sinne des § 39 Abs. 1 Nr. 5 InsO und muss klar ausgeschlossen werden.

Insgesamt sollten Kreditinstitute bei der Begleitung von Krisenunternehmen mögliche Haftungsrisiken bereits im Vorfeld kennen sowie ausschließen. Sorgfältig ist auf ihre Stellung als Gläubiger zu achten und Grenzüberschreitungen in Richtung einer möglichen faktischen Geschäftsführung oder einer Funktion als Gesellschafter sind zu vermeiden. Aus Bankensicht sollte man sich immer die Frage nach dem möglichen Mehrgewinn aus einer bestimmten Handlungsweise stellen und diesem mit einem daraus resultierenden Haftungsrisiko kritisch abwägen.

? **Checkliste und Analysen zu Finanzierungen in der Insolvenz:**

1. Wird der Verwalter an die Bank herantreten zur Finanzierung der Aufrechterhaltung des Betriebs?
2. Sind die Möglichkeiten der Finanzierung aus Bankensicht in einem Insolvenzverfahren bekannt?
3. Welche Alternativen bestehen für die Bank um eine risikoneutrale Finanzierung bereitzustellen?
4. Bestehen innerhalb der Bank bereits Erfahrungen mit der Vorfinanzierung des Insolvenzgeldes?
5. Existieren Erfahrungswerte bei der Bereitstellung eines echten oder unechten Massekredits?

5.5 Begleitung von Insolvenzplanverfahren

Das Insolvenzverfahren dient gemäß § 1 InsO dazu, die Gläubiger eines Schuldners gemeinschaftlich, strukturiert und bestmöglich zu befriedigen. Dies kann durch ein Regelinsolvenzverfahren mit Liquidation der Assets geschehen, auch auf dem Weg der übertragenden Sanierung, indem das Vermögen des betreffenden Schuldnerunternehmens verwertet wird und die Erlöse nach den gesetzlichen Vorschriften verteilt werden. Alternativ besteht auch die Möglichkeit, in einem Insolvenzplan gemäß §§ 217 ff. InsO eine von der gesetzlichen Verwertung sowie Erlösverteilung abweichende Gestaltung zu treffen. Ein **Insolvenzplan** soll die wirtschaftliche Situation der an einer Insolvenz beteiligten Akteure verbessern.

Insbesondere ist dort die Sanierung des betroffenen Unternehmens beziehungsweise Unternehmensträgers das Ziel (Sanierungsplan, Fortführungsplan). Der Plan ist ergebnisoffen. Dieser kann auf Liquidation (Liquidationsplan) gerichtet sein, auf die übertragende Sanierung (Übertragungsplan) oder sich auf Teilverfahrensschritte beziehen und die Verfahrensabwicklung fördern (verfahrensbegleitender Plan). Der Plan kann auch eine Mischung von Zielen umsetzen (siehe Uhlenbruck-Streit, 2025, § 217 Rn. 29). Auch im Insolvenzplanverfahren steht aber das Gläubigerinteresse im Vordergrund.

Die Insolvenzordnung hat seinerzeit mit der Einführung des Insolvenzplanverfahrens ein Instrumentarium geschaffen, das den Beteiligten auf Grundlage der Gläubigerautonomie eine flexible Gestaltung von Insolvenzen ermöglicht. In der Praxis sind meist Sanierungspläne anzutreffen. Das Unternehmen bleibt als Rechtsträger erhalten, wird bei wirtschaftlicher Betrachtung aber ähnlich wie bei einer außergerichtlichen Sanierung oder Restrukturierung mit dem Instrumentarium des StaRUG betriebswirtschaftlich und rechtlich umstrukturiert (vgl. Cranshaw et al., 2016b, § 217 InsO, Rn. 3 ff.).

Dabei ist eine Reorganisation einer Firma (als umgangssprachliches Synonym der Bezeichnung des rechtsfähigen Unternehmensträgers oder Rechtsträgers im Sinne des HGB und des Gesellschaftsrechts, ein weiteres Synonym ist der inhaltlich betriebswirtschaftliche Begriff des Unternehmens) über ein Insolvenzplanverfahren anzudenken, wenn der rechnerische Fortführungswert den Liquidationswert eines Unternehmens übertrifft und insgesamt eine bestmögliche Gläubigerbefriedigung aus Sicht der Mehrheit der Verfahrensbeteiligten (Insolvenzgläubiger, Absonderungsberechtigter, Unternehmenseigner, siehe §§ 222, 243, 244 InsO) gegeben ist.

Das Zielkriterium steht im Vordergrund des meist komplexen und Kosten generierenden Verfahrens. Der Fortführungsplan im Planverfahren liegt in der Regel im Interesse der Kreditinstitute als **Hauptgläubigergruppe**. Aufgrund der Komplexität des Verfahrensablaufes, des Blockadepotenzials einzelner Gläubiger und des möglichen Vetorechts bei der Gestaltung eines Insolvenzplans durch die Altgesellschafter wurden im Rahmen der Umsetzung des ESUG ebenfalls umfassende Reformen beim Insolvenzplanverfahren durchgeführt. Des Weiteren wurde die Berichtigung der Masseansprüche vor der Aufhebung eines Insolvenzplanverfahrens neu geregelt.

Der Insolvenzplan hat als Sanierungsinstrument in der Praxis eine gewisse Bedeutung nur bei größeren Insolvenzen (vgl. Paffenholz/Kranzusch, 2007, S. 1 ff.). Statistisch gesehen sind und waren diese Zahlen im Vergleich zur Gesamtzahl eröffneter Insolvenzverfahren gering. Die Insolvenzstatistik nach dem Insolvenzstatistikgesetz führt nicht zu auswertbaren Ergebnissen zur Frage der **Insolvenzplanzahlen**.

Konkurrierend zum Insolvenzplan als Sanierungsinstrument bei nur drohender Zahlungsunfähigkeit kann das Restrukturierungsverfahren gemäß dem StaRUG eingesetzt werden. Der Insolvenzplan wie auch die Restrukturierung nach dem StaRUG konkurrieren mit der außergerichtlichen Sanierung, die (möglichst) präferiert wird und eine konsensuale Lösung darstellt (siehe zur praktischen Bedeutung des Insolvenzplanverfahrens MüKo-Eidenmüller, 2020, Vor §§ 217–269 InsO Rn. 63 ff.). Das gesetzliche Angebot ist vorhanden, die Beteiligten nutzen es dieses nur verhalten, unter anderem aufgrund der hohen Komplexität und hoher Kosten.

Als wirtschaftlich planfähig erweisen sich oftmals große Unternehmen mit einem guten Namen, einem umfangreichen Kundenstamm und einer umfassenden Auftragslage, die in die existenzielle Krise geraten sind. Die Unternehmensgröße sorgt für einen hohen Bekanntheitsgrad und oft wertvolle Markenpotenziale. Dennoch ist die Größe einer Firma nicht immer allein entscheidend dafür, ob ein sanierendes Insolvenzplanverfahren im Ergebnis erfolgreich ist. Auch die bereits geleisteten Vorarbeiten im Rahmen der Sanierung sind von Bedeutung.

Dabei ist es hilfreich, wenn ein außergerichtliches Sanierungskonzept vorliegt, in dem die leistungswirtschaftliche Lage bereits eingehend untersucht sowie wichtige Sanierungsmaßnahmen vorgeschlagen werden. In diesem Fall kann der Insolvenzplan auf dem Sanierungskonzept aufsetzen und es wird wertvolle Zeit eingespart. Denn es zeigt sich häufig, dass bei einem zeitlichen Hinausziehen der Insolvenz die Reputation des Unternehmens bei Kunden und Lieferanten leidet.

Optimal ist es, wenn frühzeitig im außergerichtlichen Gutachten diese Alternative der Planinsolvenz ins Kalkül gezogen sowie in einem **Prepackaged Plan** vorbereitet wird. Generell kann es von Vorteil sein, die bereits mit dem Sanierungskonzept beauftragte Unternehmensberatung auch in die Erarbeitung eines Insolvenzplans mit einzubeziehen, um Einarbeitungszeit und Kosten zu reduzieren.

Das Insolvenzplanverfahren wird auch in mittelständischen Betrieben und bei Freiberuflern angewendet. Bei letzteren liegt ein wesentlicher Erfolgsfaktor in der Fortführung der Arbeitskraft des Freiberuflers. Dabei bietet die Eigenverwaltung in Verbindung mit einem sanierenden Plan für den Freiberufler die Möglichkeit das Schuldnerunternehmen eigenverantwortlich fortzuführen und eine Sanierung mit eigenen fachlichen Qualifikationen umzusetzen (vgl. Holtkötter, 2012, S. 175 ff.).

Der Insolvenzplan steht zwar in Konkurrenz zu der sogenannten Freigabe, der für die freiberufliche Praxis erforderlichen Vermögensgegenstände durch den Verwalter gemäß § 35 Abs. 2 InsO, hat aber Vorteile im Einzelfall für sich.

Bei **Freiberuflern** wie Ärzten in der Insolvenz ist zu berücksichtigen, dass ein Insolvenzverwalter die ärztliche Praxis nicht selbst hinsichtlich der medizinischen Tätigkeit führen kann, da er keine ärztliche Approbation hat und zudem auch nicht über die Zulassung zur vertragsärztlichen Versorgung durch die Gesetzliche Krankenversicherung disponieren kann. Es liegt also nahe, die Tätigkeit des selbständig tätigen Arztes nach § 35 Abs. 2 InsO aus der Masse freizugeben.

Die Erarbeitung von Muster-Insolvenzplänen bei kleinen sowie mittleren Verfahrensgrößen mit geringeren Personalressourcen ist meist auch durch kleine Insolvenzbüros effizient durchführbar. Alternativ können Einzelaufträge in diesem Kontext an externe Berater wie Wirtschaftsprüfer, Steuerberater, Anwaltskanzleien oder (branchenerfahrene) betriebswirtschaftliche Berater extern vergeben werden, wie bei der Erstellung des leistungswirtschaftlichen Sanierungskonzepts oder der integrierten Planung.

Die Gestaltung des Insolvenzplanverfahrens mit der Umsetzung eines Sanierungskonzepts ist oft hochkomplex und erfordert erhebliche Personalressourcen mit Expertise auf vielen Spezialgebieten, sodass die Anwendung in erster Linie, auch aufgrund der Transaktionskosten, bei mittleren und großen Firmenkunden erfolgt. Ein detaillierter **Musterinsolvenzplan** existiert für Unternehmensinsolvenzen nur eingeschränkt. Das Gesetz gibt allerdings eine Grobgliederung mit zugehörigen Anlagen und Unterlagen vor (vgl. §§ 219–230 InsO). Unverzichtbare Hauptgliederungspunkte sind **Darstellender Teil** und **Gestaltender Teil des Plans** (§§ 220, 221 InsO). Des Weiteren wurden in Praxis und Literatur Mustergliederungen für Insolvenzpläne wie der IDW S 2 entwickelt (vgl. IDW, 2024, S. 655 ff.).

Schematische Pläne sind einfacher verwendbar bei **Verbraucherinsolvenzen**. Der Insolvenzplan in Verbraucherinsolvenzfällen hat als wesentliches Ziel, die Restschuldbefreiung schneller zu erreichen als in drei Jahren nach dem gesonderten Restschuldbefreiungsverfahren (§§ 286–303a InsO). Nicht übersehen werden darf, dass das Verbraucherinsolvenzverfahren dem Selbständigen (oder Freiberufler) nach Aufgabe der Tätigkeit, mit erheblichen nachwirkenden Schulden mit der Folge seiner (drohenden) Zahlungsunfähigkeit offensteht (§ 304 Abs. 1 Satz 2, Abs. 2 InsO). Das Muster zeigt auch die grundsätzlichen Strukturen von Insolvenzplänen auf und kann auch als Grobgliederung jedenfalls in Unternehmensinsolvenzplänen kleiner Unternehmen dienen. Dabei ist unter einem **Insolvenzplan** folgendes zu verstehen.

Definition: Der **Insolvenzplan** hat die Aufgabe, eine Alternative zur Verwertung des insolventen Unternehmens im Regelinsolvenzverfahren aufzuzeigen. Inhalte des Plans sind der darstellende Teil, der gestaltende Teil und die Plananlagen. Gemäß § 217 ff. InsO wird durch den Insolvenzplan eine von den Vorschriften des Regelinsolvenzverfahrens abweichende Verfahrensweise zur Befriedigung der Gläubiger sowie zur Verwertung der Insolvenzmasse getroffen. Ziel ist es in der Praxis insbesondere, in einem Sanierungsplan die leistungswirtschaftliche und finanzielle Gesundung des insolventen Unternehmens. Aber auch alternative Vorgehensweisen wie der Unternehmensverkauf in einem Übertragungsplan oder eine Liquidation mit der Abwicklung des Schuldnerunternehmens und des Rechtsträgers sind denkbar.

Das **Insolvenzplanverfahren** nach §§ 217 ff. InsO kann helfen, das insolvente Unternehmen in den wesentlichen Zügen zu erhalten (Schmidt-Spliedt, 2023, § 217 Rn. 2 ff.). Im Optimalfall geht diese Alternative mit einer verbesserten Rückführung der Bankverbindlichkeiten gegenüber der Einzelliquidation der Vermögenswerte einher. Zur Vorbereitung eines Insolvenzplans ist unter anderem die Prüfung der Zuordnung beziehungsweise die Verfügbarkeit der für den Betrieb nötigen Assets notwendig, denn die Aussonderungsberechtigten (siehe § 47 InsO) beispielsweise sind an einem Insolvenzplanverfahren als solche nicht beteiligt, sie sind nur Insolvenzgläubiger (§ 38 InsO) im Hinblick auf ihre etwaigen nach Aussonderung verbliebenen Forderungen gegen den Insolvenzschuldner aus einem schuldrechtlichen Vertrag mit dem Insolvenzschuldner (zum Beispiel Miete, Pacht, Finanzierungsleasing).

Mit den **Aussonderungsberechtigten**, wie den Leasinggebern, sind zeitnah diese Verhandlungen aufzunehmen, damit keine betriebsnotwendigen Wirtschaftsgüter abgezogen werden. Im Eröffnungsverfahren können sie an der Herausgabe noch durch einen Beschluss des Insolvenzgerichts nach § 21 Abs. 2 Satz 1 Nr. 5 InsO gehindert werden, wobei die Masse die in dieser Norm umrissenen Gegenleistungen schuldet. Die **Absonderungsberechtigten** können sich aus den Absonderungsrechten befriedigen. Die **Grundpfandgläubiger** können beispielsweise das Betriebsgrundstück des Schuldnerunternehmens versteigern lassen (§ 49 InsO im Verfahren nach dem ZVG). Absonderungsrechte an variablen Gütern (wie Sicherungseigentum an Maschinen sowie Inventar, Sicherungszession gewerblicher Schutzrechte) müssen ebenfalls abgelöst werden. Daher sind auch diese Rechtsinhaber in die Planverhandlungen einzubeziehen, zumal sie mit den gesamten besicherten Forderungen Insolvenzgläubiger sind. Die betroffenen Banken sind meistens sowohl als Insolvenzgläubiger als auch als Absonderungsberechtigte verfahrensbeteiligt.

Der **Insolvenzplan** ermöglicht den Verfahrensbeteiligten, eine von dem gesetzlichen Grundkonzept abweichende Verfahrensweise (insbesondere) zum Erhalt des insolventen Unternehmens (§ 1 InsO). Die Gläubiger als Hauptbeteiligte des Insolvenzverfahrens sollen eine Entscheidung darüber treffen, auf welche Art und Weise eine bestmögliche Befriedigung ihrer offenen Forderungen erfolgen kann.

Die Umsetzung dieses Prinzips erfolgt durch Mehrheitsentscheid der Gläubiger. Anzustreben ist ein Interessenausgleich über den Insolvenzplan, damit sich möglichst alle Gläubiger mit der Zustimmung und Bereitschaft zu (den regelmäßig nötigen) Verzichten an einer Planlösung beteiligen. Ziele des Insolvenzplans liegen in der in der konkreten Situation optimalen Befriedigung aller Insolvenzgläubiger.

Durch die Fortführung der betrieblichen Tätigkeit des Schuldnerunternehmens erhalten die Gläubiger dann die Chance auf eine höhere Quote als bei einer Einzelverwertung zu Liquidationswerten. Die Befriedigung erfolgt dann in der Praxis überwiegend aus den laufenden Einnahmeüberschüssen aus dem Unternehmen und damit aus dem operativen Geschäftsbetrieb, so dass die Gläubiger gleichwohl am Fortführungsrisiko und am Geschäftserfolg teilnehmen.

Die Insolvenzordnung enthält aufgrund der Privatautonomie der Gläubiger nur grobe Vorgaben zur Gestaltung eines Insolvenzplans. Ein Typenzwang möglicher Gestaltungen existiert nicht, allerdings haben sich in der Praxis folgende **Grundformen** bei der Realisierung von Insolvenzplänen, wie bereits umrissen, herausgebildet:

- **Sanierungslösung:** Der Sanierungsplan stellt den typischen Fall eines Insolvenzplans dar. Dieser bezweckt die Fortführung eines schuldnerischen Unternehmens oder bestimmter Unternehmensteile, um die Gläubiger aus den laufenden Erlösen des operativen Geschäfts zu befriedigen.
- **Übertragungslösung:** Das Hauptmerkmal eines Übertragungsplans liegt auf dem Verkauf von Vermögensgegenständen an einen neuen Rechtsträger, in der Regel über eine Auffanggesellschaft, im Rahmen des Asset Deals. Der erzielte Gesamterlös wird gleichmäßig an die Gläubiger verteilt.
- **Liquidationslösung:** Der Gegenstand eines Liquidationsplans ist die planmäßige Verwertung von Vermögensgegenständen des Anlage- und Umlaufvermögens. Die Gläubigerbefriedigung erfolgt dann direkt aus den Verwertungserlösen der Veräußerung der einzelnen Assets.
- **Verfahrensbegleitender (verfahrensleitender) Insolvenzplan:** Das Verfahren kann in Teilplänen, abgesehen von nicht disponiblen Gesetzesvorschriften, gestaltet werden, wie die Fortführung eines Verfahrens nach Bestätigung des Teilplans oder die teilweise Lösung von den Vorschriften des Regelinsolvenzverfahrens.

Gerade die Reorganisationslösung im Rahmen eines **Sanierungsplans** ist für Gläubigerbanken interessant, wenn eine höhere Rückführungsquote bei ihren Forderungen gegenüber einer übertragenden Sanierung oder einer Einzelliquidation zu erwarten ist. Insolvenzrechtlich lässt sich unter der gerichtlichen Unternehmensreorganisation die Sanierung des notleidenden Rechtsträgers verstehen. Erforderlich sind dazu in der Regel leistungswirtschaftliche sowie finanzwirtschaftliche Maßnahmen, vergleichbar mit den außergerichtlich einzuleitenden Sanierungsschritten.

Der Insolvenzplan kann auf einem bestehenden **Sanierungsgutachten** aufsetzen. Zur Genehmigung eines Insolvenzplans ist die Zustimmung sämtlicher Gruppen der Beteiligten nach Köpfen und Forderungen (§§ 233, 244 InsO) einzuholen. Stimmt die Mehrheit der Gruppen zu, wird die Zustimmung überstimmter Gruppen fingiert, sofern der Plan zusammenfassend betrachtet die überstimmten Gruppen nicht schlechterstellt, als sie ohne Plan bei Abwicklung im Regelinsolvenzverfahren stünden (siehe insbesondere § 245 InsO, sogenanntes „Obstruktionsverbot").

Grundzüge des Insolvenzplanverfahrens

Gemäß § 217 InsO sind der Schuldner, die Insolvenzgläubiger, die nachrangigen Insolvenzgläubiger und die absonderungsberechtigten Gläubiger, die Insolvenzgläubiger mit sogenannte gruppeninternen Drittsicherheiten (§ 223a InsO) sowie die Gesellschafter beziehungsweise Unternehmenseigner am Insolvenzplanverfahren beteiligt.

Die **Absonderungsberechtigten** beziehungsweise die Gläubiger aus § 223a InsO sowie die Unternehmenseigner beziehungsweise Gesellschafter, soweit in ihre Rechte eingegriffen wird, §§ 223 Abs. 1, 225a Abs. 1 InsO. Der **Insolvenzschuldner** ist eine natürliche oder juristische Person beziehungsweise eine rechtsfähige Personengesellschaft, gegen die sich das Insolvenzverfahren richtet. Die Insolvenzschuldner sind zudem die weiteren insolvenzfähigen Organisationen und Vermögen von Personengemeinschaften, die hier nicht weiter behandelt werden (siehe zur Insolvenzfähigkeit §§ 11, Ausnahmen von § 12 Abs. 1 Nr. 2 letzter Halbsatz).

Der **Schuldner** muss dem ausgearbeiteten Insolvenzplan zustimmen, wenn er natürliche Person ist und das Unternehmen fortgeführt werden soll (§ 230 Abs. 1 Satz 1 InsO). Mit den maßgeblichen Gläubigern ist möglichst vor der Vorlage beim Gericht ihr Einverständnis wenigstens mit den wesentlichen Punkten des Insolvenzplanentwurfs abzustimmen, damit dieser umsetzbar ist.

Insolvenzgläubiger sind definitionsgemäß die persönlichen Gläubiger, die zu der Zeit der Eröffnung des Verfahrens einen Vermögensanspruch gegenüber dem Schuldnerunternehmen haben (§ 38 InsO). Die in das Verfahren einbezogenen Insolvenzgläubiger werden unterschieden in nicht nachrangige und nachrangige Insolvenzgläubiger.

Nicht nachrangige Insolvenzgläubiger sind diejenigen Gläubiger, die ihre Forderungen zur Insolvenztabelle anmelden und im Rahmen der späteren Verteilung der Insolvenzmasse anschließend quotal befriedigt werden (§ 38 InsO). Als nachrangige Insolvenzgläubiger gelten nach § 39 InsO diejenigen Gläubiger, die dann eine Ausschüttung erhalten, wenn sämtliche nicht nachrangigen Insolvenzgläubiger in den Rangklassen vollständig befriedigt wurden und darüber hinaus ein Überschuss verbleibt. Dies wird selten der Fall sein. Diese Norm definiert, welche Gläubiger nachrangig sind (vgl. § 39 Abs. 1 Satz 1 Nrn. 1–5, Abs. 2 InsO).

Die **Forderungen der nachrangigen Insolvenzgläubiger** gelten in einem Insolvenzplanverfahren nach § 225 Abs. 1 InsO jedoch als erlassen, wenn in dem Insolvenzplan nicht etwas anderes vorgesehen ist.

Die Rechte der absonderungsberechtigten Gläubiger sind in den §§ 49 ff. InsO geregelt. **Absonderungsberechtigte Gläubiger** haben ein Anrecht auf eine vorrangige (abgesonderte) Befriedigung aus Gegenständen und Rechten der Insolvenzmasse. Es bedeutet, dass die mit dem Absonderungsrecht belastete Position verwertet und der erzielte Erlös bis zur Höhe der gesicherten Forderung einschließlich Zinsen auszukehren ist. Bei der Verwertung von Mobilien sowie der Einziehung von Forderungen erfolgt eine Auszahlung an den berechtigten Gläubiger nach Abzug der in den Erlösen enthaltenen Umsatzsteuer und den Verwertungskosten und der Feststellungspauschale nach § 171 InsO. Absonderungsberechtigte Gläubiger sind Grundschuldgläubiger, Gläubiger, die sich gemäß § 50 InsO auf ein gesetzliches Pfandrecht berufen können oder jene, denen der Schuldner zur Sicherung eines Anspruchs eine bewegliche Sache übertragen oder Rechte abgetreten hat (§ 51 InsO). Dies werden im Wesentlichen Kreditinstitute sein.

Die **Massegläubiger** (§§ 53–55 InsO) sowie die aussonderungsberechtigten Gläubiger, wie Leasinggeber, sind dagegen als solche nicht am Insolvenzplanverfahren beteiligt. Massegläubiger sind insbesondere Gläubiger, deren Ansprüche erst nach Verfahrenseröffnung begründet oder durch das Verfahren selbst veranlasst worden sind. Diese werden aus der Insolvenzmasse vorweg, das heißt noch vor den Insolvenzgläubigern, befriedigt. Das Gesetz unterscheidet zwischen den Verfahrenskosten gemäß § 54 InsO und den (sonstigen) Masseverbindlichkeiten nach § 55 Abs. 1, 2, 4 InsO mit einer ganzen Reihe von Fallgruppen dieser Masseverbindlichkeiten, deren zugrunde liegenden Forderungen nach, teilweise aber auch vor der Eröffnung entstanden sind, aber erst im eröffneten Verfahren zu erfüllen sind (wie nach Insolvenzeröffnung zu erfüllende Mietzahlungspflichten des Schuldners der Anmietung von Immobilien, Arbeitsentgelte der Arbeitnehmer eines Schuldners nach Eröffnung, Masseverbindlichkeiten, die der vorläufige Insolvenzverwalter begründen durfte, § 55 Abs. 2 InsO, oder Steuerverbindlichkeiten aus dem Insolvenzeröffnungsverfahren, § 55 Abs. 4 InsO.

Zu den genannten **Verfahrenskosten** gehören die Gerichtskosten, die Vergütungsansprüche des Insolvenzverwalters, des vorläufigen Insolvenzverwalters, des (vorläufigen) Sachwalters der Eigenverwaltung sowie der Mitglieder des jeweiligen Gläubigerausschusses. Die Masseverbindlichkeiten werden insbesondere durch Handlungen des Insolvenzverwalters und des starken vorläufigen Insolvenzverwalters begründet oder entstehen aus gegenseitigen Verträgen, soweit deren Erfüllung vom (vorläufigen) Insolvenzverwalter zur Insolvenzmasse verlangt wird (§ 103 InsO) oder die im eröffneten Verfahren kraft Gesetzes fortgesetzt werden (siehe im Einzelnen §§ 108, 109 InsO) beziehungsweise aus ungerechtfertigter Bereicherung der Masse.

Gemäß § 47 InsO kann ein **Aussonderungsberechtigter** den ihm gehörenden Gegenstand aus der Insolvenzmasse herausverlangen. Ein Anspruch auf die Aussonderung eines Vermögensgegenstands bestimmt sich nach den Gesetzen außerhalb eines Insolvenzverfahrens. Aussonderungsberechtigte sind **keine Insolvenzgläubiger**, weil ihr Herausgabeanspruch keine Insolvenzforderung ist. Häufig haben sie jedoch aus dem zugrunde liegenden schuldrechtlichen Vertrag mit dem Schuldner doch Insolvenzforderungen und sind daher auch Insolvenzgläubiger wie beispielsweise bei offenen Leasingverbindlichkeiten. Sie können auch Massegläubiger sein, wenn etwa eine an den Schuldner vermietete Immobilie nach Eröffnung des Verfahrens weiter genutzt wird und Miete bezahlt werden muss (§§ 108, 109 InsO). Problematisch ist, wenn betriebsnotwendige Vermögensgegenstände abgezogen werden sollen. Dieses ist bei aussichtsreichen Sanierungen im Rahmen von Vereinbarungen sowie durch das Verhandlungsgeschick der Vertreter aus den Kreditinstituten zu verhindern. Im Eröffnungsverfahren hilft bei Mobilien die Anordnung nach § 21 Abs. 1 Satz 2 Nr. 5 InsO i.V.m. § 166 InsO gegen das Herausgabeverlangen wichtiger Gegenstände durch Aussonderungsberechtigte, kostenfrei ist diese Aussetzung der Aussonderung aber nicht, wie aus § 21 Abs. 2 Satz 1 Nr. 5 Satz 1 Halbsätze, 2, 3 InsO hervorgeht. In der Praxis sind solche Zahlungspflichten der Insolvenzmasse (als Masseverbindlichkeit) aber selten.

Bei Immobilien gelten diese Grundsätze im Versteigerungsverfahren des Grundpfandgläubigers gemäß dem ZVG, zum Beispiel in die Betriebsimmobilie, gleichermaßen. Insolvenzverwalter oder Schuldner (in der Eigenverwaltung) können gegebenenfalls erfolgreich die einstweilige Einstellung der Zwangsversteigerung beim Amtsgericht beziehungsweise beim Versteigerungsgericht erlangen (unter den Voraussetzungen des § 30d ZVG). Diese Einstellung ist aber wenig praxisnah und teuer, denn aus der Masse müssen dann aufgrund einer zwingenden Auflage des Versteigerungsgerichts auf die dingliche Forderung, aus der der Gläubiger vorgeht, laufend die Zinsen bezahlt werden (§ 30e ZVG). Nach Mehrheitsmeinung sind dies die im Grundbuch eingetragenen dinglichen Zinsen (siehe Depré-Popp, 2024, § 30e Rn. 6) etwa der Grundschuld (in der Praxis mindestens 15,0 % jährlich, deren Zahlung aber auf den schuldrechtlichen Darlehensanspruch zu verrechnen ist, der deutlich tiefer liegt).

Ablauf des Insolvenzplanverfahrens

Gemäß § 218 Abs. 1 InsO ist der Insolvenzplan dem Insolvenzgericht vorzulegen. Das Initiativrecht zur Vorlage eines Insolvenzplans haben der Insolvenzverwalter und der Schuldner. Die **Planvorlage** durch den Insolvenzschuldner kann bereits mit dem Antrag auf Eröffnung des Insolvenzverfahrens erfolgen (siehe dazu § 218 Abs. 1 Satz 2 InsO, auch Prepackaged Plan).

Der **Schuldner** hat somit die Möglichkeit, frühzeitig durch die Vorlage des Insolvenzplans gestaltend auf dieses Verfahren einzuwirken. Die Einreichung eines Insolvenzplans durch den Schuldner kann bei der Antragstellung ein Mittel sein, den beteiligten Gläubigern schon zu Beginn des Verfahrens mögliche alternative Lösungen zur Bewältigung der Unternehmenskrise anzubieten.

Handelt es sich bei dem schuldnerischen Unternehmen um eine Kapitalgesellschaft, wird der Insolvenzplan durch den Geschäftsführer beziehungsweise Vorstand vorgelegt. Bei Personengesellschaften sind vertretungsberechtigte Gesellschafter zur Einreichung des Insolvenzplans berechtigt. Bei der Kommanditgesellschaft übernimmt die Aufgabe der persönlich haftende Gesellschafter als gesetzlicher Vertreter dieser Personengesellschaft (§§ 161 Abs. 2, 170, 124 Abs. 1 HGB).

Die Gläubiger werden der Planvorlage durch den Schuldner eher mit Vorbehalten entgegen treten, da der Schuldner die Insolvenz verursacht hat und die Verantwortung für einen entstandenen Schaden der Gläubiger trägt, auch wenn die handelnden natürlichen Personen kein persönlicher haftungsrechtlich relevanter Vorwurf trifft. Daher ist die Planerarbeitung durch den Insolvenzverwalter der Regelfall. Dieser weist zudem oft Erfahrung in der Planerstellung auf. Ganz anders im Eigenverwaltungsverfahren, denn hier ist der Schuldner der Insolvenzplanvorleger, da er beabsichtigt das Unternehmen eigenständig weiterzuführen. Alternativ kann die Gläubigerversammlung dem Insolvenzverwalter, dem Eigenverwalter sowie dem Sachwalter die Vorlage des Plans aufgeben (§§ 157 Satz 2, 284 Abs. 1 InsO) und das Ziel vorgeben. Ein divergierender Schuldnerplan wird dann allerdings obsolet.

Während der vorläufige Gläubigerausschuss gemäß § 22a InsO zunächst mit der Aufgabe betraut ist, einen vorläufigen Insolvenzverwalter auszusuchen, kann er auch wie der Interimsgläubigerausschuss gemäß § 67 Abs. 1 InsO oder der endgültige Gläubigerausschuss gemäß § 68 InsO die Ausarbeitung eines Insolvenzplans anregen und die Erarbeitung überwachen.

Im **vorläufigen Eigenverwaltungsverfahren** insbesondere nach § 270b InsO hat der vorläufige Gläubigerausschuss sogar prägende Bedeutung, da dieser beantragen kann, das vorläufige Eigenverwaltungsverfahren (einschließlich eines Schutzschirms gemäß § 270d InsO) aufzuheben, wenn dieser die angestrebte Sanierung zum Beispiel für aussichtslos hält (§ 270e Abs. 1 Nr. 4 InsO i.V.m. § 270e Abs. 1 Nr. 3 InsO) beziehungsweise das **Insolvenzplankonzept** des Schuldners (endgültig) für untauglich, denn diese Entwicklung des Insolvenzplans ist ja Gegenstand eines Schutzschirmverfahrens (§ 270d i.V.m. § 270e Abs. 1 Nrn. 3, 4 InsO). Der Insolvenzverwalter kann von der Gläubigerversammlung dann im Berichtstermin beauftragt werden, den Insolvenzplan für das Unternehmen auszuarbeiten (§ 157 Satz 2 InsO).

Gemäß § 218 Abs. 1 InsO ergibt sich allerdings, dass der Verwalter durch die Zielvorgaben nicht gehindert ist, einen eigenen Insolvenzplan vorzulegen. Die Gläubigerversammlung kann dem Insolvenzverwalter auch keine direkten Vorgaben für die genauen Inhalte des zu erstellenden Insolvenzplans erteilen. Diese Meinung ist aber umstritten, müssen doch die Gläubiger den Plan eines Verwalters erst einmal annehmen (vgl. Schmidt-Spliedt, 2023, § 218 Rn. 10 ff). Jedoch kann die Gläubigerversammlung gemäß § 157 Satz 2 InsO jedenfalls das grobe Planziel in der Insolvenz vorgeben und damit die letztendliche Zielrichtung, etwa als Sanierungsplan, als Übertragungsplan oder als Liquidationsplan prägen (vgl. dazu Schmidt-Jungmann, 2023, § 157 Rn. 19. sowie MüKo-Janssen, 2025b, § 157 Rn. 18 ff.).

Des Weiteren wird der Verwalter inhaltlich umsetzbare **Anregungen** einzelner Gläubiger oder auch der Gläubigerversammlung vorab annehmen, wenn diese Vorgaben von der Gläubigermehrheit voraussichtlich mitgetragen werden. Auf diese Weise wird die Chance zur Annahme eines Insolvenzplans durch die Gläubigerversammlung erhöht. Dabei ist es von Vorteil, wenn alle Hauptgläubiger an der Sanierung über einen Insolvenzplan interessiert sind, da in der Regel für die Fortführung weitere Liquidität bereitgestellt werden muss.

Eine Planumsetzung gegen den Willen der Kreditinstitute wird in der Praxis kaum möglich sein. Diese müssen gegebenenfalls den weiteren Geschäftsbetrieb finanzieren Gemäß § 218 Abs. 2 InsO hat der Insolvenzverwalter den Planentwurf in einer angemessenen Frist dem Gericht vorzulegen, wenn die Gläubigerversammlung den Insolvenzverwalter mit der Erstellung eines Insolvenzplans beauftragt hat. Als angemessen wird eine Frist von maximal drei Monaten angesehen. Der Verwalter wird zur Vorbereitung des Berichtstermins die für die Erstellung des Insolvenzplans notwendigen Informationen ausgearbeitet haben, denn auch zu einem Insolvenzplan muss dieser sich äußern (§ 156 Abs. 1 Satz 2 InsO).

Dieses ist vor dem Hintergrund zu erwarten, dass der Insolvenzverwalter regelmäßig bereits als vorläufiger Insolvenzverwalter eingesetzt war und sich in dieser Funktion im Rahmen der Prüfung der Fortführungsaussichten mit der Erstellung eines Insolvenzplans befasst hat. Das Insolvenzgericht nimmt gemäß § 231 InsO eine (rechtliche) Vorprüfung des Plans vor, nicht jedoch eine wirtschaftliche. Erfüllt der Plan die Voraussetzungen nicht, wird dieser gemäß § 231 Abs. 1 InsO von Amts wegen zurückgewiesen. Damit sollen offenkundig rechtlich aussichtslose oder unseriöse Pläne von der Beschlussfassung ausgeschieden werden.

So etwa ist ein Schuldnerplan an einem Insolvenzgericht gescheitert, der nach einigen vergeblichen Anläufen vorsah, dass ein Grundpfandgläubiger auf seine mindestens teilweise werthaltige Forderung in Höhe von rund 1,3 Mio. Euro nur eine Zahlung von 587,99 Euro erhalten sollte, wobei er bis zu weitere 400.000 Euro bekommen sollte, wenn er nachweisen konnte, dass beziehungsweise in welchem Umfang er durch den Insolvenzplan benachteiligt würde (§ 251 InsO). Sein Grundpfandrecht sollte er aufgeben gegen Bürgschaft einer mit der Schuldnerin offenbar verbundenen Gesellschaft und gegen ein Grundpfandrecht in Höhe von 400.000 Euro an einem anderen Grundstück, über dessen Werthaltigkeit im Wesentlichen noch gar nichts ausgesagt wurde (vgl. BGH, 20.07.2017, IX ZB 13/16).

Durch die Zurückweisung des Insolvenzplans durch das Insolvenzgericht tritt eine wesentliche Verzögerung des Verfahrenverlaufes ein. Wird ein Planverfahren weiterverfolgt, muss der Plan neu aufgesetzt werden, wenn nicht die sofortige Beschwerde gegen die Zurückweisung des Plans (vgl. § 231 Abs. 2 InsO) erfolgreich ist, das Beschwerdeverfahren beansprucht Zeit. Zudem ist ein Vertrauensverlust in die Kompetenz des Vorlegenden vorprogrammiert. Aus diesem Grund ist der Insolvenzplan formal sowie inhaltlich sorgfältig auszuarbeiten. Die Abarbeitung einer Checkliste möglicher formaler und inhaltlicher Zurückweisungsgründe kann bei der Erstellung eines Insolvenzplans helfen (vgl. Gietl, 2014, S. 1209 ff.).

Erachtet das Gericht diesen Insolvenzplan als zulässig, so wird er und das dortige Unternehmenskonzept zunächst gemäß § 232 Abs. 1 InsO zur Stellungnahme an den Gläubigerausschuss, den Betriebsrat, einen Sprecherausschuss der leitenden Angestellten sowie den Schuldner (beim Verwalterplan) beziehungsweise den Insolvenzverwalter (beim Schuldnerplan) zur Stellungnahme weitergeleitet. Ziel ist insbesondere die Ermöglichung einer Stellungnahme der Adressaten zur **Vergleichsrechnung** (im Sinne des § 220 Abs. 2 Sätze 2, 3 InsO), die das Planergebnis mit dem nächstbesten Szenario der Insolvenzabwicklung ohne Plan vergleicht. Gelegenheit zur Stellungnahme können auch die Berufsvertretungen, wie beispielsweise die IHK, die Handwerkskammer oder die Landwirtschaftskammer, erhalten (§ 232 Abs. 2 InsO). Dies kann in bestimmten Branchen wirtschaftlich sinnvoll sein.

Die Weiterleitung zur fristgebundenen Stellungnahme ist von dem der Beratung dienenden Mitwirkungsrecht an der Planaufstellung (§ 218 Abs. 3 InsO) zu unterscheiden, das aber auch wichtige Impulse für den Plan zu geben vermag.

Daher sollte sich der **Gläubigerausschuss** schon in dieser frühen Phase einbringen (Grundlage ist § 218 Abs. 3 InsO), Fortschritte erfragen und Anregungen geben, nicht erst in den Fällen des § 232 InsO, wenn der Plan schon detailliert ausgearbeitet ist. Im nächsten Schritt wird durch die Gläubiger über die Annahme oder Ablehnung eines Plans entschieden. Dies geschieht möglichst in einem einheitlichen Erörterungs- und Abstimmungstermin (§ 235 InsO, ein gesonderter Abstimmungstermin ist aber auch möglich, § 241 InsO). In dem einheitlichen Termin werden zunächst der Insolvenzplan sowie das Stimmrecht erläutert.

Es werden mögliche Bedenken ausgeräumt und die erforderlichen Mehrheiten für die Abstimmung geprüft. Damit wird die Grundlage für die Entscheidung über den Plan geschaffen. Der Zeitpunkt dieser Sitzung wird gemäß § 235 InsO durch das Insolvenzgericht bestimmt. Der Erörterungs- und Abstimmungstermin darf gemäß § 236 InsO nicht vor dem Prüfungstermin stattfinden, da die Ergebnisse dieses Prüfungstermins wesentlich für die im Insolvenzplan zu gestaltenden Rechte der Beteiligten sind, mit dem er aber verbunden werden kann.

Vor der Abstimmung sind die Stimmrechte der Gläubiger festzustellen und die Zuordnung zu den Gruppen nach dem Inhalt des Plans festzulegen (§§ 237 ff. InsO). Entscheiden sich die Gläubiger für die Annahme des Insolvenzplans, dann ist dieser anschließend durch das Insolvenzgericht nach §§ 248 ff. InsO zu bestätigen. Die Bestätigung ist Voraussetzung für das Wirksamwerden des Plans.

Das Insolvenzgericht prüft die ordnungsgemäße Annahme des Insolvenzplans durch die Gläubiger und die Einhaltung des gesetzlichen Ablaufes. So wird beispielsweise im Rahmen der Bestätigungsentscheidung über den Minderheitenschutz entschieden (vgl. § 251 InsO), ein meist erfolgloser Antrag aufgrund der hohen gesetzlichen Anforderungen für einen Erfolg dafür.

Die Inhalte des Insolvenzplans bleiben dabei unangetastet. Die Entscheidung über die endgültige Annahme oder die Ablehnung des Insolvenzplans ergeht nach § 252 Abs. 1 InsO durch gerichtlichen Beschluss des Insolvenzgerichts. Mit Rechtskraft dieser Entscheidung treten die im gestaltenden Teil vorgesehenen Regelungen für oder gegen die Beteiligten und auch die Kreditinstitute ein (§§ 254–254b InsO).

Die gegen den Bestätigungsbeschluss mögliche sofortige Beschwerde (§ 253 Abs. 1 InsO), die wie der Minderheitenschutzantrag nach § 251 InsO meist erfolglos sein wird. Das liegt insbesondere daran, dass zu den besonderen Voraussetzungen eines erfolgreichen Rechtsbehelfs im Sinne der §§ 251 beziehungsweise 253 InsO gehört, dass der Antragsteller beziehungsweise Beschwerdeführer glaubhaft macht, dass er durch den Plan schlechter gestellt werde als bei der Insolvenzabwicklung ohne Plan.

Im Falle des § 251 InsO muss er glaubhaft machen „voraussichtlich" schlechter gestellt zu werden, im Rahmen einer Beschwerde muss der Beschwerdeführer glaubhaft machen, er werde durch den Plan tatsächlich „wesentlich schlechtergestellt". Dieses wird im Regelfall nicht einfach sein.

In beiden Fällen ist der Rechtsbehelf erfolglos, wenn im Plan für etwaige Fälle von Schlechterstellung Rückstellungen gebildet wurden und der Betroffene nicht nachweisen kann, dass die Rückstellungen zum Ausgleich seiner Schlechterstellung nicht ausreichen, wobei diese im Beschwerdeverfahren sogar „wesentlich" sein muss, so dass die Rückstellung weit hinter der glaubhaft gemachten Schlechterstellung zurückbleibt. Es gilt daher der Vorrang der Planziele, oft die Sanierung des Schuldners, vor der uneingeschränkten Wahrung der Interessen etwaig Schlechtergestellter.

Anschließend erfolgt gemäß § 258 InsO die Aufhebung des Insolvenzverfahrens durch das Gericht mit den Folgen des § 259 InsO. Zuvor hat der Insolvenzverwalter die unstreitigen fälligen Masseverbindlichkeiten aus §§ 258 Abs. 2, 53 ff. InsO zu berichtigen, für die anderen Sicherheit zu leisten. Bei den fälligen Verbindlichkeiten genügt alternativ ein Finanzplan, aus dem die Gewährleistung einer Erfüllung dieser Verbindlichkeiten hervorgeht. Charakteristisch ist ein Massekredit, der über das Insolvenzverfahren hinaus dem Schuldner als Sanierungskredit verbleiben soll.

Zudem ist sind Insolvenzverwalter gemäß § 66 InsO zur Rechnungslegung verpflichtet. Mit der Aufhebung des Insolvenzverfahrens erlöschen gleichzeitig die Ämter des Insolvenzverwalters und der Mitglieder des Gläubigerausschusses. Der Schuldner erhält zudem auch das Recht zurück, über die Insolvenzmasse zu verfügen (§ 259 Abs. 1 InsO). Damit die im Insolvenzplan vorgesehenen Verpflichtungen auch eingehalten werden und das Konzept nach den vorgegebenen Rahmenbedingungen verwirklicht wird, ist eine Planüberwachung möglich (§ 260–269 InsO).

Die Überwachungsfunktion wird durch den Insolvenzverwalter sowie den Gläubigerausschuss ausgeübt (§§ 260, 261 InsO). Er besitzt Detailkenntnisse über den Insolvenzplan und ist für die Überprüfung gut geeignet. Nach einem Planverfahren in Eigenverwaltung ist der Sachwalter anstelle des Insolvenzverwalters für die Überwachung zuständig (§ 284 Abs. 2 InsO).

Die Überwachung ist nach § 267 InsO zusammen mit der Verfahrensaufhebung durch das Insolvenzgericht im Internet unter www.insolvenzbekanntmachungen.de bekannt zu machen. Auch die Aufhebung der Planüberwachung ist durch das Gericht nach Erledigung der aus dem Plan resultierenden Ansprüche, maximal nach drei Jahren nach der Aufhebung eines Insolvenzverfahrens, ohne dass ein neuer Antrag auf Eröffnung eines Insolvenzverfahrens vorliegt, zu beschließen sowie den Beschluss zu veröffentlichen. Grundlage für diesen ordnungsgemäßen Ablauf ist die Erfüllung der Verpflichtungen aus dem Insolvenzplan. Kommt der Schuldner den im Plan vorgesehen Verpflichtungen allerdings nicht nach, ergeben sich die Rechtsfolgen aus §§ 255 ff. InsO.

Dann leben die im gestaltenden Teil erlassenen oder gestundeten Forderungen wieder auf. Voraussetzung ist ein erheblicher Rückstand gemäß § 255 Abs. 1 Satz 2 InsO. Ein bedeutender Rückstand ist beispielsweise anzunehmen, wenn der Schuldner eine fällige Verbindlichkeit nicht bezahlt hat, obwohl dieser dazu schriftlich gemahnt und ihm eine zweiwöchige Frist gesetzt wurde.

Die nachfolgende Abb. 5.16 zeigt den schematischen **Ablauf** des Insolvenzplanverfahrens. Die Phase der Planüberwachung ist fakultativ.

Abb. 5.16: Verlauf eines Insolvenzplanverfahrens (Quelle: Eigene Darstellung)

Inhalte eines Insolvenzplans

Gemäß § 219 InsO besteht der **Insolvenzplan** aus einem darstellenden und einem gestaltenden Teil sowie den Plananlagen (§§ 229, 230 InsO). Gemäß § 220 InsO ist im darstellenden Teil zu beschreiben, welche Maßnahmen nach Eröffnung des Insolvenzverfahrens durch den Verwalter getroffen worden sind oder noch getroffen werden sollen, um damit die Grundlage für eine geplante Gestaltung der Rechte aller Beteiligten zu schaffen. In der Darstellung sind die Auswirkungen zu erläutern, um eine Entscheidungsgrundlage für die Gläubiger und das Gericht vorzubereiten. Im gestaltenden Teil ist nach § 221 InsO festzulegen, wie sich die Rechtsstellung sämtlicher Beteiligter durch den Insolvenzplan verändert (siehe dazu Schmidt-Spliedt, 2023, § 221 Rn. 1, 2–6). Zur inhaltlichen Ausgestaltung eines Insolvenzplans kann der IDW Standard Anforderungen an Insolvenzpläne (IDW S 2) herangezogen werden (vgl. IDW, 2024, S. 656 ff.). Nach diesem Standard sind Insolvenzpläne auf der Grundlage vorhandener Informationen aus dem internen und dem externen Rechnungswesen zu erstellen gegebenenfalls unter Einbeziehung einer Finanzabteilung.

Unter Umständen kann auf ein außergerichtliches Sanierungskonzept zurückgegriffen werden. Zudem können Daten aus den nach der Verfahrenseröffnung erstellten Verzeichnissen verwendet werden. Das Masseverzeichnis (§ 151 InsO), das Gläubigerverzeichnis (§ 152 InsO) und die Vermögensübersicht (§ 153 InsO) können als Basis für einen Vorteilhaftigkeitsvergleich zwischen einer Betriebsfortführung und einer Abwicklung verwendet werden, als Inhaltsbaustein des Plans.

Diese Daten sind dann laufend zu aktualisieren und zu einem echten Planungsinstrument weiterzuentwickeln. Szenarioanalysen können verschiedene und zu erwartende Zukunftsverläufe abbilden (vgl. IDW, 2024, S. 656 ff.). Dabei ist das jeweilige Planungsziel der Sanierung, Übertragung oder Liquidation beziehungsweise Verfahrensbegleitung zugrunde zu legen. Im Folgenden wird verstärkt auf die Fortführungslösung Bezug genommen, da diese meist zentraler Gegenstand eines Insolvenzplans ist.

Darstellender Teil des Insolvenzplans (§ 220 InsO)

Der **darstellende Teil des Insolvenzplans** soll zunächst den aktuellen Zustand eines Unternehmens beschreiben. Es ist einzugehen auf die Krisenursachen sowie die Auswirkungen auf das Unternehmen, die Marktsituation und die aktuelle Vermögens-, Ertrags- und Finanzlage. Im Zentrum der Analyse steht die Überprüfung der Sanierungsfähigkeit über die finanzwirtschaftlichen und leistungswirtschaftlichen Maßnahmen. Daher kann von der Konzeptstruktur auf den Standard IDW S 6 oder die Mindestanforderungen an Sanierungskonzepte zurückgriffen werden. Die Untersuchungen sind vergleichbar mit den außergerichtlichen Sanierungshandlungen.

Der darstellende Teil soll eine Ergebnisprognose für die beteiligten Gläubiger beinhalten und genaue Ausführungen darüber geben, wie sich diese Gläubigerbefriedigung bei Wirksamwerden des Insolvenzplans im Vergleich zu einer vollständigen Zerschlagung oder in Bezug zu einem Verkauf des Unternehmens sowie seiner Teile gestaltet. Konkrete **Inhalte des darstellenden Teils** sind unter anderem:

- Krisenursachenanalyse und genaue Darlegung der aktuellen Marktstellung
- Darstellung der bereits eingeleiteten oder noch geplanten Sanierungsschritte
- Leitbild saniertes Unternehmen zur Herstellung der Wettbewerbsfähigkeit
- Vergleichsrechnung mit Plan der voraussichtlichen Befriedigung der Gläubiger

Das **Insolvenzplankonzept** sollte ein zusammenfassendes Ergebnis zu den möglichen Chancen der Sanierung enthalten. Hilfestellung zur abschließenden Einschätzung der Sanierungsfähigkeit, auf qualitativer Basis, kann ein betriebswirtschaftliches Stärken-Schwächen-Modul oder ein Chancen-Risiken-Profil leisten. Dabei sind die Ergebnisse im Insolvenzplan differenziert nach Gläubigergruppen darzustellen. Hier ist aus Sicht der Banken unter anderem auf die zu erbringenden Leistungen im Rahmen eines Verzichts, einer Stundung oder notwendiger Neukreditierungen einzugehen. Diese finanziellen Zugeständnisse sollten für Kreditinstitute wirtschaftlich tragbar sein und keine zu hohen und unverhältnismäßigen Risiken bewirken.

Da die Gläubiger durch die Umsetzung des Insolvenzplans in der Regel eine finanzielle Verbesserung meist durch Befriedigung aus den künftigen Erträgen des fortgeführten Unternehmens erreichen sollen, ist die Besserstellung durch den Plan gegenüber dem Regelinsolvenzverfahren ohne einen Plan in der **Vergleichsrechnung** nach § 220 InsO nachzuweisen, die Vergleichsrechnung sei das **„Herzstück“** des Plans (vgl. Schmidt-Spliedt, 2023, § 220 Rn. 6–11 und Abel, 2024, S. 460 ff.).

Gestaltender Teil des Insolvenzplans (§ 221 InsO)

Gemäß §§ 187 ff. InsO werden die Insolvenzforderungen im Sinne des § 38 InsO im Rahmen einer Regelabwicklung quotal befriedigt. Wenn von der gesetzlichen Regelung der (vollständigen) Verwertung des Schuldnervermögens (§ 159 InsO) dann durch einen Insolvenzplan abgewichen werden soll, ist gemäß § 224 InsO im **gestaltenden Teil des Insolvenzplans** anzugeben, in welcher Höhe Forderungen gekürzt oder welchen sonstigen Regelungen diese unterworfen werden sollen. In dem gestaltenden Teil wird somit festgelegt, wie die Rechtsstellung der Beteiligten durch den Insolvenzplan geändert werden soll. Dies bedeutet, dass die im Insolvenzplan vorgesehenen Eingriffe in die Rechte sämtlicher Beteiligter festzulegen und zu erläutern sind.

Involviert sind daher regelmäßig die nicht nachrangigen, die nachrangigen Insolvenzgläubiger sowie die absonderungsberechtigten Gläubiger. Dabei gelten die Forderungen der nachrangigen Insolvenzgläubiger gemäß § 225 Abs. 1 Satz 1 InsO als erlassen, wenn in dem Insolvenzplan nichts anderes bestimmt ist. Gemäß § 223 InsO bleiben die Rechte der absonderungsberechtigten Gläubiger unberührt, falls dieser Insolvenzplan für diese Gläubigergruppe nichts anderes regelt.

Soll die Rechtsstellung der absonderungsberechtigten Gläubiger im Insolvenzplan geändert werden, sind die Rechte dieser Gläubigergruppe im Abstimmungstermin einzeln zu erörtern, § 238 InsO. Deshalb müssen die abweichenden Regelungen im gestaltenden Teil gemäß § 223 Abs. 2 InsO genau angegeben werden. Somit können unter anderem von den Absonderungsberechtigten, wie Banken, im Insolvenzplan erhebliche Zugeständnisse gefordert werden. Diese reichen im Hinblick auf die schuldrechtlichen Forderungen von einer Stundung bis hin zu einem Zinsverzicht oder auch zu einem teilweisen oder vollständigen Forderungserlass. Bei den Absonderungsrechten ist anzugeben, wie diese Rechte beschränkt werden.

So könnte festgelegt werden, dass die Sicherungsübereignung einer Produktionsanlage gegen Zahlung einer Abstandssumme aufgehoben wird, die am unteren Rand der Schwankungsbreite einer professionellen Schätzung liegt. Dasselbe gilt für die Ablösung von Grundpfandrechten auf dem Betriebsgelände, auch wenn die Bank auf Verwertung besteht. Eventuell hat sie mit dem Minderheitenschutzantrag (§ 251 InsO) oder mit der Beschwerde gegen die Bestätigung des Insolvenzplans (§ 253 InsO) mit der Behauptung der Schlechterstellung durch den Plan Erfolg.

Hat die **Gläubigergruppe**, der die Bank angehört, den Plan abgelehnt, kann der Insolvenzrichter, wenn er das Vorliegen der Voraussetzungen des § 245 InsO (i.V.m. § 245a InsO bei Insolvenzverfahren über das Vermögen natürlicher Personen) bejaht, die Zustimmung der Gläubigergruppe als erteilt ansehen („gilt ... als erteilt“, § 245 Abs. 1 InsO, Obstruktionsverbot). Hat die Bank den Antrag nach § 251 InsO gestellt, wie vorstehend umrissen, wird der Richter im Beschluss über die Bestätigung des Plans sowohl über den Antrag entscheiden sowie über das Vorliegen der Voraussetzungen des § 245 InsO. Dagegen wiederum kann die Bank sofortige Beschwerde einlegen.

Der Verzicht sollte gegebenenfalls mit einem Besserungsschein versehen sein, der auf der mehrjährigen Zeitachse nach Verfahrensaufhebung in Abhängigkeit von der Vermögens- und Ertragslage zu Zahlungen an die Gläubiger über im Insolvenzplan festgelegte Quoten führt. Damit besteht die Hoffnung, dass künftig gegebenenfalls noch Zahlungen erfolgen. Bei Unternehmensinsolvenzplänen mit der Erfüllung der Quoten nur aus den Erträgen des fortgeführten Schuldnerunternehmens ist ein Besserungsschein bei systematischer Betrachtung daher hypothetisch, weil eben die künftigen Erträge volatil sind. Das Instrument **Besserungsschein** kann sich in diesen Fällen nur auf außerordentliche Erträge über die Sanierungsplanung im Insolvenzplan hinaus beziehen und auf Wertzuwächse der Beteiligung der Altgesellschafter an der Schuldnergesellschaft, insbesondere bei Veräußerung von Aktien beziehungsweise Anteilen über die Bewertung zum Zeitpunkt des Insolvenzplans hinaus. Diese letztere Komponente wäre dann eine Art Beitrag der Gesellschafter zur Sanierung, wenn sie keine eigene Sanierungsleistung erbracht haben und daher zu Lasten der Gläubiger Profiteure der eigentlichen Unternehmenssanierung sind.

---

i **Beispiel:** Die Planregelung zu einem Besserungsschein regelt: „Die Gläubiger der Gruppen A, B, C erhalten über die nach Abschnitt x, Ziffern y dieses Plans hinaus zu zahlenden Beträge (Quoten) erhalten eine weitere Zahlung in Gesamthöhe von 50,0 % des Betrags der Jahresüberschüsse der Schuldnerin (nach der nachfolgend wiedergegebenen Formel) in den Geschäftsjahren drei bis fünf, der 1 Mio. Euro übersteigt."

Auch erhebliche Eingriffe in die **Sicherungsrechte der Banken** sind, wie vorstehend aufgezeigt (§ 223 Abs. 1 Satz 1, Abs. 2 InsO), möglich, wenn unter anderem bei einer Neukreditaufnahme diesen neu hinzutretenden Gläubigern ein Gleichrang oder sogar ein Vorrang an einer werthaltigen Kreditsicherheit eingeräumt werden soll. Dieses ist von den Kreditinstituten wirtschaftlich genau zu überprüfen und gegen ihren Willen nicht hinzunehmen, wenn sie sich durch eine solche Regelung in dem Sanierungsplan im Vergleich zu einer möglichen Liquidationslösung oder einer Lösung mit übertragender Sanierung mit der damit verbundenen Verwertung der Sicherheiten sowie der (Teil-)Befriedigung der Forderungen durch den erzielbaren Sicherheitenerlös voraussichtlich deutlich schlechter stellen würden.

Die Interessenlagen der unterschiedlichen Gläubiger sind meist sehr heterogen ausgeprägt. Daher sind die Gläubiger in Gruppen aufzuteilen (§ 222 InsO) und gemäß § 226 InsO in den Gruppen gleich zu behandeln. Dies fördert in der Regel eine Einigungslösung, da in den Gruppen über den Insolvenzplan abgestimmt wird. Im Insolvenzplan sind diese Gläubigergruppen detailliert zu beschreiben sowie voneinander abzugrenzen sowie die Stimmrechte darzulegen (vgl. IDW, 2024, S. 655 ff.). **Kerninhalte des gestaltenden Teils** betreffen daher unter anderem:

- Bildung der Gläubigergruppen
- Neugestaltung der Gläubigerrechte
- Ausführungen zur Planüberwachung

Gemäß § 227 InsO wird der Insolvenzschuldner mit den im gestaltenden Teil vorgesehenen Regelungen von seinen restlichen Verbindlichkeiten gegenüber den Gläubigern befreit, soweit der Plan nichts anderes vorsieht. Der Schuldner als natürliche Person erhält somit eine Restschuldbefreiung, ohne dass er das gesonderte Restschuldbefreiungsverfahren nach den §§ 286 ff. InsO durchlaufen muss. Dies bedeutet, dass in der Insolvenz natürlicher Personen selbst der unredliche Schuldner sowie der Schuldner, bei dem die Voraussetzungen für eine Versagung der Restschuldbefreiung nach den §§ 290, 296 ff. InsO vorliegen, von seinen restlichen Verbindlichkeiten befreit wird. Hierzu sind ebenfalls Ausführungen im gestaltenden Teil eines Insolvenzplans zu machen, da dies für die Gläubiger von Bedeutung sein kann.

Plananlagen des Insolvenzplans (§§ 229, 230 InsO)

Die **Plananlagen** dienen der zahlenmäßigen Nachvollziehbarkeit des Insolvenzplans und müssen daher mit den beabsichtigen Sanierungsmaßnahmen eine Einheit bilden. Handelt es sich um einen Fortführungsplan, so sollen die Gläubiger erkennen können, wie sie aus den künftigen Erträgen des wieder gesundeten Unternehmens mit hoher Wahrscheinlichkeit befriedigt werden. Dann sind nach § 229 InsO bestimmte Zahlenwerke auf eine integrierte Art und Weise und möglichst mit einer professionellen Software zu erstellen und diese dem Insolvenzplan als quantitative Grundlage beizufügen. Dies sind im Wesentlichen die folgenden **Plananlagen**:

- Planvermögensübersicht
- Plangewinn- und Verlustrechnung
- Planliquiditätsrechnung

Hilfreich ist eine weitere Differenzierung der Rechenwerke. Dann kann zusätzlich zur Plangewinn- und Verlustrechnung eine Segmentberichterstattung für wichtige Teilbereiche erstellt werden, die eine prognostizierte Entwicklung für jeden Profit Center aufzeigt. Bei einer Liquiditätsplanung sollte nach Fristen differenziert werden. Neben einer langfristigen nach Monaten aufgeteilten **Jahresplanung** ist eine Wochen- oder eine Tagesplanung zu erarbeiten. Die bereitgestellten Plananlagen müssen aufeinander abgestimmt sein zu einem **integrierten Planungssystem**. Unter Umständen kann der hierauf spezialisierte Unternehmensberater, der bereits in der außergerichtlichen Sanierungsphase die Zahlenwerke erstellt hat, in diesem Bereich weiter tätig bleiben, da seine Einarbeitungszeit gering ist.

Die Planzahlen sollten interdependent, widerspruchsfrei und vollständig auf aktueller Basis, erstellt werden. Dazu sind auch die jeweiligen Prognoseannahmen sowie Szenarien und die voraussichtliche vorsichtig geschätzte Zeitdauer der Umsetzung des Konzeptes mit anzugeben. Das Ergebnis der Rechenwerke geht in die Vergleichsrechnung nach § 220 Abs. 2 Satz 2 InsO ein, die den Gläubigern im Rahmen einer Vorteilhaftigkeitsrechnung aufzeigt, wie ihre angemeldeten Forderungen mit sowie ohne den Plan befriedigt werden können.

Im Folgenden wird der Aufbau des Insolvenzplans mit dem darstellenden, dem gestaltenden Teil und den ergänzenden quantitativen **Plananlagen** in Abb. 5.17 aufgezeigt.

Darstellender Teil (§ 220 InsO)
- Beschreibung des Unternehmens
- Analyse der Krisenursachen
- Leistungswirtschaftliche Maßnahmen
- Vergleichsrechnung (§ 220 Abs. 2 Satz 2)
- ....

Gestaltender Teil (§§ 221 ff. InsO)
- Bildung der Gläubigergruppen
- Neugestaltung der Gläubigerrechte
- Eingriff in die Gläubigerrechte
- Gesellschaftsrechtliche Änderungen
- ....

Plananlagen (§§ 229 ff. InsO)
- Planvermögensübersicht
- Plangewinn- und Verlustrechnung
- Planliquiditätsrechnung
- Vergleichsrechnung zum Regelinsolvenzverfahren
- ....

Abb. 5.17: Grobstruktur und Inhalte eines Insolvenzplans (Quelle: Eigene Darstellung)

Bei der **Begleitung eines Insolvenzplans** ist aus Sicht der Kreditinstitute zu untersuchen, ob das Plankonzept im Hinblick auf die finanziellen Zugeständnisse tragbar erscheint und bessere Ergebnisse gegenüber einer Abwicklung erbringt. Diese Prüfungsprozesse ähneln denen des Sanierungskonzeptes. Die Kreditinstitute werden die **Vergleichsrechnung** kritisch prüfen. Im Folgenden werden in Abb. 5.18 die Inhalte eines Insolvenzplans nach IDW S 2 dargestellt (vgl. IDW, 2024, S. 655 ff.).

Insolvenzplan in Anlehnung an IDW S 2

1. Informationsgrundlagen der Insolvenzpläne
   - Verträge und Sicherheitenverträge von besicherten Gläubigern, Lieferbedingungen
   - Sanierungskonzept, Forbestehensprognose und Überschuldungsstatus
   - Jahresabschlüsse, Lageberichte und Insolvenzverzeichnisse sowie Insolvenztabelle

2. Zeit und Verfahrensablauf sowie Zielrichtung des Insolvenzplans
   - Verfahrensablauf mit den gesetzlich vorgesehenen Terminen
   - Vorbereitung einer Akquisition als Asset oder Share Deal

3. Darstellender Teil
   - Darlegung des Sanierungskonzeptmit Kernbestandteilen des IDW S 6
   - Darstellung der mit der Bestätigung wirksam werdenden Sanierungsmaßnahmen
   - Erläuterung der vorgesehenen finanzwirtschaftlichen Maßnahmen, auch DES
   - Forderungsverzichte und weitere Forbearance-Maßnahmen
   - Gruppenbildung und Quotenvergleichsrechnung

4. Gestaltender Teil
   - Änderung der Rechtsstellung der Beteiligten durch den Insolvenzplan
   - Beschreibung der Zugehörigkeit zu den Gläubigergruppen und quotale Befriedigung

5. Plananlagen
   - Vermögensübersicht zum Zeitpunkt der Insolvenzeröffnung
   - Planunterlagen zum Zeitpunkt des Inkrafttreten des Insolvenzplans
   - Integrierte Plan-Vermögensübersicht, Planbilanz, Ergebnisplan, Finanzplan

Abb. 5.18: Inhalte eines Insolvenzplans nach IDW S 2 (Quelle: In Anlehnung an IDW, 2024, S. 655 ff.)

Nach einer genaueren **Erläuterung** des Plans im Erörterungs- und Abstimmungstermin wird im Anschluss an die Feststellung der Stimmrechte über den Insolvenzplan abgestimmt. Wesentlich für die Annahme und die Umsetzung eines Insolvenzplans ist die geeignete Aufteilung der Beteiligten auf die verschiedenen Gläubigergruppen. Es wird in gleichartigen Fraktionen über das Konzept entschieden.

Gruppenbildung (§§ 222, 223-223a, 237-238b InsO)

Im Anschluss an die **Erörterung** des Insolvenzplans und vor der eigentlichen Abstimmung in den einzelnen Gruppen sind die **Stimmrechte** durch das Insolvenzgericht abschließend festzustellen (siehe BGH, 23.10.2008, IX ZB 235/06, §§ 237, 238 InsO), insoweit über die Stimmrechte der allein zu berücksichtigenden angemeldeten Forderungen (§§ 174, 77 Abs. 1 Satz 1 InsO) Streit besteht sowie in der Gläubigerversammlung über ein Stimmrecht für die bestrittenen Forderungen keine Einigung zwischen Verwalter und den erschienen stimmberechtigten Gläubigern der zur Tabelle festgestellten Forderungen (§ 178 InsO) erzielt werden kann (§§ 237, 77 Abs. 1 Satz 1, Abs. 2, Abs. 3 Nr. 1 InsO). In einer Stimmliste ist festzuhalten, welche Stimmrechte den Gläubigern insgesamt zustehen (§ 239 InsO).

Der Zuschnitt der Abstimmungsgruppen (§ 222 InsO) liegt in der Hand des Planverfassers und kann auch die Annahme des Insolvenzplans durch die Gläubiger im Ergebnis erheblich beeinflussen. § 222 Abs. 1 InsO definiert obligatorische Gruppen, § 222 Abs. 2 InsO bestimmt, dass fakultative Gruppen gebildet werden können, „in denen Beteiligte mit gleichartigen wirtschaftlichen Interessen zusammengefaßt werden“ können. Diese fakultativen Gruppen müssen aber sachgerecht voneinander abgegrenzt werden, die Kriterien hierfür im Plan dokumentiert werden. Damit soll manipulativer Gruppenbildung vorgebeugt werden.

Gleichwohl kann der Planverfasser diejenigen Gläubiger, die einem Insolvenzplan voraussichtlich gewogen sind, in zwei Gruppen aufteilen und ihnen auf diese Weise ein doppeltes Stimmgewicht geben wenn sich die Gruppen durch unterschiedliche Gleichartigkeit ihrer wirtschaftlichen Interessen unterscheiden lassen (MüKo-Eidenmüller, 2020, § 222 Rn. 100, 101). Diese Gestaltungsmacht eines Planvorlegers reicht tendenziell bis zur Missbrauchsgrenze. Nach § 222 InsO sind zur Festlegung der Stimmrechte der einzelnen Beteiligten im Insolvenzplan genau definierte Gläubigergruppen zu bilden, sofern sie mit einer unterschiedlichen Rechtsstellung am Insolvenzverfahren beteiligt sind. Das Gesetz differenziert gemäß § 222 Abs. 1 Satz 2 InsO (obligatorische Gruppen) die folgenden unterschiedlichen **Gruppen**:

- Absonderungsberechtigte Gläubiger (Nr. 1, bei Eingriff in ihre Rechte)
- Nicht nachrangige Insolvenzgläubiger (Nr. 2)
- Nachrangige Insolvenzgläubiger (Nr. 3, soweit Forderungen nicht aus § 225 Abs. 1 InsO als erlassen gelten)
- Gesellschafter, wenn in ihre Rechte eingegriffen wird (Nr. 4)
- Inhaber von Rechten an „gruppeninternen Drittsicherheiten“ (Nr. 5)

Des Weiteren sind zu erfassen Arbeitnehmer, als Insolvenzgläubiger (Abs. 3 Satz 1, bei „nicht unerheblichen Forderungen“, Sollgruppe) sowie Kleinstgläubiger mit geringen Forderungen und Kleingesellschafter (Abs. 3 Satz 2, Kanngruppe).

Gemäß § 222 Abs. 2 InsO können innerhalb der Gläubigergruppen nochmals weitere Untergruppen mit gleichen wirtschaftlichen Interessen als Fakultativgruppen gebildet werden. Damit entstehen weitere Gruppen. Innerhalb jeder Gruppe wiederum sind den Beteiligten dann dieselben Rechte anzubieten und es sind alle gleich zu behandeln (§ 226 InsO). Diese Abgrenzungskriterien der Gruppenzuteilung sind aus § 222 Abs. 2 InsO im Plan anzugeben und durch den Verwalter näher zu erläutern.

Gruppen, die aus einem einzigen Gläubiger bestehen, sind zulässig. Demnach ermöglicht § 9 Abs. 4 Satz 1 BetrAVG (Betriebsrentengesetz) diese Bildung einer besonderen Gruppe für den wichtigen **Pensionssicherungsverein aG** (obligatorische Gruppe, falls der PSV nicht hierauf verzichtet) als Gläubiger und Träger der Insolvenzsicherung der betrieblichen Altersversorgung (§ 14 BetrAVG).

Nach dem die **Stimmrechte** festgestellt sind, kommt es zu dem eigentlichen Abstimmungsprozess. Nach § 243 InsO stimmt jede Gruppe gesondert über den Insolvenzplan ab. Zur Annahme des Plans ist es gemäß § 244 InsO erforderlich, dass in jeder der gebildeten Gruppen die Mehrheit der abstimmenden Gläubiger dem Plan zustimmt sowie die Summe der Ansprüche der zustimmenden Gläubiger mehr als die Hälfte der Summe der Ansprüche der abstimmenden Gläubiger beträgt (Erfordernis einer doppelten Mehrheit). Es ist somit die Kopf- und Summenmehrheit in jeder Gruppe für eine positive Entscheidung zu erreichen und es müssen sämtliche Gruppen zustimmen. Der Widerstand opponierender Gruppen kann im Rahmen eines **Cramdowns** gemäß § 245 InsO überwunden werden.

Definition: Unter **Kopfmehrheit** wird verstanden, dass innerhalb einer Gruppe die Mehrheit der abstimmenden Gläubiger zustimmen muss, nicht alle gruppenzugehörigen Gläubiger. Berücksichtigt werden ohnehin nur Gläubiger, die ihre Forderungen angemeldet haben und damit am Verfahren beteiligt sind. „Nachzügler“, die sich nicht am Plan beteiligt haben, unterliegen einer besonderen Verjährungsfrist nach § 259b InsO. Der Planersteller wird Vorsorge tragen müssen, dass Nachzügler den Plan gefährden können, indem er etwa im Plan Rückstellungen nach dem Rechtsgedanken des § 249 HGB bildet. Beispiel der Mehrheitsbildung in der Abstimmung: Es wurde beispielsweise eine Gläubigergruppe der Lieferanten aus sechs Mitgliedern gebildet. Die Gruppe hat Forderungen in Höhe von 120.000 Euro gegen das Schuldnerunternehmen. Die Kopfmehrheit in der Gruppe wird erreicht, wenn vier der sechs Lieferanten zustimmen. Unter der **Summenmehrheit** wird verstanden, dass innerhalb einer Gruppe die Summe dieser Ansprüche aller zustimmenden Gläubiger mehr als die Hälfte der gesamten (angemeldeten) Ansprüche der abstimmenden Gläubiger beträgt. Ausgehend vom oben genannten Beispiel wäre diese Summenmehrheit dann erreicht, wenn die Lieferanten, die diesem Insolvenzplan zustimmen, mehr als 60.000 Euro der Forderung auf sich vereinen können. Stimmen zwar vier Lieferanten zu, haben diese aber nur 59.000 Euro der Forderungen inne, ist die Summenmehrheit nicht erreicht. Wird einer der beiden Mehrheiten verfehlt, hat die Gruppe den Plan abgelehnt, die opponierenden Mitglieder können dann nur mit der ganzen Gruppe über das Obstruktionsverbot des § 245 InsO wieder eingehegt werden.

Dabei soll das **Obstruktionsverbot** verhindern, dass ein wirtschaftlich klar sinnvoller Plan aufgrund des Widerstandes einer Gläubigergruppe oder eines einzelnen Gläubigers (wenn dieser allein eine Gruppe bildet oder in seiner Gruppe die Summenmehrheit der Forderungen hat) abgelehnt wird (§ 245 InsO), das sind die sogenannten „Akkordstörer". In der Literatur wird die „Obstruktion" zutreffend dahin beschrieben, die Ablehnung des Plans sei „als Entscheidung, die Ausfluss eines strategischen Manövers zu sein scheint, mit dem Ziel, Sondervorteile zu erreichen" zu bewerten (siehe MüKo-Drukarczyk/Schüler, 2020, § 245 Rn. 2 zum Normzweck). Über die Regelung wird das Mehrheitsprinzip dann relativiert (vgl. Schmidt-Spliedt, 2023, § 245, Rn. 1 ff.). Bei der Ablehnung des Insolvenzplans durch eine der beteiligten Gläubigergruppen kann die **Zustimmung durch das Insolvenzgericht** fiktiv ersetzt werden, wenn:

- die Gläubiger einer betroffenen Gruppe durch den Insolvenzplan voraussichtlich nicht schlechter gestellt werden, als ohne Plan (§ 245 Abs. 1 Nr. 1 InsO).
- die Gläubiger dieser Gruppe angemessen an dem wirtschaftlichen Wert beteiligt werden, der den Beteiligten aus dem Plan zufließen soll (§ 245 Abs. 1 Nr. 2 InsO).
- die Mehrheit der abstimmenden Gruppen dem Insolvenzplan mit den erforderlichen Stimmenmehrheiten zugestimmt hat (§ 245 Abs. 1 Nr. 3 InsO).

Durch dieses **Obstruktionsverbot** soll verhindert werden, dass das Zustandekommen des wirtschaftlich sinnvollen Plans durch die Ablehnung einer Gruppe blockiert wird, obwohl das Konzept insgesamt mindestens gleichwertige Ergebnisse, im Vergleich zu einer Liquidation für alle vorsieht, und die Mehrheit der Gruppen diesem Plan zugestimmt haben. Gemäß § 245 Abs. 1 Nr. 1 InsO kann deren Zustimmung daher fingiert werden, wenn die blockierende Gruppe durch den Plan nicht schlechter gestellt wird, als ohne Plan. Maßgebend ist, ob die für die betreffende Gruppe vorgesehene Planregelung ein geringeres Ergebnis ausweist, als bei einer Regelabwicklung und ist somit eine wirtschaftliche Betrachtung. Maßgeblich ist für die Beurteilung dieser Voraussetzung insbesondere die Vergleichsrechnung (§ 220 Abs. 2 Satz 2 InsO).

Vergleichsszenario zu dem Insolvenzplan ist damit nicht die Liquidation der Schuldnerassets durch Piecemeal-Verwertung, sondern die zweitbeste Lösung nach dem vorgelegten Insolvenzplan, beispielsweise durch übertragende Sanierung des Schuldnerunternehmens oder von Teilen davon.

Liegen konkrete Anhaltspunkte dafür vor, dass die in dem Insolvenzplan prognostizierten Erlöse zu einer deutlich besseren Befriedigung der Gläubiger führen würden, als im Fall einer Regelabwicklung durch eine Verwertung über eine Einzelliquidation, führt der Plan nicht zu einer Schlechterstellung der betroffenen Gläubiger, sondern zum Gegenteil. Die Gläubiger erhalten im Ergebnis eine höhere Quote.

Gemäß §§ 245 Abs. 1 Nr. 2 und Abs. 2 Nr. 1 bis 3 InsO kommt eine Zustimmungsfiktion in Betracht, wenn die Gläubiger der ablehnenden Gruppe darüber hinaus angemessen an dem wirtschaftlichen Wert beteiligt werden, der den Beteiligten auf der Grundlage des Plans zufließen soll.

Daher liegt eine **angemessene Beteiligung** dann vor, wenn nach dem Insolvenzplan kein anderer Gläubiger wirtschaftliche Werte erhält, die den vollen Betrag seines Anspruchs übersteigen, kein nachrangiger Gläubiger, der Schuldner oder eine an ihm beteiligte Person wirtschaftliche Werte erhalten und kein Gläubiger gegenüber anderen gleichrangigen Gläubigern dann bessergestellt wird (vgl. bereits die frühe Darstellung von Hanken, 2005, S. 308 ff.).

Durch den Minderheitenschutz gemäß § 251 InsO wird zusätzlich sichergestellt, dass keiner der Beteiligten Akteure gegen seinen Willen durch den erarbeiteten Insolvenzplan schlechter gestellt wird, als im Fall einer Liquidation beziehungsweise des zweitbesten Lösungsszenario, verglichen mit dem Plan.

Da durch die Mehrheitsentscheidungen der Gläubiger über den Inhalt des Insolvenzplans innerhalb einer Gruppe entschieden wird, besteht für Gläubigerminderheiten oder einzelne Gläubiger durch die Ausgestaltung des Insolvenzplans unter Umständen die Gefahr, dass Entscheidungen über die Verwertung und die Gläubigerbefriedigung zugunsten der Gläubigermehrheit auf Kosten der Minderheit oder des Einzelnen getroffen werden können. Dies ist ähnlich bei einer Abstimmung über einen Restrukturierungsplan im Restrukturierungsverfahren nach StaRUG.

Die Bestätigung des Insolvenzplans kann auf Antrag eines einzelnen Gläubigers daher gemäß § 251 InsO versagt werden, wenn dieser dem Plan spätestens im Abstimmungstermin schriftlich oder zu Protokoll der Geschäftsstelle widersprochen hat und glaubhaft macht, durch den Plan voraussichtlich schlechter gestellt zu sein, als ohne den Insolvenzplan (vgl. Schmidt-Spliedt, 2023, § 251 Rn. 3 ff., zu den Antragsvoraussetzungen, Rn. 6–16 zur Schlechterstellung und deren Glaubhaftmachung). Voraussetzung für die Zurückweisung eines Insolvenzplans ist der form- sowie fristgerechte Antrag des Gläubigers auf Minderheitenschutz, der spätestens vor dem förmlichen Schluss des Abstimmungstermins erklärt werden muss.

Zudem hat der Gläubiger Tatsachen glaubhaft zu machen, mit denen er diese voraussichtliche Schlechterstellung glaubhaft machen (§ 294 ZPO) kann, also eine Beweisführung unterhalb des Vollbeweises mit vollständiger Überzeugung des Richters von der Richtigkeit der vorgetragenen Tatsachen, bei der ein geeigneter Grad von Wahrscheinlichkeit ausreicht. Enthält der Insolvenzplan eine salvatorische Klausel, nach der den Gläubigern, die durch den Insolvenzplan schlechter gestellt werden, als sie ohne diese Ausarbeitung des Konzeptes stehen würden, eine Kompensation im Plan angeboten wird, können die Wirkungen des § 251 InsO allerdings ausgehebelt werden § 251 Abs. 3 InsO). Antragsbefugt gemäß § 251 Abs. 1 sowie beschwerdeberechtigt nach § 253 Abs. 1 InsO sind die betroffenen Gläubiger beziehungsweise die Gesellschafter der insolventen Schuldnergesellschaft.

Aussonderungsberechtigte sind nicht antragsbefugt, da sie ihre Rechte aus § 47 InsO außerhalb eines Insolvenzverfahrens verfolgen. Den **Massegläubigern** steht ebenfalls kein solcher Rechtsbehelf zu (vgl. Schmidt-Spliedt, 2023, § 253 Rn. 3–5).

Änderungen des ESUG zur Beschleunigung eines Insolvenzplanverfahrens

Mit der Umsetzung des **ESUG** in die Insolvenzordnung wurde die Fortführung sanierungsfähiger Unternehmen in der Insolvenz erleichtert. Es sollte das Insolvenzplanverfahren als Sanierungsinstrument attraktiver werden. Daher wurde § 253 InsO, der die Rechtsmittel der Beschwerde für oder gegen einen Insolvenzplan regelt, in Teilen neu gefasst. Die Verhinderung des Zustandekommens eines wirtschaftlich vorteilhaften Insolvenzplans des Schuldnerunternehmens soll auf die berechtigten Bedürfnisse zurückgeschnitten werden.

Der **Minderheitenschutz** wurde ebenfalls so ausgestaltet, dass es nicht zu einer Verfahrensverzögerung kommt und die Rechte der betroffenen Insolvenzgläubiger dennoch gewahrt bleiben. Somit kann ein Antrag auf die Versagung der Bestätigung aufgrund einer geltend gemachten und nachgewiesenen finanziellen Schlechterstellung eines Insolvenzgläubigers gemäß § 251 Abs. 3 InsO durch eine Bereitstellung von ausreichenden Finanzmitteln im Plan versagt werden. Die Klärung der Höhe dieses Ausgleichsanspruchs erfolgt dann in einem gesonderten Rechtsstreit außerhalb des Insolvenzverfahrens vor dem Prozessgericht.

Die Beschwerdeführung nach Versagung des Minderheitenschutzes des § 251 InsO im Bestätigungsbeschluss (gegen die es keinen Rechtsbehelf gibt) gegen den Bestätigungsbeschluss ist zudem nur unter den erhöhten Anforderungen des § 253 Abs. 2 InsO mit der Glaubhaftmachung (vgl. § 294 ZPO) einer wesentlichen Schlechterstellung möglich. Das Erreichen dieser Wesentlichkeitsgrenze wird bei 10,0 % dieser Einbußen gesehen (vgl. Schmidt-Spliedt, 2023, § 253 Rn. 10), wobei diese Grenze nur eines von mehreren Kriterien ist und auch überschritten werden kann (Schmidt-Spliedt, § 253 Rn. 10.

Zudem muss der betreffende Gläubiger gegen diesen Insolvenzplan stimmen und er hat diesem Plan spätestens im Abstimmungstermin schriftlich oder auch zu Protokoll ausdrücklich zu widersprechen. Den **Minderheitenschutz** nach § 251 InsO muss er jedoch nicht wahrgenommen haben, die Beschwerde ist auch ohne vorherigen Minderheitenschutz zulässig.

Des Weiteren gilt vorrangig das **Vollzugsinteresse** des Plans. Stellt das Gericht fest, dass das Interesse am Wirksamwerden eines Insolvenzplans gegenüber dem Rechtsbehelf eines Beschwerdeführers überwiegt, ist die Beschwerde gemäß § 253 Abs. 4 InsO unmittelbar zurückzuweisen. Durch das ESUG wurde der Kreis der zum Antrag auf Minderheitenschutz sowie zur Beschwerde Berechtigten im Hinblick auf § 225a InsO und der möglichen Einbeziehung der Anteilseigner in den Insolvenzplan erweitert.

Ein zentraler Regelungspunkt im ESUG war die Möglichkeit des Eingriffs in die Rechte der Anteilseigner. So sind gemäß § 225a InsO im Rahmen eines Insolvenzplanverfahrens seit dem ESUG solche Eingriffe in die Rechte der Altgesellschafter möglich. Ziel ist es, Sanierungslösungen nach ausländischem Vorbild in der Insolvenz zu erleichtern. Seit dem ESUG ist es daher realisierbar, die Rechte der Anteilseigner in einem Insolvenzplan neu zu regeln.

Dabei ermöglicht die Umwandlung der Verbindlichkeiten in Anteilsrechte über einen **Debt Equity Swap** gemäß § 225a Abs. 2 InsO neue Gestaltungsmöglichkeiten. Das bis dahin bestehende Blockadepotential der Alteigentümer sollte damit aufgehoben werden, um weitere Blockademöglichkeiten gegen einen wirtschaftlich sinnvollen Insolvenzplan durch Gesellschafter zu vermeiden.

Definition: Bei einem **Debt Equity Swap** (DES) handelt es sich um einen Tausch von Fremdkapital in Eigenkapital. Damit sind oftmals umfassende gesellschaftsrechtliche Veränderungen wie beispielsweise die Kapitalherabsetzung, eine vom Debt Equity Swap zu unterscheidende Barkapitalerhöhung, der Ausschluss von Bezugsrechten oder die Abfindung der ausscheidenden Gesellschafter verbunden. Mit dem Debt Equity Swap im etwas engeren Sinne bezeichnet man allein die Kapitalerhöhung gegen Sacheinlage in Gestalt der in gezeichnetes Kapital umgewandelten Forderung eines Gläubigers. Wesentlich ist dabei die Frage der Bewertung der in Eigenkapital umgewandelten Gläubigerforderung sowie für die GmbH (und auch die AG) der Ausschluss der sogenannten „Differenzhaftung“ gemäß § 254 Abs. 4 InsO.

So kann gemäß § 225a Abs. 2 InsO im gestaltenden Teil des Insolvenzplans vorgesehen werden, dass die Forderungen von Gläubigern, allerdings nicht gegen den Willen der Gläubiger, in Anteilsrechte umgewandelt werden. Diese geplanten gesellschaftsrechtlichen Maßnahmen werden den Beteiligten zur Abstimmung gestellt und bei einer Bestätigung des Plans auch ohne ein Mitwirken dieser Gesellschaftsorgane wirksam. Die Gesellschafter bilden lediglich eine oder gegebenenfalls mehrere Abstimmungsgruppen im Sinne des § 222 Abs. 2 Nr. 4 InsO im Plan.

Der Plan selbst enthält dann einen Gliederungspunkt **„Gesellschafterversammlung“**, der alle gesellschaftsrechtlichen notwendigen Angaben enthalten muss und der beim Antrag an das Registergericht als solche fingiert wird (§ 254a Abs. 2 InsO). Über den Tausch von Fremdkapital in Eigenkapital kann zum einen unter Umständen eine deutliche Verbesserung der Verschuldungssituation erreicht werden und es soll zum anderen das mögliche Obstruktionspotenzial dieser Altgesellschafter überwunden werden (vgl. bereits Wimmer, 2012, S. 6 ff.).

Umstritten ist, ob die Forderung zum Nominalbetrag umgewandelt werden darf oder nur zum Befriedigungswert im Insolvenzverfahren (siehe Schmidt-Spliedt, 2023, § 254 Rn. 14 ff.). Aufgrund des weitreichenden § 254 Abs. 4 InsO existiert für umwandelnde Gläubiger im Allgemeinen kein Risiko allein aus der Differenzhaftung).

Ob diese Änderungen die vorsichtigen Meinungen der Kreditinstitute zum Halten einer Beteiligung an einem Krisenunternehmen allerdings verändern, ist unverändert fraglich, ein DES von Banken eher zweifelhaft. Möglicher Weise wird damit aber ein Anreiz zum Beispiel für **strategische Investoren** geschaffen, an Banken zum Erwerb von deren Forderungen gegen insolvente Unternehmen heranzutreten, um dann nach Verkauf und Abtretung selbst im Insolvenzverfahren als Gläubiger zu agieren und einen Sanierungsplan mit Debt Equity Swap zu favorisieren, in dessen Rahmen man die Geschäftsanteile des Krisenunternehmens (mehrheitlich) an sich bringt.

Die Akteure der Kreditkauftransaktion haben dabei auch die Vorgaben des Kreditzweitmarktgesetzes zu beachten (siehe § 1 Abs. 1 KrZwGM). Vorteilhaft ist an der gesetzlichen Neuregelung, dass ein Blockadepotenzial der Altgesellschafter gegebenenfalls vermieden wird und die in der Sanierung erarbeiteten Vorteile aus einem geschaffenen Sanierungsmehrwert bei den Gesellschaftsanteilen, unter Risikobeteiligung und der Zurverfügungstellung von Mitteln durch die Gläubiger, diesen Neuinvestoren verbleiben und nicht den Alteigentümern ohne Weiteres zukommen.

Anders ist dies, wenn sich die Unternehmenseigner an der Sanierung mit Eigenmitteln oder Eigeneinsatz beteiligen. Daher hat man im Rahmen des SanInsFoG in einer weiteren Novellierung der InsO die absolute Priority Rule des § 245 InsO mit der dortigen **Vorteilhaftigkeitsrechnung** durch den Einstieg in eine relative Priority Rule die Möglichkeit geschaffen, dass auch Anteilseigner oder Gesellschafter beteiligt bleiben und an einem geschaffenen Sanierungsmehrwert unter bestimmten Voraussetzungen teilhaben (siehe § 245 Abs. 2 Sätze 2, 3 InsO).

Die entsprechende Beteiligung der Eigner muss im Interesse des Planvollzugs „unerlässlich“ sein. Das ist etwa dann der Fall, wenn die Mitwirkung der Gesellschafter aufgrund ihres persönlichen Know-how, ihrer Marktkompetenzen, Beziehungen zu Abnehmern und Lieferanten oder das persönliche Innehaben gewerblicher Schutzrechte (wie Marken, Patente, Designrechten) erforderlich ist, um die operative Tätigkeit des zu sanierenden Unternehmens überhaupt nach dem Insolvenzplan fortsetzen zu können. Für den DES ist aber festzuhalten, dass die Verwaltung von Unternehmensbeteiligungen gerade von Gesellschaften in der Sanierung nach Insolvenzplan aus Bankensicht in der Regel zu aufwendig ist.

Beispielsweise wären Untergesellschaften mit der Kapitalausstattung zu gründen, die diese Firmenbeteiligungen aufnehmen. Ein Beteiligungsmanagement beziehungsweise ein Beteiligungscontrolling und ein damit zusammenhängender Mitarbeiteraufbau wären neben weiteren Transaktionskosten erforderlich. Da die zahlreichen früheren Industriebeteiligungen von Kreditinstituten im Rahmen einer Entflechtung der sogenannten „Deutschland-AG“ über viele Jahre hinweg mittlerweile erfolgreich abgebaut worden sind, könnte ein erneuter Beteiligungsaufbau für Banken die Folge sein, würde der DES proaktiv in Krisenfällen vorangetrieben werden.

Unklar sind im Einzelfall zudem die Risiken aus einer Stellung als Gesellschafter in einer möglichen Folgeinsolvenz der Unternehmen in den Rechtsformen des § 39 Abs. 1 Nr. 5, Abs. 4, 5 InsO. Unter Umständen werden die Beteiligungsgrenzen des Kleinbeteiligungsprivilegs des Abs. 5 der Norm überschritten. Des Weiteren kann eine Zersplitterung der Anteile durch den Swap der ehemaligen Poolbanken zu einem verminderten Einigungspotenzial bei den neuen Gesellschaftern führen. Bei der Folgesanierung könnte aus dieser Gesellschafterstellung heraus von den jetzt beteiligten Kreditinstituten der Einschuss neuer finanzieller Mittel gefordert werden. Das Sanierungsprivileg gemäß § 39 Abs. 4 Satz 3 InsO gilt in der Folgeinsolvenz nicht mehr beziehungsweise greift nicht erneut haftungsreduzierend ein.

Des Weiteren ist die steuerliche Behandlung des Sanierungsgewinns bei einem Debt Equity Swap von Bedeutung, denn mit diesem DES ist zugleich ein Teilverzicht auf die ungewandelte Forderung verbunden. Der bei dem Unternehmen entstehende Sanierungsgewinn in diesem Zusammenhang bleibt gemäß § 3a EStG unter den dortigen Voraussetzungen sowie Regelungen steuerfrei. Diese Steuerfreiheit gilt dann auch für die Körperschaftsteuer (§ 8 Abs. 1 KStG i.V.m. § 3a EStG sowie die Gewerbesteuer gemäß § 7b GewStG i.V.m. §§ 3a, 3c Abs. 4 EStG).

Der wirtschaftliche Nutzen aus einer **Beteiligung an einem Krisenunternehmen** für Kreditinstitute wird kaum gegeben sein, da die Anteile in der Regel in der insolvenzrechtlichen Krise wertlos sind. Einzelheiten sind streitig, maßgeblich für diese Bewertung ist nicht die durch die Sanierungsbestätigung entstehende Aufwertung der Beteiligung der Altgesellschafter und erst recht nicht der potenzielle Planmehrwert infolge Umsetzung des Plans, sondern der im eröffneten Verfahren bestehende Wert. Zu berücksichtigen sind Sanierungsleistungen der Gesellschafter.

Besteht die Möglichkeit, dass Gesellschaftsanteile in einer Sanierung wieder werthaltig werden können, werden sich Kreditinstitute diese über andere Rechtsvehikel, bereits im Vorfeld der Insolvenz, wie unter anderem der **doppelnützigen Treuhand** mit typischer Anteilsverpfändung oder Sicherungsübereignung (bei Aktien) ohne die Einflussnahme auf unternehmerische Entscheidungen, sichern (Prävention gegen Risiken aus § 39 Abs. 1 Nr. 5 InsO). Somit bestehen zahlreiche Unklarheiten und die Praxisbedeutung des Debt Equity Swaps fällt daher insgesamt für die Kreditwirtschaft gering aus, wenn man von dem obigen Beispiel des True Sale etwaig absieht. Seit der Einführung des ESUG sind somit auch erst wenige Debt Equity Swaps bekannt geworden (vgl. schon früh Moldenhauer et al., 2013, S. 2 ff.).

Banken sind Gläubiger und an einer Doppelstellung als Gläubiger sowie gleichzeitiger Eigentümer mit potenziellen Interessenkonflikten in der Regel nicht interessiert. Ein Debt Equity Swap zur Kapitalbereinigung ist in der Anwendung auf Gesellschafterdarlehen übrigens nur denkbar, wenn der betroffene Gesellschafter unter das Kleinbeteiligungsprivileg fällt. Da ansonsten die umzuwandelnde Forderung, weil diese als nachrangig (an letzter Rangstelle des § 39 Abs. 1 InsO) regelmäßig wertlos (vgl. § 225 Abs. 1 InsO) trotz § 254 Abs. 4 InsO bereits begrifflich nicht umwandlungsfähig ist.

Eine **Wandlung** von Forderungen in Eigenkapital ist aus Sicht der Kreditinstitute daher lediglich dann interessant, wenn der Debt Equity Swap gegebenenfalls als Transportmedium bei einem Forderungsverkauf an einen strategischen Investor oder einen Finanzinvestor eingesetzt werden kann, der auf diesem Wege eine Beteiligung am insolventen Unternehmen erwirbt oder das Krisenunternehmen in der Insolvenz komplett übernimmt. Es ist immer eine wirtschaftliche Betrachtung erforderlich. Der mögliche Tausch sollte im Zweifel einen hohen finanziellen Vorteil erwarten lassen. Sehr Kritisch zu beachten ist zum einen die Gläubigerstellung von Banken und zum anderen mögliche Haftungsrisiken und hohe Transaktionskosten bei der Umsetzung eines DES. Der Ablauf eines Debt Equity Swaps wird nachfolgend dargelegt.

Ablauf eines Debt Equity Swaps zur Kapitalbereinigung

Mit dem **Debt Equity Swap** erhalten Gläubiger eine Beteiligung am Schuldnerunternehmen. Das Vorgehen ermöglicht den Beitritt neuer Gesellschafter. Da die Anteile am Unternehmen in einer Insolvenz regelmäßig wertlos sein werden, ergibt sich aus dem Tausch materiell zunächst keine Wirkung mit Ausnahme der Verbesserung der Eigenkapitalsituation durch den anteiligen Passivtausch einer Forderung in das Eigenkapital. Auch eine Abfindung der durch Verwässerung ihrer Quote hinausgedrängten Altgesellschafter (vgl. § 225a Abs. 5 InsO) ist dann aufgrund der Wertlosigkeit der Gesellschaftsanteile nicht relevant. Im Allgemeinen besteht infolge der existenzbedrohenden Krise ein Unterkapital, das es zu bereinigen gilt. Zudem ergeben sich über einen Tausch zumeist positive Effekte auf den Zinsaufwand, mit Stärkung der Liquidität der Gesellschaft. Im Gegenzug fallen bei der Reorganisation des Unternehmens unter Umständen Ausschüttungen auf die Anteile an, sofern Gewinne entstanden sind und diese ausgeschüttert werden können.

Die Kapitalbereinigung erfolgt zunächst durch eine **bilanzielle Kapitalherabsetzung**. Anschließend erfolgt eine Kapitalerhöhung durch Sacheinlage mit Einbringung einer Darlehensforderung und einer zusätzlichen Bareinlage („Kapitalschnitt"). Die übrigen Gläubiger können beispielsweise aus den neuen Barmitteln abgefunden werden, um die Bilanzsanierung vollständig zu vollziehen. Nicht möglich ist der **„rückwirkende" Kapitalschnitt,** das heißt die Kapitalherabsetzung bei gleichzeitiger Kapitalerhöhung gemäß § 58f GmbHG beziehungsweise den §§ 234, 235 AktG allein mit dem DES, da dort eine Sacheinlage nicht möglich ist, also insoweit auch kein **Debt Equity Swap**. Daher ist bei dieser Konstellation eine zweifache Kapitalmaßnahme erforderlich, neben dem Debt Equity Swap eine Barkapitalerhöhung. In der folgenden Abb. 5.19 wird ein Debt Equity Swap mit bilanzieller Bereinigung des Unterkapitals ohne weitere Verzichtslösungen und bei Unterstellung einer vollständigen Werthaltigkeit des Darlehens beziehungsweise einer Umwandlung zum Nominalbetrag vereinfacht dargestellt.

Bilanz

AV	EK
12.000	0
UV	FK-KI
3.000	13.900
Fehlbetrag	FK-LuL
1.000	2.100

Gewinn- und Verlustrechnung

Umsatzerlöse
...
Entlastung Zinsaufwand
...
Sanierungsgewinn
...

Bilanz

AV	EK
12.000	2.000 ←
UV	FK-KI
3.000	10.900 ←
Fehlbetrag	FK-LuL
0	2.100

Abb. 5.19: Neustrukturierung des Kapitals nach einem Debt Equity Swap (Quelle: Eigene Darstellung)

In der Praxis ist die Vollziehung der Gestaltung der Anteilseignerstruktur oft deutlich komplexer. Diese ist zudem von der jeweiligen Rechtsform abhängig. So ist der Tausch von Fremdkapital in Eigenkapital bei börsennotierten Aktiengesellschaften aufwendig. Gegebenenfalls sind Beschlüsse zu fassen.

Die Bewertung der Forderungen im Rahmen einer Umwandlung ist realistisch vorzunehmen. Des Weiteren ist zu entscheiden, ob die Altgesellschafter weiter am Unternehmen beteiligt werden oder komplett ausscheiden sollen. Dann können sich zudem Schwierigkeiten bei der Umsetzung des Debt Equity Swaps im Detail ergeben (vgl. bereits Horstkotte/Martini, 2012, S. 557 ff.). Dieses erschwert die Umsetzung in die Praxis und fördert nicht die Anwendung.

Neben der Möglichkeit des Debt Equity Swap darf nicht verkannt werden, dass im Insolvenzplanverfahren Gesellschaftsrecht und Insolvenzrecht stark verzahnt sind. Der Insolvenzplan kann dann jegliche gesellschaftsrechtliche Maßnahme enthalten (§ 225a Abs. 2 InsO). Die Gläubigerversammlung kann darüber auch gegen den Willen der Gesellschafter entscheiden und diese Entscheidung kann dann verfahrensrechtlich vollzogen werden, zuletzt durch Eintragung im Handelsregister (§ 225a Abs. 3 InsO in Verbindung mit § 254a Abs. 2, 3 InsO).

Vorprüfung des Insolvenzplans durch das Insolvenzgericht

Gemäß § 231 InsO nimmt das Insolvenzgericht eine Vorprüfung des Insolvenzplans zu der Einhaltung der Verfahrensvorschriften und der Inhalte vor. Das Gericht weist den Insolvenzplan von Amts wegen zurück, wenn die Vorschriften über das Recht zur Vorlage und des Inhalts nicht beachtet worden sind sowie der Vorlegende den Mangel nicht beheben kann oder diesen Mangel nicht innerhalb einer angemessenen, vom Gericht festgesetzten Frist, beseitigt (§ 231 Abs. 1 Nr. 1 InsO). Im Übrigen untersucht das Insolvenzgericht, ob der Plan unzulässige Regelungen enthält.

Die Gliederung und die vorgegebenen Inhalte sind notwendige zu erfüllende Voraussetzungen für eine Annahme eines Plans. Gemäß § 231 Abs. 1 Nr. 2 InsO hat das Gericht den Insolvenzplan ebenfalls dann zurückzuweisen, wenn die vom Schuldner vorgelegte Ausarbeitung des Konzeptes keine Aussicht auf eine Annahme durch die Gläubiger oder die Bestätigung durch das Insolvenzgericht hat.

Ebenso hat das Gericht einen Plan gemäß § 231 Abs. 1 Nr. 3 InsO abzulehnen, wenn die Ansprüche, die den Beteiligten eines vom Schuldner vorgelegten Plans zustehen sollen, in der Praxis „offensichtlich nicht“ erfüllt werden können. Durch diese Analyse wird verhindert, dass diese Gläubiger mit gesetzeswidrigen oder aussichtslosen Insolvenzplänen befasst werden und damit das Insolvenzverfahren verzögert wird. Falls der Insolvenzplan ohne formalrechtliche Mängel eingereicht wird, legt das Insolvenzgericht gemäß § 232 Abs. 1 InsO den Plan zur Stellungnahme dem Gläubigerausschuss, dem Betriebsrat sowie dem Sprecherausschuss der leitenden Angestellten vor. Hier ist eine ausreichende Kommunikation zur Erläuterung der Vorteile des Insolvenzplans in der Regel erforderlich. Zudem wird der Plan dem Schuldner zur Äußerung dargelegt, wenn er die Ausarbeitung nicht selbst erstellt hat. Entsprechendes gilt für den Insolvenzverwalter. Das Gericht bestimmt eine Frist für die Abgabe einer Stellungnahme nach § 232 Abs. 3 InsO. Das Gericht soll nach Einreichung des Plans beschleunigt entscheiden, möglichst innerhalb von zwei Wochen.

Erörterungs- und Abstimmungstermin

Das Insolvenzgericht legt gemäß § 235 Abs. 1 Satz 1 InsO in der Regel einen gemeinsamen Erörterungs- und Abstimmungstermin fest, in dem der Plan und das Stimmrecht diskutiert und über den Insolvenzplan final abgestimmt werden soll.

Gemäß § 241 InsO kann das Insolvenzgericht auch einen gesonderten Abstimmungstermin bestimmen, der nicht mehr als einen Monat nach dem Erörterungstermin liegen soll. Eine Trennung des Erörterungstermins von der Abstimmung ist unter anderem sinnvoll, wenn der Insolvenzplan aufgrund vorhandener komplexer Sachverhalte zunächst vorbesprochen werden soll. Dann sind zwingend Erläuterungen notwendig. In diesem Fall muss der Insolvenzverwalter beziehungsweise das Insolvenzgericht davon ausgehen, dass die Gläubiger erst nach gründlicher Überprüfung der in dem Erörterungstermin verhandelten Gesichtspunkte zu einer Entscheidung über die Realisierung des Insolvenzplans gelangen werden. Die bankinterne Entscheidungsfindung ist nach Bekanntwerden des Plans intern sorgfältig vorzubereiten.

Zu Beginn des Termins, unter dem Vorsitz des Gerichts, wird der Insolvenzverwalter den Gläubigern die wesentlichen Inhalte des Insolvenzplans darlegen. Danach können die Beteiligten den Insolvenzplan besprechen und ihre Stellungnahmen abgeben. Anschließend werden die Stimmrechte der Insolvenzgläubiger und der absonderungsberechtigten Gläubiger festgestellt. Gemäß §§ 237, 238 InsO in Verbindung mit § 77 Abs. 1 InsO sind Insolvenzgläubiger stimmberechtigt, deren Forderungen angemeldet sowie weder vom Insolvenzverwalter noch von einem anderen stimmberechtigten Gläubiger bestritten worden sind (siehe dazu genauer Schmidt-Spliedt, 2023, §§ 237 Rn. 2–10, zu den Stimmrechten). Diejenigen Gläubiger ohne Beeinträchtigungen ihrer Forderungen haben dagegen kein Stimmrecht (§ 237 Abs. 2 InsO).

Der Insolvenzplan sollte insgesamt auf eine breite **Gläubigerzustimmung** stoßen, die nur dadurch zu erzielen ist, dass die Inhalte eines Planungskonzepts insgesamt überzeugen. Im Erörterungs- und Abstimmungstermin wird es oft dazu kommen, dass der Plan aufgrund von Einwendungen oder Anregungen der Gläubiger inhaltlich noch abgeändert werden muss. Gemäß § 240 InsO ist der Vorlegende zur Änderung „einzelner Regelungen" des Plans aufgrund der Diskussionen im Erörterungs- und Abstimmungstermin berechtigt. Über die gewünschten Anpassungen des Plans kann auch im Erörterungs- und Abstimmungstermin verhandelt werden.

Damit die Rechte der am Insolvenzplanverfahren Beteiligten ausreichend berücksichtigt werden, muss der Insolvenzplan in seinem wirtschaftlichen Kern erhalten bleiben (siehe Schmidt-Spliedt, 2023, § 240 Rn. 3, 4 zum Änderungsumfang). Nicht zulässig sind insbesondere Änderungen, aufgrund derer dann erstmalig in die Rechte von Beteiligten eingegriffen werden soll und die nach dem ursprünglichen Plan bislang von unveränderten Rechtsstellungen ausgehen konnten. Im Anschluss an den Abstimmungsvorgang ist der Insolvenzplan endgültig durch das zuständige Insolvenzgericht zu prüfen und anschließend zu bestätigen.

Bestätigung und Aufhebung des Insolvenzplans

Der **Schuldner** muss dem vorgelegten Plan zustimmen. Gemäß § 247 Abs. 1 InsO gilt seine Zustimmung als erteilt, wenn er diesem Plan nicht spätestens im Abstimmungstermin schriftlich oder zu Protokoll der Geschäftsstelle widerspricht.

Gemäß § 247 Abs. 2 InsO ist der Widerspruch des Schuldners allerdings unbeachtlich, wenn dieser durch einen Insolvenzplan voraussichtlich nicht schlechter gestellt wird, als er ohne diesen dastünde sowie kein Gläubiger einen wirtschaftlichen Wert erhält, der den vollen Betrag seines Anspruchs übersteigt. Nach der Annahme des Insolvenzplans durch die Gläubiger gemäß §§ 244 ff. InsO und der Zustimmung des Schuldners, bedarf die Konzeption einer rechtskräftigen Bestätigung durch das zuständige Insolvenzgericht (§ 248 Abs. 1 InsO). Vor einer Entscheidung des Insolvenzgerichts sind der Insolvenzverwalter, der Gläubigerausschuss und der Schuldner gegebenenfalls zu der Thematik des Insolvenzplans anzuhören. Der Gegenstand einer Überprüfung des Gerichts vor der Entscheidung über die Bestätigung ergibt sich aus § 250 Nrn. 1 und 2 InsO („Verstoß gegen Verfahrensvorschriften").

Nach dieser Norm ist die Bestätigung von Amts wegen durch Beschluss zu versagen, wenn die Vorschriften über den Inhalt sowie die verfahrensmäßige Behandlung des Plans und über die Annahmen durch die Gläubiger und die Zustimmung des Schuldners in wesentlichen Punkten nicht beachtet worden sind und die Mängel nicht behoben werden können. Dem Insolvenzplan muss die Bestätigung versagt werden, wenn diese Zustimmung der Gläubiger unlauter zustande gekommen ist, zum Beispiel bei einzelnen Parteien „erkauft" wurde.

Gegen die Versagung der Bestätigung des Insolvenzplans können die Gläubiger oder Schuldner beziehungsweise Gesellschafter (wenn der Schuldner keine natürliche Person ist) innerhalb zwei Wochen sofortige Beschwerde gemäß § 253 InsO (i.V.m. §§ 4, 6 InsO, 568 ZPO) einlegen. Mit Rechtskraft der Bestätigung des Insolvenzplans treten die im gestaltenden Teil festgelegten Wirkungen für und gegen sämtliche Beteiligten ein (§§ 254, 254a InsO). Die Wirkungen des bestätigten Plans gelten nach § 254b InsO auch für Insolvenzgläubiger, die ihre Forderungen nicht angemeldet haben sowie für Beteiligte, die diesem Insolvenzplan widersprochen haben.

Durch das ESUG wurde nach § 259a InsO zudem ein besonderer Vollstreckungsschutz des Schuldners gegen Insolvenzgläubiger bei nicht angemeldeten Forderungen eingeführt (die sogenannten „Nachzügler"). Demnach kann das Insolvenzgericht eine Maßnahme der Zwangsvollstreckung ganz oder teilweise aufheben oder diese bis zu drei Jahren untersagen, wenn durch diese Vollstreckung einer nicht angemeldeten Forderung die Durchführung eines Insolvenzplans gefährdet wird.

Gemäß § 259b InsO wurde zum Schutz der Durchführung eines bestätigten Insolvenzplans zudem für nicht angemeldete Forderungen eines Insolvenzgläubigers in einem Planverfahren eine gesonderte und abgekürzte Verjährungsfrist von einem Jahr eingeführt (vgl. Schmidt-Spliedt, 2023, § 259b Rn. 1).

Gemäß § 254 Abs. 2 InsO bleiben Sicherungsrechte der Gläubiger in einem Planverfahren gegenüber Dritten bestehen. Die Drittsicherheiten existieren in Form von Ansprüchen gegen Bürgen eines Insolvenzschuldners, gegen Schuldbeitretende und Gesamtschuldner, die mit dem Insolvenzschuldner gemeinschaftlich haften. Alle von Dritten gewährten dinglichen Sicherheiten, wie beispielsweise Sicherungsübereignungen und Pfandrechtsbestellungen an Sachen und Rechten bleiben, ebenfalls erhalten. Dies gilt ebenso für Vormerkungen im Grundbuch hinsichtlich solcher Sicherheiten. Die Ansprüche der Gläubiger gegen Drittsicherungsgeber bleiben daher vom Plan unberührt. Eine Ausnahme stellen die sogenannten gruppeninternen Drittsicherheiten im Sinne des § 217 Abs. 2 InsO dar, die von den Planwirkungen umfasst werden, wenn sie dort eingebunden wurden (§ 223a InsO). Betroffen hiervon sind die typischen Strukturen in **Konzernen** mit Tochtergesellschaften.

---

i

Beispiel: Eine Unternehmensgruppe möge aus der Konzernmutter A, einer Holding und den operativ agierenden Konzerntöchtern B, C, D und E bestehen. A nimmt ein Darlehen bei der Bank X. auf, die als Sicherheit Bürgschaften der B. C und D erhält sowie ein Grundpfandrecht auf dem Betriebsgrundstück der E. Zur Erhaltung der für die Sanierung nötigen Gruppenstrukturen werden die Bürgschaften sowie das Grundpfandrecht in die Umstrukturierung in den Plan einbezogen. Damit greift der rechtskräftig bestätigte Plan in die Rechte der Bank X. aus diesen Drittsicherheiten ein, die nach Maßgabe des Plans behandelt werden.

Die unberührt bleibenden **Drittsicherungsrechte** verbleiben auch nach der Bestätigung eines Insolvenzplans mit dem Sicherungszweck in Höhe der ursprünglich gesicherten Forderung bestehen. Der Drittschuldner kann gegenüber dem Gläubiger nicht einwenden, die Hauptforderung gegenüber dem Insolvenzschuldner sei durch diesen Plan reduziert worden oder erloschen.

Der § 254 Abs. 2 Satz 2 InsO versagt dem in Anspruch genommenen Dritten einen uneingeschränkten Schuldnerregress, da der Schuldner ihm gegenüber auch in derselben Weise entschuldet wird wie gegenüber dem Gläubiger selbst, dem Sicherungsnehmer im Verhältnis zum Drittsicherungsgeber.

Der Dritte kann seine Regressforderung infolge dessen gegenüber dem Schuldner nur in der Höhe durchsetzen, die dem Gläubiger gemäß dem bestätigten Insolvenzplan im Ergebnis erhalten geblieben ist § 254 Abs. 2 Satz 2 InsO). Hier zeigt sich auch für den in Anspruch genommenen Drittsicherungsgeber im Rahmen eines Insolvenzplanverfahrens ein erhebliches Ausfallrisiko.

Überprüfung von projektierten Insolvenzplänen aus Gläubigersicht

Wird ein Insolvenzplanverfahrens projektiert, stellt sich für die Gläubiger bereits in der beginnenden Projektphase (im Insolvenzeröffnungsfahren schon unter dem Verfahrensschritt mit den Begrifflich **„Schutzschirm“** oder **„Vorbereitung einer Sanierung“** gemäß § 270d InsO oder im eröffneten Insolvenzverfahren) die Frage, ob dieses Projekt unterstützt werden soll.

Neben den Erfolgsaussichten eines sanierenden Insolvenzplans spielen auch die Risikoreduzierung, die Nutzung der Sicherheiten und die Notwendigkeit der Vergabe neuer Mittel für Kreditinstitute eine Rolle. Die zu lange Verfolgung eines aussichtslosen Insolvenzplans kann gegebenenfalls dazu führen, dass die **Sicherheiten** des Umlaufvermögens verbraucht werden sowie die Befriedigungsquoten stark sinken, die noch vorhandene Liquidität aufgezehrt ist (vgl. schon Fröhlich, 2011, S. 38 ff.). Erfolgsfaktoren für das Insolvenzplanverfahren sind die frühe Erarbeitung eines Konzeptes und die zeitnahe Umsetzung.

Wenn das Planungskonzept bereits vorinsolvenzlich entworfen beziehungsweise vereinbart wurde, kann im Rahmen des Eröffnungsverfahrens auf den Prepackaged Plan zurückgegriffen werden (siehe Braun-Braun/Frank, 2024, Vor §§ 217–269 InsO Rn. 15). Das vorinsolvenzlich erarbeitete Sanierungskonzept soll aus diesem Grund umfassend sein und neben der finanzwirtschaftlichen Sanierung sowie den leistungswirtschaftlichen Bereichen auch die insolvenzrechtlich relevanten Aspekte erörtern. Letztendlich wird es aber in einem Insolvenzplanverfahren auf den potenziellen Erfolg des Unternehmens am Markt ankommen, der sich zum Teil erst Jahre nach der Beendigung des Insolvenzverfahrens einstellt. Die finanzwirtschaftliche Sanierung ist mit der Planbestätigung erreicht, ob sie Bestand hat, beantwortet das noch umzusetzende angepasste leistungswirtschaftliche Konzept. Es erfordert den operativen Erfolg am Markt, der als solcher erst die durch den Plan letztlich angestrebte Konkurrenzfähigkeit mit branchenüblicher Eigenkapitalrendite sichert. Die eingeleitete Sanierung beginnt nach der Rechtskraft der Planbestätigung, kann Jahre dauern und auch zur erneuten Insolvenz führen. Um dies zu vermeiden ist eine leistungswirtschaftliche Sanierung bei der Umsetzung eines sanierenden Plans zwingend erforderlich.

Detailliert ist aus Bankensicht auch zu prüfen, ob die Sanierung über einen Insolvenzplan ohne neues Geld gelingen kann und wie die Banken zu einer möglichen Risikoerhöhung über die Vergabe neuer Gelder in einem Insolvenzverfahren stehen. Dies erfordert im Insolvenzverfahren die Sanierungsfähigkeitsprüfung und Einschätzung der Sanierungswürdigkeit wie in der außergerichtlichen Sanierungsphase. Als Besonderheit gilt es zu beachten, dass eine Sanierung in der Insolvenz zudem aufgrund des sogenannten Insolvenzmakels häufig unter erschwerten Bedingungen stattfindet. Daher wird in Praxis und Wissenschaft, unter Hinweis auf erfolgreiche ausländische Sanierungsmodelle, eine Sanierungskultur zu entwickeln.

Das ESUG und erst recht das SanInsFoG, sind gesetzlichen Angebote dazu, das Planverfahren ein gutes Instrument. Der geringe Prozentsatz von Planverfahren an der Zahl eröffneter Insolvenzen ist nicht gleichbedeutend mit der unveränderten Fortsetzung des Insolvenzmakels. Vielmehr ist die Sanierung auch außerhalb eines Planverfahrens möglich, durch übertragende Sanierung. Es darf auch nicht übersehen werden, dass viele Kleinstunternehmen ohne wirtschaftliche Substanz in die Insolvenz geraten, so dass ein Sanierungsverfahren des Rechtsträgers ausscheidet. Ferner fehlt es oft in der Geschäftsleitung an der Kompetenz zur Krisenbewältigung.

Bestätigung des Plans und Beendigung des Insolvenzverfahrens

Nach § 258 Abs. 1 InsO beschließt das Insolvenzgericht die **Aufhebung** des Insolvenzverfahrens, wenn die Bestätigung des Insolvenzplans rechtskräftig geworden ist, es sei denn in einem nur verfahrensleitenden Plan (dessen Hauptzielstellung gemäß § 217 Abs. 1 InsO die „Verfahrensabwicklung" sein soll) ist eine andere Regelung vorgesehen (siehe Schmidt-Spliedt, 2023, § 258 Rn. 3). Voraussetzung für die Aufhebung ist bei einem das Verfahren „beendigenden" Plan (Schmidt-Spliedt, 2023, § 258 Rn. 3) neben der Rechtskraft des Insolvenzplans auch die Erfüllung der vorrangigen Masseansprüche gemäß § 258 Abs. 2 InsO.

Der Verwalter hat die unstreitigen und fälligen Masseansprüche aus der vorhandenen Insolvenzmasse zu berichtigen. Diese Regelung ist vor allem für Bankkredite relevant, die von dem starken vorläufigen Verwalter im Eröffnungsverfahren oder vom Insolvenzverwalter im eröffneten Verfahren aufgenommen worden sind. Es ist auch möglich, die Rückzahlung solcher Finanzierungen praxisnah in die Phase nach der Planbestätigung zu verlegen beziehungsweise sie über das Insolvenzverfahren hinaus zu verlängern, sodass die Forderung bei Planbestätigung noch nicht fällig ist, wenn ein stets zu aktualisierender Finanzplan die Erfüllung dieser (künftig fälligen) Ansprüche gewährleistet, und zwar auf der Basis einer **belastbaren Liquiditätsrechnung** mit dem Ergebnis **voraussichtlicher Erfüllbarkeit** (siehe Schmidt-Spliedt, 2023, § 258 Rn. 15, § 258 Abs. 2 Satz 2 InsO). Für streitige oder solche noch nicht fällige Masseverbindlichkeiten ist ansonsten Sicherheitsleistung vorgeschrieben (§ 258 Abs. 1 Satz 1 InsO i.V.m. § 232 BGB), wobei auch bei streitigen Forderungen ein Finanzplan mit dem vorstehenden Inhalt hinreichend sei (Schmidt-Spliedt, 2023, § 258 Rn. 17).

Erleichterung bei der Aufhebung des Planverfahrens seit dem ESUG

Die Neufassung des § 258 Abs. 2 InsO erleichtert somit die Aufhebung des Insolvenzverfahrens, wenn **Masseverbindlichkeiten** umstritten oder noch nicht fällig sind, indem sie in einen nachinsolvenzlich wirkenden Finanzplan eingebunden werden. Aus Sicht der Kreditinstitute sind diese Finanzpläne genau zu überprüfen, damit sichergestellt ist, dass eine Begleichung der nicht fälligen Masseverbindlichkeiten möglich erscheint. Die zügige Umsetzung des Insolvenzplans wird auch dadurch gefördert, dass dem Insolvenzverwalter nach § 248a InsO in Verbindung mit § 221 Satz 2 InsO die Befugnis eingeräumt wird, offensichtliche Fehler des Insolvenzplans zu korrigieren, falls der Plan die „Bevollmächtigung" des Insolvenzverwalters vorsieht.

Diese Korrektur bedarf der **Bestätigung des Insolvenzgerichts**. Eine erneute Abstimmung über den Insolvenzplan durch die Gläubigerversammlung ist nicht erforderlich. Nach § 248a Abs. 2 InsO soll das Gericht allerdings die Beteiligten anhören. Der Beteiligtenkreis erfasst den Verwalter, den Gläubigerausschuss, die Gläubiger sowie die Anteilseigner, insoweit ihre Rechte betroffen sind. Der Beschluss und der Grund der Aufhebung des Verfahrens sind im Internet im Bund-Länder-Portal öffentlich bekannt zu machen (§ 258 Abs. 3 Satz 1 InsO, § 9 InsO).

Mit der **Aufhebung eines Insolvenzverfahrens** erlöschen die Ämter des Insolvenzverwalters und der Mitglieder des Gläubigerausschusses gemäß § 259 Abs. 1 InsO. Der Schuldner erhält gemäß § 259 Abs. 1 Satz 2 InsO das Recht zurück, frei über die Insolvenzmasse zu verfügen. Er ist berechtigt sowie durch den Insolvenzplan in aller Regel auch verpflichtet, das Unternehmen weiter fortzuführen. Aus der Formulierung wird auch das Recht des Schuldners hergeleitet, den Besitz an den Massegegenständen zurückzuverlangen. Der Insolvenzschuldner hat gegen den eingesetzten Insolvenzverwalter einen Anspruch auf die Herausgabe aller Vermögensgegenstände, die der Verwalter während des Verfahrens für die Insolvenzmasse erworben hat. Dies kann beispielsweise Warenbestände betreffen.

Ansprüche aus der Insolvenzmasse stehen nunmehr dem Schuldner zu. Die Forderungen, die der Insolvenzverwalter zugunsten der Masse begründet hat, sind ausschließlich durch den Insolvenzschuldner geltend zu machen. Stellt sich nach Aufhebung des Insolvenzverfahrens heraus, dass noch weitere Masseverbindlichkeiten bestehen, sind diese vom Insolvenzschuldner vorab zu befriedigen. Der Insolvenzverwalter verliert mit der Aufhebung des Verfahrens auch die Prozessführungsbefugnis für Rechtsstreitigkeiten für sowie gegen das schuldnerische Unternehmen.

Nur bereits anhängige (rechtshängige, das heißt dem Anfechtungsgegner durch das Gericht zugestellte Klagen) **Anfechtungsprozesse** kann der Insolvenzverwalter nach § 259 Abs. 3 InsO zu Ende führen. Voraussetzung dafür ist allerdings, dass diese Legitimation im gestaltenden Teil eines Insolvenzplans ausdrücklich vorgesehen ist (siehe BGH, 10.12.2009, IX ZR 206/08), bei mehreren rechtshängigen Prozessen kann diese Befugnis im Plan auf einzelne Rechtsstreite beschränkt werden (vgl. BGH, 07.03.2013, IX ZR 222/12). Das Prozessergebnis geht zugunsten beziehungsweise Lasten des (früheren) Schuldners aus, der Plan kann wohl auch eine Lösung zugunsten beziehungsweise zu Lasten der Gläubiger des Insolvenzverfahrens vorsehen (siehe zu dieser Thematik Schmidt-Spliedt, 2023, § 259 Rn. 11–14).

Die Forderungen der Insolvenzgläubiger, die aufgrund des gestaltenden Teils eines Insolvenzplans gestundet oder teilweise erlassen worden sind, leben in ihrem ursprünglichen Bestand wieder auf (§ 255 InsO), sofern der Schuldner mit der Erfüllung seiner Planvorgaben erheblich in Rückstand gerät. Ein Erfüllungsrückstand ist anzunehmen, wenn der Schuldner seine ihm nach dem Insolvenzplan obliegenden Verpflichtungen (nach Mahnung und Fristsetzung) nicht erfüllt.

Gemäß § 255 Abs. 1 Satz 2 InsO ist ein erheblicher **Rückstand** erst dann anzunehmen, wenn dieser Insolvenzschuldner eine fällige Verbindlichkeit nicht bezahlt hat, obwohl der Gläubiger ihn dazu schriftlich gemahnt sowie ihm dabei eine mindestens zweiwöchige Nachfrist gesetzt hat. Diese Vorschrift zwingt den Insolvenzschuldner, die ihm nach dem Insolvenzplan obliegenden Verpflichtungen gegenüber sämtlichen Gläubigern vollständig und termingerecht einzuhalten. Die Regelung des § 255 Abs. 1 Satz 1 InsO betrifft jedoch nur diejenige Forderung eines Gläubigers, dem gegenüber der Insolvenzschuldner in Rückstand geraten ist.

Gemäß § 255 Abs. 2 InsO leben indes alle **Gläubigerforderungen** des Insolvenzplans vollständig wieder auf, wenn über das Vermögen des Schuldners oder des Schuldnerunternehmens ein erneutes Insolvenzverfahren eröffnet wird.

Gemäß § 260 Abs. 1 bis 3 InsO kann im gestaltenden Teil des Insolvenzplans vorgesehen werden, dass nach der Aufhebung eines Insolvenzverfahrens überwacht wird, ob die Ansprüche, die den Gläubigern gemäß dem gestaltenden Teil des Plans zustehen, vom Insolvenzschuldner erfüllt werden.

Die **Überwachung** erfolgt durch den Insolvenzverwalter (oder Sachwalter bei einem vorausgegangenen Eigenverwaltungsverfahren §§ 261 Abs. 1, 284 Abs. 2 InsO) Er hat ausschließlich die Aufgabe diese Planvorgaben zu kontrollieren. Stellen der Insolvenzverwalter oder der Sachwalter fest, dass die in dem Insolvenzplan den Gläubigern zugesagten Leistungen vom Schuldner eingehalten werden, zeigt dieser dem Gericht die Erfüllung der Verpflichtungen aus dem Insolvenzplan als gesichert an. Damit der Insolvenzverwalter oder der Sachwalter die Überwachungs- und Informationspflichten vollständig erfüllen kann, sind ihm Rechte zum Betreten der Geschäftsräume des Unternehmens, zur Einsichtnahme in die Geschäftspapiere sowie Auskünfte zu verlangen, zugewiesen (vgl. §§ 261 Abs. 1 Satz 3, 22 Abs. 3 InsO).

Die Planüberwachung wird zusammen mit dem Beschluss über die Aufhebung des Insolvenzverfahrens nach § 267 InsO öffentlich bekannt gemacht. Aus § 268 InsO werden der Beschluss sowie der Grund für die Aufhebung der Überwachung durch den Sachwalter ebenfalls veröffentlicht (§ 268 Abs. 2 und § 267 Abs. 3 InsO).

Der Erfolg bei der Umsetzung eines Insolvenzplans wird, wie bei der außergerichtlichen Sanierung, erheblich vom leistungswirtschaftlichen Erfolg eines insolventen Unternehmens am relevanten Markt sowie dem professionellen Sanierungsmanagement durch erfahrene Akteure abhängen.

In den letzten Jahren zeigt sich, im Gleichklang der Zunahme bei der Anzahl an Insolvenzen größerer Unternehmen, auch die höhere Zahl an Insolvenzplanverfahren. Damit vergrößern sich dort die Chancen, Arbeitsplätze und Produktion zu erhalten. Dazu hatte auch die stärkere Nutzung des Instruments des Insolvenzplans nach der Rechtsänderung durch das ESUG beigetragen, wie eine zeitlich etwas zurückliegende Studie zeigt (vgl. Moldenhauer, R./Wolf, 2018, S. 1 ff.). Die Evaluierung des ESUG nach dem Bericht der Bundesregierung sieht das Planverfahren positiv.

Das SanInsFoG hat erneut Regelungen zum Insolvenzplan novelliert. Auf weitere Einzelheiten ist im vorliegenden Rahmen nicht einzugehen. Dabei ist auf der Zeitachse auf Seiten der Verfahrensbeteiligten die Spezialisierung eingetreten. Es konzentrieren sich gerade die größeren (bekannt gewordenen) Verfahren der Eigenverwaltung, mit und ohne ESUG und einem Insolvenzplan, auf vergleichsweise wenige Insolvenzkanzleien in Deutschland, die Erfahrungen auf diesem Gebiet aufgebaut haben sowie die notwendigen Personalressourcen haben und eine entsprechende Vernetzung mit zuarbeitenden Fachleuten aus Wirtschafts-, Steuer- und Rechtsberatung aufweisen.

Es ist allerdings zu berücksichtigen, dass es sich bei den Planannahmen und der geplanten Umsetzung trotz aller Sorgfalt und Kompetenz der Beteiligten letztlich doch um Prognosen zur wirtschaftlichen Zukunft eines Unternehmens unter Einbeziehung statistischer Erwägungen handelt, deren Eintreten allgemein schwer zu einzuschätzen ist. Wie stets nimmt auf der Zeitachse die Wahrscheinlichkeit des Eintritts von Ereignissen auf der Basis von noch so sorgfältigen Prognosen zunehmend ab.

Aus der Sicht der beteiligten Kreditinstitute ist daher entsprechend vorsichtig heranzugehen, handelt es sich doch um ein Unternehmen, dessen Geschäftsmodell deutlich angeschlagen war und das dem negativen Image eines Insolvenzverfahrens ausgesetzt war, das also am Markt, schließlich nicht nur der Kunden und Lieferanten, sondern auch der Investoren, nach Beendigung des Insolvenzverfahrens erst wieder sein Potential an Vertrauen deutlich stärken muss.

Insgesamt ist eine **Sanierung im Insolvenzplanverfahren** bei dem das Unternehmen anschließend eine eigenständige Stellung am Markt meist schwer umsetzbar. Der Ruf, die finanziellen Mittel und die Marktpotenziale sind nach dem Durchlaufen des Insolvenzverfahrens meist stark angegriffen. Des Weiteren haben oft für das Unternehmen wichtige Mitarbeiter das Unternehmen bereits lange verlassen. Damit fehlen wesentliche Merkmale um ein Unternehmen erfolgreich zu betreiben. Auch der Kundenstamm hat meist stark gelitten.

Aus diesem Grund sind übertragende Sanierungen voraussichtlich am Markt erfolgreicher, wenn finanzstarke Investoren bestimmte Teile des Betriebs übernehmen und dafür einen Kaufpreis zahlen. Dann besteht auch die Möglichkeit, dass diese Assets in die Wertschöpfungskette des Übernehmers integriert werden und der Unternehmenserfolg nachhaltig wieder aufgebaut werden kann. Fraglich ist in dem Zusammenhang die Stellung der Bank mit Hinnahme von Verzichten und dem möglichen Wunsch des Investors, dass die Hausbank weiter die Finanzierung aufrechterhält.

Die Vorteile einer übertragenden Sanierung sind unter anderem in der Übernahme des Geschäftsbetriebs ohne Schulden und Altlasten zu sehen. Arbeitsplätze können erhalten werden. Das betriebliche Know How bleibt bestehen. Es ermöglicht zudem eine schnellere Abwicklung im Vergleich zu anderen Verfahrensarten, die Fortführung der ehemals insolventen Firma beziehungsweise von Teilen davon und eine klare Trennung von gesunden und ungesunden Unternehmensteilen für einen Neuanfang. Der Verlauf einer übertragenden Sanierung wird im Folgenden aufgezeigt.

? **Checkliste und Analysen zum Insolvenzplanverfahren:**

1. Sind alle Segmente eines Insolvenzplans bekannt und kann dieser inhaltlich geprüft werden?
2. Sind die Inhalte des darstellenden Teils bekannt und sind alle Inhalte gemäß IDW S 2 enthalten?
3. Sind die Bestandteile des gestaltenden Teils vollständig und ist die Gruppenbildung richtig?
4. Sind die Plananlagen interpretierbar und sind die Unterlagen realistisch, vollständig und richtig?
5. Bringt das Planverfahren hohe Ausfallrisiken für die Bank mit sich bei geforderten Verzichten?

5.6 Übertragende Sanierung als Abwicklungslösung

Neben dem Insolvenzplanverfahren hat sich ein weiteres praxisnahes Instrument der Rettung von Unternehmen oder Unternehmensteilen etabliert, das regelmäßig mit Liquidation des im Insolvenzverfahren befindlichen Rechtsträgers (wie GmbH, KG, Genossenschaft, AG) einhergeht. Die **übertragende Sanierung** ist dabei nicht als klassische Sanierungslösung zu bezeichnen. Vielmehr wird über das Vehikel erreicht, dass (gesunde) Unternehmens- oder Betriebsteile in Gestalt abgrenzbarer Organisationseinheiten durch eine Übertragung auf einen neuen Rechtsträger erhalten bleiben. Der Erwerber führt dann die betrieblichen Aktivitäten weiter fort.

Die betriebswirtschaftliche Einheit **Unternehmen** wird in diesem Fall vor einer Auflösung bewahrt, indem die gesunden Teile extrahiert, auf eine neue rechtliche Hülle übertragen werden und damit deren Fortführung ermöglicht wird. Der Erwerber wird sich dabei die wertvollen Vermögensgegenstände aus einer Unternehmensinsolvenz heraussuchen sowie diese Assets dann in ihrer Gesamtheit weiter nutzen. Es handelt sich dabei um einen Erwerb von Gesamtheiten von Assets, die eine betriebswirtschaftlich unternehmerische Einheit repräsentieren, insbesondere und einschließlich des zugehörigen Personals im Rahmen eines Betriebsübergangs nach § 613a BGB. Für die Kreditinstitute ist diese Lösung meist von großem wirtschaftlichem Interesse, da der Kaufpreis der Assets zur Reduzierung der Altverbindlichkeiten herangezogen werden kann. Des Weiteren kann das Altengagement unter Umständen beendet werden.

Wesentlich für die Übertragung bei der vorstehend skizzierten **Asset-Deal-Lösung** ist die Übertragung der einbezogenen Gegenstände (Gesamtheiten von Sachen, Forderungen und Rechten, Übereignung der Sachen nach den §§ 929 ff. BGB, der Forderungen und Rechte durch Abtretung nach den §§ 398 ff. BGB) im Wege einer Einzelrechtsnachfolge und die Trennung dieser Assets vom insolventen Unternehmensträger. Mit dieser Sanierungstechnik ist die Aufspaltung der Aktiva und Passiva möglich. Die interessanten Vermögensgegenstände werden auf einen neuen Rechtsmantel übertragen und dann weiter genutzt. Altverbindlichkeiten verbleiben beim insolventen Unternehmen und belasten den neuen Eigentümer nicht.

Auf diese Weise gelingt unter Umständen ein erfolgreicher Neustart mit einer Weiterführung des operativen Geschäfts. Weiter ist kennzeichnend, dass die Veräußerung zu einem möglichst frühen Zeitpunkt stattfindet, in der sich das Unternehmen entweder im Eröffnungsverfahren oder bereits im eröffneten Insolvenzverfahren befindet. Auf diese Weise kann die Betriebsfortführung einfacher sichergestellt werden.

Die Einbringung des übertragenen Unternehmensteils kann erfolgen in einen neu gegründeten Rechtsträger (wie in eine neu gegründete NewCo GmbH) und einen bereits bestehenden Rechtsträger des Erwerbers. Eine übertragende Sanierung ist aber auch möglich durch einen **Share Deal** im Wege der Ausgliederung nach § 123 Abs. 3 UmwG in den dafür geeigneten Fällen. Dieses wird in der Praxis seltener der Fall sein, da für den Übernehmer weniger Gestaltungsfreiheiten bestehen.

Kreditinstitute haben in der Regel ein Interesse an einer Übertragungslösung, da über einen Bietungsprozess potenzieller Kaufinteressenten ein hoher Erlös generiert werden kann. Des Weiteren besteht der Vorteil, dass im Gegensatz zum Insolvenzplan ein einfaches Verfahren zugrunde liegt. Auf diese Weise kann oft auch unter Zeitdruck schneller eine Übertragungslösung erarbeitet werden. Zudem greift der Insolvenzverwalter als Richtschnur für die Kaufpreisverhandlungen anders als im Regelinsolvenzverfahren nicht auf die Liquidationswerte der einzelnen Wirtschaftsgüter (Piecemeal), sondern auf die Fortführungswerte zurück, da diese Übertragung eine Fortsetzung unternehmerischer Aktivitäten beinhaltet. So lassen sich für Sachwerte und für immaterielle Wirtschaftsgüter wie Marken- oder Patentrechte teils hohe Erlöse erzielen.

Für die Gläubiger kann es vorteilhaft sein, das insolvente Unternehmen mit der übertragenden Sanierung in Teilen zu erhalten, um höhere Rückflüsse zu erzielen. Es handelt es sich bei der übertragenden Sanierung nicht um eine klassische wirtschaftliche Gesundung im eigentlichen Sinne einer **Rechtsträgersanierung**. Es wird vielmehr ein neuer rechtlicher Rahmen vorbereitet, auf den die werthaltigen Vermögensgegenstände übertragen werden, von denen ein wirtschaftlicher Erfolg zu erwarten ist.

Dieser insolvente Rechtsträger verbleibt dann weiter im Regelinsolvenzverfahren (mit den dort angehäuften Schulden) und wird nach den gesetzlichen Bestimmungen liquidiert. Dabei ist die übertragende Sanierung auf die Interessen der Gläubiger ausgerichtet sowie eine Verwertungshandlung des Insolvenzverwalters, die sich primär am Nutzen der Gläubiger zu orientieren hat (vgl. Thiele, 2014, S. 1272 ff.). Da maßgeblich in die Rechte der betroffenen Gläubiger eingegriffen wird, ist die Zustimmung der Gläubigerversammlung oder eines gebildeten Gläubigerausschusses für die Übertragung einzuholen (§ 160 InsO). Gläubiger mit Absonderungsrechten an den zur Übertragung vorgestellten Assets müssen ebenfalls zustimmen und aus dem Erlös vorab befriedigt werden. Es kann sein, dass damit der Erlös ausgeschöpft wird. Der Erlös aus der übertragenden Sanierung kann dann auch nur den Effekt haben, die Passivlasten des insolventen Rechtsträgers zu reduzieren.

Definition: Unter der **übertragenden Sanierung** ist die Veräußerung des gesamten Unternehmens oder funktionsfähiger Unternehmensteile oder Betriebe beziehungsweise Teilbetriebe des insolventen Rechtsträgers im Wege eines Asset Deals, also der Übereignung einzelner Vermögensgegenstände, an einen anderen Rechtsträger zu verstehen. Nach Durchführung der übertragenden Sanierung entfaltet der insolvente Rechtsträger oft keine operative Tätigkeit mehr. Wesentlicher Vermögenswert ist der Kaufpreis, der ihm als Gegenwert für die übertragenen Vermögensgegenstände zugeflossen ist und der unter Beachtung der Vorschriften der Insolvenzordnung meist nur an die absonderungsberechtigten Gläubiger verteilt und von deren besicherten Forderungen ausgeschöpft wird (vgl. Wellensiek, 2002, S. 233 ff.). Seltener ist die Share-Deal-Lösung unter Nutzung der Ausgliederung nach § 123 Abs. 3 UmwG unter den dortigen Voraussetzungen. Zu unterscheiden hiervon wiederum ist die Veräußerung von nicht insolventen Konzerngesellschaften einer Unternehmensgruppe bei Insolvenz der die Beteiligungen haltenden (Mutter-)Gesellschaft der Gruppe. Der Verkauf dieser Konzerngesellschaften an Dritte ist ein Share Deal und Verwertung von Vermögenswerten der die jeweilige Beteiligung haltenden (Mutter-)Gesellschaft der Unternehmensgruppe.

Die **übertragende Sanierung** ist daher nicht mit der klassischen Gesundung eines insolventen Schuldnerunternehmens im Rahmen eines vollständigen Sanierungsprozesses gleichzusetzen. Vielmehr werden gerade die sanierungsfähigen Vermögensgegenstände detailliert ausgesucht sowie auf einen neuen Rechtsmantel übertragen. Zur Realisierung eines hohen Kaufpreises ist eine möglichst frühe Übertragung erforderlich, da das Unternehmen in einer frühen Phase der Sanierung oder Insolvenz meist noch in voller Funktion und somit für einen potenziellen Käufer von Interesse ist. Der Zeitpunkt der Übertragung ist von wesentlicher Bedeutung für den erzielbaren Kaufpreis. Eine übertragende Sanierung ist andererseits nicht zwingend an die Eröffnung des Insolvenzverfahrens geknüpft. Sie kann auch im Vorfeld einer Insolvenz oder bereits im Insolvenzeröffnungsverfahren erfolgen.

Übertragende Sanierung im Vorfeld einer Insolvenz

Bei einem Erwerb **im Vorfeld einer Insolvenz** muss der Käufer jedoch häufig erhebliche Haftungsrisiken eingehen. So haftet der Erwerber bei Fortführung der Firma des übernommenen Unternehmens gemäß § 25 Abs. 1 Satz 1 HGB für die gesamten Verbindlichkeiten. Diese Haftung kann allerdings gemäß § 25 Abs. 2 HGB durch eine entsprechende Eintragung im Handelsregister ausgeschlossen werden.

Hinderlich wirkt sich auch der § 75 Abs. 1 AO aus. Demnach haftet das übernommene Vermögen weiter für Steuerschulden eines übertragenden Unternehmens bis zur Höhe des übernommenen Vermögens (gilt aber in der Insolvenz nicht § 75 Abs. 2 AO). Nicht zu vernachlässigen sind außerdem die Rechtsfolgen aus § 613a BGB. Nach dieser Vorschrift tritt der Erwerber eines Betriebes oder Betriebsteiles in die Rechte sowie Pflichten aus bestehenden Arbeitsverhältnissen ein (sogenannter Betriebsübergang). Daher muss der Käufer die bisherige Zugehörigkeit eines Arbeitnehmers zum Unternehmen akzeptieren zu den bisherigen Arbeitsbedingungen.

Hinzu kommt schließlich auch, dass die vorinsolvenzlich erfolgte Vermögensübertragung mit der Unsicherheit der Anfechtbarkeit gemäß §§ 129 ff. InsO belastet ist. Dies bedeutet, dass eine Übertragung vor der Insolvenzeröffnung durch einen Insolvenzverwalter im eröffneten Insolvenzverfahren angefochten werden kann und wird den potenziellen Erwerber normalerweise davon abhalten, ein insolvenzgefährdetes Unternehmen oder wesentliche Betriebsteile zu übernehmen.

Übertragende Sanierung im Insolvenzeröffnungsverfahren

Im **Insolvenzeröffnungsverfahren** wird die übertragende Sanierung kaum jemals in Frage kommen, da die vorstehend beschriebenen Übernahmerisiken in der Vorphase im Insolvenzeröffnungsverfahren erst recht fortbestehen. Auch die Haftung für Steuerverbindlichkeiten gemäß § 75 Abs. 1 AO entfällt nicht, da zwar nach § 75 Abs. 2 AO der erste Absatz dieser Norm bei "einem Erwerb aus der Insolvenzmasse" nicht zum Tragen kommt und der BFH die Ausnahmeregelung auch im Eröffnungsverfahren für anwendbar erachtet hat (vgl. BFH, 23.07.1998, VII R 143/97).

Aber diese Judikatur ist auf die Insolvenzordnung nicht anwendbar, der dortige Sachverhalt geht vom Erwerb des Sequesters im Einvernehmen mit dem Konkursgericht sowie anschließender Konkurseröffnung aus. Der Rechtslage gemäß der Insolvenzordnung entspricht dies nicht mehr. Zudem sind dem vorläufigen Verwalter Verwertungen von Schuldnervermögen von Ausnahmen abgesehen verwehrt (wie der Notverkauf verderblicher Ware). Ist der Betrieb mit Genehmigung des Insolvenzgerichts ausnahmsweise stillgelegt (vgl. § 22 Abs. 1 Satz 2 Nr. 2 letzter Halbsatz InsO), wird unabhängig hiervon in der Praxis kein Unternehmensverkauf mehr in Frage kommen.

Übertragende Sanierung im eröffneten Insolvenzverfahren

Bei einem Unternehmenserwerb **im eröffneten Insolvenzverfahren** vom Insolvenzverwalter findet § 25 Abs. 1 Satz 1 HGB (Firmenfortführung nach Erwerb eines Handelsgeschäfts und Geschäftsfortführung) nach der lange bestehenden Rechtsprechung des BGH keine Anwendung (BGH, 11.04.1988, II ZR 313/97, siehe auch Müller-Feldhammer, 2003, S. 2186 und S. 2188). Zudem werden die Folgen des § 613a BGB (Betriebsübergang mit der Folge des Eintritts des Übernehmers in die bestehenden Arbeitsverhältnisse, siehe die Übersicht bei Uhlenbruck-Zobel, 2025a, § 128 Rn. 6, 7) beim Erwerb vom Insolvenzverwalter für den Erwerber eines bei dem insolventen Rechtsträger bereits bestehenden Betriebs beschränkt. Erforderlich für den Betriebsübergang nach § 613a BGB ist der Übergang einer betrieblichen Einheit.

Der Erwerber übernimmt danach zwar die in der betrieblichen Einheit bestehenden Arbeitsverhältnisse, aber er haftet nicht für solche Verbindlichkeiten gegenüber dem Arbeitnehmer, die vor einer Verfahrenseröffnung entstanden sind sowie gemäß insolvenzrechtlichen Verteilungsgrundsätzen gemäß §§ 38, 174 ff. InsO zu befriedigen sind (BAG, 26.01.2021, 3 AZR 139/17), wie zum Beispiel wegen bis zur Insolvenzeröffnung erdienter Ansprüche auf die betriebliche Altersversorgung geleisteter Überstunden (vgl. BAG, 16.02.1993, 3 AZR 347/92, sowie Menke, 2003, S. 1133 und 1140). Die Thematik des Überhangs von Arbeitskräften in der dem Betriebsübergang unterliegenden Einheit kann vor einer Veräußerung durch die Maßnahmen des Insolvenzarbeitsrechts der §§ 120–128 InsO angegangen werden, etwa durch einen Sozialplan für ausscheidende Mitarbeitende oder Beschäftigungs- und Qualifizierungsgesellschaften mit den sogenannten Transfersozialplänen, in die die ausscheidenden Arbeitnehmer eintreten, um neue Beschäftigungsoptionen zu erhalten.

Aufgrund einer Ausnahmeregelung des § 75 Abs. 2 AO braucht der Erwerber ebenfalls keine Haftung für **Steuerverbindlichkeiten** zu befürchten. Schließlich besteht somit auch kein Risiko der Anfechtung der Übertragung. Denn die §§ 129 ff. InsO gelten nur für diejenigen Rechtshandlungen, die vor der Eröffnung des Insolvenzverfahrens vorgenommen wurden (§ 129 Abs. 1 InsO). Ausgenommen sind die unter § 147 InsO fallenden Konstellationen (Rechtshandlungen nach Verfahrenseröffnung), auf die im vorliegenden Rahmen nicht weiter eingegangen werden soll und die auch im Rahmen des § 75 Abs. 2 InsO in der Regel irrelevant sind.

Die haftungsrechtliche Privilegierung der übertragenden Sanierung im eröffneten Insolvenzverfahren ist erheblich und führt dazu, dass übertragende Sanierungen in der Praxis fast ausnahmslos erst nach der Eröffnung eines Insolvenzverfahrens durchgeführt werden (vgl. bereits Vallender, 2004, S. 642 sowie 649). Die kommenden Ausführungen beziehen sich deshalb vorwiegend auf diese Fallgestaltung. Die nachfolgende Abb. 5.20 illustriert das Vorgehen einer Asset-Übertragung auf einen neu gegründeten Rechtsträger in Form einer NewCo.

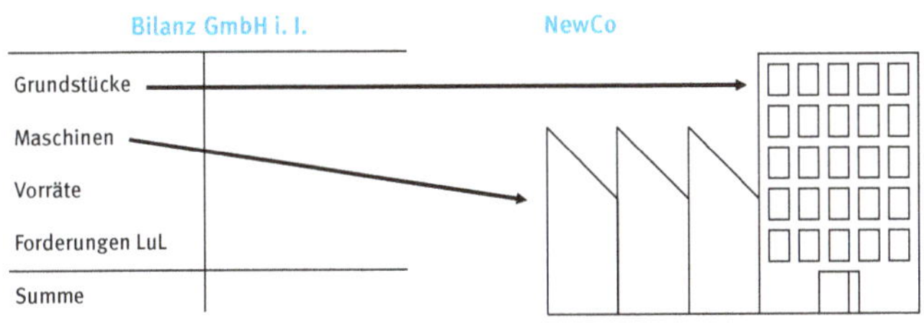

Abb. 5.20: Übertragende Sanierung in Form eines Asset Deals (Quelle: Eigene Darstellung)

Fremderwerb oder Auffanggesellschaft des insolventen Rechtsträgers

Die Veräußerung der Gesamtheit von Vermögensgegenständen bei der übertragenden Sanierung, des Unternehmens, Teilunternehmens oder Betriebs beziehungsweise Teilbetriebs kann zum einen an strategisch interessierte Dritte, insbesondere an Mitbewerber eines insolventen Unternehmens, die beispielsweise an dessen Kundenstamm sowie am Marktanteil interessiert sind, erfolgen. Zum anderen kann ein Verkauf auch an die Gesellschafter, die Geschäftsführung (Management Buy Out beziehungsweise MBO) oder Mitarbeiter (Employee Buy Out) eines insolventen Unternehmens durchgeführt werden. Der Fremderwerb wird bei einer übertragenden Sanierung regelmäßig angestrebt, da er für den insolventen Rechtsträger beziehungsweise für die handelnden Personen, insbesondere für den eingesetzten Insolvenzverwalter, eine endgültige Lösung in der Abwicklung bedeutet.

Das künftige Schicksal der übertragenen Unternehmensteile ist dann aus Sicht des insolventen Rechtsträgers beziehungsweise des Insolvenzverwalters sowie der dortigen Insolvenzgläubiger ohne Belang. Die wirtschaftlichen Risiken einer Fortführung eines Geschäftsbetriebs sind künftig allein Angelegenheit des Erwerbers. Dieses ist auch für die beteiligten Kreditinstitute von Vorteil, wenn der Fall final sowie unter Umständen auch zeitnah abgeschlossen werden kann.

Dann kommt auch die Gründung einer **Auffanggesellschaft** (in der Rechtsform einer GmbH) aus dem insolventen Rechtsträger heraus in Betracht, an der dieser insolvente Rechtsträger als Gesellschafter beteiligt ist oder sämtliche Geschäftsanteile daran hält (vgl. Vallender, 2004, S. 543 ff.).

Diese Variante bietet sich an, wenn ein Fremderwerb kurzfristig nicht zu realisieren ist, Teile des insolventen Unternehmens jedoch profitabel und somit ohne die Altlasten des insolventen Unternehmens wirtschaftlich überlebensfähig sind. In diese Auffanggesellschaft werden dann die für die überlebensfähigen Unternehmensteile benötigten Wirtschaftsgüter eingebracht.

Ziel ist auch in diesem Fall am Ende der Erwerb dieser Auffanggesellschaft durch Dritte. Somit wird eine mittelbare Verwertung der in die Auffanggesellschaft eingebrachten Vermögensgegenstände zugunsten der Gläubiger des insolventen Unternehmens ermöglicht. Falls sich das gesamte insolvente Unternehmen als sanierbar und auch als überlebensfähig erweist, ist die zwischengeschaltete Gründung einer neuen Auffanggesellschaft hingegen weder erforderlich noch sinnvoll.

Meist wird der Insolvenzverwalter zunächst das insolvente Schuldnerunternehmen in der bestehenden Rechtsform weiter fortführen, um später, wenn dessen Überlebensfähigkeit unter Beweis gestellt worden ist, einen **Fremderwerb** zu erreichen. Die Lösung einer Auffanggesellschaft unter der Ägide der Insolvenzschuldnerin hat zur Konsequenz, dass das Insolvenzverfahren solange fortgesetzt werden muss, als die insolvente Gesellschaft die Anteile an der Auffanggesellschaft hält. Zudem muss die Finanzierung dieser Auffanggesellschaft, die das schuldnerische Unternehmen im übernommenen Umfang fortführt, gesichert sein.

Banken als Betroffene einer übertragenden Sanierung

Von einer übertragenden Sanierung können **Kreditinstitute** in verschiedener Weise betroffen sein, zum einen als **Kreditgeber** des insolventen Unternehmens, zum anderen auch als absonderungsberechtigte **Sicherungsnehmer** an Sicherheiten des Insolvenzschuldners. Das insolvente Unternehmen hat einer Bank in der Regel Sicherungsrechte eingeräumt, die im Insolvenzverfahren abgesonderte Befriedigung aus dem jeweiligen Sicherheitenerlös gewähren. Zunächst ist die Rolle der Bank als Kreditgeber des insolventen Unternehmens zu beachten. Dabei ist zwischen der Bank als Geldkreditgeber und Avalkreditgeber zu unterscheiden. Herausgelegte Avale haben eine lange Laufzeit und das Interesse der Bank liegt darin zu erreichen dass die Avalbegünstigten die Bürgschaft oder Zahlungsgarantie dieser Bank nicht in Anspruch nehmen müssen. Das Kerngeschäft des Aktivgeschäfts der Banken besteht allerdings in der Gewährung verschiedener Formen von **Geldkrediten**.

Diese können sowohl kurzfristige Kontokorrentkredite als auch mittelfristige Investitionskredite oder langfristige Darlehen, meist grundpfandrechtlich durch Grundschulden besicherte Finanzierungen, sein. Die Banken sind aufgrund des drohenden Forderungsausfalls in der Insolvenz des Unternehmens immer stark betroffen. Die Bank als Geldkreditgeber nimmt dabei in aller Regel eine besonders herausgehobene Gläubigerposition ein, die ihr ein entsprechendes Stimmgewicht in einer Gläubigerversammlung verleiht (§§ 77, 76 Abs. 2 InsO). Für Absonderungsberechtigte folgt dieses Stimmrecht aus § 77 Abs. 3 Nr. 2, Abs. 2 InsO.

Die übertragende Sanierung ist als Rechtshandlung zu qualifizieren, die für das Insolvenzverfahren von besonderer Bedeutung ist. Diese bedarf nach § 160 Abs. 1 Nr. 1 InsO (Veräußerung des Unternehmens oder eines Betriebs) der Zustimmung der Gläubigerversammlung (wenn kein Gläubigerausschuss bestellt wurde) oder des Gläubigerausschusses, dem häufig gemäß § 67 Abs. 2 InsO ein Vertreter der Bank als Mitglied und Repräsentant des größten Gläubigers angehört oder ein Mitarbeiter (auch ein Organmitglied) einer Bank mit einem persönlichen Mandat (§ 67 Abs. 3 InsO). Aufgrund des Zustimmungserfordernisses kommt dieser Bank bei der Entscheidung über die Durchführung oder Ablehnung einer übertragenden Sanierung häufig eine Schlüsselrolle zu. Sofern die Bank ausschließlich als Geldkreditgeber von der Insolvenz betroffen ist, wird diese sich bei ihrer Entscheidung daran orientieren, ob durch die übertragende Sanierung eine Mehrung der Insolvenzmasse erreicht wird, die später die Ausschüttung einer Insolvenzquote ermöglicht.

Neben der Höhe des Kaufpreises, der im Rahmen einer Übertragung als Gegenwert für die übertragenen Vermögensgegenstände an die Masse fließt, ist dabei zu berücksichtigen, inwieweit der Erlös aus der übertragenden Sanierung zur Befriedigung der bevorrechtigten Masseforderungen benötigt wird. Soweit Absonderungsrechte bestehen, muss die Bank bei der Veräußerung von zu ihren Gunsten belasteten Immobilien zustimmen, bei Mobilien nicht, hier genügt die Information über die geplante Veräußerung (§ 169 InsO, siehe zu Mobilien insgesamt die §§ 168-173 InsO).

Außer als Geldkreditgeber kann eine Bank als **Avalkreditgeber** an der Insolvenz beteiligt sein, das heißt sie hat sich im Auftrag des insolventen Unternehmens gegenüber Geschäftspartnern des (künftigen Insolvenzschuldners) verbürgt oder eine (abstrakte) Zahlungsgarantie herausgelegt, soweit letzteres aus dem Grundgeschäft des Kunden mit seinem Geschäftspartner vereinbart sowie zulässig war. Soweit die Bank aus den herausgelegten Avalen noch nicht in Anspruch genommen wurde, handelt es sich bei den Avalkreditforderungen der Bank aus Bürgschaften gegen das insolvente Unternehmen um Eventualforderungen (aufschiebend bedingte Insolvenzforderungen, bedingt durch die vollständige Zahlung an den Avalbegünstigten infolge des Forderungsübergangs der Forderung des Avalbegünstigten gegen den Insolvenzschuldner gemäß § 774 BGB), die in einem Insolvenzverfahren mit Einschränkungen wie fällige Forderungen zu behandeln sind.

Das **Stimmrecht** folgt aus einer Einigung darüber in der Gläubigerversammlung oder einem Gerichtsbeschluss, falls eine Einigung nicht möglich ist, § 77 Abs. 3 Nr. 1, Abs. 2 InsO (siehe MüKo-Schwarzer, 2025b, § 191 Rn. 4, 6, MüKo-Bitter, 2025a, § 42 Rn. 11–12). Dennoch kann die Bank solche Regressforderungen gegen den Schuldner, gleich, ob aus Bürgschaft oder Zahlungsgarantie (dort nach § 670 BGB) solange nicht anmelden, als der Geschäftspartner und Gläubiger des Insolvenzschuldners seine durch das Aval besicherten Forderungen angemeldet hat und im Verfahren geltend macht (Folge des Verbots der Doppelanmeldung nach § 44 InsO). Die Bank als Avalkreditgeber wird dieselben Überlegungen anstellen wie bei einem Gelddarlehen nach § 488 BGB.

Allerdings muss die Bank ein Interesse daran haben, dass sie aus den von ihr herausgelegten Avalen nicht in Anspruch genommen wird. Eine übertragende Sanierung, mit der eine wirtschaftliche Fortführung des Geschäftsbetriebs des insolventen Unternehmens verbunden ist, dient diesem Interesse. Denn bei einer Betriebsfortführung besteht die Möglichkeit, dass die laufenden Verträge erfolgreich erfüllt sowie bei bereits abgeschlossenen Arbeiten mögliche aufgetretene Mängel beseitigt werden. Auf diese Weise kann eine Inanspruchnahme der von der Bank gestellten Anzahlungs-, Gewährleistungs- und Vertragserfüllungsavale in aller Regel abgewendet werden. Dieses Vorgehen kann damit eine Form der Abwehrstrategie von Avaninanspruchnahmen sein (Avale sind von großer Bedeutung in der Finanzierung auf dem Immobiliensektor, im Maschinen-, Infrastruktur- und Anlagenbau).

Zudem hält häufig allein die Tatsache der weiteren **Betriebsfortführung** Avalbegünstigte, insbesondere bei Gewährleistungsavalen von einer Inanspruchnahme ab, da die Begünstigten in diesem Fall damit rechnen müssen, dass die ausgesprochenen Mängelrügen von den noch verfügbaren, sachkundigen Mitarbeitern des insolventen Unternehmens sorgfältig bearbeitet und erledigt werden können. Bei einer Betriebsstilllegung kann die Bank hingegen oft nicht auf Unterlagen und Mitarbeiter des insolventen Unternehmens zurückgreifen, um sich dann gegen unberechtigte Avalinanspruchnahmen aktiv zur Wehr zu setzen. Als Avalkreditgeber wird das Kreditinstitut eine übertragende Sanierung somit tendenziell befürworten.

Im Gegenzug zur Kreditgewährung lässt sich eine Bank vielfach Sicherungsrechte einräumen, die ihr im Insolvenzfall ein Recht auf abgesonderte, also vorrangige Befriedigung aus dem jeweiligen Sicherheitenerlös geben (§§ 49, 50, 51 InsO). Als Sicherungsnehmer ist das primäre Interesse der Bank auf eine optimale Verwertung ihrer Sicherheiten (an Mobilien und Immobilien) gerichtet. Die Mehrung der Insolvenzmasse mit dem mittelbaren Ziel der Erlangung einer möglichst hohen Quotenzahlung tritt dagegen angesichts der häufig am Ende sehr geringen Insolvenzquote in den Hintergrund. Im Folgenden soll die Werthaltigkeit der einzelnen Kreditsicherungsrechte im Rahmen der übertragenden Sanierung geprüft werden.

Immobiliarsicherheiten

Wenn ein Institut über **Grundpfandrechte** am Betriebsgrundstück eines insolventen Unternehmens verfügt (heute zumeist Grundschulden, die Hypothek wird seit vielen Jahrzehnten von Banken nicht mehr verwendet, erst recht nicht die Rentenschuld), ist die übertragende Sanierung einer der Wege neben erfolgreichem „freihändigen" Verkauf durch den Insolvenzverwalter, einen zufriedenstellenden Sicherheitenerlös zu erzielen. Bei schwacher Nachfrage nach Gewerbeimmobilien, wie bei Industrieimmobilien, ist eine Verwertung des für die Bank belasteten Grundstücks häufig nur zu sehr niedrigen Kaufpreisen realisierbar. Falls dieses Objekt mit besonderen Nachteilen wie einer schlechten Verkehrsanbindung, einer veralteten Bausubstanz oder Altlastenrisiken behaftet ist, kann es sogar gänzlich unmöglich sein, einen Käufer zu finden.

Zudem handelt es sich bei Betriebsimmobilien nicht selten um Spezialobjekte, die eine alternative Nutzung meist nicht oder nur schwer ermöglichen. Hinzu kommt unter anderem, dass auch neuere Bausubstanz deutlich entwertet sein kann, wenn das für die Immobilie bei Inbetriebnahme passende Konzept am Markt nicht mehr gefragt ist, weil sich ganze Marktsegmente geändert haben, insbesondere im Logistikbereich oder weil gewerbliche Ankermieter in einem hervorragenden neueren Gebäude in sehr guter Lage nach Ablauf des ersten Mietvertrages nur noch bereits sind, niedrigere Mieten zu bezahlen, so dass Leerstand eintritt oder der Vermieter (häufig eine Fondsgesellschaft) durch die niedrigeren Mieten zahlungsunfähig wird.

Gerade bei einer **Immobiliarsicherheit** ist eine zeitnahe Verwertung für die Bank jedoch nicht ganz selten von herausgehobener Bedeutung. Denn neben den auflaufenden Zinsen hat das Institut bis zum Verwertungszeitpunkt faktisch die Grundbesitzabgaben (wie Grundsteuer, Entsorgung, Frisch- sowie Abwasser), die Aufwendungen für die Gebäudeversicherung sowie die Energiekosten zu tragen, falls nicht durch Vermietung des Gebäudes die entsprechenden Mieterträge generiert werden können. Das ist bei Betriebsgebäuden des insolventen Unternehmens stets der Fall, wenn der Betrieb eingestellt worden ist.

Zwar trifft sie als Grundpfandrechtsgläubiger keine rechtliche Verpflichtung. Bestimmte Grundbesitzabgaben (wie die Grundsteuer oder landesrechtlich bestimmte Forderungen) ruhen jedoch als vorrangige öffentliche Last auf dem Grundstück nach § 10 Abs. 1 Nr. 3 ZVG i.V.m. landesrechtlichen Normen. Bei nicht bezahlten Versicherungsprämien für die Gebäude- und Elementarschadenversicherung erlischt der Versicherungsschutz, was beispielsweise in einem Brandfall, bei Sturm- oder Starkregenschäden auch zu einer vollständigen Vernichtung des Sicherungswertes führen kann. Auch weitere für das spezifische Gebäude sachgerechte Versicherungen müssen aufrecht erhalten bleiben. Ebenso wichtig ist die fortwährende Versorgung des Beleihungsobjekts mit Energie, um beispielweise in Wintermonaten einer Beschädigung aufgrund von zugefrorenen Leitungen vorzubeugen.

Die fortgesetzte Nutzung des grundpfandrechtlich belasteten Grundstücks im Rahmen einer übertragenden Sanierung ist für die Bank also oftmals vorteilhaft. Dies gilt selbst dann, wenn das Grundstück von einem Übernehmer nicht sofort gekauft, sondern zunächst gemietet wird. Aus den Nutzungsentgelten (Miete, Pacht) sollten zumindest die laufenden Abgaben und Kosten beglichen werden können. Diese **Entgelte** stehen der Masse zu, nicht der Bank, auch wenn sie eine Mietabtretung aller gegenwärtigen und künftigen Mieter mit dem insolventen Unternehmen vor Insolvenzeröffnung vereinbart haben sollte, denn diese Sicherungsabtretung wird im eröffneten Insolvenzverfahren unwirksam (§ 110 InsO). Die Bank kann auf diese Mietüberschüsse nur zugreifen, wenn sie aus dem erstrangigen Grundpfandrecht die Zwangsverwaltung betreibt (siehe §§ 146 ff. ZVG, 155 ZVG i.V.m. § 10 Abs. 1 Nr. 4, sogenannte „Rangklasse 4“) oder mit dem Insolvenzverwalter eine der gesetzlichen Zwangsverwaltung vergleichbare „stille“ beziehungsweise „kalte“ Zwangsverwaltung vereinbart.

Zudem wird durch die hier beschriebene Vorgehensweise, die Immobilie zunächst nur zu vermieten oder zu verpachten, das Objekt instandgehalten sowie vor Vandalismus bewahrt. Im Übrigen wird der Übernehmer bei einer erfolgreich verlaufenden übertragenden Sanierung das Objekt später häufig erwerben.

Mobiliarsicherheiten

Auch für eine erfolgreiche Verwertung von Mobiliarsicherheiten, üblicherweise der Sicherungsübereignung beweglicher Sachen und der Sicherungsabtretung von Forderungen des insolventen Unternehmens gegen dessen Geschäftspartner, ist das Gelingen einer übertragenden Sanierung vielfach von zentraler Bedeutung. Bewegliche Sachen wie Vorräte, Waren, Maschinen sowie sonstiges Inventar des insolventen Unternehmens erfahren durch eine Betriebsstilllegung im Verhältnis zu dem Fortführungswert meist sogar deutlich stärkere Werteinbußen als das Betriebsgrundstück. Dies gilt insbesondere für teilfertige Erzeugnisse und für Vorräte, die für den speziellen Fertigungsprozess des insolventen Unternehmens angeschafft wurden.

Derartige Güter sind für Dritte häufig nicht verwendungsfähig, mit der Folge, dass ein maßgeblicher Verwertungserlös in der Regel nicht erzielbar ist. Aber auch Maschinen sowie andere Gegenstände, die am Markt veräußerbar sind, werden durch eine Betriebsstilllegung meist stark beeinträchtigt und erbringen im Zweifel nur einen geringen Erlös. Neben dem **„Insolvenzrabatt“**, den ein Erwerber in diesem Fall erwartet, wirken sich hier insbesondere die Verwertungskosten, wie Versteigerungs-, Ausbau- sowie Abtransportkosten, stark aus. Die Verwertungsmöglichkeiten können einzelfallabhängig sogar vollständig wertlos sowie unmöglich sein und die betroffenen Wirtschaftsgüter zu entsorgungspflichtigem Müll machen, wodurch noch Kosten für die Masse verursacht werden. Somit wird die Bank als Sicherungseigentümer beweglicher Sachen eine Betriebsfortführung im Rahmen einer übertragenden Sanierung bei sicherungsübereigneten Inventar und Produktionsmitteln sicherlich möglichst in den bisherigen Immobilien regelmäßig sehr befürworten.

Ähnlich verhält es sich, wenn einer Bank Forderungen des insolventen Unternehmens gegen dessen Geschäftspartner, dem sogenannten **Drittschuldner**, sicherungshalber abgetreten worden sind. Besonders die Werthaltigkeit von Forderungen aus teilfertigen Arbeiten tendiert im Fall der Betriebsstilllegung gegen Null. Hier wirken letztlich dieselben Mechanismen wie bei gestellten Avalen. Denn die Verringerung von Gegenansprüchen der Geschäftspartner bedeutet gleichzeitig eine erhöhte Realisierbarkeit der gegen die Geschäftspartner gerichteten und jedoch an die Bank abgetretenen Forderungen. Diese können sich als sehr werthaltig herausstellen.

Dabei ist zu wiederholen, dass die Verwertung der Mobilien mit Absonderungsrechten allein beim Insolvenzverwalter (§§ 166 ff. InsO) oder dem Schuldner (bei Eigenverwaltung, § 282 InsO) liegt. Die Verwertung von beweglichen Gegenständen (§ 166 Abs. 1, 2 InsO) durch den absonderungsberechtigten Gläubiger im eröffneten Insolvenzverfahren ist „objektiv rechtswidrig“ (BGH, 20.02.2003, IX ZR 81/02).

Voraussetzungen der übertragenden Sanierung

Wie dargelegt, kann oft nur durch eine übertragende Sanierung ein angemessener Erlös aus der Verwertung der einer Bank gestellten Sicherheiten erzielt werden. Zudem bietet sich mit der übertragenden Sanierung aus Sicht der betroffenen Bank die Chance einer schnelleren, umfassenden und damit Arbeit sowie Kosten sparenden Abwicklung des Kreditengagements.

Diesen auf den ersten Blick überzeugenden Vorteilen stehen allerdings auch Nachteile und besondere Gefährdungen für die beteiligten Kreditinstitute gegenüber. Somit bestehen weitere Ausfallrisiken unter anderem dann, wenn für die Realisierung einer übertragenden Sanierung weitere Kredite vergeben werden müssen. Dann könnten bei einer negativen Entwicklung zu den geplanten Abschreibungen neue Forderungsausfälle hinzukommen, wenn auch aus einem anderen Kreditengagement.

Fortführung des Betriebs und Gewährung eines Massekredits

Eine **übertragende Sanierung** wird in der Regel nur gelingen, wenn der potenzielle Erwerber von dem Insolvenzverwalter einen noch „lebenden“ Geschäftsbetrieb übernehmen kann. Eine (vorübergehende) Betriebsstilllegung führt in der Regel dazu, dass sich die Geschäftspartner eines insolventen Unternehmens anderweitig orientieren (vgl. Vallender, 2004, S. 642 ff.). Bestehende Liefer- und Absatzverbindungen gehen oftmals unwiederbringlich verloren. Ebenso negativ wirkt sich der Weggang von fähigen Arbeitskräften aus. Insbesondere die qualifizierten Mitarbeiter, die für das Überleben des Unternehmens von zentraler Bedeutung sind, gehen bei der Betriebsstilllegung oft unverzüglich Verträge mit anderen Arbeitgebern ein und stehen dann für einen Neuanfang nicht mehr zur Verfügung.

Schließlich sollte auch die negative Außenwirkung einer Stilllegung nicht unterschätzt werden. Wenn der Markt das insolvente Unternehmen erst einmal als aus dem Wirtschaftsprozess ausgeschieden betrachtet, ist meist unmöglich, dieses Bild wieder zu korrigieren. Der eingeführte Name des insolventen Unternehmens und der Kundenstamm, die für einen potenziellen Erwerber von bedeutendem Anreiz sind, verlieren dann massiv an Wert. Dieses lässt die Kosten und die Risiken einer Wiederaufnahme des Geschäftsbetriebs im Vergleich zur Übernahme eines lebenden Geschäftsbetriebes deutlich steigen, sodass eine übertragende Sanierung nach einer erfolgten Betriebsstilllegung in aller Regel nicht mehr oder nur unter hohen ökonomischen Risiken möglich ist. Die Fortführung ist somit für den Werterhalt von Bedeutung.

Wichtig ist eine Fortführung des Geschäftsbetriebs nach einer Insolvenzantragstellung auch deswegen, da nur diese Fortführungsphase dem (vorläufigen) Insolvenzverwalter die Gelegenheit gibt, das Unternehmen umzugestalten, es insbesondere von unrentablen Geschäftsfeldern und einer nicht verkraftbaren Personalausstattung und Mitarbeiterstruktur zu befreien (siehe bereits Wellensiek, 2002, S. 233 ff.). Die Insolvenzordnung hat die Fortführung entscheidend erleichtert.

Vom vorläufigen starken Verwalter im Eröffnungsverfahren wird die Fortführung sogar gefordert, wenn ein laufender Betrieb des Insolvenzschuldners bestand (siehe § 22 Abs. 1 Satz 2 Nr. 2 InsO). Ausgenommen davon ist die Schließung mit Genehmigung des Insolvenzgerichts. Erst recht gilt dieses faktisch für den Schuldner bei Bestellung eines schwachen vorläufigen Verwalters (§ 22 Abs. 2 InsO). Das Schicksal des Unternehmens ist dann in der Hände der Gläubiger gelegt, die im Berichtstermin über die vorläufige Fortführung oder Stilllegung entscheiden (§ 157 Satz 2 InsO) und später anderweitig beschließen können. Grund ist, dass den Gläubigern in der Insolvenz das Schuldnervermögen zur Befriedigung ihrer Forderungen zugewiesen ist (vgl. § 1 InsO).

Nicht von ungefähr ist das Unternehmen in seiner bisherigen Form insolvent. Die Umgestaltungsmaßnahmen des (vorläufigen) Insolvenzverwalters dienen zum einen zur Besserung der infolge der Insolvenz meist auf den Tiefpunkt gesunkenen Attraktivität des insolventen Unternehmens und damit der Erhöhung des vom Erwerber bei einer übertragenden Sanierung zu zahlenden Kaufpreises. Zum anderen wird sich ohne eine derartige Umstrukturierung oft kein externer Partner für eine übertragende Sanierung finden lassen. So bedeutend eine erfolgreiche Betriebsfortführung als Voraussetzung einer übertragenden Sanierung ist, so problembehaftet ist sie allerdings auch.

Der (vorläufige) Insolvenzverwalter findet oft ein leistungswirtschaftlich defizitär arbeitendes Unternehmen vor, dessen Abläufe er nicht kennt. Er ist selbst als sogenannter starker vorläufiger Insolvenzverwalter mit Verfügungsbefugnis zunächst auf die Zusammenarbeit mit dem vorhandenen, gescheiterten Management angewiesen. Dieser muss sich einarbeiten, die Einarbeitungszeit ist einzelfallabhängig und beginnt mit der vorläufigen Insolvenzverwaltung (siehe BGH, 26.06.2014, IX ZR 162/13, zur Pflicht eines Verwalters zur zinsgünstigen Anlage von Geldern der Masse, die nicht als Betriebsmittel „sofort" benötigt werden, siehe auch BGH, 12.3.2020, IX ZR 125/17, Haftung des Verwalters für unternehmerischer Ermessensspielraum bis zur Grenze der Unvertretbarkeit der wirtschaftlichen Entscheidungen des Verwalters).

Nur die ehemalige Geschäftsführung kann die von ihm benötigten Zahlen und Daten zur Verfügung stellen. Eine sorgfältige Überprüfung der Angaben ist dem Verwalter angesichts der Kürze der Zeit, in der jetzt Entscheidungen getroffen werden müssen, oftmals nicht möglich. Es besteht also die Gefahr der Fehleinschätzung der mit einer Betriebsfortführung einhergehenden Kosten sowie Risiken. Hinzukommen kann, dass die Umgestaltungsmaßnahmen des Insolvenzverwalters nicht zeitnah greifen und zunächst tiefgreifende Verluste erwirtschaftet werden können. Ist das Rechnungswesen des Schuldners nicht vorhanden, bleibt dem (vorläufigen) Verwalter nur, ein eigenes System fortlaufend zu erstellen.

Das Eingehen der Fehleinschätzungsrisiken lässt sich auch aus Sicht des (vorläufigen) Insolvenzverwalters, der an seine mögliche persönliche Haftung aus den §§ 60 und 61 InsO denken muss, häufig nur deshalb vertretbar, weil die Personalkosten des Unternehmens für einen Zeitraum von maximal drei Monaten vor der Verfahrenseröffnung durch das Insolvenzgeld beziehungsweise (§§ 165 ff., 170 SGB III) aufgefangen wird.

Der Personalaufwand der Firma wird am Ende von der Agentur für Arbeit übernommen, sodass der Betrieb im Insolvenzgeldzeitraum ohne diese Kostenbelastung weiter fortgeführt werden kann. Eine der ersten Handlungen des gerade eingesetzten vorläufigen Insolvenzverwalters wird somit sein, zu prüfen, ob und wie lange die Löhne und Gehälter der Arbeitnehmer schon rückständig sind. Ein bestehender Rückstand verkürzt den Zeitraum, für den der Betrieb ohne eigene Personalkosten aufrechterhalten werden kann. Erforderlich ist die unverzügliche Bereitstellung dieser Mittel.

Die **Vorfinanzierung** setzt nicht nur eine Bank voraus, die dazu bereit ist, ein gering risikobehaftetes Geschäft, sondern auch eine entsprechende Initiative und Organisation des (vorläufigen) Insolvenzverwalters, wozu er verpflichtet ist. Entscheidend bleibt das Vorhandensein eines hinreichendes Rechnungswesen des insolventen Unternehmens hinsichtlich der Arbeitsentgelte (Lohnbuchhaltung) und eine hinreichende Masse, die die Kosten der Vorfinanzierung gegenüber der Bank letzten Endes tragen kann. Dabei handelt es sich um Kontenführungskosten für die jeweiligen Arbeitnehmer bezüglich einer Insolvenzgeldvorfinanzierung, um Provisionen für die Bank wegen der Durchführung der Vorfinanzierung. Darüber soll die Risiken abgedeckt werden, dass falls die Bundesagentur nicht die gesamten ausgezahlten Vorfinanzierungsbeträge im Rahmen des Insolvenzgeldes nach Verfahrenseröffnung ausgleicht, sowie die Kostenübernahme für weitere Risiken der Vorfinanzierung der Bank wie etwa durch Prozesskosten für sozialgerichtliche Verfahren gegen die Bundesagentur wegen aus Sicht der Bank rechtswidrig nicht ausbezahlter Insolvenzgeldbeträge.

Es ist daran zu erinnern, dass es sich nicht um einen Kredit an das insolvente Unternehmen handelt oder an den einzelnen Arbeitnehmer, sondern um den regresslosen Ankauf der Arbeitsentgelte des einzelnen Arbeitnehmers gegen das Schuldnerunternehmen und die Abtretung der Ansprüche der Arbeitnehmer (§§ 398 ff. BGB) an die Bank. Diese Ansprüche gehen mit dem Insolvenzgeldantrag der Bank auf die Bundesagentur über (§ 169 SGB III), die das Insolvenzgeld des jeweiligen Arbeitnehmers im gesetzlichen Umfang an die Bank auszahlt. Mit der Auszahlung werden die Vorfinanzierungsbeträge des jeweiligen Arbeitnehmers bei der Bank ausgeglichen

Die Kostenentlastung durch das Insolvenzgeld ändert jedoch nichts daran, dass das insolvente Unternehmen für eine Betriebsfortführung häufig weitere Finanzmittel benötigt. Schließlich sind die weiteren laufenden Sachkosten weiter zu tragen. Zudem müssen Waren und Vorräte gekauft werden, wobei eine weitere Belieferung nach Insolvenzantragstellung häufig liquiditätsverzehrend nur noch gegen Vorkasse möglich sein wird. Der (vorläufige) Verwalter wird das Ziel verfolgen, wieder auf Rechnung mit Zahlungsfrist seine Lieferanten bezahlen zu können. In dieser Situation muss die Bank als Sicherungsnehmerin darauf achten, dass nicht ohne ihre Zustimmung Sicherheiten verwertet und Verwertungserlöse zur Deckung der laufenden Kosten der Betriebsfortführung verwendet werden. Dies gilt insbesondere für die an die Bank abgetretenen Forderungen des insolventen Unternehmens gegen dessen Geschäftspartner, die sogenannten Drittschuldner.

Hier führen Beschlüsse der Insolvenzgerichte über die Eröffnung des vorläufigen Insolvenzverfahrens, in denen es heißt, Schuldner des insolventen Unternehmens dürften mit schuldbefreiender Wirkung nur noch an den zum Forderungseinzug berechtigten vorläufigen Insolvenzverwalter leisten, mitunter dazu, dass eigentlich der Bank zustehende Forderungen auf das Treuhandkonto des (vorläufigen) Insolvenzverwalters gezahlt werden, der auf diese Weise scheinbar eine willkommene Liquidität zur Fortführung des Betriebs erhält.

Derartige Zahlungseingänge sind auf weiteren Sonderkonten zu separieren, denn der Insolvenzverwalter ist zur abgesonderten Befriedigung aus dem Erlös der Sicherungszession verpflichtet (BGH, 21.01.2010, IX ZR 65/09). Für die Eigenverwaltung gilt das gleichermaßen (§ 282 InsO). Ein Risiko stellen die in Globalzessionsverträgen der Banken bestehenden, aber aus anderen Gründen unverzichtbaren Klauseln dar, wonach der Sicherungsgeber als Zedent, berechtigt ist, die zur Sicherung abgetretenen Forderungen gegen die Drittschuldner einzuziehen, bis die Bank unter bestimmten Voraussetzungen in der Krise, hier der Insolvenz, die Einziehungsermächtigung widerrufen, die Abtretung gegenüber den Drittschuldnern offenlegen und selbst einziehen kann.

Widerruft die Bank die Einziehungsermächtigung nicht, bleibt jedenfalls der Schuldner, gegebenenfalls auch der vorläufige Insolvenzverwalter, weiter zur Einziehung berechtigt und die Forderungen können der Bank mangels etwaig nicht erfolgter Separierung vollständig verloren gehen. Allerdings ist dieser Forderungseinzug durch den Schuldner nur gedeckt, wenn er im „ordentlichen Geschäftsgang" erfolgt (siehe BGH, 24.01.2019, IX ZR 110/17). Dies ist ab dem Beginn des vorläufigen Insolvenzverfahrens mit Bestellung eines vorläufigen Insolvenzverwalters nicht mehr zwingend der Fall.

Vielmehr sind die eingehenden Beträge zu separieren, jedenfalls dann, wenn die fortlaufende Abtretung künftiger Forderungen infolge eines Globalzessionsvertrages anfechtbar ist, was in aller Regel der Fall ist. In der Praxis wird die Bank sowohl gegenüber dem Schuldner als auch gegenüber dem vorläufigen (Insolvenzverwalter) die Einziehungsermächtigung widerrufen, um das Risiko des vollständigen Verlustes von Absonderungsrechten zu vermeiden.

Auf die Offenlegung gegenüber den Drittschuldnern kommt es nicht an. Meist wird die Bank gar nicht die nötigen Fakten kennen und bei einer Vielzahl von Forderungen auch faktisch nicht die Möglichkeit haben, diese selbst einzuziehen. Mit dem Widerruf der Einziehungsermächtigung geht es nur darum, die Separierung der vom vorläufigen Insolvenzverwalter (beziehungsweise vom Schuldner) eingezogenen Geldbeträge durchzusetzen mit der Folge, dass die eingezogenen Beträge nicht ohne Zustimmung der Bank für die Betriebsfortführung verwendet werden dürfen.

Die Grundsätze gelten auch für die Befugnis zur Weiterveräußerung sicherungsübereigneter Waren beziehungsweise sonstiger Gegenstände sowie die gewöhnlich damit verbundene Abtretung der Verkaufserlöse, zum Beispiel auch bei verlängertem Eigentumsvorbehalt (BGH, 24.01.2019, IX ZR 110/17, Rn. 75 ff.).

Der BGH bestätigt in der Entscheidung zu IX ZR 110/17, dass der vorläufige Insolvenzverwalter „nur zur Sicherung, nicht zur Verwertung von Sicherungsgut“ befugt ist (BGH, 24.01.2019, IX ZR 110/17, Rn. 39).

In Anbetracht des Liquiditätsbedarfs des Unternehmens einerseits und der im Normalfall bei der Insolvenzantragstellung nicht mehr oder nur sehr spärlich vorhandenen Barmittel andererseits sieht sich die Bank indes häufig mit einem neuen Problem bei der geplanten Fortführung konfrontiert, dem Wunsch des (vorläufigen) Insolvenzverwalters nach der Gewährung eines Massekredits. Die Bank wird also aufgefordert, dem insolventen Unternehmen weitere finanzielle Mittel oder auch Avale zur Verfügung zu stellen. Die Rückzahlung dieses Massekredits soll dann aus der freien Insolvenzmasse, das heißt im Wesentlichen aus den während einer Fortführungsphase erzielten Gewinnen erfolgen.

Grundsätzlich wird die Bank einem solchen Ansinnen eines (vorläufigen) Insolvenzverwalters skeptisch begegnen. Denn beim Anlegen banküblicher Kriterien verbietet es sich eigentlich, einem Unternehmen, das gerade Insolvenzantrag gestellt hat, einen neuen Kredit zu geben. Es ist jedoch zu berücksichtigen, dass das insolvente Unternehmen nun zum einen unter einem neuen Managementsystem steht, nämlich des Insolvenzregimes mit dem gegebenenfalls sogar starken (vorläufigen) Insolvenzverwalter, und zum anderen aufgrund der Insolvenzgeldregelung im Insolvenzgeldzeitraum ohne Personalkosten wirtschaften kann. Auch die (vorläufige) Eigenverwaltung unter der Aufsicht eines (vorläufigen) Sachwalters bedeutet ja, erst recht unter dem Schutzschirm (§ 270d InsO), ein geändertes Managementsystem.

Zudem muss sich die Bank vergegenwärtigen, dass die Verweigerung des Massekredits eine Betriebsfortführung und damit eine spätere übertragende Sanierung unmöglich machen wird. Dabei ist der **echte Massekredit** (Erhöhung des Bankobligos durch Gewährung neuer Finanzierungsmittel) von dem **unechten Massekredit** zu unterscheiden. Dies bedeutet die Zustimmung, dass die eingehenden Erlöse aus Sicherheiten, wie Zahlungen der Drittschuldner auf sicherungszedierte Forderungen oder aus Verkäufen von sicherungsübereigneten Waren, für die Betriebsfortführung verwendet werden. Damit wird keine Obligoerhöhung auf den Kreditkonten bewirkt, sondern eine Risikoerhöhung durch Verlust von Sicherheiten beziehungsweise es unterbleibt eine Obligoreduzierung durch Auszahlung der Sicherheitenerlöse an diese Bank. Die Beantragung der **Massekreditgewährung** lässt die Bank abwägen zwischen:

- Größenordnung des beantragten echten oder unechten Massekredits
- Risiko des Scheiterns einer Betriebsfortführung nach Bankeneinschätzung
- Vorteile der übertragenden Sanierung für die Verwertung der Sicherheiten

Die Massekreditgewährung ist daher bei wirtschaftlicher Betrachtung letztlich weniger als klassische Kreditgewährung, sondern tendenziell als der Kostenbestandteil einer Maßnahme anzusehen, Verluste aus dem Gesamtobligo möglichst zu minimieren, jedenfalls zu reduzieren.

Nicht immer wird es bankintern für die mit der Insolvenzabwicklung betrauten Mitarbeitenden aber leicht sein, diese Sichtweise ihren für eine Gewährung von Krediten zuständigen Kollegen zu vermitteln.

Ausräumen der § 613a BGB-Problematik

Für den Erwerber der übertragenden Sanierung ist zudem der **Betriebsübergang** der mit der erworbenen Betriebseinheit eines Schuldners übergegangenen Arbeitnehmer ein schwieriges, aber lösbares Thema. Dabei ist die Fortführung des Schuldnerunternehmens als solches durch den Insolvenzverwalter kein Anwendungsfall des § 613a BGB, die im eröffneten Insolvenzverfahren entstandenen Ansprüche auf Arbeitsentgelte sind Masseverbindlichkeiten im Sinne des § 55 InsO.

§ 613a BGB ist die einzige Norm, die denjenigen, der den Betrieb oder bestimmte Betriebsteile eines insolventen Unternehmens im Wege der übertragenden Sanierung übernimmt, für Verbindlichkeiten eines insolventen Unternehmens einstehen, seines Rechtsvorgängers, einstehen lässt, wenn auch begrenzt. Übernimmt der Erwerber das Unternehmen vor Insolvenzeröffnung, haftet er nach § 613a BGB ohne Einschränkungen. Erfolgt der Betriebsübergang nach der Insolvenzeröffnung, gehen die in der übernommenen Betriebseinheit, nach den bereits umrissenen Maßnahmen des Insolvenzverwalters, die verbliebenen Arbeitnehmer auf den Erwerber (Betriebsübernehmer) über (vgl. § 613a Abs. 1 BGB), der auch für die Ansprüche der Arbeitnehmer nach Insolvenzeröffnung haftet, aber nicht für die davor entstandenen.

Der Insolvenzverwalter wird aber Sorge tragen, dass im Insolvenzverfahren neu entstehende Masseverbindlichkeiten befriedigt werden. Der **Erwerber** übernimmt aber nicht die vor der Eröffnung entstandenen Verbindlichkeiten (siehe die Kurzübersicht bei Grüneberg-Weidenkaff, 2025, § 613a Rn. 8). Ausgenommen sind die Ansprüche auf Urlaubsabgeltung, die im eröffneten Verfahren entstanden sind, für die der Erwerber haftet (BAG, 16.04.2003, 7 AZR 187/02). Er haftet nicht für die vorinsolvenzlich entstandenen Ansprüche aus betrieblicher Altersversorgung.

Gemäß § 613a BGB gehen, wie bereits oben dargestellt, die **Arbeitsverhältnisse** des insolventen Unternehmens auf den Erwerber über. Dieser kann nur betriebsbedingte Kündigungen aussprechen, die nichts mit dem Betriebsübergang zu tun haben beziehungsweise aufgrund von Gründen in der Person oder dem Verhalten des Arbeitnehmers (Folge gemäß § 613a Abs. 4 Satz 2 BGB i.V.m. § 1 Abs. 1, Abs. 2 Satz 1 Kündigungsschutzgesetz). Dies ist ein langwieriger und kostenintensiver Prozess. Außerdem wird die Sozialauswahl eine Arbeitnehmerstruktur hinterlassen, die mit der aus Sicht des Übernehmers sachgerechten „Bestenauswahl“ nicht unbedingt übereinstimmt. Dieses wirkt sich im Ergebnis auf den wirtschaftlichen Erfolg des Unternehmens aus. Hinzu kommt, dass der Betriebsübergang von dem jeweiligen Arbeitnehmer verweigert werden kann, indem er dem Übergang innerhalb eines Monats widerspricht, wobei der bisherige oder neue Arbeitgeber die Arbeitnehmer eingehend über den Betriebsübergang vor dessen Vollzug unterrichten muss (§ 613a Abs. 5 BGB).

Die wird aber wenig nutzen, denn dann kann der Insolvenzverwalter oder der Eigenverwalter des insolventen Unternehmens betriebsbedingt kündigen. Die Rechtsfolgen des § 613a BGB erweisen sich häufig als entscheidendes Hindernis für eine übertragende Sanierung, ein altbekanntes Problem. Deswegen hat die Praxis schon lange Vorgehensweisen entwickelt, um die sich gemäß § 613a BGB ergebenden Probleme auszuräumen (vgl. Besau, 2011, S. 203 ff.). So wird der (vorläufige) Insolvenzverwalter versuchen, mit dem Betriebsrat des insolventen Unternehmens den Sozialplan aufzustellen und die Interessenausgleichsvereinbarung schließen, in der die Arbeitnehmeranzahl, die sozialen Auswahlkriterien für eine Kündigung und die Höhe der Abfindung geregelt werden. Zudem enthält diese Vereinbarung die Namen der zu entlassenden Arbeitnehmer als Ergebnis der Sozialauswahl.

Diese Vorgehensweise ist das Ergebnis des kodifizierten **Insolvenzarbeitsrechts** der §§ 120–128 InsO, insbesondere ist auf die §§ 121–125 InsO hinzuweisen. Der Sozialplan des eröffneten Insolvenzverfahrens gemäß § 123 InsO ist im Umfang beschränkt auf höchstens 2,5 Monatsbezüge Abfindung sowie ein Drittel der an die Gläubiger verteilungsfähigen Beträge, das heißt den Gläubigern müssen zwei Drittel dieser Summe verbleiben, dieser Ein-Drittel-Betrag kann durch Insolvenzplan erhöht werden.

Wenn eine derartige Vereinbarung getroffen wird, ist die Möglichkeit der einzelnen entlassenen Arbeitnehmer, erfolgreich gegen die vom Verwalter ausgesprochene Kündigung vorzugehen, beschränkt (§ 127 InsO). Unschädlich ist die Umsetzung des Interessenausgleichs erst nach der Betriebsveräußerung, das heißt dem Betriebsübergang (siehe § 128 InsO) Der Insolvenzverwalter kann einem Übernahmeinteressenten nach Durchführung der Maßnahme somit eine bereinigte Arbeitnehmerstruktur präsentieren. Die für einen Übernehmer verbleibenden rechtlichen und wirtschaftlichen Risiken aus dem Betriebsübergang sind daher überschaubar.

Die im Rahmen der Interessenausgleichsvereinbarung vom Insolvenzverwalter zu erbringenden Abfindungszahlungen belasten die Insolvenzmasse allerdings mit erheblichen Kosten trotz § 123 InsO). Dies gilt auch, wenn die Interessenausgleichsvereinbarung mit dem Betriebsrat vorsieht, dass diese betriebsbedingt ausscheidenden Arbeitnehmer für einen bestimmten Zeitraum, unter Fortzahlung der bisherigen Gehälter, in die neu zu schaffende Beschäftigungs- und Qualifizierungsgesellschaft (BQS) wechseln können (vgl. bereits Wellensiek, 2002, S. 233 ff.).

Die Gläubiger müssen der übertragenden Sanierung zustimmen, § 160 Abs. 2 Nr. 1 InsO. Eine Betriebsveräußerung unter Wert können sie nach Maßgabe des § 163 InsO ablehnen, ebenso die Veräußerung an die Insider und anderen am Erwerb besonders Interessierten des § 162 InsO, wobei die Umsetzung im Außenverhältnis durch den Insolvenzverwalter aber wirksam bleibt (§ 164 InsO). Dieser wird sich aber in solchen Fällen häufig schadensersatzpflichtig nach § 60 InsO machen oder jedenfalls massiven Vorwürfen ausgesetzt sein. Anders bei Sicherungsgläubigern, denn die von der Masse nicht zu bewältigenden Kosten des Personalabbaus können in solchen Fällen nur zu Lasten der Sicherheitenerlöse aufgebracht werden, die diesen Gläubigern zustehen.

Die erfolgende Diskussion zwischen Verwalter und Sicherungsgläubigern hat dann die Frage nach dem Wert der Sicherheiten zu beantworten. Ist unstreitig, dass eine Verwertung (Piecemeal) regelmäßig einen deutlich geringeren Erlös zur Folge hat, als die übertragende Sanierung, muss die Bank abwägen, welcher Lösung sie zustimmt.

Dabei sind ihre Optionen meist zurückhaltend zu bewerten, denn die unter §§ 166 ff. InsO fallenden Sicherheiten verwertet der Verwalter, die Bank hat nur die Rechte aus § 168 InsO und etwaig einen Ersatzanspruch gegen den Verwalter aus § 60 InsO, wenn dieser fehlerhaft unter Wert verschleudert, oft ein eher hypothetischer Fall. Ein deutliches Potenzial hat die Bank bei Grundpfandrechten an Grundbesitz, deren Löschung bei Veräußerung nicht ohne ihre Zustimmung rechtlich möglich ist. Eine eigentliche Kostenbeteiligung der Bank zu Personalabbaukosten kommt daher nicht in Frage. Erwirbt der Übernehmer auch den für die Bank belasteten Grundbesitz des Schuldnerunternehmens, wird sie dem zustimmen, wenn der Erlös höher ist als bei sonstigen Verwertungsmaßnahmen.

Finanzierung des Übernehmers

Der **Erwerber**, der den Betrieb des insolventen Unternehmens im Rahmen der übertragenden Sanierung übernimmt, richtet sich oft mit dem Wunsch an die Hausbank, ihm den für die übertragenen Vermögensgegenstände zu zahlenden Kaufpreis vorzufinanzieren. Wenn kein anderer Übernahmeinteressent nach angemessener Suche, in einem M&A-Verfahren zur Verfügung steht und macht der potenzielle Erwerber die übertragende Sanierung von einer Finanzierung durch die Bank abhängig, muss abgewogen werden. Für die betroffene Bank bieten sich dann nur die Alternativen, in die Finanzierung einzuwilligen oder die **übertragende Sanierung** zum Scheitern zu verurteilen. Ein Scheitern hätte zur Folge, dass die bisher von der Bank im Rahmen der Vorbereitung der übertragenden Sanierung getätigten Aufwendungen vergebens gewesen wären. Insbesondere bliebe der durch die zunächst noch nicht eingeleitete Kreditsicherheitenverwertung eingetretene Zeit- und Zinsverlust ohne Kompensation.

Die Hoffnungen auf einen höheren Sicherheitenerlös im Vergleich zu einer Einzelverwertung wären zudem möglicher Weise endgültig dahin. Angesichts der fehlenden Alternativen wird sich die Bank dem Finanzierungswunsch des möglichen Erwerbers in der Regel nicht verschließen. Dies bedeutet allerdings auch, dass sich das Kreditinstitut wirtschaftlich nicht endgültig von dem problematischen Kreditengagement trennen kann. Gegen eine weitere Betriebsfortführung und gegen die übertragende Sanierung kann auch ein hoher Erlös aus der Einzelliquidation der von der geplanten übertragenden Sanierung erfassten Wirtschaftsgüter sprechen, der nach Einschätzung der Bank oberhalb der Erlöse aus der übertragenden Sanierung liegt. In dem Vertrag über die übertragende Sanierung ist es unverzichtbar, nicht nur die übergehenden Vermögensgegenstände darzustellen, sondern auch deren angesetzte Werte festzuhalten, so dass die Bank bei mehreren Sicherungsgebern alle überprüfen können, wie ihre Erlössituation aussieht und eine Vergleichsrechnung anstellen.

Verlust der Chancen der Einzelverwertung

Bei einer übertragenden Sanierung übernimmt der Erwerber sämtliche für die Fortführung des übernommenen Betriebs oder Betriebsteils aus seinem Blick benötigten Vermögensgegenstände und zahlt dafür insgesamt einen Kaufpreis, dessen Aufteilung gesonderte Absprachen zwischen dem Insolvenzverwalter und den einzelnen Sicherungsnehmern vorbehalten ist. Es kommt zu der Verwertung von Vermögensgesamtheiten. Dieses kann für die Bank nützlich sein, wie vorstehend umrissen. Wenn ihr jedoch nicht an allen übertragenen Vermögensgegenständen die Sicherungsrechte zustehen, was regelmäßig der Fall sein wird, muss die Bank sorgfältig prüfen, ob ihre jeweiligen Sicherungsrechte bei der Kaufpreisfindung und der Verteilung des Kaufpreises angemessen berücksichtigt werden (vgl. zu den Verwertungspflichten und Verwertungsmodalitäten, MüKo-Janssen, 2025b, § 159 Rn. 3-12).

Dieses kann sich insbesondere dann als problematisch erweisen, wenn der Insolvenzverwalter dem potenziellen Erwerber eine Paketlösung andient, die eine Übernahme sehr lukrativer Betriebsteile von der gleichzeitigen Übernahme weniger attraktiver betrieblicher Bestandteile abhängig macht. Falls einem Kreditinstitut die Sicherungsrechte gerade an Vermögenswerten der interessanten Betriebsteile zustehen, kann eine Einzelverwertung dieser Sicherheiten vorteilhafter sein als eine Gesamtlösung im Rahmen einer übertragenden Sanierung (vgl. Vallender, 2004, S. 642 ff.).

Gelöst werden kann aber auch dieses Problem, wenn zwischen Insolvenzverwalter sowie Sicherungsnehmer Einvernehmen dahingehend besteht, wie die aus dem lukrativen Teil stammenden Vermögenswerte, die mit Sicherheiten der betroffenen Bank belastet sind für die interne Rechnung zwischen Sicherungsgläubiger und Verwalter (Insolvenzmasse) bewertet werden. Es kann geschehen, dass der der Masse nach Vollzug der übertragenden Sanierung und Abrechnung der Absonderungsrechte nur geringe Überschüsse verbleiben, die gegebenenfalls bereits für die Kosten nach § 54 InsO aufgezehrt werden (Folge oft Quote von 0,0 % für die Insolvenzgläubiger).

Wie diese dargestellten Überlegungen zeigen, ist bei der übertragenden Sanierung ein einheitliches Handeln aller betroffenen Akteure erforderlich. Nur wenn sich der Insolvenzverwalter und sämtliche Sicherungsnehmer, also in der Regel die Banken und Lieferanten, einig sind, können einem Erwerber alle für eine Betriebsfortführung benötigten Vermögensgegenstände sachgerecht übertragen werden.

Das wünschenswerte Einigkeitspostulat eröffnet schlechter abgesicherten Gläubigern allerdings gewisse Spielräume, **Lästigkeitspotenziale** auszuschöpfen, um den auf sie entfallenden Kaufpreisanteil unangemessen hoch ausfallen zu lassen. Zu denken ist insbesondere an nachrangige Grundpfandrechtsgläubiger, die im Fall der Zwangsversteigerung leer ausgehen würden. Sie müssen dennoch ihre Grundpfandrechte nicht zur Verfügung stellen, sondern können den Verwalter sowie andere Beteiligte auf die Zwangsversteigerung verweisen. Zudem gehen solche verlangten **Lästigkeitsprämien** stets zu Lasten des erstrangigen Gläubigers.

Die an aussichtsloser Rangstelle mit Grundpfandrechten im Grundbuch eingetragenen Gläubiger (Finanzamt mit Zwangshypothek) können für die benötigte Löschungsbewilligung zur Umsetzung der Grundstücksübereignung ein Entgelt fordern. Derartige Verhaltensweisen, aber auch grundsätzlich unterschiedliche Auffassungen der betroffenen Gläubiger über eine gerechte Verteilung des erzielten Kaufpreises, können aber eine übertragende Sanierung, die Aussicht auf Erfolg verspricht, gefährden.

Gestaltungsmöglichkeiten der Bank

Hauptakteur einer übertragenden Sanierung ist der Insolvenzverwalter (oder der Eigenverwalter im Einvernehmen mit dem Sachwalter). Aufgrund der rechtlichen Vorgaben der Insolvenzordnung kommt jedoch auch den Gläubigern eine wichtige Bedeutung zu. So muss der Gläubigerausschuss oder die Gläubigerversammlung der übertragenden Sanierung (§ 164 InsO) zustimmen und zusätzlich sind die Sonderrechte der absonderungsberechtigten Gläubiger wie der **Aussonderungsberechtigten** zu beachten. Beispielsweise möchte der Übernehmer ein dem übernommenen Betriebsteil zugeordnetes und dort dringend benötigtes Leasinggut übernehmen, das heißt den Leasingvertrag fortführen Hierzu ist die Zustimmung des Leasinggebers nötig. Die rechtlichen Rahmenbedingungen, aber auch die tatsächlichen Notwendigkeiten der Mitwirkung der Banken, bei der Massekreditgewährung eröffnen Kreditinstituten verschiedene Möglichkeiten der Einflussnahme auf das weitere Geschehen.

Ein wichtiges Kriterium zur Realisierung einer übertragenden Sanierung ist der Zeitfaktor. Dies gilt allein schon deswegen, weil der Insolvenzgeldzeitraum, innerhalb dessen eine Betriebsfortführung oftmals wirtschaftlich noch vertretbar ist, auf maximal drei Monate begrenzt ist. Die schnelle Umsetzung der Umgestaltungsmaßnahmen des (vorläufigen) Insolvenzverwalters und ein frühzeitiger Kontakt zu den potenziellen Erwerbern sind von wesentlicher Bedeutung für das Gelingen der übertragenden Sanierung. Wichtig ist die rechtzeitige Vorbereitung der übertragenden Sanierungslösung, mit der im Einzelfall möglichst bereits im Vorfeld der Stellung des Insolvenzantrags begonnen werden kann.

Bei der rechtzeitigen Vorbereitung kann die Bank eine aktive Rolle einnehmen. Da der Bank regelmäßig die wirtschaftlichen Verhältnisse offenzulegen sind und sie auch aus anderen Quellen, wie zum Beispiel der Kontoführung, Informationen erlangen kann, ist sie vielfach in der Lage, Krisenanzeichen bei der Firma frühzeitig zu erkennen und darauf zu reagieren. Dies erfolgt mitunter schneller als die Reaktion des Managements eines insolvenzgefährdeten Unternehmens, das sich die eigenen Fehler nicht eingestehen möchte. Die Bank kann in dieser Situation die Unternehmensleitung auf die sich abzeichnende Krise aufmerksam machen und eine Sanierung mit externer Unterstützung durch eine spezialisierte Beratungsgesellschaft anregen. Insbesondere durch die Beauftragung einer Unternehmensberatung durch die Geschäftsleitung lassen sich oft wichtige Erkenntnisse über die Sanierungsfähigkeit des Unternehmens oder bestimmter Unternehmensteile gewinnen.

Selbst wenn sich ein erstelltes Sanierungsgutachten dann doch als nicht umsetzbar erweist oder wenn die Untersuchungen der Unternehmensberatung zu dem Ergebnis führen, dass die Insolvenz nicht mehr abwendbar ist, müssen die dafür getätigten Aufwendungen nicht vergebens sein. Denn die gewonnenen Erkenntnisse können in einer Insolvenz als Grundlage für die Ausarbeitung des Insolvenzabwicklungskonzepts verwendet werden wie eine übertragende Sanierung oder einen Insolvenzplan, wenn nicht ohne Weiteres eine Verwertung ins Auge zu fassen ist. Das Gutachten kann zu einer erheblichen Zeitersparnis im Insolvenzverfahren führen. Darüber hinaus werden auch die Verhandlungen mit Übernahmeinteressenten beschleunigt, da in diesem Fall die Unternehmensdaten zur Verfügung gestellt werden können, die von dritter Seite verlässlich und objektiv ermittelt wurden.

Abstimmung mit anderen Gläubigern

Nach dem Erkennen der ersten Krisenanzeichen bietet es sich für die Bank an, die Abstimmung mit anderen Gläubigern, insbesondere solchen, die Sicherungsrechte innehaben, zu suchen. Dabei ist das Bankgeheimnis zu beachten.

Am **Bankgeheimnis**, das auch in den AGB verankert ist (Nr. 2 Abs. 1 Muster-AGB Banken beziehungsweise mittelbar Nr. 3 Muster-AGB Sparkassen) scheitert dies im Allgemeinen nicht. Gegebenenfalls hat sich die Bank für bestimmte Konstellationen vom Bankgeheimnis ausdrücklich befreien lassen. Letzteres ist sachgerecht und anzuraten, da das Bankgeheimnis nach Kündigung der Geschäftsverbindung fortbesteht (MüKo-Jaffé, 2025b, § 149 Rn. 27–31) auch gegenüber anderen Gläubigern, nicht hingegen gegenüber dem Insolvenzverwalter oder dem starken (vorläufigen) Verwalter oder dem schwachen vorläufigen Verwalter mit entsprechender Befugnis, Auskünfte von Kreditinstituten einzuholen (§ 21 Abs. 2 Satz 2 i.V.m. Abs. 1 Satz 2). Der vorläufige schwache Verwalter hat aber die Rechte nach §§ 97, 98, 101 InsO gegen den Schuldner und die organschaftlichen Vertreter sowie Angestellte, so dass er den Schuldner zu einer Erklärung veranlassen kann, die Banken vom Bankgeheimnis zu befreien. Das Bankgeheimnis unterliegt zudem den allgemeinen Schranken eines Rechts, strafrechtlich geschützt nach § 203 StGB ist es ohnehin nicht (BGH, 27.10.2009, XI ZR 225/08).

Im Ergebnis findet eine Güterabwägung statt, welches Interesse höher zu gewichten ist, das des Bankkunden, der Bank oder Dritter (siehe BGH, 29.11.2023, XII ZB 141/22). Der Austausch ist letztlich auch im Interesse des Schuldners, da nur in Verhandlungen unter Einbindung des Schuldners Sanierungslösungen in Frage kommen. Im eröffneten Insolvenzverfahren spielt das Bankgeheimnis faktisch keine Rolle, denn das Verfahren wird von dem Grundsatz der Zuweisung des Schuldnervermögens an die Gesamtheit der Gläubiger zur Befriedigung ihrer Forderungen beherrscht, von den Detailregelungen der Gläubigerrechte in der Insolvenzordnung und von den Auskunftspflichten des Schuldners nach Maßgabe der §§ 97 ff. InsO. Hinzu kommt das Akteneinsichtsrecht der Gläubiger als Verfahrensbeteiligte gemäß § 4 InsO, § 299 Abs. 1 ZPO, allerdings frühestens nach Anmeldung der Forderung nach § 174 InsO zur Tabelle.

Zu denken ist bei der gegenseitigen Gläubigerkonsultation zum weiteren Procedere zunächst an andere Kreditinstitute. Die Kontaktaufnahme mit weiteren Gläubigerbanken, die das insolvente Unternehmen finanzieren, dient zweierlei Zielen. Zum einen gilt es in der Krise vor dem Insolvenzantrag zu verhindern, dass eine Bank im Alleingang ihre Kredite kündigt und so unnötig vorschnell die Insolvenz auslöst, ohne dass ein Sanierungskonzept abgewogen werden konnte (Erfordernis eines schlüssigen Sanierungskonzepts, siehe BGH, 04.12.1997, IX ZR 47/97 und zu den Anforderungen zuletzt BGH, 18.01.2024, IX ZR 6/22). Zum anderen kann eine Aufteilung der zu erwartenden Sicherheitenerlöse bereits in diesem frühen Stadium erörtert werden, Schnittstellen festgestellt und Lösungen abgewogen werden. Auf diesem Wege wird vermieden, dass die nach Insolvenzantragstellung unter beträchtlichem Zeitdruck zu führenden Verhandlungen über die übertragende Sanierung durch unnötige Auseinandersetzungen zwischen den involvierten Banken und Lieferanten belastet werden.

Um die vorgenannten Ziele erreichen zu können, schließen sich Kreditinstitute in der Praxis häufig im Rahmen einer geplanten außergerichtlichen Sanierung zu einem Sicherheitenpool zusammen, der die quotale Verteilung derer auf die Sicherungsrechte der beteiligten Banken entfallenden Erlöse grundsätzlich entsprechend der Höhe ihrer ausgereichten Kredite festschreibt. Allerdings sollte ein im Vorfeld einer Insolvenz geschlossener Sicherheitenpoolvertrag nicht zum Nachteil anderer Gläubiger wirken. Ansonsten könnte er vom späteren Insolvenzverwalter angefochten werden.

Der **Sicherheitenpoolvertrag** darf also keine Neubestellung von Sicherheiten ohne gleichwertige Gegenleistung als Bargeschäft (§ 142 InsO) oder eine massebeeinträchtigende Ausweitung des Sicherungszwecks einzelner Kreditsicherheiten enthalten. Zulässig ist es, die Verteilung der jeder einzelnen Bank anfechtungsfest zustehenden Sicherheitenerlöse in beliebiger Weise untereinander vertraglich zu regeln.

Ebenso zweckmäßig ist eine Abstimmung mit den betroffenen Lieferanten des insolvenzgefährdeten Unternehmens. Diese haben in ihren Allgemeinen Geschäftsbedingungen gewöhnlich einen (verlängerten) Eigentumsvorbehalt hinsichtlich der gelieferten Produkte sowie eine Abtretung der aus dem Verkauf der Güter resultierenden Forderungen festgeschrieben. Die Sicherungsrechte der Lieferanten konkurrieren mit den Sicherungsübereignungen sowie Sicherungsabtretungen zugunsten der involvierten Banken. Im Vorfeld der Insolvenz ist eine Gesprächsaufnahme mit den Lieferanten allerdings schwierig, da im Normalfall eine Vielzahl von Lieferanten existiert und diese Interessenbündelung in einem gemeinsamen Vertretungsgremium, das als Ansprechpartner für die Banken fungieren könnte, (noch) nicht erreicht ist.

Nach Insolvenzantragstellung hingegen finden sich die Lieferanten nicht selten auf Initiative der Kreditversicherungsgesellschaften in einem Lieferantenpool zusammen. Mit diesem Pool kann die Bankenseite dann verlässliche Absprachen über die genaue Abgrenzung dieser Sicherungsrechte treffen. Diese Abgrenzung erfolgt überwiegend anhand der Materialeinsatzquote, also des Anteils der Materiallieferungen am Wert des erzeugten Endprodukts.

Einflussnahme auf die Auswahl des (vorläufigen) Insolvenzverwalters

Der (vorläufige) Insolvenzverwalter bestimmt den Verlauf eines Insolvenzverfahrens entscheidend. Von seiner Sachkenntnis und Erfahrung hängt der Erfolg oder Misserfolg etwa einer übertragenden Sanierung maßgeblich ab. Deshalb kommt der Auswahl des Insolvenzverwalters eine herausgehobene Bedeutung zu. Da das Insolvenzverfahren nach dem Leitbild der Insolvenzordnung maßgeblich von der Gläubigerautonomie geprägt ist (vgl. MüKo-Bruns, 2025a, § 1 Rn. 56 ff.), wurde der Einfluss der Gläubiger auf diese für das gesamte Insolvenzverfahren zentrale Entscheidung durch das ESUG insgesamt deutlich ausgeweitet.

Gesetzlich normiert ist in den §§ 21 Abs. 2 Satz 1 Nr. 1a, 22a die Einsetzung eines vorläufigen Gläubigerausschusses (des Eröffnungsverfahrens), der im vorläufigen Insolvenzverfahren agiert sowie dem Insolvenzgericht eine bestimmte Person als vorläufigen Insolvenzverwalter vorschlagen kann (§ 56a InsO). Wenn dieser **Vorschlag** einstimmig erfolgt, ist das Insolvenzgericht daran gebunden, es sei denn, die vorgeschlagene Person ist ungeeignet, weil sie beispielsweise nicht unabhängig von Schuldner und Gläubiger ist (§§ 56a Abs. 2, 56 Abs. 1 Satz 1 InsO). Ungeachtet dessen ist es daher ratsam, eine bereits beim Insolvenzgericht gelistete Person vorzuschlagen oder rechtzeitig Kontakt mit dem zuständigen Insolvenzrichter aufzunehmen, um die Person des vorläufigen Insolvenzverwalters frühzeitig anzuregen, das kann jedoch ins Gegenteil ausschlagen, weil allein der zuständige Richter entscheidet.

Der vorläufige Gläubigerausschuss nach den §§ 21 Abs. 2 Satz 1 Nr. 1a, 22a InsO kann jedoch bei fehlender vorheriger Anhörung zur Person des vorgesehenen (vorläufigen) Insolvenzverwalters auf seiner ersten (konstituierenden) Sitzung einstimmig eine andere Person wählen, die das Insolvenzgericht aber nicht ernennt, wenn er sie nicht für geeignet erachtet. Für die Bestellung des Insolvenzverwalters im eröffneten Verfahren ist diese Bestellung im dem Eröffnungsverfahren beziehungsweise vorläufigen Insolvenzverfahren aber nicht präjudizierend.

Auf diese Weise können Kreditinstitute über die Entsendung eines Vertreters in den vorläufigen Gläubigerausschuss Einfluss auf die Auswahl der Person des (vorläufigen) Insolvenzverwalters nehmen. Diese Möglichkeit ist nicht nur dann eröffnet, wenn das insolvente Unternehmen bestimmte Unternehmenskennzahlen erreicht (§ 22a Abs. 1 InsO). Vielmehr kann ein vorläufiger Gläubigerausschuss auch dann, wenn die Unternehmenskennzahlen nicht erreicht sind, auf Antrag des Insolvenzschuldners oder eines Gläubigers eingerichtet werden.

Es empfiehlt sich für die Bank daher, bei den Insolvenzgerichten eine Liste mit Ansprechpartnern zu hinterlegen und die grundsätzliche Bereitschaft zur Mitgliedschaft in zu bildenden vorläufigen Gläubigerausschüssen zu erklären. Aus der Praxis verlautet, dass das Interesse daran jedoch eher verhalten scheint. Alternativ haben die Gläubiger nach § 57 InsO in der ersten Gläubigerversammlung nach Verfahrenseröffnung die Möglichkeit, einen anderen Insolvenzverwalter zu wählen.

Zu diesem Zeitpunkt, der durchaus ein halbes Jahr nach dem Beginn des vorläufigen Insolvenzverfahren liegen kann, sind die für den Verfahrensweg einer übertragenden Sanierung wesentlichen Weichenstellungen jedoch im Allgemeinen bereits gefallen. Außerdem gilt für die Wahl eines anderen Insolvenzverwalters die Ausnahme, dass dafür nicht nur eine nach der Höhe der angemeldeten Forderungen zu bemessende Stimmenmehrheit in der Gläubigerversammlung, sondern zudem auch die Mehrheit der abstimmenden Gläubiger nach Köpfen gerechnet erforderlich ist. Dies erschwert der Bank die Abwahl des bisherigen Insolvenzverwalters und die Besetzung durch einen neuen Akteur meist erheblich. Das Gericht darf allerdings auch den von der Gläubigerversammlung gewählten Verwalter ablehnen, wenn er aus Sicht des Gerichts nicht geeignet ist, § 57 Satz 3 InsO.

Die Bank kann somit versuchen, bereits auf die Auswahl des vorläufigen Verwalters durch das Insolvenzgericht Einfluss zu nehmen. Derartige Versuche können allerdings auch das Gegenteil des Gewollten bewirken. Denn immer noch werten die Insolvenzrichter den entsprechenden Vorstoß eines Kreditinstituts nicht selten als mangelnden Respekt vor der richterlichen Unabhängigkeit und nehmen diesen Vorschlag einer bestimmten Person zum Anlass, gerade diese nicht zum (vorläufigen) Insolvenzverwalter zu bestellen (vgl. bereits Rattunde, 2003a, S. 2103 ff.). Dabei wird übersehen, dass ein Zusammenwirken des (vorläufigen) Insolvenzverwalters mit den Hauptgläubigern als Finanzierer sowie den absonderungsberechtigten Gläubigern entscheidend für einen positiven Verlauf des Insolvenzverfahrens und auch für eine übertragende Sanierung sowie den Erfolg daraus ist.

Andererseits ist zu bedenken, dass die Banken nicht sozusagen Herren des rechtsstaatlichen Insolvenzverfahrens sind, sondern der Richter sehr darauf achten muss, selbst unparteiisch zu bleiben und den aus seiner Sicht besten (vorläufigen) Insolvenzverwalter zu bestellen. Dazu helfen ihm seine Sachkompetenz, eine Vorauswahlliste und insbesondere eine vorhandene lange Erfahrung als Insolvenzrichter oder der intensive Austausch mit erfahrenen anderen Insolvenzrichtern.

Einen Anspruch der Bank auf Bestellung eines von ihr vorgestellten Insolvenzverwalters gibt es nicht, sie kann aber aufgrund eigener Erfahrung und Expertise im vorläufigen Gläubigerausschuss sowie in der ersten Gläubigerversammlung Vorschläge machen und Anregungen einbringen.

Die Bank wird sich im Einzelfall insbesondere schwer entscheiden, einen Massekredit zu gewähren, wenn sie zu der Person des (vorläufigen) Insolvenzverwalters kein Vertrauen hat. Die Bestellung des (vorläufigen) Insolvenzverwalters, dem die Hauptgläubiger mit Skepsis begegnen oder der über keine ausreichenden Erfahrungen mit Betriebsfortführungen und übertragenden Sanierungen verfügt, kann die übertragende Sanierung somit schon im Ansatz scheitern lassen. Im Ergebnis sollte sich diese Bank deshalb nicht scheuen, frühzeitig Kontakt zu dem zuständigen Insolvenzrichter aufzunehmen, um Anregungen für die Bestellung des vorläufigen Verwalters zu geben, idealiter mehrere Personen in die Anregungen einbringen.

Vielfach sind diese Erwägungen hypothetisch, denn der Richter wird sehr schnell nach Antragseingang einen Gutachter benennen, um aufzuklären, ob nun die Insolvenzeröffnung wahrscheinlich erscheint oder nicht, der zugleich als vorläufiger Verwalter „gesetzt" sein dürfte. Hiervon erfährt die Bank nicht notwendig sofort, sondern mit einer gewissen Verzögerung.

Stellt die Bank nicht selbst Insolvenzantrag, sondern der Schuldner oder ein anderer Gläubiger (wie das Finanzamt oder eine gesetzliche Krankenversicherung als Einzugsstelle der gesetzlichen Sozialversicherungsträger), wird sie kaum die Bestellung eines ihr geeignet erscheinenden vorläufigen Verwalters erreichen. Sie kann dann nur über den vorläufigen Gläubigerausschuss versuchen, ihre Vorstellungen zu erreichen. Völlig unprofessionell wäre es, wenn die Bank es erreichen wollte, einen ihr anscheinend genehmen Verwalter bestellen zu lassen, der ihre Vorstellungen über die Abwicklung sozusagen grundsätzlich stets teilt. Ein solcher Verwalter wäre in jedem Verfahren ungeeignet, es gibt ihn daher nicht, er ist allein dem Verfahrensziel des § 1 InsO und den „zulässigen Anforderungen der Gerichte" verpflichtet.

Einrichtung eines Gläubigerausschusses mit Verfahrenseröffnung

Für eine umzusetzende übertragende Sanierung ist die Zustimmung der Gläubigerversammlung oder des Gläubigerausschusses im eröffneten Verfahren unbedingt erforderlich. Da zeitnahe Entscheidungen für das Gelingen einer übertragenden Sanierung unerlässlich sind, die erste Gläubigerversammlung jedoch erst eine geraume Zeit nach Eröffnung des Insolvenzverfahrens stattfindet, empfiehlt es sich, in denjenigen Insolvenzverfahren, in denen eine **übertragende Sanierung** in Betracht kommt, zeitgleich mit der Verfahrenseröffnung auch einen zunächst wieder vorläufigen Gläubigerausschuss zu bestellen (vgl. § 56 Abs. 1 InsO), wenn nicht bereits im vorläufigen Verfahren ein vorläufiger Gläubigerausschuss in diesem Verfahrensabschnitts eingerichtet wurde (vgl. §§ 21 Abs. 2 Satz 1 Nr. 1a, 22a InsO) und das Insolvenzgericht mit der Verfahrenseröffnung einen personenidentischen vorläufigen Gläubigerausschuss des eröffneten Verfahrens bestellt hat (§ 67 Abs. 1 InsO).

Der so vorläufig bestellte Ausschuss kann dann in der ersten Gläubigerversammlung bestätigt oder aufgehoben werden oder Mitglieder können ersetzt werden (§ 68 InsO). Die Amtszeit jedes dieser verschiedenen Gläubigerausschüsse endet mit dem Verfahrensschritt, auch wenn Personalunion vorliegt). Es gibt also rechtlich drei etwaig Ausschüsse, den vorläufigen Ausschuss im Insolvenzeröffnungsverfahren, den davon zu unterscheidenden vorläufigen Ausschuss des eröffneten Verfahrens und den sozusagen „endgültigen" Ausschuss des § 68 InsO.

Bei der meist vorliegenden **Personalunion** der Ausschussmitglieder können Konzept und Verhandlungen über übertragende Sanierung, Insolvenzplan oder sonst das weitere Procedere im Insolvenzverfahren „bruchlos" erörtert werden. Ein Insolvenzplan sollte beim vorläufigen Insolvenzverfahren mit Schutzschirm gemäß § 270d InsO bei Eröffnung bereits vorliegen.

Das Abwarten der ersten Gläubigerversammlung bei übertragender Sanierung durch Unternehmensverkauf ist dann nicht mehr erforderlich, wenn Verwalter, Gläubigerausschuss und Gericht die Veräußerung billigen, namentlich das Gericht nicht auf Antrag des Schuldners den Vollzug der übertragenden Sanierung bis zum Berichtstermin untersagt (§ 158 Abs. 2 Satz 2 InsO), sofern nicht bis dahin eine erhebliche Masseverschlechterung zu besorgen ist. Deshalb muss das Interesse einer Bank darauf gerichtet sein, einen Vertreter in den Ausschuss zu entsenden. Die Bildung des Gläubigerausschusses und dessen Zusammensetzung obliegt der Entscheidung des zuständigen Insolvenzgerichts, die Zustimmung der angesprochenen Personen (Gläubiger, auch juristische Personen, § 67 Abs. 2 InsO, oder Dritte) zum Eintritt in den Ausschuss vorausgesetzt. Besetzungsvorschläge können alle Beteiligten machen, auch der Schuldner oder der vorläufige Insolvenzverwalter, auch die Bank selbst.

Die Bank wäre also gut beraten, wenn sie gegenüber dem vorläufigen Verwalter rechtzeitig die Bildung eines Gläubigerausschusses anregt und ihr Interesse auf Entsendung eines Vertreters in den Ausschuss geltend macht, ist sie größte Gläubigerin, ist sie gesondert zu berücksichtigen. Üblich ist ein Bankenvertreter im Ausschuss, nicht immer ist es aber möglich, eine Bank dafür zu gewinnen.

Verweigert sich die Bank, nimmt sie eine wesentliche Option der Gläubigerautonomie nicht wahr. Normalerweise wird sich aufgrund der Verfahrensbeteiligung einer Bank als Großgläubiger und Absonderungsberechtigter ohnehin eine Mitgliedschaft im Ausschuss aufdrängen. Unabhängig von der Entscheidung eines Gerichts darf aber nicht übersehen werden, dass Disharmonien zwischen der Bank sowie dem vorläufigen Insolvenzverwalter in dem frühen Stadium nicht optimal für den weiteren Verfahrensverlauf und das Gelingen einer wirtschaftlich erfolgreichen übertragenden Sanierung, mit der möglichen erreichbaren Betriebsfortführung, sind.

Absicherung einer Massekreditgewährung

Wenn für die Fortführung des Betriebs des insolventen Unternehmens die Gewährung eines (stillen) **Massekredits** erforderlich ist und die Bank sich einem entsprechenden Antrag des Schuldners beziehungsweise des vorläufigen Insolvenzverwalters im Eröffnungsverfahren im Hinblick auf die erwarteten Vorteile einer durch die Betriebsfortführung ermöglichten übertragenden Sanierung nicht zu verschließen vermag, sollte die Bank ihre Massekreditzusage gleichwohl an verschiedene Bedingungen knüpfen. Dabei ist zu unterscheiden, ob ein Massekredit im Insolvenzeröffnungsverfahren oder im eröffneten Insolvenzverfahren gewährt werden soll.

Bei der **Massekreditgewährung** im Insolvenzeröffnungsverfahren sieht sich die Bank meist einem schwachen vorläufigen Insolvenzverwalter gegenüber, der keine Verfügungsbefugnis besitzt und der im Gegensatz zu einem starken vorläufigen Insolvenzverwalter mit eigener Verfügungsbefugnis keine Verbindlichkeiten begründen kann, die im eröffneten Verfahren als Masseverbindlichkeiten im Sinne des § 55 Abs. 2 InsO gelten. Es ist ein **Beschluss des Insolvenzgerichts** notwendig.

Um diesem Kreditrückzahlungsanspruch der Bank im eröffneten Insolvenzverfahren den Rang einer Masseforderung zu geben, ist daher auf den Beschluss des Insolvenzgerichts zu drängen, der diese konkrete **Massekreditaufnahme** (Einzelermächtigung) durch den Schuldner ausdrücklich gestattet. Damit wird zugleich das Anfechtungsrisiko ausgeschlossen. Der Vertragsschluss erfolgt durch den Insolvenzschuldner im Zusammenwirken mit einem vorläufigen schwachen Verwalter, der zudem im Allgemeinen als „Zustimmungsverwalter" (§ 21 Abs. 2 Satz 1 Nr. 2 InsO) dieser Sicherheitenbestellung eindeutig zustimmen muss.

Es ist darauf zu achten, dass die Massekreditgewährung soweit wie möglich von der Vereinbarung entsprechender Sicherheiten dafür begleitet wird. Es kommen regelmäßig die Sicherungsübereignung der mit dem Massekredit erworbenen Güter und eine Sicherungsabtretung der aus einer Betriebsfortführung erzielten Forderungen in Betracht. Aber auch andere freie Vermögenswerte eines insolventen Unternehmens zum Beispiel Patentrechte oder freie Grundschuldteile können als Sicherheiten herangezogen werden. Der Gerichtsbeschluss zu der Aufstufung eines Massekredits zur späteren Masseverbindlichkeit im eröffneten Verfahren sollte die Verpflichtung des Schuldners zur Sicherheitenbestellung im Kreditvertrag ausdrücklich umfassen. Für eine Massekreditgewährung im eröffneten Insolvenzverfahren ist dagegen kein gesonderter Gerichtsbeschluss zur Begründung von Masseverbindlichkeiten erforderlich, da hier ein vollumfänglich verwaltungs- sowie verfügungsbefugter Insolvenzverwalter Vertragspartner der Bank ist (vgl. § 80 InsO) oder in der Eigenverwaltung der Schuldner beziehungsweise dessen organschaftliche Vertreter. Gleichermaßen kann auch die Bestellung von Sicherungsrechten vereinbart werden.

Eine neue vertragliche Vereinbarung über eine **Massekreditgewährung** sowie deren Besicherung ist auch dann erforderlich, wenn ein im Insolvenzeröffnungsverfahren aufgenommener Massekredit lediglich verlängert werden soll. Denn unabhängig davon, ob dieser Kreditrückzahlungsanspruch eine Masseforderung darstellt oder nicht, ist der Insolvenzverwalter des eröffneten Verfahrens nicht an die Vereinbarungen aus dem Insolvenzeröffnungsverfahren gebunden. Dies gilt selbst dann, wenn es sich bei dem vorläufigen Insolvenzverwalter um ein und dieselbe Person handelt, die später zum Insolvenzverwalter bestellt wird.

Definition: Von einem **echten Massekredit** wird gesprochen, wenn die zugesagten Mittel wie bei einem Bankkredit von einem Kreditinstitut zur Verfügung gestellt werden. Bei einem **unechten Massekredit** stammen die Kreditmittel dagegen aus der Verwertung von Vermögensgegenständen des insolventen Unternehmens, an denen die Bank ein Absonderungsrecht besitzt, wie aus der Einziehung sicherungsabgetretener Forderungen. Statt einer unverzüglichen Auskehrung der erzielten Nettoerlöse aus den Forderungen an das absonderungsberechtigte Institut, wie es die Insolvenzordnung gemäß § 170 Abs. 1 InsO vorsieht, verwendet der Schuldner, der eingesetzte vorläufige Insolvenzverwalter, im eröffneten Verfahren der Verwalter oder der Eigenverwalter die über einen Forderungseinzug erlangten Gelder zur Finanzierung der Betriebsfortführung. Vom Geschäftserfolg des fortgesetzten Unternehmens hängt es ab, ob der Massekredit zurückgeführt werden kann oder ob die vereinbarten Sicherheiten zur Deckung ausreichen.

Die Vereinbarung eines Massekredits, ob es sich um einen sogenannten echten Massekredit (neu ausgereichte Finanzierung) oder einen unechten Massekredit handelt (Verwertung von Sicherheiten), bedarf stets eines geeigneten Kreditvertrages und entsprechender Sicherungsverträge, die von den jeweils Vertretungsberechtigten auf Insolvenzschuldner und Bankenseite abgeschlossen werden.

Häufig fällt der Bank die Gewährung eines unechten Massekredits leichter als die Einräumung eines echten Massekredits, da ein unechter Massekredit bankintern gewöhnlich zutreffend nicht als Risikoausweitung betrachtet wird. Wirtschaftlich besteht kein Unterschied, denn wenn der Massekredit nicht zurückgezahlt werden kann, ist es für die Bemessung des der Bank daraus entstehenden Schadens gleichgültig, ob es sich um einen echten oder unechten Massekredit handelt.

Die Bank wird genau abwägen, welche Vorteile das Risiko des Massekredites bei einer Gesamtbetrachtung des Risikos auf der anderen Seite hat. Bereits im Eröffnungsverfahren besteht Bedarf, sicherungszedierte Zahlungen der Drittschuldner in einer Betriebsfortführung zu verwenden, da diese Zahlungen wesentlicher Bestandteil der Liquidität des Insolvenzschuldners und seines Working Capital sind.

Erlösabgrenzung und Kostenbeiträge bei der übertragenden Sanierung

Ein Streitpunkt zwischen der Bank und dem (vorläufigen) Insolvenzverwalter ist die Abgrenzung der **Sicherheitenerlöse** einschließlich der Höhe der von der Bank der Insolvenzmasse zu überlassenden Kostenbeiträge (§ 171 InsO). Denn diese Fragen berühren elementare finanzielle Interessen der Beteiligten. Während für die Bank jedes Zugeständnis zu einer unmittelbaren Erhöhung ihres Kreditausfalls führt, bedeutet ein Entgegenkommen des (vorläufigen) Insolvenzverwalters auch eine Reduzierung der Insolvenzmasse, die deren Liquidität schmälert und die Fortführung erschwert.

Ein weiterer Umstand liegt in der Eigenart gerade der sicherungszedierten Forderungen und der Sicherungsübereignung von Sachen im wechselnden Bestand begründet. Sobald die Bank die Zahlungsunfähigkeit des Schuldnerunternehmens kennt oder Umstände kennt, die zwingend darauf schließen lassen, sind die danach begründeten Forderungen gegen Drittschuldner, die auf diese Bank aufgrund einer Sicherungszession übergehen, wegen kongruenter Deckung anfechtbar (§ 130 InsO), entsprechend gilt das für die Sicherungsübereignung des Warenlagers. Zudem führen die üblicherweise über die AGB vereinbarten **verlängerten Eigentumsvorbehalte** von Lieferanten mit der dinglichen Verzichtsklausel in den Muster-Sicherungszessionsverträgen der Banken zu einer weiteren Reduzierung der einer Bank zustehenden Forderungen gegen Drittschuldner. Hat der Schuldner Leistungen gegenüber seinen Kunden aufgrund von Gewährleistungsmängeln nachzubessern oder noch nicht endgültig selbst erfüllt, ist also sein **Zahlungsanspruch**, den er an die Bank zediert hat, noch nicht fällig, stehen ihm Einwendungen gegenüber, die erst später wegfallen, dann ist auch diese mit den Schuldnerleistungen bewirkte Werthaltigmachung der zedierten Forderung gesondert anfechtbar (BGH, 29.11.2007, IX ZR 30/07).

Um zu einer für alle Parteien einvernehmlichen Lösung zu gelangen, bietet sich idealtypisch ein schrittweises Vorgehen an. **Im ersten Schritt** sollte eine grundlegende Einigung über die Abgrenzung der Sicherheitenerlöse erzielt werden. Dabei können sich die Verhandlungspartner an gesetzlichen Vorgaben, zum Beispiel an den Anfechtungsvorschriften der Insolvenzordnung gemäß §§ 129 ff. InsO orientieren.

Eine Einigung über diese **Erlösabgrenzung** kann derart aussehen, dass die bis zur Kenntnis der Bank von der Insolvenzantragstellung entstanden Forderungen und erzeugten Güter dem Kreditinstitut und anschließend der Insolvenzmasse zustehen, vorbehaltlich vorgehender Rechte. Dieses erfordert insbesondere bei teilfertigen Arbeiten eine exakte Bestandsaufnahme, um spätere Unstimmigkeiten zu vermeiden.

In einem zweiten Schritt können die Kostenbeiträge festgelegt werden. Auch für die Bemessung der Kostenbeiträge gibt es gemäß § 171 InsO Vorgaben in der Insolvenzordnung. Diese Regelungen sind jedoch zum einen nicht abschließend. Daher findet sich keine gesetzliche Norm zum freihändigen Verkauf von belasteten Grundstücken, sodass die Masse beim Verkauf durch den Insolvenzverwalter bei wertausschöpfender dinglicher Belastung nichts vom Erlös erhalten würde (aber etwaige Risiken aus Verkäuferhaftung tragen würde). Zudem ist die grundsätzlich vorgesehene Verwertungspauschale von 5,0 % nicht immer geeignet, dem Verwertungsaufwand der Masse gerecht zu werden. Insofern verbietet sich ein schematischer Lösungsansatz. Vielmehr kann für jede Sicherheit sowie Sicherheitengruppe gesondert eine Regelung, unter Berücksichtigung des Einzelfalls, gefunden werden, § 171 Abs. 2 Satz 2 InsO.

Gleichwohl haben sich in der Praxis bestimmte Kostenbeitragsrahmen herausgebildet, die als Leitlinien dienen könnten. Eine praxisnahe Lösung könnte demnach so aussehen, dass für den freihändigen Verkauf von Grundstücken ein Anteil von gegebenenfalls 3,0 % bis 5,0 % (also ähnlich einer Maklerprovision) für die Masse zu Lasten des auf die Grundpfandrechte der Bank entfallenden Erlöses verabredet werden kann (abhängig von der Höhe des Kauferlöses), für diese Veräußerung sicherungsübereigneter Sachen und den Einzug von Forderungen aus fertiggestellten Arbeiten ein Kostenbeitrag von tendenziell 10,0 % bis 15,0 % und für den Einzug rechtshängiger Forderungen sowie von Forderungen aus teilfertigen Arbeiten, die vom Insolvenzverwalter beendet werden, ein Kostenbeitrag von bis zu 30,0 % des auf die Bank entfallenden Erlöses an die Insolvenzmasse gehen kann. Innerhalb der Bandbreiten sind unterschiedliche Varianten, wie eine Staffelung der Kostenbeiträge je nach Verwertungserfolg vorstellbar. Mit den verabredeten Quoten mögen auch Anfechtungsfragen erledigt sein.

Wird der vorläufige Verwalter vom Gericht ermächtigt, sicherungszedierte Forderungen einzuziehen, hat er diese auf Sonderkonto zu separieren und der Masse stehen die Gläubigerbeiträge nach § 171 InsO zu (BGH, 21.01.2010, IX ZR 65/09, Rn. 40 mit Hinweis auf § 21 Abs. 2 Satz 1 Nr. 5). Die Separierung auf treuhänderischem Sonderkonto führt dazu, dass das mit Zahlung des Drittschuldners erloschene Absonderungsrecht (die zedierte Forderung ist nach § 362 BGB durch Erfüllung erloschen) sich in ein Aussonderungsrecht wandelt (Schmidt-Hölzle, 2023, § 21 Rn. 76).

Beispiel: Es sei auf eine Besonderheit der Kostenbeitragsverhandlungen in Insolvenzverfahren, bei denen es zur Betriebsfortführung mit anschließender übertragender Sanierung kommt, hingewiesen. Während der vorläufige Insolvenzverwalter nach den Vorschriften der Insolvenzordnung grundsätzlich keine Sicherheiten verwerten darf sowie für durchgeführte Verwertungsmaßnahmen keine Kostenbeiträge zur Insolvenzmasse erhält, vereinbaren die Beteiligten in den Fällen der Fortführung des Betriebes des insolventen Unternehmens mit dem Ziel einer späteren übertragenden Sanierung im Einzelfall, dass bereits der vorläufige Insolvenzverwalter Verwertungsmaßnahmen an Gegenständen des Absonderungsrechts durchführen darf und dafür dieselben Kostenbeiträge zur Masse zu zahlen sind wie bei einer Verwertung im eröffneten Insolvenzverfahren. Das ist insbesondere der Fall bei Notverkäufen mit drohendem Preisverfall.

Bei einer übertragenden Sanierung erwirbt der Übernehmer Gesamtheiten von Vermögensgegenständen des insolventen Unternehmens. Er tritt aber nicht grundsätzlich in die für die übernommene Einheit bestehenden Verträge ein und übernimmt auch keine Verbindlichkeiten daraus. Dies gilt auch für Verpflichtungen eines insolventen Unternehmens, für deren Erfüllung sich die betroffene Bank verbürgt hat. Weder die Bürgschaftsverpflichtung noch der Regressanspruch einer Bank gehen damit auf den Übernehmer über, diese Folge würde eines dreiseitigen Vertrages der daran Beteiligten bedürfen (Schuldbeitritt oder Schuldübernahme nach §§ 414 ff. BGB).

Bei der Inanspruchnahme der Bank aus bereitgestellten Avalen kann diese grundsätzlich nicht auf den Übernehmer zurückgreifen, dort Regress zu nehmen. Da der Übernehmer aufgrund der teilweisen Betriebsübernahme zum einen über die technischen und personellen Möglichkeiten verfügt, die Verpflichtungen eines insolventen Unternehmens zu erfüllen (und damit die Avalinanspruchnahme der Bank zu verhindern), und er zum anderen ein Interesse daran haben muss, die bestehenden Geschäftsverbindungen unbelastet zu erhalten, wird dieser sich meistens dazu bereit erklären, die Ansprüche der Avalberechtigten gegen den Insolvenzschuldner zu erfüllen und damit die Inanspruchnahme der Bank aus der Bürgschaft abwenden.

Die Risiken aus diesen Leistungen wird der Käufer in das Übernahmeangebot einpreisen mit entsprechender Reduzierung der Erlösanteile der Bank. Daher empfiehlt es sich, die Bereitschaft des Übernehmers sowie die von der Bank dafür zu erbringende Gegenleistung im Übernahmevertrag festzuschreiben. Es sind schwierige Verhandlungen zu erwarten, denn der Übernahmeinteressent befindet sich letztlich auf einem Käufermarkt. Die Gegenleistung der Bank wird in der Reduzierung des Wertansatzes für Vermögensgegenstände, an denen sie Sicherungsrechte hält, bestehen.

Checkliste und Analysen zur übertragenden Sanierung:
1. Ist eine Übertragende Sanierung aufgrund der Attraktivität von Betriebsteilen andenkbar?
2. Ist die Übertragende Sanierung als Alternative zur Einzelverwertung vorteilhaft für die Bank?
3. Sind zur Umsetzung der übertragenden Sanierung echte oder unechte Massekredite zu gewähren?
4. Besteht bei einem zu gewährenden Massekredit zur Geschäftsfortführung ein hohes Ausfallrisiko?
5. Erbringt die Begleitung der Übertragung Vorteile wie die Vermeidung von Avalinanspruchnahmen?

5.7 Abwicklungsstrategien bei Kreditsicherheiten

Für die Banken kann, aufgrund bestehender **Absonderungsrechte** eine Verwertungslösung in Gestalt einer Verwertung einzelner Vermögensgegenstände ausnahmsweise vorteilhaft sein, auch als Alternative zur übertragenden Sanierung. So kann die Veräußerung von Anlagevermögen in der Zusammenarbeit mit professionellen Verwertern noch Erlöse erbringen. Insbesondere ist das bei Grundbesitz der Fall, abhängig vom jeweiligen Teilimmobilienmarkt für die relevante Immobilienklasse, insbesondere nach Art, Ausstattung und Lage. Allerdings gelten Einschränkungen bei der Verwertung von Firmenimmobilien denn bei diesen handelt es sich zumeist um Spezialimmobilien, die nicht immer drittverwendungsfähig sind. Werthaltig können gewerbliche Schutzrechte sein, wie für noch bestehende Patente, wenngleich zu beachten ist, dass der Markt hier volatil ist, sowie nicht wenige der Schutzrechte nur dann veräußerbar sind, wenn sie in der betrieblichen Umgebung auch von kompetenten Mitarbeitern eingesetzt beziehungsweise weiterentwickelt werden. Sie sind eher Gegenstand der übertragenden Sanierung in Verbindung mit dem übertragenen Unternehmensteil. Die Einzelverwertung ist daher grundsätzlich in Betracht zu ziehen und aus Sicht der Bank als potenziell erfolgreiche Alternative (Recovery Rate) unbedingt durchzukalkulieren.

Grundlagen und Abläufe bei Verwertungen

Kreditinstitute haben sich bei uneinbringlichen Krediten strategisch mit der weiteren Vorgehensweise zu befassen (auch Problemkredite oder Non Performing Loans (NPL) beziehungsweise **Non Performing Exposures** eine Terminologie der EZB beziehungsweise der EBA, der europäischen Bankaufsichtsbehörde). Es ist nach MaRisk BTO 1.2.5 Rn. 7 für den Fall der Insolvenz eines Kunden ein **Abwicklungskonzept** zu erstellen und in den Prozess einer Verwertung von Kreditsicherheiten sind spezialisierte Bankmitarbeiter und gegebenenfalls externe Spezialisten einzubeziehen.

Daneben besteht die Möglichkeit, auf die **Expertise** externer Verwerter oder Makler zurückzugreifen. Während in den MaRisk die Bestimmungen zur Begleitung von Sanierungsfällen detailliert dargelegt werden, fallen diese Beschreibungen im Sektor der Abwicklung zurückhaltender aus. Es handelt sich bei der **„Zerschlagung“** insolventer Firmen um einen häufig vorkommenden Verfahrensweg, zumal auch die bereits behandelte übertragende Sanierung auf die Einzelverwertung der nicht in die veräußerten Betriebsteile integrierten Vermögensgegenstände angewiesen ist.

Grundlegend ist, dass sich Banken (zumindest) im risikorelevanten Kreditgeschäft ihren Problemkrediten aktiv annehmen und diese intensiv mit spezialisierten Mitarbeitern bearbeiten. Dieses gilt auch für die Abwicklung. Dabei ist auch die Bearbeitungsdauer von Bedeutung. Gemäß MaRisk BTO 1.2.5 Rn. 9 hat ein Institut geeignete Fristen für die Behandlung und den Abbau von besicherten und unbesicherten Problemkrediten festzulegen, die sicherstellen, dass Bestände an notleidenden Risikopositionen in einem angemessenen Zeitraum abgebaut werden.

Dies betrifft den einzelnen Kredit mit angeschlossener Sicherheit als auch das Engagement in der Gänze. Zu beachten ist, ob die jeweilige Risikovorsorge angemessen ist. Dabei können auch barwertige Betrachtungen (mit Zinseffekten, Nettobarwert als Net Present Value, EZB, 2017a, S. 50) eine Rolle spielen, wenn die Verwertung oder Abwicklung mehrere Jahre andauern wird (siehe EZB, 2017a, S. 1 ff., EZB, 2017b. S. 1 ff., EBA, 2018, S. 1 ff. und EBA, 2020, S. 1 ff.). Gemäß MaRisk BTO 1.2.5 Rn. 7 Erläuterungen ist der Zeitraum zur Abwicklung der Sicherheit zu überwachen.

In den Leitfäden und Leitlinien der EZB und EBA werden teilweise Fristen zum Abbau von NPL-Beständen vorgegeben, die sich Institute im Rahmen einer NPL-Strategie setzen sollen. Ob die Vorgaben beispielsweise von ein bis drei Jahren tatsächlich im Einzelfall für Institute erreichbar sind hängt in der Praxis unter anderem von der Komplexität der Insolvenzverfahren ab, dem Firmenkonstrukt, von der Schwierigkeit der Verwertung der Einzelsicherheiten und vom jeweiligen Insolvenzverwalter und lässt sich nicht immer statisch vorab festsetzen (vgl. EZB, 2017a, S. 14 ff.). Zu beachten sind die NPL-Strategien mit verschiedenen Kombinationen von operativen Umsetzungen besonders für Institute, mit einer NPL-Quote von mehr als 5,0 % des Bruttobuchwertes der gesamten Darlehen (vgl. MaRisk, 2024, Erläuterungen zu AT 2.1 Rn. 1, EBA, 2018, S. 1 ff. und EZB, 2017a, S. 13 ff.).

Auch die Dauer von **Forbearance-Maßnahmen** lässt sich im Sanierungsbereich nicht unbedingt auf eine bestimmte Jahreszahl begrenzen (vgl. EZB, 2017a, S. 45 ff.). Hier ist auch zu beachten, dass ein ernsthafter Sanierungsversuch mit finanziellen Bedingungen aus einem Sanierungskonzept konsequent umgesetzt wird, um Anfechtungen abzuwehren (§ 133 InsO). Insgesamt ist jede Sanierung oder Abwicklung aus Bankensicht auf das Ziel ausgerichtet, den voraussichtlichen (barwertigen) Ausfall zu reduzieren.

Im Einzelfall sind dann die Aussichten der Einzel- oder Gesamtverwertung beispielsweise im Rahmen einer übertragenden Sanierung finanziell aus Bankensicht als Gläubiger und Inhaber von Kreditsicherheiten (barwertig) abzuwägen und die dafür erforderlichen Entscheidungen zu treffen. Unter Umständen dauert eine Einzelverwertung in Teilen viele Jahre an und der barwertige Gesamterlös liegt unter einem kurzfristig zu erzielenden Kaufpreisanteil aus einer übertragenden Sanierung.

Beispiel: Die Einzelverwertung von Mobilien und Immobilien erbringt über die Zeit voraussichtlich in zehn Jahren einen Nettoerlös von 700.000 Euro nach allen Kosten (hier wird vereinfachend mit einer endfälligen Zahlung nach zehn Jahren gerechnet). Sofort ist jedoch ein Erlösanteil aus einer übertragenden Sanierung von 500.000 Euro für die betrachtete Bank zu erzielen. Bei einem Zins zur Diskontierung von 5,0 % ergibt sich als Barwert der Einzelverwertung ein Betrag von rund 429.739 Euro. Somit sollte eine Zustimmung zur sofortigen übertragenden Sanierung aus finanziellen Gründen erfolgen (barwertige Berechnung).

Im Folgenden wird spezifisch auf die Verwertungshandlungen bei Einzelverwertung aus Sicht der Kreditinstitute eingegangen. Dann wird differenziert zwischen den Veräußerungen im Eröffnungsverfahren und im eröffneten Verfahren.

Es werden der Verkauf von mit Absonderungsrechten der Institute belasteten beweglichen Wirtschaftsgütern und der Einzug von sicherungszedierten Forderungen durch den Insolvenzverwalter oder das Kreditinstitut gegeneinander abgewogen. Zusätzlich werden die zwangsweise Verwertung, die freihändige Veräußerung und die Zwangsverwaltung von Immobilien behandelt. Dabei sind die Ersatzansprüche und die Kostenbeiträge aus der Veräußerung für die Institute von Bedeutung, auf die vorstehend bereits eingegangen worden ist. Es werden Strategien aufgezeigt, um die Sicherheitenerlöse aus Bankensicht zu optimieren.

Auch wenn meist die Sanierung innerhalb der Insolvenz unter der Beachtung des § 1 InsO mit der bestmöglichen Gläubigerbefriedigung anzustreben ist, ergibt sich in vielen Fällen die Notwendigkeit der Einzelverwertung der Vermögensgegenstände eines Schuldnerunternehmens. Die erzielten Erlöse werden auf die unterschiedlichen Gläubigergruppen strukturiert aufgeteilt. Banken sichern sich für den Fall einer Insolvenz antizipativ durch die Vereinbarung von Kreditsicherungsrechten ab. Erhebliche wirtschaftliche Bedeutung zur Reduzierung des Kreditausfalls haben die variablen Kreditsicherheiten des Umlaufvermögens insbesondere in Form von Sicherungsübereignungen oder Zessionen. Diese Vermögenswerte lassen sich nicht selten zeitnah und unter geringem Aufwand verwerten. Des Weiteren zählen Grundpfandrechte in Form von (abstrakten) Grundschulden zu den meist teilweisen werthaltigen Sicherheiten. Hypotheken werden in der inländischen Rechtsordnung als akzessorische Sicherheiten seit Jahrzehnten praktisch nicht mehr verwendet.

Bewegliche Gegenstände des **Anlagevermögens** werden in der Regel sicherungsübereignet, zum Beispiel eine von der Bank finanzierte Maschine. Bei Großmaschinen sowie großvolumigen Produktionsanlagen besteht nicht selten das Problem, dass sie wesentlicher Bestandteil eines Grundstücks oder Gebäudes werden können, auf dem sie installiert werden (§ 94 BGB). In diesen Fällen ist eine Sonderrechtsfähigkeit nur dann herzustellen, wenn die Anlagen Scheinbestandteil nach Maßgabe des § 95 BGB geblieben sind. Ein Beispiel sind die Windkraftanlagen auf fremdem Grund und Boden, deren Finanzier mit Hilfe der Methodik gemäß § 95 BGB, durch eine beschränkte persönliche Dienstbarkeit für den Anlagenbetrieb, gegen den Verlust seines Sicherungseigentums geschützt werden kann. Eine andere Frage ist die Werthaltigkeit einer solchen Anlage, wenn diese zum Zweck der Verwertung abgebaut, überholt und dann wieder aufgebaut werden muss. Ein Beispiel ist die Großdruckmaschine, die viele Jahre in Betrieb war. In derartigen Fällen ist, soweit wie möglich die übertragende Sanierung des Betriebsteils angezeigt in den bisherigen Räumlichkeiten. Die rechtlich mögliche Verwertung durch Abbau und Verkauf ist ökonomisch betrachtet meist nicht sinnvoll.

Den Kreditinstituten steht im Rahmen des Insolvenzverfahrens aufgrund ihrer Sicherungsrechte oft ein Absonderungsrecht gemäß § 49 InsO (unbewegliche Gegenstände: Immobilien, eingetragene Schiffe und Luftfahrzeuge) beziehungsweise gemäß §§ 51 ff. InsO (bewegliche Gegenstände, das heißt bewegliche Sachen und Rechte) an dem Veräußerungserlös der Vermögenswerte zu.

Im eröffneten Insolvenzverfahren sind vorweg bei der Verwertung beweglicher Gegenstände durch den Insolvenzverwalter die zu entrichtenden Kosten für die Feststellung und Verwertung der Sicherungsgüter, die der **Insolvenzmasse** zufließen, abzuziehen (§§ 170, 171 InsO), ebenso die im Erlös enthaltende Umsatzsteuer.

Definition: Das **Absonderungsrecht** gewährt dem Gläubiger nach § 49 InsO (unbewegliche Gegenstände) beziehungsweise §§ 50, 51 InsO (bewegliche Gegenstände) die vorzugsweise Befriedigung eines Anspruchs aus einem Gegenstand oder Recht. Die Verwertungsbefugnis liegt nur bei den Gegenständen im Sinne des §§ 166 ff. InsO ab dem Zeitpunkt der Insolvenzeröffnung beim Insolvenzverwalter. Nach der Eröffnung fließen die dortigen Kostenbeiträge der Feststellung und Verwertung nach § 171 InsO ebenso wie die Umsatzsteuer (§ 171 Abs. 2 Satz 3 InsO) uneingeschränkt der Masse zu. Die Veräußerung eines Vermögensgegenstands oder die Einziehung eines Rechts kann im vorläufigen Verfahren oder im eröffneten Verfahren auch durch den Gläubiger erfolgen, soweit nicht im eröffneten Verfahren der Insolvenzverwalter nach § 173 InsO zur Verwertung berechtigt ist (vgl. Dauernheim/Schörnig, 2018, S. 530). Eine Ausnahme ist die Anordnung von Sicherungsmaßnahmen durch das Gericht nach § 21 Abs. 2 Satz 1 Nr. 5 InsO.

Das **Absonderungsrecht** gewährt dem Gläubiger eine vorzugsweise Befriedigung. Dabei betrifft § 49 InsO die im Grundbuch beziehungsweise weiteren öffentlichen Registern eingetragenen Rechte an Immobilien sowie sonstigen unbeweglichen Gegenständen (eingetragene Schiffe und Flugzeuge), deren Verwertungen nach dem ZVG vorgenommen werden. Die §§ 50, 51 InsO betreffen Pfandrechte an beweglichen Sachen und Forderungen sowie vergleichbare Rechte. Die wichtigen Erscheinungsformen sind die Sicherungsübereignung als besitzloses Pfandrecht an Sachen und die Sicherungszession von Forderungen als ebenfalls publizitätsloses Recht.

Die **Verwertungsbefugnis** der beweglichen Gegenstände über die Sicherungsübereignung und Sicherungszession liegt gemäß den §§ 166 ff. InsO ab dem Zeitpunkt der Insolvenzeröffnung beim Insolvenzverwalter. Nach der Eröffnung fließen die gesetzlich festgelegten Kostenbeiträge der Feststellung und der Verwertung uneingeschränkt der Masse zu (§ 171 InsO), die Feststellungspauschale (4,0 %) ist umsatzsteuerfrei, die Verwertungskostenpauschale unter Umständen umsatzsteuerpflichtig zu Lasten der Zahlung an den Absonderungsberechtigten.

Die Veräußerung eines Vermögensgegenstands oder Einziehung eines Rechts im Sinne des § 166 InsO im **vorläufigen Verfahren** (zu Einschränkungen, insbesondere bei Anordnung nach § 21 Abs. 2 Satz 1 Nr. 5 InsO, siehe oben), kann in Ausnahmefällen, auch im eröffneten Verfahren, durch den Gläubiger gemäß § 173 InsO selbst erfolgen. Dies ist regelmäßig allerdings nicht wirtschaftlich sinnvoll. Das Verwertungsrecht des Verwalters an beweglichen Sachen setzt gemäß § 166 Abs. 1 InsO voraus, dass er diese im mittelbaren oder unmittelbaren Besitz hat. **Besitz** des Insolvenzverwalters ist auch zu bejahen, wenn das Schuldnerunternehmen ein Vermietungsunternehmen ist und die Mietgegenstände dauerhaft vermietet sowie den Mietern zu Nutzung überlassen sind. Gegenbeispiel ist das Finanzierungsleasing in der Insolvenz des Leasinggebers mit einem Erwerbsrecht des Leasingnehmers.

Daher steht das Verwertungsrecht an betroffenen Wirtschaftsgütern, die einem Refinanzierungsinstitut des insolventen Leasingebers sicherungsübereignet wurden, dem Insolvenzverwalter des Leasingebers nicht zu, da dieser Gegenstand aus dem Vermögen ausgeschieden ist (vgl. BGH, 11.01.2018, IX ZB 295/16).

Bei den **Kreditsicherheiten** werden akzessorische sowie abstrakte und fiduziarische Rechte unterschieden. Die akzessorischen Kreditsicherungsrechte erfordern das Bestehen der Hauptforderung, während die fiduziarischen Sicherheiten von der Hauptforderung unabhängig und mit ihr nur über den Sicherungsvertrag verbunden sind (vgl. Lwowski/Merkel, 2003, S. 48, unangefochtene Differenzierung). Wichtige Kreditsicherheiten sind in der Praxis:

- **Sicherungsübereignungen (§§ 929 ff. BGB):** Übereignet werden bestimmte Gegenstände des Anlagevermögens, wie Maschinen sowie Wirtschaftsgüter des Umlaufvermögens, im Rahmen (meist) eines Raumsicherungsübereignungsvertrags.
- **Sicherungszessionen (§§ 398 ff. BGB):** Abgetreten werden einzelne Forderungen im Rahmen der Einzelzession oder Forderungsgesamtheiten bei der Mantel- oder Globalzession. Von Bedeutung ist, dass die Forderungen bestimmbar sind.
- **Grundschulden (§ 1191 BGB):** Es wird ein Grundstück belastet, wonach dem Begünstigten eine Geldsumme aus diesem Grundstück zu zahlen ist und ihm ein Verwertungsrecht zusteht. Die Bank hält diese als Sicherungsgrundschuld.

Die geplante Verwertungsart dieser Sicherheiten ist auch vom weiteren Verfahrensablauf einer Liquidation, einer Plansanierung oder einer übertragenden Sanierung abhängig. Des Weiteren ist zu entscheiden, in welchem Maße sich die Institute in diese Verwertungshandlungen einbringen. Dieses wird in MaRisk (2024 BTO 1.2.5 Rn. 7–9 gefordert, jedoch sind gerade kleinere Institute nicht in der Lage, umfassende Verwertungskompetenzen aufzubauen sowie den Verwertungsprozess mit eigenen Experten selbst zu gestalten. Die Banken können dann auch auf die Leistungen externer Spezialisten zurückgreifen. Diese Aktivitäten sind dann dem Outsourcing zuzuordnen.

Gegebenenfalls greifen hier die Bestimmungen aus MaRisk AT 9 zu Auslagerungen, gerade dann, wenn diese häufiger bei der Verwertung in Anspruch genommen werden. Üblicherweise ist dann Überprüfung des Veräußerungserfolgs vorzunehmen.

Wie im Sanierungsbereich MaRisK BTO 1.2.5 Rn. 2–5 zeigt sich auch bei der Bearbeitung von uneinbringlichen (insolventen) Kreditengagements in der Abwicklung, dass anhand des strukturierten **Abwicklungskonzepts** noch in erheblichem Maße Gelder gerettet werden können. Daher ist eine Abwicklungsabteilung in einer Bank vor dem Hintergrund der umfassenden Sicherungswerte sowie der Vermeidung von Haftungsrisiken nicht allein unter Kostengesichtspunkten, sondern vielmehr unter Erlösaspekten, zu planen. Auf diese Weise können häufig zum Teil noch erhebliche Gelder in der Abwicklung erwirtschaftet beziehungsweise Forderungsausfällen vermieden werden (vgl. Portisch et al., 2013a, S. 278 ff. und Portisch, 2013b, S. 28 ff.).

Bei der Verwertung von absonderungsberechtigten Kreditsicherheiten durch den Insolvenzverwalter im eröffneten Insolvenzverfahren stehen absonderungsberechtigten Kreditinstituten bei den mobilen Sicherheiten gemäß den §§ 166 ff. InsO verschiedene **Rechte** zu. Dies sind beispielsweise:

- **Auskunftsrecht gemäß § 167 InsO:** Der Insolvenzverwalter hat absonderungsberechtigten Banken bei einer Verwertung von beweglichem Anlagevermögen Auskunft über den Zustand der Sache oder des Rechts zu erteilen „oder die Besichtigung" zu gestatten, vgl. § 167 Abs. 1 InsO. Bei der Berechtigung zur Einziehung von Forderungen nach § 166 Abs. 2 InsO hat der Insolvenzverwalter Auskunft darüber zu erteilen oder dem Gläubiger Einsicht in „die Bücher und Geschäftspapiere des Schuldners" zu gestatten, § 167 Abs. 2 InsO.
- **Verwertungsmöglichkeit gemäß § 168 InsO:** Der Insolvenzverwalter hat einem absonderungsberechtigten Gläubiger eine geplante Veräußerung mitzuteilen. Der Gläubiger kann innerhalb einer Woche auf eine bessere Verwertung hinweisen, die auch in dem Angebot auf Eigenerwerb durch den Gläubiger bestehen kann. Einen Überbietungswettbewerb zwischen Gläubiger und Insolvenzverwalter gibt es aber nicht (BGH, 22.04.2010, IX ZR 208/08).
- **Zinsanspruch gemäß § 169 InsO:** Wird ein Gegenstand vom Insolvenzverwalter nicht zeitnah verwertet, dann sind dem absonderungsberechtigten Gläubiger vom Berichtstermin an die geschuldeten Zinsen aus der Masse zu zahlen (als Masseverbindlichkeit). Der Zinslauf beginnt spätestens drei Monate nach der Anordnung gemäß § 21 Abs. 2 Satz 1 Nr. 5 InsO.
- **Wertersatzanspruch gemäß § 172 InsO:** Bei der Weiternutzung des Sicherungsguts durch den Insolvenzverwalter ist ein entstehender Wertverlust durch laufende Zahlungen an den absonderungsberechtigten Gläubiger auszugleichen. In der Praxis spielen die Zinsansprüche beziehungsweise Wertersatzansprüche nur eine nachgeordnete Rolle.

Es ist aus Sicht der Kreditinstitute von Bedeutung, bei den Verwertungshandlungen im vorläufigen oder im eröffneten Verfahren mit dem (vorläufigen) **Insolvenzverwalter** zu kooperieren. Dann sind mit diesem Vereinbarungen über die Art der Verwertung, über Kostenbeiträge, über Besicherungen von unechten Massekrediten mit revolvierendem Einsatz von neu entstehenden Forderungen und Waren sowie Abgrenzungen bei den Erlösen möglich. So lassen sich unter Umständen bei einfachen Verwertungsvorgängen auch Verabredungen zu den Kostenbeiträgen erzielen, die unter dem gesetzlichen Pauschalbetrag gemäß § 171 Abs. 2 InsO in Höhe von 5,0 % für die Verwertung des absonderungsberechtigten Sicherungsgutes liegen.

Geht es dann beispielsweise nur darum, eine der Bank wirksam abgetretene Lebensversicherung durch den Verwalter mittels eines einfachen Schreibens einzuziehen, so genügen unabhängig von dem eingezogenen Betrag in der Regel 25 bis 50 Euro je Fall (vgl. LG Wiesbaden vom 28.01.2015, 12 O 21/14).

Dazu kann ein interner **Verwertungsspezialist** in die Problemkreditbearbeitung integriert werden, der Erfahrung bei der Liquidation beziehungsweise Veräußerung von Wirtschaftsgütern sammelt und Kontakte zu professionellen Verwertern aufbaut, um die Erlöse zu optimieren. Es ist ein internes Abwicklungskonzept aus MaRisk BTO 1.2.5. Rn. 7 zu erarbeiten. Darzulegen sind die vorhandenen Sicherheiten und der Verwertungsablaufs ist vorzuplanen. In den Verwertungsprozess sind qualifizierte Mitarbeiter oder externe Spezialisten einzubeziehen, da diese Tätigkeiten umfangreiche Fachkenntnisse und Kontakte erfordern. Dann ist über das Verwertungskonzept ein möglichst hoher Erlösanteil aus Bankensicht zu realisieren.

Anforderungen und Gestaltungsmöglichkeiten bei Verwertungshandlungen

Insoweit im eröffneten Verfahren der **Insolvenzverwalter** in den Konstellationen des § 166 InsO allein verwertungsbefugt ist, sind die eigenen **Einflussmöglichkeiten** der Banken eher gering und auf die allerdings „umfassenden" Informationsrechte gemäß § 167 und die Rechte aus § 168 InsO beschränkt (vgl. Schmidt-Sinz, 2023, § 167 Rn. 1–3). Das Recht des Gläubigers gemäß § 168 Abs. 2 InsO ermöglicht der Bank allerdings den rechtzeitigen Nachweis einer besseren Verwertung als vom Insolvenzverwalter mitgeteilt, auf die sich der Verwalter einlassen muss oder er muss die Bank im Ergebnis so stellen, als sei ihr Vorschlag umgesetzt worden.

Der Bank muss insoweit auch der Eigenerwerb ermöglicht werden (§ 168 Abs. 3 Satz 1 InsO), diese kann auch Verwertungen mit geringeren Kosten nachweisen (§ 168 Abs. 3 Satz 2 InsO). Im Folgenden werden Regelungen zur Verwertung von Sicherheiten erläutert, um aus Bankensicht die Möglichkeiten zur Optimierung der Verwertungserlöse bei Absonderungsrechten in Form von Kreditsicherheiten aufzuzeigen.

Nach dem **Eröffnungsantrag** werden mit den Kreditforderungen gleichzeitig diejenigen Sicherheiten, an denen ein Absonderungsrecht besteht, auf Basis einer Kopie des Kreditsicherungsvertrags beim (vorläufigen) Verwalter geltend gemacht. Nach Verfahrenseröffnung haben die absonderungsberechtigten Gläubiger gemäß § 28 Abs. 2 InsO eine Obliegenheit, ihre Sicherungsrechte an beweglichen Sachen und Rechten dem Insolvenzverwalter mitzuteilen beziehungsweise anzumelden. Der Verstoß gegen diese Obliegenheit führt zu möglichen Schadensersatzrisiken (zum Beispiel wegen überhöhter Verwertungskosten als Folge einer verzögerten oder unterbliebenen Meldung oder wenn aus diesem Grunde ein Insolvenzanfechtungsanspruch der Masse gegen den Absonderungsberechtigten im Zusammenhang mit dem betroffenen Recht verjährt (vgl. Schmidt-Keller, 2023, § 28 InsO Rn. 19–21).

Der Verwalter prüft, ob eine Besicherung wirksam zustande gekommen ist. Zusätzlich werden die konkurrierenden Rechte wie die Zubehörhaftung bei Grundpfandrechten oder das Vermieter- und Verpächterpfandrecht in Konkurrenz zur Sicherungsübereignung (das ihr regelmäßig vorgeht), Mehrfachabtretungen und Kollisionen zum einfachen und verlängerten Eigentumsvorbehalt der Lieferanten, vom (vorläufigen) Insolvenzverwalter begutachtet und in eine Reihenfolge gebracht.

Dabei geht das Vermieterpfandrecht ebenso wie der Eigentumsvorbehalt einer Sicherungsübereignung der Bank vor, wenn die Sicherungsübereignung erst nach der Entstehung eines Vermieterpfandrechts wirksam wird (vgl. BGH, 15.10.2014, XII ZR 163/12 und BGH, 12.02.1992, XII ZR 7/91 zu der Konkurrenz des Sicherungseigentums zum Vermieterpfandrecht beim Raumsicherungsvertrag über Umlaufvermögen).

Die **Kollision** zwischen Sicherungseigentum und (verlängertem) Eigentumsvorbehalt wird durch Übertragung eines Anwartschaftsrechts und die Befugnis der Bank aufgelöst, den Restkaufpreis an den Lieferanten zu zahlen, soweit der Kreditnehmer dieser Pflicht nicht nachgekommen ist.

Aus der Sicht der Kreditinstitute ist es daher wichtig, mögliche Beeinträchtigungen des Sicherheitenwertes sowie der Realisierung bereits im Vorfeld einer Insolvenz zu überprüfen. Dabei sind die bestehenden Sicherheiten aufgrund der Bedeutung für die Risikovorsorge im Rahmen des außergerichtlichen Sanierungsstadiums, aber auch außerhalb der Krise, regelmäßig auf die formale Rechtmäßigkeit. Wichtige Fragestellungen in der Praxis sind hier unter anderem:

- Steht der Sicherungsvertrag noch im Einklang mit der Rechtslage?
- Ist der Sicherungsraum auf der Lageplanskizze ordnungsgemäß bezeichnet?
- Ist das Warenlager vorhanden oder die sicherungsübereignete Maschine?

Ergeben sich im Abwicklungsverlauf Werteinbußen, sollte versucht werden, diese vertraglich zu heilen oder es sind weitere Wertabschläge in einem erneuten Sicherheitenstresstest vorzunehmen. Dieses wird bei einem Liquidationsszenario im Insolvenzverfahren erforderlich sein. Das **Sicherungseigentum** beziehungsweise die weiteren Absonderungsrechte der Banken bestehen oft an den Wirtschaftsgütern des Anlage- oder Umlaufvermögens. Dies können im Anlagevermögen Maschinen, Kraftfahrzeuge und die Betriebs- sowie Geschäftsausstattung sein. Im Umlaufvermögen werden Rohstoffe, halbfertige Erzeugnisse und Fertigfabrikate zur Sicherung übereignet. Auch Übereignungen von ganzen Sachgesamtheiten beispielsweise in einer Form von Warenlagern mit wechselndem Bestand sind in der Kreditpraxis üblich.

Ein Kreditinstitut erwirbt mit dem Sicherungsübereignungsvertrag gegenüber Dritten ein vollwertiges bürgerlich-rechtliches Eigentum. Verfügungen über das Sicherungsgut sind dem Kreditnehmer nur im Rahmen der getroffenen Sicherungsvereinbarung gestattet. Wichtig ist bei der Übereignung die Bestimmtheit der zu übereignenden Sache. Diese Individualisierung lässt sich bei Maschinen unter anderem aufgrund eines bestimmten Merkmals wie einer Fabriknummer erreichen. Des Weiteren können die zur Sicherung übereigneten Gegenstände markiert werden. Bei der Übereignung von Sachgesamtheiten wird in der Regel ein Raumsicherungsvertrag geschlossen. Die Individualisierung wird dann durch eine räumliche Abgrenzung erreicht. Einem Sicherungsvertrag wird zum Beispiel eine Lageskizze beigefügt, in der dieses betreffende Gebiet farblich hervorgehoben wird. Wichtig ist, dass eine Individualisierung der Vermögensgegenstände aus dem Sicherheitenvertrag hervorgeht.

Bei einer Abtretung ist lediglich die **Bestimmbarkeit** der Forderungen aus Lieferungen und Leistungen im Rahmen einer schriftlichen Sicherungsvereinbarung erforderlich, aber auch hinreichend, dort kommt es auf die weitergehende **Bestimmtheit** wie bei den sicherungsübereigneten Sachen nicht an.

Zu differenzieren ist bei den **Verwertungsmaßnahmen** nach einem Insolvenzantrag zwischen den Verfahrensstadien des Eröffnungsverfahren und des eröffneten Verfahrens, nach der Stellung des vorläufigen Insolvenzverwalters im vorläufigen Verfahren sowie gemäß der Besicherungsart. Des Weiteren ist zu beachten, welche Vereinbarung bezüglich der Gewährung eines echten oder unechten Massekredits zur Finanzierung der Betriebsfortführung mit dem (vorläufigen) Insolvenzverwalter getroffen wurde. Die nachfolgende Tab. 5.9 zeigt die üblichen **Verwertungskompetenzen** bei absonderungsberechtigten Sachen, Forderungen und unbeweglichen Gegenständen durch den Insolvenzverwalter oder den absonderungsberechtigten Gläubiger.

Tab. 5.9: Verwertungsoptionen nach Verfahrensstadien (Quelle: Eigene Darstellung)

Verwertung	Absonderungsgläubiger	(Vorläufiger) Insolvenzverwalter
Bewegliche Sachen gemäß § 166 Abs. 1 InsO	Eröffnungsverfahren üblich Eröffnetes Verfahren nein	Eröffnungsverfahren nein Eröffnetes Verfahren ja
Forderungen gemäß § 166 Abs. 2 InsO	Eröffnungsverfahren üblich Eröffnetes Verfahren nein	Eröffnungsverfahren nein, Eröffnetes Verfahren ja
Immobilien	Eröffnungsverfahren üblich Eröffnetes Verfahren üblich	Eröffnungsverfahren nein Eröffnetes Verfahren möglich

Verwertungshandlungen im Eröffnungsverfahren

Die Vornahme von **Verwertungshandlungen** bei absonderungsberechtigten Kreditsicherheiten setzt die Kündigung der Kreditvereinbarung und die Verwertungsreife voraus. Die Voraussetzungen der Verwertungsreife sind gemäß der Insolvenzeröffnung schon aufgrund der Fälligkeit der Forderungen gemäß § 41 InsO gegeben.

Grundsätzlich ist nach Eintritt der **Verwertungsreife** und Fälligkeit der Kreditforderung die Verwertung durch die Bank zulässig und wird nach der Art der jeweiligen Sicherheit vollzogen. Dies gilt auch im vorläufigen Insolvenzverfahren. Allerdings ist die Vorgehensweise eher hypothetisch. Versucht die Bank, ihre Sicherungsrechte in dieser Phase wahrzunehmen, wird das Insolvenzgericht spätestens auf Anregung des Schuldners, um die Insolvenzmasse zusammenzuhalten, um eine Betriebsfortführung nicht zu gefährden, **Anordnungen** gemäß § 21 Abs. 2 Satz 1 Nr. 3 treffen (Verbot und Einstellung von Zwangsvollstreckungen beziehungsweise Nr. 5 der Norm Verwertungs- und Einziehungsverbote für absonderungsberechtigte Gläubiger in Fällen des § 166 InsO bezüglich der Gegenstände, die für eine Betriebsfortführung von wesentlicher Bedeutung sind und im Ergebnis beispielsweise eine Übertragung ermöglichen).

Führt die Bank die Veräußerung von sicherungsübereigneten Wirtschaftsgütern oder den Einzug von sicherungszedierten Forderungen selbst durch, bedeutet dieses zum einen die Notwendigkeit des Aufbaus an Spezialwissen und notwendige Personal- und Sachkapazitäten. Dies ist mit hohen laufenden Kosten verbunden. Zum anderen sind die Erlöschancen im Rahmen der Verwertung durch die Bank gegenüber der Verwertung durch einen erfahrenen Verwalter abzuwägen. Meist handelt es sich bei den hier relevanten Verwertungshandlungen um eine Veräußerung von sicherungsübereigneten Rohstoffen, Halbfabrikaten und Fertigfabrikaten, Maschinen und den Einzug von sicherungszedierten Forderungen. Im Falle der Durchführung von Verwertungshandlungen durch den Insolvenzverwalter (der vorläufige Verwalter ist zu Verwertungen nicht befugt, verderbliche Ware oder sonst ganz rasch verfallende Werte einmal ausgenommen) sind jedoch die abzuführenden Verwertungskosten zu beachten.

Ist die **Verwertungsreife** mit dem Insolvenzantrag und der Kündigung durch die Kreditinstitute eingetreten, kann der Gläubiger die ihm gestellten mobilen Kreditsicherheiten im Sinne des § 166 InsO (noch ohne Kostenbeiträge an die Masse gemäß § 171 InsO) selbst verwerten. Jedoch ergeben sich Einschränkungen, denn das Gericht kann Sicherungsmaßnahmen gemäß § 21 Abs. 2 Satz 1 Nr. 5 InsO anordnen und ein Verwertungsverbot gegenüber einem Absonderungsgläubiger an beweglichen Gegenständen im Sinne des § 166 InsO aussprechen. Auf diesem Wege wird die Veräußerung von Gegenständen, die zur Fortführung des Unternehmens von erheblicher Bedeutung sind, durch den Gläubiger wie bereits dargestellt blockiert. Allerdings ist davon nur das Anlagevermögen betroffen, nicht das Umlaufvermögen, denn das Insolvenzgericht kann nicht etwa die Veräußerung oder die Verarbeitung von Sicherungsgut wie von sicherungsübereigneten Vorräten oder Waren, also Gegenständen des Umlaufvermögens, gestatten (vgl. BGH, 24.01.2019, IX ZR 110/17).

Außerdem kann der vorläufige Insolvenzverwalter zum Einzug der sicherungszedierten Forderungen gegen die Drittschuldner ermächtigt werden. Die sicherungsübereigneten Sachen des Anlagevermögens wird die Bank aufgrund der Entscheidung nach § 21 Abs. 2 Satz 1 Nr. 5 InsO nicht herausverlangen können. Der Schuldner wird vermutlich auch nicht herausgeben, ebenso wenig die sicherungsübereigneten Güter des Umlaufvermögens, sodass die Bank faktisch nicht verwerten kann, gleichgültig, ob sie Herausgabe an sich oder einen von ihr benannten Dritten, etwa einen Verwerter oder einen Erwerber der Gegenstände, fordert. Die rechtliche Möglichkeit der Eigenverwertung in dieser Phase des vorläufigen Insolvenzverfahrens ist daher eher hypothetisch und aus Aufwandsgründen unter Umständen gar nicht vorteilhaft.

Die Verwertung von Gegenständen, die für die **Betriebsfortführung** von erheblicher Bedeutung sind, ist aufgrund der gerichtlichen Anordnung durch den absonderungsberechtigten Gläubiger in dem Insolvenzeröffnungsverfahren nicht möglich und auch nicht vorteilhaft. Ein durch die weitere Nutzung sicherungsübereigneter Sachen möglicherweise eingetretener Wertverlust ist durch laufende Zahlungen an den absonderungsberichtigten Gläubiger auszugleichen, § 169 InsO.

Es fallen bei bankeigenen Verwertungen die **Feststellungskosten** für die Masse (vgl. § 171 Abs. 1 InsO) zwar nicht an, die Verwertungskosten bleiben aber (die Kostenpauschale für die Masse nach § 171 Abs. 2 InsO ist eine Pauschalierung, die bei erheblichen Abweichungen der tatsächlichen Kosten von der Pauschale von 5,0 % den effektiv entstandenen Kosten weicht), sodass der Vorteil für die Bank im Allgemeinen geringfügig wäre. Für die Verwertung von Kreditsicherheiten durch den absonderungsberechtigten Gläubiger wie der Globalzession oder der sicherungsübereigneten beweglichen Sachen des Anlagevermögens bedeutet die vorstehend erwähnte gerichtliche Anordnung dennoch eine vom Gesetzgeber gewollte Einschränkung, um das Schuldnervermögen im Interesse einer Unternehmenssanierung (zunächst) zusammenzuhalten.

Voraussetzung für die alleinige **Verwertungsbefugnis** des Insolvenzverwalters im eröffneten Insolvenzverfahren bezüglich der beweglichen Sachen ist als Folge von § 166 Abs. 1 InsO, dass sich die sicherungsübereignete Sache im unmittelbaren oder mittelbaren Besitz des Verwalters oder eigenverwaltenden Schuldners (§ 282 InsO) befindet. Im Eröffnungsverfahren steht dem vorläufigen Verwalter diese Befugnis nicht zu.

Dem Insolvenzverwalter steht im eröffneten Verfahren nach § 166 Abs. 1 InsO auch die Verwertung zu an Gegenständen, an denen ein **Pfändungspfandrecht** besteht, wenn der Gerichtsvollzieher die gepfändeten Sachen beim Schuldner belassen hat sowie an den Gegenständen des Vermieterpfandrechts beziehungsweise Verpächterpfandrechts (§§ 562, 581 BGB), denn in beiden Fällen besteht noch unmittelbarer Besitz des Schuldners. Dies ist anders als bei dem vertraglichen Pfandrecht an beweglichen Sachen, das die Übergabe des Besitzes an den Pfandgläubiger voraussetzt (§ 1205 BGB). Das „besitzlose" Sicherungseigentum ist gerade deshalb entwickelt worden, weil ein Pfandrecht nach den §§ 1205 ff. BGB an beweglichen Sachen den Besitzübergang auf den Pfandgläubiger voraussetzt und daher für die betriebliche Praxis ausscheidet. Dieses vorerwähnte Vermieterpfandrecht geht allerdings regelmäßig dem Sicherungseigentum aus Raumsicherungsvertrag vor.

Der Insolvenzverwalter ist jedoch nicht zur Verwertung von Immaterialgüterrechten (Schutzrechten wie Patent sowie Marke) berechtigt, an denen Sicherungsrechte bestehen (Sicherungsabtretung, Verpfändung, kein Sicherungseigentum, da es zivilrechtlich kein Eigentum an Rechten gibt) und auch nicht von Unternehmensbeteiligungen.

Beispiel: Schuldner A hält Anteile an einer GmbH oder Aktien, die an die Bank verpfändet oder sicherungsübereignet wurden (Aktien). § 166 InsO umfasst diese Vermögensgegenstände nicht, es handelt sich dabei um „sonstige Rechte", die nicht unter diese Norm fallen (MüKo-Kern, 2025b, § 166 Rn. 11, Rn. 101–104, BGH, 27.10.2022, IX ZR 145/21). Diese von § 166 InsO nicht erfassten Rechte können daher vom Absonderungsberechtigten selbst verwertet werden, eine Anordnung nach § 21 Abs. 2 Satz 1 Nr. 5 InsO ist hier nicht möglich (siehe den Wortlaut dieser Vorschrift, die sich auf § 166 InsO bezieht). Der Verwalter wird aber die Verwertung durch den Gläubiger überwachen der seinerseits zur sachgerechten Verwertung und zur Abrechnung gegenüber der Masse verpflichtet ist, zudem muss er auch einen etwaigen Übererlös realisieren, der über seine besicherten Forderungen hinausgeht und den Übererlös der Masse überlassen.

Hat die Bank die tatsächliche **Herrschaft**, das heißt den berechtigten Besitz, über das Sicherungsgut erlangt, kann das Gericht keine Anordnung nach § 21 Abs. 2 Satz 1 Nr. 5 InsO mehr erlassen. Zieht die Bank trotz eines Einziehungs- und Verwertungsverbots Forderungen ein oder verwertet diese Sicherheiten, so kann der vorläufige Insolvenzverwalter diesen nach der Judikatur objektiv rechtswidrigen Vorgang genehmigen, er wird aber regelmäßig diese Genehmigung nicht erteilen. Im Fall der Genehmigung ist darauf zu achten, dass lediglich der Feststellungsbeitrag (§ 171 Abs. 1 InsO) zugunsten der (künftigen) Masse anfällt. War dem Drittschuldner diese Anordnung des Gerichts vor der Zahlung jedoch bekannt, ist er nicht von der Leistungspflicht befreit und muss nochmal an den Insolvenzverwalter zahlen (§ 82 InsO).

Der **Drittschuldner** hat aber dann gegen die Bank einen Bereicherungsanspruch im Umfang der nochmaligen Zahlung an den vorläufigen Insolvenzverwalter (sofern dieser den Einzug durch die Bank nicht genehmigt hat). Dann sind vom Kreditinstitut im Ergebnis die Verwertungskosten zu leisten und es gelten die Vorschriften des §§ 170, 171 InsO wie beim Forderungseinzug direkt durch den vorläufigen Insolvenzverwalter nach § 21 Abs. 2 Satz 1 Nr. 5 letzter Satz InsO (vgl. Seidel, 2016a, S. 486 ff.).

Dem vorläufigen Insolvenzverwalter kann die Nutzung eines Sicherungsguts aus dem Anlagevermögen vom Gericht gemäß der zitierten Norm des § 21 InsO dann gestattet werden, wenn dieser wie oben dargestellt für die Unternehmensfortführung von erheblicher Bedeutung ist. Führt der vorläufige Insolvenzverwalter diesen Betrieb allerdings gar nicht fort, kann die Bank beim Gericht eine Anordnung gemäß § 21 Abs. 2 Satz 1 Nr. 5 InsO verhindern oder die Aufhebung anregen (vgl. Seidel, 2016a, S. 489). Außerdem bedeutet das Verwertungsverbot gegenüber einem Gläubiger nicht, dass sicherungsübereignete Gegenstände des Umlaufvermögens im Interesse einer Fortführung verbraucht werden dürfen, ohne für den Sicherungsgläubiger eine hinreichend werthaltige Kompensation zu schaffen. Diese Anordnung des Gerichts gemäß § 21 InsO bedeutet eben nicht die gerichtliche Sanktionierung eines stillen Massekredits.

§ 173 InsO bestätigt für das eröffneten Verfahren das gesetzliche Konzept der Verwertung der Mobilien allein durch den Verwalter im Wege eines Gegenschlusses. Ist der Verwalter nicht zur Verwertung an einer „beweglichen Sache oder Forderung" befugt, dann steht dem absonderungsberechtigten Gläubiger die Verwertung unverändert zu. Das Verwertungsrecht geht aber auf den Verwalter über, wenn der Absonderungsberechtigte die Verwertung nicht innerhalb einer vom Gericht auf Antrag des Verwalters (oder Eigenverwalters) gesetzten Frist durchgeführt hat (§ 173 Abs. 2 InsO). Die Norm des § 173 InsO betrifft eine große Zahl von Absonderungsrechten, insbesondere sicherungsübereignete Gegenstände, die sich im unmittelbaren Besitz eines Gläubigers befinden in der Bankpraxis eher exotische Beispiele (in Verwahrung der Bank befindliche kostbare Gemälde, Edelmetalle, wertvolle Sammlergegenstände) oder verpfändete Gegenstände, Forderungen und Rechte sowie Sonderpfandrechte wie das Werkunternehmerpfandrecht (vgl. § 647 BGB und das kaufmännische Zurückbehaltungsrecht gemäß § 369 HGB und § 51 Nr. 3 InsO).

§ 173 InsO generiert kein Gläubigerverwertungsrecht, sondern setzt es voraus. Zutreffend arbeitet Kern (MüKo-Kern, 2025b, § 173 Rn. 17) ein gewisses Dilemma bei Sicherheiten wie der Verpfändung des gewerblichen Schutzrechts heraus. Der Gläubiger ist zur Verwertung eines gewerblichen Schutzrechts als Pfandgläubiger oder Sicherungszessionar berechtigt. Der Verwalter oder der eigenverwaltende Schuldner streben den Sanierungsplan oder eine übertragende Sanierung an, bei der dem Schutzrecht ein geringer Betrag zugemessen wird, wogegen sich der Sicherungsnehmer, hier die Bank, wendet. Deren Recht geht vor, sie kann daher den etwaig höheren am Markt gebotenen Preis für das Schutzrecht bieten.

Kritisch ist dies beispielsweise bei eingeführten Marken oder Patenten, denn dem fortzuführenden Unternehmen kann im Ergebnis die Fortführung der zu verwertenden oder verwerteten Marke oder auch eines betriebstypischen Design beziehungsweise eines Patents untersagt werden. Dieses führt in der Regel zur schwerwiegenden Beeinträchtigung des fortgeführten Betriebs.

Dem steht auf der anderen Seite der Umstand gegenüber, dass auch der Inhaber des Sicherungsrechts häufig kaum **Veräußerungschancen** haben wird, wenn er nicht an den Übernehmer veräußert beziehungsweise das Schutzrecht weiter in dem „angestimmten“ Betrieb oder einem übergegangenen Teilbetrieb verwendet, für den oder in dem das Recht entwickelt wurde. Zudem gibt es zur Bewertung dieser Rechts keinen eigentlichen Markt, Preisverhandlungen sind „basarähnlich“ zu werten, feste Anbindungspunkte gibt es nicht, allenfalls kann Maßstab ein Lizenzentgelt sein, das üblicherweise bezahlt wird. Zudem ist darauf zu achten, dass die Gebühren für die Patentbehörden bezahlt werden, damit das Recht nicht untergeht, Verlängerungsfristen sind zu beachten, Nachahmer sind abzuwehren, auch dies setzt eine kompetente Administration voraus, die der Sicherungsgläubiger regelmäßig nicht vorhalten dürfte. Daher wird hier zur Lösung ein Moderationsverfahren in Frage kommen, ein Prozess, der zur Einigung über die Ablösung des Sicherungsrechts an dem Schutzrecht gegen einen angemessenen Betrag führt.

Die vorstehenden Ausführungen gelten auch in der Eigenverwaltung. Soweit § 166 InsO anwendbar ist, erhält der Eigenverwalter, der im Einvernehmen mit dem Sachwalter agieren soll (§ 282 Abs. 2 InsO), nur die tatsächlichen Verwertungskosten als Gläubigerbeitrag (keine Pauschale) und auch keine Feststellungspauschale aus § 171 Abs. 1 InsO. Er erhält aber die **Umsatzsteuer**, die abzuführen ist.

Die Optimierung der Verkaufserlöse bei den beweglichen Gegenständen kann durch die aktive Aufnahme einer Investorensuche bei eigenen Firmenkunden erfolgen oder durch die Initiierung von Auktionen (vgl. etwa Fröhlich/Sitter, 2009, S. 378 ff.). Auktionen finden zunehmend auch über das Internet und international statt. Zudem ist aus Bankensicht auf die zeitnahe Auskehrung der Sicherheitenerlöse durch den Insolvenzverwalter zu achten, damit kein weiterer Zinsschaden entsteht, wenn nicht die Vereinbarung eines unechten Massekredits mit den Verwertungshandlungen unmittelbar in Verbindung steht.

Ein Abwarten auf das Verfahrensende ist zu langwierig, zumal das Gesetz eben unverzügliche Auskehrung des Erlöses vorschreibt (§ 170 Abs. 1 Satz 2 InsO). Dem kann mehrerlei entgegenstehen. Zum einen können etwa Diskrepanzen über den Umfang der Berechtigung des Gläubigers bestehen (im Hinblick auf die Wirksamkeit der Sicherungsverträge) oder es werden von Seiten eines **Insolvenzverwalters** Anfechtungsansprüche (§§ 129 ff., 143 InsO) vorgetragen. Zum anderen macht es bei Sicherheiten an Sachgesamtheiten wie beim Warenlager oder bei Forderungsgesamtheiten wie bei der Globalzession ökonomisch keinen Sinn, jeden Teilverkauf oder jede Einzahlung von Drittschuldnern sofort abzurechnen und dann auszuzahlen.

In diesen Fällen ist ein vernünftiger Modus zwischen Gläubiger und Insolvenzverwalter zu verabreden. Es ist scharf zu unterscheiden zwischen der Pflicht zur unverzüglichen Abrechnung (§ 170 Abs. 1 Satz 2 InsO), einem „stillen" Massekredit und sachgerechten Abrechnungsmodalitäten. Die Kostenbeiträge sind möglichst gering zu halten, indem unter anderem der Veräußerungsprozess aktiv unterstützt und mit dem Insolvenzverwalter gegebenenfalls eine individuelle Verwertungsvereinbarung in Anlehnung an den tatsächlichen Veräußerungsaufwand getroffen wird. Dieses gilt auch für Verwertungen von Poolsicherheiten.

Immobilienverwertung, Kostenrisiken bei einstweiliger Verfahrenseinstellung

Die Verwertung von **Immobiliarsicherheiten** erfolgt nach anderen Grundsätzen. Bei der Geltendmachung von Grundpfandrechten an Immobilien wie bei der Grundschuld richtet sich das Absonderungsrecht nach § 49 InsO und damit erfolgt die Verwertung nach dem Gesetz über die Zwangsversteigerung und die Zwangsverwaltung. Die Bank hat das Recht, im vorläufigen oder eröffneten Insolvenzverfahren, die Zwangsversteigerung oder die Zwangsverwaltung zu betreiben.

Erforderlich ist dazu ein dinglicher Duldungstitel zur Vollstreckung in das schuldnerische Grundstück, das Vollstreckungsverbot durch das Insolvenzgericht im Eröffnungsverfahren (§ 21 Abs. 2 Satz 1 Nr. 3 InsO) oder das gesetzliche Vollstreckungsverbot im eröffneten Verfahren (§ 89 InsO) gilt in der Immobiliarvollstreckung gemäß § 49 InsO i.V.m. dem ZVG nicht.

Die Verwertungsmöglichkeiten der Gläubiger können allerdings schon im Eröffnungsverfahren beschränkt werden. Dann kann der vorläufige Verwalter nach § 30d Abs. 4 ZVG oder der vorläufige Eigenverwalter die einstweilige Einstellung eines Zwangsversteigerungsverfahrens beantragen, wenn dies zur Vermeidung nachteiliger Veränderungen der Vermögenslage des Schuldners, im Rahmen einer Betriebsfortführung, erforderlich erscheint (Depré-Popp, ZVG, 2024, § 30d Rn. 18 ff.). Erweiterte Möglichkeiten einer einstweiligen Einstellung bestehen im eröffneten Verfahren gemäß § 30d Abs. 1 bis 3 ZVG, zum Beispiel zur Sicherung der Durchführung eines vorgelegten Insolvenzplans (Depré-Popp, 2024 § 30d Rn. 1, 2, 5–17). Der vorläufige Insolvenzverwalter sowie der Verwalter müssen allerdings mit Bedacht handeln, denn diese Einstellung geht mit massiven Masseverbindlichkeiten einher.

Das **Vollstreckungsgericht** muss dann nämlich als Auflage anordnen, dass einem betreibenden Gläubiger ab dem Berichtstermin sowie spätestens drei Monate nach der „ersten einstweiligen Einstellung", laufend die fälligen Zinsen zu zahlen sind und der durch die Nutzung entstehende Wertverlust auszugleichen ist (vgl. § 30e Abs. 1, 2 ZVG). Maßstab des zu verzinsenden Betrags sind die Höhe dieser Forderung, der Wert des Grundstücks gemäß § 74a ZVG und der Rang des Grundpfandrechts.

Umstritten ist zwischen den Vertretern des Insolvenzrechts sowie denjenigen des Immobiliarvollstreckungsrechts, ob die schuldrechtlichen Zinsen aus einem fälligen Darlehen zu zahlen sind (Sichtweise Insolvenzrecht) oder die dinglichen Zinsen aus dem Grundpfandrecht (in der Praxis mindestens 12,0 %, eher 15,0 % bis zu 18,0 % jährlich), die deutlich höher ausfallen als die üblichen schuldrechtlichen Darlehenszinsen (Betrachtungsweise Immobiliarvollstreckungsrecht), auch wenn beides auf die Forderungen des Gläubigers einer Grundschuld über den Sicherungsvertrag anzurechnen ist. Darüber werden damit auch die nachrangigen Darlehenszinsen nach § 39 Abs. 1 Nr. 1 InsO unmittelbar aus der Masse befriedigt. Rechtssystematisch ist allein die immobiliarvollstreckungsrechtliche Betrachtung zutreffend, also die im Grundbuch eingetragenen Zinsen zu zahlen (Popp-Depré, ZVG, 2024, § 30e Rn. 6).

Auch die Zwangsverwaltung kann im eröffneten Verfahren auf Antrag des Verwalters einstweilen eingestellt werden, wiederum mit der Auflage, dass Nachteile für den betroffenen Grundpfandgläubiger durch angemessene laufende Zahlungen aus der Insolvenzmasse ausgeglichen werden (§ 153b ZVG). Vom Schuldner genutzte Immobilien fallen im Eröffnungsverfahren nur insoweit unter § 21 Abs. 2 Satz 1 Nr. 5 InsO, als sie einem Aussonderungsrecht unterliegen, also im Fremdeigentum stehen, die Bank als Finanzierer des insolventen Mieters bleibt daher hiervon unberührt.

Grundpfandgläubiger können nicht § 21 InsO an einer Vollstreckung durch Zwangsversteigerung sowie Zwangsvollstreckung gehindert werden. Auch ein Vollstreckungsverbot des Insolvenzgerichts nach § 21 Abs. 2 Satz 1 Nr. 3 InsO erstreckt sich nach Fall 2 dieser Vorschrift nicht auf den Grundpfandgläubiger mit einem dinglichen Duldungstitel (§ 1147 BGB), sondern nur auf den persönlichen Gläubiger, der die Vollstreckung in die Immobilie aufgrund eines persönlichen Titels betreibt.

Die einstweilige Einstellung auf Antrag des (vorläufigen) Insolvenzverwalters mit der Begründung des § 30d ZVG und der Folge einer Zahlungsauflage nach § 30e ZVG wird von der Praxis aufgrund der hohen Liquiditätsbelastung für die Masse kaum bis gar nicht genutzt, (veröffentlichte Gerichtsentscheidungen dazu mit Ausnahme der vorstehend zitierten Beschlüsse aus Göttingen sowie Stade sind auch nicht ersichtlich). Es ist daran zu erinnern, dass die Zahlungsauflage Masseverbindlichkeiten im Sinne des § 55 Abs. 1 Nr. 1 InsO begründet.

Die Verwertung von Vermögenswerten und Kreditsicherheiten kann auch im eröffneten Insolvenzverfahren von statten gehen. Sprechen Vorteile aus Bankensicht dafür, kann ein **Massekostenvorschuss zur Verfahrenseröffnung** finanziert werden.

Verwertungen im eröffneten Insolvenzverfahren

Gemäß § 159 InsO hat der **Insolvenzverwalter** im eröffneten Verfahren nach dem Berichtstermin (vgl. §§ 29 Abs. 1 Nr. 1, 156 Abs. 1 InsO) das zur Insolvenzmasse gehörende Vermögen unverzüglich zu verwerten, soweit diese Verwertung dem die Beschlussfassung der Gläubigerversammlung nicht entgegensteht. Die Gläubigerversammlung entscheidet dann im Berichtstermin (siehe § 157 InsO) über:

- den Fortgang des weiteren Insolvenzverfahrens
- die (etwaige) Fortführung oder Stilllegung des Schuldnerunternehmens
- die Durchführung der Verwertung beziehungsweise
- über die Beauftragung des Verwalters zur Ausarbeitung eines Insolvenzplans

In der Eigenverwaltung ist der Beschluss, einen **Insolvenzplan** auszuarbeiten, an den eigenverwaltenden Schuldner beziehungsweise den Sachwalter zu richten, der jedenfalls beratend am Schuldnerplan mitwirkt.

Die Beschlussfassung erfolgt auf der Grundlage des ausführlichen Berichts des Insolvenzverwalters (§ 157 Abs. 1 InsO) mit den Stellungnahmen der Interessengruppen des § 157 Abs. 2 InsO. Der Bericht ist mündlich, über die Inhalte kann im Termin verhandelt werden, Auskunftsbegehren können an den Insolvenzverwalter gerichtet, Fragen können gestellt werden.

Im Eigenverwaltungsverfahren ist der eigenverwaltende Schuldner berichtspflichtig, der Bericht ist höchstpersönlich zu erstatten, vom Insolvenzverwalter selbst, vom eigenverwaltenden Schuldner oder dem organschaftlichen Vertreter (siehe dazu MüKo-Janssen, 2025b, § 156 Rn. 15–19). Zudem muss eine schriftliche Fassung des Berichts abgeliefert werden, wobei schriftlich nach vollständiger Einführung der elektronischen Akte auch die elektronische Form meint.

Zutreffend hebt Janssen mit weiterer Literatur hervor, auch ohne Pflicht dazu könne es zweckmäßig sein, „Gläubigergruppen bei Großverfahren“ eine Fassung des Berichts zur Verfügung zu stellen. Zweckmäßig erscheint es, solche Berichte im elektronischen **Gläubigerinformationssystem (GIS)** des Verwalters, Eigenverwalters oder Sachwalters mit PIN zur Verfügung zu stellen (§ 5 Abs. 5 InsO). Zutreffend und praxisnah wird in der Literatur herausgearbeitet, dass nur in sehr einfachen Insolvenzfällen die Protokollierung dieses Berichts im Protokoll der Verhandlung durch das Insolvenzgericht ausreicht sowie dort ein Wortprotokoll nicht notwendig ist, sondern nur die wesentlichen Tatsachen zu protokollieren sind (MüKo-Janssen, 2025b, § 156 Rn. 15–19), der Protokollinhalt folgt aus §§ 4 InsO, 160 ZPO.

Verwertung von beweglichem Sicherungsgut

Bevor der endgültige Insolvenzverwalter die Veräußerung von Wirtschaftsgütern allerdings umsetzt, muss er der absonderungsberechtigten Bank mitteilen, auf welche Weise die betreffenden Gegenstände verwertet werden sollen (§ 168 Abs. 1 InsO).

Das Kreditinstitut kann im Gegenzug alternative **Verwertungsmöglichkeiten** prüfen und den Insolvenzverwalter binnen einer Woche auf eine bessere Veräußerungsoption hinweisen. Die Bank kann den Gegenstand dann auch selbst gegen einen günstigeren Wert, als den vom Insolvenzverwalter vorgesehenen, selbst übernehmen und eigenständig verwerten (§ 168 Abs. 3 Satz 1 InsO).

Es gibt jedoch keinen **Überbietungswettbewerb** dergestalt, dass die Bank einen verbesserten Vorschlag macht und der Verwalter diesen dann übertreffen und der Bank nochmals Gelegenheit zur Stellungnahme geben muss. Er muss vielmehr die Bank so stellen, als habe er deren angezeigte günstigere Verwertungsmöglichkeit wahrgenommen (vgl. BGH, 04.07.2013, IX ZR 264/12) oder das eventuell verbesserte Angebot eines Dritten annehmen (vgl. BGH, 22.04.2010, IX ZR 208/08). Aus der Bankensicht sind Veräußerungen unbedingt zu überwachen.

Gerade bei fungiblen Wirtschaftsgütern sollten die Feststellung eines Wertes und die Möglichkeiten alternativer Verkäufe über professionelle Verwerter oder eigene Auktionen im Kundenkreis geprüft werden. Im Fall der **Verwertung** durch den Insolvenzverwalter entstehen nach der Insolvenzeröffnung folgende Kostenbeiträge:

- **Feststellungskosten gemäß § 171 Abs. 1 InsO:** Die Kostenpauschale in Höhe von 4,0 % des Bruttoerlöses dient zur Feststellung des Absonderungsrechts. Abgedeckt werden Kosten für die Klärung konkurrierender Rechte oder Gutachten.
- **Verwertungskosten gemäß § 171 Abs. 2 InsO:** Diese Pauschale in Höhe von 5,0 % des Bruttoerlöses macht der Insolvenzverwalter für die Verwertung geltend. Abgegolten wird der Aufwand für die Durchführung des Veräußerungsprozesses.
- **Umsatzsteuer nach § 171 Abs. 2 Satz 3 InsO:** Vom Erlös sind 19,0 % Umsatzsteuer zu entnehmen, sofern durch die Verwertung Lasten zur Masse ausgelöst werden. Berechnungsbasis ist der Bruttoerlös vor Abzug der Kostenbeiträge.

Dabei ist es von Relevanz, zu welchem Zeitpunkt und durch wen die Wirtschaftsgüter veräußert oder die Forderungen eingezogen werden. Bei den Verwertungshandlungen des (vorläufigen) Insolvenzverwalters ist unabhängig vom Verfahrensstand, im Eröffnungsverfahren oder im eröffneten Insolvenzverfahren die Umsatzsteuer von diesem zu berücksichtigen und gegebenenfalls abzuführen.

Grundlage der umsatzsteuerlichen Betrachtung ist die Auslegung der Normen des Umsatzsteuergesetzes durch die Rechtsprechung des Bundesfinanzhofs und des Umsatzsteuer-Anwendungserlasses (UStAE) vom 01.10.2010 (maßgeblich für die Verwertung sicherungsübereigneter Gegenstände sind das Urteil des BFH, 28.07.2011 VR 28/09 und das Schreiben des BMF, 2014, S. 816 ff., Schmidt-Riedemann, 2023, Anhang 5 Insolvenzsteuerrecht C IV. 12, Rn. 322 ff., Braun-Dithmar/Miglietti, 2024, § 171 Rn. 11 ff.). Es werden die Varianten der Verwertung durch den Verwalter für die Masse und im Namen des Sicherungsnehmers behandelt. Der Ausgangspunkt ist hier § 166 Abs. 1 InsO, wonach der Insolvenzverwalter sicherungsübereignete Sachen, also zivilrechtlich fremdes Eigentum freihändig verwerten kann, wenn er die Sachen in Besitz hat.

Veräußerung im Namen der Bank durch Verwalter und Zweifachumsatz

Veräußert der Verwalter im Namen der Bank, dann entsteht ein Zweifachumsatz, wie in dem nachfolgenden Beispiel dargestellt **(Doppelumsatz)**.

---

i **Beispiel:** Der Insolvenzverwalter der insolventen Druck GmbH veräußert eine sicherungsübereignete Maschine **im Namen der Bank** als Sicherungsnehmerin freihändig an einen Dritten und generiert damit umsatzsteuerlich aus der Sicht der Finanzverwaltung und der Rechtsprechung einen Doppelumsatz. Der Insolvenzverwalter liefert für die Masse der Druck GmbH i. L. im **ersten Schritt** an die Bank, die zeitgleich unter Vermittlung des Verwalters im **zweiten Schritt** an den Erwerber liefert. Der Verkaufserlös beläuft sich auf 100.000 Euro netto, auf 119.000 Euro brutto im Verhältnis zum Erwerber. Darin sind 19.000 Euro Mehrwertsteuer enthalten, die an das Finanzamt abzuführen sind. Die ausstehende Forderung der Bank beläuft sich auf 110.000 Euro, der Nettoerlös wird daher vollständig von der Bank zur Deckung ihrer Forderung gegenüber dem Schuldner, der Druck GmbH i. L. benötigt. Zudem erhält der Insolvenzverwalter für die Masse die Kostenpauschalen für die Feststellung in Höhe von 4,0 % (4.760 Euro) sowie die Verwertung in Höhe von 5,0 % (5.950 Euro) auf den Bruttobetrag von 119.000 Euro (die insgesamt 10.710 Euro enthalten 1.710 Euro Umsatzsteuer). Es wird die Meinung des BMF vertreten, da die Finanzverwaltung in der Rechtsanwendung durch ein BMF-Schreiben gebunden ist (vgl. BMF, 2014, S. 816 ff.). Die Bank erhält dann 89.290 Euro, die sie mit ihren Darlehensforderungen gegen den Insolvenzschuldner (gegebenenfalls einschließlich Zinsen nach Verfahrenseröffnung gemäß § 367 InsO) verrechnet. Die enthaltene Umsatzsteuer von rund 14.256 Euro in dem Betrag von 89.290 Euro (rund 75.034 Euro Entgelt gemäß § 10 Abs. 1 UStG) ist zahlungsneutral, da die Bank den Vorsteuerabzug in der gleichen Höhe erhält, so dass sich die Zahlungen aufheben. Die Bank kann die vom Sicherungsgeber (Masse) in Rechnung gestellte Umsatzsteuer von rund 14.256 Euro als Vorsteuer geltend machen, soweit sie vorsteuerabzugsberechtigt ist (vgl. BMF, 2014, S. 816 ff.). Um 89.290 Euro reduziert sich der zur Tabelle angemeldete Forderungsbetrag, die Differenz ist der Ausfall der Bank. Des Weiteren kann die Bank gegebenenfalls die Umsatzsteuer auf die Kostenpauschalen von 1.710 Euro mit der Vorsteuer verrechnen (vgl. BMF, 2024b, S. 1 ff.). Aufgrund dieses Mehrfachumsatzes und dessen Abrechnung wird diese Vorsteuer aber nicht separat ausgewiesen. Es unterscheiden sich die Auslegungen des BFH und BMF bei der umsatzsteuerlichen Behandlung der Feststellungspauschale nach § 171 Abs. 1 InsO. Während der BFH (vgl. BFH, 28.07.2011, V R 28/09) diese als umsatzsteuerfrei ansieht, ist sie laut BMF (vgl. BMF, 2014, S. 816 ff.) damit zu besteuern (Reichle, 2014, S. 773 ff., Braun-Dithmar/Miglietti, 2024, § 171 Rn. 11 ff.).

Aus dem Blick des Finanzamts entsteht dann, wenn der Insolvenzverwalter das Sicherungsgut im Namen des absonderungsberechtigten Gläubigers freihändig veräußert, also namens des Sicherungsnehmers, an einen dritten Erwerber und damit nicht von seinem Verwertungsrecht nach § 166 Abs. 1 InsO Gebrauch macht, ein **Doppelumsatz** (vgl. BMF, 2014, S. 816 ff.). Der Insolvenzverwalter liefert fiktiv als Vertreter der Masse die sicherungsübereignete Sache im **ersten Schritt** umsatzsteuerrechtlich an den absonderungsberechtigten Gläubiger und im **zweiten Schritt** der Sicherungsnehmer an den Erwerber. Das umsatzsteuerliche Entgelt ist derjenige Betrag der Schuldbefreiung für den Insolvenzschuldner (die Masse) aufgrund der fiktiven Verwertung durch den absonderungsberechtigten Gläubiger. Die gemäß § 170 InsO „vorweg zu begleichenden Kosten", das heißt die Gläubigerbeiträge aus § 171 InsO gehören hinsichtlich der Feststellungskosten sowie der Verwertungskosten gemäß der Meinung des BMF zum umsatzsteuerbaren Entgelt (vgl. BMF, 2014, S. 816 ff.).

Veräußerung der Masse durch Insolvenzverwalter und Dreifachumsatz

Verwertet der Verwalter nach dem Rundschreiben des BMF (vgl. BMF, 2014, S. 816 ff.) in Ausübung seines Rechts, das heißt „im Namen der Masse“ erbringt dieser steuerlich eine sogenannte „Geschäftsbesorgungsleistung für den Gläubiger“. Bei dieser Verwertungsart findet aus dem Blickwinkel des BMF sogar ein **Dreifachumsatz** statt. Der Insolvenzverwalter liefert (für die Masse) an einen Erwerber. Der Verwalter handelt dabei wie ein Kommissionär (vgl. § 383 HGB) für den absonderungsberechtigten Gläubiger, weil durch die Eröffnung des Insolvenzverfahrens die Verwertungsreife eingetreten ist. Der Lieferung an den Erwerber ist gemäß § 3 Abs. 3 UStG eine fiktive Lieferung des Gläubigers als Kommittent an die Insolvenzmasse vorgeschaltet, wie die nachfolgende Abb. 5.21 zeigt (vgl. BMF, 2014, S. 816 ff., Reichle, 2014, S. 773 ff.).

Im Rahmen des **Kommissionsgeschäfts** sind die Kosten der Feststellung und Verwertung nach § 170 Abs. 1 InsO umsatzsteuerlich genauso zu behandeln wie die Provisionen des Kommissionärs bei einem üblichen Verkaufskommissionsgeschäft. Der Sicherungsnehmer beziehungsweise Gläubiger kann das Sicherungsgut jedoch nur dann an die Masse liefern, wenn er selbst die Verfügungsmacht erhalten hat. Dies bedingt, dass die Sicherungsübereignung im Zeitpunkt der Verwertung zu der Lieferung der Masse an den Sicherungsnehmer beziehungsweise den Gläubiger geführt hat. Das Entgelt für die Lieferung besteht in dem Betrag, um den die Masse von ihren Schulden gegenüber dem Sicherungsnehmer beziehungsweise Gläubiger befreit wird. Dies bedeutet beim **Dreifachumsatz** den verminderten Auskehrungsbetrag an den betreffenden Gläubiger. Per Saldo ergeben sich für die Beteiligten aus den Lieferungen 1 und 2 keine wirtschaftlichen Belastungen da den jeweiligen Umsatzsteuerbeträgen die abzugsfähigen Vorsteuerbeträge gegenüberstehen.

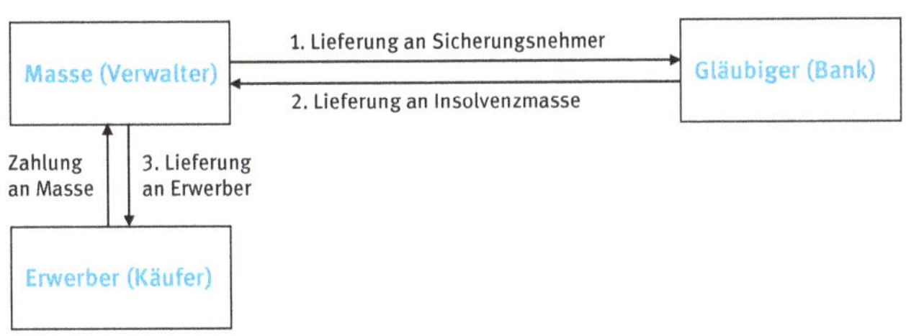

Abb. 5.21: Dreifachumsatz bei Verwertung der Masse (Quelle: In Anlehnung an BMF, 2014, S. 817)

Sicherungsfall außerhalb der Insolvenz und Umsatzsteuer

Im Sicherungsfall hat die Bank grundsätzlich die Verwertungsbefugnis und wird mit der Veräußerung von Sicherungsgut im eigenen Namen umsatzsteuerpflichtig. Bei der Einziehung von sicherungszedierten Forderungen haftet das Institut für die nicht bezahlte Umsatzsteuer des Sicherungsgebers (§ 13c UStG).

Kurzüberblick zu umsatzsteuerlichen Themen der Sicherheitenverwertung

Mit der Veräußerung beweglicher Güter an Dritte im Rahmen einer Verwertung von Sicherungsgut schuldet der Sicherungsnehmer die Umsatzsteuer aus § 13b Abs. 2 Nr. 2 UStG im vorläufigen Verfahren (soweit dieser verwertungsberechtigt ist) oder außerhalb des Verfahrens. Dies betrifft auch Fälle der Verwertung nach Abweisung des Insolvenzantrags über das Vermögen des Sicherungsgebers mangels Masse (§ 26 InsO). Das Umsatzsteuergesetz geht von der Rechtsprechung aus, wonach bei einer Verwertung von Sicherungsgut durch den Sicherungsnehmer eine Lieferung des Sicherungsgebers an den Sicherungsnehmer vorausgeht und ein Doppelumsatz ausgelöst wird.

Verwertet die Bank, dann schuldet sie die Umsatzsteuer. Dies dient der Sicherung des Steueranspruchs, da außerhalb eines Insolvenzverfahrens keine Masseverbindlichkeit vorliegt. Zusätzlich wäre der Sicherungsnehmer nach § 15 Abs. 1 Satz 1 Nr. 1 UStG zum Vorsteuerabzug berechtigt (siehe Rau/Dürrwächter-Stadie, 2024, § 13b Rn. 100 ff.). Die Lieferung des Sicherungsgebers tritt erst mit dem Verwertungsfall ein.

Der **Doppelumsatz** ist, auch dann gegeben, wenn der Sicherungsgeber im Namen des absonderungsberechtigten Gläubigers veräußert. Allerdings wird bei der Lösung bekannt, dass der Insolvenzverwalter Sicherungsgut veräußert, wodurch der Preis beeinträchtigt werden mag (vgl. Rau/Dürrwächter-Stadie, 2024, § 13b Rn. 100 ff). Um hier bei der Verwertung keine Diskussionen aufkommen zu lassen, bleibt nur die vom Gesetz in § 166 Abs. 1 InsO grundsätzlich angelegte Lösung einer freihändigen Veräußerung des im Besitz des Verwalters oder des Eigenverwalters (§ 282 InsO) befindlichen Sicherungsguts für die Masse mit der Folge des **Dreifachumsatzes**.

Die die Masse berührenden umsatzsteuerlichen Lasten (Umsatzsteuerschuld abzüglich Vorsteuerbeträge aus entsprechenden Umsätzen mit **Vorsteuerabzugsberechtigung**) sind Masseverbindlichkeit gemäß § 55 Abs. 1 Nr. 1 InsO im eröffneten Verfahren beziehungsweise Masseverbindlichkeiten aus Umsatzsteuerzahllasten im Eröffnungsverfahren unter den Voraussetzungen des § 55 Abs. 4 InsO.

Veräußerungen im Rahmen eines laufenden Geschäftsbetriebs, die sich nicht als Verwertungen darstellen (Einnahmen aus Umsätzen), sind eine einfache Lieferung durch den Sicherungsgeber beziehungsweise den Insolvenzverwalter an den Erwerber, daraus resultierende Umsatzsteuerschulden sind Masseverbindlichkeiten. Den Beteiligten bleibt die steuerrechtliche Pflicht zur Steueranmeldung sowie zur umsatzsteuerrechtlichen Rechnungsstellung und Abrechnung. Mit der Bank haben die Geschäftsvorfälle nichts zu tun. Die Abwicklungsabteilung der betroffenen Bank wird sich bei der umsatzsteuerlichen Rechnung in Fällen der Verwertung einer internen Steuerabteilung, gegebenenfalls auch einer externen Steuerberaterkanzlei bedienen. Eine andere Problematik besteht im Insolvenzeröffnungsverfahren, da in diesem Verfahrensabschnitt Masseverbindlichkeiten nur als Ausnahme begründet werden können. Ausgenommen davon ist die Bestellung eines starken vorläufigen Insolvenzverwalters mit Übergang von Verwaltungs- sowie Verfügungsbefugnis auf diesen gemäß § 22 InsO.

Der Gesetzgeber des Haushaltsbegleitgesetzes fand es unangemessen, dass der Fiskus mangels Begründung von Masseverbindlichkeiten bei Steuern, insbesondere der Umsatzsteuer leer ausgehen sollte und hat daher § 55 Abs. 4 InsO geschaffen, der Steuerforderungen im Eröffnungsverfahren generell zu **Masseverbindlichkeiten** hochstuft. Die heutige Fassung der Norm umfasst die Umsatzsteuer sowie bestimmte weitere Abgaben und Steuern gemäß § 55 Abs. 4 Satz 2 Nrn. 1–4 InsO. **Verwertungen** im Eröffnungsverfahren sind nicht vorgesehen. Bei dennoch auftretenden Vorgängen wird es umsatzsteuerlich i.V.m. § 55 Abs. 4 InsO zu denselben Ergebnissen kommen wie bei den entsprechenden Fällen im eröffneten Verfahren (entstehender Doppel-, oder Dreifachumsatz, jeweils in dem Einvernehmen zwischen der Bank, dem vorläufigen Insolvenzverwalter und dem Schuldner).

Aufgrund der Fiktion eines Doppelumsatzes ergeben sich die folgenden umsatzsteuerlichen **Konsequenzen** (vgl. Rau/Dürrwächter-Stadie, 2024, § 13b Rn. 100 ff):

- **Verwertung außerhalb des Insolvenzverfahrens:** Liefert der Sicherungsgeber an den Sicherungsnehmer, die Bank, kehrt sich die Umsatzsteuerschuldnerschaft auf den Empfänger um. Die von der Bank abzuführende Steuer kann als Vorsteuer aus § 15 Abs. 1 Nr. 4 UStG geltend gemacht werden.
- **Verwertung innerhalb des Insolvenzverfahrens:** Dabei begründet die Umsatzsteuer aus der Lieferung eine Masseverbindlichkeit. Das Finanzamt kann seinen Anspruch damit wahrscheinlich durchsetzen und daher ist keine Umkehrung der Umsatzsteuerschuldnerschaft erforderlich.
- **Lieferung der Bank an den Erwerber eines Sicherungsgutes:** Hier gelten keine umsatzsteuerlichen Besonderheiten. Regelmäßig schuldet das Institut die Umsatzsteuer. Der Erwerber hat einen Vorsteueranspruch. Der Steueranspruch ist nicht als gefährdet beziehungsweise als unsicher anzusehen.

Die Verwertung durch Eintritt des Gläubigers ist möglich. Der absonderungsberechtigte Gläubiger kann von seinem Eintrittsrecht gemäß § 168 Abs. 3 InsO Gebrauch machen sowie dem Insolvenzverwalter das betreffende Wirtschaftsgut abkaufen. Es liegt dann ein umsatzsteuerlicher Doppelumsatz für die Bank vor.

Verwendung sicherungsübereignetes Anlagevermögen bei Fortführung

Wird bewegliches Anlagevermögen durch den Insolvenzverwalter bei der Betriebsfortführung weiterverwendet, sind dem gesicherten Gläubiger nach § 169 InsO ab dem Berichtstermin die laufenden Zinsen aus der Insolvenzmasse für diese Nutzung zu zahlen. Gemeint sind die Zinsen der schuldrechtlichen Forderung der Bank gegen den Kreditnehmer und Sicherungsgeber. Zinstragend ist der dem Wert des Absonderungsrechts entsprechende Betrag. Der Zinssatz beträgt mindestens 4,0 % und richtet sich nach den Zinsen, die der Gläubiger aus dem ungestörten Schuldverhältnis beanspruchen konnte (vgl. BGH, 16.02.2006, IX ZR 26/05). Ob das Zinsverlangen angemessen ist, wenn der vertragliche Zins niedriger liegt als der vertragliche, muss offenbleiben.

Überlässt die Bank die Erlöse der betroffenen mobilen Sicherheiten im Kontext mit einem „stillen" **Massekredit** dem (vorläufigen) Insolvenzverwalter zur Verwertung und Verwendung der gewonnenen Liquidität im Betrieb des fallierten Unternehmens, an dessen Sanierung die Bank Interesse hat, tritt an die Stelle der Ansprüche nach den §§ 169 und 172 Abs. 1 InsO die Zinsvereinbarung über den Massekredit. Darüber hinaus hat der Insolvenzverwalter den durch eine Verwendung entstandenen Wertverlust mit laufenden Zahlungen auszugleichen (§ 172 Abs. 1 InsO). Allerdings darf der Insolvenzverwalter Sachen verbinden, vermischen oder verarbeiten, wenn dadurch die Sicherungsrechte nicht beeinträchtigt werden (§ 172 Abs. 2 InsO).

Dieses gilt nur für Gegenstände des Umlaufvermögens wie Rohstoffe und Halbfabrikate, beim Anlagevermögen ist eine solche Konstellation nicht relevant. Hier kann durch eine Weiterverarbeitung im Rahmen der Fortführung der Produktion gegebenenfalls ein erheblicher Mehrwert geschaffen werden, der später der Insolvenzmasse zugutekommt, zur Rückführung von Masseverbindlichkeiten eingesetzt werden kann (unter anderem zum Ausgleich stiller Massekredite) und mittelbar die Insolvenzquote für alle Gläubiger erhöht. Auch die Verbindung, Vermischung und Verarbeitung sind nach § 172 Abs. 2 InsO unter der Bedingung zulässig, dass sie die Sicherung des absonderungsberechtigten Gläubigers nicht beeinträchtigen. Hier kann die Fortführung einer Sicherheitenabgrenzung hilfreich sein.

Das Verwertungsrecht am Vorratsvermögen, an dem das Institut aus Sicherungsübereignungsvertrag ein Absonderungsrecht hat, steht dem Insolvenzverwalter zu, wenn er die Sache in Besitz hat (§ 166 Abs. 1 InsO). Die Verwertung von Wirtschaftsgütern des Umlaufvermögens durch den Insolvenzverwalter ist ohnehin stets sinnvoll, da der Aufwand bei der Veräußerung und das erforderliche Know How hoch sind.

Der Insolvenzverwalter selbst wird sich regelmäßig der Unterstützung eines professionellen **Verwerters** bedienen, der gegebenenfalls auch international tätig ist. Im Einzelfall, zum Beispiel bei Maschinen, kann auch die Kooperation mit dem Hersteller eine Option sein. Eine Bank wird sicherlich nur schwer eine ihr sicherungsübereignete Fahrzeugflotte eines Vermieters mit einigen hundert PKW verwerten können, bei der es nicht nur auf die Schätzung der einzelnen Fahrzeuge ankommt, sondern auch auf den Vertrieb zu angemessenem Preis sowie die Wartung und die Pflege der Fahrzeuge. Dasselbe gilt bei sonstigen Fahrzeug- und Maschinenparks (bei dem wesentlicher Teil der Verkaufschance heute die Möglichkeiten von Wartung und Updating der integrierten Software der Maschine ist) Dies ist auch ein Problem eines kompetenten Verwerterteams, der geeigneten Verwertungssoftware und überhaupt der Erfassung von Sicherungsgut, das in einem großen Verfahren leicht einige Hunderttausend Positionen erfassen kann, die zu inventarisieren und für einen Verkauf beziehungsweise die Versteigerung organisatorisch aufzubereiten sind und in überschaubarer Zeit zu guten Preisen über das Internet veräußert werden sollen. In solchen Fällen ist es nicht mit normierten Kostenpauschalen von 5,0 % getan, § 171 Abs. 2 Satz 2 InsO enthält für diese Fälle eine Öffnungsklausel.

Diesbezüglich sind die tatsächlichen Kosten der Verwertung anzusetzen, wenn sie erheblich höher als 5,0 % eines tatsächlich erzielten Erlöses sind (also nicht etwa eines Schätzbetrages). Zudem sind mögliche Kollisionen mit dem regelmäßig einer Raumsicherungsübereignung vorgehenden Vermieterpfandrecht (vgl. BGH, 24.01.2019, IX ZR 110/17, Rn. 74) oder Abgrenzungsprobleme mit den Lieferanten oder den Kreditversicherern beispielsweise aus einem verlängerten Eigentumsvorbehalt zu klären. Es ist der Regelfall, dass dem Insolvenzverwalter der Verwertungsprozess in der Praxis vollständig überlassen wird.

Verwertung von sicherungsabgetretenen Forderungen

Entsprechend einer Übereignung von beweglichen Sicherheiten des Anlage- oder Umlaufvermögens werden gerade **Forderungen** aus Lieferungen und Leistungen zur Sicherung nach §§ 398 ff. BGB abgetreten. Die Sicherungsabtretung hat im Wirtschaftsleben eine große Bedeutung. Die Zession kann dem Drittschuldner als offene Zession angezeigt werden. Üblich ist jedoch die stille Zession, gerade als Globalzession, die aus praktischer Sicht gar nicht als offene Abtretung konzipiert werden könnte. Die Sicherungsabtretung gibt einem Sicherungsnehmer (wie die Sicherungsübereignung) ein fiduziarisches (Voll-)Recht, das heißt er erhält die volle Inhaberschaft an der Forderung mit der Maßgabe einer Rückübertragung nach Erledigung der besicherten Forderung. Allerdings ist dieser aus dem Sicherungsvertrag dazu verpflichtet, die im Vertrag getroffenen Vereinbarungen zu beachten.

In der Praxis werden häufig auch Einzelforderungen aus einer bestimmten Lieferung beziehungsweise Leistung (wie Werklohnansprüche gegen den Auftraggeber aus einer für den Bauunternehmer teilweise vorfinanzierten Baumaßnahme bis zu Abschlagszahlungen des Auftraggebers, wie gegen eine Stadt für Tiefbauarbeiten) oder Ansprüche aus kapitalbildenden Lebensversicherungen im Rahmen eines Einzelzessionsvertrags abgetreten. Des Weiteren werden regelmäßig Forderungsgesamtheiten im Rahmen einer Globalzession zediert. Wichtig für deren eindeutige Identifizierbarkeit ist, dass die betreffenden Forderungen der Drittschuldner für einen Außenstehenden hinreichend bestimmbar sind (Bestimmbarkeit).

Auch künftige Forderungen können in ihrer Gesamtheit abgetreten werden, wenn das Kriterium der Bestimmbarkeit erfüllt ist. Bei der Globalzession, dem gebräuchlichsten Sicherungsmittel an Mobilien, liegt das wesentliche Interesse einer Bank nicht einmal auf den aktuellen Forderungen zum Zeitpunkt eines Globalzessionsvertrages, sondern allein auf den künftig entstehenden Forderungen. Ähnlich der Sicherungsübereignung von Warenbeständen ist die Sicherheit Globalzession revolvierend, da die Zahlungen der Drittschuldner als Teil des Working Capital unmittelbar wieder betrieblich verbraucht werden sowie im täglichen Betriebsablauf immer wieder neue Forderungen entstehen. Dabei sind die Person des Drittschuldners und sowohl der Rechtsgrund als auch der Umfang einer Forderung zu beschreiben (vgl. zu Kriterien der Sicherungsabtretung Ellenberger/Bunte-Ganter, 2022, § 75 Rn. 44–49).

Die Globalzession sollte aufgrund der meist hohen Werthaltigkeit mit der Hereinnahme von aktuellen Forderungslisten genau überwacht werden. Die Aufstellungen sind auf uneinbringliche und im Wert zu berichtigende Forderungen zu überprüfen. Oft ist die Zeitdauer der Fälligkeit ein Indiz für die beeinträchtigte Werthaltigkeit. Die Überwachung ist wesentlich, wenn die Globalzession auch aus der Kapitaladäquanzverordnung (CRR-VO 575/2013/EU, Art. 209 Abs. 3 Buchst. a), b)) risikomindernd berücksichtigt werden soll (siehe Ellenberger/Bunte, § 75 Anhang 1 sowie die ausführlichen Erläuterungen dazu unter 13. Rn. 24).

Mit der Kündigung des Engagements in der Insolvenz ist zu prüfen, ob die gesicherte Bank diese Abtretung gegenüber einem Drittschuldner offenlegt oder die abgetretene Forderung „still" vereinnahmen sollte, soweit möglich. Für Forderungen, die bis zur Eröffnung des Verfahrens bereits durch Zahlungseingänge realisiert wurden, sind keine Kostenbeiträge an den vorläufigen Insolvenzverwalter auszukehren.

Allerdings darf der Kreditnehmer nach den in der Praxis üblichen Globalzessionsverträgen über die von ihm auf das Konto bei der Bank, mit der die Zession vereinbart wurde, eingezogenen Beträge wieder verfügen. Dieses ist die zwangsläufige Folge des Umstandes, dass sich die Bank über die **Globalzession** aller Kundenforderungen von A–Z wesentliche Teile des liquiden Kapitals des Kreditnehmers gesichert hat, so dass sie abgetretene Rechte so lange freigeben muss, bis es nicht zur Verwertung kommt. Die Kündigung des Kredites ändert an der Einziehungsbefugnis nichts, wenn nicht die Einziehungsbefugnis widerrufen wird.

Nicht die Offenlegung gegenüber den Drittschuldnern steht daher im Fokus, sondern die Entziehung der Einziehungsermächtigung gegenüber dem Kreditnehmer. Die Anzeige an die Drittschuldner, die bei diesen bewirkt, dass sie mit befreiender Wirkung nur noch an die betroffene Bank und Sicherungsnehmerin zahlen können, wird die Bank jedenfalls bei größeren Stückzahlen schlicht nicht durchführen können. Dazu bräuchte sie nämlich nicht nur die jeweils aktuelle Liste der zedierten Forderungen, sondern weitere Details wie Anschriften der Drittschuldner, die offenen Beträge, die Fälligkeit und gegebenenfalls die Details über die zugrunde liegende Leistung. Jedoch kann die frühe Offenlegung eine Rufschädigung des Kreditnehmers verursachen und künftige Sanierungsbemühungen zunichtemachen, soweit sie als Maßnahme des Beginns der Verwertung überhaupt zulässig ist. Dies setzt die Verwertungsreife und ein Kündigungsrecht der besicherten Finanzierung voraus.

Zudem werden Drittschuldner die volle Zahlung nicht selten verweigern, wenn sie an einen Dritten zahlen sollen und Einreden geltend machen. Ungeachtet all dem kommt hinzu, dass die Sicherungszession von Forderungen des Kreditkunden auch nach Offenlegung nicht zwingend zur Zahlung an die Bank führen muss, wenn der Kreditnehmer mit seinem kommerziellen Kunden ein Abtretungsverbot gemäß § 399 BGB vereinbart hat und dieser Kunde unbeeindruckt von Offenlegung weiter an den originären Schuldner zahlt. Denn § 354a Abs. 1 Satz 2 HGB gestattet ihm die Zahlung an den Kreditnehmer mit befreiender Wirkung.

Aus Sicht des Kreditinstituts ist zu prüfen, in welcher Höhe die Außenstände noch eingehen werden. Es ist ein Stresstest zur Bewertung der Sicherheitenposition nach dem Insolvenzantrag wichtig. Bei einem im Hinblick auf den Erfolg meist eher skeptisch zu betrachtenden **Forderungseinzug** durch eine Bank im Eröffnungsverfahren kann der vorläufige Insolvenzverwalter somit keine Kostenbeiträge verlangen. Auf diese Folgen der oben besprochenen Anordnung des Gerichts gemäß § 21 Abs. 2 Satz 1 Nr. 5 InsO darf aber hingewiesen werden, wodurch die Verwertung dem Institut untersagt und dem vorläufigen Verwalter zugewiesen wird.

Mit Eröffnung des Insolvenzverfahrens geht das Verwertungsrecht gemäß § 166 Abs. 2 InsO auf den Insolvenzverwalter über. Wurde die Verwertung der Forderungen durch die Bank bereits eingeleitet, ist die Absprache zur Fortsetzung der Einziehung mit dem Verwalter zur Erreichung des optimalen Erlöses wichtig, auf die er sich als Folge der §§ 166 ff. InsO indes nicht einlassen muss.

Generell ist zu bedenken, dass als Konsequenz der langen Dauer des Insolvenzeröffnungsverfahrens von meist drei Monaten und mehr eine Reihe der zum Zeitpunkt des Insolvenzantrags noch offenen Forderungen unter Beachtung der üblichen Zahlungsfristen bereits bezahlt sein wird. Die Werthaltigkeit der älteren Forderungen ist meist kritischer zu betrachten.

Die nach Kenntnis vom Insolvenzantrag entstandenen oder werthaltig gemachten Forderungen bis zur Verfahrenseröffnung stehen zwar der Bank zu, der Forderungsübergang ist jedoch abhängig von der Kenntnis der Bank von der Zahlungsunfähigkeit des Kunden eine gegebenenfalls gemäß § 130 InsO anfechtbare kongruente Deckung. Das Absonderungsrecht der Bank an den sicherungszedierten Forderungen ist daher nur insoweit insolvenzfest, als es vor Beginn des Anfechtungszeitraums der Deckungsanfechtung entstanden ist oder wenn es zwar danach entstand, ohne dass jedoch die insbesondere subjektiven Voraussetzungen des Anfechtungstatbestandes gemäß §§ 130 ff. InsO vorgelegen haben. Kennt die Bank den Insolvenzantrag des Unternehmens, können keine Forderungen mehr unanfechtbar neu erworben werden.

Die nach **Insolvenzeröffnung** entstehenden Forderungen kann die Bank als Folge des § 91 InsO im Insolvenzverfahren nicht mehr erwerben. Mit anderen Worten ist damit zu rechnen, dass gerade ein Teil der wichtigen und werthaltigen Forderungen schon während des Eröffnungsverfahrens eingehen werden. Daher ist es wesentlich, mit der Kreditkündigung auch den Widerruf der Einziehungsermächtigung des Sicherungsgebers zu verbinden und die Erklärung an den Kunden und auch den vorläufigen Insolvenzverwalter oder den vorläufigen Sachwalter zu richten, um vorsorglich alle Beteiligten anzusprechen, so dass dem Widerruf einer Einziehungsbefugnis kein Einwand entgegengehalten werden kann.

Der Zugang der Erklärung bei den Beteiligten ist nachzuweisen ebenso wie die im Interesse der Verwertung nötige Kreditkündigung. Wenn alle formell einwandfrei unterrichtet sind, hat die Bank jedenfalls alles getan, was getan werden konnte.

Die Kostenbeiträge der Gläubiger, hier der Bank fallen zwar nur bei sicherungszedierten Forderungen an, nicht jedoch bei einer Verpfändung, wie der Wortlaut des § 166 Abs. 2 InsO darlegt. Die Verpfändung bedarf jedoch zu ihrer Wirksamkeit der Anzeige an den Drittschuldner (§ 1280 BGB), eine schlichte Unmöglichkeit für die Fallkonstellationen der Verpfändung künftiger Forderungen.

Auch bei bereits bestehenden Einzelforderungen ist aus diesem Grunde regelmäßig die Sicherungszession der Verpfändung vorzuziehen, die daher ihrerseits niemals als „stille" Verpfändung wirksam werden kann. Im Folgenden wird der Forderungseinzug im Insolvenzverfahren beschrieben.

---

i **Beispiel:** Die Ausstiegsbank AG hat vor Verfahrenseröffnung bei der Druck GmbH mit dem Forderungseinzug begonnen. Es ist eine Einzelforderung von 119.000 EUR auf dem Sicherheitenerlöskonto der Bank eingegangen. In diesem Fall sind keine Kostenpauschalen zu bezahlen, da die Bank den Erlös selbst erzielt und betrieben hat. Jedoch ist die Umsatzsteuer in Höhe von 19.000 EUR abzuführen. Dem Kreditinstitut verbleibt somit ein Erlös von 100.000 EUR. Ist der vorläufige Insolvenzverwalter vom Insolvenzgericht zur Einziehung der sicherungszedierten Forderungen ermächtigt worden, muss er die einbezogenen Beträge auf offenem Treuhandsonderkonto separieren, der (werdenden) Masse stehen dann analog § 171 InsO die Feststellungskosten und die Verwertungskosten zu. Wenn der Drittschuldner nach Verfahrenseröffnung direkt an den Gläubiger zahlt, steht dem Insolvenzverwalter lediglich ein Anspruch auf die Feststellungskosten in Höhe von 4,0 % auf den erzielten Bruttoerlös zu. Wenn dagegen der Insolvenzverwalter die Forderung nach der Insolvenzeröffnung selbst offenlegt und vereinnahmt, kann dieser die Kostenpauschalen für die Feststellung in Höhe von 4,0 % und für die Verwertung von 5,0 % auf den Bruttoerlös vollständig für die Insolvenzmasse geltend machen (ohne die Berücksichtigung der Umsatzsteuer).

Leistet ein **Drittschuldner** in Kenntnis der Einzugsermächtigung des vorläufigen Insolvenzverwalters an die Bank, hat dieser nicht mit schuldbefreiender Wirkung gezahlt. Gleiches gilt wie im Eröffnungsverfahren auch für die Zahlung nach der erfolgten Verfahrenseröffnung. Gefährlich ist dies für den Drittschuldner deshalb, weil die Sicherungsmaßnahmen im Eröffnungsverfahren nach § 21 Abs. 2 Satz 1 Nr. 2 InsO mit der Anordnung des allgemeinen Verfügungsverbots oder Zustimmungsvorbehalts für den vorläufigen Insolvenzverwalter gemäß § 23 Abs. 1 InsO im Internet im Justizportal der Länder öffentlich bekanntzumachen sind und die Bekanntmachung innerhalb der Fristen des § 9 Abs. 1 InsO als bewirkt gilt. Diese können dann nicht mehr mit befreiender Wirkung an den Schuldner leisten (§ 82 InsO). Dasselbe gilt für den Eröffnungsbeschluss (§§ 9, 27, 30, 82 InsO).

Nach der Insolvenzeröffnung wird der Verwalter schon aufgrund der Kostenbeiträge für die Masse und des häufig eher geringen Aufwands nicht auf die Verwertung von Forderungen verzichten dürfen. Bei einer großen Zahl kleiner Einzelforderungen werden Kreditinstitute in der Regel kein Interesse an einer selbst durchzuführenden Verwertung haben. Hier ist es besonders vorteilhaft, dass der Insolvenzverwalter die Forderungen einzieht. Aus dem Verwertungserlös fließen gemäß § 171 InsO 4,0 % für die Feststellung und 5,0 % zuzüglich Umsatzsteuer für die Verwertung an die Masse.

Die Feststellung umfasst die tatsächliche Prüfung des Bestehens einer Forderung, die dazugehörigen Dokumente, die rechtliche Prüfung zur Wirksamkeit der Sicherungszession, etwaige Anfechtbarkeit oder Kollisionen mit anderen vorgehenden Rechten, wie Rechte aus verlängertem Eigentumsvorbehalt.

Die **Verwertungskostenpauschale** ist daher ein Entgelt für den Aufwand des Forderungseinzugs beispielsweise über den Aufbau des Mahnwesens für die zedierten Forderungen sowie dafür aufgewandte Kosten der gerichtlichen Durchsetzung. Auch in diesem Fall gilt, dass eine individuelle Vereinbarung über die Kostenbeiträge mit dem Insolvenzverwalter getroffen werden kann. Gerade wenn der Aufwand für die Betreibung der Forderungen deutlich geringer als gewöhnlich ausfällt, ist aus Sicht der Bank eine Reduzierung der Verwertungspauschalen durch Verhandlungen mit dem Verwalter durchaus anzustreben (§ 171 Abs. 2 Satz 2 InsO). Verbindliche gesetzliche Maßstäbe, wann die Änderungen erheblich über die 5,0 % hinausreichen oder dahinter zurückbleiben, gibt es nicht. Die Gesetzesbegründung sieht eine Grenze für die Abweichung nach unten bei Kosten von nur 50,0 % der Pauschale oder darunter liegenden Kosten vor. In der Literatur wird schlüssig vertreten, dass bei Gegenständen mit hohem Wert Abweichungen von 10,0 % (von der Pauschale) bereits erheblich in diesem Sinne sein könnten (MüKo-Kern, 2025b, § 171 Rn. 47).

Beispiel: Hier die fiktive Fallkonstruktion eines extremen Falls (gilt auch für Erlöse aus sicherungsübereigneten Gütern) mit einem Verwertungserlös von 10 Mio. Euro und tatsächlichen Verwertungskosten über eine außergerichtliche anwaltliche Vertretung und weiterer Kosten für ein Gutachten über 80.000 Euro. Die gesetzlichen 5,0 % wären in diesem Fall 500.000 Euro. Daher ist hier zu kürzen.

Es können auch Ansprüche aus Lebensversicherungen zur Besicherung von Krediten abgetreten werden. Zessionen der Ansprüche aus Kapitallebensversicherungen haben nicht geringe wirtschaftliche Bedeutung. Insoweit ist jedoch zu beachten, dass die Abtretung erst wirksam wird, wenn diese der Lebensversicherungsgesellschaft schriftlich angezeigt wurde. Eine stille Zession ist hier nicht möglich und die verspätete Anzeige nach Insolvenzantrag führt zur Anfechtbarkeit gemäß § 130 InsO. Diese Anzeige nach Insolvenzeröffnung scheitert dann an § 91 InsO, auch wenn die Abtretung lange vor jeder Krise erfolgt ist.

Umsatzsteuerrisiken bei der Verwertung von zedierten Forderungen

Die **Sicherungsabtretung** von Forderungen ist mit einem umsatzsteuerlichen Risiko für die Bank als Sicherungszessionarin verbunden (§ 13c Abs. 1 UStG). Die Finanzverwaltung hat Einzelheiten dazu im Umsatzsteuer-Anwendungserlass (UStAE) geregelt. Nach § 13c UStG haftet der Zessionar, ebenso wie der Pfandgläubiger und Pfändungspfandgläubiger der Forderung, für die Umsatzsteuer, die im Zusammenhang mit dem Umsatz des Zedenten entsteht, welcher zu der Forderung geführt hat, soweit der Zedent als Unternehmer die Umsatzsteuer nicht vollständig bezahlt hat.

Das setzt eine **Umsatzsteuerzahllast** voraus, die dann nicht besteht, wenn der Sicherungszedent und Kreditnehmer einen Vorsteuerüberschuss hat (13c.1 Rn. 11 Sätze 1, 2 UStAE). Voraussetzung der Haftung des Zessionars ist die Vereinnahmung der abgetretenen Forderung durch ihn (13c.1, Rn. 18 ff. UStAE). Das Tatbestandsmerkmal der Haftung (§ 13c Abs. 2 UStG) ist dann zu bejahen, wenn die Bank den abgetretenem Betrag, in dem die Umsatzsteuer enthalten ist, selbst einzieht oder Zahlungseingänge, die der Kunde aus abgetretenen Forderungen auf sein Konto bei der Bank veranlasst, behält und den Kunden nicht mehr verfügen lässt, die Bank die „Verfügungsmacht über die in der abgetretenen Forderung enthaltene Umsatzsteuer hat" (13c.1 Rn. 19 ff. UStAE).

Die Verwertung durch den Insolvenzverwalter gilt infolge der Auskehrung des Erlöses an die Bank als Sicherungsnehmerin ebenfalls als umsatzsteuerliche Vereinnahmung (§ 170 InsO, 13c.1 Rn. 28 UStAE). Abschnitt 13.1 UStAE beschreibt in den Abs. 24 bis 27 eine Reihe von weiteren Beispielen, die eine „Vereinnahmung" durch den Zessionar darstellen und typische Abläufe der Beendigung beziehungsweise Beschränkung der Kontenverbindung in der Krise des Kreditnehmers und Sicherungszessionars betreffen. Im Kern steht die Reduzierung der Kreditinanspruchnahme durch sicherungszedierte Forderungen auf Kosten der dort enthaltenen Umsatzsteuern bei verschiedenen Kredit- sowie Überziehungskonstellationen.

Die Finanzverwaltung geht allerdings auch davon aus, dass ein Kreditrahmen im Allgemeinen ohne Widerspruch der Bank um 15,0 % überzogen werden kann auch nach der Gutschrift des Forderungseingangs der zedierten Forderung. Das dortige und im Folgenden verkürzt dargestellte Beispiel zeigt die innere Struktur der Erwägungen der Finanzverwaltung.

Beispiel: Unternehmer A sei Bankkunde mit einer Linie von 100.000 Euro, die Bank ist Sicherungszessionar einer Globalzession. Auf dem Konto geht die Zahlung eines Drittschuldners ein. Dennoch verbleibt nach deren Verrechnung ein Soll-Saldo von 110.000 Euro. Unter Heranziehung der These der unbeanstandeten Überschreitung von 15,0 %, hat der Kunde noch einen Verfügungsrahmen von 5.000 Euro. Die Folge hiervon ist nach der Finanzverwaltung, dass die Gutschrift der global zedierten Forderung von der Bank abzüglich der fraglichen 5.000 Euro in voller Höhe vereinnahmt worden ist. Damit haftet die Bank für die Umsatzsteuerzahllast des Kunden aus dem eingegangenen Betrag minus 5.000 Euro abzüglich etwaiger Zahlung des Bankkunden auf die Umsatzsteuerschuld aus dem vereinnahmten Betrag abzüglich etwaiger insoweit berücksichtigungsfähiger Vorsteuerbeträge. In dem vorliegenden Beispiel wären das bei jeglicher fehlenden Zahlung der Umsatzsteuer durch den Kunden gerundet 10.966 Euro (enthaltene Umsatzsteuer von 15.966, abzüglich 5.000 Euro offene Linie). Gewährt die Bank Rückzahlungsfristen, gilt die Reduzierung des Kreditsaldos aufgrund von Zahlungseingängen aus sicherungszedierten Forderungen mit Umsatzsteuer nach Ablauf der Frist als vereinnahmt. Die darauf entfallende Steuer ist dann von der Bank zu entrichten, wenn der Steuerschuldner die daraus resultierende Umsatzsteuerzahllast nicht erfüllt.

Im **eröffneten Insolvenzverfahren** löst § 170 Abs. 2 InsO das Problem. Der Verwalter behält die Umsatzsteuer ein. Im Eröffnungsverfahren sorgt § 55 Abs. 4 InsO unter den dortigen Voraussetzungen dafür, dass das Finanzamt die Umsatzsteuer erhält.

Verwertung von Ansprüchen aus kapitalbildenden Lebensversicherungen

Bei der Verwertung einer **Kapitallebensversicherung**, soweit abtretbar (siehe MüKo-Ganter, 2025a, § 51 Rn. 236 ff.) und soweit durch Anzeige an die Versicherung wirksam abgetreten, kommt aus Sicht der Kreditinstitute im Einzelfall die weitere Beitragszahlung und die Fortführung eines Vertrags in Betracht. Hintergrund ist, dass bei dieser Lösung zwar Liquidität von der Masse abgezogen wird, aber das Schlussguthaben die Versicherungssumme nebst Gewinnanteilen umfasst, bei den folgenden alternativen Lösungen aber nur der **Rückkaufswert** zu zahlen ist, der (deutlich) geringer ist. Alternativ besteht die Möglichkeit der Beitragsfreistellung beziehungsweise der Kündigung (in beiden Fällen kann nur der Rückkaufswert realisiert werden) oder des Verkaufes der Lebensversicherung zu etwaig deutlich günstigeren Bedingungen.

Dabei sind die Aussichten der Generierung des höchsten Erlöses zu prüfen. Die weitere Besparung von Lebensversicherungen in der Krise durch ein Kreditinstitut wird in der Praxis eine Ausnahme darstellen. Es stellt sich die Frage, ob eine Bank in der Krise des Kreditnehmers dazu bereit sein wird, das Obligo zu eigenen Lasten über die Prämienzahlungen weiter auszudehnen.

Dies wird nur diejenigen Fälle betreffen, bei denen die abgetretene Lebensversicherung bereits lange Zeit läuft und der Auszahlungszeitpunkt nahe ist. Zudem sollte ein Vorteil aus der Überschussbeteiligung erwartet werden können. Dieses ist bei der Versicherungsgesellschaft in Erfahrung zu bringen. Entscheidend dafür ist die Differenz zwischen dem Rückkaufswert bei der Kreditkündigung, der Forderung der Bank und der zu erwartenden Ablaufleistung unter Berücksichtigung des weiteren finanziellen Aufwandes für die Bank bei Fortführung der Prämienzahlung bis zum Ablauf sowie die weiter fortlaufende Verzinsung der Kreditforderung.

Der vorläufige Insolvenzverwalter wird im Eröffnungsverfahren aber nur diejenigen Ausgaben tätigen, die für eine Betriebsfortführung unbedingt notwendig sind. Die Beiträge zu einer Kapitallebensversicherung des Schuldners, die an eine Bank abgetreten ist, gehören in der Regel nicht dazu, wenn die Insolvenzmasse daraus nichts erwarten darf. Möchte das Kreditinstitut die vollständige Kapitalsumme beziehungsweise Ablaufsumme aus der Lebensversicherung erhalten, so muss es in dieser Verfahrensphase selbst für eine Beitragszahlung Rechnung tragen.

Dies wird nur dann geschehen, wenn aus der Überschussbeteiligung der Lebensversicherung ein deutlich höherer Anstieg des ausbezahlten Betrages im Vergleich zu den eingezahlten Beiträgen zu erwarten ist. Alternativ ist eine Beitragsfreistellung bei der Versicherung ohne weitere Prämienzahlungen möglich.

Vor der Eröffnung eines Insolvenzverfahrens kann die Bank die abgetretene Lebensversicherung durch Kündigung selbst verwerten, wenn der Sicherungsfall eingetreten ist. Veräußert die Bank die Sicherheit im Rahmen eines vorläufigen Insolvenzverfahrens, ist der vorläufige Insolvenzverwalter, wie auch sonst in den Fällen der §§ 166 ff. InsO, nicht dazu berechtigt, Verwertungsbeiträge zu verlangen.

Das Insolvenzgericht kann ein Verwertungs- und Einziehungsverbot im Rahmen des vorläufigen Insolvenzverfahrens gegenüber dem Gläubiger und damit der Bank als Inhaberin der Ansprüche aus einer Lebensversicherung, unter anderem des Rückkaufswerts, erlassen und die Einziehung dem vorläufigen Insolvenzverwalter übertragen.

Details erscheinen unklar, denn die kapitalbildende Lebensversicherung gehört nicht zum Working Capital von Unternehmen (wie die globalzedierten Forderungen), nicht selten sind sie Teil betrieblicher Altersversorgung mit dem Mitarbeiter oder Organmitglied als versichertes Risiko und dem insolventen Arbeitgeber als Versicherungsnehmer, jedenfalls dann, wenn der Mitarbeiter unwiderruflich bezugsberechtigt ist, geht die Sicherungszession ins Leere. Existiert ein derartiger Beschluss, der den vorläufigen Insolvenzverwalter zur Einziehung einer fälligen Lebensversicherung ermächtigt, so kann er die vollen Verfahrenskostenbeiträge aus der Verwertung verlangen.

Bezweifelbar erscheint, ob er auch kündigen kann, jedenfalls wenn in der Abtretung auch das Kündigungsrecht auf die Bank übertragen wurde, den von der Versicherung bezahlten Betrag kann er nicht für die Liquidität des fortgesetzten schuldnerischen Unternehmens verwenden, wenn die Bank nicht zugestimmt hat

Mit der Eröffnung des Insolvenzverfahrens ist der **Insolvenzverwalter** grundsätzlich zur Verwertung eines Lebensversicherungsvertrages berechtigt sowie nach Maßgabe des § 159 InsO auch dazu verpflichtet. Dem Kreditinstitut als Abtretungsinhaber steht dann als Folge des Absonderungsrechts bis zur Höhe der Forderung gegen den Schuldner ein Anspruch auf Auszahlung des aus der Verwertung der Versicherung erzielten Erlöses, unter Berücksichtigung der Gläubigerbeiträge, zu (§ 170 Abs. 1 InsO).

Der Insolvenzverwalter ist berechtigt und verpflichtet, die Verfahrensbeiträge zu verlangen. Der **Feststellungsbeitrag** aus § 171 Abs. 1 InsO in Höhe von 4,0 % des erzielten Erlöses ist eine aufwandsunabhängige Pauschale. Mit dieser Kostenpauschale wird in den Fällen der §§ 166 ff., 170 ff. InsO der Aufwand des Insolvenzverwalters abgegolten, die Wirksamkeit der Kreditsicherheit, vorliegend bei der Abtretung der Lebensversicherung, zu überprüfen.

Etwas anderes gilt jedoch für den **Verwertungsbeitrag** nach § 171 Abs. 2 InsO. Der Gesetzgeber hat eine Kostenpauschale von 5,0 % des erzielten Erlöses für angemessen erachtet, soweit nicht der tatsächliche Aufwand erheblich höher oder niedriger ausfällt. Da sich die Verwertung eines Lebensversicherungsvertrages meist auf die Versendung des Kündigungsschreibens beschränkt, besteht hier die Möglichkeit für das Kreditinstitut, unter Hinweis auf diesen geringen Aufwand, den Kostenbeitrag zu senken, wobei Beträge zwischen 20 bis 50 Euro als Kostenersatz erörtert wurden, es mag auch ein Betrag entsprechend des Honorars für einen Anwalt für ein Schreiben in Frage kommen (bei 100.000 Versicherungsleistung wären demnach rund 526 Euro zuzüglich Umsatzsteuer an die Masse zu zahlen). Hat der Insolvenzverwalter dem Kreditinstitut die Abwicklung überlassen, so besteht kein Anspruch auf die Zahlung eines Verwertungskostenbeitrags (nur Feststellungspauschale von 4,0 %).

Bei der Auflösung einer Kapitallebensversicherung durch eine Kündigung des Vertrages existieren jedoch keine Ansprüche auf einen möglichen Schlussbonus, ausbezahlt wird regelmäßig nur das angesparte Kapital nebst der zeitanteiligen Überschussbeteiligung bis zum Beendigungszeitpunkt. Kündigung und Einziehung des Rückkaufswerts sind daher die ungünstigere Lösung.

Alternativ kann die Veräußerung auf einem Zweitmarkt für Versicherungspolicen erfolgen. Der Aufkäufer führt die Versicherung fort und erhält die komplette Ablaufleistung. Primär ist im Eröffnungsverfahren die Bank verwertungsberechtigt. Als Verkäufer kann tätig werden die Bank im Rahmen der Verwertung, gegebenenfalls zusammen mit dem Verkauf der notleidenden besicherten Forderung, der Schuldner mit Zustimmung der Bank oder der vorläufige Insolvenzverwalter, abhängig von der Rechtsstellung als starker Verwalter oder als Zustimmungsverwalter (Zustimmung Bank).

Den Erlös muss er wie auch sonst nach § 170 Abs. 1 InsO an den absonderungsberechtigten Gläubiger nach Abrechnung abführen, ab dem Zahlungseingang aber auf Sondertreuhandkonto separieren, wie auch bei den Erlösen aus der Sicherungsübereignung. Im laufenden Betrieb zur Liquiditätsunterstützung darf er diesen Betrag nicht einsetzen. Der (vorläufige) Insolvenzverwalter wird zu einem Verkauf, der im Eröffnungsverfahren als Verwertung eben der Zustimmung der Bank bedarf, nur dann bereit sein, wenn er einen Betrag für die (spätere) Insolvenzmasse erhält. Die Höhe kann sich an den nach der Eröffnung des Insolvenzverfahrens zu entrichtenden Kostenbeiträgen (Feststellungs- und Verwertungspauschale) orientieren.

Im Rahmen des eröffneten Insolvenzverfahrens kann die Veräußerung ausschließlich durch den Insolvenzverwalter vorgenommen werden (§ 166 Abs. 2 InsO). Dieser wird einen Verkauf allerdings nur gegen die Zahlung entsprechender Beiträge an die Insolvenzmasse durchführen. Unter Umständen wird dieser auch eine Beteiligung an dem durch die Zweitmarktverwertung generierten Mehrerlös im Vergleich zur Kündigung und zur Einziehung des geringeren Rückkaufwertes verlangen. Fraglich ist, ob der Insolvenzverwalter diese Handlungsoption prüfen sowie den Verkauf der Lebensversicherung vornehmen muss. Dabei besteht grundsätzlich die Pflicht für einen Insolvenzverwalter, die Vermögensgegenstände der Insolvenzmasse möglichst gewinnbringend zu veräußern, das sogenannte Massemehrungsgebot als Aufgabe des Insolvenzverwalters. Das gilt nicht ohne Weiteres für die mit Absonderungsrechten belasteten Gegenstände. Hier hat er ein Verwertungsrecht, aber nur eine Pflicht zur Ausübung pflichtgemäßen Ermessens zu der Verwertung dahingehend, dafür zu sorgen, dass die Überschüsse aus der Verwertung der belasteten Gegenstände dann für die Masse generiert werden (vgl. MüKo-Janssen, 2025b, § 159 Rn. 4).

Daraus folgt, dass dieser nicht zu einer bestimmten Verwertung verpflichtet ist, auch nicht zum freihändigen Verkauf. Vor dem Hintergrund ist der Insolvenzverwalter allenfalls dann haftbar zu machen (§ 60 InsO), wenn sich dieser grundlos (wenn also offenkundig kein tatsächliches oder rechtliches Risiko besteht) weigert, eine kapitalbildende Lebensversicherung bestmöglich zu veräußern.

Anders, wenn es aus dem Blick der Masse sinnvoll ist, die Ablaufleistung abzuwarten. Erhält die Masse die höheren Verfahrensbeiträge aus dem Erlös und ist diese Transaktion risikofrei, spricht vieles dafür, von der Veräußerungspflicht des Insolvenzverwalters auszugehen (vgl. Portisch/Seidel, 2007e, S. 542 ff.).

Verwertungskosten von beweglichen Wirtschaftsgütern und Forderungen

Die Kosten für die gegebenenfalls notwendige Erstellung eines Verkehrswertgutachtens für einzelne zu verwertende Gegenstände gehören nicht zu den Kosten der Feststellung, sondern zu den Kosten der Verwertung (zutreffend MüKo-Kern, 2025b, § 171 Rn. 40 und Seidel, 2012b, S. 498 ff.). Aus Sicht der absonderungsberechtigten Banken ist der tatsächliche Aufwand der Veräußerung durch den Insolvenzverwalter kritisch zu überprüfen. Bei fungiblen Wirtschaftsgütern sowie Forderungen kann ein erhebliches Missverhältnis zwischen der Pauschale und dem Verwertungsaufwand bestehen, wobei der Gesetzgeber diese Unterschreitung von 5,0 % nur bei (nachweislich) erheblich geringeren Kosten gestattet (parallel ist die Überschreitung ebenfalls nur bei erheblich höheren Kosten möglich). Es kann mit dem Insolvenzverwalter in der Regel eine Einigung zur Begrenzung dieser Beträge getroffen werden. Im Allgemeinen empfiehlt es sich im Hinblick auf die entstehenden Kosten und die Abgrenzungsschwierigkeiten, eine Verwertungsvereinbarung zu treffen, um Auseinandersetzungen zu vermeiden.

Verwertung von Grundpfandrechten an Grundstücken und Gebäuden

Die Verwertung von unbeweglichen Gegenständen in Form von Grundstücken und Gebäuden oder grundstücksgleichen Rechten kann im eröffneten Insolvenzverfahren durch den Grundpfandrechtsgläubiger nur über eine **Zwangsversteigerung** oder eine **Zwangsverwaltung** nach dem ZVG mittels eines dinglichen Titels aus der Rangklasse 4 des § 10 Abs. 1 ZVG erfolgen.

Alternativ kann der Insolvenzverwalter selbst gemäß § 165 InsO die Zwangsversteigerung oder Zwangsverwaltung gemäß Maßgabe der §§ 172–174 ZVG betreiben oder es kann ein freihändiger Verkauf im Einvernehmen zwischen einem Insolvenzverwalter und den dinglich gesicherten Gläubigern im Grundbuch durchgeführt werden. Auch die Zwangsverwaltung nach den §§ 146 ff. ZVG oder eine stille (kalte) Zwangsverwaltung kann als Übergangslösung wirtschaftlich geeignet sein, um zwischenzeitlich Mieterlöse zu erzielen und ein Objekt in seinem Zustand zu erhalten.

Gemäß § 49 InsO erfolgt die Verwertung von Immobilien durch Zwangsversteigerung oder Zwangsverwaltung gemäß dem ZVG auch in einem Insolvenzverfahren, das Vollstreckungsverbot dort (89 InsO) gilt allerdings nicht für die Zwangsversteigerung und Zwangsverwaltung. Dabei besteht auch das vorstehend erwähnte Antragsrecht des Insolvenzverwalters (§ 165 InsO, §§ 172–174 ZVG, Insolvenzverwalterversteigerung). Nur der Gläubiger, der grundpfandrechtlich in Form der Grundschuld oder Hypothek besichert ist, kann die Zwangsversteigerung oder Zwangsverwaltung im eröffneten Verfahren aufgrund des § 49 InsO beantragen.

Grundschulden haben sich aufgrund der fehlenden Akzessorietät als ein praxisnahes Sicherungsmittel seit Jahrzehnten etabliert. Die Hypothek ist als Kreditsicherungsmittel praktisch ausgestorben. Seit dem Risikobegrenzungsgesetz aus 2008 ist die Sicherungsgrundschuld in § 1192 Abs. 1a BGB legaldefiniert.

Demnach wird bei einer Grundschuld gemäß § 1191 BGB das Grundstück in der Weise belastet, dass an den Begünstigen eine bestimmte Geldsumme aus dem Grundstück zu zahlen ist. Einer zu besichernden Forderung bedarf es bei dieser fiduziarischen (nichtakzessorischen) Sicherheit nicht (vgl. Ellenberger-Bunte-Epp, 2022, § 73 Grundpfandrechte Rn. 21 ff. zur Abstraktheit der Grundschuld und BGH, 20.04.2018, V ZR 106/17).

Die **Grundschuld** wird mit ihrem Kapitalbetrag nach der Grundschuldbestellungsurkunde sowie einem dinglich wirkenden Zinssatz, gegebenenfalls auch mit einer weiteren Nebenleistung, im Grundbuch eingetragen. Zudem wird der jeweilige Inhaber der Grundschuld eingetragen. Gegebenenfalls wird über die Grundschuld ein Brief erstellt mit der Folge, dass der Nachfolger des eingetragenen ersten Grundschuldgläubigers, der auch der Eigentümer selbst sein kann (Eigentümergrundschuld), nicht direkt aus dem Grundbuch ersichtlich sein muss, denn die Briefgrundschuld kann ohne Grundbucheintragung übertragen werden (§§ 1154, 1192 Abs. 1 BGB). Erkennbar ist aus Eintragung und Brief nur der erste Grundschuldgläubiger, ganz selten ist die sogenannte Inhabergrundschuld gemäß § 1195 BGB, die wegen ihrer völligen Anonymität und den damit gesehenen Risiken auf Kritik gestoßen ist.

Auf die Grundschuld finden weitgehend die Vorschriften über die Hypothek (§§ 1113 ff. BGB) Anwendung, § 1192 Abs. 1 BGB, soweit diese mit der fehlenden Akzessorietät der abstrakten Grundschuld vereinbar ist. Der gesetzliche Regelfall ist die Briefgrundschuld (§ 1192 Abs. 1, § 1116 Abs. 1 BGB). Bei einer Übertragung der Briefgrundschuld werden mangels Notwendigkeit der Eintragung Grundbuchkosten der Eintragung des neuen Grundschuldgläubigers erspart. Dem Vorteil der manches Mal nachvollziehbar angestrebten fehlenden Erkennbarkeit des aktuellen Grundbuchinhabers und Grundbuchgläubigers steht eben derselbe Umstand als Nachteil gegenüber, jede Transaktion der Briefgrundschuld (wie Übertragung durch Abtretung, Löschung) bedarf der Vorlage des Briefes, der aus verschiedenen Gründen etwaig nicht mehr aufgefunden werden kann. Um die Grundschuld in einem derartigen Fall löschen oder auch übertragen zu können, bedarf es eines zeit- und kostenaufwändigen gerichtlichen Aufgebotsverfahrens gemäß § 1170 BGB mit gerichtlicher Entscheidung (siehe Gladenbeck/Samhat-Samhat, 2024, Rn. 628 ff.). Die Briefgrundschuld kommt daher in der Praxis der Kreditwirtschaft mittlerweile äußerst selten vor.

Erfasst werden durch dieses Sicherungsrecht das Grundstück sowie die wesentlichen und nicht wesentlichen Bestandteile des Grundstücks gemäß §§ 93 ff. BGB und das Zubehör aus § 97 ff. BGB. Zum sogenannten **Haftungsverband** der Grundschuld gemäß den §§ 1120 ff. BGB gehören im Wesentlichen Erzeugnisse, Bestandteile und Zubehör, Miet- und Pachtforderungen (§ 1123 BGB) sowie Versicherungsforderungen (§§ 1127 ff. BGB), aber nicht die Scheinbestandteile des § 95 BGB.

So fallen unter Umständen auch sicherungsübereignete Gegenstände (als Zubehör) in diesen Haftungsverbund. Wesentlich dafür ist, ob die Sicherungsübereignung vor der Verbringung auf das Grundstück vorgenommen wurde, sodass die betroffenen Sachen nicht in den Haftungsverband fallen.

Aber auch fremdes Zubehör wird in der Zwangsversteigerung von der Beschlagnahme umfasst sowie droht mitversteigert zu werden (§ 55 Abs. 2 ZVG), die Bank und Sicherungseigentümerin kann sich gegen die Versteigerung nur durch Geltendmachung im Versteigerungsverfahren (beim Versteigerungsgericht § 37 Nr. 5 ZVG) sowie geeignete Rechtsbehelfe vor dem Prozessgericht dagegen wehren (Drittwiderspruchsklage, § 771 ZPO i.V.m. der Einstellung aus § 769 ZPO, Depré-Bachmann, 2024, §§ 37, 38 Rn. 30 ff.).

Vernünftige das Versteigerungsverfahren betreibende Gläubiger werden auf Einwand des Sicherungseigentümers jedenfalls die Einstellung des Zwangsversteigerungsverfahrens bewilligen, soweit Sicherungseigentum unter dem Haftungsverband betroffen ist. Somit ist auch die Zubehörhaftung von wirtschaftlicher Bedeutung für den Grundpfandrechtsgläubiger sowie ist durch ihn oder den Insolvenzverwalter bei möglichen Kollisionen mit anderen Kreditsicherungsrechten unbedingt zu prüfen.

Dabei darf nicht verkannt werden, dass der Begriff des Zubehörs im Einzelfall schwer zu bestimmen ist. Ferner tritt nach der differenzierten Regelung nach § 1121 BGB Enthaftung des Zubehörs mit der Veräußerung des Zubehörs sowie der Entfernung von dem Grundstück ein. Aus Sicht der Praxis wird sich eine Bank als Grundschuldgläubiger gegebenenfalls die Zubehörstücke zur Sicherung ihrer Forderungen parallel sicherungsübereignen lassen, so dass sie nicht von Anfang darauf angewiesen ist, die bewegliche Sache eindeutig als Zubehör identifizieren zu müssen. Sie kann dann nämlich nach ihrer Wahl die Verwertung als bewegliche Sache durchführen oder das Zubehörstück mitversteigern lassen. Scheitert diese Zubehöreigenschaft bei der Prüfung zum Verwertungszeitpunkt, ist die Bank trotzdem absonderungsberechtigt, dann aufgrund ihres Sicherungseigentums.

Verwertungsalternativen des Insolvenzverwalters über freihändigen Verkauf

Dem Insolvenzverwalter steht an unbeweglichen Wirtschaftsgütern kein gemäß § 166 InsO vergleichbares Verwertungsrecht zu. Er kann lediglich die Zwangsversteigerung oder Zwangsverwaltung beantragen (vgl. §§ 165 InsO, 172 ff. ZVG). Daher werden auch keine gesetzlichen Verwertungsbeiträge geschuldet. Für die Tätigkeit bei der Feststellung, welche Gegenstände gegebenenfalls einer Zubehörhaftung unterliegen, erhält er dann nur die Feststellungspauschale von 4,0 % bezogen auf den festgesetzten Wert des gesamten Grundstückzubehörs (§ 10 Abs. 1 Nr. 1a ZVG).

Bei einer freihändigen Verwertung durch einen Insolvenzverwalter (die Folge aus § 80 InsO), kann auch ein Gläubigerbeitrag für diese Insolvenzmasse (nicht den Insolvenzverwalter) vereinbart werden, die sich aber nicht an dem Maßstab des § 171 InsO orientieren kann. Hier ist an Maklerentgelte als Parallele zu denken.

Dabei ist zu beachten, inwieweit der Insolvenzverwalter, etwa bei einer Spezialimmobilie in problematischer Lage, einen Erwerber gefunden hat (vgl. Seidel, 2016b, S. 504 ff.). Dann steht aber fest, dass der Insolvenzverwalter nicht zum freihändigen Verkauf verpflichtet ist. Nicht zu übersehen ist, dass die Versteigerung durch den Insolvenzverwalter nach § 165 ZVG für die Masse völlig risikofrei ist (§ 56 Satz 3 ZVG), gleichgültig, welcher Versteigerungserlös erzielt wird und wie lange das Verfahren dauert, der freihändige Verkauf aber sehr wohl die üblichen Haftungs- und Gewährleistungsrisiken des Kaufvertrags mit sich bringt. Der Verwalter wird daher vom Grundpfandgläubiger Freistellung von diesen Risiken sowie einen Beitrag für die Masse fordern, und zwar erst recht und gerade dann, wenn die Masse aufgrund wertausschöpfender Belastung aus dem Kaufpreis nichts bekommen würde.

Der erwähnte Beitrag nach § 10 Abs. 1 Nr. 1a ZVG aus dem Zubehör ist nicht sehr praxisrelevant, da meist kein Zubehör mitversteigert wird. Die Höhe des Beitrags aus dem Grundstückskaufpreis ist Verhandlungssache zwischen Grundpfandgläubiger und Insolvenzverwalter und hängt von einer Reihe einzelfallbezogener Faktoren des jeweiligen Grundbesitzes ab, der verkauft werden soll. Der Insolvenzverwalter wird in extremen Fällen (kein für die Masse zu erwartender Überschuss, Umwelt- oder sonstige erheblich wertbeeinträchtigende Umstände) erwägen, ob er nicht aus der Masse freigibt (vgl. § 32 Abs. 3 InsO, siehe Überblick bei MüKo-Busch, 2025a, § 32 Rn. 81, und MüKo-Peters/Peters, § 35 Rn. 109 ff., 114 ff.). In dem Fall scheidet das betroffene Grundstück aus der Masse aus und die Verwaltung und Verfügung darüber obliegt wieder dem Insolvenzschuldner. Die Bank als Grundpfandgläubigerin hat dann allein mit diesem als Akteur zu tun. Meist ist das aus ihrer Sicht nachteilig.

Zusammenfassung der Verwertungsvarianten

Die Verwertung von **Grundstücken** und **Gebäuden** beziehungsweise grundstücksgleichen Rechten (wie Erbbaurecht, Wohnungseigentumsrecht oder Teileigentumsrecht nach WEG) kann auf verschiedene Arten erfolgen. Bei den Verkaufsoptionen spielen die Marktsituation sowie gegebenenfalls die laufenden Erträge aus dem betreffenden Objekt eine Rolle. Die folgenden Alternativen sind wirtschaftlich abzuwägen:

- **Freihändige Verwertung:** In dem Fall wird das Objekt am Markt frei veräußert. Die Erlösverteilung erfolgt in der Praxis mit Treuhandaufträgen gegen die Abgabe sogenannter Löschungsbewilligungen für diese Grundschulden. Die Vergütung für den Makler sowie die Insolvenzmasse sind mit dem Insolvenzverwalter zu regeln. Der Verwalter muss sich hierauf nicht einlassen.
- **Zwangsverwaltung:** Hier bleibt dem Schuldner das Eigentum erhalten, aber das Nutzungsrecht und die Verwaltung werden ihm entzogen. Die finanzielle Befriedigung der Grundpfandgläubiger erfolgt aus der weiteren Nutzung des betrachteten Grundstücks über die Mieterträge, falls ein Überschuss über die Kosten verbleibt (vgl. § 155 ZVG). Die vorinsolvenzliche Mietabtretung nutzt der Bank nichts, denn im Insolvenzverfahren wird diese unwirksam (§ 110 InsO).

- **Zwangsversteigerung:** Die Beantragung einer Zwangsversteigerung kann in der Insolvenz nur aus einem vollstreckbaren dinglichen Duldungstitel erfolgen (§ 1147 BGB), gerichtet auf Duldung der Zwangsvollstreckung in die Immobilie durch den Eigentümer und Grundpfandrechtsschuldner. Dieser kann in der vollstreckbaren Ausfertigung einer Grundschuldbestellungsurkunde (§§ 794 Abs. 1 Nr. 5, 800 ZPO) oder einem Duldungsurteil bestehen (§ 1147 BGB). Das Zwangsversteigerungsverfahren ist stark formalisiert. Somit ist die Vollstreckungsklausel bei der vollstreckbaren notariellen Urkunde sowie dem vollstreckbaren Duldungsurteil auf den Insolvenzverwalter umzuschreiben, wenn die Abwicklung nach der Eröffnung des Verfahrens eingeleitet werden soll.

Interessenlagen Absonderungsberechtigte und Insolvenzverwalter für die Masse

Absonderungsberechtigte Gläubiger haben in der Regel ein starkes Interesse an einer zeitnahen Verwertung von Kreditsicherheiten, um mit dem Erlös die (wertberichtigte) Forderung zu reduzieren, weitere Zinsausfälle zu vermeiden, die Restforderung auszubuchen und den Fall abzuschließen. Gerade Verwertungen von Immobilien binden oft erhebliche Personalkapazitäten, da sich die Verwertung beziehungsweise der Verkauf häufig zeitlich stark hinziehen kann. Auch Zwangsversteigerungsverfahren können Jahre andauern. Des Weiteren bestehen vielfältige Risiken, die den Wert der Objekte auf der Zeitachse beeinträchtigen können.

Zusätzlich fallen Kosten, unter anderem für die Heizung in den Wintermonaten sowie für den Objektschutz, an. Ohne derartige Sicherungsmaßnahmen und bei Leerständen drohen oft deutliche Substanzschäden auf der Zeitachse. Im Gegenzug kann der Insolvenzverwalter auch das Interesse haben einen Verkauf der Firmenimmobilie zeitlich hinauszuschieben, um Möglichkeiten einer Fortführung mit Insolvenzplan oder übertragender Sanierung zu prüfen, im Interesse der Gesamtgläubigerschaft.

In diesem Fall hat dieser jedoch einen Ausgleich für den Wertverlust und die Nutzung an diese absonderungsberechtigten Gläubiger zu entrichten, wenn auf seinen Antrag das Zwangsversteigerungsverfahren einstweilen eingestellt wurde (§§ 30d, 30e ZVG). Diesen Ausgleich erhält nur der betreibende Gläubiger und auch nur, soweit der Rang seines Grundpfandrechts, die Höhe seiner Forderung und der Wert der Immobilie dies zulassen. Nicht geklärt ist, ob die dingliche Forderung oder die schuldrechtliche Darlehensforderung gemeint ist. Ansonsten erhält der Grundpfandgläubiger nichts. Diese Vorschriften haben aber kaum praktische Bedeutung, weil die Zahlungsauflage nach § 30e ZVG (im Restrukturierungsverfahren gemäß dem StaRUG bei dortiger Vollstreckungssperre wird der Ausgleich nach § 30g ZVG geschuldet).

Umgekehrt wird das Kreditinstitut als Grundpfandgläubiger gut überlegen, ob es die **Zwangsversteigerung** in ein betriebliches Grundstück betreibt, wenn ein Insolvenzplan erwogen wird, von dem man sich insgesamt ein insgesamt besseres Ergebnis verspricht als ohne Plan. Entscheidend kann sein, welches Ergebnis der Plan für die mit dem Grundpfandrecht besicherten Forderungen der Bank mit sich bringt.

Wichtig ist es für Kreditinstitute, dass eine gute Kommunikation mit dem Insolvenzverwalter stattfindet, damit über ein gleichgerichtetes Handeln im Ergebnis ein optimaler Verwertungserlös oder als Alternative erhebliche laufende Erträge aus der Vermietung und Verpachtung des Objektes generiert werden. Die Mieterträge erhält der Grundpfandgläubiger im Rahmen der Zwangsverwaltung oder der kalten Zwangsverwaltung aus dem Rang seines Grundpfandrechts.

Die Mietzession ist im eröffneten Insolvenzverfahren wertlos (vgl. § 110 Abs. 2 InsO), im Eröffnungsverfahren entstandene Mietforderungen und infolge der Sicherungsabtretung übergegangene Mietforderungen sind gegebenenfalls als kongruente Deckung anfechtbar. Die kalte oder stille **Zwangsverwaltung** muss der gerichtlichen Zwangsverwaltung nach dem ZVG vergleichbar sein und darf den Grundpfandgläubiger nicht besserstellen als das gerichtliche Verfahren (ansonsten wäre diese Vereinbarung der stillen Zwangsverwaltung als insolvenzzweckwidrig nichtig). Die Insolvenzmasse darf keine Nachteile erleiden (vgl. BGH, 14.07.2016, IX ZB 31/14 und siehe Cranshaw/Welsch, 2017, 101 ff.). Die stille Zwangsverwaltung muss nicht unbedingt kostengünstiger sein als die „förmliche" Zwangsverwaltung nach dem Verfahren der §§ 146 ff. ZVG.

Bei einer guten Vermarktungsmöglichkeit ist eine freihändige Verwertung von unbebauten und bebauten Grundstücken zu bevorzugen, da auf diese Weise oft ein höherer Verwertungserlös erzielt werden kann als im Zwangsversteigerungsverfahren. Im Eröffnungsverfahren ist für den Verkauf die Mitwirkung des Schuldners erforderlich. Jedoch wird dieser häufig aus persönlichen Gründen nicht zu einer freihändigen Veräußerung bereit sein. Der Umstand kann auch dazu führen, dass ein Kreditinstitut den Massekostenvorschuss zu der Verfahrenseröffnung vorfinanziert, um gemeinsam mit dem Insolvenzverwalter verkaufen zu können.

Im eröffneten Verfahren ist der Insolvenzverwalter gemäß § 80 InsO mit der Zustimmung des Gläubigerausschusses oder der Gläubigerversammlung nach § 160 InsO dazu berechtigt, den Grundbesitz des insolventen Unternehmens freihändig zu verwerten. Dann kann eine fehlende Einwilligung des Schuldners einen freihändigen Verkauf nicht mehr behindern. Wichtig ist es unter Hilfestellung der Banken, sich rechtzeitig einen Interessenkreis für die betreffende Immobilie aufzubauen, der sich im Optimalfall gegenseitig überbietet.

Wird der Käufer über die Kreditinstitute gefunden, kann sich dieses auf eine Reduzierung des zu **vereinbarenden Gläubigerbeitrags** für die Masse auswirken. Der Insolvenzverwalter muss aber nicht freihändig verkaufen, auch wenn die Verwertungsalternative ausgesprochen vorteilhaft sein sollte. Der Insolvenzverwalter wird neben einem angemessenen Betrag für die Masse für seine Mitwirkung am Verkauf auch die **Freistellung der Masse** von Risiken aus einer Veräußerung fordern. Dann besteht ein Verhandlungsspielraum, der auch davon abhängt, ob diese Immobilie bereits wertausschöpfend belastet ist oder ob die Masse ohnehin erwarten kann, einen Teilbetrag aus dem Verkaufserlös zu erhalten. Die **freihändige Veräußerung** erfordert die Zustimmung sämtlicher Grundpfandrechtsgläubiger.

In einem **Sicherheitenpool** sollten daher schon frühzeitig eine Abstimmung untereinander und eine Vereinbarung mit dem Insolvenzverwalter über die Preisuntergrenze, die Erlösverteilung sowie den Beitrag für die Masse getroffen werden. Wenn der Erwerber durch eine dinglich gesicherte Gläubigerin gefunden wird, kann, wie bereits erwähnt, gegebenenfalls eine (deutlich) verringerte Beteiligung der Masse am Kauferlös vereinbart werden, die ohnehin frei verhandelbar ist.

Hindernis der Lästigkeitsprämie für nachrangige Grundbuchgläubiger

Hindernisse können auftreten, wenn in der Krise eines Schuldnerunternehmens noch nachrangige Grundpfandrechte, insbesondere durch Behörden Zwangssicherungshypotheken, insolvenzfest beantragt und eingetragen werden konnten, die sogar bei außerordentlich günstigem freihändigen Verkauf nicht entfernt irgendeine Befriedigung erwarten durften (sogenannte „Schornsteinhypotheken"). In den Fällen werden dann einzelfallabhängig von den nachrangigen Gläubigern zum Teil recht umfassende sogenannte **„Lästigkeitsprämien"** verlangt. Ohne deren Zahlung erfolgt keine Pfandfreigabe beziehungsweise Löschungsbewilligung eines Rechts trotz dessen aussichtsloser Rangstelle. In der Konsequenz erfolgte die Entscheidung des BGH, wonach die Zahlung einer **Lästigkeitsprämie** durch einen Insolvenzverwalter insolvenzzweckwidrig und nichtig ist, so dass der Betrag nach § 812 BGB zurückzuzahlen ist (vgl. BGH, 20.03.2008, IX ZR 68/06 und Seidel, 2016b, S. 504 ff.).

Diese Frage, wie mit solchen nachrangigen Rechten umzugehen sei, ist umstritten (wie ein Anspruch des Insolvenzverwalters auf die Rückgewähr beziehungsweise Löschung gegen einen nachrangigen Gläubiger oder ein Ersatzanspruch gemäß § 242 BGB, siehe im Einzelnen MüKo-Kern, 2025b, § 165 Rn. 176 ff., zur Problematik „Schornsteinhypothek" Rn. 178 ff.). Der BGH hat jedoch darauf erkannt, die Vereinbarung des Insolvenzverwalters mit dem Gläubiger eines wertlosen Grundpfandrechts sowie die darauffolgende Zahlung, um eine Löschungsbewilligung des Gläubigers zu erhalten, seien nicht nichtig, wenn die Zahlung „ausschließlich zu Lasten eines damit einverstandenen vorrangigen Grundpfandgläubigers" gehe (BGH, 20.03.2014, IX ZR 80/15).

Sehr deutlich hat er in der weiteren Entscheidung (vgl. BGH, 30.04.2015, IX ZR 301/13), den Gedanken verworfen, der aussichtslos nachrangige Gläubiger sei verpflichtet. Löschungsbewilligung zu erteilen. Ausnahmen bestehen bei Rechtsmissbrauch, der aber in den Fällen nach der Judikatur des BGH kaum wird bejaht werden können. Der am freihändigen Verkauf interessierte (erstrangige) Grundpfandgläubiger wird daher zusammen mit dem Insolvenzverwalter die zu Lasten des Grundpfandgläubigers zu zahlenden Lästigkeitsprämien aushandeln müssen.

Allerdings wird der Insolvenzverwalter bei einem Verkauf innerhalb eines Insolvenzverfahrens einen Anteil dieses Erlöses für die Masse beanspruchen. Der Insolvenzverwalter wird, wie die durch den Verkauf begünstigten Grundpfandgläubiger ins Kalkül einbeziehen, dass das Zwangsversteigerungsverfahren Kosten verursacht, unter anderem Gerichtskosten und Gutachterkosten (siehe § 74a Abs. 5 ZVG).

In der Regel wird man auch hier nicht ohne einen Makler kommen. Eine Verwertung im Zwangsversteigerungsverfahren kann sich lange hinziehen, wenn Rechtsbehelfe in verschiedenen Verfahrensabschnitten eingelegt werden. Dabei kann sich im Laufe der Zeit der zum Zeitpunkt des Versteigerungsantrags günstige Immobilienmarkt deutlich verschlechtern. Zudem ist die Substanz der Immobilie oft kostenaufwendig aufrecht zu erhalten. Des Weiteren generiert der frühzeitige Verwertungserlös zudem Zinsen. Daher wird man sich sicherlich gut überlegen, inwieweit man nicht doch Lästigkeitsprämien und angemessene Anteile für die Masse als vorrangige Bank oder als Sicherheitenpool akzeptiert, um den Verkauf zu beschleunigen.

Dabei darf nicht das **wirtschaftspsychologische Phänomen** übersehen werden, dass sich die Bieterinteressenten aufgrund der eigentlich dem Interesse des Schuldners dienenden **Bietuntergrenzen** von 7/10 und 5/10 des vom Gericht festgesetzten Verkehrswerts der Immobilie (§§ 74a, 85a ZVG) ein „Schnäppchen" im Allgemeinen in dem Versteigerungstermin ausrechnen und auch taktisch maximal die erwähnten 70,0 % oder 50,0 % bieten, ein weiteres gewisses Risiko für die Grundpfandgläubiger. Allerdings existieren umgekehrt sogar Fälle, bei denen bei aus Sicht der Bietinteressenten besonders interessanten Immobilien ein ambitioniertes **Bietgefecht** im Versteigerungstermin stattfindet, das mit einem Meistgebot deutlich über dem vom Gericht aufgrund eines Sachverständigengutachtens festgesetzten Verkehrswerts endet und darauf dann letztendlich der Zuschlag erteilt wird (§ 90 ZVG).

Zwangsverwaltung bis zur Verwertung der Immobilie

Als Alternative bis zur Verwertung kann ein Antrag auf **Zwangsverwaltung** gestellt werden. Die Zwangsverwaltung wird in der Praxis regelmäßig dann eingesetzt, wenn einerseits Einnahmen aus dem Beleihungsobjekt erzielbar sind aber die Grundpfandgläubiger von den Erträgen nichts erhalten. Andererseits kann über diese Zwischenlösung die Sicherung und der Erhalt der Immobilien vor einer Verwahrlosung in einer Phase problematischer Marktbedingungen, unter anderem in einer Immobilienkrise, erreicht werden (vgl. Gerhards/Keller, 2009, S. 37 ff.). Dieses Verwahrlosungsproblem hat allerdings nicht vorrangig mit den **Marktbedingungen** zu tun, sondern mit dem Verhalten der Schuldner und Eigentümer.

Eine im Auftrag des BMJV 2017 erstellte Studie belegt, dass die Grundpfandgläubiger die Sicherungsfunktion der Zwangsverwaltung sowie die Möglichkeit des Zutritts zur Immobilie im Interesse der Verwertung praktisch gleichwertig zu der Erzielung von Mieteinkünften sehen, zumal diese Mieterlöse meist nur sehr verhalten ausfallen. Die Zwangsverwaltung blockiert die Verwertung der Substanz durch Versteigerung und freihändigen Verkauf nicht. Häufig ist diese Versteigerung mit der Zwangsverwaltung verbunden. Ein potenzieller externer Mieter wird dieses Objekt gegebenenfalls später auch erwerben wollen. Ist das insolvente Unternehmen dagegen Eigentümer sowie alleiniger Nutzer der Immobilie (zum Beispiel das Betriebsgrundstück), ist die Zwangsverwaltung bei fortgeführtem Betrieb nicht zielführend.

Der Insolvenzverwalter muss keine Miete zahlen. Die Zwangsverwaltung müsste das Schuldnerunternehmen aus dem Besitz weisen oder der Zwangsverwalter muss den Betrieb führen, was bei einem Hotelgrundstück gegebenenfalls sogar noch funktionieren kann (vgl. BGH, 14.04.2005, V ZB 16/05), bei einem produzierenden Industrie- oder Handelsunternehmen aber sicherlich nicht. Entscheidend dafür ist, dass der Gewerbebetrieb des Schuldners grundstücksbezogen ist und der Zwangsverwalter nicht in absolut geschützte Rechte des Schuldners an Betriebsmitteln eingreift.

Zudem muss der Grundpfandgläubiger gegebenenfalls Vorschüsse an den Zwangsverwalter leisten, ohne die das **Zwangsverwaltungsverfahren** zeitnah sein Ende findet (vgl. § 161 Abs. 3 ZVG). Der Zwangsverwalter wird gegebenenfalls umgehend beim Gericht einen Antrag stellen, einen Vorschuss zu zahlen. Dies ist kein Kredit. Vorschüsse können nur im Rahmen der Zwangsversteigerung in der Rangklasse 1 nach § 10 Abs. 1 Nr. 1 ZVG zurückbezahlt werden, wenn aus der Verwaltung kein Überschuss (vgl. § 155 Abs. 2 ZVG) verbleibt, der gemäß dem Rang der Grundpfandgläubiger auf die wiederkehrenden Leistungen (eingetragene Zinsen) des Grundpfandrechts verteilt wird.

Der Gläubiger kann aber jederzeit seinen **Zwangsverwaltungsantrag** zurücknehmen, um die künftigen Kostenbelastungen von Vorschusszahlungen zu vermeiden. Die laufenden Kosten des Betriebs, einschließlich der laufenden öffentlichen Lasten in Form der Grundsteuer sowie weiterer Abgaben, gehen den Grundpfandgläubigern vor. Sie erhalten den Überschuss der Einkünfte über die Verwaltungsausgaben einschließlich der Vergütung und Auslagen des Zwangsverwalters. Die entstehenden Kosten für den Grundbesitz ohne Einnahmen können nur durch Vorschüsse des die Zwangsverwaltung betreibenden Gläubigers aufgebracht werden.

Hinzu kommt, dass der die Zwangsverwaltung betreibende Gläubiger nach § 12 Abs. 3 ZwVwV von Anfang an haftet, wenn Verbindlichkeiten aus der Zwangsverwaltung, die ordnungsgemäß vom Zwangsverwalter begründet wurden, aus der vorhandenen Liquidität der Zwangsverwaltungsmasse nicht mehr bezahlt werden können. Die Einleitung der Zwangsverwaltung ist damit keineswegs risikofrei für die Bank.

Einfluss auf die Festlegung der Person des Zwangsverwalters können die Institute nur mittelbar nehmen, denn das Gericht schuldet nur die Auswahl des geeigneten Kandidaten. Eine Alternative zu einer Zwangsverwaltung bietet formal nach § 150a ZVG die **Institutszwangsverwaltung** durch eine Bank, beziehungsweise richtiger durch einen Mitarbeiter der Bank. Dazu sind jedoch optimale Voraussetzungen für eine professionelle Zwangsverwaltung zu treffen.

Dies wird in der Praxis nur bei einer gewissen Anzahl an Objekten wirtschaftlich vertretbar beziehungsweise durchführbar sein. Gegebenenfalls kann dann bei bestimmten Fallzahlen die Institutsverwaltung kostengünstig und mit einem hohen Qualitätsstandard umgesetzt werden. Im Allgemeinen kann auf diese Art und Weise eine gute Verkaufsvorbereitung erfolgen sowie insgesamt ein besserer Verwertungserlös erzielt werden (vgl. Flebbe, 2010, S. 174 ff.).

Insgesamt muss man hier aber skeptisch sein, denn der als **Zwangsverwalter** eingesetzte Mitarbeiter erhält keine Vergütung, denn er arbeitet für alle Grundpfandgläubiger, Mieter, öffentliche Stellen wie der „externe" Zwangsverwalter sowie die Kosten seiner Tätigkeit trägt allein die Bank. Dieses ist aus wirtschaftlichen Überlegungen zu beachten. Zudem haftet die betroffene Bank für die etwaigen Fehler gegenüber allen Verfahrensbeteiligten (§§ 150a Abs. 2 Satz 1, 154 ZVG).

Nicht selten wird dieser vom Schuldner oder auch anderen Beteiligten den meist unbegründeten Vorwurf hören, er arbeite einseitig nur für die Bank, das Selbstverständnis von Institutszwangsverwaltern geht regelmäßig auch dahin. Die Bank ist des Weiteren in der Gefahr, bei der Bewilligung von Zwangsverwaltervorschüsse nicht sachgerecht zu entscheiden (entweder sich gezwungen zu sehen, dem Institutsverwalter jeden Vorschuss zu bewilligen oder ihn umgekehrt von solchen Vorschussanforderungen möglichst abzusehen). Zusammenfassend erscheint das Konstrukt einer Institutszwangsverwaltung tendenziell überholt zu sein. Ein professioneller externer Zwangsverwalter ist hier eindeutig vorzuziehen.

Kalte und stille Zwangsverwaltung

Im Rahmen der **kalten oder stillen Zwangsverwaltung** wird eine Vereinbarung zwischen dem (vorläufigen) Insolvenzverwalter (oder dem Eigenverwalter im Eigenverwaltungsverfahren) für die Insolvenzmasse sowie den abgesicherten Kreditinstituten, regelmäßig dem **bestrangigen Gläubiger** im Grundbuch, darüber getroffen, dass die Gläubiger von der Einleitung einer förmlichen Zwangsverwaltung absehen und die erhaltenen Mieteinnahmen abzüglich der gesamten Objektkosten sowie abzüglich einer Beteiligung der Insolvenzmasse an die gesicherten Banken ausgekehrt werden. Nicht selten ist auch hier ein Vorschuss des Grundpfandgläubigers erforderlich.

Die **kalte Zwangsverwaltung** darf keine Nachteile für die Insolvenzmasse in sich bergen, auch keine steuerlichen, denn der Zwangsverwalter ist auch für die Steuer des Schuldners im Kontext mit einer Immobilie verantwortlich (Einkommensteuer, soweit diese aus der Vermietung der Immobilie resultiert), damit übrigens auch der Institutszwangsverwalter (vgl. BFH vom 10.02.2015, IX R 23/14). Ebenso ist der Zwangsverwalter für die aus der Vermietung beziehungsweise aus der gewerblichen Tätigkeit für einen Schuldner (bei Fortführung eines Hotels) resultierenden Umsatzsteuer verantwortlich sowie für die Sozialversicherungsbeiträge des etwa beschäftigten Personals (siehe dazu Depré-Depré, 2024, § 155 Rn. 16, vgl. zu steuerlichen Pflichten des Zwangsverwalters die Übersicht bei Depré-Depré, 2024, § 152 Rn. 53–61).

In der Regel wird zudem eine Vereinbarung darüber getroffen, ab welchem genauen Zeitpunkt denn dem Grundpfandrechtsgläubiger die erzielten Mieten (Nettoerträge im Sinne des § 155 Abs. 2 ZVG) aus dem Objekt zustehen (vgl. Seidel, 2016b, S. 511 ff.). Zu vereinbaren sind in diesem Fall unter anderem der Verzicht auf die Beantragung der formellen Zwangsverwaltung, die Verrechnung von Reparaturen, die Einziehung der Mieten und die Aufteilung der Mieterlöse auf die Masse und die Gläubigerinstitute.

Nebenbei kann der **Verwertungsprozess** über einen freihändigen Verkauf oder die Einleitung einer Zwangsversteigerung weiterverfolgt werden. Der Insolvenzverwalter erhält für die Tätigkeit der kalten Zwangsverwaltung keine Vergütung von den Grundpfandgläubigern, eine entsprechende Vereinbarung wäre nichtig. Vielmehr kann dieser bei dem Vergütungsantrag für seine Tätigkeit als (vorläufiger) Verwalter einen Betrag für die kalte Zwangsverwaltung beziehungsweise erhebliche Zuschläge nach der InsVV im Insolvenzverfahren beantragen.

Nur im Ausnahmefall wird der Insolvenzverwalter eine Immobilie aus der Masse freigeben (§ 32 Abs. 3 Satz 1 InsO geht von der Möglichkeit aus, siehe dazu § 39 RegE-InsO, BT-Drs. 12/2443, S. 120). Der Verzicht auf die Verwertung kann beispielsweise der Sorge gelten, eine Haftung für Umweltgefahren, zum Beispiel für Altlasten auf einem Grundstück, zu vermeiden. Ein weiteres Merkmal kann eine vollständig wertausschöpfende grundpfandrechtliche Belastung des Grundstücks sein, dessen laufender Unterhalt zudem Geld kostet, ohne dass die Masse einen Vorteil davon hat und ohne dass die vom Erlös begünstigten Grundpfandgläubiger zu Zahlungen zu leisten bereit sind, was sie nicht müssen. Anders ist dieses bei Betriebsgrundstücken, die für die Betriebsfortführung des Schuldnerunternehmens unbedingt benötigt werden. Ob den Gläubigern bei einer Freigabe allerdings damit gedient ist, dass mit der Freigabe der Schuldner wieder die Verwaltung innehat, erscheint zweifelhaft.

Nur im Ausnahmefall wird der Insolvenzverwalter eine Immobilie aus der Masse unter Umständen freigeben. Dieser Verzicht auf die Verwertung kann beispielsweise der Sorge gelten, eine Haftung für Umweltgefahren, zum Beispiel für Altlasten auf einem Grundstück, zu vermeiden. Ein weiterer Grund kann eine vollständig wertausschöpfende grundpfandrechtliche Belastung eines Grundstücks sein, dessen laufender Unterhalt zudem Geld kostet, ohne dass die Masse einen Vorteil davon hat und ohne dass die vom Erlös begünstigten Grundpfandgläubiger irgendwelche Zahlungen zu leisten bereit sind, was sie nicht müssen. Anders ist das bei Betriebsgrundstücken, die für die Betriebsfortführung des Schuldnerunternehmens benötigt werden. Ob den Gläubigern bei der Freigabe allerdings damit gedient ist, dass mit der Freigabe der Schuldner wieder die Verwaltung innehat, erscheint zweifelhaft.

Insgesamt gesehen ist der voraussichtliche Erfolg der Einzelverwertung mit oder ohne (vorläufigem) Insolvenzverwalter gegenüber einer übertragenden Sanierung abzuwägen. Dabei spielen auch die Kosten der Erhaltung und Verwertung eine Rolle. Ein Controlling mit Vergangenheitswerten kann hier Unterstützung leisten.

?

Checkliste und Analysen zu Abwicklungsstrategien in der Insolvenz:

1. Wird die Verwertung von Mobiliarsicherheiten und der Forderungseinzug dem Verwalter überlassen?
2. Werden die (freihändigen) Verwertungserlöse optimiert und die Verwertungskosten minimiert
3. Werden die Erlöse aus der Verwertung von Immobiliengrundpfandrechten barwertig erfasst?
4. Besteht umfassendes Wissen in der Verwertung von Immobilien und Grundpfandrechten?
5. Besteht Erfahrung in der Begleitung der (kalten) Zwangsverwaltung und Zwangsversteigerung?

5.8 Controlling und Reporting der Abwicklung

Nach dem Abschluss des **Abwicklungsprozesses** sind die Erfolge aus der Tätigkeit des Kreditinstituts zu erfassen. Von Interesse sind unter anderem die Kosten und der Nutzen aus der Bearbeitung von Unternehmensinsolvenzen aus der Sichtweise eines Kreditinstituts. Es ist zu beurteilen, ob die Abwicklungstätigkeit weitere Verluste verhindert hat oder ob zusätzliche Aufwendungen durch die Engagementbearbeitung entstanden sind. Damit die Ergebnisse aus Insolvenzverfahren beziehungsweise Abwicklungen überwacht werden können, ist von Banken in diesem Bereich ein Controlling einzuführen. So kann die Erfassung und Auswertung von Daten aus den Arbeitsabläufen auch zur Verbesserung der bankeigenen Prozesse in der Abwicklung beitragen.

Es sind Zahlengerüste für ein Controlling der Abwicklungstätigkeiten erforderlich, um die Aufwandsstrukturen und Erfolge, auch im Vergleich mit anderen Kreditinstituten, beurteilen und im Hinblick auf mögliche Prozessoptimierungen durchdringen zu können. Anschließend ist darüber zu entscheiden, mit welcher Intensität die Insolvenzfälle in bestimmten Unternehmensgrößenklassen oder Kreditvolumensgrößen mit internen oder externen Kräften begleitet werden. Zugleich sind diese Messungen erforderlich, um die bankinterne Berichterstattung im Abwicklungsbereich gegebenenfalls zu reformieren und zu verbessern (siehe auch MaRisk, BTO 3).

Des Weiteren ist von Relevanz, welche Erfolge der **Insolvenzverwalter** mit der Übernahme seines Amtes bei der Rückführung von Forderungen im Rahmen der Sanierung oder Verwertung im Insolvenzverfahren erzielt hat. Als Benchmark können Datenauswertungen nach dem InsStatG dienen. Zusätzlich sind qualitative Fähigkeiten wie das Branchenwissen sowie die Erfahrung bei der Abwicklung spezifischer Unternehmensgrößen und Rechtformen bankintern zu erfassen. Auch die Qualität der laufenden Berichterstattung ist bewerten. Die Informationen können genutzt werden, um sich über einen vorläufigen Gläubigerausschuss stärker in die Auswahl eines geeigneten vorläufigen Insolvenzverwalters einzubringen.

Es bestehen vielfältige Gründe für Messungen im Abwicklungsbereich. Beispielsweise erhält die Leitung der Abwicklungsabteilung ein Rahmengerüst für Durchlaufzeiten, kostenintensive Prozesse und Erfolgskennzahlen. Auf diesem Weg lassen sich die Arbeitsschritte in der Abwicklungsarbeit optimieren und zeitaufwendige sowie kostenintensive Abläufe können unter Umständen verbessert oder outgesourct werden. Des Weiteren besteht die Möglichkeit der Neugestaltung von Stellenprofilen. So können in der Zukunft beispielsweise verstärkt Tätigkeiten in (vorläufigen) Gläubigerausschüssen anfallen. Mitarbeiter sind für diesen Bereich auszuwählen, zu schulen und abzusichern. Insgesamt erlaubt die **Erfolgsmessung** in der Abwicklungsabteilung möglicherweise die Ausgestaltung folgender Bereiche:

- Entscheidung über Selbsterstellung oder Fremdbezug von Leistungen
- Ermittlung der Personalkapazitäten und des Erfolgs in der Abwicklung
- Einführung Mitarbeiterbeurteilung und leistungsorientierter Vergütung

Der Fokus liegt in vielen Kreditinstituten im **Abwicklungsbereich** sehr auf der Erfüllung operativer Prozesse. Zudem ist das Segment der **Abwicklung** bankintern oft mit einem negativen Image behaftet. So gelten notleidende Kredite als abschreibungsreif und die ausgereichten Mittel als verloren. Vergessen wird, dass Gelder im Rahmen der Abwicklung noch gerettet und durch die besondere Fachexpertise der Abwickler häufig umfangreiche Haftungsrisiken und Anfechtungen vermieden werden können. Zudem besteht die Möglichkeit, die Tätigkeiten in der Sanierung und in der Abwicklung eng miteinander zu verzahnen, um den Gesamterfolg zu erhöhen.

Es kann grundlegend überdacht werden, wie die Tätigkeiten in diesen beiden Teilen der Problemkreditbearbeitung laufend verbessert werden können und Schnittstellenprobleme gelöst sowie konzeptionelle Neuerungen eingeführt werden können. Damit die Prozessanpassungen auf einer gesicherten Grundlage stehen, sind Erhebungen beziehungsweise **Messungen** erforderlich in den folgenden Bereichen:

- Kostenstrukturen, Zeitdauer, Verwertungserfolge bei Kreditsicherheiten
- Erfolge aus der Begleitung von Planverfahren, übertragenden Sanierungen
- Rückführungen von Massekrediten, angefallene Kosten der Kreditbearbeitung

Im Zeitablauf sind Änderungen der **Einzelwertberichtigungen**, Rückstellungen sowie Abschreibungen über den gesamten Sanierungs- und Abwicklungsverlauf zu erfassen. Neben den Messungen im bankinternen Bereich, sind auch weitere Erhebungen der externen Erfolge des Insolvenzverwalters durchzuführen, um dessen Leistungen genauer beurteilen zu können. Insgesamt ist ein Gesamtkonzept interner sowie externer Kennzahlen aufzubauen, mit dem laufend die Kosten und Erträge bei der Abwicklung von Firmenengagements erfasst werden. Auf diese Weise lassen sich zudem Vergleiche im Zeitablauf und über verschiedene Kreditinstitute hinweg durchführen. Von Bedeutung ist es, ein institutsübergreifendes **Sanierungs- und Abwicklungsmonitoring** zu schaffen, um mehr Transparenz über die Zielerreichung in der Problemkreditbearbeitung und ein Steuerungsinstrumentarium zu erhalten.

Messungen sind in vielen Segmenten der Abwicklung möglich. Die Ausgestaltung von institutsindividuellen Erfassungssystemen erfordert Kreativität. Möglich ist unter anderem die Erhebung von Fallzahlen der Begleitung verschiedener Arten von Unternehmensinsolvenzen. Die Zeitdauer und die Kosten können auch für die einzelnen Tätigkeiten erfasst werden, wie bei der Mitgliedschaft in vorläufigen und in endgültigen Gläubigerausschüssen und der Teilnahme an Gläubigerversammlungen im Insolvenzverfahren. Diese Messungen erfordern dezidierte Zeitaufschreibungen.

Zudem können Kostenstrukturen und Erfolgsquoten bei der Begleitung von Verwertungsprozessen in der Insolvenz ermittelt werden, um den Bereich gegenüber der Geschäftsleitung zu präsentieren sowie notwendige Personalkapazitäten aufrecht zu erhalten. Der Verwertungserfolg bei verschiedenen Kreditprodukt- und Avalarten kann analysiert werden. Es ist eine Datengrundlage zu schaffen für die Problemkreditbearbeitung, auch für die Risikoberichterstattung nach MaRisk BTO 3.

Des Weiteren können die Ergebnisse der Prüfung der **Schlussrechnungen** der Insolvenzverwalter analysiert und damit kann ein Anforderungsprofil für die Kernakteure für künftige Fälle erarbeitet werden. Abschließend ist das Reporting über die quantitativen sowie die qualitativen Erfolge der Abwicklungsabteilung von Bedeutung. Die nachfolgende Abb. 5.22 zeigt einen Katalog an Geschäftsprozessen, der in bestimmten Abständen im laufenden Insolvenzprozess sowie nach der Beendigung des Insolvenzverfahrens umgesetzt werden kann. Mit dem standardisierten Vorgehen können vereinfacht Messungen der Erfolge in der Abwicklung vorgenommen werden.

Abb. 5.22: Geschäftsprozesse nach der Durchführung der Abwicklung (Quelle: Eigene Darstellung)

Die Einzelauswertungen zu den Insolvenzverfahren und sonstigen Abwicklungen können in regelmäßigen Zeitabschnitten zu einem institutsweiten Gesamtabwicklungsbericht verdichtet werden. Dieser basiert auf den Auswertungen aller bearbeiteten Abwicklungsfälle in einem festgelegten Zeitraum. Auf diese Weise können die Leistungen der Abwicklungsarbeit gegenüber den Leitungsorganen dokumentiert werden. Dann kann zudem gezeigt werden, dass in der Abwicklungsarbeit umfassende Erfolge durch verhinderte Abschreibungen erzielt werden. Diese Inhalte können in die regelmäßige Risikoberichterstattung an die Geschäftsleitung mit einfließen.

Der Problemkreditbericht im Abwicklungsbereich ist Bestandteil der Risikokommunikation innerhalb der Bank sowie ein Informationsinstrument für die Geschäftsleitung. Es kann dargelegt werden, welche Fälle aus welchen Gründen in den Abwicklungsbereich übertragen wurden. Die **Auswertungen** dienen den Zwecken:

- Erfassung der Bearbeitungsdauer und Kosten der Abwicklungsarbeit
- Messung der Veränderungen der Wertberichtigungen, Abschreibungen
- Dokumentation Erfahrungen mit unterschiedlichen Insolvenzverwaltern

So können Bewertungen im Zeitvergleich erfolgen. Zusätzlich können die Ergebnisse in einen institutsübergreifenden, anonymen Vergleich eingebracht werden, um die eigenen Quoten mit denen anderer Banken vergleichen zu können. Auswertungen sind für jedes Engagement zu erstellen und über einen Zeitraum zu einem Gesamtbericht zu verdichten. Von Bedeutung sind unter anderem die Erfolgs- sowie Kostenquoten im **Abwicklungsprozess**. Insolvenzfallbegleitung können differenziert ausgewertet werden gemäß Engagementgrößenklassen, Branchen, Abwicklungsarten der Position als Hausbank oder Nebenbank oder weiteren Kriterien. Die nachfolgende Abb. 5.23 zeigt mögliche bankinterne Auswertungen.

Abwicklungsmonitoring

Abwicklungsprozess
Bearbeitungsdauer wichtiger Abwicklungsteilprozesse
Gesamtbearbeitungsdauer als Hausbank oder Nebenbank
Dauer und Mitarbeiterkosten des Abwicklungsprozesses
Bearbeitete Fallzahlen je Mitarbeiter nach Firmengröße
Verwertungserfolge nach Kreditsicherheiten
Verfahrensvarianten und erfolgreiche Insolvenzsanierungen

Insolvenzverwalter
Erfahrung der Verwalter in Branchen und Größenklassen
Kommunikation der Insolvenzverwalter mit der Bank
Qualität und Verlässlichkeit der Zahlenwerke, Prognosen
Dauer der Durchführung der Sanierung oder Verwertung
Befriedigungsquoten nach Forderungsarten
Erreichte Kennzahlen des InsStatG und Benchmarkvergleich

Abb. 5.23: Kennzahlen in einem Ex-Post-Abwicklungsmonitoring (Quelle: Eigene Darstellung)

Interne Auswertung der Abwicklungsprozesse

Bankintern lassen sich **quantitative** und **qualitative Informationen** aus den Abwicklungsvorgängen auswerten. Bedeutend ist hier, aus Effizienzgründen relevante Daten im Zeitablauf zu erfassen und Abweichungen zu erkennen. Auch ein institutsübergreifender Vergleich sollte effizient durchführbar sein. Von Vorteil ist es, wenn viele Informationen aus dem vorhandenen IT-System automatisch generiert werden können und keine manuellen Eingaben erfolgen. Im Bereich der Abwicklung beziehungsweise der Begleitung von Insolvenzverfahren eignen sich beispielsweise die Verfahrensarten zur Auswertung nach Kosten (Personalkosten) und Erfolgsquoten. Grundlage sind hohe Stückzahlen, um tragfähige **Ergebnisse** zu erhalten bei der Begleitung von:

- Schutzschirmverfahren, Eigenverwaltungen
- Insolvenzplanverfahren, Regelinsolvenzverfahren
- Übertragende Sanierungen

Im quantitativen Bereich lassen sich beispielsweise Auswertungen zu den Erfolgsquoten bei den Sicherheitenverwertungen und zu den Kostenstrukturen vornehmen. Dazu sind diese Informationen laufend genau zu erfassen.

Gemessen werden können beispielsweise **Kosten und Erlöse** (Quoten) zu:
- Verwertung von Absonderungsrechten (Zession, Sicherungsübereignung)
- Freihändige Verwertung von Immobiliarsicherheiten
- (Kalte) Zwangsverwaltung und Zwangsversteigerung

Berücksichtigt werden können dabei sowohl die Verfahrenskosten der Abwicklung als auch die Feststellungs- und Verwertungskosten des Insolvenzverwalters. Bei lang andauernden Abwicklungen kann ein Barwert berechnet werden. Zu beachten sind auch die Rückführungsquoten (unechter) Massekredite.

Im **quantitativen Bereich** lassen sich beispielsweise Auswertungen zu den Erfolgsquoten bei den Sicherheitenverwertungen sowie zu den Kostenstrukturen bei den Abwicklungsteilprozessen vornehmen. Die nachfolgende Tab. 5.10 zeigt eine Auswertung der Verwertungsvorgänge gestaffelt nach Sicherheitenobjektgruppen. Ausgehend von der ursprünglichen Werteinschätzung lassen sich dann die quantitativen Erfolge über die Bruttoerlöse sowie die Nettoerlöse nach den Kosten einer Verwertung messen. Zusätzlich lassen sich noch die Stückzahlen beziehungsweise die Einzelvolumina und die Verwertungszeiten erheben.

Tab. 5.10: Verwertungserfolge bei Sicherheiten (Quelle: Eigene Darstellung)

Sicherheitenart	Übernahmewert	Verwertungsart	Gesamterlös	Nettoerlös
Bürgschaften				
Forderungen				
Sicherungsübereignungen				
Immobilien				
Sonstiges				

Zudem kann die **Verwertungsmethode** ausgewertet werden, um Rückschlüsse über möglichst erfolgreiche Wege zu erhalten. Es kann beispielsweise bei Immobilien erfasst werden, ob bei bestimmten Objektgruppen wie Betriebsimmobilien, Mehrfamilienhäusern oder Einfamilienhäusern, freihändige Verwertungen über das Einschalten interner oder externer Makler besonders erfolgreich waren. Es lassen sich **Barwerte** bei den Verwertungen inklusive der Kosten ermitteln, insbesondere wenn es sich um mehrjährige Vorgänge handelt. Die Zeit spielt bei den Verwertungsvorgängen eine bedeutende Rolle. Bei zeitnahen Veräußerungen lassen sich die kalkulatorischen Zinsen einsparen. Zudem bedeutet ein zeitaufwendiger Verwertungsprozess in die Regel die Inanspruchnahme von Mitarbeiterkapazitäten und eine hohe Kapitalbindung. Daher kann bei Messungen im Zeitablauf ermittelt werden, ob die Verwertungsabläufe unter Umständen durch die Veränderung einer Verwertungsart oder die Herangehensweise an den Veräußerungsprozess beschleunigt werden können.

Differenziert werden kann nach Verfahrensweisen gemäß den unterschiedlichen Prozesswegen einer Individualabwicklung, einer Standardabwicklung oder einer Spezialabwicklung. Darunter können auch die verschiedenen Verfahrensvarianten der Insolvenzordnung erfasst werden, wie die nachfolgende Tab. 5.11 zeigt.

Tab. 5.11: Dauer und Kosten der Geschäftsprozesse in der Abwicklung (Quelle: Eigene Darstellung)

Verfahrensweg	Dauer Teilprozess	Dauer Gesamtprozess	Gesamtkosten
Standardabwicklung			
Individualabwicklung			
Spezialabwicklung			

Des Weiteren können die Kosten sowie Mitarbeiterbeanspruchungen für die Teilprozesse bei den Verwertungsarten und bei der Gremientätigkeit und weiteren wichtigen Schritten im Insolvenzprozess ermittelt werden. Da ein Insolvenzverfahren maßgeblich durch den **Insolvenzverwalter** gestaltet wird, ist in die Beurteilung der Leistung dieses Hauptakteurs im Insolvenzprozess erforderlich. Erfassen lassen sich qualitative Leistungen sowie quantitative Ergebnisse der Tätigkeit des Insolvenzverwalters. Hier stehen die laufende Kommunikation, die Aussagekraft der Berichte sowie die erzielten (Verwertungs-)Ergebnisse im Vordergrund der Auswertung.

Mit der Beendigung der Sanierungs- und Verwertungsprozesse sowie des Insolvenzverfahrens ist ein **Abschlussbericht** für den jeweiligen Kompetenzträger zu erstellen, in dem die Verfahrensweise bei der Begleitung des Insolvenzverfahrens aus Bankensicht dargelegt wird. Eine schematische Gegenüberstellung der geplanten und erfolgten Maßnahmen kann einen Überblick darüber geben, inwieweit das aufgestellte Abwicklungskonzept gemäß MaRisk BTO 1.2.5 Rn. 7 realisiert wurde. Es sind wichtige Erfolgsmaßstäbe auf der Ebene der Einzelengagements und der Steuerung des Abwicklungskreditportfolios zu ermitteln. Die nachfolgende Tab. 5.12 zeigt mögliche Kriterien für die Auswertung und das Management von Abwicklungsengagements.

Tab. 5.12: Erfolgsmaßstäbe in der Abwicklung (Quelle: Eigene Darstellung)

Engagementebene	Portfolioebene
Einhaltung Meilensteine Abwicklungskonzept	Fallzahlen/Obligos/Abschreibungen/Dauer
Erlöse aus der Vor- und Nachkalkulation	Plan-Ist-Vergleiche Sicherheitenerlöse
Kosten aus der Vor- und Nachkalkulation	Durchschnittliche Verwertungsdauer
Reduzierung der Abschreibungen	Erträge über EWB/Abschreibungen
Einhaltung der maximalen Betreuungsdauer	Erträge aus ausgebuchten Forderungen

Berichtsformate und Auswertungen aus Bankensicht

Der Leitfaden der EZB mit den Ergänzungen ist allein für die von der EZB beaufsichtigten, bedeutenden Institute relevant (vgl. EZB, 2017a, S. 5 ff. und EZB, 2017b, S. 1. ff). Dennoch lassen sich hier auch Anregungen für die operativen und strategischen Vorgehensweisen in der Abwicklung erhalten. Somit finden sich in diesen Rahmenwerken Merkmale für das Controlling und die Berichterstattung in der Abwicklung (vgl. EZB, 2017a, S. 33 ff, 106 ff.). Es lassen sich Auswertungen vornehmen zu:

- Beständen an NPL und insbesondere Abwicklungskreditvolumina, Blankoteilen
- NPL-Risikopositionen in Bezug zur Kapitalausstattung (Texas Ratio)
- Ausfallraten bei Insolvenzverfahren nach Firmengröße und Branche
- Ausfallraten bei Insolvenzen nach Kreditprodukten und Avalarten
- NPL-Zugänge, NLP-Abgänge und Migrationen bei NPL
- Übergänge von der Sanierung in die Abwicklung, absolut und quotal
- Abwicklungsdauern je Sicherheitenart und Erfolgsquote
- Quote Einbringungswert zu Wert der eingebuchten Sicherheit

Des Weiteren lassen sich barwertige Auswertungen vornehmen wie das folgende Beispiel in Tab. 5.13 zeigt (vgl. EZB, 2017a, S. 106 sowie Cranshaw/Portisch, 2025, S. 26 ff.). Dabei werden nachschüssige Zahlungen am Jahresende und ein Kalkulationszins von 10,0 % unterstellt. Die Barwerte der Zahlungen wurden auf ganze Zahlen gerundet.

Tab. 5.13: Barwertbetrachtung in der Abwicklung in TEuro (Quelle: In Anlehnung an EZB, 2017a, S. 106)

Position/Jahre	t_0	t_1
Bruttowert Kredit	1.000	
Marktwert Sicherheit		400
Einzahlungen	20	20
Auszahlungen	-10	-10
Zahlungsstrom	10	410
Barwert Exposure (Sicherheit)	**617 (383)**	

Barwertige Betrachtungen sind in Banken im Rahmen der Banksteuerung zur Bewertung der Aktiva üblich. Zentral ist diese **Vorteilhaftigkeitsrechnung** bei mehrjährigen Verwertungen in der Insolvenz, deren Ergebnis Aufschluss darüber gibt, welche Alternative ökonomisch sinnvoll ist und welcher Sicherheitenwert anzusetzen ist. Dies betrifft die Verwertung bestimmter Sicherheiten wie Grundpfandrechte, die oft mehrere Jahre andauert. Hier ist sowohl für die Ermittlung des Sicherheitenwertes in der Abwicklung, als auch für die Gegenüberstellung verschiedener Verwertungsalternativen eine mehrjährige barwertige Auswertung der Zahlungsströme erforderlich.

Diese Inhalte können in die Risikoberichterstattung an die Geschäftsleitung aus MaRisk BT 3.2 Rn. 3 einfließen. Dazu sind die strukturellen Gegebenheiten eines Abwicklungsportfolios darzulegen. Die Verteilung der Adressenausfallrisiken ist in dem Analysebericht unter anderem nach Branchen, Ländern und Größenklassen auszuwerten und nach Entwicklungen der Abschreibungen und Migrationen von Engagements.

Der bankinterne **Problemkreditbericht** ist ein Bestandteil der Risikokommunikation. Dabei sollte der Berichtsaufbau aus Gründen der Einheitlichkeit ähnlich wie im Sanierungsbereich erfolgen. Die nachfolgende Abb. 5.24 zeigt einen möglichen Berichtsaufbau in der **Individualabwicklung** mit Angaben in TEuro.

KNE Schmidt – Bauträger Individualabwicklung			Maßnahmen	Plantermin	Planeffekt	Plandauer	Status
Merkmal/Zeit	01/Jahr 1	01/Jahr 2	Volksbank – Status Hausbank Verantwortlich: Abwickler Wohlfahrt – Insolvenzverwalter Meyer				
Kredite	1.928	1.798	Finanzwirtschaftliche Maßnahmen				
Sicherheiten	728	698	Insolvenzgeld-vorfinanzierung	05.01.Jahr 2	200	3 Monate	Umgesetzt
Blanko	1.200	1.100	Unechter Massekredit	05.01.Jahr 2	100	3 Monate	Umgesetzt
EWB	1.200	1.100	Echter Massekredit	05.04.Jahr 2	200	3 Monate	Umgesetzt
Abschreibung	0	0	Leistungswirtschaftliche Maßnahmen				
Rating	15	16	Stellung Insolvenzantrag	03.01.Jahr 2	Ausfall	12 Monate	Offen
Strategie	Individual-sanierung	Individual-abwicklung	Beginn Planverfahren	31.03.Jahr 2	Ausfall	12 Monate	Offen
Bearbeitung seit	02.01.Jahr 1	03.01.Jahr 2	Gesamtstatus	Internes Abwicklungskonzept in Umsetzung		Abwicklungserfolg noch offen	

Abb. 5.24: Statusbericht in der Individualabwicklung (Quelle: Eigene Darstellung)

Steht die Veräußerung der Sicherheiten im Zielbereich der Maßnahmen, dann kann auch ein **Verwertungsbericht** gestaltet werden. Es liegt der Fokus auf der Darlegung der vorhandenen Sicherheiten mit den geplanten sowie realisierten Verwertungserlösen inklusive der Kosten und der Verwertungsdauer. Die nachfolgende Abb. 5.25 zeigt einen Bericht, mit dem Fokus auf die Verwertungserfolge.

KNE Schmitz – Anlagenbau Sicherheitenkomplex							
Kredite/Blanko	2.200/1.100	Insolvenzverwalter Hanken					
Sicherheitenart	Einbuchung	Abzug	Sicherungswert	Eingang (Plan)	Kosten (Plan)	Dauer (Plan)	Status
Immobilien	800	300	500	0 (500)	15 (55)	2 (Jahr 3)	Offen
Maschinen	200	100	100	90 (100)	20 (20)	1 (Jahr 2)	Abgeschlossen
Forderungen	200	100	100	55 (70)	15 (15)	1 (Jahr 2)	Abgeschlossen

Abb. 5.25: Statusbericht beim Prozessweg Sicherheitenkomplex (Quelle: Eigene Darstellung)

Die **Einzelberichte** lassen sich ebenfalls zusammenfassen, zu einem abteilungsübergreifenden Report in der Abwicklung. Es werden die wesentlichen Zahlungsströme in der Abwicklungsabteilung, zum einen bezogen auf die Einzelengagements sowie zum anderen auf Gesamtbankebene deutlich. Im Vordergrund der Betrachtung stehen die quantitativen Werte, wie die nachfolgende Abb. 5.26 darstellt.

Kunde Branche	Kredite (Veränd. VJ)	Sicherheiten (Veränd. VJ)	Blankoanteil (Veränd. VJ)	EWB (Veränd. VJ)	Rating (VJ)	Prozessweg	Bearbeitung seit
Schmidt Bauträger	1.798 (-130)		1.100 (-100)	1.100 (-100)	16 (15)	Individual- abwicklung	03.01.Jahr 2
Schmitz Anlagenbau	...	...	...	...			
Kumuliert							
505 Engagements	55.706 (-1.000)	25.251 (+500)	30.455 (-500)	28,978 (-555)			

Abb. 5.26: Portfoliobericht in der Abwicklung (Quelle: Eigene Darstellung)

In einem NPL-Gesamtbericht für die Abwicklung können unter anderem Migrationen bei erfolgreichen übertragenden Sanierungen oder Insolvenzplanumsetzungen in den Sanierungs- und Normalkreditbereich erfasst werden. Weitere **Auswertungen** lassen sich gestalten nach Branchen- und Größenklassen. Es können darüber Risikoverdichtungen in Sektoren wieder der Autozuliefererindustrie erkannt werden.

Des Weiteren kann eine aggregierte Darstellung der **Abwicklungswege** mit wichtigen quantitativen Volumina erfolgen. Zudem kann die Zeitdauer der Engagements in den Prozesswegen, je nach Abwicklungsweg dargelegt werden. Die nachfolgende Abb. 5.27 zeigt den **Gesamtstatus** in der Abwicklungsabteilung.

Handlungsstrategie	KNE 01/Jahr 1 Kredite Blanko EWB	Zugänge Jahr 1 Kredite Blanko EWB	Abgänge Jahr 1 Kredite Blanko EWB	KNE 01/Jahr 2 Kredite Blanko EWB	(Durchschnittliche) Verweildauer Jahre <1 <2 <3 <4 >4
Individualabwicklung	15 13.700 7.800 7.780	3 1.500 1.000 1.020	3 2.700 2.300 2.250	15 12.500 6.500 6.550	1 2 5 5 2 3,20 Jahre
Sicherheitenkomplex	40 20.600 5.850 5.750	25 7.900 5.900 5.890	10 3.500 3.000 2.900	55 25.000 8.750 8.740	15 20 10 10 0 2,27 Jahre
Standardverwertung	213 18.450 11.600 11.500	45 3.800 2.500 2.450	23 4.900 3.600 3.550	235 17.350 10.500 10.400	50 50 50 50 35 2,72 Jahre
Sonstiges	23 2.500 2.000 1.990	5 1.000 1.000 1.000	3 2.000 2.000 2.000	25 1.500 1.000 990	20 5 0 0 0 1,20 Jahre

Abb. 5.27: Portfoliostatusbericht nach Handlungssträngen in der Abwicklung (Quelle: Eigene Darstellung)

Diese Ansicht kann in der Abwicklung auch nach verschiedenen **Sicherheitenarten** visualisiert werden, wenn die Verwertung mit den erzielten Erlösen sowie Kosten im Vordergrund der Betrachtung steht, wie Abb. 5.28 vermittelt.

Sicherheitenart	Anzahl 01/Jahr 1 Plan-Erlös EWB-Neu Abschreibung	Zugänge Jahr 1 Plan-Erlös EWB-Neu Abschreibung	Abgänge Jahr 1 Plan-Erlös Netto-Ist-Erlös Abschreibung	Anzahl 01/Jahr 2 Plan-Erlös EWB-Neu Abschreibung	(Durchschnittliche) Verwertung Jahre <1 <2 <3 <4 >4
Immobilien	150 35.000 900 0	35 13.500 1.500 0	15 7.800 6.000 1.800	170 40.700 2.400 1.800	10 20 50 90 0 3,29 Jahre
Übereignungen	180 15.000 14.000 0	55 3.000 2.000 0	45 2.000 1.000 1.000	190 16.000 16.000 1.000	90 50 50 0 0 1,38 Jahre
Abtretungen	50 7.500 0 0	20 2.500 1.000 0	10 1.000 600 400	60 9.000 1.000 400	40 10 10 0 0 1,50 Jahre
Sonstiges	20 2.000 0 0	10 300 200 0	10 500 200 300	20 1.800 200 300	20 0 0 0 0 1,00 Jahre

Abb. 5.28: Portfoliostatusbericht zur Sicherheiterverwertung (Quelle: Eigene Darstellung)

In vielen Bankinstituten findet noch kein umfassendes **Abwicklungscontrolling** statt. Dies ist bedauerlich, denn aus verschiedenen Key Performance Indicators (KPI) in der Abwicklung lassen sich interessante Kenntnisse für die Steuerung dieses Bereiches erschließen. So ist in vielen Banken nicht bekannt welche Kosten und Erfolge in der Abwicklung erzielt werden.

Die **Abwicklungsabteilung** wird oft als reiner Kostenfaktor wahrgenommen, obwohl in diesem Bereich durch die Spezialtätigkeit der Mitarbeiter zum Teil noch erhebliche Rückführungsquoten aus Verwertungen erzielt werden und auch Anfechtungsrisiken vermieden werden. Selbst die Cost Income Ratio (CIR) ist aufgeteilt nach verschiedenen Segmenten der Abwicklung (Art der Insolvenzverfahren) oder gemäß der Betreuung unterschiedlicher Größenklassen der Firmen oft nicht bekannt. Meist werden die Einbringungsquoten aus der Verwertung von verschiedenen Sicherheitenarten nicht systematisch gemessen. Es stecken Möglichkeiten in der Auswertung von Zahlenmaterial, dass in Banken in der IT vorhanden ist, auch mit künstlicher Intelligenz.

? **Checkliste und Analysen zum Controlling und Reporting in der Insolvenz:**

1. Werden die Migrationen von der Sanierung in den Abwicklungsbereich stetig gemessen?
2. Werden wichtige Erfolgskennzahlen im Abwicklungsbereich systematisch erfasst und interpretiert?
3. Erfolgt eine quartalsmäßige zusammenfassende Berichterstattung im Rahmen des MaRisk BT 3?
4. Nehmen die Mitarbeiter im Abwicklungsbereich und Rechtsbereich regelmäßig an Fortbildungen teil?
5. Besteht ein Erfahrungsaustausch mit der Sanierungsabteilung und dem Normalkreditbereich?

5.9 Praxisfall zur Insolvenzbearbeitung

Die Druck GmbH (D) stellt einen Insolvenzantrag beim Insolvenzgericht (H) aufgrund der eingetretenen Zahlungsunfähigkeit. Der Geschäftsführer Meyer lässt sich im Vorfeld von der Kanzlei Insoleffizienta bei der komplexen Antragstellung (vgl. § 13 InsO) beraten, um dort keine Fehler zu machen.

Vom zuständigen Insolvenzgericht wird der vorläufige Insolvenzverwalter Rastlos eingesetzt. Dieser ist seit vielen Jahren im Insolvenzbereich tätig und hat bereits rund 100 Verfahren bei kleinen und mittleren Unternehmen des produzierenden Gewerbes abgewickelt. Er ist Volljurist und Fachanwalt für Insolvenzrecht mit einer eigenen Kanzlei. Dort arbeiten insgesamt allein 10 Mitarbeiter in der Insolvenzabteilung, teilweise Juristen, aber auch Betriebswirte. Insolvenzverwalter Rastlos ist bekannt für seine gewissenhafte Arbeit. Seine Berichterstattung gegenüber Gläubigern ist strukturiert und wird zeitnah erstellt. Des Weiteren setzt er in den insolventen Betrieben Planungstools ein, um die Buchführung sowie das Controlling schnell auf einen aktuellen Stand zu bekommen, wenn dies erforderlich ist.

Angeschlossen an seine Kanzlei ist eine Abteilung für Steuerberatung und Wirtschaftsprüfung. Daher ist er ebenfalls in der Lage unverzüglich auf Mitarbeiter zurückzugreifen, die Bilanzen aufstellen und prüfen können und zudem Steuerbilanzen erstellen.

Im Eröffnungsverfahren entscheidet das Insolvenzgericht, dass ein schwachen vorläufiger Insolvenzverwalter gemäß § 21 Abs. 2 Satz 1 Nr. 2 Alt. 2 InsO bei der Druck GmbH eingesetzt wird, denn Meyer verhält sich nach vorläufigem kurzfristigen Bericht eines vom Gericht beauftragten Gutachters (der den Sachverhalt untersuchen sowie begutachten soll, ob das Insolvenzverfahren eröffnet werden kann) sehr kooperativ, so dass keine nachteiligen Veränderungen der Vermögenslage bei der Druck GmbH zu erwarten sind. Ansonsten wäre unter Umständen die Einsetzung eines starken vorläufigen Verwalters mit Verwaltungs- und Verfügungsbefugnis über das Vermögen des Schuldners (§ 21 Abs. 2 Satz 1 Nr. 1 Alt. 1 und § 22 InsO) sachgerecht gewesen.

Damit der Betrieb zunächst fortgeführt werden kann, organisiert Meyer gemeinsam mit dem vorläufigen Insolvenzverwalter Rastlos bei der Hausbank der Druck GmbH mit Zustimmung der Arbeitsagentur erfolgreich die Vorfinanzierung des Insolvenzgeldes für die 50 Mitarbeiter, die ihre Arbeitsentgeltansprüche an die Hausbank verkaufen und abtreten im Gegenzug gegen die Zahlung der Nettoarbeitslöhne. Damit erspart sich die Schuldnerin im Insolvenzeröffnungsverfahren (vorläufigen Insolvenzverfahren) vor der Verfahrenseröffnung bis höchstens drei Monate die Zahlung der Bruttogehälter. Darüber ist eine entsprechende Liquiditätsverbesserung verbunden, ein erheblicher Subventionsschub für die Schuldnerin (vgl. §§ 165 ff. SGB III). Auf diese Weise können aufgrund vorübergehender Stärkung der Wettbewerbsfähigkeit der Schuldnerin weitere Druckaufträge für die örtliche Verpackungsfirma für die Lebensmittelindustrie abgearbeitet werden. So kann in den drei Monaten vor Insolvenzeröffnung ein Überschuss von rund 300 TEuro erwirtschaftet werden.

Da der Insolvenzantrag zulässig ist, ein Eröffnungsgrund vorliegt und die Kosten des Verfahrens gedeckt sind, wird das Insolvenzverfahren bei der Druck GmbH durch Eröffnungsbeschluss gemäß § 27 InsO eröffnet. Rastlos wird als Insolvenzverwalter eingesetzt, da er seine Aufgabe bislang wirklich gut gemacht hat. Auch die Gläubiger in Gestalt der Hauptlieferanten und der Hausbank sind sehr zufrieden.

Die Hausbank begleitet das Insolvenzverfahren weiter mit finanziellen Zugeständnissen über einen unechten Massekredit. So können die Altforderungen der D, die an die Bank sicherungszediert waren, für die Aufrechterhaltung der Betriebstätigkeit und die Vorbereitung einer übertragenden Sanierung oder eines Insolvenzplanverfahrens mit einer Sanierung verwendet werden. Da die D über besondere Drucktechnologien verfügt, kann unter Umständen ein Investor gefunden werden, der den interessanten Betriebsteil inklusive der Mitarbeiter und den Druckmaschinen übernimmt.

Die Hausbank hat ihre Forderungen aus den Kredit- und Darlehensverträgen unverzüglich nach dem Insolvenzantrag angemeldet (§ 174 InsO). Es besteht folgendes Engagement, wie aus der nachfolgenden Tab. 5.14 sichtbar wird.

Tab. 5.14: Kreditlinien und Inanspruchnahme der Druck GmbH in TEuro (Quelle: Eigene Darstellung)

Kredit Nr.	Position	12/Jahr 2	12/Jahr 3	Saldo	Status
1	BMK	1.000	1.000	-1.050	gekündigt
2	Darlehen	1.500	1.400	-1.400	gekündigt
3	KfW	100	100	-100	gekündigt
Summe		**2.600**	**2.500**	**-2.550**	
Sicherheiten		**2.000**	**1.100**	**1.100**	
Globalzession		500	100	100	
SÜ Maschine		1.500	1.000	1.000	
EWB		**600**	**1.400**	**1.450**	
Blanko		**600**	**1.400**	**1.450**	

Zu 1. Betriebsmittelkredit
Zu 2. Investitionskredit zur Finanzierung einer Druckmaschine
Zu 3. Kredit zur Finanzierung von Anbauteilen für die Druckmaschine

Der **Prüfungstermin** gemäß § 29 InsO wird anberaumt. Mit der Verfahrenseröffnung ist die Verwaltungs- und Verfügungsbefugnis über das zur Insolvenzmasse gehörende Vermögen auf Insolvenzverwalter Rastlos übergegangen (§ 80 InsO). Dieser verwaltet fortan das zur Insolvenzmasse der Druck GmbH gehörende Vermögen (Anlagevermögen und Umlaufvermögen). Dazu erstellt Rastlos zur Übersicht das Masseverzeichnis gemäß § 151 InsO sowie das Gläubigerverzeichnis gemäß § 152 InsO und die Vermögensübersicht gemäß § 153 InsO.

Des Weiteren übt er das Sonderkündigungsrecht gemäß § 109 Abs. 1 InsO bei einem Dauerschuldverhältnis aus (bisherige Anmietung einer Halle für Warenbestände und Rohstoffe für insgesamt 10 Jahre, Restlaufzeit Mietvertrag noch rund 7 Jahre), da das Lager nicht mehr benötigt wird und die Mietzahlungen die Insolvenzmasse belasten. Die Mieten bis zum Ende der Kündigungsfrist von drei Monaten sind vorrangig zu befriedigende Masseverbindlichkeiten (vgl. § 55 InsO), die aus der Restmietzeit resultierenden Ersatzansprüche des Vermieters sind Insolvenzforderungen, die von ihm zur Insolvenztabelle angemeldet werden können (§§ 38, 174 InsO).

Im zeitgleichen Prüfungs- und Berichtstermin werden die Forderungen gemäß ihrem Rang festgestellt. Der Insolvenzverwalter Rastlos schlägt der **Gläubigerversammlung** die **Umsetzung eines Insolvenzplans** vor, der zum Ziel hat, Teile des Unternehmens zeitnah auf einen Investor zu übertragen. Dazu soll die NewDruck GmbH gegründet werden. Insbesondere die Druckmaschine und die Produktionsmitarbeiter sollen auf die neue Firma übergehen. Dabei ist ein Kaufpreis von 550 TEuro für die sicherungsübereignete Druckmaschine geplant. Die restlichen Kredite der Hausbank laufen jetzt blanko und sind ausfallgefährdet. Der unechte Massekredit konnte wie verabredet zurückgeführt werden. Die Hausbank der D rechnet mit einem Gesamtausfall von rund 2.000 TEuro inklusive Zinsen. Von Vorteil ist zudem, dass das Kreditengagement mit der Übertragung voraussichtlich weitergeführt werden kann.

Auch die Gläubigerversammlung kann durch einen Beschluss den Insolvenzverwalter beauftragen, einen Insolvenzplan mit einem bestimmten Ziel wie die Umsetzung einer übertragenden Sanierung auszuarbeiten, § 157 InsO.

Inhalte des darstellenden Teils gemäß § 220 InsO sind eine umfassende Bewertung des Unternehmens sowie eine Analyse der Krisenursachen und Sanierungsoptionen, ähnlich einem Sanierungskonzept in der außergerichtlichen Sanierung nach IDW S 6 und hier dann IDW S 2 (vgl. IDW. 2023a, S. 1158 ff und IDW, 2024, S. 655. ff.).

Dieser Teil im Insolvenzplan ist für Banken aus wirtschaftlicher Betrachtung relevant, da die Zustimmung oder Ablehnung des Plans von der Überlegung bestimmt wird, ob dieser vorteilhaft ist gegenüber einer Abwicklung beispielsweise durch Einzelverwertung. Der Vergleichsrechnung im darstellenden Teils des Insolvenzplans (§ 220 Abs. 2 Satz 2 InsO) kommt wesentliche Bedeutung zu. Hier können die Gläubiger wie die (abgesicherten) Banken erkennen, ob sich ihre Befriedigungschancen mit der Umsetzung des Insolvenzplans günstiger darstellen als ohne Plan (zweitbeste Lösung).

Die Gruppenbildung zur Abstimmung über den Plan wird im darstellenden Teil erläutert, unter Beachtung von § 222 InsO und § 226 InsO (Gleichbehandlung innerhalb der Plangruppen). Die Kriterien der Gruppenbildung sind im Plan anzugeben und müssen sachgerecht sein. Die Abstimmung über den Plan erfolgt gemäß § 243 InsO nach Gruppen. Der gestaltende Teil gemäß § 221 InsO beinhaltet Änderungen der Rechtsstellung der Beteiligten (wie Insolvenzgläubiger, Absonderungsberechtigte, Gesellschafter), die durch den Insolvenzplan erfolgen sollen und die Gläubiger betreffen.

Die folgende Tab. 5.15 zeigt die zu erwartenden Quoten in einer **Vergleichsrechnung** zwischen der übertragenden Sanierung und der Verwertung, in einer verkürzten Darstellung, im gestaltenden Teil des Insolvenzplans (§ 221 InsO).

Tab. 5.15: Vergleichsrechnung mit Quoten Insolvenzverfahren Druck GmbH (Quelle: Eigene Darstellung)

Gruppen	Quote bei Verwertung	Quote bei Übertragung
Gruppe 1: Hausbank	10,0 %	20,0 %
Gruppe 2: Hauptlieferant	15,0 %	30,0 %
Gruppe 3: Unbesicherte Gläubiger	0,0 %	10,0 %

Gerichtliche Vorprüfung des Plans und Abstimmung über den Insolvenzplan

Der Insolvenzplan wird dem Insolvenzgericht vorgelegt und dort nach § 231 InsO geprüft (Übereinstimmung mit den Vorschriften zur Planaufstellung, keine offensichtliche Aussichtslosigkeit, die Zustimmung der Planbeteiligten zu erhalten oder die Bestätigung des Plans durch das Gericht zu erreichen oder den Plan erfüllen zu können).

Wird er insgesamt als einwandfrei festgestellt, wird das Verfahren weiter fortgesetzt. Es erfolgt die Zuleitung des Plans zur Stellungnahme an Beteiligte und Berufsorganisationen (§ 232 InsO). Des Weiter erfolgt die „Niederlegung" des Plans beim Gericht zur Einsichtnahme (§ 234 InsO).

Im sich anschließenden Erörterungs- und Abstimmungstermin (siehe § 235 InsO) werden der Insolvenzplan und das Stimmrecht der Gläubiger erörtert. Da der Plan bereits allen Gläubigern bekannt ist, kann über den Insolvenzplan abgestimmt werden. Zur Annahme des Plans genügt es, wenn jede Gruppe mit einer (einfachen) Kopfmehrheit der abstimmenden (anwesenden) Gläubiger zustimmt und eine Summenmehrheit der abstimmenden Gläubiger (§ 244 Abs. 1 Nrn. 1, 2 InsO). Stimmenthaltungen passiv bleibender Gläubiger werden nicht gewertet. Sämtliche Gläubigergruppen stimmen über Summen und Köpfe zu 100,0 % für die Umsetzung der hier im Rahmen des Insolvenzplans vorgesehenen Übertragung an einen kapitalmarktorientierten Konzern mit gutem externen Rating. Es existiert keine Alternative zur Übertragung auf den Übernehmer. Vielmehr besteht die Chance der durchgreifenden Sanierung, da der Käufer die Integration der Assets in die eigene Wertschöpfungskette plant.

Selbst wenn eine Gruppe dem Plan nicht zustimmen würde, beispielsweise die Gruppe der unbesicherten Gläubiger, wird ihre Zustimmung nach dem Obstruktionsverbot gemäß § 245 InsO etwaig fingiert. Dieses ist dann der Fall, wenn die Angehörigen der betreffenden Gruppe durch den Plan voraussichtlich nicht schlechter gestellt werden, als sie ohne ihn stünden, wenn diese angemessen an dem durch den Plan geschaffenen wirtschaftlichen Wert beteiligt werden und wenn insgesamt die Mehrheit der Gruppen dem Plan zugestimmt hat. Dies ist in diesem Fallbeispiel gegeben.

Bestätigung und Wirkung des bestätigten Insolvenzplans

Nach der Annahme bedarf der Insolvenzplan zu seiner Wirksamkeit noch der Bestätigung durch das Insolvenzgericht. Diese Bestätigung erfolgt durch einen Beschluss. Mit Rechtskraft des Bestätigungsbeschlusses treten die Wirkungen ein, die im darstellenden beschrieben und im gestaltenden Teil des Insolvenzplans vorgesehen sind. Gemäß §§ 254 Abs. 1, 254a InsO wirkt der Insolvenzplan nun für sowie gegen alle Beteiligten, auch für solche Insolvenzgläubiger, die ihre Forderungen nicht angemeldet oder dem Insolvenzplan sogar widersprochen haben (§ 254b InsO).

Vorteilhaft sind bei der Umsetzung dieser übertragenden Sanierung, im Rahmen der Insolvenz der Druck GmbH, für die Hausbank folgende Aspekte:

- Schnelle Umsetzung der Übertragung und weitgehender Abschluss des Falls
- Direkte Kommunikation mit dem (vorläufigen) Insolvenzverwalter
- Jederzeitiger Zugang zu aktuellen Informationen durch den Verwalter
- Vermeidung weiterer Kosten und möglicher (Haftungs-)Risiken für die Bank
- Keinerlei Anfechtungen bei Sicherheiten und im Zahlungsverkehr

Nachteilig bei der Insolvenz der Druck GmbH und der Umsetzung der übertragenden Sanierung für die Hausbank sind gegebenenfalls folgende Merkmale:

- Realisierung eines hohen Ausfallschadens durch die Übertragung laut Plan
- Geringer Übertragungswert der allerdings gebrauchten Druckmaschine
- Weiterer finanzieller Ausfallschaden im restlichen Insolvenzverfahren
- Aufwändige Begleitung mit der Durchsicht aller Unterlagen zur Übertragung
- Unsicherheit, ob Sicherheiten bei einer Weiterfinanzierung gegeben werden

Insbesondere der hohe Ausfallschaden in Form der Abschreibung ist für die Hausbank letztendlich schmerzhaft. Es hat sich gezeigt, dass die hohen Bewertungen der Kreditsicherheiten im Insolvenzfall nicht haltbar waren. Bei der Sicherungsübereignung hat sich ein erheblicher Verwertungsabschlag ergeben, weil die betroffene Druckmaschine letztlich individuell auf den Produktionsprozess der Firma angepasst war. Die Globalzession wurde im Rahmen der außergerichtlichen Sanierung zur Liquiditätsschöpfung bereits erheblich abgebaut, zudem waren Vorrechte zu berücksichtigen.

Eine Überwachung des Insolvenzplans (§§ 260 ff. InsO) sieht der Plan hier nicht vor. Daher hebt das Insolvenzgericht das Insolvenzverfahren nach Rechtskraft des Planbestätigungsbeschlusses auf (§ 258 InsO).

Die Quote auf die noch bestehenden Forderungen liegt bei der Druck GmbH bei rund 2,0 % für die Hausbank. Damit steht der letztendliche Ausfall für die Bank fest und die Forderung kann im Rechnungswesen endgültig ausgebucht werden. Danach ist dieser Fall abgeschlossen und er belastet die Personalkapazitäten nicht weiter. Lediglich der Rechtsträger des übertragenden Teils kann Kunde der Bank werden. Hier werden allerdings vermutlich zusätzliche Sicherheiten des Übernehmers gefordert.

So bietet es sich an, dass der Übernehmer eine Bürgschaft für Kredite der NewDruck GmbH oder eine harte Partronatserklärung übernimmt. Auf diese Art und Weise kann das Engagement weiter auf abgesicherter Basis von der Hausbank geführt werden.

Vorab sind für die Bonitätseinschätzung des Käufers die Jahresabschlüsse zu prüfen. Da es sich um einen kapitalmarktorientierten Konzern mit einem guten externen Rating handelt, die aktuellen Bilanzen vorliegen und sich keine negativen Sachverhalte ergeben, steht das Engagement vermutlich fortan auf einer besseren Basis.

Insgesamt hat sich die aktive Begleitung der Umsetzung der übertragenden Sanierung bei der Druck GmbH für die Hausbank gelohnt. Das Verfahren konnte insgesamt zeitnah abgewickelt werden. Es wurden zudem bei den Mitarbeitern wertvolle Erfahrungen bei der Bereitstellung des unechten Massekredits und der bankinternen Beantragung und Begleitung der Insolvenzgeldvorfinanzierung gesammelt.

Die **Verwertungsergebnisse** und die **Dauer der Bearbeitung** des Falls in den einzelnen Phasen wurden dem bankinternen Abwicklungscontrolling übermittelt. Es wurde ersichtlich, dass bestimmte Teilprozesse in der Bank optimiert werden können.

Des Weiteren konnte hier festgestellt werden, dass die bankeigene IT weiterentwickelt werden kann im Hinblick auf eine Effizienzerhöhung bei der Begleitung von künftigen Insolvenzverfahren. Es wurde weiter ersichtlich, dass das bankinterne Berichtswesen noch stärker standardisiert werden, verdichtet werden und auf eine Entscheidungsorientierung für die Kompetenzträger ausgerichtet werden kann, die unter Umständen nicht so tief in der Insolvenzthematik stecken.

Weiterhin wurden über die Engagementbegleitung wertvolle Kontakte zu Verwertern von Spezialmaschinen aufgebaut. Die Verbindungen haben bereits dazu beigetragen, diverse Baumaschinen bei einem anderen Kunden vor der Insolvenz zu einem guten Preis zu veräußern zur Senkung des Risikos der Bank. Zudem hat dies dem Kunden aus der Bauindustrie geholfen, sein überschüssiges Anlagevermögen zu reduzieren.

Die Zusammenarbeit mit dem Insolvenzverwalter Rastlos war fruchtbar. Die Schlussrechnung wurde überprüft. Es ergaben sich keinerlei Unregelmäßigkeiten. Die Verfahrenstransparenz war insgesamt hoch. Der Verwalter hat auf Anfragen stets unverzüglich reagiert. Art und Umfang der Berichte und die gesamte Kommunikation war gut. Auf der Grundlage der Berichterstattung des Insolvenzverwalters konnten die bankinternen Entscheidungen zeitnah vorbereitet werden.

Des Weiteren haben sich durch die Tätigkeiten des Insolvenzverwalters keine zusätzlichen Risiken ergeben wie bei einer Rückführung von (unechten) Massekrediten oder sonstiger Haftungsrisiken im Insolvenzverfahren.

Da der Insolvenzverwalter auch in anderen Verfahren vorgesehen ist beziehungsweise weitere Kreditengagements in Form von Insolvenzfällen der Bank begleitet, können auch andere Mitarbeiter in der Abwicklungsabteilung von den bisher gemachten Erfahrungen profitieren. Besonders hervorzuheben war die gute betriebswirtschaftliche Arbeit des Insolvenzverwalters mit seinen Mitarbeitern.

5.10 Analysemethoden und Checklisten in der Abwicklung

Bei der Begleitung von Abwicklungen beziehungsweise von Insolvenzen aus Bankensicht sollte in den Kreditinstituten Fachwissen bestehen, wie das gesamte Insolvenzverfahren abläuft und welche Einwirkungsmöglichkeiten der Bank bestehen. Dabei ist es von Vorteil, dass der (gerichtliche) Verfahrensablauf weitestgehend feststeht und genaue Regelungen aus der InsO bestehen.

Weitere ist zu beachten, dass der (vorläufige) Insolvenzverwalter und das Insolvenzgericht zentrale Akteure in einem Insolvenzverfahren sind. Der (vorläufige) Verwalter bereitet die wesentlichen Entscheidungen im Insolvenzverfahren vor und es besteht bei ihm die höchste Informationsdichte. Alternativ kann dies der Sachwalter im Eigenverwaltungsverfahren sein. Allgemeine Fragen, die Banken nach dem Insolvenzantrag betreffen sind unter anderem:

- Welches Unternehmen hat, welche Rechtsträger haben Insolvenzantrag gestellt?
- Sind bei einer Kreditnehmereinheit mehrere Unternehmen betroffen?
- Sind auch Privatinsolvenzen einbezogen in diese Kreditnehmereinheit?
- Ist der Insolvenzfall der gesamten Bank bekannt, sind Kontosperren eingerichtet?
- Welche Kreditnehmer und welche Kreditarten sind betroffen?
- Welche Kreditsicherheiten sind betroffen und anzumelden?
- Wurden bereits Grundschulden oder Hypotheken durch die Bank gekündigt?
- Ist mit Anfechtungen im Zahlungsverkehr und bei Sicherheiten zu rechnen?
- Welche Verfahrensart wurde gewählt, unter Umständen die Eigenverwaltung?
- Kredite zum Verfahren angemeldet, Sicherheiten nach § 28 Abs. 2 InsO mitgeteilt?
- Sind die (ersten) Berichte des (vorläufigen) Insolvenzverwalters aussagekräftig?
- Soll die Vorfinanzierung des Insolvenzgeldes erfolgen?
- Soll ein echter oder unechter Massekredit bereitgestellt werden?
- Soll die Forderungszession im vorläufigen Abschnitt selbst verwertet werden?

In der folgenden Tab. 5.16 werden ausgewählte Fragestellungen und Aspekte in einem Insolvenzverfahren und der Begleitung aus Bankensicht als Checkliste dargelegt.

Tab. 5.16: Checkliste nach Insolvenzantrag Firmenkunde (Quelle: Eigene Darstellung)

Insolvenzverfahren Firma	Ja	In Arbeit	To Do
Datum Insolvenzantrag bekannt?	√		
Eigenverwaltung? Sachwalter bekannt?			Nicht relevant
Status vorläufiger Insolvenzverwalter?	√	Starker Verwalter	
Gläubigerausschuss gebildet?		√	Versicherung
Forderungen, Sicherheiten mitgeteilt?		√	Vorbereitung
Abwicklungskonzept erstellt?		√	

Weitere Fragen betreffen die wichtigen **Akteure** in einem (vorläufigen) Insolvenzverfahren beziehungsweise in der beantragten Eigenverwaltung:

- Sind das zuständige Insolvenzgericht, Richter, Rechtspfleger bekannt?
- Ist der Sachwalter der Bank bekannt, bei der Eigenverwaltung?
- Ist der Name des (vorläufigen) Insolvenzverwalters bekannt?
- Ist sein Status als schwacher oder starker vorläufiger Verwalter bekannt?
- Ist damit zu rechnen, dass ein (vorläufiger) Gläubigerausschuss gebildet wird?
- Soll ein Mitarbeiter der Bank oder die Bank in den Gläubigerausschuss eintreten?
- Einsetzung externer spezialisierter Kanzlei zur Verfahrensvertretung?

Vielfach sind für die Fortführung des operativen Geschäfts die Bereitstellung unechter oder echter Massekredite und die Vorfinanzierung des Insolvenzgeldes relevant. Dies erhöht für die Gläubigerbanken die Aussichten, eine finanziell bestmögliche Abwicklungsalternative umzusetzen, denn mit der Einstellung des Geschäftsbetriebs des insolventen Unternehmens bleibt meist nur die Zerschlagung und Einzelverwertung der Insolvenzmasse und die Veräußerung sonstiger Vermögenswerte wie Immobilien unter Umständen nach dem ZVG mit Zwangsversteigerung oder Zwangsverwaltung. In der folgenden Tab. 5.17 werden typische und wichtige Finanzierungsmaßnahmen anhand einer Checkliste zusammengefasst dargestellt.

Tab. 5.17: Checkliste Finanzierung in der Insolvenz (Quelle: Eigene Darstellung)

Insolvenzverfahren Firma	**Ja**	**In Arbeit**	**To Do**
Insolvenzgeldvorfinanzierung notwendig?		√	Antrag gestellt
Unechter Massekredit bereitzustellen?		√	Antrag gestellt
Echter Massekredit erforderlich?			Nicht relevant
Massekostenvorschuss zu leisten?			Nicht relevant
Bankinterne Anträge gestellt?		√	

Abhängig von der Auswahl des (vorläufigen) Insolvenzverwalters oder Sachwalters ist meist die Ausarbeitung eines Insolvenzplans oder die Zerschlagung. Haben Verwalter Erfahrungen in bestimmten Branchen sowie der Vorbereitung und Umsetzung erfolgreich abgewickelter Insolvenzplanverfahren, kann dies eine Verfahrensoption in dem aktuellen Insolvenzfall sein. Es ergeben sich folgende **Fragestellungen**:

- Ist mit der Ausarbeitung eines Insolvenzplans zu rechnen?
- Ist eine Übertragung geplant, aufgrund der Größe und Bekanntheit der Firma?
- Ist Hausbank oder Poolführer Mitglied im Gläubigerausschuss?
- Wahrnehmung Termine Gläubigerversammlung, Berichts- und Prüfungstermin?
- Soll sich die Bank durch fachkundige Anwälte bei Terminen vertreten lassen?

Abhängig von den Erfahrungen der Bank und der Mitarbeiter in der Abwicklung und Begleitung von Insolvenzverfahren können gegebenenfalls auch bankeigene Personen in einen (vorläufigen) Gläubigerausschuss entsendet werden (persönliches Mandat gemäß § 67 Abs. 3 InsO). Hier werden unter anderem Entscheidungen über den weiteren Fortgang mit dem Insolvenzverwalter besprochen und vorbereitet.

Weitere **Entscheidungen**, die Banken im (eröffneten) Insolvenzverfahren gegebenenfalls vorbereiten und mit treffen müssen, sind:

- Abstimmung Stimmrechte mit Insolvenzverwalter vor Gläubigerversammlung?
- Soll ein Massekredit bereitgestellt werden, ist mit einem Ausfall zu rechnen?
- Beendet der Insolvenzverwalter belastende Dauerschuldverhältnisse?
- Soll für die Umsetzung eines Insolvenzplans gestimmt werden?
- Ist eine übertragende Sanierung für die Bank finanziell interessant?

In der nachfolgenden Tab. 5.18 werden dazu die wesentlichen Verfahrensalternativen dargelegt mit den möglicherweise notwendigen bankinternen Entscheidungsvorbereitungen für die jeweiligen Kompetenzträger.

Tab. 5.18: Checkliste Verfahrensart in der Insolvenz (Quelle: Eigene Darstellung)

Insolvenzverfahren Firma	**Ja**	**In Arbeit**	**To Do**
Insolvenzplanverfahren umsetzbar?		√	Plan liegt nicht vor
Übertragende Sanierung umsetzbar?		√	Noch nicht bekannt
Einzelverwertung einzuleiten?		√	Investorensuche
Abwicklungskonzept angepasst?		√	

Des Weiteren sind die bankeigenen Sicherungsrechte in Form der Kreditsicherheiten je nach Verfahrensart möglicherweise von rechtlichen Umgestaltungen sowie Verwertungen betroffen, mit finanziellen Auswirkungen für die Bank. Relevant ist insgesamt bei Verwertungsmaßnahmen zudem ob unter Umständen Drittsicherheiten hereingenommen wurden und verwertet werden sollen.

Einen Einfluss auf die Fortführung der geschäftlichen Aktivitäten im Wege der Umsetzung einer übertragenden Sanierung oder eines Insolvenzplanverfahrens kann auch vorteilhaft sein zur Abwehr von Inanspruchnahmen und damit verbundenen finanziellen Risiken aus herausgegebenen Bankavalen. Geschäftsüblich ist dieses in bestimmten Branchen, wie unter anderem dem Maschinen- sowie Anlagenbau, dem Schiffbau und sonstigen Bauprojekten von Bauträgern, um die Risiken der Abwicklung des Projekts im Zeitablauf angemessen auf die involvierten Akteure zu verteilen. Sie können auch generell im Zusammenhang mit Projektfinanzierungen gewährt werden. Üblich sind Anzahlungs-, Vertragserfüllungs- und Gewährleistungsbürgschaften.

Wenn Avalziehungen über die Umsetzung der übertragenden Sanierung oder die Fortführung im Insolvenzplanverfahren vermieden werden können, weil die Projekte weiter zuverlässig abgewickelt werden, dann können sich Argumente für die Umsetzung einer Fortführungslösung für Banken ergeben. Dieses gerade dann, wenn sich die geplante Fortführung über einen Insolvenzplan mit geforderten Verzichten zunächst finanziell nicht vorteilhaft zu sein scheint. Im Zusammenhang mit den gestellten Avalen kann sich dann ein positives Votum sogar aufdrängen.

Des Weiteren ist die Bank bei der Zerschlagung von den Verwertungsmaßnahmen des Insolvenzverwalters abhängig. Dies betrifft die Einziehung von Forderungen sowie die Veräußerung von Mobilien, bei denen Banken absonderungsberechtigt sind (Verwertung durch den Verwalter nach §§ 166 ff. InsO). Zudem sind Banken häufig Gläubiger von Forderungen, die über Grundschulden an Firmenobjekten abgesichert sind. Dort bieten sich zur Verwertung mehrere Optionen an wie die (kalte) Zwangsverwaltung, die freihändige Verwertung unter Mitwirkung eines Insolvenzverwalters oder im Rahmen der Zwangsversteigerung, außerhalb eines Insolvenzverfahrens, sogar durch den Insolvenzverwalter (§§ 165 InsO, 172 ff. ZVG). **Fragestellungen** sind hier:
- Sind Immobilien abzusichern und vor einer Verwahrlosung zu schützen?
- Sind Grundstücke unter Umständen verunreinigt, Altlasten (Haftungsrisiko)?
- Ist zunächst eine (kalte) Zwangsverwaltung aus Bankensicht umzusetzen?

In der nachfolgenden Tab. 5.19 werden die Arten der Verwertung und besonders der Immobilienverwaltung dargelegt.

Tab. 5.19: Checkliste Verwertung von Immobilien in der Insolvenz (Quelle: Eigene Darstellung)

Insolvenzverfahren Firma	Ja	In Arbeit	To Do
Freie Verwertung der Immobilie?	√	Insolvenzverwalter	
Zwangsverwaltung Immobilie notwendig?		√	Angebahnt
Zwangsversteigerung einzuleiten?			Nicht relevant
Abwicklungskonzept angepasst?		√	

Folgende Handlungsweisen sollten Banken in der Insolvenz insgesamt in Betracht ziehen und den Verwalter anregen gegebenenfalls eine dieser Alternativen umzusetzen:
- **Übertragende Sanierung:** Bestehen Möglichkeiten einzelne Assets oder Betriebsteile an interessierte Investoren zu einem guten Preis zu veräußern?
- **Insolvenzplanverfahren:** Besteht die Alternative über die Umsetzung des Insolvenzplans eine Fortführung und damit die höchstmögliche Quote zu erzielen?
- **Verwertung:** Existiert eine gute Aussicht über eine Einzelverwertung der Kreditsicherheiten die beste Rückführungsquote für die Bank zu erreichen?

6 Zusammenfassung

Die **wirtschaftliche Lage in Deutschland** ist aktuell als nicht gut zu bezeichnen. Viele ehemals erfolgreiche Branchen sind im internationalen Wettbewerb nicht mehr wettbewerbsfähig. Verhängte Zölle sowie Sanktionen beeinflussen den Welthandel negativ und wirken sich stark auf exportierende Unternehmen aus. So geraten viele Unternehmen in eine wirtschaftliche Schieflage. Dies lässt sich unter anderem an den gestiegenen Insolvenzzahlen und der aktuellen Zahlungsmoral anhand der höheren Zahlungslaufzeiten sowie der gewachsenen Zahlungsausfälle ablesen.

Der Staat kann nicht allen Firmen mit besonderen finanziellen Unterstützungsleistungen helfen. Dies ist nach EU-Wettbewerbsrecht auch nicht möglich und gewollt. Damit weitere Schäden für die deutsche Wirtschaft vermieden werden, müssen sich die betroffenen Unternehmen in der Krise eigenständig helfen und sind von den Erfahrungen und den finanziellen Leistungen der Banken abhängig, die Kenntnisse im Umgang mit der Bereinigung von wirtschaftlichen Fehlentwicklungen aufweisen. Mit der konsequenten Sanierung sowie Restrukturierung von Krisenunternehmen, mit Unterstützung der Banken, selbst in einem Insolvenzverfahren, können die Ausfallschäden für die deutsche Volkswirtschaft zumindest in Grenzen gehalten werden.

Im Rahmen einer Sanierung ist die Einleitung des Sanierungsprozesses von Relevanz. Dabei steht das **Sanierungskonzept** im Zentrum der Handlungen. Es ist über eine externe und spezialisierte Unternehmensberatung objektiv und gewissenhaft zu prüfen, ob ein Krisenunternehmen als sanierungsfähig anzusehen ist. Dazu sind umfassende leistungswirtschaftliche und finanzwirtschaftliche Untersuchungen notwendig. Wenn die Sanierungsfähigkeit letztendlich bejaht werden kann, ist ein wirksames Maßnahmenpaket operativ sowie strategisch von Firmenseite her umzusetzen. Oftmals ist ein Unternehmen dann nach einigen Jahren wieder erfolgreich am Markt tätig. Die Banken erhalten damit ihren Kunden und erleiden keinen Ausfall.

Gelingt diese (freie) Sanierung nicht, besteht die Möglichkeit der Wahl einer anderen Handlungsweise, der Restrukturierung nach dem StaRUG. Hier ist es erforderlich, dass das Unternehmen lediglich drohend zahlungsunfähig ist. Dieses ist über ein Gutachten nachzuweisen. Kern eines Restrukturierungsverfahrens nach StaRUG ist der ausgearbeitete **Restrukturierungsplan**. Der Plan ist primär finanzwirtschaftlich geprägt und soll dem Unternehmen über eine Umstrukturierung der Passiva, meist mit Verzichten der Gläubiger, eine neue finanzielle und operative Basis bieten. Dazu finden bekannte Elemente aus dem Insolvenzplanverfahren Anwendung, unter anderem bei einer Abstimmung über den Plan mit den Möglichkeiten bestimmte Gläubigergruppen zu überstimmen. Des Weiteren ist eine Vergleichsrechnung aufzustellen, in der Szenarien gegenübergestellt werden mit den finanziellen Auswirkungen auf diese Gläubiger beziehungsweise die Quoten auf die in den Plan einbezogenen Gläubigerforderungen, meist mit den Alternativen der Restrukturierung und der Insolvenz.

https://doi.org/10.1515/9783111617206-006

In der Regel ergibt sich aus der Vergleichsrechnung oft eine höhere Quote für den Restrukturierungsplan mit Haircut-Lösungen für die planbetroffenen Gläubigergruppen. In dem Fall fällt die Abstimmung pro Restrukturierung aus. Gelingt keine Einigung mit den abstimmenden Gläubigergruppen, ist die Insolvenz häufig die Folge.

In dieser Lage ist aus Sicht der betroffenen Gläubiger-Kreditinstitute ein bankinternes **Abwicklungskonzept** zu erstellen. Auf diese Weise kann versucht werden den Schaden im Rahmen der Insolvenz für diese Bank möglichst gering zu halten. Allerdings ist der zentrale Akteur in diesem Verfahrensweg (außerhalb der Eigenverwaltung durch den Schuldner) der (vorläufige) Insolvenzverwalter. Er entscheidet beispielsweise mit, ob ein **Insolvenzplan** ausgearbeitet wird und eine Aussicht auf Erfolg bei der Umsetzung dieses Plans besteht. Alternativ wird er das Unternehmen abwickeln mit Verwertung der Aktiva. Die Gelder werden auf die besicherten und unbesicherten Gläubiger aufgeteilt. Das Insolvenzverfahren ist ein Verfahrensweg, der auf die höchste Gesamtbefriedigung aller betroffenen Gläubiger ausgerichtet ist. Banken erhalten häufig als absonderungsberechtigte Gläubiger die vorrangige Befriedigung im Umfang des Werts ihrer Kreditsicherheiten. Allerdings sind die Banken tendenziell auch dem Risiko der Anfechtung bei Kreditsicherheiten und im Zahlungsverkehr ausgesetzt.

Insgesamt ist die Frage, ob ein Unternehmen erfolgreich saniert werden kann, unabhängig vom Verfahrensweg, rein nach **ökonomischen Aspekten**, zu beurteilen. Relevant ist der Erfolg eines Unternehmens bei den Kunden mit marktfähigen Produkten und Dienstleistungen. Dazu sind in erster Linie die Wettbewerbsfähigkeit im relevanten Markt und die Renditefähigkeit für die Stakeholder zu bewerten.

Können die Wettbewerbspotenziale am Markt über die freie Sanierung, die Restrukturierung mit den Instrumenten des StaRUG oder das Insolvenzverfahren nicht wieder hergestellt werden, dann ist die Einzelverwertung der Assets des betrachteten Rechtsträgers die Konsequenz. In dem Fall ist auf jeden Fall sicher, dass die betroffenen Banken als Gläubiger meist einen hohen Ausfall erleiden werden.

Die **Hausbank** ist der Kernakteur bei der Bearbeitung von Krisen der Firmenkunden. Ein Ziel ist es, den Gesundungsprozess insgesamt zu koordinieren. Es sind im Rahmen der unterschiedlichen Verfahrenswege im Allgemeinen komplexe Verhandlungen mit den betroffenen Stakeholdern wie den Eigentümern und Gläubigern zu führen. Diese münden bei positivem Verlauf in schriftlichen vertraglichen Vereinbarungen, die eine operative Umsetzung der finanzwirtschaftlichen und der leistungswirtschaftlichen Sanierungsmaßnahmen bestmöglich begleiten.

Die Krisenbewältigung aus Sicht einer Hausbank wird über folgende Verfahrenswege geprüft und sollte aktiv von Banken begleitet werden. Dies bedeutet, dass sich Spezialisten mit Fachwissen in die Gesundungsbemühungen einbringen müssen bei:

- **(Freien) Sanierungen:** außergerichtliche Krisenbewältigung mit Einigungslösung
- **(Gerichtlichen) Restrukturierungen:** Restrukturierungsverfahren nach StaRUG
- **Insolvenzverfahren:** Alternativen der Krisenbewältigung gemäß der InsO

Literaturverzeichnis

Verzeichnis der Fachquellen

Abel, P. (2024): Das Insolvenzverfahren als Sanierungsinstrument, in: Crone, A./Werner, H., Hrsg.: Handbuch modernes Sanierungsmanagement, 7. Auflage, München, 2024, S. 413–480.

Ahlers, H. (2016): Sicherheiten in der Krise: Neubestellung und Aktivitäten zu bestehenden Sicherheiten, in: Portisch et al., Hrsg.: Problematische Firmenkundenkredite, 5. Auflage, Heidelberg, 2016, S. 297–365.

Andersch, T. (2017): Sanierungskonzepte und Sanierungsgutachten, Frankfurt, 2017.

Ansoff, H. I. (1976): Managing surprise and discontinuity Strategic response to weak signals, in: Schmalenbachs Zeitschrift für betriebswirtschaftliche Forschung, 28, 1976, S. 129–152.

Arlt, R./Brägelmann, T. H./Ludwig, J. (2021): Unbegrenzte Gestaltungsmöglichkeiten bei Konsortialkreditverträgen und Kreditentscheidungen per Restrukturierungsplan? Zeitschrift für das gesamte Insolvenz- und Sanierungsrecht, 24, 2021, S. 1485–1487.

Arrow, K. J. (1985): The Economics of Agency. Principals and Agents, in: Pratt J. W./Zeckhauser R. J.: The Structure of Business, Boston, 1985, S. 37–51.

Assies, P./H./Beule, D./Heise, K, Hrsg. (2025): Handbuch Bank- und Kapitalmarktrecht, 6. Auflage, Köln, 2025.

Backhaus, K./Voeth, M. (2010): Industriegütermarketing, 10. Auflage, München, 2014.

Baetge, J./Kirsch, H.-J./Thiele, S. (2004): Bilanzanalyse, 2. Auflage, Düsseldorf, 2004.

Baetge, J./Kirsch, H.-J./Thiele, S. (2024a): Bilanzen, 17. Auflage, Düsseldorf, 2024.

Baetge, J./Kirsch, H.-J./Thiele, S. (2024b): Konzernbilanzen, 15. Auflage, Düsseldorf, 2024.

BaFin (2019): Stellungnahme zum IDW ERS BFA 7 („Pauschalwertberichtigungen") vom 28.05.2019.

BaFin (2024): Mindestanforderungen an das Risikomanagement – MaRisk, Rundschreiben 06/2024 (BA) vom 29.05.2024.

Bauer, J., Hrsg. (2022): Die GmbH in der Krise, 7. Auflage, Münster, 2022.

Bennewitz, A./Kasterich, A. (2004): Krisenfrüherkennung und Krisenbewältigung im mittelständischen Firmenkundengeschäft aus Sicht der Kreditinstitute, in: Schmeisser, W./Bretz, M. et al., Hrsg.: Krisen- und Insolvenzmanagement bei kleinen- und mittleren innovativen Unternehmen, Stuttgart, 2004, S. 3–22.

Besau, S. H. J. (2012): Chancen und Risiken bei der Rettung von Unternehmen durch übertragende Sanierung, in: Krisen-, Sanierungs- und Insolvenzberatung, 5, 2011, S. 202–206.

Bieberstein, B./Cranshaw, F.L./Fischer, M., Hrsg. (2021):-Sicherheitenkompendium, 6. Auflage, Heidelberg, 2021.

Bieg, H./Waschbusch, G. (2017). Bankbilanzierung nach HGB und IFRS, 3. Auflage, München.

Biendl, L. (2021): § 10 Flankierende Neuregelungen, in: Desch, W., Hrsg.: Das neue Restrukturierungsrecht: Praxisfragen des StaRUG, München, 2021, S. 127–143.

Blatz, M./Eilenberger, G. (2004): Ausblick, in: Bickhoff, N./Blatz, M., Hrsg.: Die Unternehmenskrise als Chance, Heidelberg, 2004, S. 427–432.

BMF (1994): Pauschalwertberichtigung Kreditinstituten, Schreiben vom 21.03.2024, in: Bundessteuerblatt, I, 1994, S. 98–99.

BMF (2014): Umsatzsteuerrechtliche Leistungsbeziehungen bei der Verwertung von Sicherheitsgut im Insolvenzverfahren, Schreiben vom 30.04.2014, in: Bundessteuerblatt, I, 2014, S. 816–821.

BMF (2024a): Einzelwertberichtigung bei Kreditinstituten, Schreiben vom 21. März 2024, in: Bundessteuerblatt, I, 2024, S. 701–710.

BMF (2024b): Vorsteuerabzug bei Kreditinstituten, Schreiben vom 9. Dezember 2024, S. 1–19.

Böhmer, N. (2007): Variabel Vergüten, Düsseldorf, 2007.

https://doi.org/10.1515/9783111617206-007

Bork, R. (1999b): Die Doppeltreuhand in der Insolvenz, in: Neue Zeitschrift für das Recht der Insolvenz und Sanierung, 1999, S. 337–344.

Braun, E., Hrsg. (2021): StaRUG, Unternehmensstabilisierungs- und -restrukturierungsgesetz, München, 2021.

Braun, E., Hrsg. (2024): Insolvenzordnung, 10. Auflage, München, 2024.

Bruder, K. (2018): Amt und Aufgaben des Insolvenzverwalters, in: Wimmer, K./Dauernheim, J./ Wagner, M./Gietl, J., Hrsg.: Handbuch des Fachanwalts Insolvenzrecht, 8. Auflage, Köln, 2018, S. 114–362.

BTag (2020): Gesetzentwurf der Bundesregierung Entwurf eines Gesetzes zur Fortentwicklung des Sanierungs- und Insolvenzrechts (Sanierungs- und Insolvenzrechtsfortentwicklungsgesetz – SanInsFoG), in: BT-Drs. 19/24181 vom 09.11.2020.

Buchalik, R. (2012a): Das Schutzschirmverfahren nach § 270b InsO (incl. Musteranträge), in: Zeitschrift für das gesamte Insolvenzrecht, 9, 2012, S. 349–363.

Buchalik, R. (2012b): Die Bescheinigung nach § 270b Abs. 1 Satz 3 InsO als Eintrittsvoraussetzung in das neue Schutzschirmverfahren, in: Krisen-, Sanierungs- und Insolvenzberatung, 2, 2012, S. 60–66.

Buchholz, R. (2024): Grundzüge des Jahresabschlusses nach HGB und IFRS, 11. Auflage, München, 2024.

Buschmann, H. (2004): Stakeholder-Management als notwendige Bedingung für erfolgreiches Turnaround-Management, in: Bickhoff, N./Blatz, M., Hrsg.: Die Unternehmenskrise als Chance, Heidelberg, 2004, S. 197–220.

Buschmann, H. (2006): Erfolgreiches Turnaround-Management – Empirische Analyse mit dem Schwerpunkt auf dem Einfluss der Stakeholder, Wiesbaden, 2006.

Copeland, T./Antikarov, V. (2002): Realoptionen, Ulm, 2002.

Cranshaw, F. L. (2009): Die Sicherheiten- bzw. Sicherungstreuhand in Sanierung und Abwicklung im Spiegel der Rechtsprechung, in: Zeitschrift für Wirtschafts- und Bankrecht, 36, 2009, S. 1682–1689.

Cranshaw, F. L. (2012a): ESUG: Vorfahrt für die Sanierung im Insolvenzverfahren, in: BankPraktiker, 2, 2012, S. 6–13.

Cranshaw, F. L. (2012b): Das Schutzschirmverfahren, in: Clemens, M./Cranshaw, F. L. et al., Hrsg.: Problematische Firmenkundenkredite, 4. Auflage, Heidelberg, 2012, S. 431–447.

Cranshaw, F. L./Steinwachs, T./Bruhn, H. (2013): Problemfelder der Avale in Krise und Insolvenz des Avalauftraggebers, in: Zeitschrift für das gesamte Insolvenzrecht, 22, 2013, S. 1005–1017.

Cranshaw, F. L. (2017): Forderungsverfolgung: Zwischen Sanierungskultur und Krisenprävention, in: InsoPraktiker, 9–10, 2017, S. 102–109.

Cranshaw, F. L./Welsch, F. M. (2017): Kalte beziehungsweise stille Zwangsverwaltung, in: Deutsche Zeitschrift für Wirtschafts- und Insolvenzrecht, 3, 2017, S. 101–133.

Cranshaw, F. L./Portisch, W. (2020a): Präventiver Restrukturierungsrahmen in Konkurrenz zu bisherigen „Verfahrensweisen" der Sanierung, in: Zeitschrift für das gesamte Insolvenz- und Sanierungsrecht, 6, 2020, S. 226–244.

Cranshaw, F. L./Portisch, W. (2020b): Anforderungen an den Restrukturierungsplan im präventiven Restrukturierungsrahmen, in: Krisen-, Sanierungs- und Insolvenzberatung, 3, 2020, 106–111.

Cranshaw, F. L./Portisch, W. (2020c): Systemische Strukturen der Rettung von Krisenunternehmen – Teil 1, in: Zeitschrift für das gesamte Insolvenz- und Sanierungsrecht, 40, 2020, S. 2072–2089.

Cranshaw, F. L./Portisch, W. (2020d): Systemische Strukturen der Rettung von Krisenunternehmen – Teil 2, in: Zeitschrift für das gesamte Insolvenz- und Sanierungsrecht, 45, 2020, S. 2353–2364.

Cranshaw, F. L./Portisch, W. (2020e): Paradigmen des Unternehmensstabilisierungs- und -restrukturierungsgesetzes (StaRUG) nach dem Regierungsentwurf aus Gläubigersicht – Teil 1, in: Zeitschrift für das gesamte Insolvenz- und Sanierungsrecht, 49, 2020, S. 2561–2579.

Cranshaw, F. L./Portisch, W. (2020f): Paradigmen des Unternehmensstabilisierungs- und -restrukturierungsgesetzes (StaRUG) nach dem Regierungsentwurf aus Gläubigersicht – Teil 2, in: Zeitschrift für das gesamte Insolvenz- und Sanierungsrecht, 50, 2020, S. 2617–2630.

Cranshaw, F. L. (2021): Der Gläubigerbeirat nach § 93 StaRUG, in: Steinwachs, T./Vallender, H./Cranshaw, F. L., Hrsg.: Gläubigerausschuss und Gläubigerbeirat in Restrukturierung und Insolvenz des Firmenkunden, 3. Aufl., Heidelberg, 2021, , S. 108–128.

Cranshaw, F. L./Portisch, W. (2021): Neue MaRisk – Auswirkungen auf Problemkredite – Neuerungen, Änderungen und Handlungsbedarf in Kreditinstituten, in: ForderungsPraktiker, 1–2, 2021, S. 6–19.

Cranshaw, F. L./Portisch, W. (2022): Restrukturierungsbeauftragter und Bescheinigung nach § 74 Abs. 2 StaRUG (IDW ES 15), in: Zeitschrift für das gesamte Insolvenz- und Sanierungsrecht, 44, 2022, S. 2284–2297.

Cranshaw, F. L./Metoja, R. (2023): Kontrolle von „Geldverkehr und Geldbestand" in der Insolvenz als zentrale unternehmerische Funktion, in: Zeitschrift für das gesamte Insolvenz- und Sanierungsrecht, 33, 2023, S. 1125–1139.

Cranshaw, F. L./Portisch, W. (2024): Rettungserwerb – Probates Mittel oder Hochrisikoinvestment?, in: KreditPraktiker, 11–12, 2024, S. 273-280.

Cranshaw, F. L./Portisch, W. (2025): Rettungserwerbe im Spannungsfeld zwischen MaRisk und (Fehl-) Investment, in: KreditPraktiker, 1-2, 2025, S. 26-32.

Creditreform (2025): Insolvenzen in Deutschland, Jahr 2025, Neuss, 2025, S. 1–24.

Crone, A./Kreide, R. (2024): Finanzwirtschaftliche Sanierungsmaßnahmen, in: Crone, A./Werner, H., Hrsg.: Handbuch modernes Sanierungsmanagement, 7. Auflage, München, 2024, S. 223–268.

Dauernheim, J./Schörnig, U. (2018): Aussonderung, Absonderung und Aufrechnung im Insolvenzverfahren, in: Wimmer, K./Dauernheim, J./Wagner, M./Gietl, J., Hrsg.: Handbuch des Fachanwalts Insolvenzrecht, 8. Auflage, Köln, 2018, S. 508–556.

Dauernheim, J. (2018): Insolvenzanfechtung, in: Wimmer, K./Dauernheim, J./Wagner, M./Gietl, J., Hrsg.: Handbuch des Fachanwalts Insolvenzrecht, 8. Auflage, Köln, 2018, S. 644–729.

David, S. (2001): Externes Krisenmanagement aus Sicht der Banken, Köln, 2001.

Depré, P. (2017): Die stille Zwangsverwaltung – Zweckmäßigkeit und Grenzen, in: Zeitschrift für Immobilienrecht, 1, 2017, S. 27–32.

Depré, P., Hrsg. (2024): ZVG Kommentar, 3. Auflage, Köln, 2024.

Depré, P./Cranshaw, F. L. (2023): Insolvenzsicherung des Käufers beim Erwerb vom Bauträger, in: Zeitschrift für Immobilienrecht 10, 2023, S. 459–471.

Depré, P./Cranshaw, F. L. (2024a): Bauträgergesellschaften in der ökonomischen Krise (Teil 1), in: Krisen-, Sanierungs- und Insolvenzberatung, 4, 2024, S. 162–169.

Depré, P./Cranshaw, F. L. (2024b): Bauträgergesellschaften in der ökonomischen Krise (Teil 2), in: Krisen-, Sanierungs- und Insolvenzberatung, 5, 2024, S. 197–205.

Desch, W. (2021a): § 2 Verfahrensbestimmungen, in: Desch, W., Hrsg.: Das neue Restrukturierungsrecht: Praxisfragen des StaRUG, München, 2021, S. 7–26.

Desch, W. (2021b): § 3 Der Restrukturierungsplan, in: Desch, W., Hrsg.: Das neue Restrukturierungsrecht: Praxisfragen des StaRUG, München, 2021. S. 27–51.

Dippmann, A./Jordans, R. (2008): Globalzession – BGH sorgt für Rechtssicherheit, in: BankPraktiker, 3, 2008, S. 132–136.

Dixit, A. K./Nalebuff, B. J. (1997): Spieltheorie, Stuttgart, 1997.

Dobler, T. (2009): Ertrags- und Liquiditätsplanung, Herne, 2009.

Doebert, A./Krüger, H. (2021): Die strategische Gestaltung von Restrukturierungsplänen, Zugleich erste Erfahrungen aus der StaRUG-Praxis, in: Neue Zeitschrift für Insolvenz- und Sanierungsrecht, 14, 2021, S. 614–619.

DSGV, Hrsg. (2015): Modell Pro 2.0 – Problemkredite effizient und ergebnisorientiert managen Projektdokumentation, Berlin, 2015.

DSGV (2025): Mindestanforderungen an das Risikomanagement Interpretationsleitfaden, Version 9, Berlin, 2025.

EBA (2018): Leitlinien über das Management notleidender und gestundeter Risikopositionen, EBA/GL/2018/06 vom 31.10.2018.

EBA (2020): Leitlinien für die Kreditvergabe und Überwachung, EBA/GL/2020/06 vom 29.05.2020.

Eidenmüller, H. (1996): Die Banken im Gefangenendilemma: Kooperationspflichten und Akkordstörungsverbot im Sanierungsrecht, in: Zeitschrift für das gesamte Handelsrecht und Wirtschaftsrecht, 160, 1996, S. 343–373.

Ellenberger, J./Bunte, H. J. (2022): Bankrechts-Handbuch, Band 2, 6. Auflage, München, 2022.

Ellenberger, J./Nobbe, G. (2023): Kommentar zum Kreditrecht, 4. Auflage, Heidelberg, 2023.

Emmrich V./Titz, H. J. (2004): Krisentreiber und kritische Erfolgsfaktoren der Krisenbewältigung aus Bankensicht, in: Wieselhuber & Partner, Hrsg.: Erfolgsfaktoren der Unternehmenssanierung, 2004.

Exler, M. W./Werner, H. (2020): Frühwarnindikatoren gemäß der EU-Richtlinie zum präventiven Restrukturierungsrahmen, 2, 2020, S. 53–60.

EU (2003): Empfehlung der Kommission vom 6. Mai 2003 betreffend die Definition der Kleinstunternehmen sowie der kleinen und mittleren Unternehmen (2003/361/EG).

EU (2019): Richtlinie (EU) 2019/1023 des europäischen Parlaments und des Rates vom 26. Juni 2019 über präventive Restrukturierungsrahmen, über Entschuldung und über Tätigkeitsverbote sowie über Maßnahmen zur Steigerung der Effizienz von Restrukturierungs-, Insolvenz- und Entschuldungsverfahren und zur Änderung der Richtlinie (EU) 2017/1132 (Richtlinie Restrukturierung und Insolvenz).

EZB (2017a): Leitfaden für Banken zu notleidenden Krediten, Frankfurt, 2017.

EZB (2017b): Ergänzung zum EZB-Leitfaden für Banken zu notleidenden Krediten: Aufsichtlicher Risikovorsorge-Backstop für notleidende Risikopositionen, Frankfurt, 2017.

Faulhaber, P., Grabow, H.-J. (2009): Turnaround-Management in der Praxis, 4. Auflage, Frankfurt, 2009.

Flebbe, M. (2010): Institutszwangsverwaltung Auslauf- oder Zukunftsmodell, in: ForderungsPraktiker, 4, 2010, S. 174–181.

Freeman, R. E. (1984): Strategic Management – A Stakeholder Approach, Marchfield, 1984.

Frind, F. (2012): Anmerkungen zur Musterbescheinigung des IDW nach § 270b Abs. 1 Satz 3 InsO, in: Zeitschrift für das gesamte Insolvenzrecht, 12, 2012, S. 540–541.

Fröhlich, A./Sitter, T. (2009): Sicherheitenverwertung: Realisierung maximaler Erlöse im Rahmen übertragender Sanierungen, in: BankPraktiker, 7–8, 2009, S. 378–383.

Fröhlich, A. (2011): Überprüfung von Insolvenzplänen aus Gläubigersicht, in: ForderungsPraktiker, 1, 2011, S. 38–45.

Fröhlich, A./Ringelspacher, E./Röver, N. (2012): Problematische Bescheinigung für das Schutzschirmverfahren, in: ForderungsPraktiker, 6, 2012, S. 268–274.

Gehrlein, M. (2017a): Aktuelle höchstrichterliche Rechtsprechung zum Insolvenzrecht (Teil 1), in: Der Betrieb, 8, 2017, S. 411–416.

Gehrlein, M. (2017b): Aktuelle höchstrichterliche Rechtsprechung zum Insolvenzrecht (Teil 2), in: Der Betrieb, 9, 2017, S. 472–477.

Gerhards, H./Keller, H. (2009): Die Zwangsversteigerung, Köln, 2009.

Gietl, J. (2018): Insolvenzplanverfahren, in: Wimmer, K./Dauernheim, J./Wagner, M./Gietl, J., Hrsg.: Handbuch des Fachanwalts Insolvenzrecht, 8. Auflage, Köln, 2018, S. 1240–1333.

Gladenbeck, M./Samhat, A. (2024): Kreditsicherung durch Grundschulden, 11. Auflage, Berlin, 2024.

Göb, M. A./Nebel, T. (2021): Aktuelle gesellschaftsrechtliche Fragen in Krise und Insolvenz, in: Neue Zeitschrift für Insolvenz- und Sanierungsrecht, 14, 2021, S. 626–631.

Gräfer, H. (2008): Bilanzanalyse, 10. Auflage, Herne, 2008

Gramlich, D. (2002): Kreditinstitute und Cross Risks, Wiesbaden, 2002.

Grau, J./Pohlmann, U./Radunz, I. (2021): Erste Praxiserfahrungen mit dem StaRUG, in: Neue Zeitschrift für Insolvenz- und Sanierungsrecht, 12, 2021, S. 522–527.

Grauer, P./Münzel, S. (2021): Anmerkung zu AG Dresden, 574 RES 2/21, in: Neue Zeitschrift für Insolvenz- und Sanierungsrecht, 20, 2021, S. 895–897.

Grigg, R. (2005): BWA–Analyse in der Kreditpraxis, 2. Auflage, Heidelberg, 2005.

Groß, J. H./Jungclaus, C. (2021): Stabilisierungs- und Restrukturierungsrahmen oder Insolvenzplanverfahren?, in: Der SanierungsBerater, 1, 2021, S. 6–11.

Grünberger, D. (2009): IFRS 2009 – Ein systematischer Leitfaden, 7. Auflage, Herne, 2009.

Grüneberg, C. (2025): Bürgerliches Gesetzbuch, 84. Auflage, München, 2025.

Hahne, K. D. (2010): Umsatzsteuerliche Risiken bei der Verwertung von Sicherungsgut, in: ForderungsPraktiker, 1, 2010, S. 10–13.

Hanken, C. (2005): Der Insolvenzplan als Sanierungshilfe, in: Portisch, W./Shahidi, K., Hrsg.: Sanierung und Restrukturierung von kleineren und mittleren Unternehmen, Bern, 2005, S. 285–315.

Harder, P.-B. (2022): § 9 Gerichtliche Planabstimmung und Vorprüfung, in: Kluth, D./Harder, P.-B./Harig, F./Kunz, D. (2022): Das neue Restrukturierungsrecht, Baden-Baden, 2022, S. 237–263.

Harig, F. (2022a): § 4 Sanierungsmoderation, in: Kluth, D./Harder, P.-B./Harig, F./Kunz, D. (2022): Das neue Restrukturierungsrecht, Baden-Baden, 2022, S. 91–102.

Harig, F. (2022b): § 8 Abstimmung über den Restrukturierungsplan, in: Kluth, D./Harder, P.-B./Harig, F./Kunz, D. (2022): Das neue Restrukturierungsrecht, Baden-Baden, 2022, S. 217–236.

Haunschild, M. (2010): Alternativen zur Zwangsversteigerung, in: ForderungsPraktiker, 1, 2010, S. 18–25.

Hefermehl, H. (2018): Die Regelinsolvenz: Eröffnungsantrag und Antragsverfahren – Insolvenzeröffnungsgründe, in: Wimmer, K./Dauernheim, J./Wagner, M./Gietl, J., Hrsg.: Handbuch des Fachanwalts Insolvenzrecht, 8. Auflage, Köln, 2018, S. 1–113.

Heidel, T., Hrsg. (2024): Aktienrecht und Kapitalmarktrecht, 6. Auflage, Baden-Baden, 2024.

Heidel, T./Schall, A. (2020): Handelsgesetzbuch, Handkommentar, 3. Auflage, Baden-Baden, 2020.

Henning, T. (2016): Verteidigung gegen Anfechtungshandlungen des Insolvenzverwalters, in: Portisch et al., Hrsg.: Problematische Firmenkundenkredite, 5. Auflage, Heidelberg, 2016, S. 560–568.

Herbst, C./Hörmann, M./Reus, A. (2012): Das Schutzschirmverfahren nach § 270b, in: ForderungsPraktiker, 4, 2012, S. 158–165.

Hören, M. v. (2003): Führungskräftevergütung in Banken: Aktuelle Befunde zu festen und variablen Bezügen, in: Die Bank, 1, 2003, S. 22–24.

Holtkötter, D. (2012): Freiberufler in der Krise, in: ForderungsPraktiker, 4, 2012, S. 172–178.

Hopt, K. J. (2025): Handelsgesetzbuch, 44. Auflage, München, 2025.

Horstkotte, M./Martini, T. (2012): Die Einbeziehung der Anteilseigner in den Insolvenzplan nach ESUG, in: Zeitschrift für das gesamte Insolvenzrecht, 13, 2012, S. 557–581.

Horváth, P./Mayer, R. (1989), Prozesskostenrechnung, in: Zeitschrift für Controlling, 1989, 4, S. 214–219.

Horváth, P./Gleich, R./Seiter, M. (2015): Controlling, 13. Auflage, München, 2015.

Huber, H. (2018): Die vorinsolvenzliche Sanierungsbegleitung des Unternehmenskunden durch ein Kreditinstitut – ein steiniger Weg? in: Zeitschrift für das gesamte Insolvenz- und Sanierungsrecht, 33, 2018, S. 1761–1769.

Hull, J. (2012): Optionen, Futures und andere Derivate, 8. Auflage, München, 2012.

IDW (2002): IDW Prüfungsstandard: Prüfung der Adressausfallrisiken und des Kreditgeschäfts von Kreditinstituten (IDW PS 522), in: IDW Fachnachrichten, 11, 2002, S. 623–640.

IDW (2015): IDW-Standard: Bescheinigung nach § 270b InsO (IDW S 9), Stand: 19.01.2015.

IDW (2018): RS BFA 3 n.F.: Einzelfragen der verlustfreien Bewertung von zinsbezogenen Geschäften des Bankbuchs (Zinsbuchs), in: IDW Life, 2, 278–283.

IDW (2019): IDW Standard: Risikovorsorge für vorhersehbare, noch nicht individuell konkretisierte Adressenausfallrisiken im Kreditgeschäft von Kreditinstituten („Pauschalwertberichtigungen") (IDW RS BFA 7), Stand: 13.12.2019, IDW Life, 2, 2020, S. 107–110.

IDW (2022a): IDW Standard: Bescheinigung nach § 270d InsO und Beurteilung der Anforderungen nach § 270a InsO (IDW S 9), Stand: 18.08.2022, in: IDW Life, 11, 2022, S. 1054–1062.

IDW (2022b): Standard: Anforderungen an die Bescheinigung nach § 74 Abs. 2 StaRUG und Beurteilung der Voraussetzungen der Stabilisierungsanordnung (§ 51 StaRUG) (IDW S 15), Stand: 18.08.2022, in: IDW Life, 11, 2022, S. 1062–1070.

IDW (2022c): Ausgewählte handelsrechtliche Bilanzierungsfragen zum Abschlussstichtag 31.12.2022 bei Instituten, Fachlicher Hinweis des IDW Bankenfachausschusses (BFA), 2022.

IDW (2023a): IDW Standard: Anforderungen an Sanierungskonzepte (IDW S 6), Stand: 22.06.2023, in: IDW Life, 12, 2023, S. 1158–1172.

IDW (2023b): Fragen und Antworten: Zur Erstellung und Beurteilung von Sanierungskonzepten nach IDW S 6 (F & A zu IDW S 6), Stand: 13.12.2023, in: IDW Life, 7–8, 2024, S. 688–711.

IDW (2023c): IDW Standard: Beurteilung des Vorliegens von Insolvenzeröffnungsgründen (IDW S 11), Stand: 13.12.2023, in: IDW Life, 7–8, 2024, S. 673–687.

IDW (2024): IDW Standard: Anforderungen an Insolvenzpläne (IDW S 2), Stand: 20.03.2024, in: IDW Life, 7–8, 2024, S. 655–672.

IDW (2025): IDW Standard: Ausgestaltung der Krisenfrüherkennung und des Krisenmanagements nach § 1 StaRUG (IDW S 16), in: IDW Life, 11, 2025, S. 902–910.

Ifftner, A. (2012): Organisation der Sanierungsbearbeitung in Kreditinstituten, in: ISU Institut für die Standardisierung von Unternehmenssanierungen: Mindestanforderungen an Sanierungskonzepte (MaS), 2. Auflage, Heidelberg, 2012, S. 215–249.

Jensen, M. C./Meckling, W. H. (1976): Theory of the Firm: Managerial Behavior, Agency Costs and Ownership Structure, in: Journal of Financial Economics, 1976, S. 305–360.

Jung, B./Schuller, P. (2013): Das Zusammenspiel der Kräfte im Schutzschirmverfahren, Krisen-, Sanierungs- und Insolvenzberatung, 3, 2013, S. 122–125.

Jung, B./Meißner, F./Münz, A.-K. (2020): Die Qualifikationsvoraussetzungen des Restrukturierungsbeauftragten, in: Krisen-, Sanierungs- und Insolvenzberatung, 3, 2020, S. 101–105.

Kayser, G./Thole, C. Hrsg. (2020): Insolvenzordnung, 10. Auflage, Heidelberg, 2020.

Kaiser, T. (2011): Berücksichtigung der Operationellen Risiken, in: Hofmann, G., Hrsg.: Basel III und MaRisk, Frankfurt, 2011, S. 285–309.

Kajüter, P./Hannen, S./Huth, M. (2014): Prognosebericht nach DRS 20 – Anforderungen und Berichtspraxis bei kapitalmarktorientierten Unternehmen, in: Der Betrieb, 50, 2012, S. 2841–2848.

Kluth, D. (2022): § 11 Öffentliche Restrukturierungssachen, in: Kluth, D./Harder, P.-B./Harig, F./Kunz, D. (2022): Das neue Restrukturierungsrecht, Baden-Baden, 2022, S. 283–294.

Kranzusch, P./Icks, A. (2009): Die Quoten der Insolvenzgläubiger in Regel- und Insolvenzplanverfahren, Bonn, 2009, S. 1–51.

Kranzusch, P./Icks, A. (2018): Die Nutzung insolvenzrechtlicher Sanierungswege durch kleine und mittlere Unternehmen – das Beispiel der Eigenverwaltung, Bonn, 2018, S. 1–49.

Kranzusch, P. (2025): IfM-Hintergrundinformation zum eigenverwalteten Insolvenzverfahren und weiteren speziellen Verfahren als Sanierungswege, Bonn, 2025, S. 1–5.

Kraus, A./Lenger, N./Radner, B. (2012): „Viel zu kurz gesprungen…“, in: Zeitschrift für das gesamte Insolvenzrecht, 13, 2012, S. 587–589.

Kremers, T. (2007): Kreditderivate und Structured Credit, Stuttgart, 2007.

Kreuzberg, C. (2020): Aussonderungsrecht der Konsorten in der Insolvenz des Konsortialführers im Hinblick auf die vom Kreditnehmer veranlassten Rückzahlungen, in: Zeitschrift für Bank- und Kapitalmarktrecht, 1, 2020, S. 18–23.

Kruschwitz, L./Lorenz, D. (2019): Investitionsrechnung, 14. Auflage, München, 2015.

Krystek, U. (2005): Analyse von “Weak Signals” für die Vermeidung von Ad–hoc–Krisen, in: Burmann, C./Freiling, J./Hülsmann, M., Hrsg.: Management von Ad–hoc–Krisen, Wiesbaden, 2005, S. 169–184.

Kümmel, L./Viehoff, M. (2012): Massekredit, in: Clemens, M./Cranshaw, F. L. et al., Hrsg.: Problematische Firmenkundenkredite, 4. Auflage, Heidelberg, 2012, S. 511–543.

Küting, K./Weber, C.-P. (2012): Die Bilanzanalyse, 10. Auflage, Stuttgart, 2012.

Kunz, D. (2022): § 2 Modifizierung der Insolvenzantragsgründe, in: Kluth, D./Harder, P.-B./Harig, F./Kunz, D. (2022): Das neue Restrukturierungsrecht, Baden-Baden, 2022, S. 39–66.

Kurfels, M. (2018): Neue Vorgaben zum Risikoberichtswesen in BT 3 MaRis, in: Buchmüller, P./ Pfeifer, G., Hrsg.: MaRisk-Interpretationshilfen, 5. Auflage, Heidelberg, 2018.

Lubos, G. (2002): Finanzierung in der Unternehmenskrise, in: Krimphove, D./Tytko, D., Hrsg.: Praktiker-Handbuch Unternehmensfinanzierung, Stuttgart, 2002, S. 1019–1035.

Lützenrath, C./Peppmeier, K./Schuppener, J. (2006): Bankstrategien für Unternehmenssanierungen, Wiesbaden, 2. Auflage, 2006.

Lwowski, H.-J./Merkel, H. (2003): Kreditsicherheiten, 8. Auflage, Berlin, 2003.

Märki, M. (2004): Die Sanierung von krisenbehafteten Grossunternehmen aus Sicht der Gläubigerbanken, Bern, 2004.

Meffert, H./Burmann, C./Kirchgeorg, M. (2012): Marketing, 11. Auflage, Wiesbaden, 2012.

Menke, T. (2003): Der Erwerb eines Unternehmens aus der Insolvenz – das Beispiel der übertragenden Sanierung, in: Betriebswirtschaftliche Blätter, 22, 2003, S. 1133–1141.

Michel, N./Danckelmann, V. v. (2010): Das scharfe Schwert des Insolvenzverwalters: Die Insolvenzanfechtung, in: BankPraktiker, 2, 2010, S. 86–94.

Mock, S. (2017): Das neue Konzerninsolvenzrecht nach dem Gesetz zur Erleichterung der Bewältigung von Konzerninsolvenzen, in: Der Betrieb, 17, 2017, S. 951–957.

Möhrle, M. G./Müller, S. (2005): Frühzeitige Krisenwahrnehmung durch Szenarien und anknüpfende Methoden, in: Burmann, C./Freiling, J./Hülsmann, M. Hrsg.: Management von Ad-hoc-Krisen, Wiesbaden, 2005, S. 185–205.

Moldenhauer, R./Herrmann, W./Wolf, R./Drescher, F. (2013): Die ersten 1 ½ Jahre ESUG, Frankfurt, 2013, S. 1–14.

Moldenhauer, R./Wolf, R. (2018): Sechs Jahre ESUG, Frankfurt, 2018, S. 1–16.

Müller-Feldhammer, R. (2003): Die übertragende Sanierung – ein ungelöstes Problem der Insolvenzrechts-reform, in: Zeitschrift für Wirtschaftsrecht, 28, 2003, S. 2186–2193.

Müller, S./Peskes, M. (2006): Die Segmentberichterstattung als Instrument der Corporate Governance, in: Zeitschrift für Corporate Governance, 1, 2006, S. 33–38.

Noeske, M. (2005): Restrukturierung der Prozesse, in: Portisch, W./Shahidi, K., Hrsg.: Sanierung und Restrukturierung von kleineren und mittleren Unternehmen, Bern, 2005, S. 200–239.

Paffenholz, G./Kranzusch, P. (2007): Insolvenzplanverfahren – Sanierungsoption für mittelständische Unternehmen, in: Institut für Mittelstandsforschung Bonn, Hrsg.: Schriften zur Mittelstandsforschung Nr. 114 NF, Wiesbaden, 2007.

Pannen, K./Riedemann, S./Smid, S., Hrsg. (2021): Unternehmensstabilisierungs- und -restrukturierungs-gesetz: StaRUG, München, 2021.

Peppmeier, K./Neumann, A.: (2005): Organisation und Management eines Sicherheitenpools, in: Betriebswirtschaftliche Blätter, 1, 2005, S. 53–55.

Perridon, L./Steiner, A./Rathgeber, A. W. (2022): Finanzwirtschaft der Unternehmung, 18. Auflage, München, 2022.

Pochmann, G. (2013): Der Konzernjahresabschluss nach Handelsgesetzbuch (HGB) und International Financial Reporting Standards (IFRS) – Der Konzernlagebericht nach DRS 20, Düsseldorf, 2013, S. 1–25.

Pohl, R. (2011): Kann IDW S 6 Marktstandard werden? in: Zeitschrift für das gesamte Insolvenzrecht, 6, 2011, S. 207–211.

Porter, M. E. (2000): Wettbewerbsvorteile – Spitzenleistung erreichen und behaupten, 6. Auflage, Frankfurt am Main, 2000.

Porter, M. E. (2013): Wettbewerbsstrategie – Methoden zur Analyse von Branchen und Konkurrenten, 12. Auflage, Frankfurt am Main, 2013.

Portisch, W. (1997): Überwachung und Berichterstattung des Aufsichtsrats im Stakeholder-Agency-Modell, Frankfurt am Main, 1997.

Portisch, W. (2003a): Sanierung von mittelständischen Unternehmen aus Sicht der Banken, in: Bouncken, R., Hrsg.: Management vom KMU und Gründungsunternehmen, Wiesbaden, 2003, S. 319–334.

Portisch, W. (2003b): KMU-Monitoring per Internet: Kreditrisiken frühzeitig erkennen, in: Die Bank, 5, 2003, S. 318–320.

Portisch, W. (2004): Sanierung: Die Kraft der Kommunikation, in: Die Bank, 10, 2004, S. 56–59.

Portisch, W. (2005a): Verbundene Kreditrisiken systematisch managen: Die verborgene Gefahr, in: Die Bank, 7, 2005, S. 52–56.

Portisch, W. (2005b): Krisenerkennung und Einleitung eines Sanierungsprozesses in kleinen und mittleren Unternehmen, in: Portisch, W./Shahidi, K., Hrsg.: Sanierung und Restrukturierung von kleineren und mittleren Unternehmen, Bern, 2005, S. 3–32.

Portisch, W. (2005c): Sofortmaßnahmen zur Sicherung der Liquidität und des Eigenkapitals, in: Portisch, W./Shahidi, K., Hrsg.: Sanierung und Restrukturierung von kleineren und mittleren Unternehmen, Bern, 2005, S. 35–64.

Portisch, W. (2006a): Sanierung aus Bankensicht, Bern, 2006.

Portisch, W. (2006b): Firmenkundengeschäft: Im Netz der Konzernrisiken, in: Die Bank, 3, 2006, S. 46–50.

Portisch, W. (2006c): Stakeholder-Management in der Sanierung: Koalitionen bilden, in: Die Bank, 8, 2006, S. 54–58.

Portisch, W. (2006d): Key-Akteure im Sanierungsprozess: Haftungsrisiken vermeiden, in: Die Bank, 12, 2006, S. 58–62.

Portisch, W./Bode, C. (2007a): Globalzession – Sicherheit ohne Wert? – Tatsächliche und rechtliche Werthaltigkeit der Globalzession in der Krise und Insolvenz vor dem Hintergrund der neueren Rechtsprechung, in: BankPraktiker, 3, 2007, S. 142–147.

Portisch, W. (2007b): Interim Manager – Professionelle Umsetzung einer Sanierung, in: Die Bank, 4, 2007, S. 36–39.

Portisch, W. (2007c): Richtig finanzieren in der Krise und Sanierung, in: Die Bank, 11, 2007, S. 38–40.

Portisch, W./Reiner, K./Schuppener, J. (2007d): Grundsätze ordnungsgemäßer Sanierungskonzepte (GoS), in: BankPraktiker, 10, 2007, S. 468–473.

Portisch, W./Seidel, C. (2007e): Kapitallebensversicherungen: Alternativen der Verwertung aus Sicht der Kreditinstitute, in: BankPraktiker, 11, 2007, S. 540–548.

Portisch, W./Maatz, B./Ifftner, A. (2007f): Lösung von Unternehmenskrisen im Zusammenspiel von Unternehmer, Berater und Bank, in: Zeitschrift für das gesamte Kreditwesen, 24, 2007, S. 29–31.

Portisch, W. (2008a): Finanzierung im Unternehmenslebenszyklus, München, 2008.

Portisch, W. (2008b): Creditor Relations im Firmenkundengeschäft – Beziehungsmanagement verbessern, in: Die Bank, 1, 2008, S. 44–47.

Portisch, W. (2008c): Creditor Relations im Firmenkundengeschäft – Kodex für KMU, in: Die Bank, 2, 2008, S. 44–47.

Portisch, W./Ifftner, A./Düerkop, C. (2008d): Erfolgsfaktor Sanierungsgutachten – Empirische Untersuchung zur Qualität von Sanierungsgutachten, in: BankPraktiker, 11, 2008, S. 494–500.

Portisch, W. (2008f): Effiziente Sanierungsprozesse in Banken und Sparkassen, Heidelberg, 2008.

Portisch, W. (2009a): Unternehmenssanierung – Die Rolle der Finanzinvestoren, in: Die Bank, 2, 2009, S. 34–38.

Portisch, W. (2009b): Variable Vergütung in der Sanierung – Leistungsanreize setzen, in: Die Bank, 3, 2009, S. 60–62.

Portisch, W. (2009c): Fortführungsprognose für überschuldete Unternehmen – Wenn die Insolvenz droht, in: Die Bank, 5, 2009, S. 36–38.

Portisch, W. (2009d): Sanierungseinsatz – Gütesiegel für Beratungsqualität, in: Die Bank, 6, 2009, S. 44–48.

Portisch, W./Fröhlich, K./Ifftner, A./Maatz, B. (2009e): Unternehmenskrisen frühzeitig erkennen – Sanierung gemeinsam umsetzen, in: Zeitschrift für das gesamte Kreditwesen, 14/15, 2009, S. 39–42.

Portisch, W. (2009f): Neue Muster in der Problemkreditbetreuung – Insolvenzwelle, in: Die Bank, 12, 2009, S. 40–43.

Portisch, W. (2010a): Sanierung und Insolvenz aus Bankensicht, 2. Auflage, München, Wien, 2010.

Portisch, W. (2010b): Untersuchung von Sanierungsprozessen, in: Bachmann, M./Bales, K. et al. (Hrsg.): Problematische Firmenkundenkredite, 3. Auflage, Heidelberg, 2010, S. 22–71.

Portisch, W./Keller, C. U./Lützenrath, C./Peppmeier, K./Schuppener, J. (2010c): Anforderungen an die Sanierung und Unternehmensfortführung in der Insolvenz, in: IQS – Institut für Qualität und Standards in der Insolvenzabwicklung (Hrsg.): MaInsO – Mindestanforderungen an die Insolvenzabwicklung, Heidelberg, 2010, S. 277–358.

Portisch, W. (2010d): Prozessoptimierung bei der Insolvenzabwicklung, in: IQS – Institut für Qualität und Standards in der Insolvenzabwicklung (Hrsg.): MaInsO – Mindestanforderungen an die Insolvenzabwicklung, Heidelberg, 2010, S. 591–630.

Portisch, W. (2010e): Zunächst saniert – dann doch gescheitert, in: Die Bank, 2, 2010, S. 28–31.

Portisch, W. (2010f): Risikoeffekte durch Branchenverzahnung – Steuerung des Kreditportfolios, in: Die Bank, 4, 2010, S. 52–55.

Portisch, W./Peppmeier, K./Schuppener, J. (2010g): Gestaltung von Sanierungen – Vergleich der Sanierungsstandards IDW S 6 und ISU-MaS, in: ForderungsPraktiker, 3, 2010, S. 110–116.

Portisch, W. (2010g): Drohende Insolvenzen frühzeitig erkennen, in: Die Bank, 7, 2010, S. 60–69.

Portisch, W./Neumann, M. (2010h): Insolvenzen: Bei der Abwicklung professionell agieren, in: Die Bank, 9, 2010, S. 50–53.

Portisch, W./Neumann, M. (2010i): Studie zur Abwicklung und zum Insolvenzverwalter, in: Betriebswirtschaftliche Blätter, 9, 2010, S. 498–504.

Portisch, W./Neumann, M. (2010j): Effiziente Insolvenzprozesse in Kreditinstituten, in: BankPraktiker, 10, 2010, S. 376–383.

Portisch, W./Neumann, M. (2010h): Effiziente Insolvenzprozesse in Banken und Sparkassen, Heidelberg, 2010.

Portisch, W. (2011a): Risikofrüherkennung per GuV-Simulation, in: Die Bank, 1, 2011, S. 60–62.

Portisch, W. (2011b): Insolvenzverwalterqualität gewährleisten, in: ForderungsPraktiker, 1, 2011, S. 8–13.

Portisch, W. (2011c): Intensivbetreuung während der Sanierung, in: Die Bank, 2, 2011, S. 32–34.

Portisch, W. (2011d): Stabilität im Finanziererkreis – Neugestaltung der Bankbeziehungen, in: Die Bank, 3, 2011, S. 50–53.

Portisch, W. (2011e): Den Sanierungsprozess konsistent gestalten, in: Die Bank, 4, 2011, S. 74–78.

Portisch, W. (2011f): Die Rolle von Steering Committees bei Sanierungen, in: bank und markt, 7, 2011, S. 38–41.

Portisch, W./Smit, M. (2011g): IFRS 9: Neue Bilanzierung von Wertberichtigungen, in: ForderungsPraktiker, 5, 2011, S. 214–219.

Portisch, W. (2012a): Firmensanierungen und Insolvenzen effektiv steuern, Köln, 2012.

Portisch, W./Holtkötter, D./Schuppener, J. (2012b): Rechtliche Anforderungen an Fortführungsprognosen, Fortbestehensprognosen und Sanierungskonzepte, in: ISU – Institut für die Standardisierung von Unternehmenssanierungen (Hrsg.): Mindestanforderungen an Sanierungskonzepte (MaS), 2. Auflage, Heidelberg, 2012, S. 1–15.

Portisch, W. (2012c): Beurteilung der Sanierungsstandards IDW S 6 und ISU-MaS, in: ISU – Institut für die Standardisierung von Unternehmenssanierungen (Hrsg.): Mindestanforderungen an Sanierungskonzepte (MaS), 2. Auflage, Heidelberg, 2012, S. 21–35.

Portisch, W./Schuppener, J. (2012d): Grundsätze ordnungsgemäßer Sanierungskonzepte (GoS), in: ISU – Institut für die Standardisierung von Unternehmenssanierungen (Hrsg.): Mindestanforderungen an Sanierungskonzepte (MaS), 2. Auflage, Heidelberg, 2012, S. 36–46.

Portisch, W. (2012e): Prozessstandard für Sanierungsumsetzungen, in: ISU – Institut für die Standardisierung von Unternehmenssanierungen (Hrsg.): Mindestanforderungen an Sanierungskonzepte (MaS), 2. Auflage, Heidelberg, 2012, S. 150–164.

Portisch, W./Holtkötter, D. (2012f): Going-Concern-Prognosen in der Unternehmenskrise, in: ForderungsPraktiker, 5, 2012, S. 214–219.

Portisch, W./Cranshaw, F. L. (2012g): Insolvenzverfahren: Mindestanforderungen an das Outsourcing von Dienstleistungen, in: ForderungsPraktiker, 6, 2012, S. 275–281.

Portisch, W./Neumann, M./Lüerßen, G. (2013a): Prozesshandbuch Sanierung, Abwicklung und Insolvenz, 2. Auflage, Heidelberg, 2013.

Portisch, W. (2013b): Abwicklungsprozesse in Insolvenzverwalterkanzleien und in Kreditinstituten, in: Krisen-, Sanierungs- und Insolvenzberatung, 1, 2013, S. 28–32.

Portisch, W. (2013c): Facetten der Sanierung, in: Die Bank, 2, 2013, S. 46–50.

Portisch, W./Neumann, M./Lüerßen, G (2013d): Abwicklungskonzepte: Prozesse festlegen und Erfolge messen, in: BankPraktiker, 5, 2013, S. 162–169.

Portisch, W./Neumann, M./Lüerßen, G. (2013e): Wertorientierte Sanierung, in: Die Bank, 6, 2013, S. 32–36.

Portisch, W. (2013f): Risikoerkennung und Sanierungswürdigkeitsprüfung durch Kreditinstitute, in: Krisen-, Sanierungs- und Insolvenzberatung, 4, 2013, S. 149–154.

Portisch, W./Neumann, M./Lüerßen, G. (2013g): Effiziente Sanierungsprozesse: Ergebnisse einer aktuellen Studie, ForderungsPraktiker, 7–8, 2013, S. 152–158.

Portisch, W. (2013h): Regelwerk zur InsO 9001:2013, Berlin, 2013.

Portisch, W./Cranshaw, F. L. (2014): Poolvertrag in Zeiten des ESUG – Sicherheitenpoolverträge an gesetzliche Neuerungen anpassen, in: Krisen-, Sanierungs- und Insolvenzberatung, 1, 2014, S. 9–15.

Portisch, W. (2015a): Intensivkonzepte in einem frühen Krisenstadium, in: Krisen-, Sanierungs- und Insolvenzberatung, 1, 2015, S. 13–17.

Portisch, W./Cranshaw, F. L./Knöpnadel, U. (2015b): Aspekte der Haftung, der Versicherung und des Risikomanagements des Gläubigerausschusses – Teil 1, Zeitschrift: Zeitschrift für das gesamte Insolvenzrecht, 1, 2015, S. 1–15.

Portisch, W./Cranshaw, F. L./Knöpnadel, U. (2015c): Aspekte der Haftung, der Versicherung und des Risikomanagements des Gläubigerausschusses, – Teil 2, in: Zeitschrift für das gesamte Insolvenzrecht, 3, 2015, S. 63–71.

Portisch, W. (2015d): Intensivprozesse aus Bankensicht gestalten, in: Krisen-, Sanierungs- und Insolvenzberatung, 2, 2015, S. 66–69.

Portisch, W./Maatz, B./Neuhaus, R. (2015e): Ganzheitlicher Turnaround-Prozess für Firmenkunden – Teil A: Anwendungsempfehlungen für ein Intensivkonzept, in: Krisen-, Sanierungs- und Insolvenzberatung, 6, 2015, S. 245–248.

Portisch, W./Wuschek, T. (2015f): Erlös- und Kostentransparenz: Im Sanierungsbereich von Banken und Sparkassen, in: BankPraktiker, 11, 2015, S. 412–419.

Portisch, W. (2016a): Finanzierung im Unternehmenslebenszyklus, 2. Auflage, München, Berlin, 2016.

Portisch, W. (2016b): Untersuchung von Bearbeitungsprozessen im Problemkreditbereich, in: Portisch, W. et al. (Hrsg.): Problematische Firmenkundenkredite, 5. Auflage, Heidelberg, 2016, S. 22–120.

Portisch, W./Maatz, B./Neuhaus, R. (2016c): Ganzheitlicher Turnaround-Prozess für Firmenkunden – Teil B: Anwendungsempfehlungen für ein Nachhaltigkeitskonzept, in: Krisen-, Sanierungs- und Insolvenzberatung, 1, 2016, S. 10–13.

Portisch, W./Wuschek, T. (2016d): Problemkreditcontrolling in Banken und Sparkassen, in: Krisen-, Sanierungs- und Insolvenzberatung, 2, 2016, S. 61–66.

Portisch, W. (2017a): Risikoreporting in der Sanierung und Abwicklung, Teil A, in: Krisen-, Sanierungs- und Insolvenzberatung, 4, 2017, S. 165–168.

Portisch, W. (2017b): Risikoreporting in der Sanierung und Abwicklung, Teil B, in: Krisen-, Sanierungs- und Insolvenzberatung, 5, 2017, S. 202–205.

Portisch, W. (2018a): IDW ES 6 n.F.: Neufassung des IDW Standards Sanierungskonzepte, in: ForderungsPraktiker, 1–2, 2018, S. 18–24.

Portisch, W. (2018b): Wandel in der Intensivbetreuung durch MaRisk und EZB-Leitfaden, in: ForderungsPraktiker, 7–8, 2018, S. 144–148.

Portisch, W./Jansen, G. (2019a): Benchmarkorientierte Zinsbuchsteuerung in einer Großbank, in: BankPraktiker, 6, 2019, S. 159–166.

Portisch, W./Jansen, G. (2019b): Initiales Strategisches Zinsschema als innovatives Managementkonzept, in: Zeitschrift für das gesamte Kreditwesen, 13, 2019, S. 26–30.

Portisch, W./Jansen, G. (2019c): Warum sich Zinsfristentransformation weiter lohnt, in: BankPraktiker, 9, 2019, S. 231–237.

Portisch, W./Jansen, G. (2019d): IDW ES 2 mit wesentlichen Neuerungen zur Sanierung, in: ForderungsPraktiker, 11–12, 2019, S. 230–234.

Portisch, W./Dirkes, M. (2020a): Unternehmenssanierung mittels EFQM-Modell und Turnaround-Balanced-Scorecard, in: Krisen-, Sanierungs- und Insolvenzberatung, 2, 2020, S. 68–73.

Portisch, W./Winkler, A. (2020b): IDW ERS BFA 7 Paradigmenwechsel bei Pauschalwertberichtigungen, in: BankPraktiker, 12–01, 2020, S. 388–395.

Portisch, W./Winkler, A. (2020c): IDW RS BFA 7 Pauschalwertberichtigungen – Paradigmenwechsel vollzogen, in: BankPraktiker, 5, 2020, S. 145–153.

Portisch, W./Winkler, A.(2022): Sprunghafter Zinsanstieg – Auswirkungen für Banken nach IDW RS BFA 3, in: Zeitschrift für das gesamte Kreditwesen, 21, 2022, S. 22–27.

Portisch, W./Cranshaw, F. L. (2023a): Unternehmenssanierung in Zeiten der Transformation der Ökonomie, Teil 1, in: Zeitschrift für das gesamte Insolvenz- und Sanierungsrecht, 26, 2023, S. 1345–1352.

Portisch, W./Cranshaw, F. L. (2023b): Unternehmenssanierung in Zeiten der Transformation der Ökonomie, Teil 2, in: Zeitschrift für das gesamte Insolvenz- und Sanierungsrecht, 27, 2023, S. 1401–1418.

Portisch, W./Cranshaw, F. L. (2024a): Steigende Risiken im Immobiliengeschäft erkennen und eindämmen, in: KreditPraktiker, 1–2, 2024, S. 22–33.

Portisch, W./Cranshaw, F. L.(2024b): Neuregelung der Immobilienbearbeitung in der 7. MaRisk-Novelle, in: Zeitschrift für Immobilienrecht, 8, 2024, S. 358–379.

Portisch, W./Cranshaw, F. L. (2025): Einzelwertberichtigung bei Banken gemäß BMF-Schreiben vom 21. März 2024, in: BankPraktiker, 4, 2025, S. 122–129.

Proske, S. (2021): Anmerkung zum Beschluss des AG Köln vom 3.3.2021, Az. 83 RES 1/21 – Zur Beweislast in Bezug auf die drohende Zahlungsunfähigkeit in § 63 Abs. 1 Nr. 1 StaRUG, in: Entscheidungen zum Wirtschaftsrecht, 10, 2021, S. 309–310.

Rattunde, R. (2003): Sanierung durch Insolvenz, in: Zeitschrift für Wirtschaftsrecht, 2003, S. 2103–2110.

Rau, G./Dürrwächter, E. (2025): Kommentar zum Umsatzsteuergesetz, Köln, 2025.

Rechtmann, J. (2012): Sicherheiten in der Krise: Neubestellung und Aktivitäten zu bestehenden Sicherheiten, in: Clemens, M./Cranshaw, F. L. et al., Hrsg.: Problematische Firmenkundenkredite, 4. Auflage, Heidelberg, 2012, S. 373–427.

Reichle, S. (2014): Ungeahnte Folgen des Dreifachumsatzes aus dem BMF-Schreiben vom 30.04.2014, in: Neue Zeitschrift für Insolvenz- und Sanierungsrecht, 2016, S. 473–476.

Reichmann, T./Kissler, M./Baumöl, U. (2017): Controlling mit Kennzahlen, 9. Auflage, München, 2017.

Ringelspacher, E. (2012): (Kredit-)Entscheidungen in der Krise mit Haftungsfolgen, in: ISU Institut für die Standardisierung von Unternehmenssanierungen: Mindestanforderungen an Sanierungskonzepte (MaS), 2. Auflage, Heidelberg, 2012, S. 250–273.

Ringelspacher, E./Ruch, A. K. (2020): Der Restrukturierungsplan – das Herzstück des StaRUG-Entwurfs im Überblick, in: Zeitschrift für Restrukturierung und Insolvenz, 12, 2020, S. 636–641.

Rösler, P./Mackenthun, T./Pohl, R. (2002): Handbuch Kreditgeschäft, 6. Auflage, Wiesbaden, 2002.

Rüstmann, N. (2025): Der Gläubigerschutz in der präventiven Restrukturierung, Tübingen, 2025.
Scharpf, P./Schaber, M. (2020). Handbuch Bankbilanz: Bilanzierung, Bewertung und Prüfung, 8. Auflage, Düsseldorf, 2020.
Schiller, B./Tytko, D. (2001): Risikomanagement im Kreditgeschäft, Stuttgart, 2001.
Schimansky, H,/Bunte, H.-J./Lwowski, G.-J.,Hrsg. (2017): Bankrechtshandbuch, Band 1, 5. Auflage, München, 2017.
Schmidt, K., Hrsg. (2023): Insolvenzordnung, 20. Auflage, München, 2023.
Schneider, St./Linkert, F./von Buchwaldt, J., Hrsg. (2021): Handbuch zum neuen Sanierungsrecht, Heidelberg, 2021.
Schuppisser, S. W. (2002): Stakeholder Management, Bern, 2002.
Seagon, C. (2009): Möglichkeiten der Sanierung nach der Insolvenzordnung, in: Buth, A. K./Hermanns, M., Hrsg.: Restrukturierung, Sanierung, Insolvenz, 3. Auflage, München, 2009, S. 573–619.
Seidel, C. (2016a): Verwertungsmöglichkeiten im vorläufigen Verfahren durch die Bank, in: Portisch et al., Hrsg.: Problematische Firmenkundenkredite, 5. Auflage, Heidelberg, 2016, S. 483–490.
Seidel, C. (2016b): Sicherheitenverwertung durch Verwalter oder Bank, in: Portisch et al., Hrsg.: Problematische Firmenkundenkredite, 5. Auflage, Heidelberg, 2016, S. 493–515.
Simon, U. (2012): Das neue Schuldverschreibungsgesetz und Treuepflichten im Anleiherecht als Bausteine eines außergerichtlichen Sanierungsverfahrens, Baden-Baden, 2012.
Smid, S. (2020): Der Restrukturierungsbeauftragte, in: Zeitschrift für das gesamte Insolvenz- und Sanierungsrecht 40, 2020, S. 2092–2099.
Staehle, W. H. (1994): Management, 7. Auflage, München, 1994.
Steinwachs, T. (2008): Die Insolvenzfestigkeit des Sicherheitenpoolvertrags, in: Neue Juristische Wochenschrift, 2008, S. 2231–2233.
Steinwachs, T. (2012a): Einleitung, in: Steinwachs, T./Vallender, H., Hrsg.: Der Gläubigerausschuss in der Insolvenz des Firmenkunden, 2012, S. 5–13.
Steinwachs, T. (2012b): Die Stellung des GA im Insolvenzverfahren, in: Steinwachs, T./Vallender, H., Hrsg.: Der Gläubigerausschuss in der Insolvenz des Firmenkunden, 2012, S. 77–83.
Steinwachs, T. (2016): Der Gläubigerausschuss: Vor- und Nachteile für die Bank, in: Portisch et al., Hrsg.: Problematische Firmenkundenkredite, 5. Auflage, Heidelberg, 2016, S. 569–590.
Steinwachs, T./Vallender, H./Cranshaw, F. L. Hrsg. (2021): Gläubigerausschuss und Gläubigerbeirat in Restrukturierung und Insolvenz des Firmenkunden, 3. Auflage, Heidelberg, 2021.
Stürner R./Eidenmüller, H./Schoppmeyer, H./Madaus, S., Hrsg. (2025a): Münchener Kommentar zur Insolvenzordnung (MüKo), Band 1, 5. Auflage, München, 2025.
Stürner R./Eidenmüller, H./Schoppmeyer, H./Madaus, S., Hrsg. (2025b): Münchener Kommentar zur Insolvenzordnung (MüKo), Band 2, 5. Auflage, München, 2025.
Stürner R./Eidenmüller, H./Schoppmeyer, H., Hrsg. (2020): Münchener Kommentar zur Insolvenzordnung (MüKo), Band 3, 4. Auflage, München, 2020.
Swoboda, P. (1991): Betriebliche Finanzierung, 2. Auflage, Heidelberg, 1991.
Tetzlaff, C. (2007): Neues zum Insolvenzgrund der Zahlungsunfähigkeit, in: Zeitschrift für das gesamte Insolvenzrecht, 24, 2007, S. 1334–1337.
Termath, F. (2024): Der »shift of duties« bei wahrscheinlicher Insolvenz, Köln, 2024.
Theisen, M. R. (2000): Der Konzern, 2. Auflage, Stuttgart, 2000.
Thole, C. (2021): Anmerkung zu AG Köln, 83 RES 1/21, in: Neue Zeitschrift für Insolvenz- und Sanierungsrecht, 10, 2021, S. 433–437.
Thomas, H./Putzo, H. (2021): Zivilprozessordnung, 42. Auflage, München, 2021.
Uhlenbruck, W., Hrsg.: Die GmbH in der Krise, Sanierung und Insolvenz, 4. Auflage, Köln, 2009, S. 588–604.
Uhlenbruck, W., Hrsg.: (2025a): Insolvenzordnung: InsO: Band 1, 16. Auflage, München, 2025.
Uhlenbruck, W., Hrsg.: (2025b): Insolvenzordnung: InsO: Band 2, 16. Auflage, München, 2025.
Vallender, H. (2004): Unternehmenskauf in der Insolvenz, in: GmbH Rundschau, 2004, S. 543–548.

Vallender, H. (2020a): Aufgaben und Befugnisse des Restrukturierungsgerichts nach dem Gesetz über den Stabilisierungs- und Restrukturierungsrahmen für Unternehmen (Teil 1), in: Zeitschrift für das gesamte Insolvenz- und Sanierungsrecht, 49, 2020, S. 2579–2587.

Vallender, H. (2020b): Aufgaben und Befugnisse des Restrukturierungsgerichts nach dem Gesetz über den Stabilisierungs- und Restrukturierungsrahmen für Unternehmen (Teil 2), in: Zeitschrift für das gesamte Insolvenz- und Sanierungsrecht, 51–52, 2020, S. 2677–2688.

Veith, M. (2012): Sanierungskonzepte und rechtliche Sanierungswerkzeuge, in: Clemens, M./Cranshaw, F. L. et al., Hrsg.: Problematische Firmenkundenkredite, 4. Auflage, Heidelberg, 2012, S. 187–243.

Voss, M. (2012): Bildung des Gläubigerausschusses im Verfahren, in: Steinwachs, T./Vallender, H., Hrsg.: Der Gläubigerausschuss in der Insolvenz des Firmenkunden, 2012, S. 41–49.

Wegmann, F. (2009): Ansprüche der Bank bei ungünstiger oder verzögerter Verwertung durch den Insolvenzverwalter, in: BankPraktiker, 2, 2009, S. 86–91.

Weigel, W./Flick, P. (2007): IFRS–Bilanzanalyse – Die Uhr tickt, in: BankPraktiker, 7–8, 2007, S. 392–397.

Welge, M. K./Eulerich, M. (2021): Corporate-Governance-Management, 3. Auflage, Wiesbaden, 2021.

Wellensiek, J. (2002): Übertragende Sanierung, in: Neue Zeitschrift für das Recht der Insolvenz und Sanierung, 5, 2002, S.233–239.

Werner, H./Schreitmüller, A. (2024): Integrierte Finanz- bzw. Sanierungsplanung, in: Crone, A./Werner, H., Hrsg.: Handbuch modernes Sanierungsmanagement, 7. Auflage, München, 2024, S. 269–298.

Wilden, P. (2009): Praxisorientierte Verfahren zur Früherkennung von Unternehmenskrisen und Insolvenzgefahren, in: Buth, A. K./Hermanns, M., Hrsg.: Restrukturierung, Sanierung, Insolvenz, 3. Auflage, München, 2009, S. 48–78.

Williamson, O. E. (1985): The Economic Institutions of Capitalism, New York, 1985.

Wimmer, K. (2012): Das neue Insolvenzrecht nach der ESUG-Reform, Köln, 2012.

Winkelmann, P. (2010): Marketing und Vertrieb, 7. Auflage, München, 2010.

Wöhe, G./Bilstein, J. (2002): Grundzüge der Unternehmensfinanzierung, 9. Auflage, München, 2002.

Wolff-Simon, D. (2024): Lock-up-Agreement: Eine Erleichterung bei komplexen Restrukturierungen, in: KreditPraktiker, 3–4, 2024, S. 60–64.

Zülch, H./Höltken, M. (2013): Die neue (Konzern-)Lageberichterstattung nach DRS 20 – ein Anwendungsleitfaden, in: Der Betrieb, 44, S. 2457–2465.

Verzeichnis der gerichtlichen Entscheidungen

AG Dresden, 07.06.2021, 574 Res 2/21, in: Zeitschrift für das gesamte Insolvenz- und Sanierungsrecht, 2021, S. 1398 ff.
AG Düsseldorf, 05.03.2021, 601 SAN 1/21, in: Zeitschrift für das gesamte Insolvenz- und Sanierungsrecht, 2021, S. 1453 ff.
AG Hamburg, 12.04.2021, 61a RES 1/21, in: Neue Zeitschrift für Insolvenz- und Sanierungsrecht, 2021, S. 544 ff.
AG Köln, 03.03.2021, 83 Res 1/21, in: Zeitschrift für das gesamte Insolvenz- und Sanierungsrecht, 2021, S. 686 ff.
AG München, 21.10.2021, 1542 RES 2180/21, in: Neue Zeitschrift für Insolvenz- und Sanierungsrecht, 2022, S. 31 ff.
BAG, 16.02.1993, 3 AZR 347/92, in: Zeitschrift für Wirtschaftsrecht, 1993, S. 1013.
BAG, 16.04.2003, 7 AZR 187/02, in: Neue Juristische Wochenschrift, 2003, S. 3649 ff.
BAG, 26.01.2021, 3 AZR 139/17, in: Zeitschrift für Wirtschaftsrecht, 2021, S. 918.
BAG, 18.05.2021, 3 AZR 317/20, in: Zeitschrift für Wirtschaftsrecht, 2021, S. 1670.
BFH, 23.07.1998, VII R 143/97, in: Bundessteuerblatt, 1998, S. 765 ff.
BFH, 11.12.2001, VIII R 34/99, in: Deutsches Steuerrecht, 2002, S. 541 ff.
BFH, 18.08.2005, V R 31/04, in: Deutsches Steuerrecht, 2005, S. 1477 ff.
BFH, 28.07.2011, V R 28/09, in: Deutsches Steuerrecht, 2011, S. 1853 ff.
BFH, 10.02.2015, IX R 23/14, in: Zeitschrift für Wirtschaftsrecht, 2015, S. 1503 ff.
BFH, 02.07.2021, XI R 21/19, in: Bundessteuerblatt, 2021, S. 918 ff.
BGH, 14.04.1987, IX ZR 260/86, in: Zeitschrift für Wirtschaftsrecht, 1987, S. 650 ff.
BGH, 11.04.1988, II ZR 313/97, in: Zeitschrift für Wirtschaftsrecht, 1988, S. 727 ff.
BGH, 03.11.1988, IX ZR 213/87, in: Neue Juristische Wochenschrift, 1989, S. 895 ff.
BGH, 10.10.1991, III ZR 308/89, BGHZ 115, 307 ff., in: Zeitschrift für Wirtschaftsrecht, 1991, S. 1503 ff.
BGH, 12.02.1992, XII ZR 7/91, in: Zeitschrift für Wirtschaftsrecht, 1992, S. 390 ff.
BGH, 12.11.1992, IX ZR 236/91, in: Zeitschrift für Wirtschaftsrecht, 1993, S. 276 ff.
BGH, 07.01.1993, IX ZR 199/91, in: Neue Juristische Wochenschrift, 1993, S. 1587 ff.
BGH, 27.11.1997, GSZ 1/97, in: Zeitschrift für Wirtschaftsrecht, 1998, S. 235 ff.
BGH, 04.12.1997, IX ZR 47/97, in: Zeitschrift für Wirtschafts- und Bankrecht, 1998, S. 248 ff.
BGH, 12.03.1998, IX ZR 74/95, in: Zeitschrift für Wirtschaftsrecht, 1998, S. 684 ff.
BGH, 19.03.1998, IX ZR 22/97, in: Neue Juristische Wochenschrift, 1998, S. 2592 ff.
BGH, 09.11.1998, II ZR 144/97, in: Neue Juristische Wochenschrift, 1999, S. 425 ff.
BGH, 04.05.1999, XI ZR 137/98, in: Zeitschrift für Wirtschaftsrecht, 1999, S. 1093 ff.
BGH, 29.05.2001, VI ZR 114/00, in: Zeitschrift für Wirtschaftsrecht, 2001, S. 1412 ff.
BGH, 15.11.2001, 1 StR 185/01, in: Zeitschrift für Wirtschaftsrecht, 2002, S. 346 ff.
BGH, 07.03.2002, IX ZR 223/01, in: Zeitschrift für Wirtschaftsrecht, 2002, S. 812 ff.
BGH, 25.04.2002, IX ZR 313/99, in: Zeitschrift für Wirtschaftsrecht, 2002, S. 1093 ff.
BGH, 18.07.2002, IX ZR 195/01, in: Zeitschrift für Wirtschaftsrecht, 2002, S. 1625 ff.
BGH, 12.12.2002, IX ZB 426/02, in: Zeitschrift für Wirtschaftsrecht, 2003, S. 358 ff.
BGH, 20.02.2003, IX ZR 81/02, in: Zeitschrift für Wirtschaftsrecht, 2003, S. 632 ff.
BGH, 11.09.2003, IX ZB 37/03, in: Neue Juristische Wochenschrift, 2003, S. 3558 ff.
BGH, 22.01.2004, IX ZR 39/03, in: Zeitschrift für Wirtschafts- und Bankrecht, 2004, S. 517 ff.
BGH, 06.05.2004, IX ZR 48/03, in: Zeitschrift für Wirtschaftsrecht, 2004, S. 1107 ff.
BGH, 06.07.2004, XI ZR 254/02, in: Zeitschrift für Wirtschafts- und Bankrecht, 2004, S. 1676 ff.
BGH, 14.09.2004, XI ZR 184/03, in: Zeitschrift für Wirtschaftsrecht, 2004, S. 2131 ff.
BGH, 17.12.2004, IX ZR 185/03, in: Zeitschrift für Wirtschaftsrecht, 2005, S. 311 ff.
BGH, 14.04.2005, V ZB 16/05, in: Zeitschrift für Wirtschaftsrecht, 2005, S. 1195 ff.

BGH, 24.05.2005, IX ZR, 123/04, in: Neue Juristische Wochenschrift, 2005, S. 3062 ff.
BGH, 02.06.2005, IX ZR 181/03, in: Zeitschrift für Wirtschaftsrecht, 2005, S. 1651 ff.
BGH, 09.06.2005, IX ZR 152/03, in: Zeitschrift für Wirtschaftsrecht, 2005, S. 1243 ff.
BGH, 11.07.2005, II ZR 235/03, in: Zeitschrift für Wirtschaftsrecht, 2005, S. 1550 ff.
BGH, 21.11.2005, II ZR 277/03, in: Zeitschrift für Wirtschaftsrecht, 2006, S. 279 ff.
BGH, 16.02.2006, IX ZR 26/05, in: Zeitschrift für Wirtschaftsrecht, 2006,S. 814 ff.
BGH, 13.04.2006, IX ZR 158/05, in: Zeitschrift für Wirtschaftsrecht, 2006, S. 1261 ff.
BGH, 29.11.2007, IX ZR 30/07, in: Zeitschrift für Wirtschaftsrecht, 2008, S. 183 ff.
BGH, 21.02.2008, IX ZR 255/06, in: Zeitschrift für Wirtschaftsrecht, 2008, S. 703 ff.
BGH, 20.03.2008, IX ZR 68/06, in: Zeitschrift für Wirtschaftsrecht, 2008, S. 884 ff.
BGH, 23.10.2008, IX ZB 235/06, in: Zeitschrift für Wirtschaftsrecht, 2008, S. 2428 ff.
BGH, 14.05.2009, IX ZR 63/08, in: Zeitschrift für Wirtschaftsrecht, 2009, S. 1235 ff.
BGH, 27.10.2009, XI ZR 225/08, in: Zeitschrift für Wirtschaftsrecht, 2009, S. 2329 ff.
BGH, 10.12.2009, IX ZR 206/08, in: Zeitschrift für Wirtschaftsrecht, 2010, S. 102 ff.
BGH, 21.01.2010, IX ZR 65/09, in: Zeitschrift für Wirtschaftsrecht, 2010, S. 739 ff.
BGH, 19.03.2010, V ZR 52/09, in: Neue Juristische Wochenschrift, 2010, S. 8 ff.
BGH, 22.04.2010, IX ZR 208/08, in: Zeitschrift für Wirtschaftsrecht, 2010, S. 1089 ff.
BGH, 17.02.2011, IX ZR 83/10, in: Zeitschrift für Wirtschaftsrecht, 2011, S. 579 ff.
BGH, 07.07.2011, IX ZR 100/10, in: Zeitschrift für Wirtschaftsrecht, 2011, S. 1576 ff.
BGH, 06.10.2011, IX ZR 105/09, in: Zeitschrift für das gesamte Insolvenz- und Sanierungsrecht, 2012, S. 137 ff.
BGH, 29.03.2012, IX ZB 310/11, in: Zeitschrift für Wirtschaftsrecht, 2012, S. 876 ff.
BGH, 26.04.2012, IX ZR 74/11, in: Zeitschrift für Wirtschaftsrecht, 2012, S. 1038 ff.
BGH, 21.02.2013, IX ZR 52/10, in: Zeitschrift für Wirtschaftsrecht, 2013, S. 894 ff.
BGH, 07.03.2013, IX ZR 222/12, in: Zeitschrift für Wirtschaftsrecht, 2013, S. 738 ff.
BGH, 20.03.2014, IX ZR 80/15, in: Zeitschrift für Wirtschaftsrecht, 2014, S. 978 ff.
BGH, 22.05.2014, IX ZR 95/13, in: Zeitschrift für Wirtschaftsrecht, 2014, S. 1289 ff.
BGH, 26.06.2014, IX ZR 162/13, in: Zeitschrift für Wirtschaftsrecht, 2014, S. 1448 ff.
BGH, 09.10.2014, IX ZR 140/11, in: Zeitschrift für Wirtschaftsrecht, 2014, S. 2242 ff.
BGH, 15.10.2014, XII ZR 163/12, in: Zeitschrift für Wirtschaftsrecht, 2015, S. 378 ff.
BGH, 05.03.2015, IX ZR 133/14, in Zeitschrift für Wirtschaftsrecht, 2015, S. 187 ff.
BGH, 30.04.2015, IX ZR 301/13, in Zeitschrift für Wirtschaftsrecht, 2015, S. 1131 ff.
BGH, 24.03.2016, IX ZR 157/14, in: Zeitschrift für Wirtschaftsrecht, 2016, S. 831 ff.
BGH, 12.05.2016, X ZR 65/14, in: Zeitschrift für Wirtschaftsrecht, 2016, S. 1235 ff.
BGH, 16.06.2016, IX ZR 114/15, in: Zeitschrift für Wirtschaftsrecht, 2016, S. 1295 ff.
BGH, 21.06.2016, IX ZR, 84/13, in: Zeitschrift für Wirtschaftsrecht, 2016, S. 374 ff.
BGH, 14.07.2016, IX ZB 62/15, in: Zeitschrift für Wirtschaftsrecht, 2016, S. 1645 ff.
BGH, 14.07.2016, IX ZB 31/14, in: Zeitschrift für Wirtschaftsrecht, 2016, S. 1543 ff.
BGH, 21.07.2016, IX ZR 252/15, in: Zeitschrift für Wirtschaftsrecht, 2016, S. 1586 ff.
BGH, 12.01.2017, IX ZR 87/16, in: Zeitschrift für Wirtschaftsrecht, 2017, S. 383 ff.
BGH, 12.01.2017, IX ZR 95/16, in: Zeitschrift für Wirtschaftsrecht, 2017, S. 337 ff.
BGH, 26.01.2017, IX ZR 285/14, in: Zeitschrift für Wirtschaftsrecht, 2017, S. 427 ff.
BGH, 02.02.2017, IX ZR 245/14, in: Zeitschrift für Wirtschaftsrecht, 2017, S. 533 ff.
BGH, 07.03.2017, XI ZR 571/15, in: Zeitschrift für Wirtschaftsrecht, 2017, S. 809 ff.
BGH, 16.03.2017, IX ZR 253/15, in: Zeitschrift für Wirtschaftsrecht, 2017, S. 779 ff.
BGH, 04.05.2017, IX ZB 102/15, in: Zeitschrift für Wirtschaftsrecht, 2017, S. 1230 ff.
BGH, 20.07.2017, IX ZB 13/16, in: Zeitschrift für Wirtschaftsrecht, 2017, S. 1576 ff.
BGH, 14.12.2017, IX ZB 65/16, in: Zeitschrift für Wirtschaftsrecht, 2018, S. 86 ff.
BGH, 19.12.2017, II ZR 88/16, in: Zeitschrift für Wirtschaftsrecht, 2018, S. 283 ff.

BGH, 11.01.2018, IX ZB 295/16, in: Zeitschrift für Wirtschaftsrecht, 2018, S. 695 ff.
BGH, 01.03.2018, IX ZB 95/15, in: Zeitschrift für Wirtschaftsrecht, 2018, S. 737 ff.
BGH, 21.03.2018, 1 StR 423/17, in: Rechtsprechungs-Report Strafrecht, 2018, S. 379 ff.
BGH, 20.04.2018, V ZR 106/17, in: Neue Juristische Wochenschrift, 2018, S. 3441 ff.
BGH, 26.04.2018, IX ZR 238/17, in: Zeitschrift für Wirtschaftsrecht, 2018, S. 977 ff.
BGH, 14.06.2018, IX ZR 22/15, in: Zeitschrift für Wirtschafts- und Bankrecht, 2018, S. 1703 ff.
BGH, 22.11.2018, IX ZR 167/16, in: Zeitschrift für Wirtschaftsrecht, 2018, S. 2488 ff.
BGH, 24.01.2019, IX ZR 110/17, in: Zeitschrift für Wirtschaftsrecht, 2019, S. 472 ff.
BGH, 07.02.2019, IX ZR 47/18, in: Zeitschrift für Wirtschaftsrecht, 2019, S. 718 ff.
BGH, 06.06.2019, IX ZR 272/17, in: Zeitschrift für Wirtschaftsrecht, 2019, S. 1291 ff.
BGH, 12.03.2020, IX ZR 125/17, in: Zeitschrift für Wirtschaftsrecht, 2020, S. 1080 ff.
BGH, 25.06.2020, IX ZR 243/18, in: Zeitschrift für Wirtschaftsrecht, 2020, S. 1468 ff.
BGH, 10.12.2020, IX ZB 24/20, in: Zeitschrift für Wirtschaftsrecht, 2021, S. 136 ff.
BGH, 27.01.2021, 3 StR 628/19, in: Zeitschrift für Wirtschaftsrecht, 2021, S. 946 ff.
BGH, 06.05.2021, IX ZR 72/20, in: Zeitschrift für Wirtschaftsrecht, 2021, 1447 ff.
BGH, 03.03.2022, IX ZR 78/20, in: Zeitschrift für Wirtschaftsrecht, 2022, 589 ff.
BGH, 28.06.2022, II ZR 112/21, in: Zeitschrift für Wirtschaftsrecht, 2022, S. 1606 ff.
BGH, 27.10.2022, IX ZR 145/21, in: Zeitschrift für Wirtschaftsrecht, 2022, S. 2553 ff.
BGH, 29.11.2023, XII ZB 141/22, in: Zeitschrift für Wirtschaftsrecht, 2024, S. 395 ff.
BGH, 18.01.2024, IX ZR 6/22, in: Zeitschrift für Wirtschaftsrecht, 2024, S. 1550 ff.
BGH, 14.11.2024, IX ZR 13/24, in: Zeitschrift für Wirtschaftsrecht, 2025, S. 101 ff.
BGH, 05.12.2024, IX ZR 122/23, in: Zeitschrift für Wirtschaftsrecht, 2024, S. 3018 ff.
BGH, 22.05.2025, IX ZB 38/24, in: Zeitschrift für Wirtschaftsrecht, 2025, S. 2044 ff.
BVerfG, 18.12.2014, 2 BvT 1978/13, in: Zeitschrift für Wirtschafts- und Bankrecht, 2015, S. 72 ff.
KG Berlin, 04.11.2015, 24 U 112/14, in: Zeitschrift für Wirtschaftsrecht, 2016, S. 1451 ff.
LG Dresden, 01.07.2021, 5 T 363/21, in: Zeitschrift für Wirtschaftsrecht, 2021, S. 2596 ff.
OLG Stuttgart, 28.10.2024, 20 U 30/24, in: Neue Zeitschrift für Insolvenz- und Sanierungsrecht, 2025, S. 131 ff.

Stichwortverzeichnis

https://doi.org/10.1515/9783111617206-008

www.ingramcontent.com/pod-product-compliance
Lightning Source LLC
LaVergne TN
LVHW060619300926
849162LV00008B/1659